HISTÓRIA DIPLOMÁTICA
DE PORTUGAL

SOARES MARTÍNEZ

HISTÓRIA DIPLOMÁTICA DE PORTUGAL

**Prémio Laranjo Coelho 1986
da Academia Portuguesa da História**

3.ª edição revista

HISTÓRIA DIPLOMÁTICA DE PORTUGAL

AUTOR
PEDRO SOARES MARTÍNEZ

EDITOR
EDIÇÕES ALMEDINA. SA
Av. Fernão Magalhães, n.º 584, 5.º Andar
3000-174 Coimbra
Tel.: 239 851 904
Fax: 239 851 901
www.almedina.net
editora@almedina.net

PRÉ-IMPRESSÃO | IMPRESSÃO | ACABAMENTO
G.C. GRÁFICA DE COIMBRA, LDA.
Palheira – Assafarge
3001-453 Coimbra
producao@graficadecoimbra.pt

Setembro, 2010

DEPÓSITO LEGAL
314173/10

Os dados e as opiniões inseridos na presente publicação
são da exclusiva responsabilidade do(s) seu(s) autor(es).

Toda a reprodução desta obra, por fotocópia ou outro qualquer
processo, sem prévia autorização escrita do Editor, é ilícita
e passível de procedimento judicial contra o infractor.

Biblioteca Nacional de Portugal – Catalogação na Publicação

MARTINEZ, Pedro Soares, 1925-

História diplomática de Portugal. – 3ª ed.
ISBN 978-972-40-3577-2

CDU   341
      340

AOS JOVENS ESTUDIOSOS DE PORTUGAL E DO BRASIL, NA ESPERANÇA DE QUE SAIBAM CORRIGIR ERROS, DISSIPAR MITOS ENRAIZADOS E EMPREENDER A OBRA DE RESGATE DO PATRIMÓNIO MORAL E MATERIAL COMUM, ALMA E CORPO DE UMA UNIDADE QUE O OCEANO NÃO DIVIDIU E NÃO PODERÁ DIVIDIR.

JUSTIFICAÇÃO

1. *Há épocas e lugares em que se torna mais patente a frustração dos homens. Estamos vivendo uma dessas épocas, à escala mundial; sobretudo em razão das dúvidas acumuladas quanto à viabilidade de um progresso económico indefinido, plataforma de entendimento comum que se pretendeu substituísse todos os ideais. E, em Portugal especialmente, passou a recear-se, nos últimos anos, que a comunidade, empobrecida e, talvez mesmo, esvaziada da essência própria, já não tivesse potencialidades bastantes para enquadrar as legítimas aspirações dos seus membros, irremediavelmente condenados a basearem na diáspora a sua própria salvação individual, desligada de quaisquer vínculos nacionais, tornados anacrónicos.*

É face à realidade de tais receios quanto ao futuro colectivo que a História de Portugal tem de ser revista. Porque o futuro há-de sempre ser condicionado pelo pretérito, apresentando-se-nos a História como uma continuidade lógica relativamente intemporal, sobreposta à cronologia. E não saberemos construir o futuro da comunidade portuguesa sem corrigir alguns erros admissivelmente fatais. Tanto os cometidos pela «geração vencida» de 1870 como aqueles em que incorreu a «geração traída» de 1940. Merecerá reprovação o Teodoro do Mandarim, *fruto da desnacionalização oitocentista, ao negar, no hábito de denegrir a Pátria, que em Portugal ainda houvesse navegadores, ou sequer verbos... – tudo desfeito definitivamente nos areais de Alcácer Quibir, ou noutras paragens. Mas também terão exagerado quantos, numa deleitação de mal entendido retorno sebastianista, viram na comunidade portuguesa uma força autónoma, desligada, em absoluto, ou quase, das outras comunidades, com virtualidade bastante para dissuadir todas as cobiças e perfídias alheias. Por mim, acreditei, na infância, ao contemplar um mapa então frequentemente afixado em lugares públicos, no qual as nossas possessões ultramarinas se espalmavam sobre a Europa, que Portugal não era um país pequeno. Mas sempre se me afigurou também que aquela grandeza, envolvendo mais responsabilidades que proveitos, embora sem exclusão destes, havia de reclamar muitos sacrifícios e exemplar disciplina. Com o tempo, convenci-me de que nem havia soluções alternativas susceptíveis de assegurarem o bem-estar relativo do povo português, condenado a ser vítima das mais execráveis explorações se se quebrasse aquela disciplina, e se evitassem sacrifícios indispensáveis. Daí a minha funda apreensão quando me apercebi de um acentuado afrouxamento formal que havia de reflectir relaxação de propósitos, incompatível com a permanência portuguesa no Mundo.*

2. E agora? É esta interrogação que constantemente se repete, à qual respondem muitos com promessas miríficas e vãs, que pecam pela inconsciência ou pela cumplicidade dolosa, na base do pressuposto falacioso de que os estranhos cuidarão da felicidade dos Portugueses. Agora importará, com realismo, com verdade, com coragem, qualidades para as quais ainda se não apelou em termos de seriedade mínima, remexer as ruínas, avaliar capacidades adormecidas, fazer inventário, para, finalmente, respondermos à questão de saber se, e como, Portugal será viável. É tarefa exigível a todos nós; mas talvez particularmente ainda aos da minha geração, que, não tendo sabido evitar à Nação cruéis mutilações, havemos de ser julgados pelos vindouros e havemos também de ambicionar uma absolvição de culpas. Resolvi-me, há uma dezena de anos, ou pouco menos, a contribuir, na medida das próprias, e débeis, possibilidades, para essa tarefa, reunindo alguns elementos dispersos relativos à continuidade portuguesa no enquadramento internacional. Foi tal esforço árduo para mim; até por me obrigar a meter foice em seara que poderia ser tida por alheia, para quem se lembrasse de que a minha formação cultural é a própria de um escolar de leis. Mas acabei por convencer-me, mal ou bem, de que, mesmo assim, poderia alcançar alguns elementos úteis para o empreendimento comum.

Primeiramente, tratava-se, sobretudo, de recolher, para uso próprio, materiais que me facilitassem a compreensão quanto ao futuro possível da comunidade portuguesa. Mas a incumbência de reger um curso de História Diplomática obrigou-me a comunicar alguns dos materiais reunidos; e o hábito de dar testemunho amplo dos trabalhos realizados, a nível universitário, aconselhou-me a respectiva publicação.

3. Os desacertos dos povos, ou de quantos se arrogam a respectiva representação, provêm quase sempre do desconhecimento, ou do conhecimento imperfeito, das suas origens. Porquanto, não saber as origens há-de implicar também a ignorância da própria natureza, das próprias estruturas reais, da própria capacidade. Quem não conhece o seu passado não pode vislumbrar sequer o seu futuro. Acontece com os povos o que acontece com os indivíduos. Se a «rana rupta» da fábula soubesse o seu passado, a sua origem, a capacidade das gerações donde provinha, teria consciência da sua condição, das suas limitações, abstendo-se de competir, em corpulência, com outras espécies, cujo avantajado volume havia de resultar das suas mesmas origens. Mas igualmente os que provêm de gerações de gigantes se condenam a uma imerecida mediocridade por esquecerem donde vêm, comprazendo-se num mesmo nível de pigmeus que não engrandece estes e os rebaixa a eles. Também a sociedade portuguesa se desconhece a si própria; daí resultando, às vezes, desajustados empolamentos e, mais frequentemente, humilhações que a índole nacional não consente. Esse desconhecimento provém, em parte, de ignorância, pura e simples; mas também de todo um complexo mitológico para que mais acentuadamente contribuiu o pretenso racionalismo iluminista do que os cronistas alcobacenses.

Toda a vida contemporânea tem sido envolvida por uma densa mitologia, fundamentalmente dominada pelos pontos de vista luteranos, mas a que outros se agregaram, com o objectivo comum de obnubilar a cultura europeia anterior à Reforma. E as sucessivas derrotas que há 300 anos as nações católicas vêm sofrendo acabaram por submetê-las àquela mesma mitologia, que o amor da verdade obrigará a tentar remover, se para tanto for concedida a indispensável liberdade. Repetidamente, a diligência e a probidade dos investigadores têm conduzido à rectificação de falsidades grosseiras em que assenta essa mitologia. Não obstante, os compêndios escolares, sobretudo os básicos, e os órgãos de vulgarização de conhecimentos vão repetindo, sem pudor, os mesmos erros, em que nenhum historiador consciente, seja qual for a sua concepção integral da vida, se atreveria a insistir. Acontece assim, particularmente, quanto a factos relativos à Contra-Reforma, à Revolução Francesa, à escravatura, às lutas civis do século XIX, à colonização e aos grandes conflitos militares que abalaram os Estados. Tais falsidades são comuns à escala mundial; mas têm levado também, e com maior frequência ainda, ao desconhecimento, ou à distorção, da verdade portuguesa, que precisamos de reconstituir, inteira, na sua luminosidade e nas suas misérias, para estabelecermos o nosso inventário nacional. Porque «natura non facit saltus», precisamos de saber como fomos, como éramos realmente, a fim de planear o futuro da nossa vida colectiva, embora necessariamente ajustando-o aos condicionalismos envolventes.

4. A reconstituição da verdade portuguesa terá de abranger todos os aspectos da nossa História, que, em larga medida, está por fazer; sobretudo em relação a alguns períodos, entre os quais ganha particular relevo todo o século XIX, ainda por analisar amplamente. Mas afigura-se-me que à História Diplomática caberá posição cimeira nesse esforço de reconstituição da verdade portuguesa. Até porque a nossa historiografia muito frequentemente abstraiu das permanentes e inevitáveis dependências externas, sempre de imenso relevo, até mesmo no período áureo dos reinados de D. Manuel I e de D. João III.

Tem a historiografia portuguesa geralmente pecado por hipertrofiar os acontecimentos militares e, nos últimos tempos, os de ordem económica; com frequente esquecimento, ou falta de hierarquização, dos aspectos respeitantes à política externa. Nota-se mesmo uma marcada tendência para analisar os eventos mais salientes do passado português como se eles se achassem desligados do enquadramento internacional. E quase nunca esse isolamento se verificou. Já a independência de Portugal tem de ser entendida no contexto da «Respublica Christiana». Essa independência foi querida *pelos Portugueses, mas foi consentida pelos outros, de harmonia com determinado equilíbrio internacional de forças. As lutas internas da 1.ª Dinastia tiveram fortes implicações exteriores. A contenda que culminou em Aljubarrota dificilmente será compreendida se a não relacionarmos com a* Guerra dos Cem Anos, *em cujo plano de expansão se situa, e com o* Cisma do Ocidente. *A riqueza, o alto nível cultural, a prosperidade e a paz, que caracterizam a vida portuguesa entre Toro e Alcácer Quibir, resultaram do equilíbrio peninsular estabelecido e da neutralidade mantida por Portugal em face das lutas que opuseram a Casa de Áustria à França. A intensa acção diplomática que acabou por assegurar o triunfo da dinastia de Bragança correspondeu a uma dolorosa peregrinação através da qual os Portugueses afirmaram a sua individualidade, contra os interesses e as acções das potências, as quais, não obstante os diferendos que as dividiam, só muito lentamente entenderam a importância que para elas mesmas oferecia aquela individualidade. Durante todo o século XVIII, as debilidades resultantes do estreito* hinterland *português e da nossa pobreza económica relativa, na Europa, foram compensadas pelo Brasil, que permitiu também a Portugal manter uma ameaça permanente às riquezas espanholas provenientes das chamadas Índias Ocidentais. A questão da* Colónia do Sacramento *mostra bem o propósito de ocupar na América posições estratégicas que servissem de base a uma eventual retaliação pelo esbulho de territórios europeus para o qual a Espanha fosse tentada. Não permitiram as debilidades internas manter esta política de equilíbrio euro-americano. Aliás já afectado pela inclusão de Portugal na órbita de influência britânica; e, depois, pela luta travada, a partir de 1800, entre o «partido francês» e o «partido inglês, luta que se prolongou para além do Congresso de Viena de 1815, e de que as conspirações de 1817, a revolução de 1820 e a secessão brasileira constituem episódios. Também as guerras civis que dividiram os Portugueses no decurso do século XIX foram fomentadas por forças e interesses internacionais que encontraram em Portugal, como em Espanha, terrenos julgados favoráveis para as suas acções. Em termos paralelos, quanto à dependência da política portuguesa de factores externos, devem ser entendidos os empreendimentos africanos posteriores à Conferência de Berlim. O aparecimento de uma nova grande potência, a Alemanha, eventualmente unida à França, permitiu a Portugal uma tentativa no sentido de reduzir o domínio inglês. Mas o* «ultimatum» *de 1890 e a quebra consequente do projecto de ligação dos territórios africanos do Atlântico ao Índico revelaram claramente que a* «pax britannica» *se mantinha e que a Alemanha não se mostrava parceiro adequado aos empreendimentos portugueses.*

Os traços sucintamente esboçados bastarão para concluir no sentido de que a evolução da comunidade portuguesa não é facilmente inteligível senão quando estudada nos quadros da vida internacional. E este aspecto tem sido com frequência esquecido. Pôr-se-á mesmo a questão de saber se, habituados a situar os problemas portugueses sem abstrair das reacções alheias em face deles, não poderíamos ter evitado alguns desastres; e se, através desse hábito, não poderemos poupar-nos ainda a novos insucessos.

5. Não concluirei no sentido de uma resignação colectiva com um subordinado arrastamento de pressões externas irresistíveis. Tal não encontraria razão de ser no passado; e não a encontrará no presente, nem no futuro. Aquela resignação nunca teria permitido a Portugal ser o que foi; nem lhe permitirá realizar o que possa cumprir ainda. De semelhante resignação não haveria a esperar senão mais gravosas espoliações, mais pesados sacrifícios em exclusivo proveito estranho e, eventualmente, o ocaso definitivo da individualidade, ainda que não formal, se a formalização não interessasse a forças alheias. O conhecimento dos quadros externos não há-de implicar a conformação com imposições e interesses adversos; mas, pelo contrário, a capacidade de aproveitamento dos mesmos condicionalismos externos em defesa dos interesses reais e legítimos de Portugal e dos Portugueses. Esse conhecimento nos poderá preservar de que outros venham de novo colher os frutos das nossas sementeiras, conforme nos tem acontecido, com alguma regularidade, a partir do século XVII; sendo certo também que algumas vezes os frutos nos têm sido subtraídos sem proveito sequer para os que no-los arrebataram. Mas sempre, ou quase sempre, tais extorsões se operaram por incúria grave da nossa parte, que envolveu o desconhecimento da própria capacidade de reagir, e a de extorquir, das outras potências. A consciência dos quadros internacionais e do nosso relevo relativo permitirá sempre aproveitar, em ganho próprio, os conflitos que opõem, à escala mundial, as grandes forças em presença. Não é esse jogo que esteja ao alcance de chefes políticos arvorados, improvisados; mas a improvisação em política é pecado que os Estados poderosos costumam pagar muito caro e em que os menos poderosos arriscam a própria sobrevivência. Aliás, no plano do aproveitamento dos condicionalismos internacionais foi a política portuguesa, nalguns períodos, modelar, sobrepondo-se a simpatias e preferências em relação ao exterior e cuidando, predominantemente, de preservar a nacionalidade e os interesses dos Portugueses. A isso mesmo deveremos atribuir, sobretudo, os nossos mais salientes triunfos. Não costumavam ser arvorados os representantes de Portugal; a sua preparação, além de reclamar qualidades inatas, arrastava-se por longos períodos, abrangendo, às vezes, algumas gerações.

6. *Já bastaria o que vai apontado para reservar à* História Diplomática *posição cimeira na tarefa de reconstituir o passado e assentar o futuro de Portugal. Acresce, porém, ainda que os instrumentos diplomáticos, ou alguns deles, oferecem características próprias dificilmente reunidas em planos diversos. Os relatórios dos diplomatas estrangeiros muito frequentemente preenchem lacunas e dissipam falsidades dos cortesãos e cronistas interessados em lisonjear príncipes, em valorizar acções próprias ou em diminuir as dos concorrentes e contrários. Mostram-se os diplomatas relativamente independentes das Cortes junto das quais se acham acreditados, delas não esperando, em regra, muito altos prémios, nem receando a dureza das suas punições. Dispõem frequentemente os diplomatas, pelos acessos e meios despendidos, de largas redes de informação, que utilizam nos seus relatos. Procuram evitar também os diplomatas que a falta de objectividade, de rigor e de previsões lhes acarrete, no futuro, a reprovação dos governantes por eles representados. E, desses sim, lhes podem advir tanto recompensas generosas como expiações severas. Tais circunstâncias, aliadas aos critérios de selecção dos diplomatas, muito frequentemente ditados pela magnitude das questões em jogo, comunicam especial relevo aos relatórios enviados pelos embaixadores aos seus próprios Governos acerca das Cortes junto das quais se acham acreditados. Já menos valiosas, embora de interesse, costumam revelar-se as «memórias» dos diplomatas, escritas «ex post» e visando, muitas vezes, a justificação de atitudes e o realçar de serviços. De maior importância são, em regra, as* instruções *dirigidas pelos príncipes, ou em nome deles, aos seus embaixadores, em épocas de comunicações lentas, que tornavam difícil a continuidade do envio de despachos elucidativos sobre as diligências a empreender. Nessas* instruções *é de uso definir os*

objectos das enviaturas, os seus antecedentes e os obstáculos que aos diplomatas cumpriria remover. Algumas dessas instruções *são ostensivas, acessíveis a uma multiplicidade de pessoas e, por vezes, até aos príncipes e ministros junto dos quais as missões se haviam de cumprir, para melhor acentuar os poderes dos representantes e a boa-fé dos representados.* Merecem essas instruções ostensivas *compreensíveis reservas, porquanto através delas se procurou muitas vezes esconder os propósitos reais das embaixadas.* Mas numerosas instruções secretas, *destinadas ao uso exclusivo dos embaixadores, que vão emergindo dos arquivos, são dominadas pelo realismo, e até pela dureza, das descrições como dos juízos, que, naturalmente, não hão-de excluir injustiças e inexactidões, mas reflectem a preocupação de tornar os destinatários cientes das circunstâncias a que teriam de fazer face. Esse mesmo realismo é frequentemente revelado pelos* relatórios *dos diplomatas, sempre que não receiam quebras de sigilo ou inconstâncias graves dos seus Governos. A consulta de tais elementos facilita o esclarecimento de múltiplos problemas que as fontes internas com frequência omitem ou falseiam; sobretudo quando é possível o confronto de versões dadas por representantes de potências adversas, cuja concordância de relatos permitirá, ao menos, estabelecer presunções de veracidade.*

Essa mesma capacidade de confronto de versões torna muito apreciável a consulta dos livros brancos *de mais de uma potência sobre determinados acontecimentos. Mas, ainda quando o confronto não é possível, constituem os* livros brancos *elementos utilíssimos, que só merecerão algumas reservas quanto à selecção dos documentos reunidos**.

---

* *Não obstante a designação genérica de* livros brancos, *tais colectâneas de documentos respeitantes à actividade diplomática, em geral, ou a determinados assuntos, são designados por* livros amarelos, *em França, por* livros azuis, *na Inglaterra, por* livros vermelhos, *em Espanha, por* livros verdes, *na Itália, por* livros brancos, *em Portugal e na Alemanha. Publicou o Governo português algumas colectâneas de documentos que poderiam ser designados por* livros brancos, *relativos a determinadas negociações; assim aconteceu quanto à questão* Charles et Georges *(1858). Mas coube especialmente a designação de* livros brancos *aos relatórios anuais publicados pelo Ministério dos Negócios Estrangeiros em 1867, em 1870 e, a partir de 1872, com regularidade, até 1903. Depois, seria dada essa mesma designação ao volume de documentos respeitantes à nossa participação na I Guerra Mundial, publicado em 1920 e abrangendo apenas os anos de 1914 a 1916 mas substituído e completado por dois tomos com data de 1995; assim como aos*

Aponta a História Diplomática, *com impressionante nitidez, o ritmo pendular, na vida portuguesa, dos períodos de descrença e de abandono, durante os quais a própria independência nacional parece resultar apenas da oposição de interesses alheios, e dos períodos de fé e de actuação, durante os quais a firmeza da política, interna e externa, permitiu o aproveitamento, em benefício próprio, das rivalidades estranhas. E, sem a análise desse ritmo pendular, não se entenderá a nossa comunidade, nem nas suas glórias nem nas suas frouxidões.*

7. Alguns preconceitos avessos à acção diplomática, que de quando em vez emergem, tendem a diminuir a sua projecção; e, por arrastamento, a da respectiva História. *Julga-se, nalguns meios, serem minguadas as resultantes daquela acção. E sublinha-se a pobreza de efeitos, em todos os tempos, dos tratados internacionais, cujo vigor é limitado pelo poder de facto bastante para fazê-los cumprir. Mas essa indiscutível fragilidade dos tratados, produtos da acção diplomática, é a própria de todas as realizações humanas, avultando apenas essa debilidade pela vastidão dos interesses em causa. Mesmo assim, a acção diplomática e as suas criações atingiram o nível mais satisfatório entre todas as tentativas de entendimento entre comunidades. A ponto de poderem assinalar-se como paradigmáticas em relação a todas as questões de equilíbrio de poderes e interesses, que, segundo afirmação corrente, reclamam «muita diplomacia». É natural nos fortes, ou que como tais se julgam, face aos débeis, a tendência para reduzir os tratados a «farrapos de papel». Mas, contra a razão universal do «quoniam nominor leo», ainda não se descobriu escudo mais eficaz para defesa dos fracos que a exibição oportuna desses «farrapos de papel», capaz de excitar os interesses de outros que queiram opor-se ao domínio leonino, invocando razões de virtude. As mais salientes debilidades dos instrumentos diplomáticos têm resultado das incoerências das próprias políticas internas. Sempre os poderes alheios se mostram aten-*

---

volumes publicados respeitantes à acção diplomática desenvolvida entre 1936 e 1947, sob a epígrafe «Dez Anos de Política Externa», e aos volumes da documentação sobre a «Defesa do Estado Português da Índia (1946-1966)».

tos às fragilidades destas políticas, procurando aproveitá-las, com o apoio de descontentes dispostos a sacrificar povos e pátrias, a troco de benefícios pessoais ou sectoriais, quando não de meras promessas de benevolências que lhes permitam assaltar a governança, ou conservá-la. Também tais atitudes são melhor conhecidas através dos instrumentos diplomáticos que das crónicas.

É cómodo para alguns atribuir os malefícios colectivos apenas às imperfeições do equilíbrio internacional e à cobiça sem escrúpulos dos mais fortes. Mas não será inteiramente justo. Os mecanismos internos têm quase sempre larga quota de responsabilidade no descalabro das nações. Assim como um ministro francês prometeu aos parlamentares que lhes daria «boas finanças» se lhe dessem «boa política», também muitas chancelarias poderiam, ao mesmo custo, assegurar sucessos diplomáticos satisfatórios.

Mas ainda que a acção diplomática, em geral, ou a portuguesa, especialmente, minguasse de efeitos benéficos, tal facto não enjeitaria o valor da sua História, como testemunho particularmente característico de toda a evolução, e até de toda a essência, da comunidade portuguesa.

8. A História Diplomática *oferece também acentuado interesse do ponto de vista metodológico. É sabido que os métodos sociológicos, melhor ou pior ajustados a alguns sectores da História, supostos dependentes de movimentos de massas, se têm mostrado dificilmente ajustáveis a outros sectores. Assim, mesmo que não perfilhe a visão estratégica de Clausewitz, repugnará ao historiador militar reduzir a sua análise à perspectiva sociológica. Mas a* História Diplomática *parece mais avessa ainda a uma metodologia despersonalizante. Admitir-se-á, por certo, que os factores sociológicos condicionem a acção diplomática; mas esta não poderá desligar-se das atitudes pessoais de quem ocupa determinadas posições dominantes, sejam caudilhos triunfadores, príncipes hereditários ou príncipes eleitos, por sufrágio censitário ou por sufrágio universal Poder-se-á ser levado a crer que a abolição do designado «absolutismo real» despersonalizou a diplomacia. Tal não aconteceu. Não só porque há outros «absolutismos», mas também porque, mesmo em regimes que tornam difusas as responsabilidades políticas, e abstraindo ainda de um poder central exercido, de facto, por vontades mais ou menos*

ocultas, o plano diplomático se tem mostrado aquele em que as personalidades ligadas a certas posições ganham maior relevo. É sabido que, na actualidade, frequentemente se aceita que questões de política externa da maior transcendência sejam tratadas por acordos de Chefes de Estado, às vezes secretos, e que assim permanecem durante longos períodos, mas nem por isso deixam de pesar nas relações internacionais. Estas apresentam-se-nos como resultantes de encontros de vontades individuais e geralmente identificáveis. Sempre foi assim. E isso mesmo obriga a tentar explicações para a História Diplomática *através das respectivas personagens. Não se pretende que estas tenham sempre, e necessariamente, procurado impor, através das negociações, uma vontade própria e arbitrária. Mas interpretaram interesses nacionais e dinásticos pelo prisma da sua própria visão pessoal desses mesmos interesses, frequentemente filtrada através de uma longa preparação, tanto própria como de conselheiros experimentados. Tal personalização impõe também que seja dado relevo aos casamentos régios. Porque eles foram instrumentos fundamentais para a aproximação das nações. Poderá parecer, à luz de uma visão superficial, que, pelo contrário, tais casamentos estiveram na base de desinteligências e lutas. Assim aconteceu, por vezes. Mas, nesses casos, mais frequentemente as disputas familiares foram pretextos que causas dos litígios. E um balanço geral dos casamentos régios levará à conclusão de que o seu saldo foi amplamente favorável para o entendimento pacífico entre os povos. Nem se julgue que a personalização da História a retira do campo científico, por não respeitar a ciência a aspectos particulares da vida. Das mesmas condutas individuais se hão-de induzir tendências comuns aos homens, ou a certos tipos humanos. Também as reacções pessoais em que se baseia a* teoria matemática dos jogos *de Von Neumann e de Morgenstern não hão-de negar a tal teoria a sua dignidade científica. Quando as ciências físicas, na base de Heisenberg e de Rutherford, abandonam os pressupostos deterministas do passado, dificilmente se entenderá que as ciências sociais se despersonalizem, levando-nos a cair num fatalismo de predeterminação, que seria compreensível na* Muqaddimah *de Ibn Khaldun, por obediência corânica, e mesmo aí se não desenha com límpida nitidez. As tradições cristãs impelem-nos para uma visão do Mundo assente na liberdade e nas inerentes responsabilidades, que hão-de postular a personalização da História. Será a liberdade dos homens que fazem História fortemente condicionada, semelhante à liberdade do prisioneiro, limitado pelas proporções da sua cela. Mas, mesmo assim, essa liberdade condicionada não permitirá reconduzir a História a um esquema de leis disciplinadoras dos movimentos de massas. As próprias técnicas modernas, facilitando o arrastamento de multidões, nos conduzem mais facilmente ainda para a imputação pessoal dos acontecimentos, salvaguardados embora os limites materiais, visíveis, e outros imateriais, entre estes avultando a receptividade, maior ou menor, das massas, em relação aos impulsos que lhes são transmitidos. À História não serão indiferentes os muros das celas em que se encerram as suas personagens; mas esses mesmos muros não hão-de fazer esquecer à História os homens por eles limitados, nem a sua capacidade de querer.*

Através dessa mesma liberdade sempre se apreenderá um sentido da vida, na medida em que a permanência dos aspectos essenciais dos homens, mesmo revelados por flutuações existenciais, os leva, através dos tempos, a reagir por forma semelhante, sob a pressão de estímulos idênticos. E é essa similitude que dá continuidade lógica à História, apresentando-a como uma sucessão regular, ordenada, do passado, do presente e do futuro, ou, conforme Santo Agostinho, como representação presente, simultânea, do que foi, do que é e do que será.

9. Julgo muito importante um enraizamento do gosto pelos estudos da História Diplomática *em Portugal; mas não quereria comunicar a ilusão de que por tais vias se nos deparem trilhos de fácil acesso. São muitas, pelo contrário, as razões de desânimo que por aí se colhem.*

Acham-se dispersas e truncadas as fontes de consulta. São muito diversos os estilos usados nessas fontes, correspondendo a tradições próprias de cada chancelaria. É enganosa a subtileza da linguagem diplomática, que, por isso, nem sempre deverá interpretar-se segundo os critérios correntes. Essa subtileza induz mais frequentemente em erro quando se trata da linguagem usada pelos diplomatas ao dirigirem-se a representantes de potências estrangeiras, através de ofícios ou através de notas, importando ainda ter presente a função própria das notas verbais, *não assinadas e de vinculação duvidosa.*

Aquela linguagem diplomática tendia a excluir a palavra «não», usava o termo «talvez» e equivalentes para revestir negativas, e empregava expressões de assentimento em estilo leve e difuso, susceptível de negar-lhes consistência. Os desacordos de que essa linguagem se faz eco têm de ser apreendidos através de requintes de apurada cortesia que, às vezes, se prestam a equívocos. Também muitos dos passos da História Diplomática *que se desejaria reconstituir foram traçados apenas através de conversações entre notáveis, de correspondência guardada ciosamente, ou foram envoltos no mistério de missões secretas. Outros terão constado de papéis já perdidos, ou que jazem nos arquivos, públicos e particulares, nacionais e estrangeiros, por catalogar, por ler, por analisar. Outros ainda andam esquecidos entre a poeira de espólios ignorados. Muitos têm sido sonegados por quem não deseja que os factos sejam conhecidos; bastantes foram destruídos, por ignorância ou por cautela dolosa. Todos os anos a usura do tempo, aliada à incúria e à maldade dos homens, inutiliza centenas, milhares, desses papéis, sem que deles fique rasto. Sabe-se bem como é lamentável o abandono dos arquivos. Mas será igualmente deplorável o desconhecimento relativo a que frequentemente são votados documentos remanescentes susceptíveis de ajudar a esclarecer muitos pontos obscuros e numerosos juízos falsos. Umas vezes esses documentos são apenas assinalados pelos investigadores; e ninguém vai consultá-los. Outras vezes os documentos emergem dos arquivos, são publicados, ficam a constar de grossos volumes, que poucos folheiam, que raros lêem, que raríssimos analisam. E os ensinamentos perdem-se; ou quase.*

Suponho, no entanto, que os documentos remanescentes e conhecidos já são suficientes, em número e em relevo, para permitirem, desfazendo erros constantemente repetidos, a reconstituição, ao menos a traços largos, do passado das relações diplomáticas de Portugal. Alguns aproveitei; muitos outros importará utilizar no futuro.

10. *Não convirá circunscrever a* História Diplomática *à* História *do que se tem designado por* diplomacia pura, *ou à História das embaixadas, ou à História da «carreira», por antonomásia. As expressões «diplomacia» e «diplomática» prestam-se a dúvidas, podendo o étimo respectivo ligá-las à análise de documentos, em conformidade com o conteúdo geralmente atribuído ao termo «diplomática»,*

quando substantivado. No sentido de prática ou estudo das relações internacionais não é muito antigo o emprego da palavra «diplomacia», usada com tal significado por Edmund Burke, em 1796, e tornada corrente depois do Congresso de Viena de 1815. Não se insistirá em referências às origens e ao significado da expressão «diplomacia», mas não deixará de observar-se que a acção diplomática esteve e está, muitas vezes, confiada a agentes eventuais, e que se torna difícil, se não impossível, isolar os meios pacíficos usados pela política externa dos Estados, apartando-os dos meios violentos. Mesmo a guerra generalizada não determina o encerramento das chancelarias, que em situações de beligerância devem ocupar-se ainda não apenas das relações com os aliados e os neutros mas mesmo da posição a assumir em face dos inimigos. As próprias acções militares poderão ser condicionadas por motivos de ordem diplomática. E nem sempre as relações diplomáticas tidas por normais são alheias a violências e ameaças que haveria dificuldade em situar ao nível dos «meios pacíficos». Poderão, sem dúvida, circunscrever-se as expressões «diplomacia» e «diplomática», como forma adjectivada, à prática e ao estudo das relações diplomáticas desenvolvidas em termos pacíficos, através de negociações, ou ainda às vias instrumentais por que se afirmam geralmente as políticas externas dos Estados. E poderá, indiscutivelmente também, tentar-se fazer a História das vias instrumentais pacíficas da política externa. Mas essas mesmas vias só ganham sentido amplo quando enquadradas por todas as condicionantes daquela mesma política externa. Daí a extrema dificuldade, ou impossibilidade mesmo, de isolar a História da «diplomacia pura».

11. *Comecei por propor-me reunir materiais respeitantes à* História Diplomática de Portugal *desde 1143 até 1974, ora tentando sínteses, ora arriscando análises, conforme as épocas, os assuntos, os elementos disponíveis e a hierarquização de matérias, tendo em vista os traços fundamentais da evolução. Cheguei ainda a admitir um alargamento do âmbito do trabalho, até ao fim da década de 80. Mas, afinal, face a algumas dificuldades originadas na relativa proximidade dos factos, com que deparei já em relação ao período final do século XIX, julguei preferível findar este estudo com a queda da Monarquia, reservando para outras obras, de índole um tanto ou*

quanto diversa, os elementos já reunidos sobre a política externa da República.

Gostaria de recomeçar agora o trabalho empreendido, porque reconheço muitos defeitos nesta História Diplomática. *Tantos que cumpriria o conselho horaciano, na esperança de depura-la de alguns, se me não vedassem tal cumprimento tanto as exigências escolares como a convicção de que quando muitos correm demasiado depressa, e sem terem definido nem o ponto de partida, nem a rota, nem a meta, também se pecará gravemente pelo andar vagaroso que o «festina lente» imporia. Aliás, esta* História Diplomática *não tem ambições que transcendam o desejo de comunicar o interesse pelas matérias versadas. E pouco pretende acrescentar ao trabalho já realizado por quantos me precederam no gosto por tais estudos em Portugal. Entre todos esses, impõe-se-me ao espírito apontar aqui, liminarmente, os nomes do 2.º Visconde de Santarém, autor do monumental* Quadro Elementar..., *de Luís Teixeira de Sampaio, que importa conhecer na dupla posição de historiador e de condutor da diplomacia, de João Ameal, que, através da sua* História da Europa, *analisou esta do ponto de vista português, de Eduardo Brazão, investigador incansável de arquivos diplomáticos, e de Joaquim Veríssimo Serrão, renovador da historiografia portuguesa. A resenha bibliográfica assinalará muitas outras dívidas minhas, sem prejuízo de sempre inevitáveis omissões, pois é bem sabido que nem a bibliografia mais extensa permite prevenir a ingratidão dos autores relativamente a tantos textos esquecidos, mas que não deixaram de pesar no seu espírito. Esta obra, afinal, é de todos os meus numerosos credores, no plano intelectual. Para mim, reivindicarei tão-somente, e sem exclusivismo, uma forma pessoal de analisar e relacionar as questões, procurando desfazer mitos enraizados, o gosto de denunciar misérias do passado, na esperança de que melhor se suportem as do presente, e a capacidade de amar Portugal como foi, como é, como será, na ternura das suas mesmas chagas, das suas debilidades, dos seus desvarios. Porque também o amor é um empenhamento de verdade, que bem poderá confinar-se aos juízos de existência, no possível afastamento de referências axiológicas de condenação ou de aplauso. E até mesmo de conexões causais, que as mais das vezes a impossibilidade de isolamento dos fenómenos torna falíveis, quando não arbitrárias, pelo que um mero probabilismo subjectivo se mostra mais prudente. O estudo responsável sempre há-de assentar em dúvidas, que apenas à necessidade pragmática de decidir importará dissipar, com firmeza, mas, mesmo assim, com a humildade resultante da consciência de ser débil a claridade que ilumina as trevas da cidade dos homens. Assim se explicará que esta obra não seja abundante em adjectivos, ou em juízos de valor.*

12. *O historiador, quanto a mim, não poderá ir além do carreamento e da arrumação de materiais, com seriedade, sem fins preconcebidos, calando as próprias paixões, e do estabelecimento de nexos admissíveis, sem omitir afirmações e negativas que a documentação torne irrecusáveis. Se não puder silenciar algum desabafo indicativo de preferências, o leitor prevenido lho saberá perdoar; mas melhor fora evitá-lo. A outros, porém, sem excluir o próprio historiador, quando deixar as vestes próprias da sua banca de trabalho ou do seu púlpito, caberá fazer opções, usando prudentemente dos ensinamentos da História e recordando, com Toynbee, que o esplendor das civilizações é gerado pelos desafios da própria adversidade. E, assim, bem poderá a nova geração de Portugueses, abstraindo de dúvidas, iluminada pela fé nos destinos de uma Pátria perene, face ao caos deletério criado ou consentido, convencer-se de que é chegada a hora de cumprir Portugal.*

Mas as preocupações pragmáticas são alheias à índole deste trabalho. Trata-se apenas de um entendimento da História de Portugal isento de traições aos valores nacionais, mas que procura também ser avesso a quaisquer mitos, até mesmo àqueles gerados em sentimentos legítimos de orgulho patriótico.

Julho de 1985
(revisão em Março de 2009)

CAPITULO I

PORTUGAL NOS LIMITES EUROPEUS
(1143-1415)

TÍTULO I
De Zamora ao Algarve

1. Portugal, unidade política

a) *O início da história diplomática de Portugal em Zamora*

Tem naturalmente suscitado dúvidas a fixação do momento inicial da História da comunidade portuguesa. É discutível se a gesta dos Lusitanos nela poderá incluir-se. Ou se as instituições visigóticas nela deverão caber. Mas é de supor que dúvidas semelhantes não tenham razão de ser relativamente à História diplomática de Portugal, à História da política externa portuguesa.

Com efeito, não parece facilmente objectável que se situe na Conferência de Zamora, de 1143, o início da História portuguesa, do ponto de vista das relações externas. Já antes se estava exercendo uma acção que poderá qualificar-se como diplomática, no interesse de uma comunidade portuguesa em formação, na qual se basearam o conde D. Henrique e D. Teresa[1]. Mas essa acção é anterior à existência de Portugal como entidade própria, como sujeito de Direito Internacional[2]. E apenas aos sujeitos de Direito Internacional, como tais

---

[1] Entre outros actos que poderiam considerar-se de natureza diplomática contam-se o «pacto sucessório» celebrado entre o conde D. Henrique e o conde D. Raimundo (ver João Pedro Ribeiro, *Dissertações Chronologicas...*, III, pp. 46 e ss.), presumivelmente sob a influência dos abades de Cluny; assim como a aliança do conde D. Henrique com Afonso I de Aragão contra D. Urraca. Também o acordo de Tui, de 1137, já celebrado por D. Afonso Henriques, poderia considerar-se como acto diplomático.

[2] Note-se que, quando o poder político é débil, as relações internas oferecem mais estreitas semelhanças com as internacionais. O facto de o papa Calisto II, em carta de 22 de Junho de 1121, dirigida ao arcebispo de Santiago, o célebre D. Diego Gelmirez, designar

reconhecidos, cabe desenvolver uma política externa. É, pois, em 1143 que deverá fixar-se o início da História portuguesa quanto a essa acção, quanto a essa política.

b) *O reconhecimento externo baseado nos sucessos militares*

O reconhecimento de Portugal como unidade política soberana baseou-se nos sucessos militares dos Portucalenses. Em todas as épocas o reconhecimento internacional de uma comunidade tem de basear-se num poder de facto. Poderá este não bastar ao reconhecimento; mas constitui um pressuposto indispensável para tal.

Não será arriscado sustentar que se os Portucalenses não mantivessem posições ofensivas constantes a norte do rio Minho, pelo menos desde 1130, não tivessem assegurado as fronteiras meridionais através de uma vitória memorável sobre os Sarracenos, em 1139[3], e não tivessem detido uma invasão leonesa nos campos de Valdevez, ou de Monção[4], a unidade portuguesa não lograria reco-

---

D. Teresa como «rainha de Portugal» (ver *Compostelana*, L. II, C. 5 8) não parece suficiente para sustentar a tese de um reconhecimento do reino de Portugal anterior a 1143. É de notar que também nos relatos da *Compostelana* se designa D. Teresa por «rainha» (L. II, C. 85 e 89, L. III, C. 24); assim como em documento reproduzido por João Pedro Ribeiro (*Dissertações Chronologicas...*, I, p. 251). Por «rainhas» foram designadas nesta época diversas filhas legítimas de reis peninsulares, só em razão dessa sua qualidade. E daí se tem já inferido que D. Teresa seria filha legítima, e não bastarda, de Afonso VI, admitindo-se que este tivesse casado com sua mãe, D. Ximena Muñoz (ver Duarte Nunes de Leão, *Crónica dos Reis de Portugal*, p. 13; D. José Barbosa, *Catálogo... das Rainhas de Portugal*, pp. 7 e ss.; D. António Caetano de Sousa, *Historia Genealogica...*, I, p. 33; Frei Cláudio da Conceição, *Gabinete Histórico*, I, p. 172). Aliás, Afonso VI de Leão casou seis ou sete vezes.

[3] Não importará muito aqui discutir o «problema de Ourique», ou seja, a questão de saber até que ponto os dados históricos quanto à batalha confirmam as lendas tecidas em torno da mesma. Mas a crítica racionalista de Herculano e as teses que se lhe seguiram sobre o relevo e a localização do combate de Ourique não parecem de molde a destruir os elementos fundamentais extraídos da tradição. Sobre a questão, cf., muito especialmente, Gonzaga de Azevedo, *História de Portugal*, IV, pp. 198 e ss.

[4] Parece que as tropas leonesas terão tentado um envolvimento das forças portucalenses, que ocupariam a Galiza meridional, incluindo Tui, lançando uma ofensiva com base a nascente do rio Minho, ou mesmo em terras de Trás-os-Montes. E aquelas tropas leonesas teriam sido detidas na veiga do Vez, onde se teria travado o torneio de Valdevez. Mas as investigações de Costa Veiga situam o encontro no Vale da Gadanha, perto de Abedim, do concelho de Monção.

nhecimento em Zamora. Ainda que porventura se achasse já formada uma individualidade de tipo nacional nestes territórios do Ocidente da Península, como parece que aconteceu. Porque tal individualidade havia de carecer de expressão própria. E a expressão de individualidade política mais pronta e facilmente entendida no exterior é a de natureza militar. Sem excluir que as expressões militares de individualidade careçam de uma conjugação de factores de ordem ética, geográfica e económica para produzirem efeitos continuados.

Em consequência das vitórias portucalenses, Afonso VII, rei de Leão e imperador das Espanhas, logo em 1139, ou em 1140, se mostrou propenso a um acordo de paz com D. Afonso Henriques, em substituição do Tratado de Tui, de 1137, cuja natureza e alcance têm sido amplamente discutidos[5]. E nesse sentido pediu o leonês a intervenção do arcebispo de Braga, D. João Peculiar, que terá sido o principal condutor da política externa do príncipe português. É possível mesmo que a conquista da independência de Portugal, no plano de facto, se situe em 1139, ano em que D. Afonso Henriques pela primeira vez se terá intitulado «rei»[6], ou em 1140, data da suspensão de armas de Valdevez[7]. Mas só em 1143 se tratou de estabelecer definitivamente a paz, cujos preliminares se terão fixado em Valdevez[8].

---

[5] Cf. Manuel Paulo Merêa, «O Tratado de Tui de 1137, do ponto de vista jurídico», in *História e Direito*, I, pp. 2 75 e ss.; Torquato de Sousa Soares, «Significado político do Tratado de Tui de 1137», in *Rev. Port. Hist.*, II, Coimbra, 1943; Carl Erdmann, «De como D. Afonso Henriques assumiu o título de Rei», in *Congresso do Mundo Português*, 1940, pp. 42 e ss.

[6] Desde 1127, ou 1128, D. Afonso Henriques intitulara-se infante - *infans filius Anrici et de matre regina domina Tarasia* (ver *Chancelarias* .... I, p. 3) - ou «príncipe de toda a província de Portugal» (*ibidem*, p. 14), ou *Dei clementiam portugalensium princeps* (*ibidem*, p. 22), ou *domus portugalensium* (*ibidem*, p. 23), acrescentando, por vezes, a qualidade de neto *magni Aldefonsi imperatoris ispaniarum* (*ibidem*, p. 32). Num documento de 10 de janeiro de 1139, ainda D. Afonso Henriques se faz titular por *portugalensium princeps* (*ibidem*, p. 116); mas noutro documento de Março de 1139 já se terá intitulado *portugalensium rex* (*ibidem*, p. 118). Este documento, porém, foi tido por apócrifo (ver Veríssimo Serrão, *História de Portugal*, I, pp. 86-87).

[7] Carl Erdmann admite a hipótese de coincidência entre as pazes de Tui e de Valdevez.

[8] Cf. Veríssimo Serrão, *História de Portugal*, I, pp. 71 e ss.; e bibliografia aí citada.

c) A Conferência de Zamora (1143)

Naquele ano de 1143 se reuniram, na cidade leonesa de Zamora, o imperador Afonso VII e o príncipe portucalense D. Afonso Henriques. Assistiu também à conferência o cardeal Guido de Vico, que se achava em Espanha, como delegado do papa Inocêncio II a um concílio provincial reunido em Valhadolid para dar cumprimento às resoluções do II Concílio Geral de Latrão[9]. Não se sabe se o cardeal se deslocou de Roma já com o intuito de assistir a tal conferência; ou se os dois príncipes aproveitaram a presença de um membro da Cúria Romana em Espanha para imprimir maior solenidade ao acordo estabelecido. Mas também parecerá estranho que o cardeal, tendo vindo a Espanha para se ocupar de assuntos internos da Igreja, acedesse a ligar a Cúria, pela sua presença, ao acordo celebrado. Não será de excluir que Roma, duvidosa ainda quanto ao acesso de Portugal à independência política, como provou a atitude subsequente, não tenha querido intervir ostensivamente na conferência. O cardeal Guido de Vico já estivera no Porto e em Coimbra, durante o ano de 1136, a regular diversos litígios eclesiásticos; e admite-se até que ainda antes da Conferência de Zamora o mesmo cardeal tivesse recebido de D. Afonso Henriques a vassalagem à Santa Sé. Em qualquer caso, não parece que, do ponto de vista jurídico, a presença do cardeal tenha acrescentado algum elemento à Paz de Zamora ou ao reconhecimento da separação de Portugal da coroa leonesa.

Não são conhecidas as condições de paz estabelecidas em Zamora, em continuidade do armistício de 1140. Mas não tem suscitado dúvidas que o imperador, ou antes, o rei de Leão[10], pois, dada a dependência anterior do Condado Portucalense, talvez fosse esta qualidade a que mais importava, ali reconheceu a D. Afonso Henriques o título de Rei, que, aliás, já era por ele usado. Também se sabe que em Zamora foi concedido ao príncipe portucalense o senhorio de Astorga.

---

[9] É duvidosa a data deste concílio provincial de Valhadolid, mas o de Latrão celebrou-se em 1139.

[10] Como Afonso VII, além de rei de Leão, o era também de Castela, o reconhecimento de Zamora deveria igualmente assegurar, no entanto, as fronteiras do novo reino de Portugal em relação às terras castelhanas.

Poderá discutir-se se aquele reconhecimento envolveu necessariamente, e desde logo, a independência política de Portugal. Segundo a tese negativista, arrogando-se Afonso VII a qualidade de imperador das Espanhas, todos os reinos hispânicos, incluindo o de Portugal, lhe ficariam subordinados. E, para mais, a concessão do senhorio de Astorga, esse claramente integrado no reino de Leão, reforçaria a posição de dependência de D. Afonso Henriques relativamente ao rei leonês. Pelo que o reconhecimento de Zamora teria um valor meramente nominal.

Não parece convincente aquela tese negativista. Nominal seria antes o império hispânico de Afonso VII, posto que os reinos de Navarra e de Aragão se apresentavam ao tempo como unidades políticas independentes, tanto nas relações peninsulares como nas que mantinham além-Pirenéus e em face do mundo islâmico[11]. Quanto ao senhorio de Astorga, sem dúvida que a sua concessão colocava D. Afonso Henriques como vassalo do rei de Leão; mas a posição pessoal do rei português relativamente a um território desligado do seu reino não deveria afectar a independência política portuguesa. A sociedade medieval oferece-nos numerosos exemplos de príncipes soberanos que eram vassalos de outros reis, pela detenção de senhorios em reinos diversos dos seus. Assim aconteceu nomeadamente aos reis de Inglaterra quanto aos territórios de que eram senhores em França, sob a suserania dos reis franceses. Tais circunstâncias haviam de determinar frequentes subordinações. Mas no plano de facto, que não no jurídico-político das realezas respectivas.

Admitiu Herculano que a concessão do senhorio de Astorga fosse «um laço armado à ambição de Afonso Henriques». Mas temos de reconhecer que, em face das provas já dadas pelo príncipe português, o laço era demasiado débil. Astorga já fora senhorio do conde D. Henrique, que aí morreu e, segundo Duarte Galvão, teria recomendado ao filho que a não perdesse, pois daí conquistaria «toda outra terra adiante»[12]. Em 1140, D. Afonso Henriques vencera e

---

[11] Ver defesa da tese negativista em Herculano, *História de Portugal*, I, p. 342.
[12] Cf. *Crónica de D. Afonso Henriques*, cap. IV; e tb. *Crónica de Cinco Reis de Portugal*, cap. III. Estas *Crónicas*, ao reproduzirem a fala do conde D. Henrique, seguem o relato do *Livro das Linhagens do Conde D. Pedro*.

aprisionara o conde de Astorga, D. Ramiro. Talvez se encontrem aí explicações suficientes para admitir como provável que D. Afonso Henriques, através das negociações de paz, se tivesse empenhado em que lhe fosse concedido aquele senhorio.

Em suma, naquela cidade leonesa de Zamora, onde, em 1125, D. Afonso Henriques se armara a si próprio cavaleiro, segundo o costume dos reis, foi ele reconhecido como soberano pelo rei de Leão, de quem dependia até aí o Condado Portucalense. A separação política de Portugal operou-se por esse reconhecimento.

d) A vassalagem à Igreja

Não obstante o reconhecimento de Zamora, era de admitir que os efeitos da separação política de Portugal pudessem ao menos esbater-se, quando fosse mais desafogada a situação militar do imperador, ou quando o príncipe português tivesse de acorrer em defesa das fronteiras meridionais. Talvez para evitar que tal acontecesse, D. Afonso Henriques ofereceu a vassalagem do reino de Portugal à Igreja, reconhecendo que ao Pontífice pertencia o sumo império sobre os Estados cristãos da Península. A vassalagem foi prestada perante o mesmo cardeal Guido de Vico, que esteve presente na Conferência de Zamora. Mas não se sabe se tal aconteceu antes ou depois da conferência se ter realizado.

Poderia entender-se que, nos quadros da *Respublica Christiana*, o acesso à independência política de uma comunidade cristã deveria ser ratificado por Roma, cuja supremacia, também no plano temporal, era, ao tempo, indiscutível. Mas, pela vassalagem prestada, Portugal não parece ter ficado, em relação à Igreja, na posição comum a qualquer Estado cristão. O vínculo estabelecido oferece carácter especial. E, durante séculos, assim o entenderam tanto a Igreja como os reis portugueses.

Em seguimento à vassalagem prestada, ignora-se quando, junto do cardeal Guido de Vico, D. Afonso Henriques ofereceu o seu reino à Igreja e declarou-se vassalo de S. Pedro e do Pontífice. Assim o fez pela carta régia de 13 de Dezembro de 1143 *Claves regni coelorum*, dirigida ao papa Inocêncio II. Pela mesma carta se comprometeu o rei de Portugal, por si e pelos seus sucessores, a pagar um censo anual, mais ou menos simbólico, de quatro onças de ouro. A essa carta régia, de que foi portador para Roma o arcebispo de Braga, D. João Peculiar, respondeu o papa Lúcio II, elevado ao sólio pontifício em Março de 1144, pela sua carta *Devotionem tuam*, de 1 de Maio desse mesmo ano. Por essa carta, o Papa louvava a atitude de D. Afonso Henriques, prometia-lhe protecção espiritual e material, para ele e seus sucessores, contra o ataque dos «inimigos visíveis e invisíveis» mas dava-lhe o tratamento de *dux portucalensis* e designava por «terra» os seus domínios, quando é certo que na carta de vassalagem D. Afonso Henriques se intitulava «rei»[13].

Semelhante atitude do Papa não podia dar satisfação bastante a D. Afonso Henriques, cuja dignidade real suscitava dúvidas à Igreja. Mas explicam-se as reticências de Roma, pelas fortes reacções de Afonso VII, para quem a vassalagem à Santa Sé, prestada sem conhecimento seu, dava relevo inesperado à independência portuguesa[14]. Permitindo, designadamente, ao príncipe português solicitar a Roma, sem mediação do imperador, a criação de dioceses e a designação de bispos. Conforme aconteceu em 1146 relativamente a Viseu e a Lamego.

A atitude de D. Afonso Henriques, ao oferecer a vassalagem à Igreja, não era original. Em 1091, o conde de Barcelona, após a conquista de Tarragona aos Mouros, oferecera os seus senhorios a S. Pedro, obrigando-se a receber a investidura das mãos do Papa e a pagar-lhe o censo anual de 25 libras de prata. E, já em 1063, Ramiro,

---

[13] A autenticidade destas duas cartas foi posta em dúvida por João Pedro Ribeiro (*Dissertações Chronologicas...*, I, p. 66 e ss.); mas os seus argumentos foram contrariados por Herculano (*História de Portugal*, I, pp. 492 e ss.).

[14] Sabe-se, através de uma carta do papa Eugénio III, de 27 de Abril de 1148, que Afonso VII manifestou o seu desagrado pela aceitação da vassalagem de Portugal. A mesma carta mostra que Roma procurara iludir a questão da vassalagem de Portugal, dando satisfação mais ampla a Afonso VII relativamente a outra questão, respeitante ao primado do arcebispo de Toledo. Aliás, esta questão do primado dos arcebispos de Toledo, por oposição ao primado dos arcebispos de Braga, havia de contribuir para a demora no reconhecimento do título de rei a D. Afonso Henriques. Mas é de notar que a pretensão de Braga ao primado constitui um factor importantíssimo no processo de autonomia política de Portugal, no qual muito influiu o *nacionalismo* do seu clero, avesso à influência tanto de Toledo como de Santiago de Compostela, porquanto, como observa a propósito o Prof. Suárez Fernandez: «una monarquia se define en el siglo XII como la forma politica de una determinada comunidad cristiana» (*Historia de España Antigua y Moderna*, I, p. 572).

rei de Aragão, se tornara tributário da Igreja, cedendo a esta a décima parte de todos os rendimentos do seu reino, presentes e futuros. No entanto, esta vassalagem de Portugal à Santa Sé tem suscitado alguma incompreensão quando julgada à face de critérios correntes em épocas muito posteriores. Coelho da Rocha foi um dos autores que soube elevar-se acima dos preconceitos do seu tempo na apreciação desta vassalagem que, segundo ele, assegurou o poder ao rei e à sua dinastia, contra a rivalidade e tentativas das nações vizinhas[15].

e) *O reconhecimento pontifício do reino de Portugal (1179)*

Relativamente frustrada, quanto à amplitude dos efeitos desejados, o acto de vassalagem à Igreja, certamente se terão seguido, a partir de 1144, longas negociações junto da Cúria Romana, no sentido de um reconhecimento pleno da soberania portuguesa. Sem as limitações, ou reticências, que levaram aos eufemismos do emprego das expressões *dux* e *terra*, para evitar as de *rex* e *regnum*.

Esse pleno reconhecimento foi obtido pela bula pontifícia *Manifestis probatum*, de 23 de Maio de 1179, na qual o papa Alexandre III confirmou a D. Afonso Henriques a protecção da Santa Sé para defesa da integridade do reino e de todos os territórios que conquistasse aos muçulmanos. Nessa bula, a dignidade real do príncipe português já não é omitida nem sofismada. Para além da elevação do censo anual devido a Roma de quatro onças para dois marcos de ouro[16], na base deste reconhecimento definitivo há-de achar-se,

---

[15] Cf. *Ensaio sobre a História do Governo e da Legislação de Portugal*, p.44.

[16] Herculano exprime-se em termos que permitem considerar decisivo para o reconhecimento o aumento do censo (*História*.... I, pp.425 e 512 e ss.); mas ele próprio calcula a importância do censo anual em 230$000 reis de 1846. Poderá atribuir-se também a cada onça 29,225 gramas de ouro e a cada marco 8 onças. Em suma, não parece que se tratasse de somas imensas, das quais dependesse a razão de decidir em matéria de tanta monta. Mas, não sendo elevado o censo, estranhar-se-á a relutância dos reis de Portugal quanto ao seu pagamento. Viterbo encontra uma explicação para o facto, afirmando que este censo «fazia o reino de Portugal feudatário aos sucessores de S. Pedro», «injurioso à Coroa, e nada preciso às necessidades e urgências da Igreja»; por isso, os nossos reis, «com um esquecimento muito bem lembrado», teriam deixado de pagá-lo (ver *Elucidário*..., I, p. 378). Contudo, esta explicação não se ajusta bem à decisão de D. Sancho I de pagar as quatro onças anuais

Fig. 1 – *A Catedral de Zamora (séc. XII)*

sobretudo, a consolidação político-militar do reino de Portugal. Entre 1144 e 1179 se situam as conquistas de Santarém, de Lisboa, de Alcácer, de Beja e de Évora; a fixação de numerosos cruzados do Norte da Europa nos vales do Tejo e do Sado; a morte do imperador das Espanhas, Afonso VII, e a consequente separação dos reinos de Leão e de Castela; a celebração de tratados e alianças entre Portugal e os reinos de Aragão e de Leão; as conquistas de Trujillo e de Cáceres pelas armas portuguesas, que também, entretanto, ocuparam os territórios galegos de Tui e Limia, após o rompimento da aliança com o reino de Leão. Recorde-se ainda que, em 1174, o príncipe herdeiro, D. Sancho, já associado pelo monarca às tarefas do Governo, casou com D. Dulce, irmã do rei de Aragão. A continuidade do reino de Portugal estava assegurada. E essa circunstância terá pesado na atitude da Igreja bem mais decisivamente do que a oferta de aumento do censo.

f) As confirmações do reconhecimento pontifício e a questão do censo

D. Sancho I solicitou do papa Clemente III a confirmação do reconhecimento da Coroa portuguesa, como se infere da bula *Manifestum probatum*, de 7 de Maio de 1190, em tudo semelhante à bula de Alexandre III. Do mesmo modo procedeu D. Afonso II, a quem o papa Inocêncio III confirmou o reconhecimento do Reino, pela bula *Manifestum probatum*, de 16 de Abril de 1212. Não obstante, o pagamento do censo a Roma ficou no esquecimento de D. Sancho I e dos seus sucessores, o que provocou repetidas exigências dos papas Celestino III, Inocêncio III e Bento XII, que, pela bula

---

mas não os dois marcos estabelecidos em 1179, porquanto o montante do censo não alteraria o *signum subiectionis*. Aliás, muitos outros reinos pagaram censos à Igreja, entre eles a Inglaterra, desde o ano de 740 até ao reinado de Henrique VIII, a França, a Polónia, a Boémia, conforme o mesmo Viterbo refere (*ibidem*, p. 377). Que a importância do censo de dois marcos não era imensa mostra-o o facto de D. Sancho I, no seu testamento, ter deixado ao Papa, seu testamenteiro, a soma de cem marcos de ouro (ver Frei António Brandão, *Crónica de D.Sancho I*, cap, XXXV).

Cum sicut, de 30 de Novembro de 1338, ainda reclamou o pagamento do censo a D. Afonso IV[17].

Em 1483, o papa Sisto IV lembrou a D. João II que Portugal se constituira censual da Igreja[18]; mas isso não significa que o censo continuasse a ser exigido, pois desde D. Afonso IV não há notícia nem de que fosse pago nem de que Roma o reclamasse. O facto pode ser explicado por diversas formas. Talvez pela posição privilegiada que Portugal foi ganhando em Roma, ou pela pendência de questões mais importantes que tornariam impertinente a exigência do censo.

O vínculo comum a todos os Estados cristãos, reunidos na *Respublica Christiana*, achava-se reforçado, quanto a Portugal, pela vassalagem a S. Pedro. E tal vínculo, independente do censo anual simbólico cujo pagamento caiu em desuso, só se romperia com as transformações que a Reforma e a Guerra dos Trinta Anos vieram a operar.

A relação estabelecida entre Portugal e a Igreja permitiriam a esta frequentes intervenções na vida interna e na política externa portuguesa. Dependerá certamente da concepção integral da vida que se adopte considerar tais intervenções abusivas ou razoáveis. Entre essas intervenções contam-se as orientadas no sentido da defesa do clero local; da solução dos conflitos originados pela sucessão nos bens e nos poderes dos monarcas; da suspensão de hostilidades bélicas; e da mediação entre contendores. As armas usadas pela Cúria Romana nessas intervenções eram sobretudo de carácter espiritual, baseadas na faculdade de excomungar os príncipes e de interditar os seus reinos.

As relações de Portugal com Roma durante os primeiros reinados da 1.° dinastia, frequentemente abaladas por conflitos originados no trato entre as autoridades reais e o clero local, foram bastante

---

[17] D. Sancho I, provavelmente orientado pelo seu chanceler Julião, vindo da Universidade de Bolonha e adverso à Cúria, sustentava que seu pai havia pago, por uma só vez, o censo de 10 anos. Inocêncio III provou documentalmente que os mil áureos recebidos de D. Afonso Henriques tinham constituído uma oferta ao Pontífice, alheia ao censo. D. Sancho acabou por pagar os censos em dívida desde 1179. Sem juros, que os não permitia estabelecer, nem cobrar, a legislação canónica aplicável (ver Domingos Maurício, «Portugal e o censo à Santa Sé», in *Brotéria*, vol. XXI, pp. 98 e ss.).

[18] Breve *Non possumus*, de 25 de Maio de 1483.

beneficiadas pelas *concórdias* celebradas pelo rei D. Dinis. Ou foi a solução satisfatória de algumas divergências graves que tornou possível a celebração daquelas *concórdias*, cujas regras fundamentais perduraram, sendo inseridas nas *Ordenações Afonsinas*, já do século XV.

2. Equilíbrio peninsular

a) *A Reconquista como factor aglutinante*

Não obstante todas as combinações ocasionais, por vezes estranhas, que levaram até alguns príncipes cristãos peninsulares a aliar-se a sarracenos contra outros príncipes cristãos, o tom dominante da política dos Estados peninsulares é marcado pelas exigências da Reconquista. E essas mesmas exigências estabeleceram naturalmente, espontaneamente, uma aliança mais ou menos permanente entre os reinos peninsulares, aliança que sempre funcionou, em termos mais ou menos satisfatórios, nos momentos graves em que se punha em causa a sobrevivência dos cristãos. Tal é a explicação de Navas de Tolosa e do Salado. Em frente de um inimigo tradicional, quando ele se mostrava mais forte e perigoso, a solidariedade religiosa, a cultura comum romano-gótica, as raízes étnicas, acabaram por sobrepor-se às divergências dentro da comunidade hispano-goda, impondo uma hierarquização de fins políticos.

Dentro deste quadro, apresenta-se-nos como uma constante da política portuguesa a fidelidade à missão de expulsar os Mouros da Península. A ponto de o reconhecimento da independência portuguesa ter sido muito provavelmente retardado por aquela fidelidade. Posto que o apartamento em relação aos Leoneses mais rapidamente se teria alcançado se os Portucalenses se confinassem a atitudes meramente defensivas nas fronteiras meridionais; ou até se tivessem celebrado alianças com príncipes mouros, para, baseados nelas, melhor se imporem aos reinos cristãos vizinhos. Depara-se-nos uma aliança tácita de Portugal com todos os reinos cristãos da Península, em função do esforço comum de defesa. Esta aliança tácita explica também uma acentuada moderação nas hostilidades entre reinos cristãos, ou cessação das mesmas, quando um deles se achava mais seriamente ameaçado pelos Sarracenos[19].

b) As alianças e os casamentos régios na Península

A par desta aliança tácita, que a fraternidade de armas movidas contra um inimigo tradicional comum tornava relativamente segura, Portugal procurou estabelecer outras alianças, embora talvez menos seguras, com os reinos peninsulares de Leste. Era bem compreensível, posto que entre esses reinos e Portugal não se notavam tão clara e frequentemente, dado o afastamento geográfico, conflitos de interesses, existentes manifestamente entre esses mesmos reinos do Leste da Península e os reinos vizinhos de Portugal, que daqueles eram vizinhos também. Assim, perante a fragmentação hispânica, Navarra, Aragão e o condado de Barcelona apresentavam-se como aliados naturais de Portugal contra Leão e Castela.

Ainda antes do reconhecimento externo da independência, foi entendido que a defesa da autonomia portucalense contra a absorção leonesa ou castelhana havia de contar com as autonomias dos reinos situados a leste, igualmente avessas àquela absorção. Daí a aliança do conde D. Henrique com Afonso I de Aragão contra D. Urraca (1109). Ao lado do rei aragonês venceu D. Henrique os Leoneses e os Castelhanos em Campo de Espina (1111). E, através dessa aliança, que proporcionou cedências de D. Urraca, viu D. Henrique os seus senhorios alargados a algumas terras leonesas, entre elas Zamora. Também D. Teresa, já viúva de D. Henrique, se aliou a Afonso de Aragão contra sua irmã D. Urraca.

Este entendimento das vantagens para Portugal das alianças a leste da Península reflectiu-se, como era natural, na política externa de D. Afonso Henriques. Assim, quando o rei de Navarra, Garcia, procurou libertar-se da suserania leonesa, que forçado aceitara, encontrou em D. Afonso Henriques o aliado natural, cujo apoio tornou possível um ataque simultâneo, por oeste e por oriente, aos territórios

---

[19] Dificilmente se explicarão múltiplos aspectos da História de Portugal se abstrairmos de um espírito de missão transcendente, conforme reconheceu Carl Erdmann (cf. *A Ideia de Cruzada em Portugal*, Coimbra, 1940, e bibliografia aí citada).

de Afonso VII. E essa aliança não terá produzido mais amplas vantagens para os Portucalenses em razão da ofensiva sarracena que os obrigou ao abandono da margem direita do rio Minho e à Paz de Tui (1137).

Já rei de Portugal, procurou D. Afonso Henriques novamente ligar-se a reinos peninsulares de leste, ajustando, em 1160, o casamento de sua filha Mafalda com o príncipe de Aragão, Raimundo, casamento que não chegou a celebrar-se pelo falecimento da infanta. Mas a aliança familiar com a corte de Aragão veio a operar-se, mais tarde, pelo casamento do futuro D. Sancho I com D. Dulce, irmã de Afonso II, conde de Barcelona e rei de Aragão (1174).

A paz mantida com os reinos vizinhos já permitira, aliás, a ligação das casas reais de Leão e de Portugal pelo casamento de Fernando II com D. Urraca, outra filha de D. Afonso Henriques (1165). Este casamento provavelmente terá sido ajustado cinco anos antes, em Cellanova, onde se encontraram os dois reis. Fernando II precisava do apoio português, dados os seus projectos em relação a Castela, e reconhecia também a necessidade de estabelecimento de uma linha de demarcação de fronteiras, não apenas quanto aos territórios já ocupados mas em relação aos que os dois reinos viessem a conquistar aos Mouros. É de admitir que essa demarcação tivesse sido estabelecida na Conferência de Cellanova; e que, da falta de cumprimento do acordo então estabelecido, tenha resultado o desastre de Badajoz, onde Fernando II aprisionou o sogro que assaltara aquela cidade (1169), cuja conquista caberia ao rei de Leão.

O desastre de Badajoz custou aos Portugueses o abandono da Galiza meridional e da margem esquerda do Guadiana. Mas o mesmo evento permite já aferir da solidez da independência portuguesa. Aprisionado pelo genro, após uma já muito longa vida de constante luta, D. Afonso Henriques terá mostrado sinais de enfraquecimento, dispondo-se a renunciar a todos os seus domínios e senhorios. Ora não podemos razoavelmente atribuir apenas à generosidade de Fernando II que não se tenha aproveitado desse enfraquecimento, limitando-se a exigir dos Portugueses a devolução das terras que entendia caberem a Leão e a Castela. Se Portugal fosse apenas uma criação pessoal do seu primeiro rei, é bem possível que tivesse desaparecido com o aprisionamento deste em Badajoz. Fernando II deve ter entendido que de pouco lhe serviria aproveitar-se da debilidade do sogro; porque por detrás dele se achava uma unidade política que, embora pudesse ser momentaneamente destruída, na primeira oportunidade havia de fazer valer os seus direitos.

O entendimento peninsular não foi afectado prolongadamente pela desinteligência de Badajoz; pois, em 1171, Fernando II socorreu D. Afonso Henriques contra o rei mouro de Sevilha e, mais tarde, em 1184, já depois de ter repudiado sua mulher D. Urraca, o mesmo rei leonês acorreu em defesa de Santarém, atacada pelo sarraceno Iussu.

Quando faleceu D. Afonso Henriques, Portugal achava-se em paz com os vizinhos cristãos – Leão e Castela –, sendo de bom entendimento e aliança as relações com Navarra e Aragão, abrangendo neste reino o condado de Barcelona. E a situação não se modificou radicalmente no decurso do reinado de D. Sancho I. Até depois da morte de Fernando II, e ao suceder-lhe, como rei de Leão, Afonso IX, neto de D. Afonso Henriques, pareciam mais promissoras ainda as perspectivas em relação àquele reino.

Não deixou D. Sancho I de procurar renovar as alianças com o rei de Aragão, seu cunhado, no que não terá sido bem sucedido. E, em 1191, casou a filha, D. Teresa, com o rei de Leão, Afonso IX; após o que se estabeleceu uma liga ofensiva e defensiva entre Portugal, Leão e Aragão. Mas, em 1196, já anulado aquele casamento[20], alterou-se o xadrez peninsular, pela aliança de Portugal, Aragão e Castela contra Leão, que procurou apoio no reino de Navarra e no príncipe mouro Almansor.

Esta aliança com o sarraceno, porém, valeu a excomunhão de Afonso IX de Leão pelo papa Celestino III. Tal excomunhão constituiu, presumivelmente, um triunfo da diplomacia portuguesa. Tanto mais que a bula de excomunhão permitia que D. Sancho I incorporasse na sua coroa tudo quanto pudesse conquistar ao rei de Leão, fosse por que forma fosse. Nesta base, o rei português estendeu os seus territórios para o Norte do rio Minho, até Pontevedra. Entretanto, porém, o rei de Leão conseguiu uma paz separada e uma aliança

---

[20] O casamento de D. Teresa e Afonso IX foi anulado pela Santa Sé em razão de parentesco entre os cônjuges. Admite-se que o interesse do rei de Castela, Afonso VIII, em separar Leão de Portugal, tenha pesado na decisão pontifícia. Foi frequente na época a celebração de casamentos régios, entre parentes próximos, sem dispensa, o que era mais tarde causa, ou servia de pretexto, para as respectivas anulações.

com Castela, o que, compreensivelmente, colocou Portugal em posição difícil. Ainda a diplomacia portuguesa conseguiu, porém, do papa Inocêncio III que este impusesse a neutralidade de Castela quanto aos conflitos entre Leão e Portugal. O Papa aproveitou o momento para recordar a vassalagem portuguesa à Santa sé.

Prosseguindo na política de casamentos peninsulares, D. Sancho I casou o filho e herdeiro D. Afonso com a infanta castelhana D. Urraca, filha de Afonso VIII (1208 ?). Mais tarde, também D. Afonso II casaria a irmã D. Mafalda com o filho de Afonso VIII, D. Henrique (1215); mas este casamento foi anulado, tendo a infanta regressado a Portugal[21].

c) *A Batalha de Navas de Tolosa e a posição portuguesa no enquadramento peninsular*

Afonso VIII de Castela, fortalecido pela protecção de Roma e pelas alianças da França, da Inglaterra e de Aragão, reuniu em Toledo um exército com tropas de vários reinos e nações, a fim de prosseguir contra os Sarracenos uma grande ofensiva, em termos decisivos para a Reconquista peninsular. O empreendimento ganhou foros de cruzada[22]; e o rei castelhano solicitou para ela o auxílio dos reis de Portugal e de Leão, ambos seus genros. O leonês não acorreu ao apelo, ao que parece por pretender aproveitar-se da guerra civil que em Portugal opunha o rei aos partidários das infantas. D. Afonso II enviou algumas tropas em auxílio de Castela; mas, ou por motivo das lutas internas ou por receio dos Leoneses, que delas quereriam colher benefícios, não terá sido volumosa a contribuição portuguesa; e o rei

---

[21] Este casamento da infanta D. Mafalda com o príncipe de Castela, que tinha 11 anos de idade, foi ajustado pelo conde Álvaro de Lara para melhor assegurar o seu domínio político em Castela, com o apoio de D. Afonso II. Para contrariar essa política, Inocêncio III terá instruído os bispos de Burgos e de Valência no sentido de declararem a nulidade do casamento. A infanta regressou a Portugal onde morreu, muito mais tarde, em fama de santidade, tendo sido beatificada em 1793.

[22] No exército reunido se incorporaram, além de muitos prelados espanhóis, os bispos de Bordéus, Narbona e Nantes. E o papa Inocêncio III, em cerimónia soleníssima e pública, a 23 de Maio de 1212, concedeu indulgências plenárias a todos os que concorressem à guerra de Espanha contra os inimigos da fé.

não se deslocou a Toledo nem à zona das operações militares. Nessa base se sustentou mesmo que a presença de soldados portugueses na concentração de Toledo e, depois, no campo de batalha, teria sido de iniciativa particular. Mas é de presumir que a deslocação a Castela de elevado número de cavaleiros e peões portugueses para participarem na campanha tenha sido conhecida, consentida, e até orientada, pelo rei[23].

O exército cristão encontrou-se com o sarraceno em Navas de Tolosa, numa vertente meridional da serra Morena, tendo o combate resultado amplamente favorável para os Cristãos[24]. Esta batalha de Navas de Tolosa (1212) foi da maior influência no seguimento da Reconquista; e, por essa via, Portugal dela muito beneficiou, pelo enfraquecimento geral dos Sarracenos. Mas, como é natural e como frequentemente se verificou na nossa História, as lutas internas impediram uma participação portuguesa mais larga na batalha, prejudicando os efeitos diplomáticos que dela poderiam extrair-se. Parece oportuno assinalar a propósito que o rei de Navarra, pela sua participação, tardia mas decidida, e pessoal, na campanha que culminou em Navas de Tolosa, obteve do rei de Castela a entrega de 15 praças fortificadas.

Razões bastantes, porém, teria D. Afonso II para não se deslocar a Navas de Tolosa, pois pouco depois os Leoneses invadiram Portugal, ocuparam os castelos de Trás-os-Montes e venceram os Portugueses em Valdevez. Mas o rei de Castela, Afonso VIII, também molestado nas suas fronteiras pelos Leoneses, com a força e o prestígio, interno e externo, que lhe advinham da grande vitória obtida sobre os Mouros, impôs a paz, que foi ajustada em Valhadolid (1213), em termos de Leão devolver a Portugal todas as terras que lhe havia ocupado. Ajustou-se seguidamente um encontro entre o rei

---

[23] Cf. *Crónicas...*, de Duarte Nunes de Leão, pp. 119-120, e *Crónica de D. Afonso II*, de António Brandão, cap. III.

[24] Segundo o arcebispo de Toledo, D. Rodrigo, que participou na batalha, nela morreram 200 000 mouros e apenas 25 cristãos. A desproporção parece estranha; mas também resulta do relato que o rei de Castela enviou ao Papa. Consta daquele relato que teriam sido aprisionados 185 000 cavaleiros mouros e mortos 100 000, não havendo número da tropa apeada; e dos cristãos teriam morrido apenas 25 ou 30 (ver Diego Saavedra Faxardo, *Corona Gotica, Castellana y Austriaca*, parte II, pp. 135-138).

de Castela e o de Portugal, a fim de pôr termo aos diferendos existentes entre os dois Estados; mas Afonso VIII morreu a caminho desse encontro, que deveria ter lugar em Plasencia[25]. É de crer que o malogro de tal encontro tenha atrasado a fixação definitiva das fronteiras orientais de Portugal.

3. Presença de Portugal além-Pirenéus

a) Os casamentos régios portugueses no Norte da Europa

O enquadramento português no equilíbrio peninsular não obstou às ligações estreitas com os reinos situados fora da Península. Essas ligações existiram sempre, baseadas na própria origem borgonhesa do conde D. Henrique e na influência que a Abadia de Cluny terá tido na política por ele seguida[26]. Essas ligações devem ter constituído também elemento essencial nas tarefas de conquista e de conservação da independência de Portugal.

Nem o próprio casamento de D. Afonso Henriques terá sido ditado pelo acaso, pelo gosto pessoal ou pelas relações de parentesco. Recentemente reconhecida a separação de Portugal do reino de Leão, era cedo para estabelecer ligações matrimoniais na Península; e, por isso, terá o rei preferido o casamento (1146) com Mafalda, filha do conde de Sabóia, cuja influência na política europeia seria muito acentuada. Os casamentos na Península ficariam para a segunda geração da Casa Real portuguesa[27]. Mas, mesmo depois de consolidada a dinastia, era indispensável manter e alargar as ligações fora da Península.

Tem-se julgado que não obedeceu a preocupações políticas o casamento da infanta D. Teresa, depois conhecida por Matilde, filha mais nova de D. Afonso Henriques, com Filipe, conde de Flandres,

---

[25] Cf. Herculano, *História*..., II, p. 175; Lafuente, *História General de España*, III, p. 375.

[26] Cf. Damião Peres, *Como Nasceu Portugal*, pp. 73 e ss.

[27] Note-se, no entanto, que pouco se sabe do casamento de D. Afonso Henriques; e que os antigos cronistas apontaram D. Mafalda como sendo filha do conde D. Henrique, da Casa castelhana de Lara (ver Duarte Galvão, *Crónica de D. Afonso Henriques*, cap. XXVI; *Crónicas de Cinco Reis de Portugal*, cap. XV).

em 1177. Pelo menos, o rei português não parece ter desejado esse casamento. Ou por não lhe reconhecer vantagens ou por amolecimento do espírito, avesso à separação daquela filha. Mas não é de excluir que, ao tempo, já se conhecessem em Portugal razões de Estado que transcendessem o espírito debilitado de D. Afonso. É de notar que Henrique II de Inglaterra muito diligenciou tal casamento, para contrariar as pretensões do rei de França, Filipe Augusto, ao condado de Flandres, por falta de descendência do conde Filipe. E é provável que esta aliança tivesse interesse para Portugal, pelo relevo comercial, cultural e até militar que a Flandres oferecia[28].

Para que esta implantação portuguesa na Flandres tivesse continuidade, a infanta D. Teresa, já viúva e sem filhos, negociou e conseguiu o casamento da herdeira do condado, Joana, filha do imperador Balduíno, com um sobrinho, D. Fernando, filho de D. Sancho I. Este infante D. Fernando, celebrizado na história da Europa sob a designação de «conde Ferrand», foi o herói da Batalha de Bouvines (1214), embora nela vencido, e deixou fama de avisado administrador do condado de Flandres[29].

D. Afonso II terá retomado a política de casamentos no Norte da Europa ao ajustar o de sua irmã Berengária, ou Berengela, com Valdemar II, rei da Dinamarca (1214). A menos que este casamento se tenha realizado à margem da política real; o que também é verosímil, sendo de ponderar que as atitudes do rei D. Afonso II em relação às irmãs não tornariam o enlace muito atraente para a Coroa

---

[28] António Brandão refere que das 50 naus de cruzados, que, em 1188, aportaram a Lisboa, 28 eram da Flandres e teriam, segundo alguns, sido mandadas pelo conde Filipe em auxílio do cunhado, o rei D. Sancho, para a conquista de Silves (ver *Crónica de D. Sancho I*, cap. VII). Referem também as crónicas estranhas que D. Afonso Henriques fez acompanhar a filha à Flandres de grande comitiva de cavaleiros, tendo-a provido de ricas baixelas, jóias e vestidos recamados a ouro, a ponto de o fausto da princesa ser julgado excessivo pela gente do Norte (ver Gonzaga de Azevedo, *História de Portugal*, IV, p. 150).

[29] Este príncipe português ficou prisioneiro do rei de França durante 12 anos, tendo sido submetido a muitas humilhações. Conseguiu, finalmente, ser libertado, por intercessão do papa Honório III e pela tenacidade de sua mulher, a condessa Joana, que às súplicas aliou uma elevada soma oferecida ao rei francês. Não consta que a Corte portuguesa se tenha interessado pelo príncipe durante o seu longo cativeiro, parecendo menos convincente o que afirma Frei António Brandão quanto a ter contribuído D. Afonso II, com dinheiro, para que o irmão fosse libertado (ver *Crónica de D. Afonso III*, cap. XXXVI).

dinamarquesa[30]. Valdemar II era um rei poderoso que, ao casar com a infanta portuguesa, dominava já boa parte da Prússia, Lubeque e Danzig. Seguidamente derrotaria os Estónios na Batalha de Arvel (1219), no decurso da qual caiu do céu o estandarte nacional, o Daneborg, em resposta às preces dos bispos dinamarqueses – segundo as velhas crónicas do tempo. Berengária morreu poucos anos depois, possivelmente em batalha, ao lado do marido, dela tendo ficado memórias lendárias que lhe atribuem a designação de «Anjo da Noite» – Beengjierd –, além de larga descendência real[31]. E o rei viúvo, Valdemar II, ao querer casar o filho mais velho, também Valdemar, havido do matrimónio com Margarida da Boémia, procurou-lhe noiva em Portugal. Assim, D. Leonor, filha de D. Afonso II, ocupou, na Dinamarca, a coroa que fora de sua tia Berengária. Leonor, porém, não deixou descendência, e, por isso, a sucessão na Coroa dinamarquesa ficou aberta aos filhos de Berengária[32].

b) Os infantes portugueses emigrados

São bem conhecidas as questões suscitadas entre D. Afonso II e os irmãos, por entender que o pai fora muito generoso para estes no seu testamento. Importará referi-las aqui por terem originado, segundo se supõe, a saída do Reino de dois dos infantes, que no estrangeiro muito se distinguiram, e cuja acção teve influência na política externa portuguesa.

Um desses infantes foi o já referido D. Fernando, ou «conde Ferrand», que, após a morte do pai, D. Sancho I, se retirou para França, onde ficara a viver sua tia, condessa viúva de Flandres, por influência da qual terá casado com a herdeira do condado, filha de Balduíno, imperador de Constantinopla. Outro dos infantes emigra-

---

[30] Admite-se que o casamento da infanta na Dinamarca tenha sido tratado por sua tia Teresa, ou Matilde, condessa da Flandres. É de notar que as crónicas dinamarquesas se referem à rainha Berengela como sendo princesa de rara formosura e irmã de Fernando, conde da Flandres, omitindo, assim, o nome do pai.

[31] e [32] Cf. D. José Barbosa, *Catálogo... das Rainhas de Portugal e Seus Filhos*, pp. 137 e ss.; D. António Caetano de Sousa, *Historia Genealogica...* I, pp. 125 e ss.; Luciano Cordeiro, *Berengella e Leonor, Rainhas da Dinamarca*, Lisboa, 1893.

dos foi D. Pedro, que se instalou na corte de Leão, onde convenceu o rei Afonso IX a intervir em Portugal em favor das infantas, desavindas com D. Afonso II. Malograda esta intervenção, D. Pedro passou a África, onde serviu o emir de Marrocos e resgatou os despojos dos cinco franciscanos conhecidos por «santos mártires de Marrocos», trazidos para Coimbra. Tendo herdado de sua mulher o condado de Urgel, o infante D. Pedro cedeu-o ao rei de Aragão a troco do senhorio das ilhas Baleares, recém-conquistadas aos Mouros, em regime de feudo e a título de rei. Acabou mais tarde por trocar o seu reino das Baleares por várias terras e fortalezas em Valência, também de recente conquista. O infante D. Pedro apoiou junto do papa Inocêncio IV o plano de deposição do seu sobrinho D. Sancho II.

c) Um projecto de aliança com a Inglaterra

Desde o tempo de D. Afonso Henriques que deviam ser estreitas as relações com a Inglaterra. Pelo menos desde o auxílio dos cruzados ingleses na conquista de Lisboa, de que foi primeiro bispo um deles, Gilberto, «virtuoso homem», «de muito boa vida e costumes e leterado em degredos»[33]. Em tempo de D. Sancho I também cruzados ingleses o auxiliaram na conquista de Silves, sem terem deixado recordações muito gratas pelos motins sangrentos que envolveram o povo de Lisboa e os ingleses que vinham na armada, entre os quais haveria «muitos malfeitores, gente perversa e mal disciplinada, «afeiçoados a roubos e insultos»[34]. Não seria esta a última vez que tropas aliadas deixariam má memória em Portugal.

Foi também no tempo de D. Sancho I que se esboçou o primeiro movimento no sentido de uma aliança com a Inglaterra.

A subida ao trono inglês de João Sem-Terra (1199) suscitou reacções da parte de alguns barões franceses vassalos do rei de Inglaterra, que no Continente possuía a Normandia, o Poitou, o Maine, o Anjou e a Touraine. E essas reacções, naturalmente inspiradas pelo

---

[33] Cf. Duarte Galvão, *Crónica de D. Afonso Henriques*, cap. XXXIX.
[34] Cf. António Brandão, *Crónica de D. Sancho I*, cap. XIV.

rei de França, Filipe Augusto, provocaram uma guerra entre ingleses e franceses, a que pôs termo o tratado de 1200, no qual se ajustou o casamento da infanta castelhana D. Branca com o herdeiro do trono de França. Embora tal casamento fosse do agrado da Inglaterra, até porque a infanta era filha de uma princesa inglesa, João Sem-Terra parece ter receado que ele viesse a facilitar, no futuro, uma aliança entre a França e Castela susceptível de prejudicar os interesses ingleses. É nesta conjuntura que a Inglaterra julga conveniente assegurar-se de um apoio em Portugal, por forma a neutralizar Castela, numa eventual contenda. Para isso, enviou João Sem-Terra a Portugal uma luzida embaixada, de que fazia parte o bispo de Lisieux, com a incumbência de propor o casamento do soberano inglês com uma das infantas portuguesas. Mas, enquanto a embaixada procurava desempenhar-se da sua missão, João Sem-Terra, cujo primeiro casamento já fora anulado, casou-se com a filha do conde de Angoulême; e assim se desfez o projecto de matrimónio em Portugal[35]. É de assinalar ter sido esta, por certo, a primeira vez que a política inglesa considerou a hipótese de uma aliança anglo-portuguesa como factor de um equilíbrio favorável à Inglaterra no Continente europeu.

4. Ameaças à sobrevivência política de Portugal

a) *As intervenções estrangeiras na guerra civil do século XIII*

A guerra civil, originada na questão das infantas e reacendida pelas «inquirições», que faziam recear muitos poderosos pela permanência na posse das terras havidas da Coroa, alastrou-se por todo o reinado de D. Afonso II. A essa guerra civil não foram alheias as intervenções estrangeiras, estimuladas em Leão pelo infante D. Pedro, que, desavindo com o rei seu irmão, aí se fixara, e pelo bastardo de D. Sancho I, Martim Sanches, tão poderoso na fronteira setentrional que aí chegou a governar as regiões de Tui e de Límia, por incumbência do rei leonês. Martim Sanches, talvez por iniciativa própria

---

[35] Cf. Herculano, *História*..., II, pp. 85 e ss.; Lafuente, *História General de España*, III, p. 347; Edgar Prestage, *A Aliança Anglo-Portuguesa*, p. 6.

mas certamente com consentimento do rei de Leão, entre 1220 e 1222, buscando razão em supostas violações de fronteira, atravessou o rio Minho com os seus homens de armas e trouxe a guerra a Portugal, favorecendo os contrários do rei português e devastando as terras de Entre Douro e Minho e de Trás-os-Montes. Regressados os leoneses à Galiza, segundo parece por D. Afonso II ter reparado as injúrias que lhe eram imputadas, o rei de Leão manteve ainda em seu poder o castelo de Chaves, como garantia das restituições devidas às infantas.

b) As desinteligências com a Igreja

É de crer que o rei de Leão agisse de concerto com o Papa, que poderia invocar várias razões para intervir na questão com as infantas portuguesas; entre elas a de ter sido encarregado por D. Sancho I de executar o seu próprio testamento. Tanto mais que o bispo de Lugo e o deão de Compostela, juntamente com o bispo de Burgos, constituíam o tribunal que recebera do papa Honório III o encargo de solucionar os litígios com as infantas.

O mesmo papa Honório, em reacção contra as violências de D. Afonso II, não só relativamente às infantas mas ao clero em geral e ao arcebispo de Braga muito especialmente[36], acabou por expedir a bula *Et si venerabili*, de 16 de Junho de 1222, na qual ameaçou o rei de Portugal de absolver os seus vassalos do vínculo de fidelidade e de entregar o Reino aos príncipes ou nobres que dele quisessem apoderar-se, legitimando esse acto para todo o sempre. A ameaça pontifícia punha em causa, obviamente, o próprio reconhecimento do Reino, pois ela não se limitava a excluir dos seus direitos D. Afonso II, em cujo caso deveria seguir-se a ordem de sucessão à Coroa, não sendo colocado o Reino, como *res nullius*, ao alcance do príncipe ou nobre que o quisesse alcançar. Mas, entretanto, morreu D. Afonso II; caberia ao seu sucessor, D. Sancho II, solucionar o conflito.

---

[36] Já no tempo de D. Sancho I as desinteligências com o clero local, especialmente com o bispo do Porto, se tinham reflectido em graves desentendimentos com Roma.

O novo rei, tendo subido ao trono apenas chegado à puberdade, e achando-se o Reino interdito, iniciou negociações orientadas no sentido de solucionar os conflitos com a Igreja e com as infantas. E, através destas negociações, a todas as exigências a Coroa portuguesa anuiu. Sendo deplorável a situação da Igreja portuguesa, em consequência das prolongadas e violentas lutas, o papa Gregório IX expediu diversas bulas pelas quais foram tomadas providências quanto às desordens mais flagrantes. E, em 1228, enviou como seu legado o cardeal João de Abbeville, que reformou a disciplina eclesiástica em Portugal.

A debilidade do rei não permitiu à diplomacia portuguesa aproveitar a oportunidade que se lhe apresentou para evitar a união das Coroas de Leão e de Castela, na base do testamento de Afonso IX[37]. A mesma debilidade terá impedido D. Sancho II de usar da disciplina que o entendimento com Roma reclamava. Reacenderam-se as lutas com o clero que vinham do reinado anterior. Até um irmão do rei, D. Fernando, senhor de Serpa, participava activamente das violências.e arbitrariedades. Em 1238, o papa Gregório IX, pela bula *Siquam horribile* interditou novamente o Reino. Em face da pressão de Roma, D. Sancho II cedeu outra vez, atribuindo amplas reparações ao clero, especialmente ao bispo do Porto, que seria o mais agravado. Entretanto, as perturbações resultantes da oposição entre o Papado e o imperador da Alemanha diminuíram a capacidade de decisão e de intervenção da Igreja em relação a Portugal, onde se foram agravando as condições internas, pelas violências tanto dos homens do rei como dos clérigos, muitas vezes desligados de obediência aos seus bispos por incitamento das autoridades temporais, que se arrogavam competência para conhecer de questões eclesiásticas. E não havia em Portugal poder que travasse as devastações dos bandos que impunemente infestavam todo o território.

---

[37] Pelo seu testamento, Afonso IX deixou às filhas, Sancha e Dulce, o reino de Leão, excluindo o filho Fernando, que já era rei de Castela. Este testamento poderá ter-se baseado exclusivamente em razões sentimentais, originadas nas lutas que Afonso IX travou com o filho. Mas também é de admitir que o rei tenha entendido conveniente, conforme declarou, a separação dos dois reinos. Ocorrerá discutir se um testamento poderia alterar a ordem da sucessão ao trono. Mostraram-se oscilantes em tal matéria os reinos da Reconquista, herdeiros do Império visigótico, cuja monarquia era electiva. E, assim, a indicação em testamento

c) **Os aspectos externos da deposição de D. Sancho II e da tomada do Poder pelo infante D. Afonso**

Neste ambiente geral de desordem resolveu o rei contrair matrimónio com D. Mécia Lopes de Haro, filha do senhor da Biscaia e viúva do conde Álvaro Peres de Castro. Tão desconcertado pareceu este casamento do ponto de vista dos interesses portugueses que ele chegou a ser posto em dúvida; se realmente se realizou[38], terá contribuído, presumivelmente, para a perda de D. Sancho II.

A deposição deste rei constitui tema do maior interesse, do ponto de vista político como do ponto de vista jurídico, sobretudo pelo que respeita à apreciação, em concreto, do problema da ilegitimidade pelo exercício de um poder cuja legitimidade de origem não oferecia dúvidas. Mas interessa aqui considerar a questão apenas quanto aos seus aspectos externos.

Esses aspectos acham-se ligados à presença em França do infante D. Afonso, irmão de D.Sancho II, e que, à semelhança de seus tios, D. Pedro e D. Fernando, deixara Portugal. Sempre os emigrados a cuja fixação no estrangeiro possa ser atribuído motivo político ofereceram riscos para os detentores do Poder.

D. Afonso, beneficiando em França da protecção da tia D. Branca de Castela, mãe do rei São Luís, ali adquiriu uma posição de prestígio e riqueza, alcançada, em parte, pelo seu casamento com a condessa de Bolonha, Matilde. E a influência da Casa Real francesa em Roma terá contribuído para a ascensão política do infante, apresentada como alternativa para solução dos problemas portugueses.

Já em 20 de Março de 1245 o papa Inocêncio IV, pela sua bula *Inter alia desiderabilia* dirigira a D. Sancho II uma advertência séria, pois, descrevendo a situação de Portugal em termos sinistros, imputava a mesma à incúria do próprio rei. Nesse mesmo ano, no decurso dos meses de Junho e Julho, Inocêncio IV reuniu na cidade francesa de Lião um concílio em que depôs o imperador Frederico II da

---

poderia interpretar-se como sugestão aos grandes eleitores (cf. Martínez Marina, *Ensayo*..., §§ 65 a 71; Gama Barros, *História* .... I, pp. 626 e ss.). Sempre os testamentos dos reis peninsulares, quando visaram questões de sucessão à Coroa, suscitaram dúvidas, pretensões e conflitos, algumas vezes sangrentos.

[38] Cf. Visconde de Santarém, *Quadro Elementar* .... IX, p. 144.

Alemanha, que estava assolando as terras da Igreja. E, já depois de encerrado este concílio, o Papa, pela bula *Grandi non immerito*, de 24 de Julho, depois de recordar a situação portuguesa, que novamente imputou ao rei, e o seu dever de acudir aos reinos cristãos, muito especialmente ao de Portugal, «como censual da Cúria Romana», afirmou o seu propósito de cometer a restauração portuguesa a pessoa dotada de actividade e prudência. Essa pessoa – acrescenta-se na bula referida – não poderia ser outra senão o conde de Bolonha, irmão do rei e seu sucessor, no caso de ele morrer sem filhos. Pelo que determinava o Pontífice que os Portugueses em tudo obedecessem ao conde de Bolonha, que era o infante D. Afonso, sem por isso deixarem de honrar o rei e respeitar-lhe a vida. Assim, o Papa depôs D. Sancho II da governação do Reino sem bulir na sua realeza. E também não declarava o Reino *res nullius*, à disposição de quem quisesse ocupá-lo, como já fizera um seu antecessor[39]. Pelo contrário, indicava um regente. É de notar que pela bula de deposição de D. Sancho II se atribui uma posição particular a Portugal, entre os demais reinos cristãos, em razão do censo, da vassalagem, de 1143.

Depois de designado como regente pelo Papa, D. Afonso encontrou-se em Paris com o arcebispo de Braga, o bispo de Coimbra e diversos outros eclesiásticos e cavaleiros, que lhe foram pedir garantias quanto ao seu futuro governo. O infante jurou então observar os antigos foros e costumes da Nação, governar bem e com inteireza, ser obediente à Sé romana e consultar lealmente os prelados sobre as matérias de interesse público. Nesta promessa se consubstanciam todas as outras, como a de nomear juízes rectos, de punir magistrados prevaricadores, de aplicar aos homicidas o rigor das leis, etc. De assinalar são também os propósitos expressos em tal juramento nos termos seguintes: «que não prevaleça a ousadia dos maus, que a cada um seja dado o que é seu, sem haver nisto respeito a grandes ou pequenos, pobres ou ricos»[40]. A circunstância de o juramento ter sido imposto pela Igreja já provocou, por vezes, da parte de alguns sectores, sobretudo no século XIX, reacções que levaram a menosprezar, ou não dar o relevo devido, a tal documento.

---

[39] Cf. *supra*, alínea b).
[40] Cf. Frei António Brandão, *Crónica de D. Sancho II*, cap. XXVII,

Mas trata-se de elemento fundamental para a História da limitação dos poderes dos governantes na Idade Média portuguesa. À parte as prováveis vantagens que o clero tenha colhido da situação, vantagens próprias de todos os triunfadores, mesmo ocasionais, depara-se-nos no juramento de D. Afonso um rudimento de Constituição política, embora naturalmente muito diversa das que foram inspiradas no enciclopedismo setecentista. Já antes os príncipes portugueses teriam jurado observar e fazer observar os bons costumes, foros e liberdades das comunidades, dos cavaleiros, de todo o povo e do clero, em cumprimento de um pacto tradicional entre a coroa e os vassalos, posto que as Cortes de Lisboa de 1439 aludem ao juramento dos reis como a um costume antigo. Mas é de notar também que a prestação de tal juramento não constituía para o rei um dever imediato. No século XIV costumavam os povos requerer esse compromisso em Cortes. E, assim, é bem possível que o juramento prestado por D. Afonso em Paris, previamente em relação à tomada do Poder, ofereça aspectos inovadores. E de forma, ao menos, por certo os terá, pois não é crível que estivessem nos usos compromissos tão extensos e circunstanciados dos governantes.

O regente foi bem acolhido em Lisboa[41], em Santarém e noutras terras. Mas a resistência dos partidários do rei nalguns castelos abriu um novo período de guerra civil, que durou até à morte de D. Sancho, em 1248. E conforme havia de tornar-se crónico nas contendas entre portugueses, ambos os partidos receberam apoios externos. Com efeito, D. Sancho foi auxiliado por Fernando III de Castela, que em seu socorro enviou tropas a Portugal, sob o comando de seu filho, o futuro Afonso X, o Sábio. O regente, porém, expôs aos Castelhanos a sua situação de mandatário do Papa; e o arcebispo de Braga deu também a conhecer ao infante de Castela as determinações pontifícias, em face das quais a invasão castelhana constituiria um desafio à autoridade da Igreja. Ou porque os argumentos se mostrassem convincentes, ou porque os terá movido o escasso poder

---

[41] Este bom acolhimento terá influído na preferência do rei « bolonhês» por Lisboa, onde fixou a Corte. E este facto também não foi indiferente do ponto de vista da política exterior, pois o engrandecimento de Lisboa, acentuado a partir de então, se prende com mais frequentes contactos com os países além-Pirenéus, cujo melhor acesso era por mar (cf. Veríssimo Serrão, *História...*, I, pp. 142 e ss.).

dos partidários de D. Sancho, os Castelhanos deixaram de intervir na contenda, limitando-se a dar asilo em Toledo ao rei português, que ali morreu pouco depois.

5. **Contendas com Castela em relação à margem esquerda do Guadiana e ao Algarve**

Tendo o rei de Castela conquistado Sevilha aos Mouros, logo D. Afonso III se empenhou no domínio definitivo do Algarve, cujas praças ainda em poder dos Sarracenos já se achavam isoladas da Andaluzia, desde que D. Sancho II ocupara as duas margens do Guadiana, embora esse isolamento fosse, apesar de tudo, relativo, porquanto a ocupação efectiva, tanto dos cristãos como dos muçulmanos, respeitava quase apenas aos castelos e às povoações muralhadas, mais ou menos distanciados uns dos outros.

A conquista de Sevilha constituíra um novo grande golpe desferido no poder sarraceno, que tornava admissível uma expansão de Castela no sentido ocidental, susceptível de separar Portugal da costa algarvia. Impunha-se, por isso, aos Portugueses atingirem rapidamente, e em condições definitivas, toda a orla marítima, desde o cabo de São Vicente até à foz do Guadiana, pelo menos. O empreendimento foi bem sucedido. Mas teve sérias implicações de ordem externa, que tornaram duvidoso, durante bastantes anos, o domínio do Algarve[42].

Com efeito, a Ordem de Sant'Iago, fortemente implantada no vale do Sado, fora a grande triunfadora das conquistas do Algarve. E esta Ordem tinha a sua sede em Castela, de cujo rei se achava dependente, pelo que o monarca castelhano reivindicava tais conquistas. A questão vinha despertar as atenções para a necessidade de uma «nacionalização» das ordens militares, que se operaria com o rei D. Dinis. À posição da Ordem de Sant'Iago acrescia que o rei mouro de Niebla colocara as terras algarvias a oeste do Guadiana, quando, aliás, já nem as possuía, na dependência pessoal do príncipe castelhano D. Afonso. O rei de Portugal protestou pelo facto junto do rei

---

[42] Cf. Visconde de Santarém, *Quadro Elementar...*, I, pp. 104 e ss.

de Castela, Fernando III; mas, tendo sido atacado pelas tropas do príncipe, parece ter reconhecido aquele «protectorado», por um acordo de tréguas de 1250. Este acordo, porém, foi quebrado, porquanto, logo no ano seguinte, os Portugueses ocuparam diversas vilas andaluzas, a leste do Guadiana; e, por essa época, o Algarve achava-se de facto submetido às armas portuguesas. Por isso, em 1252, após a morte de Fernando III, já o filho Afonso X, o Sábio, entrou de novo em luta contra o rei de Portugal. Mas o papa Inocêncio IV, pela sua bula *Inspeximus*, ofereceu aos dois reis a sua mediação, em Janeiro de 1253. Nas pazes pouco depois acordadas em Chaves, em Maio do mesmo ano, ajustou-se o casamento, logo celebrado, de D. Afonso III com D. Beatriz, filha de Afonso X[43]. Quanto ao Algarve e às terras ocupadas a leste do Guadiana, o rei português cedeu o seu domínio ao rei castelhano, até que o primeiro filho havido de D. Beatriz completasse sete anos de idade. A partir de então caberia à Coroa portuguesa o domínio pleno do Algarve e das praças de Moura, Serpa, Arôche e Aracena. D. Afonso III houve de D. Beatriz sete filhos, cinco dos quais passaram da idade de sete anos; entre eles, o infante D. Dinis, que havia de suceder a seu pai. E, assim, o domínio pleno do Algarve e das praças referidas, com excepção de Arôche e Aracena, a que Portugal renunciou pelo Tratado de Badajoz (1267), deixou de oferecer dúvidas. A partir de 1268, D. Afonso III passou a intitular-se rei de Portugal e dos Algarves[44].

Mas o domínio do Algarve, assente no casamento de D. Afonso com D. Beatriz, havia de suscitar novas perturbações. Porque se mantinha o vínculo matrimonial entre o rei e a condessa de Bolonha, a qual continuou a viver em França, nunca terá estado em Portugal, mas só faleceu em 1258. Pelo que, mantendo-se o primeiro matrimónio válido, o rei de Portugal se encontrou na situação de bígamo, que, dado o relevo da condessa na Corte francesa, dificilmente se

---

[43] Segundo o cronista espanhol Alonso Nuñez de Castro (cf. *Corona Gotica, Castellana y Austriaca*, parte III, p. 94), D. Afonso III teria casado com D. Beatriz para impedir que Afonso X apoiasse D. Sancho II. Mas é necessariamente fantasiosa a explicação, posto que D. Sancho II faleceu cinco anos antes, em 1248.

[44] Convirá ter presente que D. Sancho I já ocupara, anos antes, boa parte do Algarve, depois novamente na posse dos Mouros, circunstância que poderá contribuir para remover fundamento aos direitos que o rei castelhano se arrogou.

admite que quer o Papa quer o rei de Castela desconhecessem. Mas, a pedido da condessa de Bolonha, o papa Alexandre IV determinou a separação de D. Afonso e de D. Beatriz. Não sendo obedecido, o Papa sujeitou a interdito os lugares do Reino onde D. Afonso se encontrasse. E tais sanções mantiveram-se mesmo depois do falecimento da condessa D. Matilde. Até que, em 1263, após longas negociações, a cargo dos bispos de Lisboa e de Coimbra, e tendo D. Afonso III recorrido ao valimento de São Luís, rei de França, e do rei de Navarra, o papa Urbano IV levantou o interdito.

TÍTULO II
Do Algarve a Ceuta

1. Fixação das fronteiras portuguesas

a) *A pacificação do rei D. Dinis*

Apesar do juramento de Paris de 1245, questões graves opuseram ainda D. Afonso III ao clero, especialmente ao bispo do Porto, cuja cidade as tropas do rei ocuparam. Depois, julgando-se os bispos agravados pelas novas inquirições de 1258, delas reclamaram para o rei, sendo, em razão disso, por ele maltratados. Novamente o episcopado português dirigiu ao Papa um violento libelo contra as arbitrariedades e injustiças cometidas pelo rei. Este tentou opor aos bispos uma declaração solene dos concelhos do Reino, na qual se defendiam os actos da Coroa e se elogiava a sua administração. Era pelo menos duvidosa a liberdade dos municípios na defesa do rei; e merece ser sublinhada esta tentativa da Coroa de contrapor ao clero os concelhos, que o poder central melhor dominava. A questão arrastou-se; e as hesitações da Santa Sé devem ter contribuído para maiores violências dos oficiais do rei. Até que a bula pontifícia *De Regno Portugaliae*, de 4 de Setembro de 1275, denunciou a falta de cumprimento das promessas do Bolonhês e impôs a emenda e a reparação dos danos e das injúrias, sob pena de interdito do Reino e quebra dos vínculos de fidelidade dos súbditos em relação ao rei. Mas, entretanto, foi elevado ao solo pontifício Pedro Julião, ou Pedro Hispano, o papa português, que tomou o nome de João XXI, o qual se mostrou menos favorável a soluções de dureza, sem prejuízo das recomendações firmes que fez ao rei de Portugal[45]. Com o falecimento de João XXI, porém, foi lançado o interdito sobre o Reino e o rei excomungado. Só no seu leito de morte (1278) D. Afonso III acabaria por ceder, prometendo, sem restrições, acatar a vontade da Santa Sé, restituindo o que usurpara e reparando os prejuízos causados.

Estes conflitos prolongados entre o poder real e o clero deixaram fortes laivos anticlericais na vida portuguesa. Sem, contudo, afectarem a fé religiosa do povo português, nem as linhas mestras da política portuguesa em relação a Roma, nem o sentido ecuménico nacional de raiz cristã. Mas talvez aqueles conflitos tenham contribuído para comunicar aos portugueses uma atitude própria em relação à Igreja e às autoridades eclesiásticas que distingue Portugal dos outros países católicos. Possivelmente com excepção do Brasil, por ser este herdeiro do património cultural comum.

A paz religiosa e a paz civil foram restabelecidas, ou estabelecidas, pelo rei D. Dinis. Este monarca iniciou uma nova fase da vida portuguesa. É compreensível. A guerra com os Mouros findara; com eles deixara Portugal de ter fronteiras. E o novo rei podia lançar-se às tarefas da paz, beneficiando para isso da cuidada preparação recebida dos mestres, uns portugueses outros estrangeiros, e, provavelmente também, dos contactos havidos com seu avô, o rei Afonso X, o Sábio[46].

---

[45] Cf. José de Castro, *Portugal em Roma*, I, pp. 34 e ss. Procurando propiciar João XXI a seu favor, D. Afonso III julgou conveniente enviar junto dele como embaixador um tal Gil Robalo, que era parente próximo do Papa (ver Frei António Brandão, *Crónica de D. Afonso III*, cap. XLII).

[46] Pouco afortunado na sua governação, Afonso X, dito o Sábio, apresenta-se-nos como um dos espíritos mais cultos da Idade Média. Foi o legislador do *Fuero Real de España* e das *Siete Partidas*, que não se limitou a mandar compilar; foi autor da *Crónica General de España*; compôs as poesias reunidas nas *Cantigas de Santa Maria* e nas *Querellas*; supõe-se ser ele o autor de uma obra filosófica, *El Tesoro*; colaborou, pelo menos, na composição das *Tablas Astronomicas*; e é ele o autor de um *Libro de Ajadrez, Dados y Tablas*, em que recolheu, traduziu, adaptou e ampliou numerosos textos árabes sobre o jogo de xadrez e outros. No prólogo deste último livro, Afonso X fixa os traços gerais de uma filosofia do emprego dos «tempos livres», que tanto preocupa os contemporâneos. É admissível que Afonso X tenha tido influência na formação cultural do rei D. Dinis, filho da filha preferida. Pelo menos em Maio de 1266 há notícia de D. Dinis se ter encontrado com o avô em Sevilha.

Iniciou D. Dinis as negociações com a Santa Sé logo que subiu ao trono; mas, provavelmente pelas frequentes mudanças de Pontífice que então se verificaram, tais negociações prolongaram-se por muitos anos. Este prolongamento das negociações, em ambiente pacífico, dá ideia de que as desordens dos reinados anteriores se não mantiveram. De resto, é sabido que D. Dinis desde o primeiro momento do seu governo se empenhou numa rigorosa e pronta aplicação da justiça. Em 1289 concluiu-se, finalmente, a concórdia com a Igreja, em 40 artigos, cada um dos quais inclui queixas do clero e as respostas a essas queixas dadas pelos procuradores do rei. Esta sistematização acha-se de harmonia com os artigos das Cortes, que tanto em Portugal como nos outros reinos peninsulares, como, aliás, nos Estados Gerais franceses, abrangiam as queixas dos povos e as respostas a elas dadas pelo rei. Os representantes do clero declararam-se satisfeitos com as respostas e os artigos da concórdia acabaram por ser aprovados pela bula *Cum olim*, de 7 de Março. É possível que D. Dinis tenha beneficiado, nas negociações com Roma, de um certo afrouxamento do poder do Papado. Os artigos desta concórdia de 1289 ficaram por muito tempo incorporados no Direito Público português, achando-se ainda reproduzidos nas *Ordenações Afonsinas*.

b) *O Tratado de Alcanises*

A pacificação de D. Dinis respeita, fundamentalmente, à Igreja e à disciplina interna. Porque as relações com Castela foram tensas desde a subida ao trono de D. Dinis. Apesar de ali reinar seu avô, Afonso X. Talvez por desinteligências entre o rei português e sua mãe, D. Beatriz, que foi viver para Sevilha, junto do pai. Aquelas relações com Castela agravaram-se ainda depois da morte de Afonso X, cujos últimos anos de reinado já suscitavam dúvidas quanto ao destino dos seus reinos de Castela e de Leão. E é bem possível que essas dúvidas tenham levado D. Dinis a aproximar-se do reino de Aragão, com a filha de cujo rei, D. Isabel, a Rainha Santa, casou.

Os sucessores de Afonso X, Sancho IV e Fernando IV, puseram novamente em causa o domínio sobre as terras a leste do Guadiana. E D. Dinis, aproveitando a extrema confusão em que se achava o reino vizinho, decidiu apoiar as pretensões do infante D. João, tio do rei Fernando IV. Em 1 de Agosto de 1295, o rei de Portugal declarou a guerra a Castela, enviando mensageiros com essa declaração a Valhadolid, onde o rei castelhano reunira Cortes[47]. Castela cedeu e, em Outubro desse ano, D. Dinis recebeu as vilas de Mourão, Serpa e Moura, assim como o castelo de Noudar. Mas Fernando IV, para evitar a guerra num momento difícil, prometera ainda a entrega aos Portugueses de Arôche e Aracena, não tendo cumprido essa promessa. Por isso, no ano seguinte, D. Dinis aliou-se com seu cunhado, Jaime de Aragão, contra Castela. Os Aragoneses e os Portugueses fizeram esta aliança em apoio do infante D. João, pretendente ao trono de Leão, e de D. Afonso de Lacerda, pretendente ao trono de Castela. Visava-se, assim, uma nova separação dos reinos de Castela e de Leão, ultimamente sob o mesmo ceptro.

D. Dinis, no decurso da guerra travada, chegou a ocupar Cidade Rodrigo, Salamanca, Simancas e muitas outras terras, entre elas as de Ribacoa e a vila de Campo Maior, sobre as quais Portugal tinha, ou pretendia ter, direitos. Mas em 1297 o rei português recebeu propostas de paz, na base das quais se celebrou, a 12 de Setembro, o Tratado de Alcanises[48].

Por este tratado foi estabelecida uma paz de 40 anos, na base da amizade e da defesa mútuas, comprometendo-se os signatários a serem «verdadeiros amigos de amigos e inimigos de inimigos» e não permitirem que os vassalos rebeldes de qualquer dos reinos vizinhos fossem acolhidos no outro. Em consequência de tal acordo, D. Dinis abandonou a aliança contra Castela e ajustou o casamento de sua filha Constança com Fernando IV e o de uma irmã deste, Beatriz, com seu filho, o futuro Afonso IV.

Em Alcanises foi reconhecido a Portugal o domínio sobre as vilas e termos de Sabugal, Alfaiates, Castelo Rodrigo, Vilar Maior, Castelo Bom, Almeida, Castelo Melhor e Monforte – em suma, as

---

[47] Não terão sido muito frequentes na época declarações de guerra tão formais como esta. A guerra apresentava-se, as mais das vezes, como situação de facto, não precedida de aviso prévio. Até parece que neste caso D. Dinis usou de tal formalidade por considerar provável uma composição, que, efectivamente, teve lugar; e que, é de crer, fosse mais difícil depois de iniciadas já as hostilidades.

[48] Cf. Visconde de Santarém, *Quadro Elementar...*, I, pp. 121 e ss.

terras de Ribacoa, na Beira⁴⁹; e de Olivença, Ouguela, Campo Maior e São Félix, no Alentejo. As terras de Arôche, Aracena, Aiamonte e Valência de Alcântara foram reconhecidas como domínios de Castela. Tais são os termos fundamentais do Tratado de Alcanises, pelo qual ficaram assentes as fronteiras de Portugal no Continente europeu e que deve considerar-se um grande triunfo diplomático do governo de D. Dinis, baseado em sucessos militares que, por sua vez, foram possíveis pelo clima de paz interna que se conseguira e a que a concórdia de 1289 dera expressão jurídico-política. Aquela paz interna permitiu aproveitar as perturbações vizinhas para firmar os direitos de Portugal e para situar D. Dinis na posição de árbitro dos destinos dos reinos hispânicos, pois coube-lhe posteriormente solucionar pendências entre os reis de Castela e de Aragão. Designadamente, foi D. Dinis, como árbitro, que, em Campillo, atribuiu Alicante ao reino de Aragão. Através do novo concerto de paz peninsular, parece que o rei português ainda terá tentado reservar o reino da Galiza para o seu antigo aliado, o infante D. João, a fim de reduzir o bloco vizinho Leão-Castela. Mas esse propósito malogrou-se. E, de então para cá, Portugal teve de contar com um só país limítrofe nas suas fronteiras da Europa.

2. Base nacional do poder político

a) *A nacionalização das ordens militares*

A extinção da Ordem dos Templários em Portugal, pela sua origem externa como pelas suas implicações internacionais, merece aqui uma referência.

A missão originária desta Ordem parecia ter findado pela desistência cristã de conquista da Terra Santa⁵⁰; e os Templários apresen-

---

⁴⁹ Cf. Duarte Nogueira, *Riba-Coa e a sua Ligação Histórica ao Reino de Portugal*, Braga, 1982.

⁵⁰ A Ordem Militar dos Templários fora instituída em Jerusalém, no ano de 1118, e confirmada pelo papa Honório II, em 1128. Tinha a Ordem por fim a guarda do Santo Sepulcro e por casa principal o Templo de Jerusalém. Através dos tempos, a Ordem foi prestando serviços em vários reinos; e assim em Portugal, onde ajudou D. Afonso

tavam-se aos olhos dos povos e dos príncipes apenas como grandes potentados, financiadores dos papas e dos reis, guardas de fabulosos tesouros. Em suma, a Ordem, carregada de riquezas, obtidas na base de passados serviços prestados às comunidades cristãs, apresentava-se despida de missões ou função que não pudessem ser desempenhadas por quem se apropriasse dessas mesmas riquezas. Esta situação da Ordem do Templo suscitava naturais invejas. E, sendo curto o caminho que destas conduz às calúnias e às injúrias, os Templários foram vítimas de uma gigantesca campanha que os acoimou de heréticos e de devassos. Esta campanha de descrédito, acompanhada ou seguida de muitas outras violências, partiu do rei de França, Filipe, o Belo[51]. E, talvez em razão do interesse revelado pelo rei de França no sentido de destruir a Ordem do Templo, no intuito presumível de se lhe substituir, adquirindo o respectivo poder económico, o rei de Inglaterra, Eduardo II, erigiu-se em defensor dos Templários[52]. Mas, em face das pressões do rei francês, que, entretanto, procurara o apoio dos Estados Gerais e prendera os cavaleiros dispostos a testemunhar em juízo a favor dos Templários, o papa Clemente V, que era francês, no Concílio de Viena (1312), acabou por suprimir a Ordem do Templo, declarando sucessora nos respectivos bens a Ordem dos Hospitalários[53]. Mas o Papa exceptuou deste destino os bens dos Templários situados em Castela, Aragão, Portugal e Maiorca, os quais teriam a aplicação que a Santa Sé viesse a determinar. A excepção poderia ser explicada pelo facto de os concílios reunidos em Salamanca (1306) e em Medina del Campo (1310), para indagar da conduta dos Templários nos reinos hispânicos, terem concluído, una-

---

Henriques e onde adquiriu numerosos domínios, sendo a sua casa principal em Tomar. Já D. Teresa, logo em 1128, lhe doara a vila de Soure e todas as terras entre Coimbra e Leiria, as quais se achavam despovoadas e ainda em poder dos Mouros.

[51] Foram presos no mesmo dia todos os templários de França. E, submetidos à prova de fogo, poucos foram os que não confessaram os crimes de que os acusavam (heresias, sodomia, etc.), pelos quais muitas dezenas deles foram queimados vivos, em Vincennes, sem qualquer outra prova, além da confissão sob tortura.

[52] Em cartas dirigidas aos reis de Portugal, Castela, Sicília e Aragão, de 4 de Dezembro de 1307, Eduardo II pediu-lhes que não deixassem fazer mal aos Templários, enquanto não fossem condenados segundo as leis canónicas. Nessas cartas refere-se o rei de Inglaterra às calúnias dos preversos, propagadas pela cobiça e pela inveja (ver Visconde de Santarém, *Quadro Elementar...*, XIV, pp. 21-23).

[53] Ordem do Hospital de S. João de Jerusalém, mais tarde dita de Rodes e de Malta, dos nomes das ilhas onde teve as suas sedes.

nimemente, pela improcedência de todas as acusações. Mas, sabendo que a Ordem caíra em desgraça e que os Templários nem sequer podiam defender-se no plano judicial, alguns prelados intentavam contra eles demandas, no sentido de obter sentenças favoráveis para se apoderarem de propriedades da Ordem em via de extinção. Era preciso acautelar os bens abandonados. Por isso, D. Dinis e seu genro, Fernando IV de Castela, celebraram um acordo[54] no sentido de preservar os bens dos Templários contra quem pretendesse desviá-los (1310); e o rei de Aragão, Jaime II, aderiu a este pacto. Assim os reis peninsulares opunham-se a que os bens dos Templários fossem dispersos ou desviados para qualquer outra instituição. Donde a excepção admitida pelo Papa, o qual, no entanto, impôs àqueles monarcas que não alienassem as propriedades retidas até que a Igreja resolvesse a respeito das mesmas o que houvesse por mais conveniente. Pretendia D. Dinis que os bens dos Templários revertessem para a Coroa, à qual, aliás, segundo a tese defendida em Roma, nunca teriam deixado de pertencer os que tinham sido concedidos pelos reis de Portugal à Ordem apenas para seu serviço. Mas, nesse ponto, a Santa Sé mostrou-se intransigente. E o rei português acabou por encontrar outra solução, essa aceite pelo Papa, após diligências cometidas a João Lourenço de Monsarás e ao cónego de Coimbra, Pedro Pires, solução essa que consistiu em se fundar uma nova Ordem, a de Cristo, a qual recebeu os bens dos Templários[55] e ainda o castelo e a vila de Castro Marim, que lhe foram doados por D. Dinis. Também aqui se pode assinalar um triunfo diplomático da Coroa portuguesa em relação a Roma, pois a Ordem criada ficou mais dependente do rei do que teria ficado a dos Hospitalários, já com grandes tradições e dependências externas.

Aliás D. Dinis enquadrou a questão dos Templários num plano de carácter geral, tendo, ao que parece, aproveitado aquela mesma questão e o papel de relevo pessoal que estava desempenhando na política peninsular para proceder à «nacionalização» das ordens militares.

[54] Cf. Visconde de Santarém, *Quadro Elementar*..., I, p. 132.
[55] Ver bula da fundação da ordem ou «milícia de Nosso Senhor Jesus Cristo», de 14 de Março de 1319, in *Definiçoens & Estatutos dos Cavaleiros e Freyres da Ordem de Nosso Senhor Jesus Cristo*, Lisboa, 1717. Alguns dos bens dos Templários não passaram para a Ordem de Cristo, porque foram julgados pertença da Coroa. Assim aconteceu com as povoações e castelos de Pombal, Soure, Ega, Redinha, Idanha-a-Velha, e outros ainda.

As ordens de cavalaria estavam subordinadas a grão-mestres, mestres ou gerais, com assento em território estranho[56]. E o relevo dessas ordens em Portugal, durante a Reconquista, obrigara os reis a conceder-lhes terras, privilégios e poder, que não era de excluir pudessem vir a ser usados contra o Reino, em razão daquelas mesmas obediências externas. O assunto revestia particular gravidade quanto à Ordem de Sant'Iago, subordinada ao seu mestre castelhano e possuidora de muitas terras no vale do Tejo, no vale do Sado e no Algarve, sendo certo que já no tempo de D. Afonso III a posição particular da referida Ordem contribuíra para pôr em causa o domínio das conquistas algarvias, conforme foi atrás exposto. Após algumas tentativas malogradas, que vinham já de 1288, D. Dinis enviou a Roma como embaixadores o almirante Manuel Pessanha e Vicente Eanes, os quais conseguiram do papa João XXII que cometesse a decisão do caso respeitante à Ordem de Sant'Iago aos arcebispos de Braga e de Compostela. Estes dois prelados decidiram que os cavaleiros e os freires portugueses de Sant'Iago passassem a ficar subordinados aos seus mestres provinciais, com sede em Portugal. Também esta questão diplomática foi resolvida a contento de D. Dinis e de harmonia com os interesses portugueses.

A obra de «nacionalização das ordens militares» só ficaria completada em 1551, quando o papa Júlio III incorporou os mestrados das Ordens de Cristo, de Sant'Iago e de Avis na Coroa de Portugal. Mas foi indiscutivelmente D. Dinis que a iniciou e que, no plano de facto, ao menos, conseguiu a independência das ordens em relação a poderes externos.

b) *O Beneplácito Régio*

Anos mais tarde, já no reinado de D. Pedro I, o Beneplácito Régio viria dar um novo elemento à base nacional do poder político da comunidade portuguesa.

---

[56] Os grão-mestres começaram por residir na Palestina. Mas, depois, os cavaleiros e freires portugueses passaram a depender de mestres, ou gerais, que geralmente residiam em Leão ou em Castela.

Merece relevo, até pelo carácter inovador[57], a instituição do Beneplácito Régio. Já se tem entendido que a proibição de publicar bulas pontifícias em Portugal sem autorização do rei era também do interesse da Igreja, por assim se evitarem falsidades e abusos, que em tal matéria se notavam com frequência. E não se duvidará que assim fosse. Mas a própria circunstância de ser o poder real a tomar a iniciativa de tolher tais abusos e falsidades, aliada ao facto de o clero se ter queixado da medida adoptada, nas Cortes de Elvas de 1361, dá claramente a ideia de que o Beneplácito Régio foi estabelecido em razão da força de que a Coroa portuguesa ganhara consciência em face da Igreja.

O Beneplácito Régio apresenta-se como uma mera exigência formal de verificação da origem, da autenticidade, das bulas pontificais. Tanto assim que o seu estabelecimento aparece como simples medida interna de administração, sem prévias negociações com a Cúria Romana, conforme importaria se se tratasse de cercear, ou tão-somente definir, direitos da Igreja. Mas entende-se facilmente como, no plano de facto, aquela verificação formal de autenticidade permitia ao rei e aos seus oficiais conhecer em tempo oportuno as bulas pontifícias, e até retardar, pelo menos, o seu cumprimento. Daí que sempre a Santa Sé e o clero português tenham mostrado reacções adversas ao Beneplácito Régio, reacções que levaram D. João II a suspendê-lo ou aboli-lo[58], não obstante o que a instituição do Beneplácito Régio havia de perdurar em Portugal[59].

---

[57] Embora se conhecessem já, em França, a instituição do «*appel comme d'abus*», e em Castela os «*recursos de fuerza y de retención de bulas*», destinados a impedir a execução de bulas pontifícias, as próprias designações mostram que não se tratava de qualquer processo de verificação prévia. Aliás, a queixa do clero nas Cortes de Elvas de 1361 mostra que, ao menos segundo os prelados portugueses, as «letras do Papa» eram publicadas livremente «em todos os outros reinos». (Sobre o Beneplácito Régio, ver Chaves e Castro, *O Beneplácito Régio em Portugal*, Coimbra, 1885; Marnoco e Sousa, *Direito Eclesiástico Português*, pp. 485 e ss.; Van Espen, *Jus Ecclesiasticum Universum*, IX, pp. 113 e ss.)

[58] A cedência de D. João II poderá atribuir-se à necessidade de desviar a Cúria Romana dos propósitos da poderosa facção adversa ao rei português, representada em Roma por D. Jorge da Costa, o célebre cardeal Alpedrinha, aí emigrado, ou a compensação oferecida à Igreja por ter concedido, para custear a guerra de África, as receitas da «bula da cruzada».

[59] D. João V, na lógica da sua política de bom entendimento, mas de firmeza, em relação à Santa Sé, restabeleceu o Beneplácito Régio, em 1728. Ampliado o respectivo âmbito no tempo de D. José e mantido pela legislação do século XIX e de 1911, o Beneplácito Régio seria abolido em 1918 e, por forma mais significativa, pela Concordata de 1940.

A instituição do Beneplácito Régio bem pode figurar ao lado da «nacionalização das ordens militares» como elemento da construção da base nacional do poder político português.

3. Política peninsular após a consolidação do Estado nacional português

a) *A Batalha do Salado*

D. Afonso IV casou sua filha, a infanta D. Maria, com Afonso XI de Castela (1328), na base do bom entendimento com o reino vizinho. Mas as desinteligências familiares do rei castelhano, resultantes de maus tratos infligidos a sua mulher e da vida escandalosamente dissoluta que levava, terá disposto o sogro a algumas intervenções favoráveis aos senhores que em Castela se opunham ao rei, por dele se julgarem também agravados. A situação tornou-se mais tensa por motivo do casamento do príncipe português D. Pedro com D. Constança, sobrinha de Afonso XI, que este reteve em Castela. Essa terá sido a razão, ou o pretexto, para uma mais acentuada intervenção nas questões castelhanas da parte de D. Afonso IV, que intimou o genro a levantar o cerco que pusera a D. João Nunes de Lara, em Lerma. Sucedeu-se uma nova guerra entre os dois reinos, a qual terminou, em 1338, por intervenção do papa Bento XII e do rei Filipe VI de França, que para junto dos contendores enviaram, em missões de conciliação, os bispos de Rhodez e de Reims. A paz foi assinada em Sevilha (1339); e no respectivo instrumento diplomático se estipulou que D. Constança, casada por procuração e retida em Castela, seria conduzida a Portugal, e que o rei de Castela passaria a tratar sua mulher, a infanta D. Maria, conforme devia. Este tratado de paz parece circunscrever-se aos problemas familiares das Casas reinantes, salvo pelo que respeita às cláusulas que obrigaram a libertar os prisioneiros e a entregar as terras tomadas.

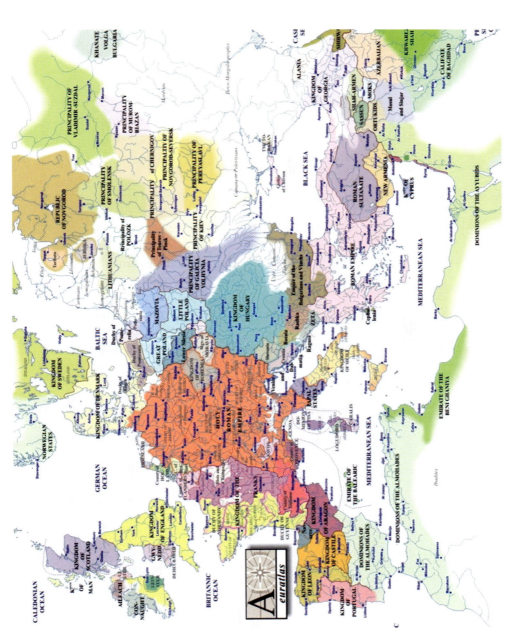

Fig. 2 – A Europa no começo do séc. XIII

Para a conclusão da paz terá contribuído a ameaça sarracena[60], dado que o rei de Marrocos estava reunindo tropas em Algeciras e Gibraltar, no intento de invadir os reinos cristãos da Península.

Nesta conjuntura de particular gravidade, Afonso XI obteve o auxílio do rei de Aragão; e o Papa mandou pôr à disposição dos monarcas ameaçados a décima parte dos rendimentos eclesiásticos dos respectivos reinos. Apelou também para D. Afonso IV o rei castelhano, seu genro, sendo da tradição que a rainha D. Maria tenha sido intermediária no pedido de socorro, conforme o episódio d'*Os Lusíadas*. D. Maria terá escrito ao pai nesse sentido e ter-se-á depois avistado com ele, em Évora, após o que os dois monarcas se encontraram em Juromenha. Aí terão ajustado a aliança, na base da qual D. Afonso IV chegou a Sevilha em meados de Outubro de 1340, com mil cavaleiros escolhidos, entre os quais se encontravam o arcebispo de Braga e os mestres das ordens militares, enquanto por todo o Reino se levantavam reforços que iam seguindo na mesma direcção[61]. Em fins daquele mesmo mês de Outubro as tropas castelhanas e portuguesas forçaram os Mouros a levantar o cerco à cidade de Tarifa. E, no dia 30, os dois reis atacaram o inimigo junto do rio Salado[62] e puseram-no em debandada, após muitas horas de peleja, na qual, à semelhança do que acontecera em Navas de Tolosa, terão morrido muitos milhares de sarracenos e poucos cristãos. Tal consta, pelo menos, dos relatos dos cronistas espanhóis; e é crível, dados os

---

[60] Aliás, se, como pretende Duarte Nunes de Leão, a paz entre Portugal e Castela foi assinada em 1340, e não em 1339, a ameaça sarracena já se concretizara, tendo os Mouros posto em debandada as forças navais de Aragão e desbaratado a esquadra castelhana. Ao ter conhecimento deste desastre, o papa Bento XII dirigiu ao rei de Castela, em 13 de Julho de 1340, uma carta severa, na qual lhe impunha um exame de consciência, especialmente pela sua situação de concubinato público e notório, em detrimento da sua salvação e da sua glória (cf. Lafuente, *História General de España*, pp. 353-354).

[61] Não se sabe quantos portugueses terão participado na Batalha do Salado, além dos mil que chegaram a Sevilha com o rei, porque se desconhece se as outras tropas cujo envio foi organizado terão chegado a tempo de participar no combate. De Évora, por exemplo, terão partido 1100 combatentes, comandados pelo respectivo bispo (ver F. Almeida, *História da Igreja em Portugal*, II, p. 425).

[62] Escasseiam os elementos para a localização desta importante batalha. Há na Andaluzia pelo menos três pequenos rios com este nome (ver Lafuente, *História General de España*, IV, p. 357).

condicionalismos da batalha. Da rica presa abandonada pelos Mouros não quis D. Afonso IV senão um príncipe cativo e alguns troféus de guerra, facto frequentemente citado para pôr em relevo o desinteresse do rei português. Por ocasião da Batalha do Salado e durante toda a campanha que se lhe seguiu distinguiu-se também uma frota portuguesa que, sob o comando de Carlos Pessanha, operou no Mediterrâneo.

A ofensiva sarracena que provocou a reacção cristã no Salado pode considerar-se a última tentativa do Islão para recuperar as antigas posições na Península. Não consta que da vitória tenham resultado benefícios directos para Portugal. Nem qualquer rectificação de fronteiras vantajosa nem sequer participação de valia no espólio dos vencidos. Mas a presença portuguesa no Salado parece justificar-se pela necessidade de defender o conjunto peninsular, obedecendo a uma hierarquização de interesses e objectivos que sempre dominou a política externa portuguesa. Para esta poderia ser desejável o enfraquecimento do poderoso vizinho; mas nunca pelo sacrifício de valores comuns aos reinos peninsulares. E eram esses valores que estavam em causa nos campos do Salado.

Após a aliança que culminou na Batalha do Salado, tornaram-se amplamente satisfatórias as relações entre Portugal e Castela. No entanto, D. Afonso IV manteve a política tradicional portuguesa de estreitamento de relações com o Leste peninsular, tendo casado uma filha com o rei de Aragão e uma neta com um infante aragonês.

b) As relações externas e Inês de Castro

A morte de Inês de Castro foi causa de mais uma guerra civil portuguesa; mas, salva a intervenção nela dos castelhanos irmãos de D.Inês e seus dependentes, não parece que aquela guerra tenha tido implicações muito sérias de ordem internacional.

São duvidosas as razões de Estado que teriam determinado a morte de Inês de Castro. Admite-se, contudo, que a ligação do infante D. Pedro com D. Inês o tenha incitado, por influência da família Castro, a declarar-se pretendente aos tronos de Castela e de Leão, em face das turbulências que agitavam aqueles reinos, sob o ceptro de

Pedro I, o Cruel[63]. A tais pretensões se teria oposto firmemente D. Afonso IV, consciente de que os interesses de Portugal não aconselhavam os seus príncipes a imiscuir-se nas querelas peninsulares. Sobretudo sendo aleatórios em extremo os respectivos desfechos. Também já se tem admitido uma conjura de Inês de Castro e dos irmãos com vista ao assassinato do príncipe D. Fernando, por forma a assegurar o acesso ao trono português de um dos filhos daquela.

Do ponto de vista das relações internacionais, será ainda oportuno referir que a captura de dois dos assassinos de D. Inês[64], refugiados em Castela, teve lugar na base de um acordo de extradição entre o rei castelhano e o rei português – os dois Pedros cruéis – pelo qual se operou a entrega daqueles contra a de quatro castelhanos que do seu reino tinham fugido para Portugal. Esta troca de fugitivos já tem sido qualificada como imoral. Mas a imoralidade não parece residir na troca em si mesma, baseada num acordo de extradição, como tantos outros celebrados antes e depois deste. A imoralidade estará no assassinato puro e simples dos cativos trocados, sem garantias de defesa ou aparência sequer de processo judicial. Sempre houvera, e continuou a haver, nos dois países vizinhos, refugiados de um lado e do outro; mas sempre também, mais ou menos, a sua sorte ficou dependente das melhores ou piores relações entre os dois Estados, em cujos tratados de amizade foi algumas vezes prevista a extradição de criminosos, sem excluir os tidos por traidores e os trânsfugas. O interesse destes acha-se sempre no prolongamento das hostilidades entre o país de origem e aquele onde se acolheram[65].

---

[63] Pedro I, o Cruel, era filho de Afonso XI e da infanta portuguesa D. Maria, filha de D. Afonso IV. Desde a subida ao trono manteve aquele rei lutas com os filhos bastardos que seu pai houve de Leonor de Gusmão, cujo concubinato o papa Bento XII verberara duramente. Um desses bastardos, Henrique de Trastâmara, havia de assassinar o rei Pedro I, o Cruel.

[64] A designação de «assassinos» corresponde às tradições certamente baseadas na versão dada aos factos pelos que pretendiam agradar ao rei D. Pedro I. Uma crítica serena mais facilmente levará a crer que se tratava dos conselheiros de D. Afonso IV que insistiram num provável julgamento e consequente execução de Inês de Castro. Assim melhor se compreende que desses «assassinos» o sobrevivente tenha regressado ao Conselho do Reino com D. Fernando I. Tem-se geralmente também atribuído às intrigas políticas da família Castro o casamento da irmã de D. Inês, Joana, já viúva do senhor da Biscaia, com o rei de Castela, Pedro, *o Cruel*, que, presumivelmente, terá sido simulado por este, pelo que a Igreja o declarou nulo (ver Ruy de Pina, *Chronica de El-Rey Dom Afonso o Quarto*, cap. LXI).

[65] Sobre Inês de Castro e a sua morte, ver artigo de Fernando Castelo-Branco, in *VELBC*, Séc. XXI, 6, cols. 335, e bibl. aí citada.

c) A diplomacia de D. Pedro I

O prestígio alcançado por Portugal durante os reinados de D. Dinis e de D. Afonso IV parece ainda ter-se projectado no governo de D. Pedro, que se aproveitou da guerra acesa entre Castela e Aragão para entre aqueles Estados arbitrar. Em 1358 os embaixadores de Castela, Samuel Levi, Garcia Telo e Gomes Fernandes de Sória, vieram propor um tratado de auxílio mútuo pelo qual o rei castelhano não faria a paz com Aragão sem acordo do rei português. A proposta foi aceite e, por esse mesmo acordo, se assentaram os casamentos do infante D. Fernando de Portugal e dos filhos de Inês de Castro com infantas castelhanas. Ao abrigo do mesmo acordo, a esquadra portuguesa apoiou os Castelhanos nas operações contra Aragão.

Mas, não obstante, D. Pedro I não deixou de negociar com o rei de Aragão, tendo em vista a missão de arbitragem peninsular que se atribuía, ou que lhe fora atribuída. E, passados anos, não sendo favorável para Castela a evolução da guerra, pelas lutas internas e pelo apoio da França aos Aragoneses, o rei português passou a adoptar uma atitude de neutralidade em relação ao conflito, que não foi abandonada, apesar do pedido de socorro transmitido pelo embaixador castelhano, Martim Lopes de Trujillo, em 1366. Nesse mesmo ano celebrou Portugal um tratado de paz e amizade com Castela; mas também outro de teor semelhante com o reino de Aragão.

São notáveis o equilíbrio, a prudência e o sentido de oportunidade revelados por D. Pedro I na sua política externa, na qual não se reflectiriam a truculência e a instabilidade que geralmente lhe são atribuídas noutros aspectos da sua governação. As referidas qualidades terão ditado ao rei português a recusa de qualquer apoio a Pedro I de Castela, quando a guerra civil neste Estado se mostrava já favorável a Henrique de Trastâmara, com o qual a Coroa portuguesa se apressou a celebrar um tratado (1366) que, no ano seguinte, o rei D. Fernando ratificou[66].

---

[66] Entretanto, Pedro I de Castela voltou a ser melhor sucedido na luta, instalando-se em Sevilha, donde enviou uma embaixada a D. Fernando, que, no mesmo ano de 1367, também com ele celebrou um tratado.

4. Política de D. Fernando face à Guerra dos Cem Anos

a) *A pretensão de D. Fernando ao trono de Castela*

Apesar das violências e inconstâncias que se atribuem ao rei D. Pedro, a circunstância de ter mantido a paz durante o seu reinado, pelas boas relações de vizinhança territorial e pelo respeito das posições reconhecidas à Igreja, permitiu a este monarca acumular grandes riquezas, de tal modo que D. Fernando, logo no início do seu governo, foi, segundo Fernão Lopes, «o mais rico rei que em Portugal foi até o seu tempo». Ainda segundo o cronista, só no castelo de Lisboa havia 800 mil peças de ouro e 400 mil marcos de prata. No porto de Lisboa achavam-se muitas vezes ancorados entre 400 e 500 navios, o que é significativo da prosperidade comercial da cidade e do Reino. Era este um bom começo para traçar uma assisada política externa. Talvez não tenha sido devidamente aproveitado. Ou não terão permitido tal aproveitamento os condicionalismos asperamente adversos aos interesses portugueses durante o período fernandino[67].

Em Castela, ao fim de 19 anos de lutas, o rei Pedro I, *o Cruel*, acabou por ser assassinado[68] e substituído no trono por um bastardo de seu pai, Henrique de Trastâmara (1369). Ou fosse por reacção sentimental – tanto mais compreensível quanto é certo que D. Fernando, como único filho sobrevivente de D. Pedro e da rainha D. Constança, poderia também recear as pretensões dos filhos de Inês de Castro – ou fosse por ambição política, quer espontânea quer inspirada pelos Ingleses, o rei português, solicitado pelos partidários

---

[67] Mostram-se geralmente desfavoráveis os juízos globais sobre o governo de D. Fernando. No entanto, são tantos os méritos de tal governo em múltiplos planos sectoriais que se é levado a crer serem os referidos juízos globais ditados pelo gosto de seguir as pisadas cortesãs daqueles que, para mais realçarem os acertos de D. João I, se empenharam em diminuir as qualidades de D. Fernando.

[68] O rei Pedro I de Castela foi atraído a uma cilada que lhe preparou o general francês Bertrand Duguesclin, o qual na guerra civil servia o partido de Henrique de Trastâmara. O mesmo Duguesclin terá ajudado este a assassinar o irmão (cf. Juan de Mariana, *Historia de España*, I, pp. 538-539; Nuñez de Castro, *Corona Gothica, Castellana e Austriaca*, parte IV, pp. 234-236). Este Pedro I de Castela, dito *o Cruel*, era neto do rei português D. Afonso IV, que o terá aconselhado a admitir à sua graça o irmão bastardo conde de Trastâmara; mas o conselho do avô não foi escutado.

do soberano assassinado, decidiu intervir na crise castelhana. E fê-lo invocando a inabilidade de Henrique de Trastâmara, bastardo, usurpador e fratricida; ao mesmo tempo que proclamou os seus próprios direitos ao trono castelhano, na qualidade de bisneto de Sancho IV, o Bravo. Muitos cavaleiros fiéis à memória do rei assassinado e receosos das vinganças de Henrique se declararam a favor de D. Fernando. E com eles numerosas cidades, entre as quais Zamora, Cidade Rodrigo, Carmona, Valência de Alcântara, Orense, Corunha, Tui, Lugo e Compostela. Logo procurou também D. Fernando assegurar-se do apoio do Papa e da Inglaterra à sua pretensão, em conformidade com as missões que para o efeito confiou, respectivamente, ao bispo de Évora, D. Martim, e ao almirante, cujo envio como embaixador junto ao rei inglês poderá mesmo pressupor o propósito de um acerto quanto a eventuais operações militares a empreender por mar. Ao mesmo tempo procurou e obteve Portugal a aliança de Aragão, com a filha de cujo rei, a infanta D. Leonor, D. Fernando prometeu casar[69]. Por esta aliança, Pedro IV de Aragão obrigou-se a um apoio militar de 1500 lanças.

Beneficiava também D. Fernando na sua pretensão da hostilidade do rei mouro de Granada e do reino de Navarra a Henrique de Trastâmara[70]. Assim, D. Fernando, ao iniciar a guerra, fê-lo à cabeça de uma coligação de que participavam todos os reinos peninsulares, possivelmente a Inglaterra e ainda um forte partido castelhano adverso ao novo rei, Henrique, que só em França encontrava apoio. Não se estranhará muito, por isso, que D. Fernando, a quem tantos alcaides de Leão e Castela entregaram praças importantes, se tivesse embrenhado pela Galiza sem estar suficientemente preparado para a guerra, como se tem comentado, e por isso tivesse também evitado contactos com as tropas contra ele depois reunidas. Talvez por aguardar apoios ingleses ou ofensivas concertadas de Aragão, de Navarra e até de Granada, que não foram desencadeadas em momento

---

[69] Ao ajustar este casamento, o rei de Aragão reconheceu D. Fernando de Portugal como rei de Castela, com todos os senhorios e dependências, excepto o reino de Múrcia e algumas outras terras que ficariam para o rei de Aragão (ver Fernão Lopes, *Crónica de D. Fernando*, cap. XXIX).

[70] Com Granada celebrou Portugal tratado. E beneficiava, indirectamente, dos apoios de Navarra, pelos compromissos que ligavam este reino ao de Aragão.

oportuno[71]. Algum facto imprevisto nos quadros da coligação fernandina se terá produzido para tornar possível uma contra-ofensiva de Henrique de Trastâmara e das tropas francesas comandadas pelo herói da Guerra dos Cem Anos, Bertrand Duguesclin[72],que levou à ocupação de Bragança e de Braga; e ao cerco de Guimarães.

b) A Paz de Alcoutim

Passados poucos meses de campanha militar já o Papa enviara dois núncios em missão de paz e conciliação junto dos reis peninsulares envolvidos na luta. Mas só em 1371 seria assinada a Paz de Alcoutim, pela qual D. Fernando acedeu a entregar as terras castelhanas que tinha ainda ocupadas e se comprometeu a casar com D. Leonor, filha de Henrique de Trastâmara, a qual traria em dote várias terras, entre elas Cidade Rodrigo e Valência de Alcântara.

Quebrou, assim, D. Fernando o compromisso de casamento com outra princesa, também de nome Leonor, filha do rei de Aragão. Mas tal casamento estaria, em qualquer caso, comprometido, pois Aragão não se conformara com a paz separada entre Portugal e Castela. Não deverá levar-se o facto à conta de inconstância do monarca. D. Fernando dispusera-se a casar com a infanta aragonesa na base de certos pressupostos, que uma evolução menos favorável da guerra fez desaparecer. E porque D. Fernando parece ter continuado a esperar qualquer novo evento que lhe permitisse libertar-se da submissão de Alcoutim, tida por ocasional, dir-se-ia até que o casamento com D. Leonor Teles serviu os seus propósitos externos, orientados no sentido de evitar qualquer compromisso estável com Henrique de Castela.

---

[71] Durante a primeira guerra fernandina, de todos os aliados de Portugal na coligação anti-henriquina apenas um, o rei mouro de Granada, terá obtido sucesso de vulto, ao ocupar Algeciras. Com o apoio de uma forte esquadra portuguesa, de 60 velas, que partiu para o Mediterrâneo a bloquear os portos castelhanos.

[72] Segundo o cronista castelhano Ayala, toda a Galiza queria obedecer ao rei D. Fernando; e D. Henrique de Trastâmara, sabendo disso, para ali seguiu com os senhores e cavaleiros dos seus reinos, acompanhando-o igualmente «Mosen Beltran de Claquin e todos los Bretones que con el eran» (cf. Ayala, *Cronicas de los Reys de Castilla*, II, p. 8). Tratava-se das célebres «companhias brancas», constituídas por aventureiros recrutados em França, que já tinham participado largamente na guerra civil espanhola.

Certo é que quando este se preparava, em Toro, para celebrar as bodas da filha com D. Fernando, o rei português lhe mandou anunciar a impossibilidade de tal casamento, por entretanto se ter consorciado com Leonor Teles. E certo é também que este facto não perturbou as relações entre Portugal e Castela, tendo-se mantido em vigor a Paz de Alcoutim em tudo quanto não respeitava ao projectado casamento, conforme foi estabelecido pela Convenção de Tui, celebrada em Abril de 1372. Não parece, pois, que tenha qualquer fundamento a ideia de que a inconstância sentimental atribuida a D. Fernando se ache na raiz de algumas das dificuldades externas do seu reinado.

c) A Paz de Santarém

A paz com Castela só se quebrou quando o rei português julgou oportuna uma coligação com o duque de Lencastre que, por ser casado com uma filha do rei castelhano assassinado, pretendia também disputar a Coroa a Henrique de Trastâmara. E D. Fernando, desiludido quanto à viabilidade das suas próprias pretensões, terá querido apoiar as do duque inglês, a troco de adequadas compensações para Portugal. Iniciando, assim, uma politica que seria seguida, mais tarde, por D. João I[73]. Depois de trocas de embaixadas entre D. Fernando e o duque, celebrou-se em Tagilde (Braga) um tratado (1372) orientado contra Henrique de Castela e contra o rei de Aragão, que desde a paz separada de Alcoutim se mostrava hostil a Portugal. E, seguro do apoio inglês, D. Fernando fez apresar no Tejo

---

[73] Este duque de Lencastre, João de Gaunt, filho de Eduardo III de Inglaterra, era pretendente ao trono de Castela pelo seu casamento com D. Constança, filha de Pedro I, *o Cruel*. Tal casamento influiu na aliança luso-britânica. Com efeito, a pretensão do duque inglês e a guerra mantida entre a França, aliada a Henrique de Trastâmara, e a Inglaterra constituíram factores para uma aproximação entre Portugal e a Inglaterra. Em 1373, o conde galego João Fernandes Andeiro, ao serviço de D. Fernando desde que lhe entregara a praça da Corunha, na primeira guerra fernandina, e que seria morto pelo Mestre de Avis, seguiu para Inglaterra, onde negociou o acordo de Londres, frustrado pela derrota portuguesa daquele ano. E, em 1380, apareceu novamente Andeiro, então como enviado de Ricardo II, que nele depunha toda a confiança e queria renovar a aliança com Portugal. O duque de Lencastre casaria uma filha, Filipa, com D. João I; e outra, Catarina, neta de Pedro I de Castela, com um neto de Henrique de Trastâmara.

alguns navios biscainhos e asturianos, não dando satisfação aos protestos castelhanos, transmitidos por duas embaixadas sucessivas. É nítido que D. Fernando esperava e desejava a hostilidade castelhana, naturalmente para justificar a sua própria reacção, da qual esperaria colher vantagens. Mas, pela segunda vez, qualquer imprevisto se terá verificado, que tolheu os planos militares portugueses. A invasão castelhana, iniciada pela Beira Alta, não foi contida, alcançando os castelhanos rapidamente Coimbra, Santarém e, finalmente, Lisboa, onde chegaram a 23 de Fevereiro de 1373[74]. Nesta invasão foram os castelhanos apoiados pelo infante português D. Dinis, filho de Inês de Castro, que se lhes juntou, assim como por Diogo Lopes Pacheco, que fora conselheiro de D. Afonso IV e do próprio D. Fernando.

O núncio do Papa, cardeal Guido de Bolonha, tentou evitar a invasão de Portugal; mas, pela rapidez da progressão castelhana e, possivelmente, porque D. Fernando, na expectativa de qualquer facto que mudasse a sorte das armas, também não se mostraria imediatamente propenso à paz, os esforços do núncio só lograram bom termo quando os castelhanos já assolavam Lisboa e arredores.

A 19 de Março celebrou-se o Tratado de Paz, em Santarém, por mediação do citado núncio papal[75]. Tal como acontecera já em Alcoutim, também a Paz de Santarém foi celebrada não apenas com Castela mas também com o reino de França. Esta circunstância deixa bem claro o facto de os Portugueses terem sido vencidos, mais uma vez, por uma coligação franco-castelhana, numa guerra baseada em aliança com os Ingleses, cujo apoio militar não terá sido prestado oportunamente. E não seria esta a última vez que espanhóis e franceses se juntariam contra Portugal em lutas inseridas em litígios entre a

---

[74] Não deverá interpretar-se a afirmação de Fernão Lopes de que Henrique de Castela chegou a Lisboa com sua hoste «muito d'asessego» no sentido de a cidade lhe não ter oposto resistência. O contrário resulta das queixas do rei castelhano a Diogo Lopes Pacheco, referidas pelo próprio Fernão Lopes (ver *Crónica de Dom Fernando*, cap. LXXX). Prestando justiça àquela resistência, escreveu Lafuente que «os portugueses defenderam valorosamente a sua capital, por mar e por terra», obrigando D. Henrique a retirar-se com as suas tropas para os mosteiros que havia fora da cidade, não sem antes ter incendiado algumas ruas e navios (ver *Historia General de España*, v, p. 169).

[75] Cf. Fernão Lopes, *Crónica de Dom Fernando*, cap. LXXXII; Visconde de Santarém, *Quadro Elementar. ...,*XIV, p. 55.

Inglaterra e a França. Diversas vezes um bom entendimento franco-
-espanhol, ainda que passageiro, pôs em risco a segurança das fronteiras portuguesas.

Pela Paz de Santarém, Portugal aliou-se «para sempre», segundo os termos do tratado, aos reinos de França e de Castela, contra a Inglaterra e contra o duque de Lencastre. E, em segurança do acordado, Viseu, Miranda, Pinhel, Almeida, Celorico e Linhares, situadas numa importante linha de praças de fronteira, ficariam por três anos na posse dos Castelhanos. Também diversos casamentos entre membros das famílias reais portuguesa e castelhana se ajustaram na base da Paz de Santarém.

d) *A nova coligação anglo-portuguesa*

D. Fernando parece ter confiado sempre no poder inglês, contra Castela e contra a França. Só forçado pelas circunstâncias adversas terá aceitado as condições de paz impostas por estes dois Estados. Sempre na expectativa de novos rumos e possibilidades. Durante os anos de paz com Castela, D. Fernando foi encontrando pretextos para lhe não prestar os socorros militares que lhe prometera, contra a Inglaterra. E, após a morte de Henrique de Trastâmara, procurou o rei português vingar as pazes de Alcoutim e de Santarém, entrando novamente em guerra com Castela, apesar da oposição dos seus conselheiros, naturalmente receosos de um terceiro insucesso. As hostilidades iniciadas pelos Portugueses começaram por envolver apenas as praças de Badajoz e Elvas. Além dos combates navais, infelizes para Portugal, posto que a sua esquadra foi desbaratada pelos Castelhanos a 17 de Julho de 1381, três dias antes de chegarem ao Tejo os reforços comandados pelo conde de Cambridge, filho do rei de Inglaterra. A tropa inglesa não evitou que os Castelhanos, sabendo que os Portugueses, após o desastre sofrido, não dispunham de defesa naval, chegassem com uma frota em frente de Lisboa e durante muitos dias saqueassem os arredores desta cidade, desde Sintra a Palmela. E, ao mesmo tempo, também os ingleses, em vez de se oporem aos inimigos comuns, assolaram as terras portuguesas, roubando, matando e violando, como se de inimigos se tratasse igualmente. Segundo Froissart (*Les Chroniques*, II, CXLIII), tal comportamento deveu-se ao facto de os ingleses não terem sido pagos pelo rei de Portugal, conforme ficara ajustado. Não foi exemplo único. Tem sido frequente através dos tempos que os povos não encontrem motivos para distinguir as tropas hostis das aliadas. Mas o referido comportamento terá contribuído para criar um ambiente favorável às negociações de paz com os Castelhanos sem participação dos Ingleses. Essas negociações, orientadas por parte de Portugal pelo conde de Arraiolos, ter-se-ão iniciado, escondidamente, em Elvas. E, tendo em conta os desastres militares sofridos, foram bastante bem sucedidos os negociadores portugueses. Com efeito, pelo tratado de 9 de Agosto de 1382, D. João I de Castela obrigou-se a devolver todos os lugares ocupados pelas suas tropas, todas as galés apresadas e todos os prisioneiros, sem que do mesmo tratado constem perdas para Portugal. Inclusivamente, os ingleses desembarcados em Lisboa, nos termos do mesmo tratado, seguiram pacificamente para o seu reino, a bordo de navios castelhanos. Ou os castelhanos tinham muito interesse em afastar rapidamente Portugal dos ingleses ou o rei castelhano tinha muito empenho na ligação matrimonial da sua Casa com a infanta D. Beatriz, filha de D. Fernando e de D. Leonor Teles. Esta princesa, já várias vezes prometida, ao sabor das variações da política externa portuguesa, a dois infantes castelhanos e a um neto do rei de Inglaterra, teve casamento ajustado, pelo tratado de 9 de Agosto de 1382, com D Fernando, filho de D. João I de Castela. Mas tendo este, entretanto, enviuvado, o rei português propôs que, em lugar do filho, casasse ele com a infanta. E assim veio a acontecer, em condições do maior relevo para a política portuguesa.

e) O Cisma do Ocidente e Portugal

A última guerra fernandina tornou a politica portuguesa duvidosa e confusa em relação ao Cisma do Ocidente. Com efeito, D. Fernando, sob pressão de Castela, por sua vez influenciada pela França, começou por reconhecer Clemente VII, papa de Avinhão. Mas quando as tropas inglesas vieram a Portugal, o seu comandante, conde de Cambridge, filho do rei, exprimiu a D. Fernando o seu desgosto pela obediência ao papa cismático de Avinhão, que vedava às suas tropas a assistência a ofícios religiosos enquanto se achavam em Portugal.

E o rei português reconheceu publicamente a sua obediência ao papa de Roma, Urbano VI. Seguidamente, porém, após a nova composição com Castela, voltou D. Fernando a afirmar a sua obediência ao papa de Avinhão, ao qual enviou como embaixadores João Gonçalves e o bispo de Leiria. Tais hesitações foram comuns a outros reinos. A tradição de Roma e a posição inglesa, por um lado, a influência da França e as graças oferecidas pelos papas franceses em mira de sufrágios, por outro, explicam as oscilações. Aliás, os Estados dividiram-se quanto à obediência a Roma ou a Avinhão, fundamentalmente, na base das alianças à França ou à Inglaterra, no decurso da Guerra dos Cem Anos, e das posições geográficas.

Também os bispos portugueses se dividiram em face do Cisma. Por se mostrar favorável ao papa de Avinhão foi assassinado o bispo de Lisboa, D. Martinho, por ocasião da revolta que deu o Poder ao Mestre de Avis. E um dos argumentos produzidos por João das Regras, nas Cortes de Coimbra, contra a pretensão de D. Beatriz à Coroa portuguesa, baseou-se na sua obediência ao papa de Avinhão.

5. Consolidação da independência nacional

a) O Tratado de Salvaterra de Magos

O Tratado de Salvaterra de Magos, de 2 de Abril de 1383, é o instrumento de ajuste de casamento entre o rei de Castela D. João I e a infanta portuguesa D. Beatriz. Dele constam cláusulas do maior interesse para a História política de Portugal. Com efeito, o Tratado de Salvaterra de Magos, ainda sequela dos desastres militares do reinado fernandino, contém um pacto sucessório entre os monarcas de Portugal e de Castela. Segundo esse pacto, por morte do rei D. Fernando suceder-lhe-ia na coroa de Portugal o filho varão que ele houvesse de D. Leonor Teles, ou de outra mulher legítima. Não lhe sobrevivendo filhos varões legítimos, suceder-lhe-iam a infanta D. Beatriz e os seus descendentes legítimos. Não os havendo também, a Coroa passaria para qualquer outra filha legítima de D. Fernando. Se não houvesse descendentes legítimos de D. Fernando, a coroa de Portugal caberia ao rei de Castela. Em contrapartida, também a Coroa castelhana caberia ao rei de Portugal, se o rei de Castela e sua irmã falecessem sem deixar descendentes legítimos.

Tem-se observado que, não obstante esta aparente reciprocidade, o pacto assim estabelecido era bem mais favorável ao rei de Castela, porque a sucessão deste já se achava assegurada, enquanto que o rei D. Fernando, doente e envelhecido, só tinha uma filha legítima, D. Beatriz, cujo casamento com o monarca castelhano se ajustara também. E esta desigualdade de facto não seria para estranhar, posto que o pacto assentou em campanhas militares que não foram favoráveis aos Portugueses. No entanto, não parece que o tratado oferecesse muito ampla segurança a D. João de Castela, quanto à sua expectativa sucessória. O rei D. Fernando morreu com a idade de 38 anos, a doença que o vitimou parece ter-se manifestado quando o tratado com Castela já estava negociado e já depois da celebração de tal tratado nasceu uma infanta, que faleceu pouco depois. Se se tratasse de um filho varão e que tivesse sobrevivido a D. Fernando, nem as suspeitas quanto à fidelidade conjugal de D. Leonor Teles, tantas vezes suscitadas pelos seus inimigos, obstariam a que a sucessão de D. Beatriz e do rei de Castela fossem postas em causa. Aliás, pactos sucessórios semelhantes se tinham estabelecido quando se ajustara o casamento da infanta D. Beatriz com os infantes D. Henrique e D. Fernando, sucessivamente. E ao tempo não era facilmente previsível que o rei português não viesse a ter filhos varões. Havia, pois, elementos fortemente aleatórios nestas tentativas de junção das Coroas portuguesa e castelhana.

Aliás, importa sublinhar que o Tratado de Salvaterra de Magos, celebrado a 2 de Abril de 1383, não previu, de modo algum, uma incorporação de Portugal no reino de Castela. Duzentos anos de incontestável independência tinham sido suficientes para fazer reconhecer, sem deixar margem a quaisquer dúvidas, a individualidade política de Portugal. Assim, acordou-se em Salvaterra que o rei de Castela juraria e prometeria que, no caso de reinar em Portugal, guardaria aos seus naturais todos os privilégios e liberdades, que o reino de Portugal seria sempre separado do de Castela, que o rei de Castela não poderia chamar a Cortes os naturais de Portugal, pelo que tais Cortes teriam de reunir no próprio Reino, e que a moeda a correr em Portugal seria cunhada gravando-se-lhe «as Armas direitas de Portugal, e não outras». Tais cláusulas do tratado são significativas de um rigoroso respeito, ao menos formal, pela soberania portuguesa. Ficou claramente esboçada em Salvaterra de Magos a figura jurídico-política da união pessoal, a operar-se, se D. Beatriz não tivesse descendência, em D. João de Castela e seus sucessores, sem quebra da independência portuguesa, a não ser por contingências de facto e, sobretudo, no domínio das relações exteriores. Conforme se verificaria, mais tarde, entre 1580 e 1640. Só com a Guerra da Restauração surgiria em Espanha a ideia, sem qualquer base histórica ou jurídica, de uma reincorporação de Portugal numa unidade hispânica, que, em termos de direito, apenas se esboçou quando o primeiro Bourbon espanhol, Filipe V, no começo do século XVIII, aboliu os foros dos reinos de Aragão e de Navarra. A tal ideia de «reincorporação» portuguesa viria a ser ressuscitada, na época liberal, geralmente sob formas federativas.

b) A reacção nacional

Faleceu o rei D. Fernando, no mesmo ano de 1383, antes de se terem operado as modificações de condicionalismos com as quais o monarca presumivelmente contava, pois pouco antes do seu falecimento ainda se terá referido aos «tratos feitos com os ingleses», afirmando também que «tinha a cruz de S. Jorge escrita no coração», evocando, assim, o santo padroeiro da Inglaterra. E tendo D. Leonor Teles assumido a regência, logo se iniciaram incidentes e perturbações em termos de hostilidade ao acordado em Salvaterra. Era D. Beatriz a herdeira do trono. E não se punha a hipótese da exclusão pelo sexo, pois sempre o Direito peninsular, exceptuadas as normas do Direito aragonês[76], admitiu a sucessão no trono por via feminina, o que

---

[76] Em Aragão, pelo contrário, não se admitia a sucessão ao trono por via feminina. Daí as dificuldades que D. Manuel I e D. Isabel, já jurados como sucessores dos Reis Católicos ao trono de Castela, encontraram nas Cortes de Saragoça. Também não deverá excluir-se a influência do Direito aragonês na Lei Sálica, adoptada em Espanha, só então unificada do ponto de vista jurídico, no tempo de Filipe V, tendo, porém, Carlos IV tentado aboli-la. Já no século XIX, as pretensões da princesa D. Carlota Joaquina ao trono de Espanha assentaram nessa abolição; e as do infante D. Carlos Isidoro na plena vigência da Lei Sálica.

tornou possível que D. Urraca recebesse de seu pai, Afonso VIII, as Coroas de Leão e de Castela. Mas recearam logo alguns que, por ser D. Beatriz casada com o rei de Castela, pudesse levar o Reino para uma órbita alheia aos interesses próprios de Portugal e dos Portugueses, assim se perdendo um esforço de mais de dois séculos de independência plena, interna e externa. Por isso, logo se propalaram dúvidas quanto à filiação de D. Beatriz; como mais tarde, e por motivos semelhantes, haviam de propalar-se dúvidas em Castela sobre a filiação de D. Joana, a Beltraneja. À cautela, o rei castelhano mandou prender seu irmão Afonso, conde de Gijon, casado com a filha bastarda de D. Fernando, assim como o infante D. João, filho de D. Pedro e de Inês de Castro, que se achava nos seus territórios, por pensar que os riscos de concorrência poderiam deparar-se-lhe por tais vias.

Em Portugal, por falta de autoridade da regente, a burguesia de Lisboa, ou guiada por impulso próprio ou por elementos do «partido inglês», entregou o Poder ao Mestre de Avis, que, aprazado a defender o Reino de previsível invasão, logo mandou uma embaixada à Inglaterra, em demanda de auxílio. Aliás, é de crer que o Mestre de Avis já mantivesse ligações com os Ingleses ainda antes da morte do conde de Andeiro. E daí ter projectado sair do Reino, para servir o rei inglês, quando, segundo a expressão de Fernão Lopes, «se temia muito da Rainha», o que não obstou a diligências de Álvaro Pais no sentido de que o Mestre de Avis casasse com D. Leonor Teles, o que esta não aceitou[77].

Como já se tornara de algum modo habitual, o perigo castelhano aproximou-nos de novo dos Ingleses. E o momento era considerado favorável para uma intervenção inglesa em Espanha. Talvez por isso,

---

[77] Cf. Fernão Lopes, *Crónica de Dom João I*, cap. XVIII e XXV. Já se tem entendido, contra a tese dominante na explicação dada dos sucessos que levaram ao poder o Mestre de Avis, que não se tratou de um movimento da «arraia miúda», como pretendeu Fernão Lopes, mas sim dos grandes interesses capitalistas internacionais fortemente representados na cidade de Lisboa (cf. Serras Pereira, *Portugal na História da Civilização*, pp. 39 e ss.). Mas, a aceitar-se tal entendimento, terá de reconhecer-se que os interesses capitalistas internacionais usaram de habilidade bastante para utilizarem, em seu proveito, os sentimentos nacionais portugueses.

a embaixada portuguesa foi bem acolhida, com largas promessas e a permissão de recrutar soldados na Inglaterra[78].

Para além dos receios que as forças castelhanas suscitavam, sobretudo nas zonas fronteiriças, dificultava a acção dos partidários do Mestre de Avis a obediência de muitos a D. Beatriz, em homenagem a um princípio de legitimidade que manifestamente se não encontrava no improvisado alçamento de D. João. Mas em Lisboa e noutras terras esse principio não entravava aqueles que do surto revolucionário em curso esperavam promoções e confiavam que o inimigo não chegasse a cidades e vilas afastadas da fronteira. Será exagerado interpretar as lutas internas que então dividiram os portugueses pró-castelhanos e os portugueses pró-ingleses em termos de conflito social entre classes; mas parece inegável que a burguesia, talvez por mais concentrada e poderosa na orla marítima, se mostrou geralmente favorável ao Mestre de Avis, enquanto a nobreza se dividiu e dentro dela se dividiram as famílias, muitas delas com membros militantes nos dois bandos opostos.

Foi impossível sustar a invasão, iniciada pela Beira em Janeiro de 1384. Mas o génio militar e a extrema dureza disciplinadora de Nuno Alvares tornaram possível contra-atacar no Alentejo e obter, pela inovação táctica do uso de tropas apeadas, a vitória dos Atoleiros, quando os castelhanos já se achavam às portas de Lisboa e o Porto fora cercado por tropas comandadas pelo arcebispo de Santiago. De Inglaterra veio um auxílio de duas naus, com poucas tropas e promessas de mais, que não chegaram. Mas a determinação de resistência da gente de Lisboa, agora mais bem defendida pela nova cerca fernandina que rodeava a cidade, e a peste que afligiu os arraiais castelhanos, acabaram por obrigar ao levantamento de um assédio prolongado durante quase cinco meses.

Nas vitórias militares traduzidas pela retirada castelhana assentaram as Cortes de Coimbra de 1385, que aclamaram D. João, Mestre de Avis, como rei de Portugal. A subtileza dos argumentos expen-

---

[78] Foram representantes de Portugal nesta embaixada Lourenço Martins, o mestre de Sant'Iago Fernando Afonso de Albuquerque, o antigo chanceler Lourenço Gomes Fogaça e um inglês, Thomas Daniel, presumivelmente residente em Lisboa. É relativamente frequente nesta época que sirvam como embaixadores pessoas de nacionalidade diversa da do Estado que representam.

didos naquelas Cortes manifestou-se na base de uma situação de facto, obtida pelas armas. É bem de recear que se a cidade de Coimbra não se achasse nas mãos dos capitães de D. João suscitasse dúvidas a ilegitimidade de D. Beatriz, por inconsistência da nulidade do primeiro casamento de D. Leonor Teles e pelo parentesco desta com o rei D. Fernando. Menos pertinentes poderiam ser julgados ainda os argumentos respeitantes à ilegitimidade dos filhos de Inês de Castro, sempre tidos por infantes de Portugal, apesar das muitas dúvidas acumuladas em torno do proclamado casamento da mãe com D. Pedro I. Assim como menos consistente poderia ser entendida a heresia de D. Beatriz, pela sua obediência ao papa de Avinhão, que também D. Fernando reconhecera. Mas o argumento mais estranho de João das Regras seria o de que, não havendo sucessor ao trono, este se achava vago e as Cortes podiam escolher um rei. Tinha de haver sempre algum sucessor; e as Cortes nunca se tinham arrogado o direito de criar monarcas, nem posteriormente vieram a reivindicá-lo. Todos estes elementos permitirão concluir que o saber e a eloquência de João das Regras não teriam movido os procuradores em Cortes se fosse diverso o condicionalismo de facto. Seja como for, o poder do Mestre de Avis, a partir das Cortes de Coimbra, passou a assentar num razoável fundamento jurídico-político, o que não deixaria de oferecer capital importância como factor de adesões internas e de apoios exteriores. Com o tempo, mesmo as dúvidas que pudessem subsistir quanto à legitimidade do poder de D. João acabariam por desfazer-se pela legitimidade do exercício.

c) *A Batalha de Aljubarrota, base da política externa portuguesa*

Aljubarrota reafirmou o triunfo. E nem se julgue que o relevo desta batalha se situa apenas a nível interno e à luz de uma concepção heróica da História portuguesa, como tradição especialmente destinada a despertar sentimentos patrióticos, até porventura ultrapassados. Não são as virtudes militares dos combatentes da «ala dos namorados», ou de quaisquer outros, que nos interessa considerar aqui. Mas sim, e apenas, os efeitos da batalha do ponto de vista da consolidação da independência portuguesa. Efeitos esses que se prolongaram durante séculos. E, possivelmente, se mantêm ainda. Com efeito,

Aljubarrota produziu um complexo de relativa superioridade portuguesa quanto às potencialidades militares do Estado vizinho. Mas produziu, talvez sobretudo, um estranho sentimento colectivo, da parte castelhana, em relação a Portugal. Esse sentimento traduziu-se, durante séculos, na convicção de que a capacidade de resistência portuguesa oferece aspectos de inteira imprevisibilidade. Tal convicção explica perfeitamente todas as cautelas de que Filipe II usou no processo de absorção de Portugal no seu Império.

Nem se julgue que a importância de Aljubarrota tenha sido sublinhada exclusivamente por uma atitude triunfalista dos Portugueses, que, aliás, em termos relativos, comparativos, foram quase sempre moderados na proclamação das vitórias. É do cronista castelhano Ayala, testemunha presencial da batalha, que dos Portugueses nela ficou cativo, a primeira narrativa significativa e insuspeita dos efeitos materiais e psicológicos de Aljubarrota. Outro relato contemporâneo e mais acentuadamente ainda revelador da importância da batalha, considerada em termos objectivos, consta da Crónica do francês Froissart. E nas mais diversas épocas os historiadores espanhóis têm apreciado em termos de intenso dramatismo, quando não de tragédia, a «famosa batalha de Aljubarrota», ou a «memorável batalha de Aljubarrota, funesta para as armas castelhanas», «vitória portuguesa em todos os séculos famosa»[79].

Não parecem de modo algum exagerados os referidos termos, tendo em conta os documentos da época. Entre eles os que contêm os relatos da batalha e da situação dela resultante enviados por D. João de Castela às cidades com representação em Cortes, que logo convocou para Valhadolid, a fim de obter os meios necessários para «haver vingança de esta deshonra». O mesmo rei, vencido em Aljubarrota, em razão da batalha ordenou luto à sua corte durante ano e meio, não tendo também autorizado que se realizassem quaisquer espectáculos públicos nem festas populares por espaço de um ano. E, segundo afirmou D. João naquelas Cortes reunidas no mesmo ano em Valhadolid, o seu luto achava-se, mais que nas vestes, no

---

[79] Cf. Ayala, *Cronicas de los Reyes de Castilla*, II, pp. 230 e ss; Jean Froissart, *Les Chroniques*, L. III, C, XIX, XX e XXI; C. Ximénez de Sandoval, *Batalla de Aljubarrota*, Madrid, 1872; Soares Martínez, *O Enquadramento Externo de Aljubarrota*, in "Aljubarrota 600 Anos", Lisboa, 1985, pp. 177-89.

coração, pela «deshonra e quebranto» que atingiam todos os do reino. Só nas Cortes de Briviesca, reunidas em 1387, o luto de Castela cessaria, nelas se permitindo o uso de qualquer roupa a partir do dia de Natal. Nas cartas dirigidas às cidades, o rei vencido confessa e procura justificar a sua derrota, não omitindo sequer a superioridade das forças castelhanas. Também D. João de Castela escreveu ao rei de França, referindo-lhe que as suas tropas, perseguidas por um destino funesto, tinham «soçobrado miseravelmente», e pedindo-lhe auxílio, em face das notícias segundo as quais os Ingleses se estariam aprestando para «aniquilar o resto das nossas forças». Certamente o rei castelhano escreveu em termos particularmente lamentosos ao papa de Avinhão, Clemente VII, sobre o seu insucesso. Porque se conhece o teor da resposta, na qual Clemente VII procura fortificar o ânimo de D. João de Castela, recordando-lhe que muitos outros grandes príncipes e outros povos triunfadores foram muitas vezes vencidos e aconselhando-o a deixar o seu luto, pois se impunha encobrir a dor, para não acrescentar pesares aos amigos nem proporcionar satisfações aos inimigos.

Compreendem-se os queixumes do rei castelhano junto do papa de Avinhão, cuja autoridade Castela acatava; assim como o pedido de auxílio à França, oposta à Inglaterra. Aliás, à semelhança das guerras do reinado de D. Fernando, também o conflito que opôs D. João de Portugal a D. João de Castela se insere no complexo de coligações que Franceses e Ingleses estabeleceram através da Guerra dos Cem Anos. Na própria Batalha de Aljubarrota combateram do lado português algumas centenas de archeiros ingleses e do lado castelhano dois mil cavaleiros franceses, achando-se presente na batalha, junto do rei castelhano, o próprio embaixador francês, Jean de Rye, o qual terá aconselhado D. João de Castela a evitar o combate.

Ao saber-se em Ávila do desfecho da Batalha de Aljubarrota, a multidão tentou assassinar a rainha de Castela, D. Beatriz, filha do rei D. Fernando, que ali se encontrava, e cuja vida terá sido salva graças à intervenção do arcebispo de Toledo. O pânico que dominou Castela terá justificado as ordens dadas pelo rei de Aragão no sentido de ser concedido acolhimento nos seus territórios ao rei de Castela, considerado foragido, em permanentes jornadas por diversas cidades, nas quais tentava explicar a derrota e convencer os povos a auxiliarem-no na desafronta projectada.

É duvidoso se Portugal poderia ter explorado melhor os efeitos materiais e psicológicos do sucesso alcançado. Mas Aljubarrota deu rapidamente a D. João de Portugal o domínio das terras do Reino que se tinham manifestado a favor de D. Beatriz. E conferiu-lhe muito mais ampla capacidade de negociação no plano internacional.

d) *O Tratado de Windsor de 1386*

Na base de Aljubarrota foi assinado o Tratado de Windsor, a 9 de Maio de 1386, entre D. João I de Portugal e Ricardo II de Inglaterra, sendo plenipotenciários do rei português o chanceler Lourenço João Fogaça e o mestre da Ordem de Sant'Iago, Fernando Afonso de Albuquerque. Por este tratado se estabeleceu uma «liga, amizade e confederação real e perpétua» entre os dois reinos, segundo a qual cada um deles seria obrigado a prestar auxílio e socorro contra todos os que tentassem destruir o outro, salvo contra «o soberano pontífice romano actual, Urbano, e seus sucessores, e Wenceslau, rei dos Romanos e da Boémia, e João, rei de Castela e de Leão, duque de Lencastre, tio de el-rei de Inglaterra». Esta é a cláusula fundamental do tratado. Mas nele se contêm outras pelas quais se oferece segurança e capacidade de comerciar aos naturais dos dois reinos, se veda aos mesmos qualquer auxílio aos inimigos, se proíbe às partes contratantes o ajustamento de tréguas ou armistícios separados, etc. Tratando-se de uma liga perpétua, foi previsto que os herdeiros e sucessores dos reinos de Portugal e da Inglaterra fossem «obrigados a jurar e a renovar, ratificar e confirmar» as suas alianças, «solene e publicamente, em presença das pessoas notáveis», dentro do prazo de um ano a partir da respectiva coroação[80].

---

[80] Para obter a ratificação deste tratado de 1386 por parte de Ricardo II, terão ido a Inglaterra, sucessivamente, duas embaixadas portuguesas, uma confiada a um tal Rui Cravo e outra ao infante D. Dinis (cf. Visconde de Santarém, *Quadro Elementar...* XIV, pp. XCI e ss.; Conde de Tovar, *Catálogo dos Manuscritos Portugueses ou relativos a Portugal existentes no Museu Britânico*, pp. 320-322; *A Embaixada do Infante D. Dinis à Corte de Inglaterra* em 1388, Coimbra, 1932).

e) A aliança com o duque de Lencastre

A vitória dos Portugueses incitou o duque de Lencastre, tio de Ricardo II de Inglaterra e casado com uma filha de Pedro I de Castela, destronado por Henrique de Trastâmara, pai de D. João I de Castela, a vir à Península, em som de guerra, a reivindicar os seus direitos. Com esse fim lhe forneceu D. João I de Portugal seis galés e doze naus, das quais o duque desembarcou alguns milhares de soldados na Corunha, iniciando a invasão da Galiza. Esta invasão insere-se ainda nos quadros da Guerra dos Cem Anos e do Grande Cisma do Ocidente. Com efeito, Ricardo II de Inglaterra obteve uma bula do papa de Roma, Urbano VI, pela qual o duque de Lencastre foi reconhecido como rei de Castela e de Leão, contra o intruso e cismático D. João de Trastâmara, aliado do rei de França e fiel aos papas de Avinhão.

Avistou-se o duque com D. João I de Portugal, no dia 1 de Novembro de 1386, na ponte do Mouro, entre Monção e Melgaço; aí celebraram logo um tratado de amizade e aliança, entre Portugal e Castela, cujo rei o duque pretendia ser e como tal D. João I o reconheceu. Nos termos desta aliança, Portugal ajudaria o duque com um exército de cinco mil homens e, em compensação, o duque cederia a D. João I uma larga faixa de territórios em Leão e em Castela, compreendendo Plasença, Cáceres, Mérida e Zafra. No mesmo encontro se ajustou o casamento de D. João I com uma filha do duque e de sua primeira mulher, D. Filipa, casamento que logo se celebrou no Porto, a 2 de Fevereiro de 1387.

Na base daquela aliança, portugueses e ingleses invadiram o Sul do reino de Leão, sem nunca se defrontarem com o inimigo, que se furtou a combates, abandonando-lhes, sem gente nem mantimentos, as terras que iam alcançando. O desgaste sofrido, sem vantagens notáveis, e com desentendimentos entre portugueses e ingleses, terá levado D. João I a julgar a empresa iniciada «pouco honrosa e de muito trabalho». Portugueses e ingleses retiraram para Portugal. E, tendo chegado, entretanto, tropas francesas, em apoio de D. João de Castela, receou-se uma invasão de Portugal pelo exército franco-castelhano. Mas prevaleceu o propósito de negociações de paz entre o rei de Castela e o duque de Lencastre, negociações de que os Portugueses não terão participado. Em Trancoso, primeiramente, e depois, em Baiona, na Gasconha, então pertencente à Inglaterra, foi ajustada a paz entre o duque e o rei de Castela. A troco de uma grande soma[81] e da promessa de larguíssimas pensões vitalícias, o duque e sua mulher renunciaram aos pretendidos direitos às Coroas de Castela e de Leão. Também foi acordado o casamento do infante herdeiro daquelas coroas, D. Henrique, com uma filha do duque, D. Catarina. Assim terminou a contenda, pelo casamento de uma neta de Pedro I, *o Cruel*, com um neto de Henrique de Trastâmara.

A paz separada que o duque celebrou terá deixado em situação difícil, compreensivelmente, o seu aliado D. João I, que ficou isolado na guerra com Castela. Fernão Lopes reflecte, com alguma discrição, o mal-estar criado, pondo em dúvida o desentendimento. Mas estranho seria que o não tivesse havido, posto que da paz separada estabelecida não consta que resultasse proveito para Portugal. E dele muitas desvantagens poderão, ou poderiam, ter advindo.

f) A paz com Castela

Afortunadamente para os Portugueses, a situação interna de Castela deteriorou-se bastante, o que levou os Castelhanos, em princípios de 1389, a um pedido de tréguas, por seis meses, que foram concedidas[82]. Terminado este período de tréguas, logo Tui foi tomada pelas armas portuguesas. Novo acordo de tréguas, por três anos, foi celebrado em Monção, não apenas em nome de Castela e de

---

[81] A indemnização paga ao duque de Lencastre deve ter sido muito elevada, pois em razão do respectivo pagamento reuniu o rei D. João de Castela Cortes em Briviesca, nas quais foi estabelecido um imposto extraordinário do qual não foram isentos nem os eclesiásticos nem os nobres, o que contrariava os usos, costumes e foros, dando assim ideia da gravidade da situação financeira ocasionada. Também nas mesmas Cortes (1387),e em consequência dessa situação, se desvalorizou a moeda castelhana.

[82] A embaixada do infante D. Dinis a Inglaterra, de 1388, propunha-se, além da ratificação do tratado de 1386, o consentimento escrito de Ricardo II à celebração de um acordo de tréguas entre Portugal e Castela. Estas tréguas teriam sido pedidas pelos Castelhanos, e D. João I, julgando-as muito convenientes, tê-las-ia logo aceitado se não receasse que tal fosse considerado pelo rei inglês como infracção dos tratados de aliança entre as duas Coroas (cf. Conde de Tovar, *Catálogo dos Manuscritos Portugueses ou relativos a Portugal existentes no Museu Británico*, pp. 320-322).

Portugal, mas também dos seus aliados, França e Escócia, por uma parte, e Inglaterra, por outra, em Novembro de 1389.

No ano seguinte morreu o rei de Castela, deixando por herdeiro seu filho D. Henrique, ainda criança. Com os seus embaixadores foram ajustadas novas tréguas, por 15 anos, em 1393, mas Castela não cumpriu o estipulado quanto à entrega de prisioneiros; e, por isso, as tréguas não foram respeitadas. Em 1396 as tropas portuguesas ocuparam Badajoz, os castelhanos apresaram naus portuguesas e incendiaram Viseu. As lutas continuaram, até que foram acordadas novas tréguas, por mês e meio, em 1398; por nove meses, em 1399; e por dez anos, em 1400.

Entretanto, morreu também, ainda muito jovem, o rei de Castela D. Henrique III, deixando por sucessor o filho, D. João II. E tendo ficado como regentes seu tio, D. Fernando, e sua mãe, D. Catarina, irmã de D. Filipa de Lencastre, à compreensão da regente em relação às condições postas por Portugal se tem já atribuído a plataforma de acordo que tornou possível o tratado de paz finalmente celebrado em 1411.

Desde 1389, pelo menos, que era nítido, de parte a parte, o desejo de alcançar a paz. Esbatera-se o ânimo de vingar Aljubarrota, aceso durante anos no espírito de D. João I de Castela e dos seus capitães[83]; e parecia ter-se resignado D. João I de Portugal, após a paz separada do duque de Lencastre, a não tentar um alargamento das fronteiras portuguesas. No entanto, quando se tratava de fixar uma paz definitiva, era nítida a relutância castelhana quanto ao reconhecimento da realeza de D. João I de Portugal. Talvez por influência dos muitos e poderosos emigrados portugueses em Castela, entre os quais se contavam os infantes filhos de D. Inês de Castro. Ainda em 1399 Castela propunha, como condição de paz, que o herdeiro de D. João I casasse com D. Beatriz, viúva de D. João I de Castela, e que, então, aquele seu filho fosse reconhecido como rei de Portugal.

---

[83] D. João I de Castela propôs-se durante anos vingar a afronta de Aljubarrota, entendendo que esse mesmo espírito deveria dominar todos os naturais do reino. Mas não obteve apoios sequer para o tentar. A indemnização paga ao duque de Lencastre terá reduzido mais ainda o seu poder. E os últimos anos de vida deste rei castelhano, falecido em 1390, foram de extremas dificuldades e desordens, para as quais os efeitos morais e materiais de Aljubarrota muito terão contribuído.

Assim se arrastaram as negociações, entre acordos de tréguas e hostilidades fronteiriças, até ao tratado de 31 de Outubro de 1411.

Este tratado estabeleceu paz e aliança «perpétuas» entre D. João I de Portugal e D. João II de Castela, representado pelos regentes D. Catarina e D. Fernando. Segundo o tratado, o rei de Castela guardaria esta paz, não indo, nem consentindo ir, contra ela, por pretexto algum, nem mesmo por causa do Cisma religioso, nem por causa da rainha D. Beatriz, ou de qualquer outra pessoa. O tratado de 1411 ficou dependente de ratificações, depois que o rei de Castela completasse 14 anos. Mas essas ratificações também encontraram dificuldades e tardaram. Só tiveram lugar a 30 de Outubro de 1431, por parte de D. João II de Castela, e a 17 de Janeiro de 1432, por parte de D. João I de Portugal. Através daquela ratificação, o rei castelhano declarou renunciar, por si e por seus sucessores, a qualquer domínio e senhorio, real ou pessoal, que pudesse ter, por qualquer título, aos reinos de Portugal e do Algarve.

No entanto, desde 1411 que a situação entre Portugal e Castela era de inteira paz. E até de colaboração estreita em empreendimentos vários, tendo os Portugueses logo naquele ano socorrido os Castelhanos com uma esquadra na guerra contra o reino mouro de Granada.

TITULO III

A Debilidade Geográfica da Independência Portuguesa no Século XIV

1. Razão da conquista de Ceuta

É facilmente admissível, se não certo, que ainda antes de 1411, no ambiente de paz com Castela, já de facto conseguida, a investida em Marrocos tivesse sido planeada. Os preparativos da expedição foram longos e, não podendo manter-se inteiramente secretos, pela sua mesma natureza, pois implicavam, nomeadamente, apetrechamentos de muitos navios e alistamento de soldados e marinheiros, suscitaram reacções internacionais. Castela, Aragão e Granada recearam que a armada em preparação se dirigisse a algum daqueles reinos; pelo que D. João I ofereceu seguranças de continuidade na paz com eles estabelecida aos dois referidos reinos cristãos, não as dando, porém, aos embaixadores de Granada. Outros Estados marítimos se terão alarmado com os preparativos da empresa, nomeadamente Veneza. E, a fim de desviar as atenções, fez D. João I constar que a expedição se dirigiria à Holanda, cujos navios frequentemente hostilizavam a navegação portuguesa. Ao duque Guilherme, porém, foram dadas a conhecer pelo embaixador português, Fernando Fogaça, as reais intenções do seu rei, cuja finta mereceu ao holandês o apoio que se tornava necessário.

Mas interessa aqui, sobretudo, apreciar a razão do empreendimento de Ceuta, dispendioso e espectacular, que marca o inicio de um relativo apartamento de Portugal da Europa. Em tal matéria, à explicação mística e heróica, baseada no propósito de alargamento da Cristandade, opõe-se a explicação económica. Segundo esta, os Portugueses foram a Ceuta em busca de riquezas. Não apenas as que esperavam encontrar na cidade, mas também as resultantes da abundância de cereais e outros produtos daquela zona do Magrebe.

Importará reconhecer, face à questão, que todos os grandes empreendimentos envolvem aspectos económicos, quando não resultam de precipitações irresponsáveis. As vantagens económicas da conquista de Ceuta hão-de ter sido ponderadas, mesmo que não fossem determinantes. Parece mesmo sugestivo que o alvitre da conquista se tenha atribuído ao vedor da Fazenda João Afonso de Alenquer. Em Ceuta acumulavam-se muitas riquezas, sobretudo provenientes de saques, cujos produtos encontravam abrigo julgado seguro dentro das poderosas muralhas da cidade. E é provável que essas riquezas tenham sido avaliadas em termos de cobrirem os gastos da custosa expedição.

Quanto às produções naturais da zona, especialmente de cereais, porém, torna-se difícil admitir que elas tivessem pesado no empreendimento de Ceuta. Tanto pela natureza dos solos na costa mediterrânica de Marrocos, como pela escassez da população nessa mesma costa ocupada na agricultura, como pelas dificuldades de acessos originadas nas contingências militares, dificilmente os Portugueses poderiam contar com Ceuta como fundo continuado de abastecimento frumentário. As terras aráveis e férteis do Magrebe, chamadas *tirs*, situam-se entre os rios Bu Regreg e Tensift, quer dizer, 300 a 500 km ao sul de Ceuta. Só muito mais tarde, após a ocupação de Azamor, Mazagão, Safim, Agadir e outras praças marroquinas da costa atlântica, os Portugueses poderiam manter pretensões a um acesso relativamente fácil aos centros de produção cerealífera do Norte de África. Aliás, Portugal fora, durante a 1.ª dinastia, um produtor excedentário e, por isso, exportador, de cereais. Se, porventura, as guerras do século XIV tivessem reduzido sensivelmente essa produção, o que parece duvidoso, seria natural que se procurasse elevar os respectivos níveis no território tradicional português, ainda insuficientemente desbravado, em vez de tentar preencher os défices da produção cerealífera através de tantos perigos certos e tantas incertezas várias. Já naquela época os produtos agrícolas e, sobretudo, os cereais, pelas dificuldades de transporte e outras razões, não ofereciam incentivos bastantes para o afastamento entre os centros de produção e de consumo. As especiarias e o açúcar constituíam excepções, pela possibilidade de concentração de elevados valores em minguados volumes.

É de crer, pois, que as razões estritamente económicas para a conquista de Ceuta não transcendessem as próprias riquezas pelos Mouros concentradas durante muitos anos na cidade. Em consequência das excelentes condições do seu porto, resguardado de todos os ventos, pela defesa natural que oferecem ao istmo respectivo as sete colinas ali erguidas, e da posição estratégica que a Ceuta corresponde, assim como da salubridade do seu clima. Também Ceuta, sob o domínio árabe, era um reputado centro de delicadas indústrias artesanais. Mas não é provável que tal facto excitasse a cobiça dos cristãos, naturalmente conscientes de que o correspondente interesse económico se não manteria após a conquista; até por muitos dos artigos produzidos se acharem ligados a um tipo diverso de civilização. Era igualmente Ceuta, ao iniciar-se o século XV, a base de uma esquadra pirata que costumava assolar todas as costas mediterrânicas. E aí estaria a principal fonte da sua riqueza. Mas, por motivos óbvios, depois de passar a cidade para o poder dos cristãos, deixaria de ter condições para manter a capacidade económica resultante dessa sua posição de base naval de acções de rapina praticadas pelos Sarracenos contra a Europa mediterrânica.

Em suma, Ceuta mostrava-se suficientemente rica para suscitar cobiças, que bem poderiam ter movido os Portugueses. Ao menos pela capacidade bastante para sustentar, pela presa provável, os custos da expedição. A sua riqueza terá pesado na decisão de D. João I. Mas deparam-se-nos muitas outras razões, mais facilmente determinantes, para explicar a conquista. Essas razões prendem-se com a exiguidade do *hinterland* português e acham-se resumidas por Zurara na seguinte frase: «cá nós de uma parte nos cerca o mar e da outra temos muro no reino de Castela».

Tendo-se concluído pela intransponibilidade do muro castelhano, resolvera-se alargar as fronteiras através do mar. E Ceuta foi escolhida pela proximidade, que a tornava francamente acessível aos meios navais do tempo, e pela importância estratégica. A expedição a Ceuta, libertando a Cristandade dos seus piratas e facilitando a última arrancada da Reconquista peninsular, tornava toda a República Cristã e, particularmente, os reinos hispânicos, devedores de Portugal. Sem risco imediato de pendências com Castela, que a conquista de Granada ou de Gilbraltar poderia suscitar. Além disso, se se reacendesse a luta com o vizinho castelhano, a posse de Ceuta ofereceria aos Portugueses uma nova base de possíveis retaliações, partindo daquela praça africana. A estratégia militar só por si é bastante para explicar a primeira investida portuguesa em Marrocos, sem excessos de misticismo ou de lirismo heróico, mas sem exclusivismos de feição materialista. Também se punha então para Portugal, como se põe sempre depois de uma guerra prolongada, o problema de orientar com honra e proveito os ânimos irrequietos dos ex-combatentes, mal adaptados às tarefas da paz. Esse e outros motivos hão-de ter contribuído para a expedição; mas apresentam-se como acessórios. Ceuta era para Portugal uma marca militar de tal importância que justificava amplamente todos os sacrifícios inerentes à sua conquista.

Várias vezes se tinha considerado em Portugal, como, aliás, em Castela, a hipótese de perseguir os Sarracenos no Norte de África. Tanto mais que este servia os Mouros ainda instalados na Península como abrigo, como fonte de recrutamento de tropas, como base de organização de ofensivas militares e ainda como refúgio, julgado mais seguro, para riquezas provenientes de saques de terras inimigas. E porque as terras africanas setentrionais, integradas no Império Romano, se tinham com ele tornado cristãs, não duvidavam os teólogos e moralistas de que seria lícito aos cristãos nelas instalarem-se, numa nova reconquista, para além do estreito afro-europeu.

2. Frustrada colonização das Canárias

Já muito antes, os Portugueses teriam reconhecido que a sua independência assentava em bases geográficas muito débeis. Porque a estreiteza do *hinterland* tornava o território extremamente vulnerável, por avesso a amplas manobras estratégicas. E as tentativas de alargamento da faixa longitudinal não tinham sido bem sucedidas. Daqui se concluiu no sentido de que importava dominar o vizinho ocidental do Reino – o mar.

É certo que a Idade Média nos oferece múltiplos exemplos de Estados mais minguados em extensão geográfica. Mas no século XIV era já previsível o movimento orientado em ordem à constituição de grandes unidades políticas na Europa. E só a essas viria a ser concedida a independência política. Além de que os Estados de dimensões geográficas reduzidas mas mantendo fronteiras com diversos outros Estados dispunham de melhores possibilidades de defesa. Portugal tinha de preparar-se para assegurar a sua individualidade política ainda quando a força centrípeta de Castela arrastasse para a sua órbita os outros reinos peninsulares, conforme veio a acontecer; e era já previsível ao findar a 1.ª Dinastia.

A atracção do mar e da sua conquista devia ser já muito antiga entre nós. E talvez tenha encontrado a sua origem na necessidade de defesa da costa portuguesa, frequentemente assaltada pelos piratas vindos de Marrocos. Assim, a organização de uma força naval já terá merecido a melhor atenção ao primeiro rei português, posto que a armada confiada em 1180 a Fuas Roupinho libertou as terras ribeirinhas dos navios mouros, que o almirante português perseguiu pelas costas andaluzas e marroquinas, até morrer em combate, no porto de Ceuta. A contribuição portuguesa em operações navais a empreender no Mediterrâneo foi também muito frequentemente solicitada pelos outros reinos peninsulares. Não exageraria D. Afonso IV quando, em informação enviada ao papa Bento XII, lhe referia que a gente dos seus reinos se tornara tão audaciosa e hábil na guerra por mar que dificilmente se encontrariam mais aptos nesse plano, não apenas para defesa daqueles reinos, mas também na perseguição dos inimigos[84].

Na base de um poder naval razoável tentou Portugal, ainda na 1.ª Dinastia, expandir-se para as Canárias. Com efeito, tendo o papa Clemente VI informado o rei português de que concedera as ilhas Canárias ao príncipe de Castela D. Luís de la Cerda, em feudo perpétuo à Santa Sé, pelo que pedia o auxílio português para o empreendimento da respectiva ocupação, D. Afonso IV, em carta de 12 de Fevereiro de 1345, referiu àquele papa que, achando-se as Canárias mais próximas dos seus reinos que de quaisquer outros, a elas enviara já navios e gente que à força se tinham ali apoderado de homens, animais e diversas coisas que trouxeram para Portugal; e que só não enviara ainda àquelas ilhas uma armada para efectuar a sua conquista porque, entretanto, tinham sobrevindo as guerras com Castela e com os Sarracenos. Afirmava o rei português conformar-se com as determinações da Santa Sé quanto à posse das ilhas pelo príncipe castelhano, mas escusando-se à prestação de qualquer auxílio, por se

---

[84] Cf. Visconde de Santarém, *Quadro Elementar...*, IX, pp. 349 ess.

achar exausto o erário em consequência das guerras contra os infiéis. Desta carta se conclui que antes de 1336 se verificou uma tentativa portuguesa de colonização das Canárias, segundo parece renovada em 1341. Mas a Santa Sé afastou Portugal do empreendimento. Um século mais tarde, a bula do papa Eugénio IV *Dudum cum*, de 31 de Julho de 1436, revela que a conformação dos reis portugueses quanto à sorte das Canárias, aonde D. Duarte enviara uma nova expedição em 1425, era muito relativa, pois o Papa pede nessa bula ao rei português que nada intente em prejuízo do rei de Castela por causa daquelas ilhas.

A colonização frustrada das Canárias tem o interesse de demonstrar que a ideia de expansão ultramarina foi em Portugal anterior a Aljubarrota e à conquista de Ceuta.

3. Assentamento da política marroquina de Portugal

A conquista de Ceuta, confiada a uma armada de mais de 300 navios, onde embarcaram algumas dezenas de milhares de homens, no dia de Santiago de 1415, não foi difícil, porque criteriosamente planeada. Mas começou por circunscrever-se, conforme era previsível, ao próprio recinto da cidade, cuja defesa ficou confiada a uma guarnição de menos de 3000 soldados, tendo os restantes regressado a Portugal. A conservação de Ceuta, rodeada de sarracenos, tornou-se um encargo extremamente pesado para Portugal. Parecia mesmo duvidoso que a riqueza aí alcançada bastasse para tal sustentação. Isso terá movido D. João I a enviar ao rei de Aragão, Fernando de Antequera, uma embaixada destinada a oferecer àquele rei o porto e a cidade de Ceuta, no caso que intentasse fazer guerra aos mouros de Granada. Mas D. Fernando de Aragão[85] achava-se gravemente doente e já não pôde avistar-se com o rei português para o efeito.

---

[85] D. Fernando de Aragão, conhecido por Fernando de Antequera, pela sua conquista desta cidade, era um infante da Casa castelhana de Trastâmara, que herdara o trono de Aragão. Mas também era, juntamente com a rainha D. Catarina, irmã da rainha D. Filipa, regente de Castela, pela menoridade de seu sobrinho, D. João.

O custo da defesa de Ceuta, com frequência e violentamente atacada pelos Mouros, impôs a Portugal, quando outras razões não houvesse, uma política marroquina global, no sentido de não circunscrever a Ceuta o domínio português no Norte de África. A preocupação de defender Ceuta levou a investir e incendiar Larache, a acometer Tetuão, a conquistar Alcácer Ceguer e Arzila, e aos sucessivos assaltos a Tânger. Ficou constituído um grande domínio português sobre as costas marroquinas, mediterrânica e atlântica, que formava uma extensa *marca* de defesa militar do território português, tanto em relação aos Sarracenos como em relação aos Espanhóis.

Para conservação deste domínio em Marrocos contava Portugal com todo o apoio da Santa Sé. Já em 1418, pela bula *Sane charissimus*, o papa Martinho V recomendara a todos os imperadores, reis, duques, marqueses, comunidades, cidades e senhorios, que ajudassem D. João I na guerra que movia em África contra os infiéis, a fim de poder prosseguir nas suas conquistas e reduzir aquelas terras à fé de Cristo. Mais se acrescenta na citada bula que todas as praças tomadas aos Sarracenos ficariam pertencendo ao rei de Portugal[86]. E dir-se-ia que a concessão pontifícia envolvia uma incorporação, uma extensão, do reino de Portugal em África. Assim, o mesmo Papa, e naquele mesmo ano, atribuiu à catedral de Ceuta todos os privilégios e liberdades reconhecidos «às outras catedrais do reino».

O domínio português em Marrocos, que só desapareceu por completo na segunda metade do século XVIII, com o abandono de Mazagão, corresponde à primeira tentativa de estabelecimento de Portugal além-mar, em desafio à avareza do estreito *hinterland* peninsular e à consequente fragilidade da independência portuguesa no contexto europeu.

---

[86] A mesma concessão foi renovada aos reis D. Duarte, D. Afonso V e D. Manuel (ver Visconde de Santarém, *Quadro Elementar...*, IX, pp. 403-404, e X, pp. 10-11, 53 a 57 e 118.

Fig. 3 – A Batalha de Aljubarrota

Fig. 4 – *Ceuta*

CAPITULO II

EXPANSÃO DE PORTUGAL NO MUNDO E SUA NEUTRALIDADE NA EUROPA (1415-1580)

TITULO I

As Últimas Tentativas de Expansão Europeia: Toro e a Política Peninsular de D. João II e de D. Manuel

1. Política externa alternativa de D. Afonso V

a) As causas e as consequências externas de Alfarrobeira

A Batalha de Alfarrobeira é geralmente apreciada como epílogo de uma luta interna pelo poder. Mas as suas causas encontram-se no plano da política externa portuguesa.

Apesar da «paz perpétua» estabelecida com Castela, D. João I não esqueceu as vantagens de outras alianças internacionais, designadamente com Aragão, de harmonia com já antigas tradições de equilíbrio peninsular, e com o poderoso ducado de Borgonha, cujos territórios se estendiam desde os Alpes ao mar do Norte, abrangendo as florescentes cidades de Dijon e de Bruges. Em Borgonha casou o rei de Portugal, com o duque Filipe, o *Bom*, sua filha D. Isabel, que viria a ser mãe de Carlos, o *Temerário,* o último grande feudal da Europa. Com D. Leonor, filha de Fernando de Antequera, infante e regente de Castela que herdara o trono de Aragão, casou o príncipe herdeiro, D. Duarte. Mas o destino de Aragão, ou ao menos dos seus territórios catalães, parecia incerto. A Catalunha afirmara as suas pretensões autonomistas, alçando por seu caudilho o conde de Urgel, D. Jaime. Este fora vencido pelo rei D. Fernando, ficando longos anos preso, até à sua morte. Mas parecia duvidoso que com a derrota do caudilho se tivesse desvanecido a hipótese de uma independência catalã.

Foi precisamente com uma filha do conde de Urgel, rebelde catalão, vencido e prisioneiro, que veio a casar o segundo filho de D. João I, o infante D. Pedro, dito das «sete partidas», pelas muitas viagens que empreendeu[1]. Tem-se explicado este casamento por ligeireza de espírito do infante, que teria deixado aos seus áulicos o cuidado da escolha matrimonial, conforme, de facto, poderá concluir-se da interpretação de algumas fontes documentais. Mas parece estranho que esses mesmos áulicos tivessem, por si, e entre tantas escolhas possíveis, decidido casar o infante, filho do poderoso rei de Portugal e recebido, com honra e amizade, pelos mais diversos monarcas em cujas Cortes andou, com a filha de um senhor rebelde, vencido e prisioneiro. Nem consta também que a escolha tenha agastado sobremaneira D. João I, o qual, não obstante desinteligências com o filho D. Pedro, que já seriam muito anteriores, confirmou o contrato matrimonial do infante, sem excluir a entrega à filha do conde de Urgel dos castelos e vilas de Tentúgal e Montemor-o-
-Velho. Não será de afastar liminarmente a hipótese de o casamento de D. Pedro com a filha do conde de Urgel se relacionar com a sua estada na Catalunha e com o seu trato junto dos reis de Castela e de Navarra.

Seja como for, a Corte portuguesa reuniu as princesas D. Leonor, filha e irmã de reis de Aragão, e D. Isabel, filha do conde de Urgel, rebelde à Coroa aragonesa e dela prisioneiro. Naturalmente, o facto só teve consequências de maior porque D. Duarte morreu prematuramente, ficando a regência confiada, durante a menoridade de D. Afonso V, à rainha viúva, D. Leonor, princesa de Aragão, e ao infante D. Pedro, casado com a filha do conde vencido e prisioneiro.

Mesmo sem pretender tomar posição quanto aos juízos favoráveis e desfavoráveis a D. Pedro, sobre o qual ainda na actualidade se assumem frequentemente atitudes partidárias, parece inegável a hostilidade do infante regente à rainha viúva, mãe de D . Afonso V, que fez correr riscos sérios de guerra civil, pela aproximação da Casa de

---

[1] Além de viajante pelas longínquas terras do Médio Oriente, o infante D. Pedro gozou no estrangeiro de fama de altas qualidades de militar e administrador. Essas qualidades lhe terão valido a concessão pelo imperador, em 1418, da *marca* de Treviso, na fronteira de Veneza.

Bragança à rainha, e até de guerras externas, pelos apoios obtidos por D. Leonor junto dos príncipes estrangeiros seus familiares. Escasseiam os dados para formular um juízo seguro quanto à medida em que os interesses portugueses justificariam a dureza do infante. Certo é que D. Pedro conseguiu afastar de Portugal a rainha D. Leonor, que se supõe ter morrido envenenada em Toledo[2]; e melhor afirmou o seu poder pela investidura de um filho no cargo de condestável e pelo casamento do rei, D. Afonso V, com uma filha do próprio regente, D. Isabel, quando ambos tinham 13 anos. Por este matrimónio, os reis de Portugal, a partir de D. João II, descendem do rei de Aragão, Fernando de Antequera, e do rebelde por ele derrotado, D. Jaime, conde de Urgel.

Mas a posição política de D. Pedro passou a declinar desde que o sobrinho e genro, D. Afonso V, assumiu o governo do Reino. Regressaram de Castela e de Aragão os emigrados afectos à rainha D. Leonor, aos quais foram concedidos cargos e honras; moveram-se devassas contra os parciais de D. Pedro, por toda a parte perseguidos. Como noutras épocas da História portuguesa, abriu-se o caminho à jornada de Alfarrobeira. Este conflito armado, com origem na rivalidade das duas princesas aragonesas, e também com implicações externas na política de D. Pedro, favorável ao condestável castelhano D. Álvaro de Luna, teve também, por sua vez, consequências graves no plano das relações de Portugal com outros países.

Os vencidos de Alfarrobeira que conseguiram salvar as vidas encontraram bom acolhimento na Borgonha, onde a duquesa D. Isabel, penalizada pela sorte do irmão, a cujo corpo fora negada sepultura, e revoltada pelo comportamento do sobrinho, manteve durante anos um ambiente hostil a D. Afonso V junto de diversas Cortes. Sem excluir a de Roma, onde o papa Nicolau V chegou a considerar a aplicação da pena de excomunhão ao rei português. Entretanto, os emigrados políticos portugueses eram encaminhados pelos duques de Borgonha, que os acolheram, no sentido de os auxiliarem na luta contra o rei de França. Esse facto terá contribuído para aproximar

---

[2] Admite-se que tenha sido o condestável castelhano D. Álvaro de Luna, aliado de D. Pedro, quem tenha mandado envenenar a rainha. Entre o condestável castelhano e o regente D. Pedro foi também negociado o casamento de D. João II de Castela com D. Isabel, filha do infante D. João, que, assim, foi rainha do Estado vizinho (1446).

D. Afonso V do monarca francês, até que as desilusões acumuladas o esclareceram sobre o apoio que podia esperar de Luís XI, entretanto já liberto do perigo bolonhês pela morte de Carlos, o *Temerário*.

O tempo e o nascimento do príncipe herdeiro D. João, neto do vencido de Alfarrobeira, acabaram por reconciliar, formalmente, os portugueses desavindos[3]. Mas muitos dos proscritos não voltaram, ligando a outras terras o seu nome e o seu valor. Regressou por algum tempo a Portugal o antigo condestável D. Pedro, filho do infante regente, que ainda combateu em Marrocos, junto de D. Afonso V. Mas um novo surto do autonomismo catalão, ainda que efémero, levou-o a aceitar a caudilhagem que coubera a seu avô, o conde de Urgel. D. Pedro, filho do vencido de Alfarrobeira, foi rei da Catalunha durante três anos, até à sua morte. Outro filho do infante regente, D. João, foi rei, ou regente, de Chipre, onde morreu envenenado[4].

b) As pretensões de D. Afonso V à Coroa de Castela

A política de D. Afonso V baseou-se, fundamentalmente, na expansão ultramarina, alargada da costa marroquina às ilhas descobertas no Atlântico e até às terras da Guiné. Mas não deixou o rei de Portugal de estabelecer apoios na Europa, até para neutralizar as hostilidades criadas pelos duques de Borgonha, em sequência a Alfarrobeira. Sua irmã D. Leonor casou com o imperador da Alemanha[5], Frederico III, tendo sido mãe de Maximiliano I; e outra irmã, D. Joana, casou com Henrique IV de Castela. Deste casamento resultaram as pretensões de D. Afonso V à Coroa castelhana.

---

[3] Destituídos de todos os benefícios e dignidades os vencidos de Alfarrobeira, eles e os seus descendentes, até ao quarto grau, em 1449, só em 1455 lhes foram restituídos aqueles mesmos benefícios e dignidades.

[4] Ver D. António Caetano de Sousa, *Historia Genealogica...*, II, p. 88; Lita Scarlatti, *Os Homens de Alfarrobeira*, Lisboa, 1980; Gaspar Dias de Landim *O Infante D. Pedro*, Lisboa, 1892; J. Ernesto Martínez Ferrando, *Tragedia del Insigne Condestable Don Pedro de Portugal*, Madrid, 1942.

[5] Sobre as regras de protocolo então usadas nos casamentos reais, como sobre outros aspectos, têm muito interesse as cartas que Lopo de Almeida enviou de Roma e outras terras a D. Afonso V, narrando-lhe a viagem de sua irmã D. Leonor, que o Papa casou com o imperador e coroou em S. Pedro de Roma, em 1452. (Ver D. António Caetano de Sousa, *Provas da Historia Genealogica...*, II, pp. 633 ess.)

Quando parecia que a Dinastia de Avis renunciara já a qualquer expansão europeia do território português, acontecimentos que não eram facilmente previsíveis desviaram D. Afonso V dos seus empreendimentos africanos, orientando-o para uma luta que tinha por fim alcançar o trono castelhano. A pretensão do rei de Portugal teve origem nas atitudes desencontradas de Henrique IV, que já fora casado com Branca de Navarra, antes do seu consórcio com a infanta portuguesa, e sobre o qual constava, talvez por notícias postas a correr pelos seus contrários, que nenhum dos matrimónios fora consumado. Não obstante, após seis anos de casamento estéril, teve D. Joana de Portugal, com manifesto júbilo do rei castelhano, uma filha, também chamada Joana, a qual foi logo reconhecida como herdeira do reino pelas Cortes reunidas em Madrid (1462). Também os irmãos do rei, D. Afonso e D. Isabel, como tal a reconheceram, jurando-lhe obediência. Contudo, já então algumas resistências e relutâncias se notaram relativamente ao reconhecimento da princesa D. Joana, por alegadas dúvidas quanto à sua paternidade, por alguns atribuída a D. Beltrão de la Cueva, grão-mestre de Sant'Iago, conde de Ledesma e, mais tarde, duque de Albuquerque. Donde D. Joana ser depreciativamente apodada de *Beltraneja* pela facção adversa ao rei, que pretendia colocar no trono seu irmão D. Afonso, muito jovem e, de facto, aprisionado pela gente daquela facção. A hostilidade a Henrique IV tomou aspectos de carácter insurreccional e de violências grosseiras, tendo o rei castelhano enviado a Portugal a rainha, acompanhada da infanta D. Isabel, em demanda de auxílio[6]. Mas D. Afonso V, não obstante os rogos da irmã, manteve-se neutral em relação ao conflito, pois as Cortes então reunidas a isso o aconselharam, com fundamento nas inconstâncias do rei de Castela. Querendo intervir no conflito, o papa Paulo II viu-se desrespeitado pelos rebeldes, entre os quais diversos prelados, na pessoa do núncio que enviou a Espanha. E o rei castelhano chegou a admitir que o irmão D. Afonso fosse reconhecido como seu sucessor; mas com a condição de casar com a filha, D. Joana.

---

[6] Já antes, o rei português se avistara, em Gibraltar e em Guadalupe, com o cunhado, Henrique IV de Castela (ver Visconde de Santarém, *Quadro Elementar*..., I, pp. 363-364). Mais tarde se encontrariam diversas vezes *(ibidem*, p. 367).

Entretanto, o partido rebelde viu-se enfraquecido pela morte do seu pretendente, o infante D. Afonso. Mas tratou de recompor-se, procurando colocar no trono a infanta D. Isabel. Esta, porém, recusou-se a ocupá-lo, enquanto fosse vivo o irmão, Henrique IV. E nesta base se conseguiu o acordo do débil rei (1468). A sua realeza não seria contestada; mas, por sua morte, o reino caberia à irmã, D. Isabel, e não a D. Joana, dita *Beltraneja*. Neste pacto celebrado entre o rei e sua irmã foi reconhecida a vida licenciosa da rainha D. Joana, que seria enviada para fora do reino, sem poder levar com ela a filha. Já então se previa, e desejavam alguns, o casamento de D. Isabel com o infante D. Fernando, herdeiro da coroa aragonesa; mas, para contentar os desafectos a Aragão, clausulou-se também que a princesa não casaria sem consentimento do rei.

Foi depois deste pacto que a rainha D. Joana, abandonada pelo rei mas beneficiando do apoio da facção antiaragonesa, conseguiu também o apoio de seu irmão, D. Afonso V, o qual invocou um acordo que teria celebrado com Henrique IV no sentido do seu casamento com D. Isabel e do casamento de D. Joana, a *Beltraneja*, com seu filho, o príncipe D. João. Mas a embaixada enviada a Castela por D. Afonso V deparou com a hostilidade de D. Isabel, que já decidira casar com o príncipe aragonês, o que veio a fazer (1469) sem o consentimento e contra a vontade do rei.

O casamento de sua irmã com Fernando de Aragão desagradou de tal modo a Henrique IV que este considerou sem efeito o acordo do ano anterior; e, reconhecendo novamente D. Joana como sua filha, tratou de casá-la com um irmão e sucessor de Luís XI de França, que se achava em guerra contra Aragão. Reacendeu-se, assim, a guerra civil por toda a Espanha, mostrando-se favoráveis a D. Isabel as terras biscainhas e andaluzas. Entretanto, tendo morrido o príncipe francês cujo casamento com D. Joana fora ajustado, regressou-se ao projecto matrimonial da *Beltraneja* com D. Afonso V. Mas, melhorando a posição politica de D. Isabel, cujas qualidades de governante eram indiscutíveis, com ela se reconciliou de novo o rei, que morreu pouco depois, sem tentar esclarecer, por testamento, a quem caberia a coroa. E, embora se afirme que ao seu confessor designou Henrique IV por sucessora D. Joana, a questão ficou em aberto; não apenas pelos condicionalismos de facto como pelas hesitações e pela inércia do rei quanto à necessária definição de uma atitude. É de notar que os cronistas portugueses se referem a um testamento de Henrique IV, pelo qual este não apenas teria reconhecido D. Joana como sua filha e sucessora mas teria designado D. Afonso V como governador dos seus reinos e senhorios, pedindo-lhe que casasse com a filha. Mas parece tratar-se apenas do escrito de um secretário, de cuja autenticidade se poderá razoavelmente duvidar. Aliás, da própria carta que D. Joana endereçou à cidade de Madrid, e que terá dirigido também a outras terras, afirmando os seus direitos, não constam referências a qualquer testamento do rei, mas apenas a quanto afirmara pouco antes de morrer.

Para além dos aspectos pessoais desta questão sucessória, dela dependia a continuidade de Castela como reino apartado politicamente dos outros reinos peninsulares, ou a sua união ao reino aragonês, ou ainda a sua união a Portugal. Do ponto de vista jurídico, a independência de Castela e de Aragão não era posta em causa, de harmonia com os compromissos assumidos por Isabel e por Fernando, por ocasião do seu casamento; mas a junção das respectivas coroas através daqueles príncipes determinaria uma indiscutível unidade política. E essa unidade contrariava a orientação tradicional das relações externas de Portugal, que deixaria de contar com o poder de Aragão nas suas tentativas para garantir o equilíbrio peninsular. Explica-se, assim, que a questão se apresentasse a D. Afonso V como suficientemente grave para, em razão dela, esquecer os empreendimentos africanos.

Mesmo alguns partidários de D. Isabel começaram a recear o poder aragonês e as pretensões de D. Fernando, que por morte do pai viria a alcançar a coroa de Aragão. Cresceu, assim, o partido da *Beltraneja*, já depois da morte de Henrique IV, nomeadamente pelo apoio que lhe deu o poderoso arcebispo de Toledo. Baseado nesse partido, e a seu pedido, iniciou D. Afonso V tentativas de negociação com D. Isabel, em defesa dos direitos da sobrinha, D. Joana, que não foram bem sucedidas. Julgando-se seguro do apoio de Luís XI de França, com quem se aliara[7], e contra os pareceres do duque de

---

[7] Ver Carta patente de Luís XI em que reconheceu D. Afonso V, «très cher et très aimé frère», como rei de Portugal e de Castela, prometendo-lhe o auxílio de «une bonne et grande armée» in D. António Caetano de Sousa, *Provas da Historia Genealogica...*, II, pp. 6 e ss.

Bragança e do arcebispo de Lisboa, receosos dos partidários castelhanos de D. Joana, pela sua falta de firmeza, D. Afonso V entrou em Castela e celebrou o consórcio com sua sobrinha, D. Joana, em Plasença (1475), depois de ter solicitado ao Papa a necessária dispensa matrimonial, que nunca chegou a ser concedida. Do esforço de guerra que a invasão portuguesa exigiu a Castela dá testemunho significativo o facto de todas as igrejas daquele reino terem entregado aos reis, para o efeito, metade das suas pratas, conforme fora decidido nas Cortes de Medina del Campo.

Encontraram-se em Toro as tropas de D. Afonso V e da facção castelhana favorável a D. Joana com as reunidas por Isabel e Fernando. Os combates não foram decisivos; admitindo-se mesmo que se os Portugueses tivessem perseguido o rei aragonês, quando este se retirou, teriam obtido uma vitória. Mas não o fizeram; e parece que o rei português ganhou consciência, em Toro, das dificuldades do empreendimento. Presumivelmente pelo abandono de alguns poderosos castelhanos e pela falta de apoios com que contava; sem excluir o de Luís XI, cuja pressão militar nos Pirenéus se não fazia sentir, ou era frouxa. Em demanda de auxílio, através da abertura de uma segunda frente, seguiu D. Afonso V para França, com uma grande frota; a reclamar, ou solicitar, o cumprimento do tratado luso-francês de 8 de Setembro de 1475. Mas Luís XI subordinou o apoio ao sucesso dos bons ofícios de D. Afonso V junto dos duques de Borgonha, em ordem à solução dos diferendos que com eles mantinha. Não foi o rei português bem sucedido nas suas diligências junto do primo Carlos, o *Temerário*, que morreria em combate pouco depois, deixando o caminho aberto à obra de Luís XI de unificação da França e de centralização do poder. Isabel e Fernando, cujas tropas iam fazendo incursões em território português, consolidavam, dia a dia, o seu poder nos reinos respectivos. E Luís XI com eles acabou por assinar o tratado de paz de Saint Jean-de-Luz (1478), sem cuidar do seu aliado português[8] que, no ano seguinte, também

---

[8] Sobre a longa peregrinação de D. Afonso V em França tem muito interesse a consulta das *Memórias* de Filipe de Comines, que foi ministro de Luís XI. Reconheceu o historiador e estadista francês que o seu rei mudou de parecer quanto aos negócios de Portugal e que, demorando D. Afonso V durante mais de um ano com esperanças vãs, lhe fez piorar, entretanto, a sua situação em Castela. Admite mesmo Comines que Luís XI se

celebrou, em Alcáçovas, um tratado de paz pelo qual reconheceu os direitos de Isabel e Fernando ao trono de Castela. Esse tratado vedou qualquer título de princesa real a D. Joana, a *Beltraneja*, que recolheu a um convento, em Portugal, onde lhe coube o tratamento de «Excelente Senhora».

Com a vitória de Isabel e Fernando, os Reis Católicos, conforme concessão pontifícia, tornou-se ponto assente para os cronistas de Espanha a impotência de Henrique IV, a infidelidade da rainha D. Joana e a origem adulterina da dita *Beltraneja*. Mas o tempo e a reflexão sobre os documentos disponíveis tornaram possível uma mais objectiva apreciação das situações, afastadas já da montagem publicitária que as envolveu. Sem arriscar embora um juízo definitivo sobre o caso, Gregório Marañon, cujas investigações reúnem aos dados históricos a análise psicológica e médico-patológica dos personagens, escreveu acerca do assunto: «Cada dia me parece más claro que Don Enrique IV fué menos impotente de lo que dicen; que su mujer Doña Juana fué mucho más buena de lo que nos cuentan los libros; que la *Beltraneja* no fué hija del necio Don Beltrán sino, quizá, del Rey.» Em cujo caso, as duas princesas Joanas, mãe e filha, teriam sido apenas vítimas das fraquezas de Henrique IV e de algumas ambições mesquinhas que serviriam de base à unidade de Espanha, sobre cujas vantagens se poderá duvidar também. Até porque os empreendimentos de expressão transcendente atribuídos aos Reis Católicos, entre eles a conquista de Granada e o início da acção colonizadora, não foram improvisados. Acham-se na continuidade dos rumos já antes traçados por Castela e por Aragão, mesmo como unidades políticas separadas.

---

propusesse trair o rei português e entregá-lo aos castelhanos, o que terá sido evitado pela retirada oportuna de D. Afonso V. Conclui Comines no sentido de que o fracasso das diligências do rei português se deveram aos embaixadores que tinham estado antes em França, os quais, se fossem avisados e sábios, o teriam esclarecido quanto à situação e lhe teriam evitado as imprudentes diligências junto de Luís XI. (Ver *Memórias*, caps. XCIII e XCIV; Veríssimo Serrão, *Relações Históricas entre Portugal e a França (1430-1481)*, pp. 108 e ss.) Até porque – diz Comines – nunca um príncipe deve pôr-se em poder de outro príncipe, nem pessoalmente pedir-lhe socorro. Segundo refere a *História da Cidade de Paris*, de Filibien, D. Afonso V foi recebido na capital francesa com apurados requintes de cortesia e pompa. Não devem nunca confundir-se as manifestações de tal sorte com êxitos diplomáticos; por vezes destinam-se precisamente a encobrir os malogros das negociações (cf. D. António Caetano de Sousa, *Provas da Historia Genealogica...*, II, pp. 59-60).

Terminou, sem proveito para Portugal, mais esta tentativa de expansão europeia, que implicou largo desgaste em vidas e fazenda. Já habituados à vizinhança da unidade Leão-Castela, tiveram os Portugueses de adaptar-se à coexistência com um bloco político que acabou por abranger todos os outros reinos peninsulares, pelo falecimento do pai de D. Fernando, rei de Aragão (1479), pela conquista de Granada (1492) e pela absorção de Navarra (1512). À acção orientada no sentido de manter a paz com este bloco político confiou Portugal o sucesso dos seus empreendimentos além-mar, nos quais concentrou, de novo, todas as suas potencialidades.

A desistência de D. Afonso V às pretensões ao trono de Castela teve a sua contrapartida no reconhecimento «para sempre», por parte dos reis espanhóis, de todas as conquistas portuguesas em África, até à Índia, e no Atlântico, com excepção das Canárias, que ficariam para Castela. Assim se estabeleceu pelo Tratado de Alcáçovas, de 1479, no qual se ajustou também o casamento do infante D. Afonso, filho do príncipe D. João, com a infanta D. Isabel, filha dos *Reis Católicos*, Fernando e Isabel[9].

2. Política peninsular de D. João II e de D. Manuel

a) *A política peninsular de casamentos*

A política externa de D. João II teve naturalmente de ajustar-se à unidade hispânica e ao novo incitamento para os empreendimentos ultramarinos que aquela unidade envolvia. Porque, conforme se estabeleceu no Tratado de Alcáçovas, os *Reis Católicos* deixaram aos Portugueses as mãos livres nas terras africanas já ocupadas, ou que viessem a ocupar, até à Índia. Mas não perdeu D. João II a esperança

---

[9] Na base do Tratado das Alcáçovas se acha o chamado tratado das «terçarias de Moura», do mesmo ano. Neste se previa não apenas o casamento de D. Afonso com D. Isabel mas também o de D. Joana, a *Beltraneja,* com o príncipe D. João, filho dos *Reis Católicos,* que viria a falecer. De harmonia com o referido tratado, e em caução do ajuste estabelecido, D. Afonso, D. Isabel e D. Joana ficariam em «terçaria», ou depósito, na vila de Moura, à guarda da infanta D. Beatriz. A *Beltraneja* terá preferido recolher a um convento. (Ver Alberto Pimentel, *Rainha sem Reino*. Porto, 1887; Alonso de Palencia, *Cronica de Enrique IV*, 2 vols., Madrid, 1973-1975).

de quebrar aquela unidade hispânica. Ou de aproveitá-la em benefício da Dinastia de Avis. Donde o casamento de seu filho, D. Afonso, com D. Isabel, filha dos *Reis Católicos*, herdeira do novo império hispânico. E, para não prejudicar aquele ajuste de casamento, terá sacrificado, para além do razoável, os interesses de D. Joana, dita a *Beltraneja*, despojada de todas as prerrogativas de princesa, mesmo as de conteúdo meramente formal[10]. Mas o plano de D. João II de reservar para o filho o governo de todos os reinos da Península desfez-se com o acidente que vitimou o príncipe D. Afonso (1491), poucos meses depois de ter casado com a filha de Fernando e Isabel.

D. Manuel, porém, a quem estava reservado dar execução a muitos dos propósitos do antecessor, não perderia também a oportunidade de tentar a sucessão dos *Reis Católicos*. E por isso veio a casar com a mesma princesa D. Isabel, viúva de D. Afonso, em 1497, logo dois anos após a sua subida ao trono. Aliás, com D. Manuel a expectativa de sucessão peninsular tornou-se mais nítida. Porque, entretanto, falecera o filho varão dos *Reis Católicos*, cabendo, assim, a sucessão deles a D. Isabel, rainha de Portugal.

O rei D. Manuel e sua mulher, autorizados para isso pelas Cortes de Lisboa, reunidas em Fevereiro de 1498, foram a Castela e a Aragão a fim de serem jurados herdeiros daqueles reinos, pelas Cortes de Toledo, reunidas em Abril daquele ano, e pelas Cortes de Saragoça, reunidas em Junho do mesmo ano. Aliás, os direitos de D. Isabel e D. Manuel ao trono de Castela não suscitavam dúvidas. Em relação à coroa aragonesa é que algumas reacções se levantaram, por excluir o Direito de Aragão as sucessões reais por via feminina.

Enquanto estava em Saragoça teve a rainha um filho, D. Miguel; mas D. Isabel faleceu pouco depois, em consequência do parto. E o príncipe, que ficou em Espanha com os avós, teve curta vida, pois faleceu em Granada em 1500. Assim se malogrou mais este projecto de aproveitamento da unidade peninsular pela Casa Real portuguesa. Se é certo que a exigência de D. Isabel, ou de seus pais, os *Reis*

---

[10] No entanto, a presença em Portugal da *Beltraneja* constituía um perigo potencial para a rainha Isabel de Castela. Talvez isso explique os admissíveis entendimentos dos *Reis Católicos* com o duque de Bragança na conjura de 1483 (ver Veríssimo Serrão, *História de Portugal,* II, p. 104).

Católicos, quando se negociava o seu casamento com D. Manuel, foi determinante para a expulsão dos judeus de Portugal, e que o rei português a ela acedeu pelo forte desejo de se candidatar à sucessão dos reinos peninsulares, o destino se encarregou de inutilizar os efeitos em razão dos quais aquela expulsão teria sido determinada[11].

Mas não renunciou D. Manuel à sucessão peninsular. Com efeito, logo em 1500 casou com outra filha dos Reis Católicos, D. Maria, apesar da oposição a tal casamento do rei de França, naturalmente receoso da constituição de um bloco político peninsular que incluísse Portugal. Contudo, por via de D. Maria a expectativa de sucessão nos senhorios dos Reis Católicos era remota, porque tinham outra filha mais velha, que prefeririria àquela. Tratava-se de D. Joana, dita a Louca, casada com o arquiduque Filipe, o Formoso, da Áustria, e que viria a ser mãe de Carlos V. No entanto, o casamento com D. Maria tornou o rei D. Manuel influente na corte espanhola, onde o sogro, D. Fernando, lhe reservou missões do maior relevo, nomeadamente em relação às desavenças que teve com o outro genro e sucessor, Filipe, desavenças em que D. Manuel foi árbitro. Com vantagens e prestígio para Portugal[12].

Depois de enviuvar de D. Maria, em 1517, ainda D. Manuel casaria, no ano seguinte, com uma filha de Joana, *a Louca*, e de Filipe, *o Formoso*, D. Leonor, aproximando-se, assim, de novo, de

---

[11] Sendo certo que geralmente as considerações sobre a injustiça das expulsões dos judeus se circunscrevem às decretadas em Castela, em Aragão, e em Portugal, convirá ter presente que os judeus já antes tinham sido expulsos de França (1394), da Inglaterra (1290), da Escócia, da Dinamarca, da Noruega e da Suécia. A expulsão dos judeus da Península terá impressionado, sobretudo, pelo número de judeus que aí viviam e pelas posições cimeiras que lá ocupavam. Mais tarde, com a Reforma, as expulsões dos judeus daqueles Estados foram exploradas pelo propósito de afirmar a intolerância dos católicos. Recorde-se que a expulsão dos judeus de Castela e de Aragão se seguiu imediatamente à completa derrota dos mouros na Península, com a conquista de Granada. Até aí, os judeus, que começaram por facilitar a invasão muçulmana, foram muitas vezes utilizados pelos príncipes cristãos peninsulares como inimigos tradicionais dos árabes.

[12] Aliás, embora estivéssemos em paz com os outros reinos peninsulares desde o Tratado de Alcáçovas, as relações amistosas com Castela datam mais nitidamente do reinado de D. Manuel. No tempo de D. João II, não obstante a paz estabelecida, as relações com Castela eram ainda de reserva e desconfiança, tendo os *reis católicos* acolhido os portugueses que lhes pediram protecção após as mortes dos duques de Bragança e de Viseu. (Ver Hillgarth, *Los Reinos Hispanicos*, III, p. 208.)

uma expectativa sucessória, embora remota, em relação aos Estados dos *Reis Católicos*, então já acrescidos dos senhorios da Casa de Austria[13]. Aquela sucessão só indirectamente caberia à família real portuguesa, e por via feminina, através do casamento de D. Isabel, filha de D. Manuel e de D. Maria, com Carlos V.

Apreciando as frustradas tentativas sucessivas de união das duas Coroas, de Portugal e de Castela, concluía Garcia de Resende, em 1530, na sua Miscelânea, que «Portugueses, Castelhanos, non os quer Deos juntos ver».

b) *A política peninsular e a expansão ultramarina*

Frustradas as expectativas sucessórias, tornada inevitável a vizinhança com um grande bloco político na Península, impunha-se a Portugal assegurar a paz nas fronteiras e, com base nela, prosseguir nos empreendimentos iniciados fora da Europa.

Essa política de boa vizinhança, como condicionante da expansão ultramarina, já tem reflexos no Tratado de Alcáçovas. Mas melhor expressão encontraria no Tratado de Tordesilhas, de 1494, que a seguir será apreciado.

---

[13] Viúva do rei D. Manuel desde 1521, D. Leonor veio a casar com Francisco I de França em 1530.

TITULO II
A Presença de Portugal em Quatro Continentes

1. **Base diplomática da expansão ultramarina portuguesa**

   a) *A expansão ultramarina portuguesa como instrumento da comunidade internacional*

   A expansão ultramarina portuguesa serviu, indiscutivelmente, os interesses nacionais. Ao menos, à luz de determinadas concepções integrais da vida, que eram as correntes nos séculos XV e XVI. Mas não se entenderá aquela expansão se a desligarmos da ideia de cumprimento de um mandato conferido aos Portugueses pela própria comunidade internacional, que então se circunscrevia à *Respublica Christiana*, tendo no topo o Papado. E aquele mandato tinha por objecto a integração sucessiva, na comunidade cristã de Estados, dos povos e territórios nela não incorporados.

   Em Marrocos e noutras zonas dominadas pelo Islamismo, mas que antes das conquistas árabes tinham sido cristãs, a conversão dos povos não se apresentava como viável. Tratava-se aí, sobretudo, de expulsar os Maometanos e de *restituir* os territórios à Cristandade. Também nos territórios desérticos ocupados, como foi o caso das ilhas atlânticas, se não podia pretender constituir novos Estados cristãos. Esses territórios foram povoados por portugueses e incorporados no reino de Portugal. Mas, noutras áreas, parece ter sido nítido o propósito de constituição de Estados a reunir na comunidade cristã, na comunidade internacional. Assim o revela a política portuguesa

em relação aos territórios do golfo da Guiné e do Congo[14]. Não parece que nos séculos XV e XVI se pretendesse constituir aí províncias portuguesas de além-mar, mas sim reinos cristãos e aliados de Portugal, onde os costumes e tradições locais seriam respeitados sempre que não ofendessem as leis naturais e os princípios que se impõem a todos os homens, seja qual for a sua condição.

Esta política seguida por Portugal na costa ocidental africana deparou com maiores dificuldades nas regiões islamizadas do Índico e em relação aos Hindus. Embora procurando sempre, mesmo aí, como noutras partes do Oriente, constituir núcleos cristãos, os condicionalismos não permitiam largas ilusões quanto às possibilidades de estabelecimento de novos Estados integrados na comunidade cristã de nações. Mesmo aqueles núcleos, pressionados por vizinhanças hostis, só tinham condições para subsistir na base do apoio constante dos Portugueses. As próprias alianças no Oriente assentaram, sobretudo, em vantagens comerciais e nas intervenções portuguesas nos dissídios que opunham os potentados locais. Eram, por sua natureza, precárias. Apenas nos pontos onde as armas portuguesas se estabeleceram com carácter permanente se criaram centros de irradiação cristã.

Porque, por mais acrisolada que fosse a fé e por mais vincado que fosse o espírito de sacrifício dos missionários, não dispunham estes de condições mínimas de acção nos locais onde a doutrinação envangélica provocaria necessariamente o martírio não só dos apóstolos como dos catecúmenos.

---

[14] Em 1446, uma expedição portuguesa de três navios recebeu o encargo de propor aos habitantes de Rio do Ouro a sua conversão ao Cristianismo e uma aliança de comércio com os Portugueses. Em 1448, uma embaixada portuguesa convidou o rei de Farim a abraçar a religião cristã e a comerciar com Portugal. Em 1481, proposta semelhante foi dirigida pelos enviados de D. João II ao chefe indígena Casamansa, que, embora mantendo relações de amizade com os portugueses instalados em São Jorge da Mina, se recusou a converter-se. Entre 1482 e 1489 converteu-se ao Cristianismo o príncipe guinéu Bemohi, que governava povos instalados entre a Gâmbia e o Senegal. Em 1484, tornou-se cristão o reino de Benim. Quanto ao reino do Congo, a boa disposição do seu rei relativamente ao propósito português de convertê-lo, e a todos os seus, levou à estadia de numerosos congoleses por um período de cinco anos (1485-1490) em Lisboa, onde não só aprenderam doutrina cristã mas também as primeiras letras e artes mecânicas. Esse núcleo de congoleses acha-se na base da cristianização do Congo, cujo rei se converteu, tendo um seu filho sido bispo, apesar da resistência pontifícia à sua sagração, por se duvidar em Roma da indispensável preparação daquele príncipe negro para a dignidade episcopal, que, por pressão do rei português, acabou por ser-lhe conferida.

Também, pela escassez de população como por outras circunstâncias, não era viável o estabelecimento imediato no Brasil de novos reinos cristãos. O respectivo território ou havia de ser incorporado no reino de Portugal ou, depois de povoado e preparado culturalmente, constituir outro reino, unido a Portugal, como foi, ou dele separado politicamente, como acabou por ser.

Mas, mesmo quando não se tornou possível tentar sequer a formação de novos reinos cristãos, a incorporar na *Respublica Christiana*, não perdeu a expansão ultramarina portuguesa a sua obediência a um mandato internacional. Com efeito, a expansão portuguesa obedecia, sem prejuízo dos admissíveis desvios de directrizes, comuns a todas as obras humanas, ao propósito de aproveitamento das potencialidades dos povos e territórios alcançados em benefício da comunidade internacional, da Cristandade. Sem excluir que aos Portugueses coubesse a justa recompensa dos trabalhos realizados e dos riscos suportados. Poderia mesmo considerar-se, relativamente à expansão portuguesa, um «duplo mandato», para empregar a expressão usada por Lord Lugard, pois aquela expansão se presumia ser exercida no interesse dos povos com os quais Portugal mantinha relações além-mar e no interesse comum da Cristandade[15]. Esta era a doutrina que presidia à política da expansão portuguesa. Mas tal política. teve de ser executada por homens, com todos os vícios e paixões, que tantas vezes os dominam, mesmo quando mitigados por ideais de justiça e de renúncia. A maior parte desses homens eram rudes, muitos deles com conhecidas máculas no seu passado e quase todos pobres, em relação às respectivas classes e condições, pelo que

---

[15] Lord Lugard foi militar e alto funcionário colonial britânico que, no começo do século XX, na sua obra *Dual Mandate,* definiu o duplo fim da acção colonizadora, a qual deveria ser exercida no interesse dos povos colonizados e, ao mesmo tempo, no interesse também da comunidade internacional e do seu progresso; o que justificaria o aproveitamento económico de riquezas antes inexploradas nos territórios onde se exercia aquela acção, riquezas de que toda a comunidade internacional carecia. Fiel às características próprias do colonialismo inglês, do anglicanismo e da época vitoriana, Lord Lugard pôs o acento tónico da sua construção nos factores económicos. O «duplo mandato» português, um «duplo mandato» *avant la lettre,* posto que a expressão é de Lord Lugard, sem excluir aqueles factores, terá dado maior relevo aos aspectos de segurança político-militar da Cristandade e de alargamento do espaço geográfico dessa mesma Cristandade, que era, afinal, a comunidade internacional; até ao século XVI, pelo menos.

frequentemente se mostravam ávidos na conquista de riquezas. Não havia outros disponíveis para os empreendimentos ultramarinos. Porque aqueles a quem o nascimento ou os méritos patentes tinham concedido a administração de morgados ricos, ou de comércios rendosos, ou de quaisquer cargos apetecíveis, geralmente não trocavam a comodidade e a segurança relativas da Metrópole pelos sobressaltos das praças de Marrocos e da navegação do Índico, ou pelas incertezas dos sertões brasileiros. O Ultramar constituía para os fortes e audaciosos, de todas as classes, a via adequada à remissão de faltas, ao acrescentamento da riqueza e à elevação no escalonamento social. Com a consequente emulação entre os ultramarinos bem sucedidos e os que ficavam no reino[16].

Apesar de todos os defeitos que possam ser assacados àqueles a quem coube especialmente a expansão ultramarina de Portugal, importa reconhecer que melhor salvaguardaram os direitos humanos e as liberdades fundamentais, tais como são entendidos pela actual comunidade de nações e pela sua declaração universal de direitos, do que os potentados locais, cuja autoridade foram muitas vezes chamados a substituir. Também a esta luz, a ideia de «duplo mandato», exercido em benefício da Cristandade e dos povos a cristianizar, não parece descabida.

b) *A expansão ultramarina portuguesa e a Santa Sé*

Que a expansão ultramarina portuguesa funcionou como instrumento da *Republica Christiana* resulta dos documentos pontifícios sobre tais matérias.

---

[16] A fim de atrair gente às praças de Marrocos, perdoaram-se crimes vários àqueles que se apresentaram a servir nelas, conforme consta de uma lei de D. João I inserta nas *Ordenações Afonsinas* (1. v, t. LXXXIII). Na Índia e no Brasil cumpriram muitos penas de degredo, em liberdade, e desenvolvendo, por vezes, acções altamente meritórias. O Ultramar permitia também aos soldados e aos letrados pobres alcançar um pecúlio, quando não largos meios de fortuna; e as mercês honoríficas que geralmente solicitavam, quando regressados ao Reino, lhes serviam de promoção social e até, com frequência, de ingresso na classe nobre.

Depois da bula de Martinho V *Sane charissimus*, já atrás referida, exprimiu a Santa Sé o seu apreço pelo esforço português em África através da concessão da Rosa de Ouro a D. Afonso V em 1454[17]. No ano seguinte, a 8 de Janeiro, o papa Nicolau V expediu a bula *Romanus pontifex*, na qual se definia a posição da Igreja relativamente à expansão portuguesa do século XV. Recorda o Papa nesta bula o constante combate de Portugal aos infiéis, a conquista de Ceuta, o povoamento de algumas ilhas atlânticas, a navegação para sul e oriente, «o que ainda nenhuma das nações da Europa tinha feito», a tentativa de chegar à Índia para encontrar os povos que se dizia adorarem o nome de Cristo e com eles combater os inimigos da fé e prégar a lei de Deus nas mais remotas regiões. Refere o Papa que, após tantos trabalhos, despesas e mortes de seus naturais, temiam os príncipes portugueses que outros, levados de malícia, inveja ou cobiça, navegassem para terras descobertas e lhes usurpassem o fruto de tantos sacrifícios. Por isso, Nicolau V, tendo já concedido ao rei português o direito de invadir e conquistar quaisquer terras de sarracenos e pagãos e de as adquirir e possuir legitimamente, proibiu, pela citada bula, que fosse quem fosse, mesmo cristão, interferisse nos descobrimentos e conquistas de Portugal. E assim fazia por serem os empreendimentos portugueses, tão «piedosos e ilustres», em muito proveito de toda a *Respublica Christiana*, sendo necessária à sua prossecução a posse pacífica das conquistas alcançadas.

A doutrina essencial contida na bula *Romanus pontifex* já fora afirmada, aliás, anteriormente, numa bula pontifícia de Eugénio IV (1445) e noutras do mesmo papa Nicolau V, de 1450 e de 1452. A mesma doutrina foi confirmada pelo papa Calisto III (bula *Inter caetera*, de 3 de Março de 1455) e pelo papa Sixto IV (bula *Aeterni regis*, de 21 de Junho de 1481). Tal doutrina consagrava o princípio do *mare clausum*, aplicável a todos os mares antes não conhecidos, que só seriam acessíveis aos Estados seus descobridores. A este prin-

---

[17] A Rosa de Ouro, cujo valor sacramental é comunicado pela bênção lançada pelo Papa no quarto domingo da Quaresma, tem sido concedida poucas vezes. Portugal, pelos seus príncipes ou instituições, recebeu-a pela primeira vez em 1454; e, posteriormente, em 1506, 1514, 1525, 1551, 1563, 1770, 1842, 1892 e 1964. Parece significativa a relativa frequência da concessão no decurso do século XVI.

cípio, defendido ainda no século XVII por Serafim de Freitas[18], opor-ia Hugo Grócio o do *mare liberum*, favorável aos Estados protestantes, não subordinados às determinações pontifícias. E, quebrada a autoridade do Papa, antes árbitro dos dissídios internacionais, destruída, afinal, a *República Cristã*, o princípio do *mare liberum* havia de tornar-se dominante, obrigando Portugal a adaptar-se a novos condicionalismos e a defrontar aqueles que, não o tendo precedido nem acompanhado nas tarefas dos Descobrimentos, deles queriam colher as vantagens.

Manteve-se no século XVI o apoio da Santa Sé aos empreendimentos ultramarinos portugueses, tendo Leão X confirmado a concessão a Portugal das terras conquistadas e por conquistar (bula *Praecelsae devotionis*, de 3 de Novembro de 1514). Em termos de efeitos exteriores, as boas relações entre a Santa Sé e Portugal encontraram expressão na célebre e faustosa embaixada a Roma que D. Manuel confiou a Tristão da Cunha, cuja memória perdurou na história daquela cidade, pelo esplendor da referida embaixada como pelas cerimónias e festejos com que foi recebida[19].

A partir de 1453 o interesse da Cúria Romana pela expansão portuguesa tornara-se mais marcado ainda. Compreensivelmente. Porque a queda de Constantinopla nas mãos dos Turcos, naquele ano, e a rápida conquista otomana de vastos territórios no Mediterrâneo oriental e na Península balcânica levaram a recear um possível envolvimento dos Estados cristãos pelos Sarracenos. Entre 1456 e 1515 sucederam-se os pedidos dos papas, da República de Veneza e dos reis da Hungria aos reis de Portugal no sentido de organizar uma grande expedição contra os Turcos, pedidos que beneficiaram de bom acolhimento, tendo-se abandonado os projectos respectivos pelas lutas que dividiam os outros reinos cristãos[20]. O rei D. Manuel foi louvado por Leão X pelo seu interesse em organizar a expedição contra os Turcos, apesar das guerras de África e da Ásia, e em persuadir os

---

[18] Ver Serafim de Freitas, *Do Justo Império Asiático dos Portugueses,* Lisboa, 1983.

[19] Sobre esta embaixada, cf. Banha de Andrade, *História de Um Fidalgo Quinhentista Português – Tristão da Cunha,* pp.119 e ss.

[20] Logo em 1456, D. Afonso V terá mandado equipar uma esquadra para combater os Turcos, anunciando que nela iria pessoalmente (ver Visconde de Santarém, *Quadro Elementar...,* I, p. 358).

outros príncipes cristãos a deixarem as mútuas discórdias e, levados do bom exemplo de Portugal, ou da emulação dos seus feitos gloriosos, se armarem também contra o inimigo da Cristandade (breve *Qua nobis dilectus*, de 2 de Março de 1515). Portugal era então, para a Santa Sé, o reino com o qual mais facilmente podia contar. Sobretudo porque, desde o assalto a Ceuta, se concentrara na guerra a povos não cristãos, contrastando tal posição com os conflitos que dividiam e agitavam os outros Estados da Europa. Por isso, Leão X punha o rei D. Manuel ao corrente das traições e violências que faziam correr riscos à Santa Sé, lhe pedia conselho em relação aos perigos, lhe narrava o mau procedimento de Francisco I de França, o louvava por se opor decididamente ao luteranismo. E não se tratava de posições isoladas de Leão X e de D. Manuel. Também Adriano VI manifestava a sua confiança em Portugal, no meio das atribulações da Igreja, entre as quais as causadas pela queda de Belgrado e de Rodes nas mãos dos Otomanos. Do mesmo modo, Clemente VII exprimia a D. João III as suas mágoas e a sua gratidão. Tinha de quê, pois quando as tropas imperiais invadiram Roma, matando, saqueando e profanando templos, fora o embaixador português, D. Martinho de Portugal, o interlocutor válido junto do general dos invasores, Hugo de Moncada, «no meio do furor e licença dos soldados».

Apesar do bom entendimento junto da Santa Sé, algumas dificuldades aí encontraram os embaixadores portugueses nas negociações orientadas no sentido do estabelecimento da Inquisição. Esta era julgada pela política portuguesa instrumento indispensável para manutenção da ordem interna, que noutros Estados tão abalada andava; e, consequentemente, instrumento indispensável para dar continuidade à expansão além-mar, tão do agrado da Santa Sé. Mas o secretário de Estado, Cardeal Santiquatro, manifestando atitudes de extrema tolerância em relação aos judeus[21] e mostrando recear a repetição de

---

[21] A tolerância do Cardeal tem sido explicada pela muita influência em Roma de judeus ricos, cuja posição avessa a Lisboa era aparentemente defendida com extrema energia por Duarte da Paz, embora a este já tenham sido atribuídas atitudes bastante equívocas. Sobre a questão, ver a correspondência diplomática em Visconde de Santarém e Rebello da Silva, *Quadro Elementar...*, XI. Também convirá ter presente que, antes de introduzida a Inquisição em Portugal, se moviam processos contra «confessos e marranos» de que resultaram

abusos já atribuídos em Castela ao Tribunal do Santo Oficio[22], opôs-se, durante muito tempo, ao estabelecimento da Inquisição em Portugal, que o papa contra-reformista Paulo III acabou por conceder, plenamente, em 1536. Neste mesmo ano foi convocado o concílio destinado a reformar a disciplina eclesiástica e condenar os erros das heresias protestantes, que só viria a reunir em Trento, em 1545. Em relação ao Concílio de Trento há a considerar não apenas a acção dos padres conciliares portugueses que aí estiveram, entre os quais o célebre Primaz de Braga, D. Frei Bartolomeu dos Mártires, como a actividade diplomática dos reis e dos embaixadores de Portugal. Porque as definições do concílio envolviam graves consequências políticas; e em relação a essas definições Portugal tinha de acautelar os seus interesses. Também os padres conciliares portugueses que estiveram em Trento não esqueceram o que deviam à sua condição nacional, sem quebra de quanto lhes impunha o seu múnus espiritual e a sua erudição de teólogos. As investigações do Pe. José de Castro nos arquivos de Roma vieram melhor esclarecer, há alguns anos, esta matéria melindrosa e do maior relevo para a História diplomática de Portugal. Também através do estudo dos trabalhos do concílio tridentino se pode apreciar, em termos alheios às diatribes luteranas e anglicanas, a desorientação da Igreja Católica, como a de toda a Europa, no século XVI. E a analise das misérias de então poderá conduzir-nos a conclusões relativamente optimistas. Porque poucos serão os desregramentos do nosso tempo que não encontrem paralelos em circunstâncias verificadas no século XVI e que não escaparam à análise dos padres conciliares de Trento. No entanto, sangrentamente dividida, parcialmente ocupada pelos Turcos, que mantinham uma ameaça constante sobre Viena, a Europa, sempre mais ou menos habituada a permanentes sobressaltos, sobreviveu. E havia de sobreviver ainda aos novos abalos que o século XVIII lhe reservaria.

---

alguns serem queimados e outros condenados a diversas penas, segundo as culpas apuradas (cf. Garcia de Resende, *Crónica de D. João II,* cap. LXIX). A questão em causa respeitava fundamentalmente à forma processual, composição do Tribunal e sua competência. Para uma visão do problema diversa da consagrada pela historiografia oitocentista, cf. Alfredo Pimenta, *D. João III*, pp. 159 e s. Cf. tb. Lúcio de Azevedo, *História dos Cristãos-Novos Portugueses*, pp. 67 e s.; e Isaías da Rosa Pereira, *Subsídios para a História da Inquisição em Portugal no Século* XVI, pp. 149 e ss.

c) **A expansão ultramarina portuguesa e a Espanha**

Poderia entender-se, na base do Tratado de Alcáçovas, de 1479, que a Espanha optara por uma política continental, ficando reservada aos Portugueses a expansão ultramarina. Mas as tradições marinheiras de Aragão, que conquistara Nápoles e a Sicília, também terras de vocação marítima, assim como outras circunstâncias, já dariam lugar a dúvidas quanto ao carácter definitivo da opção continental da Espanha. E as dúvidas avolumaram-se com o sucesso de Cristóvão Colombo, que D. João II não quis apoiar e, por isso, passara ao serviço dos *Reis Católicos*. Para mais, estes tinham bom acolhimento junto do papa Alexandre VI, de origem espanhola, que a 4 de Maio de 1493 expediu a bula *Inter caetera*, pela qual conferiu aos *Reis Católicos* todas as ilhas e terras firmes, já descobertas ou que viessem a descobrir-se, situadas a ocidente de uma linha tirada de pólo a pólo e que passava à distância de 100 léguas de qualquer das ilhas vulgarmente conhecidas pelos nomes de Açores e Cabo Verde, contanto que essas ilhas e terras firmes não fossem possuídas por algum outro rei ou príncipe cristão antes do dia de Natal de 1492 (ver Borges de Castro, *Collecção...*, III, pp. 44 e ss.).

Esta bula significava que, afinal, a Espanha hesitava entre a vocação continental e a vocação ultramarina, tendo obtido, em relação a esta, o apoio pontifício. E embora parecesse, liminarmente, que a divisória estabelecida salvaguardava a esfera de expansão portuguesa em África, e até à Índia, quanto a essa mesma salvaguarda os conhecimentos geográficos da época tornavam as dúvidas admissíveis. D. João II chegara a recear que as terras atingidas por Colombo pertencessem a Portugal. E também Colombo, tendo aportado em Cuba e no Haiti, julgava ter chegado à Índia, antecipadamente reservada, por autoridade pontifícia, à navegação portuguesa. Entende-se, assim, o apresto de uma armada, cujo comando foi confiado a D. Francisco de Almeida, o futuro vice-rei, e cuja missão era a de ocupar as terras onde Colombo chegara. Mas a Espanha apressou-se a enviar uma embaixada, em ordem a uma solução diplomática do conflito. Outra embaixada portuguesa seguiu para Barcelona, onde se encontrava a Corte espanhola e onde chegou o conhecimento da bula *Inter caetera*, que não era de molde a contentar os Portugueses e que, obviamente, fora negociada em Roma pelos Espanhóis logo que tiveram conhecimento da navegação de Colombo (Março de 1492). Chegou-se a acordo entre as duas Cortes. E desse acordo resultou o Tratado de Tordesilhas, celebrado na cidade deste nome, a 7 de Junho de 1494 (ver Borges de Castro, *Collecção*..., III, pp. 52 e ss.). Por este tratado aceitou-se a divisória de esferas de expansão, portuguesa e espanhola, pelo meridiano de Cabo Verde, a poente do arquipélago; mas esta divisória passaria não a 100 léguas mas sim a 370 léguas a oeste daquele meridiano. As terras a leste da divisória caberiam a Portugal. Na zona de expansão portuguesa incluiu-se, assim, grande parte do território brasileiro, que seria descoberto seis anos depois. Pelo que o empenho da diplomacia portuguesa no desvio da linha divisória estabelecida pela bula *Inter caetera* já foi atribuído a presciência relativamente à situação geográfica do Brasil e ao desejo de preservar as armadas portuguesas, que pelo cabo da Boa Esperança se dirigissem à Índia, de virem a ser hostilizadas com base na costa brasileira, se esta coubesse à Espanha.

O Tratado de Tordesilhas, embora mais rigoroso que a bula *Inter caetera*, também deixava margem a dúvidas, sobretudo quanto aos instrumentos adequados para fixar a linha ajustada. Mesmo assim, não suscitou o cumprimento deste tratado dissídios de relevo entre portugueses e espanhóis, através dos séculos durante os quais se processaram as expedições de uns e outros. Os pontos de discórdia mais salientes em relação ao acordado em Tordesilhas respeitaram às Molucas[23] e à fronteira sul do Brasil, para a qual se procurou uma base natural no curso do rio da Prata, donde resultariam as questões respeitantes à colónia do Sacramento e, mais tarde, o estabelecimento da República do Uruguai, como Estado-tampão entre o Brasil e a Argentina[24].

---

[22] Tais abusos não tiveram, no entanto, mesmo em Castela, o relevo que lhes foi dado pelas campanhas postas ao serviço dos interesses dos Estados protestantes. Uma apreciação bastante objectiva da questão se nos depara na obra do inglês Hillgarth (*Los Reinos Hispanicos*, III, pp. 61 e ss.).

[23] A questão das Molucas foi solucionada amigavelmente, entre D. João III e Carlos V, pelo Tratado de Saragoça, de 22 de Abril de 1529 (ver Borges de Castro, *Collecção*..., III, pp. 64 e ss).

[24] Cf. Macedo Soares, *Fronteiras do Brasil no Regime Colonial*, pp. 61 e ss.; Ferrand de Almeida, *A Diplomacia Portuguesa e os Limites Meridionais do Brasil*, Coimbra, 1957; *A Perda da Colónia do Sacramento em 1680*, Coimbra, 1970; *A Colónia do Sacramento na Época da Sucessão de Espanha*, Coimbra, 1973; Fernando Castelo-Branco, *Problemática do Tratado de Tordesilhas*, pp. 43 e ss.

2. Acção diplomática portuguesa no Ultramar

a) A acção diplomática em Marrocos

A expansão ultramarina portuguesa tinha de assentar em bases diplomáticas. No apoio da Santa Sé e num entendimento com a Espanha; ao menos a partir das viagens de Colombo. Mas aquela expansão foi assegurada também, muitas vezes, por uma acção diplomática local, exercida nas terras ultramarinas, junto dos príncipes com algum domínio sobre essas mesmas terras.

Não poderá excluir-se mesmo uma acção diplomática portuguesa exercida junto dos potentados de Marrocos ainda antes da expedição a Ceuta. Umas vezes no sentido de obter trocas e resgates de prisioneiros, outras vezes visando entendimentos comerciais, que se presume tenham sido estabelecidos durante os períodos de tréguas. E embora se julgue que essa acção tenha estado confiada especialmente a ordens religiosas, entre outras a dos Franciscanos, e aos comerciantes judeus, instalados dos dois lados do Mediterrâneo, ela recebeu, por certo, dos próprios reis, apoios e directivas[25]. Após as conquistas portuguesas na costa marroquina, essa acção diplomática localizada teve de exercer-se em matérias tais como as de troca de prisioneiros, de ajuste de tréguas e também de trocas comerciais.

Depois da tomada de Arzila (1471), celebrou-se um tratado de paz e amizade por 20 anos, entre D. Afonso V e Mulei Xeque, rei de Fez. As cidades de Safim e Azamor, através dos seus alcaides, pediram protecção a Portugal; e essa protecção foi-lhes concedida na base de negociações. O próprio rei de Marraquexe, Mulei Naçar, entrou em negociações para se tornar protegido e vassalo de Portugal (1514).

É evidente que o domínio português em Marrocos, compreendendo um período de mais de 350 anos (1415-1769) não assentou exclusivamente em feitos de armas. Disso são exemplos os aproveitamentos, em benefício português, das desinteligências entre os príncipes e notáveis mouros; e, designadamente, a nomeação de Yahya ben Tafouft para o cargo de governador de Safim, assim como o socorro prestado aos portugueses, em Azamor, por Mulei Ziam. Estas

---

[25] Cf. Luiz Teixeira de Sampayo, *Antes de Ceuta*, Coimbra, 1923.

alianças com chefes mouros permitiram aos Portugueses algumas infiltrações profundas no interior de Marrocos, para lá de Marraquexe, até aos montes Atlas. As incursões de Nuno de Ataíde (começo do século XVI) pelo interior sul de Marrocos, por exemplo, beneficiaram do apoio de milhares de mouros de tribos aliadas, que o capitão português associou ao seu desígnio de conquistar Marraquexe. Mesmo o caíde de Xexuão, Mulei Abrahem, um dos grandes chefes militares que se opôs violentamente ao domínio dos Portugueses, hostilizando-os frequentemente, não deixou de avistar-se, em termos de paz e cortesia, com o governador de Arzila, que era o conde de Redondo. E a própria jornada fatal de Alcácer Quibir se baseou na aliança do rei português com o príncipe Mulei Mohamede, ou Mafamede, oposto a seu irmão Mulei Abd Almelique, ou Moluco, rei de Fez e protegido pelos Turcos. É indiscutível que tal aliança pressupõe uma acção diplomática.

Também, mais tarde, os portugueses de Mazagão, os últimos a abandonar Marrocos, já na segunda metade do século XVIII, insuficientemente socorridos pela Metrópole, estabeleceram eles próprios, sob responsabilidade dos governadores, relações de entendimento, ou, ao menos, de coexistência, com os potentados vizinhos. Até que o imperador de Marrocos pôs cerco à cidade, conforme acontecera já anteriormente por diversas vezes, e o Governo de Lisboa decidiu abandonar Mazagão (1769), fazendo regressar os metropolitanos, mas deixando sujeitos a cruéis retaliações os mouros e os judeus que se tinham mostrado dedicados a Portugal.

b) A acção diplomática na Guiné, no Congo e na Etiópia

Em África foram celebrados numerosos tratados de paz, amizade e comércio, com chefes indígenas, entre eles Casamansa, o rei de Jalofo e o rei de Benim. Este último enviou, em 1486, uma embaixada ao rei de Portugal, com ricos e valiosos presentes, entre os quais cem escravos negros. Donde poderá concluir-se que a escravatura não foi introduzida na zona do golfo da Guiné pela gente ida de Portugal.

Alguns portugueses se juntaram aos povos indígenas por laços de sangue, entre eles um tal João Ferreira, que casou com a filha do rei dos Fulas. E estas ligações locais, umas de carácter matrimonial outras de barregania, facilitaram muito os empreendimentos dos portugueses, designadamente no campo diplomático. Porque dado o retraimento dos indígenas em relação a estranhos, geralmente só através de tais ligações era possível aos portugueses obterem um conhecimento mais completo da vida local em muitas regiões africanas. E esta realidade foi entendida pelos administradores coloniais e pelos capitães portugueses, até ao século XIX, pois geralmente se aconselhavam com os comerciantes do mato, casados ou vivendo em concubinato com indígenas.

Na região fronteira à gigantesca foz do rio Zaire encontraram os portugueses um poderoso soberano, rei ou imperador do Congo, o Manicongo. As negociações junto deste empreendidas levaram não apenas a ajustes de paz e amizade (1490) mas à cristianização do reino do Congo, tendo um filho daquele rei, que estudou em Lisboa, sido elevado à dignidade episcopal, embora o Papa tivesse posto em dúvida os seus conhecimentos teológicos. Parece significativo, para ajuizar da influência rápida da cultura portuguesa no Congo, que o rei congolês tenha manifestado o desejo de conhecer as *Ordenações Manuelinas*, a fim de comparar as soluções nelas contidas com os usos do seu reino. Aos membros da família real congolesa e a outros notáveis locais foram conferidas dignidades nobiliárquicas pelos reis de Portugal. Um desses notáveis, designado já por D. Pedro da Silva, serviu de embaixador junto do rei de Angola, cuja autoridade se circunscrevia à área situada entre o Zaire e o Cuanza. Mais tarde, quando, já no século XVII, se tornou mais consistente o domínio português na zona de Benguela, também a rainha Ginga da Matamba se aliou aos Portugueses e recebeu o nome de D. Ana de Sousa, embora, mais tarde, tenha vindo a renegar do Cristianismo, atacando de novo posições portuguesas. Mais constante foi seu irmão, o rei Bandi, que sempre recusou o baptismo, maltratando o sacerdote negro, D. Dionísio de Faria, que tentou convertê-lo.

Estas referências dão ideia de uma intensa acção diplomática exercida pelos portugueses na costa ocidental africana, tendo em vista a cristianização dos povos, a segurança dos portos que serviam de escala às armadas e a troca de bens económicos através das feitorias também estabelecidas por aquela costa.

Pela mesma época, Afonso de Paiva e Pedro da Covilhã seguiram como embaixadores de Portugal em demanda do lendário «Preste João das Índias», monarca cristão que poderia apoiar os empreendimentos portugueses no Oriente. Andaram pelo Egipto e acabaram por encontrar na Etiópia um reino cristianizado desde o século IV, que se julgou situar-se na Ásia, mas muito afastado ainda da Índia visionada, onde, não obstante, foi possível apurar a acessibilidade do Indostão por via marítima. Tratava-se de um Estado cristão, mas independente de Roma e eivado de heresias, governado pelo Negus, «Rei dos Reis», que exercia a sua autoridade sobre numerosos príncipes cristãos e mouros. O rei D. Manuel dispôs-se a reconciliar os abexins com a Igreja Católica Romana; e com esse propósito enviou à Etiópia diversas embaixadas. Foram os Portugueses mais bem sucedidos no plano político que no plano espiritual em relação à Etiópia, pois esta não chegou a aceitar a obediência romana, mas foi, durante longo período, um aliado de Portugal contra os Turcos e outros inimigos. Centenas de portugueses se estabeleceram na Etiópia e, por espaço de tempo de dois séculos, até ao início do século XVIII, vários portugueses ocuparam a dignidade eclesiástica de patriarca da Etiópia. Sem prejuízo das dificuldades resultantes de um entendimento fragmentário e deturpado do Cristianismo, que não permitiu a plena integração da Etiópia na comunidade cristã de nações, mas suscitou, mesmo assim, uma hostilidade aos islamitas que algumas vezes serviu os interesses de Portugal.

c) *A acção diplomática no Índico*

Vasco da Gama apresentou-se aos potentados do Índico como embaixador de Portugal. E com alguns deles celebrou tratados de paz e amizade. Foi o caso do rei de Melinde, que também enviou uma embaixada a D. Manuel, e do rei de Cananor. O tratado com este rei foi renovado por Pedro Álvares Cabral, que igualmente assentou a paz e a amizade com os reis de Cochim, de Quíloa e de Coulão. Seguidamente se desenvolveram negociações, umas vezes precedidas por operações militares, outras não, de que resultaram os protectorados de Zanzibar, de Mombaça, de Tanor, de Sofala, de Nersinga, de Ceilão, de Chaul, de Malaca, de Sumatra, de muitos outros Estados, cujos reis foram apoiados pelos Portugueses contra os seus inimigos. No Índico, como em Marrocos, os sucessos da política portuguesa só foram possíveis pelo aproveitamento das dissenções que dividiam os chefes e comunidades locais. É inadmissível pensar, a nível de ponderação elementar, que as armas e a diplomacia portuguesa tivessem aí alcançado as vantagens obtidas contra uma oposição coesa dos povos daquelas regiões. Em Marrocos, o único traço de união nítido entre as várias comunidades lá estabelecidas era a religião. Na costa oriental africana e na Índia, até as religiões diferentes contribuíram para contrapor as cidades e os senhorios, em lutas permanentes. Sublinhe-se que em muitos dos combates militares sustentados pelos portugueses no Oriente participaram largamente tropas de Estados aos quais os reis de Portugal se ligaram por alianças.

d) A acção diplomática desde a Pérsia ao Japão

O domínio português no Índico tornou muitos países da Ásia interessados em estabelecer com Portugal relações de amizade. Umas vezes para evitar a hostilidade dos Portugueses e dos seus aliados ou tributários; outras para melhor beneficiarem das trocas comerciais que a presença de Portugal na Ásia proporcionaria. Os reis da Pérsia e do Sião, entre muitos outros, procuraram e obtiveram pacíficos entendimentos com Portugal, que foram de vantagem mútua. Muitos portugueses prestaram auxílio aos reis do Sião nas suas guerras e naquele Estado se fixaram, encontrando-se ainda hoje testemunhos dessa fixação em nomes de povoações, apelidos de famílias e crenças religiosas de núcleos cristãos. Um português, Domingos de Seixas, exerceu o comando do exército siamês; e da gratidão pelos seus feitos resultaram mercês várias em favor dos portugueses, muitos deles seus companheiros de armas; assim como a liberdade de doutrinação para os missionários católicos. A influência portuguesa no Sião manteve-se até muito tarde. Ainda em fins do século XVII de Macau foi prestado auxílio militar ao rei daquele Estado, que já no século XIX concedeu a Portugal uma feitoria em Banguecoque, em cuja sede se instalou a representação diplomática portuguesa naquela capital.

As relações de Portugal com a China iniciaram-se com a temeridade de Jorge Álvares, que, partindo de Malaca, ali aportou com um junco, em 1514, tendo colocado um padrão com a cruz e as quinas numa pequena ilha na embocadura do rio da Pérola, bem perto das terras a que seria dado o nome de Macau. Dois anos depois, seria enviado ao imperador da China, para com ele estabelecer relações de amizade, o primeiro embaixador português, o boticário Tomé Pires, que andava pelo Oriente na descoberta de drogas de efeitos medicinais. O embaixador seguiu da Índia para a China com uma armada de quatro navios, cujo poder não era suficiente para atemorizar o Celeste Império, mas deveria ser bastante para acreditar Tomé Pires como embaixador de Portugal. Não foi bem sucedida a embaixada. De Cantão, onde a esquadra o deixou, seguiu Tomé Pires para Nanquim, onde se avistou com o imperador, e depois para Pequim. As razões do insucesso parece terem sido várias. Entre elas, a de as credenciais do embaixador não se acharem redigidas de harmonia com o rigoroso protocolo imperial chinês. Terá acrescido alguma inabilidade do capitão da frota, que reagiu mal à fleuma das autoridades chinesas, e a morte do imperador, a quem sucedeu um neto muito jovem, que logo devolveu os presentes do embaixador e o mandou prender. Em cativeiro morreria Tomé Pires, primeiro embaixador português na China. Apesar deste insucesso, muitos portugueses estabeleceram comércios nos mares da China e ali se assentaram colónias com alguns milhares de católicos, entre os quais predominavam os portugueses. Ao menos em duas povoações – Liampó, que acabou por ser destruída por uma frota chinesa, e Chincheu – onde havia funcionários portugueses, pelo menos notários e, talvez, juízes. Em 1557 foram os portugueses estabelecidos na China autorizados, pelo mandarim de Cantão, a instalar-se numa península a que foi dado o nome de Macau, com a condição de expulsarem previamente os piratas que infestavam a zona. Foi dado cumprimento àquela condição; e assim se constituiu, ao que parece por obra de particulares, aquela cidade do Extremo Oriente, onde rapidamente criaram lares 700 famílias portuguesas ligadas ao comércio da China, do Japão e de Manila. Sempre estes portugueses se afirmaram vassalos do rei de Portugal, regendo-se pelas suas leis de origem e confiando aos seus ouvidores as decisões dos pleitos; mas não tiveram capitão nem governador nomeado pelo rei senão depois que, já no século XVII, os

Fig. 5 – D. Leonor de Portugal, Imperatriz da Alemanha

Fig. 6 – *Casamento de D. Manuel I com D. Leonor de Castela*

Fig. 7 – *Tratado de Tordesilhas*

Fig. 8 – *D. Isabel de Portugal, Imperatriz da Alemanha e Rainha de Espanha*

Fig. 9 – *D. Sebastião*

holandeses tentaram submeter a cidade. Macau prosperou muito, tendo prestado múltiplos serviços ao Império Chinês, nomeadamente no plano da técnica militar. Em Macau se fundiam canhões fornecidos à China, que também muitas vezes utilizou em postos de comando soldados e marinheiros de Macau. Estas circunstâncias explicarão algumas das particularidades da administração de Macau; e, designadamente, os poderes do seu Leal Senado. Só em 1623 Macau teria o seu primeiro governador. Foi depois da Restauração que, com a embaixada de Manuel de Saldanha, as relações entre a China e Portugal ganharam novos aspectos. A China reconheceria a plena soberania portuguesa sobre Macau e suas dependências em 1887.

Também ao Japão aportaram os portugueses, em 1542, ou 1543, em som de paz, e talvez levados por uma tempestade. Lá foram muito bem recebidos, desde os primeiros contactos, ao contrário do que acontecera na China. Já se atribuiu o facto a terem sido os portugueses que deram a conhecer ao Japão as armas de fogo, que ali foram muito apreciadas. Certo é que esse bom acolhimento permitiu uma larga penetração no Estado nipónico, que esteve a cargo dos jesuítas, entre os quais S. Francisco Xavier, o qual ali viveu dois anos, e dos comerciantes. Macau, cidade extremamente próspera, fez vultuosos empréstimos ao Japão, já no século XVI, ou começo do século XVII. Apesar da acção desenvolvida pelos portugueses no Japão ter sido confiada a particulares, diversos elementos levam a crer que ela tenha sido geralmente orientada pelos vice-reis da Índia. A influência portuguesa no Império nipónico só se esbateria pela acção concertada de ingleses e holandeses. Em 1637, a revolta contra o dáimio, em que participaram os portugueses, foi razão, ou serviu de pretexto, para o seu afastamento do Estado nipónico. Teve continuidade a reacção japonesa anticristã, contra a qual se mostrou impotente a diplomacia da Restauração. Só em 1860 seria celebrado entre Portugal e o Japão um tratado de paz, amizade e comércio.

e) A questão das Molucas

Através das navegações portuguesas pelo Pacifico estabeleceram-se contactos e ajustaram-se tratados com numerosíssimos potentados locais. E entre eles com o rei das Molucas, junto do qual foi despachado, em 1518, Tristão de Meneses, com cartas e presentes do rei de Portugal, para assentar «o trato do cravo». O tratado viria a celebrar-se em 1522, ano em que logo se construiu nas Molucas a fortaleza de Ternate. Mas Carlos V entendeu, na base de Tordesilhas, que as Molucas se achavam na esfera de expansão reservada a Castela. Parece que tal entendimento se baseava na opinião manifestada por Fernão de Magalhães, que se afastara de Portugal, agastado com o rei, por este lhe não ter concedido a tença que pedira. Esta pretensão de Carlos V quanto às Molucas acha-se, efectivamente, relacionada com a política seguida por aquele imperador no sentido de atrair a Castela pilotos e cosmógrafos portugueses, uns despeitados por não lhes terem sido despachados favoravelmente os pedidos de mercês, outros aliciados por mais generosas retribuições que em Sevilha obtinham. Com frequência esses homens, para empolarem os seus serviços e sublinharem a sua dedicação a Castela, tratavam de atribuir a este reino direitos em oposição àqueles que Portugal poderia invocar. A célebre viagem de circum-navegação, em que Magalhães perdeu a vida, ganhando fama para o seu nome e feito, foi confiada, sobretudo, a esses portugueses. No decurso de tal viagem, realizada por ordem de Castela, os espanhóis aportaram às Molucas (1521), onde agiram como em terra conquistada. D. João III apresentou o seu protesto diplomático, que não foi atendido. E, em consequência, tornaram-se difíceis as relações entre Portugal e Espanha desde 1522 até 1525. A questão só foi solucionada definitivamente pelo Tratado de Saragoça de 23 de Abril de 1529, para o qual contribuiu a influência da imperatriz Isabel, mulher de Carlos V e filha de D. Manuel. O embaixador português em Espanha, Luís da Silveira, chegou a ser retirado, em 1523, tendo-lhe D. João III recomendado que não aceitasse do imperador qualquer mercê que ele quisesse fazer-lhe. Mas, mesmo assim, foram nomeados pelos dois reis plenipotenciários para tratarem «sobre a propriedade» das Molucas. Os negociadores, letrados, «astrólogos» e pilotos, reuniram na raia, entre Badajoz e Elvas. As negociações foram demoradas, tendo esta demora afectado até outras negociações iniciadas antes do incidente das Molucas, que estavam em curso entre as duas Cortes – as respeitantes aos casamentos de Carlos V com a infanta D. Isabel e de D. João

III com a infanta D. Catarina, irmã daquele[26]. Mas, afinal, as negociações quanto a estes casamentos foram levadas a bom termo, mesmo antes da solução do caso das Molucas, não parecendo que este perturbasse seriamente as boas relações entre as duas Coroas; pelo menos a partir de 1525.

São do maior interesse, nomeadamente para avaliar dos conhecimentos geográficos da época, as memórias das negociações sobre o conflito das Molucas[27]. Mas, como sempre, ou quase sempre, em tais matérias, as discussões no plano cientifico e técnico reflectiram sobretudo tomadas de posição subordinadas a soluções políticas. Os «astrólogos» portugueses defenderam, com cópia de argumentos cosmográficos, a solução favorável a Portugal; e os castelhanos, também com amplas razões extraídas da sua ciência, mantiveram-se fiéis às teses ajustadas à pretensão de Castela. Trocou-se volumosa correspondência entre os dois reis e os seus embaixadores sobre o assunto. Arrastaram-se as negociações; e, já em 1529, empenhou-se D. Isabel, mulher de Carlos V e irmã de D. João III, na solução do caso, tendo para o efeito escrito ao rei de Portugal, seu irmão, e ao embaixador português em Espanha, António de Azevedo Coutinho. Finalmente, pelo já referido Tratado de Saragoça, de 1529[28], chegou-se a uma transacção sobre as Molucas. Por ela o imperador Carlos V vendeu ao rei de Portugal, por 350 000 ducados de ouro,«todo o direito, acção, domínio, propriedade e posse, que por qualquer modo pudesse ter para navegar e comerciar em Moluco». Em plena obediência ao princípio do *mare clausum*, obrigou-se Carlos V, por este tratado, a não enviar, nem consentir que fossem às ditas ilhas os seus naturais e súbditos, os quais, se, não obstante, assim o fizessem, seriam punidos pelo rei de Portugal como corsários e quebrantadores da paz. Foi

---

[26] O codicilo ao testamento do rei D. Manuel, que é de 1521, ano da sua morte, mostra o interesse do monarca no casamento da filha com Carlos V. Com efeito, aí se diz: «Muito rogo e encomendo ao dito Príncipe meu filho, que tome grande e especial lembrança e cuidado de se acabar o cazamento da Infanta D. Izabel sua Irmã com o Emperador no qual elle sabe quanto tenho athe aqui trabalhado e quanto o dezejo» (ver D. António Caetano de Sousa, *Provas da Historia Genealógica...*, II, p. 349). D. João III não apenas acatou tais recomendações como reforçou a ligação ao imperador, pelo seu próprio casamento com a irmã de Carlos V, D. Catarina.

[27] Ver *Cartas de Affonso de Albuquerque*, IV, pp. 73-173.

[28] Ver D. António Caetano de Sousa, *Provas da Historia Genealogica...*, II, pp. 107 e ss.; Visconde de Santarém, *Quadro Elementar...*, II, pp. 406 e ss.

confirmado o Tratado de Saragoça, conforme nele se previa, por solenes juramentos. Mas, mesmo assim, para maior «firmeza e corroboração» do tratado, estabeleceu-se também que ele seria confirmado por bula apostólica, ficando incurso o infractor na pena de excomunhão.

Dado o poder de Carlos V, rei de Espanha, imperador da Alemanha, príncipe de tantos senhorios, vencedor de Francisco I de França, que manteve prisioneiro, e dado o interesse que aquele monarca pôs na questão das Molucas, o Tratado de Saragoça tem sido apontado como um triunfo da diplomacia portuguesa, embora se admita que o êxito final das negociações se tenha ficado a dever à princesa portuguesa que ocupava o trono imperial. Também é de assinalar neste caso a prontidão do pagamento da soma a que Portugal se obrigou. Embora o Tratado de Saragoça previsse que esse pagamento se fizesse em prestações, a totalidade da soma achava-se paga, e por ela passada quitação, um mês depois.

f) A insuficiência dos conhecimentos sobre a acção diplomática exercida localmente quanto ao Ultramar

Tem-se procurado aqui dar somente uma ideia sumária sobre a acção diplomática desenvolvida pelos Portugueses, no decurso dos séculos XV e XVI, no Ultramar, ou em razão dele. São muitos e dispersos os elementos conhecidos quanto a esta matéria. Muitos outros se perderam; e de outros ainda nem terá havido menção escrita. Numerosíssimos acordos locais foram celebrados apenas verbalmente e de harmonia com os usos e ritos indígenas. De alguns se encontra memória nos relatos de governadores, capitães, missionários e comerciantes, assim como das negociações que conduziram a tais acordos. Mas, muitas vezes, daqueles relatos consta apenas uma nova ocupação, uma nova conquista, tendo até frequentemente os que enviaram esses relatos a preocupação de pôr em evidência o esforço militar desenvolvido e omitindo a sua própria habilidade diplomática, talvez por julgarem que esta merecesse aos príncipes menor apreço. No entanto, a análise crítica da expansão portuguesa revela que ela foi sobretudo obra de diplomatas. Embora, as mais das vezes, naturalmente, esses diplomatas nem tivessem consciência de que o eram.

TITULO III

A Neutralidade na Europa como Condicionante da Expansão Ultramarina

1. Neutralidade portuguesa de D. João II a D. João III

Toda a 2.ª Dinastia é caracterizada, do ponto de vista da política externa, por um longo período de neutralidade em face dos conflitos que dividiram os Estados cristãos. A partir do tratado de 1411, só com a pretensão de D. Afonso V ao trono castelhano Portugal se embrenhou nos conflitos europeus. Frequentemente mesmo os reis de Portugal verberaram tais conflitos que, impossibilitando uma aliança contra os Turcos, davam azo a que estes se expandissem pelo Sudeste Europeu, com prejuízo para toda a Cristandade.

Repetidas vezes Portugal se dispôs a suspender os seus empreendimentos em África e no Oriente para participar de uma grande expedição que libertasse a Europa da ameaça otomana, correspondendo assim aos pedidos da Santa Sé, de Veneza e da Hungria. Mas não foi possível juntar os outros reinos cristãos, pelas suas querelas, do que muito se queixava o Papa; e a cruzada contra os Turcos parecia demasiado pesada para que Portugal sozinho a empreendesse, ainda que a hipótese tenha chegado a ser considerada.

O Grande Cisma desprestigiara o Papado, por vezes parecendo funcionar como instrumento de alguns príncipes, especialmente dos reis de França, protectores dos papas de Avinhão. E os ventos reformistas, animando a cobiça dos poderosos em relação aos bens da Igreja, tinham acabado por criar um ambiente de total indisciplina nos quadros da *Respublica Christiana*. Em vez de se unirem contra os Turcos, ou contra os príncipes que seguiam as heresias reformistas e exerciam nos seus territórios as maiores violências tendo por vítimas os católicos, os reis que se mantinham fiéis à Igreja guerreavam-se entre si. Francisco I aproveitava as dificuldades que a Reforma trouxera a Carlos V nos seus Estados alemães para tentar abater o seu Império. E, tendo ficado prisioneiro na batalha de Pavia, não hesitara o rei de França, depois de libertado, em aliar-se ao sultão, para melhor hostilizar o seu poderoso inimigo.

É neste enquadramento que se desenha a neutralidade portuguesa. Desde que D. Afonso V acumulou desilusões nas suas jornadas por França, buscando junto de Luís XI apoio contra Fernando de Aragão e Isabel de Castela que, pelo seu casamento, tinham unificado a Espanha e negado o trono a D. Joana, a «Excelente Senhora», Portugal mostrara-se conscientemente alheado dos problemas da Europa. Embora preocupado pela expansão otomana e pelo alastramento das heresias, Portugal, confinado ao que dele dependia, cuidava de manter a disciplina nos seus territórios e de assegurar o domínio de algumas posições estratégicas fundamentais, designadamente em Marrocos.

Não foi fácil a neutralidade portuguesa em face dos conflitos europeus. As relações de bom entendimento e de ligação familiar estreita com a Corte espanhola, o reconhecimento de que Carlos V era o defensor de uma concepção cristã da vida contra as heresias propagadas, haviam de fazer pender Portugal para o partido do imperador. Acrescia que do rei de França estavam os Portugueses recebendo constantes agravos, pelas incursões de corsários huguenotes, protegidos pela Coroa francesa, no Brasil; e pelos assaltos dos mesmos às naus que regressavam do Índico. Mas a Francisco I interessava muito o apoio português, em razão tanto das posições estratégicas ocupadas por Portugal como da força da sua armada. E uma derrota de Carlos V na luta empreendida oferecia a Portugal perspectivas de larga participação num grande espólio.

Não obstante as solicitações de ambos os contendores, e até do Papa, que, agravado por Francisco I, pediu ao rei de Portugal auxiliasse Carlos V, Portugal manteve-se neutral, através de uma «obra-prima de habilidade», qual foi a política externa de D. João III[29]. Como

---

[29] Ver Visconde de Santarém. *Quadro Elementar...*, III, pp. LXIV-LXV. Foi D. João III um dos príncipes mais ilustrados do seu tempo, tudo levando a crer que lhe coube

sempre acontece, esta escrupulosa neutralidade reclamou uma razoável preparação militar, pois só aos fortes costuma ser consentido o desejo de viver em paz. A armada portuguesa teve de ser consideravelmente reforçada, para que as esquadras do imperador e da França respeitassem a extensa costa de Portugal e das suas possessões[30].

Esta neutralidade permitiu a D. João III intervir nas negociações para a libertação de Francisco I, quando prisioneiro de Carlos V[31]. E permitiu-lhe, sobretudo, assegurar a paz interna, evitando que as guerras de religião dividissem os Portugueses, conservar parte do Império de Marrocos, manter o comércio do Índico e colonizar o Brasil[32].

2. Política externa de D. Sebastião

a) *Da regência de D. Catarina ao triunfo dos católicos em França*

D. Sebastião recebeu um reino rico, extenso, culto, prestigiado e temido, sendo esta herança fruto de um século de paz na Europa, de

---

pessoalmente a orientação da política externa portuguesa da época. O prestígio de D. João III no plano internacional reflectiu-se, designadamente, na sua escolha para arbitrar a questão da posse de Calais que dividia a Inglaterra e a França (ver Visconde de Santarém, *Noticia dos Manuscriptos...* p. 26). A neutralidade de D. João III obedeceria ao sonho desse monarca de uma concórdia universal, a «paz angélica dourada» referida por Camões na estrofe XVII do canto I de *Os Lusíadas* (cf. Martim de Albuquerque, *A Paz Universal no Pensamento Político Português*, p. 61).

[30] Para defesa da sua costa marítima, Portugal comprometeu-se junto do imperador a manter 32 navios de guerra, em constante missão de patrulha, sem recolherem aos portos (ver *Relações de Pedro de Alcáçova Carneiro*, pp. 391 e ss.).

[31] Ver carta dirigida de Madrid por Francisco I, quando prisioneiro, a D. João III, *in* Alfredo Pimenta, *D. João III*, pp. 131 e ss.

[32] Para a neutralidade portuguesa contribuíram as riquezas do Oriente e as boas relações mantidas com Roma, com a Espanha e com todos os Estados europeus. Nem o casamento da infanta Beatriz, filha de D. Manuel, com o duque de Sabóia, terá sido alheio ao equilíbrio da política externa portuguesa, sendo certo que a Sabóia era zona geográfica de colisão dos interesses do Império e da França. Segundo princípio bem firme da política externa portuguesa da época, a neutralidade respeitava apenas às contendas entre príncipes cristãos. Não duvidou D. João III em auxiliar Carlos V com 20 caravelas e 2000 soldados, em 1534, na expedição contra Tunes.

boa harmonia dentro das fronteiras e de uma penetração em África e no Oriente que mantinha a comunidade portuguesa afastada de querelas ociosas, alheias à sua vocação.

Durante os primeiros anos do reinado de D. Sebastião, e em razão da idade deste, coube o governo, como regente, a sua avó D. Catarina, viúva de D. João III, irmã de Carlos V, tia e sogra de Filipe II de Espanha. É bem possível que a sua origem castelhana e as suas ligações com a Corte de Madrid suscitassem retraimentos em relação à rainha regente e que, por isso, D. Catarina tenha querido associar ao seu governo o cunhado, cardeal D. Henrique. A situação oferecia semelhanças com a que se criou pela menoridade de D. Afonso V, durante a qual frequentemente se opuseram, no governo do Reino, as vontades da rainha D. Leonor e do infante D. Pedro, oposição que não terá sido alheia à prova sangrenta de Alfarrobeira. Mas não parece que o cardeal D. Henrique fosse dotado da energia daquele infante, pelo que o governo no decurso da menoridade de D. Sebastião pôde ser exercido sobretudo por D. Catarina, que, à semelhança de outras princesas da sua época às quais foram confiadas funções de decisão ou de consulta, revelou qualidades excepcionais, que parece terem determinado as insistências, designadamente do Papa e do cardeal D. Henrique, para que não abandonasse a regência, como D. Catarina pretendia.

Desde o seu retiro do mosteiro de Iuste, em Cáceres, onde passou a viver depois da sua abdicação no filho, Filipe II, o imperador Carlos V foi certamente impressionado pela fragilidade da Dinastia portuguesa, cuja continuidade se achava dependente da sobrevivência de seu neto, D. Sebastião, filho e sobrinho de príncipes falecidos prematuramente; e terá cuidado de estabelecer, na base dessa fragilidade, previsões que servissem o alargamento do Império que deixara ao filho, ou que, pelo menos, não o ameaçassem. Assim se explica que Carlos V tenha cometido a S. Francisco de Borja o encargo de sondar sua irmã D. Catarina sobre um projecto de fazer jurar sucessor da Coroa portuguesa, na falta de D. Sebastião, o príncipe D. Carlos, filho de Filipe II e também neto de Carlos V e de D. Catarina. Ou pelo seu longo enraizamento em Portugal, e consequente conhecimento das reacções nacionais portuguesas, ou pelo escrúpulo humano de considerar a hipótese de faltar seu neto D. Sebastião, a rainha

D. Catarina terá repelido liminarmente o projecto do irmão, não obstante as elevadas credenciais do emissário.

A D. Catarina coube a responsabilidade da defesa da praça de Mazagão, atacada e cercada durante 65 dias por um exército de 150 000 homens e muita artilharia, que Mulei Abdala, imperador de Fez, Mequinez e Marraquexe, contra os portugueses reuniu. A vitória obtida sobre o exército marroquino, pela retirada das forças de Mulei Abdala, em Maio de 1562, teve a maior repercussão; a tal ponto que os bispos conciliares vindos de todos os reinos cristãos e então reunidos em Trento assistiram a uma missa de pontifical que o Papa determinou fosse celebrada com a maior solenidade em acção de graças pela vitória portuguesa[33].

Não obstante a decadência em que se achavam já os negócios portugueses do Oriente, o reinado de D. Sebastião foi aí assinalado também por alguns triunfos. Entre eles a ocupação de Damão, na base de um ataque em que se empenharam 100 navios de guerra e 3000 soldados, sob o comando do vice-rei, D. Constantino de Bragança. É de referir que a cidade fora adquirida por Portugal na base de negociações com o rei de Cambaia; e que a expedição não visou o combate aos seus naturais, mas sim ao abexins, que a tinham conquistado, sem razões nem fundamento. Foi com a ocupação portuguesa que os habitantes da cidade, expulsos pelos abexins, a ela regressaram e ali continuaram a sua vida pacificamente. Também pela mesma época, e sob a orientação do referido vice-rei, se completou o domínio português de Ceilão, perturbado por contendas entre príncipes locais, uns afectos aos portugueses e outros contrários.

Foram gravemente perturbadas nessa época as relações de Portugal com a França, em consequência dos assaltos dos corsários franceses aos navios portugueses, aos portos brasileiros e ao Funchal, onde praticaram toda a sorte de violências[34]. Os Portugueses prepararam-se para a guerra com os Franceses, tendo para o efeito sido equipadas armadas e pedido um empréstimo ao cabido de Évora. Mas a França achava-se envolvida na guerra civil que opunha

---

[33] Cf. Agostinho Gavy de Mendonça, *História do Cerco de Mazagão*, Lisboa, 1891.

[34] As violências dos franceses contra as possessões portuguesas, sobretudo no Brasil, já vinham do tempo de Francisco I e de D. João III. (Ver *Relações de Pedro de Alcáçova Carneiro*, pp. 31 e ss.; Alberto Iria, *Corsários Franceses no Atlântico*, pp. 163 e ss).

os católicos aos huguenotes; eram estes que nos hostilizavam, considerando-se o rei de França, Carlos IX, por eles coagido. Foi nestas circunstâncias que chegou a Lisboa a notícia de uma conspiração luterana que teria sido dominada em Paris, daí resultando a morte do chefe da conjura, almirante Coligny, e de muitos outros conspiradores. D. Sebastião, vendo no acontecimento a derrota da facção francesa que tanto hostilizara Portugal, sendo certo que o próprio Coligny aprovara a expedição dos corsários à Madeira, enviou a Paris uma embaixada para significar a Carlos IX o seu regozijo pelo triunfo do rei francês sobre os hereges luteranos. De modo semelhante procederam, pelo menos, as Cortes de Madrid, de Roma e de Veneza. No entanto, o regozijo de D. Sebastião em face da «matança de S. Bartolomeu», pelo assassínio puro e simples, sem defesa, de milhares de protestantes, já tem sido apontado como índice da sua intolerância religiosa, do seu fanatismo, da limitação do seu espírito. É extremamente difícil encontrar espíritos tolerantes, de parte a parte, em face das guerras de religião que ensanguentaram a Europa durante o século XVI, sem alastrarem para Portugal. O rei português não seria nem mais nem menos tolerante do que os outros responsáveis políticos da época, de todos os credos e nacionalidades; achava-se injustamente agravado pelos huguenotes; e, quando enviou a sua embaixada a França, em missão congratulatória, a 29 de Novembro de 1572, não conheceria ainda os excessos cometidos, entre 24 de Agosto e 3 de Outubro, pelas turbas parisienses e de outras cidades francesas, matando e roubando em proveito próprio, sob pretexto de justa reacção contra os protestantes que, aliados aos ingleses e aos holandeses, ameaçavam a integridade da França. Nem, manifestamente, o rei de Portugal se congratularia por esses excessos populares; apenas pelo facto de o rei de França ter dominado os huguenotes, tidos por inimigos comuns[35].

---

[35] Segundo os historiadores protestantes, a «matança de São Bartolomeu», assim chamada por se ter iniciado no dia deste santo, foi preparada pelas intrigas de Catarina de Médicis, mãe de Carlos IX, rei indeciso, oscilando entre a influência materna e a exercida também pelo poderoso chefe protestante Gaspar de Coligny, que estava tentando junto do rei uma aliança da França com a Inglaterra e a Holanda contra a Casa de Áustria. Mas a tese parece controvertível Certo é que a notícia do assassinato do almirante Coligny abalou profundamente os protestantes, desmoralizou-os, pela perda do seu valioso apoio, e animou

Também foram tensas, por este tempo, e já desde o reinado anterior, as relações de Portugal com a Inglaterra, porque esta, desligada das vinculações a Roma, começara a mostrar-se atraída pelas riquezas das navegações portuguesas. Pelo que a armada britânica empreendeu diversas operações hostis contra possessões portuguesas; designadamente na Costa da Mina[36]. Começava a ruir, por via da Reforma do século XVI, a ordem internacional assente na bula *Sane charissimus,* de 1418, e em Tordesilhas.

b) Os projectos de casamento de D. Sebastião

Nem sempre se tem dado o relevo devido aos antecedentes do desastre de Alcácer Quibir e da extinção da Dinastia de Avis, no plano da política externa portuguesa. E, por isso, o reinado de D. Sebastião apresenta-se-nos, por vezes, como dominado pela total

---

alguns bandos de católicos a perseguirem-nos. Os protestantes franceses eram geralmente das classes abastadas; algumas das suas casas das mais ricas de Paris e outras cidades. O gosto da rapina desencadeou paixões vilíssimas, que a incapacidade do rei terá ajudado a incendiar. Muitos foram então os bispos e capitães católicos que prestaram os auxílios possíveis aos huguenotes perseguidos. Mesmo que se possa imputar o «massacre de São Bartolomeu» à malícia de Catarina de Médicis e à inépcia do filho, injusto é considerá-lo como manifestação dos maus instintos dos católicos franceses. O próprio embaixador britânico em Paris, Walsingham, referiu, em ofícios à sua Corte, a indignação dos católicos franceses pelos excessos cometidos pela populaça e as cautelas dos responsáveis no sentido de salvaguardar as pessoas e bens dos ingleses que se achavam em França (ver Walsingham, *Mémoires et Instructions pour les Ambassadeurs*, pp. 281 e ss.). As guerras de religião do século XVI provocaram numerosos massacres. Calcula-se que a «matança de São Bartolomeu» tenha causado 3000 mortes; mas naquelas mesmas guerras morreram aproximadamente três milhões de franceses. Nesse número predominam os assassinados por ambos os bandos. E, talvez sobretudo, pelos marginais, que não pertencem a qualquer bando, mas sempre, em todas as épocas e latitudes, se juntam aos vencedores, em tentativas, frequentemente bem sucedidas, para cevarem os seus instintos com garantias de impunidade.

[36] Ver Visconde de Santarém, *Quadro Elementar...,* XV, esp, pp. 102 e ss., 113 e ss., 146 e ss., 169 e ss., 220 e ss. Já se esboçava então, da parte dos Ingleses, o princípio da «ocupação efectiva» dos territórios ultramarinos. Parece, no entanto, que, em 1571, o poder de facto de Portugal e o aproveitamento dele pela nossa diplomacia lograram soluções satisfatórias para os diferendos com os Ingleses (*ibidem*, pp. 278 e ss.). A navegação britânica só ficaria livre para Portugal, Algarves, Barbaria, Madeira e Açores; não para as outras «conquistas».

imprevidência do monarca e dos seus conselheiros[37]. O rei, não tendo casado, não tendo descendência, sabendo que era o único representante da Casa de Avis, por via legítima e varonil, embrenhou-se numa aventura bélica imponderada, dominada por uma anacrónica influência das novelas de cavalaria. D. Sebastião seria a versão portuguesa do quixotismo peninsular, que Cervantes, poucos anos mais tarde, celebraria. Ainda na actualidade, a expressão «sebastianismo» envolve um ideal de retorno impossível a estádios sociais passados, tidos por mais perfeitos. É pelo menos duvidoso que D. Sebastião tenha sido, nesse sentido,«sebastianista». Sem excluir que a jornada marroquina tenha revelado alguma imprudência, alguma imaturidade, alguma improvisação; mas sem dever também deixar de observar-se que a História nos revela numerosíssimos empreendimentos bem sucedidos que não foram melhor preparados.

A Corte portuguesa abriu negociações no sentido do casamento de D. Sebastião. Até por pressão das Cortes reunidas em Lisboa, em 1562, nas quais os «três Estados» pediram à regente, D. Catarina, que, embora o rei não tivesse ainda idade para contrair matrimónio, «casasse com huma Princeza de França, a qual seria logo conduzida a este Reyno para se educar com os costumes que nelle se praticavão». Isto significa que as Cortes receavam o casamento com uma princesa espanhola, quando a continuidade dos príncipes de Avis era assegurada apenas por D. Sebastião, naturalmente por recordarem as circunstâncias da crise de 1383. Também as Cortes mostravam desconfiança quanto aos costumes das princesas de França, pelo que queriam que a futura rainha se afeiçoasse desde muito nova aos usos nacionais. Tinham as suas razões. A única irmã solteira do rei de

---

[37] D. Sebastião, como outros reis portugueses a quem o povo mais amou, tem sido duramente criticado por muitos «eruditos». Foi sempre acentuado o sentido português no espírito deste monarca. Assim, segundo D. António Caetano de Sousa e Frei Cláudio da Conceição, num escrito de seu punho anterior à tomada do governo do Reino, terá D. Sebastião anunciado diversos propósitos, entre eles o de «tirar alguns tributos» e que «os meus embaixadores andarão sempre vestidos à Portuguesa» *(Historia Genealogica...,* III, pp. 605 e ss.; *Gabinete Histórico,* II, pp. 280-282). Para entendimento da personalidade de D. Sebastião, sem omissões ostentivas nem de elementos activos nem de passivos, convirá meditar sobre os conselhos que, em termos muito desenganados, lhe dirigiu o seu aio D. Aleixo de Meneses, que é de presumir conhecesse bem o rei (ver D. António Caetano de Sousa, *Provas da Historia Genealogica...,* III, pp. 195 e ss.).

França, Margarida de Valois, na qual se fixou logo o projecto matrimonial, tinha ao tempo apenas nove anos; mas viria a celebrizar-se pela sua vida dissoluta[38]. Aliás, já antes de as Cortes de 1562 se pronunciarem sobre o assunto, se suscitara a questão do casamento do rei com esta princesa, pelo que se poderá admitir que o pedido das Cortes à regente não teve carácter espontâneo. Mas o casamento de D. Sebastião em França encontrava opositores. E entre eles a sua mãe, a princesa D. Joana, que, retirada para Madrid, junto do irmão, Filipe II, o qual substituiu como regente de Espanha durante as suas ausências, se mostrava favorável ao casamento do filho com uma princesa austríaca, Isabel, filha do imperador. D. Joana, inteligente e culta, exercia grande influência no espírito de Filipe II, que, por sua vez, também projectava casar o filho, D. Carlos, com a mesma Margarida de Valois, sendo o projecto do agrado da mãe desta, Catarina de Médicis. O projecto de casamento do rei português com a princesa austríaca suscitou todo o interesse da parte do papa Pio IV, que nesse sentido escreveu a D. Joana e a D. Catarina, mãe e avó paterna de D. Sebastião.

É de admitir que o projecto de casamento em França tivesse o apoio do cardeal D. Henrique; e o projecto de casamento na Áustria fosse desejado pela avó, D. Catarina, pela mãe, D. Joana, e pelo tio, Filipe II. Mas o segundo projecto não parecia suscitar interesse ao imperador, Maximiliano II, que, sem o rejeitar, lhe não deu andamento, opondo-se à ideia de que a filha, Isabel, viesse desde logo para Portugal, pois não teria ainda idade para sair de casa. Entretanto, em 1566, é o papa Pio V que procura opor-se ao casamento do rei português em França, considerando «quão enfermo aquelle Reyno estava nas cousas da Religião Cristã», sendo de recear a educação

---

[38] Trata-se da célebre «rainha Margot», rainha de Navarra, porque casou com o rei de Navarra, o futuro Henrique IV de França, que viria a obter a anulação deste casamento. Margarida de Valois deixou um livro de «memórias», no qual se queixa das intrigas de Filipe II, que teriam feito gorar o seu projectado casamento com o rei de Portugal. Sobre as negociações respectivas, ver Léon Bourdon, «L'Ambassade de João Gomes da Silva en France et la rupture des pourparlers de mariage entre Don Sebastião et Marguerite de Valois», in *Bulletin des Études Portugaises et de l'Institut Français au Portugal*, XX, 1957, pp. 5 e ss. Segundo o embaixador britânico em Paris, Walsingham, não seria de excluir mesmo que Margarida de Valois propendesse para o protestantismo (ver Walsingham, *Mémoires et Instructions pour les Ambassadeurs*, p. 137).

que a princesa Margarida tivesse recebido. Nesse sentido se manifestou o Papa verbalmente junto do embaixador português[39] e por cartas que dirigiu a D. Sebastião e a D. Catarina. Também o ataque dos franceses ao Funchal arrefeceu os entusiasmos pelo casamento com Margarida de Valois. Regressou-se, assim, ao projecto matrimonial com a princesa austríaca, para o qual foram pedidos os bons ofícios de Filipe II, cunhado de Maximiliano II. Este aceitou o projecto; mas, entretanto, o rei de Espanha, que enviuvara, decidiu casar com outra filha de Maximiliano II, Ana. E aos dois monarcas pareceu que o equilíbrio político da Europa não aconselhava que também o rei de Portugal casasse com uma princesa austríaca. Foi decidido o casamento da princesa Isabel com Carlos IX, de França; e Filipe II passou a mostrar-se favorável ao casamento do sobrinho, D. Sebastião, em França, com vista a estabelecer um bloco dos quatro grandes Estados católicos, reforçado por vínculos familiares entre os seus monarcas. O caso suscitou conflito entre o rei de Espanha e a rainha D. Catarina, primeiro; e, depois, entre aquele e o próprio D. Sebastião. Tanto a avó como o neto se mostraram agastados pelas decisões do rei de Espanha junto do imperador, sem consultas prévias à Corte portuguesa. Ou magoado por lhe terem negado a noiva austríaca, ou porque não teria desejo de casar, como pretendem alguns, D. Sebastião protelou o andamento do projecto de casamento em França, apesar das insistências de Filipe II, da mãe, D. Joana, e do próprio Papa, que, naturalmente por influência espanhola e austríaca, já desejava o casamento do rei português em França, não obstante antes ter manifestado dúvidas quanto à pureza de costumes da princesa. É de notar que, entretanto, tinham melhorado muito as relações entre Roma e a Corte francesa; além de que o Papa receava o casamento da princesa com o protestante Henrique de Navarra, já projectado, e que veio a realizar-se. Perante tamanhas pressões, escreveu o cardeal D. Henrique a Filipe II, a 28 de Novembro de 1571, comunican-

---

[39] Ver *Corpo Diplomático...*, X, pp. 230 e ss. Segundo o embaixador D. Fernando de Meneses, o Papa ter-lhe-ia dito que, em França, a irreligião «dera também nos grandes, sendo muitos hereges honrados pela rainha; e porque as filhas geralmente seguem os costumes das mães, haveria a recear que a princesa «nom tenha aquella criação que conviria a molher de tão grande e vertuoso Rei», senhor de um reino «limpo de toda herezia». Ver tb. Luis Fernandez de Retana, *Doña Juana de Austria*, Madrid, 1955, esp. pp. 271 e s.

do-lhe que «El-Rei se ia dispondo ao casamento com a princesa de França. Talvez se tratasse apenas de uma manobra dilatória do cardeal. O Papa chegou a enviar a Portugal como seu legado o cardeal Alexandrino para tratar do assunto; e D. Sebastião confiou a este delegado pontifício a negociação do seu casamento em França. Mas quando, em Fevereiro de 1572, o cardeal Alexandrino chegou a Blois, onde estava a Corte francesa, já era tarde. Tinha sido ajustado o casamento de Margarida de Valois com Henrique de Navarra, futuro Henrique IV de França.

Não ficaram por aqui os projectos matrimoniais em relação ao rei português. Negociou-se o seu casamento com uma filha do duque da Baviera, ainda criança, casamento que D. Sebastião rejeitou; e, depois, com a infanta Isabel Clara Eugénia, filha de Filipe II, também criança. Este projecto parece ter agradado a D. Sebastião; mas o rei de Espanha mostrou retraimento em relação ao mesmo. Esta atitude já tem sido interpretada como mostrando o desejo de Filipe II de que o rei português não tivesse descendência. No entanto, quando da conferência que os dois monarcas celebraram em Guadalupe, em 1577, terá prometido Filipe II ao sobrinho a mão da filha, quando chegasse a idade conveniente, que ainda vinha longe, pois a infanta tinha então 10 anos. Era este o projecto matrimonial em vista quando da funesta jornada marroquina.

Na base dos malogrados casamentos de D. Sebastião já se tem pretendido que a ruína de Portugal, pela sua morte sem descendência, pode ser atribuída a uma educação fanática, que lhe teria comunicado a preocupação de se manter casto. Seria mais um malefício dos Jesuítas, a acrescentar a tantos outros. Mas a educação do rei foi a comum aos príncipes da época; e nem nos períodos de mais afervorada religiosidade ela obstou a que tantos príncipes deixassem numerosos filhos, legítimos e ilegítimos. Parece certo que D. Sebastião teve «em sumo grau a virtude da continência»; e a sua misoginia tem sido já também explicada por qualquer doença que o atingira na infância, a qual se mantém desconhecida. Sobre essa doença se encontram referências, não inteiramente esclarecedoras embora, nos relatórios enviados pelos embaixadores espanhóis em Lisboa, que se conservam no Arquivo de Simancas, e nos do secretário da Nunciatura em Lisboa, que se encontram no Arquivo Secreto do Vaticano. E daí, possivelmente, as reticências de Filipe II quanto ao casamento do rei português com a filha. Mas essas reticências bem podem explicar-se também pelas hesitações de D. Sebastião relativamente aos casamentos antes projectados.

c) *O enquadramento externo de Alcácer Quibir*

O desastre de Alcácer Quibir poderá razoavelmente imputar-se a alguma imponderação; sobretudo no plano militar, e mais a nível táctico que estratégico. Mas não foi resultante, pura e simplesmente, da loucura de um monarca cujos caprichos os súbditos não tivessem podido contrariar, por vícios do sistema político.

Havia em Portugal uma facção pró-marroquina e outra avessa à conservação das praças do Magrebe, que julgava prejudicar os empreendimentos do Oriente e do Brasil, donde vinha riqueza. A tese que poderá designar-se por «crematística» obteve vencimento, embora por escassa maioria, no conselho de D. João III. Por isso se abandonaram Safim, Azamor, Alcácer Ceguer e Arzila, naquele reinado. Mas esse abandono sempre suscitou críticas e até protestos.

D. Sebastião foi fortemente atraído pela tese pró-marroquina, propondo-se reocupar as praças onde se iniciara a expansão ultramarina portuguesa. E o condicionalismo externo revigorou-lhe as convicções quanto à necessidade para Portugal de restabelecer uma larga e profunda marca militar no Norte de África.

Com efeito, conforme acontecera em reinados anteriores, de novo, no tempo de D. Sebastião, o Papa, Pio V, pediu auxílio ao rei de Portugal contra os Turcos. Foi essa uma das missões do cardeal Alexandrino na sua visita a Portugal. O rei prometeu-lhe, para o ano seguinte (1572), 25 a 30 galés que iriam apoiar as forças navais de Veneza, fazendo sobre a expansão dos Turcos considerações que se achavam perfeitamente na linha de continuidade daquelas que os seus antecessores tinham levado ao conhecimento dos Pontífices. Aquela expansão devia-se sobretudo às discórdias entre os Estados cristãos. Portugal, em vez de participar dessas discórdias, mantinha-se permanentemente em guerra, havia muitos anos, com os Turcos e outros inimigos da Igreja, na Índia, na África e noutras partes. Por isso, entre as esquadras coligadas que venceram os Turcos em

Lepanto não havia nenhum navio português[40]. E, assim, não obstante a promessa de apoio, para o ano seguinte, D. Sebastião não se mostrava muito favorável a uma larga intervenção portuguesa na guerra contra os Turcos. Renovou-se o pedido de auxílio por parte do sucessor de Pio V, Gregório XIII; mas D. Sebastião lamentou não poder aceder aos desejos de Roma, pelas guerras em que estava empenhado no Oriente e em África, razão por que não lhe era possível enviar uma armada sem risco para os seus próprios reinos. Era propósito de D. Sebastião atacar os Turcos, sim; mas desde as posições já ocupadas através da expansão ultramarina portuguesa. Esta atitude parece reveladora de ponderação. O gosto da aventura e da glória, por si só, teria levado Portugal a aceder ao pedido de Roma.

Rapidamente os acontecimentos vieram ao encontro do desejo de D. Sebastião. A ideia da expedição a Marrocos já era anterior, como resulta da leitura do breve de Pio V *Quo in statu*, de 28 de Dezembro de 1569, em que o Papa aconselha o rei português a executar o seu projecto de «sujeitar a África». E desde 1570 que D. Sebastião estava obtendo do Papa certos rendimentos das comendas das ordens militares para fazer face às armadas turcas que se aprestavam para apoiar os Mouros. Em 1573 o príncipe Mulei Moluco pediu e obteve auxílio dos Turcos, já instalados em Argel, para desapossar do trono de Fez seu sobrinho Mulei Mafamede Xarife. D. Sebastião ofereceu o seu apoio ao rei de Fez, que começou por recusá-lo, mas, finalmente, o aceitou, depois de vencido pelo tio. Em fins de 1576 encontrou-se o rei português com o de Espanha no mosteiro de Guadalupe, a meio caminho entre Lisboa e Madrid. O assunto principal da entrevista terá sido a expedição marroquina, para a qual D. Sebastião desejaria apoio do tio; mas escasseiam os elementos sobre o fundo das conversações entre os dois monarcas, embora muito se saiba quanto a todos os aspectos formais que rodearam tais conversações.

---

[40] Uma observação do embaixador britânico em Paris sobre a Batalha de Lepanto dá ideia das questões que dividiam os príncipes cristãos e lhes dificultavam a defesa comum. Segundo Walsingham, o rei francês não estaria no fundo tão contente da vitória sobre os Turcos como aparentava, porque dela resultaria acréscimo de reputação para o rei de Espanha (ver *Mémoires et Instructions pour les Ambassadeurs*, p. 172).

Julga-se, sem poder afirmá-lo com segurança, que o monarca espanhol terá procurado dissuadir o sobrinho do projecto marroquino; sem, no entanto, o rejeitar frontalmente. Filipe II não acreditava no perigo iminente de os Turcos se instalarem em Marrocos. Mas, receando uma quebra do bom entendimento com a Corte portuguesa, terá prometido concorrer para a expedição com 50 galés e 5000 soldados, se os Turcos, entretanto, não ameaçassem os seus domínios na Itália. Era uma promessa vaga. Nem esse socorro foi prestado[41]. Ajustou-se também em Guadalupe que D. Sebastião aprestaria um exército de 15 000 soldados, sendo 6000 alemães e 2000 italianos. E isto porque, segundo os generais espanhóis, os soldados portugueses, imbatíveis na defesa de fortalezas, não se achavam preparados para batalhas em campo aberto, como aquelas que a conquista do reino de Fez naturalmente imporia.

Reuniram-se os contingentes estrangeiros e os nacionais; mas em condições deficientes quanto à qualidade dos combatentes. Os estrangeiros eram aventureiros atraídos pelos ganhos, em muitos casos experimentados nas guerras europeias, mas não afeitos para a que os esperava. Em Portugal recrutaram-se 9 000 soldados, mas à força, através de violências e vexames, cuidando de comprar o seu resgate quantos puderam pagá-lo aos recrutadores. Não era esta tropa destinada à expedição de Marrocos comparável aos soldados que costumavam ocupar as praças portuguesas, em África e no Oriente, geralmente oferecidos voluntariamente para tais missões, em demanda de honras, de fortuna ou de remissão de crimes.

O rei de Fez, através do governador de Tânger, procurou dar garantias a D. Sebastião, no sentido de evitar a investida. Assegurou, designadamente, que nenhumas tropas turcas havia já em Marrocos; e que, se voltassem, as combateria. Ofereceu «campos bastantes» em redor das cidades que os Portugueses possuíam no Magrebe. Garantias semelhantes ofereceu o rei mouro a Filipe II, que informou o sobrinho no sentido de que tais garantias lhe pareciam razoáveis, pois, se os

---

[41] Em Alcácer Quibir terão estado apenas 2000 espanhóis, sob o comando do capitão Francisco de Aldana, militar e literato de nomeada na sua época, que morreu na batalha. Julga Watson que Filipe II se tenha desligado dos compromissos assumidos pelo atraso da expedição portuguesa *(Juan de la Cueva and the Portuguese Succession,* p. 17).

Turcos tinham saído de Marrocos, cessara a justa causa da guerra a empreender. Insistiu o rei mouro nas suas ofertas, em carta que escreveu a D. Sebastião e à qual este não chegou a responder.

Era o momento para negociar com o rei de Fez e obter dele as vantagens e concessões possíveis, a troco da desistência portuguesa, quanto ao empreendimento bélico. A insistência do mouro revela bem que ele cobriria todos os gastos e incómodos dos longos preparativos da expedição, permitindo ainda aos Portugueses reforçar as suas posições em Marrocos. Havia que aproveitar o ensejo e esperar, pacientemente, que futuras questões entre os príncipes do Magrebe oferecessem aos Portugueses novas oportunidades. Para mais, a própria realeza deveria ter comunicado ao monarca um sentido de continuidade que lhe aconselharia a opção por pequenas vitórias sucessivas, de preferência aos riscos de um grande prélio. E eram muitos os riscos que a expedição envolvia, em terreno mal conhecido, longe da costa, sem possibilidade de apoio das fortalezas ou das esquadras. Várias vezes tinham sido os Portugueses mal sucedidos nas expedições em Marrocos, mesmo sem afastamento excessivo das bases de ataque, com consequentes facilidades de retirada, sem riscos de perdas dificilmente reparáveis. Já no século XX, e até 1925, os exércitos francês e espanhol, actuando concertadamente e dispondo de mais aperfeiçoados meios técnicos, sempre depararam com as maiores dificuldades quando empreenderam no interior de Marrocos operações militares com empenhamento de elevados efectivos. Essas operações só podiam ser razoavelmente tentadas como os Portugueses o fizeram muitas vezes, no decurso do século XV, com pequenos efectivos, em golpes de surpresa, confiados a alguns soldados de aventura que para tais missões se ofereciam voluntariamente.

Talvez a lição de Alcácer Quibir não tenha sido ainda entendida pelos Portugueses, ao fim de tantos anos. Para além dos erros políticos que tenham contribuído para o desastre de 1578, ele foi determinado por falhas de organização militar. O recrutamento na base do sistema da «nação armada», que então foi parcialmente tentado, pela integração de civis nos exércitos, poderá ajustar-se, nalguns casos, à defesa das fronteiras das metrópoles. Mas, ao menos em ambientes estranhos aos da terra de origem, as missões de combate têm de ser confiadas, em todos os escalões, a soldados profissionais. Muitos Estados não têm querido entender que assim é; talvez por recearem os efeitos políticos da profissionalização dos exércitos[42].

---

[42] Parece significativo o resumo que de Alcácer Quibir deu o historiador espanhol João Vitrian, nos seus comentários às *Memórias* de Filipe de Comines, que também traduziu, na primeira metade do século XVII: «Este exercito de Portugal (sacados los Fidalgos, que pelearon y vendieron bien sus vidas) no era de soldados, sino de oficiales mecanicos, traídos por fuerza à la guerra, que ni la conocian, ni la querian» *(Memórias* cit. Coments. ao cap. CLXXII, vol II, p. 339). Ver tb. Antonio Villacorta Baños-Garcia, *Don Sebastián Rey de Portugal*, Barcelona, 2001.

CAPITULO III

QUEBRA DA INDIVIDUALIDADE PORTUGUESA NO PLANO INTERNACIONAL (1580-1640)

TITULO I

A União com a Espanha e as Relações Internacionais

1. Política externa mitigada do período filipino

A união das Coroas portuguesa e espanhola, operada em 1580 ou em 1581[1], não pôs em causa, do ponto de vista jurídico-político, a independência interna de Portugal. A individualidade portuguesa

---

[1] Embora os governadores do Reino designados pelo cardeal-rei D. Henrique, depois de múltiplas hesitações, e fugidos das tropas do Prior do Crato, tenham, finalmente, em Castro Marim, dado uma sentença favorável a Filipe II, a 17 de Julho de 1580, e embora também a invasão do duque de Alba se tenha iniciado em 18 de junho do mesmo ano, será duvidoso fixar em 1580 o início do reinado de Filipe II em Portugal, pois aquele monarca só foi aclamado rei de Portugal em 16 de Abril de 1581, nas Cortes de Tomar. Sobre a invasão de Portugal pelas tropas do duque de Alba e as violências extremas que lhe estão ligadas, é interessante consultar a obra de Suárez Inclán, *Guerra de Anexión en Portugal*, Madrid, I, 1897, II, 1898. O autor, não obstante os erros de ordem jurídico-política que o levam a considerar as operações de 1580 como correspondendo a uma anexação, ou a uma reincorporação, de uma província perdida pela Espanha 400 anos antes, foi um distinto historiador militar e, apesar da admiração manifestada pelo duque de Alba, não omitiu a notícia dos saques e outras violências praticados pelas suas tropas – espanholas, italianas, alemãs – sobretudo em Cascais (*ob. cit.,* I, pp. 289, 314, 316, 367 e ss.). Nem as casas dos partidários do rei Filipe escaparam ao saque, como resulta da correspondência trocada entre o mesmo rei e o seu general (*ibidem,* p. 375). Segundo a mesma correspondência, muitas das violências praticadas resultariam da indisciplina do exército, pois, no juízo do duque de Alba, os oficiais eram tão maus «que a todos ellos se les poderia muy bien suspender los cargos». Mas como isso lhe era impossível, o general espanhol limitou-se a enforcar alguns soldados, mandar outros para as galés e retirar o comando a oito capitães (*ibidem*, I, p. 376). Estes desmandos, a que acresceram depois os cometidos no Porto e no Minho pelas tropas de Sancho de Ávila, bem justificam que, terminada a campanha, Filipe II, querendo agradar aos seus novos súbditos portugueses, tenha ordenado rigorosos inquéritos sobre o comportamento das tropas, que muito terão agravado os militares (*ibidem,* II, pp. 147 e ss.). Mas,

achava-se tão firmemente estabelecida, desde a 1.ª Dinastia, que o Tratado de Salvaterra de Magos, de 1383, a reconheceu e procurou salvaguardar, na previsão de que a Coroa coubesse a rei estrangeiro. E quando D. Manuel, o *Venturoso,* se dispôs a ser jurado sucessor dos reinos hispânicos pelas Cortes de Castela e de Aragão, as Cortes portuguesas reunidas em Lisboa reclamaram as necessárias garantias no sentido de que a união das Coroas não afectasse a independência portuguesa. No mesmo sentido de defesa da independência nacional, ao menos no plano jurídico, se orientaram as Cortes de Tomar, nas quais, por proposta do novo rei, já resultante de acordo estabelecido, se assentaram 25 capítulos sobre o governo de Portugal, dos quais se podem extrair, resumidamente, os seguintes princípios e normas constitucionais: 1.º Respeito dos foros, liberdades, privilégios, usos e costumes do Reino; 2.º Dependência da legislação para Portugal e seus senhorios da celebração de Cortes reunidas em território português; 3.º Reserva para portugueses do provimento em todos os cargos públicos, com excepção das funções de vice-rei ou governador, em que poderiam ser providos parentes próximos do rei – filhos, irmãos ou sobrinhos[2]; 4.º Conservação da moeda portuguesa própria;

---

como é frequente em tais inquéritos, celebrados em condições semelhantes, não se chegou a conclusões que permitissem a punição dos culpados (*ibidem,* II, p. 156; Rebello da Silva, *História de Portugal nos Séculos XVII e XVIII,* II, pp. 580 e ss.). Talvez os escrúpulos morais de Filipe II tenham sido abafados pela força dos próprios condicionalismos. Em qualquer caso, a circunstância de ter ordenado os inquéritos, só por si, contribuiu para o ambiente de aceitação que conquistou em Portugal. Ver tb. Pinto Ferreira, *A Campanha de Sancho de Ávila em Perseguição do Prior do Crato,* Porto, 1954.

[2] Nesta base, foram vice-reis o arquiduque Alberto e a duquesa de Mântua. Contudo, quase sempre portugueses exerceram essas funções; tais como D. Miguel de Castro, arcebispo de Lisboa, D. Afonso Castelo Branco, bispo de Coimbra, D. Pedro de Castilho, bispo de Leiria, D. Aleixo de Meneses, arcebispo de Braga, D. João Manuel, arcebispo de Lisboa, D. Diogo de Castro, conde de Basto, e Cristóvão de Moura. Deste poderá dizer-se que, embora português de nascimento, era «castelhano de coração», segundo as palavras do historiador espanhol Alfonso Danvila (ver João Pedro Ribeiro, *Dissertações Chronologicas...,* II, pp. 195 e ss.; Danvila, *Filipe II y la Sucessión de Portugal,* p. 13). Sobre os seus sentimentos hispanófilos é esclarecedora a acção desenvolvida durante o reinado do cardeal-rei em favor da pretensão filipina (cf. correspondência do Arquivo do Ministério dos Assuntos Exteriores de Espanha, mss. 14 e 144). Aliás, o próprio Cristóvão de Moura se afirmou «castelhano», em carta que escreveu ao secretário de Estado espanhol António Pérez (ver Queiroz Veloso, *O Reinado do Cardeal D. Henrique,* p. 63).

5.º Reserva para portugueses de todos os cargos eclesiásticos, das ordens militares e do comércio do Ultramar; 6.º Estabelecimento de um Conselho de Portugal, constituído por portugueses, a manter junto do rei sempre que não se encontrasse em território português; 7.º Conservação de guarnições portuguesas nas praças e fortalezas do Reino.

Os capítulos das Cortes de Tomar foram geralmente observados durante a Dinastia filipina[3]. Pelo menos até ao governo do conde-duque de Olivares, a quem se atribui o desígnio de uma anexação pura e simples de Portugal e que pelas suas atitudes menos respeitadoras da individualidade portuguesa muito terá contribuído para a Restauração de 1640[4], a independência de Portugal não poderia ofe-

---

[3] A geral observância dos referidos capítulos não exclui, evidentemente, alguns desrespeitos. Assim, Filipe III nomeou três espanhóis para o Conselho da Fazenda, facto de que a Câmara de Lisboa se queixou e o rei pretendeu justificar, por tratar-se de órgão de consulta e não de jurisdição, como julgava a Câmara. A verdade é que os capítulos de Tomar não estabeleceram tal destrinça, nem abriram excepções na reserva de funções públicas em favor de nacionais portugueses, salvo quanto ao vice-reinado e ao governo do Reino. Mais grave infracção dos referidos capítulos consistiu em Filipe III ter nomeado, em 1615, vice-rei de Portugal o espanhol conde de Salinas – embora de origem portuguesa, por ser filho de Ruy Gomes da Silva, príncipe de Éboli, nascido português e durante muitos anos ministro de Filipe II – que não constava fosse parente próximo do rei. Em face da reacção da Câmara de Lisboa, Filipe III parece ter, de momento, revogado a nomeação; mas, dois anos mais tarde, o mesmo conde de Salinas iniciou o exercício das funções de vice-rei de Portugal (ver Freire de Oliveira, *Elementos para a História do Município de Lisboa*, II, pp. 133 e ss. e 351 e ss.). Apesar de tais desrespeitos, o tom dominante parece ter sido de acatamento dos capítulos das Cortes de Tomar. E tão ciosos das liberdades portuguesas se mostraram, por vezes, neste mesmo período, os governantes de Portugal que, em 1603, segundo relatou o cônsul francês em Lisboa ao seu governo, tendo o rei enviado a Lisboa o marquês de S. Germano e tendo este ordenado aos coronéis portugueses que pusessem os seus regimentos em armas, o vice-rei, D. Afonso de Castelo Branco, bispo de Coimbra, terá comunicado ao marquês que, se pretendesse comandar os portugueses, o mandaria prender (ver Visconde de Santarém, *Quadro Elementar*..., IV, I, pp. CLXIV-CLXV). Velasco de Gouvêa, na sua «Justa Acclamação do Sereníssimo Rey de Portugal D. João o IV» aponta como factos que provam a ilegitimidade de exercício do poder dos reis Filipes: os impostos excessivos e não consentidos, as guerras «estranhas», o abandono das «conquistas e navegações» (ver especialmente 2.ª parte, 2.º ponto). Trata-se de factos imputados, sobretudo, ao último dos Filipes.

[4] Ver Gregorio Marañon, *El Conde-Duque de Olivares* (*La Pasión de Mandar*), pp. 315-316. Parece duvidoso que houvesse da parte de Olivares um propósito de quebrar as liberdades portuguesas. O ministro não seria dotado de muitos talentos e a dureza do esforço de guerra incitou-o a violências diversas em relação aos senhorios de Filipe IV.

recer dúvidas. Nem no plano jurídico nem no plano de facto. Contudo, a união à Espanha não acautelava suficientemente os interesses de Portugal; por falta de uma política externa própria. Com efeito, a acção diplomática representativa dos interesses portugueses passou a ser exercida em nome de reis que o eram também de Espanha, cujos interesses nem sempre se mostravam compatíveis. As decisões respeitantes às relações externas eram tomadas em Madrid, onde a Corte se encontrava[5]; e, compreensivelmente, a permanência na Corte do Conselho de Portugal nem sempre permitia a necessária defesa das posições portuguesas. Os reis de Portugal da Dinastia filipina, ou austríaca, mantinham no Centro da Europa e na Itália vários senhorios, disputavam a hegemonia política à Inglaterra e à França, propunham-se erradicar o luteranismo dos Estados alemães. E tais propósitos arrastaram Portugal para hostilidades exteriores que serviram de razão ou pretexto para ataques aos seus territórios metropolitanos e ultramarinos e que dispersaram as forças militares portuguesas, empenhadas em lutas que, pelo menos, não eram prioritárias no contexto nacional.

É certo que algumas dessas lutas não foram alheias aos sentimentos portugueses e à defesa das suas posições fundamentais – entre todas elas avultando a luta contra a expansão do protestantismo, da qual advieram aos Portugueses muitos malefícios, sobretudo no Ultramar, colocado, como se sabe, sob a protecção da Santa Sé, cujo poder o protestantismo tornara vacilante. Mas é de crer que Portugal tivesse podido melhor acautelar os seus interesses, e defender também os da Cristandade, se, na base de uma política externa autónoma, se conservasse alheado das contendas entre as potências

---

[5] Filipe II ainda se demorou em Portugal desde Dezembro de 1580 a Fevereiro de 1583; e prometeu nas Cortes de Tomar viver entre os Portugueses todo o tempo que pudesse, tendo em vista o governo dos outros Reinos e Estados que Deus lhe confiara. Antes de regressar a Madrid, após a notícia do falecimento do filho primogénito, D. Diogo, Filipe II deixou o governo de Portugal a seu sobrinho, o cardeal Alberto, filho do imperador Maximiliano II da Áustria. Em 1598, o cardeal-arquiduque Alberto foi dispensado dos seus vínculos eclesiásticos para casar com uma filha de Filipe II, D. Isabel Clara Eugénia, que esteve para casar com o rei D. Sebastião. Foi longo e avisado o vice-reinado do arquiduque Alberto em Portugal, que durou até 1593, sendo então o vice-rei substituído por cinco governadores portugueses, entre os quais se contava o arcebispo de Lisboa D. Miguel de Castro (ver J. P. Ribeiro, *Dissertações Chronologicas*, II, pp. 196-202; Francisco Caeiro, *O Arquiduque Alberto de Áustria,* esp. pp. 136-137).

europeias[6]. Como acontecera no decurso da 2.ª Dinastia; e mesmo já depois de iniciadas as guerras de religião.

Em face do condicionalismo sumariamente exposto e que se caracteriza sobretudo pela falta de uma política externa própria, põe-se o problema de saber se, em relação ao período filipino, poderá admitir-se, mesmo assim, uma acção diplomática de Portugal, ainda que mitigada. É de supor que sim. A Corte de Madrid não deixou de defender os interesses externos de Portugal, na medida em que tal defesa não contrariava a estratégia global dos Filipes[7]; e nessa base já encontraríamos elementos bastantes para considerar, em tal período, uma acção diplomática portuguesa. Mas, além desta, deveremos apreciar também a acção desenvolvida no Ultramar, a nível local, sem intervenção de Madrid, em defesa dos interesses externos de Portugal. E nem deverá duvidar-se da natureza diplomática dessa acção, porquanto ela foi desenvolvida em nome de Portugal, Estado soberano, pelos seus representantes – vice-reis, governadores, etc. Alguns dos acordos a tal nível celebrados fundamentaram posições

---

[6] Assim parece tê-lo entendido também a Santa Sé, posto que o papa Gregório XIII tentou opor-se às pretensões de Filipe II quanto a Portugal (ver Danvila, *Filipe II y la Sucessión de Portugal*, pp. 289-295; Anthony Watson, *Juan de la Cueva and the Portuguese Succession*, pp. 28 e ss.). E o núncio em Lisboa, Frumenti, ganhou fama de ser favorável ao Prior do Crato pelas suas intercessões em benefício de seus partidários junto do duque de Alba e pelas diligências orientadas no sentido de preservar Lisboa do saque, em 1580. Também ganhou a má-vontade de Filipe II, por suposta parcialidade, o legado cardeal Riario, que a Cúria mandou então a Portugal (ver Suárez Inclán, *Guerra de Anexión en Portugal*, I, pp. 426 e ss. e 442 e ss.). Mas o mesmo cardeal Riario passou a proceder muito a contento de Filipe II logo após o desfecho da Batalha de Alcântara, infeliz para o Prior do Crato (ver Rebello da Silva, *História de Portugal nos Séculos XVII e XVIII*, II, p. 591). Talvez fosse a atitude do prelado, aconselhando os vencidos a submeterem-se, a mais benévola possível para esses mesmos vencidos. Melhor fora para Portugal, como para a Espanha, e até para os destinos da Europa, que um príncipe português de autoridade indiscutível tivesse, em 1580, assumido o poder. Assim o entendeu também Duarte Ribeiro de Macedo, ao afirmar que, colocadas as duas Coroas debaixo do governo de Filipe II, «não só parou o curso das victorias de ambas, mas começarão a declinar de sua primeira grandeza»(*Obras*, I, p. 238).

[7] Por vezes, durante a união das Coroas de Portugal e Espanha, os reis nomearam agentes e ministros para tratarem exclusivamente dos negócios de Portugal. Foi o caso das missões em Roma de Martim Afonso Mexia e, depois, de D. José de Melo, para entender «nos negócios e cousas que tocarem aos seus Reinos e senhorios da Coroa de Portugal» (ver *Corpo Diplomático...*, XII, pp. 111 e ss.).

reconhecidas a Portugal, mesmo para além do período filipino, não podendo oferecer dúvidas sérias que eles se incluem no corpo diplomático português, isto é, na base documental da política externa portuguesa.

2. Política de D. António Prior do Crato em relação às potências estrangeiras

Será pelo menos duvidoso que a política de D. António Prior do Crato em relação às potências estrangeiras tenha lugar nos quadros da política externa portuguesa; mas aquela política tem necessariamente implicações com a posição de Portugal no estrangeiro.

Parece indiscutível que o Prior do Crato procurou uma plataforma de entendimento com Filipe II, que este também sempre desejou[8]. Mas entre a má-vontade do cardeal-rei ao sobrinho D. António[9] e as pretensões concorrentes da duquesa de Bragança e da rainha de França, Catarina de Médicis[10], a questão sucessória arrastou-se o

---

[8] Ver Rebello da Silva, *História de Portugal nos Séculos XVII e XVIII*, I, pp. 403-409 e 494-497; II, p. 298; José de Castro, *O Prior do Crato*, pp. 137 e ss.; Alfonso Danvila, *Filipe II y la Sucesión de Portugal*, pp. 80, 160-161, 191, 245.

[9] A má-vontade do cardeal-rei parecia justificar-se pelo passado aventureiro de D. António, que naturalmente se reflectiu no nível de muitos dos seus sequazes, o qual poderá explicar as violências praticadas pelas tropas do Prior do Crato, geralmente assacadas aos escravos pretos, que então receberam armas e promessa de alforria, em Santarém, em Lisboa, em Setúbal, em Aveiro e no Porto, sem esquecer o saque de estabelecimentos comerciais como de conventos e o roubo das jóias da Coroa, de que mais se não soube rasto (ver Rebello da Silva, *História de Portugal nos Séculos XVII e XVIII*, I, pp. 293 e ss.; pp. 295 e ss.; 452 e ss.; 489 e ss.; 560 e ss.). Sobre as concessões de tenças e mercês, por força do Erário, às próprias filhas de D. António, quando eram tão difíceis as condições do país e da sua causa, ver Veríssimo Serrão, *O Reinado de D. António Prior do Crato*, pp. 550, 552 e 553.

[10] Por mais estranha que fosse a pretensão de Catarina de Médicis ao trono de Portugal, fundada numa fantasiosa descendência de D. Afonso III e de sua primeira mulher, D. Matilde – que tudo leva a crer não tenha tido filhos – é de admitir que essa pretensão tenha inibido a rainha de França de dar apoio à duquesa de Bragança ou a D. António contra Filipe II, até este assumir uma atitude violenta quanto à sucessão. A partir desta atitude, e sendo certo que a duquesa de Bragança não invocava quaisquer direitos, tornou-se mais fácil à França uma tomada de posição favorável ao único pretendente activamente oposto a Filipe II – o Prior do Crato. Os direitos de Catarina de Médicis foram sustentados por Pierre Beloy, na sua *Déclaration des droits de succession légitime sur le royaume de Portugal*,

tempo suficiente para que Filipe II, que entre todos os pretendentes dispunha da posição político-geográfica mais favorável, completasse a captação de notáveis, a cargo do duque de Osuna e de Cristóvão de Moura, pela acção militar. Derrotado em Alcântara, e após algumas correrias pelo Norte que não honram a sua memória[11], D. António andou por França e pela Inglaterra solicitando apoios contra Filipe II[12]. Mal acolhido pela rainha Isabel[13], conseguiu D. António, que conservava em Portugal a fidelidade da ilha Terceira, o reconhecimento por parte de Catarina de Médicis, a qual, finalmente, parecia renunciar aos seus fantasiosos direitos. E, com o reconhecimento, apoios valiosos para reforçar a defesa da ilha Terceira[14]. Em compensação destes apoios, D. António terá oferecido à França a cessão do Brasil, no qual os Franceses havia muito se achavam interessados[15].

---

appartenant à la reine mère du roi très chrétien Catherine de Médicis, publicada em Antuérpia, em 1582 (ver Bernardes Branco, *Portugal e os Estrangeiros,* I, p. 139).

[11] Há motivos para pensar que as populações nortenhas tenham receado igualmente as violências das tropas de Sancho de Ávila, enviado pelo duque de Alba, e os homens do Prior do Crato (ver Damião Peres, *O Governo do Prior do Crato,* esp. pp. 111 e ss.).

[12] Sobre as diligências diplomáticas de D . António em França e em Inglaterra, ver Veríssimo Serrão, *O Reinado de D. António Prior do Crato,* esp. pp. 267 e ss. Trata-se, aliás, do mais completo estudo sobre D. António, até ao ano de 1582, no qual se defendem, na base de copiosíssima documentação, teses favoráveis àquele príncipe.

[13] A rainha inglesa, sobretudo depois do malogro dos projectos de aliança com a França e do seu casamento com o duque de Anjou, não terá querido comprometer-se muito ostensivamente com a causa de D. António. No entanto, a correspondência do embaixador Walsingham leva a crer que lhe tenha prestado auxílios substanciais, embora sem reconhecimento da sua realeza (ver *Mémoires et Instructions pour les Ambassadeurs,* pp. 444, 452, 482 e 497).

[14] Do produto dos saques realizados, que tiveram por objecto as jóias da Coroa, o dinheiro do resgate dos cativos, a prata das igrejas, os depósitos dos conventos e os fundos das obras pias, presumivelmente usado em proveito privado de partidários, e da fortuna pessoal relativamente avultada, parece que pouco restava a D. António, pelo que as levas de combatentes reunidos em França e embarcados para a Terceira terão tido na sua base o apoio financeiro, e não apenas, de Catarina de Médicis. Sem dúvida que a expedição enviada aos Açores sob o comando de Filipe Strozzi, aliás primo de Catarina de Médicis, com 55 navios e 5000 soldados, embora atribuída a D. António, foi dirigida, equipada e financiada pela rainha de França. Sobre a questão dos valores levados por D. António para o estrangeiro, cf. Veríssimo Serrão, *O Reinado de D. António Prior do Crato*, esp. pp. 277-278.

[15] Ver Fortunato de Almeida, *História...,* IV, p. 42; Veríssimo Serrão, *O Reinado de D. António Prior* do Crato, pp. 306 e ss. Não reconhecendo a França a realeza de Filipe II em relação a Portugal e seus domínios (embora em 1581 fossem normais as relações

Submetida a ilha Terceira a Filipe II, em fins de Julho de 1583, D. António renovou os pedidos de auxílio à França e à Inglaterra. Mas a França, desanimada pela aventura frustrada dos Açores, não parece ter-lhe oferecido senão auxílio pessoal; e a Inglaterra, tendo passado à hostilidade aberta com a Espanha, a partir de 1585, já pôde praticar em nome próprio, ostensivamente, as acções bélicas contra os Espanhóis que antes poderia ter interesse em imputar ao pretendente D. António. No entanto, em 1589, D. António, tendo convencido a rainha Isabel de que todo o reino de Portugal se sublevaria à sua voz, participou ainda de uma expedição inglesa que, sob o comando do célebre corsário Drake, incendiou muitos navios no porto da Corunha, ocupou a vila de Peniche e tentou, em vão, forçar o porto de Lisboa[16]. Também o Prior do Crato tentou o apoio do rei de Fez, Muley Hamet, que lho não deu, porque, para evitá-lo, o rei Filipe cedeu ao monarca mouro a praça de Arzila. E de um manuscrito da Biblioteca Nacional de Paris constam as instruções de Henrique IV ao seu representante diplomático em Constantinopla (1592) no sentido de obter o apoio da Porta ao rei D. António, espoliado do seu reino e refugiado na Inglaterra[17]. O próprio D. António terá escrito ao sultão em 1590, pedindo-lhe auxílios e queixando-se de Muley Hamet[18].

---

diplomáticas entre Paris e Madrid), esta cessão de D. António terá dado uma aparência de legitimidade aos assaltos dos franceses que as praças do Brasil sofreram em fins do século XVI e no decurso do século XVII. É certo que tais assaltos já se tinham operado anteriormente, sem qualquer preocupação de legitimidade; mas essas acções eram imputadas à iniciativa pessoal de corsários, sem que por elas se responsabilizassem os reis de França. Os pedidos de auxílio ao estrangeiro hão-de sempre envolver riscos de contrapartidas lesivas dos interesses nacionais.

[16] Ver Rebello da Silva, *História...*, III, pp. 121 e ss.; Fortunato de Almeida, *História...*, IV, pp. 58-60; Mattingly, *L'Épopée...*, pp. 407-408. As memórias das violências praticadas pela gente de D. António contra as populações e a habilidade da política de captação dos Portugueses seguida por Filipe II, sobretudo enquanto viveu em Lisboa, terão contribuído muito para a indiferença geral que se notou face a esta expedição. Acrescia que os Ingleses eram heréticos; e também não havia garantia de que pudessem, ou quisessem, estabelecer sequer uma testa de ponte relativamente estável em Portugal, em desafio ao império filipino.

[17] Ver Visconde de Santarém, *Noticia dos Manuscriptos...*, p. 14.

[18] Ver D. António Caetano de Sousa, *Provas da Historia Genealogica ....* II, pp. 560 e ss.

TITULO II

O Arrastamento para as Querelas Europeias e o Enfraquecimento das Posições Ultramarinas

Abertas as hostilidades entre Isabel de Inglaterra e Filipe II, sofreu a ilha de Santiago, do arquipélago de Cabo Verde[19],em Novembro de 1585, o ataque dos ingleses comandados por Francis Drake, que saquearam e incendiaram as povoações. E, em 1587, de regresso de uma expedição bélica a Cádis, o mesmo Drake assolou a costa algarvia e experimentou forçar o porto de Lisboa, sem conseguir o intento[20].

As extraordinárias condições do estuário do Tejo e das instalações nele estabelecidas para base de uma gigantesca operação de guerra marítima levaram Filipe II a fixar em Lisboa a reunião das naves que haviam de constituir a Armada Invencível, com a qual o rei pretendia submeter definitivamente Isabel de Inglaterra, contra

---

[19] A importância estratégica que as ilhas de Cabo Verde já então tinham oferece-nos um exemplo característico da permanência das constantes geopolíticas que sobrevivem às inovações de ordem técnica.

[20] Esta expedição a Cádis tem sido apontada como oferecendo o maior interesse para explicar a resistência inglesa à Armada Invencível (ver Lafuente, *Historia General de España*, X, pp. 181, e ss.; Rebello da Silva, *História*..., III, pp. 104 e ss.; Fortunato de Almeida, *História*..., IV, pp. 52 e ss.). De assinalar que nesta expedição, ao assolar a costa algarvia, o inglês Drake, não tendo conseguido entrar em Lagos, embora o tivesse tentado, destruiu por completo a fortaleza de Sagres, após uma resistência heróica que lhe foi oposta pela sua pequena guarnição; e, tendo desembarcado, incendiou os edifícios onde teriam estado os paços do príncipe D. Henrique e o seu centro de cultura náutica. Tudo o fogo consumiu, sem exceptuar a biblioteca que ainda lá se encontrava. É de admitir que Drake desconhecesse o significado de Sagres para a história da marinharia e não visse ali senão uma fortaleza bem situada e debilmente defendida (cf. Garrett Mattingly, *L'Épopée de l'Invincible Armada*, pp. 119-129).

quem se levantara entre os católicos a maior indignação por ter mandado executar Maria Stuart, rainha da Escócia[21]. Apesar da organização da Armada Invencível ter obedecido a um plano largamente amadurecido, ela revelou erros imperdoáveis. E a esses, mais que à tempestade imprevista e à maior rapidez de manobra dos navios ingleses, se deverá atribuir o desastre daquela grande esquadra, que saiu do Tejo, com atraso, devido ao mau tempo, em 27 de Maio de 1588[22] e regressou, destroçada, ao porto de Santander, em fins de Setembro, depois de dispersa pelo mar do Norte e pelas costas da Irlanda, cuja população católica os espanhóis pretendiam levantar contra os ingleses anglicanos[23]. Para além das instalações do porto de Lisboa, Portugal contribuiu para a Armada Invencível com os dez melhores galeões desta esquadra, quatro galeras e outros navios, cujas guarnições se distinguiram nos combates havidos com o brio então habitual nos marinheiros e soldados portugueses, pois, como afirma um historiador inglês, os galeões portugueses foram, no decurso das batalhas, situados nos postos de honra e de perigo[24].

---

[21] O próprio papa Sisto V terá incitado Filipe II a esta expedição.

[22] Dias antes, a 25 de Abril, em cerimónia celebrada na Sé e presidida pelo arcebispo de Lisboa, foi concedida a bênção ao empreendimento e aos seus participantes, que receberam todos a comunhão. O Papa concedeu-lhes especiais indulgências (ver Mattingly cit., p. 226. David Howarth, *La Armada Invencible*, pp. 13 e ss.).

[23] Além dos admissíveis erros de organização, ocorreram imprevistos de substituição de comandos. A morte do grande almirante espanhol da época, Álvaro de Bazán, marquês de Santa Cruz, determinou a entrega do comando da esquadra ao duque de Medina Sidónia, sem experiência de mar nem de guerra, como ele próprio reconhecia; e os seus vice-almirantes, Juan Martínez de Recalde e Miguel de Oquendo, morreram também entretanto. Contudo, Medina Sidónia revelou-se um grande chefe, nos momentos mais difíceis e dolorosos (ver Mattingly cit., pp. 215-216, 380). Não parece que o desastre da Armada Invencível tenha determinado, conforme opinião muito generalizada, o declínio do poder marítimo da Espanha e de Portugal (ver Mattingly cit., pp. 411 e ss.), posto que, ao iniciar-se o século XVII, os impérios coloniais destes Estados se mantinham intactos; e, entre 1588 e 1603, as entradas de metais preciosos em Espanha excederam as dos períodos anteriores, o que deve entender-se no sentido de que, com o desastre da Armada Invencível, a Inglaterra não conquistou ainda o domínio dos mares. Mas sem dúvida que tal desastre impossibilitou o domínio político imediato de Filipe II, e terá de algum modo contribuído para facilitar as rotas das terras ultramarinas de Portugal e de Espanha aos ingleses, aos franceses e aos holandeses.

[24] Ver Mattingly cit., pp. 258, 288-289, 335, 340-341 e 380. Apesar do heróico comportamento das suas guarnições, dos dez galeões portugueses regressaram sete, pelo que, comparativamente, não terão sido muito pesadas as perdas sofridas pela armada portuguesa.

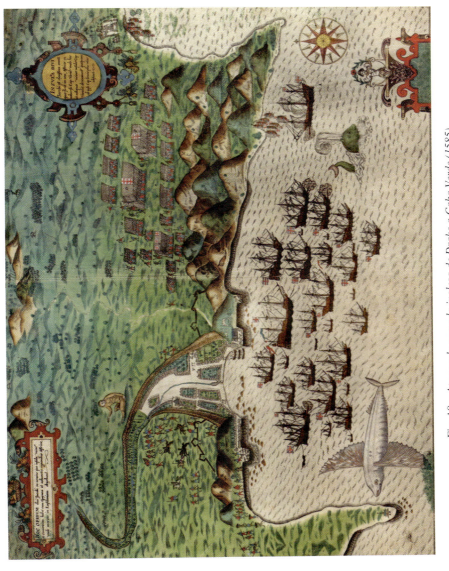

Fig. 10 – *Ataque da armada inglesa de Drake a Cabo Verde (1585)*

Em 1597 foram os Açores assolados por uma esquadra inglesa, cujas forças de desembarque chegaram a ocupar a ilha das Flores. E, no ano anterior, tinham os ingleses, de regresso de uma expedição a Cádis, saqueado e incendiado a cidade de Faro, não tendo procedido do mesmo modo em Lagos porque a isso se opuseram as forças navais e terrestres ali concentradas.

Relativamente ao Ultramar, as ameaças previstas pelos reis portugueses da 1.ª Dinastia, que contra elas procuraram o apoio da Santa Sé, avolumaram-se. E os Estados protestantes, que já não receavam excomunhões nem interditos pontifícios, seguiram-nos nas rotas, em busca de lucros fáceis, sem nos terem precedido nem acompanhado nos riscos e incertezas dos descobrimentos; nem nos pesados encargos da evangelização.

Os holandeses seguiram para o Oriente, em busca de especiarias; os ingleses saquearam e destruíram, no Brasil, São Vicente, Santos, Olinda, São Salvador, Pernambuco e o Recife; os franceses estabeleceram uma colónia no Maranhão, em 1594. A partir de 1598 também os holandeses não deram tréguas às populações costeiras do Brasil. Já se calculou que durante a Dinastia filipina Portugal tenha perdido 200 galeões; e tais perdas, só muito insuficientemente reparadas pelo esforço de construção naval, terão ocorrido, sobretudo, no segundo quartel do século XVII. Em consequência, o Índico foi praticamente abandonado pelos Portugueses.

Não é de excluir liminarmente que, mesmo sem união à Espanha sob o ceptro filipino, mesmo beneficiando Portugal de uma acção política externa própria, autónoma, o primeiro Império Português fosse alvo da cobiça dos Estados protestantes e outros que, desligados de qualquer obediência à Santa Sé, não encontrassem obstáculos que afastassem essa sua cobiça das possessões ultramarinas portuguesas. Certo é, porém, que, desprovido de uma acção externa ditada exclusivamente pelos interesses nacionais, não podia Portugal sequer tentar opor-se eficazmente à expansão daquela mesma cobiça. E essa impossibilidade desenhava-se já nitidamente no horizonte português ao findar o século XVI.

Também os desacertos da política filipina haviam de contribuir para tornar os Portugueses saudosos dos seus reis naturais. Mesmo depois de repartido por Carlos V, que reconhecera ser demasiado extenso o Império herdado dos avós alemães e dos avós espanhóis, eram ainda imensos, em homens e em extensão, os senhorios que couberam a Filipe II e aos seus sucessores. Daí resultou frequentemente uma política complexa em extremo, que, condicionada pelos particularismos daqueles senhorios, acabou por desenvolver-se com desconhecimento de muitos desses mesmos particularismos.

CAPÍTULO IV

RECUPERAÇÃO DA INDIVIDUALIDADE PORTUGUESA A NÍVEL INTERNACIONAL (1640-1668)

TÍTULO I
A Complexidade da Politica Externa da Restauração

1. Europa na primeira metade do século XVII

a) *As guerras de religião e a Guerra dos Trinta Anos*

A Europa viveu, durante séculos, na nostalgia do Império Romano, que correspondia a um ideal de unidade, de manutenção de uma força política sobreposta à das nacionalidades e à dos príncipes locais. O poder temporal dos papas, a República Cristã da Idade Média, assentou, em boa parte, nesse saudosismo. Mas a unidade baseada em Roma deparou com a concorrência de outras tentativas de reconstituição do Império. A de Carlos Magno foi aproveitada pela própria Igreja. A de Otão e os seus sucessores no Sacro Império Romano-Germânico foi contrariada pelos papas. E a luta empreendida, durante séculos, no seio da Europa, em torno da questão de saber qual a autoridade sob a qual a Cristandade havia de organizar-se politicamente, foi enfraquecendo a República Cristã. O Cisma do Ocidente, criado pela rivalidade anglo-francesa, acentuou esse enfraquecimento, que os príncipes aproveitaram para reforçar os seus poderes, seguindo os ensinamentos dos legistas, que ao Direito Romano iam buscar o fundamento desses mesmos poderes. Mas sem capacidade bastante, qualquer deles, para restabelecer a unidade política da Europa.

Os papas deixaram de ser admitidos sequer como árbitros nas contendas entre os monarcas cristãos, dominados por preocupações mesquinhas de alargar os seus senhorios; mostraram-se frequentemente subordinados por um ou outro desses monarcas; substituíram muitas vezes a consciência da sua missão ecuménica e intemporal pelo predomínio de interesses imediatos e circunscritos. Tais atitudes contribuíram necessariamente para o relaxamento da disciplina eclesiástica; e este serviu de pretexto às tentativas reformadoras do século XVI, que impressionaram muitos espíritos dominados por ideais de justiça e de liberdade, mas foram rapidamente aproveitadas, quando não comandadas, por propósitos de injustos locupletamentos e mais apertadas opressões. A acentuada influência da historiografia protestante, mesmo em países católicos, tem levado a crer, muito frequentemente, que, através das guerras de religião, internas e externas, se defrontaram, contra o obscurantismo e a intolerância dos católicos, os ideais de liberdade e justiça que os protestantes representariam. É indiscutível que esses ideais foram invocados por pensadores protestantes; como o foram também por pensadores católicos, entre eles os da escola de Direito Natural do século XVI que ensinaram em Salamanca, em Coimbra e em Évora. As escolas protestantes representaram, sobretudo, um ideal de liberdade individual, na medida em que preconizaram a livre exegese dos Evangelhos, cujo entendimento, para os católicos, há-de ser filtrado pelos ensinamentos de uma experiência milenária. Mas, no plano das liberdades políticas, não parece que os regimes originados na Reforma se tenham mostrado mais tolerantes, ou mais justos, do que os anteriores. Por exemplo, na Inglaterra, os antecessores de Henrique VIII, devendo obediência ao Papa, ao menos em relação aos negócios espirituais, que, para as concepções do tempo, quase tudo envolviam, eram bem mais limitados do que ele e os seus sucessores, absolutos em tudo, no domínio temporal como no religioso, sem bispos ou outros notáveis que pudessem opor-se-lhes, a não ser na certeza prévia de que a discordância lhes valeria o martírio, como aconteceu ao chanceler Tomás Morus. A intolerância dos protestantes, não menos acentuada que a dos católicos, negou a estes, durante séculos, umas vezes de facto, outras de direito, a liberdade de culto e de expressão, o acesso à propriedade e aos cargos públicos, quando não o direito à vida. Essa intolerância anglicana deixou, por exemplo, marcas profundas na Irlanda, que ainda se manifestam claramente na actualidade. Mas a intolerância reformista não foi um exclusivo inglês. Na Suécia, o protestantismo triunfante destruiu o Senado *(Reichsrath)* e declarou o rei único senhor para legislar e comandar, responsável pelos seus actos apenas perante Deus. A Dieta de Oerebro (1617) declarou crime contra o Estado a prática, mesmo secreta, da religião católica; e, pelo menos, três funcionários suecos foram decapitados, sob essa acusação, em 1624. Também o protestantismo não foi um instrumento pacifista. Segundo o próprio Oxenstiern, chanceler sueco, afirmou, em 1642, a guerra era a principal instituição do Estado[1]. E a paz de Vestefália não estabeleceu qualquer princípio de liberdade religiosa, como por vezes se afirma, mas consagrou, isso sim, a autoridade soberana dos príncipes sobre os seus súbditos, segundo a regra, já anterior, *cuius regio eius religio*. Contra este despotismo legal não restou senão a possibilidade de emigrar, quando foi consentida, ao menos no plano de facto. Assim, nos fins do século XVI e no decurso da primeira metade do século XVII, muitas famílias se expatriaram por motivos religiosos. Sob o signo de Vestefália e do triunfo protestante, os reis tornaram-se realmente absolutos, independentes de qualquer outro poder. Tanto os de religião reformada como os católicos, por influência daqueles; e sob a razão, ou o pretexto, de reforçarem a autoridade real para melhor defenderem os seus Estados.

Com o tempo, ao absolutismo real haviam de contrapor-se as pretensões dos Parlamentos, às vezes baseadas nas tradições anteriores à Reforma, outras vezes na fragilidade de todas as autoridades políticas que, depois dos abalos dos séculos XVI e XVII, não podiam beneficiar por muito tempo do prestígio que antes as rodeara. Entretanto, a Europa continuaria em demanda da sua própria unidade, que já não poderia ser alcançada através de Roma, mas pelo alargamento de um império que acabasse por confundir as suas fronteiras com as da própria comunidade europeia. Tentou essa unidade a Casa de Áustria, representante do Sacro Império Romano-Germânico; tentou-a a França de Luís XIV. Outros, mais tarde, procurariam prossegui-la. Sempre através da guerra. E sempre também com declarados propósitos de paz futura e perpétua.

É neste contexto que deve apreciar-se a diplomacia portuguesa da Restauração e todas as dificuldades com que deparou.

---

[1] Émile Bourgeois, *Manuel Historique de Politique Étrangère*, I, p. 208.

b) As posições relativas das potências europeias em 1640

Ao iniciar-se o século XVII, a fractura espiritual da Europa parecia já definida. Os países latinos mantinham-se fiéis a Roma, com algumas manchas de culto luterano, sobretudo em França, onde o Edicto de Nantes, de 1598, as reconheceu; os países anglo-saxónicos e os germânicos tinham sido conquistados pelo protestantismo, com as excepções da Irlanda, da Áustria e da linha do Reno. A leste, um vasto campo, meio germanizado meio eslavo – a Polónia – mantinha a sua fidelidade à Igreja, mas no ambiente de anarquia ali institucionalizada, e sob a ameaça dos protestantes suecos. A Rússia, limitada, ou quase, ao ducado de Moscóvia, tributária dos Tártaros, afastada dos acessos ao mar pelos Suecos e pelos Turcos, ainda nem se sabia muito bem o que fosse. Tardaria um século a sua firme constituição, sob o impulso criador de Pedro, o *Grande*[2].

Foi nesta conjuntura que muitos, sobretudo os vencidos nas respectivas pátrias, decidiram abandonar a Europa, procurando além-Atlântico novos lares onde a liberdade de consciência lhes não fosse negada. Porque nas Américas a autoridade dos reis se exercia mais frouxamente; e não se querelavam os vizinhos em razão da diversidade de disciplina religiosa. Datam de então as primeiras grandes fixações de colonos ingleses e franceses na América do Norte. O ideal ultramarino português, subordinado à percepção de que num Mundo com tamanhos espaços livres não interessava disputar pequenas faixas territoriais entre o Báltico e o Mediterrâneo, começou a ganhar outros povos. Antes, além dos Portugueses, quase só a gente pobre das terras mais pobres de Castela entendera esse ideal, procurando instalar-se nas denominadas Índias Ocidentais, embora geralmente com intenção de regresso aos lugares de origem, onde as

---

[2] Embora os historiadores geralmente atribuam a este czar toda a tarefa inicial de estabelecimento de relações da Rússia com os países do Ocidente da Europa, parece que tal empreendimento terá cabido já a seu pai, o czar Aléxis I, o qual enviou como seu embaixador a Madrid e a Paris, em 1668, um tal Potemckine, possivelmente da mesma família do célebre favorito de Catarina II, o qual terá surpreendido as Cortes espanhola e francesa pelas suas peregrinas atitudes, estranhas aos usos diplomáticos (ver Pierre-Charles Lévesque, *Mémoire sur les anciennes relations de la France avec la Russie*, pp. 83 e ss.).

casas senhoriais recém-construídas, de gosto pesado, ficariam a assinalar a passagem dos naturais pelas Américas.

Mas foram poucos, relativamente, os europeus que abandonaram a Europa por esta época. A grande maioria, necessariamente, ficou. E receosa. Os católicos temendo uma nova investida dos protestantes que fosse atingi-los. Os protestantes, enriquecidos, no plano colectivo como no plano individual, pelos despojos dos bens da Igreja, receando, com um renascimento desta, as consequentes reposições e vindictas. Eram fundados os temores de uns e de outros. Na Inglaterra, pela morte de Isabel I, a última Tudor, subiu ao trono Jaime I, rei da Escócia, filho de Maria Stuart, cuja morte suscitara tão violenta reacção dos católicos. É certo que o novo rei se obrigara, contra a promessa de sucessão no trono inglês, a manter o protestantismo nos seus Estados; e, para maior tranquilidade dos anglicanos e melhor garantia da sua expectativa sucessória, casara com uma princesa dinamarquesa, protestante. Mesmo assim, o sangue dos Stuarts inspirava fortes receios de regresso ao «papismo» e aos ajustes de contas contra os anglicanos, já experimentados durante o reinado de Maria Tudor. Em França, começaram os católicos por recear que Henrique IV, tendo abjurado do luteranismo para ser rei de França, porquanto, segundo o dito que se lhe atribui, «Paris vale bem uma missa», protegesse os protestantes. Fê-lo; até ao ponto de manter sempre como primeiro-ministro o protestante Sully. E o seu assassino, Ravaillac, parece ter sido intérprete daqueles receios. Depois da morte de Henrique IV, foi a vez de os huguenotes recearem o seu destino, procurando ligações exteriores, fugindo uns, resistindo outros. O sucessor no trono francês, Luís XIII, era filho da católica Maria de Médicis; e casaria com Ana de Áustria, filha de Filipe III de Espanha.

Tudo parecia encaminhar-se no sentido de uma grande coligação das potências católicas – Áustria, Espanha e França – contra os protestantes, coligação essa já projectada no tempo de Henrique IV, mas que este e o seu ministro Sully sempre tinham evitado, por entenderem, aliás já na sequência da política de Francisco I, que à França interessava sobretudo evitar, ou abater, a grandeza da Casa de Áustria[3]. Através desta sua tomada de posição, ou Henrique IV inter-

---

[3] Pelo Tratado de Vervins (1597) já a França e a Espanha tinham chegado a um acordo, que causou o maior desespero a Isabel de Inglaterra, a qual pretendia manter

pretava uma tese nacionalista francesa, ou defendia o seu credo protestante de origem, ou tentava conciliar as duas razões de decidir.

Foi francamente favorável ao Papado e à Espanha a política da regente Maria de Médicis, durante a menoridade do filho, tendo essa política merecido todo o apoio dos Estados Gerais reunidos em 1614. Inquietavam-se disso os huguenotes. O crime de Ravaillac parecia compensar os católicos. E, contudo, pela mesma mão da regente, apareceu na cena política francesa um homem que havia de marcar, em termos inesperados, a história da França e da Europa, num sentido diverso[4]. Armando João du Plessis de Richelieu desviara-se do seu propósito de ser militar e seguira a carreira eclesiástica, para manter na família a mitra de Luçon, a que seu irmão renunciara para professar. Mas não parecia muito vincada a sua vocação para o múnus episcopal. Introduziu-se na corte de Maria de Médicis o jovem bispo de Luçon, que logo caiu nas boas graças da rainha e do seu favorito Concini; rapidamente obteve deles a Secretaria de Estado dos Negócios Estrangeiros e da Guerra[5]. Foi a este príncipe da Igreja Romana que coube o assentamento de uma nova política da França, antiespanhola, antiaustríaca, favorável aos príncipes protestantes da Alemanha, nos quais se apoiou desde o início do seu Governo[6].

---

divisões entre as potências católicas e, quando possível, arrastá-las para as posições reformistas. A paz de Vervins foi um êxito diplomático de Filipe II, que, porém, morreu pouco depois, não podendo aproveitar plenamente o seu triunfo sobre os planos de Sully de uma aliança que unisse a França, a Inglaterra e a Holanda contra a Espanha.

[4] A política de Richelieu, frequentemente contrariada pelo próprio rei, Luís XIII, e, sobretudo, pela rainha Ana de Áustria e pelo «partido espanhol» que a rodeava, estará mesmo na origem da Revolução Francesa. Não apenas pela expansão do protestantismo e, consequentemente, do jansenismo, do galicanismo e do iluminismo, mas também pelo reforço do poder da Inglaterra e pelo aparecimento da Prússia nos quadros internacionais. Também, *avec sa puissante unité,* Richelieu se tornou precursor da Revolução, segundo as conclusões do historiador Capefigue (ver *Richelieu, Mazarin et la Fronde,* I, p. 3). Os Estados Gerais franceses, ainda reunidos em 1614, sendo então o bispo de Luçon deputado do clero, não voltariam a reunir-se a partir do Governo de Richelieu, instrumento do absolutismo real, que abriria caminho ao absolutismo das assembleias inorgânicas. Ver Pierre--Jean Rémy, *Trésors et Secrets du Quai d'Orsay,* pp. 115-118.

[5] Tem-se atribuído, por vezes, o sucesso político de Richelieu a um misterioso «abade José», frade capuchinho, que sobrepunha ao interesse católico da aproximação a Viena e Madrid o suposto interesse nacional francês.

[6] Esta política acha-se definida, já em 1617, por Richelieu, em carta ao embaixador na Alemanha, Schomberg. Segundo essa carta, a França não podia apoiar Roma ou a Espanha

Entretanto, Luís XIII atingiu a maioridade, o ministro Concini, favorito da rainha e papista, foi assasinado por um capitão da guarda real quando se preparava para entrar no Palácio do Louvre; após o que sua mulher, também muito influente junto da rainha, foi presa e condenada à morte sob a acusação de feitiçaria. Estes crimes anularam os efeitos do de Ravaillac. E o golpe de Estado empreendido atingiu também Richelieu, ministro da confiança da rainha, não obstante a sua política favorável aos príncipes alemães protestantes. A tal ponto que Richelieu acompanhou a rainha-mãe no seu exílio de Avinhão. Exaltaram-se os ânimos, julgou-se iminente uma nova guerra civil. E, na sua tentativa de conciliação entre as facções, foi Richelieu, secretário da rainha, que os delegados do rei encontraram como interlocutor válido. Em 1624, Richelieu voltaria a ter responsabilidades de Governo, que manteria até 1642, ano em que morreu.

Reconciliaram-se Maria de Médicis e o filho. Mas, durante a agitação que novamente opôs em França católicos e huguenotes, entre 1617 e 1623, tinha-se iniciado a Guerra dos Trinta Anos. A Áustria e a Espanha, em acções concertadas contra os luteranos, tomaram posições na Itália Setentrional e na Flandres, dispostas a intervir nas lutas que dividiam os Estados alemães de obediência luterana ou calvinista, ligados pela União Evangélica (1608), e os Estados alemães católicos, reunidos na Santa Liga (1609), lutas reacendidas, em 1618, pela segunda «defenestração de Praga»[7]. A Batalha da Montanha Branca (1620), na Boémia, dera o triunfo aos católicos, tendo o chefe da União Evangélica, Frederico V, eleitor do Palatinado, fugido para a Holanda. A Áustria e a Espanha uniram os seus territórios através dos Alpes. A intervenção dinamarquesa no conflito, a favor dos protestantes, redundou em novas derrotas para estes, tendo Cristiano IV que aceitar a paz de Lubeque (1629). Richelieu, desde 1624, ano em que regressou ao Poder, mostrava-se

---

em detrimento das suas antigas alianças, ou de si própria, tanto mais que a Espanha, odiada pelos bons franceses, seria o inimigo cujas empresas importaria destruir (ver Émile Bourgeois, *Manuel Historique de Politique Étrangère*, I, p. 24).

[7] A primeira «defenestração de Praga» teve lugar em 1419, quando uma turba enfurecida pela notícia da execução de João Huss invadiu o edifício da Câmara Municipal e lançou das janelas sete conselheiros ali reunidos. A segunda «defenestração de Praga» (1618) teve por vítimas três representantes do imperador que se encontravam no castelo da cidade.

apreensivo em relação aos sucessos dos católicos, que eram também triunfos da Áustria e da Espanha, cujas forças se achavam perigosamente reunidas junto das fronteiras francesas. Mas, tendo no interior de opor-se aos hugenotes, fortificados na Rochela e auxiliados pelos ingleses, Richelieu chegou a aliar-se à Espanha (1627) para melhor dominar as revoltas protestantes. No ano seguinte, porém, já vencida a resistência da Rochela, a França constituiu, com Génova, Veneza, Sabóia e Mântua, uma liga italiana contra a Espanha. A acção diplomática de Richelieu, desenvolvida tanto na base de corrupções individuais como do apoio francês às ambições dos Estados, envolveu todas as regiões através das quais se tornava possível diminuir o poder dos Habsburgos. Abrangeu a Turquia, a Hungria, a Boémia; e chegou às populações mouras do Magrebe. A Leste, conseguiu Richelieu a trégua de Altmark entre a Polónia e a Suécia (1629), a fim de tornar possível a Gustavo Adolfo a sua intervenção na Alemanha a favor dos protestantes. A campanha dos Suecos foi mesmo subsidiada pela França, nos termos do tratado de 1630. Aliás, a política externa de Richelieu, entre 1630 e 1635, orientou-se, sobretudo, no sentido de comprar a hostilidade de alguns Estados e a neutralidade de outros, de tal modo que, quando fosse inevitável a guerra com Filipe IV, este se encontrasse abandonado, ou quase, pelos Estados com cujo apoio poderia contar. Richelieu, empenhando as tropas francesas na Itália contra os espanhóis, não queria ao mesmo tempo abrir uma frente na Alemanha contra o imperador. Esse papel estava, de momento, reservado aos Suecos. Mas também estes, desmoralizados pela morte de Gustavo Adolfo, foram vencidos pelos imperiais, aliados aos Espanhóis, e forçados a aceitar a Paz de Praga (1635). A guerra, iniciada em 1618, parecia saldar-se por uma sucessão de vitórias dos católicos[8]. A união política dos dois ramos da Casa de Áustria mostrava-se mais forte que nunca. Mas Richelieu, decidido à guerra, desenvolveu uma extraordinária acção diplomática,

---

[8] Aliás, a morte do rei sueco, em 1632, na Batalha de Lutzen, acabou por beneficiar a França. Porque Gustavo Adolfo se tinha tornado um aliado incómodo, não respeitando os compromissos assumidos, nomeadamente quanto à neutralidade da Baviera. Embriagado, como estava, pelas suas vitórias iniciais, Gustavo Adolfo teria mesmo dito ao embaixador francês que avançaria sobre Paris, à frente de um exército de 100 000 homens. Richelieu desencadeara, através dos suecos, uma força que, em certo momento, já não podia dominar.

celebrando acordos com a Suécia, com a Liga Protestante, com a Holanda, com os duques de Sabóia, Parma e Mântua, aos quais prometeu a partilha do Milanês. Com base nestas alianças, a França passou a intervir, finalmente, em termos abertos, na Guerra dos Trinta Anos, a favor dos protestantes, a partir de 1635. A guerra prolongou-se até 1648; mas quando Richelieu morreu, em 1642, já as armas francesas tinham ocupado a Alsácia e o Artois, achando-se também afastado o perigo de uma ofensiva espanhola em direcção a Paris; e o império de Filipe IV mostrava-se ameaçado de desmembramento pela revolta da Catalunha e pela revolta de Lisboa, de 1 de Dezembro de 1640.

2. Coordenadas da diplomacia da Restauração

A situação da Europa em 1640 permite definir as coordenadas da diplomacia da Restauração. Portugal restaurado tinha de apoiar-se nos inimigos da Espanha – os Estados protestantes, entre os quais a Holanda, e a França[9]. A tarefa imposta a Portugal não era fácil; e havia de situar muitas vezes os Portugueses perante situações dramáticas, a que não foram alheias a conspiração do arcebispo de Braga, do marquês de Vila Real e do duque de Caminha, nem a condenação à morte de Francisco Lucena, secretário de Estado de D. João IV, e de muitos outros. Pela política seguida desde D. Manuel em relação a Roma e a todos os cismas e heresias, Portugal alinhara sempre em campo oposto ao dos protestantes, tendo reagido desfavoravelmente às debilidades dos reis de França em face dos huguenotes. Portugal assentara também a sua política externa, desde a fundação, no poder do Papado, que não entendia, nem reconhecia, a Restauração de

---

[9] Com outros países católicos, além da França, não podia Portugal contar. O Império porque demasiado ligado à Espanha na contenda internacional. Os pequenos Estados italianos por dependentes da Espanha, com excepção dos ducados aliados à França. Mesmo assim, procurou Portugal uma aproximação da república de Veneza, relativamente independente no contexto italiano, sempre temerosa da expansão da Casa de Áustria e desejando também que os Portugueses lhe prestassem auxílio naval na luta contra os Turcos. Mas não fomos bem sucedidos nas diligências diplomáticas junto da república de Veneza [ver Maria Emília Madeira Santos, *Relações Diplomáticas entre Portugal e Veneza (1641-1649)*, Lisboa, 1965].

Portugal, olhada como mais um factor de enfraquecimento dos católicos. Acrescia que os franceses nos combatiam no Brasil, pretendendo constituir ali uma «Antárctida francesa». E não se tratava de mera consequência da hostilidade aos reis Filipes, posto que os ataques franceses às possessões portuguesas da América se tinham iniciado muito antes da união à Espanha. Quanto aos Holandeses, que seriam nossos aliados naturais na Europa, pela sua oposição à Espanha, por toda a parte assaltavam os nossos estabelecimentos ultramarinos – no Oriente, em África, no Brasil. Com a Inglaterra, aliada de Portugal contra a Espanha em lutas anteriores, não havia que contar. Pela sua confusa situação interna e porque se achava em paz com Filipe IV, não sendo de excluir até que os Ingleses, quando cessasse a guerra civil que os dividia, aproveitassem o conflito para hostilizar a França, como já o tinham feito em 1627. Além destes elementos dramáticos para as decisões que se impunham, os sucessos anteriores dos Austríacos e dos Espanhóis, no decurso de toda a guerra iniciada em 1618, tornavam extremamente aleatória a decisão da contenda. A todo o momento parecia admissível um entendimento entre a França, cuja acção diplomática era tradicionalmente muito fugidia, e a Espanha[10]. E se esse entendimento tivesse lugar, Portugal não havia de defrontar-se, como ao tempo de Aljubarrota, com a invasão de um exército castelhano, mas com uma Espanha unida, cujo poder era acrescido pelos senhorios italianos e da Flandres, pelas riquezas das Índias Ocidentais, pela força moral de vitórias militares que seriam também vitórias religiosas sobre as heresias luteranas, como tais celebradas pela Igreja.

Em face das apreensões suscitadas, Portugal obteve um grande sucesso imediato – a adesão ao movimento restaurador das praças do Ultramar, com excepção de Ceuta. Sem essa adesão, a tentativa de estabelecimento no trono da dinastia de Bragança teria logo abortado. A referida adesão revela também as razões profundas do movimento restaurador, o seu fundamento realmente nacional.

---

[10] Pouco depois do 1.° de Dezembro foi descoberta em França a conspiração do conde de Cinq-Mars, que, por isso, foi decapitado, orientada no sentido de uma paz com a Espanha. Mas o próprio Richelieu bem poderia ser tentado a um entendimento, se os Espanhóis lhe oferecessem compensações julgadas bastantes na linha do Reno. A morte de Richelieu, em 1642, e a de Luís XIII, pouco depois, hão-de ter criado novas apreensões no campo português.

3. Debilidades do apoio francês

A Restauração portuguesa contava, sobretudo, dada a conjuntura internacional, com o apoio francês. Segundo a tese de Madrid, que os acontecimentos supervenientes e, desde logo, a adesão do Ultramar, haviam de desmentir, o 1.° de Dezembro explicar-se-ia apenas por esse apoio. Por uma manobra política de Richelieu, orientada no sentido de dividir o Império filipino.

O problema do apoio francês ao movimento restaurador é mal conhecido. Especialmente pelo que respeita ao período anterior à revolta de Lisboa. E compreende-se bem que assim seja. Porquanto a natureza secreta das diligências atribuídas aos agentes franceses junto de portugueses descontentes, e especialmente de João Pinto Ribeiro, secretário do duque de Bragança, não permite quanto a elas provas documentais suficientemente seguras. Acham-se ligados a tais diligências os nomes de dois diplomatas franceses: Saint-Pé, que fora cônsul em Lisboa, e Blondel; mas torna-se difícil arriscar sobre essas diligências juízos que não tenham uma base meramente conjectural. É compreensível que a diplomacia francesa se tivesse fixado na hipótese de uma separação de Portugal dos Filipes. Mas não poderá estabelecer-se com facilidade um nexo causal entre as diligências dos agentes de Richelieu, que parece terem sido débeis, e a revolta do 1.° de Dezembro[11]. De maior relevo para explicar esta revolta terá sido a

---

[11] Cf. Saint-Aymour, *Recueil des instructions données aux ambassadeurs et ministres de France... – Portugal*, pp. XVII e ss.; I. S. Révah, *Le Cardinal de Richelieu et la Restauration du Portugal*, 1950. Mesmo antes do Governo de Richelieu, a França sempre procurou acompanhar a situação de Portugal, o que é bem compreensível. Nomeadamente, conseguiu o Governo de Paris que, a partir de 1603, um agente diplomático seu residisse em Lisboa, com a categoria de cônsul. Para o cargo foi nomeado Mensis, do qual se conhecem ofícios enviados ao seu Governo que têm muito interesse para apreciar a situação portuguesa no começo do século XVII. Nomeadamente foi este cônsul Mensis que narrou a atitude do vice-rei de Portugal, bispo de Coimbra, ao ameaçar de prisão o general espanhol marquês de S. Germano, por pretender dar ordens aos coronéis comandantes dos regimentos portugueses (ver doc. 69, Cód. 228-10, da Biblioteca Real de Paris, citado por Visconde de Santarém, em *Quadro Elementar...*, IV, I, pp. CLXIV-CLXV). São frequentes as referências dos agentes diplomáticos franceses desta época, quer acreditados em Madrid quer em Lisboa, às reacções dos Portugueses em relação ao poder político dos Filipes. E, já em 1634, Luís XIII teria tentado persuadir o duque de Bragança a apossar-se da Coroa portuguesa (*ibidem*, p. CLXXXIX). Duarte Ribeiro de Macedo refere-se à promessa do rei

insurreição da Catalunha, que determinou uma mobilização de tropas portuguesas, cuja leva, de 7000 soldados, seria equipada e transportada à custa do reino de Portugal (ver carta régia de 24 de Novembro de 1639). Esta mobilização, originada numa guerra alheia aos interesses directos dos Portugueses, afligidos pelos ataques ao Ultramar, os quais punham em risco todas as actividades comerciais da Metrópole, foi extremamente impopular. E constitui um dos fundamentos da Restauração, conforme foram deduzidos pelas Cortes de Lisboa de 1641 e por Velasco de Gouveia[12]. A nobreza fixada no Reino[13] e o clero, sobretudo a Companhia de Jesus, foram os intérpretes do sentimento popular favorável à Restauração. Parece importante assinalar as adesões rápidas à revolta de Lisboa de todo o Reino, sem excluir as terras de fronteira, o que dá ideia clara de que os 40 conjurados do 1.º de Dezembro beneficiavam do apoio da nobreza rural e de que era débil o poder militar da Espanha nas terras de Castela e de Leão[14]. Também é interessante sublinhar a atitude favo-

---

francês ao duque de Bragança, em 1638, no sentido de não fazer a paz com a Espanha sem inclusão de Portugal (ver *Obras*, I, p. 10).

[12] Ver *Justa Acclamação do Sereníssimo Rey de Portugal D. João o IV*, onde as «guerras estranhas» são apontadas como uma das causas da ilegitimidade de exercício do poder por Filipe IV (especialmente 2.ª Parte; 2.º ponto, § único).

[13] Importará sempre ter presente, na apreciação dos sucessos desta época, que, sob os Filipes, e por motivo da grande expansão territorial e esplendor do seu Império, muitos foram os portugueses que se sentiram atraídos pela Europa, por Madrid como por Bruxelas; e aí serviram em diversíssimas funções, militares sobretudo, mas também administrativas e diplomáticas, preferindo esses postos europeus aos da Índia, do Brasil, e de Marrocos. Desses portugueses é exemplo característico D. Francisco de Melo, conde de Assumar, embaixador filipino, governador da Borgonha, vice-rei dos Países Baixos, e general habilíssimo, ainda que vencido pelos franceses na célebre batalha de Rocroy, onde foi comandante-em-chefe das tropas de Filipe IV. Este é um exemplo cimeiro e bem conhecido; mas posições semelhantes se nos deparam, nesta época, a todos os níveis da hierarquia social. Havia então muitos portugueses que preferiam *ser europeus*.

[14] Já em 1637, embora à revolta do «Manuelinho de Évora» tenham sido atribuídas origem e natureza populares, há elementos que levam a crer não ter sido a ela alheia a nobreza. Donde o agastamento manifesto do rei relativamente aos nobres portugueses. Aliás, a revolta de Évora coincidiu com alterações de ordem pública que se verificaram mais ou menos por todo o Reino, ligadas a queixumes contra a mobilização de quatro milhares de soldados para a reconquista de Pernambuco e a cobrança do imposto designado «real de água» e outros tributos que o rei tinha por justificados em razão dos encargos da defesa militar do Brasil, que «se se perdesse, o que Deus tal não permitta, totalmente ficaria destruido o Reino». Louvando os senhores que, face aos «alvoroços» de Évora, do Algarve,

rável à Restauração dos Jesuítas, não obstante a sua firmeza face à expansão do protestantismo, que, presumivelmente, poderia beneficiar da revolta portuguesa[15]. Assim, a Restauração apresenta-se-nos, fundamentalmente, como empreendimento nacional, e não como obra da diplomacia francesa, embora esta a tenha desejado e, possivelmente, auxiliado. Talvez sem grandes esperanças; porque as diligências francesas de 1634 e de 1638 junto do duque de Bragança, se as houve realmente, não terão sido bem sucedidas.

Seja como for, porém, após a revolta, impunha-se aos governantes de Portugal negociar o decidido apoio da França. Logo no dia 1.º de Dezembro terá sido enviada a França uma breve relação do que se passara em Lisboa. E, a 21 de Janeiro de 1641, D. João IV credenciou como embaixadores junto do rei de França Francisco de Melo e o Dr. António Coelho de Carvalho.

À embaixada portuguesa incumbia sustentar junto do rei de França os direitos da Dinastia brigantina e propor-lhe paz e aliança, as quais haviam de abranger a Holanda. A aliança visaria fazer por todas as vias a guerra ao rei de Espanha, por terra e por mar, propondo Portugal um ataque simultâneo dos franceses às províncias de

---

do Porto, de Santarém, de Viana e da comarca de Campo de Ourique, tinham tomado providências adequadas – e entre todos o duque de Bragança – queixava-se Filipe IV de que os movimentos não tivessem sido mais pronta e severamente reprimidos pelos Portugueses, o que o obrigava a, para o efeito, «arrimar gente de Castela» (ver Cartas Régias de 3 de Dezembro de 1637 e de 28 de Fevereiro de 1638, in *Collecção Chronologica de Legislação Portuguesa Compilada e Annotada* por José Justino de Andrade e Silva, 1634-1640, Lisboa, 1855, pp. 134 e ss.; e 146). Também o facto de os dois cabecilhas da revolta do «Manuelinho», o juiz do povo de Évora Sesinando Rodrigues e o escrivão João Barradas, que seriam condenados à morte, terem conseguido fugir oportunamente, leva a crer que era extensa e poderosa a rede de protecção aos revoltosos, ainda que discreta. Não deverá excluir-se liminarmente que o movimento do «Manuelinho» tenha sido alheio às diligências dos agentes secretos de Richelieu. Recorde-se que já então a França se achava em guerra com a Espanha e que o ministro de Luís XIII se mostrou sempre fértil em tais recursos. Não oferecerá dúvidas que os manifestos ou editais do «Manuelinho» foram escritos por eruditos, já se tendo atribuído a jesuítas.

[15] Vinha, aliás, de longe o ponto de vista da Companhia de Jesus avesso à união de Portugal com a Espanha. Já em 1578 o embaixador espanhol em Roma, Zuñiga, se queixava dos jesuítas portugueses, porque «se entremettem em cousas da sucessão» (ver Conde de Tovar, *Catalogo de Manuscritos Portugueses ou Relativos a Portugal Existentes no Museu Británico*, p. 201; Francisco Rodrigues, *A Companhia de Jesus e a Restauração*, esp. pp. 343 e ss.).

Viscaia e Guipúscua, ao reino de Navarra, que de direito pertenceria ao Rei Cristianíssimo de França, e ao Milanês; dos holandeses à Flandres; e dos portugueses aos reinos de Leão e Castela, que se achariam muito faltos de assistência. Também aos revoltosos da Catalunha prestaria a França todo o apoio. Por mar, à esquadra portuguesa, que se estaria preparando a toda a pressa e constaria de 20 galeões «de grande força», deveriam juntar-se 20 naus francesas, a fim de destruir a armada espanhola, que estava em Cádis, e fazer presa da frota vinda das Índias Ocidentais. Tal acerto de forças, segundo o ponto de vista português, levaria à destruição da monarquia castelhana e do seu rei, que havia de «se perder de todo, ou de aceitar os partidos que lhe quisessem dar». A proposta portuguesa prevenia a hipótese de paz separada, estabelecendo que daquela liga e confederação se não poderia separar nenhum dos contraentes sem consentimento dos outros.

Com esta primeira embaixada a França se inicia a luta portuguesa por uma liga formal, quer dizer, por uma aliança que não se situasse meramente no plano de facto e nos acautelasse contra as contingências de uma paz separada que condenasse Portugal a uma nova absorção no espaço político espanhol.

As propostas portuguesas foram, em princípio, bem acolhidas; e na base delas se celebrou o Tratado Luso-Francês de 1 de Junho de 1641. Mas este tratado não excluiu a hipótese de paz separada. Pelo contrário, um artigo secreto nele inserido previu que, no caso de a França e seus confederados fazerem paz com a Casa de Áustria, o Rei Cristianíssimo, por sua generosidade, faria o possível por se reservar a liberdade de assistir o rei de Portugal em suas justas pretensões, contanto que os aliados da França concordassem nisso (ver Borges de Castro, *Collecção...*, I, pp. 16 e ss.).

Não foram melhor sucedidos Frei Dinis de Lencastre, o marquês de Nisa, o Dr. Pereira de Castro, D. Álvaro Pires de Castro, o Pe. António Vieira, Sousa Coutinho e Frei Domingos do Rosário, no desempenho das suas missões em Paris. Sempre a França se opôs à liga formal, não desejando que a paz na Europa ficasse dependente da posição portuguesa. Pelo contrário, o abandono de Portugal e da Catalunha revoltada constituía um elemento com que a França contava nas tentativas de estabelecimento da paz com a Espanha, como resultava já claramente da correspondência de Mazarino de 1644 e das propostas feitas por ele aos Espanhóis em 1646, após a vitória de Dunquerque.

A diplomacia portuguesa ainda tentou suscitar um maior empenhamento da França a favor da causa portuguesa pelo casamento de D. Teodósio, filho primogénito de D. João IV, com a duquesa de Montpensier, a «grande Mademoiselle», sobrinha de Luís XIII. Mais tarde, já finda a Guerra dos Trinta Anos, pelos tratados de Münster e de Osnabruque, ou tratados de Vestefália, nos quais Portugal tentou em vão participar[16], chegou a admitir-se a retirada de D. João IV para os Açores, que, juntamente com o Brasil, constituiriam um reino independente, deixando o continente português a D. Teodósio, o qual casaria com aquela referida princesa, ficando o pai dela, duque de Orléans, como regente de Portugal. A Guerra dos Trinta Anos findara, mas as hostilidades entre a França e a Espanha continuaram ainda, pelo que Portugal mantinha a pretensão à liga formal.

Depois de tantos esforços, Mazarino, em 1652, sob a pressão das dificuldades financeiras criadas pela *Fronda*, havia de tomar a iniciativa da *liga formal*, que a diplomacia portuguesa sempre pretendera obter. Mas o preço pedido pelo ministro francês ao embaixador de Portugal, Sousa Coutinho, era muito elevado. A França pretendia que Portugal lhe pagasse uma soma de três milhões de escudos franceses, que depois reduziu para dois milhões e quatrocentos mil. Fomos protelando a questão. Um representante francês que veio a Lisboa tratar do assunto escreveu num seu relatório: «Não estão resolvidos a dar dinheiro pela liga, porque a isso se opõe o povo e mesmo porque o não há.» A soma necessária ao pagamento pedido pela França não

---

[16] A exclusão de Portugal dos tratados de Vestefália deve-se, em primeiro lugar e naturalmente, à Espanha, para a qual a admissão de Portugal nas negociações equivaleria ao reconhecimento da Dinastia brigantina; mas também à república de Veneza e à Santa Sé, cujos representantes serviram de mediadores em Münster. O núncio papal Fabio Chigi ainda recebeu os embaixadores portugueses, Andrade Leitão e Pereira de Castro, a título particular. Mas o embaixador veneziano, Luis Contarini, até isso recusou, embora procurando justificar-se, na sua correspondência, pelo facto de a França não dar suficiente apoio aos representantes portugueses, pois lhes recusara, em público, o tratamento de embaixadores. São muito estranhas as atitudes do veneziano Contarini em todo este caso [ver Maria Emília Madeira Santos, *Relações Diplomáticas entre Portugal e Veneza (1641-1649)*, Lisboa, 1965; Fraga Iribarne, *Don Diego de Saavedra y Fajardo y la Diplomacia de su Epoca*, pp.405 e ss.].

poderia ser obtida sem convocação de Cortes; e o Governo português não julgava o momento adequado para as convocar com tal objecto. Ao mesmo tempo, queixava-se a França de que as nossas acções militares se limitavam a escaramuças fronteiriças, não correspondendo a quanto nos tínhamos obrigado pelo tratado de 1641[17]; e que sendo Portugal um país tão rico, em razão das possessões ultramarinas, não prestava auxílio financeiro aos seus aliados. Também o pedido francês de auxílio naval dos portugueses para um ataque a Nápoles não foi atendido pelo Governo de Lisboa. As relações entre os dois países tornaram-se tensas; e das tensões criadas oferecem reflexos diversos incidentes, entre os quais a apreensão pela polícia francesa de uma obra escrita em Paris, pelo diplomata Dr. Duarte Ribeiro de Macedo, sobre os direitos de Portugal, por ordem do embaixador conde de Soure[18].

Em 1655, tendo D. João IV ameaçado aceitar uma proposta de aliança que lhe teria sido dirigida por Filipe IV, o embaixador francês acabou por assinar, em Lisboa, o tratado de 7 de Setembro, que, pelo seu art. 2.º, vedava a hipótese de paz separada (ver Borges de Castro, *Collecção...*, I, pp. 212 e ss.). Mas tal tratado não foi ratificado por Luís XIV; embora nele se estabelecesse a obrigação por parte de

---

[17] Numa carta dirigida em 1644 pelo Padre António Vieira ao secretário de Estado são expostas, com clareza e elegância, as razões que aconselhariam a restringir as operações de guerra a um plano defensivo. «Na offensiva - diz-se aí - pode-se perder tudo em um dia.» Também afirmava António Vieira que os Portugueses eram bem mais hábeis na defesa de fortalezas do que em manejar exércitos em campanha, importando não imitar o que acontecera em Alcácer Quibir. E se se pretendesse entrar em Castela por cumprir a palavra dada à França, «não parece que nos obriga a tanta pontualidade a pouca que se guardou o anno passado connosco», pois também os franceses nos haviam prometido entrar com grande poder em Aragão. Aliás, já então Vieira previa que os «francezes naturalmente inconstantes» e «desejosos da paz» se entendessem com a Espanha e deixassem Portugal isolado na luta (ver *Cartas do Padre António Vieira*, II, pp. 1-6). E em 1651, escrevendo ao filho D. Teodósio, que se ausentara para Elvas sem sua licença, dizia D. João IV que não nos convinha dar batalha mas apenas defender-nos (ver D. António Caetano de Sousa, *Provas da Historia Genealogica...*, IV, p. 795).

[18] Duarte Ribeiro de Macedo, um dos magistrados que a Restauração encaminhou para a diplomacia, foi secretário da embaixada enviada a França, em 1659, e, mais tarde, ministro em Paris, em Madrid e em Turim. Foi Duarte Ribeiro de Macedo sábio pensador, político e economista, fiel aos princípios mercantilistas, que se ocupou, designadamente, da «causa da sahida do dinheiro do Reino». (Ver Ana Leal de Faria, *Duarte Ribeiro de Macedo – Um Diplomata Moderno (1618-1680)*, Lisboa, 2005).

Portugal de pagar à França uma soma de dois milhões de escudos franceses. Ainda tentámos negociar o casamento da infanta D. Catarina com Luís XIV, oferecendo um grande dote em dinheiro e a praça de Tânger, quando ao tempo a diplomacia francesa já estava ajustando o consórcio do rei com a infanta D. Maria Teresa de Espanha, como uma das condições de paz entre os dois países. A guerra franco--espanhola, que se prolongava desde 1635, findou em 1659, com o Tratado dos Pirenéus. Por ele a França adquiriu parte da Alsácia em detrimento da Espanha, mas renunciou ao reino de Navarra; e abandonou Portugal e os Catalães à sua sorte[19]. No art. 10.º daquele tratado refere-se mesmo o regresso de Portugal à obediência ao rei de Castela. E, como em justificação de má consciência, consta do mesmo tratado que o Rei Cristianíssimo de França quisera antepor o descanso geral de toda a Cristandade ao interesse particular do reino de Portugal; pelo que se obrigava a não prestar a este qualquer assistência ou socorro (ver Júdice Bicker, *Supplemento á Collecção...*, IX, pp. 156 e ss.). É certo que algumas vezes a França deixou de respeitar esta cláusula do Tratado dos Pirenéus; assim se explicando, nomeadamente, que logo em 1660 o general Schomberg e muitos oficiais franceses, cujo número terá chegado a 600, desocupados pela paz com a Espanha, tenham vindo para Portugal, participando nas campanhas da Restauração. Por diligências do embaixador português em Paris, conde de Soure. Mas foram esses apoios mais ou menos discretos e, aliás, remunerados principescamente pelo Erário português.

---

[19] O declínio da Espanha como grande potência talvez comece aqui. Mas trata-se ainda de um declínio incipiente, pelo que a França, para obter vantagens, também teve de fazer cedências. Significativo quanto ao prestígio internacional da Espanha nesta época parece ser um facto apontado pelo historiador francês Capefigue. Referindo-se à entrevista do embaixador marechal Gramont junto de Filipe IV no sentido de ajustar o casamento de Luís XIV com a infanta Maria Teresa e à facilidade com que o embaixador se exprimia em língua castelhana, acrescenta Capefigue que «c'était alors une des conditions de l'éducation de la noblesse de France» (ver *Richelieu, Mazarin et la Fronde,* II, p. 428). Tal facto dá ideia da força da Espanha no enquadramento internacional; e dá ainda maior relevo às dificuldades que se depararam à diplomacia portuguesa da Restauração. Também Ribeiro de Macedo refere que o cardeal Mazarino se exprimia em língua castelhana, «com acerto», nas suas conversações com o embaixador português conde de Soure (ver *Obras*, I, p. 11).

Em defesa da política francesa cumpre referir que nunca a França se comprometera a não celebrar uma paz separada com a Espanha, senão na base da soma pedida por Mazarino. A importância prometida através do tratado de 1655 não foi julgada suficiente, posto que o rei de França não ratificou aquele tratado. Ao fim de 19 anos de luta, foi Portugal abandonado pela potência com cujo auxílio sempre contara; e, dado que a França, pelo Tratado dos Pirenéus, deixara de reconhecer a Dinastia de Bragança, Portugal esteve desde então, e até 1668, de relações diplomáticas formalmente interrompidas com aquele país; mas esta interrupção formal não obstou a algumas negociações secretas entre os dois Estados. Para agravar a situação, o início das negociações que conduziram ao Tratado dos Pirenéus[20] coincidiu mais ou menos com a morte de D. João IV (1656), cuja acção diplomática fora mal sucedida, tanto relativamente à *liga formal* como ao propósito de libertação de seu irmão D. Duarte, prisioneiro dos Espanhóis, pela qual se bateram os diplomatas portugueses da época[21].

---

[20] É também conhecido por Tratado da Ilha dos Faisões, situada na foz do rio Bidassoa, onde foi realmente assinado, em 1659; mas as negociações secretas para a conclusão da paz franco-espanhola tinham sido há muito iniciadas, em Lião, entre Mazarino e um enviado de Madrid, Pimentel, que se supõe fosse de origem portuguesa. A morte do imperador da Alemanha, Fernando III, e as circunstâncias da eleição do sucessor, Leopoldo, tinham forçado a Espanha a negociar.

[21] Ver Duarte Ribeiro de Macedo, *Obras*, I ,pp.1 e ss. e 101 e ss.; Conde de Ericeira, *História de Portugal Restaurado*, I, pp.175 e ss; Visconde de Santarém, *Quadro Elementar...*, IV, parte I e II; Carlos Roma du Bocage, *Relações Exteriores de Portugal...*, I, 1916; Edgar Prestage, *As Relações Diplomáticas de Portugal...*, 1928; Moses Amzalak, *As Relações Diplomáticas...*, 1934; Eduardo Brazão, *A Restauração*, 1938; *A Diplomacia Portuguesa nos Séculos XVII e XVIII*, I, 1979; Ana Leal de Faria, *Arquitectos da Paz – A Diplomacia Portuguesa de 1640 a 1815*, esp. pp. 111-130; Cánovas del Castillo, *Estudios del Reinado de Felipe IV*. Achando-se D. Duarte, irmão do duque de Bragança, por ocasião do 1.º de Dezembro, nos Estados alemães e ao serviço do imperador, Filipe III encarregou o seu embaixador em Viena, Francisco de Melo, aliás português, de reclamar a entrega daquele príncipe, ao que o imperador acedeu. E, assim, D. Duarte acabou por falecer no castelo de Milão prisioneiro dos Espanhóis, apesar de todas as diligências de Lisboa no sentido da sua libertação (ver José Silvestre Ribeiro, *Esboço Histórico de D. Duarte...*, Lisboa, 1876; Ramos Coelho, *Infante D. Duarte*, esp. I, pp. 375 e ss.).

4. Diplomacia da Restauração e Holanda

Não eram muitos os trunfos de que Portugal dispunha nas suas negociações com as Províncias Unidas. Para além da hostilidade comum à Espanha, tudo o mais dividia os Portugueses dos Holandeses. Desde a religião aos confrontos de interesses no Ultramar. Havia muito que os Holandeses nos hostilizavam no Brasil, tendo em 1624 chegado a tomar, por algum tempo, a Baía, que era então a capital brasileira, cidade recheada de tesouros e já bem conhecida também pelas riquezas artísticas nela acumuladas. Embora a Baía tenha sido rapidamente reconquistada[22], os Holandeses estabeleceram-se durante anos na costa do Nordeste brasileiro[23], que ocupavam à data da Restauração portuguesa; tendo até ainda aproveitado as circunstâncias desta para alargarem os seus domínios, não apenas ao Maranhão e a Sergipe mas, também, em África, a São Paulo de Luanda e a São Tomé, a fim de assegurarem o recrutamento de mão-de-obra escrava destinada aos engenhos brasileiros. No Oriente, as devastações dos Holandeses tinham arruinado o comércio português do Índico, à sombra da tese grociana do *mare liberum*. Ainda pouco depois da Restauração a praça portuguesa de Malaca caíra nas mãos dos Holandeses. E era nesta base que à diplomacia portuguesa se impunha negociar. Oferecendo, além de apoio militar contra a Espanha, vantagens comerciais, e reclamando a restituição dos territórios usurpados, com o fundamento, um tanto ingénuo, de que a usurpação se devera

---

[22] Excepcionalmente, a tomada da Baía pelos holandeses foi causa de uma forte reacção da parte de Madrid, que rapidamente enviou para ali a maior expedição militar encaminhada para a América, baseada num corpo expedicionário de 12 000 homens, portugueses, espanhóis e napolitanos, que expulsaram os invasores. Portugal contribuiu para a expedição com 4000 soldados e 26 navios de guerra, sob o comando de Manuel de Meneses. As tropas espanholas foram comandadas por D. Fradique de Rojas. Após um duro cerco, os holandeses renderam-se; mas a reconquista da Baía custou pesadas perdas. Dos navios da esquadra portuguesa apenas um regressou a Lisboa (ver Alphonse de Beauchamp, *Histoire du Brésil*, II, pp. 172 e ss.; Barão de Porto Seguro, *História das Lutas com os Holandeses no Brasil*, pp. 3 e ss.).

[23] No Brasil vinham os holandeses praticando as maiores atrocidades, torturando os habitantes, para lhes saberem dos esconderijos dos haveres, e assassinando-os, sem poupar mulheres nem crianças. Disso mesmo deu testemunho o próprio Maurício de Nassau (ver Rocha Pombo, *História do Brazil*, IV, pp. 439-440).

a uma causa removida – o domínio filipino, inimigo comum das Províncias Unidas e de Portugal.

D. João IV começou por conceder aos Holandeses liberdade de comércio, logo em Janeiro de 1641, antes de se terem iniciado quaisquer negociações. E acreditou como seu embaixador junto dos Estados Gerais Tristão de Mendonça Furtado. Os Holandeses também tiveram uma reacção rápida e benevolente, ao menos no campo jurídico; pois, logo em 27 de Fevereiro de 1641, os Estados Gerais ordenaram aos seus súbditos que não hostilizassem os Portugueses. Mas Maurício de Nassau, governador holandês no Brasil, não só ali se conservou como, aproveitando as naturais dificuldades do momento, ocupou com as suas tropas, além do Maranhão, posições portuguesas na África Ocidental. E isso já depois de celebrado, em 12 de Junho de 1641, um tratado de tréguas entre Portugal e a Holanda (ver Borges de Castro, *Collecção*..., I, pp. 25 e ss.). Também no Oriente as determinações dos Estados Gerais não tiveram qualquer efeito. Aliás, em relação ao Oriente Portugal conformou-se com as situações criadas. E assim ficou definida a política dualista da Holanda em relação a Portugal, após a Restauração. Na Europa, éramos seus aliados e fornecedores do sal que os Holandeses vinham buscar a Setúbal e tinha grande interesse para as indústrias holandesas. Uma esquadra holandesa chegou a vir a Lisboa com o propósito, depois abandonado, de atacar o porto de Cádis; e uma força holandesa de cavalaria participou na Batalha de Montijo[24]. No Ultramar, porém, a guerra entre Portugal e as Províncias Unidas prolongou-se por mais vinte anos; porque os Estados Gerais frontalmente se opuseram às restituições, no Brasil e em África, pedidas por Mendonça Furtado. A este embaixador, cuja acção tem sido muito discutida, sucedeu Francisco de Andrade Leitão, tido por violentamente intransigente, e, depois, Francisco de Sousa Coutinho, que ganhou fama de diplomata hábil. Sousa Coutinho, cujo talento não se pretende pôr em dúvida, beneficiou de uma completa modificação de condicionalismos. O talento dos negociadores, na diplomacia como em qualquer plano, não permite suprir a indispensável matéria de negociação.

---

[24] Segundo o historiador da Restauração conde da Ericeira, o socorro holandês «foi mais aplaudido visto que experimentado, porque os insultos dos hereges fizeram intolerável a sua assistência neste Reino» (*História de Portugal Restaurado*, I, pp. 329, 364 e 367).

E esta ganhou volume para Portugal com as vitórias militares obtidas sobre os Holandeses, tanto no Brasil como em Angola. Acresce que o embaixador foi autorizado pelo seu Governo a oferecer à Companhia das Índias Ocidentais, ao príncipe de Orange, à princesa de Orange, Amália de Solms, e a Maurício de Nassau, somas elevadíssimas, a troco do abandono do Brasil, tendo distribuído também compensações generosas a funcionários holandeses dos quais podia depender o atraso no envio de socorros para a América e para África. Assim, a Sousa Coutinho, que foi auxiliado em várias das suas missões na Holanda pelo Padre António Vieira, se ficou a dever uma importante contribuição para o êxito das acções empreendidas no Ultramar contra os holandeses[25].

A reacção militar portuguesa no Brasil parece ter tido uma origem local, dando lugar ao aparecimento de chefes militares nativos, ou colonos enraizados no Brasil, como João Fernandes Vieira[26], Henrique Dias[27] e António Filipe Camarão, representantes de uma reacção popular contra os intrusos luteranos. E convinha mesmo ao Governo de Lisboa, dado o tratado de tréguas celebrado com a Holanda, que os acontecimentos do Brasil fossem apresentados como resultantes de movimentos insurreccionais de carácter popular, incontrolados. Mas aquela reacção local foi aproveitada oportunamente pelo Governo de Lisboa, logo após os primeiros sucessos (Tabocas, Guararapes) e as desilusões de uma acção diplomática que não assentava em situações de força e mais débil se tornara a partir de 1648, ano em que as Províncias Unidas celebraram um tratado de

---

[25] Ver Carlos Roma du Bocage, *Relações Exteriores de Portugal...*, pp. 97 e ss.; Edgar Prestage, *As Relações Diplomáticas...*, pp. 211 e ss.; Eduardo Brazão, *A Diplomacia Portuguesa nos Séculos XVII e XVIII*, I, pp. 91 e ss.; Araújo Jorge, *A Restauração e a História Diplomática do Brasil Holandês (1640-1661)*, pp. 11 e ss.

[26] João Fernandes Vieira, rapaz pobre da Madeira que aos 11 anos foi procurar fortuna na América, aos 17 anos já se distinguiu, como oficial de Matias de Albuquerque, nos combates contra os holandeses, foi comandante das milícias que venceram os invasores e mestre-de-campo capitão-general; constitui um exemplo característico destes chefes locais (ver Alphonse de Beauchamp, *Histoire du Brésil*, II, pp. 235 e ss.; III, pp. 140 e ss.; Barão de Porto Seguro, *História das Lutas com os Hollandezes* no Brasil, Lisboa, 1872).

[27] Homem de raça negra de Pernambuco, Henrique Dias, pela sua actuação na luta contra os holandeses, recebeu o foro de fidalgo, uma comenda da Ordem de Cristo e a patente militar de mestre-de-campo.

paz com a Espanha. Com a reconquista de Angola por Correia de Sá perderam os holandeses o acesso ao trabalho escravo que utilizavam no Brasil. Foi um rude golpe no império batávio sobre o Nordeste sul-americano, que findaria, cinco anos mais tarde, com a expedição comandada por Pedro Jacques de Magalhães e a rendição de Pernambuco, última praça mantida pelos holandeses no Brasil (1654). A partir de então, Portugal achava-se em condições de negociar.

Como é natural, depois da definição de uma resistência portuguesa contra os holandeses no Ultramar, as Províncias Unidas, que contavam inicialmente com uma completa conformação de Portugal em face dos factos consumados de ocupação dos seus territórios, reagiram mal. Coube ainda a Sousa Coutinho, e depois ao Dr. António Sousa de Macedo, como representantes na Haia, suportar essa reacção, que chegou a envolver o risco de uma aliança da Holanda com a Espanha contra Portugal[28], para não referir já os vexames e incómodos de toda a ordem sofridos pelos diplomatas portugueses acreditados junto dos Estados Gerais. Em 1657, os comissários holandeses, que vieram a Lisboa com o propósito declarado de felicitar D. Afonso VI pela subida ao trono, despediram-se com uma declaração formal de guerra apresentada ao secretário de Estado português. E ao tempo achava-se no Tejo uma esquadra holandesa. Mas, ou porque também uma esquadra inglesa vinda do Mediterrâneo se dirigiu então para Lisboa, ou porque as várias Províncias ditas Unidas manifestassem divergências quanto à hipótese de uma guerra com Portugal, apesar das pressões espanholas nesse sentido, as hostilidades não chegaram a ser iniciadas. E, entretanto, as negociações entre Portugal e a Holanda foram retomadas. Já expulsos os holandeses das possessões portuguesas, na África e na América, tratou a diplomacia de Lisboa de renovar as ofertas pecuniárias no sentido de evitar repetidas incursões. Mas a situação tinha-se modificado muito, pelas vitórias alcançadas. E, assim, em vez da oferta de Sousa Coutinho de oito milhões de cruzados, o novo embaixador, Teles de Faro, limitou-se a oferecer três milhões e meio. As negociações foram interrompidas pela traição

---

[28] Os holandeses chegaram a pedir à Espanha autorização para aí carregarem cem navios de sal em cada ano, no caso de declararem guerra a Portugal; porquanto então, naturalmente, lhes ficaria vedado o acesso ao sal de Setúbal (ver Conde de Tovar, *Catalogo dos Manuscritos Portugueses ou Relativos a Portugal Existentes no Museu Britânico*, p. 291).

e fuga deste embaixador que, receando fossem descobertos os seus entendimentos com o embaixador espanhol na Haia, se acolheu a Madrid, levando os arquivos da nossa representação diplomática. Recompensado por Filipe IV com um título de nobreza, Teles de Faro foi, em Lisboa, julgado à revelia e condenado à morte. Coincidiu a fuga de Teles de Faro com o Tratado dos Pirenéus que, naturalmente, reconciliando a França com a Espanha, tornou mais vulnerável a causa portuguesa.

Mesmo assim, o sucessor na Embaixada da Haia, conde de Miranda, aproveitando as dissensões entre as Províncias, acabou por conseguir que os Estados Gerais fizessem a paz com Portugal, renunciando ao Brasil e aos territórios portugueses de África, na base de uma indemnização de quatro milhões de cruzados, a pagar em 16 anos. Nos termos do respectivo tratado, de 6 de Agosto de 1661, os Holandeses conservaram as conquistas do Oriente e obtiveram vantagens comerciais de ordem vária (ver Borges de Castro, *Collecção...*, I, pp. 260 e ss.). Não importa discutir se este tratado foi vantajoso ou não. A sua mesma iniquidade reflecte o preço que Portugal teve de pagar, num momento particularmente difícil, para conservar os territórios ultramarinos da América e da Ásia, sem agravar mais ainda a sua posição de vulnerabilidade na Europa. E nem teria sido possível obtê-lo, se, após a reconciliação entre a Espanha e a França, dois anos antes, a restauração dos Stuarts na Inglaterra não tivesse aberto novas perspectivas à política externa portuguesa. Também a boa--vontade colectiva das Províncias Unidas relativamente ao estabelecimento da paz teve de passar pela conquista das boas-vontades individuais, de notáveis holandeses, aos quais foram concedidas grandes indemnizações pela renúncia aos interesses que pudessem ter no Brasil (ver Borges de Castro, *Collecção...*, II, pp. 32 e ss.). Depois do tratado celebrado, ainda os holandeses conquistaram a Portugal as praças de Cochim e Cananor e a ilha de Ano Bom. Os diferendos acabaram por solucionar-se pelo tratado de 1669, que concedeu valiosas facilidades comerciais aos holandeses, nomeadamente quanto à exploração do sal de Setúbal (ver Borges de Castro, *Collecção...*, I, pp. 444 e ss.).

5. Diplomacia da Restauração e Estados escandinavos

A hostilidade dos Estados escandinavos à Espanha, a eles contraposta na Guerra dos Trinta Anos, levou Portugal a enviar embaixadas à Dinamarca e à Suécia logo após a Restauração. Foi dessas embaixadas encarregado Francisco de Sousa Coutinho, que mais tarde se distinguiria na Haia.

Não se mostrou particularmente bem sucedida a nossa missão em Copenhaga. A Dinamarca estava cansada da guerra e assentara com o papa Urbano VIII um acordo preliminar no sentido de se estabelecerem negociações de paz. Por isso, o rei Cristiano IV não recebeu oficialmente o embaixador português, a fim de evitar um reconhecimento da Dinastia brigantina que poderia causar embaraços à sua pretensão de medianeiro no conflito europeu.

Junto da rainha Cristina da Suécia e do seu chanceler Oxenstiern obteve Sousa Coutinho a compra de algum material de guerra, que trouxe para Portugal, e a celebração de um tratado (29 de Julho de 1641) cujo conteúdo é, sobretudo, de ordem comercial, sem prejuízo de algumas afirmações situadas no plano da política geral, mas demasiado vagas e imprecisas para que pudessem ter projecção (ver Borges de Castro, *Collecção...*, I, pp. 51 e ss.). As relações com a Suécia mantiveram-se em termos satisfatórios. Mas, não obstante, nenhuma das diligências portuguesas sobre temas fundamentais tiveram seguimento favorável. Nem a respeitante à admissão de Portugal nas negociações de Vestefália; nem a que teve por objecto a libertação do infante D. Duarte, irmão de D. João IV[29]; nem o pedido de mediação relativamente aos conflitos com as Províncias Unidas. E em 1654, sendo o representante português em Estocolmo o desem-

---

[29] Conforme já referido, por ocasião do 1.º de Dezembro, D. Duarte, irmão do duque de Bragança, era general de artilharia ao serviço do imperador. Por instruções de Madrid, o ministro plenipotenciário de Filipe IV em Viena, aliás português, D. Francisco de Melo, diligenciou no sentido de que D. Duarte fosse preso, a fim de evitar qualquer possibilidade de dar apoio ao irmão, elevado ao trono de Portugal. O imperador acabou por deixar-se convencer e mandou prender D. Duarte. Mais tarde, por pressão do novo ministro do rei católico em Viena, também português, o marquês de Castelo Rodrigo, D. Duarte foi entregue à Espanha. Viria a morrer, preso, no castelo de Milão (ver Silvestre Ribeiro, *Esboço Histórico de D. Duarte de Bragança, Irmão de El-Rei D. João IV* Lisboa, 1876; Ramos Coelho, *Infante D. Duarte*, esp. I, pp. 375 e ss.).

bargador António da Silva e Sousa, ao que parece por influência do embaixador espanhol, a rainha Cristina da Suécia deixou de reconhecer D. João IV, designando-o por «pretenso rei de Portugal» e «usurpador do reino»[30]. As relações restabeleceram-se de novo no reinado de Carlos X, que sucedeu a Cristina; mas com interesse restrito para Portugal.

6. Santa Sé face à Restauração

É sabido que a Santa Sé perdera, através das guerras de religião e do afastamento de tantos Estados em relação à Igreja, a sua posição cimeira no plano internacional. Mas, mesmo assim, mantinha aí um lugar de relevo. E tanto tal circunstância como a obediência religiosa impunham aos governantes da Restauração que se aproximassem de Roma e aí tratassem de obter o reconhecimento da Dinastia brigantina e, se possível, apoio às suas pretensões. Mas deparou-se em Roma à diplomacia portuguesa um longo e doloroso calvário.

É certo que o papa Urbano VIII, embora italiano, da família Barberini, devia à influência francesa a sua elevação ao sólio pontifício; e essa circunstância poderia ser benéfica para Portugal, dado o interesse da França relativamente à causa portuguesa[31]. Mas, em face da separação religiosa dos Estados alemães fiéis ao luteranismo e da Inglaterra, a par da insegurança da política da França, àqueles Estados aliada na Guerra dos Trinta Anos, era natural que a Santa Sé fundasse no Império e na Espanha, cujos domínios, aliás, se estendiam pela Itália, as últimas esperanças de restabelecimento da unidade

---

[30] Ver *Um Diplomata Português da Restauração, António da Silva e* Sousa, esp. pp. 28 e ss.; Durval Pires de Lima, As *Relações de Portugal com a Suécia durante a Restauração*, pp. 319 e ss. A atitude da rainha Cristina terá resultado, presumivelmente, da sua conversão ao Catolicismo, que a levou a abdicar e a retirar-se para Roma, ligando aos Filipes a defesa da Igreja. A indiscutível influência do embaixador espanhol, António Pimentel, terá sido, contrariamente ao que se pretendeu, nalguns meios, alheia a qualquer desregramento da rainha (cf. Jehanne d'Orliac, *Christine de Suède*, esp. pp. 59 e ss.). Sobre as excepcionais qualidades da raínha Cristina, ver relatório do embaixador francês Pierre Chanut (Pierre-Jean Rémy, *Trésors et Secrets du Quai d'Orsay*, pp. 148-150).

[31] Urbano VIII mostrou-se bastante favorável à política de Richelieu, confiado em que a ortodoxia deste não levaria a recear nem a oposição à também católica Casa de Áustria, nem mesmo a aliança com os Estados protestantes.

europeia, ou, ao menos, de salvaguarda da comunidade católica. E era forte a reacção antifrancesa na Cúria Romana[32].

Por isso, desde o primeiro momento se receava em Lisboa a atitude da Santa Sé. E assim se explica que, tendo-se D. João IV apressado em enviar embaixadas aos revoltosos da Catalunha (7 de Janeiro de 1641), a França (21 de Janeiro de 1641), à Inglaterra (8 de Fevereiro de 1641), à Holanda (9 de Fevereiro de 1641) e aos países escandinavos (18 de Março de 1641), só em Abril desse mesmo ano de 1641 tivesse partido de Lisboa, com destino a Roma, com credenciais de embaixador, o bispo de Lamego, D. Miguel de Portugal, secretariado pelo Dr. Pantaleão Rodrigues Pacheco e pelo desembargador Rodrigo Rodrigues de Lemos[33].

---

[32] Esta reacção provinha, em parte, das próprias reacções contra Urbano VIII, em consequência das escandalosas protecção aos membros da sua família e outras infelicidades deste papa. Entre elas, a condenação de Galileu. Este sábio astrónomo, de Pisa, defendeu, em 1613, a teoria já sustentada por Copérnico, em 1543, em obra dedicada ao papa Paulo III e que não suscitara, até aí, oposição, quanto ao movimento da Terra. Mas relativamente a Galileu, pelo contrário, surgiram opositores, contra os quais o sábio retorquiu em termos particularmente violentos. Em consequência, o Tribunal do Santo Ofício foi chamado a pronunciar-se, tendo condenado a teoria, após longo estudo (1616). Galileu conformou-se com a sentença, continuando, pacífica e tranquilamente, as suas tarefas de investigador. A questão parecia encerrada. Mas, em 1632, tendo sido eleito papa o seu fiel amigo Maffeo Barberini, Galileu julgou ter chegado o momento de, contrariamente ao compromisso anos antes assumido, triunfar dos seus inimigos. Publicou contra eles um célebre panfleto, logo em 1633. Isso valeu ao sábio pisano nova condenação do Santo Oficio; mas, dessa vez, a uma pena de prisão, por período que o próprio Papa havia de determinar. Essa pena foi cumprida primeiramente em Roma, na embaixada da Toscana, e depois no próprio palacete de Galileu, nos arredores de Florença. Mas ficou-lhe vedado receber em sua casa a visita de «pessoas suspeitas», assim como referir-se ao movimento da Terra. Apesar de relativamente benigna, esta pena aplicada a Galileu foi geralmente apreciada em termos desfavoráveis para Urbano VIII. Com a morte deste e a elevação ao pontificado de Inocêncio X (1644), o partido antifrancês triunfaria em Roma; e tornar-se-ia mais forte em razão dos termos dos tratados de Vestefália (1648), que consagraram a igualdade dos cultos cristãos e a supremacia do poder civil. Admissivelmente em consequência da participação da França na Guerra dos Trinta Anos, ao lado dos Estados protestantes.

[33] As primeiras embaixadas da Restauração foram geralmente confiadas ou a militares que tinham participado na conjura que deu lugar ao 1.º de Dezembro (D. Antão de Almada, Tristão de Mendonça Furtado) ou a eclesiásticos. Mas estes embaixadores foram também coadjuvados por magistrados, que estão na base da escola diplomática portuguesa do século XVII e que, nalguns casos, acabaram por chefiar as missões portuguesas no estrangeiro. Entre esses magistrados contam-se o Dr. António Sousa de Macedo, Velasco de Gouveia, o Dr. Coelho de Carvalho, o Dr. Luís Pereira de Castro, Francisco de Andrade Leitão,

O bispo de Lamego começou por diligenciar junto do rei de França e de Richelieu, com quem esteve, a sua intervenção em Roma, no sentido de o Papa admitir a embaixada portuguesa, o que, naturalmente, implicava o reconhecimento da realeza de D. João IV. Com a demora em França, só em Novembro a embaixada portuguesa chegaria a Roma, onde a influência castelhana era dominante, não podendo aí D. Miguel de Portugal obter senão o ambiente de cortesia que correspondia à sua dignidade eclesiástica e civil, mas de modo algum qualquer acolhimento às pretensões portuguesas.

O rei espanhol pretendera mesmo obter em Roma uma condenação formal da revolta de Lisboa e dos seus participantes, incluindo o duque de Bragança. Mas a isso não anuíra a Santa Sé, declarando ignorar como poderia condenar alguém sem prévio processo judicial, sem ouvir as suas razões, não sabendo como em tal caso poderia justificar o seu procedimento perante Deus, perante o Mundo, e até perante o próprio povo português, por forma a que este não perdesse o respeito à Sede Apostólica e não caísse em maiores precipícios. Concluía a Santa Sé no sentido de que não podia, nem devia, recusar nem impedir a ida a Roma do bispo de Lamego, mas apenas diligenciar que a sua entrada se fizesse privadamente, sem pompa. O bispo, porém, deveria ser recebido como embaixador, conforme se praticara antes, sob outros pontificados, em condições semelhantes, relativamente aos embaixadores de príncipes que tinham posse dos seus Estados, ainda que não tivessem os respectivos títulos. A posse, só por si, justificaria a manifestação de obediência à Sede Apostólica, através de uma embaixada; ora o duque de Bragança detinha essa posse, além de beneficiar também da aclamação ou eleição popular e dos pareceres favoráveis de alguns jurisconsultos e universidades. A obediência, exigível de todos os príncipes cristãos, seria necessária à execução das bulas pontifícias em Portugal; e não poderia a Sede Apostólica recusar essa obediência, sem que com isso se fizesse injustiça fosse a quem fosse nem tratasse de apreciar as razões temporais que estavam em causa[34].

António da Silva e Sousa e o Dr. Duarte Ribeiro de Macedo. (Ver Ana Leal de Faria, *Arquitectos da Paz – A Diplomacia Portuguesa de 1640 a 1815*, pp. 69 e s.) Sobre a embaixada do bispo de Lamego, em Roma, ver Eduardo Brazão, *A Missão a Roma do Bispo de Lamego,* Coimbra 1947; *Portugal e a Santa Sé*, pp. 63 e ss.

[34] Estas razões constam de um extenso despacho dirigido pela Secretaria de Estado da Santa Sé ao núncio em Madrid, do qual há uma cópia, sem data, na Biblioteca da Ajuda (ver *Corpo Diplomático Portuguez...*, XII, pp. 299-314).

A argumentação precedente define a atitude inicial de Roma em face da embaixada portuguesa, recebida em termos de tolerância e em razão da obediência espiritual que representava; mas sem que a sua aceitação implicasse o reconhecimento da Dinastia brigantina ou, por maioria de razão, qualquer apoio político da Santa Sé aos governantes de Lisboa. Apesar da determinação no sentido de receber o bispo de Lamego nessa base, determinação relativamente favorável aos interesses portugueses, o papa Urbano não lhe concedeu audiência. Porque, entretanto, a política francesa em relação à Itália fracassara; e isso reflectiu-se numa maior influência da Espanha e numa posição mais desconfortável ainda para a embaixada de Portugal. Pantaleão Rodrigues Pacheco foi, durante longo período, o interlocutor da embaixada junto da Cúria, especialmente através do cardeal Barberini, sobrinho do Papa. E vários incidentes surgiram, que os cardeais romanos utilizaram em termos retardatários. Entre eles a prisão e o confisco dos bens do arcebispo de Braga, acusado de ter conspirado contra D. João IV, e que os cardeais pretendiam fosse enviado, sob custódia, à presença do Papa, ao que, naturalmente, Portugal não podia aceder.

Com a chegada a Roma do novo embaixador de Espanha, homem de armas que deixara o seu comando de tropas na Catalunha para o desempenho de tal missão diplomática, a situação de facto agravou-se ainda para a missão portuguesa; a ponto de o bispo de Lamego e a sua escolta terem sustentado, nas ruas de Roma, um combate armado com os homens do embaixador de Espanha, de que terão resultado 20 mortos e dezenas de feridos (20 de Agosto de 1642). A partir de então, a casa do bispo de Lamego, na Praça Navona, passou a ficar guardada por fortes contingentes de tropas pontifícias[35]. Em fins de 1642 retirou-se de Roma D. Miguel de Portugal, não tendo conseguido ser recebido pelo Papa, nem como embaixador nem sequer como prelado, a não ser em condições que o bispo de Lamego julgou inaceitáveis[36]. O Governo francês solida-

---

[35] Ver *Corpo Diplomático Portuguez...*, XII, pp. 296 e ss.; 315 e ss.

[36] Foi comunicado a D. Miguel de Portugal que o Papa o receberia como bispo de Lamego, com a condição de declarar previamente, por escrito, as palavras que quisesse dizer, devendo a audiência realizar-se de noite, com entrada de D. Miguel por uma escada e saída por outra diferente. Respondeu o bispo que tais condições não convinham à sua autoridade (ver *Corpo Diplomático Portuguez...*, XII, pp. 344-345).

Fig. 11 – *D. Catarina de Bragança, Rainha de Inglaterra*

Fig. 12 – *Casa Grande e Senzala*

rizou-se com o de Lisboa em tais circunstâncias, tendo o embaixador de França retirado também de Roma. Em 1643, pretendeu a Cúria enviar para Lisboa um «vice-colector», mas D. João IV opôs-se a receber qualquer representante da Santa Sé que não fosse acreditado como *núncio,* categoria que implicava o reconhecimento da sua realeza[37].

A atitude da Santa Sé criou uma situação grave para a Igreja em Portugal, porque o Papa não confirmava os bispos apresentados por D. João IV, havendo já, por isso, em 1645, 17 dioceses vagas. O Dr. Nicolau Monteiro deslocou-se a Roma a tratar do assunto, com duplo mandato de D. João IV e dos eclesiásticos portugueses, sendo, porém, mal sucedido na sua missão. Sucedeu-lhe o Dr. Manuel Álvares Carrilho, que não foi mais afortunado. Em 1655, recebeu Francisco de Sousa Coutinho, até então embaixador em Paris, a incumbência de representar Portugal em Roma. Já falecera o papa Urbano. Mas com Inocêncio X e, depois, com Alexandre VII, não parece que tenha melhorado a posição portuguesa junto da Santa Sé. Talvez pelo contrário; porque com estes pontífices as tendências francófilas foram mais contrariadas ainda. E, entretanto, o Governo de Lisboa, ou por escrúpulos religiosos ou por receio de reacções internas, teve de ceder relativamente ao ponto que lhe oferecia melhor matéria de negociação – o da confirmação dos bispos[38].

O conflito só terminaria sob o pontificado de Clemente IX; e já depois do tratado de paz com a Espanha. Então se restabeleceram relações normais entre Portugal e a Santa Sé.

Frequentes vezes a incompreensão da Igreja em face do estabelecimento da Dinastia brigantina tem suscitado manifestações de amargura, quando não de hostilidade, em relação ao Papado. E tais manifestações são amplamente compreensíveis. Importa, no entanto, ter presente que nesta época, como noutras, os serviços prestados por Portugal à Cristandade e a sua obediência a Roma não constituíam, por si sós, elementos bastantes nos quais a política portuguesa em relação à Santa Sé pudesse apoiar-se com segurança, quando essa política não se ajustava aos objectivos imediatos da Igreja no concerto

---

[37] Ver *Corpo Diplomático Portuguez...*, XII, p. 362.
[38] Cf. Manoel Rodrigues Leytão, *Tratado Analytico e Apologetico sobre os Provimentos dos Bispados da Coroa de Portugal*, Lisboa, 1715.

internacional. Nas relações externas, como noutros planos, aliás, os factos passados só oferecem relevo suficiente quando neles se pode razoavelmente assentar uma acção futura de interesse comum. E a projecção internacional imediata de propósitos de equilíbrio geral, subordinados a preocupações que se situam *sub specie aeternitatis*, torna muitas vezes mais complexo ainda o acerto entre as posições da Santa Sé e as diversas políticas nacionais; até mesmo, ou sobretudo, quando se trata de Estados especialmente ligados à autoridade pontifícia por vínculos religiosos.

7. De novo a aliança inglesa

Era natural que as circunstâncias da Restauração levassem Portugal a recordar o peso das relações com a Inglaterra no período final da 1.ª Dinastia e ainda no início da 2.ª. Mas também nesse plano eram múltiplas as dificuldades que se deparavam à política portuguesa. Entre essas dificuldades contavam-se as cruéis perseguições anglicanas aos católicos, que tinham afastado Portugal da Inglaterra, ainda antes de 1580, não obstando, no entanto, aos tratados luso-britânicos de 1572 e de 1576; as hostilidades abertas mantidas entre os dois países desde 1585, em cuja continuidade se situam, nomeadamente, a participação portuguesa na Armada Invencível e os constantes ataques ingleses às costas de Portugal; a expansão inglesa no Oriente, oposta, tal como a holandesa, à manutenção do Império português do Índico. A estas dificuldades acrescia ainda que, em 1640, a Inglaterra, alheia à Guerra dos Trinta Anos, se encontrava em paz com a Espanha, desde 1630, hostilizando os Países Baixos; e que a sociedade inglesa se achava dividida pelas lutas civis que acabariam por levar o rei Carlos I ao cadafalso de Whitehall (1649) e o país à proclamação da efémera república de Cromwell. Não podia a Restauração contar com decidido apoio inglês; mas pretendia, isso sim, o reconhecimento por parte de Carlos I. Por isso, logo em Fevereiro de 1641, partiu para Londres a primeira embaixada da Restauração, confiada a D. Antão de Almada e ao Dr. Francisco de Andrade Leitão, tendo por secretário o Dr. António Sousa de Macedo. A embaixada foi acolhida inicialmente com alguma incompreensão[39], agravada depois pela notícia do tratado celebrado por D. João IV com os Países Baixos. Mas, na base da concessão aos Ingleses dos privilégios já concedidos aos Holandeses (liberdade de comércio nas possessões portuguesas e de cultos), foi possível celebrar com a Inglaterra o tratado de 29 de Janeiro de 1642 (ver Borges de Castro, *Collecção...*, I, pp. 82 e ss.). E Sousa de Macedo, que ficou em Londres como residente, prestou grandes serviços ao rei Carlos I, na luta travada contra os parlamentares, nomeadamente pela aquisição de armas e munições. Mas a posição alcançada na Corte inglesa por aquele diplomata português perdeu-se, temporariamente, ao menos, pelo desfecho da guerra civil, desfavorável para a monarquia inglesa[40].

Parte da armada inglesa não se submeteu à vitória de Cromwell e dos parlamentares. Pelo que, fazendo-se ao mar e contando com a

---

[39] Referiu D. Antão de Almada em carta dirigida ao arcebispo de Lisboa, D. Rodrigo da Cunha, que o rei de Inglaterra «atégora não ouvira falar em outro Rey de Portugal, senão Elrrey Filipe, e que esta fora a rasão porque nos detivera». Efectivamente, Carlos I só recebeu a embaixada portuguesa a 10 de Abril. Este desconhecimento do rei de Inglaterra talvez revele uma certa improvisação da parte dos conspiradores do 1.º de Dezembro; pois parece estranho que da revolta não fosse dado conhecimento mais rápido aos ministros de Londres, não através de uma embaixada mas de agentes não credenciados. Cf. Carlos Roma du Bocage, *Relações Exteriores de Portugal...*, pp. 83 e ss.; Edgar Prestage, *As Relações Diplomáticas...*, pp. 109 e ss.; Caetano Beirão, *As Negociações para o Casamento da Infanta D. Catarina com Carlos II de Inglaterra (1644-1661)*, pp. 459 e ss.

[40] Os serviços do Dr. Sousa de Macedo terão sido reconhecidos mais tarde, quando, após a restauração dos Stuarts, com Carlos II, um filho daquele diplomata português foi agraciado com o título de barão de Mullingar (ver *Descriptive List of the State Papers Portugal 1661-1780 in the Public Record Office* I, 89/7, fól. 67-68, pp. 50-51). Não importará aqui apreciar a acção do Dr. Sousa de Macedo, que foi notável escritor e diplomata de raro aprumo, dignidade e coragem, sendo de crer que os auxílios prestados ao rei de Inglaterra tenham recebido, pelo menos, aprovação do Governo de Lisboa. Mas será talvez oportuno referir, a propósito, os inconvenientes das participações dos diplomatas nas lutas internas dos países onde estão acreditados. Porque nem o sacrifício pessoal desses diplomatas apaga muitas vezes a memória de parcialidades que podem sempre ser imputadas às próprias potências por eles representadas. No caso apontado, nem se sabe se uma admissível gratidão dos Stuarts restaurados no trono terá compensado Portugal dos riscos que uma parcialidade adversa lhe terá feito correr sob o Governo de Cromwell. Mas o conde de Castelo Melhor parece ter contado com essa gratidão dos Stuarts quando chamou Sousa de Macedo para secretário de Estado. Após a deposição de D. Afonso VI, o antigo representante de Portugal na Inglaterra para lá foi viver, não obstante as suas violentas críticas à sociedade e aos costumes ingleses.

boa vontade de Portugal em relação à causa dos Stuarts, uma esquadra realista, comandada pelos príncipes Rupert e Maurício, instalou-se no estuário do Tejo. O Governo português procurou, em tais circunstâncias, definir uma posição de neutralidade[41]. Mas não conseguiu evitar as hostilidades entre a esquadra realista e outra parlamentar que veio combatê-la. Os acontecimentos envolveram na contenda as forças navais portuguesas e levaram ao apresamento pela armada parlamentar de muitos navios portugueses a caminho do Brasil, uns, e de lá regressados, outros. Durante meses (Maio a Setembro de 1650) ficou o porto de Lisboa bloqueado pela esquadra parlamentar; até que a armada portuguesa forçou o bloqueio, dando batalha àquela esquadra e obrigando também à saída das águas portuguesas dos navios realistas. Estes acabariam por retirar para o Mediterrâneo, onde foram apresados pela esquadra parlamentar.

Tais incidentes, ocorridos quando Portugal pretendia defender as fronteiras terrestres dos espanhóis e recuperar as terras do Brasil e da África ocupadas pelos holandeses, ofereciam extrema gravidade. Mesmo depois de levantado o bloqueio a Lisboa e desaparecida a esquadra realista, eram de recear as retaliações da República inglesa de Cromwell. A fim de evitá-las, tentou-se negociar com este. E das negociações foi encarregado primeiramente o Dr. João de Guimarães e depois o conde de Penaguião. Acabou por assinar-se com Cromwell o Tratado de Westminster, de 10 de Julho de 1654 (ver Borges de Castro, *Collecção...*, I, pp. 169 e ss.), que garantiu à Inglaterra uma indemnização substancial pelos prejuízos causados à esquadra parlamentar e múltiplos privilégios aos súbditos ingleses, privilégios que a

---

[41] Admitiu o Governo português que tanto os navios realistas como os parlamentares utilizassem o porto de Lisboa, mas, no caso de aí se encontrarem as duas frotas, não seria permitida a saída de uma delas senão passadas três marés depois da saída da outra. A esquadra realista abusou da hospitalidade portuguesa, apresando navios e pretendendo vender em Lisboa os respectivos carregamentos; com evidentes riscos para o comércio da cidade e para a soberania de Portugal, em face da previsível reacção parlamentar, que veio a verificar-se. Não deverá excluir-se alguma imprudência da parte portuguesa em toda esta questão que opôs os Stuarts a Cromwell. Assim, por exemplo, por carta de 22 de Agosto de 1650, o embaixador de Portugal na Haia, Francisco de Sousa Coutinho, informou o rei de Inglaterra exilado, Carlos II, de que a esquadra portuguesa se iria juntar à esquadra realista para atacar a armada do Parlamento (ver Conde de Tovar, *Catalogo de Manuscritos Portugueses ou Relativos a Portugal Existentes no Museu Británico*, pp. 297-298).

Inglaterra pretendera obter da Espanha e esta recusara. E tão excessivas terão parecido aos próprios ingleses as concessões do tratado que Cromwell, receando a recusa da sua ratificação por parte do rei de Portugal, enviou uma esquadra a Lisboa, em tom intimidatório, a sublinhar o ultimato transmitido pelo embaixador Meadowe. D. João IV, já receoso do abandono francês, desconhecido pela Santa Sé, desentendido com a Holanda, praticamente só na Europa, receando que a frota do Brasil fosse apresada pelos Ingleses, acabou por ceder e ratificar o tratado, naquele mesmo ano em que faleceu[42]. Foi este o primeiro tratado que marcou uma acentuada supremacia política da Inglaterra em relação a Portugal[43]. Entretanto, o agravamento das relações entre a Espanha e Cromwell tornou um pouco mais favorável a nossa posição política relativamente à Inglaterra. E tanto assim que o novo embaixador em Londres, Francisco de Melo e Torres, mais tarde conde da Ponte e marquês de Sande[44], conseguiu assinar com a Inglaterra o tratado de 18 de Abril de 1660, pelo qual foi permitido a Portugal comprar armas e alistar tropas na Inglaterra, até 12 000 infantes e 2500 cavaleiros, e fretar navios, até ao número de vinte e quatro, embora com reservas de comandos a oficiais ingleses

---

[42] A diplomacia da Restauração acha-se recheada de episódios dramáticos, alguns mais ou menos alheios às missões dos nossos embaixadores, mas com eles relacionados. Assim, durante a embaixada do conde de Penaguião em Londres, um seu irmão, que era adido à embaixada, matou em duelo um oficial inglês e foi, por isso, condenado à morte e decapitado (1654), juntamente com quatro criados da embaixada, apesar de todos os protestos portugueses. O conde de Penaguião foi expulso da Inglaterra. Também o embaixador inglês em Lisboa, Meadowe, foi aqui alvo de um atentado, de que resultaram alguns ferimentos (ver Visconde de Santarém, *Quadro Elementar...*, XVII, pp. 99-103).

[43] O tratado ia ao ponto de estabelecer prazos para as autoridades aduaneiras portuguesas despacharem os navios ingleses (art. 4.º), de criar regimes especiais de crédito em favor dos ingleses (art. 5.º), que também não ficavam submetidos às jurisdições portuguesas (arts. 8.º e 13.º) e podiam até fornecer armas a Castela (art. 10.º). Também aos ingleses era assegurada liberdade de culto e cemitério privativo (art. 14.º), assim como o direito a porte de armas, mesmo ofensivas (art. 2 2.º). As objecções iniciais de D. João IV respeitavam sobretudo às matérias religiosas; ou por escrúpulo de consciência ou por recear que o tratamento reservado aos ingleses servisse de causa, ou de pretexto, a novos retraimentos da Santa Sé, junto da qual a diplomacia espanhola não deixaria de denunciar as complacências de Lisboa face aos protestantes; embora a Espanha tenha sido a primeira potência a reconhecer a República inglesa e a autoridade de Cromwell.

[44] Melo e Torres era um militar experimentado nas campanhas do Alentejo. Havia de ilustrar-se como diplomata sob a designação correspondente ao título de marquês de Sande.

(ver Borges de Castro, *Collecção...*, I, pp. 226 e ss.). Nesse mesmo ano de 1660 foi restaurada a monarquia na Inglaterra. E com essa restauração retomou-se o projecto de casamento do filho de Carlos I, então elevado ao trono, com a infanta D. Catarina. Este casamento e os acordos com ele relacionados foram decisivos no sentido de consolidar a Restauração portuguesa e pôr termo à guerra com a Espanha.

Era realmente a altura de invocar os serviços prestados aos Stuarts por Portugal, que fora o último país a reconhecer Cromwell. Mas, para além da gratidão do monarca restaurado, havia que contar, sobretudo, com o interesse que para ele teria a ligação com Portugal[45]. Os tratados anteriores foram logo ratificados por Carlos II. E o Governo de Lisboa, cuja política sofrera um duro revés com a Paz dos Pirenéus do ano anterior (1659), encontrou em Londres novas perspectivas de enraizamento da Dinastia brigantina. Compreende-se o empenho português no casamento da princesa com o rei de Inglaterra. Tanto mais que Carlos II se achava propenso a manter boas relações com a Espanha, o que ofereceria aos Portugueses garantias de paz; embora Luís XIV admitisse que à Inglaterra só interessaria o dote, o qual havia de incluir Tânger, não cuidando da sorte futura de Portugal[46]. E, entretanto, a Espanha esforçava-se por casar Carlos II com uma princesa protestante[47], oferecendo para isso à Inglaterra mais do que tivesse sido oferecido pelos Portugueses, incluindo a cedência de Dunquerque e da Jamaica. O Governo de Londres, porém,

---

[45] Aliás, a Corte de Lisboa tinha motivos bastantes para desconfiar dos sentimentos de gratidão dos Stuarts restaurados. Até porque não desconheceria que, em 1656, Carlos II, ainda no exílio, celebrara com Filipe IV, em Bruxelas, um tratado secreto pelo qual, a troco do auxílio necessário para recuperar a Coroa inglesa, se comprometeu a ajudar o rei espanhol no sentido de recuperar também a Coroa de Portugal (ver Júdice Bicker, *Supplemento à Collecção...*, IX, pp. 119-120).

[46] Ver doc. da Biblioteca Real de Paris *(fonds Saint-Germain*, cód. 1239, £ 109) cit. por Visconde de Santarém, *Quadro Elementar*.... XVII, pp. 135-136. Ou fosse por má consciência em relação ao abandono de Portugal, ou pelo desejo de manter a Espanha enfraquecida e afastada da Inglaterra, a política de Paris interessou-se pelo projecto de casamento de Carlos II com D. Catarina de Bragança, embora isso pareça ter sido ignorado pelo nosso embaixador em Londres e pelo conde da Ericeira (ver Saint-Aymour, *Recueil des instructions données aux ambassadeurs et ministres de France... – Portugal*, pp. XXXVII, XXXVIII e 94).

[47] Sucessivamente foram sugeridas pela diplomacia espanhola as princesas de Saxe, da Dinamarca, de Orange e de Parma.

duvidou das promessas castelhanas e preferiu receber, com a infanta D. Catarina, Tânger, Bombaim e um faustoso dote de ouro e diamantes. Mas após muitas hesitações, resultantes das promessas e das ameaças castelhanas[48]. Ainda em fins de Maio de 1661, o embaixador de Espanha em Londres, num último esforço desesperado, renovou as promessas e as ameaças junto de Carlos II, no sentido de evitar o casamento com D. Catarina. Já era tarde. O casamento estava ajustado e fora objecto de comunicações às Câmaras dos Lordes e dos Comuns, como ao Senado de Lisboa e às câmaras das cidades e vilas de Portugal. A estas expôs D. Afonso VI as razões do casamento, sem omitir a paz separada da França com a Espanha e as esperanças postas na aliança com a Inglaterra, a fim de obter a paz com a Holanda e, finalmente, com a Espanha. Em tais razões encontrava o rei justificação para o dote e para os sacrifícios que ele implicava para os povos de Portugal, traduzidos na cobrança de sisas dobradas por período de dois anos, apontada como meio mais pronto e suave para obter as receitas que o caso exigia, conforme tinham proposto «os Ministros mais zelosos».

---

[48] Além dos diplomatas franceses, influíram muito na decisão inglesa Schomberg, que combatera em Portugal e se instalara em Londres, com o grande prestígio da sua carreira militar, e o padre Ricardo Russell, inglês educado em Lisboa, que foi bispo de Portalegre. Mas teve grande relevo em todas as negociações a posição pessoal do embaixador marquês de Sande, com quem Carlos II mantinha muita familiaridade. Talvez não se tenha dado divulgação bastante ao doloroso calvário da infanta D. Catarina, rainha de Inglaterra pelo seu casamento com Carlos II e vítima de todas as intrigas dos anglicanos, receosos da sua influência e de um regresso ao «papismo». Chegou a ser acusada, perante o Parlamento, por um celerado expulso da Companhia de Jesus, fugido das galés e homossexual notório, Oates, de ter participado da *popish plot* e pretender assassinar o rei seu marido. Embora tenha sido impecável a atitude de Carlos II perante tais intrigas, não conseguiu evitar então o assassínio de elevado número de católicos, inocentes, porque a conspiração fora inventada. Mas os receios dos políticos anglicanos que moveram as intrigas, entre eles Lord Shaftesbury, tinham fundamento, não sendo de excluir a influência de D. Catarina junto do cunhado, duque de Iorque, e junto do rei, que, aliás, morreu como católico. Não será arriscado admitir que se D. Catarina tivesse dado um sucessor ao trono inglês a sua influência se havia de mostrar mais marcada ainda. Através de todas as dificuldades e vergonhosas perseguições sofridas, foi sempre de extrema dignidade e elegante discrição a conduta de D. Catarina (cf. Conde de Sabugosa, *Donas de Tempos Idos*, pp.235 e ss.; Augusto Casimiro, *D. Catarina de Bragança*; Virgínia Rau, *D. Catarina de Bragança Rainha de Inglaterra*, esp. pp. 221 e ss. e 271 e ss.; Davidson, *Catherine of Bragança*, esp. pp. 298 e ss., 370 e ss e 442 e ss.; Jones, *Restoration Carnival*).

A 23 de Junho de 1661 celebrou-se o tratado entre Portugal e a Inglaterra (ver Borges de Castro, *Collecção*..., I, pp. 234 e ss.; Júdice Bicker, *Supplemento à Colecção*..., IX, pp. 180 e ss), pelo qual foram cedidas as praças de Tânger (arts. 2.º a 4.º) e de Bombaim (art. 11.º), estabelecendo-se também o dote de dois milhões de cruzados à infanta (art. 5.º). Igualmente seriam cedidas à Inglaterra as praças portuguesas que esta potência lograsse conquistar aos Holandeses ou outros (art. 14.º). Quanto à ilha de Ceilão, porém, se ela viesse a ser ocupada pela Inglaterra, esta ficaria obrigada a restituir a Portugal a cidade e o porto de Colombo, dividindo-se o comércio da canela entre ingleses e portugueses[49]. Em contrapartida de todas estas vantagens, o rei de Inglaterra «prometia trazer no coração as cousas de Portugal» e defendê-lo «como à mesma Inglaterra». Para tanto, seriam enviados para Portugal, armados e equipados à custa do rei inglês, 2000 soldados de infantaria e 1000 de cavalaria (art. 15.º). E, se Portugal fosse invadido, a Inglaterra mandaria em seu socorro 10 naus de guerra, ou, se necessário, todas as que se achassem no Mediterrâneo (art. 16.º). Pelo mesmo tratado, a Inglaterra protestava não fazer a paz com Castela se esta quisesse pôr impedimento ao auxílio a Portugal, cuja sustentação se manteria, ainda que por ela a Inglaterra fosse obrigada a ter guerra com Castela (art. 18.º).

As vantagens deste tratado têm sido postas em dúvida; mas, por força dele, ao fim de 21 anos de luta, Portugal obteve finalmente um apoio externo que não tinha apenas carácter circunstancial. E foi presumivelmente esse apoio que decidiu a guerra da Restauração.

É certo que algumas tensões se criaram em razão do tratado, sobretudo pela entrega de Tânger e de Bombaim[50]; que não foi impe-

---

[49] A Inglaterra não cumpriu esta obrigação. Em 1796 os Ingleses expulsaram os Holandeses de Ceilão, parecendo estranho que o cumprimento do estabelecido no tratado de 1661 não tenha sido suscitado pelos plenipotenciários portugueses no Congresso de Viena de 1815. Ainda em 1855, o conde do Lavradio, representante português em Londres, manifestou a conveniência de apontar a omissão ao Governo inglês (ver *Memórias*..., V, pp. 185 e ss.).

[50] Bombaim só foi entregue aos Ingleses em 1665, após incidentes que puseram em causa todo o entendimento entre Portugal e Inglaterra. Eram compreensíveis as reacções, pois a cedência de Bombaim cortou a continuidade dos estabelecimentos portugueses da Índia. Ainda se pensou em remir Bombaim pela entrega de uma soma, o que os Ingleses aceitavam; mas acabou, entre muitas hesitações, por entregar-se aquela praça. Em 1666

cável o comportamento dos soldados ingleses, dos quais bastantes desertaram para Espanha; e que até se descobriu uma conjura dos ingleses instalados em Portugal contra D. Afonso VI. Mas a aliança com a Inglaterra teve, neste momento sobretudo, grande relevo no plano diplomático. Nem a Espanha nem a Inglaterra tinham interesse em abrir hostilidades entre elas; e, assim, dada a posição britânica em relação a Portugal, impunha-se a abertura de negociações. E logo em 1663 elas se iniciaram. É possível mesmo que a paz entre Portugal e a Espanha tivesse sido então logo conseguida se não fora a interferência do Governo francês, que queria impedi-la por todas as formas[51].

O embaixador inglês em Madrid, Fanshaw, diligenciou porfiadamente obter a paz entre Portugal e a Espanha. Mas, por vezes, em termos de interesse duvidoso para os Portugueses, designadamente à

Portugal terá querido readquirir Bombaim, por compra, segundo escrito dirigido por D. Francisco de Melo a Carlos II (ver *Descriptive List of the State Papers Portugal 1661-1780 in the Public Record Office*, I, 89/7, fól. 145, p. 55; 89/14, fól. 28, p. 177). Sobre as dificuldades opostas pelos governadores portugueses quanto à entrega de Bombaim como também de Tânger, ver júdice Bicker, *Supplemento à Collecção...*, IX, pp. 226 e ss. Eram justificados os receios do governador de Tânger, conde da Ericeira, e do vice-rei da Índia, Melo de Castro. Não apenas pela importância das praças para Portugal, sobretudo Bombaim, como também pela defesa dos interesses dos seus moradores, acautelados pelas cláusulas do tratado, é certo, mas que se admitia não fossem respeitados pelos Ingleses. E parece que, efectivamente, o não foram. Em Tânger, os bens dos moradores foram saqueados pelas tropas inglesas, que se apropriaram igualmente das alfaias das igrejas. Em Bombaim também foi repreensível o comportamento dos Ingleses em relação às propriedades. Bombaim viria a constituir o centro mais importante do Império britânico da Índia. Quanto a Tânger, foi abandonada e, em parte, arrasada, pelos ingleses, em 1685, pelas excessivas despesas da sua manutenção. Tentou Portugal, nessa altura, mas sem sucesso, que aquela cidade lhe fosse restituída.

[51] Estava-se esboçando um entendimento entre a Inglaterra e a Espanha contra a hegemonia francesa. Isso poderá explicar o interesse de Luís XIV em ligar-se a Portugal, inclusivamente pelo casamento de D. Afonso VI com uma princesa da Casa de França, e em manter o estado de guerra entre Portugal e a Espanha. Em 1666 conseguiu a diplomacia de Luís XIV que o rei português casasse com a princesa de França Maria Francisca Isabel de Sabóia, filha do duque de Nemours (ver Borges de Castro, *Collecção...*, I, pp. 318 e ss.). Elevada ao trono português, esta princesa procurou em Lisboa servir os interesses da Corte francesa. A anulação do seu casamento com D. Afonso VI e o ulterior casamento com o regente, infante D. Pedro, não terão sido alheios àqueles mesmos interesses, que a rainha Maria Francisca acabou por não poder acautelar, entrando Portugal na órbita de influência britânica.

face do tratado celebrado com a Inglaterra em 1661[52]. Aliás, em 1666, a Inglaterra, em luta com a França e a Holanda, afirmou não poder auxiliar Portugal, pelo que não estranharia que este procurasse outros apoios internacionais[53]. Mas porque a Inglaterra receava um mais amplo e decidido entendimento de Portugal com a França, acabou por obter em Madrid, logo que conseguiu fazer a paz com a Espanha, um tratado que garantia tréguas entre Portugueses e Espanhóis (tratado de 23 de Maio de 1667, in Quadro *Elementar* .... XVIII, pp. 81 e ss.). Deste tratado foi tomado conhecimento em Lisboa com indignação do rei e de Castelo Melhor, porque dele não constava qualquer forma de reconhecimento da Dinastia brigantina (*ibidem*, pp. 94-95). Em Novembro do mesmo ano de 1667 o príncipe D. Pedro assumiu o poder e tomou medidas no sentido de acabar de pagar o dote de D. Catarina, em conformidade com as insistências britânicas. Parecia ser, de novo, o triunfo do partido inglês[54], assim se explicando a chamada para secretário de Estado do anglófilo Pedro Vieira da Silva, o que o cônsul inglês em Lisboa considerava bom sinal. Pedro Vieira já fora secretário de Estado com D. João IV e com D. Luisa de Gusmão. Antes, sob os Filipes, o mesmo Pedro Vieira da Silva, sendo desembargador, presidira à alçada que foi ao Algarve, em 1638, punir os desacatos aí cometidos por ocasião do

---

[52] Conhecem-se as propostas do embaixador inglês Fanshaw, de 1665. E, segundo elas, o rei de Portugal ficaria feudatário da Coroa castelhana, à qual pagaria um tributo anual e à qual entregaria todas as praças do Brasil, desmantelando também as fortalezas construídas a partir de 1640 (ver Visconde de Santarém, *Quadro Elementar...*, XVIII, pp. 27-28). A fim de obter uma aliança com a Espanha, a Inglaterra parecia dispor-se a sacrificar Portugal.

[53] No entanto, Carlos II advertia o cunhado, D. Afonso VI, dos perigos que poderia representar para Portugal uma aliança francesa e afirmava enfaticamente que em qualquer tratado que viesse a celebrar com a Espanha «não esqueceria a sua afeição por Portugal» (ver Visconde de Santarém, *Quadro Elementar* .... XVIII, pp. 56 e ss.). Foi nesta conjuntura, difícil para a Inglaterra, que D. Afonso VI celebrou o seu casamento com a princesa de França D. Maria Francisca de Nemours, de Aumale, e de Sabóia, que viria a ser anulado, casando seguidamente a princesa com o infante D. Pedro, regente do Reino.

[54] A revolução que retirou o poder a D. Afonso VI ofereceu aspectos que justificariam algumas apreensões da parte da Inglaterra. Porque podia ser entendida como triunfo francês, por reforçar a posição da rainha D. Maria Francisca e por determinar o afastamento do conde de Castelo Melhor. Mas ou não foi já originariamente esse o sentido daquela revolução ou a política inglesa logrou mudar-lhe o rumo.

alvoroço originado no «Manuelinho» de Évora (ver Freire de Oliveira, *Elementos para a Historia do Município de Lisboa*, IV, p. 403). E logo em Dezembro houve noticia de que Lord Sandwich, embaixador inglês em Madrid, aí obtivera a concordância para um tratado que dava satisfação às pretensões portuguesas. O tratado de paz entre Portugal e a Espanha, foi, efectivamente, celebrado em Lisboa, a 13 de Fevereiro de 1668 (ver Borges de Castro, *Collecção...*, I, pp. 357 e ss.), por mediação inglesa. Por ele a Dinastia brigantina era reconhecida pela Espanha[55]. E, após tão prolongada luta, Portugal só renunciava à cidade de Ceuta, que, assim, passou ao domínio espanhol (art. 2.°).

---

[55] Poderá parecer estranho que, após tantos anos de incompreensão geral, se tenham processado tão rapidamente, de 1667 para 1668, as negociações em termos favoráveis para Portugal. O caso encontra explicação nos quadros da política europeia. A Espanha não pagara o avultado dote que prometera a Luís XIV, quando se ajustara o casamento deste com a infanta Maria Teresa (1659), e tal pagamento condicionava a renúncia da infanta e dos seus descendentes aos direitos que tivessem à sucessão da Coroa de Espanha. Em razão disso, ou servindo-lhe tal de pretexto, Luís XIV desencadeou a chamada «guerra da devolução», invadindo os Países Baixos católicos e o Franco Condado, procurando manter a guerra de Portugal, a fim de enfraquecer mais a Espanha. É então que a Inglaterra e as Províncias Unidas, receosas dos progressos franceses na Flandres, se unem à Espanha contra Luis XIV, impondo-lhe limites à expansão (Tratado da Haia, de 23 de janeiro de 1668). Nesta ofensiva diplomática anglo-neerlandesa, apoiada pela Suécia, antes aliada da França, se enquadra o tratado luso-espanhol de 13 de Fevereiro de 1668, negociado pelos diplomatas ingleses. Importava aliviar a Espanha, para que pudesse deter os Franceses, embora impondo-lhe a renúncia ao reino de Portugal. Compreende-se bem, assim, que Luís XIV agradecesse à rainha D. Maria Francisca os esforços que ela dizia ter desenvolvido para evitar a celebração do tratado de Portugal com a Espanha (ver carta de 7 de Junho de 1668, citada pelo Conde de Tovar, in *Catalogo dos Manuscritos Portugueses ou Relativos a Portugal Existentes no Museu Británico*, pp. 6-7). Aliás, parece terem sido frequentes as tentativas francesas no sentido de influenciar a política portuguesa através da rainha D. Maria Francisca de Sabóia (*ibidem*, p. 145). Das dificuldades das negociações empreendidas em Madrid pelos diplomatas ingleses no sentido de obter a paz entre portugueses e espanhóis, evitando, assim, que Portugal se unisse à França, são esclarecedoras algumas cartas trocadas entre o conde de Castelo Melhor, Sir Robert Southwell e Lord Arlington (ver *Descriptive List...*, I, 89/7, fóls. 321, 324, 328, p. 64; 89/8, fóls. 167, 173, 179, 181, pp. 75-76). Os Espanhóis não queriam reconhecer D. Afonso VI como rei; e, sem tal reconhecimento, a Corte de Lisboa não se dispunha a aceitar a paz. Era nítido, no entanto, também da parte da Espanha, o desejo de ver terminada a contenda; ao menos desde 1665, ano em que faleceu o rei Filipe. Desse desejo de paz nos dá ideia o voto do conde de Rebolledo no Conselho de Estado de Madrid, sobre as tréguas com Portugal, que foi

publicado em Lisboa, embora em língua castelhana *(Voto del Conde Rebolledo* .... Lisboa, 1667). Nesse voto, que contém algumas afirmações de interesse relativamente intemporal, recordam-se os insucessos das tentativas espanholas para sujeitar Portugal e põe-se em dúvida o interesse para a Espanha dessa mesma sujeição, através do seguinte juízo: «No nos ha sido Portugal más util sujeto, que aliado.» Também do mesmo escrito resulta a impopularidade da guerra para os Espanhóis. Mas, conforme previra D. João IV, em carta que escreveu ao filho D. Teodósio, em 1651, enquanto vivesse Filipe IV, o rei que se supunha agravado pela Restauração portuguesa, a paz não seria possível (ver D . António Caetano de Sousa, *Provas da Historia Genealógica*..., IV, p. 796).

TÍTULO II

O Ajustamento de Posições e a Continuidade Portuguesa

1. Situação mundial em 1668

Durante o período de 27 anos da Guerra da Restauração modificara-se profundamente o panorama mundial. A França conquistara uma hegemonia indiscutida, utilizando os Estados protestantes para abater a Casa de Áustria e aproveitando as debilidades internas da Inglaterra. O século de Luís XIV marcava um tipo de civilização, destruíra as fragmentações políticas internas e apontava mesmo para uma ordem internacional centrada no domínio da linha de comunicação renana, correspondendo mais ou menos à Lotaríngia. Compreende-se, em tais condições, a força de atracção do poder francês; e as hesitações entre este e o alinhamento com Londres, que os governantes portugueses revelaram. A opção britânica bem poderá explicar-se pela importância para Portugal das vias marítimas, relativamente às quais os Ingleses poderiam assegurar um melhor apoio. Acrescia que, no Brasil, cuja colonização, desde D. João III, parecia situar-se num plano de prioridade cimeira para os interesses nacionais, estes não se tinham contraposto a pretensões britânicas. E o mesmo não se poderia afirmar em relação aos projectos de estabelecimento na América do Sul de uma Antárctida francesa.

Apesar dos triunfos franceses e do abatimento inglês, em consequência das lutas civis, a rivalidade entre as duas potências separadas pelo estreito de Calais retomaria relevo. E Portugal iria, durante mais de um século, pelo menos, hesitar muitas vezes entre a influência francesa e a inglesa, submetendo-se embora, mais frequentemente, a esta última.

Em 1668, o triunfo dos Estados protestantes parecia mais ou menos consolidado. A restauração dos Stuarts não tinha vigor bastante para remover o anglicanismo, conforme ficaria amplamente demonstrado através da *glorious revolution* de 1688. Para lá do Reno, e até aos confins do Brandeburgo e da Silésia, enraizara-se uma larga mancha luterana. Em Espanha, a Filipe IV sucedera o débil Carlos II, ainda menor. A Áustria, também enfraquecida pela longa guerra, ia abandonando aos otomanos as suas marcas militares de Leste[56]. O poder político de Roma achava-se necessariamente diminuído por tal conjuntura. Era forçoso entender, finalmente, que a República Cristã, em cujos quadros Portugal se formara e desenvolvera, tinha ruído. A comunidade de povos cristãos fora profundamente dividida pela Reforma, parecendo pelo menos duvidoso que a hegemonia coubesse aos católicos. Os protestantes ameaçavam, ou ocupavam já, até mesmo as posições donde se pretendia, no Oriente e para além do Atlântico, evangelizar os povos gentios e incorporá-los na Cristandade. A partir desta época tornou-se frequente o espectáculo degradante das lutas entre os próprios evangelizadores, procurando atrair os catecúmenos para o respectivo bando contendor.

Foi em face deste condicionalismo que Portugal logrou ver reconhecida, a nível internacional, a sua plena individualidade política.

2. Limitações da continuidade portuguesa

Mas o poder português restaurado e reconhecido não se assemelhava ao da 2.ª Dinastia. Já não correspondia a Portugal o lugar de fronteiro da Cristandade; nem o de árbitro entre as grandes potências europeias, dotado de uma força política e económica comparável à daquelas. O domínio do Índico estava perdido; o da África achava-se

---

[56] À semelhança do que acontecera já com Francisco I, Luís XIV favoreceu os sucessos otomanos contra a dinastia dos Habsburgos. A própria capital do Império achou-se seriamente ameaçada pelos Turcos. O perigo otomano só se esbateu, a partir de 1683, com o triunfo das tropas polacas de João Sobieski que correram em socorro de Viena e, em desespero de causa, salvaram a cidade da invasão islâmica, através de uma memorável carga de cavalaria conduzida pelo próprio rei polaco, desde o Kalenberg, colina sobranceira à capital do Império.

quase limitado aos presídios da costa e, com o abandono do Oriente, oferecia pouco relevo. Na Europa, a exiguidade e a pobreza do território, a falta de braços úteis originada nos empreendimentos ultramarinos, as devastações da guerra, reduziam Portugal a uma frente de diversão antiespanhola, para a França, e a uma testa de ponte eventual no continente, para a Inglaterra. Regressámos, de algum modo, à posição característica do tempo das guerras fernandinas. Só o Brasil oferecia aos Portugueses um vasto campo de expansão, mesmo assim ainda ameaçado pelas pretensões francesas e holandesas, que bem poderiam renovar-se, e pelas posições espanholas na América do Sul.

A dura experiência da Guerra da Restauração, que não foi uma guerra devastadora das terras metropolitanas, pois uma única vez o inimigo logrou nelas penetrar profundamente, quando tomou Évora (1663), mas desgastante pelo prolongamento, pelos sobressaltos constantes e pelas desilusões, obrigou os Portugueses a uma revisão completa da sua tomada de posição colectiva nos quadros mundiais.

Portugal, modelo de unidade religiosa numa Europa dilacerada pelas heresias, não podendo contar com o apoio internacional da Igreja, à qual se mantivera fiel, foi forçado, em defesa da sua individualidade nacional, a participar em equilíbrios de forças tendo por parceiros potências de religião reformada, que para a expansão desta reclamavam também facilidades. Os súbditos de tais potências, tanto pelos seus credos como pelos privilégios de que os cumularam os tratados internacionais celebrados durante a Guerra da Restauração, eram mal recebidos pelas populações portuguesas, exceptuando-se, na aversão patente, os comerciantes e proprietários que julgavam colher benefícios do seu trato. Mas muitos dos estrangeiros que a partir de então se estabeleceram em Portugal, ou pelo prestígio que advinha da riqueza, ou por vantagens de preparação técnica, ou por dignidade de comportamentos, acabaram por alcançar um ambiente de respeito que, nalguns casos, os acompanhou durante várias gerações. E, desses estrangeiros, quase todos, com excepção dos ingleses, foram mais ou menos absorvidos pela sociedade portuguesa, adoptando os seus usos e a sua religião. Este mesmo fenómeno de absorção de elementos estrangeiros se verificaria em relação aos numerosos artífices, militares e professores que, no fim do século XVIII, vieram para Portugal; assim como relativamente a muitos aventureiros que participaram nas lutas civis, a partir de 1832. E, apesar de todas as necessárias cedências e transigências, Portugal manteve, no plano interno, após a Restauração, a sua mesma unidade moral e psicológica, que só um século mais tarde seria, pela primeira vez, posta em causa. Não directamente, por cisão religiosa, mas pela via indirecta das revisões iluministas.

Novamente hesitante, como no século XIV, entre uma política pró-francesa e uma política pró-inglesa, Portugal mais uma vez optou por esta. Tal política implicava largos sacrifícios de potencialidades económicas metropolitanas e o abandono, em favor da Inglaterra, das posições fundamentais obtidas no Oriente, mas que Portugal, forçado a acatar o novo regime grociano do *mare liberum,* não tinha possibilidade de conservar, em disputas com Ingleses, Holandeses e Franceses, sem dispor já do apoio espiritual de Roma. Os privilégios e benefícios do comércio das Índias Orientais estavam, de qualquer modo, perdidos para os Portugueses. A organização mundial assente na bula *Inter caetera* e no Tratado de Tordesilhas desaparecera. Tratava-se de uma organização tripartida, baseada na Santa Sé, em Portugal e em Espanha, que a Reforma e a Guerra dos Trinta Anos tornaram anacrónica. A posição assumida na Guerra da Restauração não apagara as consequências de Portugal ser um dos grandes vencidos no prélio travado à escala mundial.

Mas, tal como acontecia também com a Espanha, era ainda imensa, no plano geográfico, no plano estratégico e no plano das potencialidades económicas, a posição portuguesa. A França e a Holanda tinham sido afastadas da América do Sul. A África, praticamente desconhecida das outras potências mas completamente rodeada de pequenas feitorias e pequenos presídios militares portugueses, esperava, para tomar conhecimento das suas potencialidades, que a cultura e a técnica mediterrânicas penetrassem pelos seus rios e desbravassem as suas florestas.

Finda a Guerra da Restauração, duas grandes tarefas nacionais se impunham imediatamente aos Portugueses. Evitar, ou conter, uma nova investida militar espanhola e prosseguir na colonização do Brasil. Aliás, durante toda a guerra, o Brasil constituíra a fonte mais caudalosa de receitas. Sobretudo através da produção açucareira. Com essas receitas se fomentaram apoios e se dissiparam hostilidades. A conjuntura internacional favorecera as armas portuguesas durante aqueles 27 anos de guerra. Mas, mais uma vez, eles tinham posto em relevo as dificuldades resultantes do estreito *hinterland* metropolitano português. Aflorou então a ideia da solidez de uma metrópole portuguesa instalada em terras brasileiras, cujo interior era praticamente inexpugnável e donde se tornaria fácil ameaçar as fontes da riqueza ultramarina do reino vizinho, em termos de retaliação, por qualquer desacato sofrido na Europa.

Portugal aprendera também dolorosamente que os equilíbrios de forças mundiais não dispensam as potências que deles participam de organizar o seu próprio esforço de defesa. Até porque este constitui uma expressiva base de negociação internacional.

Tiveram os Portugueses de adaptar-se aos novos condicionalismos. É duvidoso que o tenham sabido fazer nos termos mais vantajosos. E na dificuldade de adaptação poderá filiar-se o saudosismo sebastianista. Nesse mesmo saudosismo terão assentado os exageros, característicos da política externa portuguesa, quanto ao gosto das fundamentações jurídicas, abundantemente deduzidas, ainda nos séculos XIX e XX, em defesa das posições assumidas por Portugal face aos grandes dissídios internacionais. Mas, através de todas as dificuldades e sacrifícios, morais e materiais, souberam os portugueses de Seiscentos assegurar a continuidade nacional.

CAPÍTULO V

CONTINUIDADE E ADAPTAÇÃO DE PORTUGAL FACE AO NOVO ENQUADRAMENTO EXTERNO (1668-1815)

TITULO I

O Desenvolvimento do Brasil como base da Nova Política Externa Portuguesa

1. Relevo do Brasil em fins do século XVII

a) *O relevo político, social e económico do Brasil*

No século XVI, o poder português assentara no comércio do Oriente. Mas já então as potencialidades do Brasil recém-descobertas suscitaram o interesse de Portugal e de outras potências, especialmente da França. O relevo do Brasil não respeitava apenas à capacidade económica. Já quando se negociara o Tratado de Tordesilhas o relevo estratégico da costa brasileira fora presumivelmente considerado [ver supra, cap. II, tit. II, n.º 1, alínea c)]. E a extensão geográfica brasileira poderia compensar a exiguidade portuguesa na Europa, oferecendo amplas possibilidades de manobra militar em relação aos territórios espanhóis da Antárctida.

Terminada, ou quase, a gesta do Oriente, abandonadas, na grande maioria, as praças de Marrocos, era sobretudo nas terras extensas e novas do Brasil que se afirmava também a capacidade dos elementos mais empreendedores e ambiciosos da sociedade portuguesa. Até os mais irrequietos, e mesmo socialmente perturbadores, nas terras metropolitanas de origem, encontravam no Brasil o ambiente propício à sua realização pessoal e, através dela, à realização dos fins nacionais da comunidade.

O interesse económico do Brasil começou por assentar nas madeiras e, depois, na cultura da cana-de-açúcar. Só em 1693 se iniciaram os achados de jazigos de ouro no Brasil, quando a concorrência das Antilhas já lançara em crise a produção açucareira portuguesa.

A partir do início do século XVIII, a corrida ao ouro alterou profundamente as estruturas da vida colonial do Brasil; e até da Metrópole.

b) A «guerra do açúcar»

Franceses e holandeses tinham sido atraídos para o Brasil sobretudo pelo intuito de arrebatarem a Portugal o comércio do açúcar, uma das fontes da prosperidade portuguesa desde meados do século XVI.

O açúcar foi, durante muitos séculos, uma mercadoria bastante rara. Ao menos na Europa. Cultivado em áreas restritas da zona mediterrânica, entre elas algumas algarvias, o custo de produção do açúcar era elevadíssimo; e, por isso, o seu consumo estava reservado aos muito ricos. Aquele custo baixou bastante pelo plantio de cana-de-açúcar na Madeira, a partir do século XV, por iniciativa do infante D. Henrique; e, depois, nos Açores e em Cabo Verde. Começou aí o processo de democratização do consumo do açúcar. Mas foi no Brasil que, a partir de 1532, se encontraram as condições óptimas para o cultivo desse produto. Em razão da temperatura e da humidade, multiplicaram-se, sobretudo no Nordeste, nas regiões da Baía, de Pernambuco e de Olinda, essas unidades agro-industriais que eram os «engenhos do açúcar», bases do primeiro estádio do desenvolvimento económico brasileiro. Em torno desses «engenhos do açúcar», com a sua «casa grande», a sua «senzala» e a sua capela, se estruturou a sociedade portuguesa da América. Para aquelas regiões açucareiras se orientaram as expedições militares holandesas, que buscaram em Luanda e em São Tomé o acesso à mão-de-obra escrava de que os «engenhos» careciam, porque os índios não pareciam predispostos às respectivas tarefas. Mas, expulsando os holandeses do Nordeste brasileiro, Portugal, que com o produto da venda do açúcar financiou, em larga medida, a Guerra da Restauração, manteve o respectivo comércio e «quase-monopólio» resultantes das condições excepcionais das terras onde os «engenhos do açúcar» se instalaram. Porém, como quase todos os sucessos comerciais, permanentemente ameaçados pela concorrência, mesmo eventual, este triunfo português na «guerra do açúcar» foi de curta duração. Ingleses, franceses e holandeses conseguiram, a partir do último quartel do século XVII, em diversos territórios coloniais, produzir açúcar em condições satisfatórias, de qualidade e de preços. Designadamente nas Antilhas e nas Guianas. Baixaram os preços internacionais do açúcar. E o Brasil, mantendo-se embora um grande produtor, perdeu a sua posição relativa no comércio respectivo.

c) *O ouro e os diamantes do Brasil*

Desde a descoberta das terras brasileiras que os colonizadores nelas procuraram metais preciosos. E sem sucesso. Sendo as infrutíferas pesquisas mais decepcionantes ainda por se saber das descobertas de fabulosas jazidas de metais preciosos em territórios sul-americanos vizinhos, que alimentaram a grandeza económica da Espanha no século XVI e provocaram a grande inflação monetária que se verificou nessa época na Europa, na base das importações metálicas realizadas. Mas, ao findar o século XVII, e como se se tratara de compensação pelas quebras sofridas no comércio do açúcar ou pelos sofrimentos originados na guerra com os holandeses, fizeram-se no Brasil as primeiras descobertas de jazigos de ouro, em Minas Gerais, às quais se seguiram, já no século XVIII, as da Baía, de Mato Grosso e de Goiás. Pouco depois, na mesma região brasileira de Minas Gerais, e também na Baía, encontraram-se diamantes.

2. **Participação colectiva nas riquezas do Brasil**

O produto destas descobertas coube, naturalmente, a particulares. Aos achadores e aos proprietários dos terrenos, quando os havia identificados e titulados. Por essa via de enriquecimento de particulares integrados na colectividade portuguesa toda ela beneficiava também. Porque a riqueza, como, aliás, a pobreza também, é um fenómeno contagioso. Raramente o bem-estar material se não difunde, por círculos sucessivos, na esfera que rodeia quantos dele usufruem. Mas, para além dos progressos colectivos assim alcançados, de que dá testemunho a arquitectura civil e religiosa de muitas cidades e vilas brasileiras, importa assinalar a participação directa da colectividade nas riquezas brasileiras, através dos respectivos sistemas de arrendamento das minas e do imposto do «quinto real». Este imposto, baseado no velho «quinto real» devido ao rei pelos despojos de guerra, incidia sobre o valor do ouro produzido, através de uma taxa de 20%. É bem compreensível que fossem numerosas e avultadas as fugas a este imposto. Mas, mesmo assim, nele se baseou, em larga medida, a prosperidade pública portuguesa durante os reinados de D. Pedro II e, sobretudo, D. João V.

Após a Restauração, e praticamente perdidos os rendimentos do Oriente, o ouro proveniente do Brasil assegurou o esplendor e a solidez das obras públicas empreendidas, na Baía como em Lisboa, permitindo também o renascimento do poder militar e naval e o brilho das embaixadas joaninas, nas quais se formou a nova geração de diplomatas, com posição cimeira na história da cultura portuguesa do século XVIII.

O desenvolvimento económico do Brasil não constitui apenas a fonte do financiamento das despesas realizadas com a diplomacia portuguesa do século XVIII. Foi também base de toda a política externa de Portugal, cujo prestígio e capacidade de negociação dependiam, em larga medida, daquele mesmo desenvolvimento. É significativo que as instruções aos diplomatas acreditados em Lisboa persistentemente lhes cometessem a indagação do valor do comércio do Brasil e dos lucros que dele adviriam para a coroa portuguesa (cf., por exemplo, Saint-Aymour, *Recueil des instructions données aux ambassadeurs et ministres de France... – Portugal,* pp. 167, 262, 328). E percorrendo os relatórios dos diplomatas ingleses acreditados em Lisboa, nos séculos XVII e XVIII, apercebemo-nos facilmente da importância que para eles tinha a chegada das frotas do Brasil (cf. *Descriptive List of the State Papers Portugal 1661-1780...).* Já desde a segunda metade do século XVII, pelo menos, esses mesmos diplomatas se mostravam atraídos pela ideia de que os seus países substituíssem os Portugueses no comércio do Brasil [ver, por exemplo, o ofício do cônsul inglês em Lisboa, Maynard, para Lord Arlington, de 15 de Novembro de 1670 *(ibidem,* I, 89/11, fól. 19, p. 120)]. E, mais tarde (1766), o ministro britânico em Lisboa, Edward Hay, considerava o ouro brasileiro «the very utmost that our enemies aim at» *(ibidem,* III, 89/62, fól. 54, p. 12).

TITULO II
O Envolvimento de Portugal nas Contendas Europeias

1. **Portugal e a Guerra da Sucessão de Espanha**

A Paz dos Pirenéus obtida em 1659 reduziu apenas o poder espanhol em beneficio da França. Mas pelo casamento, então ajustado, de Luís XIV com a infanta Maria Teresa, filha de Filipe IV, logo se abriu a perspectiva de acesso ao trono de Espanha da Casa de Bourbon. É certo que o rei de França e a infanta renunciaram, por si e seus descendentes, àquele trono; e que Filipe IV, no seu testamento, os excluiu de tal sucessão. Mas a falta de pagamento do dote da infanta suscitou a validade da renúncia, a qual seria, em qualquer caso, duvidosa quanto aos descendentes. E, entretanto, o filho e sucessor de Filipe IV, Carlos II, sempre débil, não teve filhos de qualquer dos seus dois casamentos. Tal é a origem da Guerra da Sucessão de Espanha, disputada entre o imperador Leopoldo, em representação dos *Reis Católicos,* Fernando e Isabel, um príncipe francês, neto da infanta Maria Teresa, e um príncipe bávaro, neto da infanta Margarida Teresa. Ainda em vida de Carlos II (em 1668 e em 1698) os pretendentes ao trono de Espanha, entre os quais se contava então ainda o príncipe bávaro que depois faleceu (1699), tentaram resolver a sua contenda repartindo as possessões espanholas (ver Tratado de 15 de Outubro de 1700, *in* Borges de Castro, *Collecção*..., II, pp. 92 e ss.). Mas pouco antes de morrer, em 1700, Carlos II, dominado pelo partido francês, designou em testamento, como sucessor, seu sobrinho, o duque de Anjou, neto de Luís XIV e da infanta Maria Teresa, que, reconhecido como Filipe V de Espanha por diversas potências, entre elas naturalmente a França, ocupou o trono espanhol, sendo reconhecido também pelas Cortes reunidas em Madrid e em Barcelona, no ano de 1701. A solução desagradou a vários Estados. À Áustria, que pretendia instalar no trono espanhol o arquiduque Carlos, filho segundo do imperador Leopoldo; à Inglaterra, onde reinava Guilherme de Orange; e aos Países Baixos, receosos da expansão borbónica. A outros Estados que esperavam beneficiar da projectada partilha do Império espanhol também a solução desagradou. Mas o rei de Portugal, o duque de Sabóia e alguns príncipes alemães reconheceram imediatamente Filipe V como rei de Espanha. As Províncias Unidas e a Inglaterra também chegaram a reconhecê-lo, embora não lhes tenha agradado a ideia de que os Pirenéus pudessem deixar de existir, do ponto de vista político, pela formação de um grande bloco que havia de impor ao Mundo a sua vontade – afinal, a do rei de França. Aliás, não obstante o pronto reconhecimento de Filipe V, por influência de Luís XIV, esta união franco-espanhola também deverá ter inspirado fortes receios ao Governo de Lisboa. A Espanha, que não lograra absorver Portugal, em larga medida pela sua luta contra a França, bem poderia, com o apoio desta, vir a realizar aquela absorção. Aliás, tal hipótese fora várias vezes ventilada em Madrid pelos diplomatas franceses, a fim de obter adesões ao partido favorável a Luís XIV.

Em 1702 a Inglaterra decidiu apoiar o imperador e o arquiduque Carlos na sua luta contra a França e contra Filipe V, até aí limitada ao Norte da Itália, onde as possessões austríacas confinavam com as espanholas. As Províncias Unidas juntaram-se à coligação. A guerra alastrou de novo à Flandres.

Portugal, onde o partido francês perdera força, sobretudo desde o segundo casamento de D. Pedro II, mesmo assim foi atraído por Luís XIV para a sua órbita. Donde o tratado de 18 de Junho de 1701, pelo qual se reconheceu a realeza de Filipe V (ver Borges de Castro, *Collecção...*, II, pp. 114 e ss.). Deste tratado consta que a Inglaterra, não obstante a restauração dos Stuarts, ainda exigia de Portugal o resto das indemnizações impostas por Cromwell, do que Portugal pretendia exonerar-se (art. 6.°). Era tão insólita a atitude assumida por Portugal, dadas as suas ligações com a Inglaterra e os seus interesses em relação às potências marítimas opostas a Luís XIV[1], que os próprios ministros deste estranharam os êxitos obtidos pelo seu embaixador junto do Governo português (ver Visconde de Santarém, *Quadro Elementar* .... IV, II, pp. 768-769). Também o representante português em Paris, Cunha Brochado, estranhou a atitude, entendendo que deveríamos manter uma atitude de expectativa, armarmo-nos fortemente e, quando a situação estivesse melhor esclarecida e Portugal melhor preparado, «correr fortuna» com um dos partidos. Entretanto, exerciam-se pressões da Inglaterra, e também do Império e das Províncias Unidas, junto do rei de Portugal, no sentido de o fazer mudar de campo[2]. E D. Pedro II, receoso dos acontecimentos, talvez por alvitre de D. Luís da Cunha, representante em Londres, insistiu em Paris no pedido dos socorros estipulados no tratado de aliança. A França não podia prestar tais socorros; e, em vista disso, sucedendo-se os desastres militares franceses na Itália e no Reno, ao mesmo tempo que a esquadra inglesa comandada pelo almirante Stafford andava pelas costas de Portugal, D. Pedro II considerou nulos os tratados celebrados com a França. Passou-se a uma situação de neutralidade, que Portugal aproveitou para rearmar-se; ou no sentido de ver respeitada aquela neutralidade ou no de passar à beligerância em condições satisfatórias. Desde finais de 1702 já se considerava ponto assente nos meios diplomáticos que Portugal estava disposto a aderir à liga antifrancesa, tendo-lhe sido oferecida como recompensa a in-

---

[1] É curioso notar que as instruções de D. Pedro II a D. Luís da Cunha, seu enviado em Londres, que são de 1697, mostram completo entendimento quanto aos interesses de Portugal em face do problema da sucessão de Espanha (ver Visconde de Santarém, *Quadro Elementar...*, XVIII, pp. 180 e ss.). Não será de excluir que na decisão portuguesa de apoio à França tenham pesado aspectos respeitantes aos novos triunfos protestantes resultantes da subida ao trono inglês de Guilherme de Orange (1688), contra o qual Luís XIV pretendia opor os Stuarts destronados. Isso explicaria o interesse não apenas do embaixador francês mas também do núncio em que Portugal seguisse a França e a Espanha no reconhecimento dos direitos dos Stuarts ao trono inglês, ao que Portugal não acedeu (ver *Descriptive List...*, I, 89/18, fól. 47, p. 267).

[2] Como embaixador de Inglaterra veio para Lisboa o célebre John Methuen, com tal missão. Methuen desenvolveu extraordinária acção em defesa dos interesses do seu país, tanto no plano da política como na do comércio. E nem terá hesitado em tornar-se muito íntimo do confessor de D. Pedro II, a fim de beneficiar da sua influência, conforme o próprio embaixador referiu em ofício dirigido ao conde de Nottingham (ver *Descriptive List...*, I, 89/17, fól. 97, p. 247).

corporação no seu território das províncias galegas e estremenhas. Também lhe teriam sido oferecidas pelos Holandeses as Canárias e as Filipinas[3]. Dizia-se então que se estava negociando o casamento do príncipe do Brasil com uma arquiduquesa austríaca; e o do arquiduque Carlos, ou Carlos III de Espanha, com a infanta portuguesa Maria Teresa, que veio a falecer no começo do ano de 1703. Em consequência da mudança de rumo da política de Lisboa, os generais franceses procuravam reunir meios para atacar Portugal; e receavam um assalto português a Buenos Aires. Os receios franceses eram fundados; pois Portugal se aliou aos Ingleses, Austríacos e Holandeses por tratados ofensivos e defensivos de 16 de Maio de 1703[4].

Ao fim de mais de 30 anos de paz, Portugal de novo se preparava para a guerra. Em começo de 1704 o Governo de Lisboa interrompeu as relações com a França e com a Espanha[5]. A 7 de Março, o arquiduque Carlos, denominado então Carlos III de Espanha, desem-

---

[3] De dois artigos secretos do tratado de 16 de Maio de 1703 consta que o arquiduque Carlos, depois de receber a Coroa de Espanha, entregaria ao rei de Portugal as cidades e respectivos termos de Badajoz, Albuquerque, Valência de Alcântara, La Guardia, Tui, Baiona e Vigo, cedendo-lhe também todos os direitos sobre os territórios da margem esquerda do rio de La Plata (ver Borges de Castro, *Collecção...*, II, pp. 182 e ss.). Pelo tratado, Portugal obrigou-se a fazer a guerra apenas em território espanhol (art. 1.º).

[4] Ver Borges de Castro, *Collecção...*, II, pp. 140 e ss. Insere-se também na política de aproximação à Inglaterra o tratado celebrado em 27 de Dezembro do mesmo ano (ver Borges de Castro, *Collecção...*, II, pp. 192 e ss.), conhecido por Tratado de Methuen, do nome do embaixador inglês. Este tratado, muito discutido, abriu o mercado inglês aos vinhos portugueses e o mercado português aos tecidos ingleses (cf. Teixeira de Sampayo, *Para a História do Tratado de Methuen*, pp. 127 e ss.). Mais acentuadamente que qualquer tratado político, marcou este tratado comercial a submissão portuguesa à Inglaterra, sempre contrariada pela França, em razão dos seus interesses económicos. A disputa anglo-francesa quanto ao domínio do comércio português e espanhol manteve-se durante muito largo período. A Quádrupla Aliança de 1834 significa ainda que nem a Inglaterra nem a França tinham renunciado àquele domínio, querendo ambas beneficiar das debilidades peninsulares (cf. Saint-Aymour, *Considérations Politiques et Diplomatiques*, Paris, 1843).

[5] Só em Maio, quando tropas portuguesas e francesas combatiam já, o representante português, Cunha Brochado, deixou Paris. E, caso estranho, dadas as circunstâncias, Luís XIV despediu-se dele em audiência pública (ver Damião Peres, *A Diplomacia Portuguesa e a Sucessão de Eapanha*, pp. 167 e ss.). Também estranhamente se manteve durante todo o período de guerra, até 1711, a correspondência amigável entre D. João V e Luís XIV (ver Visconde de Santarém, Quadro *Elementar...*, V, pp. 1, 2, 5, 6, 12, 13 e 18).

barcou em Lisboa com um corpo expedicionário constituído por tropas de várias nacionalidades. As hostilidades iniciaram-se; mas, ao que parece em consequência do atraso dos preparativos portugueses, por iniciativa de Filipe V. E em termos desfavoráveis para Portugal, que foi invadido pela Beira, pelo Alentejo e pelo Algarve. Com os triunfos dos seus aliados na Alemanha, na Catalunha e na Andaluzia, melhorou a sorte das tropas portuguesas e inglesas que, em 1706, sob o comando do marquês das Minas[6], ocuparam Madrid e muitas províncias espanholas, até à Catalunha, embora por período curto. Pouco depois, derrotadas as tropas portuguesas, inglesas e holandesas em Almansa[7], de novo Portugal foi invadido. Em 1709, as armas

---

[6] Um dos triunfos do tratado de 1703 consistira em assegurar a reserva de comandos militares, nas operações a partir das nossas fronteiras, a oficiais portugueses, ficando também todas as tropas sujeitas às leis e jurisdições de Portugal (art. 15.º). Mesmo assim, alguns ressentimentos deixou entre os portugueses a ligação dos comandos das tropas aliadas; assim como a orientação geral das operações. E é de notar que, por vezes, o próprio embaixador inglês, John Methuen, julgou os ressentimentos fundamentados(ver *Descriptive List...*, I, 89/18, fól. 128, p. 274). Na base do tratado de 1703, opôs-se D. Pedro II a que Lord Galway comandasse tropas portuguesas, conforme pretendia (*ibidem*, 89/19, fól. 131, p. 299). Do mesmo modo procedeu D. João V, quando os ingleses quiseram, em 1711, que as tropas portuguesas pagas pela Inglaterra ficassem submetidas a comandos britânicos (*ibidem*, 89/21, fól. 8 v., p. 329).

[7] As tropas portuguesas e a cavalaria inglesa ainda puderam retirar para novas posições, em Alcira; mas as infantarias inglesa e holandesa caíram nas mãos do inimigo. Foram em número de 5 ou de 6 milhares os mortos nesta batalha; de 10 milhares os prisioneiros. O general inglês, Galway, e o generalíssimo marquês das Minas fcaram ambos feridos no combate. Tobias Smollett, historiador inglês que continuou a História de Inglaterra de David Hume, a partir de 1668, refere que terá morrido na batalha uma senhora que, por dedicação ao marquês das Minas, aí se encontrava disfarçada de militar (ver *History of England*, X, p. 88). Também na História de Portugal de Morais Silva, ou por ele traduzida, que a Academia das Ciências publicou, se encontra referência ao caso, a pp. 302 do tomo III. O desastre de Almansa parece ter demonstrado ser fundamentada a atitude dos comandos portugueses, que sempre se manifestaram contrários à marcha sobre Madrid, preferindo a ocupação de zonas fronteiriças a Portugal. Mas prevaleceu o ponto de vista inglês, através de pressões várias junto de D. Pedro II; e daí terão resultado os insucessos, porque as forças aliadas eram insuficientes para a ocupação de tão grandes áreas e para a defesa de tão extensas frentes (ver *Descriptive List...*, I, 89/19, fóls. 72 e ss., pp. 296 e ss.). Importará admitir também que os comandos portugueses tenham sido sensíveis aos efeitos desfavoráveis produzidos junto das populações e das tropas espanholas afectas ao arquiduque austríaco pelos desmandos dos soldados ingleses, holandeses e prussianos contra a Igreja e os seus estabelecimentos. À reacção contra tais atropelos são atribuíveis, em larga medida, os sucessos obtidos por Filipe V em Espanha (ver Menéndez y Pelayo, *Historia de los Heterodoxos Españoles*, VI, p. 35); e também a impopularidade desta guerra em Portugal.

portuguesas sofreriam novo desastre no Caia. Mas, no conjunto dos vários teatros de operações, os Franceses iam acumulando reveses. Na Flandres, como na Itália. Luís XIV não podia manter a luta empreendida; e, por isso, enviou à Haia uma embaixada, solicitando a paz, em 1709. Os aliados foram demasiado duros nas suas exigências; e a guerra prosseguiu, continuando os desastres militares para a França, que chegou a ser invadida.

Inesperadamente, porém, a estrela de Luís XIV brilhou de novo. Por circunstâncias fortuitas. Porque na Inglaterra os *whigs* foram substituídos no Poder pelos *tories*, avessos ao duque de Marlborough e favoráveis ao estabelecimento da paz. E, sobretudo, porque o imperador José, que já sucedera a seu pai Leopoldo, morreu em Viena (17 de Abril de 1711), sem deixar descendentes, pelo que lhe sucedeu na Coroa imperial seu irmão Carlos, o pretendente ao trono de Espanha oposto a Filipe V e aos Franceses.

A Inglaterra e as Províncias Unidas não estavam interessadas na reconstituição do império de Carlos V, unindo, sob o mesmo ceptro, a Áustria e a Espanha. Preferiam que o neto de Luís XIV se mantivesse no trono de Espanha. Por isso, a 8 de Outubro de 1711, não obstante o tratado de 16 de Maio de 1703 vedar qualquer suspensão de armas enquanto o neto de Luís XIV, ou qualquer outro príncipe francês, estivesse em Espanha (art. 21.º), foram assinados em Londres os preliminares da paz. Os sacrifícios de Portugal, através de uma longa e sangrenta guerra, que não despertou entusiasmo popular[8], ficariam sem recompensa minimamente adequada. A Inglaterra, abandonando o Império e os outros aliados, teria, em Utreque, a parte de leão, através das cedências da baía de Hudson, da Terra Nova, de Gibraltar, etc. A França conseguiria instalar no trono de Madrid um príncipe da Casa de Bourbon, Filipe V, neto de Luís XIV,

---

[8] Ver José Soares da Silva, *Gazeta em Forma de Carta*, I, pp. 11 e ss. Não parece também que esta guerra tenha suscitado interesse a outros níveis diversos do popular. Os oficiais portugueses mostraram-se sempre avessos a grandes ofensivas, que só foram empreendidas quando impostas pelo rei e por exigência da Inglaterra. Os comandos britânicos chegaram, por vezes, a admitir que houvesse um entendimento secreto entre os portugueses e o inimigo no sentido de não se atacarem violentamente (ver Relatório do General Thomas Leffever, in *Descriptive List...*, I, 89/20, fól. 284, p. 327; e Ofício de Lord Portmore, *ibidem*, 89/21, fól. 214, p. 340).

criando a ilusão, passageira, de que «já não havia Pirenéus». O Império alcançaria, em compensação, os domínios espanhóis da Bélgica e da Itália. A Espanha ficaria derrotada, no concerto europeu, através do desfecho da sua Guerra da Sucessão[9]. Mas, para Portugal, o poder espanhol, então na dependência aparente da França, continuaria a inspirar receios.

2. Paz de Utreque

Foi pesado o esforço de guerra de Portugal no conflito da sucessão de Espanha. E esse esforço tinha em vista alcançar posições estratégicas mais favoráveis na Europa, pelo alargamento do *hinterland* português, fixar as fronteiras meridionais do Brasil na margem esquerda do rio da Prata e libertar as regiões brasileiras do Norte das pressões francesas. Aliás, durante a guerra tivemos de combater não apenas na Europa mas também na América, onde Duguay-Trouin chegou a ocupar o Rio de Janeiro[10] e os espanhóis a colónia do Sacramento. E, se é certo que na Europa nenhuma vantagem nos adveio da participação na guerra, alguns sucessos conseguiram os diplomatas portugueses, em Utreque, quanto às fronteiras do Brasil.

---

[9] Utreque marca o insofismável declínio da Espanha, bem mais acentuadamente que a Paz de Vestefália ou o Tratado dos Pirenéus. Já se tem entendido mesmo que, a partir de então, a soberania espanhola nas Américas foi despida de conteúdo (ver Palacio Atard, *La España del Siglo XIX*, pp. 137 e ss.). Também com Utreque ficou estabelecida a unidade jurídica da Espanha, pois Filipe V quebrou os «fueros» e as relativas independências que a unidade política dos Reis Católicos não destruira. Que essas independências foram de relevo, revela-o, por exemplo, o processo de António Pérez, ministro de Filipe II caído em desgraça e que, tendo fugido para Aragão, o rei não conseguiu daquele seu reino que fosse entregue à justiça de Castela (ver Mignet, *António Perez et Philippe II*, pp. 128 e ss.).

[10] Os corsários franceses assaltaram o Rio de Janeiro por três vezes. Em 1565, sob o comando de Villegaignon, em 1710, sob o comando de Duclerc, e em 1711. Desta vez, o governador, Francisco de Castro Moraes, rendeu-se a Duguay-Trouin, só obtendo a retirada dos franceses na base do pagamento de 600 000 cruzados, açúcar e gado, «por não sentir donde possa tirar mais contribuição d'este povo». O governador português foi, por isso, julgado e condenado a prisão perpétua (ver Júdice Bicker, *Supplemento à Collecção...*, X, pp. 186 e ss.).

Arrastaram-se as negociações de Utreque que puseram fim à Guerra da Sucessão de Espanha, pois, iniciadas em 1712, só findaram em 1715. Nelas Portugal esteve representado por João Gomes da Silva, conde de Tarouca, e por D. Luís da Cunha, que viria a ser grande figura da diplomacia portuguesa do século XVIII[11]. Pelo Tratado de Utreque de 11 de Abril de 1713 (ver Borges de Castro, *Collecção...*, II, pp. 242 e ss.), a França desistiu das suas pretensões na Amazónia, tendo sido reconhecido a Portugal o domínio sobre as duas margens do rio Amazonas (art. 10.°). E pelo tratado que celebrámos com a Espanha, a 6 de Fevereiro de 1715 (ver Borges de Castro, *Collecção...*, II, pp. 262 e ss.), foi-nos restituída a colónia do Sacramento (art. 5.°).

---

[11] D. Luis da Cunha é não apenas figura marcada da diplomacia portuguesa do século XVIII, mas também da influência iluminista em Portugal. Dominado pelo amoralismo característico da época e dos meios que mais frequentou, «dissoluto e macróbio barregueiro de Paris», segundo Camilo Castelo Branco (ver *Perfil do Marquês de Pombal*, 7.ª ed., p. 81), D. Luís da Cunha conservou-se até à sua morte, em idade muito avançada, no exercício das funções de embaixador. Já octogenário e mantendo com uma célebre judia de Paris, de apelido Salvador, relações consideradas, pelos seus termos, escandalosas, julga-se que tais circunstâncias tenham diminuído as faculdades de D. Luís da Cunha, durante os seus últimos anos de vida. Datam dessa época as cartas que Alexandre de Gusmão lhe dirigiu menos respeitosas para D. João V, assim como os escritos mais difundidos do célebre diplomata. Tem-se-lhe atribuído grande influência na política portuguesa, designadamente quanto à permeabilidade desta às novas correntes da filosofia liberal. No entanto, D. Luís da Cunha manteve-se sempre fiel aos cânones da economia mercantilista, aliás com algum anacronismo; e, nessa base, criticou severamente o Tratado de Methuen. As *Instruções a Marco António de Azevedo Coutinho*, escritas a pedido deste quando assumiu as funções de secretário de Estado dos Negócios Estrangeiros, e que não terão chegado a ser lidas pelo destinatário, contêm revelações curiosas quanto aos quadros da política externa portuguesa, quanto às preocupações renovadoras de D. Luís da Cunha e quanto ao seu muito acentuado anticlericalismo. Ao diplomata joanino tem sido atribuída também uma carta escrita entre 1747 e 1749 e dirigida ao príncipe D. José, conhecida por «Testamento Político de D. Luis da Cunha». Este constitui um resumo das *instruções*, embora contenha alguns pontos novos (cf. Ferrand de Almeida, *A Autenticidade do «Testamento Político» de D. Luís da Cunha*, pp. 81 e ss.). Entre eles, a indicação de um diplomata então pouco conhecido, Sebastião José de Carvalho e Melo, para ocupar uma das Secretarias de Estado. E porque Pombal se mostrou, de algum modo, fiel às preocupações inovadoras de D. Luís da Cunha, é de admitir que, por tal via, a influência deste tenha perdurado na política portuguesa. Aliás, foram a indicação de Pombal e o acentuado anticlericalismo que determinaram, nalguns meios, a aura criada em torno do nome de D. Luís da Cunha, o qual, sem prejuízo dos méritos de experimentado diplomata, não se mostra, através dos escritos dele conhecidos, nem pensador nem literato de elevado nível.

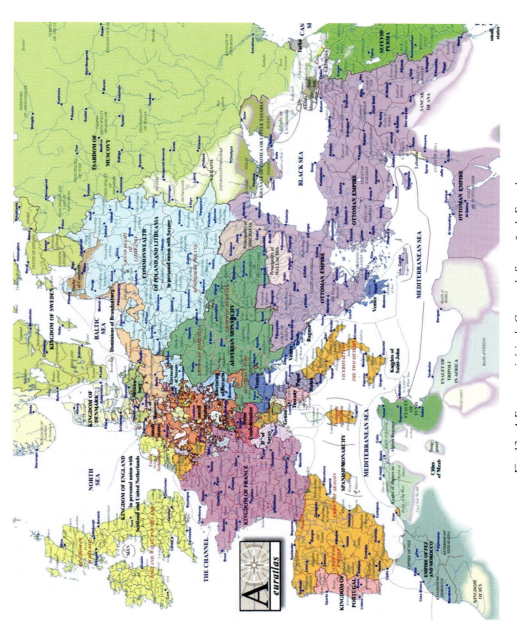

Fig. 13 – A Europa no início da Guerra da Sucessão de Espanha

Conforme já referido, foi em relação às Molucas e ao curso do rio da Prata que surgiram dúvidas entre portugueses e espanhóis quanto às esferas de influência definidas em Tordesilhas. A Restauração pôs termo, naturalmente, ao bom entendimento e às trocas comerciais que se tinham estabelecido entre o Rio de Janeiro e Buenos Aires, cuja conquista foi então planeada pelos Portugueses. Em 1680 fundou-se a colónia do Sacramento, em frente da cidade de Buenos Aires, cuja posse, após várias lutas, foi reconhecida a Portugal pelo tratado de 7 de Maio de 1681. Aí estabeleceram os Portugueses um próspero comércio de couros, baseado em rica produção pecuária; mas a colónia do Sacramento teve de ser abandonada em 1705, em consequência dos ataques espanhóis. Assim, tendo perdido, pelas contingências da guerra, a posse efectiva da colónia do Sacramento, mais difícil se tornou para Portugal obter o reconhecimento do domínio sobre aquela colónia, que se traduziu numa restituição[12]. A luta pela posse da margem esquerda do rio da Prata duraria mais um século.

É de sublinhar a atitude marcadamente antibritânica e pró-francesa dos plenipotenciários portugueses em Utreque. Atitude correspondente, aliás, sobretudo, à posição de D. Luís da Cunha, que com frequência se mostrou avesso à aliança com a Inglaterra. Inclusivamente, procuraram os diplomatas portugueses, sem sucesso, contrariar a ocupação pelos Ingleses da ilha de Minorca e de Gibraltar. Ou, pelo menos, D. Luís da Cunha, muitas vezes desavindo com o conde de Tarouca[13].

---

[12] Ver Ferrand de Almeida, *A Diplomacia Portuguesa e os Limites Meridionais do Brasil*, Coimbra, 1957; *A Perda da Colónia do Sacramento em 1680*, Coimbra, 1970; *A Colónia do Sacramento na Época da Sucessão de Espanha*, Coimbra, 1973.

[13] Também o conde de Tarouca, não obstante os serviços prestados a Portugal como diplomata, constitui um exemplo de desenraizamento, frequente entre os diplomatas. Após longos anos passados em Viena como representante de Portugal, faleceu pouco depois de receber instruções de Lisboa para ocupar a Legação em Londres. Um dos filhos, Manuel Teles da Silva, muito ligado à Corte de Viena, ocupou altos cargos do Império e lá ficou, tendo ingressado na alta nobreza austríaca. Com efeito, Manuel Teles da Silva, duque do Império, que em jovem fugira de Lisboa, na companhia do infante D. Manuel Bartolomeu, e com ele combateu contra os Turcos, foi conselheiro influente junto da imperatriz Maria Teresa, presidente das chancelarias dos Países Baixos e da Itália sob administração imperial. As cartas por ele dirigidas a Pombal revelam uma personalidade rica, sólidos conhecimentos políticos e continuidade no interesse pelas coisas portuguesas, não obstante o desenraizamento

Seria menos marcadamente pró-francesa a posição do Governo de Lisboa, e em especial do secretário de Estado Diogo de Mendonça Corte-Real, naturalmente receoso da união familiar entre a França e a Espanha. Daí os esforços que se terão empreendido para apoiar os Catalães no sentido de proclamarem uma república independente, com a qual o rei português celebraria uma aliança perpétua. Tais esforços, com os quais Lisboa estaria disposta a gastar, se fosse preciso, «todo o ouro do Brasil», preocupavam muito o embaixador francês (ver Visconde de Santarém, *Quadro Elementar...*, v, pp. 93 e XVI-XVIII). É de notar que durante a Guerra da Sucessão de Espanha tropas portuguesas tinham combatido, durante longos períodos, na Catalunha, achando-se alguns chefes militares familiarizados com o respectivo ambiente regional.

(cf. Carlos da Silva Tarouca, *Correspondência entre o Duque Manuel Teles da Silva e Sebastião José de Carvalho e Melo*, pp. 281 e ss.). Terá sido Manuel Teles da Silva iniciado numa loja maçónica de Viena (Ver Oliveira Marques, *Dicionário de Maçonaria Portuguesa*, II, p. 1412). Sobre a participação portuguesa na Guerra de Sucessão de Espanha, ver tb. Soares Martínez, *A Época do Marquês das Minas*, in "Comemorando os 300 Anos da Conquista de Madrid", Lisboa, 2006, pp. 15-24; Ana Leal de Faria, *Arquitectos da Paz – A Diplomacia Portuguesa de 1640 a 1815*, pp. 134-138.

TITULO III
A Tentativa Joanina de uma Política Externa Autónoma

1. Relativa independência da política externa portuguesa

D. Pedro II faleceu em 1706; pelo que a Paz de Utreque se situa já no reinado de D. João V. Mas Utreque corresponde ainda à herança do reinado anterior, pois quando D. João V subiu ao trono já nos achávamos envolvidos na Guerra da Sucessão de Espanha. É após Utreque que se inicia realmente a nova fase da diplomacia portuguesa. Em termos de extraordinário esplendor e consequente prestígio de Portugal no Mundo. Novamente o brilho das embaixadas[14] e o talento

---

[14] Numa Europa faustosa, como foi a desta época, conseguiram brilhar pelo esplendor as embaixadas de Portugal. Entre elas a do conde de Vilar Maior, depois marquês de Alegrete, que em Viena negociou o casamento de D. João V com a princesa Maria Ana. E a entrada em Roma do conde das Galveias (1718) passa por ter sido a mais faustosa assinalada na Cidade Eterna; ao menos depois da de Tristão da Cunha, de 1514. Também as festas organizadas pelas missões diplomáticas portuguesas tinham, por vezes, carácter popular. Foi o caso dos festejos com que se celebrou, na Haia, em 1714, o nascimento de um infante português, festejos que incluíram distribuições de esmolas aos pobres de todas as religiões, refeições distribuídas nos hospitais, serenatas nos canais e luminárias por toda a cidade (ver *Cartas do Conde de Tarouca...*, pp. 115 e ss.). É referida também a sumptuosidade da embaixada do conde da Ribeira junto da corte de França (ver D. António Caetano de Sousa, *Historia Genealogica...*, VIII, p, 199). D. Pedro II ainda deparou, em 1674, com a incompreensão dos procuradores em Cortes quanto ao interesse das despesas com as embaixadas (ver *Monstruosidades do Tempo e da Fortuna*, pp. 247 e ss.); mas D. João V não teve de enfrentar reacções semelhantes, porque a situação económica melhorara bastante e também porque não se convocaram Cortes em Portugal durante o período joanino, o que talvez possa ainda explicar-se pela prosperidade alcançada, pois uma das razões de reunirem Cortes sempre assentou nas dificuldades financeiras e na necessidade de pedir aos povos mais acentuados sacrifícios tributários.

dos embaixadores correram paralelos. Nessa base assentou um longo reinado de relativa paz, segurança, externa como interna, e indiscutível prosperidade, tanto cultural como económica, pública e privada[15].

D. João V representa um relativo afastamento de Portugal da Inglaterra; mas também da França. Ele próprio era filho de uma princesa alemã, Maria Sofia de Neubourg; casou com uma austríaca, D. Maria Ana, irmã do imperador Carlos, o antigo pretendente ao trono de Espanha. A filha, Bárbara de Bragança, foi rainha de Espanha, pelo seu casamento com o futuro Fernando VI. O filho que lhe sucedeu no trono, D. José, também casou com uma princesa espanhola, D. Mariana Vitória. Parecia regressar-se à política da 2.º Dinastia, que Alcácer Quibir interrompera. D. João V, que terá aprendido muito através das negociações de Utreque, quis manter-se alheado dos conflitos entre as potências europeias, das quais não pretendia senão uma convivência pacífica que nos libertasse as potencialidades exigidas pelos empreendimentos ultramarinos. Mas a paz na Europa reclamava uma intensa e bem orientada acção diplomática, que não nos vinculasse apenas a uma grande potência.

---

[15] Não caberiam aqui largas referências à obra cultural e de fomento então empreendida, não apenas no Reino como também no Brasil, em Goa e noutras partes, que se traduziu tanto na fundação da Academia da História, a mais antiga das academias portuguesas, e das bibliotecas de Coimbra e de Mafra, como na construção do Aqueduto das Águas Livres, decisiva para o progresso de Lisboa, e na do grandioso convento que, constituindo réplica do Escorial, oferece também significado amplo no plano do prestígio português. Mais facilmente se justificará, num estudo sobre as relações externas de Portugal, que não se omita a criação por D. João V da Academia de Portugal em Roma, onde fizeram a sua preparação numerosíssimos pintores, escultores e arquitectos, que lá estiveram como bolseiros. Também à História Diplomática interessará registar que D. João V tornou a documentação da Torre do Tombo acessível aos estudiosos, aos quais concedeu bolsas generosas. Cumprindo ponderar que a prosperidade económica interna condiciona o prestígio externo dos Estados, não deixará de ser oportuno referir que D. João V muito contribuiu para a redução das importações, através, designadamente, das obras realizadas no Arsenal de Lisboa e das consequentes construções de navios que aí se faziam, do apetrechamento das fábricas militares de Lisboa e de Estremoz, da construção da fábrica de pólvora, da instalação, pelo cardeal da Mota, da fábrica das sedas das Amoreiras, onde passaram a produzir-se tecidos julgados tão bons e delicados como os franceses de Lião, e dos incentivos dados às fábricas da Covilhã, onde se confeccionavam todos os fardamentos, antes vindos de fora, às de vidros e à de atanado. A grande expansão urbana de Lisboa, até Belém e até Campolide, data desta época de prosperidade geral para grandes e pequenos (ver D. António Caetano de Sousa, *Historia Genealogica...,* VIII pp. 259 e ss.).

Já bem enraizada a Dinastia de Bragança e enriquecido o País pelas receitas mineiras do Brasil, a Corte de Lisboa quis fazer sentir bem a todos os Estados a independência portuguesa. Daí a abolição de algumas franquias dos diplomatas estrangeiros, os quais pretendiam que os oficiais de justiça nem sequer passassem à porta das suas casas[16]. Outros exemplos da energia então havida nas relações externas respeitam ao agravamento do imposto sobre o sal de Setúbal, exportado para a Holanda, à questão protocolar suscitada em torno do embaixador francês, abade de Livry[17], e à elevação ao cardinalato de Monsenhor Bichi. Também D. João V, consciente dos perigos potenciais resultantes das riquezas da América, vedou aos estrangeiros a entrada no Brasil (Alvarás de 8 de Fevereiro de 1711 e de 20 de Março de 1720).

Do prestígio alcançado por Portugal nesta época são reflexos, nomeadamente, as ofertas dos tronos da Polónia, da Córsega e da Sardenha ao infante D. Manuel, cujos projectos o rei português contrariou. Talvez por entender que o futuro de Portugal não estava na Europa.

A aproximação à Áustria e à Espanha não excluiu o apoio na aliança inglesa, como se viu através do conflito luso-espanhol, iniciado em 1734 e sanado em 1737, por mediação franco-britânica, embora não inteiramente a contento de D. João V. Aliás, as posições estratégicas de Portugal, a sua riqueza, a sua cultura e a sua coerência política tornavam a aliança com Portugal nesta época ambicionada pelas outras potências.

A independência de Portugal no plano internacional durante este período revela-se, sobretudo, através da linha de continuidade da

---

[16] Aliás, já D. Pedro II abolira as franquias dos « bairros dos embaixadores», com alguma resistência do representante francês, Oppet, que acabou por resignar-se com aquela abolição. Mas, no tempo de D. João V, o embaixador austríaco, bispo de Lubiana, tentou opor-se a que passassem pela sua porta oficiais de justiça de vara alçada ou conduzindo presos, no que foi apoiado pelo embaixador inglês, Galway, e ainda outros diplomatas. O rei português mostrou a maior firmeza no caso e os diplomatas submeteram-se (ver *Alvará* de 11 de Dezembro de 1748; D. António Caetano de Sousa, *Historia Genealogica...*, VIII, pp. 82 ess.; Visconde de Santarém, *Quadro Elementar...*, II pp. 337 e ss.).

[17] Pretendia o embaixador francês que o secretário de Estado Diogo de Mendonça Corte-Real o fosse visitar antes de o diplomata solicitar a primeira audiência. Tal foi a origem da questão.

política externa portuguesa; mas também através de múltiplos episódios. Entre eles o narrado pelo representante inglês em Lisboa, Lord Tyrawly, ao duque de Newcastle, por ofício de 17 de Julho de 1739. A Inglaterra pretendia o apoio português na guerra com a Espanha, que parecia iminente. Face ao pedido, D. João V declarou frontalmente a Lord Tyrawly que não via razão para apoiar a Inglaterra, posto que também esta se recusara a prestar auxílio a Portugal quando a colónia do Sacramento fora atacada pelos espanhóis em 1735 (ver *Descriptive List...*, II, 89/40, fól. 53, p. 177).

2. Criação da Secretaria de Estado dos Negócios Estrangeiros

A política externa portuguesa foi, efectivamente, orientada pelo próprio D. João V durante todo o seu reinado. Isso resulta claramente dos relatos dos diplomatas estrangeiros e da troca de correspondência entre o rei e o cardeal da Mota, que, após a morte de Diogo de Mendonça Corte-Real, foi secretário de Estado de D. João V e, de facto, que não de direito, seu primeiro-ministro, cargo legalmente inexistente.

Foi o cardeal da Mota quem, apontando os inconvenientes da repartição das Secretarias de Estado, das Mercês, Expediente e Assinatura, na base do Alvará de 29 de Novembro de 1643, sugeriu a D. João V a criação de três Secretarias de Estado: do Reino, da Marinha e Ultramar, e dos Negócios Estrangeiros[18]. Por esta ficariam a correr também os assuntos da Guerra, quando não respeitavam à Marinha ou ao Ultramar. Na base da referida sugestão foi criada a Secretaria de Estado dos Negócios Estrangeiros e da Guerra, por alvará de 28 de Julho de 1736. A esta Secretaria de Estado ficaram a caber «todas as negociações com qualquer outra Corte; as nomeações dos Ministros, que houverem de servir-me nas ditas Cortes; as instruções, avisos, ordens e respostas dos mesmos Ministros; os des-

---

[18] D. João V terá tido em grande apreço político os diplomatas, porquanto os chamou muito frequentemente para as Secretarias de Estado, e não apenas para a dos Negócios Estrangeiros. Assim, Pedro da Mota e Silva, secretário de Estado do Reino, fora antes representante em Roma, e António Guedes Pereira, secretário de Estado da Marinha, fora ministro em Madrid. Também Diogo de Mendonça Corte-Real fora diplomata.

pachos sobre a sua subsistência, os Tratados de paz, de guerra, casamentos, alianças, comércio, e quaisquer outros, que se celebrarem; as cartas para os Reis, Príncipes e quaisquer outras pessoas de fora dos meus Domínios; e as conferências com os ministros estrangeiros» (ver Visconde de Santarém, *Quadro Elementar...,* v, pp. CCXXXV e ss.; Eduardo Brazão, *D. João V, Subsídios para a História do Seu Reinado,* pp. 51 e ss.; *A Secretaria de Estado dos Negócios Estrangeiros Criação de D. João V,* Coimbra, 1978). Sobre o número de Secretarias de Estado a estabelecer, entendeu o cardeal da Mota, segundo carta sua dirigida a D. João V, que não deveriam passar de três, «porque para mais temos pequeno mapa, parecerá mal tantos cortadores a esfolar hum pequeno carneiro (perdoe V. M. a expressão porque me não occorreo outra mais polida)». E assim se fez, conforme sugerido pelo cardeal nessa sua carta de 22 de Maio de 1736 (ver Bibl. Nacional, códice 8058, fls. 240 a 243 e transcrição parcial *in* Luiz Teixeira de Sampayo, *O Arquivo Histórico do Ministério dos Negócios Estrangeiros,* pp. 12-13).

3. Relações com a Santa Sé

Regressou-se então também ao apoio de Roma. Não através de solicitações humildosas; mas sim de provas de força, dadas tanto pelas armas, ou pela provada capacidade de usá-las, como pela diplomacia portuguesa.

Em 1716, tal como acontecera por diversas vezes no decurso dos séculos XV e XVI, a Santa Sé e a república de Veneza pediram a Portugal socorro na luta contra os Turcos, que novamente ameaçavam todo o Mediterrâneo oriental[19]. E esse pedido só por si é significativo quanto ao renascimento da força e do prestigio de Portugal. D. João V, correspondendo ao pedido pontificio, fez demandar o Mediterrâneo a esquadra que estava aprestada para castigar os piratas franceses nas costas do Brasil. Porque as ameaças externas à Europa mereciam ao rei português uma quebra da neutralidade relativa que

---

[19] Ver correspondência entre o papa Clemente XI, o doge de Veneza e D. João V, *in* Júdice Bicker, *Supplemento à Collecção...,* X, pp. 270 e ss.; D. António Caetano de Sousa, *Historia Genealogica...,* VIII, pp. 2 14 e ss.

aí se queria manter. A esquadra portuguesa, sem chegar a combater, terá obrigado os Turcos, pela sua aproximação, a levantarem o cerco a Corfu. E, no ano seguinte, perante nova investida turca, a esquadra portuguesa derrotou a esquadra otomana em frente do cabo de Matapan[20]. Coincidem com este apoio português numerosos privilégios concedidos pela Santa Sé a Portugal. Nomeadamente, a criação do Patriarcado de Lisboa, com regalias que imprimiram à capital portuguesa características de uma outra Roma do Ocidente[21].

---

[20] Foi acesa durante os séculos XVII e XVIII a disputa aos Turcos de todo o Oriente da Europa. A luta prosseguiria, já no século XIX, pela separação do Império Otomano, sucessivamente, da Sérvia (1812), da Grécia (1830), da Bulgária (1878) e da Roménia (1878). E terminaria, depois de 1918, pelo afastamento dos Turcos de todos os territórios europeus, com excepção da cidade de Constantinopla. A Batalha de Matapan (19 de Julho de 1717) insere-se nesta luta plurissecular. Nesse mesmo ano de 1717, as tropas austríacas conquistaram a cidade de Belgrado (16 de Agosto), tendo participado na acção o infante D. Manuel Bartolomeu, irmão de D. João V, e numerosos oficiais portugueses. Na Batalha de Matapan participaram sete naus e mais quatro navios de guerra portugueses, aos quais se juntaram uma flotilha veneziana e outros navios auxiliares. Calcula-se que na batalha tenham morrido 5000 turcos e 200 portugueses. A vitória foi celebrada em Lisboa com luminárias, repiques e salvas de artilharia, que duraram de 3 a 5 de Outubro de 1717 (ver Freire de Oliveira, *Elementos para a História do Município de Lisboa*, XI, pp. 229 e ss.). Não se conhecendo vantagens materiais imediatas desta intervenção militar para Portugal, tem ela sido frequentemente apreciada em termos desfavoráveis em relação à política joanina. Mas não poderá excluir-se liminarmente que as tenha também havido. É de notar o teor das relações políticas e familiares então mantidas entre a Corte de Lisboa e a de Viena, para a qual as vitórias obtidas sobre os Turcos valeram a posse da Hungria, pelo Tratado de Passarovitz de 1718. Sobre a Batalha de Matapan ver D. António Caetano de Sousa, *Historia Genealogica...*, VIII, pp. 214 e ss.; Carlos Selvagem, *Portugal Militar*, pp. 468-469; Mata Oliveira, *Alguns Manuscritos sobre a Batalha do Cabo Matapan*, Famalicão, 1950. Outra batalha naval foi travada, ao largo do mesmo cabo Matapan, ao sul do Peloponeso, ou Moreia, durante a II Guerra Mundial, em 1941, circunstância que poderá sugerir algumas reflexões quanto às constantes de ordem geoestratégica.

[21] Muitos dos benefícios obtidos de Roma, se não todos, tinham, no plano das relações diplomáticas, apenas o interesse do seu simbolismo. Tal como o das precedências, das designações e tratamentos. Mas esse simbolismo, que continua a ter relevo a nível internacional superior ao mantido nas relações sociais em geral, era objecto de maiores atenções ainda na vida diplomática dos séculos XVII e XVIII. Os Estados que pretendiam afirmar o seu poder no plano internacional esforçavam-se por conseguir as manifestações de apreço de que beneficiavam as maiores potências. Assim, tendo-se estabelecido, a partir de 1601, e a pedido de Filipe III, o uso da oferta de «faixas bentas» pelo Papa aos herdeiros dos tronos de Espanha e de França, logo depois se estendeu tal uso, a pedido de D. Pedro II, aos herdeiros do trono português. Cabendo aos reis de Espanha a designação de «católicos» e

Mas, assim como até no século XVI, não obstante o entendimento com a Santa Sé, Portugal teve, por vezes, de manifestar junto dela discordâncias e oposições, em benefício dos interesses nacionais e da concepção portuguesa quanto à defesa comum da Cristandade, também no tempo de D. João V se manifestaram desinteligências entre a Corte de Lisboa e a Cúria romana. E essas mesmas desinteligências revelam que o rei português e os seus secretários de Estado, mesmo quando purpurados, se empenhavam, sobretudo, em defender a posição nacional, face à Igreja. Contrariamente ao que resulta, por vezes, de afirmações com origem nos pontos de vista dos Estados de religião reformada. Na base das próprias relações de bom entendimento havidas com Roma, foi de extrema firmeza a diplomacia de D. João V, em defesa, junto da Santa Sé, dos privilégios, prestígio e dignidade da Nação Portuguesa. Como sempre, as relações amigáveis facilitaram a definição intransigente dos próprios interesses; sem que tal definição pudesse interpretar-se como pretexto de hostilidade.

Assim, foram cerceados, no tempo de D. João V, os poderes das jurisdições eclesiásticas, na continuidade da orientação já claramente traçada no tempo de D. João III; ao mesmo tempo que se estabeleceu o princípio da sujeição do clero ao pagamento das *décimas* (ver «Instruções de D. João V ao Conde das Galveias», in Eduardo Brazão, *Relações Externas de Portugal - Reinado de D. João V,* II, pp. 10 e ss.). E, em defesa do prestígio português, não hesitou a Corte de Lisboa em interromper as relações com Roma, em razão de

---

aos de França a de «cristianíssimos», reivindicou D. João V, e obteve, para os de Portugal, a de «fidelíssimos» (1748). O *motu proprio* de 23 de Dezembro de 1748, que concedeu a D. João V e aos seus sucessores o título de *rei fidelissimo,* é muito expressivo quanto aos serviços prestados, através dos tempos, pelos reis de Portugal, em defesa da Igreja (ver Borges de Castro, *Collecção...,* II, pp. 328 e ss.). Pelo breve *Praeclara Chariasimi in Christo Filio,* de 3 de Outubro de 1738, os cónegos da Sé Patriarcal de Lisboa, já designados por «principais», foram autorizados a usar mitras «e andar ao modo dos bispos». Tais concessões pesaram no prestígio português a nível internacional. É de notar que, no Direito Canónico, os patriarcas ocupam a maior dignidade eclesiástica, acima dos *primazes* e dos *metropolitas*; e o Concílio de Niceia de 325 reservou a dignidade patriarcal apenas a Roma, Alexandria e Antioquia. Acresceram depois algumas outras patriarcais: Constantinopla (381), Veneza (1451), Índias Ocidentais espanholas (1500), Lisboa (1716), Arménia (1867), Índia Portuguesa (1886).

a Cúria não ter oportunamente elevado ao cardinalato o arcebispo Vicente Bichi, núncio em Lisboa.

Não tinha Portugal que apreciar os méritos ou deméritos de um príncipe da Igreja relativamente ao seu ingresso no Sacro Colégio. E razões consistentes terão assistido à Cúria para pretender vedar o acesso de Monsenhor Bichi ao cardinalato. Mas já então se estabelecera no plano da diplomacia pontifícia o uso de impor o barrete cardinalício aos prelados que cessavam as funções de nunciatura junto das Cortes católicas de mais assinalado relevo (Viena, Paris e Madrid). Ora D. João V não quis perder a oportunidade de consagrar o mesmo uso em benefício dos núncios acreditados em Lisboa. Roma acabou por ceder. Graças à diplomacia portuguesa, Vicente Bichi foi cardeal; e passou a constituir, desde então, um indiscutível privilégio consuetudinário de Portugal, nas suas relações com a Santa Sé, o ingresso no Sacro Colégio dos representantes pontifícios, ao cessarem a sua nunciatura em Lisboa, ou ainda durante a mesma[22].

Foi igualmente enérgica a defesa do Padroado português do Oriente pela diplomacia joanina, que não apenas consolidou o que restava daquele Padroado, como tentou ainda a erecção de novas dioceses, nele integradas, no Sião, no Tonquim e na Cochinchina. Relativamente a tais pretensões não foi D. João V bem sucedido. É natural, porém, que o exagero das referidas pretensões se destinasse, sobretudo, a tornar indiscutíveis os «direitos do padroado» no Índico e na China[23].

---

[22] Já no século XX se esboçaram resistências da Santa Sé quanto à elevação ao cardinalato de um núncio em Lisboa. Mas também então a firme reacção portuguesa permitiu que o caso fosse solucionado de harmonia com a tradição diplomática.

[23] Os «direitos de padroado» consistem no conjunto de benefícios e privilégios concedidos pela Igreja ao fundador de um estabelecimento pio e aos seus sucessores. Entre esses privilégios contava-se, geralmente, a «apresentação» de párocos e coadjutores propostos pelo fundador; ou mesmo a nomeação dos mesmos. Tais privilégios, ajustados às leis, costumes e interesses dos chefes bárbaros, tiveram frequentemente influência na sua conversão ao Cristianismo; e acabaram por enraizar-se como factores que muitas vezes facilitaram as manifestações de generosidade dos particulares em relação à Igreja. Compreende-se que a comunidade portuguesa, ou os seus príncipes, como fundadores de tantas igrejas e estabelecimentos eclesiásticos, que se foram erguendo por terras metropolitanas e ultramarinas, beneficiassem de um «direito de padroado». Mas, também compreensivelmente, esse direito suscitou dúvidas e contendas entre a Cúria Romana e o poder régio. Nomeadamente enquanto a Dinastia brigantina não foi reconhecida por Roma. Relativamente à Metrópole, a

Também a acção diplomática joanina levou ao reconhecimento, aos reis de Portugal, em 1740, do direito de apresentação dos bispos metropolitanos. Na mesma linha de continuidade terá D. João V obtido da Cúria romana que a constituição de advogado fosse reconhecida como direito dos arguidos nos processos cuja instrução cabia ao Tribunal do Santo Oficio (ver Moraes Silva, *Historia de Portugal...*, III, p. 348).

A firme defesa dos interesses portugueses suscitou questões várias entre a Corte de Lisboa e Roma; até por motivos fúteis, ou que como tais poderiam ser tidos. Foi o caso da questão originada na quebra de privilégios da Igreja do Loreto, ou dos Italianos, em Lisboa (ver *Descriptive List...*, 11, 89/33, fóls. 101-103, pp. 44-45).

---

questão ficou solucionada no tempo de D. João V, só tendo voltado a suscitar-se quando, pelos decretos de 30 de Junho de 1832 e de 5 de Agosto de 1833, o Governo português se arrogou, unilateralmente, o direito de nomear bispos, párocos e quaisquer empregados eclesiásticos. Os últimos vestígios de um «direito de padroado» ou de «apresentação», na Metrópole, desapareceram, de facto, em 1911. No Ultramar, o «direito de padroado» cabia aos reis de Portugal na sua qualidade de grão-mestres da Ordem de Cristo; e sem dúvidas ou discrepâncias até que, sob a Dinastia filipina, em 1596, foi fundada em Roma a Congregação da Propagação da Fé, através da qual, em face das debilidades portuguesas, sobretudo no Oriente, a Santa Sé procurou ocupar-se directamente da acção missionária e restringir a esfera do Padroado português. Essas restrições acentuaram-se durante a Restauração; até por se acharem interrompidas as relações entre Portugal e Roma. Mesmo assim, sofrendo restrições várias embora, o Padroado português foi mantido e os respectivos direitos vigorosamente sustentados pela política joanina. Depois de 1834, achando-se de novo interrompidas as relações com Roma, a Santa Sé, unilateralmente, retirou da esfera do Padroado as dioceses de Cranganor, Meliapor, Cochim e Malaca, até aí sufragâneas de Goa, cuja arquidiocese chegou a abranger, no século XVI, todos os territórios desde o cabo da Boa Esperança até ao Japão, cabendo o respectivo Padroado, *in perpetuum*, aos reis de Portugal e seus sucessores. O Padroado exercia-se, pois, e sempre se exerceu, em territórios sobre os quais Portugal não tinha, nem pretendia ter, quaisquer direitos no plano temporal; embora fosse diversa a tese defendida pela Propagação da Fé. A esfera do Padroado foi sendo restringida sempre, pouco a pouco, até ao acordo de 1950, pelo qual o Estado português renunciou ao direito de apresentação de bispos cujas dioceses se achavam em territórios da União Indiana (ver *Direitos de Padroado de Portugal em África – Memoranda*, Lisboa, 1883; Silva Rego, *O Padroado Português do Oriente*, Lisboa, 1940).

4. Política joanina nos quadros europeus

a) A desconfiança das protecções estrangeiras e a ambição de viver em paz

Eram dolorosas as desilusões acumuladas pelos Portugueses relativamente aos apoios e alianças alcançados junto de diversas potências, através das guerras da Restauração e da Sucessão de Espanha. O preço elevado desses apoios explicava, em larga medida, que, não obstante o acesso dos Portugueses a riquezas fabulosas, cujo conhecimento excitava a imaginação e a cobiça de outros povos, tanto a Coroa como os particulares continuassem todos relativamente pobres. Em confronto com o estilo de vida próprio dos grupos sociais poderosos em países como a Inglaterra, a França e alguns outros Estados europeus, eram de extrema sobriedade os gastos dos notáveis portugueses, no século XVIII. E essa sobriedade abrangia o alto clero, a nobreza e a burguesia rica do comércio e das indústrias nascentes introduzidas pela política económica do conde da Ericeira[24]. É bem possível que a relativa pobreza das classes superiores em Portugal seja explicável por um acentuado ruralismo, pelo reduzido número de centros urbanos e pelo desafogo das classes populares, em confronto com a situação das mesmas nos países ditos ricos. Porquanto

---

[24] D. Luís de Meneses, 3.° conde da Ericeira, general das guerras da Restauração e celebrado autor da *História de Portugal Restaurado*, foi nomeado vedor da Fazenda, em 1675. No exercício desse cargo se mostrou habilíssimo político, inspirado nas concepções mercantilistas dominantes na época. Consciente da quebra de receitas do comércio do Oriente, e não podendo ainda prever o acréscimo de réditos que adviria do Brasil, o conde da Ericeira procurou solucionar a grave crise económico-financeira que afligia Portugal travando as importações e fomentando a exportação. Para isso, e através da legislação proteccionista adoptada, promoveu a constituição de numerosas unidades industriais, sobretudo de lanifícios, sedas, vidros e couros, na base da proibição (1677) do uso de diversos artigos provenientes do estrangeiro. Ao conde da Ericeira se ficaram a dever, designadamente, os núcleos de indústrias têxteis do Fundão, da Covilhã e de Portalegre. A política moderadamente proteccionista do conde da Ericeira e, consequentemente, também grande parte do impulso por ele dado à industrialização portuguesa, perderam-se, em larga medida, quando, por determinantes da política externa, passou a seguir-se, relativamente à Inglaterra e na base do Tratado de Methuen, uma política livre-cambista assente na troca de tecidos ingleses por vinhos portugueses, que encontraria justificação teórica, no começo do século XIX, na teoria ricardiana dos custos comparativos.

as desigualdades sociais particularmente acentuadas se acham com frequência ligadas às condições de anonimato, de desconhecimento mútuo, das grandes concentrações demográficas. Mas um factor que necessariamente pesou na relativa pobreza das classes superiores em Portugal assenta nos interesses e privilégios concedidos a estrangeiros, sobretudo ingleses, que, beneficiando de especiais prerrogativas, quanto a culto religioso, jurisdições, porte de armas proibidas a nacionais, direitos aduaneiros, etc., ao abrigo dos tratados e leis favoráveis aos seus países, para lá encaminhavam os produtos portugueses, mal valorizados, e de lá traziam as respectivas produções, a preços altamente compensadores. Portugal tornara-se o grande produtor de ouro; mas as moedas com a efígie do soberano português eram mais bem conhecidas na Inglaterra do que em Portugal. O ouro do Brasil ia, quase todo, parar a Londres[25]. É por esta via, talvez, sobretudo, que a pobreza relativa de Portugal encontra ampla explicação. O referido factor, aliado a uma natural má vontade popular em relação a «gente herética», geralmente de ínfima extracção, baixa cultura e maus modos, mas blasonando de notabilidade desde o alto dos níveis económicos em Portugal alcançados[26], suscitou uma natural reacção de que D. João V foi o intérprete autorizado.

---

[25] Segundo ofício de Pombal ao ministro em Londres, de 31 de Outubro de 1760, quando tardavam as frotas do Brasil logo na bolsa de Londres o preço do ouro subia (ver *Colecção Pombalina* da Bibl. Nac. de Lisboa, cód. 634). Sobre a drenagem para Inglaterra da riqueza vinda nas frotas do Brasil, parecem esclarecedores os relatórios do embaixador francês, conde de Merle (ver Visconde de Santarém, *Quadro Elementar...*, VI, pp. 225 e ss.). Embora talvez menos acentuadamente, este afluir do ouro brasileiro à Inglaterra já se havia de sentir no tempo de D. João V, na base das relações comerciais estabelecidas. A saída de ouro do Reino era legalmente proibida, mas os contrabandos constantes e poucas vezes descobertos. Em 1722 foram, por isso, condenados à morte dois ingleses; mas o embaixador britânico, Worseley, conseguiu o seu perdão (ver Moraes Silva, *História de Portugal...*, III, pp. 344-345). Ao findar o século XVIII, as nossas importações da Inglaterra duplicavam as exportações portuguesas para aquele país. Mas em 1764 a proporção entre umas e outras era de 4 para 1. O saldo negativo da balança comercial portuguesa relativamente à Inglaterra era preenchido com remessas de ouro (ver sobre a referida balança comercial, os mapas referidos pelo conde de Tovar, in *Catálogo de Manuscritos Portugueses ou Relativos a Portugal Existentes no Museu Britânico*, pp. 236-237).

[26] No dizer de um contemporâneo citado por Lúcio de Azevedo *(O Marquês de Pombal e a Sua Época, pp. 253-254)*, «o inglês falido em Londres vinha recuperar as suas perdas em Portugal; o irlandês, miserável na sua pátria, escapava à forca em Londres para ir fazer fortuna em Lisboa».

Esta atitude do rei português revela-se-nos, designadamente, através de algumas passagens de cartas dirigidas ao secretário de Estado cardeal da Mota, pela afirmação reiterada de que os Portugueses tinham de contar com eles próprios, e não com as nações estrangeiras[27]. Tais afirmações são ainda anteriores à época de grande prestígio para Portugal alcançado na base da acção diplomática da época joanina; e facilitam o entendimento dessa mesma acção. Desiludido quanto ao apoio inglês, receoso também de uma aproximação à França, não podendo confiar na Espanha que, sob o governo do cardeal Alberoni, procurou ainda readquirir uma grande posição internacional[28], Portugal regressara à sua antiga política de neutralida-

---

[27] Nessa correspondência deparam-se-nos as seguintes afirmações: «... cuidemos em nós, que he certo não devemos esperar de nação alguma, e da franceza desconfio tambẽ...» (ver Carta de D. João V ao cardeal da Mota, in Eduardo Brazão, *D. João V – Subsídios para a História do Seu Reinado*, p. 68). E noutra passagem: «... nos achamo-nos sós, e assim será provavelmente sempre...» (*ibidem*, p. 145). Também na correspondência com a filha Bárbara de Bragança, rainha de Espanha, D. João V manifestou repetidas vezes as suas apreensões relativamente tanto aos ingleses como aos franceses (ver Pinto Ferreira, *Correspondência de D. João V e de D. Bárbara de Bragança, Rainha de Espanha*, pp. 53, 78, 219 e 228).

[28] Júlio Alberoni, clérigo italiano dedicado aos duques de Parma e elevado a secretário de Estado de Espanha pela influência de Isabel Farnésio, mulher de Filipe V, levou a cabo um plano particularmente ambicioso no sentido de restabelecer o poder militar e político da Espanha, sustentando a tese segundo a qual este país se tornara mais forte pelo advento da Casa de Bourbon. Tal plano fracassou, em consequência da reacção das potências, sobretudo do Império, contra a ocupação espanhola da Sardenha e da Sicília; Alberoni, abandonado de todos, demitiu-se e teve de sair de Espanha. Mas a sua política aconselharia Portugal a considerar a questão de saber se a situação espanhola lhe assegurava inteira tranquilidade. Tanto na Europa como na América (ver, nomeadamente, quanto às posições relativas de Portugal e de Espanha na primeira metade do século XVIII, o testamento político de Alberoni, *Testament Politique du Cardinal Jules Alberoni,* especialmente o capítulo IV, pp. 72 e ss.). É curioso confrontar o capítulo do «testamento político» de Alberoni respeitante a Portugal com as referências de D. Luís da Cunha à situação portuguesa face à Espanha (ver *Instruções Inéditas de D. Luís da Cunha a Marco António de Azevedo Coutinho,* pp. 35-36). O Tratado de Cambrai (1720) em que Portugal quis participar, não o conseguindo, teve por objecto um novo concerto europeu, depois do insucesso de Alberoni. A diplomacia portuguesa argumentou no sentido da participação, sustentando que se tratava de um aditamento à Paz de Utreque. As potências reunidas em Cambrai (Império, França, Inglaterra e Holanda) fundamentaram a exclusão de Portugal no facto de o nosso país não ter participado da coligação antiespanhola, o que correspondia à verdade, só admitindo, por isso, uma subsequente adesão portuguesa. Foi sobretudo a França que se opôs à admissão de Portugal no congresso de Cambrai, por temer que a presença portuguesa

de, da qual, ao sabor dos respectivos interesses, as diplomacias de Londres e de Paris tentavam apartá-lo. Tal preocupação explica também o estreitamento das relações com Roma e com Viena, donde mais dificilmente partiriam solicitações de apoio militar português, salvo quanto à participação em operações navais no Mediterrâneo contra os Turcos. Esta política de neutralidade parecia corresponder aos interesses nacionais, à reacção popular, que tão avessa se mostrara à Guerra da Sucessão, e à índole do rei[29]. Tal como no século XVI, um relativo afastamento de Portugal da Europa tinha de assentar nas boas relações com as várias potências europeias e numa força política bastante para assegurar a própria neutralidade.

b) O entendimento com a Espanha

Relativamente a uma Espanha diminuída mas com bastante peso ainda no concerto mundial, que, embora sob os Bourbons, se ia afastando do domínio francês, importava assegurar a boa vizinhança. O adequado *modus vivendi* foi sendo ajustado, pouco a pouco, logo após Utreque; ou, ao menos, desde 1719, quando D. Luís da Cunha

---

contribuísse para reforçar as posições do Império e da Inglaterra. Mesmo muito depois do Governo de Alberoni, que cessou em 1719, e do congresso de Cambrai, ainda a Espanha, acicatada pela política de Isabel Farnésio, no sentido de conquistar coroas para os filhos, regressou a Nápoles e reconstituiu o reino das Duas Sicílias (1734). Na Itália parecia hesitar-se entre um regresso ao domínio espanhol e o domínio austríaco; e já essas mesmas hesitações terão estado na base da política de Alberoni. Estas já inesperadas revitalizações da capacidade política e militar da Espanha hão-de ter pesado na prudência diplomática de D. João V. Não deverá excluir-se que a extrema firmeza do rei português no caso do diferendo protocolar do embaixador francês, abade de Livry, se deva atribuir ao agastamento de D. João V pela hostilidade francesa quanto à admissão de Portugal em Cambrai.

[29] O pacifismo de D. João V resulta da opinião expressa pelos diplomatas estrangeiros da época (ver, por ex., Saint-Aymour, *Recueil des Instructions Données aux Ambassadeurs e Ministres de France – Portugal*, p. 296; *Descriptive List...*, I, 89/26, fól. 1, p. 403); e também das cartas dirigidas ao cardeal da Mota. Numa destas, queixa-se o rei do estado de guerra, de facto, entre portugueses e espanhóis no Sul do Brasil. E, aludindo às relações mantidas, não obstante, entre as Cortes de Lisboa e de Madrid, sendo a filha do rei português rainha de Espanha, D. João V observa: «coitados dos subditos que se estarão matando, e nos brincando, e escrevendo-nos, com fineza e em tom de amizade... Fasme escrupulos isto tudo» (ver Eduardo Brazão, *D. João V – Subsídios...*, p. 67).

foi ministro em Madrid. E, em obediência à política secular de casamentos reais como factores de aproximação entre as nações, a diplomacia portuguesa tratou de aproveitar o malogro do projectado consórcio de Luís XV de França com a filha de Filipe V, D. Mariana Vitória, para negociar o casamento desta infanta espanhola com o príncipe D. José, herdeiro do trono português[30].

Ao mesmo tempo, ajustou-se também o casamento do príncipe das Astúrias, herdeiro do trono espanhol, futuro Fernando VI, com a princesa portuguesa, filha de D. João V, D. Maria Bárbara de Bragança (ver tratados matrimoniais in Borges de Castro, *Collecção ...*, II, pp. 284 e ss.). Na base deste duplo casamento (1729), de dois filhos do rei de Portugal com dois filhos do rei de Espanha, se

---

[30] Nos quadros do estreitamento das relações franco-espanholas, fora ajustado o casamento do então príncipe das Astúrias, D. Luís, com uma filha do regente de França, duque de Orléans; enquanto a infanta D. Mariana Vitória, filha de Filipe V e de Isabel Farnésio, foi destinada a casar com o rei francês, Luís XV. Em razão de tal ajuste, para que a infanta melhor se adaptasse aos costumes da corte francesa, nela viveu dos quatro aos seis anos de idade (1722-1725). Mas o Governo francês, dominado pelo duque de Bourbon, parece ter receado, sobretudo, que o noivado com a infanta de seis anos pusesse em risco a sucessão no trono, dando oportunidades à ambiciosa Casa de Orléans. Tanto mais que o rei Luís XV, de 15 anos de idade, parecia débil. A preocupação de assegurar rápida sucessão ao jovem rei, aliada ao desejo da política francesa de buscar apoios a leste, terão determinado a decisão de casar Luís XV com a filha do rei da Polónia, Maria Leczinska, que já tinha 22 anos. Mas a reacção espanhola em face do repúdio do acordo matrimonial foi muito forte, quase tendo servido de pretexto a um novo conflito bélico, que acabou por ser evitado; e facilitou a diplomacia portuguesa no sentido de uma aproximação da Espanha, pelo desejo de novo e rápido ajuste matrimonial quanto à infanta D. Mariana Vitória. A situação da família real espanhola era nesse momento particularmente difícil. Filipe V, cansado e desgostoso, apesar de contar apenas 39 anos de idade, tinha abdicado no filho Luís, de 17 anos, casado com a filha do duque de Orléans, regente de França. Mas o rei Luís morreu no próprio ano em que cingira a coroa e o pai, Filipe V, foi forçado a retomar o governo, pois o seu herdeiro, Fernando, que casaria com Bárbara de Bragança, tinha então apenas 11 anos. A abdicação de Filipe V causou na Europa a maior surpresa; e deu lugar a variadas conjecturas. Segundo alguns, Filipe V abdicara para poder suceder no trono da França a Luís XV, cuja saúde causava apreensões sérias. Também a morte prematura do rei Luís de Espanha suscitou dúvidas várias, umas relacionadas com a ambição da madrasta, Isabel Farnésio, outras com as suas próprias desavenças conjugais. Mas trata-se de propósitos insuficientes para sobre eles construir sequer hipóteses. Certo é que a família real espanhola se achava profundamente abalada e que até a vontade indómita da rainha terá sido afectada pelo desgosto, privado e público, do repúdio da infanta sua filha pela Corte de França. (Ver Maria de los Ángeles Pérez Samper, *Isabel de Farnesio*, Barcelona, 2003).

pretendeu então assentar uma «paz perpétua» entre as duas nações peninsulares[31]. Importa observar que, através das negociações que

---

[31] A rainha de Espanha D. Bárbara de Bragança, filha predilecta de D. João V, como se nota através da correspondência entre ambos trocada, pela sua cultura literária e artística, como pela sua bondade, muito contribuiu para a aproximação entre os dois países, tendo deixado também fundas e gratas recordações em Espanha; e especialmente na cidade de Madrid, onde, entre outras obras, quase todas de devoção e de assistência, fundou também a Academia de Belas-Artes de São Fernando, que conserva o maior relevo na vida artística espanhola. Não teve, porém, descendência, pelo que, por morte de Fernando VI, lhe sucedeu no trono o irmão, Carlos III. E as relações entre os dois Estados tornaram-se menos satisfatórias a partir de então. Muitos dos triunfos diplomáticos de D. João V se ficaram a dever à circunstância de, nos meios internacionais, ser conhecida a influência que tinha no genro, Fernando VI, através da filha. Tal influência parece ter contribuído muito para as tendências neutralistas que dominaram a Espanha enquanto Bárbara de Bragança foi sua rainha. Mas essas tendências não excluiam, muitas vezes, os preparativos militares, pois também em Espanha parecia manter-se presente a máxima, frequentemente citada por D. João V, *si vis pacem para bellum*. Pela paz conseguida e pela consequente prosperidade, o tempo de Fernando VI e Bárbara de Bragança é com frequência recordado saudosamente pela historiografia espanhola (ver Pinto Ferreira, *Correspondência de D. João V e D. Bárbara de Bragança, Rainha de Espanha,* Coimbra, 1944; Ozanam, *La Diplomacia de Fernando VI, Correspondencia Reservada,* Madrid, 1975; Alfonso Danvila, *Fernando VI y Doña Bárbara de Braganza,* Madrid, 1905; Lafuente, *Historia General de España,* XIV, pp. 1 e ss.; 40 e ss.). Mas também Fernando VI foi alvo de duras críticas, dirigidas pelos partidários de sua madrasta, Isabel Farnésio, e pelos «iluministas», mais ou menos ligados às associações secretas que por esta época começaram a ter influência nos países católicos. Parece ter sido o confessor de Fernando VI, o jesuíta padre Rábago, quem chamou a atenção do rei para os perigos das associações secretas, e especialmente da Maçonaria. Num memorial que lhe dirigiu em 1751 afirma o padre Rábago que o assunto é de gravíssima importância, pois quase todas as heresias começaram por conventículos secretos, sendo certo – observava – que a honestidade não se esconde e só as más obras receiam a luz. Acrescentava o padre Rábago que o perigo de tais associações resultava não do número dos associados mas da circunstância de a maior parte serem nobres, muitos militares, «homens sem religião que não seja a do seu interesse e libertinagem». Bem poderiam tais homens, orientados pelo rei Frederico da Prússia, pretender conquistar toda a Europa. Fernando VI parece ter dado ouvidos ao seu confessor, pois proibiu as associações maçónicas, por decreto de 2 de Julho de 1751, pouco depois de lhe ter sido submetido o memorial do padre Rábago. Mas também é admissível que tal determinação fosse resultante do facto de Bento XIV ter, em Maio anterior, renovado a proibição da Maçonaria de Clemente XII, pela constituição *In Eminenti* de 1738. O sucessor de Fernando VI, Carlos III, porém, havia de mostrar-se benévolo relativamente aos membros da Maçonaria, alguns dos quais teve por ministros e conselheiros (ver Menéndez y Pelayo, *Historia de los Heterodoxos Españoles,* VI, pp.103 ess.). Virá a propósito notar que a partir desta época se vislumbra uma crescente influência da Maçonaria e outras sociedades secretas nos acontecimentos políticos; e, talvez especialmente, nas relações internacionais. Motivos de ordem política poderão ter, por vezes,

conduziram ao duplo casamento real em Espanha, D. João V, representado naquelas negociações pelos diplomatas José da Cunha Brochado e

---

determinado um ambiente muito discreto relativamente àquela influência. Algumas vezes também, o próprio carácter secreto das referidas associações priva os historiadores de documentos e testemunhos acerca da sua actuação. No entanto, com as reservas que a falha de elementos seguros imponha, torna-se necessário ter em conta a influência dessas sociedades; sem o que muitos factos se tornam de muito mais difícil explicação. Discutem, por vezes, os autores a origem destas sociedades secretas e, em especial, da Maçonaria, atribuindo a esta ligações remotas com o movimento originado no assassinato de Hirão, mestre arquitecto do Templo de Salomão, cuja viúva e cujos filhos terão procurado vingá-lo; ou com os Templários, vítimas de perseguição injusta por parte do rei francês Filipe, o *Belo,* e do papa Clemente V; ou ainda com o espírito de solidariedade das antigas corporações medievais, sobretudo as dos pedreiros. Tais filiações remotas talvez se ajustem ao carácter misterioso e aos rituais que envolvem a Maçonaria, assim como à tese segundo a qual é de todos os tempos a tendência dos homens generosos e desinibidos para se associarem no sentido de melhor reagirem contra as injustiças das ordens político-sociais estabelecidas e contra as superstições, visando ideais de fraternidade, igualdade e liberdade. Mas é provável que as indagações quanto aos antecedentes longínquos da Maçonaria não facilitem o entendimento sobre a sua natureza e os seus objectivos. No plano histórico apenas se poderá afirmar que a Maçonaria teve as suas primeiras manifestações externas conhecidas no começo do século XVIII, provavelmente com origem na Escócia, tendo adoptado sinais e toques esotéricos usados pelos pedreiros *(masons)* medievais, que, deslocando-se frequentemente de país para país, por ocasião e motivo das grandes construções, religiosas e civis, estabeleceram laços de solidariedade a nível internacional. Não parece que a Maçonaria tenha sido sempre e necessariamente caracterizada pelo ateísmo dos seus membros ou dos seus propósitos; mas a influência reformista comunicou-lhe o gosto da interpretação individual das Sagradas Escrituras, opondo-a à Igreja de Roma e ao poder papal, o que lhe terá valido protecções e apoios dos Estados protestantes e de membros destacados das comunidades israelitas. Nesses Estados, a Maçonaria apresentou-se, por vezes, como organização filantrópica e cultural respeitadora das instituições políticas locais, e respeitada por estas, visando também dissipar o ambiente de superstição julgado dominante nos países católicos. Mas, introduzida nestes, ainda que subrepticiamente, procurou a Maçonaria atrair também, ou até sobretudo, católicos ditos de espírito liberal, desejosos de um afrouxamento da autoridade pontifícia e da disciplina exercida sobre os fiéis. Assim, em meados do século XVIII, foi frequente que se reunissem nas lojas maçónicas instaladas nos países católicos, a par de ateus, personalidades que não desejavam quebrar os vínculos com a Igreja; e até bastantes eclesiásticos, muitas vezes apontados como «jansenistas», com razão ou sem ela, ou como influenciados pelo «galicanismo». Tratar-se-ia de pessoas frouxas na sua fé, ou pretendendo beneficiar de critérios indulgentes na apreciação pública das suas faltas, mas, em qualquer caso, de modo algum dispostas a renegar a religião. Os elementos ateus, atraídos pela prosa fácil de Voltaire e outros, dominaram, porém, a Maçonaria, ao menos nesses países católicos. Também os enciclopedistas e os iluministas criaram círculos e clubes com organização semelhante à maçónica; mas nem sempre se terão integrado nesta. Alguns equívocos se

António Guedes Pereira, rejeitou sempre a liga ofensiva e defensiva que Filipe V pretendeu estabelecer. O rei português queria assegurar a paz com a Espanha; mas pretendia também libertar-se de quaisquer riscos de aventuras em que o país vizinho pretendesse envolver-se. E não parece que fosse excessiva a cautela. Até pelo gosto espanhol de reparar as perdas e humilhações sofridas através das guerras europeias. Acrescia que a ambição materna de Isabel Farnésio, segunda mulher de Filipe V, desejosa de obter tronos para os filhos, hostil ao enteado Fernando e à mulher, a princesa Bárbara, utilizava o orgulho espanhol no sentido dos seus próprios interesses, impelindo-o para contendas de discutível interesse para a Espanha[32]. Graças à neutrali-

---

notam, por vezes, na apreciação das sociedades secretas, da Maçonaria e dos «franco- -maçons», resultantes, sobretudo, das índoles diversas das organizações maçónicas, conforme os países e as épocas, assim como dos elementos nelas integrados. Essas diversidades impuseram ao abade Barruel, vigoroso opositor da Maçonaria, a afirmação de que «*L'Angleterre surtout est pleine de ces hommes honnêts, excellents citoyens... qui se font honneur d'être Maçons» (Mémoires pour Servir à l'Histoire du Jacobinisme*, II, Londres, 1797, p. 259). Tratando-se, naturalmente, de anglicanos, nem sequer a hostilidade às «superstições católicas» seria neles censurável. Situação semelhante se encontraria, segundo o mesmo Barruel, na Alemanha (*ibidem*, p. 269); e mesmo na França, até que os excessos revolucionários teriam afastado das lojas maçónicas os elementos alheios à conspiração política nelas gizada (*ibidem*, pp. 269 e ss.). Assim se compreende que muitos dos emigrados franceses fugidos às perseguições, durante a Revolução, tivessem sido iniciados na Maçonaria, circunstância que se reflectiu ao nível da política da Restauração, designadamente na benevolência desta relativamente às lojas maçónicas espanholas, quando as tropas francesas deram apoio a Fernando VII (1823). Em Portugal, terá havido lojas maçónicas desde 1733, sendo algumas reservadas a protestantes. Com a Guerra dos Sete Anos, as iniciações maçónicas multiplicaram-se, sobretudo nos meios militares, por influência dos oficiais ingleses e prussianos; mais ainda, por influências ora francesas ora inglesas, por ocasião da Guerra Peninsular.

[32] Filipe V, o primeiro Bourbon espanhol, assegurado no respectivo trono pelo desfecho da Guerra da Sucessão de Espanha, casou em 1701 com a princesa Maria Luísa de Sabóia; mas, tendo enviuvado, voltou a casar com Isabel Farnésio, da casa ducal de Parma (1714), já por sugestões do abade Alberoni, então representante em Madrid do duque de Parma, e que, pela influência da nova rainha, viria a ser secretário de Estado, cardeal e organizador das expedições espanholas à Itália. Não podendo Isabel Farnésio manter fundadas esperanças na sucessão de seus filhos (Carlos e Filipe) ao trono de Espanha, pois quanto a ela haviam de ter precedência os filhos de Maria Luísa de Sabóia (Luís e Femando), atribui-se sobretudo à ambição materna da segunda mulher de Filipe V as expedições à Itália, orientadas no sentido de assegurar reinos aos próprios filhos. E, embora as guerras de Filipe V tenham sido desastrosas para a Espanha, não ficaram defraudadas as ambições de Isabel Farnésio, pois seu filho Carlos foi duque de Parma (1731), rei de

dade portuguesa, quando, pela morte de Filipe V, Fernando VI subiu ao trono espanhol, foi com o sogro, D. João V, que pôde contar para servir de medianeiro nas negociações de paz com a Inglaterra. Tinha sido preocupante para o Governo português o estado de guerra entre espanhóis e ingleses; sobretudo talvez pelo plano britânico de assaltar Buenos Aires, instalar-se no rio da Prata e contar para isso com a colaboração portuguesa, na base da promessa de estender até Montevideu a colónia do Sacramento. Mas, afastada Isabel Farnésio do poder de facto que detinha em Madrid, pela morte de Filipe V, removiam-se muitas das dificuldades quanto ao estabelecimento da paz com a Inglaterra e com o Império. Tendo em conta as relações mantidas nas respectivas cortes, D. João V mostrava-se realmente o mediador desejado; ainda que a sua mediação, envolvendo necessariamente algumas frustrações quanto aos desígnios da rainha viúva de Espanha, suscitasse a má-vontade desta[33]. Para a Paz de Aix-la-Chapelle (1748), que pôs termo a algumas dissidências entre os Estados euro-

---

Nápoles (1748) e rei de Espanha (1759), pelo falecimento de seu irmão Fernando VI sem descendentes; enquanto que o outro, Filipe, foi duque de Parma (1748). A hostilidade de Isabel Farnésio, mãe de D. Mariana Vitória, casada com o príncipe D. José e, depois, rainha de Portugal, ao enteado Fernando VI e a sua mulher, Bárbara de Bragança, poderá facilitar o entendimento de alguns aspectos da política portuguesa durante os reinados de D. João V e de D. José.

[33] Esta má-vontade de Isabel Farnésio relativamente a D. João V parece ter influenciado também sua filha, a princesa Mariana Vitória, e o marido, o príncipe D. José. Mas escasseiam os elementos seguros sobre tal matéria. A referida má-vontade revelou-se claramente através do incidente havido com o ministro português em Madrid, Pedro Álvares Cabral, senhor de Belmonte. A inabilidade deste diplomata, posta em relevo por D. Luís da Cunha, não exclui os actos provocatórios que tiveram por pretexto a interferência de dois criados da representação portuguesa na fuga dada a um preso, que se acolheu na casa da missão diplomática, a qual foi assaltada, passados dois dias, por soldados de baioneta armada. É crível que todo o incidente tivesse sido provocado pelos partidários de Isabel Farnésio, desejosos de obrigar Portugal a alinhar com a Inglaterra, criando, assim, uma situação difícil ao príncipe das Astúrias, D. Fernando, e, eventualmente, mesmo pretextos para intervenções armadas em Portugal. Por ocasião do incidente com o seu representante em Madrid, D. João V manifestou a maior energia. Depois de convocar o Conselho de Estado, mandou um destacamento militar à casa do embaixador espanhol, onde todos os criados foram presos. Ao embaixador foi dada ordem para sair imediatamente do Reino. Para as fronteiras seguiram vários regimentos. O incidente foi sanado, por mediação das Cortes de Paris, de Londres e da Haia, dois anos mais tarde, em 1737 (ver Borges de Castro, *Collecção* .... II, pp. 319 e ss.).

peus, muito contribuiu, embora já indirectamente, a diplomacia de D. João V, cuja autoridade resultava das qualidades que lhe eram geralmente atribuídas; e ainda da circunstância de se ter mantido alheio às contendas entre as potências. Aliás, aquela Paz de Aix-la--Chapelle, fazendo regressar essas mesmas potências desavindas às posições anteriores às hostilidades, suscita reflexões sobre a frequente inutilidade dos conflitos armados [ver *infra,* alínea e)].

c) A sucessão da Polónia

A política joanina relativamente à sucessão no trono polaco parece reveladora de marcada preocupação de afastamento dos problemas europeus, sempre que não pudessem respeitar directamente à defesa dos direitos de Portugal.

Com efeito, em face das pretensões de Augusto II, eleitor de Saxe e rei da Polónia, de transformar esta numa monarquia hereditária, com o apoio francês, o imperador, Carlos VI, ligou-se à Rússia para travar tais intentos. E no tratado celebrado entre os dois impérios (1732) foi apontada como solução para a crise polaca a elevação ao trono respectivo do infante D. Manuel Bartolomeu, irmão de D. João V, grande figura de militar aventureiro, com altos feitos praticados na guerra contra os Turcos, a ponto de ter sido admitido que substituísse como generalíssimo das tropas imperiais o célebre príncipe Eugénio de Sabóia. Mas a Corte de Viena terá pretendido situar a solução desejada para a crise polaca nos quadros da sua política em relação a Portugal. Pelo que a diplomacia francesa se preparou para contrariar qualquer apoio de D. João V ao projecto austríaco, pois Luís XV pretendia que fosse reeleito rei da Polónia seu sogro, Estanislau Leczinski. Não parece, porém, que qualquer intervenção francesa tenha chegado a esboçar-se junto da Corte de Lisboa. Os diplomatas franceses devem ter-se apercebido rapidamente de que o rei português não manifestava qualquer especial interesse relativamente ao projecto austro-russo para a solução da crise polaca, que, sendo influenciada pelo apoio de Portugal, havia de arrastar-nos para as querelas em que se defrontavam a França e o Império[34].

Bem poderá atribuir-se o desinteresse de D. João V relativamente ao caso às desinteligências, mal esclarecidas, que terão levado o infante Manuel Bartolomeu a ausentar-se para o estrangeiro sem autorização do rei, quando contava apenas 18 anos. Mas essas desinteligências não impediram o infante, durante as suas longas e faustosas peregrinações pela Europa, de manter contactos muito estreitos com os diplomatas portugueses, que deram festas em honra do infante e, por conta do rei seu irmão, frequentemente pagaram as dívidas avultadas que D. Manuel Bartolomeu ia acumulando por onde passava. E, em 1734, segundo diplomatas franceses, D. João V terá convidado o irmão para assumir o comando do exército português (ver Visconde de Santarém, *Quadro Elementar...*, V, p. 259). É, pois, mais provável que a falta de apoio da Coroa portuguesa à pretensão austríaca de colocar o infante no trono da Polónia tenha sido ditada pelo neutralismo da política de Lisboa e não pelas desinteligências pessoais entre os dois irmãos, cujo entendimento talvez realmente fosse difícil, tendo em conta a contraposição do pacifismo joanino à índole belicosa do infante. Também se admite facilmente que D. João V, conhecendo o espírito irrequieto do irmão, tivesse motivos de ordem subjectiva, a acrescer aos outros, para não manifestar interesse em

---

[34] Segundo correspondência diplomática francesa, o ministro de Portugal em Viena teria, por incumbência do imperador, indagado de Lisboa se o rei estaria disposto a fornecer «os dinheiros que houvesse mister» para assegurar a eleição do infante Manuel Bartolomeu como candidato ao trono polaco. Duvidavam os diplomatas franceses que D. João V pudesse fornecer o referido apoio financeiro, por causa das despesas de Mafra e de Roma. Contraditoriamente, porém, o cônsul francês em Lisboa, Montagnac, em ofício para o seu Governo, pretende que D. João V teria respondido ao imperador no sentido de não ter empenho na eleição do infante D. Manuel, mas estar disposto a contribuir com o que «fosse mister» se Viena quisesse favorecer a eleição do infante D. António, outro dos seus irmãos (ver Visconde de Santarém, *Quadro Elementar...*, V, p. CXXXIV, nota). O ministro francês Chauvelin, porém, julgava que, embora D. João V mostrasse pouco interesse em favorecer a eleição do infante D. Manuel, não deixaria de pôr à disposição do conde de Tarouca, ministro em Viena, uma elevada soma para o sobredito negócio. E o infante, pela sua parte, também teria diligenciado o apoio de Roma à sua eleição (*ibidem*, p. CXXXV, nota). Mas não é de excluir que fossem menos bem fundamentadas as informações dos diplomatas franceses.

que o príncipe português cingisse a Coroa da Polónia[35]. Não seriam, apesar de tudo, tão acentuadas as desinteligências entre o rei português e o infante D. Manuel Bartolomeu. Com efeito, tendo a França acabado por declarar guerra ao Império e à Rússia, por causa da questão polaca (1733) logo procuraram as partes beligerantes ganhar as boas graças de Portugal; e, para o conseguir, o imperador chegou a oferecer o trono da Sicília e da Córsega para o infante, se com o Império fizéssemos causa comum na contenda[36]. Esta insistência de Viena em beneficiar o infante para aliciar D. João V também parece excluir que fossem profundas as tais desinteligências. Aliás, depois de regressado a Portugal, em 1734, o infante, embora vivendo retirado, não deixava de comparecer nas cerimónias do Paço.

Parece, pois, preferível interpretar o afastamento português da questão polaca como manifestação do neutralismo que tornou possível um longo reinado de paz. Neutralismo que parece amplamente justificado quanto à sucessão da Polónia, pois, embora o Império tenha saído vencedor da contenda, afastando do trono polaco o sogro de Luís XV, essa vitória custou-lhe muitos sacrifícios de vária ordem; sendo de supor também que Portugal não teria beneficiado muito da aliança com as potências formalmente vencedoras.

---

[35] O infante D. Manuel Bartolomeu, cuja fuga, aos 18 anos, já tem sido atribuída, sem fundamento sólido, à circunstância de o rei seu irmão pretender encaminhá-lo para a vida eclesiástica, viveu longos anos em Paris, onde a sua vida aventurosa despertou o interesse do Abade Prévost, o autor de *Manon Lescaut*, que se lhe refere num dos seus escritos; e, depois, na Áustria, tendo combatido, ao serviço do imperador, nas batalhas de Peterwardein, Temesvar e Belgrado, contra os Turcos. No mesmo ano em que o irmão o terá convidado para assumir o comando do exército (1734) regressou a Portugal, mas para viver retirado da corte, numa quinta de Belas, onde residiu ainda durante 30 anos, aparentemente afastado de qualquer actividade política, apesar das informações contrárias que correram a tal respeito. Em 1752, o sobrinho, rei D. José, instalaria o infante no Palácio das Necessidades (ver D. António Caetano de Sousa, *Historia Genealogica*..., VIII, pp. 436 e ss.; Visconde de Santarém, *Quadro Elementar*..., V, pp. 259, 263 e 277; Ernesto Soares, O *Infante D. Manuel, Subsídios para a Sua Biografia*, Lisboa, 1937; *Descriptive List*..., II, 89/49, fól. 61, p. 311).

[36] Tendo a Inglaterra alinhado na guerra, com o Império, contra a França e a Espanha, também aquela potência terá prometido ao rei português a posse da Galiza se a ela nos aliássemos; enquanto o imperador terá proposto o casamento do infante D. Pedro, filho de D. João V, com uma das arquiduquesas, dotando-a com os ducados de Parma e da Toscana. A diplomacia portuguesa resistiu então a todas as solicitações (ver Visconde de Santarém, *Quadro Elementar*..., V, pp. CXXXV e ss.).

d) A Guerra da Sucessão do Império

A mesma preocupação de neutralidade guiou a política portuguesa em face das convulsões causadas pela sucessão no Império. E, relativamente a esta nova crise europeia, talvez tenha sido mais difícil ainda manter a posição neutral, dadas as ligações estreitas da Corte de Lisboa com as Casas principescas alemãs e com a família imperial[37].

O imperador Carlos VI[38], não tendo filhos varões, procurou assegurar a sucessão a sua filha Maria Teresa. E, através de muitos sacrifícios[39], conseguiu das várias potências que aceitassem a *Pragmática Sanção*[40], pela qual foi derrogado o direito sucessório quanto à Coroa imperial. Mas, mesmo assim, por morte de Carlos VI (1740), o duque eleitor da Baviera disputou a sucessão, no que foi apoiado pelo duque eleitor de Saxe, pela França, pela Espanha, pela Polónia, pela Sardenha e pela Prússia, que, por primeira vez, se apresentava como Estado poderoso no concerto internacional[41]. Foi, aliás, Frede-

---

[37] Recorde-se que D. João V era neto materno de Filipe Guilherme de Neuburgo, eleitor palatino do Reno, e casado com a arquiduquesa Mariana de Áustria.

[38] Carlos VI fora, com o apoio de seu pai, o imperador Leopoldo, pretendente ao trono de Madrid, sendo então designado Carlos III de Espanha. Nessa qualidade viveu durante longo período em Portugal, quando este país constituía base de operações militares contra os franceses e espanhóis a eles aliados. Mas, pelas mortes sucessivas do pai e do irmão, Leopoldo, pai da rainha de Portugal, subira Carlos ao trono imperial, o que determinou uma radical mudança de posições das potências na Guerra da Sucessão de Espanha.

[39] Para agradar à Rússia, Carlos VI a ela se aliou na questão da Polónia, e contra os Turcos, o que lhe valeu ter perdido as vantagens obtidas através das campanhas de Eugénio de Sabóia; e, para agradar à Espanha e à França, cedeu-lhes Nápoles e a Lorena. Esta foi cedida temporariamente a Estanislau Leczinski, rei deposto da Polónia e sogro de Luís XV, mas com a condição de, por morte daquele, passar para o domínio da França.

[40] Acordaram na Pragmática Sanção a Espanha, a Rússia, a Dinamarca, a Baviera, a França e a Prússia.

[41] A origem do reino da Prússia situa-se no Brandeburgo, território ocupado pelos Suecos e, depois, por eslavos, que os imperadores organizaram como «marca» militar. O governo dos Hohenzollern, a ligação ao ducado da Prússia, feudatário da Polónia, e as vantagens que a Guerra dos Trinta Anos deu aos luteranos, cuja religião aquela família adoptara, alargaram os Estados do eleitor do Brandeburgo, Frederico Guilherme, que, pela posse da Pomerânia, de Magdeburgo e outros territórios, se tornou um poderoso monarca, ainda que vassalo do imperador e da Polónia. Em 1700, o imperador Leopoldo concedeu ao grande eleitor Frederico III o título de «rei», com a condição de que o apoiasse na Guerra da Sucessão de Espanha. Assim se formou o reino da Prússia, base fundamental do Império alemão constituído em 1871.

rico da Prússia, cujo pai, Frederico Guilherme, aprovara a *Pragmática Sanção*, o grande triunfador desta guerra; pois através dela obteve da imperatriz Maria Teresa a cedência da Silésia pelo Tratado de Breslau (1742). A imperatriz, a troco desta cedência, conseguiu manter o trono e ver reconhecidos os seus direitos pelas potências beligerantes, que renunciaram às suas conquistas pelo Tratado de Aix-la-Chapelle (1748). Mas, a partir de então, e portanto muito antes da derrota infligida pelos Prussianos aos Austríacos em Sadowa (1866), poderia começar a duvidar-se se o centro do poder germânico não se transferira de Viena para Berlim.

Durante esta guerra da sucessão austríaca, a Inglaterra e a Holanda aliaram-se ao Império; e, assim, as hipóteses de beligerância portuguesa implicavam, em alternativa, hostilidade à Espanha ou à Inglaterra.

Foi nesta ocasião que surgiu por primeira vez a ideia de um «pacto de família», unindo os Estados onde reinavam membros da Casa de Bourbon (França, Espanha, Nápoles), ideia que mais tarde viria a abranger Portugal, através das ligações com a Espanha. Muitas pressões se exerceram no sentido de Portugal enfileirar com os Estados bourbónicos contra o Império e contra a Inglaterra. Mas D. João V terá observado relativamente a tais pressões que os Estados coligados para fazerem guerra ao Império o tinham feito a bem dos seus interesses, mas que não via nisso proveito algum para a Coroa portuguesa, a não ser que a Espanha quisesse ceder-lhe, em compensação, a Galiza e a Andaluzia, incluindo o porto de Cádis (ver Visconde de Santarém, *Quadro Elementar* .... V, p. 259, nota).

e) **A mediação de Portugal nas contendas da Europa**

A posição de Portugal nas Cortes de Londres, Viena e Madrid, sobretudo a partir do afastamento de Isabel Farnésio, pela morte de Filipe V (Julho de 1746), aliada ao prestígio de que gozava D. João V no plano internacional, indicou o rei português como mediador entre as potências desavindas. E a iniciativa dessa mediação partiu do Gabinete de Paris; porque a guerra estava correndo mal para a

França, ameaçada na Provença pelos Austríacos e na Bretanha pela esquadra inglesa[42].

Com efeito, logo em Outubro de 1746, o marquês d'Argenson, ministro dos Negócios Estrangeiros de França, manifestou ao embaixador português em Paris, D. Luís da Cunha, o desejo de Luís XV de que D. João V, pela sua influência nas Cortes de Madrid e de Viena e, ao mesmo tempo, pela sua imparcialidade, sugerisse «um expediente conducente à conclusão da paz». A diplomacia portuguesa não aceitou prontamente a sugestão francesa; talvez por querer fazer-se rogada, ou para se garantir do consenso das outras potências, tanto mais que os Holandeses se tinham erigido em mediadores, com cuja atitude não concordava a França, porque eram beligerantes. Mas, comunicada a proposta francesa aos Governos de Viena e de Madrid e, através de Viena, ao de Londres, assentaram estas Cortes na mediação portuguesa, tendo a imperatriz enviado para o efeito a Lisboa o conde de Rosenberg. Aliás, já anteriormente o Império mostrara interesse numa mediação portuguesa, ainda antes da morte de Filipe V.

As negociações no sentido da mediação portuguesa foram, por certo, prejudicadas pela doença e pela morte do secretário de Estado cardeal da Mota, que merecia o maior respeito dos diplomatas estrangeiros e beneficiava da inteira confiança do rei português, cuja saúde também se achava já então muito abalada (ver *Descriptive List...*, II, 89/46, fól. 91, p. 268). Ao agravamento do estado do rei acresceu a morte súbita do secretário de Estado Marco António de Azevedo

---

[42] Mesmo antes do duplo casamento principesco luso-espanhol tinha sido admitida, em 1727, uma mediação de D. João V no sentido de solucionar as questões entre a Inglaterra e a Espanha (ver *Descriptive List...*, II, 89/84, fól. 123, p. 65). E já também Portugal fora medianeiro na contenda entre Roma e Viena, na base de pedido do papa Bento XIV a D. João V e da aquiescência da imperatriz, em 1744, numa tentativa para solucionar a grave questão originada na hostilidade da Cúria à Áustria, que Maria Teresa pretendia solucionar pela elevação ao cardinalato de bispos afectos à Casa de Áustria. Por causa desta mediação interrompeu Sebastião José de Carvalho e Melo a sua enviatura em Londres, deslocando-se a Viena, onde não foi bem sucedido no plano das negociações diplomáticas, mas onde casou com a austríaca D. Leonor Daun. A este casamento e à influência de D. Leonor junto da rainha-viúva, D. Mariana, também austríaca, se tem já atribuído a ascensão política do futuro marquês de Pombal, na base de rumores de que os diplomatas estrangeiros se fizeram eco (ver *Descriptive List...*, II, 89/47, fól. 109, p. 282 e fól. 145, p. 284).

Coutinho e a do padre Carbone, também conselheiro de D. João V[43]. Já só indirectamente a acção diplomática portuguesa pesou no assenta-

---

[43] D. João V, nos últimos anos de vida e já muito doente, viu-se privado de quase todos os colaboradores dedicados de muitos anos. Restava-lhe Pedro da Mota, irmão do cardeal da Mota, há muito entrevado. Socorreu-se de Frei Gaspar da Encarnação, antigo reitor da Universidade de Coimbra, cuja cultura e virtudes não supriam a relativa inexperiência dos problemas da Administração. Apesar das afirmações acumuladas em torno dos talentos do seu secretário particular, Alexandre. de Gusmão, nele não podia confiar o rei. Pela falta de comedimento nos juízos emitidos, nomeadamente quando preconizava a denúncia da aliança com a Inglaterra, ou quando, em nome do rei, dirigia reprimendas sardónicas a altos funcionários; e ainda pelos desregramentos nos gastos pessoais como na acumulação de dividas avultadíssimas, desconformes com a sua situação social e económica, embora esta tenha sido muito melhorada pela generosidade do rei, ao qual, não obstante, Gusmão não se mostraria muito grato (ver Alexandre de Gusmão, Cartas, esp. pp. 101, 110-116 e 125-126). Nem o rei teria em grande conta os méritos do secretário, pois em carta dirigida ao cardeal da Mota se lhe referiu nos seguintes termos: «Eu mandei dizer... ao Alexandre que fosse lançando em papel à parte todas as dúvidas que lhe ocorressem, e que feito, o mandasse a V. E., mas como ele se pode dilatar, e o fará sem génio, quando a V. E. pareça não esperar pelo tal papel, bastará que ao menos ouça seu irmão e à vista do que agora vai, rezolva, e ordene dahi mesmo a Alexandre o que deve executar...» (ver Eduardo Brazão, *D. João V, Subsídios para a História do Seu Reinado*, p. 73). Só admira que Gusmão tenha sido secretário do rei durante tanto tempo, embora seja de admitir que as suas mais acentuadas impertinências e intrigas, junto de D. Luís da Cunha e do desembargador Encerrabodes, ministro em Londres, respeitem aos últimos anos de vida de D. João V, então muito doente (ver Alexandre de Gusmão, *Cartas*, esp. pp., 128, 132-133 e 137). Segundo o Visconde de Santarém, que se baseia na documentação reunida, «todos os ministros de França, sem excepção, foram pouco afeiçoados a Alexandre de Gusmão desde o tempo em que ele esteve em Paris em companhia do embaixador conde da Ribeira. A própria polícia desta capital se ocupou dele...» (*Quadro Elementar...*, V, p. CCLXXXIV, nota). Nas instruções de 1740 ao embaixador Chavigny o secretário é referido como «un très petit particulier nommé Alexandre Gusman» (ver Saint-Aymour, *Recueil..*, p. 295). Nas instruções de 1752 ao conde de Baschy já se diz, mais moderadamente, sobre Gusmão que «on ne lui refuse pas des talents et des connaissances, mais on l'accuse de porter ses idées trop loin et de passer toujours le but» (*ibidem*, p. 313). Mas já segundo Chavigny, em oficio para Paris (1740), o secretário «por sua desmarcada ambição se tinha tornado suspeito senão odioso a todos os ministros», tendo faltado ao respeito devido ao cargo e à autoridade do cardeal da Mota (Visconde de Santarém, *Quadro Elementar...*, V, p. CCLXXXIV, nota). Também Gusmão se mostrou algumas vezes menos respeitoso nas correspondências mantidas com os diplomatas estrangeiros, em nome do rei (ver Alexandre de Gusmão, *Cartas*, pp. 49 e 51). Sobre a ingratidão e a deslealdade do secretário são significativas as cartas que escreveu a D. Luís da Cunha (*Quadro Elementar...*, V, pp. CCXIII-CCXIV, nota; Alexandre de Gusmão, *Cartas*, pp. 128 e 132-133) e ao ministro em Londres, António Freire de Andrade Encerrabodes (ver Alexandre de Gusmão, *Cartas*, p. 137). Nem se julgue que seja suspeita a opinião dos diplomatas franceses porque

mento dos negócios da Europa estabelecido em Aix-la-Chapelle, para onde se deslocou o embaixador em Paris, D. Luís da Cunha (ver Visconde de Santarém, *Quadro Elementar...*, V, pp. CCVI e ss.; 349 e ss.; Saint-Aymour, *Recueil des Instructions données aux Ambassadeurs et Ministres de France...-* Portugal, p. 287).

5. Tratado de Limites de 1750

No próprio ano do falecimento de D. João V celebrou Portugal com a Espanha o Tratado de Limites respeitante à América Meridional (ver Borges de Castro, *Collecção...*, III, pp. 8 e ss.). Era a questão da colónia do Sacramento que estava em causa. Esta tinha sido restituída a Portugal pelo Tratado de Utreque de 1715; mas em termos condicionados, designadamente quanto ao comércio de estrangeiros. E com frequência se suscitavam questões entre Portugal e a Espanha por causa do assunto, que importava solucionar na base das boas relações estabelecidas entre os dois Estados.

Neste tratado celebrado em Madrid, a 13 de Janeiro de 1750, invoca-se ainda o Tratado de Tordesilhas, de 1494, observa-se que, de harmonia com a divisória então estabelecida, os territórios portugueses não chegavam ao estuário do rio da Prata, incluindo-se a colónia do Sacramento na demarcação espanhola, e assentando, pois, os direitos da Coroa portuguesa apenas na decisão provisória do

---

Gusmão fosse adverso à França; antes pelo contrário, mostrou-se sempre muito afecto a esse país. Havia bastantes semelhanças, aliás, entre os dois irmãos, Alexandre de Gusmão e o padre Bartolomeu Lourenço de Gusmão, o inventor da «passarola», por vezes apontado como pioneiro da aviação. Ambos foram educados pelo jesuíta Alexandre de Gusmão, padrinho do primeiro e de quem ambos também tomaram o apelido; os dois irmãos usaram abundantemente dos alardes exteriores de talentos e originalidades, aos quais terão ficado a dever alguma notoriedade. O padre Bartolomeu, não obstante as suas excentricidades e heterodoxias, foi muito protegido por D. João V, que o escolheu para fundador da Academia da História e o nomeou fidalgo-capelão da casa real. Aquelas heterodoxias não eram desconhecidas pelo rei, posto que, anos antes, o conde de Tarouca, em carta da Haia para o cardeal da Cunha, referia que o padre Bartolomeu estivera em Amsterdão «tratando das suas costumadas ideias infelices», sempre inconstante, não tendo, porém, o diplomata notícia de que o padre se tivesse casado nem circuncidado, conforme constava em Lisboa (ver *Cartas do Conde de Tarouca...*, pp. 87-88).

tratado de 1681 e, depois, no Tratado de Utreque de 1715. Segundo o preâmbulo do tratado de 1750, não pôs Portugal em dúvida aquela demarcação, invocando, porém, as rectificações já estabelecidas relativamente à divisória de Tordesilhas pelo Tratado de Saragoça, de 1529, e pela ocupação espanhola das Filipinas, que não suscitara diferendo entre Portugal e Espanha, apenas por ter ocorrido pouco antes da união das duas Coroas em 1580[44].

Pelo tratado de 1750 Portugal reconheceu a soberania espanhola nas Filipinas, posto que esta não seria admissível na base de Tordesilhas. A Espanha reconheceu a soberania portuguesa no Maranhão, Amazonas e Mato Grosso, que também não se ajustaria ao acordado no século XV. Mas a razão fundamental do tratado respeitava às fronteiras meridionais do Brasil, que foram aí fixadas pela devolução à Espanha da colónia do Sacramento e pela entrega a Portugal da região a leste do rio Uruguai.

Encontra-se neste tratado de Madrid uma inovação assinalável, que consta dos respectivos arts. XXI e XXVI. Com efeito, estabelece-se aí que, no caso de haver guerra entre as duas Coroas, se manteria, mesmo assim, a paz entre os respectivos vassalos estabelecidos na

---

[44] Um dos aspectos objectáveis deste tratado de 1750 respeita precisamente ao longo preâmbulo, em que se referem os pontos de vista discordantes das duas partes. Tais pontos de vista e os argumentos deduzidos em sua defesa haviam de constar da documentação reunida e conservada pelos Estados; mas não tinham de ser referidos, ao menos tão desenvolvidamente, no próprio tratado, pois inseridos nele haviam de contribuir para manter presentes as divergências que pelo próprio tratado se pretendia remover. É bem possível que ao tal preâmbulo sejam atribuíveis influências nas críticas que o tratado suscitou; tanto a portugueses como a espanhóis, uns e outros se julgando defraudados pelo tratado, que provocou a guerra dos «guaranis». O tratado foi revisto, em 1761 (Tratado do Pardo) e em 1777 (Tratado de Santo Ildefonso), não tendo contribuído para desanuviar as hostilidades, ora patentes ora latentes, quanto às fronteiras meridionais do Brasil. Essas hostilidades levaram à ocupação militar portuguesa da margem esquerda do rio da Prata, em 1816, após demorada campanha; e, na base dessa ocupação, o Congresso cisplatino votou a união do Uruguai ao Reino Unido de Portugal, Brasil e Algarve (1821). As tropas portuguesas abandonaram a região (1823) em consequência do movimento independentista brasileiro. Mais tarde seria criada a República do Uruguai, por mediação inglesa, no sentido de pôr termo a contendas entre o Brasil e a Argentina, contendas situadas na linha de continuidade da velha questão respeitante às fronteiras luso-espanholas na América do Sul. Ainda na actualidade são notáveis os vestígios da presença portuguesa naquela região, mantidos até por numerosas famílias com origem em portugueses que, ao tempo da ocupação, no Uruguai se fixaram pelo casamento.

América Meridional; e que as cláusulas e determinações constantes do mesmo tratado ficariam em perpétuo vigor, mesmo que viesse a declarar-se guerra entre os dois Estados. A doutrina assim estabelecida era generosa e parece reflectir o pacifismo característico de D. João V e de Fernando VI, desejosos ambos de que, havendo um conflito militar na Europa que abrangesse os respectivos Estados e, provavelmente, fomentado por interesses alheios, esse conflito, ao menos, não levasse a reacender as velhas questões em torno do estuário do rio da Prata[45]. Mas a doutrina limitava-se a ser generosa.

---

[45] Conforme já acontecera em 1735, por ocasião do incidente com o enviado português em Madrid, que determinara o corte de relações entre as duas Cortes. Nessa altura, mesmo sem rompimento de hostilidades na Europa, logo os espanhóis de Buenos Aires tinham tentado reocupar a colónia do Sacramento. Já se entendeu que a doutrina da perenidade de um tratado respeitante à fixação de fronteiras na América e a sua observância, mesmo que houvesse na Europa uma guerra entre os Estados contratantes, corresponderia a uma aceitação, *avant la lettre*, da tese de Monroe. Mas nem uma interpretação subjectivista nem uma interpretação objectivista do tratado permite tal conclusão. Frequentemente também se nos depara a atribuição dos trabalhos preparatórios do tratado ao antigo secretário do rei português Alexandre de Gusmão, então já exercendo funções no Conselho Ultramarino. É natural que Gusmão tenha sido consultado sobre os trabalhos preparatórios do tratado, pelas funções que exercera junto de D. João V, pelas que exercia no Conselho Ultramarino e até pela circunstância de ter nascido e vivido no Brasil durante a sua infância; se bem que ter nascido em Santos e vivido na Baía durante a infância, não parecem factos bastantes para o acreditar na apreciação das questões respeitantes às fronteiras do Brasil. Mas não se encontram razões para atribuir a Gusmão os benefícios ou malefícios que possam relacionar-se com o tratado de 1750. Nem o rei, nem os secretários de Estado, nem os diplomatas que tiveram a seu cargo as negociações, aceitariam de Gusmão quaisquer sugestões situadas a nível de opção política. É nítido que Gusmão nunca ocupou, de direito ou de facto, situações que admitam entendimento diverso. E não parece convincente, nas tentativas de demonstração da autoria do projecto de tratado, a razão extraída dos manuscritos referentes às negociações, na excelente caligrafia de Alexandre de Gusmão. É bem sabido que lhe coube, por longo período, a correspondência oficial de D. João V. A própria defesa que terá feito do Tratado de Madrid, contrariando as críticas do antigo governador da colónia do Sacramento, António Pedro de Vasconcelos, bem poderá atribuir-se às conhecidas jactâncias de Gusmão, a que Pombal poria termo. Importará, no entanto, sublinhar a expansão da tese favorável ao Tratado de Madrid e também da ideia que o atribui a Alexandre de Gusmão. Sobretudo depois dos trabalhos que Jaime Cortesão dedicou ao assunto (ver, especialmente, *Alexandre de Gusmão e o Tratado de Madrid*, 7 vols., Rio de Janeiro, 1950-1963). Embora o próprio Alexandre de Gusmão pareça ter enjeitado a autoria de qualquer projecto de tratado quando, a propósito da apologia do acordo de limites de 1750, contra as críticas do brigadeiro António Pedro de Vasconcelos, afirmou: «Nunca escrevi mais involuntário, mas como foi por ordem superior, estou persuadido que não devo ser castigado» (ver manuscrito da Biblioteca Nacional do Rio de Janeiro referido e, em parte, transcrito, pelo visconde de Carnaxide, in *D. João V e o Brasil*, p. 48).

E, naturalmente, não foi observada. Tem-se dito também que o tratado de Madrid consagrou o princípio do reconhecimento da posse efectiva, do *uti possidetis*. Mas só o fez parcialmente, pois nem a Espanha possuía a colónia do Sacramento, desde 1680, nem Portugal possuía os territórios a leste do Uruguai, onde se encontravam os índios colonizados por jesuítas.

É duvidoso que o tratado de Madrid de 1750 tenha sido vantajoso para Portugal. A colónia do Sacramento fora estabelecida como ponta de lança dirigida para Buenos Aires, situada na margem fronteira do rio da Prata, como instrumento de retaliação militar, em vista a violações que fossem cometidas pelos espanhóis em relação a outros territórios portugueses; e tornara-se um importante centro económico, onde se estabeleceram muitas centenas de famílias portuguesas[46]. O reconhecimento da soberania portuguesa naquele território fora uma das escassas compensações alcançadas, dificilmente, em Utreque, para o esforço de guerra português, desenvolvido em longos e duros anos de campanha. Em troca desta colónia do Sacramento obteve Portugal, em 1750, a região a leste do rio Uruguai, constituída por sete povoações de índios *guaranis*, em número de 30 000, situadas na zona das missões, ou «reduções», dos jesuítas. Também pelos arts. XV e XVI do tratado de Madrid se estipulou que os moradores da colónia do Sacramento eram livres de nela ficarem ou dela se retirarem com os seus haveres, e que dos territórios cedidos a Portugal

---

[46] A prosperidade da colónia do Sacramento provinha, em parte, de ganhos ilícitos, do contrabando de mercadorias trazidas de terras a montante do rio da Prata. Esse contrabando era facilitado pela amplitude do estuário do rio, que tornava extremamente difícil o seu adequado policiamento. E sendo o contrabando realizado em detrimento das colónias espanholas, não se mostravam as autoridades portuguesas muito interessadas na sua repressão. Mas não seria apenas o contrabando que teria ajudado a fixar os portugueses naquela «marca» militar. Na continuidade da «pampa» argentina, não obstante a quebra fluvial, «o paiz é extremamente raso, e contém a maior campanha que se acha em as duas Américas, sem arvoredo algum... porém o clima e o terreno são de forma próprios para a produção de flores, fructos e sementeiras de Europa, como experimentam os nossos povoadores nos muitos e deliciosos jardins, pomares e searas que teem cultivado n'aquelle fructifero e vasto paiz (Rocha Pita, *História da América Portugueza*, p. 67). Rocha Pita fez esta descrição da colónia do Sacramento em 1730. Poucos anos depois, a colónia do Sacramento resistiria a um longo cerco dos espanhóis (1735-1737). Tinha então 2000 habitantes (ver tb. Ferrand de Almeida, *A Colónia do Sacramento na Época da Sucessão de Espanha*, esp. pp. 36-38; 60 e ss.; 100 e ss.; 147 e ss.).

poderiam sair os índios para povoarem outras terras de Espanha e as aldeias seriam entregues à Coroa de Portugal com todas as suas casas, igrejas e edifícios. Entendeu-se que em relação aos índios não era admitida a liberdade de se conservarem nas suas terras, conforme ficou estabelecido nas convenções celebradas posteriormente, já no reinado de D. José, para dar execução ao tratado de 1750.

Não acataram os índios das Missões Orientais do Uruguai as ordens que lhes foram dadas para abandonar os territórios que ocupavam. E daí uma sangrenta campanha militar desenvolvida contra os índios *guaranis* por tropas espanholas, comandadas pelo governador de Buenos Aires, e portuguesas, comandadas pelo governador do Rio de Janeiro. Essa campanha militar só terminaria com a derrota dos índios rebeldes, em 1756, ano em que as autoridades portuguesas ocuparam efectivamente as aldeias, ou «reduções», de Santo Ângelo, São Borja, São João, São Lourenço, São Luís Gonzaga, São Miguel e São Nicolau, cedidas pelo tratado de Madrid. Como nestas aldeias se achavam instaladas missões de Jesuítas, a estes viria a ser atribuída, mais tarde, a instigação dos índios à revolta, além de outros abusos que teriam sido cometidos também nas regiões do Pará e do Maranhão[47]. Esta mesma revolta terá contribuído para dar consciência, a portugueses e espanhóis, dos erros do tratado de 1750[48].

---

[47] Não parecem consistentes os elementos reunidos nas tentativas de demonstrar a responsabilidade dos Jesuítas na revolta dos *guaranis*, baseados, sobretudo, nos relatórios de dois oficiais portugueses, o governador do Rio de Janeiro, Gomes Freire de Andrade, e o governador do Maranhão, Francisco Xavier de Mendonça, irmão do próprio ministro Carvalho e Melo. No entanto, a convicção daquela responsabilidade parece ter assentado na influência que os Jesuítas sobre os índios exercem. Assim, aos Jesuítas poderia ser assacada, ao menos, a falta omissiva de não terem usado daquela influência para encaminhar os *guaranis* no sentido de se resignarem a abandonar as terras e casas que possuíam. São curiosas as considerações de Francisco Solano Constâncio, marcado adversário dos Jesuítas, a esse respeito, as quais passam a transcrever-se: «Em quanto prosseguião as negociações entre as duas Coroas, para a execução do Tratado dos limites, recebia a Côrte de Lisboa individuadas informações relativas à potência dos Jesuítas na América hespanhola e portuguesa. Tinhão estes astutos e ambiciosos padres formado nas margens do Uruguay e do Paraguay huma especie de theocracia, que era como o centro de todos os estabelecimentos que possuião desde o Pará até ao Rio da Prata. Constava então a potencia dos Jesuítas nas vizinhanças do Uruguay de trinta e huma povoações em que havia cerca de cem mil Indios inteiramente sujeitos à autoridade dos Jesuítas, doceis a seus preceitos, e dispostos a arriscar a vida por elles. Este resultado era devido ao sabio e prudente systema adoptado

Fig. 14 – *Cardeal da Mota*

Fig. 15 – *D. Bárbara de Bragança, rainha de Espanha*

Facilmente se poderão aceitar as afirmações do inglês Robert Southey e, depois, do visconde de Rio Branco, quanto à sinceridade,

---

pelos Padres da Companhia para civilizar os indigenas por meio de doçura, e fazendo servir as crenças e cerimónias religiosas de base à sua autoridade. Com summo discernimento apenas inculcavão aos Indios superficialmente aquelles artigos e practicas do catholicismo que mais condizião com as ideias d'aquellas nações rudes e supersticiosas, não contrariando usos e costumes demasiadamente arraigados. Em vez de tratarem os selvagens convertidos como escravos, em todas as occasiões os tinhão protegido contra os colonos, e só exigião dos Indios serviços moderados, lisongeando-os por mil maneiras e tornando-lhes a obediencia pouco pesada. Todavia he de notar que nunca derão aos Indios instrucção cabal, e que para melhor os dominar, e prevenir o effeito da comunicação com os Europeus, aprendião os Jesuítas o *guarani*, o *tupi* e outras linguas brasílicas, e se serviam exclusivamente d'ellas no trato com seus subditos.» E depois de reproduzir as acusações pombalinas de terem os padres da Companhia de Jesus adestrado os Índios «no uso de armas de fogo, e em todas as manobras militares, explica Constâncio tal atitude afirmando: «Bem sabião os Jesuítas que em todos os estados catholicos da Europa se tramava, havia muitos anos, hum projecto de suppressão da Ordem e muito particularmente em França, onde os parlamentos se tinhão mais de huma vez pronunciado contra elles. Outro tanto sucedia em Hespanha, e até em Portugal não lhes faltavão inimigos, não só entre as outras ordens monasticas, mas entre os interessados no comércio do Brasil, cujos colonos erão universalmente inimigos dos Jesuítas pelos motivos já apontados... Combinando o poder e a riqueza esperavão fundar no Uruguay hum imperio independente... Os Jesuítas só em proveito próprio querião domesticar os Indios para os dominar. Era pois forçoso, ou expulsa-los, ou ceder-lhes o domínio do Brasil.» Constâncio conclui, contrariando Southey, que, apesar de anglicano, considerou a expulsão dos Jesuítas grande calamidade, no sentido de que tal expulsão foi benéfica (ver Francisco Solano Constâncio, *História do Brasil*, II, pp.104-107). Esta exposição de Constâncio corresponde, fundamentalmente, às razões invocadas por Pombal [ver *Collecção dos Negócios de Roma* (1755-1760), I, pp. 22 e ss.]. Mas através das passagens de Constâncio ficam mais resumida e esclarecedoramente postos em relevo alguns factos. Entre eles, a surpresa da corte de Lisboa relativamente ao poder dos Jesuítas na zona cedida pela Espanha, por força do tratado de 1750. É dificilmente crível que em Lisboa se desconhecesse aquele poder, exercido em territórios espanhóis como em territórios portugueses; tanto mais que tal poder já excitara a má-vontade dos colonos. E que se ignorasse a situação existente numa zona recebida em troca da colónia do Sacramento. Os trechos de Solano dão também ideia da influência dos Jesuítas nos Índios, «dispostos a arriscar a vida por elles», influência que – poderia admitir-se – teria travado a rebelião *guarani*, se os Jesuítas a tivessem exercido em tal sentido. Mas, segundo Southey, as diligencias dos Jesuítas no sentido de serem acatadas as ordens das Cortes de Lisboa e de Madrid criaram-lhes sérias dificuldades junto dos Índios. Conforme o citado historiador inglês, «pouco mais erão os jesuitas agora que prizioneiros onde pouco antes gozarão de absoluta autoridade» (ver *História do Brazil*, VI, pp. 25 e ss.). Também dos trechos de Solano Constâncio se extrai muito claramente a conjugação de forças que levou à expulsão dos Jesuítas. Ao iluminismo importado dos países de religião reformada aliavam-se os interesses capitalistas dos colonos, receosos de que as missões da Companhia lhes retirassem mão-de-obra escrava, e até a à boa-fé e à lealdade das Cortes de Lisboa e de Madrid, reveladas através do tratado de 1750. Mas, contrariamente ao que tem sido já sustentado, ele não consagrou o princípio da posse efectiva, nem o das fronteiras naturais, que fixaria os limites meridionais do Brasil no rio da Prata. E a falta de realismo que o tratado revela poderá interpretar-se como significando que D. João V já não pôde, pelo seu estado de saúde, orientar as respectivas negociações. Porque as inegáveis sinceridade, boa-fé e lealdade do rei português nunca nele obnubilaram o sentido da viabilidade dos empreendimentos. Dificilmente lhe teriam escapado todas as implicações, morais e políticas, da questão respeitante à sorte dos índios do Uruguai[49].

---

emulação das outras ordens monásticas. Esta conjugação de forças transcenderia o despotismo de Pombal, Aranda, Choiseul e Kaunitz, que dela terá sido instrumento. Explica-se, assim, com relativa facilidade, a extinção da Companhia de Jesus, criada no século XVI, por Inácio de Loyola, para combater as heresias protestantes. Ver também Rocha Pombo, *História do Brazil*, VI, pp. 492 e ss.

[48] Segundo um moderno historiador argentino, Andrés Millé, não se trataria de erros, mas de um plano concertado pela diplomacia inglesa, com o apoio das lojas maçónicas portuguesas e espanholas (ver *La Cuenca del Plata*, esp. p. 231). Mas encontram-se neste citado autor algumas inexactidões graves, a par de muito acentuada má-vontade relativamente a Portugal e aos Portugueses. Ver, sobre o tratado de 1750, Eduardo Brazão, *Os Jesuítas e a Delimitação do Brasil* de 1750, Braga, 1939.

[49] Francamente desfavorável ao tratado de 1750, que teria sido extorquido ao tempo da doença de D. João V, parece ter sido a opinião de Pombal, conforme resulta da memória apresentada por Luís Pinto de Sousa ao Governo britânico, em 1776 (ver Visconde de Santarém, *Quadro Elementar...*, XVIII, pp. 393 e ss.). No entanto, nesse mesmo ano, depois de perder a esperança num decidido apoio inglês, Pombal já se dispunha a aceitar a entrega da margem esquerda do rio da Prata, em troca das sete aldeias do Uruguai, tal como fora estabelecido no tratado de 1750 (ver Despacho para Luís Pinto de Sousa de 16 de Março, in *Descriptive List...*, in, 89/81, fól. 172, p. 183). Também Robert Southey, embora entendendo que o tratado deu testemunho da sinceridade e boas intenções das duas Cortes, que se teriam «adiantado ao seu século», procedendo com uma lealdade «que quase pode considerar-se couza nova na diplomacia», reconhece que no tratado se cometeu um erro fatal. Porquanto, segundo explica, «a parte de território que ao oriente do Uruguay se cedia a Portugal continha sete reducções florescentes habitadas por uns trinta mil guaranis, não recentirados das florestas ou meio reduzidos... porem nascidos como seus paes e avos n'uma servidão leve, e criados com os commodos da vida domestica regular. Todos estes, com mulheres e filhos, com doentes e velhos, com cavallos e ovelhas e bois, tinhão como do Egipto os filhos de Israel, de emigrar para o deserto, não fugindo à escravidão, mas obedecendo a uma das mais tyrannicas ordens jamais emanadas do poder insensível» (ver *História do Brazil*, VI, pp. 8 e ss.). Sobre o Tratado de Limites, poderá consultar-se a oração proferida por Damião Peres, na sessão da Academia Portuguesa da História comemorativa

O insucesso do Tratado de Limites de 1750, porque os Portugueses não se dispunham a entregar a colónia do Sacramento enquanto os Espanhóis lhes não assegurassem a posse pacifica das sete aldeias, ou «reduções», a leste do Uruguai, levou as duas potências interessadas a cancelar, cessar e anular aquele tratado e os actos nele baseados, mesmo deixando em suspenso todas as questões de fronteiras que cumpria solucionar. Esta anulação do Tratado de Limites de 1750 foi ajustada logo a 12 de Fevereiro de 1761, pelo tratado celebrado no Pardo pelo embaixador português D. José da Silva Pessanha e pelo secretário de Estado espanhol Ricardo Wall (ver Visconde de Santarém, *Quadro Elementar...*, II, pp. 246 e ss.; Borges de Castro, *Collecção...*, III, pp. 126 e ss.).

6. Relativa frustração da política externa joanina

É inegável que à política externa joanina ficou Portugal a dever 40 anos de paz, que muito hão-de ter contribuído para a prosperidade, cultural e material, que caracteriza o reinado de D. João V[50]. Sem o acerto da diplomacia joanina, o «quinto real» do ouro brasileiro não teria tido qualquer reflexo na vida portuguesa, perdendo-se entre os despojos dos campos de batalha. Assim, embora boa parte tenha sido absorvida por Londres, na base da dependência económica herdada dos reinados anteriores, muito ouro ainda ficou em Portugal; ou directamente, ou através de empreendimentos que melhoraram o teor de vida dos Portugueses.

---

do duplo centenário da sua ratificação (26 de Janeiro de 1950) e a obra vastíssima de Jaime Cortesão, cujos volumes foram publicados no Rio de Janeiro, entre 1950 e 1963, sobre *Alexandre de Gusmão* e o *Tratado de Madrid*. Nesta obra reuniram-se muitos materiais; mas alguns se omitiram também e outros se mostram insuficientemente aproveitados.

[50] Não caberiam aqui amplas referências a essa prosperidade, naturalmente alheias à História diplomática. Insistir-se-á, no entanto, em que essa prosperidade se reflectiu, nomeadamente, na fundação da 1.ª academia portuguesa, a da História, na aquisição dos livros que constituíram os fundos bibliográficos de Coimbra e de Mafra; e até num estilo artístico próprio, característicamente português, que é o joanino. Em Portugal, só outro estilo, o manuelino, também correspondente a uma época de prosperidade geral, revela características nacionais próprias. Os outros mostram-se enfeudados a estilos alheios, quase desprovidos de particularidades, mesmo quando designados por expressões ligadas à vida portuguesa (ex.: estilos D. José, D. Maria I, etc.).

Não obstante, para além do extraordinário benefício da paz alcançada, talvez sejam desproporcionados os resultados obtidos, em relação aos esforços que a diplomacia joanina desenvolveu. Ou porque a saúde do rei durante os últimos anos de vida e a perda de alguns dos seus mais valiosos colaboradores não permitiram colher melhores resultados; ou porque muitos dos ministros e auxiliares de D. João V não corresponderam à obra empreendida; ou ainda porque a sorte nos foi desfavorável e os ventos adversos se mostraram de força muito superior à da nossa capacidade de resistência.

A saúde do rei foi muito abalada durante os últimos oito anos de vida; especialmente durante os últimos cinco (1745-1750). Nesse mesmo período morreram o jesuíta napolitano Carbone, conselheiro de D. João V durante um quarto de século[51], e dois dos seus secretários de Estado, o cardeal da Mota e Marco António de Azevedo Coutinho; outro, Pedro da Mota e Silva, ficou fisicamente diminuído, embora, mesmo assim, continuando em funções; Diogo de Mendonça Corte Real, que fora secretário de Estado durante 30 anos, já falecera também. É natural que a política portuguesa, durante muitos anos confiada a tais homens, e, designadamente, a política externa, se tenha ressentido dessas perdas, parecendo ser que o rei cometeu a imprudência de não cuidar oportunamente da substituição dos seus colaboradores[52]. Para mais, é nítido que durante muitos anos D. João V

---

[51] Apesar da má-vontade anglicana em relação aos Jesuítas, o ministro inglês em Lisboa, Castres, dizia ser o padre Carbone tão hábil e íntegro que a sua morte fora lamentada não só pelos portugueses de todas as classes, mas também pelos estrangeiros (ver *Descriptive List...*, II, 89/47, fól. 93 p. 282).

[52] Importará, no entanto, reconhecer que as substituições não seriam fáceis, se tivermos em conta os juízos altamente elogiosos emitidos pelos diplomatas então acreditados em Lisboa. Segundo o embaixador francês, não haveria em Portugal pessoa com capacidade para suceder ao cardeal da Mota, pelo seu sentido de justiça, pela sua moderação, pela sua imparcialidade, pelo seu espírito, pelas suas maneiras doces e agradáveis. Para o diplomata inglês Abraham Castres, embora queixoso da política do cardeal da Mota, ele era *exceedingly polite and accessible* (ver *Descriptive List...*, II, 89/44 fól. 6, p. 235). A Diogo de Mendonça Corte Real, apesar de pouco afecto à França, reconheciam também os diplomatas franceses que tinha talento, falava com facilidade várias línguas, era delicado, honesto, gracioso e muito inteligente. Mesmo Pedro da Mota e Silva, velho, entrevado e lento no despacho dos papéis, era tido pelo Governo francês por homem de probidade e de bom senso, opinião coincidente com a que se extrai de alguns trechos das cartas de D. João V ao cardeal da Mota. Sobre o cardeal da Mota ainda afirmou, bastantes anos mais tarde (1776),

e o cardeal da Mota souberam aproveitar as extraordinárias qualidades dos diplomatas portugueses da época, limitando as suas tendências e manifestações «estrangeiradas» e, nalguns casos, o seu demasiado apego aos países onde exerciam funções. É esta uma dificuldade que, com frequência, e em muito diversas épocas, se tem desenhado relativamente a alguns diplomatas. Escolhidos para missões em países a cuja política e cultura se acham já particularmente afeiçoados, ou assim ficando pelo trato, importa muitas vezes usar de críticas adequadas para reduzir aos razoáveis limites as informações e alvitres desses diplomatas que possam reflectir as preferências pessoais ou a influência do meio. Foi nítido o caso do velho diplomata D. Luís da Cunha, que, não obstante a sua experiência, a sua habilidade e o seu geral cepticismo, afastado há muitos anos do ambiente português, procurava encontrar resolução para os problemas do seu país preconizando que nele se adoptassem soluções alheias[53]. Mas não terá sido caso único. Também diplomatas como José da Cunha Brochado e o conde de Tarouca se mostraram algumas vezes fortemente influenciados pelas Cortes em que exerciam funções. E Alexandre de Gusmão, secretário privado do rei, talvez por nostalgia dos turbulentos anos de

---

o conde de Vergennes, ministro dos Negócios Estrangeiros de Luís XVI, que conhecera muitos portugueses sensatos, e entre eles o falecido cardeal da Mota, primeiro-ministro de D. João V que, sem querer renunciar à aliança inglesa, pensava que nada podia ser mais contrário aos interesses de Portugal e à dignidade da Coroa do que uma aliança exclusiva (ver Visconde de Santarém, *Quadro Elementar* .... V, pp. CCXXI, CCIXXX e ss.; VIII, p. 218; Saint-Aymour, *Recueil des Instructions Données aux Ambassadeurs et Ministres de France... – Portugal*, pp. 271-272, 313). Os ofícios dos diplomatas ingleses da época acreditados em Lisboa dão-nos bem a medida da categoria excepcional do cardeal da Mota, cuja correspondência directa com o primeiro-ministro francês, cardeal de Fleury, muito estaria facilitando o bom entendimento com a França, cujos efeitos a Inglaterra pretendia, naturalmente, neutralizar (ver, por ex., *Descriptive List...*, II, 89/40, fól. 95, pp. 179-180).

[53] Ver *Instruções Inéditas de D. Luís da Cunha a Marco António de Azevedo Coutinho*, Coimbra, 1930; e *Testamento Político de D. Luís da Cunha, Lisboa, 1943*. Neste seu *Testamento Político*, o velho diplomata, «estrangeirado», mostra claramente a sua má-vontade aos ministros de D. João V. E, embora forçado a reconhecer que o cardeal da Mota foi geralmente tido como «bom homem, muito modesto, mui bem intencionado e muito limpo de mãos, atribui-lhe «muito pouco conhecimento dos negócios estrangeiros e ainda menos activo nos internos». No mesmo *Testamento* aconselhou D. Luís da Cunha ao príncipe D. José confiasse a Secretaria de Estado do Reino a Sebastião José de Carvalho e Melo, «cujo génio paciente, especulativo e ainda que sem vício, um pouco difuso, se acorda com o da nação».

juventude passados em Paris e em Roma, mostrava-se, através das suas cáusticas diatribes, fortemente influenciado por modelos políticos estranhos.

Tais atitudes, que, naturalmente, seriam comuns a muitos outros e revelam a tolerância de D. João V, pois, embora rejeitando aquelas tendências, admitia que colaboradores próximos as manifestassem junto dele, eram corrigidas pelo rei e pelo cardeal da Mota. Com a doença de ambos e com as consequentes expectativas quanto à sucessão no trono, as referidas tendências deixaram de ser corrigidas; e, nas outras cortes, designadamente em Madrid, aperceberam-se os governantes estrangeiros de que já não eram firmes as coordenadas da política portuguesa. Acresce que, não tendo filhos Fernando VI e Bárbara de Bragança, também em Espanha muitos se preparavam já para que ao rei sucedesse o irmão Carlos, filho de Isabel Farnésio, rei de Nápoles e na Itália há muito fixado, cuja política não havia razões para esperar fosse favorável a Portugal.

Todas estas circunstâncias poderão explicar uma relativa frustração da política externa joanina. Acresce que, por motivos ainda não esclarecidos, D. João V nunca associou o seu sucessor, D. José, a quaisquer actos de governo, embora o príncipe já contasse 36 anos à data da morte do pai[54]. Por esta razão também, ao rei D. José se tornou difícil o aproveitamento da acção diplomática desenvolvida pelo pai, de cujo talento havia a esperar bastante mais do que se obteve, em defesa dos interesses portugueses[55].

---

[54] É facilmente admissível que isso se devesse à influência então exercida no príncipe por sua mulher, D. Mariana Vitória, filha de Filipe V e de Isabel Farnésio.

[55] Segundo o embaixador francês Chavigny, referindo-se a D. João V, «aucun Prince n'a plus de talent, plus d'esprit, et peut-être plus de connaissance des affaires que lui» (ver Visconde de Santarém, *Quadro Elementar...*, V, p. CCXV, nota). E, apesar das compreensíveis prevenções dos historiadores protestantes em relação a D. João V, o historiador inglês Smollett, continuador de David Hume, reconhece que aquele rei português «... perfectly understood and steadiely pursued the true interests of his country», graças às suas muitas qualidades de príncipe, apenas diminuídas por um cruel espírito de superstição (*History of England*, XI, pp. 272-273). É perfeitamente compreensível a restrição da parte de um historiador anglicano. Já parece menos compreensível essa restrição e as críticas infundadas a D. João V por parte dos historiadores portugueses. Conforme reconheceu Francisco Luís Gomes, graças a uma certa preocupação de objectividade que ostentou, «pour faire ressortir les qualités de D. José, ses admirateurs prêtèrent à son père des défauts qu'il n'eut point», não obstante o reinado de D. João V ter sido «sous tous les rapports, un

des plus remarquables de l'histoire du Portugal» (ver Francisco Luís Gomes, *Le Marquis de Pombal, Esquisse de sa Vie Publique*, pp. 13-14; *The Marquis of Pombal*, in *Selected Works*, pp.158 e ss.). Quando no seu estudo sobre Alexandre de Gusmão teve de debruçar-se sobre a personalidade de D. João V, também Jaime Cortesão se apercebeu de quanto foram mal fundamentadas as frequentes críticas àquele soberano, concluindo que ele foi vítima expiatória de todos os males (ver *Alexandre de Gusmão e o Tratado de Madrid*, I, p. 47). Já antes António Ferrão, insuspeito de favorável à política de D. João V, reconheceu «a elevada inteligência, boa cultura e o enorme bom senso dêsse rei tão cheio de penetrantes vistas sôbre a política externa» (ver *O Segundo Duque de Lafões e o Marquês de Pombal*, p. 14). Sobre o pacifismo de D. João V, já em 1718 referia o ministro inglês Henry Worseley que o rei português tinha aversão à guerra (ver *Descriprive List...*, I, 89/26, fól 1, p. 403). Quanto à capacidade de trabalho de D. João V e quanto à sua consciência dos deveres que lhe incumbiam, parecem esclarecedoras as palavras que se contêm num ofício do cônsul inglês em Lisboa, Abraham Castres, dirigido a Lord Cateret, em 24 de Agosto de 1743. O rei estava muito doente, «but applies to business during his good intervals, with as much eagerness as ever, not withstanding his physicians remonstrances against it» (ver *Descriptive List...*, II, 89/42, fól. 164, p. 217).

TÍTULO IV
A Diplomacia Josefina

1. Caracterização geral da diplomacia josefina

Poderá estranhar-se a designação adoptada de «diplomacia josefina; quando tão correntemente se nos deparam referências à «política pombalina, à «administração pombalina, à «legislação pombalina, etc., em relação ao reinado de D. José. Mas a adjectivação de «pombalina» quanto à acção política desenvolvida em tal época envolve uma tomada de posição liminar sobre dúvidas que a História ainda não dissipou. É certo que o rei D. José não se ocupou dos negócios públicos com a assiduidade e aplicação de que usou seu pai e antecessor; mas não se sabe ainda se, não obstante, as grandes linhas da governação não foram traçadas pela vontade do próprio rei. E, no processo que contra ele correu, finalmente arquivado em razão da muita idade, males de saúde e pedido de perdão à rainha, Pombal defendeu-se das acusações sustentando sempre que cumprira as ordens de el-rei. Donde as dúvidas, difíceis de dissipar, que importará solucionar imputando ao rei a política seguida[56]. Aliás, há elementos para

---

[56] Pombal apenas atribuiu ao rei as violências e ilegalidades de que era acusado; não deixando de tomar para si os feitos louváveis. Mas a política e a administração da época não admitiriam tal dicotomia. Ou Pombal foi, nos mais variados aspectos, um simples executor da vontade do rei, ou usou, nesses diversos aspectos também, da confiança que o rei nele depositou. Não faria sentido que a vontade do rei se tivesse manifestado apenas em relação aos maus actos de administração, ilegalidades e perseguições, mostrando-se o monarca abúlico quanto a todos os outros aspectos da vida política. Parecerá mais razoável admitir que o rei traçou as grandes linhas da governação pública; tanto nos aspectos negativos como nos positivos. E Pombal terá sido o secretário de Estado a quem coube especialmente aconselhar, estudar os problemas e dar execução àquelas directrizes. Sendo assim, ao ministro apenas poderão ser assacadas culpas pela adesão a soluções ilegais, violentas e irregulares

crer que a própria indulgência da rainha D. Maria I em relação a Pombal, quando eram tão graves as acusações e tão adverso ao antigo ministro o ambiente da «viradeira», também tenha sido ditada pelo conhecimento de que a memória do rei seu pai seria desfavoravelmente afectada pelo julgamento do ministro; e não apenas em razão das omissões originadas na confiança que nele depositara[57].

queridas pelo rei, mas nas quais Pombal poderia não ter assumido responsabilidades, ao menos pelo afastamento do cargo exercido. Àquelas culpas haverá a acrescentar as respeitantes a atitudes de que só poderiam resultar vantagens para o ministro ou para membros da sua família; entre elas as respeitantes aos casamentos dos filhos, à obtenção de empréstimos benévolos, etc. Quanto às referidas ilegalidades e violências, a repulsa que merecem, quer sejam atribuíveis ao rei quer ao ministro, não pode ser atenuada pelas referências «à época», conforme, por vezes, tem sido tentado. Não há circunstâncias, nem usos, nem instituições, nem consenso, que possam atenuar as responsabilidades emergentes de condenações à morte sem que os réus fossem ouvidos, ou interrogados, de tormentos aplicados a testemunhas, de prisões por espaço de anos sem culpa formada, e de outras múltiplas ilegalidades que o foram à luz das normas e princípios vigentes *naquela época* (ver Lúcio de Azevedo, *O Marquês de Pombal e a Sua Época*, pp. 433 e ss.). Mas essa é questão que manifestamente transcende o âmbito da História diplomática.

[57] Acresce que algumas das violências atribuídas a Pombal poderão ter sido inspiradas pela rainha D. Mariana Vitória, mãe de D. Maria I e que sobreviveu a D. José. Não se tratava, para a nova rainha, apenas de salvaguardar a memória do pai, o que já pesaria bastante no seu espírito, mas também de não agravar a própria mãe, ainda viva. D. Mariana Vitória foi a fiel representante em Lisboa da política de sua mãe, Isabel Farnésio, feroz opositora de D. João V, que ela pretendia afastar da Inglaterra e do Império, enfeudando-o à liga franco-espanhola, o que nunca conseguiu. É certo que D. Mariana Vitória, enquanto princesa, teve sempre pouco relevo político. Porque D. João V a manteve afastada dos negócios públicos; e porque a sua preparação cultural, revelada pela correspondência que dela se conserva (ver *Cartas da Rainha D. Mariana Vitória para a Sua Família de Espanha, Apresentadas e Anotadas por Caetano Beirão*, Lisboa, 1936) também lhe não permitiria exercer grande influência na Corte de Lisboa. Assim, a princesa do Brasil terá sido uma débil executora da política de sua mãe, que, segundo confidências desta ao embaixador francês, La Marck, sentia por D. João V «une aversion insurmontable» (*ibidem*, p. 181, nota). Da correspondência referida resulta claramente também acentuada má vontade de D. Mariana Vitória a D. João V (*ibidem*, pp. 185, 190, 200 e 243), que não teria origem apenas na circunstância, referida pela princesa em queixumes, de os sogros lhe concederem escassa liberdade; e de ser reduzido o número de bailes na Corte de Lisboa. Tal disposição de espírito levou D. Mariana Vitória a admitir, embora com alguma relutância, por achar a tarefa difícil, favorecer em Lisboa a política de Isabel Farnésio. E, para isso, passou a corresponder-se com a mãe em cifra, suscitando a questão de saber se da cifra podia dar conhecimento ao marquês de Candia, embaixador espanhol (*ibidem*, pp. 232 e 264). Contava a princesa com toda a boa vontade de D. José, seu marido (*ibidem*, pp. 185, 203 e 245), que, ao tempo, dominaria por completo, circunstância que poderá explicar o facto de D. João V

Para quem entenda que a acção política só tem de ser julgada pelos resultados, será necessariamente negativo o balanço da diplomacia josefina. Através dela não se nos deparam quaisquer triunfos assinaláveis. Nem lográmos vantagens políticas, nem económicas, no plano internacional; nem o brilho das nossas embaixadas se manteve; nem conseguimos viver em paz. Com efeito, abandonada a política de equilíbrio e neutralidade do período joanino, envolvemo-nos na Guerra dos Sete Anos, fomos invadidos pelos espanhóis e pelos franceses, sem que qualquer vantagem resultasse dos sacrifícios suportados, posto que pelo tratado de paz, assinado em Versalhes, não obteve Portugal senão que lhe fossem restituídas as terras perdidas durante a guerra. Também neste mesmo período foi abandonada a última praça portuguesa de Marrocos, Mazagão. As próprias vantagens minguadas, se as houve, relativas ao Tratado de Limites de 1750, se perderam rapidamente; nunca aquele tratado chegou a ser executado.

Mantivemos relações difíceis tanto com a França como com a Inglaterra. Acentuaram-se as dependências, sem benefícios correspondentes. Expusemo-nos à má-vontade dos norte-americanos revoltados contra o domínio inglês, sem parecermos ter consciência da magnitude daquela insurreição. Perdemos posições fundamentais na América, que nos foram arrebatadas pelos Espanhóis.

---

nunca ter associado o príncipe às tarefas do Governo. Da mesma correspondência de D. Mariana Vitória para Isabel Farnésio depreende-se um acentuado anticlericalismo da princesa e de seu marido, que poderá ajudar a entender muitos acontecimentos do reinado de D. José (*ibidem*, pp. 185, 190, 243 e 245); assim como o desígnio claro de tudo fazer mudar quando o rei morresse (*ibidem*, pp. 203, 220). Procurando esclarecer a mãe sobre os futuros rumos da política portuguesa, escreveu a princesa: «si son Pere vient a mourir de que Dieu le delivre cela changera bien de face puisque il n'aime pas tant la patriarchale; et sait discourir en toutes matieres avec une tres grande justesse» (*ibidem*, p. 203). Ainda, segundo D. Mariana Vitória confidenciava, não apenas à mãe mas ao embaixador de Espanha, marquês de Candia, em 1743, quando a princesa tinha já 25 anos e alguns receios inspirava a saúde do rei português, logo que o príncipe ascendesse ao poder não se deixaria governar por um primeiro-ministro. Depois da morte de D. José, a mesma D. Mariana Vitória, rainha-viúva, não deixaria de lamentar que as boas qualidades do marido tivessem sido obscurecidas pela influência de Pombal, muito hábil na arte de persuadir (*ibidem*, pp. 220-221). Mas nem por isso a rainha-viúva deixou de contrariar a reabilitação dos Távoras (ver Caetano Beirão, *D. Maria I,* p. 143, nota).

Seria precipitado formular liminarmente um juízo desfavorável em relação ao rei ou aos seus colaboradores mais directos, na base dos resultados obtidos. No entanto, importará reconhecer, conforme já referido, que D. José não se dedicou como o antecessor aos negócios públicos[58]; e não pôde, ou não soube, rodear-se de colaboradores do nível daqueles de cujo auxílio D. João V beneficiou. Por motivos ainda mal esclarecidos, o novo rei chamou para secretário de Estado Sebastião José de Carvalho e Melo, pessoa mal conhecida que, no entanto, numa fase avançada da vida, já desempenhara funções diplomáticas em Londres e Viena[59]. Rapidamente Carvalho e

---

[58] Das instruções do Governo de Paris ao seu embaixador em Lisboa, conde de Merle, de 1759, consta a seguinte passagem acerca do rei D. José: «Le Roi de Portugal est un prince naturellement doux et juste. Il n'aime pas le travail auquel il n'a point été accoutomé pendant la vie du Roi son père... L'oisiveté lui a fait contracter l'habitude du repos et l'amour du plaisir» (ver Saint-Aymour, *Recueil des Instructions données aux Ambassadeurs et Ministres de France... - Portugal*, p. 322).

[59] Apesar do muito interesse que tem despertado a figura de Sebastião José de Carvalho e Melo, futuro conde de Oeiras e marquês de Pombal, tanto as razões da sua ascensão política como alguns passos da sua biografia continuam envoltos em mistério. Desconhecem-se as origens da sua formação cultural, já se tendo presumido que fosse bacharel em leis, o que é negado por Luz Soriano, segundo o qual, «fora dos seus intentos formar-se na faculdade de direito; mas de genio activo e fugoso, avesso a todo o genero de prisão, bem depressa se desgostou d'um estudo tão sério e aturado» (ver *Historia do Reinado de El-Rei D. José e da Administração do Marquez de Pombal*, I, p. 177). Pouco se sabe dos seus dois casamentos. Ignora-se o que tenha feito até aos 40 anos, ou quase, quando da sua enviatura a Londres, que surpreendeu o ministro inglês em Lisboa, Lord Tirawley, posto este ter referido ao seu Governo que mal conhecia Sebastião José de Carvalho (ver *Descriptive List...*, II, 89/40, fól. 19, p. 176). À enviatura a Londres seguiu-se a missão em Viena, tendo por objecto a solução de um diferendo entre a imperatriz e a Cúria, conforme já foi referido. Também a carreira diplomática de Carvalho e Melo, que precedeu a carreira política, oferece bastantes elementos confusos. Entre eles, o facto de durante os seis anos passados em Londres, ao que parece só, aquele representante português não se ter familiarizado minimamente com a língua inglesa, posto que recorria a auxílios estranhos para entender as cartas que lhe eram enviadas naquela língua (ver Lúcio de Azevedo, *O Marquez de Pombal e a Sua Época*, p. 12). A língua corrente nas relações internacionais, naquela época, era o francês; e essa conhecia-a Carvalho e Melo. Mesmo assim, é estranho, dadas as circunstâncias, o seu desconhecimento da língua inglesa. Não foram bem sucedidas as missões de Carvalho e Melo; nem em Londres nem em Viena. Mas ficarão dúvidas sobre se os insucessos se deverão a deméritos seus ou às dificuldades da conjuntura. Parecerá inegável, no entanto, que aquele representante português, tendo ingressado na carreira diplomática numa fase avançada da sua vida e sem que se saiba qual a ocupação anterior, não se achava preparado para missões de tanta responsabilidade, que teve

Melo passou a ser o secretário de Estado que o rei com mais frequência chamava e aquele com quem os outros muitas vezes despachavam.

---

de desempenhar sem o apoio de quaisquer outros diplomatas mais experimentados. O próprio Carvalho e Melo se queixava amargamente das dificuldades com que deparava. Na Corte inglesa eram mal recebidas as notas diplomáticas do enviado português, pesadas e confusas (*ibidem*, pp. 42-43). Segundo Lord Tirawley, continuando a ser ministro em Lisboa, as representações de Carvalho em Londres não eram para ser tomadas a sério (ver *Descriptive List...*, II, 89/40, fól. 134, p. 181). E, já em 1750, face aos rumores de que Carvalho seria secretário de Estado, com o apoio dos Jesuítas, o então ministro inglês em Lisboa, Castres, manifestava ao seu Governo receios por tal, designadamente em consequência de Carvalho se manter ressentido por não lhe ter sido dado um presente quando deixou a Inglaterra, conforme habitual (*ibidem*, 89/47, fól. 117 e 119, p. 283). Perante a notícia da nomeação de Carvalho para secretário de Estado, o mesmo ministro inglês referiu: «Besides his being of a difficult chicaning temper is, I am afraid no very good friend of ours» (*ibidem*, fól. 145, p. 284). E, em 1753, o mesmo diplomata sugeria que, para desfazer o ressentimento antibritânico do secretário de Estado, o rei de Inglaterra oferecesse à mulher dele um adereço de diamantes (*ibidem*, 89/48, fól. 149, p. 295). Não deixou Carvalho e Melo em Londres ambiente de simpatia. E em Viena também não; para além das dificuldades locais, outras foram suscitadas junto do representante de Portugal em Roma, Manuel Pereira de Sampaio, o grande inimigo de Carvalho e Melo, que morreu subitamente em Civita Vecchia, «supreendido por um estranho vómito» (ver Lúcio de Azevedo, *O Marquez de Pombal e a Sua Época*, pp. 58 e ss., 79; Luz Soriano, *História do Reinado de El-Rei D. José e da Administração do Marquês de Pombal*, II, pp. 210-219; José de Castro, *Portugal em Roma*, I, p. 259). Também eram muitas as dificuldades financeiras de Carvalho e Melo, talvez pelas grandes despesas originadas na ligação matrimonial com a família Daun, pois que a noiva, embora notável, pelas ligações de parentesco, na Corte de Viena, não lhe trouxe bens materiais. Carvalho e Melo dotou-a, fez empréstimos monetários à sogra e endividou-se largamente em Viena junto de um banqueiro judeu de origem portuguesa (ver Lúcio de Azevedo, *O Marquês de Pombal e a Sua Época*, pp. 65 e ss.; 88 e ss.). Sobre as missões diplomáticas de Carvalho e Melo muito interesse apresenta o estudo do Prof. Veríssimo Serrão (*O Marquês de Pombal, o Homem, o Diplomata e o Estadista*, Lisboa, 1982, esp. pp. 29-55 e 111-125); e, quanto à missão em Viena, deverá consultar-se Dr.ª Maria Alcina Ribeiro Correia, *Sebastião José de Carvalho e Melo na Corte de Viena de Áustria*, Lisboa, 1965. Também o embaixador Eduardo Brazão publicou na *Brotéria* (n.º 114, 1982, pp. 515 e ss.) um estudo sobre *A Política Externa Pombalina*. Conforme já foi referido, tem-se atribuído à recomendação de D. Luís da Cunha e à protecção dispensada pela rainha viúva de D. João V à sua compatriota D. Leonor Daun, a ascensão política de Carvalho e Melo. Também já se tem referido, a tal propósito, a influência do secretário de Estado Marco António Azevedo Coutinho, seu parente, e de dois padres jesuítas, João Baptista Carbone e José Moreira, ambos muito influentes na Corte, cuja aliança o futuro marquês terá buscado. Foram francamente desfavoráveis os juízos conhecidos dos diplomatas estrangeiros da época em relação ao futuro marquês de Pombal, já depois de se achar investido nas suas funções de secretário de Estado. Segundo as instruções de Choiseul ao novo embaixador em Lisboa, conde de Merle (1759), Sebastião

Tornara-se, de facto, primeiro-ministro, embora tal cargo não tivesse existência legal.

José de Carvalho e Melo gozava de toda a confiança do rei e, segundo fama pública, dela abusava, tendo, por isso, muitos adversários. Acrescentava Choiseul que o referido secretário de Estado fora ministro em Londres e em Viena, não tendo adquirido grande nomeada nessas Cortes, nem parecendo inclinado a nenhuma delas, e ainda menos à de França; que era de um génio áspero, imperioso e violento; mas que, não obstante, importava ao serviço do rei de França que o seu embaixador se aplicasse a ganhar a boa vontade do secretário de Estado, porque privava com o rei de Portugal e tinha a direcção principal dos negócios. Ora – prosseguia Choiseul nas suas instruções – «un ambassadeur ne doit pas dans ses procédés et dans ses liaisons, à la Cour oú il réside, prendre pour règle de conduite son sentiment personnel ou ses affections intérieures. L'homme public doit subordonner ses goûts à l'intérêt des affaires dont il est chargé» (ver Visconde de Santarém, *Quadro Elementar...*, VI, pp. 131 e ss.; Saint-Aymour, *Recueil des Instructions données aux Ambassadeurs et Ministres de France... – Portugal*, pp. 323 e ss.). A prevenção contra Carvalho e Melo constitui uma constante nas instruções do Governo francês aos seus embaixadores em Lisboa. Já segundo as instruções de 1752, dirigidas ao conde de Baschy, o novo secretário de Estado «a beaucoup d'ambition et travaille avec succès à l'élévation de sa famille». (Saint-Aymour, *Recueil..*, p. 313.) Em 1768, nas instruções a Clermont d'Amboise, o Governo francês insistia em julgar o conde de Oeiras «um homem ordinário e sem nenhuma superioridade», «falso, «arbitrário» e «vaidoso» (*ibidem*, p. 360). Nas instruções ao embaixador Blosset (1775), Pombal é qualificado de «falso», «pouco escrupuloso» e «pérfido» (*ibidem*, p. 375). Em oficio ao seu Governo de 8 de janeiro de 1760, o embaixador francês, conde de Merle, refere-se ao despotismo e às violências do conde de Oeiras, qualificando de inacreditável e lamentável a desgraçada sorte dos Portugueses (ver Visconde de Santarém, *Quadro Elementar...*, VI, pp. 200-201). Ainda segundo o mesmo embaixador francês, o único meio que havia de encontrar bom acolhimento junto do conde de Oeiras era clamar contra os Jesuítas, mas, sendo coisa de manifesta injustiça, dizia Merle guardar sobre ela o mais profundo silêncio (*ibidem*, p. 216). Depois da Guerra dos Sete Anos, pretendendo a França agradar por todas as formas ao conde de Oeiras, «para entrar em partilha com os ingleses no comércio lucrativo do Brasil» (ver despacho de Choiseul para o embaixador em Lisboa de 27 de Dezembro de 1763, in Visconde de Santarém, *Quadro Elementar...*, VII, p. 109), tornaram-se os diplomatas franceses menos ásperos nas apreciações do secretário de Estado português. Mesmo assim, Saint-Priest considerava o conde de Oeiras «o homem que mais se deixava levar das considerações de interesse pessoal» (*ibidem*, VII, p. 129); acusava-o também de má-fé em relação aos credores nacionais e estrangeiros (*ibidem*, VII, p. 154), e de ser «o homem mais presunçoso» (*ibidem*, VII, p. 174). Dizia o mesmo embaixador francês que «todos lhe desejavam a morte – clero, nobreza e homens de negócio» (*ibidem*, VII, pp. 179 e 217) e que a sua obsessiva aversão aos Jesuítas se tornara uma mania, pois nem sabia falar noutra matéria (*ibidem*, VII, pp. 197-198). A propósito do apoio português à reacção antijesuítica de Espanha, observou Saint-Priest, em oficio para Paris, que «o conde de Oeiras era capaz de dar uma província de Portugal se a troco disso pudesse expulsar d'Hespanha os jesuítas» (*ibidem,* VII, p. 227). O sucessor de Saint-Priest, Clermont d'Amboise, por sua vez, fez-se eco de informações que tinham

Carvalho e Melo por interesseiro, despótico e vingativo (*ibidem,* VII, pp. 386 e 396). E Choiseul, embora elogiando o ministro português, «porque tratava de sacudir o jugo dos ingleses» (*ibidem,* VII, p. 293) e porque defendia os direitos temporais dos soberanos (*ibidem,* VII, pp. 304 e 320), considerava o conde de Oeiras «o mais dissimulado e perigoso dos homens» (*ibidem,* VII, p. 378). Afirmou ainda Choiseul, em despachos dirigidos à representação francesa em Lisboa, que o conde de Oeiras com a sua obsessão dos Jesuítas, «deixava de ser um homem d'Estado, e devia ser pezado e fastidioso nas sociedades; além de que era perigosissimo por sua animosidade e pelo encarniçamento que punha em suas vinganças» (*ibidem,* VII, pp. 199-200). Também Choiseul receava que o conde de Oeiras, com o pretexto de suprimir os abusos da jurisdição eclesiástica, levasse à supressão total dos «direitos os mais essenciais» (*ibidem,* VII, pp. 283-284). Mas, embora mostrando-se sempre adverso aos modos violentos e vingativos do ministro português, observava Choiseul, em despacho dirigido ao embaixador francês em Lisboa, que, como aqueles seus excessos não prejudicavam os interesses da França e, pelo contrário, o conde de Oeiras lhe era mais útil que os ministros anteriores, esperava e desejava que a saúde abalada (1766) do senhor conde se restabelecesse pronta e perfeitamente (*ibidem,* VII, p. 221). Mas o juízo mais duro de Choiseul acerca do futuro marquês de Pombal situa-se na seguinte alternativa: «ou elle não sentia as consequências do que emprehendia, ou se as suas luzes erão sufficientes para antevel'as, as suas paixões pessoais lhe cerrarão os olhos, e lhe tolhião de ver os acontecimentos que devião naturalmente suceder às suas resoluções» (*ibidem,* VII, p. 150). Também não terá sido favorável ao célebre ministro português a opinião do embaixador inglês Lord Tirawley (*ibidem,* VII, pp. 86 e ss.). O ministro Castres, que chefiou a missão britânica em Lisboa no começo do governo de Carvalho e Melo, mostrou-se indignado pelas queixas que este teria feito dele, em Londres, afirmando a correcção de toda a sua correspondência nas referências ao ministro português, não obstante ele ser «universally disliked» (*Dercriptive List...,* II, 89/48, fól. 241, p. 299) e extremamente impopular, só devendo o poder ao apoio dos Jesuítas. Também o diplomata Edward Hay se refere, na correspondência dirigida a Pitt, ao desagrado de todas as classes em relação à ditadura de Pombal (*ibidem,* 89/51, fól. 281, p. 349). Por sua vez, o conde de Rochford, em despacho para a legação britânica em Lisboa, refere-se ao «Pombal's known character of duplicity» (*ibidem,* III, 89/72, fól. 148, p. 100). Outro ministro inglês, Lyttleton, terá retirado de Lisboa, em 1770, escandalizado com o marquês de Pombal (*Quadro Elementar...,* VIII, p. 48). Também foram desagradáveis as relações de Pombal com o sucessor de Lyttleton, Walpole (ver *Descriptive List...,* 111, 89/74, fól. 188, p. 119). Prevendo já a próxima queda de Pombal em 1774, Vergennes, ministro dos Negócios Estrangeiros francês, regozijava-se com a perspectiva, observando que o marquês fora pernicioso tanto para a Inglaterra como para a França (*Quadro Elementar ....* VIII, pp. 76 e 80). Também as impressões do último embaixador francês junto de D. José, Blosset, não eram favoráveis ao secretário de Estado, que lhe teria dito acerca de Grimaldi, ministro espanhol, que era um jesuíta disfarçado (*ibidem,* VIII, p. 124). E, sob a obsessão jesuítica, detestando Grimaldi, admitia o embaixador que Pombal, teimoso e audaz, impelisse Portugal para a guerra com a Espanha, por causa da questão das fronteiras brasileiras; e num momento em que a Inglaterra, em consequência da insurreição norte-americana, não poderia auxiliar o seu aliado tradicional (*ibidem,* VIII, pp. 232, 255 e 271). Parece que dos vários diplomatas acreditados em Lisboa

2. Ofensiva diplomática antijesuítica

Ou por iniciativa do secretário de Estado ou do rei, cujo anticlericalismo parece resultar, designadamente, de algumas cartas da rainha D. Mariana Vitória, desencadeou-se em Portugal uma forte campanha contra a Companhia de Jesus, tendo por causa, ou pretexto, as acusações aos Jesuítas de apoiarem a revolta dos índios *guaranis*, que se opunham à execução do Tratado de Limites de 1750, assim como a sua cumplicidade no atentado contra a vida de D. José e nos tumultos populares do Porto. Na base dessa campanha, a Compa-

---

o único a manter relações pessoais estreitas com Carvalho e Melo foi o austríaco Lebzeltern, presumivelmente por se tratar de um compatriota de D. Leonor Daun. Mas mesmo esse não lhe poupou juízos desfavoráveis, ao menos após a queda de Pombal, quando afirmou que «die Banze Nation auf seinen Untergang erpich ist» (4 de Março de 1777) e «die Nation wird mehr und mehr auf seinen Untergang erpich» (ver Bernhard Duhr, *Pombal sein Charakter und seine Politik, nach den Berichten der keiserlichen Gesandten in geheimen Staatsarchiw zu Wien*, pp. 175-176, cit. por Caetano Beirão, *D. Maria I*, pp. 2 e 27). Não é de excluir que também relativamente à política externa portuguesa da época Carvalho e Melo tenha sido apenas um fiel e, sem dúvida, muito diligente, executor da vontade do rei. Mas os estrangeiros contemporâneos, de uma maneira geral, se não unanimemente, atribuíram ao ministro todos os malefícios, nos mais variados planos, e apontaram-no como alvo do ódio de todas as classes, sem excepção. Com efeito, não aparece isolada a opinião de William Wraxall, para quem «the people universally and loudly complained of oppression... He (Pombal) was, indead, not less odious to the Nobility and Clergy – than to the People; perhaps even more so» (*Historical Memoirs of my own Time*, I, pp. 22 e 65, cit. por Caetano Beirão, *D. Maria I*, p. 27). Outro inglês, Southey, atribui a Pombal apenas boas intenções; mas, apesar de protestante, considera «pouco invejável celebridade» a que resulta de ter operado a ruína dos Jesuítas; e conclui que «Pombal será mais lembrado pelo mal que fez» (ver *História do Brazil*, VI, p. 76). Insiste também muito Southey quanto à falsidade e «palpavel inconsistencia» das acusações feitas pelas autoridades portuguesas aos Jesuítas (*ibidem*, pp. 83 e ss.). Esta opinião impressiona mais ainda quando se tem em conta não apenas que Robert Southey era anglicano, mas também que se trata de um romântico inglês atraído pelos ideais da Revolução Francesa que não poupou críticas mordazes às manifestações exteriores de religiosidade dos Portugueses no tempo de D. Maria I, quando Southey esteve em Portugal (ver Adolfo de Oliveira Cabral, *Southey e Portugal*, esp. pp. 179 e ss.). Mas, não obstante a sua repulsa da juventude à simples visão de um mosteiro ou de um monge (*ibidem*, p. 183), não obstante a sua admiração por Pombal como estadista, ainda que «a great villain» (*ibidem*, p. 179), Southey quando, numa fase amadurecida, se debruçou minuciosamente sobre a história do Brasil, deu razão aos Jesuítas. Com a preocupação de demonstrar a firmeza de atitudes da política externa portuguesa enquanto Pombal ocupou a respectiva Secretaria de Estado, alguns mitos se construíram, na base de textos apócrifos (ver *Correspondência do 2.º Visconde de Santarém*, VI, pp. 101 e ss.).

nhia, que tantos serviços prestara a Portugal, sobretudo no plano da cultura, tendo resistido, revestida de maior prestígio ainda, à difícil crise de 1640, foi proscrita e todos os seus membros foram expulsos[60]. Mas não nos interessam aqui os aspectos internos da política portuguesa senão para melhor entendimento da acção desenvolvida no exterior. Ora a Corte portuguesa pretendia que o desaparecimento dos Jesuítas da vida nacional fosse definitivo; e, para isso, importava pressionar Roma no sentido da extinção da Ordem, pura e simplesmente. Na campanha diplomática desenvolvida para esse fim beneficiou a Corte de Lisboa dos apoios espanhol e francês[61]; mas parece indiscutível que Portugal teve a prioridade daquela campanha, e talvez mesmo a sua superior condução[62]. Restará, porém, saber se Portugal

---

[60] Trata-se de um dos casos nítidos que a História de Portugal oferece de punição colectiva, alheia a qualquer ligação individual, pessoal, psicológica, entre as infracções e os punidos. Com efeito, mesmo que alguns jesuítas do Uruguai tivessem incitado os índios à rebelião e outros tivessem conspirado contra a vida do rei, compreender-se-ia que esses, mas só esses, fossem processados e punidos. A mesma objecção ocorreu ao papa Clemente XIII, quando, anos mais tarde, Carlos III lhe comunicou a expulsão dos Jesuítas de Espanha, em condições semelhantes às que se tinham verificado em Portugal. Porque não castigar os culpados, havendo-os, sem fazer recair as penas também sobre os inocentes? – perguntava o Papa (ver Lafuente, *Historia General de España*, XIV, pp. 206 e ss.). Em sentido semelhante se terá expressado o Papa junto do rei D. José, ao pedir-lhe que não confundisse a causa dos inocentes com a dos culpados (ver José de Castro, *Portugal em Roma*, I, p. 301). É de notar que, anteriormente, em Espanha, as autoridades tinham mandado queimar os escritos antijesuíticos, publicados em Portugal; e ali tinham encontrado asilo muitos jesuítas pouco depois expulsos de França. Tem-se atribuído a hábeis intrigas palacianas orientadas por jansenistas e iluministas a mudança de atitude de Carlos III; e já antes a de Luís XV (Lafuente, *Historia General de España*, XIV, p. 228). Segundo essas intrigas, alguns padres jesuítas influentes em Madrid atribuiriam ao rei uma filiação adulterina, constando o facto de correspondência apócrifa, que Carlos III terá tido por verdadeira. Em França, as intrigas contra os Jesuítas teriam sido urdidas, ou orientadas, pela favorita de Luís XV, Madame de Pompadour, cujos interesses bem se ajustavam, ao menos neste ponto, aos do ministro Choiseul, tido por ateu e íntimo de Voltaire.

[61] A Espanha foi acompanhada por Nápoles, onde reinava um filho de Carlos III, e pelo duque de Parma, sobrinho do rei espanhol. Contra o duque de Parma, Clemente XIII publicou um breve; mas esta atitude reforçou ainda a posição antijesuítica e antipapal dos Estados bourbónicos.

[62] Conforme se sabe, coube à Companhia de Jesus, desde a sua fundação por Santo Inácio de Loyola, sobretudo a preparação cultural anti-reformista, em execução do Concílio de Trento. Pelo ensino, de que, nalguns ramos, tinham obtido, de facto, o exclusivo, sem ser na base de quaisquer privilégios, pelas posições alcançadas nas missões ultramarinas e

actuou por conta própria ou por conta alheia; porque esta última hipótese também não é de excluir.

---

ainda pela influência pessoal junto de muitos príncipes e notáveis, os Jesuítas ocupavam uma situação do maior relevo na generalidade dos países católicos. E eram justamente temidos, no plano cultural, pelos países de religião reformada, que com frequência lhes atribuíam inúmeros malefícios, sem excluir as torturas inquisitoriais; quando é certo que nos mais diversos países não couberam aos jesuítas quaisquer funções nos tribunais do Santo Oficio. No entanto, como da calúnia sempre fica alguma coisa, sobretudo quando espalhada através de largos meios publicitários, ainda hoje com frequência se liga a ideia do jesuíta à figura de um torcionário, hipócrita e ignorante. É preciso recorrer aos exemplos individuais para dissipar essa imagem. Porque quando se sabe que eram jesuítas S. Francisco Xavier, o apóstolo das Índias, António Vieira, Manuel da Nóbrega, José Anchieta, Luís de Molina, Francisco Suarez, tantos outros mais, importa concluir que, ao menos, nem todos os jesuítas corresponderiam à referida imagem. Aliás, em Portugal como noutros países católicos, entre os séculos XVI e XVIII, grande parte das obras publicadas, não apenas sobre religião mas sobre as mais diversas matérias culturais, foram escritas por jesuítas. Não era para estranhar, porque sempre se mostrara rigoroso em extremo, a vários títulos, o recrutamento na Companhia de Jesus. Em face da obra realizada, tanto nas metrópoles como além-mar, e sendo certo que durante toda a primeira metade do século XVIII, pelo menos, os príncipes católicos continuaram a tecer os maiores elogios aos jesuítas e os tiveram por confessores até à respectiva expulsão, importaria muito conhecer as razões reais da mudança de atitude relativamente à Ordem. Será difícil; pois se tornaram muito escassos, e geralmente parciais, os elementos de apreciação. Não parecem convincentes as razões alegadas, tanto em Portugal como em Espanha e em França. Do processo que levou os Távoras e muitos outros ao patíbulo de Belém, assim como do respeitante aos tumultos do Porto, não consta a cumplicidade de qualquer jesuíta, que, posteriormente, veio a ser alegada, até junto do Papa. Em Espanha foram-lhes atribuídas as arruaças populares contra o secretário de Estado Esquilache, que levaram o rei a expulsar este ministro. O barão de Esquilache era um italiano, trazido por Carlos III do seu reino de Nápoles, que pretendeu italianizar os Espanhóis. E porque não lhe agradassem nem os chapéus redondos nem as capas longas usadas pelos madrilenos, determinou, por decreto, que passassem a usar chapéus de três bicos e capa curta, pelo meio das costas. A prepotência do ministro justificaria as arruaças, que o rei, afinal, sancionou, mesmo sem a cumplicidade jesuítica, mais tarde atribuída pelo conde de Aranda. Em França, já se tentou explicar a expulsão dos Jesuítas pelo ódio da Pompadour ao confessor de Luís XV, que se recusava a dar-lhe absolvição enquanto o rei não manifestasse o propósito de fazer cessar a sua situação de concubinato. Ou pela falência comercial da empresa mantida pelo padre jesuíta La Valette, por cujas dívidas os credores pretenderam responsabilizar a Companhia de Jesus, que foi condenada na primeira instância e no Parlamento de Paris, para o qual recorrera. Este processo suscitou uma forte campanha publicitária contra os Jesuítas, aos quais foi colectivamente atribuída a teoria do tiranicídio dos padres Mariana e Buzenbaum, pelo que, indirectamente, ao menos, seriam também responsabilizados pelo atentado de Damien contra Luís XV. Mas tal campanha deverá ser entendida como efeito e não como causa. Há-de ter havido razões mais profundas para a expulsão dos Jesuítas. Não lhes serão alheios acordos e dependências em relação a Estados

Seja como for, formalmente, ao menos, a campanha diplomática antijesuítica foi bem sucedida. Com efeito, ao fim de 16 anos de tenaz resistência, Roma, que, em face das graves acusações recebidas, se propôs, desde o inicio das negociações, reformar a Ordem, acabou por extinguir a Companhia de Jesus. A resistência manteve-se durante os pontificados de Bento XIV e Clemente XIII. Cessou com Clemente XIV (1773), após pressões várias, não excluindo a ocupação por tropas francesas dos senhorios pontifícios de Avinhão e Benavente. Aliás, o secretário de Estado português sempre insistira junto dos representantes diplomáticos da França no sentido de uma violenta exigência conjunta luso-franco-espanhola quanto à extinção da Com-

---

protestantes; nem a influência do jansenismo em muitos espíritos (ver Constancio Eguia Ruiz, *Los Jesuítas y el Motin de Esquilache*, Madrid, 1947; Pierre Gaxotte, *Le Siècle de Louis XV*, pp. 313 e ss.). Muitos dos jesuítas expulsos foram recebidos carinhosamente pela imperatriz da Rússia, Catarina II, e por Frederico II da Prússia, apesar deste ser protestante. Os dois monarcas viram nos jesuítas expulsos elementos valiosos no plano cultural e, eventualmente, no plano político, que, devidamente enquadrados, lhes poderiam ser úteis. Assim, pelo menos na Rússia Branca (Polónia) e na Silésia, a Companhia de Jesus manteve sempre uma existência de facto. Após a Revolução Francesa, esboçou-se um movimento muito vigoroso no sentido do restabelecimento da Companhia, a cuja falta, sobretudo no plano do ensino, se atribuiu, nalguns meios, a perturbação dos espíritos. Das tentativas de restabelecimento da Companhia se fizeram eco os diplomatas portugueses em Roma [ver Eduardo Brazão, *Relações Diplomáticas de Portugal com a Santa Sé da Revolução Francesa a Bonaparte (1790-1803)*, II, pp. 102-103; III, pp. 86, 97, 140-141, 304-308 e 419]. Segundo o embaixador português D. Alexandre de Sousa e Holstein, o Papa desejava que os príncipes, aos quais a irreligião e a «imoralidade quase universal da mocidade» excitassem o arrependimento pela expulsão dos Jesuítas, manifestassem desejar o seu restabelecimento formalmente. Esse restabelecimento veio a dar-se em 1814; mas D. João VI, querendo evitar reacções previsíveis, opôs-se ao regresso dos Jesuítas a Portugal.

Já na Idade Média os conflitos entre o Papa e os príncipes foram frequentes. No século XVI, a necessária unidade na defesa dos Estados católicos contra o alastramento das heresias, até por via militar, terá levado a Companhia de Jesus a contrariar mais energicamente as tendências para a constituição de igrejas nacionais. Mas aos jesuítas se opuseram frequentemente, depois do desfecho da Guerra dos Trinta Anos, não apenas os protestantes mas também os chamados jansenistas, baseados nas interpretações do bispo de Yprès, antigo professor de Lovaina, Cornélio Jannsen, de textos de Santo Agostinho. Aos protestantes e aos jansenistas se juntariam nos ataques aos Jesuítas os ateus ditos «filósofos» (ver Gazier, *Histoire Générale du Movement Janseniste*, I, V e ss., 3 e ss.; Barruel, *Mémoires pour servir à l'Histoire du Jacobinisme*, I, esp. pp. 81 e ss.). Um resumo da questão se nos depara no opúsculo de Bassano, *Os Jesuítas*, 2.ª ed. port., Lisboa, 1888. (Ver tb. António Lopes, *Marquês de Pombal e a Companhia de Jesus...*, Cascais, 1999; e *Enigma Pombal*, 2.ª ed., Lisboa, 2002, e a obra de Theiner – *Histoire du Pontificat de Clément XIV*, esp. I, pp. 25 e s., 500 e s., 542 e s.; II, 190 e s., 392 e s.).

panhia de Jesus e, sendo necessário, de uma ocupação militar dos Estados pontifícios (ver Visconde de Santarém, *Quadro Elementar* ..., VII, pp. 277 e ss.; 308 e ss.; 318). Por isso, o conde de Oeiras achava mesmo pouco enérgica a ocupação tão somente daqueles senhorios e não de todos os Estados da Igreja (*ibidem*, p. 336), antecipando-se, assim, aos carbonários piemonteses do século XIX.

Entretanto, durante o período da resistência pontifícia, esteve Portugal de relações interrompidas com a Santa Sé, por espaço de nove anos (1760-1769). A razão real do corte de relações situou-se na atitude do Papa quanto aos Jesuítas; mas a razão formal assentou numa questão de protocolo[63].

Embora, por motivos mal esclarecidos, também a França, a Espanha, Nápoles e Parma tenham expulsado os Jesuítas dos seus territórios, parece ter-se devido ao empenhamento português, espontâneo ou não, a acção diplomática concertada em Roma no sentido da extinção da Companhia de Jesus. E esse empenhamento encontrará origem no receio de que, quando D. Maria e seu marido, o infante D. Pedro, subissem ao trono, os Jesuítas pudessem regressar. Quanto à França, dispôs-se a cobrar dividendos pelo apoio às pretensões portuguesas junto de Roma. Tanto o embaixador Clermont d'Amboise como o encarregado de negócios Simonin aconselharam o seu Governo a aproveitar a dependência portuguesa quanto aos negócios de Roma para reclamar facilidades comerciais como aquelas de que beneficiavam os Ingleses (cf. Visconde de Santarém, *Quadro Elementar...*, VII, pp. 284-285 e 374). Segundo Simonin referiu para

---

[63] A Secretaria de Estado esquecera-se (?) de convidar o núncio para a cerimónia do casamento da princesa do Brasil, D. Maria, com seu tio, o infante D. Pedro. O núncio, além de ter protestado pela omissão, sendo certo que todos os outros diplomatas acreditados em Lisboa tinham sido convidados para aquela cerimónia, omitiu (?) também a iluminação das janelas do Palácio da Nunciatura no dia do casamento, iluminação que era do estilo em tais circunstâncias. Em consequência, foram expulsos de Portugal o núncio e todos os súbditos do Papa (ver José de Castro, *Portugal em Roma*, I, p. 302 e ss; Domingos Mauricio, «O casamento de D. Maria I e o incidente diplomático das luminárias», in *Brotéria,* n.º 92, 1971, pp. 186 e ss.). Este corte de relações entre Roma e Lisboa terá feito exultar o embaixador inglês, conde de Kinnoull, segundo o qual, assim que o conde de Oeiras dispusesse para tanto do assentimento do rei, Roma teria finalmente de recuar «and reduce the usurped authority of the Pope in this Kingdom» (ver *Descriprive List...,* II, 89/52, fól. 211, p. 359).

Paris, o conde de Oeiras ter-lhe-ia dito que importava às três potências católicas não só fazer extinguir a ordem religiosa que prevaricara, mas também impor a reforma dos escandalosos abusos e ridículas pretensões da Cúria Romana, de que todas as nações se queixavam havia dois séculos; que era tempo de acabar com eles, e que os povos e os soberanos que se haviam separado da comunhão romana por causa daqueles abusos não esperavam talvez senão a reforma deles para ingressarem de novo naquela comunhão (*ibidem*, VII, pp. 290-291). Sendo assim, o ministro português pretenderia não apenas extinguir a Companhia de Jesus mas reformar a Igreja e pôr termo ao protestantismo[64]. Para conseguir aquela extinção, o Governo português não terá hesitado mesmo em usar da corrupção junto dos dignitários pontifícios e dos ministros franceses e espanhóis[65].

---

[64] Ou, como pretende o jurisconsulto brasileiro Cândido Mendes de Almeida, Pombal terá querido «protestantizar» Portugal (ver Manuel Antunes, «Como interpretar Pombal?», in *Brotéria*, n.º 114, 1982, p. 485).

[65] O propósito de «comprar por todos os meios» os dignitários pontifícios que pudessem influir no assunto dos Jesuítas consta claramente de uma carta dirigida por Carvalho e Melo ao ministro em Roma, Francisco de Almada, que era seu primo, ou por tal se tratava (ver Francisco Luís Gomes, *Le Marquis de Pombal, Esquisse de sa Vie Publique*, pp. 167 e ss.). Luz Soriano, para quem Pombal foi «o homem mais extraordinário que Portugal tem tido como estadista» (ver *Historia do Reinado de El-Rei D. José e da Administração do Marquez de Pombal*, I, p. 175), também se fez eco da fama de ter Carvalho e Melo subornado os ministros de Estado e outras individualidades de diversas potências, a fim de obter a extinção da Companhia de Jesus, despendendo nesses subornos nove milhões de cruzados; e que, assim, em razão do ódio aos Jesuítas, ficara a Coroa portuguesa impossibilitada de pagar aos seus credores, entre eles os empregados da Casa Real. Mas há evidente erro de Luz Soriano na afirmação de que «só a madame de Maintenon, amiga publica de el-rei de França, recebera 500 mil cruzados» para aquele efeito (*ibidem*, p. 439). A marquesa de Maintenon foi esposa morganática de Luís XIV e morreu em 1719. Também é difícil de admitir que a marquesa de Pompadour, favorita de Luís XV, tivesse sido subornada pelo conde de Oeiras, tendo em vista a extinção pelo Papa da Companhia de Jesus. Embora ela própria tenha concorrido para a expulsão dos Jesuítas de França, a Pompadour faleceu em 1764 e, aliás, perdera bastante da sua influência a partir de 1751. Também não parece facilmente admissível que a favorita subornada fosse a condessa Du Barry, geralmente alheada das intrigas políticas. Mas é certo estranhar-se que Choiseul, embora «iluminista», discordante dos atrevimentos da Corte de Lisboa quanto à questão dos Jesuítas, tenha acabado por adoptar as mesmas atitudes violentas, encarregando o embaixador Aubeterre de exigir do Papa a abolição da Companhia. Clemente XIII também terá ficado surpreendido, dolorosamente, pela atitude francesa (ver Francisco Luís Gomes, *Le Marquis...*, pp. 226-227). Entre muitos aspectos que causam estranheza em relação a todo

3. Portugal envolvido na Guerra dos Sete Anos

A Guerra dos Sete Anos opôs, mais uma vez, a França e a Inglaterra, tendo ambas as potências em vista o domínio das terras ultramarinas da América do Norte e da Índia. Mas o conflito foi aproveitado pelo Império, na esperança de abater o nascente poder prussiano e recuperar a Silésia[66]. À Inglaterra interessava que as outras potências se esgotassem em lutas na Europa Central, para, entretanto, as esquadras britânicas irem alargando, à custa delas, o seu império colonial. Por isso, convinha-lhe a neutralidade portuguesa, para não ter que intervir nas lutas militares europeias. Mas à França e à Espanha, que, entretanto, se aliara contra a Inglaterra e a Prússia, interessava, pelo contrário, colocar o Governo de Londres perante a alternativa de perder os benefícios económicos provenientes de Portugal ou abrir uma frente militar no extremo ocidental da Europa, em socorro dos Portugueses. Daí o ultimato dirigido a Lisboa (1762), pelo qual era exigido a Portugal que declarasse guerra à Inglaterra. O país, que não podia aceitar o ultimato[67], porque não lhe

---

este assunto, conta-se a relativa apatia com que a Corte de Lisboa recebeu a notícia do seu triunfo diplomático junto de Roma, após uma tão longa luta (*ibidem,* pp. 248 e ss.). Não será de excluir que o rei D. José tivesse iniciado já então (1773) a fase de escrúpulos de consciência relativamente à política seguida, sobretudo no plano eclesiástico.

[66] A diplomacia de Luís XV apercebeu-se, então, dos erros e perigos para a França da política de sistemática oposição a Viena, da qual os Estados protestantes tanto beneficiaram. E procurando, ao mesmo tempo, deter a expansão britânica no Ultramar e a da Prússia no Continente, a França aliou-se ao Império. Esta viragem da política francesa encontrou também expressão no casamento do Delfim, futuro Luís XVI, com a arquiduquesa Maria Antonieta. A revisão da política francesa em relação a Viena coincidiu com os pontos de vista do diplomata e chanceler austríaco Kaunitz, desejoso de deter a expansão prussiana, para o que não contava nem com o apoio inglês nem com o russo (cf. Hans Schlitter, *Correspondance Sécrète entre le Comte A. W. Kaunitz-Rietberg et le Baron Ignaz de Koch,* esp. pp. IX-XIX).

[67] Este ultimato consta de notas apresentadas ao secretário de Estado dos Negócios Estrangeiros, D. Luís da Cunha, sobrinho do célebre embaixador joanino do mesmo nome, pelos embaixadores francês e espanhol. Nessas notas recordam-se os malefícios da Inglaterra, a amizade franco-espanhola a Portugal, as vantagens para este de juntar os seus esforços na luta antibritânica; e refere-se que as tropas espanholas tinham tomado posições na fronteira por forma a guarnecer rapidamente a costa portuguesa contra os ingleses, reclamando-se uma resposta «clara, decisiva e categórica», no prazo de quatro dias. As respostas de D. Luís da Cunha às notas sucessivas mostram-se serenas e dignas,

interessava mais esta guerra alheia e porque havia de temer as previsíveis retaliações inglesas nas possessões ultramarinas, se Portugal acedesse ao convite de ingressar na coligação antibritânica, preparou-se para a invasão iminente. Mal; porque era manifesta, em tal época, a miséria dos soldados, de fardas rotas e sem pré, pedindo esmola publicamente, mesmo quando estavam de sentinela (ver oficio do encarregado de negócios francês, Saint-Julien, de 17 de Novembro de 1761, in Visconde de Santarém, *Quadro Elementar...*, VII, p. 33); assim como a incapacidade dos oficiais[68]. Mas, apesar das desvantagens do conflito, a rejeição do ultimato parece ter sido inevitável. Apenas será admissível discutir se uma outra acção diplomática, mais serena, menos emocional, que nos tivesse conservado as posições de prestígio externo adquiridas no período joanino, não teria evitado o ultimato franco-espanhol. Porque também naquele período fomos frequentemente solicitados para nos coligarmos com diversas potências. Mas tínhamos então força bastante para que os outros Estados respeitassem a nossa neutralidade. Aliás, nem sequer é de excluir que, para a dureza da atitude francesa em relação a Portugal, muito tenham contribuído os atritos entre o embaixador de Luís XV, conde de Merle, e a Corte de Lisboa. Apesar das prevenções repetidas

---

baseando-se em que a aliança luso-britânica era puramente defensiva e, portanto, inocente, que Portugal não recebera da Inglaterra alguma imediata ofensa a qual pudesse legitimar a quebra daquela aliança, nem tinha interesse imediato na guerra, que da referida aliança não resultaria o mais pequeno prejuízo para o Rei Católico. Consequentemente, no caso, «não esperado», de entrarem as tropas espanholas em Portugal, sob qualquer pretexto e sem consentimento do rei português, este, baseado nos Direitos divino, natural e das gentes, faria uso de todos os meios possíveis para a indispensável defesa do Reino (ver Visconde de Santarém, Quadro *Elementar...*, II, pp. 248-275; Júdice Bicker, *Supplemento à Collecção...*, XI, pp. 129 e ss.). Desde 1760 que se esperava o envolvimento de Portugal no conflito. E a Corte de Lisboa procurou obter garantias da Inglaterra em relação a essa eventualidade. Mas o primeiro-ministro inglês, Pitt, embora prometendo apoiar Portugal, em caso de ruptura com a França, logo esclareceu que não podia especificar qual o auxílio militar e naval a prestar, que dependeria da evolução das operações (ver *Descriptive List...*, II, 89/52, fól. 108, p. 356). Como noutras ocasiões, o apoio inglês subordinar-se-ia a uma estratégia global.

[68] Segundo o general inglês Lord Tirawley, antigo embaixador em Lisboa, Portugal não tinha nem comandos militares, nem serviço de saúde, nem artilharia, nem serviço de informações. «In short they know nothing, absolutely nothing» (ver *Descriprive List...*, II, 89/56, fól. 19, p. 396).

do Governo de Paris aos seus embaixadores no sentido de manterem boas relações com Carvalho e Melo, não conseguiram os diplomatas franceses esconder a sua evidente antipatia, nem evitar também algumas flagrantes impertinências. Como reacção de Lisboa, recebeu o encarregado de negócios em Paris, abade Salema, a incumbência de apresentar uma longa memória das queixas portuguesas contra o conde de Merle. Entre essas queixas incluía-se a resultante das boas relações mantidas entre o embaixador de França e o núncio (!). À memória respondeu o duque de Choiseul no sentido de que bastaria o facto de o embaixador francês ser desagradável a Sua Majestade Fidelíssima para que tal diplomata fosse mandado retirar. E, depois, o mesmo Choiseul oficiou ao embaixador no sentido de que, dadas as violências e injustiças que caracterizavam a administração do príncipe reinante em Portugal, se recolhesse a Paris, estando o rei de França determinado a não mais enviar embaixadores a Lisboa (ver Visconde de Santarém, *Quadro Elementar* .... VI, pp. 253 e ss.; e 291-292). Não foi mantido tal propósito. Mas, a partir de então, muito endureceu a atitude da França relativamente a Portugal, que, segundo o embaixador francês O'Dunne, em correspondência para Choiseul, tinha de ser ocupado militarmente; tornando-se mais económico tê-lo como inimigo do que como aliado (*ibidem,* VII, pp. 43-44). E a 15 de Agosto de 1761 celebraram a França e a Espanha a convenção antibritânica à qual a Coroa de Lisboa foi «convidada» a aceder. Também as relações entre Madrid e Lisboa eram mais ou menos tensas desde que a D. João V sucedera D. José; e, sobretudo, desde que a Fernando VI sucedera seu irmão, Carlos III, filho de Isabel Farnésio, não obstante o entendimento antijesuitico entre as duas Cortes.

Alguns episódios da invasão franco-espanhola revelam extremos de desorganização no plano militar. Miranda, Bragança e, depois, Castelo Rodrigo e Almeida, foram ocupadas, após débil resistência. Ao inimigo foi vedada a travessia do Douro por camponeses armados, sob o comando de um oficial inglês (ver *Descriptive List...,* II, 89/56, fól. 208, p. 403). E, embora, entretanto, Portugal tenha recebido reforços ingleses, dois batalhões suíços pelo Governo de Lisboa contratados e um número elevado de oficiais alemães que, sob o comando do conde de Lippe, vieram reorganizar e treinar as tropas portuguesas, o armistício chegou a tempo de nos poupar a novos sacrifícios e humilhações[69]. Nenhuma recompensa obtivemos pelo tratado de Fontainebleau, que pôs termo à guerra, apesar de nela

---

[69] O armistício foi provocado por pesadas perdas sofridas por franceses e espanhóis na América do Norte, em Cuba e nas Filipinas; finalmente, pelo abandono da coligação antibritânica e antiprussiana pela Rússia e pela Suécia. Apesar dos socorros prestados pela Inglaterra, contra os quais se mostrou forte oposição no Parlamento, e da acção desenvolvida pelos oficiais prussianos que vieram com o conde de Lippe, era muito difícil a posição militar portuguesa, quando se assinou o armistício. O general inglês, Lord Tirawley, que comandava um corpo expedicionário de 8000 homens, e fora durante muito tempo embaixador em Lisboa, queixava-se violentamente da duplicidade do Governo português e da aversão do povo aos ingleses, apontados como hereges. Lord Tirawley acabou por se retirar, depois de ter afirmado, nos termos mais violentos, mesmo ao rei D. José, e queixando-se de Carvalho e Melo, que a guerra entre portugueses e espanhóis não era senão uma comédia para enganar o Governo britânico, achando-se Portugal vendido aos Castelhanos e a Inglaterra traída (ver Visconde de Santarém, *Quadro Elementar...*, VII, pp. 86 e ss.; XVIII, p. 379; *Dercriptive List...*, II, 89/56, fól. 147, p. 400). O substituto no comando inglês, Lord Loudoun, apesar do bom entendimento com o conde de Lippe, também deparou com algumas dificuldades sérias nas suas ligações com outros comandantes e autoridades. Designadamente com o conde de Oeiras, sendo muito agreste a correspondência entre o ministro português e o general britânico (ver *Descriptive List...*, II, 89/57, fól. 138, p. 410). Havia recusas colectivas de aboletamento dos regimentos ingleses, e até recusas de lhes vender géneros (*Quadro Elementar...*, VII, pp. 88-89). Também era certo que Portugueses e Espanhóis evitavam confrontos; tal como voltaria a acontecer, mais tarde, nas guerras do começo do século XIX. Poderá estranhar-se a necessidade sentida nesta altura de confiar comandos a um número elevado de oficiais estrangeiros. Tanto mais que, mesmo durante o reinado pacífico de D. João V, muitos portugueses se tinham distinguido nas carreiras castrenses, tanto no Ultramar, sobretudo na Índia, como mesmo ao serviço de outras potências. Não deverá excluir-se que as desconfianças de Carvalho e Melo relativamente aos poderosos do Reino o aconselhassem a não entregar-lhes comandos militares; e que o mal-estar interno tivesse afastado muitos oficiais do serviço militar e de estreitas ligações com a Corte. Quanto aos comandos, pelo menos, era essa a opinião do embaixador francês, Saint Priest (*ibidem*, VII, p. 128). Acresce que não foi minimamente satisfatório o comportamento de numerosos oficiais portugueses, talvez em consequência também das circunstâncias da política portuguesa da época. Por isso se tem julgado justificada a desconfiança do conde de Lippe em relação aos oficiais portugueses e a consequente entrega de comandos a oficiais estrangeiros, sobretudo ingleses e prussianos, cuja posição religiosa e cuja hostilidade às instituições e aos usos portugueses muito pesaram na vida castrense, sendo certo que alguns desses oficiais ficaram em Portugal para além do fim da guerra (cf. Pereira Sales, *O Conde de Lippe em Portugal*). Mas se, como admite o próprio panegirista de Pombal Luz Soriano, da guerra advinham benefícios económicos para o secretário de Estado, o que «não era ignorado pelos coronéis» (ver *Historia do Reinado de El-Rei D. José e da Administração do Marquez de Pombal*, I, pp. 534-535), as atitudes dos oficiais portugueses talvez mereçam compreensão; mesmo sem suscitarem aplauso.

termos alinhado com os vencedores, a Inglaterra e a Prússia. Esta ficou com a Silésia e reafirmou a posição dominante já esboçada. A Inglaterra arrebatou à Espanha a Florida, em troca de Havana e Manila, ocupadas durante a guerra; da França obteve a Inglaterra o Canadá e quase todos os estabelecimentos franceses do Indostão[70]. Portugal nem sequer foi admitido como signatário do Tratado de Fontainebleau, celebrado a 3 de Novembro de 1762 (ver Borges de Castro, *Collecção...*, III, pp. 134 e ss.), apesar de todos os esforços nesse sentido do nosso plenipotenciário, Martinho de Melo e Castro. Apenas foi admitida a acessão portuguesa ao referido tratado. A Inglaterra negociara em nome de Portugal, sem que este fosse consultado[71].

4. Ainda os limites na América: Santo Ildefonso e Pardo

Com a elevação ao trono espanhol de Carlos III, filho de Isabel Farnésio, e com os desânimos provocados pela falta de execução do Tratado de Limites de 1750, pois nem os Espanhóis nos asseguravam a posse pacífica dos territórios dos Índios nem nós nos apressávamos a entregar a colónia do Sacramento, foram-se agravando as relações luso-espanholas. E, na Guerra dos Sete Anos, estiveram Portugal e Espanha em campos adversos, numa oposição directa, dentro das nossas fronteiras. Reabriram feridas que pareciam cicatrizadas. Mas, em 1766, depois das arruaças de Madrid contra o barão de Esquilache, atribuídas aos Jesuítas, aproximaram-se os Governos de Lisboa e Madrid na comunidade da sua política anti-inaciana.

Entretanto, a França decidira ressarcir-se das perdas sofridas através da Guerra dos Sete Anos; apoiava e instigava, ou preparara

---

[70] O recuo da expansão francesa na América e na Índia, em proveito da Inglaterra, foi facilitado por um forte movimento de opinião anticolonialista impulsionado pelos «filósofos» franceses da época. Segundo os enciclopedistas, o Canadá custava muito a conservar e pouco valia (ver Pierre Gaxotte, *Le Siècle de Louis XV*, pp. 235 e ss.).

[71] O diplomata Martinho de Melo e Castro manifestou em Londres o desagrado de D. José por não ser mantido ao corrente das negociações e o seu desejo de participar nelas como aliado, e não como satélite, em termos de igualdade (ver *Descriptive List...*, II, 89/57, fól. 178, p. 412 e fól. 257, p. 415).

até, a revolta das colónias inglesas da América do Norte[72], procurando, de novo, atrair Portugal para uma coligação antibritânica. Apesar dos incentivos e dos perigos da recusa, continuámos a resistir à

---

[72] É difícil admitir o carácter espontâneo da junção aos rebeldes americanos de tantos e qualificados oficiais franceses, como o marquês de Lafayette, o conde de Rochambeau e muitos outros, que foram organizar o exército na base de cuja acção as colónias inglesas da América do Norte se tornaram independentes. George Washington, ao qual coube o comando dos revoltados, um dos raros oficiais que aderiu à insurreição norte-americana, era um coronel na situação de reserva, aliás malquisto dos franceses, que lhe atribuíam deslealdades várias na campanha do Canadá (ver Pierre Gaxotte, *Le Siècle de Louis* XV, p. 252). Era compreensível a necessidade da colaboração francesa, pelo fornecimento de chefes experimentados e de armamento. Como todas as revoltas, também a norte-americana tem as suas causas internas próprias, que se situam, sobretudo, no plano das exigências fiscais da Metrópole. Mas, sem o apoio da França, parece duvidoso que a revolta tivesse sido bem sucedida, ou que tivesse chegado a eclodir. É certo que entre 1774 e 1778 o auxílio francês foi discreto. A Corte de Versalhes chegou a desautorizar, formalmente, os oficiais que embarcaram para a América, embora se possa duvidar da sinceridade de tal atitude. Mas, naquele último ano, abriram-se ostensivamente as hostilidades entre a França e a Inglaterra. Ambas as potências solicitaram a aliança da Espanha, que, fiada numa rápida dissolução do Império britânico, se uniu à França. Esta beligerância espanhola criou a Portugal novas dificuldades, face à aliança inglesa, quando acabávamos de assinar o Tratado do Pardo.

Também relativamente à revolta das colónias inglesas da América do Norte não se mostrou particularmente feliz a política externa portuguesa. Ou por extrema dependência face à Inglaterra ou por inabilidade, o Governo português reagiu como se desconhecesse a magnitude dos interesses internacionais em causa e as admissíveis dúvidas quanto ao desfecho da contenda. Com efeito, foi então determinado que se vedasse a entrada, em todos os portos dos reinos e domínios de Portugal, aos navios provenientes da «América Septentrional Ingleza», não lhes sendo dado «socorro algum, de qualquer qualidade que seja». E isso porque as «colónias da América Ingleza» se tinham apartado da autoridade legítima, achando-se «sublevadas contra o seu natural Soberano» [ver Edital de 5 de Julho de 1776, in *Collecção da Legislação Portuguesa*, coligida por António Delgado da Silva (1775 a 1790), p. 99]. Menos de seis anos mais tarde, a 15 de Fevereiro de 1783, a determinação seria revogada, já sob D. Maria I, ordenando-se que se desse entrada a todos os navios vindos da «América Septentrional», para nos portos portugueses gozarem da hospitalidade e favor «que experimentão os das outras Nações amigas» (*ibidem*, p. 333). Nem será de excluir, dada a tensão das relações luso-espanholas no fim do reinado de D. José, que, se este se tivesse prolongado mais, enfileirássemos na luta ao lado da Inglaterra, contra os Estados Unidos, a França e a Espanha, que, a final, foram os triunfadores. Mas a política de neutralidade renovada por D. Maria I excluiu semelhante tomada de posição. Algumas dificuldades nos ocasionou a hostilidade inicial aos Estados Unidos, que suscitou os protestos de Benjamim Franklin, embaixador itinerante da nova União de Estados (ver Caetano Beirão, *D. Maria I...*, pp. 215-216). Sobre o apoio francês aos rebeldes da América, ver correspondência de George Washington, *in* Pierre-Jean Rémy, *Trésors et Secrets du Quai d'Orsay*, pp. 325-332.

tentação, que consistia em a França conseguir a benevolência espanhola para solucionar as questões na fronteira meridional do Brasil. Ainda se procurou uma mediação anglo-francesa em ordem a resolver aqueles diferendos. Mas a tentativa falhou. E a situação era tanto mais difícil quanto é certo que a Inglaterra, agitada pela insurreição das colónias da América, não poderia auxiliar-nos, na hipótese, parecendo provável, de um ataque espanhol a Portugal, com apoio francês. Findara rapidamente o bom entendimento com as potências bourbónicas, assente no propósito de pôr fim à Companhia de Jesus. E Portugal insistia desesperadamente, talvez com pouca habilidade, junto do Governo inglês, no sentido de lhe ser garantido um reforço militar que aquele Governo declarava abertamente não estar em condições de prestar, em razão dos acontecimentos da América do Norte[73].

Acabámos por encontrar directamente a necessária solução através dos tratados de Santo Ildefonso e do Pardo, já no reinado de D. Maria I. Mas agora em condições piores que as de 1750, porque, entretanto, os Espanhóis, no fim do reinado de D. José, tinham-nos tomado alguns territórios; entre eles a ilha de Santa Catarina, em condições desagradáveis para a administração central e para as tropas portuguesas[74]. A fim de reocuparmos esta ilha e todo o Rio Grande do Sul, tivemos de ceder a colónia do Sacramento; e ainda,

---

[73] Ver despachos dirigidos pelo marquês de Pombal ao ministro português em Londres, no decurso do ano de 1775, in Luz Soriano, *História do Reinado de El-Rei D. José e da Administração do Marquês de Pombal,* II, pp. 606 e ss., 619 e ss. e 625 e ss.; e Visconde de Carnaxide, *O Brasil na Administração Pombalina (Economia e Política Externa),* pp. 195 e ss.

[74] As operações militares desencadeadas pelos espanhóis, desde Buenos Aires, contra o Sul do Brasil, no fim do reinado de D. José, não resultaram de simples incidentes locais de fronteiras. Tiveram por base expedições armadas que partiram da metrópole espanhola e foram orientadas por planos traçados em Madrid. Das instruções reservadas de Carlos III para Pedro Cevallos, seu vice-rei e capitão-general, datadas de 15 de Agosto de 1776, consta que lhe fora dada por missão fazer guerra aos portugueses fronteiriços, devendo começar pela conquista da ilha de Santa Catarina (ver Conde de Tovar, *Catálogo de Manuscritos Portugueses ou Relativos a Portugal Existentes no Museu Britânico,* p. 252). E, já no ano anterior, o mesmo Pedro Cevallos tinha mandado para Madrid uma informação sobre o projecto de expedição à colónia portuguesa, que se encontra entre os manuscritos do arquivo do Ministério dos Assuntos Exteriores de Espanha (ms. 150-6, n.º 81). As expedições espanholas contra o Sul do Brasil mobilizaram 19 000 homens e mais de uma centena de navios (ver Pedro Calmon, *História do Bra*sil, IV, pp. 1184 e ss.).

como moeda de troca, as ilhas africanas de Femando Pó e Ano Bom. Tal foi o conteúdo do tratado celebrado em Santo Ildefonso (1 de Outubro de 1777), logo no início do reinado de D. Maria I. Este tratado foi confirmado e completado pelo Tratado do Pardo (11 de Março de 1778). Na base de uma aproximação directa entre a rainha-viúva, D. Mariana Vitória, que se deslocou a Madrid, e seu irmão, Carlos III, regressara-se à política de bom entendimento com a Corte espanhola[75].

Não seria excelente o novo acordo de limites na América. Mas a incapacidade da administração portuguesa e, especialmente, as debilidades militares, reveladas em face dos ataques aos territórios brasileiros, não permitiram resultados mais satisfatórios.

Tinham sido avisadas as previsões do embaixador de França, Blosset, ao informar o seu governo de que quando a princesa do Brasil subisse ao trono adoptaria todas as vias de conciliação relativamente à disputa sobre as colónias e trataria de manter a paz com Madrid. Previa também acertadamente o diplomata francês que o visconde de Ponte de Lima e o marquês de Angeja seriam então secretários de Estado (ver Visconde de Santarém, *Quadro Elementar...*, VIII, pp. 298-299).

5. Projecto português sobre precedências diplomáticas

É certo que Portugal tem sido frequentemente, através dos tempos, precursor de soluções inovadoras; e também, que, quase com igual frequência, os próprios portugueses se esquecem da iniciativa havida, acabando por recebê-la como originariamente provinda de fonte alheia. Foi o que aconteceu em matéria protocolar de precedências dos representantes diplomáticos. Durante séculos essas precedências dependeram da antiguidade e tradições dos próprios Estados representados; ora, compreensivelmente, tais critérios muitas vezes suscitaram dúvidas e prestaram-se a melindres, quando não a injustificadas imposições. O Congresso de Viena, de 1815, pôs termo a tais

---

[75] Ver Tratados de Santo Ildefonso e do Pardo *in* Borges de Castro, *Collecção...*, III, pp. 232 e ss. e 268 e ss.

dificuldades, substituindo os velhos critérios pelo da antiguidade nas funções dos próprios agentes diplomáticos, mais facilmente estabelecido em perfeita objectividade[76]. Mas tal critério já fora defendido por Portugal bastantes anos antes, em 1760; tendo-se aproveitado, para mudança do cerimonial, a circunstância de o embaixador de França, conde de Merle, que tradicionalmente tinha precedência sobre o da Inglaterra, ter apresentado credenciais há mais tempo do que o embaixador inglês, Lord Knowles. A França, porém, não se conformou, então, com o novo regulamento português sobre precedências de embaixadores e ministros estrangeiros, entendendo Choiseul que a data das credenciais não poderia, em caso algum, nem sob qualquer pretexto, coarctar os direitos inerentes à dignidade da França. O rei francês, cuja hierarquia provinha do seu alto nascimento e da dignidade da sua Coroa, não aceitaria que se tentassem diminuir as distinções adquiridas, resultantes da antiguidade e da majestade do seu trono (ver Visconde de Santarém, *Quadro Elementar...*, VI, pp. 280 e ss.). Mas o critério português, quanto a precedências dos chefes de missão, entraria nos usos diplomáticos, sem discrepâncias, 55 anos mais tarde[77].

---

[76] Assim, segundo o protocolo de Viena de 19 de Maio de 1815, «les employés diplomatiques prendront rang entre eux dans chaque classe d'après la date de la notification officielle de leur arrivée» (art. 4.º). Esta doutrina mantém-se na actualidade, à face da Convenção de Viena sobre as relações diplomáticas de 18 de Abril de 1961 (arts. 16.º e 13.º). Tal regra não afecta os usos de precedência em favor dos núncios apostólicos (art. 1 6.º).

[77] Sobre os conflitos, por vezes parecendo ridículos, originados na questão das precedências dos chefes de missões diplomáticas, no século XVIII, é curiosa uma carta de Francisco Xavier de Oliveira, o «cavaleiro de Oliveira», que foi secretário do conde de Tarouca e, por isso, familiarizado com os meios diplomáticos de Viena [ver *Cartas Inéditas (1739-1741)*, publicadas por Gonçalves Rodrigues, pp. 176 e ss.]. Em 1504, o papa Júlio II estabelecera a seguinte ordem de precedências: imperador, reis de França, de Castela, de Aragão, de Portugal, da Inglaterra, da Sicília, da Hungria, de Chipre, da Boémia, da Polónia e da Dinamarca. Mas são bem compreensíveis as dificuldades de acatamento, no século XVIII, de tal ordem de precedências, estabelecida ainda no âmbito da *Respublica Christiana* e baseada em critérios e condicionalismos diversos, alguns ultrapassados (ver *Memórias de José da Cunha Brochado*, publicadas por Mendes dos Remédios, pp. 48 e ss.; Harold Nicolson, *Diplomacy*, pp. 178 e ss.; Igino Cardinale, *Le Saint-Siège et la Diplomatie*, pp. 110-111).

TÍTULO V
A Revolução Francesa e Portugal

1. Orientação geral da política externa de D. Maria I

Com a elevação ao trono de D. Maria I assiste-se a uma tentativa de retorno à política joanina. É bem compreensível. O infante D. Pedro, casado com a sobrinha, herdeira do trono, personalizou durante todo o reinado do irmão (1750-1777) a esperança de uma mudança de rumos políticos. Ainda que discreta e resignadamente[78]. Este retorno

---

[78] Sabia-se que o infante e a princesa discordavam da orientação seguida por D. José. Os diplomatas acreditados em Lisboa frequentemente formularam conjecturas a tal respeito. Mas não se conhece uma manifestação pública do infante reveladora de tal discordância. Nem mesmo quando alguns dos seus amigos e directos colaboradores sofreram perseguições. No entanto, não tendo podido evitar o casamento do infante com a herdeira do trono, pelos riscos que poderia envolver o casamento da princesa com um estrangeiro (ver Caetano Beirão, *D. Maria I*, pp. 60 e ss.; Lúcio de Azevedo, *O Marquez de Pombal e a Sua Época*, p. 271), Carvalho e Melo ter-se-á empenhado em Roma no sentido da extinção da Companhia de Jesus, pelo receio de que, após a morte de D. José, os Jesuítas fossem novamente acolhidos no Reino. Também terá havido uma tentativa abortada, josefina ou pombalina, no sentido de alterar as leis sucessórias, por forma a que ao rei D. José não sucedesse no trono sua filha D. Maria, mas sim o filho mais velho desta, o príncipe D. José, tido por mais permeável às «luzes do século». Julga-se que tal tentativa se tenha gorado por inconfidência do secretário de Estado Seabra da Silva e pela consequente reacção da rainha, D. Mariana Vitória, em favor dos direitos da filha. Também se tem conjecturado que a demissão, a prisão e o desterro de Seabra da Silva se tenham devido à sua atitude no caso (ver Lúcio de Azevedo, *O Marquez de Pombal e a Sua Época*, p. 454). Certo é que Seabra da Silva foi, como tantos outros, reabilitado por D. Maria I e com ela voltou a ser secretário de Estado. Sobre o projecto de fazer suceder ao rei D. José o príncipe da Beira, excluindo D. Maria do trono, ver também a correspondência entre Vergennes e a legação francesa em Lisboa, referida pelo Visconde de Santarém *(Quadro Elementar ....* VIII, pp. 81-82, 86-87 e 91); assim como o oficio do ministro inglês em Lisboa, Walpole, para o secretário de Estado conde de Rochford referido em *Descriptive List...,* III, 89/76, fl. 91, p. 137). Do príncipe da Beira D. José se dizia que era mação, ou dos mações protector (Ver Oliveira Marques, *Dicionário de Maçonaria. Portuguesa,* II, p. 808).

à política joanina tem sido julgado, por vezes, como favorável ao «obscurantismo medieval» e «feudal». Importa realizar um esforço de objectividade no sentido de rever tais juízos, facilmente compreensíveis e, por vezes, justificados, no plano das apreciações dos autores estrangeiros e, sobretudo, protestantes, mas que deixam de o ser a outro nível. D. João V, D . Maria I e aqueles que inspiraram, ou apoiaram, as suas políticas, partiram das realidades portuguesas, do respeito pelas reacções populares; e, sobre essas realidades, tentaram operar as reformas que os tempos impunham. Não se tratava de atitudes imobilistas; mas de reformismos que recusavam o decalque, puro e simples, de um modelo universal[79].

No plano da política externa, regressou-se a uma acentuada preocupação de neutralidade, baseada no equilíbrio de forças entre as potências. Pretendia-se, como no tempo de D. João V, manter a aliança com a Inglaterra sem ter, por isso, de hostilizar a França ou a Espanha. Novamente a Corte de Lisboa se aproximou da de Madrid. A rainha-viúva, D. Mariana Vitória, irmã de Carlos III de Espanha,

---

[79] Parece significativo a tal respeito o decreto de 31 de Março de 1778, pelo qual foi criada uma junta encarregada de corrigir a legislação. Diz-se aí que importa administrar pronta e inteira justiça, de que muito dependeria a felicidade dos povos. Esta não se conseguiria sem uma clara, certa e indubitável inteligência das leis, dificultada pela multiplicidade de umas como pela antiguidade de outras. Mas, não obstante, não se deveriam abolir, pura e simplesmente, as *Ordenações do Reino*, pois tinham em geral boa aceitação de todos e não seria conveniente obrigar os juízes, acostumados a julgar e a fazer o seu estudo pelos antigos códigos, «a hum novo metodo, ainda que melhor na opinião de alguns, certamente para aquelles mais difficultoso». Consequentemente, a junta deveria averiguar quais as leis antiquadas, quais as revogadas, quais as que suscitassem dúvidas na prática forense e quais as que pediam reforma «e innovação em beneficio pubblico» [ver *Callecção da Legislação Portugueza,* coligida por António Delgado da Silva (1775 a 1790), pp. 162-164]. Pretendia-se, pois, inovar; mas em termos prudentes, sem esquecimento ou atropelo de realidades. Este bom senso reformador parece caracterizar toda a política de D. Maria I, que sentiu a necessidade, por respeito da sociedade portuguesa e dos seus reais interesses, de travar o «iluminismo» precedente. Valeu-lhe tal entendimento criticas levianas que apontaram a rainha como fanática, dominada por escrúpulos religiosos. Não parecem ter fundamento tais críticas. Apesar da sua religiosidade, própria de uma princesa católica da sua época, D. Maria I, como, aliás, seu filho D. João VI, não terá deixado de reflectir mesmo o espírito característico das Cortes e das aristocracias do século XVIII, dominadas por preocupações de liberdade de pensamento. Assim, o embaixador francês, Bombelles, achou D. Maria I «extrêmement dégagée des misères d'une dévotion mal entendue», «éclairée dans sa dévotion» (ver *Journal d'un Ambassadeur de France au Portugal,* pp. 103 e 118).

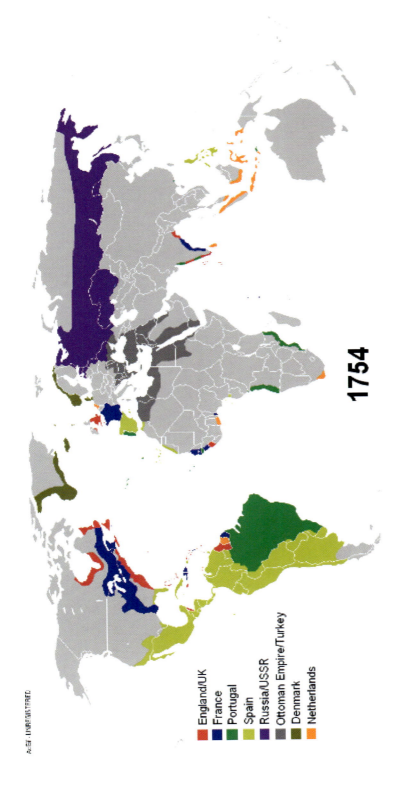

Fig. 16 – A expansão europeia em meados do séc. XVIII

Fig. 17 – D. Maria I

foi a imediata executora dessa política, logo reflectida nos Tratados de Santo Ildefonso e do Pardo, embora os termos de tais tratados devam ser tidos como consequências de acontecimentos do período josefino. Seguidamente, o entendimento luso-espanhol tornou possível uma acção punitiva realizada conjuntamente (1784) pelas armadas portuguesa e espanhola contra a cidade de Argel, cujos piratas infestavam as costas peninsulares[80]. Em 1785, os propósitos de bom entendimento luso-espanhol reflectiram-se numa dupla união matrimonial. Do infante português D. João com a infanta espanhola D. Carlota Joaquina; e do infante de Espanha D. Gabriel com a infanta portuguesa D. Mariana Vitória. A aproximação a Madrid facilitou-nos o respeito da neutralidade portuguesa na guerra da independência dos Estados Unidos[81]; apesar das exigências francesas quanto à cessação das facilidades prestadas por Portugal aos navios ingleses. Também foi vantajoso o apoio de Madrid para solução satisfatória do incidente resultante de uma incursão armada francesa em Cabinda, que ocorreu em 1783[82].

---

[80] Foi duvidoso o interesse para Portugal desta acção, da qual, possivelmente, só terão resultado vantagens para a Espanha (ver Caetano Beirão, *D. Maria I*, pp. 328 e ss.).

[81] Esta neutralidade no conflito anglo-norte-americano tem sido apreciada como muito benéfica para Portugal, sobretudo tendo em vista o comércio do Brasil. Assim, segundo William Beckford, «during the fatal contest betwin England and its colonies, the wise neutrality she (a rainha) perseverated in maintaining was of the most vital benefit to her dominions, and, hitherto, the native commerce of Portugal has attained under her mild auspices an unprecedented degree of prosperity» (*Italy with Sketcbes of Spain and Portugal*, Paris, 1834, p. 257, cit. por Caetano Beirão, *D. Maria I*, p. 227).

[82] Tendo-se reconhecido os inconvenientes da falta de ocupação efectiva do território de Cabinda, por onde traficavam franceses, foi para ali enviada uma expedição militar e construído um forte naquele território, em 1782. Uma esquadra francesa atacou o forte, cuja guarnição capitulou. Após longas negociações, no decurso das quais Portugal beneficiou do apoio da Corte de Madrid, Luís XVI reconheceu plenamente, em 1786, os direitos soberanos de Portugal sobre Cabinda (Convenção de Madrid, de 30 de Janeiro). Aliás, já antes, logo em 1784, o rei francês, por carta dirigida a D. Maria I, manifestara o seu desgosto pelo incidente (ver Borges de Castro, *Collecção...*, III, pp. 410 e ss.; Caetano Beirão, *D. Maria I*, pp. 335 e ss. e 450; Visconde de Sá da Bandeira, *Factos e Considerações Relativas aos Direitos de Portugal sobre os Territórios de Molembo, Cabinda e Ambriz*, pp. 6 e ss.; Visconde de Santarém, *Demonstração dos Direitos que tem a Coroa de Portugal sobre os Territórios Situados na Costa Occidental de Africa, entre o 5.° grau e 12 minutos e o 8.° de latitude meridional*, Lisboa, 1855; Saint-Aymour, *Recueil* des *Instructions données aux Ambassadeurs...*, p. 405; Bombelles, *Journal d'un Ambassadeur de France au Portugal*, p. 146).

A relativa independência de Portugal face à Inglaterra, baseada na nova política, tornou possível ao Governo português a adesão ao plano de «neutralidade armada» elaborado em 1780, por iniciativa russa, ao qual aderiram também a Suécia, a Dinamarca, a Prússia, a Áustria, o reino das Duas Sicílias e a Holanda[83]. Este plano visava a defesa dos navios neutros; e a Inglaterra, potência especialmente afectada por tal plano, reagiu mal ao mesmo, declarando guerra à Holanda. Mas as circunstâncias acabaram por obrigar a Inglaterra a muitas cedências e à paz de Versalhes de 3 de Setembro de 1783 (ver Saint-Aymour, *Recueil des Instructions données aux Ambassadeurs et Ministres de France...* – Portugal, pp. 382-383). Foi seguidamente que Portugal autorizou a adesão da França ao Tratado do Pardo, celebrado com a Espanha em 1778[84]. Assim, tornava-se mais nítido ainda o equilíbrio da posição portuguesa entre o poder britânico e o bloco franco-espanhol.

---

[83] Sobre o plano de «neutralidade armada», cf. Vladimir Potiemkine e outros, *Histoire de la Diplomatie*, I, p. 302. Portugal aderiu ao princípio de «neutralidade armada» pelo tratado celebrado com a Rússia em 13 de Julho de 1782 (ver Borges de Castro, *Collecção...*, III, pp. 310 e ss.). Este princípio de «neutralidade armada» permitiu aos navios neutros a navegação entre os portos e as costas das nações beligerantes, podendo carregar mercadorias destas nações, desde que não se tratasse de contrabandos. Também neste reinado de D. Maria I se estabeleceram relações diplomáticas continuadas e normais com a Rússia (1778). Ao ministro em Sampetersburgo, Horta Machado, foram dadas minuciosas instruções pelo Governo de Lisboa (cf. Teixeira de Sampayo, *O Arquivo do Ministério dos Negócios Estrangeiros*, pp. 67-68).

[84] O Tratado do Pardo de 1778 estabeleceu nas relações comerciais entre Portugal e Espanha a regra da «nação mais favorecida» (arts. VII, IX e XIV); e previu a sua extensão a outras potências «segundo o querer dos contractantes» (art. XVII). A França desejava essa extensão, sempre na mira de partilhar com a Inglaterra dos benefícios da venda de produtos manufacturados e da correspondente aquisição de ouro, em pagamento desses produtos. Mas durante muitos anos Portugal resistiu à pretensão (ver Saint-Aymour, *Recueil des Instructions données aux Ambassadeurs et Ministres de France...* -Portugal, pp. 381 e ss.). Embora se afirme, na introdução que precede o *Journal...* do marquês de Bombelles, que este recebeu do seu Governo por missão fazer participar Portugal do «Pacto de Família» (p. 13), tal missão não se ajusta aos termos das instruções dadas em 1786 ao referido embaixador francês. Destas instruções consta expressamente que a França não teria qualquer interesse na adesão portuguesa àquele pacto, visando apenas uma neutralidade que, em caso de guerra, vedasse aos Ingleses a utilização do porto de Lisboa. E essa neutralidade seria garantida, segundo o Governo francês, pelo Tratado do Pardo (ver Saint-Aymour, *Recueil des Instructions...*, pp. 397 e ss.).

Para melhor assegurar a independência portuguesa no plano internacional se aproximou o Governo português do Império moscovita. A Rússia tornara-se uma potência de relevo no começo do século XVIII, com Pedro, o *Grande*[85]; e já encabeçara o movimento de neutros orientado para a defesa da liberdade dos mares, contra os interesses ingleses. Começava a ter também uma certa expressão o comércio português com a Rússia. Não é para estranhar que, em 1787, tenha sido celebrado um tratado de amizade, confederação e comércio entre Portugal e o império moscovita. Também a partir de 1789 Portugal passou a ter relações diplomáticas permanentes com a Prússia.

A política externa traçada desde o início do reinado de D. Maria I viria a ser afectada por diversas circunstâncias. Entre elas, os falecimentos do secretário de Estado Aires de Sá, do arcebispo de Tessalonica e de D. Pedro III, a doença da rainha e, sobretudo, a Revolução Francesa[86]. Este movimento, por motivos bem compreensíveis, destruiu a obra realizada no sentido de um relativo afastamento da Inglaterra.

---

[85] O czar Pedro I (1672-1725) transformou profundamente o Império moscovita, procurando introduzir nele os usos do Ocidente da Europa, recorrendo para isso a grandes violências, que, por vezes, têm chegado a suscitar dúvidas quanto à sua sanidade mental. No seu reinado a Rússia conquistou o acesso ao mar, a norte e a sul, à custa da Suécia e da Turquia, tendo o czar procurado, para realizar a sua obra, a contribuição de toda a gente julgada válida, na Rússia como no estrangeiro. Entre os seus colaboradores, contou-se um jovem judeu pobre de Amsterdão, de origem portuguesa, que o czar nomeou comandante da Polícia de Sampetersburgo e foi agraciado com um título condal. Esse judeu de origem portuguesa foi um dos executores particularmente cruéis das medidas violentas adoptadas para europeizar a Rússia com extrema rapidez (cf. William P. Rougle, *António Manuel de Vieira na Corte Russa no Século XVIII*, Lisboa, 1983). A obra expansionista de Pedro, o *Grande*, foi continuada por Catarina II, já no fim do século XVIII. Sobre Pedro, o *Grande*, cf. Henri Troyat, *Pierre Le Grand*, Paris, 1979.

[86] Já se tem atribuído ao terror provocado pela Revolução Francesa a loucura da rainha. Mas não parece suficientemente fundamentado tal entendimento. Mais plausível será atribuir particular relevo, no processo etiológico da doença de D. Maria I, aos dramas que opuseram o avô, D. João V, ao pai, D. José, e este ao tio, e, depois, marido, infante D. Pedro. Esses dramas projectaram-se intensamente no plano da governação da rainha, que teve de reparar múltiplas injustiças, sem querer pôr em causa a memória do pai nem as admissíveis responsabilidades da mãe, quanto a algumas dessas injustiças. Acresce que D. Maria I sofreu desgostos que muito a abalaram; entre os quais, a morte do marido, com o qual mantinha perfeito entendimento, e as de dois filhos em plena juventude, o príncipe D. José e a infanta D. Mariana, casada com o infante espanhol D. Gabriel (cf. Caetano Beirão,

2. Reformas de D. Maria I interrompidas pela Revolução Francesa

a) As origens externas da Revolução Francesa

Sob D. Maria I, rapidamente se regressara às preocupações de ordem cultural, bem reflectidas na fundação da Academia das Ciências e da Biblioteca Pública de Lisboa. Tratou de reorganizar-se o exército e a armada, procurando dar-se a adequada formação aos seus oficiais, pela criação das Academias de Marinha e de Fortificação, Artilharia e Desenho. De novo se tentou manter relações amistosas com todas as potências. E essa mesma preocupação terá determinado a rápida conclusão dos tratados sobre limites com a Espanha.

Procurou-se também evitar retaliações e reconciliar os grupos desavindos[87]. E, em tal base, a nova governação apresentava-se

---

D. Maria I, esp. pp. 399 e ss.). Também foram de intensidade anormal as preocupações de governo que afligiram a rainha, a qual, até à doença, nunca deixou de ocupar-se, directa e constantemente, das questões de administração pública, sendo de assinalar que D. Maria I restabeleceu as audiências populares semanais do tempo de seu avô, D. João V, nas quais toda a gente era admitida, a fim de expor ao monarca as suas queixas e pretensões. Aos problemas recebidos do reinado de D. José acresceram, além dos emergentes da Revolução Francesa e do clima geral que a precedeu, outros de extrema gravidade. Entre eles avultam a conspiração de Minas Gerais, admissivelmente apoiada por Jefferson, que levaria ao cadafalso o alferes de ordenanças Joaquim José da Silva Xavier, dito *Tiradentes*, em razão do seu labor civil, tendo a pena capital sido reduzida a degredo a dez outros conspiradores, por indulto da rainha (1792). Já em 1788 fora descoberta em Goa uma conspiração que visava a proclamação da república no Estado da Índia, tendo sido condenados à morte e executados 15 conspiradores. Também pelo que respeita a esta conspiração de Goa se torna dificilmente admissível que não tivesse recebido auxílios exteriores (cf. Caetano Beirão, *D. Maria I*, pp. 350 e ss.). Quanto ao *Tiradentes,* tudo leva a crer que se tratava de um modesto aderente à Maçonaria, provavelmente idealista, usado e abandonado pelos seus mandantes sediados no estrangeiro (cf. A. Tenório d'Albuquerque, *A Maçonaria e a Grandeza do Brasil,* pp. 74 e ss.). Preso por dívidas, Joaquim José da Silva Xavier assentou praça e atingiu o posto de alferes. Mas queixava-se de preterições na sua carreira militar, por falta de protecção. Alguns dos seus antigos furriéis já tinham sido promovidos a tenentes. Também, segundo ele, teria sido contrariado um seu noivado com uma moça filha de pais metropolitanos e abastados, por ele ser pobre e de cor morena (cf. Rocha Pombo, *Historia do Brazil,* VI, pp. 686-693). Ver também Velloso Rebello, *As Primeiras Tentativas da Independência do Brasil,* pp. 101 e ss.; e *Autos de Devassa da Inconfidência Mineira,* 7 vols., Rio de Janeiro, 1936.

[87] Na Corte de D. Maria I se reuniram muitos dos sobreviventes das prisões da Junqueira e os magistrados mais dedicados a Pombal; entre eles Diogo Inácio de Pina Manique,

auspiciosa[88]. No entanto, rapidamente a vida portuguesa foi abalada pelas circunstâncias de ordem externa originadas na Revolução Francesa.

---

o célebre intendente de Polícia, cuja acção muito se salientou no plano da assistência à infância e à juventude, pois foi ele que, designadamente, fundou a Casa Pia de Lisboa e a elevou a um bom nível de cultura, que lhe valeu a designação de «universidade popular». Sobre este magistrado tem corrido uma interpretação que o situa ao nível de um boçal chefe de Polícia. Mas o seu biógrafo, bastante objectivo, aponta-o como «austero», «intransigente», de afabilidade e cortesia perfeitas, sóbrio, derramando «mananciais de caridade» e mantendo «no mais alto grau um culto que nunca afrouxa pelo Belo nas suas múltiplas e complexas manifestações» (ver Eduardo de Noronha, *Pina Manique*, p. 19). A acção de Pina Manique tem o maior interesse para o entendimento da política portuguesa, interna e externa, durante este período. Aproveitando as bases lançadas por D. João V, através da criação da Academia Portuguesa de Roma, era para esta cidade, sobretudo, que o intendente Pina Manique enviava, como bolseiros, os melhores alunos da Casa Pia. E porque aquela Academia fora encerrada em 1760, quando Portugal cortou relações com a Santa Sé, outra, dita de Belas-Artes, foi criada na mesma cidade, em 1790. Esta Academia Portuguesa de Belas-Artes de Roma foi frequentada, em fins do século XVIII, e princípios do século XIX, nomeadamente, entre muitos outros, pelos artistas portugueses Domingos António Sequeira, Francisco Vieira e José da Cunha Taborda. As pensões destes bolseiros eram pagas «do bolcinho da Raynha» (ver José de Castro, *Portugal em Roma*, II, pp. 109 e ss.). Também a Pina Manique se ficou devendo a construção do Teatro de S. Carlos, aliás anexado à Casa Pia, para ajudar às despesas desta, porquanto, segundo parece, o teatro de Ópera de Lisboa, naquela época, era rendoso. A intransigente honestidade de Pina Manique tornou-o enérgico defensor dos interesses dos consumidores e adversário rigoroso dos monopolistas e açambarcadores. É natural que estes lhe não tenham perdoado.

[88] Apesar da qualificação de D. José como «reformador», as reformas no seu reinado empreendidas, talvez por falta de assento nas realidades nacionais, não tiveram, geralmente, sequência. A Intendência Geral da Polícia, criada por D. José, só se estruturou adequadamente no reinado de D. Maria I. As ruas de Lisboa foram então iluminadas. A própria reconstrução da capital, parcialmente destruída pelo terramoto de 1755, operou-se, em larga medida, já nos últimos anos do século. Quando em 1775 se instalou no Terreiro do Paço, que passara a chamar-se Praça do Comércio, a estátua de D. José, apenas se achava «edificada uma quarta parte da dita praça» (ver Luz Soriano *História do Reinado de El-Rei D. José e da Administração do Marquez de Pombal*, II, p. 107; Caetano Beirão, *D. Maria I*, p. 263 e obras aí citadas). Reconstituiu-se então a marinha de guerra portuguesa. Realizaram-se obras de fomento económico de grande envergadura, embora assentes numa política de respeito pela iniciativa privada, mais de harmonia com as concepções fisiocráticas e liberais características do século XVIII; porquanto a orientação económica do período josefino assentara, anacronicamente, nos princípios mercantilistas de Colbert, um dos ídolos de Carvalho e Melo. A estrutura do Colégio dos Nobres gorara-se, tornando necessária a criação por D. Maria I das Academias de Fortificação e de Marinha. As preocupações de assistência e de instrução reflectiram-se na Casa Pia de Lisboa, cujos melhores alunos, recolhidos de entre os jovens abandonados da capital, foram encaminhados para os centros culturais de maior reputação. Foi também no tempo de D. Maria I que alguns professores

Também não será difícil admitir que a Revolução Francesa tenha tido origem externa. Teve-a, por certo, no plano do pensamento político; porquanto aqueles que a prepararam se socorreram, sobretudo, da experiência da vida pública britânica, tentando orientar a monarquia francesa no sentido do parlamentarismo. Mas não deverá excluir-se que, no plano de facto, pelo aproveitamento de descontentamentos e hostilidades, a Inglaterra tenha, num momento inicial, facilitado a eclosão do movimento revolucionário[89]. Era a resposta ao auxílio

---

universitários publicaram os seus compêndios, conforme impusera, sem ser imediatamente acatada, a reforma de 1772. Data de então o grande impulso editorial da Universidade (cf., sobre estas matérias, a obra citada de Caetano Beirão, *D. Maria I*). É corrente a ideia, não fundamentada, de que, após o terramoto de 1755, a cidade de Lisboa foi mais ou menos prontamente reedificada. Mas não aconteceu assim. São significativas a tal respeito as opiniões dos estrangeiros que visitaram Lisboa bastante mais tarde. Vinte anos após a catástrofe, Lisboa apresentava ainda um aspecto desolador. Assim, segundo Richard Twiss, que visitou a capital portuguesa em 1773, «Lisboa is pretty nearly in the same ruinous state it was the day after the earthquake in 1755» (*Travels through Portugal and Spain in 1773*, Berna, 1776, p. 23). E, na opinião de William Dalrymple, «the devastation of the earthquake in 1755 is still recent, whole streets lying in a demolished state» (*Travels through Spain and Portugal in* 1774, Londres, 1777, p. 138). E, ainda em 1790, segundo James Murphy, os fatais efeitos do terramoto eram «still visible in many parts of the city» (*Travels in Portugal in the years 1789 and 1790,* Londres, 1795, p. 146). Parece, pois, que a reconstrução de Lisboa, logo projectada, a seguir ao terramoto, por Manuel da Maia, um dos arquitectos de Mafra, e, depois, por Eugénio dos Santos, se realizou, sobretudo, no tempo de D. Maria I. Devem-se à administração josefina, isso sim, numerosas medidas que evitaram algumas reconstruções imediatas de casas destruídas, ao sabor dos proprietários, segundo os velhos arruamentos, ou alheias a qualquer planeamento de carácter geral (ver Matos Sequeira, *Depois do Terramoto,* I, pp. 33 e ss.; Caetano Beirão, *D. Maria I*, pp. 22 e 263).

[89] Cf. Raymond Capefigue, *L'Europe pendant la Révolution Française,* I, pp. 20 e ss. Este mesmo historiador considera o duque de Orléans instrumento da política inglesa orientada para a implantação de um regime parlamentar em França (*ibidem,* p. 42). E a *Gazeta de Lisboa,* jornal suspenso em 1762 mas que retomou a sua publicação em 1788, no seu número de 22 de Janeiro desse ano, referindo-se à agitação que se notava em França, afirmava que os Ingleses davam «indícios de querer apoiar as sedições» (ver Caetano Beirão, *D. Maria I,* pp. 365 e ss.). Mais significativa ainda parece ser a afirmação que se contém num ofício, de 10 de Agosto de 1791, do ministro português em Londres, Cipriano Ribeiro Freire, segundo o qual «a pesar de ser o interêsse universal e real de todos os govêrnos da Europa destruir um contágio tão pernicioso, o sistema dêste ministério é contudo dilatar o mais que puder o estado de anarquia em França» (*ibidem,* p. 391, nota). Não terá sido, aliás, apenas a Inglaterra a incitar os Franceses à revolução e a manter o estado de anarquia. Julga-se que o ministro da Prússia em Paris, Goltz, tenha recebido por missão excitar os ânimos contra a rainha Maria Antonieta e os revolucionários contra o Governo de Viena, a

prestado pelos franceses aos revoltosos da América do Norte[90]. Aliás, o Governo inglês sentiu, talvez sobretudo durante a Guerra da Independência dos Estados Unidos, dificuldades quanto à adopção de algumas medidas rápidas e adequadas, em razão do regime parlamentar britânico. Os governantes franceses, pelo contrário, sem dependência de assembleias políticas, gozavam de muito maior liberdade de acção. A Inglaterra, duramente atingida pela independência das colónias da América do Norte, tinha, pois, muito a ganhar com a transformação do regime político francês no sentido parlamentar, para prosseguir, em melhores termos, a sua luta pela hegemonia. Mas muito frequentemente a amplitude dos movimentos excede as previsões e os desejos. Foi o que aconteceu com a Revolução Francesa. Não tinham as outras potências motivos para se preocuparem com os seus

---

fim de impelir a Áustria para a guerra com a França e desviá-la da Europa Central (ver António Ferrão, *As Impressões de um Diplomata Português na Corte de Berlim*, p. CXXXII). Admite-se que muitos agitadores estrangeiros, alguns financiados pela Inglaterra e pela Prússia, tenham contribuído para os excessos revolucionários, se é que não lhes deram causa (ver Pierre Gaxotte, *La Révolution Française,* pp. 224 e ss.). Um relatório do embaixador francês em Londres, La Luzerne, de 26 de Novembro de 1789, aponta como agente do primeiro-ministro inglês o próprio Danton, que viria a ser ministro da Justiça e dos Negócios Estrangeiros (*ibidem*, pp. 226 e 266 e ss.). Já vinha de trás a acção conjunta anglo-prussiana contra a política de Luís XV de aproximação a Viena, a qual se reflectira no casamento do Delfim com a arquiduquesa Maria Antonieta e inquietava os Estados protestantes, em geral, mas, muito particularmente, a Inglaterra e a Prússia. Não terá sido difícil a estas duas potências desencadear contra Maria Antonieta uma campanha de descrédito, supostamente popular e tendo por base a acção atribuída à «austríaca» a favor do seu país e contra os interesses franceses; esta campanha teve a sua cimeira no célebre «affaire du collier de la Reine», provocado por uma aventureira, a falsa condessa de La Motte, que terá sido para o efeito contratada. Tratava-se de incompatibilizar a França e a Áustria; além de desacreditar a família real francesa. Esta, através da política de Luís XV, já se tornara muito perigosa para as potências rivais. Mas não se deverá excluir que os inimigos externos e internos da França mais tivessem receado ainda o Delfim, filho de Luís XV e pai de Luís XVI, pelas suas raras virtudes e disciplina, pública e privada, ameaçadora para aqueles iluministas devassos que pretendiam «dar o tom» ao século XVIII. A morte prematura do Delfim deverá tê-los tranquilizado; mas, mesmo assim, muitos dos seus ensinamentos se estavam reflectindo nos filhos e, talvez especialmente, no jovem rei, Luís XVI, cuja orientação bem poderia ter contribuído para contrariar a onda de descrença e amoralismo que se tinha apossado das classes dirigentes.

[90] Esta ideia desenha-se com toda a nitidez num projecto de carta que Luís XVI será tido em vista enviar ao rei de Inglaterra, em 1791 *(Correspondance Politique et Confidentielle Inédite...,* I, pp. 267-268).

efeitos, se estes se circunscrevessem à adopção, em França, de um regime parlamentar, mais ou menos do tipo do já adoptado na Inglaterra em 1688, após a *glorious revolution.* Pelo contrário, essa solução agradaria não apenas ao Governo de Londres mas, afinal, a todas as potências rivais, a fim de abater a hegemonia francesa fundada por Luís XIV[91]. Mas não foi possível tal transformação política da

---

[91] Em consequência, depreende-se da correspondência dos diplomatas acreditados em França uma atitude que não é geralmente de hostilidade à Revolução, no seu início (cf. Pierre Gaxotte, *La Révolution Française,* pp. 222 e ss.; André Fugier, «La Révolution Française et l'Empire Napoléonien», vol. IV da *Histoire des Rélations Internationales,* de Pierre Renouvin, pp. 19 e ss.). Para mais, esses diplomatas achavam-se quase todos imbuídos do espírito próprio do «despotismo esclarecido», que naquela altura dominava as reformas políticas do imperador José II e do seu ministro «iluminista» Kaunitz, para quem «tout n'est pas mauvais de ce que la Révolution nous a apporté»(André Fugier, *La Révolution Française...,* p. 20). Assim, para eles, esquecidos, ou ignorantes, de todas as transigências dos Governos anteriores à Revolução e de todas as infiltrações revolucionárias nos órgãos de decisão da política francesa, Luís XVI e os seus ministros não tinham sido ainda suficientemente sensíveis às «novas luzes», embora se saiba bem que o rei francês, desde o início do seu governo, chamou para junto de si os ditos «filósofos», sendo raros os «devotos» que foram seus secretários de Estado, conforme Voltaire referia jubilosamente a Frederico II, na sua carta de 3 de Agosto de 1775 (ver Barruel, *Mémoires pour servir à l'Histoire du Jacobinisme,* I, pp. 262 e ss.). O representante português em França, D. Vicente de Sousa Coutinho Roque Paim, não fazia excepção à atitude generalizada entre os diplomatas do seu tempo, pelo que consta dos seus minuciosos ofícios, nos quais, com abundância de factos mas sem espírito crítico adequado, ia relatando para Lisboa os acontecimentos. O diplomata português começou por julgar que o movimento revolucionário não duraria muito e mostrou concordância com algumas das medidas revolucionárias, nomeadamente as que rapidamente afectaram o clero, a emissão dos assinados, outras ainda. Ou pela sua formação cultural ou por gosto cortesão, o embaixador só se mostrava muito impressionado, desfavoravelmente, quando os actos revolucionários atingiam o poder real. Como muitos outros «iluminados» da época, não entendia o diplomata português que a destruição do equilíbrio de poderes, operada pela centralização real levada a extremos, havia de deixar o caminho aberto ao exercício anónimo daquele mesmo poder centralizado [sobre a correspondência de Vicente de Sousa Coutinho, cf., especialmente, Caetano Beirão, *D. Maria I,* pp. 361 e ss., e 391 e ss.; Isabel Soares da Fonseca, *Relações entre Portugal e a França* (1789-1799), dissertação de licenciatura dactilografada, 1968, pp. 23 e ss.]. As reacções externas à Revolução acabaram por abalar algumas das posições do embaixador português em Paris, que sempre recomendou ao seu Governo a observância de neutralidade nos conflitos que se estavam gerando. O representante português em Paris parece um exemplo característico de aristocrata moldado pelo iluminismo setecentista. Tratava-se de um homem fabulosamente rico, com cuja filha, D. Juliana, apodada «o bichinho-de-conta», Carvalho e Melo casou um dos filhos, contra a vontade daquela, embora com assentimento, ao menos aparente, de seu pai. Mas a atitude de D. Juliana terá impedido a consumação do casamento, que veio a ser anulado. D. Juliana casou, após a morte do rei D. José, com o diplomata Alexandre de Sousa Holstein e foi mãe do 1.º duque de Palmela.

França, nem através de Luís XVI, apesar da sua resignação em face de todas as exigências revolucionárias, nem através do opulento duque de Orléans, apontado como agente ao serviço da Inglaterra[92].

b) *As reacções internacionais anti-revolucionárias*

A Revolução apresentou-se, desde o primeiro momento, com características anárquicas, conduzida por forças anónimas, com ostensiva participação de estrangeiros nos desmandos (cf. Taine, *Origines de la France Contemporaine,* III, pp. 3 e ss.). Tais características revelaram-se claramente não apenas através dos episódios, bem conhecidos, da tomada da Bastilha[93], da marcha sobre Versalhes e do

---

[92] O duque de Orléans, membro da família real, filho de uma princesa de Conti reputada pelos seus desregramentos de conduta, rodeado de uma Corte quase tão faustosa como a do rei, era conhecido pela sua abertura às ideias revolucionárias; donde a designação que lhe coube de *Philippe-Égalité.* Desde 1783 que fazia constantes viagens a Londres. Tinha fama de devasso e original. Foi grão-mestre da Maçonaria francesa, cargo de que se demitiria em 1792. Ele próprio votou a morte do rei seu primo, mas, quando os revolucionários já não precisavam da sua colaboração, também o guilhotinaram (ver André Castelot, *Philippe-Égalité, le Prince Rouge,* Paris, 1950). O mesmo aconteceu a numerosíssimos elementos da alta nobreza, do clero, do funcionalismo e das forças armadas, que sempre se tinham mostrado favoráveis à Revolução, ou a ela tinham prontamente aderido. É muito frequente que tal aconteça no decurso dos processos revolucionários, importando sublinhar também, a propósito, que, segundo os ensinamentos da sociologia política, as revoluções raramente são bem sucedidas sem o apoio desses elementos instalados nos regimes que os movimentos revolucionários pretendem destruir. E, no entanto, esses mesmos elementos, fundamentais para o triunfo das revoluções, costumam ser por elas sacrificados. Sobre as somas recebidas pelo duque, por Mirabeau, por Marat, por Danton, e outros, da Inglaterra, ver *Correspondance Politique et Confidentielle Inédite de Louis XVI,* I, pp. 170 e ss. E sobre a ostensiva participação de estrangeiros nos desmandos revolucionários da França, ver Taine, *Origines de la France Contemporaine,* III pp, 3 e ss.

[93] A Bastilha era uma fortaleza, situada no extremo leste da capital francesa, que se tornara alvo dos rancores dos aristocratas e dos intelectuais revolucionários, por lá se encarcerarem, preventivamente, as pessoas de relevo social, quando eram objecto de investigações que o rei pretendia subtrair à publicidade, na base de uma *lettre de cachet* (sobre as *lettres de cachet* ver o estudo de Funck-Brentano, *L'Ancien Régime,* pp. 112 e ss.). É certo que algumas vezes o poder abusou das *lettres de cachet.* Mas, conforme observou Luis XVI, em carta dirigida a Malesherbes sobre o assunto, em 1786, «quelle est la chose dont on n'abuse pas?» *(Correspondance Politique et Confidentielle Inédite de Louis XVI,* I, pp. 118-119). Os detidos na Bastilha, como noutras chamadas «prisões de Estado», não

assalto às Tulherias⁹⁴, mas, talvez sobretudo, pelas violências praticadas na província. Esta situação anárquica, que poderia ser contagiosa, começou a alarmar toda a Europa. Os numerosos emigrados franceses,

---

eram arguidos de crimes políticos. Nelas esteve detido, por exemplo, a pedido do pai, o célebre economista fisiocrata, o conde de Mirabeau, por algumas burlas cometidas, procurando-se, assim, evitar-lhe o escândalo de processos judiciais. Apesar da lenda negra, estabelecida em torno da Bastilha, a história não encontrou elementos para ligar a esta prisão factos de algum modo semelhantes, pela violência, àqueles que evoca a também célebre Torre de Londres. Não há notícia nem de execuções, nem de torturas, nem de muito longos períodos de detenção, quanto à Bastilha. Tratava-se mesmo de uma prisão em regra reservada a pessoas de qualidade, na qual o regime era particularmente benévolo *(cf.* Funck-Brentano, *Légendes et Archives de la Bastille,* esp. pp.47 e ss.). E quando ela foi tomada, na célebre data de 14 de Julho, por uma massa de assaltantes que não excedia o milhar, enquadrada por estrangeiros e por bandidos chegados das províncias, que já nos dois dias anteriores tinham saqueado numerosíssimos estabelecimentos comerciais, conventos, bibliotecas e laboratórios, na Bastilha apenas se encontravam sete detidos, nenhum deles acusado de crime político (cf. Funck-Brentano, *Légendes et Archives de la Bastille*, pp. 235 e ss.; Louis Madelin, *La Révolution,* pp. 58 e ss.; Pierre Gaxotte, *La Révolution Française,* esp. pp. 111 e ss.; Taine, *Les Origines de la France Contemporaine,* III pp, 60 e ss.). Não obstante, a «lenda negra» da Bastilha tornou explicável que a sua guarnição, constituída por soldados inválidos, reformados, fosse esquartejada pela populaça e a fortaleza arrasada. Essa «lenda negra» fora alimentada, sobretudo, por aristocratas aventureiros como o conde de Mirabeau, ídolo dos revolucionários franceses, mas cujos despojos mortais foram mandados retirar do Panteón, em 1793, em razão do conhecimento de ter oferecido apoio ao rei Luís XVI, a troco de lhe serem pagas as dívidas. Aquela mesma «lenda negra» e o desejo de preservá-la explicam que uma armadura medieval e um prelo tipográfico que se encontraram na Bastilha tenham sido apresentados como instrumentos de tortura (cf. Pierre Gaxotte, *La Révolution Française,* p. 135; Funck-Brentano, *Légendes et Archives de la Bastille,* p. 268).

⁹⁴ A desorientação dos espíritos explica que apenas duas centenas de franceses tenham tentado opor-se ao assalto do palácio real. A guarda suíça cumpriu o seu dever, tendo sido dominada e massacrada pelos assaltantes. Era o próprio rei que vedava o recurso a quaisquer medidas enérgicas (ver cartas ao irmão, conde de Artois, e ao conde d'Estaing, in *Correspondance... de Louis XVI,* I, pp, 152 e ss. e 159 e ss.). Para a desorientação dos espíritos muito contribuíram as debilidades extremas do rei, parecendo, por vezes, transigente com a revolução e mostrando-se indiferente aos sacrifícios dos que, no meio das desordens, tinham procurado cumprir os seus deveres (cf. Louis Madelin, *La Révolution,* esp. pp. 74 e ss.). Vinha de longe a desorientação dos espíritos em França, por infiltrações de vária ordem, entre elas pesando as de origem protestante. Por vezes, no decurso do reinado anterior, apesar da tentativa de Luís XV no sentido de rever profundamente a política francesa, a diplomacia servira-se de demolidores do regime como agentes junto de Cortes estrangeiras. Aí terão tido origem as ligações de Frederico II com Voltaire, agente de facto do cardeal de Fleury e de d'Argenson em Berlim, aliás mal sucedido na sua missão.

concentrados, sobretudo, na linha do Reno e em Londres, incitavam as potências vizinhas a uma intervenção armada, procurando, ao mesmo tempo, salvaguardar a família real francesa quanto a previsíveis retaliações. Finalmente, depois de uma tentativa frustrada de fuga de Luís XVI e da sua família, as potências vizinhas sentiram-se mais à vontade para intervir. O imperador e o rei da Prússia propuseram-se, pela declaração de Pilnitz, aliás vaga e confusa (27 de Agosto de 1791), restituir Luís XVI nos seus direitos reais. Em consequência dos preparativos bélicos nas fronteiras francesas, Luís XVI, cuja liberdade de decisão seria, pelo menos, duvidosa, declarou guerra ao imperador (20 de Abril de 1792). Havia motivos para pensar que a família real ou, pelo menos, a rainha, irmã do imperador, tivessem entendimentos com Viena. Talvez através do diplomata sueco conde de Fersen. O infeliz manifesto do general prussiano duque de Brunswick (26 de Julho de 1792) precipitou os acontecimentos. Após o assassínio de duas mil pessoas nas Tulherias (9 de Agosto), a República foi proclamada (10 de Agosto) e Luís XVI, destituído, ficou prisioneiro até à sua execução (21 de Janeiro de 1793). Também as derrotas sofridas pelas tropas francesas nas fronteiras serviram de pretexto ao massacre de 1000 detidos nas prisões de Paris (Setembro de 1792). Começara o Terror.

Parecia inevitável uma rápida submissão dos revolucionários franceses, dada a desorganização do país e as forças, externas e internas, contra eles reunidas. Contudo, após algumas derrotas iniciais, que valeram a condenação à morte dos generais vencidos, inesperadamente, as tropas francesas, desfalcadas de comandos, geralmente mal equipadas[95], acabaram por dominar os exércitos inimigos.

---

[95] Naturalmente em razão das dificuldades financeiras do reinado de Luís XVI, que levaram à reunião dos Estados Gerais, não convocados desde 1614, o exército achava-se mal equipado; e grande parte da oficialidade não aderira à República e emigrara. Os oficiais que aderiram à República, quando mal sucedidos, tornavam-se suspeitos de traição; e a suspeita valia-lhes o cadafalso. Foi o que aconteceu ao general Custine e ao general Beauharnais, primeiro marido da que viria a ser mulher de Bonaparte, Josefina. Tornou-se necessário criar um novo corpo de generais e oficiais superiores, na base dos recrutas de 1792 e da rápida promoção dos jovens tenentes que não suscitavam suspeições políticas, como Bonaparte e Desaix. Esses chefes militares improvisados nem sempre se habituaram ao cumprimento das regras da moral, da cortesia e do direito das gentes, tanto em relação aos inimigos como em relação aos subordinados e às populações civis. Mas, do ponto de

O fenómeno, surpreendente para todos, tem uma explicação complexa. Por um lado, o perigo exterior fez substituir a anarquia revolucionária inicial por um Governo tão forte que a história lhe reservou a designação de «Terror». Processos judiciais expeditos levariam à guilhotina, em poucos anos, muitos milhares de pessoas; não apenas aristocratas, ou *ci-devant*, como por vezes se julga, mas, em muito maior número, todos quantos, por motivos políticos ou económicos, por receios pessoais, hesitações ou incapacidades, foram acusados de prejudicar o esforço de guerra. A «lei dos suspeitos» de Merlin lançou nas prisões 300 000 pessoas. Sob o «Terror», os restantes tornaram-se bem mais diligentes. Por outro lado, a República Francesa, pela aquisição gratuita dos «bens nacionais» (da Coroa, das ordens religiosas, do «clero refractário» e dos emigrados), dispôs de meios económicos avultadíssimos para financiar a guerra[96]. Apesar das dificuldades na

---

vista do conhecimento da arte da guerra e da valentia pessoal, tornaram-se geralmente modelares esses generais franceses, formados pelas guerras da Revolução e do Império. Com eles, sobretudo, tentou Napoleão criar uma nova aristocracia, de origem popular. E, nesse plano, não se frustrou por completo a política napoleónica; porquanto a nobreza do Império ficou gozando em França de um prestígio que nunca teve a nobreza liberal nos outros países. Para isso contribuiu a «política de casamentos» de Napoleão. Assim como ele próprio se divorciou de Josefina para casar com a arquiduquesa austríaca Maria Luísa, também fomentou o casamento dos seus generais com aristocratas, francesas e estrangeiras. Essa política de casamentos facilitou a inserção dos elementos bonapartistas nos meios políticos dominantes durante a Restauração bourbónica. Os generais e altos funcionários de Napoleão achavam-se aparentados, por afinidade, com os elementos da velha aristocracia.

[96] Estes «bens nacionais» foram vendidos a preços irrisoriamente baixos. Mas os seus valores reais eram tão elevados que, mesmo assim, a receita obtida deu às finanças francesas um satisfatório desafogo temporário. E, além do interesse financeiro imediato, a venda a baixo preço dos «bens nacionais» teve um grande interesse político para a sustentação da República Francesa; porque os adquirentes desses bens, geralmente comerciantes, industriais, banqueiros, com receio de que a restauração monárquica os privasse das propriedades compradas em tão boas condições, tornaram-se os melhores suportes do novo regime. Algumas vezes a Revolução sobreviveu, através de certas crises, por total desentendimento entre os antigos proprietários, que queriam readquirir os seus domínios, e os novos adquirentes, que pretendiam conserva-los. Em 1814, os Bourbons, restaurados no trono de França, aceitaram expressamente a irreversibilidade das transmissões de propriedade dos ditos «bens nacionais». A venda destes bens, que também havia de verificar-se noutros países, como, por exemplo, em Portugal, entre 1834 e 1837, contribuiu acentuadamente para o pauperismo do século XIX. Porque muitas das propriedades vendidas se achavam ligadas a fins assistenciais e de cultura popular. Sobretudo as propriedades eclesiásticas; mas não essas apenas. Por tais razões, Almeida Garrett, já numa fase de reflexão e amadurecimento, dizia preferir os «frades» aos «barões» (*Viagens na Minha Terra,* cap. XIII).

cobrança dos impostos. Assim, Lazare Carnot, que foi o membro da Convenção a cujo cargo estiveram a organização e o abastecimento dos exércitos, dispôs de meios financeiros bem mais avultados do que os acessíveis aos governantes franceses anteriores. Tem-se mesmo admitido amplamente que esses meios financeiros foram usados para subornar oficiais inimigos, na base desse suborno se explicando algumas grandes vitórias francesas. Acresce que as coligações contra a República Francesa, como todas as alianças militares entre Estados, criaram atritos e desinteligências entre os respectivos chefes militares e políticos, muitas vezes também alheados do esforço comum por questões mantidas entre eles próprios[97]. Mas o factor decisivo do

---

[97] Importa ter presente, para entender a debilidade das potências coligadas contra a República Francesa, duas ordens de factores. Por um lado, as tentativas de destruição das estruturas sociais próprias operadas por diversos soberanos, desejosos de alargar os seus poderes. Assim, Frederico II da Prússia e Catarina II da Rússia foram, como se sabe, os grandes protectores dos «filósofos» e aventureiros revolucionários, que albergaram nas suas Cortes, talvez com o desejo secreto de, através deles, abalarem apenas os tronos alheios. Mas essa acção teve também repercussões internas inevitáveis. Em fins do século XVIII, a Maçonaria tinha extraordinária influência na Prússia (ver as afirmações de António Ferrão, in *As Impressões de um Diplomata Português na Corte de Berlim*, p. LXXII, nota). Por essa época, o imperador José II, que o príncipe herdeiro português tanto admirava, realizou reformas políticas e administrativas que, antecipando-se à Revolução, lhe valeram, por todo o Império, a hostilidade não apenas das classes ditas privilegiadas, mas, sobretudo, das classes populares, desinteressadas de inovações que só beneficiavam realmente a alta burguesia e o alto funcionalismo centralizador. Revoltaram-se contra o imperador a Bélgica, a Hungria, a Transilvânia, a Boémia e a Silésia, ciosas todas das suas autonomias e liberdades reais. Estas rebeliões, que ameaçaram fragmentar todo o Império, só foram dominadas, após a morte de José II, em 1790, e a subida ao trono de seu irmão Leopoldo, que, afastando o ministro Kaunitz e abandonando o espírito iluminista que dominara a Corte de Viena, conseguiu evitar o desmembramento dos seus Estados. Também a Espanha, Portugal e os Estados italianos tinham sido agitados por convulsões resultantes do abandono das suas estruturas sociais próprias. Compreende-se que, em tais condições, conhecendo-se os entendimentos entre muitos notáveis dos Estados autocráticos e os revolucionários franceses, através de sociedades secretas de comum obediência, os espíritos não se deixassem empolgar por qualquer ideia de cruzada anti-revolucionária, que, admissivelmente, muitos dos governantes não estavam tomando a sério. Até em Roma já era grande a influência da Maçonaria, mesmo nos meios eclesiásticos. Segundo referiu o embaixador português, Alexandre de Sousa e Holstein, em ofício de 19 de Outubro de 1791, teria sido preso sob essa acusação o padre Bento Raguzeu, Antoia, que era procurador-geral dos Espanhóis em Roma «e sujeito de bastante autoridade nesta Cúria» [ver Eduardo Brazão, *Relações Diplomáticas de Portugal com a Santa Sé da Revolução Francesa a Bonaparte (1790-1803)*, I, pp. 182-183]. E, em 1793, o embaixador do rei católico junto da Santa Sé,

«milagre republicano» durante as guerras da Revolução acha-se no sistema de recrutamento militar então adoptado pela França, dito da «nação armada», baseado no serviço militar obrigatório e sem remuneração. Assim, a República Francesa opôs aos «exércitos permanentes» dos Estados inimigos, constituídos por soldados profissionais, bem preparados, geralmente bem pagos, mas em número relativamente reduzido, uma massa imensa de soldados mais ou menos compelidos, ainda quando designados por «voluntários». Estes pouco sabiam de artes marciais; mas eram muitos. Com base no exército assim constituído, os chefes militares franceses puderam seguir novas tácticas de combate, pela utilização de vagas sucessivas de assaltantes às posições inimigas. Nas grandes batalhas da Revolução, os Franceses sofreram baixas em número elevadíssimo; mas acabaram, geralmente,

---

Azara, muito querido do Governo francês, era já fortemente suspeito de «democrático», segundo o nosso encarregado de negócios Luís Álvares da Cunha e Figueiredo (*ibidem*, pp. 370-371). Nesse mesmo ano foi descoberta em Roma uma conspiração pró-francesa num convento de frades de S. Francisco de Paula (*ibidem*, p. 410). E, no ano seguinte, foram presos, por conjura jacobina, vários membros da família Federici, das principais de Roma, à qual pertencia um monsenhor que tinha a seu cargo a cifra da Secretaria de Estado (*ibidem*, 11, p. 96). Sobre a influência da «quinta coluna» maçónica e jacobina na relativa facilidade das conquistas militares da Revolução e do Império, em geral, ver André Fugier, «La Révolution Française et l'Empire Napoléonien», vol. IV da *Histoire des Relations Internationales* de Pierre Renouvin, Paris, 1968. Em 1797 chegou a haver revoltas de marinheiros na armada inglesa, tendo os amotinados constituído *comités* revolucionários e usando a linguagem característica dos jacobinos franceses (*ibidem, p.* 107; Lord Russel, *The Life and Time of Charles James Fox*, III, pp, 108 e ss.). Por outro lado, ao iniciar-se a Revolução Francesa, conflitos mais ou menos violentos dividiam a Inglaterra e a Espanha, opunham a Áustria à Prússia, à Turquia e à Rússia. Foi sempre débil a união da Áustria à Prússia, mesmo quando decidiram a invasão da França (1792). O acordo do general francês Dumouriez com o general prussiano duque de Brunswick poria termo ao entendimento entre os dois Estados germânicos. A Áustria acabou por preferir abandonar a Bélgica à França, a fim de participar, com a Rússia e a Prússia, na partilha da Polónia, mostrando-se os dois Estados germânicos receosos de que a imperatriz Catarina ficasse a dominar ela só os territórios polacos. As coligações de potências contra a República Francesa careceram sempre de unidade de comando; e, encabeçando a Inglaterra essas coligações, elas foram afectadas muitas vezes pelas flutuações das maiorias parlamentares daquele país. Ao enérgico Pitt sucedeu o brando Fox, indulgente para todas as debilidades, sem excluir as suas próprias. E, ainda em 1809, o general Wellington, porque conservador e irmão de um dirigente do partido conservador, foi duramente criticado nos Comuns pelos deputados liberais, em termos de ficar abalado o esforço de guerra. Em França, os comandos político e militar não estavam sujeitos a criticas.

por ocupar o terreno e afugentar os inimigos[98]. Eram muitos e baratos os soldados da Revolução[99].

Imagina-se facilmente o abalo que o conhecimento dos sucessos revolucionários franceses terá causado nas várias Cortes europeias. E, naturalmente, em Lisboa. Embora, pela geografia, não nos sentíssemos directamente ameaçados pelos acontecimentos. Cumpria que nos preparássemos para qualquer eventualidade; mas, ao menos, enquanto as hostilidades se achassem limitadas à linha do Reno, não havia razão que impusesse a nossa participação na luta.

Aliás, em 1792, ainda nem a Inglaterra nem a Espanha pareciam interessadas numa intervenção contra a França. O célebre Talleyrand, antigo bispo d'Autun, nomeado embaixador de França em Londres, aí tratava de assegurar que o seu Governo se oporia a qualquer propaganda revolucionária além-fronteiras, não tendo também quaisquer ambições de expansão territorial[100]. Não obstante, depois de

---

[98] Os generais das potências coligadas contra a França tiveram a maior dificuldade, por carência de meios e, possivelmente também, por reacção psicológica, de se adaptarem às novas tácticas de combate. E essa parece ter sido a razão decisiva do sucesso das armas francesas. Também é compreensível que amplas perspectivas de promoção tornassem alguns dos soldados franceses mais facilmente dispostos a correr riscos. Mesmo bastantes anos depois do início das guerras da Revolução, nota-se ainda, por exemplo, nas batalhas de Iena (1806) e de Wagram (1809), a relutância dos generais prussianos e austríacos em sacrificar os seus soldados, para além de certos limites. O próprio Napoleão, em Santa Helena, reconheceu a esmagadora superioridade numérica dos exércitos da República (ver Bertrand, *Les Cahiers de Sainte-Hélène*, p. 34). Segundo ele, durante as guerras da Revolução «on n'a réussi que par la masse et la supériorité du nombre» (*ibidem*, p. 40). Cf. tb. Lord Russell, *The Life and Time of Charles James Fox,* II, pp. 290 e ss.

[99] Segundo Guglielmo Ferrero, a Revolução Francesa estabeleceu uma «guerra sem regras», aterrorizando os inimigos (ver *Reconstruction-Talleyrand à Vienne 1814-1815,* p. 7). Bertrand de Jouvenel, ao estabelecer uma correlação entre o alargamento da esfera do poder político e as destruições causadas pela guerra, recorda também que em 1789 a França tinha 180 000 soldados; e em 1794 mais de um milhão (ver *Du Pouvoir*, p. 183).

[100] O «pacifismo» constituía, aliás, elemento essencial da filosofia política da Revolução Francesa. Logo em 1790 a Assembleia Constituinte afirmara o princípio da «paz perpétua», pela renúncia à guerra e às conquistas; o que não impediu que, nesse mesmo ano, o condado de Avinhão, pertencente ao Papa, tivesse sido anexado pela França. O Governo de Londres ter-se-á deixado convencer pelos afirmados propósitos dos governantes franceses, assim se explicando que o monarca britânico, ao abrir a sessão do Parlamento. a 31 de Janeiro de 1792, tivesse prometido uma imediata redução das despesas militares, dada a tranquilidade em que se vivia na Europa (cf. Lord Russell, *The Life and Time ....* II, p. 274). Dos grandes parlamentares ingleses apenas Edmund Burke terá sempre considerado as hostilidades inevitáveis. Fox e mesmo Pitt jogaram na neutralidade britânica.

vencerem os austriacos e os prussianos em Valmy (30 de Setembro de 1792) e em Jemmapes (6 de Novembro de 1792), as tropas francesas ocuparam a Bélgica, em regime de anexação, pura e simples[101]. Ora a Inglaterra sempre foi muito cautelosa quanto à extensão da faixa continental fronteira ao canal da Mancha. O porto de Antuérpia em mãos dos Franceses ameaçava muito directamente os interesses comerciais britânicos. A invasão da Bélgica já excedia os desejos britânicos quanto à expansão do movimento revolucionário francês. Também a Holanda se sentia directamente ameaçada pela ocupação da Bélgica. O Governo de Londres procurou então o apoio espanhol, com vista a obrigar os Franceses a abrirem uma segunda frente, em toda a linha dos Pirinéus. Constituiu-se, assim, a primeira coligação de potências contra a França republicana.

c) *A posição portuguesa face à Revolução*

Nos quadros desta coligação Portugal desenvolveu também actos de hostilidade contra a França, embora sem declaração formal de estado de guerra. Não parece que ou a Inglaterra ou a Espanha tenham insistido pela participação portuguesa na sua liga antifrancesa[102]. E, sendo assim, teria sido preferível manter a neutralidade, conforme aconselhava o nosso representante diplomático em Madrid, Diogo de Carvalho e Sampaio[103]. Mas poderá entender-se que tenha

---

[101] A Bélgica pertencia ao imperador, desde a Paz de Utreque, tendo-se revoltado em razão das reformas iluministas, centralizadoras e anticlericais adoptadas por José II. O estado de espírito criado por aquelas reformas facilitou a ocupação francesa e levou a Corte de Viena a admitir com facilidade o abandono da Bélgica, preferindo ocupar-se da partilha da Polónia. Também mais tarde, no Congresso de Viena, Metternich aceitaria sem esforço a renúncia à Bélgica, procurando compensações na Baviera e na Itália. Sobre as violências então praticadas na Bélgica pelos franceses, ver Ch. d'Hericault e G. Bord, *Documents pour servir à l'Histoire de la Révolution Française*, pp. 143 ess.

[102] Pelo contrário, terá sido Portugal a tomar a iniciativa de uma tríplice aliança, abrangendo a Inglaterra e a Espanha. Mas, não obstante tal iniciativa, aquelas duas potências acabaram por negociar directamente, sem participação portuguesa (ver Luz Soriano, *História da Guerra Civil...*, 1.ª ép., I, pp. 474 e ss.; Fortunato de Almeida, *História de Portugal*, IV, p. 451).

[103] Ainda no seu ofício de 25 de Fevereiro de 1793, dirigido ao secretário de Estado Luís Pinto de Sousa Coutinho, o referido representante português em Madrid se expressara nos seguintes termos: «Se entre tanta desordem Portugal podesse conservar o bem da paz, que

pesado mais na corte de Lisboa a reacção sentimental pelos acontecimentos de França. E, por isso, nos teríamos aliado à Espanha (convenção de 15 de Julho de 1793) e à Inglaterra (tratado de 26 de Setembro de 1793). A mesma reacção sentimental teria levado já a Corte de Lisboa a nem sequer receber o representante francês, Darbault, que trazia por missão negociar a neutralidade portuguesa[104]. Tal explicação parece admissível; mas não inteiramente segura. A neutralidade portuguesa foi quase sempre, ou sempre, através dos tempos, ditada pela preocupação de evitar ou a hostilidade da Espanha ou a da Inglaterra. Achando-se as duas potências aliadas, nesta coligação contra a República Francesa, bem poderá a Corte de Lisboa ter julgado, mesmo abstraindo de motivos sentimentais anti-revolucionários, que a posição de neutralidade lhe não convinha e da beligerância não resultariam riscos sérios para Portugal. Tanto mais que, segundo era previsível, as acções bélicas decorreriam longe das fronteiras portuguesas. Além de que, ainda antes de qualquer acção hostil empreendida pelos Portugueses, já a marinha francesa tinha apresado alguns navios nossos no mar. A guerra movida à França ter-se-á apresentado, assim, como justa reacção às hostilidades dos Franceses.

Também poderá o Governo do príncipe, que assumiu as funções reais pela incapacidade de D. Maria I, ter encontrado na beligerância

---

gloria seria para o ministro portuguez illudir o movimento dos turbilhões em que nos tem mettido a nossa situação politica. E já que não podemos atalhar os progressos dos detestaveis principios francezes, ao menos que nos não resintamos dos pessimos effeitos que ella tem causado em tantas partes.» (Ver Luz Soriano, *História da Guerra Civil...*, 1.ª ép., I, p. 487).

[104] Ver convenção de 15 de Julho e tratado de 26 de Setembro de 1793, in Borges de Castro, Collecção..., IV, pp. 10 e ss. Segundo José Acúrsio das Neves, que viveu de perto os acontecimentos e sobre eles escreveu também muito de perto, o emissário francês foi «muito bem recebido pela corte de Lisboa, como particular, mas não se lhe reconheceo caracter público, e foi despedido sem concluir cousa alguma» (*Historia Geral da Invasão dos Francezes em Portugal*, I, pp. 22-23). Teria o Governo de Lisboa sérias razões para um acentuado retraimento face às tentativas diplomáticas da França naquela época. O Ministério dos Negócios Estrangeiros de Paris não escapara à anarquia reinante; a ponto de ter sido titular da respectiva pasta um tal Buchot, professor primário, cujas ignorância e falta de maneiras levaram os directores de serviços do Ministério a não despacharem com ele, o que lhes valeu serem denunciados pelo próprio ministro ao Tribunal Revolucionário, não tendo sido guilhotinados porque, entretanto, se deu a queda de Robespierre. Dos embaixadores então nomeados, um, Pigeot, estava antes cumprindo pena de prisão por furto, outro era gendarme (cf. Taine, *Les Origines de la France Contemporaine*, VIII, pp. 26 e ss.).

o meio adequado de pôr fim a atitudes internas favoráveis ao fermento revolucionário. Com efeito, os acontecimentos do reinado anterior e algumas indecisões subsequentes quanto à sua condenação tinham tornado alguns intelectuais, e muitos mais pretensos intelectuais, favoráveis a reformas profundas das estruturas políticas tradicionais. Uns por quebra de uma religiosidade que estava na base dessas mesmas estruturas; outros por reacções contra a extensão dos poderes atribuídos aos reis e aos seus ministros; ou ainda por reconhecimento do anacronismo de algumas instituições que a inércia ia mantendo. Também a quebra de religiosidade tornara muitos impacientes pela obtenção de rápidas promoções sociais, sempre facilitadas pelos ambientes revolucionários. Enquanto que o comodismo de numerosos privilegiados os tornava simpatizantes das transformações previsíveis, para, através dessa mesma simpatia, obterem compensações bastantes para a eventual perda dos seus privilégios.

Ao ministro português em Paris, D. Vicente de Sousa Coutinho Roque Paim, afeito a uma longa carreira de alto funcionário submetido ao poder central, não repugnava a demolição das instituições, a não ser quando ofendia a autoridade régia. Muitos outros portugueses estreitamente ligados ao serviço da Coroa reagiriam de modo semelhante. Alguns elementos da burguesia estabeleceriam previsões de novos ganhos e proveitos. Os meios ligados à poderosa colónia inglesa, tão influente desde o começo do século, haviam de reflectir os interesses iniciais britânicos no prolongamento da anarquia francesa. E tanto bastaria para explicar as simpatias da imprensa portuguesa pela Revolução[105], claramente revelada durante um longo período. Até o secretário de Estado Luís Pinto de Sousa, fortemente influenciado pelas instituições britânicas, através da sua carreira de diplomata, se mostrava favorável a muitas das inovações revolucionárias. Parece que só quando o Governo espanhol, alarmado, adoptou medidas orientadas no sentido de travar a propaganda revolucionária o Governo português passou a dar ouvidos ao intendente da Polícia, Pina Manique, no sentido de serem adoptadas medidas semelhantes (ver Caetano Beirão, *D. Maria I*, pp. 370 e ss.). Em tais

---

[105] A imprensa portuguesa da época limitava-se a dois órgãos: a *Gazeta de Lisboa e o Jornal Encyclopedico*.

circunstâncias, a beligerância poderia também favorecer o propósito de pôr termo, no plano interno, aos focos favoráveis à Revolução[106]. Certo é que, em 1792, ainda a disposição do Governo português era de manter a neutralidade, entendendo a contenda circunscrita ao imperador e outros príncipes alemães. Assim consta, pelo menos, dos ofícios enviados à legação em Madrid pelo secretário de Estado dos Estrangeiros, em 22 de Fevereiro e em 18 de Junho daquele ano (ver Caetano Beirão, *D. Maria I*, p.405). Mas em Janeiro de 1793 já os propósitos seriam diversos, dado que, em ofício do secretário de Estado para a mesma legação em Madrid, de 23 daquele mês, se afirma que a Convenção «não respeita potência alguma neutra, tendo pois Portugal de se «constituir em um próprio e respeitável estado de defesa» (ver Latino Coelho, *História Política e Militar...*, II, pp. 326-327). Contudo, ainda se esperava poder conservar a neutralidade. Porquanto, segundo ofício também do secretário Luís Pinto para a legação em Madrid, de 13 de Março do mesmo ano, se entendia que a França, «não obstante as suas atrocidades domesticas, nos não tem

---

[106] Esses focos revolucionários não se terão formado espontaneamente; mas, pelo contrário, na base da acção de agentes hábeis que os governos franceses enviaram para Portugal, como para outros países, na mira de aproveitar e canalizar em seu proveito ambições e despeitos que sempre se encontram em todas as sociedades. Os próprios «iluministas», que tinham desarmado a capacidade de reacção própria dos vários Estados, mas geralmente receavam os excessos revolucionários, alarmaram-se com estas actividades. Foi o caso do ministro espanhol conde de Florida Blanca, que travou com dureza a entrada de jacobinos no seu país. Tais receios não seriam infundados, pois em Paris se tinha estabelecido, já em 1791, um *«cercle social»*, tendo por fim a propaganda revolucionária no estrangeiro; e, sobretudo, nas Américas (cf. Luz Soriano, *História da Guerra Civil...*, 1.ª ép., I, p. 390). O representante português em Paris, apesar das ilusões que manteve quanto à Revolução, informou oportunamente o seu Governo daqueles manejos. Mas nem parece que o intendente Pina Manique tenha esperado por essas informações para estabelecer discreta mas eficaz vigilância em torno dos elementos suspeitos de contribuírem para a organização de redes revolucionárias, muitas vezes acreditados como investigadores científicos, frequentemente iniciados em lojas maçónicas, ou com estas simpatizantes. A referida acção revolucionária só terá escapado a Pina Manique depois da vinda do marechal Lannes como embaixador para Lisboa; e antes, apenas em relação aos oficiais ingleses da tropa auxiliar que veio para Portugal, em 1797, alguns dos quais traziam por missão desenvolver a rede maçónica no nosso país. Porque o intendente não tinha poderes para vigiar aqueles oficiais. E, embora os interesses da Inglaterra e dos revolucionários franceses se opusessem em diversos planos, era comum o propósito de minar as estruturas de raiz católica de países como Portugal, Espanha, Estados italianos e outros (*ibidem*, pp. 392-417).

dado até o presente motivo plausível de ruptura» (*ibidem*, p. 320). E a preocupação de neutralidade levava a Corte de Lisboa a evitar a instalação em Portugal do conde de Artois e de muitos emigrados franceses, preferindo-se conceder-lhes auxílios em dinheiro mas longe do território nacional (*ibidem*, pp. 322 e ss.). Não deverá esquecer-se, no entanto, que, pelo menos desde Novembro de 1792, a Convenção francesa se declarara disposta a exterminar todos os reis e libertar os povos pela força[107].

Frequentemente se tem assacado à incapacidade política do príncipe, futuro D. João VI, fraco, indeciso, ou às intrigas de sua mulher, D. Carlota Joaquina, as infelicidades que atingiram Portugal a partir de 1793. A dureza das criticas àquele príncipe tornou-se mais ou menos obrigatória para a historiografia portuguesa do século XIX. Impõe a objectividade uma profunda revisão de tais juízos, nalguns casos inteiramente descabidos. Não deixará de ter interesse referir que são geralmente de muito respeito, admiração e louvor as referências dos historiadores brasileiros e dos diplomatas estrangeiros que melhor o conheceram em relação ao príncipe, cujas inteligência, bondade e bom senso Oliveira Lima põe muito especialmente em relevo[108].

Também o historiador português Visconde de Santarém traçou deste príncipe uma autorizada síntese biográfica que lhe é franca-

---

[107] Decretos de 19 de Novembro e de 15 de Dezembro. Cf. Émile Bourgeois, *Manuel Historique de Politique Étrangère*, II, pp, 83, 86, 89.

[108] Cf. Francisco Adolfo de Varnhagen, *Historia da Independencia do Brasil*, pp. 32-33; Oliveira Lima, *D. João VI no Brasil*, I, pp. 84 e 87; II, pp. 939 e ss.; Hélio Vianna, *História do Brasil*, II, pp. 14 e ss.; Pedro Calmon, *História do Brasil*, IV, pp. 1361 e ss.; J. Paulo de Medeiros, *A Diplomacia de D. João VI na América e na Euro*pa, Porto, 1956. É curioso notar que, pela mesma época, foram dirigidas criticas semelhantes ao príncipe-regente de Portugal, ao rei de França, Luís XVI, e aos reis de Espanha Carlos IV e Fernando VII; segundo algumas revisões históricas modernas, com igual injustiça, que estará ligada às intrigas também paralelas, urdidas em torno das respectivas famílias (ver Bernard Fay, *Louis XVI*, Paris, 1955; Marquês de Valdelomar, *El Partido Fernandino y la Masoneria*, Madrid, 1974; Seco Serrano, *Godoy el Hombre y el Político*, esp. p. 23; Palacio Atard, *La España del Siglo XIX*, p. 104). Os reparos suscitados pelas frequentes deslocações do príncipe regente a Mafra perdem consistência quando se recorda que lá funcionava o Real Colégio, de que era zeloso protector, onde se ensinava, entre outras disciplinas, Física Experimental, não sendo de excluir que o Colégio tivesse pretensões universitárias, pois designadamente iniciava os anos lectivos com sessões solenes em que eram proferidas orações de sapiência, sob a presidência de D. João (cf., por ex., *A Oração de Sapiência de 1792*, proferida por Luiz de Santo Thomaz, «leitor de Filosofia»).

mente favorável. Recorda aquele historiador, em explicação de algumas debilidades atribuídas a D. João VI, as extremas dificuldades que o soberano teve de enfrentar, numa época em que os maiores impérios, como o russo e o austríaco, também claudicaram frente ao colosso revolucionário. Tendo tido por preceptor o sábio veneziano Franzini, dispondo de conhecimentos sólidos de história, de geografia, de latim, de francês, de italiano, de matemática e de ciências naturais, em que o preceptor era particularmente erudito, o príncipe D. João não terá sido o infante mal preparado para as tarefas da governação que a morte prematura do irmão mais velho colocou na regência e no trono. Só as circunstâncias exteriores terão impedido que se projectassem mais beneficamente na vida do País as medidas adoptadas sob a regência de D. João e que não deverão atribuir-se exclusivamente aos seus ministros; porque aquele príncipe não parece ter-se desinteressado das tarefas da governação, como admissivelmente terá acontecido com D. José. O regente tomava a iniciativa de encarregar os especialistas de preparar memórias e relatórios, que lia, discutia e conservava no seu gabinete de trabalho; tinha memória prodigiosa; falava com grande facilidade, moderação e afabilidade; era muito culto, sobretudo nos planos da história, da geografia e da política do seu tempo; era generoso e tolerante; protegia os sábios, os investigadores, os artistas e os literatos; assistia às sessões da Academia das Ciências de Lisboa e aí conversava familiarmente com os seus membros, sobre os mais diversos assuntos; levantava-se de madrugada e passava muitas horas do dia lendo relatórios sobre assuntos de governo e escrevendo à margem a sua opinião ou a sua decisão, conforme os casos; mantinha junto de si um serviço de imprensa estrangeira, cujos resumos lia sempre, assim como as notas enviadas pelos informadores secretos que mantinha em diversos países; trabalhava regularmente com os seus secretários de Estado; recebia todas as semanas os embaixadores estrangeiros; e, semanalmente também, dava uma audiência em que todos eram admitidos, mesmo para se queixarem dos ministros. Com tais qualidades e hábitos não admira que D. João tivesse criado um ambiente de amor no povo e de estima entre os diplomatas. O próprio Lannes, sensibilizado pelas atitudes do príncipe, recusara-se a trair o seu *«royal ami»* (ver Visconde de Santarém, *Opúsculos e Esparsos*, II, pp. 329 e 345 e ss.). Hyde de Neuville, que foi embaixador francês no Rio de Janeiro e em Lisboa, embora acusando D. João de carácter indeciso, reconhece-lhe «un grand fond de droiture et un grand amour de son peuple».«Jean VI – observou também Hyde de Neuville – n'était pas dénué d'intelligence autant que plusieurs historiens l'ont fait croire...il avait une finesse d'observation qui se traduisait par des mots heureux.»[109] José Agostinho de Macedo, na oração fúnebre que proferiu nas exéquias de D. João VI, pôs em relevo que «nenhum dos precedentes monarcas» «subio ao Sólio Portuguez em tão diffíceis e extraordinarias circunstancias», que aquele príncipe terá sabido afrontar com sabedoria, prudência, grandeza e «docilidade de coração». De interesse também para apreciar a personalidade de D. João VI e os sucessos do seu reinado é a oração fúnebre proferida pelo académico Mateus da Assumpção Brandão na Academia das Ciências de Lisboa, em 10 de Setembro de 1826.

3. Guerra do Rossilhão

Talvez pudéssemos ter limitado a nossa participação na guerra às operações navais, ou cooperando com a esquadra inglesa, ou assegurando a defesa das costas, metropolitana e brasileira, posto

---

[109] Ver *Mémoires et Souvenirs du Baron Hyde de Neuville, III,* pp, 82 e 88. Segundo o mesmo embaixador, a princesa Benedita, tia do rei e com 80 anos de idade, «parlait bien le français», observação que também contribuirá para dissipar as ideias feitas quanto à ignorância dos membros da família real portuguesa, especialmente os do sexo feminino. Da rainha D. Carlota Joaquina diz o embaixador francês, não obstante a manifesta antipatia, que a sua fisionomia era muito viva e espiritual, que o seu ar era nobre e também que falava o francês, mas mal (*ibidem,* pp. 89 e 90). Já anos antes, o embaixador de Luís XVI, Bombelles, observara no seu *Diário* que, ao ser apresentado a D. Maria I, esta começara por responder-lhe aos cumprimentos em português, mas, depois, lhe falara em francês, «en três bons termes et avec grace», tendo-lhe falado também em francês todos os outros membros da família real (ver Marquis de Bombelles, *Journal d'un Ambassadeur de France au Portugal*, p. 29). Em torno da figura de D. João VI mostram-se frequentes as contradições. Assim, o inglês coronel Owen, depois de qualificá-lo como «incapaz», para o mal como para o bem, reconhece-lhe «astúcia», «tacto» e «delicada finura», variando subtilmente o assunto das conversas, travando interferências desagradáveis, conhecendo a fundo as pessoas e embaraçando os mais hábeis (cf. Owen, *O Cerco do Porto*, p. 61). Era, assim, uma estranha «incapacidade» a atribuída a D. João VI. Reconhece também Owen que o príncipe tratava bem toda a gente, «apegava-se aos creados» e morreu amado do seu povo (*ibidem,* p. 62).

que as acções militares terrestres haviam de desenvolver-se longe das nossas fronteiras. Mas, sem se ter talvez apercebido de todos os condicionalismos e, sobretudo, da fragilidade extrema da política espanhola, também a Corte de Lisboa enviou um corpo expedicionário para a Catalunha, onde o exército espanhol procurava reocupar a região do Rossilhão, de raiz catalã. Ignora-se que vantagens teriam sido oferecidas pela Espanha, em contrapartida do auxílio prestado; ou se algumas foram. Formalmente, o socorro militar português resultou de solicitação espanhola, na base do art. 4.º do Tratado do Pardo, de 11 de Março de 1778.

É sempre muito difícil a situação de um corpo expedicionário em território estranho, longe do seu próprio, e sob comando estranho também. Acresce que lavrava a maior desorganização, tanto nas tropas portuguesas como nas espanholas. Os comandos militares dos dois países não se entendiam. A nível de oficiais, tanto portugueses como espanhóis, os desacertos ideológicos eram já muito marcados, por influência das inovações iluministas. Os acidentes pirenaicos facilitavam a posição defensiva francesa. A subjugação dos rebeldes realistas de Lião e a saída do porto de Toulon dos ingleses, já em sequência da frouxidão da luta, no Norte, por parte dos austríacos e dos prussianos, agravaram muito a situação nos Pirenéus. O sonho de um passeio militar punitivo até Paris desfez-se. Afinal, tratava-se apenas de aliviar o esforço de guerra dos Ingleses, dos Austríacos e dos Prussianos, que, aliás, também não pareciam particularmente interessados na luta[110].

---

[110] Para além do desacerto político do envio de um corpo expedicionário português, mal preparado e sofrendo todos os inconvenientes da subordinação ao comando superior dos generais espanhóis, há a assinalar, relativamente à participação portuguesa nesta guerra, as atitudes indisciplinadas dos coronéis «afrancesados» em relação ao general, que, aliás, não sabia impor a sua autoridade. Esses mesmos coronéis haviam de distinguir-se como «colaboracionistas», depois da ocupação francesa em Portugal; e pesaram muito nas desordens, misérias e desatinos da vida portuguesa (cf. Luz Soriano, *História da Guerra Civil...*, 1.ª ép., I, pp. 548-590). Entre esses coronéis contavam-se Manuel Pamplona Corte-Real e o célebre Gomes Freire de Andrade, aventureiro misterioso que a conspiração de 1817 levaria ao patíbulo juntamente com os outros «mártires da Pátria», segundo expressão consagrada que se reflecte na toponímia da capital portuguesa. Filho do casamento de um diplomata português acreditado em Viena com uma aristocrata da Boémia, órfão e pobre, no estrangeiro passou a infância e a adolescência até que, beneficiando da protecção dos parentes paternos, ingressou, embora tardiamente já, na carreira militar em Portugal, mostrando-se pouco

Não foi brilhante, na guerra do Rossilhão, o esforço militar dos portugueses, dos espanhóis, ou dos franceses. E as muitas perdas sofridas pelo corpo expedicionário português foram devidas, sobretudo, à má preparação, à falta de transportes, de agasalhos adequados e de alimentos, com o consequente cortejo de doenças. Como os serviços de abastecimentos cabiam às autoridades espanholas, para além dos vícios de organização não deverá excluir-se a hipótese de

---

familiarizado com a vida do País e até com a língua portuguesa, preferindo utilizar o francês na correspondência com compatriotas. Tendo participado em campanhas militares, na Rússia, contra os Turcos, tomou parte também nas operações do Rossilhão, já no posto de coronel. Foi muito discutido o seu comportamento nessas operações, chegando a ser-lhe assacados entendimentos com o inimigo. Certo é ter-se tratado de oficial indisciplinado, que criou dificuldades várias ao general e aos camaradas, pelo que, apesar de todas as protecções, designadamente familiares, foi algumas vezes punido pelos seus actos de indisciplina. Mais tarde, a coberto das atitudes equívocas de um príncipe inglês, filho do monarca britânico, que residia em Lisboa, Gomes Freire de Andrade foi também o protagonista dos motins de Campo de Ourique, em Lisboa, em 1801. Alcançou posição de algum relevo entre 1807 e 1814, ao serviço de Napoleão. Perdoado e reintegrado, mantendo-se afecto ao «partido francês», a conspiração de 1817, que terá chefiado, foi precursora da revolução de 1820. Latino Coelho, apesar da sua transparente simpatia pelos ideais de Gomes Freire, não deixa de apontar a indisciplina deste oficial (cf. *História Militar e Política...*, III, pp. 369 e ss.). Em razão do significado do nome de Gomes Freire de Andrade, é admissível que as paixões políticas tenham influenciado os juízos contraditórios acerca dele. Mas, mesmo em clima político que lhe era favorável, deparam-se-nos frequentemente fortes reservas quanto às qualidades de Gomes Freire. Assim, segundo relatórios do general Dumas e do ministro da Guerra a Napoleão, ambos de 1809, «... Il passe pour un bon officier; il est encore vert» e «... [il] passe pour avoir des talents militaires acquis au service de la Russie... mais il est peu fait pour commander la légion» (ver P. Boppe, *La Légion Portugaise* 1807-1813, pp. 97 e 108-109). Sobre a figura estranha de Gomes Freire e a participação que terá tido em acontecimentos relacionados com a posição portuguesa no plano internacional, cf. Raul Brandão, *A Conspiração de 1817*, Lisboa, 1914; António Ferrão, *Gomes Freire na Rússia*, Coimbra, 1918; *Gomes Freire e as Virtudes da Raça Portuguesa*, Coimbra, 1920; Rodrigues Cavalheiro, *Os Motins de Campo de Ourique em* 1803, Lisboa, 1932; Neves da Costa, *A Traição de Gomes Freire*, Lisboa, 1935; Ângelo Pereira, D. *João VI, Príncipe e Rei – Últimos Anos dum Reinado Tormentoso*, pp. 27 e ss. e 69 e ss. Damião Peres, procurando uma posição de equilíbrio entre as teses contraditórias sobre Gomes Freire, duvida de que possa ser considerado traidor, embora reconhecendo que era frouxo o seu patriotismo (ver *História de Portugal*, VII, p. 38). Em Toulon, onde a esquadra britânica tentou dar apoio aos revoltosos realistas, o malogro destes, decisivo para a guerra do Rossilhão, provocou o fuzilamento, por ordem do comissário da República, de 2 mil cidadãos suspeitos de simpatia pela rebelião ou pela Inglaterra. Apenas suspeitos, porque os comprometidos foram embarcados nos navios ingleses (cf. Lord Russell, *The Life and Time...*, II, pp. 367 e ss.).

desigualdades de tratamentos. Mas também era miserável o estado das tropas espanholas (ver Manuscrito da Ac. Ciências de Lisboa, da autoria de António Lemos Pereira de Lacerda, sobre *História da Guerra contendo as Campanhas de* 1793, 1794 *e* 1795 *nas Províncias do Rossilhão e Catalunha Pello Corpo de Exercito Portuguez Auxiliar da Coroa de Espanha,* da série *Manuscritos Azuis,* n.º 399; Cláudio de Chaby, *Excerptos Historicos e Collecção de Documentos Relativos à Guerra Denominada da Península e às Anteriores de 1801 e do Rossilhon e Cataluña,* Lisboa, 1863; Luz Soriano, *História da Guerra Civil...,* 1.º ép., I, pp. 507 e ss.).

O aspecto mais doloroso para os portugueses da Guerra do Rossilhão respeita, porém, à paz separada que a Espanha negociou com a República Francesa, sem pôr Portugal ao corrente das negociações, que tiveram lugar em Basileia (22 de Julho de 1795). De repente, os soldados portugueses, a mais de 1000 km da fronteira do seu país, viram acrescidas as suas misérias pela perda da qualidade de aliados dos espanhóis, passando à de quase inimigos, pois o ministro espanhol Manuel Godoy se mostrava interessado numa aliança com a França contra a Inglaterra e, eventualmente, contra Portugal[111]. Não caberia aqui qualquer alongamento de exposição quanto aos sacrifícios e dificuldades da dramática retirada do corpo expedicionário português[112].

---

[111] Note-se que, entretanto, o regime revolucionário francês evoluíra, sendo os convencionais e o Terror substituídos pelo Directório, que, por sua vez, prepararia o acesso político de Napoleão. Os novos governantes, tidos por moderados, manifestaram maior interesse na paz com a Espanha, para melhor se defenderem dos Ingleses. De nós, não tinham que acautelar-se; e sabiam também que dificilmente aceitaríamos fazer a paz sem o acordo inglês, embora em Basileia tenha sido prevista a mediação espanhola a favor de Portugal. Mas todo este encadeamento de factos, embora não pudesse considerar-se provável, em 1793, não deixava de ser previsível. E tal previsão aconselharia sempre um país de reduzida capacidade de mobilização, e com tão extensos territórios a defender, a não arriscar a participação de tropas em campanhas que haviam de decorrer longe das suas fronteiras. Quanto à hipótese, plausível, de datar da Paz de Basileia um entendimento secreto entre a França e a Espanha no sentido de esta incorporar Portugal no seu território, ela assenta em informações então prestadas à Corte de Lisboa pelo seu ministro em Turim, D. Rodrigo de Sousa Coutinho (cf.José Acúrsio das Neves, *Historia Geral da Invasão dos Francezes em Portugal*, I, pp. 36-37).

[112] Sobre a Guerra do Rossilhão reuniu alguns elementos valiosos José Maria Latino Coelho, no III volume da sua *História Política e Militar de Portugal desde os Fins do XVIII Século até 1814.*

E por esta intervenção, sem glória nem proveito, interrompemos os benéficos esforços desenvolvidos por D. Maria I, no plano cultural como no económico, e endividámos o Erário, pela emissão dos chamados primeiros empréstimos públicos, representados pelas apólices, às quais, para facilidade de aceitação, foi imposto curso forçado[113]. Mas tudo era efeito de uma gigantesca convulsão que, abalando os quadros mundiais, nos havia também de agitar durante muitos anos.

4. Dificuldades em conseguir a paz com a França

a) As negociações com o Directório

Com o fim da Guerra do Rossilhão começou um longo calvário para a política externa portuguesa. Os Ingleses queriam que os ajudássemos na guerra naval e lhes mantivéssemos todos os privilégios de comércio e navegação. Os Franceses, aliados aos Espanhóis, pretendiam que puséssemos termo às vantagens concedidas à Inglaterra, a fim de nos reconhecerem o direito a viver em paz. Para agravar a situação, as vitórias francesas na Itália, contra os Austríacos e contra as tropas pontifícias, inclinavam vários Estados para a esfera política de Paris; e mesmo internamente, em Portugal, comunicavam novo ânimo ao «partido francês», infiltrado no Exército e na Administração. Entretanto, em Outubro de 1796, a Espanha declarara guerra à Inglaterra[114]. E tal hostilidade criava, obviamente, novos perigos para Portugal.

Importava negociar com o Directório de Paris. E essa foi a missão extraordinária confiada a António de Araújo de Azevedo, nosso representante na Haia, que conseguiu, finalmente, assinar um tratado

---

[113] Com estas apólices se introduziu em Portugal, pela primeira vez, o papel-moeda.

[114] Estranhamente, ao menos na base de uma análise superficial, a Revolução Francesa, originada em reacções contra a política interna e externa dos reis de França, retomou o expansionismo imperialista de Luís XIV e Luís XV, recorrendo até aos mesmos, ou semelhantes, instrumentos diplomáticos. Designadamente o «pacto de família», que, parecendo dever ligar apenas Casas reinantes unidas por parentescos, afinal se desenha, sob as diplomacias da Revolução e napoleónica, como forma de expressão de conjugações de interesses políticos dos Estados.

de paz com a França pelo qual nos foram impostas rectificações de fronteiras no Norte do Brasil[115], uma pesada indemnização e fortes restrições ao comércio com a Inglaterra[116]. Era o preço a pagar para evitarmos uma invasão franco-espanhola, a fim de deter a qual os Ingleses afirmavam não estar preparados. Mas o tratado assinado por António de Araújo era incompatível com as obrigações de Portugal em relação à Inglaterra, que só tardiamente, reconhecendo a situação desesperada da Corte de Lisboa e a temporária impotência britânica, acedeu a que fosse ratificado[117]. E porque esta ratificação, aliás com

---

[115] Ver tratado de 10 de Agosto de 1797, in Borges de Castro, *Collecção...*, IV, pp. 32 e ss. Por esta época, e na previsão já do tratado que Portugal seria forçado a celebrar, foi publicada uma curiosa memória em defesa dos pontos de vista franceses quanto à fronteira setentrional do Brasil (Buache, «Considérations géographiques sur la Guyane française concernant ses limites méridionales», in *Mémoires de l'Institut de Sciences Morales et Politiques*, III, Paris, ano IX, pp. 15 e ss.).

[116] É curioso notar que, em face das dificuldades quanto à obtenção da paz, terá sido então considerada, pela primeira vez na História diplomática portuguesa, a hipótese de uma aliança com os Estados Unidos. Uma sugestão nesse sentido foi feita pelo secretário da Legação portuguesa em Paris, Santos Branco, que lá ficou, actuando como encarregado de negócios, embora não credenciado, depois do falecimento, em 1792, de D. Vicente Sousa Coutinho Roque Paim. Mesmo durante o estado de guerra, Santos Branco continuou em França e informando o Governo sobre os acontecimentos, embora com a irregularidade resultante dos condicionalismos. E, por ofício de 7 de Novembro de 1794, este diplomata «de facto», mostrando-se seguro de uma próxima vitória francesa sobre a Áustria e sobre a Inglaterra, manifestou a opinião de que precisávamos do apoio dos Estados Unidos e da Suíça. Quanto aos Estados Unidos, parece que a sugestão terá tido alguma sequência, dadas as diligências de um norte-americano, Hichborn, junto das autoridades francesas, no sentido da libertação de marinheiros portugueses capturados. Também o cônsul norte-americano em Lisboa, Church, terá sido sondado quanto à possibilidade de uma mediação dos Estados Unidos. Mostrando-se compreensivo quanto à dependência portuguesa da Inglaterra, em razão do Ultramar, o Governo francês teria considerado a hipótese, para ele favorável, da substituição daquele Estado por outra potência marítima na aliança com Portugal. Mas o «partido inglês», representado, designadamente, pelo secretário de Estado dos Negócios Estrangeiros Luís Pinto de Sousa Coutinho, preferiu as negociações directas, às quais a França também não se opunha [ver Isabel Soares da Fonseca, *Relações entre Portugal e a França (1789-1799)*, tese de licenciatura dactilografada, Lisboa, 1968, pp. 102 e ss.]. A França parece ter confiado exageradamente, nesta época, na má-vontade norte-americana à Inglaterra; mas, afinal, quando lhes foi possível, os Estados Unidos aproximaram-se da antiga metrópole pelo tratado de comércio de 1795.

[117] Aliás, nesta altura também a Inglaterra estava tratando de negociar, em Lille, a paz com a França, embora tais negociações se tenham malogrado, pela insistência inglesa quanto ao abandono da Bélgica pelos Franceses e pelas dificuldades na cedência de territórios

restrições, do tratado, não foi feita tempestivamente, a França não a aceitou e o diplomata português António de Araújo foi encarcerado na célebre prisão parisiense do Templo[118]. Foram frequentes neste

---

coloniais espanhóis que a Inglaterra pretendia adquirir (ver Tratado Luso-Francês de 10 de Agosto de 1797, e o seu complemento, secreto, de 20 de Agosto, in Borges de Castro, *Collecção* .... IV, PP. 3 2 e ss.).

[118] A prisão do diplomata português baseou-se na acusação que lhe foi feita de ter conjurado contra a República. Mas não parece plausível que António de Araújo de Azevedo, mais tarde conde da Barca, participasse propriamente em manejos conspiratórios. Não apenas pela consciência da missão em que fora investido, mas também porque António de Araújo se mostrou sempre favorável à França, blasonando até de uma grande intimidade com o célebre Talleyrand, antigo bispo de Autun, que era já então o ministro dos Negócios Estrangeiros. O diplomata, que sempre protestou a sua inocência e atribuiu o seu encarceramento apenas ao atraso português na ratificação do tratado (ver ofícios de António de Araújo para o secretário de Estado Luís Pinto de 30 de Janeiro e de 17 de Junho de 1798, in Júdice Bicker, *Supplemento à Collecção*..., XII, pp. 33 e ss. e 190 e ss.), foi posto em liberdade ao fim de três meses, sem mais procedimento. Não será de excluir que a prisão de António de Araújo tenha resultado da luta entre os «directores» franceses e das acusações de corrupção contra um deles em especial, Barras, o protector de Josefina Beauharnais e de Napoleão Bonaparte, que com ela casaria. Não deverá causar estranheza que o diplomata português tenha tentado utilizar em proveito de Portugal a corruptibilidade de Barras e que um cúmplice deste, então também preso, Wiscowic, tivesse denunciado o diplomata. O secretário da Legação de Portugal em Paris, Francisco José Maria de Brito, admitiu que a prisão se achasse relacionada com as «despezas secretas do nosso Ministro», que um tal Poppe, *brasseur d'affaires* com negócios em Lisboa e em Paris, onde também se achava preso por dívidas, diria terem sido por ele «aprontadas», com destino a Wiscowic e, através dele, ao «director» Barras [ver oficio da Legação de Portugal em Paris de 25 de janeiro de 1798, in Arquivo do Ministério dos Negócios Estrangeiros, c. 19, of. 12, que se encontra no Arquivo Nacional da Torre do Tombo e se acha transcrito no vol. II (Documentos) da dissertação de licenciatura dactilografada de Isabel Soares da Fonseca, sobre *Relações entre Portugal e a França* (1789-1 799), pp. 93-100]. Aliás, o próprio António de Araújo, em oficio ao secretário de Estado dos Negócios Estrangeiros Luís Pinto de Sousa Coutinho, de 13 de Dezembro de 1796, afirmara «a resolução de comprar o Partido melhor no Directório no que trabalho actualmente por que nem há outro meio de evitar o perigo de huma invasão». Acrescentava o diplomata naquele oficio: «O Partido vēdido a Espanha he Barras e a elle se juntam para a corrupção dous Membros mais do Directorio assim como o Ministro das Relaçoens exteriores e alguns Subalternos hé possivel compra-lo em nosso favor, e vencer Carnot pela pluralidade de votos; não se contentam porém senão com sommas muito avultadas, e foi nocivo terem-se offerecido tres milhões para a Republica, porque se pode acrescentar huma parte desta somma para a corrupção, e facilmente aceitariam porção mais modica a titulo de indemnidade.» E mais adiante no mesmo ofício: «A corrupção aqui he mais extraordinária do que se pode imaginar. Na conferencia em que entreguei a Memoria que remetto, vi que o Ministro das Relaçoens Exteriores discutio com moderação as

período as violências cometidas contra representantes diplomáticos. Assim, por exemplo, Sir George Rumbold, ministro britânico junto das cidades hanseáticas, foi capturado pelas tropas francesas em Hamburgo, território neutral, e levado para Paris com o seu arquivo. E, já no tempo do Império napoleónico, após a derrota dos austríacos em Wagram, o embaixador inglês em Viena, Benjamim Bathurst, desapareceu misteriosamente com os seus acompanhantes, nenhum deles tendo sido encontrado. Tal desaparecimento é geralmente atribuído a agentes franceses, embora algumas dúvidas sejam admissíveis quanto ao caso.

Portugal continuou tentando negociar a paz com a França, especialmente através da Corte de Madrid. Mas a posição desta era dúbia, ou, pelo menos, a do ministro Manuel Godoy, já preparado para invadir Portugal e apenas receando que o auxílio militar francês acabasse por significar uma ocupação do território espanhol. Ao mesmo tempo, temendo nós desagradar à Inglaterra e suscitar as suas retaliações no Ultramar, parte da esquadra portuguesa continuava a colaborar com a armada britânica, como andava fazendo desde 1793.

---

proposiçoens na esperança já de lucros particulares» (*ibidem*, pp. 114 e ss.). Desta corrupção dá ideia também a seguinte passagem de um ofício de António de Araújo para o secretário de Estado Luís Pinto: «Charles Delacroix (era o ministro dos Negócios Estrangeiros francês) já não tem precisão de baixela, e estimará o presente no genero precioso que Sua Majestade costuma dar» (ofício de 20 de Agosto de 1797, in Júdice Bicker, *Supplemento à Colecção...*, XI, p. 461). Segundo António de Araújo, Talleyrand terá feito «huma traficancia com o dinheiro secreto da nossa côrte» (oficio para Luis Pinto de 17 de Junho de 1798, in Júdice Bicker, *Supplemento à Colecção ....* XII, p. 193). Através de toda a sua correspondência António de Araújo mostra conhecer muito bem as intrigas políticas francesas da época, designadamente o conluio revolucionário entre Barras e Bonaparte, que o diplomata português já revela claramente em Junho de 1798, mais de um ano antes do golpe de Brumário. Este conluio, que, passando pela futura imperatriz Josefina, terá tido também uma base sentimental, assentou, sobretudo, em propósitos de enriquecimento pessoal, tendo em vista, designadamente, os negócios de fornecimentos aos exércitos, de que a mesma Josefina e os seus protegidos muito beneficiaram. Foi ostensivamente amoral a sociedade francesa do Directório, conforme reconheceu Napoleão, em Santa Helena, ao apontar as traficâncias de Barras, de Talleyrand e de outros (ver Barry E. O'Meara, *Napoléon dans l'Éxil*, esp. I, pp. 421-422, II, pp. 168 e 338). Ver tb. Jean Gagé, «António de Araújo, Talleyrand et les négociations sécrètes pour la paix de Portugal (1798-1800)», in *Bulletin des Études Portugaises et de l'Institut Français au Portugal*, XIV, 1950, pp. 39 e ss.

Designadamente, no bloqueio de Malta[119]. E, depois da batalha naval de Aboukir (1799), em que a esquadra francesa ficou desmantelada, foi aos navios de guerra portugueses que coube a missão de bloquear o porto de Alexandria, a fim de evitar o reembarque do exército francês que Bonaparte levara ao Egipto[120]. Naturalmente, também este apoio naval português ao esforço de guerra britânico, que os Franceses não podiam desconhecer, dificultava as negociações de paz.

---

[119] Em meados de 1793, já Portugal enviara para Portsmouth quatro naus, duas fragatas e um bergantim, sob o comando do tenente-general Sanches de Brito, que ficou subordinado ao Almirantado britânico. E, em fins daquele mesmo ano, a frota portuguesa que cooperava com a esquadra britânica foi reforçada. A essa frota portuguesa coube a designação de «esquadra do Canal», por ter a sua base no Canal da Mancha (ver Mata Oliveira, *O Poder Marítimo na Guerra da Península*, pp. 188 e ss.).

[120] Foi nesta situação particularmente difícil, impossibilitado de reembarcar o corpo expedicionário de 36 000 homens que levara para o Egipto, sem se saber muito bem para quê, ou apenas com o objectivo de manter o povo francês em permanente expectativa, que Bonaparte, encolerizado pela acção daquela nossa esquadra, terá profetizado que a nação portuguesa pagaria com lágrimas de sangue a afronta feita à República (cf. José Acúrsio das Neves, *História Geral da Invasão dos Francezes em Portugal,* I, p. 44; Luz Soriano, *História da Guerra Civil...,* 1.ª ép., II, pp. 204 e ss.). Bonaparte pôde reembarcar para França, com alguns oficiais; e, chegado a Paris, aí deu o golpe de Estado de Brumário de 1799 que o guindou ao Poder. Mas os seus soldados lá estiveram retidos, durante três anos, no Egipto, onde a peste e as tropas turcas dizimaram grande parte deles, tendo lá morrido Kléber, que assumira o comando; até que, em 1801, os ingleses desalojaram o que restava do corpo expedicionário francês no Egipto, cuja acção foi desastrosa, até por ter excitado a reacção turca contra a França. Mas a Revolução, para se conservar, tinha de recorrer, frequentemente, às acções de efeitos espectaculares, mesmo quando tão nocivas como a expedição ao Egipto, que, no entanto, uma adequada publicidade do Directório e pró-bonapartista não hesitou em apresentar como um sucesso da política e das armas francesas. Sublinhe-se que, enquanto aquele corpo expedicionário levado para o Egipto ali ficava inactivo, a França perdia boa parte das conquistas militares obtidas, nomeadamente na Itália, e passava a estar de novo ameaçada nas suas próprias fronteiras. Tanto o almirante Nelson como o Governo inglês fizeram então as mais elogiosas referências à colaboração prestada pela esquadra portuguesa comandada pelo marquês de Nisa nas operações que então decorreram no Mediterrâneo (ver Mata Oliveira, *O Poder Marítimo na Guerra da Península,* pp. 197-198). Tentou ainda Portugal, por esta época, defender a sua posição fora da órbita britânica, celebrando, em 18 de Setembro de 1799. uma aliança defensiva com a Rússia (ver Borges de Castro, *Collecção...,* IV, pp. 112 e ss.); mas o afastamento geográfico tornaria difícil a eficácia desta aliança, pela qual a Rússia se comprometeu a socorrer Portugal com uma força de 6000 homens de infantaria e Portugal se comprometeu a socorrer a Rússia com uma esquadra de seis navios.

b) A «guerra das laranjas» e os tratados de Badajoz

Apesar do sucesso inglês em Aboukir, o século XIX iniciou-se em termos promissores para as armas francesas, que derrotaram os Austríacos em Marengo e obrigaram a Corte de Viena a aceitar a paz. Na Inglaterra, sob a pressão pacifista da oposição, Jorge III foi forçado a demitir o primeiro-ministro Pitt, acusado de belicoso, e a substituí-lo pelo contemporizador Fox, que mais tarde se mostraria bem arrependido da sua boa-fé pacifista. Portugal, o único aliado que restava à Inglaterra no Continente europeu, nem matéria de negociação tinha para obter a paz com a França. É certo que as boas relações com a Corte de Madrid e as desta com o «Directório» e, depois, com o «Consulado», nos facultavam a mediação da Espanha; mas esta, desde a paz de Basileia, deixava-se arrastar, pura e simplesmente, pelo Governo de Paris. A sua capacidade de negociação também era débil; e não poderíamos contar que estivesse disposta a qualquer sacrifício dos seus interesses em beneficio de Portugal. A amizade da Corte de Madrid com a de Lisboa servia para valorizar a posição daquela junto dos governantes franceses, levando-os a admitir que, por influência espanhola, Portugal se afastasse da Inglaterra. Não o conseguindo, a Espanha tinha de aceitar, ainda que, porventura, o fizesse com escrúpulos ou receios, o papel de agressora em relação a Portugal, aliado da Inglaterra, com a qual a Espanha se achava em guerra.

Foi o que aconteceu em 1801. De harmonia com uma convenção celebrada entre a França e a Espanha[121], esta impôs-nos as seguintes condições de paz: 1.ª, abandono da aliança inglesa; 2.ª, encerramento dos portos aos navios ingleses e abertura aos da França e da Espanha; 3.ª, entrega ao rei de Espanha de províncias portuguesas da Europa, para garantia da restituição das ilhas da Trindade, de Mahon e de Malta, ocupadas pelos ingleses; 4.ª, indemnizações várias. A Corte de Lisboa não pôde aceitar tais condições[122] e, em consequência,

---

[121] Convenção de 29 de Janeiro de 1801, in Borges de Castro, *Collecção...*, IV, pp. 521 e ss. Os termos desta convenção mostram-se particularmente desagradáveis para Portugal, designado por «província» destinada a «regressar» à posse do trono espanhol.

[122] Note-se que o desejo de paz da Inglaterra sob o Governo de Fox, a sua recusa formal de qualquer auxílio militar a Portugal e os conselhos britânicos à Corte de Lisboa no

fomos invadidos por um exército espanhol, que ocupou Olivença, Juromenha, Arronches, Portalegre, Castelo de Vide, Barbacena, Campo Maior e Ouguela. Foi curta esta guerra dita «das laranjas», pois começou a 20 de Maio e terminou a 6 de Junho de 1801, pelos Tratados de Badajoz[123]. Por estes tratados, um celebrado com a França

---

sentido de fechar as negociações com a França e a Espanha conforme pudesse e quisesse (ver oficio de 13 de Junho, reproduzido em Júdice Bicker, Supplemento à *Collecção...*, XIII, p. 265) tornavam admissível, tanto do ponto de vista moral como do ponto de vista jurídico, a aceitação do ultimato por parte de Portugal. É bem possível que tenham sido as pretensões respeitantes à ocupação de províncias portuguesas, a conservar como reféns, os obstáculos mais salientes à aceitação das imposições globais franco-espanholas. E, realmente, por qualquer entendimento com a Espanha que tornou possível a celebração do Tratado de Badajoz muito rapidamente, antes de chegarem as tropas francesas do general Leclerc, foi possível remover aquela exigência quanto à ocupação de províncias portuguesas. Durante todos estes anos, notaram-se estranhas inteligências entre Portugal e a Espanha, que levaram, frequentemente, os Ingleses a desconfiarem de nós e os Franceses a desconfiarem dos Espanhóis. Recorde-se, por exemplo, que achando-se em estado de guerra a Grã-Bretanha e a Espanha, esta, para que os seus navios, vindos da América, não fossem atacados pelos Ingleses, incluía-os em comboios navais portugueses e usando mesmo o pavilhão português, o que, sendo descoberto, suscitou naturais protestos da Inglaterra (ver Luz Soriano, *História da Guerra Civil...*, 1.ª ép., II, pp. 257-258).

[123] A designação de «guerra das laranjas» parece provir da sua curta duração, das escassas destruições por ela causadas e ainda do facto de Manuel Godoy, célebre político espanhol supostamente guindado às mais elevadas dignidades pela protecção da rainha Maria Luísa, e então «generalíssimo» das tropas invasoras, ter enviado àquela rainha, juntamente com o seu primeiro comunicado de guerra, dois ramos de laranjeira colhidos nos jardins exteriores de Elvas (ver Lafuente, *Historia General de España*, XV, pp. 386-387), embora as tropas invasoras não tenham chegado a entrar naquela praça. Esta guerra não foi sentida nem por portugueses nem por espanhóis, uns e outros conscientes de que a estavam fazendo por conta e interesses alheios. Assim, o duque de Lafões, comandante das tropas portuguesas, com a autoridade e a independência que lhe advinham da idade, da riqueza e da hierarquia, terá dito ao general espanhol Francisco Solano: «Para que nos havemos de bater? Portugal e a Espanha são duas bestas de carga. A Inglaterra nos excita a nós, e a França vos aguilhoa a vós. Agitemos e toquemos, pois, as nossas sinetas; mas, pelo amor de Deus, não nos façamos mal algum» (ver António Vianna, *Introdução aos Apontamentos para a Historia Diplomatica Contemporanea*, p. 112, nota; Fortunato de Almeida, *História de Portugal*, IV, pp. 466-467). Mas os governantes franceses aperceberam-se bem de tal estado de espírito dos Espanhóis. Pelo menos Talleyrand, a avaliar por uma carta que então escreveu a Bonaparte, onde se diz que a Espanha fez guerra a Portugal com hipocrisia (ver Lafuente, *Historia General de España*, XV, pp. 391-392). Donde a rapidez do Tratado de Badajoz, antes que chegassem as tropas francesas. Aliás, embora a Espanha se tenha afirmado, repetidamente, a mais fiel aliada da República Francesa, desde 1797, pelo menos, que Manuel Godoy parecia admitir a paz separada com a Inglaterra (cf. Lopes de Almeida,

e outro com a Espanha, aceitou a Corte de Lisboa fechar os portos aos Ingleses, abri-los aos Franceses e seus aliados, rectificar a fronteira setentrional do Brasil, em condições favoráveis ao alargamento da colónia francesa da Guiana, e ceder à Espanha a vila de Olivença e seu termo. Ainda por condições secretas então ajustadas se comprometeu Portugal a prestar à França uma elevada indemnização, metade da qual seria paga em jóias (ver Borges de Castro, *Collecção...*, IV, pp. 128 e ss.).

Não agradaram os Tratados de Badajoz a Bonaparte, por neles se ter abandonado a exigência da ocupação de províncias portuguesas. Mas nesse ponto Manuel Godoy mostrou-se favorável a Portugal, tendo-se oposto a que tropas francesas atravessassem a Espanha para irem ocupar o Porto[124]. Embora tardiamente, o ministro espanhol

---

«Negociações Diplomáticas com a França (1795-1801)», in *História de Portugal*, dirigida por Damião Peres, VI, pp. 269 e ss.). As relações entre o secretário de Estado português Luís Pinto de Sousa Coutinho e Manuel Godoy, duque de Alcudia e «príncipe da Paz», pela sua actuação no Tratado de Basileia de 1795, tinham-se tornado mesmo muito estreitas. A ponto de Godoy recomendar àquele que nos preparássemos para qualquer agressão francesa e solicitássemos auxílio aos Ingleses; embora dissesse isto em confidência, como amigo, e não como ministro (ver António Vianna, *Introdução...*, pp. 114-115). Também das *Memórias de Barras* se poderão extrair elementos no sentido de que Godoy, através da sua política dúbia, não era tão desfavorável a Portugal como, por vezes, se tem julgado; ou que era travado nos seus propósitos antiportugueses pelo rei espanhol, Carlos IV, pai da princesa D. Carlota Joaquina (ver *Mémoires de Barras*, II p. 319). Estranho também, e possivelmente revelador do escasso espírito bélico das tropas portuguesas e espanholas em presença, é o episódio narrado por José Acúrsio das Neves quanto à tentativa frustrada das tropas de Trás-os-Montes, comandadas por Gomes Freire de Andrade e Manuel Pamplona Corte-Real, de tomarem, de surpresa, a praça espanhola de Monterey. Os guias erraram o caminho, «tomando à direita pela estrada de Monforte, em lugar de tomarem à esquerda pela que conduz em direitura a Monterey; erro na verdade bem extraordinário em huma jornada tão pequena, e em hum paiz tão conhecido»(*História da Invasão dos Francezes em Portugal*, I, pp. 55-56). O duque de Lafões, octogenário e comandante-chefe das tropas portuguesas, era homem de cultura e de espírito, tendo fundado, com base na confiança régia, a Academia das Ciências de Lisboa; mas poderá razoavelmente duvidar-se dos seus talentos militares, embora a sua participação na Guerra dos Sete Anos junto do marechal Daun, quando residia em Viena, lhe tenha conferido também aura de estratega. Será curioso notar que, através da História de Portugal, dos louros supostamente colhidos por portugueses no estrangeiro poucas vezes se obtiveram benefícios para o País. Ver tb. Luz Soriano, *História da Guerra Civil...*, 1.ª ép., II, pp. 378 e ss.; Francisco de Borja Garção Stockler, *Cartas ao Autor da «História Geral da Invasão dos Francezes em Portugal»*.

[124] Os Tratados de Badajoz, celebrados com a Espanha e com a França, em 5 de Junho de 1801 (ver Borges de Castro, Collecção..., IV, pp. 128 e ss.), criaram atritos nas

começava a aperceber-se dos perigos da aproximação à França[125], que, nos próximos anos, determinaria o completo descalabro da Espanha, cujas consequências foram também sentidas em Portugal. O passado militarista e expansionista do velho reino de Luís XIV apoderara-se irremediavelmente dos revolucionários republicanos, os quais, para realização dos seus propósitos, dispunham de meios muito vastos, que aproximaram a República e o Império, seu herdeiro,

---

relações entre Paris e Madrid, pela má reacção de Bonaparte, já então primeiro-cônsul. Mas este acabou por aceitar, fundamentalmente, as condições estabelecidas. Segundo as *Memórias de Fouché*, esta aceitação, constante do tratado celebrado em Madrid, a 29 de Setembro de 1801, assinado por Luciano Bonapatte e Cipriano Ribeiro Freire, ficou a dever-se a um acréscimo de sacrifícios patrimoniais, aceites por Portugal (ver tb. Borges de Castro, *Collecção...*, IV, pp. 144 e ss.) e que levaram a contrair empréstimos junto dos banqueiros Hope, de Amesterdão, e Baring, de Londres. Nestes sacrifícios incluíram-se a entrega dos diamantes da princesa do Brasil ao negociador francês, Luciano Bonaparte, alguns valores cedidos ao general Leclerc e dez milhões de francos destinados ao cofre particular do primeiro-cônsul Napoleão Bonaparte. Era aquela uma época de governantes improvisados, sem crenças nem tradições, que não poderia deixar de ser dominada por todas as formas de corrupção (cf. Lema, *Antecedentes Politicos y Diplomaticos de los Sucesos de 1808*, pp. 64 e ss.). Manuel Godoy, «príncipe da Paz«, defendeu-se da acusação de também ter colhido benefícios económicos do ajuste conseguido. Segundo ele, pela sua actuação na «guerra das laranjas» apenas recebeu, das mãos do rei Carlos IV, um sabre com a seguinte inscrição em diamantes engastados: *Lusitanorum inclyto debellatori Emmanueli Godoy* (ver Lafuente, *Historia General de España*, XV, p. 389; André Fugier, *Napoléon et l'Espagne*, I, esp. pp. 43 e s., 299 e s.; «La Révolution Française et l'Empire Napoléonien», vol. IV, da *Histoire des Relations Internationales*, dirigida por Renouvin, pp. 139-140). Valeria a pena, para esclarecer alguns pontos obscuros da História da época, procurar definir a posição real de Manuel Godoy e as causas da sua meteórica ascensão política. A historiografia liberal encontrou para esta uma explicação simples, radicada na intimidade do ministro com a rainha, mas com a qual os historiadores escrupulosos não poderão conformar-se; por falta de elementos indiciatórios, sequer, e pela acumulação de contradições em torno do assunto (ver especialmente Seco Serrano, *Godoy, El Hombre y El Político*, Madrid, 1978). É-se, assim, levado a admitir que aquela explicação tente encobrir apenas as razões reais quanto ao poder político do «príncipe da Paz», homem ostensivamente grosseiro, conforme o retrato que dele nos deixou o pintor Goya, pelo qual Godoy se fez retratar, com extrema deselegância, de fundo e de forma, reclinado e tendo aos pés bandeiras portuguesas, em comemoração do seu triunfo da «guerra das laranjas» (ver n.º 670 da colecção da *Real Academia de Bellas Artes de San Fernando,* em Madrid).

[125] Também terá contribuído para a mudança de atitude da Espanha a quebra de aliança de Napoleão com a Rússia, que se desfez com o assassinato do czar Paulo I, em Março de 1801, e a subida ao trono do czar Alexandre.

da concepção do Estado totalitário, sem esfera própria de acção, porque tudo domina[126].

5. Paz precária

a) As embaixadas de Lannes e Junot

Manteve-se o estado da guerra entre a França republicana, transformada em imperial a partir de 1804, e a Inglaterra[127]. Continuava também a não interessar à estratégia global desta potência qualquer tentativa de apoio militar a Portugal que assegurasse a integridade do

---

[126] Sobre as matérias expostas neste n.º cf. Lopes de Almeida, «Negociações Diplomáticas com a França (1795-1801)», in *História de Portugal,* dirigida por Damião Peres, VI, pp. 269 e ss.; Lema, *Antecedentes Políticos y Diplomaticos de los Sucesos de 1808,* pp. 117 e ss.; Ana Leal de Faria, *Arquitectos da Paz...*, pp. 150 e s.

[127] A balbúrdia revolucionária e a guerra tinham deixado de interessar à burguesia francesa, que pôs termo ao regime convencional (1795), desejando, porém, manter a República e os benefícios económicos obtidos através dela; nomeadamente através da compra dos «bens nacionais». Mas a corrupção económica do novo regime (Directório), alastrando dos «directores» a todos os sectores da Administração, sem excluir as forças armadas, acabou por criar riscos sérios à continuidade republicana. A mesma burguesia francesa e os próprios «directores» corruptos, conscientes de que o seu poder não teria continuidade, deram o Governo ao general Bonaparte, especialmente protegido pelo «director» Barras (1799). É admissível que o regime inaugurado por Napoleão Bonaparte (Consulado) tenha querido interpretar o sentimento popular francês favorável a um regresso à paz. Mas ao alargamento territorial da França, cujas tropas ocupavam numerosos territórios situados fora dos seus limites históricos, achavam-se ligados muitos interesses, que o Governo consular não estava em condições de defraudar. E as outras potências europeias, especialmente a Inglaterra, não se dispunham a aceitar aquele alargamento. Mesmo quando, temporariamente derrotadas, assinavam tratados de paz, como aconteceu com a Áustria, em 1801, e com a própria Inglaterra, em 1802, no Congresso de Amiens, em que tentámos, sem sucesso, ser admitidos, tendo sido designado para o efeito, como representante português, o morgado de Mateus. A batalha naval de Trafalgar, onde morreu o almirante inglês Nelson mas onde as esquadras francesa e espanhola ficaram destruídas, libertou a Inglaterra do perigo da invasão planeada pelos franceses, mas, mesmo assim, não permitiu, desde logo, qualquer acção de grande envergadura contra a França, no continente. Só em 1808 começaria a notar-se algum declínio das armas francesas, tarde de mais para evitar o arrastamento de Portugal no conflito, arrastamento que contribuiria, aliás, para aquele declínio. Esse declínio não impediria ainda a vitória francesa de Wagram (1809) nem a campanha da Rússia (1812); mas já permitiria aos Ingleses a iniciativa de algumas operações no próprio continente europeu.

seu território. Em tais condições, numa Europa dominada pelas armas francesas, achando-se a Espanha numa posição de Estado aliado, ou, antes, de protectorado da França, seguiu-se para Portugal um período de muito humilhantes dependências, ditadas pela preocupação de evitar, a qualquer preço, uma ocupação militar estrangeira. A política externa portuguesa revelou-se, durante todo este período, de flagrante duplicidade. Mas não foi esta uma atitude que destoasse no concerto internacional da época. Entre 1795 e 1813 só se desenha, com relativa nitidez e continuidade, face ao expansionismo francês, a posição britânica, baseada, naturalmente, na segurança que lhe ofereceram a insularidade e o poder naval[128]. Não se estranhará, pois, que, em tal condicionalismo, Portugal tenha sido arrastado, na sua acção externa, entre constantes sobressaltos e cedências.

Estabelecida a paz com a França, passou Portugal a ser representado em Paris pelo morgado de Mateus[129] e a França em Lisboa

---

[128] Em 1795, a luta foi abandonada pela Espanha e pela Prússia (Basileia); em 1797 (Campo Formio), pela Áustria. Mas em 1799 já a Áustria participava da 2.º coligação antifrancesa, à qual também a Rússia deu apoio. Novamente vencida, assinou a Áustria a Paz de Lunéville (1801). E a Rússia foi por duas vezes atraída para o campo francês (1801 e 1807). A própria Inglaterra aceitou a Paz de Amiens (1802), conforme já foi referido; embora na base de algumas importantes cedências da França - o abandono do Egipto e de Malta. Em 1805, a Áustria, invadida, aceitou a Paz de Presburgo. A Prússia, neutral desde 1795, coligou-se novamente contra a França em 1806, após muitas hesitações e atitudes desencontradas, tendo sido vencida. Atitudes semelhantes seriam assumidas em 1809, pela Áustria, cujo imperador, novamente vencido, viria a ter Napoleão por genro. Depois dos desastres sofridos pelas armas francesas, não apenas em batalhas mas, sobretudo, por desgastantes guerrilhas, em Portugal (1808-1811), em Espanha (1808-1813) e na Rússia (1812), é que as diversas potências europeias alinharam todas, e decididamente, contra o Império napoleónico, cujas forças foram derrotadas em Leipzig (1813) e, finalmente, em Waterloo (1815). As potências marítimas, como, por exemplo, a Dinamarca, a Suécia e Nápoles, andaram durante todo este período ao sabor da maior ou menor aproximação de exércitos franceses ou de esquadras inglesas. E mesmo a Grã-Bretanha adoptou as suas posições políticas, durante este período, geralmente, na base de escassas maiorias parlamentares, tendo chegado a ceder à tentação de cair no pacifismo representado por Fox.

[129] O morgado de Mateus, José Maria de Sousa Botelho, conhecido sobretudo nos meios literários pela sua monumental edição de Os Lusíadas, representou Portugal em diversas Cortes e foi ministro em Paris de 1802 a 1805. Perfeitamente adaptado ao ambiente característico do Consulado e do Império, casou o morgado de Mateus, em segundas núpcias, com a condessa viúva de Flahaut, aventureira conhecida pela amizade que a ligava a Josefina Bonaparte e pela intimidade das suas relações com Talleyrand. Também se celebrizou pela obra literária, sob o nome de «Madame de Sousa». Julgando o Governo

pelo general Lannes. Já era significativo que o Governo francês escolhesse para representá-lo na Corte portuguesa um soldado com a folha de serviços de Lannes[130]. A arrogância, a impertinência e a falta de escrúpulos deste general francês criaram constantes dificuldades aos governantes portugueses e aos membros da família real, que o suportavam e lhe satisfaziam ambições materiais sórdidas pelo receio de desagradar ao cônsul Bonaparte, que já se aproximava da dignidade imperial e cujo poder constituía ameaça constante para Portugal. Por exigências de Lannes foram afastados os ministros e altos funcionários tidos por desfavoráveis à França[131]. Esta acção

---

britânico que o ministro português em Paris se achava demasiado identificado com os interesses franceses, obteve a transferência do morgado de Mateus para Sampetersburgo; mas o diplomata português pediu a demissão e ficou a viver em Paris, entregando-se aos seus trabalhos literários.

[130] Operário tintureiro que aos 23 anos se alistara como soldado num batalhão de «voluntários» e aos 28 fora promovido a general, Lannes ficou devendo uma carreira militar e política fulgurante à sua valentia e à estima pessoal de Bonaparte. Não parece que qualquer qualidade o indicasse para o exercício de funções diplomáticas. Instalado em Lisboa, Lannes passou a obter caudalosos rendimentos do contrabando que praticava e até do roubo de obras de arte; além de se intrometer constantemente nos actos de governo e suscitar motins. O representante francês terá mesmo fomentado questões entre oficiais portugueses, que envolveram o coronel Gomes Freire de Andrade (cf. Luz Soriano, *História da Guerra Civil...*, 1.ª ép. II, pp. 477 e ss e 731; Veríssimo Serrão, *História de Portugal*, VI, p. 329 e bibliografia aí citada). Lannes procedia como procônsul em província tributária. E, para mais dolorosa provação dos Portugueses, não tinha maneiras. Só o intendente Pina Manique ousava fazer frente ao embaixador francês e a quantos, em torno dele, defraudavam os interesses de Portugal por todos os meios, desde o do contrabando ao da dissolução dos costumes. Mas Pina Manique acabaria por ser derrubado (ver Eduardo de Noronha, *Pina Manique,* esp. pp. 140 e ss.).

[131] Foi o caso dos secretários de Estado João de Almeida e Rodrigo de Sousa Coutinho; assim como do intendente de Polícia, Pina Manique, que organizara todo o processo de mobilização militar por altura da «guerra das laranjas» e tentava evitar a formação de uma «quinta-coluna» francesa em Portugal, que efectivamente se constituiu, em termos amplos, depois do célebre intendente de Polícia ter abandonado as suas funções. As hesitações e cedências de Portugal ficaram a dever-se, sobretudo, às infiltrações no plano da Administração, e até do Governo, de pessoas que punham acima dos interesses do País o dos seus ideais pró-revolucionários ou das suas ambições particulares. Tais atitudes revelaram-se, sobretudo, na alta nobreza, na alta burguesia e entre os jovens bacharéis em Direito. Por estranho que possa parecer, também muitos emigrados franceses, vindos de meios aristocráticos ou do funcionalismo, fugidos a perseguições e à guilhotina, que vitimara tantos dos seus parentes e amigos, se tornaram, em Portugal, como noutros países, propagandistas dos ideais revolucionáros. Eram os falsos aristocratas de Versalhes, como

preparou o País para aceitar um domínio francês; e ajuda a explicar certas atitudes que vieram a ser definidas em 1807, quando, após uma luta diplomática de bastantes anos, não foi possível evitar a invasão francesa.

Desde 1803 que a Espanha ficara reduzida à condição de Estado tributário da França, à qual pagava uma renda mensal de seis milhões de francos, como preço de não ser invadida[132]. E a neutralidade portuguesa, declarada por motivo da quebra da Paz de Amiens, foi comprada por dezasseis milhões de libras tornesas e diversas vantagens para o comércio francês (ver Convenção Luso-Francesa de 19 de Março de 1804, in Borges de Castro, Collecção..., IV, pp. 152 e ss.; convenção secreta luso-francesa de 19 de Dezembro de *1803, in* Júdice Bicker, Supplemento à Collecção..., XIV, pp. 10 e ss.; José Acúrsio das Neves, História da Invasão dos Francezes em Portugal, I, pp. 95-96; António Vianna, Introdução aos Apontamentos para a

---

diria Ortega y Gasset, para quem Versalhes foi a morte e a putrefacção de uma magnífica aristocracia (ver Ortega y Gasset, La Rebelión de las Masas, p. 19). Na colecção de manuscritos de Ângelo Pereira encontrar-se-ia um manuscrito do insuspeito contemporâneo Domingos Vandelli muito esclarecedor quanto à estranha influência pró-revolucionária dos realistas franceses fugidos à guilhotina sobre a «incauta e ociosa nobreza» de Portugal e outros países para onde emigraram (ver Ângelo Pereira, D. João VI, Príncipe e Rei – Últimos Anos dum Reinado Tormentoso, p. 18). O próprio príncipe regente estava rodeado, como é frequente em vésperas de grandes derrotas políticas, de conselheiros e secretários de Estado ditos «liberais», duvidosos do triunfo da própria causa, propensos à abdicação. Era o caso de António de Araújo, geralmente apontado como favorável aos revolucionários franceses moderados; e do próprio Rodrigo de Sousa Coutinho, não obstante a anglofilia que lhe é atribuída (cf. Marquês de Funchal, O Conde de Linhares, pp. 26 e ss.). Seria o caso de muitos outros áulicos. Sem tais claudicações internas, as grandes derrocadas políticas geralmente evitam-se. O ministro inglês em Lisboa, Fitzgerald, multiplicava as diligências no sentido de reduzir a influência francesa. Mas com resultados débeis. Bem se sabia que o dispositivo militar britânico não se achava ainda preparado para fazer frente ao bloco franco-espanhol. E os príncipes ingleses duques de Kent e de Sussex, filhos de Jorge III, que então viviam em Lisboa, pelas suas estranhas ligações com elementos revolucionários portugueses, sobretudo o duque de Sussex, não terão facilitado a missão do diplomata.

[132] Cf. Lafuente, Historia General de España, XVI, pp. 34 ess. No convénio celebrado entre a França e a Espanha, a 22 de Outubro de 1803, previa-se também que a Espanha conseguiria de Portugal, por convenção secreta, a entrega da soma de um milhão por mês, mediante o pagamento do qual «se consentirá a neutralidade de Portugal por parte da França» (ibidem, p. 35). E tal convenção secreta foi celebrada em Lisboa a 19 de Dezembro de 1803 (ver Júdice Bicker, Supplemento à Collecção..., XIV, pp. 10 e ss.).

Historia Diplomatica Contemporanea, p. 123). Sem contar um milhão também oferecido ao embaixador Lannes, «em attenção ao zêlo e bons officios» (ver Júdice Bicker, *Supplemento à Collecção ....* XIV, p. 80). Entretanto, a Inglaterra, embora sem possibilidade de prestar-nos apoio efectivo, tentava manter a sua influência em Portugal. Por vezes, em termos comprometedores para a nossa posição de neutralidade. Não primaram pela discrição as ingerências na vida portuguesa dos dois príncipes ingleses, duques de Kent e de Sussex, que cá residiam então. Também a presença em Portugal de três regimentos de emigrados realistas franceses, financiados pela Inglaterra, desagradava, naturalmente, ao Governo de Paris.

Elevado ao trono imperial, Napoleão entregou ao príncipe D. João, por intermédio do novo embaixador em Lisboa, general Junot[133], uma carta em que manifestava ao seu «sereníssimo e muito amado bom irmão e primo, alliado e confederado»[134] a convicção de que «nos entenderemos para fazer o maior danno à Inglaterra». Mas o príncipe português não aceitou essa proposta de aliança contra a Inglaterra, escrevendo, a 7 de Maio de 1805, ao imperador francês uma carta na qual se contém a seguinte afirmação: «Faltaria a todos os deveres que o Ceo impõe a um soberano para com os seus subditos, se eu, depois de os ter obrigado a contribuir para a manutenção da neutralidade, os expuzesse a uma guerra que não pode deixar de ter resultados funestos. Vossa Magestade sabe que a monarchia portuguesa se compõe de estados espalhados nas quatro partes do globo, que ficariam inteiramente expostos, no caso de uma guerra com a Gran-Bretanha»[135]. Esta recusa portuguesa de alinha-

---

[133] Junot, embora mais ilustrado que Lannes e menos brutal, também não deixou boas recordações entre os Portugueses, mesmo do tempo da sua missão diplomática. Essas recordações tornar-se-iam mais dolorosas quando comandou tropas invasoras, em 1807, como comandante-chefe, e, em 1810, como subordinado de Massena. Ambicioso e violento, ao sentir-se limitado na realização das suas ambições, Junot viria a pôr termo à vida durante um dos seus ataques de loucura. Sua mulher, conhecida por «duquesa de Abrantes», título conferido a Junot como prémio pela invasão de Portugal, publicou extensas «Memórias», com interesse para o conhecimento da sociedade portuguesa da época, não obstante as muitas e flagrantes injustiças e inexactidões que nelas se contêm.

[134] As relações de parentesco normalmente existentes entre os monarcas levaram-nos a adoptar, na sua correspondência, tais vocativos. Elevado ao trono, Napoleão também os usou, na correspondência com outros monarcas.

[135] Ver Júdice Bicker, *Supplemento à Collecção...*, XIV, pp. 116 e 119.

mento numa coligação antibritânica ter-nos-ia valido provavelmente a invasão por tropas francesas logo em 1805, se a batalha de Trafalgar, na qual foram destruídas as esquadras francesa e espanhola, não tivesse forçado o imperador a uma interrupção nos desígnios expansionistas respeitantes às zonas marítimas da Europa.

b) A missão de Lord Rosslyn

Em Agosto de 1806 chegou ao Tejo uma esquadra inglesa, comandada por Lord Rosslyn, que trazia plenos poderes para negociar com a Corte de Lisboa uma conjugação de esforços militares. Mas o secretário de Estado António de Araújo, sempre afecto aos Franceses, que após as suas missões na Haia e em Paris substituíra o anglófilo Luís Pinto junto do príncipe, rejeitou o auxílio e informou os ministros de França e de Espanha dessa sua rejeição, assegurando-lhes também que Portugal, em vez de se armar, como pretendia o Gabinete de Londres, tinha reduzido as suas forças militares[136].

---

[136] António de Araújo, fiel aos processos de que já largamente usara em Paris, durante o Directório, contaria nesta fase com a «boa vontade» dos seus amigos influentes em França, para evitar a invasão. Nomeadamente com o ministro dos Negócios Estrangeiros, Talleyrand, cuja velha amizade Araújo costumava referir. E julga-se que, efectivamente, Talleyrand tenha recebido somas elevadíssimas da Corte portuguesa (cf. André Fugier, «La Révolution Française et l'Empire Napoléonien», vol. IV de *Histoire des Rélations Internationales*, de Pierre Renouvin, pp. 209-210). Em Agosto de 1807, porém, Talleyrand foi substituído por Champagny no Ministério dos Negócios Estrangeiros. E o «partido francês» de António de Araújo terá atribuído a essa substituição o ultimato francês, a partilha de Portugal e a invasão que se lhe seguiu. Naturalmente, porém, mesmo sem essa substituição ministerial, a França não teria podido renunciar à sua política de impermeabilização do continente europeu relativamente à Inglaterra. Há muito tempo que os planos franceses reclamavam a expulsão dos ingleses de Portugal; para a qual contavam com o apoio da Espanha, prometendo-lhe, em troca, a submissão portuguesa a Madrid. Por vezes, nos planos franceses da época, a incorporação de Portugal no espaço político espanhol aparece também como compensação a um alargamento da França, cujas fronteiras ocidentais Bonaparte pretendia fixar no rio Ebro, anexando, pois, as regiões da Catalunha, de Aragão, da Navarra e das Vascongadas. A absorção de Portugal oferecida pela França suscitou o interesse de alguns meios espanhóis; mas não parece que a ideia de compensar a França, entregando-lhe as regiões orientais da Península, tenha sido alguma vez bem aceite por esses tais meios. Neste, como noutros pontos, a ligação franco-espanhola assentou em equívocos (cf. Seco Serrano, *Godoy El Hombre y El Político*, p. 171).

Por instruções do seu Governo, Lord Rosslyn propunha-se defender Portugal do ataque francês que se esperava ou, não sendo a defesa possível, cobrir a retirada da Corte para o Brasil. Mas, entretanto, ou porque se julgou afastado o perigo de invasão, ou por outras razões, a esquadra inglesa recebeu instruções do seu Governo para abandonar Lisboa (ver Júdice Bicker, *Supplemento à Collecção* .... XIV, pp. 126 e ss., 158 e ss. e 201). Era compreensível. Napoleão tinha de combater os Prussianos, que tentavam fazer-lhe frente; e a própria Espanha parecia disposta a atraiçoá-lo, conforme se inferia dos tratos havidos com Portugal e do célebre manifesto de Manuel Godoy, de 5 de Outubro de 1806, que, embora ambíguo, foi geralmente interpretado como declaração de hostilidade à França[137].

c) O Bloqueio Continental

Mas, embora limitado quanto às zonas marítimas pela superioridade naval inglesa, Napoleão encontrava compensações no continente, derrotando os prussianos em Iena. É depois desta vitória que, instalado em Berlim, Napoleão decreta o estado de bloqueio em relação às Ilhas Britânicas; todo o comércio e toda a correspondência com as Ilhas Britânicas foram por ele proibidos (Bloqueio Continental declarado a 22 de Novembro de 1806). A própria Rússia, vencida em Friedland e tendo assinado a Paz de Tilsitt (7 de Julho de 1807), aceitou o Bloqueio Continental. Para isolar por completo a Inglaterra era preciso apenas fechar-lhe os portos da Dinamarca, da Suécia e de Portugal. Em 12 de Agosto de 1807, o encarregado de negócios francês, Rayneval, entregou ao secretário de Estado António de Araújo um ultimato pelo qual foi exigido a Portugal declarar imediatamente, até 1 de Setembro, guerra à Inglaterra, reter em reféns os ingleses estabelecidos em territórios portugueses e as suas mercadorias, fechar os portos ao comércio inglês e juntar as esquadras portuguesas às das potências continentais (ver Júdice Bicker, *Supplemento à Collecção...*,

---

[137] Foi sempre dúbia a política de Godoy. Desde 1797 que os franceses também não confiavam nele, embora querendo utilizá-lo (ver Seco Serrano, *Godoy El Hombre y El Politico,* pp. 135-140).

XIV, p. 229). Na mesma data foi enviado pela Espanha ultimato semelhante[138].

O secretário de Estado dos Negócios Estrangeiros, António de Araújo, dirigiu então a Talleyrand, ministro dos Negócios Estrangeiros francês, uma carta, datada de 21 de Agosto, da qual constam as seguintes passagens: «Do intimo da minha alma, applaudi a celebração da paz continental, porque é um grande bem para a humanidade, e porque fará universalmente presado o nome do maior heroi que tem existido... Não é possível nem por momentos duvidar, se a guerra prosseguir, que deixe de anniquilar o nosso comércio e de passar o Brazil para o domínio ou protectorado da Inglaterra... a Hespanha arrisca-se também a perder as suas colónias... Todavia, Sua Alteza, depois de similhantes considerações, entrega-se completamente à decisão de Sua Magestade Imperial e Real. Sómente não pode prestar-se a confiscar os bens aos ingleses e a apoderar-se das suas pessoas, porque Sua Alteza Real declara que tal procedimento seria contrário à sua honra e à sua consciência» (ver Júdice Bicker, *Supplemento à Collecção* .... XIV, p. 251.) Hesitante, pressionado pelos francófilos de que se rodeara, na esperança de propiciar o Governo francês junto do qual eles pretendiam ser influentes quando apenas eram serventuários, o príncipe D. João, vendo-se obrigado a declarar a guerra à Grã-Bretanha, ainda escreveu a Jorge III, propondo-lhe «um accordo entre ambos para a guerra ser sómente apparente» (*ibidem*, XIV, p. 317).

---

[138] A ocupação militar de Portugal por tropas francesas e espanholas fora longamente negociada entre os dois Estados. Essa acção conjunta já se nos deparara por ocasião da Guerra dos Sete Anos e já se repetira em 1801. Em 7 de Junho de 1806, Eugénio Izquierdo, agente diplomático espanhol em Paris, pusera Manuel Godoy ao corrente das conversações havidas com o marechal da Corte, Duroc, quanto à invasão de Portugal por um exército franco-espanhol (cf. Lafuente, *Historia General de España*, XVI, pp. 92 e ss.). E conversações semelhantes terá mantido o tal Izquierdo, dias mais tarde, com Talleyrand (*ibidem*, pp. 94 e ss.). Foram os referidos Duroc e Izquierdo que, mais tarde, a 27 de Outubro de 1807, assinaram, em nome da França e da Espanha, o Tratado de Fontainebleau, que decidiu da divisão de Portugal.

d) *O tratado franco-espanhol de Fontainebleau*

Embora tendo conhecimento de que D. João anuira em declarar a guerra à Inglaterra, Napoleão ordenou ao general Junot que continuasse a marcha com destino a Portugal. Nem os diamantes com que o marquês de Marialva terá procurado, em Paris, aplacar as iras de Napoleão e da sua gente, nem as ofertas de casamentos que ligassem a família real portuguesa aos Bonapartes[139] permitiram já evitar a invasão. E, a 27 de Outubro de 1807, foi assinado em Fontainebleau o célebre tratado franco-espanhol que determinou o desmembramento de Portugal (ver Borges de Castro, *Collecção...*, IV, pp. 528 e ss.). As províncias da Beira, de Trás-os-Montes e da Estremadura ficariam em refém, para se lhes dar, mais tarde, destino conveniente; a região entre os rios Douro e Minho constituiria o reino da Lusitânia Setentrional, oferecido ao rei da Etrúria[140]; o Alentejo e o Algarve constituiriam um principado, oferecido ao político espanhol Manuel Godoy. Pelo mesmo tratado Napoleão reconheceu o rei de Espanha como imperador das duas Índias; e nele ficou estabelecido que a França e a Espanha partilhariam entre elas os domínios ultramarinos de Portugal. Todos os Estados que resultassem do desmembramento de Portugal constituiriam protectorados do rei de Espanha.

6. Partida para o Brasil

Terminara a paz precária. Apesar de todas as suas transigências, Portugal ia sofrer a ocupação estrangeira que durante anos penosa-

---

[139] Cf. Júdice Bicket, *Supplemento à Collecção...*, XIV, p. 368; Luz Soriano, *História da Guerra Civil...*, 1.ª ép., II, pp. 661-662; André Fugier, *Napoléon et l'Espagne*, II, esp. pp. 35 e s., 62 e s., 200 e s., 346 e s.

[140] A Etrúria foi um reino efémero criado como feudatário do Império francês, na base do ducado da Toscana. Os reis desse reino efémero eram da família de Carlos IV de Espanha e seus dependentes, nalguns planos. A atribuição a esses Bourbons dos territórios entre Douro e Minho interessaria ao rei espanhol. Até porque, segundo o Tratado de Fontainebleau, quando fosse dada estrutura jurídico-política àquele território desmembrado de Portugal, seria na base de um protectorado da coroa de Espanha. A cedência da região entre Douro e Minho ao rei da Etrúria tinha o cunho de compensação pessoal, ou dinástica, posto que, pelo mesmo Tratado de Fontainebleau, a região da Etrúria foi cedida ao imperador de França e rei da Itália, Napoleão Bonaparte.

mente conseguira evitar. E o entendimento sempre mantido com a Inglaterra iria permitir, afinal, em vez da submissão, pura e simples, ao invasor, o abandono do território continental e a continuidade da soberania portuguesa, com sede em terras brasílicas.

Tal solução já fora admitida algumas vezes, em situações difíceis, durante os séculos XVII e XVIII, assim como, mais recentemente, numa memória apresentada ao príncipe por D. Rodrigo de Sousa Coutinho. E foi acordada com a Inglaterra[141], pela convenção secreta de 22 de Outubro de 1807, assinada em Londres por George Canning e Domingos António de Sousa Coutinho (ver Visconde de Santarém, *Quadro Elementar...*, XVIII, pp. 443 e ss.; Borges de Castro, *Collecção...*, IV, pp. 236 e ss.). De harmonia com essa convenção, que também previu a ocupação temporária da Madeira pelos ingleses, a qual veio a dar-se[142], entrou no Tejo, em Novembro, uma frota inglesa, sob o comando do almirante Sidney-Smith. A missão do almirante era complexa. Consistia em vedar a saída à esquadra russa que se refugiara no Tejo, evitar que os navios portugueses caíssem nas mãos dos franceses e travar qualquer impedimento quanto à partida da Corte para o Brasil[143]. Havia, realmente, motivos para recear

---

[141] Este acordo com a Inglaterra já assentou em entendimento do Conselho de Estado, que, em 26 de Agosto de 1807, se pronunciou no sentido da retirada da família real para o Brasil, embora divergindo os conselheiros, em seus pareceres escritos, quanto ao momento oportuno dessa retirada (ver assento do Conselho de Estado e pareceres in Enéas Martins Filho, *O Conselho de Estado Português e a Transmigração da Família Real em 1807*, pp. 21 e ss.).Também se admitira antes que seguissem para o Brasil apenas o príncipe D. Pedro e uma infanta; mas tal projecto foi abandonado. Já em 1803 o ministro britânico em Lisboa, Fitzgerald, sugerira a retirada da Corte para o Ultramar (ver Júdice Bicker, *Supplemento à Collecção...*, XIV, pp. 38 e ss.).

[142] A ocupação da Madeira por tropas inglesas provocou incidentes vários com as autoridades e os habitantes da ilha (ver artigos adicionais à convenção de 22 de Outubro de 1807, assinados em Londres a 16 de Março de 1808, in Borges de Castro, *Collecção...*, IV, pp. 264 e ss.). Também as tropas inglesas ocuparam Goa e Macau, aliás com indignação dos mandarins chineses, que só lá queriam a gente portuguesa (ver Júdice Bicker, *Supplemento à Collecção...*, XV, pp. 164 e ss.; 263 e ss.; José de Almada, *A Aliança Inglesa*, II, pp. 7 e ss.). Foi muito enérgica a reacção diplomática do Governo português do Rio de Janeiro contra tais ocupações não consentidas por Portugal.

[143] Ver Júdice Bicker, *Supplemento à Collecção...*, XIV, pp. 386 e ss. O almirantado britânico tinha a preocupação de evitar que os navios e, nalguns casos, as instalações portuárias, dos países invadidos caíssem nas mãos dos Franceses em satisfatório estado de utilização. Por isso, quando não era possível deslocar os navios, ou pelo estado deles ou por

que os elementos francófilos tentassem impedir aquela partida. A questão foi posta ao Conselho de Estado. E D. João acabou por decidir embarcar para o Brasil, com a família, com a Corte, com os altos funcionários e magistrados, sendo acompanhado igualmente por dois chefes de missões diplomáticas estrangeiras, o inglês Strangford e o sueco Kantzon[144].

A fixação da Corte no Brasil foi sempre criticada pelo «partido francês», que atribuiu ao facto a dureza da ocupação napoleónica. Mas não foi menos duro o tratamento reservado pelos franceses a outras populações cujos príncipes se mantiveram junto delas durante a ocupação[145]. Em 1807, antes ainda das revoltas das colónias espa-

---

falta de equipagens, as esquadras eram destruídas, como aconteceu com a armada napolitana em 1799. Razões semelhantes levaram ao violento bombardeamento de Copenhaga, pela esquadra inglesa, em 1807 (cf. Fyffe, *A History of Modern Europe*, I, pp. 350 e ss.). Mas tanto este bombardeamento como o incêndio da armada napolitana suscitaram fortes reacções antibritânicas. Algumas de ordem emocional, utilizadas em benefício da propaganda pró-francesa. É comum que assim aconteça. Presumivelmente, a retirada da Corte portuguesa para o Brasil, na base de acordo com a Inglaterra, terá evitado, além do apresamento ou da destruição dos navios portugueses, qualquer acção punitiva e destruidora da armada britânica tendo por objecto o porto de Lisboa. O embaixador inglês Strangford não podia ser mais claro na ameaça que se contém em nota dirigida a António de Araújo, a 17 de Outubro de 1807 (cf. Marquês de Funchal, *O Conde de Linhares*, pp. 278-280; José Baptista Barreiros, *Correspondência Inédita...*, pp. 106, 121, 122 e 131). Com a retirada da Corte seguiram para o Brasil 36 navios portugueses, dos quais 16 de guerra. Era esse potencial marítimo que a Inglaterra não queria deixar cair nas mãos do inimigo. Ainda ficaram em Lisboa mais oito ou nove navios de guerra que não estavam em condições de seguir (ver relatórios de Strangford e de Sidney-Smith in Júdice Bicker, *Supplemento à Collecção...*, XIV, pp. 389 e ss.; Pereira da Silva, *História da Fundação do Império Brazileiro*, I, pp. 81 e ss.).

[144] Ver *Memórias do Marquês de Fronteira*, I, p. 47. O núncio apostólico, que ficou em Lisboa, retiraria mais tarde da capital, disfarçado, acolhendo-se ao abrigo de uma esquadra inglesa e seguindo depois para o Rio de Janeiro (*ibidem*, pp. 47-48 e 55).

[145] Ver, a título meramente exemplifacativo, sobre os latrocínios e violências de toda a natureza praticados pelos franceses na Itália, os ofícios dos diplomatas portugueses em Roma publicados por Eduardo Brazão, *Relações Diplomáticas de Portugal com a Santa Sé da Revolução Francesa a Bonaparte (1790-1803)*, II, pp. 223, nota, 411-413, 417-421, 466 e 538). Até os paramentos sacros do Papa foram vendidos em Livorno pelos franceses. As pratas da embaixada portuguesa, da Igreja de Santo António e outros imóveis portugueses de Roma foram salvas pela extrema dedicação do encarregado de negócios Luís Álvares da Cunha e Figueiredo, cujos serviços, não apenas nesse plano como através do exercício das suas funções durante 10 anos, que tanto durou a ausência do embaixador, parece terem sido esquecidos pelo Governo português. Com efeito, quando, ao fim desse tempo, e já restabelecida alguma ordem nos Estados pontifícios, o embaixador D. Alexandre de Sousa

nholas da América, a independência brasileira dificilmente se situaria no quadro das previsões admissíveis. Importava evitar que os Ingleses, tomando como razão, ou por pretexto, a hostilidade da Casa de Bragança, ocupassem as costas brasileiras, além de outros domínios portugueses. Para a Inglaterra, a partida da Corte portuguesa para o Rio de Janeiro teve vantagens, de diversa ordem. Facilitou a hostilidade local aos franceses, preservou a frota portuguesa de cair nas mãos do inimigo, tornou desnecessário interceptar as armadas que viessem do Brasil para a Metrópole, facilitou, mais tarde, durante anos, a ocupação de Portugal por tropas inglesas. E, como se todas essas vantagens não fossem já bastantes, os portos do Brasil foram

---

Holstein regressou a Roma, fez nomear conselheiro da Embaixada seu filho Pedro, futuro duque de Palmela, que contava então 21 anos e fora graduado em capitão, mas preferiu então à carreira militar acompanhar o pai na sua missão diplomática. O encarregado de negócios, que durante aqueles 10 anos representara Portugal em Roma, frequentemente em diligências pessoais junto do Papa, do secretário de Estado, dos embaixadores estrangeiros e das autoridades militares de ocupação, pobre, doente, sem protecções na Corte, foi então nomeado arquivista da representação diplomática portuguesa. É frequente que muitos esquecimentos e ingratidões precedam as quedas dos príncipes; ou até dos regimes. Naturalmente que o Governo português terá beneficiado dos bem elaborados, concisos e pertinentes ofícios através dos quais o encarregado de negócios Luís Álvares da Cunha e Figueiredo pôs sempre a Corte de Lisboa ao corrente do que se passava em Roma, em tempos particularmente conturbados. E é natural que o conhecimento do que acontecera aos povos de Itália, não obstante os seus príncipes, incluindo o Papa, terem ficado prisioneiros dos franceses, pesasse na decisão de instalar a Corte portuguesa no Brasil. Sobre os latrocínios das tropas francesas e dos seus comandantes nos países ocupados, ver também Fyffe, *A History of Modern Europe,* I, pp. 117 e ss.; Taine, *Les Origines de la France Contemporaine,* VIII, pp. 406 e ss.; André Fugier, «La Révolution Française et 1' Empire Napoléonien», vol. IV *Histoire des Rélations Internationales,* de Pierre Renouvin, pp. 100, 109, 113-114, 117, 153-154, 256, 339-340. Não exageraria o cardeal Pacca, pró-secretário da Santa Sé, quando, em carta de 22 de Janeiro de 1809, dirigida ao general francês Miollis, protestando especialmente contra a prisão do embaixador de Espanha e de todo o pessoal da Embaixada espanhola em Roma, afirmava que «a Tropa Franceza desde que occupa esta cidade, subverte todo o Direito, tanto Ecclesiastico como Civil; calca todos os respeitos; destroe todos os principios» (*Correspondencia Authentica e Completa dos Ministros de Sua Santidade com os Agentes do Governo Francez e Commandantes do seu Exercito... (1807-1809),* trad. port., Lisboa, 1809). O próprio Napoleão, em Santa Helena, apontou os desmandos tanto dos políticos como dos generais que com ele serviram; de Massena terá dito ao cirurgião O'Meara, textualmente: «C'était un voleur» (ver *Napoléon dans l'Éxil..,* I, p. 239).

abertos ao comércio inglês pelo tratado de 1807, pela carta régia de 28 de Janeiro de 1808 e ainda, depois, pelo tratado de 1810[146].

7. Da ocupação franco-espanhola ao Congresso de Viena

a) *A resistência antifrancesa em Espanha e em Portugal*

Em 1807, com a participação de tropas espanholas na ocupação de Portugal[147] parece ter-se concluído a fase dos equívocos da política externa espanhola frente à Revolução Francesa e suas sequelas. Eram conhecidos os receios dos políticos espanhóis melhor advertidos, e parece que do próprio Godoy, já em 1801, quanto aos efeitos da travessia da Espanha por tropas francesas, com destino a Portugal. Essas tropas trataram as populações espanholas como inimigas; e como inimigas foram por elas recebidas. A aliança transformou-se em ocupação militar. Finalmente, o rei Carlos IV e seu filho e herdeiro, o futuro Fernando VII, desavindos, procuraram ambos o apoio de Napoleão[148]. Este atraiu-os a França, levou ambos a abdicarem e

---

[146] Sobre o período de 1801 a 1807 cf. Lopes de Almeida, «As Imposições de Napoleão», in *História de Portugal*, dirigida por Damião Peres, vol. VI, pp. 289 e ss.

[147] No Alentejo instalaram-se duas divisões espanholas, comandadas pelos generais Caraffa e Solano. No Porto instalou-se o comando de outra divisão espanhola, do general Taranco, que guarneceu o Minho e Trás-os-Montes.

[148] As desavenças parece terem encontrado a sua origem na hostilidade do príncipe a Manuel Godoy e, de um modo geral, aos «afrancesados». Mas, ao que parece por motivos circunstanciais, também os partidários do príncipe, ou «fernandinos», procuraram apoiar-se em Napoleão. Para tanto, o príncipe das Astúrias, já viúvo de uma princesa napolitana, chegou a solicitar a Napoleão lhe desse por esposa «uma princesa da sua augusta família». Daí que pai e filho, iludidos na esperança de encontrar no imperador francês uma decisão favorável, tenham sido ambos por ele traídos (ver o relato contemporâneo, ainda que exageradamente favorável à família real espanhola, de Pedro Cevallos, *Exposição dos factos e maquinações com que se preparou a usurpação da coroa de Hespanha*, trad. port., 1808). Uma das razões, talvez mesmo a principal, da desinteligência entre Carlos IV e o príncipe das Astúrias terá encontrado a sua origem no conselho dado por Manuel Godoy no sentido do embarque da família real para a América do Sul, bem recebido pelo rei mas mal recebido pelo príncipe (*ibidem*, p. 11; Lafuente, *Historia General de España*, XVI, pp. 220 e ss., esp. pp. 221 e 245 e ss.). Era talvez mais acentuada ainda do que em Portugal a desorientação dos espíritos em Espanha, nesta época, entre as pessoas da mais elevada

colocou no trono de Madrid seu irmão José Bonaparte[149]. Foi a partir de então que se generalizou o movimento insurreccional espanhol contra os franceses, cuja posição de ocupantes deixou de oferecer quaisquer dúvidas. Desapareceu, então, o mito, tão danoso para Portugal, nesta conjuntura como noutras épocas, de um entendimento franco-espanhol, sempre baseado em equívocos e também danoso para a Espanha. Tendo os Espanhóis tomado, finalmente, plena consciência, pelo internamento da família real e pela entrega do trono a um intruso, de que se encontravam, tal e qual como os Portugueses, em regime de ocupação militar estrangeira, os movimentos insurreccionais que eclodiram, por todas as províncias espanholas, mais ou menos, facilitaram também as reacções portuguesas contra as forças de ocupação, assim como as operações militares das tropas

---

hierarquia. E essa desorientação vinha já do reinado de Carlos III, quando os cargos ministeriais começaram a ser ocupados não apenas pelos conselheiros italianos vindos do reino de Nápoles, como Esquilache e Grimaldi, mas também por espanhóis de tendências acentuadamente reformadoras, como o conde de Aranda. Essas tendências tinham sido contrariadas pelo antecessor de Carlos III, seu irmão Fernando VI; mas, depois da morte deste, as posições dominantes em Espanha caíram nas mãos dos «iluminados», mesmo mais ou menos ostensivos. Haveria ainda a contar com os «iluminados» encobertos. Quanto a estes, parece significativo o trecho de uma carta de D'Alembert a Voltaire, em que aquele anuncia a adesão secreta aos «filósofos» franceses do grande de Espanha duque de Alba, «condenado a cultivar em segredo a sua razão» (ver transcrição do trecho in Barruel, *Mémoires pour servir à l'Histoire du Jacobinisme*, I, p. 291). Casos destes terão sido relativamente frequentes; e explicarão a desconfiança popular em relação a muitas famílias de grande relevo tradicional, por vezes com consequências trágicas no decurso da guerra pensinsular.

[149] Carlos IV ficou a residir em Compiègne e o principe, futuro Fernando VII, em Valençay, praticamente prisioneiros ambos, embora recebendo rendas anuais do tesouro francês, como preço das suas abdicações ao trono de Espanha. Em 1813, Fernando VII regressaria a Espanha, com o acordo de Napoleão, desejoso de encontrar nova via para solucionar as questões que os Espanhóis lhe suscitavam. Mas já era tarde. Para Napoleão, cujo poder chegara ao termo. Para Fernando VII também, que iria encontrar um país dilacerado pela ocupação estrangeira, pela anarquia, pela acção demagógica que presidira às Cortes reunidas em Cádis e à sua Constituição promulgada em 1812, pelas revoltas da América ainda. Femando VII já não reinaria em paz. Ele que, como príncipe das Astúrias, conhecera a hostilidade da França revolucionária à Espanha, por ser esta tradicionalista, clerical e, em suma, anacrónica, assistiria mais tarde (1823), como rei, a uma nova invasão dos franceses, então legitimistas e apostólicos (os «Cem Mil Filhos de São Luís»), executores dos desígnios da Santa Aliança, opostos ao «jacobinismo espanhol», anos antes largamente importado de França.

inglesas desembarcadas em vários pontos da costa peninsular[150]. As guerrilhas portuguesas e espanholas, cujas tácticas de hostilidade eram muito diversas daquelas a que as tropas francesas estavam habituadas, através das longas guerras da Revolução e do Império, constituíram um factor do maior relevo para o desgaste da máquina militar napoleónica, que a campanha da Rússia, em 1812, acabaria por destruir[151].

---

[150] Os benefícios da insurreição espanhola foram duplos. Pela retirada das tropas espanholas de ocupação, que, tendo aderido ao movimento insurreccional, saíram do território português, indo tomar posições em Espanha; e pela dificuldade para os Franceses em reforçar as suas guarnições em Portugal. Por esta época foram frequentes os casos de participação de tropas espanholas em operações contra os franceses em território português; assim como a participação de tropas portuguesas em operações também contra os franceses em território espanhol. Designadamente o levantamento de Évora foi apoiado pelas forças espanholas do brigadeiro Moretti e do coronel Gallego. Esta circunstância tornou possível aos franceses, que tão recentemente se tinham juntado aos espanhóis contra Portugal, sustentar, através de comunicados vários, que estavam a defender a nossa independência política, contra as pretensões não apenas inglesas mas também espanholas.

[151] Além do desgaste militar que a resistência peninsular determinou para os franceses, na base dela surgiu uma abundante literatura anti-revolucionária e antibonapartista que muito contribuiu para desfazer diversos mitos nos quais assentavam os sucessos das armas francesas. Durante os primeiros anos das guerras da Revolução e do Império, os países que tentaram resistir aos assaltos franceses não dispunham, nem procuraram dispor, de meios de defesa de carácter publicitário. Eram apenas os Franceses que tinham tais meios, beneficiando da expansão alcançada pela cultura francesa através dos séculos XVII e XVIII. Com os folhetos antibonapartistas aparecidos em Portugal e em Espanha, a partir de 1808, passou a dispor-se de uma base de propaganda contrária aos desígnios do Governo de Paris, facilmente assimilável a nível popular, pois não se situavam a esse nível as obras, mais ou menos eruditas, como as de Burke, até aí publicadas contra a Revolução e as suas sequelas. Os Austríacos parece terem entendido rapidamente o interesse daqueles folhetos antibonapartistas publicados; porque, logo em 1809, senão antes ainda, muitos deles foram traduzidos para o alemão, e alguns adaptados por Arndt e por Schlegel, segundo instruções do ministro Stadion. Quando os franceses entraram em Viena, depois de Wagram, a capital austríaca estava cheia desses escritos, traduções ou adaptações dos panfletos antibonapartistas publicados na Península. Julga-se que tais escritos se tenham expandido entre as populações de língua alemã, dando uma base literária e popular, ao mesmo tempo, às reacções antifrancesas (ver André Fugier, «La Révolution Française et l'Empire Napoléonien», vol. IV da *Histoire des Rélations Internationales*, p. 252).

b) A Convenção de Sintra

As violências de toda a ordem, praticadas não apenas pela soldadesca mas, sobretudo, pelos generais do Império, que, fiéis aos hábitos adquiridos durante as campanhas da Revolução, utilizavam a guerra como fonte de ingressos, tanto para o Erário público como para os seus próprios patrimónios particulares[152], desfizeram as ilusões de muitos quanto aos ideais revolucionários. Estes, afinal, constituíam apenas um instrumento do domínio francês, realizado em detrimento das outras nações, sem destrinça de classes, pois todas eram exploradas pelos ocupantes[153]. Só os colaboracionistas beneficiariam, às vezes, dessa mesma exploração, como prémio das traições cometidas contra os seus próprios compatriotas. A consciência das injustiças sofridas e a convicção de que a Inglaterra, finalmente,

---

[152] Foi o «convencional» e «director» Lazare Carnot, que, aliás, deixou fama pessoal de homem honesto, quem deu instruções aos generais da República para irem buscar fundos onde pudessem encontrá-los (cf. Émile Wanty, *L'Art de la Guerre*, I, p. 338). Muitos, naturalmente, abusaram das instruções em proveito pessoal. Daí a revolta dos próprios soldados franceses por ocasião do saque de Roma.

[153] Apesar das negativas de alguns historiadores franceses, os roubos praticados pelos franceses durante a ocupação de Portugal acham-se amplamente documentados, não podendo oferecer a menor dúvida. E os roubos de objectos mais valiosos foram realizados em benefício de elementos da mais elevada hierarquia militar francesa. Assim, a célebre Bíblia de Belém foi comprada pelo rei de França, Luís XVIII, à viúva de Junot, em 1814, por 80 000 francos, a fim de poder restituí-ia a Portugal. Mas muitas das preciosidades então roubadas nunca foram restituídas (ver Luz Soriano, *História da Guerra Civil...*, 2.ª ép., I, p. 442). O desrespeito das propriedades portuguesas em benefício da França e do seu exército de ocupação consta mesmo da legislação então promulgada. Designadamente o Decreto de 1 de Fevereiro de 1808, que determinou fossem enviados à Casa da Moeda todos os objectos de ouro e de prata das igrejas. Os desmandos dos franceses, que envolveram não apenas desrespeito das propriedades mas também das pessoas, comprometeram bastante o «partido francês», o qual visionara fazer vingar, através da ocupação estrangeira, os seus ideais políticos. Nomeadamente pela adopção de um regime constitucional, que alguns notáveis (condes da Ega, de Almada e de Castro Marim, José Seabra da Silva, o antigo secretário de Estado, o desembargador Ricardo Raymundo Nogueira, o juiz do povo de Lisboa, Abreu Campos, e outros) pediram a Bonaparte, através de Junot, escolhendo o modelo de constituição que o imperador frantês outorgara ao grão-ducado de Varsóvia. A marcha das operações militares poria termo a tal projecto (cf. Damião Peres, «A Revolução de 1820 e os Seus Antecendentes», in *História de Portugal*, VII, pp. 20 e ss.). Parece, assim, justificada a reacção de Wellington desfavorável à nomeação posterior de Raymundo Nogueira para o Conselho de Regência.

se decidira a actuar militarmente no Continente, estabeleceram, a partir de 1808, um consenso antifrancês tanto em Portugal como em Espanha. Mas a reacção portuguesa havia de ressentir-se da quebra de quadros dirigentes que, sobretudo no sector militar, a instalação da Corte no Brasil e a saída do País da Legião Portuguesa[154] determi-

---

[154] Colocados na alternativa da passagem à reforma prematura e fixação nas terras de origem, ou de servirem os franceses ocupantes, muitos oficiais portugueses preferiram a segunda solução. Uns por atracção das «luzes do século», outros porque neles o receio de ver frustradas as suas ambições se sobrepunha a outros sentimentos. Bastantes porque o serviço de Napoleão era bem remunerado. Todos eles, ou quase todos, por julgarem que o triunfo francês era definitivo e o desastre da Inglaterra inevitável. Assim se formou a Legião Portuguesa, ao serviço da França. Dos 9000 homens que a compuseram, 3000 desertaram enquanto atravessaram a Espanha. Os restantes participaram de várias operações, enquadrados por oficiais da confiança de Junot, provenientes da aristocracia afrancesada. Entre essas operações conta-se o cerco de Saragoça contra os espanhóis opostos aos franceses (1808), no qual morreram 300 portugueses. Porque durante este cerco mais portugueses desertaram, entre eles alguns oficiais, os comandos franceses terão deixado de confiar mesmo nos generais portugueses tidos por dedicados à causa napoleónica. Tanto mais que, em Espanha, eram constantes as rebeliões, e todo o corpo expedicionário espanhol que, por conta de Napoleão, estava ocupando a Dinamarca, ao ter o seu comandante, marquês de La Romana, conhecimento dos acontecimentos da Península, reembarcara em navios fornecidos pela Inglaterra, vindo engrossar as forças opostas a Napoleão (ver, além de obras várias espanholas sobre o caso, o curioso opúsculo de José Acúrcio das Neves, «O Marquez de La Romana ou a Retirada dos Dez Mil Hespanhoes», in *Tres Peças Patrioticas*, Lisboa, 1809, pp. 33 e ss .). Compreende-se que, em tais circunstâncias, os Franceses tenham procurado desarticular a chamada Legião Portuguesa e reduzir os poderes dos seus comandantes, pois, não obstante a dedicação pessoal desses oficiais à causa francesa, receava Napoleão que, em tais circunstâncias, não conseguissem impor a sua autoridade aos subalternos. As unidades portuguesas passaram a ser empregadas por fracções, enquadradas por tropas francesas. Assim andaram aquelas unidades pela Baviera e pela Áustria, tendo dois batalhões portugueses participado na batalha de Wagram (1809), com muito agrado de Napoleão, que condecorou com a Legião de Honra vários oficiais, sargentos e praças daqueles batalhões, os quais então sofreram 400 mortos. Outros batalhões foram para Hanôver, para Mogúncia, para Metz, para a Suíça. Dos oficiais portugueses ao serviço de Napoleão alguns participaram da 3.ª invasão francesa, sob o comando de Massena. E esses foram considerados traidores à Pátria; mas beneficiaram da amnistia concedida por Decreto das Cortes Constituintes, em 1821. Depois de frustrada a 3.ª invasão francesa, retiraram os portugueses ao serviço de Napoleão para diversas praças francesas, entre elas Grenoble, onde estiveram de guarnição. Os restos da Legião Portuguesa, reduzidos a um regimento de cavalaria e dois de infantaria, já completados por muitos elementos estrangeiros, salvo quanto aos oficiais, que eram todos portugueses, sofreram perdas pesadíssimas na campanha da Rússia, na retirada de Moscovo, em Smolensko e em Borodino. Só do regimento de Cândido Xavier se terão perdido, na passagem do Beresina, 35 ofciais, mais de metade dos efectivos. E mais perdas

naram. Destas circunstâncias resultaram também as injustiças, frequentemente postas em relevo pelos historiadores portugueses, da Convenção de Sintra. Esta convenção tem sido vivamente criticada[155]; sobretudo por permitir às tropas francesas retirarem-se com armas e bagagens, em barcos ingleses (art. 5.°). É natural que os Portugueses se indignassem com os termos de tal convenção; porque

---

ainda terão sofrido os portugueses ao serviço de Napoleão na Alemanha, em 1813. Alguns generais portugueses e outros oficiais exerceram comandos e governos militares em terras ocupadas por tropas napoleónicas. Tendo a chamada Legião Portuguesa sido reforçada com prisioneiros espanhóis, iniciou a campanha da Rússia com efectivos de 5000 homens. Mas quase todos morreram ou ficaram prisioneiros, não regressando a França mais de 100, segundo relatos que, no entanto, merecem reservas. Tanto mais que são escassos e difusos os elementos sobre a referida Legião Portuguesa, como é compreensível, dados os melindres que a actuação dos legionários suscitou junto dos militares integrados no exército anglo-português, a partir de 1808. Muitos dos sobreviventes da Legião regressaram a Portugal logo em 1814, sendo bem recebidos e reintegrados nos seus postos. Outros, os que participaram directamente das hostilidades contra Portugal, aguardaram a amnistia de 1821 para regressar [cf., esp., *Apontamentos para a História da Legião Portugueza ao Serviço de Napoleão Mandada Sair de Portugal em* 1808 (trata-se de uma selecção de narrativas e comentários, sobressaindo a narrativa do tenente Teotónio Xavier de Oliveira Banha, mandada publicar, em 1865, pelo ministro da Guerra, visconde de Sá da Bandeira); ver também Foy, *Histoire de la Guerre...*, III, p. 40; Commandant P. Boppe, *La Légion Portugaise 1807-1813*, Paris, 1897; Ribeiro Arthur, *A Legião Portugueza ao Serviço de Napoleão,* Lisboa, 1901; e Jalabert, *Documents des Archives Communales de Grenoble Concernant La Légion Portugaise (1808-1814)*, Paris, 1969]. O conhecimento dos conflitos resultantes da divisão dos militares portugueses por três sectores – o dos que foram para o Brasil, o dos que foram para França e o dos que ficaram no Reino – facilita o entendimento das debilidades da política externa portuguesa. E até o flagrante domínio dos militares ingleses em Portugal durante bastantes anos, em larga medida justificado pelo marcado «colaboracionismo» pró-francês de muitos oficiais portugueses, que mereciam toda a confiança aos ministros e generais de Bonaparte, «pelos seus bem conhecidos princípios» (ver carta de D'Essling a Napoleão de 1 de Agosto de 1810, na qual se aponta o marquês de Loulé (que, mais tarde, amnistiado, se tornou íntimo da família real portuguesa e terá sido assassinado em condições misteriosas), como oficial de inteira confiança, *in* Boppe, *La Légion Portugaise,* p. 144). Não era caso isolado. Igual confiança mereciam aos franceses Gomes Freire, o marquês de Alorna, Pamplona, futuro conde de Subserra, Sá Carneiro e Cândido Xavier, que viria a ser ministro sob o liberalismo (*ibidem*, pp. 185, 197,213, 226 e 323). Importará sublinhar, contudo, que, conforme observou nas suas *Memórias* o marquês da Fronteira (vol. I, p. 35), a maior parte dos militares portugueses, como a maior parte dos magistrados, não quiseram servir com os franceses.

[155] Ver Borges de Castro, *Collecção...*, IV, pp. 533 e ss.; Júdice Bicker, *Supplemento à Collecção...*, XVI, pp. 30 e ss., 115 e ss., 144 e ss. e 164 e ss.; Foy, *Histoire de la Guerre...*, IV, pp. 355-356.

ela tornou possível que seguissem para França objectos valiosos roubados, pura e simplesmente, pelos invasores. O Governo inglês também reagiu mal à Convenção de Sintra, tendo determinado sobre ela um rigoroso inquérito, exigido pelos clamores da imprensa britânica e do conselho municipal de Londres. Mas é compreensível que os generais ingleses, pouco habituados a combater no Continente, naturalmente impressionados pelo mito da invencibilidade napoleónica, desconhecendo em que medida poderiam contar com os portugueses, não se achassem, após as batalhas da Roliça e do Vimeiro, à vontade para perseguir as tropas francesas, que, afastadas da costa, mais facilmente receberiam apoio das divisões estacionadas em Espanha. Além de que os ingleses, em obediência a uma estratégia global, pretendiam, com as mesmas tropas desembarcadas em Portugal, atacar, depois, vários pontos da costa espanhola; conforme fizeram, designadamente pelo desembarque na Corunha. E a contribuição portuguesa para as vitórias, ao menos directa, não fora muito significativa, pelos termos desordenados dos movimentos insurreccionais. Aliás, resta saber se uma sucessão de combates no próprio território, sem excluir o assalto a Lisboa, com o fim de expulsar os franceses, não teria sido ainda mais lesivo dos interesses portugueses do que o foi a Convenção de Sintra. Neste caso da Convenção de Sintra, como em tantos outros, através da História portuguesa, não é dos estrangeiros que temos de queixar-nos; mas sim, talvez, de nós próprios[156].

---

[156] É certo que, após a retirada das tropas espanholas das regiões de Entre Douro e Minho e Trás-os-Montes, suscitada pelos levantamentos antifranceses que em toda a Espanha provocou a elevação ao trono de José Bonaparte, logo no Porto (6 de Junho de 1808), e por todas aquelas regiões, juntas improvisadas proclamaram a autoridade do príncipe regente. É certo também que a revolta se estendeu rapidamente às províncias do Centro e do Sul, sendo aqui a primeira terra a rebelar-se a vila de Olhão. Mas a revolta, na qual participaram largamente os oficiais portugueses que, não querendo integrar-se na Legião ao serviço de Bonaparte, se tinham retirado para as suas terras, como Sepúlveda, Bernardim Freire e D. Miguel Pereira Forjaz, foi com dureza dominada pelos franceses. Ficaram bem vivas na memória dos povos as barbaridades cometidas após dominarem as sublevações de Beja (27 de Junho), onde 1200 portugueses foram fuzilados, e de Évora (29 de Julho), onde terão morrido 2000. A violência da repressão francesa não deixa dúvidas até através dos termos da proclamação do general Kellerman, feita em Estremoz, a 1 de julho de 1808, que assim se inicia: «Habitantes de Além-Tejo: Beja tinha-se revoltado, Beja já não existe! Os seus criminosos Habitantes forão passados ao fio da espada; e as suas casas entregues à pilhagem, e ao incendio.» Em Évora também os franceses «não perdoárão a

c) O esforço de guerra português

Expulsos os franceses, em razão das circunstâncias em que se encontrava o país e na base das ordens vindas do Rio de Janeiro, foi o comando das tropas portuguesas entregue ao inglês Beresford, porque Wellesley, convidado para o efeito, não o aceitou. E sob esse

---

sexo ou idade, e passárão a fazer hum saque geral». Entre os assassinados de Évora contaram-se 38 eclesiásticos e, com eles, o bispo de Maranhão. Ali «cometerão os Inimigos as maiores atrocidades deshonestas: às mulheres foi a quem elles mais attendêrão, a pezar de matar muitas». «A mortandade [...] no saque [...] chegou a novecentas pessoas» (ver *Observador Portugues,* pp. 347 e 387). Sorte semelhante sofreram também Leiria, Guarda e muitas outras terras. A situação insurreccional criada, aliás em ligação com unidades navais inglesas aparecidas ao largo de Leixões e que no Algarve desembarcaram grandes carregamentos de armas e munições, facilitou, necessariamente, o desembarque das tropas inglesas em Lavos (1 de Agosto) e as vitórias alcançadas por essas tropas na Roliça (17 de Agosto) e no Vimeiro (21 de Agosto). Mas a dispersão de esforços, a falta de unidade de comando, tanto militar como político, não permitiram aos portugueses fazer valer os seus pontos de vista junto dos generais ingleses, os quais, naturalmente também, duvidavam dos apoios dos portugueses, que participaram naquelas duas batalhas com um pequeno contingente, dadas as divergências entre o general Freire e os ingleses. Parece que Wellesley terá querido perseguir os franceses depois de derrotados no Vimeiro; e essa perseguição poderia ter determinado uma mais satisfatória conclusão da campanha que pôs termo à 1.° invasão francesa. Mas o comandante-chefe era então o general Burrard, que não quis correr os riscos da perseguição, sem notícias certas quanto às possibilidades dos franceses defenderem Lisboa, enquanto não chegassem os reforços do general Moore. Foi nestas circunstâncias que os franceses se dispuseram a negociar, nos termos de que resultou a Convenção de Sintra, aprovada pelo almirante Cotton, cuja esquadra há muitos meses actuava nas costas portuguesas. É de assinalar também que a estratégia global inglesa naquele momento visava neutralizar a esquadra russa do almirante Siniavin, que se encontrava também no Tejo, estando então o Império moscovita em guerra com a Inglaterra, e que Junot procurou, em vão, lhe prestasse apoio militar (cf. Foy, *Histoire de la Guerre...,* III, p. 43; IV, p. 302; Sarrazin, *Histoire de la Guerre...,* pp. 32 e ss.; Gurwood, *Recueil Choisi des Dépêches...,* pp. 227-228 e 230 e ss.). O acordo com os Franceses permitiu ao almirante inglês apoderar-se daquela esquadra, cujas tripulações foram, tais como os soldados franceses, repatriadas, a bordo de navios britânicos, com armas e bagagens. Compreende-se o desgosto dos portugueses pela Convenção de Sintra; mas entende-se também que os ingleses não tenham tido em conta, por essa ocasião, as justificadas susceptibilidades portuguesas. Não havendo Portugal participado da Convenção de Sintra, também parece amplamente fundamentada a corajosa posição assumida pelo Conselho de Regência, não obstante a ocupação militar britânica, no sentido de desconhecer, pura e simplesmente, a referida convenção (ver nota de D. Miguel Pereira Forjaz para o ministro inglês Carlos Stuart, *in* Júdice Bicker, *Supplemento à Collecção...,* XVI, pp. 248-249).

comando enérgico, de uma dureza não isenta de reparos, foi o exército português rigorosamente reorganizado e disciplinado[157]. Mas quando, depois de vencerem na Galiza o exército inglês comandado por Moore, que morreu no combate da Corunha, as tropas de Soult iniciaram a 2.ª invasão francesa, ainda as nossas tropas do Norte, que estavam sob o comando de oficiais portugueses, deram provas de total falta de preparação militar e indisciplina. Impediram que o inimigo atravessasse o rio Minho. Mas, tendo Soult rodeado este obstáculo natural, invadindo o País por Chaves, os Portugueses, não obstante os actos de coragem individual praticados, sobretudo na defesa do Porto, revelaram bem a sua incapacidade militar[158]. E,

---

[157] Não teria sido fácil encontrar então soluções diversas. O general Sepúlveda, que içara o pendão da revolta em Trás-os-Montes, era octogenário. O general Bernardim Freire de Andrade, que viria a ser assassinado pela sua própria tropa amotinada, em 1809, por essa mesma tropa acusado de entendimento com os franceses, sempre teve maus contactos com os generais ingleses. Pinto Bacelar e Paula Leite, também. Compreende-se que os ingleses se mostrassem menos confiados nos oficiais portugueses, sem prestígio junto das populações, muitos deles comprometidos fortemente com o «partido francês» e mantendo relações de amizade e parentesco com aqueles que estavam ao serviço de Napoleão. Também algumas surpresas trouxeram aos comandos ingleses alguns oficiais estrangeiros que então atraíram a Portugal, por lhes merecerem confiança. Foi o caso do prussiano barão de Eben, a quem Beresford confiou comandos importantes junto do general assassinado em 1809, Bernardim Freire de Andrade, cuja vida o prussiano ainda tentou salvar. Afinal, o mesmo barão de Eben foi um dos conspiradores de 1817, livrando-se da pena capital, ao que parece, por influência de personalidades inglesas, entre as quais o duque de Sussex, filho de Jorge III e que estivera em Lisboa, em 1803, por ocasião dos «motins de Campo de Ourique». Por isso, o barão terá sido expulso de Portugal, sem ter de expiar qualquer outra pena.

[158] Tendo o general Bernardim Freire sido assassinado na retirada de Braga e as tropas do comando do barão de Eben sido derrotadas em Carvalho de Este, os soldados e os populares, amotinados contra os oficiais, quase sem excepção acusados de jacobinos e traidores, defenderam o Porto durante três dias sob o comando do respectivo bispo, por não aceitarem a subordinação a militares graduados, que não lhes inspiravam confiança. Referem-se estes factos apenas para explicar o domínio inglês em Portugal nesta época e algumas das dificuldades que se depararam então ao nosso País no plano externo. Inclusivamente quanto às relações com a Espanha, cujo apoio, por vezes, os Ingleses pareciam preferir ao nosso. Acontecia que, apesar da longa hostilidade espanhola à Inglaterra e da inábil política da Corte de Madrid relativamente à França, logo que José Bonaparte se instalou no trono os comandos ingleses passaram a contar com a cooperação das unidades militares espanholas, em termos relativamente coesos e disciplinados. Assim, na Andaluzia, o general Castaños forçou à rendição o corpo expedicionário de Dupont, após a Batalha de Bailén (22 de Julho de 1808). Já antes, a divisão militar espanhola cujo comando se instalara no Porto e guarnecia o Minho e Trás-os-Montes, depois de proceder ao aprisionamento dos

ocupado o Norte de Portugal por Soult, numerosos foram os portugueses de todas as classes que, numa triste jornada antinacional (25 de Abril de 1809), foram junto do marechal francês declarar o trono vago e pedir, através dele, a Napoleão que lhes desse um rei. Quais *ranae regem petentes*... É de notar que a situação se tornara de novo muito difícil, estando um corpo de exército francês em Salamanca e outro na Extremadura espanhola, preparados para invadir Portugal. Esses projectos de invasão frustraram-se pela evolução da luta em Espanha; mas importa recordar, para melhor se entenderem muitos acontecimentos da época, que aquela luta decorreu ainda durante anos na vizinhança das fronteiras portuguesas e, consequentemente, a libertação de Portugal não foi inteiramente tranquilizadora até 1813.

Entretanto, no Sul prosseguia a tarefa de reorganização, treino e equipamento das tropas portuguesas; no meio de alguns sobressaltos, pois, em 1809, enquanto Soult ocupava o Porto, os ingleses chegaram a preparar o seu reembarque, em Lisboa, por recearem uma forte ofensiva do marechal Victor no Alentejo, e desmoralizados tanto

---

franceses que com ela estavam, seguira para a Galiza, constituindo um dos núcleos de ataque às forças napoleónicas; e, em Agosto de 1808, a divisão espanhola que ocupava a Dinamarca regressou também a Espanha, embarcada em navios ingleses, e passou a assumir uma atitude de combate antifrancesa [cf. Esteban-Infantes, *Expediciones Españolas (Siglo XIX)*, pp. 27 e ss.]. Estes movimentos militares espanhóis acham-se ligados a algumas duplicidades e traições, sobretudo em relação aos antigos aliados franceses, as quais os respectivos responsáveis procuraram justificar pela deslealdade de Napoleão, ao atrair a França o rei Carlos IV e o filho Fernando, desavindos, para entregar o trono de Madrid a seu irmão José Bonaparte. Entre as traições cometidas então pelos Espanhóis conta-se a falta de cumprimento da Capitulação de Bailén, que, à semelhança da Convenção de Sintra, garantia às tropas francesas o seu repatriamento, que não se efectuou, ficando os soldados de Dupont prisioneiros, contrariamente ao compromisso assumido naquela capitulação. E também a entrega de Madrid aos Franceses pelo general Morla. Contudo, a Espanha ofereceu aos Ingleses, entre 1808 e 1810, um muito importante apoio na luta contra a França. Apesar de ser bem mais desvantajosa a situação da família real espanhola, praticamente prisioneira, do que a da família real portuguesa, livremente instalada em domínio próprio. No entanto, com o tempo, esta situação modificou-se, em prejuízo da Espanha e com alguma vantagem para Portugal, cujas tropas passaram a constituir elementos fundamentais do exército de Wellington; enquanto as tropas espanholas se esgotaram por completo, através de uma luta áspera, pela incapacidade de comandos, pela improvisação de caudilhos e pela anarquia. A situação anárquica da Espanha resultou também do jacobinismo característico de alguns membros da Junta de Sevilha e, depois, das Cortes de Cádis, que, segundo Wellington, mais se ocupavam de elogiar a sua «estúpida Constituição» e perseguir os padres do que de fazer guerra aos franceses (ver Gurwood, *Recueil Choisi des Dépêches...*, p. 740).

pelo desastre de Moore na Galiza como pelo das tropas espanholas em Ciudad Real. Mas a guerra da Áustria obrigou os franceses a retirar efectivos de Espanha, tornando-se possível aos ingleses contra-atacar ao norte de Portugal. Saliente-se, contudo, que, ainda em começo de 1810, o apoio militar inglês a Portugal foi aprovado, tanto na Câmara dos Comuns como na dos Lordes, por escassas maiorias, o que não seria tranquilizante para os combatentes. Entre os 25 000 homens que, sob o comando de Wellesley, expulsaram Soult do País, 13 000 eram ingleses, 3000 alemães e 9000 portugueses. E também estes se achavam devidamente preparados, armados e municiados; sob o comando, em geral, de oficiais também portugueses, pelo menos até ao nível dos comandos de batalhão, pois nos escalões mais elevados se encontravam frequentemente ingleses[159].

---

[159] Parte dos regimentos ficaram comandados por coronéis ingleses; mas muitos por portugueses. Também foi frequente que oficiais ingleses, agregados a regimentos portugueses, tivessem ficado subordinados, ao menos formalmente, a comandos portugueses. E, por exemplo, na província de Trás-os-Montes, o comando das tropas aí concentradas coube a um general português, o marechal de campo Silveira, ficando um tal coronel Wilson como 2.° comandante (ver «Ordem do Dia de Beresford de 5 de Maio de 1810, in *Collecção das Ordem do Dia de Beresford*, p. 26). As ordens do dia de Beresford têm o maior interesse para ajuizar da acção disciplinadora exercida pelo marechal inglês, ora punindo ora louvando. De algumas passagens de tais ordens do dia ressalta a permanência, no espírito de alguns oficiais portugueses, de sentimentos favoráveis aos Franceses. Assim, por exemplo, foi demitido um major «com indignidade, por motivo de não querer servir senão debaixo de princípios tendentes a favorecer as vistas do inimigo». Preocupava Beresford o prolongamento das licenças por doença em Lisboa; por isso determinou que os oficiais demorados em Lisboa por doença fossem curar-se a quatro léguas de distância da capital, pelo menos, «visto parecer que dentro da referida cidade nunca se completa a cura de moléstia alguma». Sobre as certidões de moléstia, observava o marechal que «todo o mundo sabe o abuso que se faz [...] e a facilidade com que se obtêm» («Ordem do Dia de 22 de Janeiro de 1810). São, por vezes, de particular dureza as referências de Beresford à indulgência dos Conselhos de Guerra e dos seus membros («Ordens do Dia de 7 e de 23 de Março de 1810). Impressionado pela pilhagem praticada em diversas povoações, particularmente Leiria, por ingleses e portugueses, determinou Beresford que todo o soldado saído das fileiras fosse imediatamente «castigado com pancadas de espada e de plancha», tendo o preboste marcial inglês ordem de punir os soldados portugueses do mesmo modo que os ingleses, quando encontrados separados dos seus corpos, «ou roubando, e neste último caso os enforcará» («Ordens do Dia de 3 e 14 de Outubro de 1810). Também Beresford usou de rigor contra toda a ordem de depredações. Mas, não obstante as suas repetidas ordens para que não se queimassem casas e recheios, e não obstante os «incómodos» que de tais procedimentos teriam resultado para oficiais e soldados, ainda ao findar o ano de 1810 se tinham queimado as portas e os móveis da quinta do duque de Lafões, em Alcoentre. Este incidente levou

Algumas acções de relevo, como a de Puebla de Sanabria, na Galiza, em que ficaram aprisionados os 400 soldados do batalhão suíço n.º 3, foram conduzidas por oficiais portugueses.

Beresford a afirmar, «com vergonha, que as Tropas Britânicas tem a este respeito, em muitas ocasiões, causado mais prejuízo a este Paiz do que o inimigo». Segundo Beresford, muitos dos destruidores seriam soldados portugueses. Na mesma ordem do dia, o marechal proibiu as apreensões de gados, sem antes terem sido pagos aos seus donos («Ordem do Dia de 13 de Dezembro de 1810). A rígida disciplina das tropas britânicas reflecte-se também nas *ordens* de Wellington. Este estabeleceu regras rigorosas em matéria de aboletamento de tropas e recomendou insistentemente que as populações fossem bem tratadas e assistidas pelas autoridades militares. É curiosa a *ordem* dada por Wellington em Coimbra, a 5 de Janeiro de 1810, pela qual proibiu as manifestações maçónicas públicas, por não serem permitidas em Portugal, devendo as tropas britânicas respeitar as leis vigentes no país (cf. John Gurwood, *The General Orders*..., pp. 112, 115, 180 e 185; *Recueil Choisi des Dépêches*..., pp. 275, 277, 321, 355-6 e 363-4). Mas o mesmo Wellington se mostrou, por vezes, desanimado, pela reincidência das tropas sob o seu comando nos mais diversos desacatos. Aliás, o vencedor de Waterloo tinha uma opinião francamente desfavorável quanto aos soldados britânicos, geralmente ébrios e vis, conforme consta do seu relatório de 1827 sobre disciplina militar (ver Gurwood, *Recueil*.., p. 954).

O espírito disciplinador de Beresford encontrou, naturalmente, resistências em Portugal. As mais vivas talvez tenham sido ainda as do próprio presidente do Conselho de Regência, D. José António de Meneses e Sousa Coutinho, Cónego da Sé de Lisboa, por isso designado como «principal Sousa». Trata-se de um grande político, mal conhecido do grande público, sapiente em jurisprudência, economia e arte militar, cujas opiniões frequentemente se opuseram às dos generais ingleses. São notáveis, pelo fundo e pela forma, as cartas que o principal Sousa escreveu ao príncipe, algumas das quais foram publicadas em 1956 (cf. Ângelo Pereira, *D. João VI, Príncipe e Rei – A Independência do Brasil*, pp. 165 e ss.). As querelas políticas internas têm deixado na sombra a acção do principal Sousa, na defesa dos interesses portugueses, em oposição, com frequência, aos generais ingleses, conforme era natural; assim como os esforços desenvolvidos pelo secretário do Conselho de Regência, D. Miguel Pereira Forjaz, que era também secretário de Estado da Guerra e da Marinha, no sentido da reorganização das forças armadas portuguesas durante a Guerra Peninsular. Sobre a firmeza da Regência face aos oficiais ingleses e na defesa dos interesses de Portugal, cf. tb. J. J. Teixeira Botelho, *O Diário de D'Urban*. Segundo este diário, escrito por um coronel inglês, a Regência procurara desembaraçar-se de Beresford e de todos os oficiais britânicos, desde 1814. Também a Regência se opôs a que seguissem para a Flandres ou para França tropas portuguesas, quando Napoleão regressou de Elba, contrariando, assim, os pedidos da Inglaterra e de Palmela, como representante português em Londres. Deste relato resulta que Beresford, contrariamente ao que consta de afirmações generalizadas, estava muito longe de ser omnipotente em Portugal; ao menos desde que os Franceses foram afastados das fronteiras. É também esclarecedora a tal respeito a correspondência de Wellington, especialmente os ofícios dirigidos ao diplomata Carlos Stuart, nos quais o general se mostra queixoso das interferências do principal Sousa quanto à condução das operações militares (ver Gurwood, *Recueil*..., pp. 403-5, 411-12, 414-15, 417, 419, 428, 439, 472, 511, 531, 557, 570, 745 e 785-6).

Depois da Batalha do Buçaco (27 de Setembro de 1810), já o general Wellesley, visconde de Wellington desde o ano anterior, reconhecia que as tropas portuguesas, embora recentemente recrutadas e organizadas, se tinham tornado dignas de combater nas mesmas fileiras das tropas britânicas[160]. O elogio era caracteristicamente anglo-saxónico; mas nem por isso menos significativo. Segundo Beresford, «ao valor natural e nacional» das tropas portuguesas «só faltava a disciplina para lhes assegurar a vitória» («Ordem do Dia» de 11 de Agosto de 1810). Por essa altura, porém, também havia oficiais portugueses, em número de 30, instalados junto do comando francês e oferecendo alvitres aos generais inimigos para dominarem Portugal, entre eles se contando o marquês de Alorna, assim como Pamplona, o futuro conde de Subserra[161]. Este exerceu mesmo as funções de governador militar de Coimbra, no comando de uma brigada francesa, quando os soldados inimigos cometeram naquela cidade o memorável saque que durou quatro dias, de 1 a 4 de Outubro[162]. Mantinha-se o fosso entre «inglesados» e «afrancesados», que tanto havia de pesar, desfavoravelmente, na capacidade de definição da política portuguesa.

Continuando a devastar boa parte do País, mas sem conseguir passar as Linhas de Torres Vedras, conjunto de fortificações destinadas à defesa de Lisboa, acabaram as tropas francesas por abandonar definitivamente Portugal, em começo de 1811.

A guerra prosseguiu, ainda durante três longos anos, mas já para além das fronteiras, embora, frequentemente, bem perto delas. Através de sucessivos mas difíceis triunfos (Badajoz, Albuera, Vitória, Nivelle) as tropas portuguesas, enquadradas no exército de Wellington, entraram em Bordeus e em Toulouse (12 de Abril de 1814), quando Napoleão, finalmente, foi deposto e se conseguiu a paz geral, após 22 anos de

---

[160] Em 1813, o príncipe-regente de Inglaterra encarregaria o seu embaixador Lord Strangford de manifestar ao príncipe português D. João as suas congratulações pelos eminentes serviços das suas tropas, credoras do respeito e confiança de todo o exército (ver Júdice Bicker, *Supplemento à Collecção...*, XVII, pp. 427-428).

[161] Ver P. Boppe, *La Légion Portugaise 1807-1813*, p. 151.

[162] Não consta que aquele ou qualquer outro dos oficiais portugueses que então se encontravam em Coimbra tenha participado do saque. Tem-se dito, pelo contrário, que tentaram evitá-lo. Mas, mesmo assim, compreendem-se as dificuldades surgidas quanto ao regresso a Portugal desses oficiais. Até que a legislação de 1821 os amnistiou, permitindo as suas reintegrações e promoções.

guerra, que tanto duraram as campanhas da Revolução e napoleónicas, acompanhadas quase sempre de violências semelhantes às que marcaram as guerras de religião, mas de que as populações da Europa andavam já esquecidas[163].

---

[163] Paris capitulara a 31 de Março; o Senado napoleónico, convocado e orientado pelo sagaz Talleyrand, chamara ao trono Luís XVIII, a 6 de Abril. Exilado para a ilha de Elba, onde, no entanto, gozava de liberdade e até de poderes soberanos, sobre um número limitado de súbditos, Napoleão de lá se evadiu e desembarcou em França, arrastando para si as tropas que tinham recebido a missão de detê-lo. O facto encontra explicação na política seguida por Luís XVIII, novo rei de França, que, tentando, mais por imposição externa que por convicção, uma concórdia entre os Franceses, que não havia de conseguir, manteve as dignidades, postos e funções aos servidores, civis e militares, dos regimes revolucionários. Talleyrand foi ministro dos Negócios Estrangeiros; Fouché ainda voltou a ser, por algum tempo, ministro da Polícia, só abandonando as funções pela recordação de que fora um dos regicidas, recordação em que insistiu, junto do rei, a filha de Luís XVI; Soult, invasor de Portugal, foi ministro da Guerra da Restauração francesa; o marechal Ney assumiu o comando das tropas que haviam de deter Napoleão e a elas se juntou. Assim se reconstituiu, durante os «Cem Dias», o Império napoleónico, tendo essa reconstituição custado ainda muitas vidas, porque só após a sangrenta Batalha de Waterloo, travada na floresta de Soignes, ao sul de Bruxelas, o poder de Napoleão foi abatido definitivamente. Mas nesta batalha não participaram tropas portuguesas (Sobre a política conciliatória da Restauração francesa, ver De Rochau, *Histoire de la Restauration.* trad. do alemão, Paris, 1867; Chateaubriand, *Mélanges Historiques et Politiques,* nova ed. Garnier, Paris). Não parece ter sido isenta de ingenuidade a decisão dos vencedores de exilarem Napoleão para a ilha de Elba, na proximidade da sua Córsega natal e de tantas regiões italianas que Bonaparte tão bem conhecia, relativamente próxima mesmo da costa francesa mediterrânica. Tal ingenuidade custou bastantes milhares de vidas ainda. E nem parece que, após os acontecimentos dolorosos dos «Cem Dias» da restauração bonapartista, o exílio de Santa Helena constitua a violência contra a qual alguns historiadores com frequência se insurgem; e os outros não procuram geralmente negar. Avisado parece ter sido então o diplomata português conde de Palmela, futuro duque do mesmo título, que, em ofício dirigido ao marquês de Aguiar e datado de 28 de Julho de 1814, se fazia eco dos receios de que Bonaparte fugisse da ilha de Elba e renovasse a guerra, possivelmente na Itália, observando: «Certo é que não haverá tranquilidade na Europa enquanto viver o grande perturbador da paz das nações, e que se pode contar como uma verdadeira calamidade universal o ter elle ficado com vida.» (Ver Maria Amália Vaz de Carvalho, *Vida do Duque de Palmella,* I, pp. 277-278.) Também Talleyrand, que fora colaborador próximo de Napoleão, parecia recear a proximidade do exílio na ilha de Elba, tendo sugerido que fosse para os Açores (ver carta de Talleyrand a Luís XVIII, de 13 de Outubro de 1814, in *Correspondance Inédite du Prince de Talleyrand et du Roi Louis XVIII pendant le Congrès de Vienne,* p. 43). Equilibrados, na apreciação de como Bonaparte foi tratado pelos seus vencedores, se mostram os juízos do historiador Capefigue, embora francês (cf. *Les Diplomates Européens,* pp. 394-395). São correntes os juízos da História sem consistência mínima e baseados em mitos que poucos se

Nos esforços de guerra convergentes, com base nos dois extremos do teatro de operações na Europa (Península Ibérica e Rússia), que levaram as tropas aliadas a invadir a França[164], as batalhas do

---

atrevem a pôr em causa. Mostra-se particularmente rica a mitologia napoleónica. E, por isso, os erros .e os crimes de Napoleão costumam ser omitidos; ou tratados com benevolência extrema. Muitos dos equívocos do século XIX assentaram na referida mitologia, recheada de elementos contraditórios. Porque, para uns, a atracção napoleónica deriva de Bonaparte ter sido o continuador da Revolução; para outros, de ele ter restabelecido a paz interna e celebrado a Concordata com a Igreja; para outros ainda, de ele ter retomado o expansionismo de Luís XIV. E, no entanto, torna-se bem difícil, até na base das *Memórias de Santa Helena,* escritas por dedicados bonapartistas (Las Cases, Bertrand e mesmo O'Meara), pronunciar qualquer juízo francamente favorável, com objectividade, sem paixão, acerca dos fins e dos meios do vencido de Waterloo.

[164] É de notar que o exército anglo-luso-espanhol, constituído por 43 000 ingleses, 27 000 portugueses e 50 000 espanhóis, aproximadamente, foi o primeiro a invadir a França, ainda em Outubro de 1813. Só depois, já em 1814, é que os exércitos prussiano, austríaco, russo e sueco invadiram o território francês, a norte e a nordeste. Importa sublinhar, em contraste com os desmandos das tropas francesas nos países por elas ocupados, a extrema moderação dos exércitos invasores, relativamente à população francesa, durante as invasões de 1813-1814. E também essa moderação, que nem os historiadores franceses costumam pôr em dúvida, contribuiu para evitar reacções internas contra as tropas invasoras, reacções com as quais Napoleão parecia contar. Para a referida moderação dos exércitos aliados muito contribuíram o recrutamento dos oficiais desses exércitos, a autoridade por eles exercida sobre os soldados e o regime de financiamento de despesas militares adoptado por aqueles exércitos. Enquanto as tropas francesas eram sustentadas na base da requisição local dos bens e serviços de que careciam, e isso facilitou também a expansão militar francesa, os exércitos aliados adquiriam os serviços e bens pelo pagamento imediato aos fornecedores. É compreensível que tal regime não suscitasse reacções violentas da parte das populações civis nos territórios ocupados. Excessos da tropa sempre os houve, tendo ficado memorável o saque da tropa inglesa na cidade espanhola de São Sebastião, onde foi assassinado um oficial português, por ter querido evitar a pilhagem dos britânicos, conforme ofício de Wellington (ver Gurwood, *Recueil..,* p. 778). Mas foram severamente reprimidos pelos generais ingleses. Tal como já o tinham sido em Portugal, onde soldados ingleses e portugueses foram enforcados por terem sido apanhados em pilhagens. A doutrina estabelecida em matéria de presas ficou claramente definida por Beresford, a propósito da venda de cavalgaduras tomadas em Coimbra pelo coronel Trant, venda feita «sem autoridade alguma, porquanto todas as presas pertenceriam a S.A.R., nenhum oficial tendo o direito de dispor delas», pelo que dos objectos tomados ao inimigo se deveria fazer inventário, a enviar ao comandante-chefe («Ordem do Dia» de 15 de Novembro de 1810). Presas tomadas às populações nem sequer eram admissíveis. Será oportuno referir que a Regência do Reino, ou, pelo menos, um dos seus membros, o já referido D. José António de Meneses e Sousa Coutinho, mais conhecido por «principal Sousa», pois se tratava de um dos cónegos da Patriarcal de Lisboa, procurou contrariar a participação das tropas portuguesas nas operações

Buçaco (1810) e de Albuera (1812), em que os soldados portugueses tiveram participação de relevo, constituíram elementos muito valiosos. Até essas batalhas, não era de excluir que a Inglaterra, desanimada com alguns insucessos militares próprios e com a relutância dos Espanhóis quanto à aceitação de comandos ingleses, se dispusesse a reembarcar as suas divisões e a procurar uma solução negociada, como acontecera em 1802. Parece conveniente ter em conta que aquelas primeiras grandes vitórias obtidas sobre os exércitos napoleónicos datam de uma época em que a situação de Bonaparte no plano internacional era excelente, depois de ter derrotado os austríacos em Wagram, do consequente casamento do imperador francês com a arquiduquesa Maria Luísa e do bom entendimento da França com a Rússia, só quebrado em 1812, por precipitação francesa em face das exigências do imperador moscovita quanto à Prússia e quanto ao grão-ducado de Varsóvia, que Napoleão estabelecera[165]. Porque a Rússia, como outras potências, cedera à tentação de, através da aliança com a França, satisfazer ambições locais, arrebatando à Suécia, aliada da Inglaterra, todo o território da Finlândia, em 1803[166].

---

que decorreram já fora do território nacional, por entender que Portugal não podia realizar tão grande sacrifício sem pôr em risco grave «a sua povoação, a sua cultura, as suas artes, o seu numerário e o seu comércio», ficando «à mercê e influência daquela Potencia, que bem lhe parecer formar se arbitra do seu destino» (ver carta do «principal Sousa» ao príncipe, de 22 de Janeiro de 1814, in Ângelo Pereira, *D. João VI, Príncipe e Rei - A Independência do Brasil*, pp. 167 e ss.).

[165] Sobre a importância das referidas batalhas, do Buçaco e de Albuera, e da contribuição militar portuguesa durante toda a campanha, cf. Sir John Jones, *Histoire de la Guerre d'Espagne et de Portugal pendant les Années 1807 a 1813*, trad. franc. com as notas e comentários de Alphonse de Beauchamp, Paris, 1819, esp. voL 1, pp. 183 e 240 e ss.; vol. II, pp. 40-41 e 46. Wellington, que, em carta de 25 de Julho de 1813, dirigida ao conde de Liverpool, designou afectuosamente os portugueses como os «coqs» do seu exército, não regateou elogios ao comportamento das brigadas portuguesas e da divisão comandada por Frederico Lecor, durante a campanha de Guipúscua e a invasão de França (ver Gurwood, *Recueil...*, pp. 746 e ss., 766, 768 e 791).

[166] Sob a influência de uma crise financeira grave, atribuída à adesão ao Bloqueio Continental, a Rússia, a partir de 1811, passou a receber de novo as mercadorias inglesas.

d) *A paz de 1814*

Conseguida a paz geral, importava, naturalmente, dar-lhe expressão jurídica, através de um tratado. E, tendo obtido uma vitória completa, esmagadora, sobre os Franceses, as potências coligadas poderiam ter-lhes imposto as mais duras condições. Em vez disso, limitaram-se a reduzir a França às fronteiras de 1792, ou seja, limitaram-se a atribuir aos Estados invadidos pelos Franceses os seus próprios territórios. Além de terem garantido a Napoleão e aos membros da sua família títulos, rendas e capitais avultados. E os soberanos das potências ocupantes – entre os quais o imperador da Rússia, instalado em Paris com as suas tropas, pontificava – pareciam querer até marcar bem a diferença entre a sua própria benevolência e as violências arbitrárias de que tinham usado os franceses nos países ocupados. O imperador Alexandre esforçava-se por afectar um total alheamento em relação aos problemas internos da França vencida. O rei da Prússia e o austríaco príncipe Schwarzenberg, que com ele estavam em Paris, não contrariaram esta orientação do soberano moscovita. Em consequência, foi o Senado que Napoleão criara e que, de facto, nunca exercera qualquer poder político, o órgão chamado a representar os interesses da França. E esse mesmo Senado, orientado por Talleyrand, chamou ao trono os Bourbons, em nome do povo francês. Nem parece que então os Estados vencedores se tivessem mostrado particularmente interessados no princípio da legitimidade monárquica e na consequente restauração da dinastia francesa[167]. Mas compreenderam os Estados vencedores os perigos de entregar o trono ao filho de Napoleão, ainda que sob a regência da mãe, a arquiduquesa austríaca Maria Luísa, ou a Bernardotte, o general francês que se tornara rei da Suécia, ou ao príncipe Eugénio, enteado de Bonaparte. O duque de Orléans, Philippe-Égalité, fora guilhotinado, não tendo ainda o filho posição de relevo político[168].

---

[167] Tinham sido sempre difíceis as relações dos diversos monarcas com os príncipes franceses emigrados depois da Revolução, que, admissivelmente, teria tido uma bem mais curta duração se aqueles monarcas se dispusessem, em termos decididos, a restaurar os Bourbons.

[168] O filho de Philippe-Égalité, Louis-Philippe subiria ao trono de França em 1830, numa base revolucionária, tendo inaugurado um regime de monarquia burguesa, que foi derrubado pela revolução republicana de 1848, a que sucedeu, de novo, o Império e, a este, a III República (1871).

Uma solução republicana não parecia ser desejada então pelos Franceses, que, por a rejeitarem, tinham dado o poder a Bonaparte. Luís XVIII apareceu como solução de recurso, num momento em que a aristocracia francesa sobrevivente já em boa parte aceitara, embora com amargura, a solução napoleónica, como mal menor. Receando, porém, que a França regressasse, sob os Bourbons restaurados, ao Antigo Regime, os Estados vencedores deram todo o apoio ao Senado, ao Governo Provisório presidido por Talleyrand e à nova Constituição elaborada, que Luís XVIII e o irmão, conde de Artois, futuro Carlos X, não queriam aceitar[169]. Os escrúpulos daqueles príncipes foram dissipados pelas pressões do imperador Alexandre, através da subtileza que consistia em fazer outorgar a Constituição pelo rei. O autocrata russo não deixaria entrar Luís XVIII na sua capital enquanto ele não produzisse uma afirmação pública quanto à aceitação de um sistema representativo, de base bicameral. Donde a proclamação de Saint-Ouen, de 3 de Maio de 1814. Nas zonas ocupadas pelas tropas portuguesas e inglesas, entre as quais se encontrava o duque de Angoulême, já fora proclamada, pelas populações, a realeza de Luís XVIII, que beneficiou de discreto apoio da parte de Wellington.

---

[169] As resistências vinham, sobretudo, do conde de Artois, futuro Carlos X, que sempre encabeçara os «ultras» franceses. Luís XVIII, conde de Provença, pelo contrário, era tido por permeável aos ideais políticos do liberalismo constitucional, ao menos antes da Revolução. Os sucessos revolucionários, o exílio, a morte do irmão, Luís XVI, da cunhada, Maria Antonieta, e do sobrinho, Luís XVII, tornaram-no céptico relativamente aos ideais da juventude. Mesmo assim, Luís XVIII, sob o seu reinado, acarinhou bastante os políticos liberais e as suas soluções ditas conciliatórias, políticos esses que vinham dos períodos revolucionários e bonapartista. No dizer da princesa de La Trémoille, em carta a Hyde de Neuville, «les révolutionnaires, sous différents noms, n'ont pas cessé une minute de tenir les rênes du gouvernement: quelle position pour le détruire!» *(Mémoires et Souvenirs du Baron Hyde de Neuville*, II, p. 346). Só após o assassinato do sobrinho, duque de Berry, filho do conde de Artois, futuro Carlos X, Luís XVIII passou a seguir uma política mais favorável aos «ultras», que o irmão, tendo subido ao trono em 1824, procurou continuar. Mas talvez demasiado tarde, porque o equilíbrio internacional da Santa Aliança já se aproximava da sua crise final, enquanto ex-republicanos e ex-bonapartistas tinham ocupado posições fundamentais durante o reinado de Luís XVIII. Além de que, após a sua subida ao trono, Carlos X se mostrou bastante mais favorável aos liberais do que antes. Ou pelas próprias exigências das responsabilidades de governo ou, conforme já se tem admitido, por influência exercida pelo delfim junto do pai.

Fig. 18 – *Sessão Plenária do Congresso de Viena, vendo-se Lobo da Silveira, Saldanha e Palmela, respectivamente o quarto, o quinto e o décimo a partir da esquerda. Gravura do séc. XVIII (Museu do Ressurgimento, Milão)*

Esta atitude, que recebeu o apoio dos outros Estados vencedores, acha-se perfeitamente de harmonia com o interesse que as potências mostraram, no início da Revolução, quanto ao estabelecimento de uma monarquia parlamentar em França. Depois de tantos sacrifícios, não desejavam as potências vencedoras contribuir para a estruturação de um regime forte naquele país. Mas é também compreensível que a Carta Constitucional de 1814, imposta a Luís XVIII, tenha estado na origem de muitos equívocos e contradições em que a Restauração francesa foi fértil[170].

No plano das relações externas, o armistício de 23 de Abril de 1814 (ver Borges de Castro, *Collecção...* IV, pp. 468 e ss.) fixou já as condições fundamentais da paz, constantes do Tratado de Paris de 30 de Maio (*ibidem*, pp. 474 e ss.). Embora baseado no princípio do regresso às fronteiras de 1792, este tratado atribuiu à França, para além destas, alguns territórios, nomeadamente Chambéry e Avinhão. No ultramar, a Inglaterra comprometeu-se a entregar à França os territórios ocupados, com excepção da Ilha de França, do arquipélago das Seychelles, de Tobago e de Santa Lúcia. As indemnizações estabelecidas ficaram muito aquém dos prejuízos causados pelos Franceses aos Estados vencedores. E, com poucas excepções, entre as quais se conta a dos manuscritos retirados da biblioteca de Viena, que a França se comprometeu a restituir, nem sequer foi prevista a devolução dos tesouros artísticos que as tropas francesas subtraíram do património dos Estados ocupados[171]. O tratado impôs também amplíssimas amnistias, a decretar em todos os Estados contratantes, em relação a actos de natureza política. Dadas as circunstâncias,

---

[170] Cf. Chateaubriand, *Mélanges Historiques et Politiques,* nova ed. Garnier, Paris; De Rochau, *Histoire de la Restauration,* trad. franc., Paris, 1867.

[171] Quando as tropas aliadas ocuparam Paris, em 1814, o imperador Alexandre da Rússia, que lá se instalou, assumiu o papel de grande árbitro, e em termos benevolentes relativamente à França. Essa benevolência revelou-se também quanto à sua recusa em associar-se às reclamações das potências aliadas, tendo em vista a restituição das obras de arte roubadas pelos franceses nos territórios ocupados. Mas parece que aquele desinteresse do imperador russo se explica também pelo facto de ter comprado à ex-imperatriz Josefina, por preço relativamente moderado, algumas obras de arte cuja origem não procurou esclarecer. Essas obras vieram a enriquecer o Museu de Ermitage (cf. André Fugier, «La Révolution Française et l'Empire Napoleónien», vol. IV da *Histoire des Rélations Internationales* de Pierre Renouvin, p. 340).

é dificilmente concebível um tratado de paz tão generoso para os vencidos[172].

E, na base deste tratado, com alguma ingenuidade, as tropas aliadas cessaram rapidamente a ocupação da França, deixando lá, armadas e equipadas, as tropas que Napoleão formara durante todo o seu domínio; e que continuaram mesmo a ser comandadas pelos mesmos marechais e generais do Império, na base de solenes compromissos de fidelidade por eles prestados ao rei Luis XVIII. Nestas condições, bastou que Napoleão regressasse da ilha de Elba para arrastar atrás de si essas mesmas tropas, embora no meio da indiferença, ou dos receios, das populações civis. Novamente a guerra agitou a Europa. Aqueles «Cem Dias» do regresso de Bonaparte custaram muitos milhares de vidas, preço da criminosa ingenuidade dos vencedores, aliada possivelmente aos erros de alguns emigrados franceses, que pouco terão aprendido durante o período do seu exílio. Levaram à carnificina de Waterloo[173]. Novamente Paris e outras

---

[172] Este Tratado de Paris de 30 de Maio de 1814 foi assinado pelo representante português, conde do Funchal, que nele, no entanto, não teve intervenção. Pelo art. 10.º deste tratado já se previa a retrocessão do território da Guiana Francesa, ocupado por tropas portuguesas em 1808, por arranjo amigável e sob mediação britânica. E porque do art. 3.º dos Adicionais constava a nulidade dos tratados de Badajoz e de Madrid de 1801, daí deveria inferir-se a restituição a Portugal de Olivença, que não se verificou. Já era desfavoravelmente significativo que, após a reconquista de Olivença aos Franceses, em 1811, por forças anglo-portuguesas, sob o comando de Beresford, este tivesse entregado a espanhóis a administração daquela vila. A Corte do Rio de Janeiro não ratificou o Tratado de Paris, por ter reagido mal à retrocessão da Guiana; mas esta acabou por ser aceite por Portugal, através das negociações de Viena.

[173] Conforme já antes referido, não participaram tropas portuguesas da campanha militar que culminou em Waterloo; porque a Regência, presidida pelo «principal Sousa», as soube poupar, resistindo às solicitações de Canning, de Wellington e de Palmeia, no sentido do seu envio para a Bélgica (ver Ângelo Pereira, *D. João VI, Príncipe e Rei - A Independência do Brasil*, p. 182). Wellington mostrou-se agastado por isso, em carta dirigida a Beresford (ver Júdice Bicker, *Supplemento à Collecção...*, XVI, p. 288; Gurwood, *Recues..*, pp. 872-3, 899-900 e 922). Sobre a ingenuidade da Restauração francesa face ao bonapartismo, bastará referir que Luís XVIII cometeu a Ney, marechal do Império, o comando das tropas que haviam de deter Napoleão, regressado da ilha de Elba. O marechal logo se apressou a aderir à nova aventura bonapartista. Também já depois do desembarque de Napoleão, Talleyrand, desde Viena, recomendava a Luís XVIII que não entregasse comandos militares ao general Mathieu, por ser muito dedicado a «Joseph Buonaparte» (ver *Correspondance Inédite du Prince de Talleyrand et du Roi Louis XVIII pendant le Congrès*

cidades foram ocupadas por prussianos e ingleses. Desta vez, em termos menos benévolos. Os prussianos foram então buscar aos museus e palácios algumas das obras de arte que lhes tinham sido roubadas pelos franceses. Mas não parece que se tenham excedido nessas restituições. Também dessa vez as tropas aliadas não quiseram saber dos votos emitidos pelas câmaras políticas no sentido de chamar ao trono francês Napoleão II, ou o duque de Orléans, ou o príncipe de Orange, ou o rei de Saxe, pois todos esses nomes foram sugeridos. Em Julho de 1815, Luís XVIII terá ficado a dever o trono às atitudes do general prussiano Blücher e do general inglês Wellington, que ocupavam Paris. Também as tropas ocupantes, que se elevaram ao número de um milhão de homens, impuseram contribuições às cidades ocupadas, tal como as tropas francesas tinham feito.

O novo tratado de paz, assinado a 20 de Novembro de 1815, também já não foi tão favorável para a França. Designadamente quanto a indemnizações a pagar aos vencedores e à ocupação militar estrangeira das fortalezas francesas do Norte e do Leste durante cinco anos[174].

8. Portugal no Congresso de Viena

a) *O ambiente do Congresso de Viena*

Previra já o Tratado de Paris que se reunisse em Viena um congresso, no qual se haviam de discutir e definir as bases da paz, quanto a todos os aspectos não contemplados por aquele tratado,

---

de Vienne, p. 327). A ingenuidade que terá levado ao desembarque de Napoleão, aos «Cem Dias» e a Waterloo, às vezes, suscita estranhezas, por excessiva. Já se admitiu mesmo que o Governo inglês tivesse facilitado a fuga de Elba, para melhor combater, depois, qualquer tentativa de renascimento bonapartista, ou para melhorar a posição britânica no concerto internacional. Com efeito, Waterloo, vitória de britânicos e prussianos, diminuiu as posições relativas de Viena e de Sampetersburgo. A oposição pretendeu que a responsabilidade do Governo quanto à fuga de Elba fosse investigada; mas a proposta respectiva foi derrotada no Parlamento inglês (ver Thompson e Padover, *Secret Diplomacy,* p. 250).

[174] Sobre os acontecimentos em Portugal entre1807 e1815, cf. Lopes de Almeida, «A Guerra Peninsular», in *História de Portugal,* de Barcelos, vol. VI, pp. 321 e ss.

mas em obediência às regras gerais nele estabelecidas. Tal foi o objecto do célebre Congresso de Viena. A oposição entre os dois mais poderosos Estados vencedores, a Grã-Bretanha e a Rússia, dava à Áustria uma posição de particular relevo, reforçada pela permanência na capital austríaca, durante longos meses, dos plenipotenciários enviados ao Congresso. Entre os quais se contavam membros das famílias reais, ministros, generais, diplomatas – procurando todos, para além do equilíbrio europeu, a defesa dos interesses particulares dos seus representados.

Metternich, antigo embaixador austríaco em Paris e então ministro do imperador Francisco II, soube aproveitar o Congresso em termos de apresentar Viena como o centro da Europa triunfadora sobre as ruínas da Revolução e do bonapartismo[175]. O fausto elegante e sóbrio da cidade imperial não foi alheio a tal efeito. As centenas de representantes diplomáticos reunidos em Viena não deixaram de ser sensíveis àquele ambiente de aristocráticos requintes. Ficaram célebres as festas oferecidas pela Corte de Viena aos plenipotenciários estrangeiros, as quais, aliadas ao arrastamento das negociações, terão justificado a designação de «congresso que dança». E, enquanto os congressistas de Viena eram aliciados pelas novas «delícias de Cápua» da capital do Império, parecendo, por vezes, pouco terem aprendido através das perseguições e exílios que tantos deles tinham experimentado, em França os bonapartistas ameaçavam destruir a obra já realizada e lançavam de novo a Europa na guerra. Mas não parece que os «Cem Dias» tenham perturbado muito os trabalhos do Congresso de Viena, cujo «acto final» foi assinado (9 de Junho de 1815) ainda antes de Waterloo (18 de Junho).

Tornou-se fácil aos inimigos da «nova ordem», estabelecida em Viena, estigmatizar o Congresso e os congressistas, pondo em relevo

---

[175] A figura de Metternich domina toda a política da primeira metade do século XIX. Ele simboliza o renascimento da Áustria, após todos os sofrimentos e humilhações que lhe foram impostos pelas guerras da Revolução e do Império. Mas simboliza também o esforço da Europa no sentido de um equilíbrio de forças que, travando a expansão britânica como a expansão prussiana, havia de assentar largamente no entendimento entre Viena e Paris, tal como já fora concebido pela imperatriz Maria Teresa e por Luís XV (sobre Metternich, cf. *Mémoires, Documents et Écrits Divers*, 8 vols., Paris, 1880-1881; Algernon Cecil, *Metternich*, trad. port., Lisboa, 1947).

as futilidades e as defesas de pequenos interesses, que lhes ficaram ligadas, como, mais ou menos, a toda a obra humana. Mas as caricaturas do Congresso de Viena não lhe retiraram nem a grandeza nem a originalidade. Nunca antes se tinham reunido representantes de tantos Estados sob a preocupação de solucionar problemas comuns. Dificilmente se terá podido apontar antes uma semelhante concentração de «inteligências», salvo, talvez, em concílios ecuménicos. Alguns dos plenipotenciários eram também grandes vultos da intelectualidade. Tal o caso do barão de Humboldt, representante da Prússia. Também impressiona em Viena, como já antes através das negociações que levaram ao Tratado de Paris, o respeito dos vencedores pelos vencidos[176]. E nem importará discutir se esse respeito se ficou

---

[176] Na apreciação da atitude de respeito dos vencedores pelos vencidos importa sublinhar que o representante da França no Congresso era o próprio Talleyrand, que já fora ministro dos Negócios Estrangeiros da Revolução e de Bonaparte. Com a sua proverbial sagacidade e o seu oportunismo, Talleyrand soubera impor-se a Luís XVIII como homem indispensável à defesa dos interesses da França, apesar do seu passado. Os «quatro grandes» de então (Grã-Bretanha, Rússia, Áustria e Prússia) procuraram inicialmente situar a França e o seu representante ao nível das pequenas potências. Mas Talleyrand, bastante apoiado por Portugal, pela Espanha e pela Suécia, conseguiu uma posição cimeira no Congresso, acabando por transformar-se em árbitro das pendências que opuseram os dois blocos Inglaterra-Áustria e Rússia-Prússia. No Congresso de Viena sobressaem três figuras: a do imperador moscovita Alexandre, a do ministro austríaco Metternich e a do ministro francês Talleyrand. Os dois últimos podem ser apontados como exemplos paradigmáticos de diplomatas. Pelo talento, pela habilidade, pelo conhecimento dos homens, pelo afinado sentido das oportunidades que não podem desperdiçar-se. Mas o relevo de Metternich, apesar de ele ter dominado toda a política da primeira metade do século XIX, deriva, em larga medida, de representar os vencedores, ou uma grande potência vencedora. Talleyrand, pelo contrário, representou os vencidos. E, por isso, a sua estatura suscita maior curiosidade ainda. Desviado da carreira militar, tradicional na família, em consequência do defeito físico que sempre lhe dificultou a locomoção, Carlos Maurício de Talleyrand-Périgord seguiu a carreira eclesiástica; mas tinha uma vida de tal modo escandalosa que sua mãe, por escrúpulos religiosos, se recusava a recebê-lo. Mesmo assim, a sua inteligência, a sua cultura e a protecção de Luís XVI, solicitada pelo próprio pai de Talleyrand, elevaram-no ao episcopado, em 1788. Mas, logo no ano seguinte, o novo bispo de Autun deixou a sua diocese, porque fora eleito deputado aos Estados Gerais. Nessa qualidade propôs a secularização dos bens da Igreja; e, em 1791, quebrou por completo a sua vinculação eclesiástica. Parlamentar, diplomata em Londres, proscrito pela Revolução e emigrado, sob graves acusações que punham em causa a sua honorabilidade, Talleyrand ganhou relevo político em 1795, com o Directório, que o chamou para ministro dos Negócios Estrangeiros. A partir de então serviu todos os regimes; até à monarquia de Luís Filipe, durante a qual foi embaixador em Londres. Segundo as declarações que, redigidas juntamente com o testamento, desejou fossem conhecidas de

devendo à circunstância de os vencedores recearem mais as ambições uns dos outros do que a capacidade de reacção dos vencidos. A benevolência dos vencedores em Viena parece dever atribuir-se, sobretudo, ao desejo de paz que animava os congressistas e, naturalmente, os povos por eles representados. É nítida no Congresso de Viena a nostalgia de uma comunidade europeia, perdida através das guerras de religião, a partir do século XVI. Reveladora também do estado de espírito característico do Congresso de Viena é a atitude por ele definida relativamente à abolição da escravatura. Para além dos interesses materiais e políticos ligados àquela abolição, que iria atingir, sobretudo, alguns Estados cujas actividades dependiam da mão-de-obra escrava, depara-se-nos no abolicionismo definido em Viena o ideal cristão de respeito pela dignidade dos seres humanos. É certo que nas soluções de Viena houve também algum geometrismo, parecendo incompatível com aquele respeito; e que se revelou nas atribuições de territórios e populações a uma ou outra soberania, ao sabor de interesses alheios àquelas mesmas populações. Mas tal geometrismo tem sido, mais ou menos, de todos os tempos, sem excluir, de modo algum, o século XX. E, ainda assim, o geometrismo de Viena não desconheceu por completo as bases morais, étnicas e históricas das comunidades, como aconteceu com outros geometrismos bem posteriores. Não estava, necessariamente, no espírito do Congresso de Viena a preocupação de consulta às populações sobre o seu próprio destino, que mais tarde se tornaria mais ou menos obrigatória. Mas poderá razoavelmente pôr-se o problema de saber se tais consultas, quando realizadas após a consumação de factos tais como a tomada do Poder por um grupo favorável à solução já decidida,

---

todos os seus familiares e amigos, Talleyrand nunca recebeu de qualquer Governo mais do que lhe deu; e também não abandonou nenhum antes de ele se ter abandonado ele próprio. Não terá sido Talleyrand um modelo de constância de opiniões, ou de craveira moral, mas foi, por certo, um modelo de habilidade política, que, servindo os seus próprios interesses, não deixou de servir os da França (ver Duff Cooper, *Talleyrand,* Londres, 1932). Barras, que, quando dominava o Directório, chamou Talleyrand para o Ministério dos Negócios Estrangeiros, segundo ele por influência de Mme. de Staël, deixou do referido político e diplomata um retrato físico, moral e até intelectual extremamente desagradável (ver *Mémoires de Barras,* II, p. 44 8); mas importará recordar que Barras, atraiçoado, ao menos no plano político, pelos seus protegidos Napoleão e Josefina, se mostrou impiedoso para estes e para quantos seguiram o seu carro triunfal, como foi o caso de Talleyrand.

a neutralização dos elementos opostos, a transferência de núcleos demográficos, etc., alterará os termos fundamentais da questão de ordem ético-política que está em causa.

O Congresso de Viena manteve-se, pois, a um nível superior de defesa da paz e dos interesses dos povos. Nele se formaram rapidamente dois blocos, a Áustria alinhando com a Inglaterra e a Prússia com o Império moscovita. Da formação destes blocos beneficiou a França e o seu representante Talleyrand[177]. Este tornou-se árbitro do Congresso quando a Inglaterra e a Áustria dele precisaram para limitar as ambições russas e prussianas quanto à Polónia e quanto ao Saxe. Inclusivamente, chegou a admitir-se um rompimento entre os vencedores e uma aliança da Áustria, da Grã-Bretanha e da França[178], vencida da véspera, contra os expansionismos moscovita e prussiano. Mas todos estavam fartos de guerra. A Inglaterra conseguira, finalmente, a paz com os Estados Unidos e preparava-se para cuidar do destino da América Latina. Algumas largas concessões se fizeram aos expansionismos moscovita e prussiano.

Uma das questões europeias que o Tratado de Paris não solucionara fora a da Polónia. Em Viena, a Prússia recuou as suas posições na Polónia; a Áustria readquiriu a Galícia; Cracóvia tornou-se cidade independente e neutra; o grão-ducado de Varsóvia, criado por Napoleão, foi concedido ao imperador da Rússia, que o elevou a reino da Polónia, com garantias constitucionais e independência jurídica. A Prússia foi compensada, na Pomerânia, no Saxe e sobre o Reno, do que perdeu na Polónia. A Áustria estendeu o seu território

---

[177] Nas negociações de Viena a Áustria foi representada pelo ministro Metternich, a Grã-Bretanha geralmente pelo primeiro-ministro, Castlereagh, a Prússia por Hardenberg e Humboldt, a Espanha por Labrador, a Rússia directamente pelo seu imperador Alexandre, embora assistido pelos ministros Nesselrode, Capo d'Istria e Pozzo di Borgo. A orientação directa das negociações pelo próprio monarca, avessa aos usos internacionais, terá contribuído para alguns sucessos imediatos do czar em Viena. Sobre os plenipotenciários das grandes potências em Viena, ver Capefigue, *Les Diplomates Européens,* Paris, 1843.

[178] O rei de França Luís XVIII deu instruções a Talleyrand no sentido da celebração de um tratado secreto com a Inglaterra e a Áustria (ver Instruções de 5 de Março de 1815, in *Correspondance Inédite du Prince de Talleyrand et du Roi Louis XVIII pendant le Congrès de Vienne*, p. 314). E tal tratado terá sido celebrado, sendo o respectivo texto esquecido, em Paris, por Luís XVIII, quando, durante os «Cem Dias», se exilou de novo. Bonaparte ainda tentou utilizar aquele texto no sentido de dividir as potências adversárias (ver Thompson e Padover, *Secret Diplomacy,* p. 251).

para a Baviera, dando-se a esta compensações no Meno e no Palatinado. Nem a Prússia nem a Áustria reconheceram em si próprias forças bastantes para tentar a reconstituição do Santo Império. Estabeleceu-se a Confederação Germânica numa base juridicamente igualitária, cabendo, no entanto, à Áustria a presidência da Dieta respectiva. Também a Corte de Viena adquiriu a Ístria, a Dalmácia e Veneza[179], retomando o seu poder no Norte da Itália, na Lombardia e, indirectamente, através do grão-ducado da Toscana, atribuído ao arquiduque Fernando da Áustria, e através dos ducados de Parma, Plasencia e Guastalla, concedidos à arquiduquesa austríaca Maria Luísa, a mulher de Napoleão. Os Bourbons de Nápoles regressaram ao seu reino. E o Papa aos seus domínios. A Bélgica, que tantos problemas causara ao Império, sobretudo desde as reformas «iluministas» de José II, ali muito mal recebidas, foi absorvida pelos Países Baixos, através de uma solução infeliz, que, alguns anos depois, seria revista. A Suécia perdeu a Finlândia, em beneficio da Rússia, e a Pomerâmia, em beneficio da Prússia; mas adquiriu a Noruega, que antes pertencia à Dinamarca. O território de Génova foi entregue ao rei da Sardenha.

b) *A posição portuguesa no Congresso de Viena*

Portugal esteve representado no Congresso de Viena por Pedro de Sousa Holstein, conde de Palmela e futuro duque do mesmo título, António Saldanha da Gama e Joaquim Lobo da Silveira, na base de instruções expedidas pela Corte do Rio de Janeiro a 16 de Junho de 1814, quando aquela Corte ainda desconhecia o teor do art. 10.° do Tratado de Paris de 30 de Maio, que previa a retrocessão da Guiana Francesa. Ao ter dele conhecimento, negou-se a Corte portuguesa a ratificar o tratado. Mas, afinal, os plenipotenciários portugueses acabaram por aceitar a cedência da Guiana, que já fora decidida, sem consulta a Portugal, na base de negociações anglo-francesas.

---

[179] Desde o fim do século XVIII que Viena admitia facilmente a cedência da Flandres e mesmo da Lombardia a troco de uma absorção da república de Veneza. Daí a posição austríaca nos acordos preliminares de Loeben e no tratado de Campo Fórmio, celebrados em 1797 (cf. Guglielmo Ferrero, *Bonaparte en Italie*, pp. 182 e ss.; 249 e ss.).

Conseguiu-se, no entanto, em Viena, que a fronteira com a França na América ficasse definida pela linha do rio Orenoque, nos termos já estabelecidos em Utreque (Acto Final do Congresso de Viena, art. 107.º). Quanto a Olivença, foi reconhecido o direito de Portugal à respectiva devolução. Mas em termos que são claramente expressivos da ineficácia do reconhecimento. Não podendo as potências reunidas em Viena furtar-se àquele reconhecimento, mas não querendo hostilizar a Espanha, nem tendo particular interesse em agradar a Portugal, usaram da seguinte fórmula: «As Potências, reconhecendo a justiça das reclamações formuladas por Sua Alteza Real o Príncipe Regente de Portugal e do Brasil, sobre a vila de Olivença e os outros territórios cedidos à Espanha pelo Tratado de Badajoz de 1801, e considerando a restituição destes objectos como uma das medidas adequadas a assegurar entre os dois Reinos da Península aquela boa harmonia, completa e estável, cuja conservação em todas as partes da Europa tem sido o fim constante das suas negociações, obrigam-se formalmente a empregar por vias conciliatórias os seus mais eficazes esforços a fim que se efectue a retrocessão dos ditos territórios em favor de Portugal. E as Potências reconhecem, tanto quanto depende de cada uma delas, que tal retrocessão deve ter lugar rapidamente.» (Acto Final do Congresso de Viena, art. 105.º) Tratou-se, pura e simplesmente, de uma declaração diplomática de boa vontade, aliás baseada na irrecusável razão portuguesa[180].

Têm sido apontados como êxitos diplomáticos de Portugal em Viena não apenas estas soluções quanto à fronteira norte do Brasil e quanto ao platonismo do reconhecimento do direito a Olivença, mas também a limitação da esfera geográfca de abolição da escravatura à costa de África ao norte do Equador[181] e ainda a anulação do tratado

---

[180] Ver *Acto Final do Congresso de Viena*, in Borges de Castro, *Collecção...*, V, pp. 76 e ss.

[181] Esta limitação foi estabelecida pelo tratado luso-britânico de 22 de Janeiro de 1815, assinado em Viena. À Inglaterra era esta esfera geográfica antiesclavagista que fundamentalmente interessava; mas foi apontado como triunfo português o seu não alargamento ao Brasil, que precisava de mão-de-obra escrava. Note-se que, no começo do século XIX, a escravatura se achava enraizada nas instituições sociais de toda a América, da África e da Ásia. A Inglaterra tinha perfeita consciência então de que apenas podia tentar impedir o tráfico de escravos da África para a América, contribuindo, assim, para a ruína da economia norte-americana da época. Também parece conveniente pôr em relevo que, mesmo à face de regimes de conformismo generalizado em relação à escravatura, procurou a legislação portuguesa

luso-britânico de 19 de Fevereiro de 1810[182]. Não se vê motivo para referir qualquer assinalado êxito diplomático português em Viena. Ao fim de 22 anos de guerra, não obstante vencedores, dela saímos mais empobrecidos de haveres; e até de territórios. A Inglaterra hostilizou-nos quanto às nossas pretensões relativas à quota-parte na indemnização global a pagar pela França aos países aliados[183]. A reacção popular portuguesa foi nitidamente de frustração e desânimo. Mas, como noutras épocas da nossa História, era tão acentuado o complexo de inferioridade de alguns portugueses que, em certos meios, parecíamos congratular-nos por não termos sido ainda pior tratados, através de uma vitória para a qual tínhamos dado tão valiosa contribuição.

O problema, como tem acontecido também muito frequentemente em Portugal, recebeu todos os malefícios da personificação. Como Palmela foi um vulto marcado da política portuguesa do começo do século XIX, dividiram-se quanto à nossa actuação em Viena os «palmelistas», exagerando os méritos do plenipotenciário, e os «antipalmelistas», procurando denegri-los. Não estão especialmente em causa as qualidades dos diplomatas que representaram Portugal em Viena. É francamente admissível que a situação portuguesa, política, económica e militar, lhes não permitisse conseguir melhores resultados junto de potências que não viam particular interesse em favorecer um Estado desprovido de capacidade bastante de nego-

---

assegurar a defesa dos escravos. Assim, pelo Alvará régio de 24 de Novembro de 1813 foram condenadas as violências praticadas contra os negros transportados de África, «com manifesta transgressão dos direitos divino e natural», assim como da legislação de 1684 e 1730, estabelecendo-se regras rigorosas quanto ao alojamento e alimentação dos escravos nos navios que os transportavam, nos quais foi imposta a presença de um cirurgião (ver texto do Alvará in Pereira da Silva, *Historia da Fundação do Imperio Brazileiro,* III, pp. 348-359).

[182] Este tratado foi declarado nulo pelo de 22 de Janeiro de 1815. Pelo tratado de 1810 Portugal comprometera-se a ceder Bissau e Cacheu à Inglaterra se, por diligências desta, nos fosse cedida Olivença. Diziam, por isso, os diplomatas portugueses recear que, tendo o direito à restituição de Olivença sido reconhecido em Viena, o Governo inglês pretendesse exigir aquelas referidas possessões africanas. Donde o êxito da anulação do tratado de 1810.

[183] A Portugal foi atribuída a mais baixa participação nas contribuições de guerra impostas à França, inferior à da Suíça e à da Dinamarca (ver Júdice Bicker, *Supplemento à Collecção...,* XVI, pp. 397 e ss.).

ciação[184]. A Inglaterra dominava o comércio do Brasil, desde o tratado de 1807; e ocupava até militarmente o território português, designadamente na base do comando militar confiado a Beresford. Era com a Inglaterra que as outras potências procuravam entender-se quando pretendiam qualquer coisa de Portugal. Assim fez a França para a restituição da Guiana. Porque a Inglaterra e a França esperavam obter vantagens da Espanha, sobretudo na América, não estavam dispostas a hostilizá-la por causa de Olivença[185]. E, conforme é habitual, todos pareciam ter-se esquecido da importância que Portugal tivera no processo de abatimento do poder napoleónico[186]. Nas negociações internacionais, como, aliás, em quaisquer outras, pesam bastante mais os *serviços esperados* do que os serviços prestados.

---

[184] É de notar que, segundo documentação respeitante ao Congresso de Viena, os diplomatas portugueses foram os que menos frequentemente suscitaram problemas nas negociações, entre todos os representantes reunidos em 1815 na capital austríaca. Não deverá esquecer-se, no entanto, que, com frequência, as diligências diplomáticas de maior relevo são feitas em plano pessoal, não constando essas, geralmente, da documentação publicada. Importará também referir que, segundo ofícios do secretário de Estado dos Negócios Estrangeiros para Palmela, este defendia posições totalmente opostas às instruções recebidas, pelo que deveria passar a cingir-se estritamente a estas instruções do seu Governo (ver Júdice Bicker, *Supplemento à Collecção...*, XVI, pp. 372 e ss.; 383 e ss.).

[185] Ver Damião Peres, «Fim da Guerra Peninsular: a Paz Geral», in *História de Portugal,* dirigida por Damião Peres, VI, pp. 349 e ss.; António Vianna, *Introdução aos Apontamentos para a Historia Diplomatica Contemporanea,* pp. 171 e ss.; Maria Amália Vaz de Carvalho, *Vida do Duque de Palmela,* I, pp. 263 e ss.; Queiroz Veloso, *Como Perdemos Olivença,* Lisboa, 1933; *Le Congrès de Vienne et les Traités de 1815,* com introdução histórica de Capefigue, 2 vols., Paris, 1863; Ana Leal de Faria, *Arquitectos da Paz...,* pp. 155-157.

[186] Poderá parecer, por vezes, exagerado o relevo atribuído à guerra de Espanha e de Portugal, entre as causas da derrota final francesa. Mas esse relevo foi-lhes dado por Napoleão, julgador qualificado em tal matéria. Segundo Las Cases, o imperador ter-lhe-á dito, a propósito da guerra de Espanha: «Cette malheureuse guerre m'a perdu» (ver *Mémorial de Sainte-Hélène*, I, p. 547) [...] «elle a ouvert une école aux soldats anglais» *(ibidem)*. Esta escola encontraram-na os soldados ingleses, sobretudo, em Portugal, como se sabe. E, noutra passagem: «[...] cette malheureuse affaire d'Espagne est venue subitement tourner l'opinion contre moi et réhabiliter l'Angleterre. Elle a pu dès lors continuer la guerre; les débouchés de l'Amérique méridionale lui ont été ouverts; elle s'est fait une armée dans la péninsule, et de là elle est devenue l'agent victorieux... c'est ce qui m'a perdu» *(ibidem,* p. 693). Os mercados da América Meridional foram assegurados à Inglaterra, em larga medida, pela instalação da Corte portuguesa no Brasil. No mesmo sentido, ver Bertrand, *Cahiers de Sainte-Hélène (1818-1819),* p. 225. Guingret, oficial francês que escreveu sobre a guerra peninsular, observou sobre a mesma: «É com injustiça que se atribui a expulsão dos franceses da Espanha aos espanhóis: devem principalmente o livramento da sua pátria às forças da Inglaterra e às de Portugal» (ver Bernardes Branco, *Portugal e os Estrangeiros,* I, p. 365). Às forças de Portugal depois de disciplinadas por Beresford.

CAPÍTULO VI

POLÍTICA EXTERNA PORTUGUESA DO RIO DE JANEIRO
(1808-1820)

TÍTULO I
As Perspectivas Portuguesas entre 1807 e 1815

É facilmente admissível que a permanência da família real em Lisboa, ao tempo da ocupação francesa, tivesse tornado esta mais gravosa ainda. Tanto pelos efeitos imediatos como pelos diferidos no tempo. A Coroa portuguesa teria sido comprometida ela própria nas aventuras napoleónicas. E a esse comprometimento ter-se-iam seguido as inevitáveis retaliações britânicas no Ultramar, onde chegassem as armadas inglesas. Com a relativa serenidade que o distanciamento cronológico já permite, concluir-se-á no sentido de que a fixação da Corte portuguesa no Brasil correspondeu, então, à melhor, ou menos má, solução possível. E, apesar de tal solução ter sido várias vezes admitida em Portugal, desde o século XVII, importará pôr em relevo também o seu carácter inédito. Pela primeira vez, a capital de um Estado se fixava num território colonial. O sentido ultramarino português não poderia revelar-se mais nitidamente; pois, sem tal sentido, a Corte, mesmo abandonando Lisboa, ter-se-ia instalado, provavelmente, na Inglaterra[1]. Também quanto à fixação da Corte no Brasil, Portugal foi inovador. Mas nenhuma destas considerações, nem a conclusão para a qual a atitude assumida foi a melhor possível, ou a menos má, exclui as fundas apreensões que a situação criada havia de suscitar aos responsáveis. E, naturalmente, havia de pôr-se o pro-

---

[1] Era essa a atitude que estava nos hábitos dos reis e notáveis europeus perseguidos pelos seus inimigos. Refugiavam-se num país amigo, ou como tal julgado, mas sem abandonarem a Europa. E, ainda durante a II Guerra Mundial, boa parte das famílias reais e dos governos cujos países foram invadidos pela Alemanha se refugiaram na Inglaterra, sendo certo que, nalguns casos, como o da Holanda, poderiam ter-se instalado em domínios coloniais.

blema de saber se, afinal, através das guerras da Revolução e do Império, se não teriam perdido todos os esforços e sacrifícios orientados no sentido de manter a comunidade nacional, através de múltiplas adversidades. Não estaria a metrópole portuguesa definitivamente perdida? Seria possível continuar na América aquela comunidade nacional? É de notar que as circunstâncias da época pouco permitiam conhecer do Brasil e das suas possibilidades. Sobretudo àqueles que lá nunca tinham estado. E achavam-se nessas condições quase todos os que partiram em 1807, do Brasil só conhecendo os relatos dos governadores, as narrativas de viajantes e alguns produtos. Antes, tinham seguido para a América apenas os ambiciosos de bens ou de engrandecimento de seu estado social, além dos que lá iam expiar culpas. Compreende-se, pois, a ansiedade que havia, no plano individual, de dominar os menos aventureiros e que, a nível colectivo, se mostraria paralela. Muitos dos que então partiram não cuidavam voltar às suas terras. Muitos outros, que esperavam regressar, o não conseguiram. Alguns, com capacidade bastante para julgar dos perigos comuns através das provações pessoais, terão meditado sobre a viabilidade nacional no meio de tão adversos e inusitados condicionalismos. É de crer que fosse o caso do príncipe e dos seus conselheiros.

Eram tais as adversidades dos tempos, no plano geral, que bem poderia excluir-se a hipótese de terem sido Portugal e os Portugueses especialmente visados pela conjuntura. Fossem quais fossem as culpas que pesassem na consciência dos governantes, não lhes seriam atribuíveis males que atingiam os mais diversos povos, ao menos na Europa, onde, do Mediterrâneo ao Báltico, se não conheciam refúgios seguros. E, já instalada no Rio de Janeiro, mais consciente das potencialidades brasileiras, a Corte portuguesa havia de encontrar algumas consolações nas notícias idas da Europa. Designadamente ao saber que o poderoso chefe da Casa de Habsburgo, o imperador, tivera de entregar uma filha, como presa de guerra, ao aventureiro corso que pusera fogo às nações. E, apesar de coincidirem com tais notícias as de alguns triunfos das armas anglo-lusas sobre os franceses, entende-se que a Corte portuguesa, contemplando, de longe, as incertezas da Europa, se afincasse em formar no Brasil uma nova metrópole, digna das tradições nacionais. Também essa construção de uma nova metrópole havia de suscitar apreensões, tendo em vista as cobiças externas que, mais uma vez, pairavam sobre o Brasil, assim como os ecos dos movimentos insurreccionais, mal definidos ainda, vindos das vizinhas colónias espanholas. No Brasil, como na Europa, se ia acentuando a absoluta dependência portuguesa da Inglaterra, que durante todo o século XVIII, mais ou menos, se tentara reduzir. Mas, de momento, nenhuma nova tentativa se poderia fazer nesse sentido. Na Europa, os soldados portugueses eram comandados por oficiais ingleses, eram equipados e pagos pela Inglaterra, combatiam em obediência a uma estratégia global britânica, que poderia não se ajustar inteiramente aos interesses de Portugal. Parte do Ultramar – Madeira, Goa, Macau – achava-se ocupada por tropas inglesas. A própria posição portuguesa no Brasil muito dependia da benevolência britânica. E só podendo escolher – se é que podíamos – entre a subordinação à Inglaterra e a subordinação à França, nem se justificariam os lamentos. De resto, num plano beneficiara muito já a Corte portuguesa com a saída de Lisboa. Cessara a forçada duplicidade, o constante e, por vezes, deprimente equilíbrio, que há anos lhe estava sendo exigido, entre os interesses britânicos e franceses. Logo em 1 de Maio de 1808, o príncipe-regente declarara guerra à França, explicando largamente as razões da sua decisão e salvaguardando, com clareza, os direitos de Portugal relativamente a compromissos que, tendo sido violentamente extorquidos, eram nulos[2]. Tal o caso dos tratados de Badajoz de 1801, por um dos quais a vila de Olivença e seu termo tinham sido cedidos à Espanha[3]. No Rio de

---

[2] Ver Júdice Bicker, *Supplemento à Collecção...*, XV, pp. 112 e ss.

[3] A declaração de guerra consta de um manifesto cujo projecto foi escrito, directamente em francês, pelo secretário de Estado dos Negócios Estrangeiros e da Guerra, Rodrigo de Sousa Coutinho, manifesto destinado a tornar a Europa «sciente da conducta do governo português em face da agressão napoleónica». Aquele projecto foi submetido à apreciação do Conselho de Estado; e sobre o mesmo elaboraram minuciosos pareceres escritos todos os seus membros. Tais pareceres foram quase todos elaborados em termos que honram os signatários, pela elevação, pela independência, pelos conhecimentos jurídicos e políticos que revelam e até pela dignidade da forma. Designadamente o de António Araújo de Azevedo, antigo secretário de Estado e tido por afeiçoado à França, que não hesitou em tecer reflexões bem significativas quanto às discordâncias. Também o conselheiro de Estado visconde de Anadia se sentiu obrigado a mostrar o seu «disentimento do esboço em questão; reconhecendo aliás ter sido elle dictado pelo patriotismo, e pelo zelo do Real Serviço, e escripto por hum Collega, cujas luzes, e actividade» sabia avaliar e estimar «como estas não vulgares qualidades merecem». Outras discordâncias manifestaram os conselheiros de Estado D. Fernando José de Portugal, D. João de Almeida Melo e Castro e o marquês de Belas.

Janeiro achava-se triunfante o «partido inglês». Quando se alcançasse a paz geral, com ou sem retorno à Europa, o livre acesso dos representantes de Portugal às várias Cortes, em conformidade com o equilíbrio de forças internacionais que viesse a estabelecer-se, permitiria um melhor desafogo para os Portugueses. A partir de 1813, as notícias recebidas da Europa haviam de reforçar esta convicção. Afinal, a Grã-Bretanha não era a única potência sobrevivente, apenas com ela Portugal podendo contar. Para protegê-lo, e para dele se fazer pagar por essa mesma protecção. A Rússia, antes aliada da França, era uma grande potência cuja cavalaria descera ao centro da Europa. A Áustria renascia de todos os desastres e humilhações sofridos. Os Estados Unidos, que continuavam em guerra com a Inglaterra, talvez viessem a corresponder à potência marítima com cujo entendimento a metrópole portuguesa do Brasil teria de contar. E à anarquia que avassalava a Espanha poderia Portugal contrapor, finda a guerra, o exército disciplinado e treinado na dura escola dos generais ingleses.

Dos membros do Conselho de Estado apenas o 2.º marquês de Pombal se mostrou concordativo, sem restrições, em relação ao projecto do secretário de Estado. Em consequência das tomadas de posição referidas, foi o projecto bastante alterado (ver Ângelo Pereira, *D. João VI, Príncipe e Rei - A independência do Brasil*, pp. 16 e ss).

TÍTULO II

A Dependência da Inglaterra e a Abertura do Brasil ao Comércio Britânico

1. Dependência política da Inglaterra

Fossem quais fossem as perspectivas, a prazo mais ou menos longo, elas não poderiam destruir a realidade correspondente a um protectorado, ou semiprotectorado, exercido pela Inglaterra sobre Portugal. Ostensivamente na Europa, mais discretamente no Brasil; apesar das impertinências do ministro britânico no Rio de Janeiro, Lord Strangford, cuja acção, por vezes, era reduzida pelas intrigas que dividiam este diplomata, o seu compatriota almirante Sir William Sidney-Smith, que, tendo acompanhado a família real portuguesa desde Lisboa, também se achava no Rio, e ainda o cônsul-geral britânico[4].

---

[4] As cartas de Strangford para o ministro português em Londres, D. Domingos de Sousa Coutinho, publicadas por Ângelo Pereira, revelam o diplomata inglês como homem fútil e grosseiro, apenas preocupado com honrarias, promoções e aventuras amorosas fáceis. Também imprudente nas afirmações constantes das suas missivas. É certo que algumas vezes Lord Strangford pedia ao destinatário que destruísse tais escritos. Mas poderia razoavelmente esperar que o fizesse um diplomata estrangeiro, por muito estreitas que fossem as relações de amizade, sobretudo tratando-se de cartas, onde, a par de confidências íntimas, se continham observações políticas, e até promessas de índole semelhante? (ver Ângelo Pereira, *D. João VI, Príncipe e Rei – A Independência do Brasil*, pp. 56 e ss.). As impertinências do embaixador Strangford e as suas tentativas de descabida interferência na política portuguesa acabaram por forçar o príncipe regente D. João a dirigir ao regente da Inglaterra, futuro Jorge IV, em 20 de Fevereiro de 1814, uma carta em que manifestou o seu desagrado por tais atitudes, com extrema dignidade e firmeza. Strangford deixou o posto no início de 1815. Voltaria ao Rio de Janeiro bastante mais tarde, em 1828, em missão junto do imperador D. Pedro I (ver Júdice Bicker, Supplemento à *Collecção...*, XVIII, pp. 32 e ss.; Alberto Rangel, *Os Dois Ingleses Strangford e Stuart*, pp. 25-33).

Também quanto a esse protectorado, ou semiprotectorado, não temos de queixar-nos dos Ingleses. Até porque, na Europa, ele veio substituir uma situação ainda bastante mais opressiva, bastante mais deprimente. E se a nossa frequente indisciplina colectiva não tivesse dado tanta força ao «partido francês», se os elementos do «partido inglês» soubessem melhor sobrepor os interesses nacionais às simpatias externas, se os oficiais «afrancesados» não se tivessem apressado a servir Napoleão, se do Brasil tivessem regressado outros, ao menos logo que cessou a ocupação francesa, as relações com a Inglaterra haviam de ter-se estruturado em moldes diversos. Uma vez mais, era de nós próprios, e não dos Ingleses, que importaria queixarmo-nos. É certo que, depois de mais empobrecidos pela ocupação francesa, a nossa capacidade de sobrevivência na Europa ficou dependente em extremo da Inglaterra, não apenas em elementos humanos mas também em meios financeiros. O restabelecimento da sociedade portuguesa e da sua milícia, porém, não foi de interesse exclusivo para Portugal mas também para a Grã-Bretanha e para a causa comum. Ninguém duvidará de que os 27 000 soldados portugueses integrados no exército de Wellington no fim da campanha, em 1814, custaram menos ao erário inglês do que igual número de soldados britânicos. Mesmo assim, pelas despesas realizadas em Portugal, em benefício comum dos dois países, ressarciu-se largamente a Inglaterra através dos benefícios colhidos pelos tratados de 1807 e de 1810.

2. Abertura do Brasil ao comércio britânico

Em 22 de Outubro de 1807, quando já era iminente a invasão das tropas francesas, fora celebrada entre Portugal e a Inglaterra uma convenção secreta, já referida, em que se previa a transferência da Corte para o Brasil, a ocupação da Madeira por tropas inglesas e a celebração de um novo tratado de comércio. E, chegado ao Brasil, ainda na Baía, logo o príncipe D. João, por carta régia de 28 de Janeiro de 1808, determinou a livre admissão nos portos brasileiros de todos os géneros transportados em navios portugueses ou de nações em paz com Portugal, pagando 24 % de entrada[5], sem excepção de nacionais ou estrangeiros; e declarou igualmente a liberdade de exportação das mercadorias brasileiras, salvo quanto ao pau-brasil. Tais medidas significavam o abandono do regime económico de «pacto-colonial», caracterizado pela reserva de comércio nas colónias à respectiva metrópole[6]. E embora, aparentemente, o novo regime assegurasse igualdade de tratamento a todas as nações que estivessem em paz com Portugal, na realidade apenas beneficiava a Inglaterra, pois só esta se encontrava em condições de aproveitar a abertura dos portos brasileiros aos navios e géneros estrangeiros. Em cumprimento da convenção secreta de 1807, foi celebrado o tratado luso-britânico de 28 de Fevereiro de 1809 (ver Borges de Castro, *Collecção...*, IV, pp. 286 e ss.). Mas o representante diplomático inglês, Lord Strangford, travou no Rio de Janeiro uma violenta batalha para conseguir, em benefício do comércio britânico, condições ainda melhores. E acabou por alcançá-las, com a benevolência do anglófilo secretário de Estado Rodrigo de Sousa Coutinho e os apoios do irmão dele, Domingos, representante português em Londres. Importa reconhecer que as condições não eram favoráveis para o Governo português defender os interesses nacionais com energia bastante, quando se lhes opunham os da Inglaterra; e compreende-se bem que o «partido francês», representado junto do príncipe por António de Araújo, tivesse perdido influência, após a invasão napoleónica.

Nem sempre foram fáceis as negociações para Strangford[7]. Finalmente, a 19 de Fevereiro de 1810, foi assinado o Tratado de Comércio e Navegação[8], que consagrou a entrega à Inglaterra do comércio

---

[5] A taxa aduaneira anterior era dupla, ou seja, de 48%. Ver Júdice Bicker, Supplemento à *Collecção...*, XV, pp. 102-103.

[6] Por motivos bem compreensíveis, a situação criada reclamava que o regime do «pacto colonial» fosse, pelo menos, suspenso, enquanto a Metrópole se achasse sob ocupação inimiga, não podendo, por isso, servir de intermediária comercial entre o Brasil e os espaços económicos estrangeiros. Não parece que as medidas tão rapidamente adoptadas, logo à chegada do príncipe ao Brasil, tenham sido determinadas pelos conselhos do jurisconsulto e economista Silva Lisboa, conforme já se tem pretendido. Haviam de ter sido ajustadas com os Ingleses anteriormente.

[7] Ver Oliveira Lima, *Dom João VI no Brasil*, I, pp. 363 e ss., Ângelo Pereira, *D. João VI, Príncipe e Rei – A Independência do Brasil*, pp. 53 e ss.

[8] O tratado anterior, de 28 de Fevereiro de 1809, não chegou a ser ratificado pela Inglaterra.

brasileiro (ver Borges de Castro, *Collecção*...; IV, pp. 348 e ss.). Mas os negociadores portugueses, apesar de tudo, souberam contrapor às vantagens económicas concedidas aos ingleses algumas garantias de ordem política. Ficou então decidido que se celebrassem dois tratados, um de comércio e outro de aliança. Mas apenas o primeiro foi assinado e ratificado, demorando a diplomacia inglesa a celebração do outro, sob pretexto de enquadrá-lo num acordo de paz geral. A Inglaterra, sem saber ainda como poderia estabelecer um acordo político com a França, não queria assumir novos compromissos políticos quanto ao Continente europeu. As vantagens comerciais do tratado de comércio de 1810 acabaram, pois, por não encontrarem contrapartida política suficientemente vigorosa.

O tratado de 1810, sob a forma da adopção de um «systema liberal de Commercio fundado sobre as bases de reciprocidade e mutua conveniencia», apenas teve vantagens para a Inglaterra, pois Portugal não dispunha nem de indústrias nem de marinha mercante nem de capitais que lhe permitissem beneficiar de uma teórica reciprocidade de tratamento nos territórios britânicos. Até então a Inglaterra dispusera do comércio dos domínios portugueses através da respectiva Metrópole. A partir de 1810 deixou de utilizar esta como intermediária. E mesmo formalmente se beneficiaram as mercadorias de origem britânica em relação às portuguesas, porque aquelas passaram a ficar sujeitas a taxas aduaneiras de 15% (art. 15.° do tratado), enquanto pelas portuguesas se pagavam 16%.

Naturalmente que nalguns meios brasileiros se julgou possível um benefício de interesses locais pela supressão da Metrópole como intermediário comercial. O tempo mostrou que os lucros anteriores da Metrópole foram absorvidos pelo comércio inglês, o qual, na base do tratado de 1810, vedou mesmo qualquer aproximação da economia brasileira à norte-americana, nalguns aspectos complementar daquela. Aliás, era difícil manter algumas ilusões quanto às vantagens para Portugal do tratado de 1810. Ele reflectia um preço político, pura e simplesmente. Mas poderia entender-se, mesmo assim, que o preço era excessivo; porquanto o esforço militar desenvolvido pela Inglaterra para expulsar os Franceses da Península era, manifestamente, de interesse comum e não apenas benéfico para Portugal.

Na base do tratado de 1810, a Inglaterra, com dificuldades sérias para escoar a sua produção, em consequência da guerra e do bloqueio continental, tudo passou a exportar para o Brasil. Parece que até patins para gelo. E as matas brasileiras do litoral foram devastadas para alimentar as indústrias de mobiliário da Inglaterra[9]. É certo que o tratado de 1810 viria a ser declarado nulo, pelo Tratado de Viena, de 22 de Janeiro de 1815. Mas, entretanto, já a Inglaterra conquistara o mercado brasileiro, cuja conservação havia de assegurar ainda, por bastante tempo, na base da independência política do Brasil.

---

[9] Ver Oliveira Lima, *Dom João VI no Brasil*, I, pp. 380-381. Em 1811 havia no Rio de Janeiro 207 comerciantes portugueses e 65 ingleses; em 1817, 278 portugueses, 105 ingleses e 8 franceses (ver Luís Norton, *A Corte de Portugal no Brasil*, p. 32). Estes dados estatísticos dão ideia da evolução do comércio estrangeiro no Brasil, sendo de acrescentar que muitos dos negociantes portugueses eram modestos, assim não acontecendo com os estrangeiros. Parece significativo que o próprio Wellington, em carta de 10 de Agosto de 1810, dirigida ao irmão, tenha afirmado que a Grã-Bretanha, pela liberdade de comércio com o Brasil, arruinara Portugal (ver Gurwood, *Recueil Choisi des Dépêches...*, p. 397).

TITULO III
A Declaração de Guerra à França e a Conquista da Guiana

Tendo declarado guerra à França, depois de instalado no Rio de Janeiro (ver Manifesto de 1 de Maio de 1808, já citado, in Borges de Castro, *Collecção...*, IV, pp. 274 e ss.), o príncipe D. João invadiu a Guiana Francesa. Sempre esta colónia francesa oferecera perigos para Portugal; não pela sua importância, em si mesma, mas porque constituía excelente cunha para infiltrações no Pará e na Amazónia. Em 1713, o Tratado de Utreque (art. 8.°) fixara no rio Oiapoque, também chamado de Vicente Pinsão, a fronteira luso-francesa na América. Mas, por deficiência de conhecimentos geográficos da região por parte dos Franceses e também porque o nome de Vicente Pinsão foi dado igualmente, por cartógrafos do século XVI, a um curso de água situado mais a sul (Araguari), algumas dúvidas se suscitaram entre Portugal e a França quanto à fronteira setentrional do Brasil. Pelos tratados de 1797, de 1801 (Badajoz) e de 1802 (Amiens) essas dúvidas foram solucionadas a favor dos interesses franceses[10].

---

[10] Estes tratados foram declarados nulos em 1815, tendo o Congresso de Viena reconhecido a fronteira luso-francesa na base da linha do rio Oiapoque (Convenção de Viena de 12 de Maio de 1815, art. 2.°, e Acto Final do Congresso de Viena, art. 107.°). Mesmo assim, novas questões surgiram quanto a essa linha de fronteira entre a França e o Brasil, já depois da independência política deste, questões que só foram solucionadas, em 1900, por arbitragem suíça, que as duas potências aceitaram pelo tratado de 1897. Por esta ocasião, o Governo brasileiro mandou elaborar um extenso e valioso trabalho que, em termos exaustivos, define esse problema de fronteiras, finalmente solucionado em termos favoráveis ao ponto de vista brasileiro, que era o defendido por Portugal (ver *Mémoire Présent par les États Unis du Brésil au Gouvernement de la Confédération Suisse*, 3 vols., Paris, 1899; Joaquim Caetano da Silva, *L'Oyapoc et l'Amazone*, 2 vols., Paris, *1899*; Castilhos Goycochêa, *A Diplomacia de Dom João VI em Caiena*, pp.120 e ss.).

Em termos honrosos para a guarnição vencida, que pôde retirar-se para a Europa, rendeu-se o governador de Caiena às tropas portuguesas a 12 de Janeiro de 1809. O território da Guiana, sob administração portuguesa até 1817, foi governado durante esse período pelo desembargador Maciel da Costa, que bem se houve, pela administração inteligente como pela moderação, nas funções cometidas, e foi depois agraciado com o título de marquês de Queluz[11]. Parece significativo da política portuguesa da época que a administração de um território arrebatado a um país inimigo fosse confiada a um magistrado e não a um militar.

Tudo leva a crer que a ocupação da Guiana Francesa não visou um alargamento definitivo de território abrangendo aquela colónia. Tanto assim que as autoridades portuguesas ali mantiveram em vigor o Código Civil napoleónico durante todo o período de ocupação (1808-1817). Visava-se, isso sim, uma situação de facto que facilitasse, no acordo geral de paz, a fixação definitiva da fronteira pela linha do rio Oiapoque, já reconhecida em Utreque, e a restituição de Olivença, arrebatada a Portugal por acção conjunta franco-espanhola.

Aliás, quanto à ocupação da Guiana Francesa, a Corte do Rio de Janeiro teve o apoio político da Inglaterra.

A restituição da Guiana, mas, efectivamente, com respeito da linha fronteiriça do rio Oiapoque, foi determinada pelo Acto Final de Viena (art. 107.º) e pela Convenção Luso-Francesa assinada em Paris a 28 de Agosto de 1817[12].

---

[11] João Severiano Maciel da Costa era homem pobre, de origem modesta e até filho de pai incógnito. Nenhuma dessas circunstâncias obstou a que, depois de uma brilhante carreira de magistrado e do seu governo de Caiena, fosse agraciado com o título de marquês. Também Maciel da Costa foi nomeado representante diplomático português em Roma. Mais tarde, já sob o Império brasileiro, desempenharia as funções de ministro dos Estrangeiros e da Fazenda (ver Pedro Calmon, *História do Brasil*, IV, p. 1393, e bibliografia aí citada; Rocha Pombo, *Historia do Brasil*, VII, pp.215 e ss.; Pereira da Silva, *Historia da Fundação do Imperio Brazileiro*, II, pp. 63 e ss.; e *Despachos e Correspondencia do Duque de Palmella*, I, p. 129).

[12] Ver Borges de Castro, *Collecção...*, V, pp. 428 e ss.

TÍTULO IV
A Política Portuguesa
quanto à América Espanhola

1. **Situação da América Espanhola**

Desde a Guerra da Sucessão de Espanha, pelo menos, que a Inglaterra procurava muito claramente alargar os seus domínios coloniais na América Meridional; ou, pelo menos, aí substituir-se aos Espanhóis nos benefícios comerciais. Após a independência das colónias britânicas da América do Norte, tais intentos eram mais nítidos ainda, parecendo ter por causa o desejo da Inglaterra de se ressarcir das perdas sofridas e, também, de punir a Espanha pelas hostilidades que lhe movera em apoio aos rebeldes norte-americanos. Durante as guerras da Revolução e napoleónicas, a aliança de Madrid à França ofereceu aos Ingleses razão bastante para atacar os estabelecimentos espanhóis. Mas muitas vezes a Inglaterra preferiu uma forma indirecta de enfraquecer o poder militar da Espanha e, ao mesmo tempo, preparar um futuro domínio económico nos territórios espanhóis da América. Animando dissenções e oferecendo apoios a revoltas. Para isso encontrou a Inglaterra o ambiente propício nas dificuldades do Governo de Madrid em reforçar a autoridade dos seus representantes no Ultramar e no clima que a independência dos Estados Unidos e a propaganda revolucionária francesa foram criando junto dos colonos crioulos ricos, convencidos de que a independência política das colónias havia de acrescê-los em riqueza, honras formais e cargos rendosos[13].

---

[13] É erro histórico grave, com frequência cometido, julgar que as revoltas das colónias do começo do século XIX corresponderam a uma reacção dos povos autóctones explorados. Aquelas revoltas, suscitadas por agitadores franceses primeiro, ingleses depois, e

Em 1806, ainda as tropas inglesas, comandadas por Beresford, tentaram ocupar Buenos Aires; sem sucesso, graças à defesa heróica da população, que se armou e as repeliu, sob o comando de um oficial de marinha de origem francesa, Liniers[14]. No mesmo ano, o general inglês Crawfurt recebeu por missão ocupar o Chile. E, em 1807, foi cometida a Wellesley a conquista do México. Mas a revolta dos espanhóis contra os franceses suspendeu tais empreendimentos. A partir de então, a Inglaterra, aliada à Espanha, teve de usar de meios mais ou menos discretos para a hostilizar na América. Esses meios consistiram em orientar para as colónias revoltadas gente indesejável, que os governos ingleses, sobretudo os «tories», não queriam ter na Europa – soldados insubordinados, como Lord Cochrane[15], e aventu-

---

finalmente, nalguns casos, norte-americanos, basearam-se nos ressentimentos de ricos plantadores e comerciantes, geralmente já nascidos nas colónias, algumas vezes filhos de pai europeu e de mãe indígena, julgando-se preteridos em dignidades pelos funcionários idos da Metrópole e convencidos de que, quebrada a tutela desta, mais proveitosos seriam os seus empreendimentos capitalistas. Porque estas insurreições, sem enraizamento popular, partiram de uma aristocracia crioula e pareciam ajeitadas apenas aos seus interesses particularistas, foram geralmente contrariadas, não apenas pelos funcionários metropolitanos, mas também pelo clero, pelos índios, pela gente miúda. Na Argentina, por exemplo, aos negociantes de Buenos Aires, mais ou menos favoráveis à insurreição, opuseram-se os gaúchos das pampas, que não tinham benefícios a esperar dos projectos de independência da colónia, atraentes apenas para os que pretendiam reduções de impostos, postos ministeriais, militares e diplomáticos (cf. A. Débidour, *Histoire Diplomatique de l'Europe*, I, pp. 105-110; Émile Bourgeois, *Manuel Historique de Politique Étrangère*, II, pp. 605 e ss.; Palácio Atard, *La España del Siglo XIX*, pp. 140 e ss. e bibliografia nessas obras citada, para apreciação global do problema das revoltas sul-americanas). Depois do levantamento espanhol contra Napoleão, ter-se-ão estabelecido só em Nova Orleães 150 agentes franceses, dirigidos por um general e dispondo de muito dinheiro, cuja missão era a de revoltar as colónias americanas contra a coroa de Madrid. Tem-se por certo que a revolução mexicana comandada pelo padre Hidalgo esteve na dependência do dinheiro distribuído através desses agentes franceses (ver Thompson e Padover, *Secret Diplomacy*, pp. 226 e ss.).

[14] Os ingleses comandados por Beresford foram forçados a retirar, depois de terem perdido 1200 homens, por capitulação para cujo exacto cumprimento a Inglaterra solicitou os bons ofícios de Portugal junto da Corte de Madrid (ver Júdice Bicker, *Supplemento à Collecção...*, XV, pp. 21 e ss.).

[15] Lord Cochrane, oficial expulso da Armada britânica e da Câmara dos Comuns, após um processo escandaloso por fraude na transacção de fundos públicos, comandou a frota dos revoltosos do Chile a partir de 1818 e, depois, a brasileira, na base de um contrato pelo qual o Governo do Rio de Janeiro lhe pagou adiantados sessenta mil pesos que os Chilenos lhe estavam devendo (ver Solano Constancio, *Historia do Brasil*, II, p. 320; Armitage,

reiros de toda a espécie, que as autoridades britânicas permitiram fossem contratados em Londres e na Jamaica pelos agentes dos rebeldes de Buenos Aires e da Venezuela; e em dar apoio financeiro aos empreendimentos revolucionários[16].

Historia do Brazil, p. 48). Mais tarde, em 1827, comandaria a esquadra grega. Em 1823, Cochrane, com duzentos marinheiros ingleses, largas centenas de escravos libertos e alguns navios, bloqueou São Salvador da Baía, que se mantinha fiel a Portugal, e chegou a atacar navios portugueses em águas da Europa. Também o Pará e o Maranhão foram então ocupados e saqueados, em proveito próprio, pela tropa de Cochrane, agraciado pelo imperador do Brasil com um título de marquês (ver Armitage, *Historia do Brazil*, pp. 49 e ss.). Este aristocrata aventureiro, cujos próprios defeitos a política inglesa soube aproveitar, ingressou na Câmara dos Lordes, após a morte do pai, em 1831, e foi reintegrado na Armada britânica, onde atingiu o posto de vice-almirante. Nem a manifesta simpatia de John Armitage pelo seu compatriota Cochrane lhe permite absolvê-lo das violências cometidas no Brasil, nomeadamente fazendo-se pagar largamente, por suas próprias mãos, dos serviços prestados na luta contra as tropas fiéis ao Governo de Lisboa (*ibidem*, pp. 89 e ss.; Sousa Monteiro, *Historia de Portugal..*, III, p. 20). Em começo de 1833 foi ainda Lord Cochrane convidado por Abreu e Lima, representante de D. Pedro em Londres, para comandar a esquadra liberal; mas recusou, «por ter sido restaurado no seu posto na marinha britanica» (ver *Correrpondencia do Conde da Carreira*, p. 809; *Despachos e Correspondencia do Duque de Palmella*, I, pp. 280). Terá havido um entendimento entre o Governo de Lisboa e Lord Cochrane no sentido de evitar que atacasse navios portugueses *(Despachos e Correrpondencia do Duque de Palmella,* I, pp.449-450) quando se achava ao serviço da rebelião do Brasil.

[16] Mostrou-se suficiente este apoio relativamente discreto aos movimentos insurreccionais, dada a debilidade da metrópole espanhola e a revolta militar que aí eclodiu em 1820, de cuja espontaneidade se poderá duvidar também, revolta que visou directamente impedir o embarque do corpo expedicionário destinado à América. Em 1825 já o primeiro-ministro inglês, George Canning, em termos menos discretos, afirmava publicamente que a Inglaterra dera nova vida ao Novo Mundo e que: «A América espanhola é livre; se soubermos actuar será nossa» (ver Grimberg e Svanstrom, *Historia Universal,* X, pp. 301-302). Valerá a pena, para entender a revolta espanhola de 1820, estreitamente ligada à revolução portuguesa do mesmo ano, transcrever um já clássico trecho de Menéndez y Pelayo: «Un motin militar, vergonzoso e incalificable, digno de ponerse al lado de la deserción de D. Oppas y de los hijos de Witiza, vino a dar, aunque no rápida ni inmediatamente, el triunfo a los revolucionários. La logia de Cádiz, poderosamente secundada por el oro de los insurrectos americanos, y aun de los ingleses y de los judios gibraltareños, relajó la disciplina en el ejército destinado a América, introduciendo una sociedad en cada regimiento; halagó todas las malas pasiones de codicia, ambición y miedo que pueden hervir en muchedumbres militares; prometió en abundancia grados y honores ademàs de la infame seguridad que les daria el no pasar a combatir al Nuevo Mundo, y de esta suerte, en medio de la apática indiferencia de nuestro pueblo, que vió caminar a Riego desde Algeciras a Córdoba, sin que uno solo hombre se le uniese en el camino, estalló y

É neste quadro geral da política britânica em relação à América Espanhola que a acção da princesa D. Carlota Joaquina quanto à revolta de Buenos Aires deverá ser apreciada.

Quando a Corte portuguesa chegou ao Rio de Janeiro, ainda a Espanha, onde reinava Carlos IV, pai da princesa, se mantinha aliada da França e, portanto, hostil a Portugal. Tropas espanholas ocupavam terras metropolitanas portuguesas, entre outras as de Entre Douro e Minho. Compreender-se-ia, pois, que, assim como, em retaliação, as tropas portuguesas tinham ocupado a Guiana Francesa, também visassem, pelo mesmo motivo, os territórios espanhóis da América, especialmente os do rio da Prata, durante muito tempo disputados entre Portugal e Espanha. Mas importaria ponderar que as posições espanholas do rio da Prata se achavam bem situadas e relativamente bem guarnecidas. O ataque inglês a Buenos Aires, de 1806, resultara

---

triunfo el grito revolucionario de Las Cabezas de San Juan, entronizando de nuevo aquel abstracto código, ni solicitado ni entendido. Memorable ejemplo que muestra cuán fácil es a una facción osada y unida entre si por comunes odios y juramentos tenebrosos, sobreponerse al común sentir de una nación entera y darle la ley, aunque por tiempo breve, ya que siempre han de ser efímeros y de poca consecuencia tales triunfos, especie de sorpresa o encamisada nocturna. Triunfos malditos, además, cuando se compran, como aquél, con el propio envilecimiento y con la desmembración del territorio patrio... El rápido triunfo de los constitucionales produjo en la mayoría de las gentes más asombro que placer ni disgusto. Con ser tan numerosos los realistas, carecían de toda organización o lazo que los uniese, y faltos todavia de la animosidad que solo nace de contradición y lucha franca, en que se deslindan los campos, tal como la que estalló luego; descontentos, además, del flojo, inepto y desalentado Gobierno de aquellos seis años, miraban con indiferencia, por lo menos, aunque esperasen con curiosidad, los actos de la bandería triunfadora» (Menéndez y Pelayo, *Historia de los Heterodoxos Españole,* VII, pp. 108-110). Encontram-se vários elementos relativamente intemporais neste trecho respeitante à revolução liberal espanhola de 1820; daí o seu interesse. A revolta seria dominada e o coronel Riego, que era *carbonário,* guindado ao generalato, fuzilado três anos depois. Mas um objectivo, pelo menos, da revolução liberal de 1820 foi completamente atingido. Tornara-se impossível, em termos definitivos, reunir de novo os meios militares adequados ao restabelecimento da Espanha nas Américas (cf. Palácio Atard, *La España del Siglo* XIX, p. 146). Os liberais seriam vencidos pelos realistas na Metrópole, com o apoio da Santa Aliança. Mas a Inglaterra conquistaria o comércio da América do Sul e os Estados Unidos iniciariam a sua marcha de grande potência mundial, anexando, pelas armas e pela expulsão de populações, vastíssimos territórios pertencentes antes à Coroa espanhola (Florida, Califórnia, outros ainda). Rapidamente os hispano-americanos se aperceberam, aliás, de que tinham trocado uma submissão por outra (cf. Simão Bolívar, *Cartas del Libertador,* 2.ª ed., IV, Caracas, 1966). Os Brasileiros também assim o entenderam, poucos anos após a sua independência política formal (cf. A. Tenório de Albuquerque, *A Maçonaria e a Grandeza do Brasil,* pp. 43 e ss.).

em insucesso. E, mesmo que Portugal visasse apenas os territórios da margem esquerda do rio da Prata, abandonados pelo Tratado de Santo Ildefonso, o empreendimento exigiria longa preparação[17]. Entretanto, a abdicação de Carlos IV e de seu filho, Fernando VII, o internamento de ambos em França e a revolta dos espanhóis contra a ocupação napoleónica, teriam deixado de aconselhar tal empreendimento. Porque portugueses e espanhóis estavam combatendo juntamente, na Europa, contra as tropas francesas.

2. Direitos de D. Carlota Joaquina e posições portuguesas

A revolta de Buenos Aires, em 1810, porém, alterou, de novo, a situação. D. Carlota Joaquina, princesa portuguesa pelo seu casamento com o príncipe D. João, era infanta de Espanha, filha de Carlos IV e irmã de Fernando VII, ambos internados em França, sem possibilidade de exercício do poder real. Também seu irmão mais novo, D. Carlos, se achava nas mesmas condições, exilado em França. É em tais circunstâncias que D. Carlota Joaquina, ou por sentido de dever dinástico ou por ambição pessoal[18], procurou reivindicar

---

[17] Contudo, logo em Março de 1808, pouco depois de instalada a Corte no Rio de Janeiro, o secretário de Estado Sousa Coutinho propôs ao *cabildo* de Buenos Aires que, dada a situação em Espanha, aceitasse a protecção de Portugal. O *cabildo*, porém, rejeitou a proposta (ver Pereira da Silva, *Historia da Fundação do Imperio Brazileiro*, II, pp. 96 e ss.).

[18] Não importará agora aqui discutir a alternativa, sendo certo que a historiografia liberal, adversa a D. Carlota Joaquina, sempre lhe assacou ambições pessoais desmedidas, além de outros defeitos e excessos, que a serenidade da análise e a carência de elementos probatórios têm levado os historiadores a pôr em dúvida (cf. Alberto Rangel, *Os Dois Ingleses Strangford e Stuart*, pp. 10 e ss). Os juízos desfavoráveis terão assento sobretudo nas memórias de um espanhol que foi secretário e chefe dos serviços de informação da princesa, aventureiro que combateu em Buenos Aires a favor dos Ingleses, de nome José Presas, o qual terá sido aliciado pelos inimigos de D. Carlota Joaquina. Também terão pesado naqueles juízos as notícias de que, em 1805, dada a abalada saúde do príncipe D. João, a princesa terá querido ocupar a regência, sendo curioso notar que tal plano foi urdido, junto de D. Carlota Joaquina, pelo liberalíssimo marquês de Alorna, homem do «partido francês», que assim terá conseguido dividir a família real (cf. Luz Soriano, *Historia da Guerra Civil...*, 1.ª época, II, pp. 592 e ss.). Também não será de excluir, havendo em conta as cautelas características da política do príncipe D. João, e até as fintas de que frequentemente usava, que D. Carlota Joaquina tenha agido como instrumento dessa política (ver J. Paulo de Medeyros, *A Diplomacia de D. João VI na América e na Europa*, pp. 10 e 16; Rocha Pombo,

para si a representação do poder político da Coroa espanhola. Por entender que lhe cabia tal poder, no impedimento do pai e dos irmãos. Tal atitude poderia trazer vantagens para Portugal; e também alguns riscos. Pelo envolvimento dos Portugueses nas questões espanholas e pela hipótese de nova união das duas Coroas num mesmo príncipe. Tal hipótese era, por certo, remota; pois a inibição de Fernando VII e de seu irmão D. Carlos, para o exercício do poder real, não duraria sempre. No entanto, deverá ponderar-se que, segundo parece, a perspectiva de uma união das coroas portuguesa e espanhola terá pesado na decisão das Cortes de Cádis de não excluir D. Carlota Joaquina da sucessão à Coroa de Espanha[19]. O problema

---

Historia do Brasil, VII, pp. 24 e ss.). Mas, mesmo em tal hipótese, a figura política de D. Carlota Joaquina não perderá relevo. Muito culta, inteligente, viva, de requintada formação artística, «excelente mãe», «possuída dos sentimentos mais nobres e altruístas» (ver J. M. Rubio, *La Infanta Carlota Joaquina...*, pp. 13 e ss. e 170), os ataques de que foi vítima parece terem provindo, por um lado, de lhe ser atribuída uma política avessa à da Inglaterra, por outro, de se ter recusado a jurar a Constituição de 1822, quando é certo que o juramento lhe não era legalmente exigível (ver José Acúrsio das Neves, *Cartas de hum Portuguez aos seus Concidadãos*, carta XXI, pp. 161 e ss.; Sousa Monteiro, *Historia de Portugal...,* II, pp. 425 e ss). O historiador brasileiro Oliveira Lima não hesitou em afirmar que a natureza fadara D. Carlota Joaquina «para ser uma Isabel de Inglaterra ou uma Catarina da Rússia» (ver Oliveira Lima, *D. João VI no Brazil,* I, p. 2 62). E o próprio José Maria de Sousa Monteiro, tão violento e hostil nas referências à princesa, não deixou de reconhecer que «era dotada de muito talento e tinha uma instrucção pouco commum» *(Historia de Portugal...,* IV, p. 88). É de indiscutível dignidade a carta que D. Carlota Joaquina escreveu a D. João VI, por motivo da decisão ministerial de expulsá-la do Reino, em consequência da sua recusa a jurar a Constituição. Dela constam as seguintes passagens: «Na terra do desterro eu serei mais livre que V. M. em vosso palacio. Eu levo comigo a liberdade; o meu coração não está escravizado; elle jamais curvou diante de altivos subditos que tem ouzado impôr leis a V. M., e que querem forçar minha consciencia a dar hum juramento que elle desaprova [...] Queira aquelle Senhor que reina sobre os Reis, vigiar sobre V. M., e confundir vossos inimigos. Onde quer que existir a Esposa que vós desterrais, ha de orar por V. M. Ella pedirá a Deos vos conceda larga vida; e ao paiz de que é lançada fóra, felicidade e paz» (ver Ângelo Pereira, *D. João VI, Príncipe e Rei – Últimos Anos dum Reinado Tormentoso,* pp. 175-176). O tratamento reservado a D. Carlota Joaquina parece ter contribuído bastante para reforçar as posições contra-revolucionárias. Acerca da política de D. Carlota Joaquina parecem muito elucidativas as cartas inéditas recentemente publicadas no Brasil (*Carlota Joaquina – Cartas Inéditas* – Estudo e Organização do Prof. Francisco Nogueira de Azevedo, Rio de Janeiro, 2007). Ver tb. Sara Marques Pereira, *D. Carlota Joaquina e os "Espelhos de Clio"*, Lisboa, 1999.

[19] Tendo a Constituição espanhola de 1812, ou Constituição de Cádis, atribuído às Cortes o poder de excluir da sucessão ao trono as pessoas incapazes de governar, o decreto de *18* de Março de 1812 considerou excluídos daquela sucessão os infantes Francisco de

Em cima: *Armas do Reino Unido de Portugal, Brasil e Algarves.*
Fig. 19

Em baixo: *D. João VI e D. Carlota Joaquina.*
Óleo sobre tela de autores desconhecidos
(Academia de Ciências de Lisboa)

Fig. 20 – *D. Maria Isabel de Bragança e D. Maria Francisca de Bragança. Retratos de Vicente López (Real Academia de Bellas Artes de San Fernando, Madrid)*

da sucessão não se punha, ao menos imediatamente, mas suscitou-se o de uma regência, que também, em princípio, deveria caber a D. Carlota Joaquina, pelos impedimentos que se verificavam em relação a Fernando VII[20] e ao infante D. Carlos. Aquela princesa mostrou-se diligente no sentido de alcançar a regência de Espanha[21],

---

Paula e Maria Luísa, determinando que, na falta do rei, Fernando VII, do infante D. Carlos (cujo nome esteve, mais tarde, na base da designação das guerras civis ditas «carlistas») e de sua descendência legítima, sucederia no trono de Espanha D. Carlota Joaquina, princesa do Brasil, e sua descendência legítima.

[20] Foi só em fins de 1813 que Napoleão, querendo fazer cessar a guerra de Espanha, pelo agravamento da sua situação militar na Europa Central, libertou Fernando VII e com ele celebrou um tratado de paz, em Valençay (8 de Dezembro de 1813), o que permitiu ao rei regressar ao seu país.

[21] Logo a 19 de Agosto de 1808 a princesa dirigiu aos fiéis vassalos «de Su Magestad Catolica el Rey de las Españas é Indias» um manifesto em que afirmou a nulidade da abdicação forçada de seu pai Carlos IV «y demás Individuos de su Real Familia de España» (ver Ângelo Pereira, *D. João VI, Príncipe e Rei – A Retirada da Família Real para o Brasil*, pp. 219 e ss.). A diligência de D. Carlota Joaquina manifestou-se não apenas junto dos chefes realistas de Montevideu, alargando-se à Europa. Designadamente através da carta que dirigiu às Cortes de Cádis, felicitando «o augusto congresso» por ter promulgado a Constituição de 1812, «boa e sábia». A leitura dessa carta causou a maior satisfação entre os deputados. Pelo que os partidários de D. Carlota Joaquina julgaram ser o momento propício para confiar a regência àquela princesa. Mostravam-se particularmente interessados em tal regência os deputados das colónias da América, confiados nos apoios que o Brasil lhes prestaria. Mas a proposta dos deputados americanos foi mal recebida pela maioria. E, desde então, as pretensões de D. Carlota Joaquina parece terem perdido viabilidade; ao menos através das Cortes, junto das quais era acentuada a influência inglesa. A princesa também procurou o apoio das autoridades eclesiásticas e dos caudilhos militares que em Espanha sustentavam a luta contra Napoleão. Quer generais, quer chefes de guerrilhas, a quem dirigiu felicitações e palavras de alento, algumas vezes transcritas em ordens do dia de unidades militares. Nomeadamente correspondeu-se a princesa com o chefe de guerrilhas Juan Martín, *El Empecinado*, e também com os generais Cuesta, Castaños e Palafox. Este herói do celebrado cerco de Saragoça terá dado inteiro apoio à princesa (ver J. M. Rubio, *La Infanta Carlota Joaquina...*, p. 67; Pereira da Silva, *Historia da Fundação do Imperio Brazileiro*, III, pp. 96 e ss., 329 e ss.; Lafuente, *Historia General de España*, XVII, p. 318; Thomaz Ribeiro, *Historia da Legislação Liberal Portugueza*, II, p. 341; *Carlota Joaquina – Cartas Inéditas*, esp. pp. 161-256). Junto das Cortes de Cádis e dos deputados que nelas tinham assento, o representante português, Palmela, desenvolveu a sua acção a favor dos direitos de D. Carlota Joaquina, à qual deu conta das diligências realizadas, através de extensas cartas dirigidas directamente à princesa (ver cartas publicadas por Ângelo Pereira, no seu *D. João VI, Príncipe e Rei – A Retirada da Família Real para o Brasil*, pp. 225 e ss; Júdice Bicker, *Supplemento à Collecção...*, XVIII, pp. 99 e ss., 105 e ss., 121 e ss., 170 e ss., 191 e ss., 216 e ss., 349 e ss.). Também logo em 1811 foram publicados em Cádis diversos opúsculos sobre os direitos de D. Carlota Joaquina a uma eventual sucessão ao

que, no entanto, não obteve; ou pelos receios do príncipe D. João ou, mais provavelmente, pela acção contrária da política inglesa, à qual interessava o prolongamento da indefinição do exercício do poder em Espanha e seus domínios[22]. Ao menos até que a independência das colónias espanholas se tornasse inevitável e o comércio inglês aí se instalasse em condições favoráveis, conforme viria a acontecer[23].

A princesa D. Carlota Joaquina, através de todas as dificuldades, sempre, desde 1810, auxiliara a reacção realista espanhola contra os rebeldes de Buenos Aires. Recorriam à sua autoridade e ao seu poder os espanhóis que, concentrados na Banda Oriental, ou seja, na região do Uruguai, daí hostilizavam aqueles rebeldes. D. Carlota Joaquina, desde o Rio de Janeiro, orientava-os e subsidiava-os, tendo chegado a entregar as suas melhores jóias aos chefes contra-revolucionários para financiar a defesa de Montevideu, «en beneficio de las tropas y marina del rey mi hermano»[24]. O Governo do Rio de Janeiro, porém,

---

trono espanhol, na falta dos irmãos varões. Entre esses escritos, alguns publicados por iniciativa ou dos partidários espanhóis da princesa ou, talvez, do próprio Governo português, depararam-se-nos os seguintes, todos de Cádis e de 1811: *Conversacion... sobre los derechos de... Doña Carlota Joaquina de Borbon à la sucession eventual del trono de España; Aviso al publico... en que se trata de los derechos de la Señora Infanta de España, Princesa del Brasil, à la sucessión eventual del trono español; Apendice... sobre los derechos de la S.[ra] Infanta Doña Carlota a la corona de España en falta de sus hermanos varones; Carta critica sobre la dissertación histórico-politico-legal que trata de la succesion à Ia corona de España;* e *Carta de nuestro muy amado Rey El Señor Don Fernando VII a su hermana la Serenisima Señora Princesa Regente del Brasil y de Portugal.*

[22] No Rio de Janeiro, o ministro inglês, Strangford, sempre contrariou os planos de D. Carlota Joaquina. E, dada a dependência portuguesa da Inglaterra, os receios do príncipe D. João haviam também de resultar muito das pressões britânicas. É certo que a princesa conseguiu o apoio para a sua política do almirante Sir William Sydney-Smith, oposto a Strangford; mas foram os pontos de vista deste que dominaram o Governo inglês, embora Wellington recomendasse ao Gabinete de Londres que não tomasse partido, nem a favor nem contra a princesa do Brasil (ver Gurwood, *Recueil Choisi des Dépêches...*, p. 774).

[23] Entre a anarquia desencadeada e o domínio económico inglês nas antigas colónias espanholas da América, quando as respectivas independências formais estavam já asseguradas, diria Simão Bolívar, inteiramente desiludido: «La independencia es la única cosa que hemos adquirido; todo lo demás lo hemos perdido sin remedio» (ver Grimberg e Svanstrom, *Historia Universal*, X, p. 301).

[24] Ver Pereira da Silva, *Historia da Fundação do Imperio Brazileiro*, III, pp. 64 e 300-301; Rocha Pombo, *Historia do Brasil*, vai, pp. 248 e ss.; Luís Norton, *A Corte de Portugal no Brasil*, p. 43; J. M. Rubio, *La Infanta Carlota Joaquina*, pp. 105 e s. Importa desfazer a ideia de que D. Carlota Joaquina, ou o príncipe, ou os portugueses do Brasil, em

ostentava uma atitude de neutralidade formal, face à guerra civil que assolava os territórios vizinhos. Mas, por fim, sentindo o próprio território brasileiro ameaçado pela investida da gente armada de Buenos Aires na Banda Oriental, o príncipe D. João determinou que as tropas do Rio Grande do Sul dessem apoio a Montevideu. A ocupação militar portuguesa do Uruguai, confiada a um corpo expedicionário de 4000 soldados, bem equipados, municiados e disciplinados, parece ter sido, a todos os títulos, modelar. Designadamente quanto ao trato entre os portugueses ocupantes e a população local. A Junta Revolucionária de Buenos Aires retirou rapidamente as suas forças da margem esquerda do rio da Prata. E a monarquia espanhola teria sido então restabelecida em todo o vice-reinado, com previsíveis vantagens para Portugal, se a intervenção do ministro inglês no Rio de Janeiro não tivesse levado a um armistício estabelecido entre

---

geral, tenham querido aproveitar, pura e simplesmente, em termos de precipitada injustiça, as dificuldades que atravessavam as colónias espanholas revoltadas para alargar o território português. Sempre a política da Corte de Lisboa fora muito prudente quanto a alargamentos territoriais. E o príncipe D. João ficou bem conhecido pela acentuada prudência das suas atitudes. Ora nem nos convinha hostilizar a Coroa de Espanha, cujo rei era irmão de D. Carlota Joaquina, aproveitando dificuldades transitórias que estivesse atravessando, nem incompatibilizar-nos com os revolucionários de Buenos Aires, tendo em vista até a hipótese, que veio a verificar-se, de ficarem triunfadores. Acontece, porém, que era de extrema instabilidade e violência a situação, com fortes laivos de anarquia, na qual se encontravam os territórios ao sul do Brasil. No Uruguai, o general Elio, fiel a Madrid, hostilizava a gente de Buenos Aires; e era, por sua vez, hostilizado por Artigas, antigo contrabandista erigido em caudilho militar, que também não se entendia com o *cabildo* de Buenos Aires (cf. Pereira da Silva, *Historia da Fundação do Imperio Brazileiro,* II, esp. pp. 266 e ss.; Hélio Vianna, *Capítulos de História Luso-Brasileira,* pp. 231 e ss.). Em tais condições, importava, sobretudo, defender as fronteiras portuguesas da América contra infiltrações de bandos armados cuja disciplina deixava muito a desejar e cujos comandos pareciam incertos. Isto não exclui, naturalmente, que a política portuguesa pretendesse compensações pelos serviços prestados, e a prestar, à Coroa espanhola, em defesa da sua soberania na América; ou que admitisse substituir-se-lhe, em caso de abandono da zona do rio da Prata por parte da Espanha. Os casamentos de duas filhas de D. João e de D. Carlota Joaquina com Fernando VII e com o infante Carlos Isidoro dificilmente se ajustariam a outras explicações quanto à acção desenvolvida pela Corte do Rio de Janeiro. Deverá ter-se presente também que algumas vezes a acção de D. Carlota Joaquina teve o apoio dos chefes militares e políticos que dominavam a situação em Buenos Aires, como Liniers, Belgrano e Pueyrredón. Mas a acção de D. Carlota Joaquina e do Governo do Rio de Janeiro teve a opor-se-lhe a desconfiança ancestral da gente de Buenos Aires em relação aos portugueses, os receios de muitos espanhóis quanto aos nossos reais propósitos e os interesses britânicos.

Buenos Aires e Montevideu. Na base deste armistício, negociado pela Inglaterra, as tropas portuguesas retiraram da Banda Oriental (1812). O plano de D. Carlota Joaquina no sentido de restabelecer a Monarquia espanhola em Buenos Aires não fora bem sucedido. Mas, com base nele, ainda se abririam novas perspectivas a Portugal para fxar no rio da Prata a fronteira meridional do Brasil.

3. Ocupação da margem esquerda do rio da Prata e Estado Cisplatino

a) A anarquia na zona do rio da Prata

Os acontecimentos mostraram, entre 1812 e 1816, que Portugal não podia permitir o alastramento ao Brasil da anarquia instalada nas colónias espanholas da América. Artigas e os seus gaúchos, também arrastados para a insurreição por falta de apoio das autoridades espanholas, prosseguiram nas correrias pela pampa uruguaia, desconhecendo, muitas vezes, os limites da capitania de São Pedro do Rio Grande do Sul, onde instigavam as populações à rebeldia contra as autoridades portuguesas. E o mesmo Artigas concedia cartas de corso a capitães piratas, geralmente norte-americanos, que, arvorando o estandarte daquele caudilho, apresavam navios portugueses, depois levados para Baltimore, Boston e outros portos dos Estados Unidos. Os representantes de Portugal em Washington, o abade Correia da Serra e Francisco Solano Constâncio, eram forçados a protestar repetidamente contra essas cumplicidades norte-americanas[25]. E, ao

---

[25] Ver Solano Constâncio, *Historia do Brasil,* II, pp.214 e ss.; León Bourdon, *José Corrêa da Serra Ambassadeur du Royaume-Uni de Portugal et Brésil a Washington 1816-1820*, pp. 103 ess., 367 ess., 405 e ss., 418, 430-431, 450 ess., 472-473 e 564-565. No congresso de Aix-la-Chapelle, a diplomacia portuguesa suscitou este problema do apresamento de navios, tendo obtido o assentimento das potências aos princípios defendidos. E, em Washington, os protestos portugueses levaram à promulgação da lei de 9 de Março de 1817, que proibiu o armamento de corsários nos portos dos Estados Unidos. Também alguns dos navios portugueses apresados e que se achavam em Baltimore foram restituídos por ordem do Governo norte-americano (ver Pereira da Silva, *Historia da Fundação do Imperio Brazileiro,* IV, pp. 92 e ss.). Correia da Serra e Solano Constâncio eram bem conhecidos como *jacobinos* e *afrancesados,* tendo mesmo o último sido utilizado pela

mesmo tempo, a forte reacção contra o Tratado Luso-Britânico de 1810 e o falecimento do anglófilo Rodrigo de Sousa Coutinho, que fora agraciado com o titulo de conde de Linhares, terão levado também a Corte do Rio de Janeiro a insistir no propósito de ocupação militar da Banda Oriental. Mesmo contrariando a posição inglesa, favorável à independência e ao desmembramento das colónias espanholas, que Portugal poderia contribuir para evitar. Voltara ao Governo António de Araújo, agraciado com o titulo de conde da Barca, a quem o príncipe confiou a Secretaria de Estado da Marinha e do Ultramar; a posição portuguesa tornara-se menos subordinada à Inglaterra. Acrescia ainda que argentinos e uruguaios se defrontavam em combates particularmente violentos; pelo que a intervenção portuguesa na Banda Oriental, ao menos desde que aí se limitasse, não desagradaria também aos políticos de Buenos Aires, gente de pequena nobreza e alta burguesia, cultos, temerosos dos camponeses arrastados por Artigas e já favoráveis mesmo a uma solução monárquica, desde que ela lhes garantisse uma amnistia para a sua rebelião. Fora mesmo admitida, no Congresso de Tucuman, aquela solução, pela «coronación de un infante del Brasil en estas provincias», ou, segundo a visão romântica do general Belgrano, pela oferta da Coroa a um príncipe inca que casasse com uma infanta portuguesa. Porque, conforme a mensagem de Manuel José Garcia, enviado do Governo de Buenos Aires, ao ministro inglês do Rio de Janeiro, Strangford, «todo, hasta la esclavitud, es preferible a la anarquia»[26]. Talvez o

---

polícia francesa como espião para vigiar os portugueses e espanhóis opostos a Bonaparte (ver Jean Gagé, *Autour de Francisco Solano Constâncio*, pp. 141 e ss.). As nomeações destes homens para a chefia de missões diplomáticas revela bem a condescendência da política portuguesa anterior a 1820.

[26] Ver Pereira da Silva, *Historia da Fundação do Imperio Brazileiro*, III, pp. 232 e ss., 377 e ss.; Pedro Calmon, *História do Brasil*, IV, pp. 1402 e ss. Também o mesmo enviado Garcia oficiou ao seu Governo (9 de Junho de 1816) no sentido de que «necesitamos la fuerza de un poder estraño, no solo para terminar nuestra contienda, sino para formarmos un centro comun de autoridade, capaz de organizar el caos en que están convertidas nuestras provincias, y en la escala de las necesidades públicas cuento primero la de no recaer en el sistema colonial. En tal situacion es preciso renunciar à la esperanza de cegar por nuestras manos la fuente de tantos males" (ver *Historia de Belgrano*, II, cit, por Oliveira Lima, *Dom João VI no Brasil*, II, p. 591). Não querendo, até por temor de punições, submeter-se à metrópole espanhola, nem à anarquia dos gaúchos, os políticos de Buenos Aires, ou alguns deles, desejosos de restabelecer a ordem, encaravam a hipótese de

representante platino não se apercebesse de que a anarquia na região servia os interesses britânicos. Mas era indiscutível que prejudicava os interesses portugueses; e, por isso, a missão de Garcia teve bom acolhimento na Corte do Rio de Janeiro. Melhor sucedido ainda aí foi o general Vigodet, que sempre tentara conservar Montevideu para a Coroa espanhola e entabulou as negociações junto de D. Carlota Joaquina quanto aos casamentos de duas infantas portuguesas com Fernando VII e o infante Carlos Isidoro.

b) *A administração portuguesa de Montevideu*

Foi nestas circunstâncias que o Governo do Rio de Janeiro acabou por decidir-se a ocupar novamente a Banda Oriental, assegurando-se em especial da posse dos portos – Montevideu e Maldonado –, mas não esquecendo também a velha colónia portuguesa do Sacramento, situada em frente de Buenos Aires, do outro lado do rio. A missão foi confiada a um corpo expedicionário de 5000 soldados, idos de Lisboa e quase todos veteranos experimentados na dura disciplina da guerra peninsular. Essa sua experiência explica que a ocupação não tenha sido particularmente difícil, apesar da resistência oposta pelas fortes guerrilhas de Artigas.

O governo do general português Carlos Frederico Lecor no Uruguai «foi hábil, tolerante, próspero»[27]. E, na base desse seu governo,

---

que esse restabelecimento fosse assegurado pelos Portugueses; de preferência através de um príncipe já educado no ambiente da América, com ela familiarizado, cujo poder não se confundisse com o regime colonial e fosse protegido pela Corte do Rio de Janeiro. Tal é a ideia que se desprende de numerosa correspondência da época. Essa ideia tinha também os seus contraditores, alimentados pela tradicional má vontade platina aos Portugueses, consequência de lutas seculares, e pelo receio de que por detrás deles se encontrassem os Ingleses, mais detestados ainda; sobretudo depois do desembarque das tropas de Beresford, ocorrido em 1806 (ver também ofício de Hyde de Neuville, de 4 de junho de 1818, ao duque de Richelieu, ministro dos Negócios Estrangeiros francês, in *Mémoires et Souvenirs du Baron Hyde de Neuville*, II, p. 371).

[27] As expressões são de Pedro Calmon, segundo o qual Lecor «disfarçou o aspecto militar da ocupação, dando-lhe a branda aparência de um acordo. Chamou a si os conservadores, atraiu os recalcitrantes, mitigou, com a persuasão, a brutalidade da guerra. Viveu a capital dias amáveis, de abundância, sociabilidade, galantaria» (ver *História do Brasil*, IV, p. 14 15). Numerosos oficiais portugueses casaram então com senhoras de Montevideu,

o general português reuniu, em Junho de 1821, um congresso de representantes das terras uruguaias, o Congresso Nacional do Estado Oriental do Rio da Prata, ao qual propôs a incorporação do território na Monarquia portuguesa. Segundo Lecor, de harmonia com as instruções recebidas do Rio de Janeiro, se os povos uruguaios não desejassem essa incorporação, as tropas portuguesas retirariam. É natural que esta perspectiva, com e as consequentes probabilidades de retorno à guerra civil e à anarquia, tenham pesado no espírito dos representantes daquele congresso cisplatino. A proposta foi aprovada por aclamação, tendo ficado estabelecido, pelo tratado de 31 de Julho, que aos habitantes seriam assegurados os direitos civis e políticos reconhecidos aos portugueses do Brasil. O Estado Cisplatino ficou, assim, incorporado no Reino Unido de Portugal, Brasil e Algarves.

Só com a secessão brasileira findaria a junção do Estado Cisplatino a Portugal. A Divisão de Voluntários d'El-Rei, comandada pelo brigadeiro D. Álvaro da Costa de Sousa Macedo e aí estacionada, manteve-se fiel ao Governo de Lisboa; e foi embarcada para a Europa[28]. O general Lecor, que aderiu ao movimento de independência

---

encontrando-se larga descendência desses matrimónios entre as famílias uruguaias de maior prestígio. Talvez em razão dessa política de casamentos, ainda na actualidade se depara no Uruguai com um ambiente generalizado agradável para Portugal, ambiente a que não são alheias as reminiscências da ocupação militar portuguesa e da subsequente anexação do território cisplatino. Não obstante, em 1820, ao esperar-se a expedição espanhola que não chegou à América, foi descoberta em Montevideu uma conspiração contra os portugueses (ver Sousa Monteiro, *Historia de Portugal...*, II, p.132). Deste general Lecor, depois barão e visconde de Laguna, que comandou o corpo expedicionário português em Montevideu, já dissera o *principal Sousa*, em carta ao príncipe, de 2 de Janeiro de 1815, que «hé muito capaz, hé a flor do Exército... Vale tanto como os Generaes Estrangeiros, e não sei, Augusto Sr., se mais alguma couza». Sublinhe-se que o comportamento do general e das tropas sob seu comando se conformaram inteiramente com instruções dimanadas do Governo do Rio de Janeiro de 4 de Junho de 1816. Aí se recomendou, nomeadamente, a mais estrita disciplina e o maior empenho em ganhar as boas graças dos habitantes da Banda Oriental, devendo ser desconhecidos pela tropa portuguesa os princípios políticos que antes tivessem observado. Também se impunha um procedimento extremamente generoso em relação aos guerrilheiros de Artigas (ver Pereira da Silva, *Historia da Fundação do Imperio Brasileiro*, III, pp.268 e ss., IV, pp. 36 ess., 279-296; Ângelo Pereira, *D. João VI, Príncipe e Rei – A Independência do Brasil,* p. 174; *State Papers* 1816-1817, pp.989,e ss.; *State Papers* 1818--1819, pp. 684 e ss.). O seu enraizamento em Montevideu terá contribuído para que Lecor viesse a aderir ao movimento da secessão brasileira.

[28] Foi, aliás, Montevideu a última terra americana abandonada pelas tropas portuguesas, na base da convenção para suspensão de armas celebrada entre Sousa Macedo e Lecor, barão de Laguna (ver Borges de Castro, *Collecção...*, V, pp. 484 e ss.).

brasileira, ainda se manteve algum tempo, com soldados de origem brasileira e uruguaia, no Estado Cisplatino, integrado no Império do Brasil; mas uma pesada derrota sofrida pelas tropas brasileiras, logo em 1825, forçou à retirada e a uma guerra ruinosa para o Brasil.

A anexação do Estado Cisplatino, ou Província Cisplatina, abrangendo, aproximadamente, o território da actual República do Uruguai, nunca chegou a ser objecto de ratificação política por parte de Portugal, em consequência das circunstâncias criadas pela revolução liberal de 1820. Aliás, não poderá excluir-se que esta mesma revolução tenha sido provocada, ou acelerada, pelas reacções que as potencialidades de Portugal na América suscitavam. A Inglaterra, a França e os Estados Unidos mostraram-se alarmados pela vitalidade que a política do Rio de Janeiro revelara e de que a ocupação da Banda Oriental era reflexo. Portugal apresentou-se, por algum tempo, àquelas potências, como Estado que poderia, afinal, colher os benefícios dos esforços por elas movidos no sentido do desmembramento do Império espanhol[29]. Compreensivelmente, esses receios desfizeram-se com os enfraquecimentos já resultantes das revoltas de 1817, mas, sobretudo, da revolução de 1820.

---

[29] Ver Júdice Bicker, *Supplemento à Collecção...*, XX, pp. 130 e ss., 297 e ss.; Rocha Pombo, *Historia do Brasil*, VII, pp. 277 ess.; Oliveira Lima, *Dom João VI no Brasil*, II, pp. 577 e ss; Macedo Soares, *Fronteiras do Brasil no Regime Colonial*, pp. 193 e ss.; Pedro Calmon, *História do Brasil*, IV, pp. 1394 e ss.; Hélio Vianna, *História do Brasil*, II, pp. 29 e ss.; Ângelo Pereira, *D. João VI, Príncipe e Rei - A Independência do Brasil*, esp. pp. 257-258. Também na Metrópole a expedição a Montevideu provocou reacções desfavoráveis e receios. Mesmo ao nível da Regência do Reino. Assim, o *principal Sousa*, em carta a D. João VI (31 de Janeiro de 1817), referia correrem boatos sobre a marcha da divisão portuguesa para o rio da Prata, «que os vizinhos considerão como acto hostil, não podendo, no entanto, a Regência «ter a mais leve ideia de ruptura entre as duas cortes, vendo os Reais cazamentos que tanto afiançao a Paz na Peninsula». Queixoso por não ser informado sobre o assunto pela Corte do Rio de Janeiro, o *principal Sousa* chamava a atenção do rei para a penúria da população, de víveres, de armas, de cavalos, de fortalezas, para os perigos de o Reino ser invadido pelos Espanhóis e «ameaçado de ocupação pela Inglaterra, como mediadora; porque, segundo o *principal Sousa*, embora D. João VI pudesse mais, na América, do que Fernando VII, a força deste era, na Europa, três vezes superior. Ao mesmo tempo que parecia manifestar discordância quanto à expedição de Montevideu, por sinal confiada ao general Lecor, que ele tanto elogiara junto do príncipe, o *principal Sousa* informava minuciosamente ter tomado já as medidas que a eventualidade de uma invasão espanhola requeria (ver Ângelo Pereira, *D. João VI, Príncipe e Rei – A Independência do Brasil*, pp. 198 e ss.). Não seriam inteiramente infundados os receios do *principal Sousa*, a quem os Portugueses

terão ficado a dever serviços valiosíssimos que andam esquecidos, tornando esse esquecimento a dívida mais acrescida ainda (cf. Domingos Mascarenhas, *Portugalidade,* p. 233, e elementos aí referidos; Marquês do Funchal, *O Conde de Linhares,* pp. 345 e ss.). No Congresso de Aix-la-Chapelle a Espanha protestou contra a ocupação da Banda Oriental, tendo o representante português, conde de Palmela, declarado que o seu Governo preservara aquela região de ser incorporada às Províncias Unidas do Rio da Prata e se achava disposto a restituí-la à Espanha, quando esta o indemnizasse das despesas de pacificação. Ficaram então tensas as relações luso-espanholas, ao menos aparentemente. Porque a Espanha, mostrando-se incapaz de dominar as suas colónias americanas, não suportava a ideia de que Portugal pudesse colher benefícios da situação. E, em 1820, é natural que tenham sido os espanhóis a provocar a revolta antiportuguesa de Montevideu, embora já tenha sido atribuída a Artigas (cf. tb. Pereira da Silva, *Historia da Fundação do Imperio Brazileiro,* IV, pp. 4 1 e ss.; *Despachos e Correspondencia do Duque de Palmella,* I, pp. 1 e ss.; Sousa Monteiro, *Historia de Portugal...,* II, p. 132).

TITULO V

As Coordenadas Diplomáticas da Corte do Rio de Janeiro entre 1815 e 1820

1. Entendimento com a Espanha

A Corte portuguesa do Rio de Janeiro teve perfeita consciência de que a defesa dos interesses nacionais não deveria permanecer assente exclusivamente na aliança inglesa. Nem os minguados sucessos obtidos em Viena deverão ter causado surpresa aos governantes portugueses, que, naquele mesmo ano de 1815, logo rapidamente tentaram traçar novos rumos à sua política externa, adaptando-a à conjuntura. A própria constituição, em 1815, por iniciativa do príncipe regente, do Reino Unido de Portugal, Brasil e Algarves, pondo termo à condição colonial da América portuguesa, além de reconhecimento do estádio de evolução das gentes brasílicas, oferece também particular significado no plano internacional, pela tentativa de afirmação de uma comunidade portuguesa como grande bloco político transcontinental.

Fernando VII e seu irmão, o infante D. Carlos, tinham regressado a Espanha, em 1813, na fase final da Guerra Peninsular. Já não era possível jogar no plano internacional com as pretensões da princesa D. Carlota Joaquina à regência, em Madrid ou em Buenos Aires, ou à sucessão no trono espanhol. Importava estreitar as relações com a Espanha e com o seu rei, irmão da princesa. A fim de regressar ao ambiente de boas relações que D. João V e D. Maria I sempre tinham pretendido manter com o reino vizinho; de obter a devolução de Olivença; e também de, na base do apoio à Coroa espanhola contra os rebeldes da América, reforçar aí as posições portuguesas, defender as fronteiras do Brasil e, eventualmente, obter da Espanha o reconhecimento dos limites naturais dos dois impérios no rio da Prata[30].

Também a Espanha tinha interesse em manter boas relações com Portugal, quando tantas dificuldades se lhe deparavam, na Metrópole como nas colónias americanas. E esse interesse terá facilitado as negociações orientadas no sentido do casamento do rei de Espanha e do infante D. Carlos com duas princesas portuguesas, filhas de D. João e de D. Carlota Joaquina. Esta, não tendo já perspectivas de cingir a coroa de Espanha, terá tentado assegurá-la para uma das filhas. E conseguiu-o.

São escassos os elementos reunidos sobre as negociações tendo por fim o casamento de Fernando VII e do infante de Espanha D. Carlos com as infantas portuguesas D. Maria Isabel Francisca e D. Maria Francisca de Assis, filhas do príncipe regente de Portugal[31]. Mas essas negociações haviam de estar já concluídas em Abril de 1815[32], porque são de 20 desse mês as instruções do Governo de Madrid ao seu ministro em Roma para aí obter as respectivas dispensas matrimoniais (ver Visconde de Santarém, *Quadro Elementar...*, II, pp. 329-330). Essas mesmas negociações hão-de ter implicado uma revisão geral das questões luso-espanholas, abrangendo necessaria-

---

[30] Ver Cartas do Príncipe D. João para o cunhado, Fernando VII, *in* Júdice Bicker, *Supplemento à Collecção...*, XIX, pp. 208 e ss.

[31] Estranhar-se-á que as negociações em vista a tais casamentos não tenham sido confiadas a qualquer grande nome da política ou da diplomacia, conforme era de uso e conforme se procedeu, na mesma época, relativamente ao casamento do príncipe D. Pedro com a arquiduquesa austríaca Leopoldina. As negociações quanto aos casamentos das duas infantas apresentam-se como tendo estado a cargo de um oficial espanhol de Montevideu refugiado no Rio de Janeiro, o brigadeiro Gaspar de Vigodet, e do encarregado de negócios de Portugal em Madrid, Joaquim Severino Gomes. O facto poderá encontrar explicação num entendimento directo entre D. Carlota Joaquina e os irmãos, Fernando VII e D. Carlos Isidoro, que terá tornado dispensável a intervenção de embaixadores para o ajuste dos casamentos das infantas com os tios espanhóis. Ver tratados e escrituras matrimoniais respectivos *in* Borges de Castro, *Collecção...*, V, pp. 252 e ss.

[32] É de 6 de Novembro de 1814 uma carta de D. Carlota Joaquina para seu irmão Fernando VII, aliás curiosíssima, em que a princesa, já na sequência de uma carta anterior, de 23 de Maio, refere as qualidades e os defeitos, designadamente as debilidades de saúde, das suas quatro filhas, com vista ao casamento de duas delas com os tios Fernando VII e D. Carlos Isidoro (ver Ângelo Pereira, *D. João VI, Principe e Rei – A Independência do Brasil*, pp. 229-230).

mente as da América e de Olivença. Parece significativo que, segundo correspondência do secretário de Estado espanhol, Miguel de Lardizabal y Uribe, para o encarregado de negócios português em Madrid, Joaquim Severino Gomes[33], as duas princesas viajariam do Rio de Janeiro para Cádis na companhia de sua mãe, D. Carlota Joaquina, «a qual Senhora ha de vir debaixo do titulo de Duquesa de Olivença» (*ibidem*, p. 330). A atribuição deste título havia de implicar a restituição a Portugal de Olivença e seu termo; ou, ao menos, a sua cedência à princesa, a titulo pessoal, que acabaria por determinar também, afinal, aquela restituição. O falecimento de D. Maria I, que tornou D. Carlota Joaquina rainha de Portugal, parece ter sido a razão pela qual D. Carlota Joaquina já não acompanhou as filhas a Espanha, por ocasião do seu casamento[34]. É natural que a presença

---

[33] Joaquim Severino Gomes, durante longos anos encarregado de negócios em Madrid, é um dos diplomatas portugueses cujo nome mereceria ser recordado. Pelas difíceis missões que lhe foram confiadas e de que soube desempenhar-se com acerto, sem haver notícia de compensações que correspondessem aos méritos. Sabe-se, isso sim, que a dedicação às infantas portuguesas residentes em Espanha o levou ao exílio, tendo morrido em Roma, em 1848, tão pobre «que foi necessario recorrer ao Estabelecimento de Santo Antonio para as despesas do funeral» [ver ofício do barão da Venda da Cruz, *in* Eduardo Brazão, *Relações Diplomáticas de Portugal com a Santa Sé – Um Ano Dramático (1848)*, p. 135]. Em 1834, Ribeiro Saraiva terá sugerido que Joaquim Severino Gomes substituísse o Visconde de Santarém na pasta dos Negócios Estrangeiros (ver *Diário* .... I, pp. 292 e 302).

[34] Também não deverá excluir-se a hipótese de D. Carlota Joaquina não ter acompanhado as filhas a Espanha em consequência de o embarque delas no Rio de Janeiro (3 de Julho de 1816) ter precedido de poucos dias o início da campanha cisplatina, que, necessariamente, já se achava planeada e decidida. Ou porque não havia acordo, ao menos tácito, entre Portugal e a Espanha quanto à ocupação da Banda Oriental, ou porque a Espanha pretendia negar, perante terceiros, que houvesse tal acordo, parece admissível terem sido reconhecidas vantagens em evitar a presença da rainha D. Carlota Joaquina em Madrid. Também a ocupação da Banda Oriental terá oferecido mais um pretexto a Fernando VII para não entregar Olivença, em cumprimento do Acto Final de Viena, ao qual a Espanha acabou por aceder, em 1817, apesar dos protestos iniciais do representante espanhol, Pedro Gómez Labrador, contra as decisões do Congresso respeitantes não apenas a Olivença, mas, sobretudo, aos ducados italianos de Parma, Placência e Guastalla. É de crer que, sem os movimentos revolucionários que eclodiram em Espanha e em Portugal, no mesmo ano de 1820, a questão de Olivença tivesse sido solucionada, na base da entrega de Montevideu às autoridades espanholas, depois de chegar à América a expedição militar naquele ano preparada em Cádis e das adequadas compensações que Portugal reclamava pela pacificação da Banda Oriental, não obstante a incorporação do Estado de Montevideu, sob a designação de

de D. Carlota Joaquina junto do irmão Fernando VII tivesse facilitado a aproximação luso-espanhola e, possivelmente, soluções satisfatórias para os diferendos subsistentes. Parece admissível também que as intrigas urdidas em torno da política portuguesa relativamente a Buenos Aires e à Banda Oriental tenham dificultado a devolução de Olivença e seu termo. Mas é indubitável que os casamentos portugueses causaram a maior satisfação em Espanha. As festas celebradas em Cádis, de 4 a 11 de Setembro de 1816, por ocasião do desembarque das infantas, ficaram memoráveis. A viagem até Madrid, que demorou 15 dias, também. A entrada da nova rainha de Espanha, Maria Isabel de Bragança, na capital, foi talvez a mais esplendorosa de que ali há memória quanto a cerimónias de tal natureza.

Não foram nem a Corte de Madrid nem o povo espanhol defraudados quanto às qualidades da nova rainha, a qual ali manteve as tradições das princesas de Bragança que ocuparam o trono de Espanha. Além da boa influência exercida, em vários planos, ficou a dever-se à acção pessoal de D. Maria Isabel a instalação do Museu do Prado[35]. As referências espanholas a esta rainha seriam, só por si, susceptíveis de desfazer a imagem de ignorância e boçalidade que alguns relatos malévolos, ou mal esclarecidos, do século XIX, atribuíram às Cortes portuguesas de Queluz e do Rio de Janeiro (cf. Lafuente, *Historia General de España*, XVIII, pp. 208 ess.). Pouco mais de dois anos viveu D. Maria Isabel; e, assim, as expectativas portuguesas e espanholas quanto a este enlace real desvaneceram-se[36]. Mas a infanta D. Maria Francisca, casada com o infante

---

Província Cisplatina, no Reino Unido de Portugal, Brasil e Algarve (ver Júdice Bicker, *Supplemento à Collecção...*, XX, pp. 130 e ss.). Ainda em 1841, a propósito das questões respeitantes à navegação do rio Douro, o duque de Palmela recordou a falta de cumprimento, por parte da Espanha, das suas obrigações quanto à restituição de Olivença.

[35] A princesa portuguesa que ocupava o trono da Espanha fora discípula muito distinta do pintor Domingos António Sequeira. Assim como suas tias, as filhas de D. José, sua mãe, D. Carlota Joaquina, e suas irmãs, era a jovem rainha de Espanha dotada de grande sensibilidade artística (ver Henrique de Campos Ferreira Lima, *Princesas Ar*tistas, Coimbra, 1925).

[36] Fernando VII, que voltaria a casar por duas vezes mais ainda, só viria a ter sucessão do seu quarto matrimónio, com Maria Cristina de Bourbon (Nápoles), cuja filha foi a rainha Isabel II de Espanha, na base da abolição da Lei Sálica, vigente em Aragão mas introduzida naquele país, depois de unificado, do ponto de vista jurídico, por Filipe V, e que já Carlos IV quisera revogar. Por não se conformar com aquela abolição, opôs-se o infante

D. Carlos Isidoro, manteve em Madrid uma influência acentuada em defesa dos interesses portugueses.

2. Ligação a Viena

Em obediência à mesma preocupação de retomar posições no plano internacional e alargar a rede de alianças externas, a Corte portuguesa tratou de casar o príncipe herdeiro, D. Pedro, com uma arquiduquesa austríaca, Maria Leopoldina, filha do imperador Francisco II. Quando poderia julgar-se que Portugal ficara definitivamente reduzido à condição de protectorado britânico, a Corte do Rio de Janeiro, através dos casamentos principescos em Madrid e em Viena[37], dava testemunho da plena sobrevivência nacional[38].

D. João VI, tantas vezes apontado como príncipe de uma avareza tacanha, não poupou despesas ao propor-se unir a sua Casa à dos Habsburgos, triunfadores continentais das guerras napoleónicas[39]. A embaixada do marquês de Marialva a Viena não ficou aquém das

---

D. Carlos Isidoro à subida ao trono da sobrinha. Foi essa a base jurídico-dinástica das guerras civis carlistas, às quais estiveram de muito perto ligadas infantas portuguesas. Com efeito, o infante D. Carlos, casado em 1816 com a infanta D. Maria Francisca, que faleceu em 1834, voltaria a casar, em 1838, com outra filha de D. João VI, D. Maria Teresa, já viúva de outro infante espanhol, D. Pedro Carlos. Ambas foram dedicadíssimas à causa carlista. Mais tarde, outra princesa portuguesa, D. Maria das Neves, filha de D. Miguel, seria a incansável companheira do marido, o infante espanhol D. Afonso Carlos, durante a segunda guerra carlista.

[37] Ver Borges de Castro, *Collecção...*, V, pp. 298 e ss.

[38] Também se tem admitido, na base de notícias aparecidas, no decurso de 1816, nas imprensas francesa e inglesa, que a hipótese de casamento de uma infanta portuguesa na Corte francesa tenha sido aventada em negociações entre representantes diplomáticos de Portugal e de França. Segundo algumas dessas notícias, o noivo seria o próprio rei Luís XVIII, hipótese pouco provável em razão da sua idade e do seu estado de saúde; segundo outras, as conversações havidas teriam em vista o duque de Berry, sobrinho do rei e herdeiro presuntivo do trono francês (ver Ângelo Pereira, *D. João VI, Príncipe e Rei – A Independência do Brasil*, pp. 216-217).

[39] Também por motivo da coroação de D. João VI, em 1818, se não regatearam despesas. Os diplomatas acreditados no Rio de Janeiro deram testemunho, com espanto, através da sua correspondência oficial, do brilho ostentoso das cerimónias e da alegria das festas populares (ver Oliveira Lima, *D. João VI no Brasil*, II, pp. 887 e ss., 989 e ss.; Pedro Calmon, O *Rei do Brasil*, pp. 221 e ss.).

faustosas embaixadas portuguesas de D. João V. Talvez as tenha mesmo excedido. Não parece que o marquês de Marialva exagerasse ao afirmar que «ainda se não havia visto em Vienna huma tão apparatosa embaixada», afirmação, aliás, também contida na imprensa vienense da época. O marquês não costumava ter desses exageros. Pelo contrário. De ânimo faustoso, na sua vida privada como no desempenho de missões públicas, quase sempre lhe pareciam minguados os gastos. Foram magníficas também as ofertas do embaixador português ao pessoal da Corte de Viena e do Ministério austríaco dos Negócios Estrangeiros. Sem esquecer o príncipe de Metternich. E não parece que tais despesas fossem meramente sumptuárias. Portugal precisava do apoio austríaco; para não ter de pagar demasiado cara a protecção da Inglaterra, ou de qualquer outro país que julgasse gozar de exclusivo naquela protecção[40].

A embaixada do marquês de Marialva não constituiu caso isolado na acção diplomática portuguesa da época. Quando o papa Pio VII regressou a Roma, em 1815, após o seu longo exílio, o conde do Funchal, acreditado pelo Governo português como embaixador extraordinário junto da Santa Sé, apresentou as suas credenciais «com um cortejo imponentíssimo que, segundo as crónicas do tempo, se podia comparar aos mais faustosos dos embaixadores do século XVIII». E o mesmo brilho deu o conde do Funchal à sua representação enquanto esteve em Roma, oferecendo festas sumptuosíssimas e largas distribuições de esmolas[41].

---

[40] Parecem significativas as referências de Metternich, em cartas familiares que escreveu desde Livorno, à imponência dos navios da esquadra portuguesa que ali foi buscar a arquiduquesa Leopoldina, com destino ao Brasil. Segundo o célebre ministro austríaco, com experiência bastante para não se deslumbrar facilmente, os navios portugueses eram muito belos e as suas iluminações magníficas, tendo a princesa achado maravilhoso o luxuosíssimo apartamento que lhe fora preparado na nau *D. João VI* (ver Metternich, *Mémoires, Document et Écrits Divers*, III vol., cartas de 11 e 13 de Agosto de 1817); Pereira da Silva, *Historia da Fundação do Imperio Brazileiro*, IV, pp. 78 e ss.; *Memórias do Marquês de Fronteira*, I, p. 168).

[41] Ver José de Castro, *Portugal em Roma*, II, p. 102.

3. Novas perspectivas portuguesas no plano internacional

Assim, dois anos após a Paz de Viena, da qual participámos em estreita dependência da Inglaterra, pareciam amplamente satisfatórias as perspectivas que se apresentavam à política externa portuguesa. As relações pacíficas com a Espanha mostravam-se asseguradas pelos casamentos do rei Fernando e do infante Carlos, herdeiro do trono, com duas infantas portuguesas. Esta união familiar, aliada à ocupação de Montevideu, e de toda a Banda Oriental, cuja posse poderia ser usada em termos de troca, levaria a prever ficasse assegurada a restituição de Olivença a Portugal, garantindo-lhe também tranquilidade de fronteiras na Europa. Esperava-se então ainda que a Espanha fosse restabelecer a autoridade da metrópole nas colónias da América. Mas, se o não fizesse, também a administração portuguesa não teria de recear muito dos bandos armados que se digladiavam naquelas colónias, depois de ocupadas certas posições estratégicas pelas tropas, disciplinadas e experimentadas, que, idas de Lisboa, afluíram ao Rio Grande do Sul. E se a Espanha, em razão das dificuldades metropolitanas, não pudesse restabelecer a ordem na América, talvez essa sua mesma debilidade abrisse novas perspectivas à expansão portuguesa. Não tinha Portugal que afastar-se radicalmente, no plano internacional, da Inglaterra. Mas se esta pretendesse, como já acontecera antes, tornar demasiado pesada para Portugal a aliança secular, o estreitamento de relações com Viena, e mesmo com a França[42], oferecia à política externa portuguesa amplas possibilidades de negociação. Também os Franceses queriam disputar aos Ingleses o comércio brasileiro; e a recente derrota, militar e política, não tornava essas ambições tão perigosas para os interesses de Portugal como já tinham sido noutras épocas. É certo que na Metrópole portuguesa ainda o inglês Beresford exerce amplos poderes, embora sem a extensão e carácter que os vintistas lhes atribuíram. Mas essa sua

---

[42] Previdentemente, D. João, como príncipe regente de Portugal, sempre prestara generosos socorros de ordem pecuniária ao conde de Provença, futuro Luís XVIII, enquanto exilado (ver Júdice Bicker, *Supplemento à Collecção...*, XVI, pp. 288 e ss.). Era natural que este, elevado ao trono de França, não se esquecesse de tal atitude. E também que tentasse retomar a política tradicional da França orientada no sentido de substituir-se à Inglaterra no plano do comércio português.

situação cessaria logo que o príncipe D. João regressasse à Europa, regresso para o qual o próprio Governo de Londres muito insistia, até em termos impertinentes, por parecer estar interessado no afastamento da família real portuguesa do Brasil, cujo pleno domínio económico a Inglaterra ambicionava[43].

Foram de muita firmeza as atitudes assumidas nesta época pela diplomacia portuguesa em Roma, não obstante a inexistência de desinteligências fundamentais entre Portugal e a Igreja. Assim o prova o apoio dado pelo Governo português ao arcebispo de Évora, Frei Joaquim de Santa Clara, que o Papa, ou o secretário de Estado, cardeal Consalvi, pretendia não fosse confirmado na dignidade episcopal[44].

4. Movimentos revolucionários de 1817 e 1820; suas ligações externas

Mas todas as perspectivas portuguesas de equilíbrio no plano internacional ruíram no período que decorre entre 1817 e 1820. Por força das revoltas que eclodiram em Pernambuco e em Lisboa.

A revolta de Pernambuco terá sido, admissivelmente, inspirada pelos Ingleses[45]. Eram eles que tinham interesse na instabilidade política de toda a América do Sul. Não deverá, no entanto, excluir-se a hipótese de que aquela revolta tenha ligação com um plano bonapartista de dar fuga a Napoleão, exilado em Santa Helena[46]. Quanto aos

---

[43] Cf. Pereira da Silva, *Historia da Fundação do Imperio Brazileiro,* III, pp. 218 e ss.

[44] Ver Sousa Monteiro, *Historia de Portugal...,* II, pp. 80 e ss., 450 e ss.

[45] Note-se que, a nível ostensivo do Governo, parece ter sido impecável a posição britânica em face da revolta de Pernambuco. E o mesmo se poderá dizer relativamente a Washington (cf. Pereira da Silva, *Historia da Fundação do Imperio Brazileiro,* IV, pp. 173-174).

[46] Conforme acontece, mais ou menos, em todas as revoltas, também na de Pernambuco os interesses que estiveram na sua base terão utilizado a venalidade de uns e o idealismo de outros. O fermento revolucionário agitava pessoas gradas da região. Sem excluir o bispo de Olinda, D. José Joaquim de Azeredo Coutinho, ao qual é atribuído elevado grau maçónico (cf. A. Tenório de Albuquerque, *A Maçonaria e a Grandeza do Brasil,* p. 48). Compreende-se que o seminário de Olinda fosse também um dos núcleos revolucionários mais influentes do tempo (cf. Pedro Calmon, *História do Brasil,* IV, pp. 1428 e ss.); e que se tenha apurado acharem-se envolvidos na revolta de Pernambuco 52

movimentos revolucionários de Lisboa, tanto o abortado, de 1817, como o de 1820, parecem provocados pelo «partido francês», procurando mesmo apoiar-se nas reacções antibritânicas das populações. Importará ter presente que os conspiradores de 1817 eram oficiais afectos a Bonaparte e que, por essa época, se assistiu a um forte renascimento de movimentos bonapartistas, visando novo regresso do vencido de Waterloo[47]. Não deverá excluir-se que Lisboa constituísse um elemento geoestratégico fundamental de tais conjuras. No entanto, também a revolta de Lisboa de 1820, situada na continuidade da conspiração de 1817 e aparentemente antibritânica, terá acabado por servir os interesses da Inglaterra, pelo afastamento do Rio de Janeiro do poder real português, afastamento em que, desde 1813, o Gabinete de Londres mostrava grande empenho.

---

padres iniciados na Maçonaria, entre eles José Inácio Abreu Lima, o «padre Roma», que foi fuzilado (ver A. Tenório de Albuquerque, *ob. cit.*, pp. 48 e 147 e ss.). A filiação maçónica da revolta de Pernambuco parece nítida. O «governo provisório republicano», que então se constituiu naquela cidade, era constituído por cinco membros, dos quais apenas um não teria filiação maçónica (*ibidem*, pp. 152-153). E é significativo quanto à obediência maçónica comum daqueles membros e do presidente dos Estados Unidos da América do Norte o apelo que aqueles dirigiram a este, a 12 de Março de 1817, que começa pelo vocativo «meu irmão» e termina com o fecho «afectuosos irmãos» (*ibidem*, p. 158). Cf. tb. Rocha Pombo, *História do Brasil*, VII, pp. 339 e ss.; Velloso Rebello, *As Primeiras Tentativas da Independência do Brasil*, pp. 130 e ss.; José Honório Rodrigues, *Independência: Revolução e Contra-Revolução*, I, p. 20. Não seria muito diversa que a de Pernambuco a posição de grande parte do clero na metrópole portuguesa. Em Espanha, pela mesma época, foi apurada a filiação maçónica de 194 eclesiásticos (ver Palácio Atard, *España del Siglo* XIX, p. 124); o apuramento há-de ter sido pouco rigoroso.

[47] Ver *Mémoires et Souvenirs du Baron Hyde de Neuville*, II, pp. 3 16 e ss.; Correspondênca publicada por Pierre-Jean Rémy, in *Trésors et Secrets du Quai d'Orsay*, pp. 410-415; Rocha Pombo, *História do Brasil*, VII, p. 341. Em Janeiro de 1818 ainda chegou a Santa Helena uma corveta, que partira do Rio de Janeiro em Outubro de 1817, com mensagens para o governador da ilha e para o almirante que lá se encontrava, respeitantes a Napoleão (ver Bertrand, *Cahiers de Sainte-Hélène*, p. 9). Embora a revolta pernambucana estivesse dominada desde Junho, não deverá excluir-se que tais mensagens reflectissem ainda os receios quanto a uma nova fuga de Bonaparte, apoiada na conjura referida. Nos mesmos escritos de Bertrand há referências ao projecto de oficiais franceses que se encontravam em Pernambuco de dar fuga a Napoleão (*ibidem*, pp. 19 e 456). Ver tb. ofício de Corrêa da Serra ao general Luís do Rego sobre movimentos suspeitos de oficiais franceses bonapartistas *in* Léon Bourbon, *José Corrêa da Serra, Ambassadeur du Royaume - Uni de Portugal et Brésil...*, p. 344. De inspiração bonapartista semelhante à das revoltas e conspirações portuguesas terão sido as que paralelamente tiveram lugar em Espanha, de Diaz Porlier (1815), da «conspiração do triângulo» (1816), de Lacy e Milans del Bosch (1817) e, finalmente, de Riego (1820).

A conspiração de Lisboa de 1817 abortou; mas a de Pernambuco, do mesmo ano, deu lugar a um levantamento revolucionário que implicou a mobilização de largos meios militares e terá já enfraquecido a posição portuguesa na América do Sul[48]. Os rebeldes foram dominados, mas através de luta violenta e punições que, naturalmente, abriram feridas, acentuaram desinteligências e dificultaram a união de esforços de que a política portuguesa carecia[49].

Embora vencidas, as dificuldades que se apresentaram a Portugal em 1817, dos dois lados do Atlântico, devem ter constituído uma séria advertência dos perigos que nos ameaçavam. Mas foi em 1820 que todos os esforços desenvolvidos pelo Governo do Rio de Janeiro no plano internacional se perderam[50].

---

[48] Um enviado dos revoltosos de Pernambuco foi recebido em Washington (ver *Mémoires et Souvenirs du Baron Hyde de Neuville,* II, p.326); mas não parece que o Governo norte-americano tenha prestado auxílio à revolta, ao menos ostensivo, apesar da simpatia do presidente Adams pelos insurrectos (ver Léon Bourdon, *José Corrêa da Serra, Ambassadeur du Royaume - Uni de Portugal et Brésil a Washington 1816-1820,* pp. 52 e ss., 281, 285). Tem-se admitido, embora escasseiem os dados documentais em abono de tal tese, que a conspiração de Lisboa de 1817 visasse, designadamente, substituir no trono português a Casa de Bragança pela Casa Cadaval, muito ligada a poderosas famílias francesas, entre elas a do duque de Luxemburgo, embaixador de Luís XVIII no Rio de Janeiro (ver Ângelo Pereira, *D. João VI, Príncipe e Rei-Últimos Anos dum Reinado Tormentoso,* pp. 144 e ss.).

[49] Parece assinalável a repulsa da população do Rio de Janeiro relativamente à revolta de Pernambuco. O historiador brasileiro Pereira da Silva, não obstante o seu liberalismo, dá fé dessa repulsa em termos muito expressivos, referindo também que, em menos de 24 horas, se recolheram 500 000 cruzados de donativos voluntários, destinados a financiar a repressão contra-revolucionária (ver *Historia da Fundação do Imperio Braxileiro,* IV, pp. 131 e ss.). Também o liberalíssimo português Sousa Monteiro não deixa de condenar as violências, as desonestidades e a carência de qualidades dos revolucionários de Pernambuco (ver *Historia de Portugal...,* II, pp. 85 e ss.).

[50] Já a conspiração de 1817 fora, ao que parece, inspirada por elementos liberais espanhóis, entre eles o general Cabanes, instalado em Lisboa na privança de Gomes Freire de Andrade. Em 1820, a revolução liberal espanhola trouxe para Lisboa, como ministro plenipotenciário, D. José Maria de Pando, que o nosso representante em Madrid, Saldanha da Gama, denunciou como agente revolucionário, em carta dirigida ao marquês de Marialva, embaixador em Paris (ver Luz Soriano, *Historia da Guerra Civil...,* 1.ª ép., I, pp. 405 e ss.; Raul Brandão, *A Conspiração de 1817,* pp. 100 e ss.). Os revolucionários espanhóis de então eram dominados por propósitos de união ibérica, admitindo a instalação da capital em Lisboa, sendo acompanhados nesses seus propósitos pelos correligionários portugueses. O projecto de união ibérica de 1820 é referido em carta do diplomata liberal Abreu e Lima

É certo que pela revolução de 1820 foram afastados de Portugal os oficiais ingleses[51]. Parecia um triunfo nacional. Mas, por força dessa mesma revolução, D. João VI regressou à Europa; e, com ele, muitos dos que tinham contribuído para a elevação do Brasil nos últimos anos. Cindiram-se os notáveis por duas Cortes – a do Rio de Janeiro e a de Lisboa. Às divisões ideológicas acresceram as geográficas. O afastamento do rei tornaria bem mais fácil e rápida a secessão brasileira, já entrevista, e que a Inglaterra se propunha utilizar em proveito próprio. Os Ingleses tinham habilidade bastante para triunfar através das manobras do «partido francês», aparentemente seu adverso.

---

de 4 de Novembro de 1830, mostrando-se o futuro conde da Carreira receoso de que tal projecto se renovasse (ver *Correspondencia do 2.° Visconde de Santarém*, III, p. 38 7). O mesmo projecto é referido num ofício do cônsul francês em Lisboa de 10 de Novembro de 1821 (ver José Esteves Pereira, *Silvestre Pinheiro Ferreira...*, pp. 198 e ss.). Por isso, o príncipe regente do Brasil, D. Pedro, designava por «facção luso-espanhola» e «Lusos-Espanhois» «os infames déspotas (Constitucionais *in nomine*) dessas facciosas, horrorosas e pestíferas Cortes» (ver cartas a D. João VI, de 19 de Junho e de 22 de Setembro de 1822, in *Biblioteca do Sesquicentenário – D. Pedro I-Proclamações, Cartas, Artigos,* pp. 299 e ss., 311 e ss.).

[51] Este afastamento dos oficiais ingleses, além de agradável ao sentimento popular, criou aos oficiais portugueses melhores perspectivas de promoção e, com elas, fortes adesões iniciais ao movimento vintista.

CAPITULO VII

SECESSÃO BRASILEIRA E GUERRA CIVIL INTERNACIONALIZADA
(1820-1834)

TÍTULO I
O Brasil, as Cortes e o Regresso do Rei

1. Conjura internacional e alternativas de defesa na Europa e na América

a) *O regresso de D. João VI*

A revolução liberal de 1820 obrigou D. João VI a regressar a Lisboa. Regresso que evitara desde 1813, contra todos os pedidos do Conselho de Regência e contra todas as pressões inglesas, por entender que a comunidade portuguesa mais carecia da presença da Corte no Brasil; para evitar os perigos acumulados em torno daquele reino, na base da abertura dos seus portos ao comércio estrangeiro e da anarquia que lavrava em torno das suas fronteiras[1].

A permanência da Corte no Rio de Janeiro foi possível, porém, enquanto em Lisboa funcionava a Regência e se podia contar com a acção disciplinadora do comandante-chefe do exército, marechal Beresford. Depois da revolução, só o prestígio do rei, de que os

---

[1] Ver Júdice Bicker, *Supplemento à Collecção...*, XX, pp. 36 e ss., 52 e ss., 94 e ss. Para se manter no Brasil, o príncipe terá encontrado todo o apoio no seu ministro Tomás António de Villa Nova Portugal; pois este, ainda em 8 e 17 de Janeiro de 1821, aconselhava o rei a não partir para a Europa (ver *Memórias do Conde do Lavradio*, I, p. 75, onde se referem cartas daquelas datas nesse sentido, as quais se encontrarão no arquivo da Casa do Lavradio). Sobre a lucidez e a habilidade de Villa Nova Portugal, ver documentos citados e opinião expendida pelo historiador brasileiro Varnhagem, in *Historia da Independencia do Brasil,* pp. 32-75. Também Palmela, embora não apreciando muito Villa Nova Portugal, entendendo que «não tinha a menor idéa do estado de cousas na Europa», o aponta como «honrado magistrado, cheio de puras intenções» (ver *Despachos e Correspondencia do Duque de Palmella, I, p.* XI.

próprios revolucionários se fizeram eco[2], constituiria elemento suficientemente valioso para travar o passo à anarquia. Consequentemente, D. João VI renunciou ao plano de construção de um grande império português na América, plano esse que tivera feliz começo de execução no decurso dos anos de permanência da Corte no Rio de Janeiro. As apreensões do rei quanto ao futuro do Brasil eram evidentes. Mas, para além de outras imperiosas razões que o terão determinado a regressar à Europa, também lhe havia de parecer duvidoso que a presença portuguesa no Brasil tivesse continuidade sem o apoio das parcelas europeias de Portugal. Aliás, antes de regressar a Lisboa, e não obstante as desordens que alastravam pelo Brasil, usou D. João VI de cautelas no sentido de consolidar a obra realizada na América Portuguesa. Entre as medidas adoptadas contam-se as instruções enviadas para Montevideu ao general Lecor, barão da Laguna, no sentido de convocar deputados representantes das populações da Banda Oriental para definir o seu futuro político, devendo as tropas portuguesas retirar se aqueles povos não preferissem a incorporação no reino do Brasil. Também antes de deixar o Rio de Janeiro se apressou D. João VI a reconhecer a independência dos Estados da República Argentina e do Chile, a cujos Governos exprimiu o seu apreço e o desejo de com eles manter excelentes relações, tomando assim a dianteira no acto solene de os considerar oficialmente no gozo dos seus direitos de soberania[3].

A conjura internacional que, não se conformando com o Tratado de Tordesilhas, há muito cobiçava as terras descobertas e valorizadas pelos Portugueses, assim que elas começaram a produzir dividendos,

---

[2] Ver *Manifesto da nação portuguesa aos soberanos e povos da Europa* de 15 de Dezembro de 1820, e a 1.° *Carta das Cortes Liberais ao Rei*, de 15 de Fevereiro de 1821, in Thomaz Ribeiro, *Historia da Legislação Liberal Portugueza*, I, pp. 307 e ss. e 327 e ss. O respeito formal dos revolucionários de 1820 pela instituição real terá sido ditado a uns pelas próprias tradições e pelos interesses de classe; a outros pela compreensão de que, se o rei não cobrisse com a própria autoridade o novo regime, este não resistiria ao choque das reacções que haviam de opor-se-lhe. E, realmente, a subsequente quebra de respeito pelo rei muito contribuiu para a reacção antivintista, pois, conforme observa o insuspeito, neste ponto, Thomaz Ribeiro, o Congresso acabou por escandalizar a Nação pelas desatenções relativamente ao monarca (*ibidem*, p. 277).

[3] Pereira da Silva, *Historia da Fundação do Imperio Brazileiro*, V, pp. 91-92; *State Papers1820-1821*, pp. 1221-1222.

de novo ateara o fogo. E só pelo concerto de forças portuguesas, dos dois lados do Atlântico, seria possível, mais uma vez, dominar aquela conjura. Importava, pois, pôr ordem em Lisboa; e talvez mesmo o resto viesse por acréscimo. As fronteiras pareciam seguras; na Europa como na América. Tanto pela relativa disciplina das tropas portuguesas como, sobretudo, pela debilidade da Espanha. Uma rede satisfatória de alianças diplomáticas fora estabelecida. As frentes mais vulneráveis, tanto na Europa como na América, eram as internas. Por elas penetrariam os interesses adversos a Portugal[4]. Mas D. João VI tentaria evitar que assim fosse.

b) *A política contemporizadora e as expectativas de conservação do Reino Unido de Portugal e Brasil*

O carácter do rei ajustava-se ao jogo político que então se impunha. Importava não afrontar o soberano Congresso, que estava preparando uma Constituição decalcada sobre a de Cádis de 1812, reposta em vigor pela revolução liberal espanhola de 1820, e, indirectamente, sobre a francesa de 1791. Importava ao rei restabelecer contactos e reavivar dedicações, após tão longa ausência; esperar a reacção franco-austríaca face aos surtos revolucionários coincidentes em Portugal, em Espanha e na Itália; aguardar também as previsíveis oposições norte-americana e russa ao expansionismo britânico na América

---

[4] Designadamente, eram de recear os entendimentos entre vintistas portugueses e espanhóis, porquanto muitos deles defendiam ideais de união ibérica, conforme foi referido. Já em 1817 se recearam os acordos entre Gomes Freire e o general espanhol Cabanes, que com ele se avistou em Lisboa sob nome suposto. Em Londres, um dos corifeus do liberalismo português, José Liberato Freire de Carvalho, apontava a união à Espanha como a melhor via a seguir depois que o Brasil rumasse no sentido da independência política. A revolta do Porto, de 24 de Agosto, fora incitada pelo novo representante diplomático da Espanha, José Pando. E muito numerosos eram os liberais espanhóis que se mostravam favoráveis a uma absorção de Portugal, agora justificada por princípios de liberdade, igualdade e fraternidade hispânicas. Conforme observa Oliveira Lima, «o liberalismo hespanhol e o liberalismo portuguez entenderam-se e conspiraram na sombra maçonica antes e depois de 1820, quando a agitação revolucionaria operou simultaneamente nos dous paizes. A federação iberica foi desde então um ideal avançado» (Oliveira Lima, *Dom Pedro e Dom Miguel*, p. 110).

do Sul[5]. Era preciso *aguentar*. D. João VI era hábil na arte de ganhar tempo, conforme revela a política externa portuguesa entre 1795 e 1807. Mas a sorte foi-lhe adversa, não lhe permitindo colher frutos bastantes das suas amplas esperas; quando é certo que, segundo múltiplos elementos conjecturais, teria bastado um atraso de alguns meses mais no plano francês de invasão de Portugal para que esta já não se realizasse. Situação semelhante se terá verificado entre 1820 e 1825. Alguma dilação nos acontecimentos políticos do Brasil teria permitido a continuidade de união a Portugal. Mas a intervenção da Santa Aliança em Espanha e a consequente contra-revolução em Portugal tardaram três anos, o tempo suficiente para que se operasse a secessão brasileira. A política de D. João VI face à conjura internacional terá permitido, no entanto, mais uma experiência inédita, à escala mundial, realizada pelos Portugueses. O Brasil foi o único domínio que, separado da antiga metrópole, manteve na cimeira da sua estrutura política os príncipes da casa reinante naquela mesma metrópole. A esta originalidade da secessão brasileira ficaram ligadas, necessariamente, muitas outras, que explicam também inúmeras características do Brasil, ainda de flagrante actualidade e igualmente originais.

A par do insucesso global para a comunidade portuguesa da secessão brasileira, a originalidade referida constitui, apesar de tudo, indiscutível triunfo da política de D. João VI, triunfo que nem a Inglaterra, nem a França, nem a Espanha, conseguiram em relação às suas colónias da América.

---

[5] Tanto os Estados Unidos como a Rússia se mostravam empenhados em travar aquele expansionismo. Os Estados Unidos a ele procurariam opor-se, em 1823, através da chamada doutrina pan-americanista de Monroe. Mas esta, pouco eficaz quanto às conquistas económicas, havia de procurar impedir o regresso político ao Continente americano tanto da Inglaterra como dos outros Estados europeus, atingindo também Portugal. Quanto à Rússia, ainda havia de esgrimir, no plano diplomático, o princípio da legitimidade da Santa Aliança, para evitar que a Inglaterra se substituísse, de facto, à Espanha e a Portugal nas Américas. Mas rapidamente se convenceu também a Rússia de que não tinha poder bastante para intervir em zonas tão afastadas das suas próprias bases geográficas; e que melhores expectativas se lhe deparavam na disputa respeitante ao espólio do Império Otomano, em evidente dissolução. Os políticos moscovitas terão acabado mesmo por julgar que a Inglaterra, entretida na América do Sul, mais facilmente abandonaria à Rússia aquele espólio. Talvez só a Guerra da Crimeia viesse a convencê-los de que assim não era.

Para mais, sendo o príncipe separatista que cingiu a Coroa do Império Brasileiro o próprio herdeiro da Coroa portuguesa, não se duvidará que D. João VI admitiu como provável, por essa via, uma nova ligação das comunidades transitoriamente separadas. E daí o silêncio que o rei manteve quanto aos efeitos da elevação de D. Pedro ao trono imperial brasileiro no plano da sucessão ao trono português. Se não fosse essa a sua expectativa, dificilmente se explicaria aquele silêncio, que acabou por contribuir para dúvidas e hesitações às quais nem a guerra civil (1828-1834) poria termo. Não era desprovida de sentido a expectativa de D. João VI quanto à reconstituição do Reino Unido de Portugal e Brasil. Quando o rei morreu, o expansionismo económico britânico apresentava-se como factor poderoso no sentido de evitar aquela reconstituição. Mas esse expansionismo só era defendido em termos directos, implicando o afastamento dos Portugueses da América do Sul, pela ala liberalizante dos políticos ingleses, representada por Lord Canning[6]. Se nos anos próximos o Governo britânico fosse dominado por Wellington, como veio a acontecer, mas demasiado tarde, seria perfeitamente admissível que, numa diferente interpretação dos interesses da Inglaterra, o seu expansionismo económico na América do Sul não implicasse o afastamento político de Portugal daquela zona geográfica. Tanto mais que os meios mais conservadores britânicos parece terem receado então que a secessão brasileira provocasse uma união de Portugal à Espanha, união essa sempre avessa aos desejos da Inglaterra. Também a vitória dos políticos tradicionalistas na Inglaterra, em tempo oportuno, teria significado, provavelmente, o prolongamento da Santa Aliança[7] e da Restauração francesa. A previsão dessa

---

[6] E mesmo este talvez tenha admitido uma reconstituição da unidade portuguesa, dos dois lados do Atlântico, desde que os interesses da Inglaterra não fossem por ela afectados (ver Armitage, *Historia do Brasil*, p. 93; Oliveira Lima, *Dom Pedro e Dom Miguel*, pp. 25-26).

[7] Ver *infra*, Título II, n.º 1. Segundo as instruções de Palmela ao conde de Vila Real de 20 de Outubro de 1823, a Inglaterra nada ganharia, do ponto de vista comercial, com a separação dos dois reinos; e perderia do ponto de vista político, porquanto, a dar-se tal separação, ou Portugal passaria a ser um pesadíssimo aliado ou abandonaria a aliança britânica, submetendo-se à influência da Espanha e da França (ver *Despachos e Correspondencia...*, I, pp. 274 e ss., 290).

vitória por parte de D. João VI não seria utópica, pois ela veio a verificar-se em 1828. Apenas demasiado tarde para facilitar a continuidade do equilíbrio europeu definido em 1815; ou para permitir qualquer tentativa de reconstituição do Reino Unido de Portugal e Brasil.

Não seria, pois, descabida a expectativa de que, dominadas as tensões anárquicas na Europa, a unidade portuguesa se restabeleceria dos dois lados do Atlântico. Sabia D. João VI que interesses alheios a isso se opunham; mas esperava que uma conjuntura favorável e bem aproveitada permitisse que àqueles se sobrepusessem os reais interesses comuns de Portugal e do Brasil. Nesse estado de espírito assumiu o papel de contemporizar com o Congresso. Importava ganhar tempo.

2. Condenação da diplomacia pelas Cortes vintistas

a) As precipitações das Cortes

Não era fácil a tarefa que D. João VI se impôs; mesmo tendo em conta as suas qualidades e a sua longa experiência.

Precipitadas no exercício da sua actividade legislativa e demolidora, sem mesmo esperarem a presença em Lisboa dos deputados eleitos pelo Ultramar, as Cortes liberais em pouco tempo desarmaram a capacidade de defesa da Nação. Quer directamente quer através do clima de anarquia estabelecido à sombra do novo regime. Eram muitas as incongruências e contradições revolucionárias[8]. Amnistiaram-se os desertores, suspenderam-se as admissões nas ordens religiosas, declarou-se que Portugal daria asilo a todos os que fossem perseguidos por opiniões políticas ou ideias constitucionalistas, aboliram-se

---

[8] Por exemplo, ao mesmo tempo que se proclamava solenemente o princípio segundo o qual «ninguém pode ser preso sem culpa formada», os secretários de Estado do Reino e da Guerra, procurando reprimir os assaltos praticados por bandos armados, expediam circulares mandando prender quaisquer indivíduos de que houvesse suspeitas (ver Thomaz Ribeiro, *Historia da Legislação Liberal Portugueza*, I, p. 90). Foram muitas, aliás, as pessoas mandadas prender pelas Cortes liberais, sem culpa formada (*ibidem*, p. 284).

os chamados «direitos banais»⁹, demitiram-se os oficiais ingleses, mas continuando o Erário português a pagar-lhes os soldos. Não se sabia como reprimir a criminalidade crescente sem quebra das medidas legislativas adoptadas¹⁰. Tentou-se proibir as touradas, sem sucesso. Chegou a conceder-se o grau de doutor a um deputado, porque «sempre teria aprendido mais nas Cortes que na Universidade». Reconheceu-se que a liberdade de imprensa decretada desencadeara caudais de injúrias de que também os «pais da Pátria» e os funcionários públicos eram vítimas frequentes. A populaça apedrejou o palácio da Nunciatura, enquanto o Governo exilou o cardeal-patriarca de Lisboa e prendeu o octogenário bispo D. Vasco José Lobo, por se terem recusado a jurar as bases da Constituição. Os sucessos assim sucintamente apontados, só por si, dão ideia da desorientação do regime inaugurado. No plano cultural, as Cortes planearam extinguir a Academia Real das Ciências, pois «a Universidade de Coimbra bastava, e até já seria de mais». Segundo Borges Carneiro, a Academia repartia a vacina e o bicho-da-seda, dando também prémios aos que resolvem problemas e imprimem livros. Ora – na opinião do referido paladino liberal – «não precisamos de problemas nem de programas; quando lá pelas nações estrangeiras se resolver o que é *circulo quadrado* por cá se ha de espalhar a noticia... Não ha precisão de comprar quantos livros o prurido de innumeraveis escrevinhadores vae escrevendo por toda a eternidade [...] Quanto aos que a Academia compõe e faz imprimir, se forem bons tem o privilegio de os vender, cuido que por sessenta annos, ha de ganhar muito dinheiro; se forem maus [...] n'esse caso tenham paciencia! vão da imprensa para os confeiteiros. Já me sucedeu o mesmo [...] Não carecemos de

---

⁹ Tratava-se de monopólios estabelecidos localmente em benefício das próprias populações, da saúde pública e das pequenas indústrias nacionais, que sem eles se não teriam constituído, conforme reconheceu o liberal Thomaz Ribeiro *(Historia da Legislação Liberal Portugueza*, I, pp. 156 e ss.); e de elementos incluídos por via institucional e contratual, nas situações estabelecidas. De modo algum de direitos dos donatários das terras de «constranger os habitantes», como já se tem pretendido.

¹⁰ Em 1822 calculavam as Cortes uma média de 24 assassinatos e 67 roubos por mês. No mês de Fevereiro teria havido só em Lisboa 9 assassinatos (ver Thomaz Ribeiro, *Historia da Legislação Liberal Portugueza*, II, p. 119). Muitos desses crimes correspondiam a ajustes de contas políticas de que as autoridades não queriam tomar conhecimento.

mais livros e problemas resolvidos [...] Temos sciencias e sabios de mais». Elevaram-se contra Borges Carneiro as vozes de Correia da Serra, Trigoso Morato e Pereira do Carmo. Mesmo assim, a fala de Borges Carneiro pesou muito nas Cortes, posto que a dotação da Academia baixou de 4800$000 réis para 2400$000[11]. Igualmente foram reduzidas então as verbas da Torre do Tombo e da Biblioteca Pública (ver Thomaz Ribeiro, *Historia da Legislação Liberal Portugueza,* II, pp. 182 e ss.; *Diario das Cortes da Nação Portuguesa,* 2.ª legislatura, I, Lisboa 1822, esp. pp. 399 e ss.).

b) A renúncia das Cortes à acção diplomática

Neste conjunto caótico não destoa o relatório do ministro dos Negócios Estrangeiros, Silvestre Pinheiro Ferreira[12], de 28 de Dezembro de 1822 *(Diario das Cortes...,.* 303 e ss.). Segundo tal relatório, as instruções mandadas aos ministros no estrangeiro tinham tido unicamente por objecto o comércio. Porque nada tínhamos a ver com as instituições políticas dos outros; nem eles com as nossas. De futuro, e a fim de restringir o fausto das antigas legações[13], só teríamos

---

[11] Foi então exemplar a atitude assumida pelos sócios da Academia que, reunidos em sessão extraordinária, sob a presidência do infante D. Miguel, se dispuseram a suprir, por seus bens, aquilo a que o rendimento não chegasse. O infante fez então o mesmo oferecimento, declarando supor que ele corresponderia à vontade do rei (ver Francisco Manuel Trigoso de Aragão Morato, *Memórias,* p.166).

[12] Tratava-se, aliás, de um doutrinador de nível e reputação, que já tinha alguma experiência, pois, ilibado da acusação de «jacobino», em 1798, ingressara na carreira diplomática e fora encarregado de negócios em Berlim durante longo período, sendo protegido pelo ministro António de Araújo de Azevedo (ver José Esteves Pereira, *Silvestre Pinheiro Ferreira - O seu Pensamento Político,* Coimbra, 1974). Mesmo assim, não resistiu Silvestre Pinheiro Ferreira, talvez sob a influência do ambiente característico das Cortes, à tentação de reflectir, como ministro dos Negócios Estrangeiros, os seus próprios ideais, alheados das realidades e dos interesses de Portugal naquela conjuntura. Silvestre Pinheiro Ferreira, que casara com uma alemã luterana, saiu do Governo e retirou-se para Paris em 1823, só regressando a Portugal em 1841.

[13] Talvez fosse também uma aparente aversão ao fausto que levou as Cortes de 1820 a tentarem o abandono de um factor de prestígio nacional português laboriosamente alcançado por D. João V. Queriam a extinção do Patriarcado de Lisboa e o regresso ao antigo arcebispado. Valeu, em defesa dos interesses portugueses, a firme e reiterada recusa do papa Pio VII, que fundamentou a sua atitude no desdouro para Portugal que tal extinção significaria (ver José de Castro, *Portugal em Roma,* II, pp. 101-102).

Fig. 21 – *D. Leopoldina, Imperatriz do Brasil*

«ministros de terceira ordem diplomática», nas Cortes estrangeiras, os quais se ocupariam apenas de questões de comércio. E, assim, seriam designados «encarregados de negócios commerciais dos estados portugueses». Contraditoriamente, referia-se neste relatório o perigo de uma agressão da França, à testa da Santa Aliança[14], contra a Península; e a necessidade de Portugal se unir à Espanha em caso de invasão, para cujo efeito se estava negociando um tratado de defesa entre os dois países. Poderá estranhar-se que, em face de tais preocupações, a armadura diplomática portuguesa ficasse limitada a agentes comerciais. Para além da imaturidade política do ministro e das Cortes que aprovaram semelhante relatório, este traduzia também uma realidade não confessada expressamente. Muitos dos Governos estrangeiros tinham-se recusado a reconhecer o Congresso soberano de Portugal e não admitiam como seus representantes agentes diplomáticos; apenas cônsules ou agentes comerciais[15]. Ao tempo da primeira experiência liberal portuguesa, «as relações de Portugal eram frias e difficeis com todos os governos extrangeiros sem excepção» (ver António Vianna, *Apontamentos para a Historia Diplomatica Contemporanea*, I, p. 111). Mesmo os representantes consulares de Viena e de Sampetersburgo abandonaram Lisboa, tomando por razão, ou por pretexto, os insultos da populaça.

Face ao discurso da Coroa de Luís XVIII, que anunciou a invasão de Espanha pelos «cem mil filhos de São Luís»[16], o mesmo

---

[14] Ver *infra*, Título II, n.º 1.

[15] As Cortes de Viena, de Nápoles e de Turim tinham mesmo declarado expressamente não reconhecer o novo regime português. Entre o representante de Turim, Avogrado, e o ministro Silvestre Pinheiro Ferreira, trocou-se correspondência que não honrará nenhum dos dois, pelo afastamento dos usos de elementar compostura (ver Sousa Monteiro, *Historia de Portugal...*, II, pp. 362 e ss.).

[16] A expressão «cem mil filhos de São Luís» resultou do discurso de Luís XVIII na abertura da sessão parlamentar, a 28 de Janeiro de 1823. Segundo esse discurso da Coroa, o rei francês tentara por todos os meios garantir a segurança dos seus povos e preservar a Espanha das maiores desgraças. Não tendo sido atendido, mandara retirar o ministro em Madrid e «100 000 franceses comandados por um príncipe da minha família [...] estão prontos a marchar, invocando o Deus de S. Luís, para conservar o trono de Espanha a um neto de Henrique IV, preservar esse belo reino da ruína e reconciliá-lo com a Europa». Os «cem mil filhos de São Luís» passaram a fronteira espanhola e beneficiaram do apoio da facção e das populações avessas ao jacobinismo instalado em Espanha. Contrariamente às previsões da ala liberal dos políticos franceses, que antes da intervenção tinham agitado o

Silvestre Pinheiro Ferreira encarregaria o representante em Londres, Cristóvão Pedro de Morais Sarmento, de pedir garantias à Inglaterra[17], não obstante a mudança política operada em Portugal, e o representante em Paris, Sampaio, de manifestar assombro e indignação. Não seriam essas missões de que pudessem desempenhar-se «agentes de comércio». Conforme reconheceu António Vianna, apesar do seu pendor liberal, «se os lettrados de 1820 foram falhos de experiencia politica, muito mais o foram de tacto diplomatico», dando o Congresso constituinte provas frisantes «da sua ignorancia em relação aos negocios diplomaticos» e manifestando «uma exaltação tal que muito se pareceu com a loucura» (ver António Vianna, *Apontamentos para a Historia Diplomatica Contemporanea*, I, pp. 53 e 84).

Apesar de todos os protestos, os liberais portugueses acabaram por julgar preferível afastar-se da cena política, face aos sucessos de Espanha de 1823. Tal parece ser o significado do movimento contra-revolucionário português desse mesmo ano[18]; após o qual passámos

---

fantasma dos desastres das campanhas napoleónicas em Espanha, os «cem mil filhos de São Luís» foram bem sucedidos nas suas operações, sem dificuldades resultantes de hostilidade popular. Também não há memória de graves depredações cometidas nesta campanha pelos franceses, então devidamente comandados. Através desta intervenção, a legitimidade dinástica foi restabelecida em Espanha pela Santa Aliança; como já o fora na Itália, na base de semelhante intervenção das tropas austríacas. A campanha militar de 1823, em Espanha, lisonjeou a opinião pública francesa, diminuiu a virulência das oposições e prolongou o regime da Restauração. Correspondeu ao triunfo político de Villèle e do seu ministro dos Negócios Estrangeiros, Chateaubriand.

[17] Segundo António Vianna, terá sido bastante inábil a *nota verbal* apresentada em Londres por Morais Sarmento, na qual se prevenia o Governo inglês de que, se não lhe prestasse socorro, Portugal recorreria a outras alianças. Eram estas afirmações com mais fácil cabimento em conversação do que em *nota verbal*. Além de que o encarregado de negócios invocou o tratado de 1810, o qual não estava em vigor, conforme o *Foreign Office* observou em resposta (ver *Apontamentos para a Historia Diplomatica Contemporanea*, I, pp. 232 e ss.). Em conformidade com elementos reunidos por Borges Grainha, este encarregado de negócios seria *carbonário,* como o ministro José da Silva Carvalho e como Riego, o general espanhol da revolta de 1820 (Ver Borges Grainha, *História da Maçonaria em Portugal,* p. 131).

[18] O Governo francês tinha consciência de que assim era. Donde o despacho de Chateaubriand ao encarregado de negócios em Londres de 7 de Julho de 1823, que aí se refere «á feliz e subita ressurreição da monarquia portuguesa que o nosso glorioso empreendimento em Espanha facilitou e acelerou» (ver *Mémoires et Souvenirs du Baron Hyde de Neuville,* III, p. 80). Cf. *infra,* Título II, n.° 1.

a colaborar com as tropas francesas nas hostilidades ao que restava da facção liberal em Espanha, nomeadamente no bloqueio de Cádis[19], em que a Armada portuguesa participou com duas corvetas. Também a regência de Madrid solicitou ao Governo de Lisboa que as tropas portuguesas ocupassem Badajoz e Cidade Rodrigo, mas o duque de Angoulême terá contrariado os intentos da participação portuguesa nas operações militares contra a facção liberal espanhola.

3. Ameaças de secessão brasileira e reacções das Cortes

A ingenuidade de muitos parlamentares[20] e, por certo também, a má-fé de outros, tornaram as Cortes liberais particularmente infelizes face às ameaças de secessão do Brasil. Conforme observa Thomaz Ribeiro, geralmente favorável àquelas Cortes, «a independência do Brasil era de recear, sem ser preciso que lhe dessem causa as côrtes constituintes; mas era erro fornecer pretextos ao seu apressamento. Uma constituição federativa, mais ou menos como foi tardiamente proposta, podia ter, se não salvaguardado a união dos dois paízes, adiado a sua separação; teria ao menos salvado as responsabilidades de Portugal. Isto, porém, entrava na ordem de conveniencias, verbo que ainda não encarnara no congresso [...] O Brasil causava mortaes ciumes ao soberano congresso [...]»[21].

---

[19] Ver *Despachos e Correspondencia do Duque de Palmella,* I, pp. 241 e ss.; 257 e ss.; *Mémoires et Souvenirs du Baron Hyde de Neuville,* III, pp. 93-94. Esta colaboração criava-nos dificuldades junto da Inglaterra, cujo primeiro-ministro, Canning, embora contrariado pelo rei Jorge IV, apoiou os liberais espanhóis até à queda de Cádis. Também na família real inglesa o duque de Sussex, que viveu em Lisboa e esteve ligado aos tumultos do Campo de Ourique, em 1803, apoiava ostensivamente os liberais espanhóis (ver António Vianna, *Apontamentos para a Historia Diplomatica Contemporanea,* I, p. 329).

[20] O deputado Serpa Machado confessava, em sessão parlamentar, que «os do soberano congresso entraram n'elle com os olhos fechados, e por isso hoje se reconhecia a necessidade de refazer tudo o que se tinha feito» (ver Thomaz Ribeiro, *Historia da Legislação Liberal Portugueza,* II, p. 118).

[21] *Historia da Legislação Liberal Portugueza,* I, p. 285. Também não deverá excluir-se que fossem hipócritas alguns dos discursos parlamentares, pretensamente patrióticos, visando a submissão do Brasil pela força, pronunciados por liberais que pretendiam apenas agravar os dissídios e tornar a separação inevitável. Essa era a opinião de Francisco Manuel Trigoso de Aragão Morato, que bem merece ser ponderada, pelo nivel deste universitário e

Conhecendo bem o interesse da Inglaterra no domínio económico da América do Sul e o dos Estados Unidos num alargamento do território à custa da Espanha[22], outras potências procuravam travar o expansionismo dos anglo-saxónicos em proveito próprio. Para a França tratava-se já de um antigo desígnio; para a Áustria de um meio de assegurar o equilíbrio europeu, pois o Governo de Viena parecia ter consciência de que Portugal e Espanha, amputados das possessões da América, entrariam irremediavelmente pelo caminho das grandes convulsões políticas; para a Rússia, animada na própria expansão pelos triunfos de 1812-1815, punha-se a hipótese de se instalar nas Antilhas, a troco do apoio a prestar à Espanha, para conservação de uma larga parte do seu grande Império.

Em tal conjuntura, a França, mais uma vez, confiava à sua diplomacia o afastamento de Portugal da influência inglesa[23]. Mas o embaixador Hyde de Neuville deixou-se envolver na rede de intrigas do «partido francês». Era natural, porquanto os elementos desse «partido», embora geralmente de origem jacobina, o que, possivelmente, não agradaria ao embaixador, velho combatente da legitimidade, não deixavam de estar, pela cultura e pela posição avessa à Inglaterra, aproximados dos interesses franceses. Alguns desses antigos

---

político, e também porque fez parte das Cortes de então, tendo-se mantido sempre fiel ao constitucionalismo liberal (ver *Memórias*, pp. 126 e 138-139). Segundo opinião mais generalizada, as Cortes vintistas apenas agravaram o dissídio, apressando a secessão brasileira; mas não falta quem entenda, como o diplomata liberal Abreu e Lima, que de perto acompanhou os acontecimentos políticos da época, ter sido a «deploravel revolução» de 1820 e a «conduta orgulhosa provocante e anti nacional dos seus dictadores e principaes coripheos» que determinou a separação do Brasil (ver *Correspondencia Oficial de Antonio Luiz de Abreu e Lima*, p. 4, nota). No mesmo sentido se pronunciou o general brasileiro Cunha Mattos, ao referir-se aos «imprudentes legisladores, que com melhores manhas poderião ainda no dia de hoje ver o Brazil ligado a Portugal. Parece que de proposito fizerão tantos despropositos quantos se achão consignados nas absurdas leis, que a respeito do Brazil forão por elles promulgadas» (ver *Memorial da Campanha do Senhor D. Pedro d'Alcantara no Reino de Portugal*, I, pp. 40-41).

[22] Os Estados Unidos ainda não dispunham então de capacidade industrial bastante para disputarem aos Ingleses o comércio da América do Sul. Isso viria mais tarde.

[23] Em despacho do ministro dos Negócios Estrangeiros francês, Chateaubriand, ao embaixador em Lisboa, Hyde de Neuville, dizia-se: «Votre mission dans ce moment est importante et difficile; il s'agit d'enlever habilement le Portugal à l'influence de l'Angleterre» *(Mémoires et Souvenirs du Baron Hyde de Neuville*, III, p. 116).

jacobinos tinham-se tornado conservadores; e Hyde de Neuville, como quase todos os políticos dominantes da Restauração francesa, ficara, com o tempo, bastante mais contemporizador, muito afastado da sua juventude e da *chouannerie*.

4. Inevitabilidade da secessão brasileira face aos condicionalismos internos

D. João VI, a partir do momento em que regressou a Lisboa, a 3 de Julho de 1821, perdeu toda e qualquer liberdade de acção; não obstante o entusiasmo popular que rodeou aquele seu regresso. Isolado, quase incomunicável, apartado de todos os conselheiros, que não mereciam a confiança do Congresso[24], D. João começou a reinar sem governar, conforme a consagrada fórmula constitucional. Ninguém se lhe substituiu na governação em geral e, em especial, no plano da política externa. O «soberano congresso» não parecia possuir a visão das nossas posições internacionais, procurando até, conforme já referido, proscrever a acção diplomática, julgada incompatível com os desígnios de nações amantes da paz. E, nesta conjuntura, impossibilitada a Coroa portuguesa de manter os esforços de equilíbrio que desenvolvera junto dos Governos estrangeiros, a separação brasileira tornara-se inevitável.

É bem possível que, ao deixar D. João VI o Rio de Janeiro, o príncipe D. Pedro que lá ficou como regente se não propusesse ainda qualquer atitude orientada no sentido de uma quebra de vínculos entre os dois reinos[25]. Tal propósito seria dificilmente compreensível

---

[24] Até o conde de Palmela, futuro marquês e duque do mesmo título, não obstante o seu já então bem conhecido pendor constitucionalista, foi afastado de Lisboa, sendo-lhe fixada residência em Borba, ao mesmo tempo que o encarregado de negócios em Madrid notava faltas de correspondência imputáveis ao mesmo Palmela, que fora representante diplomático em Espanha. Atitudes semelhantes visaram também o conde de Paraty, Tomás António de Vila Nova Portugal, João Severiano Maciel da Costa, outros ainda, aos quais foi imposto um desterro preventivo (ver *Despachos e Correspondencia do Duque de Palmella*, I, pp. 207 e 214 e ss.).

[25] As cartas dirigidas a D. João VI pelo príncipe D. Pedro entre Junho de 1821 e Junho de 1822 revelam frequentemente inconformismo em relação às Cortes, mas inteira fidelidade à Coroa portuguesa. Parece especialmente significativa a carta de 4 de Outubro de 1821

em relação ao príncipe que era herdeiro de ambos os Estados e que, destinado a ser monarca nos dois, não teria interesse em confinar-se a um apenas. Mas D. Pedro, marcado pelo ambiente brasileiro em que se formara o seu espírito, não podia deixar de ser sensível aos receios da gente que o rodeava, face à hipótese de um regresso do Brasil ao estatuto colonial. A desatinada legislação do Congresso, os insultos dirigidos por alguns deputados e pela populaça, nas ruas, aos representantes parlamentares dos círculos brasileiros, criaram um condicionalismo insustentável, agravado, no Brasil, pela dificílima situação económica[26] e pelas instruções dirigidas de Lisboa aos generais que tinham por missão ali manter a soberania portuguesa[27]. Agitadores mantinham um artificial clima de hostilidade junto dos portugueses da Europa contra os portugueses da América, e vice-versa. Esse clima daria lugar, no Brasil, a cenas de repugnante violência, de que viriam a ser vítimas, sobretudo, os soldados europeus[28]. A 7 de Setembro de 1822, achando-se o príncipe nas margens do rio Ipiranga, aí recebeu novos e opressivos decretos das Cortes em relação ao Brasil[29]. Foi então que, através do abandono das insígnias

---

(ver *Cartas e mais Peças Officiaes dirigidas a S. M. o Senhor D. João VI pelo Príncipe Real o Senhor D. Pedro de Alcantara*, p. 13; *Correspondencia Oficial das Provincias do Brazil...*, pp. 3 a 122; Pereira da Silva, *Historia da Fundação do Imperio Brazileiro*, V, p. 162).

[26] Importará não esquecer que aos «voluntáros reais» se estava, no Brasil, a dever o pré de 26 meses. Outros corpos militares não se achariam muito melhor. Com tais condições, não seria para estranhar que, em Santos e noutros pontos, a tropa se pagasse por suas mãos (ver *Correspondencia Official...*, pp. 6-7).

[27] Ver António Vianna, *Apontamentos para a Historia Diplomatica Contemporanea*, II, pp. 46 e ss. Entre as violências cometidas pelo Congresso contra os interesses do reino do Brasil não terá sido a menor a que consistiu na discussão do projecto constitucional quando ainda não tinham chegado os deputados brasileiros.

[28] Também não foram benevolentes as medidas adoptadas por D. Pedro em relação aos portugueses que quiseram continuar a sê-lo. Foram expulsos de todos os cargos e empregos, pelo decreto de 12 de Novembro de 1822, e as suas propriedades sequestradas. Em tais condições, é bem compreensível que os portugueses fortemente enraizados no Brasil, tentando assegurar a continuidade nos empregos e na posse dos seus bens, tenham procurado manifestar ruidosamente uma oposição a Portugal bem alheia à sua vontade real.

[29] Um mês antes tinha D. Pedro ingressado no Grande Oriente Maçónico do Brasil, por proposta do então grão-mestre José Bonifácio de Andrade e Silva (ver Pereira da Silva, *Historia da Fundação do Imperio Brazileiro*, VII, pp. 339 e ss.). Já se tem relacionado esse ingresso com o «grito do Ipiranga», e, realmente, da acta da sessão respectiva do Grande Oriente Maçónico do Brasil, de 2 de Agosto de 1822, publicada por Pereira da Silva,

portuguesas azuis e vermelhas dos uniformes, substituídas por uma flor verde e um botão dourado, assim como da adopção da divisa «independência ou morte», o príncipe se colocou, ostensivamente, em estado de rebeldia[30]. Nestas circunstâncias, já só a força de uma expedição militar ida da Europa, que os revolucionários do Brasil seriamente recearam durante dois anos, conjugada com uma atilada acção diplomática, poderia ter evitado a separação brasileira, que, afinal, poucos desejariam naquela altura, desde que os direitos justamente reconhecidos à gente do Brasil fossem respeitados[31]. Mas não

---

consta como sendo imperiosa a independência do Brasil, fixando-se até para 12 de Outubro a data da aclamação de D. Pedro como imperador. Sendo assim, tal independência, já decidida, não terá resultado da recepção dos decretos das Cortes de Lisboa, ocorrida mais de um mês depois.

[30] Mesmo assim, poderá entender-se que o «grito do Ipiranga», significando, sem dúvida, a recusa ao regresso à condição colonial e à obediência ao Congresso de Lisboa, ainda não corresponde à destruição dos vínculos característicos do Reino Unido de Portugal e Brasil. Situar-se-ia apenas na linha de continuidade da posição claramente definida através das credenciais passadas pelo príncipe regente do Brasil, a 12 de Agosto de 1822, a Caldeira Brant, futuro marquês de Barbacena, como encarregado de negócios junto do Governo britânico. Aí se considera o rei «captif à Lisbonne», «obligé à signer tous les acts qu'on lui présente». Tal seria o fundamento da acção diplomática autónoma exercida desde o Rio de Janeiro (ver Arquivo *Diplomático da Independência,* Rio de Janeiro, 1972, p. 6).

[31] A irredutibilidade de interesses resultava de os Brasileiros se convencerem de que, regressada a Corte a Lisboa, todos os benefícios alcançados desde 1808 se perderiam, enquanto os portugueses da Europa, geralmente mal informados, julgavam que as suas misérias eram devidas à especial protecção de que gozara o Brasil desde o estabelecimento na América da família real. Apesar desta oposição, não se julgue que a separação dos dois reinos fosse inevitável desde o início do conflito. Conforme sustentou o historiador brasileiro Oliveira Lima, o Brasil «não queria na sua maioria desunir-se de Portugal: queria apenas que lhe assegurassem as franquias alcançadas (ver O *Movimento da Independencia 1821-1822,* p. 157). Corresponde a uma visão romântica e falsa a ideia de que todo o Brasil, na sua imensidão, pretendia separar-se da Europa. Os revolucionários achavam-se concentrados, fundamentalmente, no Rio de Janeiro; e mesmo aí só dominariam pelos desacatos de rua, desde que a divisão auxiliar portuguesa, comandada por Jorge de Avilez, teve de embarcar; mais por acatamento das ordens do príncipe e falta de instruções equilibradas de Lisboa que por receio dos elementos separatistas, mal preparados e sem disciplina. Até à infeliz legislação do Congresso em relação ao Brasil, designadamente quanto à supressão dos tribunais superiores, na Baía, no Maranhão, no Pará, em Pernambuco, no Mato Grosso e em São Pedro do Sul, magistrados, tropa e população mostravam-se fiéis à unidade portuguesa. E assim se mantiveram, em numerosíssimos casos, até 1824. Daí os receios dos revolucionários cariocas relativamente a uma expedição militar ida da Europa que, alheia a preconceitos partidários e intrigas, assegurasse a ordem e a unidade, sem deixar de respeitar

havia em Lisboa Governo que soubesse assegurar esses direitos, nem aprontar expedições militares em termos satisfatórios, nem fazer-se escutar pelas cortes estrangeiras. Em tais condições, a secessão brasileira tornara-se inevitável.

---

os direitos. Depois sim. Como acontece com todos os movimentos revolucionários, quando pareceu com clareza que Lisboa não reagiria adequadamente, aqueles cujos principais interesses se achavam na América capricharam em afirmar-se, desde sempre, entusiasticamente favoráveis à separação do Brasil. Mesmo antes do «grito do Ipiranga». Assim procuravam acautelar-se contra os assaltos dos bandos brasileiros e, sobretudo, estrangeiros, que, em ambiente de anarquia, atentavam contra as vidas e as propriedades dos portugueses, geralmente em proveito particular. O caso do aventureiro inglês Cochrane [ver *supra*, capítulo VI, título IV, n.º l)] não foi único. Além deste «deshonrado Lord», que «via ampla colheita nas propriedades Portuguesas de que confiava apoderar-se, engrossando a sua fortuna, fructo de passadas rapinas» (Solano Constâncio, *Historia do Brasil*, II, p. 320; Pereira da Silva, *Historia da Fundação do Imperio Brazileiro*, VII, pp. 196 e ss., 249 e ss., 298 e ss.), muitos outros aventureiros acorreram então ao Brasil; entre eles o francês Labatut, que D. Pedro nomeou general, com a incumbência de atacar a Baía, fiel ao Governo de Lisboa (ver Solano Constâncio, *Historia do Brasil*, II, p. 302). O Rio de Janeiro tornou-se então um centro de «brigadas internacionais», como mais tarde se diria, constituídas por milhares de alemães, irlandeses, franceses e italianos, «gente na maioria aventureira e sem escrúpulos, recrutada na Europa», «corja de vagabundos andrajosos e brutais, refugo da sociedade, ladrões e assassinos tirados das cadeias de Mecklemburgo, a ralé, a borra, a escória da Alemanha» (ver C. Schlichthorst, *O Rio de Janeiro como é (1824-1826)*, trad. bras. de *Rio de Janeiro wie es irt*, Hanôver, 1829, Rio de Janeiro, 1942, pp. 5 e ss., 16, 257 e ss.). Esses mercenários estrangeiros deram cobertura militar à secessão brasileira; participaram da campanha contra os uruguaios e argentinos; revoltaram-se no Rio de Janeiro em 1828, conluiados com o Governo de Buenos Aires; alguns ainda desembarcariam no Mindelo, em 1832, participando da guerra civil que dividiu os Portugueses. Sobre a ligação das populações brasileiras a Portugal, parecem muito significativos alguns trechos do historiador liberal Francisco Solano Constâncio. Segundo ele, havia repugnância nas principais cidades do Brasil a separar-se de Portugal. Daí o voto emitido pelo Congresso de Procuradores das Províncias, convocado por D. Pedro, de 2 de Junho de 1822, do qual constam as seguintes afirmações: «[...] o Brasil quer o mesmo soberano, mas nunca reconhecerá por soberanos os membros do Congresso de Lisboa [...] este paiz aspira a formar, com seus irmãos da Europa, duas grandes famílias governadas cada huma por leis em harmonia com os seus interesses particulares, e regidas ambas pelo mesmo sceptro» (ver Solano Constâncio, *Historia do Brasil*, II, pp. 305 e ss.). Assim, as tropas e as autoridades civis que no Pará, no Maranhão, em Alagoas, em Pernambuco, em Minas Gerais e, sobretudo, na Baía, mantiveram, ainda durante longos períodos, a soberania portuguesa, não se sentiam alheadas das populações locais. Outra ideia falsa difundida, sobretudo em Portugal, é a de que a independência brasileira tenha sido pacífica e resultante de um consenso. Pelo contrário, o processo que conduziu à independência acha-se recheado de mortes violentas e depredações. Conforme refere também Constâncio, se não tivesse sido a Inglaterra, D. João VI,

5. Atitudes das potências relativamente à secessão brasileira

Algumas dúvidas poderá suscitar a questão de saber se, em tal conjuntura, os interesses da unidade portuguesa encontrariam eco nas Cortes estrangeiras, caso Portugal tivesse podido fazer-se ouvir junto delas. Tudo leva a crer que sim; não obstante a conjura internacional tendo por objecto as possessões portuguesas e espanholas das Américas[32].

As conjuras internacionais têm o seu preço; os conjurados também. E Portugal, se tivesse podido dar continuidade à política traçada desde o Rio de Janeiro, entre 1808 e 1820, achava-se em condições de afastar de si a tal conjura, pagando o preço ajustado.

Só os Estados Unidos seriam realmente movidos, em parte, por determinantes de ordem sentimental, no sentido de desejarem expulsar os europeus da América, segundo a doutrina do presidente Monroe, definida em 1823. Mas tratava-se então ainda de uma pequena potência, do ponto de vista da capacidade política, económica ou militar; e demasiado interessada nos territórios espanhóis que lhe eram fronteiriços para se ocupar, a fundo, do destino do Brasil. Se a Monarquia portuguesa aí se tivesse conservado, só em fins do século XIX, quando começou a assistir-se à substituição dos interesses britânicos por interesses norte-americanos, na economia brasileira, seria de ponderar, talvez, uma admissível hostilidade dos Estados Unidos à permanência de Portugal na América[33]. Verdadeiramente, apenas à

---

em 1823, quando recuperou a sua capacidade de acção, após a Vila-Francada, teria podido assegurar a continuidade portuguesa na América *(ibidem, pp.* 362-363). Embora, entretanto, D. Pedro já tivesse sido proclamado imperador do Brasil (12 de Outubro de 1822). Com efeito, não deverá excluir-se que, sem intervenções estranhas, a missão ao Brasil do conde de Rio Maior e do desembargador Francisco José Vieira, que partiram de Lisboa logo em Julho de 1823, tivesse sido bem sucedida.

[32] Depois da Vila-Francada, tendo D. João VI retomado os contactos políticos com as outras potências, encontrou toda a compreensão relativamente a uma atitude firme em relação ao Brasil da parte da França, da Espanha, da Rússia e da Prússia. Das grandes Cortes europeias apenas Viena e Londres se mostraram reticentes quanto a essa atitude, por motivos bem conhecidos (cf. Pereira da Silva, *Historia da Fundação do Imperio Brazileiro*, VII, p. 308).

[33] Será oportuno observar que ainda na actualidade Estados europeus detêm posições coloniais na América (Inglaterra, França e Holanda nas Guianas e nas Antilhas); que a independência política do Canadá se situa no séccullo XX; e que a Espanha só foi expulsa de

Inglaterra, sobretudo a alguns sectores ingleses, convinha o afastamento português da América do Sul, para melhor dominarem o respectivo comércio. Mas, mesmo assim, os *tories* viam com desconfiança a ascensão política dos revolucionários sul-americanos, embora temperada, em relação ao Brasil, pela perspectiva de uma dinastia brigantina e de um escol de indiscutível enraizamento português. Por eles, teriam preferido *negociar* a continuidade do Reino Unido de Portugal e Brasil, prestando-lhe apoio, a troco de vantagens e garantias económicas, ou mesmo políticas. Em suma, mesmo na Inglaterra, muitos quereriam assegurar a manutenção do domínio do comércio do Brasil através dos governos tradicionais portugueses, a cujo trato os Britânicos já estavam havia muito afeiçoados. Importante para eles era que a França não fosse bem sucedida nas novas tentativas para se substituir à Inglaterra em relação ao comércio. Assim, mesmo junto da potência onde mais volumosos interesses estavam ligados ao plano de independência política do Brasil, a porta das negociações não estava fechada para Portugal. E, se as negociações não fossem bem sucedidas em Londres, talvez se tornasse então oportuno interessar a França no comércio sul-americano, através de Portugal, prometendo-lhe a sempre almejada igualdade com a Inglaterra nesse plano, a troco de um apoio bem sucedido na manutenção política dos Portugueses além-Atlântico. Aliás, a diplomacia francesa resistiu sempre a todas as pressões no sentido do reconhecimento da secessão brasileira[34].

Cuba em 1898. Apesar da doutrina de Monroe e do crescente poder político norte-americano. Aliás, face às desordens dos rebeldes das colónias europeias, os próprios elementos moderados daquelas colónias admitiram soluções políticas ligadas às famílias reinantes em vários Estados. Não apenas príncipes de Bragança e de Bourbon foram apontados em negociações diplomáticas para assumirem o Poder como também o duque de Orléans chegou a ser visado para tal pelos rebeldes de Buenos Aires (cf. Émile Bourgeois, *Manuel Historique de Politique Étrangère*, II, p. 623). Ainda mais tarde Napoleão III tentaria restabelecer a influência francesa na América intervindo na contenda do México e instalando aí como imperador um príncipe da Casa de Áustria, o arquiduque Maximiliano. Mas, nesse caso, a extrema proximidade geográfica levou os Estados Unidos, onde findara a guerra civil, a reagir fortemente, ainda que por forma indirecta; e a aventura do México custou a vida ao arquiduque, depois de abandonado pela França, que se apercebera, entretanto, dos riscos do empreendimento.

[34] Cf. José Honório Rodrigues, *Independência: Revolução e Contra-Revolução*, V, pp. 100 e ss.

Duas outras potências poderiam assegurar o apoio a Portugal na contenda: a Áustria e a Rússia. Ambas por coerência em relação aos princípios legitimistas da Santa Aliança. Com efeito, se na Europa a legitimidade do Poder se aferia pela continuidade dinástica, não seria lógico aceitar regras diversas em relação à América. Também a estas duas potências interessava travar a expansão económica da Inglaterra. E tais ordens de razões conjugadas levaram os dois Impérios, austríaco e moscovita, a apoiar a posição espanhola relativamente às colónias da América; até que as lutas internas da Espanha e a sua consequente incapacidade, manifesta a partir de 1820, tornaram extremamente difícil, se não impossível, a continuidade desse apoio.

Relativamente a Portugal, a natural compreensão de Viena e Sampetersburgo foi esbatida pela perspectiva de uma secessão brasileira baseada numa dinastia fundada por um príncipe da Casa de Bragança. Porque, assim, tal secessão não ofenderia tão ostensivamente o princípio da Santa Aliança da legitimidade do poder[35]. Acrescia, quanto à Áustria, que a circunstância de o príncipe D. Pedro, aclamado imperador do Brasil em 12 de Outubro de 1822, ser casado com a arquiduquesa austríaca Leopoldina, filha do imperador Francisco II, tolhia bastante ao seu ministro Metternich a capacidade para contrariar o movimento de separação do Brasil. Também há motivos para crer que os agentes enviados pelo Rio de Janeiro a Viena tenham usado largamente da corrupção para convencerem notáveis austríacos a dar apoio à pretensão de independência brasileira[36].

---

[35] O apoio russo foi bem mais nítido em relação à Espanha do que quanto a Portugal. O czar Alexandre I, ainda deslumbrado pelos triunfos obtidos entre 1812 e 1815, pretendia tomar posições nas Antilhas e no Mediterrâneo; a troco das Baleares, terá chegado a oferecer auxílio a Fernando VII para uma anexação de Portugal, encontrando por pretexto as pretensas hostilidades portuguesas no rio da Prata (cf. Émile Bourgeois, *Manuel Historique de Politique Étrangère*, II, p. 606). Não deverá excluir-se que o retraimento moscovita em relação aos interesses portugueses, ou mesmo a hostilidade russa, tenha resultado do facto de, em 1816, não ter o Governo português querido prorrogar a vigência do tratado de comércio com a Rússia, o que deverá atribuir-se à influência inglesa, pois é bem sabido que a concorrência russa, sobretudo na compra de vinho do Porto, prejudicava a Inglaterra. Mesmo assim, quanto à questão do Brasil, a Rússia manteve-se fiel ao princípio da legitimidade, acusando a diplomacia moscovita o Gabinete de Viena de desviar-se daquele princípio por motivos de particular interesse de família (ver José Honório Rodrigues, *Independência: Revolução e Contra-Revolução,* V, p. 102).

[36] No Congresso de Verona, Metternich sustentou os direitos da Espanha sobre as suas colónias; e, em flagrante contradição, defendeu o reconhecimento da independência do

O nascente Império Brasileiro procurou rapidamente jogar os seus trunfos no plano internacional, enviando como representantes para Viena, Londres e Paris, António Teles da Silva, depois marquês de Resende, Felisberto Caldeira Brant Pontes, mais tarde marquês de Barbacena, e Manuel Gameiro Pessoa, que seria visconde de Itabaiana. Nem sempre terá jogado acertadamente no plano diplomático o novo Governo do Rio de Janeiro. Mas o de Lisboa terá sido ainda menos bem sucedido nesse mesmo plano, pela adversidade dos condicionalismos, que abrangia a própria incapacidade.

6. Reconhecimento do Império Brasileiro

A situação criada, não obstante as reacções antiliberais de 1823 e alguma capacidade de acção recuperada pelo rei[37], exigia extrema capacidade dos governantes de Lisboa face aos acontecimentos do Brasil e à cisão estabelecida em relação ao Governo do Rio de Janeiro. Era preciso agir com muita prudência, dadas as circunstâncias externas e internas, aliadas ao tempo já perdido, durante quase três anos. No entanto, logo a 30 de Julho de 1823, partiu de Lisboa para o Rio de Janeiro uma missão de paz, presidida pelo conde de Rio Maior, que fora camarista de D. Pedro. Mas esta missão foi recebida no Brasil em termos hostis; e outras tentativas seguintes foram também mal sucedidas[38]. Malogradas, assim, as negociações directas, a Ingla-

---

Brasil (ver António Vianna, *Apontamentos para a Historia Diplomatica Contemporanea*, II, pp. 256 e ss). Quanto à acção corruptora exercida por Teles da Silva, depois marquês de Resende, em Viena, cf. José Honório Rodrigues, *Independência: Revolução e Contra-Revolução*, V, pp. 103 e ss. e 192.

[37] Ver *infra*, título II, n.º 2.

[38] Ver relatório dos comissários enviados ao Rio de Janeiro, conde de Rio Maior e o desembargador Francisco José Vieira, de 27 de Novembro de 1823, in *Correspondencia Oficial das Provincias do Brazil..*, pp. 388 e s. Segundo os comissários, apesar de removida a razão invocada para os procedimentos do Governo do Rio de Janeiro, pois «Sua Magestade se acha felizmente restituido à plenitude dos seus regios poderes», aquele governo tratara-os «do modo mais hostil e injurioso» – mandando arriar a bandeira portuguesa, içada na corveta que os transportou, apresando o navio, depois de lhe ter sido tirado o leme, e recusando-se a receber sequer a correspondência de D. João VI para o filho, D. Pedro, e para a nora, D. Leopoldina, de que os comissários eram portadores. Não ficaram por aqui as tentativas portuguesas de solução directa e pacífica da questão brasileira. Quando já se

terra, através do seu ministro em Portugal, Thornton, ofereceu-se como mediadora; mas excluindo liminarmente a hipótese de reunião dos dois reinos sob a mesma coroa. D. João VI tentou então ainda a mediação da Áustria, procurando negociar nas seguintes bases: «independência administrativa» a conceder ao Brasil; conservação do príncipe como regente, embora com o título de imperador, associado ao pai, ao qual ficaria sujeito apenas quanto à política geral dos dois países. Entretanto, preparava-se uma expedição militar[39].

Em face das debilidades portuguesas e de um nítido retraimento do Governo de Viena, a mediação inglesa acabou por ser imposta[40]. E de tal modo significativa foi essa imposição que o Tratado do Rio de Janeiro de 29 de Agosto de 1825, pelo qual se reconheceu a independência do Brasil, foi assinado, em representação de Portugal, por um diplomata britânico. Efectivamente, o referido tratado celebrou-se na base dos poderes concedidos pelo imperador do Brasil a três

---

estava negociando em Londres o reconhecimento do Brasil, por mediação britânica, ainda foi enviado ao Rio de Janeiro, como agente oficioso, José António Soares Leal, que as autoridades brasileiras se recusaram a receber, prenderam e repatriaram (ver tb. Pereira da Silva, *Historia da Fundação do Imperio Brazileiro*, VII, p. 324; Júdice Bicker, *Supplemento à Collecção...*, XXI, pp. 265 e ss.). Sobre a recusa austríaca ao pedido de mediação, ver Júdice Bicker, *Supplemento à Collecção...*, XII, pp. 26 e ss.

[39] Aos aprestos militares que estariam em curso no Tejo pouco antes da Abrilada se refere Palmela nos seus despachos para o representante em Londres (ver *Despachos e Correspondencia...*, I, pp. 369 e 371). Em Junho de 1824 ainda a expedição militar, com destino ao Brasil, estava pronta a partir dentro de três ou quatro semanas, sempre que se quisesse (*ibidem*, p. 421), logo que as negociações se rompessem ou houvesse notícia certa de cisão de alguma das províncias do Brasil (*ibidem*, pp. 4 22, 440 e 449). Já então se notavam no Brasil fortes movimentos adversos a D. Pedro, de inspiração republicana. Assim, se esses movimentos triunfassem nalguma província brasileira, o que era tido por provável, a expedição militar portuguesa apresentar-se-ia como sendo de apoio ao príncipe D. Pedro, o que facilitaria o cumprimento da sua missão, em ordem a reconstituir-se o Reino Unido de Portugal e Brasil.

[40] Sobre as negociações que precederam o reconhecimento da independência do Brasil, ver tb. António Vianna, *Apontamentos para a Historia Diplomatica Contemporanea*, II, pp. 255 e ss. Parece dever sublinhar-se que a mediação inglesa foi aceite depois da Abrilada e, portanto, quando o rei de Portugal se achava, de novo, diminuído na sua liberdade de acção (ver *infra*, Título II, n.º 2). Quanto à Áustria, segundo o despacho de Metternich de 29 de Fevereiro de 1824, dirigido ao barão de Binder, parecia recear que a insistência portuguesa pela reunificação dos dois reinos desse força aos republicanos do Brasil e retirasse o poder a D. Pedro (ver *Despachos e Correspondencia do Duque de Palmella*, I, pp. 355 e ss.).

plenipotenciários brasileiros e por D. João VI a Sir Charles Stuart[41], antigo embaixador da Inglaterra na Prússia, em Viena e em Paris,

---

[41] Sabe-se que, nalgumas épocas, se nos depararam numerosos exemplos de embaixadores e negociadores cuja naturalidade era alheia à dos Estados, ou príncipes, representados. Mas já não acontecia assim frequentemente ao iniciar-se o século XIX. E mais difícil ainda de conceber é que o representante de Portugal para a celebração de um tratado de tal importância fosse um diplomata estrangeiro no exercício das suas funções. O facto causou também estranheza, como é natural, aos seus contemporâneos. Assim, José Sebastião de Saldanha Oliveira Daun, neto materno de Pombal e irmão do futuro duque de Saldanha, em opúsculo publicado em 1829, formula a seguinte interrogação: «Estava em 1825 Portugal tão falto de homens respeitáveis em letras, em Serviços, em Representação, que fosse preciso confiar a hum Estrangeiro, Sir Charles Stuart (fosse quem fosse) a consequentíssima Negociação de hum Tractado como o da Separação, e a Independência do Brasil?» (Ver *Quadro Historico-Político dos Acontecimentos mais Memoraveis da Historia de Portugal desde a Invazão dos Franceses no anno de 1807 athé á Exaltação de Sua Magestade Fidelíssima o Senhor D. Miguel I ao Throno dos seus Augustos Predecessores*, p. 6). O caso encontrará explicação ou no impudor usado, frequentemente, pela Inglaterra quando cuidava dos assuntos de Portugal; ou na reserva mental de D. João VI, a quem tal irregularidade poderia servir para acumular dúvidas em torno do assunto; ou numa e noutra circunstância conjuntamente. Aproveitando as debilidades portuguesas e acabando por convencer-se de que não valia a pena dominar o comércio brasileiro através de Portugal, quando podiam fazê-lo directamente, os políticos britânicos acabaram por optar pela separação brasileira. O conde do Lavradio, que terá mantido durante anos algumas ilusões a esse respeito, após longa permanência com responsabilidades diplomáticas em Londres, observava em 1853: «Quem separou o Brasil de Portugal? Foi, sem duvida o Governo Britanico. D'este facto, tão desastroso para o Brasil como para Portugal, ninguém hoje pode duvidar, pois d'elle existem provas exuberantes, e por mais d'um Ministro inglez me foi já confessado» (ver *Memórias do Conde do Lavradio*, IV, pp. 301-302).

O referido diplomata inglês Sir Charles Stuart, depois Lord Stuart de Rothesay, era irmão do político Henry Robert Stewart, ou Stuart, mais conhecido pelo título de Lord Visconde de Castlereagh, mais tarde marquês de Londonderry. Sendo Castlereagh ministro dos Negócios Estrangeiros e representante da Inglaterra no Congresso de Viena, o irmão, que era militar, ingressou na carreira diplomática em cujas missões não terá sido particularmente bem sucedido (ver Archibald Alison, *Lives of Lord Castlereagh and Sir Charles Stewart*, 3 vols., Londres, 1861; Adam Zamoyski, *Rites of Peace*, Londres, 2007, esp. pp. 48, 72, 164, 190, 345, 400, 482-483). Agraciado por D. João VI com a Torre e Espada e o título de marquês de Angra, Sir Charles Stuart declinou tais mercês. Era um extravagante, bem assinalado, por onde passou, pelas suas impertinências e pelas aventuras escandalosas. Mas fez-se pagar, em dinheiro e imóveis em Lisboa, pelos serviços prestados, pois ainda em 1840 o Governo britânico insistia, através do seu ministro em Lisboa, no sentido de que fossem pagas a Lord Stuart de Rothesay as pensões em dívida, no montante de 70 000$000 réis. Também Wellington recebia de Portugal, anualmente, uma pensão de 8000$000 réis (ver Júdice Bicker, *Supplemento à Collecção...*, XXIX, pp. 236 e ss., 269 e ss.). Situações semelhantes foram criadas a Beresford e muitos outros. O decreto de

aonde regressaria, em 1828, já como Lord Stuart de Rothesay. O mesmo Sir Charles Stuart que, em representação de Portugal, reconheceu o Império Brasileiro, logo seguidamente, em representação da Inglaterra, celebrou com o jovem Império um tratado de comércio extremamente favorável para os interesses britânicos.

Pelo referido tratado[42], o rei reconheceu o Brasil como império independente e separado «e a seu sobre todos muito amado e prezado filho D. Pedro por imperador, cedendo e transferindo de sua livre vontade a soberania do dito império ao mesmo seu filho e a seus legítimos sucessores» (art. 1.°). D. João VI reservou, no entanto, para si o título de imperador. Estabeleceu-se, assim, paz e aliança entre Portugal e Brasil, «com total esquecimento das desavenças passadas» (art. 4.°), comprometendo-se o Brasil a não aceitar propostas de quaisquer colónias portuguesas para se lhe unirem (art. 3.°) e beneficiando os súbditos dos dois Estados do princípio da «nação mais favorecida» (art. 5.°). O acordo estabelecido não teve bom acolhimento nem em Portugal, onde não se entendia a necessidade de renúncia à América, nem no Brasil, onde foram criticadas, sobretudo, as concessões económicas a Portugal, muito especialmente o compromisso de onerar o Erário brasileiro por metade da dívida pública portuguesa[43].

O Tratado do Rio de Janeiro foi ratificado pela carta de lei de 16 de Novembro de 1825, na qual D. João VI explica que, para pôr termo aos males e dissenções ocorridos com grave dano tanto dos naturais do Brasil, como dos de Portugal e seus domínios, restabelecendo a paz e unindo em perpétua aliança Portugal e o Brasil, elevado a reino por carta de lei de 16 de Dezembro de 1815, «houve por bem ceder, e transmitir em Meu sobre todos Muito Amado e Prezado

---

8 de Maio de 1840 autorizou os pagamentos exigidos por ingleses, no montante de 342 mil libras, e impostos pelo Governo britânico, no prazo de 15 dias. Os Portugueses sempre têm pago muito caras, em favor de estrangeiros, e, por vezes, em termos deprimentes, as suas próprias debilidades. Sobre a posição britânica em face da secessão brasileira, cf. tb. José de Almada, *A Aliança Inglesa*, II, pp. 62 e ss.

[42] Ver Borges de Castro, *Collecção...*, V, pp. 494 e ss. Sobre as negociações que levaram ao tratado de 1825, ver Júdice Bicker, *Supplemento à Collecção ....* XXIII, pp. 17 e ss., 240 e ss.

[43] Cf. Oliveira Lima, O *Reconhecimento do Imperio*, pp. 254-255; José Honório Rodrigues, *Independência: Revolução e Contra-Revolução*, v, pp. 191 e ss.

Filho, D. Pedro d'Alcantara, Herdeiro e Sucessor destes Reinos, Meus Direitos sobre aquelle Paíz; Creando e Reconhecendo sua Independencia com o Titulo de Imperio; Reservando-me todavia o Titulo de Imperador do Brasil»[44].

Após o reconhecimento do Império Brasileiro por Portugal, sentiram-se as outras potências, naturalmente, à vontade para o reconhecerem também. Aliás, já antes, aquele Império fora reconhecido pelos Estados Unidos, na base do princípio do poder de facto exercido, e pelo México. A Rússia só reconheceria a independência do Brasil em 1828; e a Espanha em 1834[45].

Pouco tempo sobreviveu D. João VI ao reconhecimento jurídico da secessão brasileira, pois faleceu a 10 de Março de 1826, menos de quatro meses depois[46]. Com a independência brasileira, alcançada

---

[44] Posteriormente a este acto D. João VI parece ter omitido qualquer designação quanto ao herdeiro do trono de Portugal; mas nesta carta de lei de 16 de Novembro de 1825 ainda aponta D. Pedro como «Herdeiro e Sucessor destes Reinos». Não obstante os actos de rebelião praticados e a qualidade de estrangeiro assumida ao cingir a coroa de um Império apartado de Portugal. É-se, assim, levado a crer que, em 1825, D. João VI não perdera a esperança numa reunificação dos dois reinos, através do príncipe D. Pedro, cujo Império brasileiro seria apenas uma antecipação. No decreto de 6 de Março de 1826, pelo qual, estando doente, D. João VI nomeou um Conselho de Regência, presidido pela infanta D. Isabel Maria, já o rei omitiu o nome do «legitimo Herdeiro e Sucessor desta Corôa». Mas o Conselho de Regência não terá tido muito prolongadas dúvidas quanto aos direitos de D. Pedro, imperador do Brasil, ao trono de Portugal, posto que, por decreto de 20 de Março de 1826, já se estabeleceu como forma dos diplomas expedidos em nome do soberano «D. Pedro por Graça de Deus Rei de Portugal, e dos Algarves...» e como legenda dos selos dos documentos públicos: *Petrus IV Dei Gratia Portugaliae et Algarbiorum Rex.*» A discussão de quem fosse o legítimo herdeiro e sucessor ao trono de Portugal constituiu, no entanto, a base jurídica da guerra civil ostensiva que ensanguentou o País entre 1828 e 1834 e marcou dolorosamente todo o século XIX português.

[45] Ver José Honório Rodrigues, *Independência: Revolução e Contra-Revolução*, V, pp. 161 e ss.

[46] Em torno da morte de D. João VI, que já se pretendeu não tenha sido natural, acumularam-se muitos factos de difícil explicação. Entre eles os respeitantes à falta de acesso junto do rei de alguns facultativos para o efeito chamados, a expectativa em certos meios quanto à morte de D. João VI e os falecimentos repentinos de um cozinheiro e de dois médicos (cf. Oliveira Martins, *Portugal Contemporâneo,* I, pp. 39 e ss.; João Ameal, *História de Portugal*, pp. 580 e ss.; J. Beleza de Miranda, *A Morte de El-Rei D. João VI,* pp. 105 e ss.). O historiador brasileiro Oliveira Lima refere desenvolvidamente o ofício de 4 de Junho de 1826, dirigido pelo embaixador inglês em Lisboa, A'Court, ao ministro Canning, em que o diplomata narra a sua entrevista com D. Carlota Joaquina, no decurso da

pela política do Ministério Canning, a Inglaterra passou a gozar, no novo Estado, «de privilegios que fazem pensar nos que as potencias occidentaes da Europa impuzeram no Oriente com o regime das capitulações». E, «em virtude do tratado de commercio de 1827 não era licito ao Brazil augmentar os direitos de importação de 15 por cento, estabelecido sobre as mercadorias inglezas mesmo quando fossem augmentados sobre as mercadorias d'outras procedencias» (ver Oliveira Lima, *O Imperio Brazileiro,* pp. 208 e ss.). Do desrespeito dos políticos ingleses em relação aos interesses brasileiros é significativa a atitude de Lord Palmerston, referida pelo conde do Lavradio, por ocasião do dissídio anglo-brasileiro de 1863. Segundo Palmerston, se o Brasil não aceitasse as condições impostas, a questão seria resolvida «por meio dos Almirantes, que, em geral, são mais severos e menos observadores das formas do que os diplomatas» (ver *Memórias* .... VIII, pp. 194 e 201). E não hesitou então realmente a Inglaterra em bloquear o Rio de Janeiro e apresar navios brasileiros (*ibidem,* p. 225).

---

qual a rainha viúva lhe apontou como facto indiscutível o envenenamento do marido. Na opinião do embaixador, porém, «there is not the slightest foundation for such a suspition» (ver *Dom Pedro e Dom Miguel,* pp. 14-17).

TÍTULO II
A Santa Aliança e as Revoluções Portuguesas

1. Santa Aliança e «cem mil filhos de S. Luís»

a) *Os propósitos da Santa Aliança*

Já têm sido feitas referências à Santa Aliança[47], cuja definição não se torna fácil mas cujo espírito dominou a política mundial durante a primeira metade do século XIX, ainda que tenha sido frequentemente contrariada, através de hostilidades tanto diplomáticas como revolucionárias.

Embora mais frequentemente se ligue a ideia da Santa Aliança ao nome do ministro austríaco Metternich, talvez por se tratar do governante de mais longa permanência no Poder fiel ao espírito da Santa Aliança, esta deveu-se, sobretudo, ao czar Alexandre I da Rússia e ao peso que este soberano teve na reestruturação mundial de 1815[48]. A ideia da Santa Aliança assentou na consciência dos

---

[47] Ver Tratado da Santa Aliança (14 a 26 de Setembro de 1815) e Acto de Acessão de Portugal ao mesmo (3 de Dezembro de 1817), *in* Borges de Castro, *Collecção*..., V, pp. 434 e ss.

[48] De feição liberal na sua juventude, Alexandre I teve acentuado cunho pragmático. Através das circunstâncias procurou alargar ou reforçar a influência da Rússia no plano mundial, naturalmente à custa dos Estados vizinhos – Império Otomano, Polónia, Suécia. Por isso se aliou à Inglaterra e à Áustria, em 1805, contra a França napoleónica; mas, vencido pelos Franceses em Austerlitz, aceitou a Paz de Presburgo e a constituição da Confederação do Reno. Confiado na reacção prussiana de 1806, novamente tomou armas contra Napoleão, sendo vencido em Eylau e Friedland (1807). Por isso, aceitou a Paz de Tilsitt, aderiu ao «bloqueio continental» e aliou-se outra vez a Napoleão (1808). O entendimento com a França duraria até 1811, quando Alexandre I se convenceu de que o «bloqueio continental» prejudicava os interesses russos e a questão polaca podia ser resolvida a seu contento. Os desastres sofridos por Napoleão na campanha da Rússia deram ao czar grande

deveres dos soberanos em relação aos seus povos; e foi revolucionária face aos hábitos tradicionais das chancelarias. Inspirada em princípios morais, não deverá, no entanto, reconhecer-se nela uma projecção do entendimento da Igreja quanto à comunidade internacional, conforme já se tem pretendido. Nem podia ser, posto que tinha por destinatários, logo que se esboçou, a par da Áustria católica mas com responsabilidades políticas em domínios de outras confissões religiosas, a Inglaterra e a Prússia, ambos países de religiões reformadas, e a Rússia ortodoxa. A ideia da Santa Aliança terá sido, quando muito, dominada por um entendimento cristão da vida, mas com laivos de filantropismo iluminista e, por vezes, de messianismo judaico. Já se tem entendido que, por detrás do misticismo de Alexandre I, eram bem visíveis os propósitos da Santa Aliança de servir as próprias ambições do imperador russo. Não poderá excluir-se liminarmente que assim fosse; embora pareça mais justo atribuir a Alexandre I uma personalidade caracterizada por muitas oscilações, o que permite admitir a sua sinceridade no assentamento da ideia da Santa Aliança. O Tratado da Santa Aliança, de 26 de Setembro de 1815, celebrado entre a Rússia, a Áustria e a Prússia, obrigou as potências contratantes a auxílios mútuos, em todas as circunstâncias, a adoptarem regimes de governo em conformidade com os ensinamentos de Cristo, como membros de uma mesma nação cristã. São nítidas as reminiscências da comunidade cristã perdida entre os sobressaltos das guerras de religião e que, frente aos descalabros originados na Revolução Francesa, se quereria restabelecer. Mas tratava-se de reminiscências apenas.

Mostram-se desencontrados os juízos sobre a Santa Aliança, os quais têm dependido, naturalmente, das concepções próprias daqueles que os formularam. A Inglaterra dela se afastou, entendendo o príncipe regente que os princípios constitucionais britânicos lhe não permitiam assinar o tratado. A ela aderiram a França e a Espanha.

---

prestígio internacional, que largamente utilizou, em 1814, quando se instalou em Paris, e, em 1815, no Congresso de Viena. Foi então que, dominado por uma das suas crises místicas e inspirado pela baronesa de Krüdener, assentou as bases da Santa Aliança (cf. Émile Bourgeois, *Manuel Historique de Politique Étrangère*, II, pp. 5 89 e ss.; A. Débidour, *Histoire Diplomatique de L'Europe*, I, pp. 90 e ss.; Henry Kissinger, *A Restauração de Um Mundo*, pp. 210 e ss.).

b) As intervenções da Santa Aliança na Itália e em Espanha

O Tratado da Santa Aliança é, sem dúvida, pouco consistente; do ponto de vista da diplomacia tradicional. No entanto, o espírito da Santa Aliança assegurou o equilíbrio europeu, em condições particularmente difíceis, até 1830, ou mesmo, nalguma medida, até 1848; e o interesse comum de diversas potências que nela se reflectia permitiu a intervenção político-militar dessas mesmas potências em zonas geográficas agitadas por revoluções.

O imperador moscovita tentou, sem sucesso, lançar as potências da Santa Aliança contra os rebeldes da América do Sul, em apoio de Fernando VII de Espanha, pretendendo que se tratava de jacobinos, herdeiros dos perniciosos princípios da Revolução Francesa; na realidade talvez, e sobretudo, com o propósito de travar a expansão económica inglesa e de desviar as atenções internacionais, para que a Rússia melhor pudesse intervir na região balcânica, sobre os destroços do Império Otomano. Mas, abandonado pela Áustria e pela França no Congresso de Aix-la-Chapelle (1818), Alexandre I não pôde levar a termo o seu intento[49]. A Áustria, com Metternich à frente da sua chancelaria, seria o grande beneficiário do princípio intervencionista da Santa Aliança, revigorado pelo ambiente emocional contra-revolucionário que os atentados políticos, especialmente os assassinatos do duque de Berry e de Kotzebue, provocaram em França e nos Estados alemães[50]. O ano de 1820 pôs a Santa Aliança à prova, pois nesse ano eclodiram revoltas liberais, maçónicas ou carbonárias, em Espanha, em Portugal, em Nápoles e no Piemonte. Desde logo se suscitou o problema de uma intervenção armada das potências coligadas nas zonas das insurreições. Mas a Inglaterra alertou os Espanhóis

---

[49] Neste Congresso de Aix-la-Chapelle, obteve o ministro dos Negócios Estrangeiros francês, duque de Richelieu, o acordo das potências quanto à cessação antecipada do regime de ocupação militar da França pelos vencedores de 1814 e 1815. Foi um grande triunfo diplomático da Restauração francesa.

[50] O duque de Berry era sobrinho do rei Luís XVIII, Kotzebue conselheiro do imperador Francisco II. Ambos foram assassinados por estudantes universitários ditos liberais; e tais assassinatos determinaram um endurecimento da política francesa, enquanto facilitaram a intervenção da Áustria e da Prússia na vida interna dos pequenos Estados alemães, onde a imprensa e as universidades davam guarida a focos de intervenção revolucionária e de terrorismo selectivo.

em relação aos propósitos agressivos da França e opôs-se, nas reuniões internacionais, ao emprego da força contra os movimentos revolucionários, embora deplorando-os, na linguagem característica das notas diplomáticas. Reunidos em Troppau, na Silésia, os imperadores da Rússia e da Áustria, o rei da Prússia e os embaixadores da Inglaterra e da França[51], foi aí decidida a intervenção da Santa Aliança na Itália (Novembro de 1820). Era o triunfo dos interesses e pontos de vista austríacos. As questões da América do Sul e da Espanha, embora se reconhecessem as causas comuns a elas e às revoltas italianas, ficariam ainda em suspenso. Na base da intervenção austríaca, os revoltosos de Nápoles e do Piemonte foram rapidamente submetidos. O Congresso de Laybach (1821) consagrou o triunfo diplomático de Metternich e a posição dominante do Império na Itália.

Compreende-se que, em face da política intervencionista da Santa Aliança, também os sectores espanhóis e portugueses desgostosos dos regimes implantados na base das revoluções liberais de 1820 procurassem apoios em Paris e em Viena[52]. Importa reconhecer, no entanto, que as situações ofereciam algumas falhas de coincidência relativamente às dos Estados italianos. Tanto Fernando VII como D. João VI, embora constrangidos, a fim de evitar males maiores, tinham aceitado os regimes revolucionários; e havia de reconhecer-se difícil avaliar a medida do seu constrangimento. No entanto, em fim de 1822, no Congresso de Verona, a França viu coroados os seus esforços no sentido de ser admitida a sua intervenção em

---

[51] A Inglaterra pretendia não comprometer-se demasiado nos assuntos da Santa Aliança, à qual não aderira, embora sem querer opor-se-lhe, porque poderia servir os seus interesses, em determinadas condições. A França, não lhe sendo permitido ainda pelas outras potências intervir em Espanha, queria evitar um apoio muito decidido à intervenção austríaca na Itália, cujos revolucionários se mostravam bastante influenciados por alguns aspectos da cultura francesa e onde a França não desejava perder simpatias.

[52] Entre os desgostosos com a marcha dos acontecimentos políticos contavam-se os diplomatas portugueses, na sua totalidade; ou quase. E mesmo os cônsules. A hostilidade ao regime não terá excluído sequer diligências favoráveis a uma intervenção militar estrangeira, que se têm atribuído, pelo menos, ao ministro em Madrid, Saldanha da Gama, e ao embaixador em Paris, marquês de Marialva (cf. Joaquim de Carvalho, «Irradiação do movimento revolucionário», in *História de Portugal,* XII, pp. 91 e ss.; António Vianna, *Apontamentos para a Historia Diplomatica Contemporanea,* I, pp. 87 e ss.).

Espanha[53]. Os «100 000 filhos de São Luís», no início de 1823, passaram os Pirenéos[54].

É neste momento que a acção da Santa Aliança se prende directamente com a política portuguesa[55]. Embora se pudesse admitir que, dadas as restrições britânicas à Santa Aliança e a influência inglesa em Portugal, as tropas francesas, depois de ocuparem a Espanha, se detivessem na fronteira portuguesa, tal admissibilidade não envolvia certeza. Além de que, em qualquer caso, a mutação de condicionalismos políticos em Espanha havia de influir no regime português. Os mais optimistas liberais, espanhóis e portugueses, ainda terão esperado uma contra-intervenção armada britânica na Península[56]; mas ela

---

[53] Esta ideia de intervenção em Espanha tornara-se bastante simpática ao nível dos políticos e militares franceses influentes. Para os tradicionalistas tratava-se de extinguir um novo foco de jacobinismo; para os liberais de pôr à prova a capacidade militar temperada pelo bonapartismo e de ocupar os oficiais na reserva, os *demi-solde*. Era uma oportunidade para a França se afirmar de novo, como grande potência militar, após os desastres de 1814 e 1815. Algumas resistências se esboçaram em França contra esta intervenção, por vezes na base das recordações dos desastres das campanhas de Espanha de 1808 a 1814. Mas, segundo a síntese de George Weill, afinal, «ce fut une promenade sans obstacle, car cette fois les moines et le peuple étaient pour les Français» (ver *La France sous la Monarchie Constitutionnelle*, pp. 38-39). Tratou-se, efectivamente, de um «passeio militar» (cf. Palacio Atard, *La España del Siglo XIX*, p. 133).

[54] Sobre esta expedição francesa em Espanha, em «defesa do trono e do altar», ver supra título I, n.º 2; *State Papers 1822-1823*, pp. 70 e ss.; Lafuente, *Historia General de España*, XIX, pp. 20 e ss. A intervenção em Espanha, desde 1820 desejada pela França, só acabou por ser decidida quando a guerra civil, provocada pelas reacções contra a revolução liberal, atingiu níveis de extrema violência, de que é exemplo a ordem de saque e completa destruição, como pena imposta pela resistência às tropas liberais, da vila catalã de San Llorens de Morunys, a qual não poderia nunca ser reconstruída sem autorização das Cortes (Lafuente, *cit.*, pp. 15 e ss.). Não seria a violência da guerra civil espanhola a determinante da intervenção francesa; mas facilitou a sua aceitação.

[55] Aliás, o Tratado de Verona de 22 de Novembro de 1822 considerou globalmente a situação da Espanha e de Portugal, confiando à França o encargo de fazer-lhe face (art. 4.º).

[56] Ver *State Papers 1825-1826*, pp. 1116 e ss. As Cortes liberais portuguesas reagiram com extrema violência verbal face à intervenção francesa em Espanha e decidiram a criação de uma «guarda nacional», espécie de exército popular; os deputados juraram «morrer pela Constituição», «contra os inimigos da nossa Patria, contra os satellites do poder absoluto, contra os sectarios do despotismo». O público das galerias, devidamente doutrinado, acompanhou os deputados mais entusiastas. Segundo o ministro da Guerra, o ultraliberal Manuel Gonçalves de Miranda, «o primeiro canhão disparado em Espanha deverá ser o signal para se pôrem em movimento as nossas tropas» (ver António Vianna, *Apontamentos para a Historia Diplomatica Contemporanea*, I, ».250). Mas as populações

não se deu e, em tais circunstâncias, o desfecho da luta em Espanha não deixava margem a dúvidas[57].

2. Vila-Francada, Abrilada e intervenção dos diplomatas estrangeiros

a) A aceitação internacional da Vila-Francada

Foi então, após a entrada das tropas francesas em Madrid (23 de Maio de 1823), que, aterrorizados os «constitucionalistas» e ganhando ânimo os «legitimistas», que já no ano anterior tinham tentado derrubar o regime, sendo presos em Lisboa os «conspiradores da Rua Formosa», e em Fevereiro se tinham revoltado, sem amplo sucesso, em Trás-os-Montes[58], se decidiram os contra-revolucionários

---

não manifestaram qualquer adesão a tais atitudes e, «no momento do perigo, todos os que estavam comprometidos cuidaram em se salvar» (ver *Memórias* de Francisco Manuel Trigoso de Aragão Morato, pp. 167 e ss.). Entre os militares que então abandonaram as fileiras liberais contaram-se os generais Sepúlveda, Sampaio, futuro visconde de Santa Marta, e Pamplona, futuro conde de Subserra.

[57] As esperanças dos liberais portugueses quanto a uma intervenção inglesa tinham sido completamente desfeitas ao tomarem conhecimento do discurso do primeiro-ministro inglês, Canning, perante o Parlamento, proferido a 14 de Abril de 1823. Segundo esse discurso, «se Portugal se juntar á Hespanha para expulsar os francezes da Peninsula, nada obrigará a Inglaterra a dar um só soldado que seja a Portugal» (ver António Vianna, *Apontamentos para a Historia Diplomatica Contemporanea*, I, p. 329).

[58] A revolta de Trás-os-Montes coincidiu com violentos motins populares antiliberais em Braga, Viseu e Castelo Branco. Era tão estreito o entendimento entre as autoridades liberais portuguesas e espanholas que o general Luís do Rego, comandante das tropas que foram atacar os contra-revolucionários transmontanos, ao persegui-los para além da fronteira, instalou o seu quartel-general em Puebla de Sanabria, a cujo «alcalde», assim como ao chefe político de Zamora, dava ordens, pois, segundo oficiou para o Governo de Lisboa, «não menos obrigado me considero a defender a nossa liberdade pública, do que da generoza Nação nossa leal Alliada» (ver Ângelo Pereira, *D. João VI, Príncipe e Rei – Últimos Anos dum Reinado Tormentoso*, p. 186). Aliás, o procedimento de Luís do Rego estaria de harmonia com o que se estabelecera na convenção luso-espanhola de 8 de Março de 1823, a qual permitiu às forças armadas de qualquer dos dois países perseguir no território do Estado vizinho as «partidas de facciosos», «para a destruição de semelhantes bandidos, inimigos comuns de ambos os estados» (ver António Vianna, *Apontamentos para a Historia Diplomatica Contemporanea*, I, pp. 322-323). Desnecessário será pôr em

em Lisboa e noutras terras, reunindo-se em Vila Franca de Xira em torno da figura do infante D. Miguel (27 de Maio de 1823), filho do rei D. João VI. Este, por indecisão, por receio dos liberais que ainda dominavam a capital e outros pontos, por habilidade política orientada no sentido de evitar confrontos entre portugueses, ou por todas essas razões conjugadas, começou por mostrar-se surpreendido e avesso à revolta; mas acabou por reunir-se aos revoltosos em Vila Franca de Xira, aí promulgando legislação que pôs termo ao primeiro período liberal da História portuguesa[59]. A Vila-Francada foi bem

---

relevo os perigos de tal convenção. Os contra-revolucionários portugueses, em número de 6000, comandados pelo conde de Amarante e forçados a refugiarem-se em Espanha, aí se juntaram à célebre guerrilha do Padre Merino, em Palência e Valhadolid, tendo oferecido os seus serviços ao exército francês e à junta de Governo constituída no país vizinho. De Paris, porém, instruíram o duque de Angoulême no sentido de nada fazer que levasse a Inglaterra a considerar Portugal como tendo justos motivos contra a França. E assim ficaram estas tropas portuguesas por Espanha, até à Vila-Francada, actuando junto de forças legitimistas espanholas, mas sem reconhecimento formal nem de Madrid nem de Paris (ver António Vianna, *Apontamentos para a Historia Diplomatica Contemporanea*, I, pp. 324 e ss. e 331 e ss.).

[59] Segundo o general Pamplona, futuro conde de Subserra, em carta escrita a Mouzinho da Silveira, ao encontrarem-se, em Vila Franca, D. João VI e o infante D. Miguel, «foi ternissima a scena entre o pae e o filho! As manas deram-lhe uma corôa de loiro, que elle poz aos pés do pae» (ver António Vianna, *Apontamentos para a Historia Diplomatica Contemporanea*, I, p. 345). No mesmo sentido se manifestou Palmela (ver *Despachos e Correspondencia...*, I, p. 229). Entre os actos então praticados por D. João VI inclui-se o decreto de 2 de Junho de 1823, cujo teor é o seguinte: «Tendo cessado as difficeis, e melindrosas circunstâncias, a que foi forçoso ceder, assignando com muita mágoa de Meu Coração o Decreto de quatro de Dezembro de mil oitocentos e vinte e dois. Sou Servido Determinar, revogando o dicto Decreto, para que fique sem effeito, como se nunca houvesse existido, que a Rainha, Minha sobre todas muito Amada e Prezada Mulher, seja reintegrada nos Direitos Civis e Políticos inherentes, tanto à qualidade de Cidadão Portuguez, como à Dignidade de Rainha, vindo occupar no Paço entre a Real Família o lugar, que digna e magestosamente occupava.» Também entre as providências tomadas por D. João VI depois da Vila-Francada se inclui a constante da carta de lei de 12 de Junho de 1823, a qual mostra a convicção de que aquele movimento contra-revolucionário removeu o perigo de uma invasão francesa. Com efeito, consta da referida carta de lei: «... sendo o Meu constante desejo alliviar os Meus Fieis Subditos de todos os Impostos, que não foram determinados pelas precisões do Estado, e tendo sido removida, pela deliberação que tomei, qualquer suspeita de guerra, que sómente podia ser declarada aos insubsistentes e anarquicos princípios, que se acham destruidos: Sou Servido Ordenar que desde a publicação desta fique revogada a Carta de Lei de quinze de Março do presente anno». Aliás, já da proclamação afixada nas esquinas de Lisboa em 31 de Maio constavam as razões do movimento empreendido: salvar o País da anarquia e da invasão. Este edital está assinado pelo rei e pelo liberal Mouzinho da Silveira (ver *Diario do Governo* de 2 de Junho de 1823).

recebida pelas várias potências, sem excepção da Inglaterra, muito receosa de ser substituída pela França na influência exercida em Lisboa. O agrado britânico manifestou-se então, nomeadamente, pela concessão da Ordem da Jarreteira ao rei português. Também, após alguns desentendimentos, a Vila-Francada e a libertação de Fernando VII melhoraram as relações luso-espanholas, permitindo suscitar de novo a questão de Olivença[60].

É bem possível que o movimento contra-revolucionário de 27 de Maio de 1823, sem dúvida escudado na intervenção militar francesa em Espanha, e que também a facilitou[61], tenha assentado em alguns equívocos. Para a gente mais devotada ao infante D. Miguel tratar-se-ia de restaurar o antigo regime[62]; mas, para muitos outros, tratava-se apenas de afastar os jacobinos mais irrequietos e comprometedores, porquanto a Restauração francesa adoptara também um regime político constitucional, embora a Carta de 1814 tenha sido outorgada pelo soberano, como viria a sê-lo a Carta Constitucional portuguesa de 1826, pactuando com os bonapartistas e com os republicanos mais moderados. Para a França, a intervenção em Espanha constituía fundamentalmente um elemento da sua política internacional e não um instrumento de retorno a posições tradicionais que a dinastia francesa reinstalada no seu trono também não recuperara. Para mais, alguns dos generais franceses, vindos da Revolução e do

---

[60] Ver *Despachos e Correspondencia do Duque de Palmella*, I, pp. 249 e ss., 262, 273, 521. Com a Vila-Francada chegaram a Lisboa os embaixadores estrangeiros, pois mesmo as potências que não tinham cortado relações diplomáticas com Portugal, durante o regime vintista, apenas deixaram na capital portuguesa encarregados de negócios. Enquanto o embaixador britânico Thornton e o Rei de Armas da Grã-Bretanha, Nayler, trouxeram a D. João VI a Ordem da Jarreteira, enviada por Jorge IV, o embaixador francês, Hyde de Neuville, entregou ao rei português e ao infante D. Miguel as Ordens do Espírito Santo e de S. Miguel, concedidas por Luís XVIII. São estes gestos bem significativos do agrado causado, no plano internacional, pela alteração política operada em Lisboa.

[61] O Governo francês receou sempre que o apoio dado desde Lisboa aos constitucionalistas espanhóis dificultasse a expedição. Designadamente, pela transferência de Fernando VII e da sua corte, nas mãos dos liberais, de Sevilha para Badajoz e daí, eventualmente, para Lisboa.

[62] Mesmo relativamente ao desejo de regresso ao «antigo regime», ainda poderiam dividir-se os que por tal entendiam a Monarquia limitada, pelo *pactum subjectionis* e pelos poderes institucionais dos «corpos intermédios», e os que pretenderiam reinstalar o absolutismo josefino.

Bonapartismo, eram tidos por liberais; era preciso transigir com o seu espírito[63]. Esta preocupação já causara desentendimentos entre o duque de Angoulême, comandante-chefe francês, e os legitimistas espanhóis. Embora Portugal, talvez graças à Vila-Francada, não se achasse sob ocupação francesa, era natural que o Governo francês de Paris não desejasse também uma modificação radical da política portuguesa operada na base da sua expedição militar à Espanha.

b) As reacções internacionais adversas à Abrilada

D. João VI, habituado a atitudes conciliatórias e prudentes, terá entendido este equilíbrio; até porque, como referia então Palmela, aristocrata liberal, era preciso temporizar, «ver o que dizem as demais

---

[63] Ver carta da infanta D. Maria Francisca para seu pai, D. João VI, expedida de Cádis, onde toda a família real espanhola se encontrava, nas mãos do Governo liberal, por ocasião do cerco posto àquela cidade pelas tropas francesas e legitimistas. Nessa carta, datada de 20 de Setembro de 1823, que Ângelo Pereira publicou, consta a seguinte passagem: «Aqui continuão estes homens trabalhando e tendo comunicaçoens secretas, tanto com o Duque de Angulema, como com os Pedreiros livres que há no Exercito Francez, que não são poucos.» (Ver Ângelo Pereira, *As Senhoras Infantas,* p. 29). Esta afirmação da princesa em carta familiar, escrita sobre os próprios acontecimentos, dá ideia muito viva quanto à infiltração de elementos liberais entre as tropas francesas enviadas pelo Rei Cristianíssimo a Espanha, em defesa «do Trono e do Altar». E explica muitos factos insufcientemente analisados. Também o presidente do Governo francês, Villèle, receava o liberalismo do duque de Angoulême, recomendando-lhe que não descontentasse os amigos por excessiva bondade para com os inimigos. Porque, segundo o ministro dos Negócios Estrangeiros, Chateaubriand, o duque era muito favorável aos «constitucionais» espanhóis; e se os realistas, com os seus generais, os seus soldados e o seu clero, se apercebessem bem disso, as tropas francesas seriam abandonadas no meio da Espanha. Ora os «constitucionais» eram demasiado fracos e miseráveis para que a França corresse tal risco por causa deles (ver António Vianna, *Apontamentos para a Historia Diplomatica Contemporanea,* I, pp. 290 e ss.). Realmente, o duque de Angoulême, generalíssimo das tropas francesas em Espanha e filho do conde de Artois, futuro Carlos X, contra as instruções do Governo de Paris, procurava imiscuir-se na política espanhola, no sentido de ser aprovada uma Constituição, dizendo recear o que qualificava como «absolutismo». O rei Fernando. VII teria por ele, segundo o duque, o clero e o povo, sendo-lhe contrários os senhores e os burgueses, com poucas excepções. Os estadistas que o duque tinha por idóneos eram rejeitados pelos realistas, por liberais e mações (*ibidem,* pp. 303 e ss.).

potências e a volta que levam os negócios da Espanha»[64]. Mas os contra-revolucionários portugueses, que muito tinham sofrido sob a ocupação napoleónica como sob o regime dito liberal instalado em 1820, mostravam-se intransigentes em relação aos «franco-maçons», aos quais assacavam todos os males infligidos ao País durante os últimos anos; e conseguiram que o rei D. João VI, renovando as disposições do seu alvará de 30 de Março de 1818, adoptadas após as conspirações do ano anterior, proibisse, por carta de lei de 20 de Junho de 1823, todas as sociedades secretas, tidas por incompatíveis «com a segurança do Estado» e que, segundo o preâmbulo da citada carta, tinham tido notória influência na revolução de 1820, causando, com isso, «severas calamidades». Para «evitar a renovação das desgraças» «e consolidar a tranquilidade futura», à participação em sociedades secretas, considerada confederação contra o rei e contra o Estado, correspondeu a pena de cinco anos de degredo para África, quando outra mais grave não fosse aplicável, por conspiração ou rebelião (art. 2.º). E, entendendo-se ser «necessário evitar que os Empregados Públicos, Civis ou Militares, estejão ligados por outro qualquer juramento, que não seja aquelle, que lhes prescrevem as Leis», foi-lhes exigida uma declaração escrita pela qual se haviam de obrigar a não pertencer, de futuro, a qualquer sociedade secreta, sob pena de perdimento dos seus empregos. Eram muitos os altos dignitários a quem tais providências causavam apreensões, partilhadas

---

[64] Ofícios de Palmela, ministro dos Negócios Estrangeiros após a Vila-Francada, para o ministro em Madrid, conde de Porto Santo, de 1 de Novembro de 1823, in *Despachos e Correspondencia do Duque de Palmella*, I, p. 267. Apesar do seu jeito contemporizador, o mesmo Palmela dirigiu aos representantes diplomáticos portugueses a circular de 9 de Junho de 1823 pela qual lhes foi anunciado o movimento que restituíra a liberdade ao rei. Nessa circular abribui-se ao «vintismo» a separação do Brasil e vários outros males, entre eles «o Throno vilipendiado na pessoa da Augusta Consorte de S. M.», ao mesmo tempo que o infante D. Miguel é nela apontado como «modelo de nobreza e fidelidade». A dedicação de Palmela ao regime contra-revolucionário valeu-lhe então não apenas a Secretaria de Estado dos Negócios Estrangeiros, mas também o título de marquês (*ibidem*, pp. 226 e ss.). Também Palmela, que já em 1812, em Cádis, sustentara os direitos de D. Carlota Joaquina à regência e, eventualmente, ao trono de Espanha, o que lhe valeu então o título de conde, novamente, em 1823, sustentou esses direitos, tendo em vista a expectativa de se prolongar o impedimento de Fernando VII e de outros membros da família real espanhola, aprisionados pelos liberais (*ibidem*, p. 263). Ver tb.Júdice Bicker, *Supplemento da Collecção...*, XX, pp. 274 e ss.

pelos representantes diplomáticos da Inglaterra e da França. Essas apreensões avolumaram com os movimentos de tropas e as detenções de liberais no decurso do dia 30 de Abril de 1824. A notícia de que Palmela e o conde de Subserra[65] tinham sido, ou iam ser, presos, alarmou o embaixador inglês e, sobretudo, o embaixador francês, Hyde de Neuville[66]. Os chefes das missões diplomáticas forçaram a entrada do Palácio da Bemposta, nesse mesmo dia 30 de Abril de 1824, e avistaram-se com o rei, que se achava na companhia do marechal Beresford, o qual terá tentado dissuadir os diplomatas dos seus propósitos de alterar a política portuguesa, apoiando as medidas ultimamente adoptadas. D. João VI resistiu ainda, durante alguns

---

[65] Manuel Inácio Martins Pamplona Corte-Real, de antiga família fixada nos Açores, sendo alferes português, esteve ao serviço da Rússia, ao mesmo tempo que Gomes Freire de Andrade, e participou, mais tarde, da campanha do Rossilhão, durante a qual também se incompatibilizou com o general. Sendo já brigadeiro, foi um dos comandantes da Legião Portuguesa ao serviço de Napoleão, tendo acompanhado Massena durante a 3.ª invasão de Portugal e exercido mesmo, por conta dos Franceses, o governo militar de Coimbra. Chegou a estar ao serviço de Luís XVIII, que o nomeou prefeito de um departamento francês. Amnistiado pela legislação de 1821, foi logo eleito deputado e nomeado ministro da Guerra; mas, parecendo muito dedicado a D. João VI, voltou a ser ministro, em 1823, depois da Vila-Francada, sendo então agraciado com o título de conde de Subserra. Este político e militar achava-se muito estreitamente ligado ao embaixador francês Hyde de Neuville, com cujo sobrinho, Saint-Léger, casou sua enteada e herdeira, tanto do património como do título de Subserra. Sobre a posição de Palmela na conjuntura, convirá ter presente que este ministro, ao arrepio de atitudes anteriores, já desde Janeiro de 1824, pelo menos, se mostrara hostil em relação a D. Carlota Joaquina e a D. Miguel, segundo consta da sua correspondência com o ministro em Madrid (ver *Despachos e Correspondência...*, I, pp. 336 e 349).

[66] Tratava-se de um aventuroso combatente anti-revolucionário dos tempos da juventude, dedicado ao rei Luís XVIII, que a experiência tornara, nalguns aspectos, conciliador, conforme já foi referido. Apesar de homem de confiança de Chateaubriand, então ministro dos Negócios Estrangeiros e considerado «ultramontano», que orientara as negociações com vista à intervenção armada em Espanha, Hyde de Neuville parece ter receado exageros e precipitações dos contra-revolucionários portugueses que comprometessem a França e os interesses franceses junto de personalidades com qualificação para lhes concederem apoio. O momento era julgado excelente pelo Governo francês para, na base dos acontecimentos de Espanha, substituir-se à influência inglesa em Lisboa; não podia alhear-se a simpatia de membros do velho «partido francês», ainda que jacobinos. Hyde de Neuville agiu de harmonia com o seu característico temperamento, mas dentro da lógica dos interesses franceses que lhe estavam confiados (ver *Mémoires et Souvenirs du Baron Hyde de Neuville*, III, Paris, 1892).

dias, às pressões exercidas pelos diplomatas[67] mas, a 9 de Maio, embarcou na nau inglesa *Windsor Castle,* surta no Tejo[68]; de lá mandou soltar as pessoas detidas desde 30 de Abril e exonerou o infante D. Miguel do cargo de comandante-chefe do exército, que exercia desde a Vila-Francada e perdeu com o malogro da Abrilada. O infante, que acatou prontamente as ordens reais, foi viajar pela Europa[69], de algum modo acarinhado pelos elementos conservadores da Inglaterra, mas, sobretudo, da França[70] e da Áustria, que, no entanto, sempre lhe

---

[67] No dia 3 de Maio, D. João VI assinou mesmo um decreto pelo qual sancionou os actos praticados pelo infante.

[68] O embarque do rei na nau inglesa foi contrariado pelo seu Conselho e pelo marechal Beresford, como a medida mais funesta que poderia tomar (ver *Mémoires et Souvenirs du Baron Hyde de Neuville,* III, p. 182). Não deverá excluir-se que D. João VI tenha sido coagido pela ameaça de uma invasão pelas tropas francesas concentradas em Badajoz (ver Júdice Bicker, *Supplemento à Collecção...,* XX, pp. 372 e ss). Esta atitude de D. João VI, acolhendo-se por uns dias a um navio de guerra inglês, na companhia de duas filhas, D. Isabel Maria e D. Maria da Assunção, terá tido influência marcada na vida portuguesa, condicionando fortemente a reacção contra-revolucionária e forçando a uma solução política centrista, de equilíbrio, que se mostrou extremamente instável. Também, segundo rumores que então correram e tiveram reflexo em correspondência diplomática trocada entre o ministro dos Negócios Estrangeiros e o representante de Portugal em Londres, durante a passagem pela *Windsor Castle,* terá tido início um idílio entre a infanta Isabel Maria e um tenente inglês, que terá deixado, por isso, o serviço naval, ficando em Lisboa. Em consequência, ter-se-ão malogrado as negociações orientadas no sentido de casar a infanta com o príncipe de Condé (ver Ângelo Pereira, *As Senhoras Infantas,* pp. 108-109), que mais ligaria Portugal à França. No domínio das conjecturas embora, algumas interrogações serão admissíveis quanto à influência deste «idílio britânico» na entrega da regência do Reino à infanta D. Isabel Maria e quanto às atitudes por ela assumidas como regente.

[69] Narrando os acontecimentos ao ministro dos Negócios Estrangeiros, Chateaubriand, o embaixador francês empregou as seguintes expressões em relação ao infante D. Miguel: «on va le faire voyager» (ver *Mémoires et Souvenirs du Baron Hyde de Neuville,* III, p. 189). E, para excluir quaisquer dúvidas quanto a ter pelo menos implicações externas a saída de Portugal de D. Miguel, foi ele escoltado, até ao porto de Brest, por uma fragata inglesa e um bergantim francês (ver *Despachos e Correspondencia do Duque de Palmella,* I, p.407). Na base do pedido de Palmela ao embaixador francês Hyde de Neuville, o comandante do barco de guerra francês teria instruções para obstar a qualquer desvio da rota ou insubordinação da equipagem portuguesa da fragata *Pérola,* empregando para isso «os meios de força, se necessário». Iguais instruções terá recebido também o comandante da fragata inglesa (ver Júdice Bicker, *Supplemento à Collecção...,* XXIV, p. 7).

[70] Ver carta curiosa de Luís XVIII a D. João VI de 22 de junho de 1824, in Júdice Bicker, *Supplemento à Collecção...,* XX, p. 438. Ver tb. ofício de pp. 393 e ss.

aconselharam moderação e transigência, dificilmente ajustáveis à índole daquele príncipe jovem e, talvez, aos condicionalismos em que se achava a nação portuguesa e os estrangeiros conheciam mal. A partir de então, tornaram-se muito frequentes as intervenções directas e ostensivas dos diplomatas acreditados em Lisboa nos assuntos internos da vida portuguesa, geralmente apoiadas em expedições militares, ou ameaças do seu envio.

Com a frustração da Abrilada, parecia nítido o triunfo francês, embora logo diminuído pela circunstância de o navio de guerra que o embaixador Hyde de Neuville mandou vir de Cádis não chegar a tempo para evitar que D. João VI fosse embarcado na *Windsor Castle*. E, aliás, o triunfo da diplomacia francesa em Lisboa foi neutralizado, algures, pela Inglaterra. O embaixador francês foi rapidamente retirado; e o britânico, Thornton, substituído por A'Court, apontado como mais enérgico. Londres admitiu o domínio francês em Espanha; mas evitou que ele alastrasse para a costa ocidental da Península, tratando de enviar tropas para Portugal, ainda que a pedido de Palmela, pouco seguro da Abrilada e insinuando a Canning que, sem tropas inglesas em Lisboa, não poderia comprometer-se a evitar o envio de uma expedição militar ao Brasil (ver Júdice Bicker, *Supplemento à Collecção...*, XX, pp. 404 e ss.). E apressou-se a Inglaterra a ultimar a independência do Brasil (ver *supra*, título I, n. 4).

3. Tentativas constitucionalistas e interferências externas

a) *As interferências externas de 1823 a 1826*

Não se julgue, porém, que, com o malogro dos movimentos contra-revolucionários, cuja cabeça visível foi o infante D. Miguel, se tenha regressado em Portugal ao regime vintista. Foram amnistiados os que tivessem pertencido a associações secretas[71] antes de 20

---

[71] Esta questão respeitante à admissibilidade ou não das associações secretas foi envolta em silêncio durante a Monarquia liberal e a 1.ª República. Seria agitada, de novo, durante a Ditadura Militar (1926-1933) e, depois, em 1935, quando a Assembleia Nacional discutiu e aprovou um projecto de lei relativo à proibição das associações secretas.

de Junho de 1823 e os «sectarios de perversas opiniões politicas»; mas excluindo-se da graça os revoltosos de 1820, os do Brasil e os deputados que tivessem proferido impropérios contra o rei e a rainha (decretos de 5 de Junho de 1824). Os elementos tidos por avançados continuaram afastados da governação; mas nesta tinham assento os ditos liberais ou constitucionalistas moderados. Hesitava-se entre uma Carta Constitucional[72] do tipo da outorgada em 1814, por Luís XVIII, e a convocação a Cortes dos três Estados do Reino, segundo o regime tradicional abandonado com D. Pedro II. Parecia haver unanimidade, ou quase, quanto a proscrever o absolutismo de facto de D. João V como o absolutismo de direito de D. José[73]. Acabou por optar-se pela convocação a Cortes dos Três Estados do Reino, em conformidade com a carta de lei de 4 de Junho de 1824, posterior ao malogro da Abrilada. Nessa carta de lei qualifica-se de monstruosa a Constituição de 1822, por incompativel com os antigos hábitos, opiniões e necessidades do povo português, assim como ofensiva dos princípios de uma Monarquia pura, independente e moderada. Consequentemente, restabelecia-se a Lei Fundamental da Monarquia Portuguesa, prometendo-se regularidade na convocação das Cortes e afirmando-se que a antiga Constituição portuguesa «encerra todos os elementos necessários para a conservação da nossa Santa Religião, da Magestade do Throno, da segurança dos Direitos individuais a todos os Vassallos, e da boa ordem na administração pública».

Em consequência de circunstâncias várias, entre elas a independência do Brasil, a má reacção das potências da Santa Aliança relati-

---

Em defesa destas, e especialmente da Maçonaria, publicou então o poeta Fernando Pessoa um já célebre e curiosíssimo artigo num diário da capital (4 de Fevereiro de 1935).

[72] Por decreto de 18 de Junho de 1823 foi criada uma Junta para preparar um projecto de Carta de Lei Fundamental. Esse projecto chegou a ser elaborado (ver Paulo Merêa, *Projecto de Constituição de 1823,* Coimbra, 1967; *Memórias de Francisco Manuel Trigoso de Aragão Morato*, pp. 183 e ss.). Trigoso atribui às mudanças de opinião do Governo inglês as hesitações de D. João VI nesta matéria (*ibidem*, p. 233).

[73] Embora D. João V nunca tivesse convocado Cortes, nos seus diplomas, quando se tratava de matérias a elas reservadas, costumava invocar-se a impossibilidade circunstancial da sua convocação. Assim D. João V não negou os poderes das Cortes, embora sem convocá-las, enquanto D. José desconheceu, pura e simplesmente, a sua existência, o que implica a revogação do regime jurídico no qual as Cortes se enquadravam. Daí a admissível contraposição de um «absolutismo de facto» joanino a um «absolutismo de direito» josefino.

vamente ao projecto de convocação das Cortes[74], a doença e a morte de D. João VI[75] e as hesitações da regência, só em 1828 chegariam a reunir-se as Cortes tradicionais, então convocadas pelo infante

---

[74] Havia, em certos meios, o receio de que as Cortes tradicionais, uma vez reunidas, se arrogassem poderes constituintes e se tornassem incontroláveis, conforme acontecera com os Estados Gerais franceses reunidos em 1789. Para esses meios, as cartas constitucionais, outorgadas pelos monarcas, não trariam surpresas. O Governo de Madrid, designadamente, reagiu muito mal à ideia da convocação das Cortes em Portugal (ver *Despachos e Correspondencia do Duque de Palmella,* I, pp. 427 e ss., 456-457). Segundo D. João VI terá referido ao embaixador inglês, A'Court, foi o representante francês Hyde de Neuville, quem o dissuadiu do projecto de convocar Cortes (ver Oliveira Lima, *Dom Pedro e Dom Miguel,* pp. 16-17; António Vianna, *Apontamentos para a Historia Diplomatica Contemporanea,* I, pp. 360 e ss.).

[75] Gerou-se na época a convicção de que o rei fora envenenado, conforme já referido *(supra,* título 1, n.° 6, nota 46). E, naturalmente, escasseiam agora os elementos que pudessem tornar viável a apreciação do caso. Certo é que a morte do rei se rodeou de circunstâncias estranhas. Compreende-se que a morte de D. João VI em tais circunstâncias tenha sido ligada às dúvidas quanto à sucessão real, que importaria a certos interesses não fossem dissipadas, assim como à luta que, travada em torno do rei, opunha o anglófilo Palmela e o francófilo Subserra. Também terá surpreendido muitos que o Conselho de Regência, designado por D. João VI, ao aperceber-se da gravidade do seu estado, tenha sido presidido pela infanta D. Isabel Maria. Embora admitindo que fossem menos satisfatórias as relações de D. João VI e de D. Carlota Joaquina, mesmo excluídas todas as afirmações abusiva e arbitrariamente propaladas a tal respeito, não parece que o rei deixasse de confiar a regência à rainha por motivo de desentendimentos pessoais. E tais desentendimentos não seriam tão fundos como se propalou, posto que D. João VI, pelo seu testamento, deixou a D. Carlota Joaquina metade dos seus bens pessoais, dividindo a outra metade, em partes iguais, pelos filhos. Outras razões, suas ou alheias, se terão imposto ao rei para evitar uma regência previsivelmente favorável a D. Miguel e aos «apostólicos». Em Madrid, Fernando VII, o infante D. Carlos e as duas infantas portuguesas que lá viviam reagiram muito mal à preterição da irmã e mãe. Tais reacções pesaram em dificuldades notadas, entre a Regência portuguesa e o Governo espanhol (ver Oliveira Martins, *Portugal Contemporâneo,* I, pp. 39 e ss.). Eram compreensíveis as reacções; não apenas pelos interesses lesados através da preterição da rainha, mas também, ou sobretudo, pelas conhecidas debilidades da infanta D. Isabel Maria, que haviam de fazê-la arrastar lamentosamente, através de contradições, enredos e fraquezas, que muito pesaram nos acontecimentos da época (ver Ângelo Pereira, *As Senhoras Infantas,* pp. 1 20 e ss.). Seria mesmo admissível que o Direito Público português reservasse às rainhas a regência do Reino, no impedimento dos monarcas. Assim fora entendido em 1383 (regência de D. Leonor Teles), em 1438 (regência de D. Leonor, viúva de D. Duarte), em 1557 (regência de D. Catarina, viúva de D. João III), em 1656 (regência de D. Luísa de Gusmão), em 1741 (regência de D. Mariana de Áustria), em 1758 (regência de D. Mariana Vitória). Embora a lei de 23 de Novembro de 1674, aprovada nas Cortes de Lisboa desse ano, admitisse que o rei pudesse nomear regente, «por testamento ou escriptura», da mesma lei resultava, como imperativo natural, que essa regência coubesse à rainha-viúva (arts. I, II, III, VI, VII). Assim, dada a preterição de D. Carlota Joaquina,

D. Miguel, como regente do Reino (decreto de 3 de Maio de 1828). Entretanto, já tinham reunido as Cortes criadas pela Carta Constitucional de 1826, outorgada aos Portugueses por D. Pedro, no Rio de Janeiro, ao mesmo tempo que abdicava na filha, D. Maria da Glória.

b) As interferências externas e a Carta Constitucional

A Carta Constitucional[76] foi trazida do Rio de Janeiro para Lisboa pelo mesmo diplomata Sir Charles Stuart que assinou o tratado de 1825. E, compreensivelmente, suscitaram-se dúvidas quanto à sua

---

ligada às circunstâncias estranhas da morte de D. João VI, terá corrido um manifesto, facilmente atribuível à facção «legitimista», a que Ângelo Pereira deu nova publicidade, que atribui a morte do rei aos «ímpios Demagogos que o cercavão», desejosos de evitar a determinação régia de regresso de D. Miguel, os quais também teriam «fabricado o Decreto» de nomeação da Regência, «que aparece com huma assinatura tão convulsa, e desfigurada» (ver Ângelo Pereira, *As Regências da Monarquia Portuguesa,* pp. 66 e ss.; Martim de Albuquerque, *As Regências na História do Direito Público e das Ideias Políticas em Portugal,* Lisboa, 1973; e tb. *Diário de Ribeiro Saraiva,* II, p. 192). A regência de D. Isabel Maria terá agradado então ao Governo de Londres, segundo a reacção de Canning, parecendo também significativo que o ministro britânico, A'Court, tenha apresentado cumprimentos à regente fazendo-se acompanhar dos oficiais da esquadra inglesa fundeada no Tejo (ver António Vianna, *Apontamentos para a Historia Diplomatica Contemporanea,* III, pp. 11-12). Acerca dos supostos desentendimentos entre D. João VI e a raínha sua mulher, interessa ter presente o tom extremamente afectuoso da correspondência entre eles trocada (Ver *Carlota Joaquina – Carta Inéditas...*, esp. pp. 79-86,94,101).

[76] A Carta Constitucional terá sido redigida no Rio de Janeiro pelo próprio D. Pedro, pelo seu secretário Francisco Gomes da Silva, conhecido na História do Brasil pela alcunha de «Chalaça», e pelo diplomata inglês Sir Charles Stuart (ver publicação do Ministério da Justiça do Brasil, *O Constitucionalismo de D. Pedro I no Brasil e em Portugal,* Rio de Janeiro, 1972, na qual se contém uma introdução de Afonso Arinos de Melo Franco). A circunstância de a notícia do falecimento de D. João VI só ter chegado ao Brasil, com o bergantim *Providência,* em 24 de Abril de 1826, e a Carta Constitucional ser datada de 29 do mesmo mês, já tem contribuído para as dúvidas acumuladas em torno da morte do rei (ver *supra,* notas 46 e 75), que assim parecia já ser esperada no Rio de Janeiro, embora a doença de D. João VI não tenha sido prolongada. Aquele tal «Chalaça», não obstante a sua origem obscura e os seus desregramentos notórios, beneficiou da inteira confiança do imperador D. Pedro, que, nomeadamente, o enviou em missão junto do rei francês Luís Filipe, em 1830, a fim de lhe pedir o apoio para a causa da Glória, D. Maria da Glória, e propor o casamento da mesma com o duque de Nemours. Segundo o diplomata liberal Abreu e Lima, Francisco Gomes da Silva foi acompanhado nessa missão por João da Rocha Pinto, «homem mais cortesão, e que lhe pode servir de algum conselho» (ver *Correspondencia do 2.º Visconde de Santarém,* III, p. 405). O mesmo Abreu e Lima qualificou de «indecencia ridicula» a missão do «Chalaça» (*ibidem,* p. 416).

aceitação[77]. As dúvidas e os retraimentos assentavam também na circunstância de D. Pedro, tornado brasileiro, ter perdido a qualidade de príncipe português, ficando, pois, excluído da sucessão ao trono, segundo normas constitucionais que, viessem ou não das duvidosas Cortes de Lamego, se tinham inserido no Direito Público nacional, pelo menos a partir das Cortes de 1641[78]. Mas, mesmo que a D. Pedro coubesse a Coroa portuguesa, seria discutível a possibilidade de abdicar em favor da filha, posto que o seu imediato sucessor era seu filho D. Pedro, que viria a ser imperador do Brasil. Ainda duvidoso pareceria que coubesse ao rei alterar o Direito Constitucional português, designando livremente sucessor entre os filhos e outorgando a Carta, sem sequer consultar as Cortes[79], num acto do mais vincado absolutismo político.

---

[77] O próprio Sir Charles Stuatt, apesar da sua suposta participação, terá tido muitas dúvidas quanto ao interesse dos Portugueses na Carta Constitucional (ver António Vianna, *Apontamentos para a Historia Diplomatica Contemporanea*, III, pp. 9 e 240-24 1). As afirmações de Sir Charles Stuart poderão mesmo impor reservas relativamente à ideia de que colaborou na preparação da Carta.

[78] Os legitimistas acrescentaram geralmente a esta razão, para afastar D. Pedro da sucessão ao trono português, também as derivadas dos actos de hostilidade praticados por aquele príncipe contra Portugal (ver *Manifesto de Sua Magestade Fidelíssima El Rei Nosso Senhor Dom Miguel Primeiro*, Lisboa, 1832; e resumo de tais razões in João Ameal, *História de Portugal*, pp. 583 e ss.). Mas quanto a tais actos poderá entender-se que se achavam amnistiados desde 1825 (ver Tratado de 29 de Agosto e Carta Régia da Confirmação e Ratificação de 15 de Novembro, pelos quais foi reconhecida a independência do Brasil, «com total esquecimento das desavenças passadas»); e, tendo tais actos sido amnistiados, não seriam invocáveis para excluir D. Pedro da sucessão ao trono português. Ver tb. Carlos de Passos, «O problema da sucessão de D. João VI», in *História de Portugal* dirigida por Damião Peres, VII, pp. 127 e ss.

[79] É curioso registar, como índice do estado de espírito indefinido de alguns portugueses, ou de algumas classes, relativamente à questão sucessória aberta pelo falecimento dê D. João VI, que, segundo o marquês de Fronteira, ele próprio e o conde do Funchal, então embaixador em Londres, não podiam imaginar quem sucederia, não tendo a menor simpatia por qualquer dos filhos do rei falecido (ver *Memórias...*, II, p. 100). Também, face à Carta Constitucional, muitos elementos da alta nobreza, lisonjeados pela instituição do pariato, decalcada sobre a função política dos lordes na estrutura constitucional britânica, se mostraram favoráveis àquele liberalismo mitigado. Mesmo alguns legitimistas de 1823, e que voltariam a sê-lo em 1828, como os duques do Cadaval e de Lafões (*ibidem*, pp. 106 e 103). Quanto aos direitos de D. Pedro à sucessão, haviam de considerar-se, ao menos, duvidosos; daí as diligências de Palmela junto do Governo britânico, ainda anteriores ao falecimento de D. João VI, no sentido de ser assegurada aquela sucessão (ver Júdice Bicker, *Supplemento à Collecção...*, XXIII, pp. 232 e ss.; XXIV, pp. 124 e ss.).

Mas as dúvidas legais, aliás ligadas a simpatias e antipatias políticas, foram então dissipadas, como tantas outras vezes, por uma decisiva intervenção militar. Em tal caso, do general de armas do Porto, João Carlos de Saldanha e Oliveira Daun, futuro conde, marquês e duque de Saldanha[80]. E porque, mesmo assim, numerosas

---

[80] O triunfo constitucionalista terá sido então assegurado por Saldanha, pela via militar, e por um tal Dr. Abrantes, médico da infanta D. Isabel Maria, através da influência exercida sobre o espírito da regente, princesa que carecia de constantes cuidados clínicos. (Ver António Vianna, *Apontamentos para a Historia Diplomatica Contemporanea,* III, pp. 31-32 e 245 e ss.) Segundo carta da rainha D. Carlota Joaquina para uma filha, a infanta D. Maria Francisca, de 30 de Setembro de 1826, o Dr. Abrantes, «pessimo homem e muito prejudicial», seria em Portugal «o correspondente dos carbonarios» de Espanha (ver Ângelo Pereira, *As Senhoras Infantas,* p. 98). As ligações com revolucionários do país vizinho e o seu propósito de organizar em Portugal um corpo militar constituído por refugiados espanhóis terão levado o embaixador inglês, Sir William A'Court, a impor o afastamento do Dr. Abrantes do País, afastamento esse tão contrário à vontade da infanta-regente que bem mostra o poder exercido pelo diplomata britânico (cf. Sousa Monteiro, *Historia de Portugal...,* III, pp. 337 e ss.). D. Carlota Joaquina, sob a regência da filha D. Isabel Maria, considerava-se como «preza d'Estado», sendo limitada na capacidade de comunicar para o exterior do Palácio de Queluz; e disso se queixava às filhas de Espanha, sempre que conseguia portador para as suas cartas. Numa dessas cartas, dirigida à infanta D. Maria Francisca, de 18 de Setembro de 1826, D. Carlota Joaquina mostra confiar ainda no filho Miguel e no irmão Fernando VII, mas, sobretudo, nas filhas D. Maria Francisca e D. Maria Teresa, assim como no irmão e genro, o infante de Espanha Carlos Maria Isidoro. Sem a actividade destes, tudo estaria perdido, *requiescat in pace* – no dizer da rainha (ver Ângelo Pereira, *As Senhoras Infantas,* pp.96 e 118 e ss.). O tal Dr. Abrantes, de que D. Carlota Joaquina tanto se arrecevava e ganhara grande ascendente sobre o ânimo doentio da infanta-regente, D. Isabel Maria, já estivera preso, em 1806 e em 1809, sob a acusação de jacobino e mação, sendo desterrado para Faro. Isso não constituiu óbice à sua nomeação para médico da real câmara, em 1812, sem haver memória de que fossem assinaláveis os seus méritos de clínico (*ibidem,* p. 114). É bastante curiosa a defesa do Dr. Abrantes, dirigida ao príncipe-regente e impressa em Londres, na qual confessa ter sido franco-mação, mas apenas até 1806, e ter colaborado com os franceses, como administrador-geral dos hospitais militares, não julgando, porém, tais coisas incompatíveis com o serviço do príncipe. Toda a Nação – diz Abrantes – tinha colaborado com os franceses (ver *Memoria sobre a Conduta....,* esp. pp. 3, 65, 85, 120, 146, 153, 189 e ss.). Refere também o Dr. Abrantes na sua *Memória* o bom trato e o quarto excelente que tivera nos cárceres da Inquisição, assim como a inteligência, a cultura e a cortesia do inquisidor que o interrogara, queixando-se, porém, de uma privação de liberdade tida por arbitrária. Apesar de liberal, o conde do Lavradio, nas suas *Memórias,* traçou um retrato bem pouco lisonjeiro deste Dr. Abrantes – atrevido e cobarde, intrigante, grosseiro, ignorante, charlatão, ridículo, homem infame e vil criatura – que, no entanto, pela influência exercida «sobre algumas pessoas da mais elevada categoria, muito pesou «nos tristes destinos de Portugal», «em prejuízo grave da Nação». (Ver *Memórias do Conde do Lavradio,* I, pp. 85, 86, 98 e ss., 119 e ss., 132 ess.). Também Palmela não tinha o

unidades militares, desde Bragança a Estremoz e ao Algarve, se recusassem a aceitar a Carta Constitucional, o Governo de Lisboa, cujas hesitações Saldanha dissipara, pediu auxílio militar à Inglaterra[81]. Em consequência, uma divisão militar inglesa, do comando do general Clinton, instalada em Lisboa e que chegou a deslocar-se a Coimbra para dissuadir os movimentos anticartistas, impôs aos Portugueses o acatamento da Carta Constitucional ditada do Rio de Janeiro. À política externa britânica interessava a presença de tropas inglesas em Portugal, quando em Espanha se encontravam ainda tropas francesas. Assim se explicará o rápido assentimento de Canning ao pedido português e a exigência britânica de que os portos da foz do Tejo fossem guarnecidos por tropas inglesas.

À Inglaterra, e mesmo à França bourbónica, agradava a solução constitucionalista, moderada, conservadora, que não permitiria a Portugal uma política muito firme em relação às grandes potências[82]. E à

Dr. Abrantes em grande conta, admitindo, porém, quando ele foi nomeado conselheiro da Embaixada em Londres, em 1827, que lá seria menos nocivo, porque só poderia intrigar por escrito (ver Ângelo Pereira, *As Senhoras Infantas*, p. 117). Este mesmo Dr. Abrantes publicou uma longa carta, que terá dirigido a Sir William A'Court, embaixador britânico, acerca da questão dinástica aberta pela morte de D. João VI (*Lettre du Conseiller Abrantès a Sir William A'Court*, Paris, 1827).

[81] Ver Borges de Castro, *Collecção...*, VI, pp. 8 e ss.; *Memórias do Conde do Lavradio*, I, pp. 138 e ss. O autor destas *Memórias*, como ministro dos Negócios Estrangeiros muito do agrado do Governo de Londres (ver António Vianna, *Apontamentos para a Historia Diplomatica Contemporanea*, II, p. 130), foi quem formulou o pedido de auxílio militar inglês. Com efeito, sem auxílio estrangeiro, a causa da Carta Constitucional estaria perdida, conforme referia o embaixador britânico em Lisboa, Sir William A'Court, no seu ofício de 13 de Outubro de 1826, dirigido a Canning (ver Oliveira Lima, *Dom Pedro e Dom Miguel*, p. 115). Segundo a regente, D. Isabel Maria, assim que D. Miguel chegasse não poderia a Carta contar com a fidelidade de um só regimento (*ibidem*, p. 177); e o embaixador inglês não rejeitava tal entendimento (*ibidem*, p. 211). Talvez por isso, Palmela, embaixador em Londres, não hesitou em afirmar, por escrito, a Canning, primeiro-ministro inglês, que as questões fundamentais da vida pública portuguesa, abstraindo da solução que lhes coubesse *de direito*, haviam de ser decididas, *de facto*, «por um impulso superior e externo» (ver António Vianna, *Apontamentos para a Historia Diplomatica Contemporanea*, III, pp. 152 e ss.).

[82] É certo que as posições políticas de D. Carlota Joaquina e de D. Miguel tinham o apoio do embaixador francês em Madrid, Moustiers; talvez pela influência das infantas portuguesas que viviam em Espanha e aí gozavam de grande valimento, que perderam, depois, pela hostilidade da rainha Maria Cristina. Mas não parece que o Governo de Paris tenha seguido as sugestões daquele seu embaixador (cf. Émile Bourgeois, *Manuel Historique de Politique Étrangère*, II, pp. 750-751).

própria Áustria, cujo imperador era avô de D. Maria da Glória, agradava a solução que colocava aquela princesa no trono português. O infante D. Miguel, a quem caberia a Coroa se se entendesse que D. Pedro perdera os direitos a ela, continuava retido em Viena, procurando Metternich isolá-lo dos seus partidários, das irmãs que estavam em Madrid e dos tios espanhóis, Fernando VII e infante Carlos.

No entanto, para evitar as reacções da Espanha[83] e das tropas portuguesas de feição legitimista, ajustou-se no plano internacional uma solução tida por equilibrada, que beneficiou, praticamente, do apoio de todas as potências. D. Miguel seria regente do Reino e príncipe, ou rei, consorte, pelo seu casamento com a sobrinha, D. Maria da Glória[84].

Na base desse ajustamento regressou D. Miguel[85]. E, com este regresso, a Inglaterra, tranquilizada, fez retirar o general Clinton e os seus soldados[86].

---

[83] A política espanhola, mercê de variadíssimas circunstâncias, manteve-se dúbia em face dos acontecimentos políticos de Portugal, desde 1826. Assim, o Governo em geral, e especialmente o ministro da Guerra, Zambrano, começaram por mostrar-se, ao menos, conformados com a Carta Constitucional portuguesa. No entanto, a Corte de Madrid terá encarregado numerosos oficiais, entre eles o general Longa, de auxiliarem os «apostólicos» portugueses. Essa intervenção espanhola terá servido de fundamento ou de pretexto, ao pedido de intervenção inglesa (ver Fernandez Martín, *El General Don Francisco de Longa y la Intervención Española en Portugal*, Bilbau, 1954).

[84] Ver Borges de Castro, *Collecção...*, VI, pp. 5 e ss. Esta solução foi acordada em Viena entre os representantes da Áustria, da Inglaterra e da França. Ver tb. *State Papers 1827-1828*, pp. 994 e ss.

[85] Não é facilmente admissível que, conforme já se tem pretendido, D. Miguel, quando em Viena aceitou a situação de regente e de futuro rei-consorte, e, com ela, a Carta Constitucional, desconhecesse os seus direitos à Coroa portuguesa, dos quais só teria tomado consciência mais tarde, quando, por intermédio das irmãs de Madrid, recebeu textos referentes àqueles direitos, baseados nas leis fundamentais do Reino. É certo que D. Miguel vivia em Viena relativamente isolado e bastante vigiado, conforme já acontecera em França (ver *Memórias do Marquês de Fronteira*, II, p. 15; *Despachos e Correspondencia do Duque de Palmella*, I, pp. 438 e ss.). Tais isolamento e vigilância tinham sido pedidos por Palmela aos Governos respectivos (ver Júdice Bicker, *Supplemento à Collecção...*, XXIV, pp. 34 e ss.). Os papéis recebidos em Viena, e traduzidos para língua alemã, destinavam-se a convencer Metternich e o imperador quanto aos referidos direitos, sobre os quais o infante havia de ter tido já plena consciência logo que o irmão D. Pedro se colocou à frente da insurreição brasileira, para cujas consequências os seus partidários lhe haviam de ter chamado a atenção, pelo menos ao tempo da Vila-Francada e da Abrilada. No entanto, esta surpresa de D. Miguel quanto aos seus direitos ao trono, quando se achava em Viena, é referida tanto por

4. Dependências externas do miguelismo

a) *A Santa Aliança e as Cortes de 1828*

Tem-se atribuído ainda à Santa Aliança uma protecção a D. Miguel que estaria na origem da convocação das Cortes, nos termos tradicio-

---

Herchen como por Ribeiro Saraiva, que colheu directamente o relato de tal surpresa da pessoa que o príncipe encarregou de traduzir os escritos respeitantes aos seus direitos, para serem mostrados ao imperador e a Metternich (ver *Diário...*, II, pp. 140-141). É natural também que o infante, fiel á política do pai e à esperança, mesmo tornada remota, de uma reconstituição do Reino Unido, não tenha querido suscitar o problema. E daí ainda a aceitação do destino que lhe fora reservado, na base da Carta Constitucional. Só quanto ao regresso a Portugal numa nau portuguesa D. Miguel terá sido intransigente, numa clara afirmação de nacionalismo como outras que teve durante o seu governo, as quais não lhe acarretaram boas vontades da parte dos políticos estrangeiros desejosos de encontrar em Portugal atitudes complacentes relativamente às suas ambições (cf. Artur Herchen, *Dom Miguel Infante*, pp. 318 e ss., e 386-387). Não deverá excluir-se também que o infante D. Miguel, paladino da legitimidade, tenha, por vezes, mostrado debilidades. E assim se explicarão as preocupações da irmã D. Maria Francisca, bem reveladas nas cartas que escreveu a D. Miguel, do Escorial, em 10 de Novembro de 1825 e em 5 de Novembro de 1826. Nelas a infanta recomendava ao irmão que não se deixasse influenciar por «Massoens», nem por gente de «relachação mt.° grande, em ponto a religião», nem por realistas com «mt's ideias democraticas», como haveria tantos lá fora, «pois tudo o que não he hum governo inteiramente monarquico, he mt° prejudicial para o Trono, e mais que tudo para o Altar, pois estes inovadores só tratão de o destruirem, pois bem sabem, que hum Reino sem Religião, bem depreça será destruido entre si». Importaria, pois, segundo a infanta, «[...] que o mano não jure, nem consinta no cazamento [...] faça da sua parte tudo para livrar a nossa augusta May do estado tão lamentável em que se acha, salve a nossa St.ª Religião, que está já quazi acabada, e por fim, salve a sua Patria, e os bons Portugueses [...] lembresse que he Christão, que he da casa de Bragança,e que he Portuguez, e não fassa nada que possa ficar mal a nenhuma d'estas tres coisas» (ver Ângelo Pereira, *As Senhoras Infantas*, pp. 95 e 100). Preocupações semelhantes dos próprios partidários do infante terão ditado as reservas de panfletos que então circularam, dos quais constava: «Viva El-Rei D. Miguel 1.°, se elle o merecer».

[86] A solução, julgada de equilíbrio, que consistiu na nomeação de D. Miguel como regente e no ajustado casamento com a sobrinha, parece ter sido ditada pela Inglaterra, com assentimento, aliás, de outras potências. Importará registar o acolhimento expressivamente afectuoso que foi reservado a D. Miguel em Londres, quando lá esteve antes de regressar a Portugal. Aquele acolhimento prestado pela corte de St. James ao príncipe português impôs mesmo manifestações de particular dedicação ao regente da parte do nosso representante diplomático em Londres, Palmela, não obstante as anteriores e posteriores hostilidades a D. Miguel (ver Artur Herchen, *Dom Miguel Infante*, pp. 397 e ss.; Oliveira Lima, *Dom Pedro e Dom Miguel*, p. 241; *Memórias do Marquês da Fronteira*, II, pp. 164-165).

nais, em 1828, e da sua consequente elevação ao trono, por essas Cortes determinada. Não parece que seja bem fundamentada tal opinião. O infante seria, até certo ponto, simpático aos Governos de Viena, de Sampetersburgo e, até à revolução de 1830, ao de Paris. Sê-lo-ia também para os *tories* ingleses, entre os quais pontificava Wellington, que bem conhecia Portugal[87]. Mas a solução de equilíbrio e compromisso reflectida na abdicação de D. Pedro na filha, D. Maria da Glória, destinada a casar com o tio D. Miguel (2 de Maio de 1826) e na designação deste como lugar-tenente com poderes para reger Portugal (decreto do Rio de Janeiro de 3 de Julho de 1827), satisfazia tanto os interesses ingleses como os da Santa Aliança, que também vira com agrado a Carta Constitucional francesa de 1814, sem se aperceber, naturalmente, de que o seu hibridismo acabaria por ser fatal aos Bourbons restaurados e ao equilíbrio europeu. Em 1828, porém, quando D. Miguel deixou Viena para tomar o Poder em Portugal, ainda nem sequer se poderia prever que a Restauração francesa, minada pelo regime da Carta, cairia dois anos depois. O problema jurídico da sucessão à Coroa portuguesa não interessava ao pragmatismo das Cortes estrangeiras; e os melindres da questão religiosa em Portugal também escapavam a estadistas cuja experiência assentava, sobretudo, em comunidades duramente atingidas pelas heresias, pelas lutas religiosas, pelo jansenismo e pelo iluminismo setecentista[88]. Acresce, quanto à Áustria, especialmente, que ao imperador Francisco II agradava o projectado casamento do infante-regente com D. Maria da Glória, sua neta; e agradar-lhe-ia que a esta fosse assegurado o trono de Portugal. A combinação seria também grata a Metternich, como ministro do imperador. O próprio D. Miguel, após quatro anos de ausência do seu país, não se terá mostrado liminarmente avesso ao regime constitucional e à situação que nele

---

[87] A viagem de D. Miguel à Inglaterra, em 1828, antes de regressar a Portugal e de ser proclamado rei, decorreu num ambiente de carinho que excedeu, em muito, as exigências protocolares, conforme já foi referido (ver Artur Herchen, *Dom Miguel Infante,* pp. 387 e ss.). Isso deveu-se, em larga medida, a Wellington e a outros oficiais ingleses que tinham participado da Guerra Peninsular, durante ela se haviam familiarizado com alguns aspectos da vida portuguesa e ocupavam posições de relevo na política britânica, mantendo, alguns deles, relações muito estreitas com portugueses e desconfiança, quando não aversão, aos oficiais «afrancesados», que contra eles tinham combatido e constituíam a ponta de lança do partido liberal português.

lhe fora assegurada. Daí o juramento da Carta Constitucional, em Viena, sendo certo que o infante não parecia atreito a perfídias; nem sequer às habilidades políticas em que o pai, D. João VI, fora fértil, e que teriam valido ao filho, com facilidade, a sua conservação no Poder. Terá sido o clima político português que obrigou D. Miguel a modificar a sua posição. Recorde-se o ambiente de apoteose que o rodeou à chegada, abrangendo clero, nobreza e povo – sobretudo povo. É sempre fácil aos triunfadores iludirem-se através das manifestações públicas de adesão e aplauso, quase sempre pouco significativas, porque a elas acorrem os partidários, os que pretendem acolher-se à facção vitoriosa e os afeiçoados às aclamações de rua, indiferentes até ao conteúdo dos aplausos; sendo certo que sempre são mais numerosos os ausentes do que os presentes em tais manifestações, circunstância raramente ponderada pelos vitoriados, segundo parece. Seja como for, em termos comparativos, mercê de razões variadíssimas, havia de ser desusadamente impressionante o ambiente de carinho em torno de D. Miguel, que o povo – com razão ou sem ela – pretendia governasse como rei, sem condições, sem limitações, e menos as impostas pelas lojas maçónicas, desprovidas de implantação popular, e por um imperador do Brasil que já causara

---

[88] Aliás, quanto à convocação das Cortes, nos termos dos usos imemoriais, tinham-se levantado protestos de todos os sectores. Já quando D. João VI quisera reuni-las, os ditos «apostolicos» se mostraram receosos, recordando as consequências da convocação dos Estados Gerais franceses por Luís XVI, em 1789. E as potências estrangeiras, especialmente a Espanha, manifestaram então receios semelhantes quanto a uma medida que poderia levantar novas complicações no país vizinho, cuja aquietação fora recentemente alcançada, entendendo Metternich que não era aquela a ocasião de conceder liberdade aos povos, quando tantas revoltas e conspirações tentavam alçar-se contra as autoridades legítimas (ver Artur Herchen, *Dom Miguel Infante,* pp. 216 e ss.). Já então aos liberais não parece também ter agradado a ideia da convocação das Cortes, susceptível de renovar oposições contra o exercício do poder na base da exclusiva autoridade da Coroa, mais facilmente dominável. No plano interno, a convocação das Cortes, em 1828, teve o apoio de muitíssimos sectores; talvez não precisamente pelo carinho que lhes merecessem as instituições tradicionais do Direito Público português, mas porque já esperavam daquelas Cortes que erguessem por rei a D. Miguel e afastassem do trono os príncipes brasileiros e, com eles, a Carta Constitucional, que tinham por pouco diversa da Constituição de 1822, já experimentada. As potências estrangeiras, porém, não manifestaram qualquer agrado relativamente à convocação das Cortes de 1828. Ver a crítica às Cortes de *1828* e ao «assento dos três Estados» que delas resultou e ergueu D. Miguel ao trono, *in* Cardeal Saraiva, *Obras Completas,* IV, pp. 135 e ss.

aos Portugueses tantas infelicidades e, sendo seu príncipe, deles se apartara[89]. Com o regresso de D. Miguel e com o reembarque da divisão inglesa do general Clinton[90], não lhe sendo então hostil o ambiente espanhol, o tradicionalismo popular português julgou possível uma autodeterminação nacional, ao fim de tantos anos de misérias, lutas e incertezas.

---

[89] O embaixador inglês em Lisboa, Sir Frederich Lamb, ao denunciar ao seu Governo as intrigas orientadas no sentido de aclamar D. Miguel como rei, não deixou de observar que tal solução era considerada favoravelmente pela maioria da nação (ver Oliveira Lima, *Dom Pedro e Dom Miguel*, p. 24 5). Na defesa da tese da extrema popularidade de D. Miguel, é impressionante a posição assumida por Oliveira Martins, através das páginas do seu *Portugal Contemporâneo*. Impressionante pela raiz liberal da formação do autor, que, na sua *História de Portugal,* já pronunciara juízos francamente desfavoráveis em relação àquele príncipe. Infelizmente, mesmo na época de amadurecimento, Oliveira Martins continuou sempre a mostrar-se um historiador apaixonado nas suas afirmações. E essa circunstância, aliada à escassez de fontes apontadas, nem sempre permite extrair mais amplas consequências da tomada de posição global adoptada no *Portugal Contemporâneo,* mesmo assim da maior importância para a revisão da História portuguesa do século XIX. Aliás, quanto ao ponto em apreciação, também o liberalíssimo Luz Soriano reconheceu a cordial dedicação a D. Miguel da grande maioria das classes ditas «inferiores» e da quase totalidade da eclesiástica e da aristocrática (*Vida do Marquês de Sá da Bandeira,* I, p. 370). Por sua vez, o não menos liberal José Maria de Sousa Monteiro, bem conhecido pela truculência dos juízos avessos ao miguelismo, referindo-se à situação do país em 1827, não deixou de reconhecer que «se se exceptuão os commerciantes, proprietarios, e lavradores ricos, e a maioria da classe média, todo o restante era mais devoto do absolutismo, que da liberdade» (ver *Historia de Portugal...,* III, p. 303). Uma síntese insuspeita da questão da popularidade de D. Miguel se nos depara na *Cambridge Modern History.* Aí se diz que «com unanimidade rara na História todas as classes do povo mostraram a sua devoção ao trono e à causa de D. Miguel», «o seu Messias, porquanto «as massas portuguesas eram miguelistas» (vol. X, pp. 323, 325 e 32 8). Em termos bastante pitorescos narrou um inglês que visitou Portugal, já depois de acabada a guerra civil, a grande veneração persistente em relação a D. Miguel; a ponto de ter encontrado mulheres do povo que increpavam violentamente os maridos por alinharem com os liberais e que, aconchegando os filhos nos regaços, lhe afirmaram que esses os dariam a D. Miguel, para por ele combaterem (ver W. H. Harrison, *The Tourist in Portugal*, p. 178). Evitando quaisquer juízos valorativos quanto à popularidade de D. Miguel, ela parece fácil de explicar no plano existencial. Com excepção dos ideólogos republicanos, ainda que utilizando o formalismo monárquico, e dos políticos profissionais, ou profissionalizados, que por essa via alcançaram múltiplos benefícios pessoais, todos, ou quase todos, tinham acumulado desilusões amargas através da experiência liberal, julgada fonte de empobrecimento colectivo e de insegurança.

[90] Parece curioso notar que a expedição militar de Clinton, embora de indiscutível interesse para a Inglaterra, para contrariar a influência francesa na Península, foi custeada por Portugal (ver Júdice Bicker, *Supplemento à Collecção...,* XXIX, pp. 153-159).

A prudência política aconselharia D. Miguel a não deixar arrastar-se pelos partidários mais exaltados, a aceitar uma situação previsivelmente destinada a conceder à sua causa um triunfo mais ou menos completo e definitivo, sem riscos de hostilidades exteriores. Não terá tido o infante aquela virtude. Mas disso não deverão assacar-se responsabilidades à Santa Aliança. E menos ainda ao cautelosíssimo Metternich, cuja autoridade só muitas circunstâncias adversas viriam a abater, bastante mais tarde, após quarenta e tal anos de domínio político.

Assim, enquanto a reacção contra-revolucionária de 1823 parece fortemente inspirada em condicionalismos externos, não o terá sido a convocação dos «três Estados» e a consequente elevação de D. Miguel ao trono, em 1828, assentes, sobretudo, em circunstâncias de ordem interna.

b) *O reconhecimento de D. Miguel pelos Estados Unidos, pela Espanha e pela Santa Sé*

A prova de que a elevação do infante ao trono não foi do agrado das potências da Santa Aliança, designadamente a Áustria e a França, acha-se no facto de a realeza de D. Miguel não ter chegado a ser reconhecida por esses Estados[91]. Apenas a Santa Sé, a Espanha e

---

[91] Foi mesmo violenta, no plano diplomático, a reacção das potências à convocação das Cortes por D. Miguel, da qual já se sabia que havia de resultar a sua elevação ao trono. Os representantes diplomáticos acreditados em Lisboa – da Santa Sé, da Inglaterra, da Áustria, da França, de Espanha e de Nápoles –, ao anúncio da convocação das Cortes, declararam suspensas as suas funções; embora o núncio apostólico, pelo menos, se tenha conservado em Portugal (ver Fortunato de Almeida, *História da Igreja em Portugal*, IV, II, pp. 289 e ss.) e reassumido as suas funções em Outubro de 1829 (ver *Correspondencia do 2.° Visconde de Santarém*, II, p. 627), em termos que o Papa terá julgado prematuros (*ibidem*, III, p. 18). Só pouco a pouco, face às surpresas quanto ao acatamento mais ou menos generalizado do *miguelismo* em Portugal e quanto ao comportamento dos emigrados liberais, as potências se dispuseram a adoptar atitudes mais favoráveis em relação a D. Miguel, algumas delas reconheceram o seu Governo e outras – a Inglaterra e a França – se propuseram reconhecê-lo, disso procurando vantagens, até que os novos rumos da guerra civil portuguesa e da política internacional as detiveram quanto a tais propósitos.

os Estados Unidos reconheceram aquela realeza[92], embora nenhuma hostilidade se tenha esboçado por parte de outras potências contra o governo de D. Miguel, entre 1828 e 1830. Nem sequer da parte do Brasil.

Efectivamente, importa distinguir a posição de D. Pedro da posição brasileira, face à crise política portuguesa. Da parte de D. Pedro, a partir do conhecimento da elevação de D. Miguel ao trono, a atitude passa a ser de hostilidade[93]. Mas aos políticos brasileiros, em

---

[92] Oliveira Lima refere-se também ao reconhecimento por parte da Rússia. E parece indiscutível a simpatia do czar Nicolau I pela causa miguelista, ao menos em certas fases, tendo os liberais portugueses chegado a recear que aquele imperador enviasse a Lisboa uma esquadra em apoio de D. Miguel (ver Eduardo Brazão, *Relações Diplomáticas de Portugal com a Santa Sé. O Reconhecimento do Rei D. Miguel (1831)*, p. 141). Mas não se conhecem dados quanto a tal reconhecimento; Oliveira Lima também os não oferece, podendo mesmo admitir-se que a Rússia tenha desaconselhado tal reconhecimento à Áustria e à Prússia (*ibidem*, p. 148). Numa obra de Tomás Ribeiro se encontram referências a um reconhecimento de D. Miguel por parte «da Sardenha, das Duas Sicílias e dos principados da Itália» (*D. Miguel, a Sua Realeza e o Seu Emprestimo Outrequin & Jauge*, p. 147, nota). Também num acórdão de um tribunal francês chamado a pronunciar-se sobre supostas ofensas ao Estado português por parte de um credor do empréstimo, repudiado, de 1832, se contêm referências ao reconhecimento de D. Miguel por Marrocos (ver Henri Becker, *Les Emprunts d'États Étrangers en France*, p. 58). Não se dispõe, porém, de outros dados para apreciar os referidos reconhecimentos, sendo certo que em diversas capitais actuaram representantes de D. Miguel, realizando diligências várias junto dos Governos respectivos, mas em posições alheias a um reconhecimento formal, pelo que tais representantes não apresentaram credenciais. Assim aconteceu, designadamente, tanto em Sampetersburgo e Turim como em Londres e Paris.

[93] Já se tem admitido que a hostilidade de D. Pedro ao irmão não tenha sido espontânea, mas provocada pela revolta do Porto de 1828. Com efeito, elementos liberais ligados à revolução de 1820 e ao movimento que levara, em 1826, à aceitação da Carta Constitucional, conseguiram revoltar várias unidades militares do Norte, a partir do Porto, tendo-se o movimento estendido até ao Mondego. Dominada a revolta pelas tropas e pela esquadra que seguiram de Lisboa, os chefes liberais, entre eles Palmela, Saldanha e Vila Flor, futuro duque da Terceira, seguiram para a Inglaterra, no mesmo navio inglês de onde tinham desembarcado, o *Belfast*, de cujo nome este movimento revolucionário tomou o nome de *Belfastada*. A tropa e os oficiais menos graduados embrenharam-se na Galiza, depois de terem saqueado Braga; dali a maioria regressou a Portugal, beneficiando de uma amnistia, mas alguns se juntaram a bandos liberais espanhóis, que também andavam foragidos, e bastantes seguiram para a Inglaterra, para França e para a ilha Terceira; alguns ainda chegaram ao Brasil, procurando interessar D. Pedro pela causa que invocava o seu nome, ou o da filha. Tal é a origem da emigração liberal, em cuja base a guerra civil se manteve, embora moderada, reacendendo-se em 1832, e cujos núcleos principais se situaram na Terceira, em Plymouth e em Belle-Isle (Bretanha).

geral, repugnava imiscuírem-se nos assuntos portugueses; e isso muito contribuiu para que D. Pedro fosse forçado a abdicar do trono imperial brasileiro, em favor do filho, D. Pedro II[94].

Acomodadas como estavam as potências com a solução cartista de 1826 e a subida ao trono de D. Maria da Glória, sendo D. Miguel regente e príncipe, ou rei consorte, a aclamação de 1828 obrigou o Governo de Lisboa a uma intensa acção diplomática, orientada no sentido do reconhecimento da nova realeza. E foram muitas as dificuldades encontradas. Compreensivelmente. Porquanto, tendo D. João VI falecido em 1826 e não tendo sido as Cortes estrangeiras alertadas oportunamente por qualquer manifesto, ou tomada de posição, de D. Miguel, quanto aos seus direitos ao trono português, era admissível julgarem que as dúvidas em tal matéria respeitariam apenas a uma junção das coroas de Portugal e Brasil, ficando essas solucionadas pela abdicação de D. Pedro em favor da filha. E os perigos políticos de um novo surto de jacobinismo pareciam removidos, segundo os meios internacionais, pela própria moderação da Carta Constitucional e pelo papel reservado no regime a D. Miguel, benquisto dos «legitimistas», ou «apostólicos». Em tais condições, não havia a estranhar que a elevação deste príncipe ao trono fosse tida, naqueles meios, por resultante apenas de ambições pessoais, dele próprio ou de partidários. Acrescia, para perturbar a apreciação do caso, no plano internacional, que a ilha Terceira, na base de um golpe militar, se pronunciara contra a chamada «usurpação miguelista», e que os diplomatas brasileiros contra ela se manifestavam também geralmente. A agravar a situação, a maior parte dos diplo-

---

[94] Cf. Cunha Mattos, *Memorial da Campanha do Senhor D. Pedro de Alcantara no Reino de Portugal,* I, pp. 81 es.; Pedro Calmon, *História do Brasil,* V, pp. 1570 e ss.; Hélio Vianna, *História do Brasil,* II, pp. 96-97 e 100 e ss. Mantiveram-se mesmo sempre contactos entre os Governos de Lisboa e do Rio de Janeiro (ver *Correspondencia do 2.° Visconde de Santarém,* II, pp. 519-520; v, pp. 176 e ss.). E, conforme observava D. António de Almeida, marquês do Lavradio, em ofício dirigido de Roma, «regra geral, os Brazileiros não têm tomado grande calor nos negocios actuaes contra nós» (*ibidem,* III, p. 223). Ribeiro Saraiva, encarregado de negócios do Governo de Lisboa em Londres, atribuiu mesmo ao ministro brasileiro naquela capital o desejo de que «aniquilássemos D. Pedro e sua expedição, podendo ser» *(Diário...,* I, p. 130). D. Leonor da Câmara, preceptora de D. Maria da Glória, não hesitava em afirmar, em 1831, que o Senhor Infante tinha mais partidistas no Brasil do que em Portugal (ver Ester de Lemos, *D. Maria II,* p. 24).

matas portugueses, ou por pendor característico do espírito da época ou por conformação com o que lhes parecia ter sido, por consenso tácito, a solução dinástica adoptada, não se mostravam favoráveis à realeza de D. Miguel[95]. Foi o caso dos encarregados de negócios em Roma, Miguéis, em Washington, Barroso, e em Copenhaga, Morais Sarmento, do embaixador em Londres, Palmela, do representante em Viena, conde de Sabugal, do representante na Haia, Abreu e Lima, de Nuno Barbosa, que estava em Paris, do conde do Lavradio[96], de outros ainda. Esses diplomatas fiéis ao Constitucionalismo conservaram-se nas capitais em que estavam acreditados e onde mantinham relações, contribuindo para as dificuldades no reconhecimento de D. Miguel. Mas, nalguns casos, não foram bem sucedidos.

Os Estados Unidos tinham adoptado por princípio reconhecerem os governos de facto, sem cuidarem das razões da sua legitimidade. Nessa base tinham já reconhecido o Império do Brasil. E, nessa mesma base, reconheceram D. Miguel, porquanto este exercia uma autoridade indisputada e exclusiva, sobre todo o Reino, conforme consta das informações do encarregado de negócios norte-americano em Lisboa, Brent, e de despachos do secretário de Estado Van Buren para a Legação norte-americana no Rio de Janeiro. Face à doutrina assim defendida, não cuidou o Governo norte-americano das razões do diplomata Barroso que, fiel à Carta, junto dele tratava de impugnar a legitimidade de D. Miguel, cujo representante, Torlade de Azambuja, a 2 de Outubro de 1829, apresentou as suas credenciais[97].

Em Espanha, onde o triunfo dos realistas, em 1823, fora, entretanto, temperado, por influências francesa e inglesa, houve hesitações quanto ao reconhecimento de D . Miguel, apesar das simpatias

---

[95] É curioso, embora explicável, o contraste entre a hostilidade dos diplomatas portugueses ao movimento vintista e a sua conformação com o regime constitucional de 1826. Seguiam os ventos das Cortes por onde andavam.

[96] Do conde do Lavradio, que foi diplomata distintíssimo, conta o também liberal marquês de Fronteira que, sendo jovem secretário na Legação de Paris, desdenhava de servir sob as ordens do respectivo ministro, Brito, por este não ser aristocrata, tendo acabado por pedir a demissão (ver *Memórias...*, II, p. 22). Este episódio parece revelador de um falso aristocratismo de muitos liberais desta época, que criticavam frequentemente os gostos populares e a origem humilde de numerosos miguelistas, ou «apostólicos».

[97] Ver Oliveira Lima, *D. Miguel no Trono (1828-1832)*, pp. 1-3; *Correspondencia do 2.º Visconde de Santarém*, I, pp. 555-556.

que pelo seu Governo manifestavam o rei, Fernando VII, o infante D. Carlos, então ainda herdeiro indiscutido do trono, e as duas infantas portuguesas que viviam em Madrid[98]. O Conselho de Estado acabou por manifestar-se favoravelmente àquele reconhecimento, na base de razões semelhantes às dos Estados Unidos – a posse pacífica e os inconvenientes para a Espanha da suspensão de relações oficiais com Portugal[99].

Em Roma travou-se uma luta áspera em torno do problema do reconhecimento do Governo de Lisboa, entre 1828 e 1831. João Pedro Miguéis de Carvalho e Brito, encarregado de negócios desde 1824 e fiel ao Constitucionalismo, terá contribuído para dificultar aquele reconhecimento. Assim, só em 21 de Setembro de 1831 o representante do Governo de Lisboa D. António de Almeida, marquês do Lavradio[100], apresentou credenciais ao papa Gregório XVI. Desde 1828 que D. António de Almeida se achava em Roma diligenciando o reconhecimento, que acabou por ter lugar também na base da abstenção da Santa Sé quanto à legitimidade de D. Miguel, em conformidade com a doutrina expendida na constituição apostólica *Solicitude Ecclesiarum,* de 5 de Agosto de 1831. As reservas pontifícias

---

[98] A Corte espanhola parecia também interessada, então, num entendimento entre D. Pedro e D. Miguel. Posteriormente, terá o Governo de Madrid preferido apoiar D. Miguel; mas foi sempre limitado pelo receio de que uma intervenção espanhola provocasse uma intervenção britânica. Sobretudo desde que Lord Grey e Palmerston ocuparam na Inglaterra as cadeiras do Poder, pois esses políticos pareciam desejar pretextos para auxiliar mais ostensivamente os liberais portugueses. O último casamento de Fernando VII e o consequente desentendimento com o irmão D. Carlos modificariam por completo a posição espanhola, em desfavor do miguelismo.

[99] Ver Oliveira Lima, *D. Miguel no Trono* (1828-1833), pp.62-63; *Correspondencia do 2.° Visconde de Santarém*, I, pp.555-556.

[100] Tratava-se do filho mais velho do marquês do Lavradio. Um seu irmão, D. Francisco, conde do Lavradio, era o representante em Paris de D. Pedro, tendo depois seguido uma brilhante carreira como representante em várias cortes, com longa permanência em Londres. É este um exemplo das divisões entre as famílias portuguesas que as lutas civis determinaram, as quais tiveram, por vezes, o efeito benéfico de atenuarem as violências exercidas pelos vencedores sobre os vencidos (cf. *Memórias do Conde do Lavradio,* III, pp. 83-84). Divisões semelhantes se notaram nas famílias do duque de Saldanha, do marquês de Sá da Bandeira, em muitas outras, tanto opulentas como humildes, umas vezes ao sabor de divergências ideológicas, outras determinadas apenas pelos caprichos em que a geografia, a cronologia, ou outras circunstâncias, obrigaram membros das mesmas famílias a definir posições.

reflectiram-se mesmo nalgumas quebras do cerimonial costumeiro nas recepções de embaixadores[101]. E o Corpo Diplomático acreditado em Roma, cujos Estados, em geral, não reconheciam o Governo de Lisboa, continuou «a estar incomunicável» com o representante português, conforme o marquês do Lavradio, D. António, informava o Visconde de Santarém, ministro dos Negócios Estrangeiros[102]. O representante, de facto, de D. Pedro em Roma ia fazendo as diligências que lhe eram cometidas, desde Paris, pelo conde do Funchal[103] e, depois, desde Angra, por Palmela[104]. Aconteceu assim em várias outras Cortes, nas quais coexistiram, de direito ou de facto, representantes de D. Pedro e de D. Miguel[105]. A tolerância da Santa Sé em relação aos representantes de D. Pedro, mesmo após o reconhecimento diplomático de D. Miguel, obedecia a cautelas políticas; e não exclui que o ambiente dominante em Roma se mostrasse nitidamente favorável ao miguelismo[106]. Foram frequentemente extremas as difi-

---

[101] Ver Eduardo Brazão, *Relações Diplomáticas de Portugal com a Santa Sé – O Reconhecimento do Rei D. Miguel* (1831), esp. pp. 15 e ss. As mesmas reservas se terão verificado no recebimento do embaixador francês, em consequência de também suscitar dúvidas a legitimidade de Luís Filipe, que alcançara o trono por via revolucionária (*ibidem*, pp. 31-32).

[102] Ver Eduardo Brazão, *Relações Diplomáticas de Portugal com a Santa Sé – O Reconhecimento do Rei D. Miguel* (1831), pp. 27-29.

[103] *Ibidem*, pp. 35 e ss.

[104] *Ibidem*, pp. 155 e ss.

[105] Assim, em Londres, cujo Governo não chegou a reconhecer D. Miguel, achavam-se Palmela e, depois, Abreu e Lima, futuro conde da Carreira, como representantes de D. Pedro, ou de D. Maria da Glória, ao mesmo tempo que o visconde de Asseca e Ribeiro Saraiva, como encarregados de negócios do Governo de Lisboa, embora este não tivesse sido reconhecido pela Inglaterra. As hesitações políticas das potências explicam a irregularidade de tais situações, que, por vezes, deram lugar a incidentes. Assim, por exemplo, em Roma, a polícia acabou por recusar-se a aceitar os passaportes emitidos pelo representante de D. Pedro (Ver Eduardo Brazão, *Relações Diplomáticas de Portugal com a Santa Sé-O Reconhecimento do Rei D. Miguel (1831)*, pp. 380-381). O 6.° visconde de Asseca, representante de D. Miguel em Londres, era mação influente e participara da Legião Portuguesa como ajudante-de-campo de Gomes Freire de Andrade, constituindo, assim, um dos numerosos exemplos de infiltrações no campo miguelista de personalidades que eram, ou tinham sido, favoráveis ao liberalismo.

[106] A Cúria não podia desconhecer que dos «legitimistas» havia a esperar uma orientação mais favorável à Igreja; e que ao triunfo dos liberais, herdeiros, quando não do ateísmo, das concepções iluministas, jansenistas e galicanas, se seguiriam novos golpes contra o Poder de Roma, conforme se verificou em 1848 e, finalmente, em 1870. Sobre o

culdades financeiras dos diplomatas portugueses desta época, quer pedristas quer miguelistas; e designadamente em Roma[107].

ambiente desfavorável com que o representante de D. Pedro deparava em Roma, ver, por exemplo, os ofícios de Miguéis de Carvalho a Palmela de 29 de Agosto, de 1 de Outubro de 1832 e de 9 de Maio de 1833 (Ver Eduardo Brazão, *Relações Diplomáticas de Portugal com a Santa Sé-O Reconhecimento do Rei D. Miguel* (1831), pp. 229 e ss.; 241 e ss.; 305 e ss.). Uma das medidas tomadas por D. Miguel favoráveis à Igreja fora a que permitiu a reinstalação em Portugal dos Jesuítas, cuja Ordem, restabelecida em 1814, já exercia a sua acção em muitos outros países. Em Portugal, porém, criara-se um ambiente tal em torno da Companhia de Jesus que D. João VI procurou sempre evitar o seu regresso. Mas, logo em 1829, os jesuítas voltaram, sendo o seu novo superior o francês Joseph Delvaux, que sobre a reinstalação da Ordem em Portugal, entre 1829 e 1834, publicou a respectiva correspondencia (ver Oliveira Lima, *D. Miguel no Trono,* p. 54). Era tal, apesar de tudo, o enraizamento do espírito antijesuítico na sociedade portuguesa, mesmo sob o miguelismo, que o regresso dos Jesuítas logo suscitou más vontades. A fim de acalmá-las, ou evitar a sua propagação, foram então publicados, em defesa dos padres da Companhia, alguns números do *Defensor dos Jesuitas,* de Fr. Fortunato de S. Boaventura, grande figura da literatura portuguesa que costuma andar esquecida; e também um opúsculo de José Agostinho de Macedo, *Os Jesuitas.* Não deixa de ser curioso registar o depoimento de Joaquim Martins de Carvalho, não obstante o seu liberalismo, sobre o impecável comportamento dos Jesuítas então instalados em Portugal, quer do ponto de vista político quer no plano da acção educacional exercida (ver *Apontamentos para a Historia Contemporanea,* pp. 149 e ss.).

[107] Ver Eduardo Brazão, *Relações Diplomáticas de Portugal com a Santa Sé – O Reconhecimento do Rei D. Miguel,* pp. 181, 358, 366, 401, 448, 508 e 510. Apesar das dificuldades evidentes dos diplomatas afectos a D. Pedro, Silva Carvalho entendia exorbitante a quantia de 1400 libras que se lhes distribuíra, em fins de 1831, revelando bem, através das suas observações, a má vontade aos diplomatas característica dos «vintistas» (*ibidem,* p. 110*;* ver tb. *Correspondencia Oficial de Luiz Antonio de Abreu e Lima,* pp. 275 e 283). Do lado miguelista, o conde da Ponte queixava-se, desde Paris, em ofícios para Lisboa de 21 de Maio e de 10 de Junho de 1833, que, não recebendo «há quatorze meses», ou «há dois anos», não tinha com que pagar os objectos de primeira necessidade, nem a casa onde morava, nem as despesas de secretaria (ver Oliveira Martins, *Portugal Contemporâneo,* II, p. 113; *Correspondencia do 2.° Visconde de Santarém,* V, pp. 80 e 129). Também António Ribeiro Saraiva se achava sem meios para fazer face às despesas da Legação em Londres (*Diário...,* I, pp. 132, 183 e 211; *Correspondencia do 2.° Visconde de Santarém,* IV, p. 349). Esta questão relativa às remunerações dos diplomatas não era nova. Nem em Portugal nem nos outros países, onde também com frequência se mostraram irregulares e incertos não apenas as remunerações, como também os pagamentos das despesas dos embaixadores (ver, por ex., carta do conde de Tarouca para o cardeal de Cunha de 18 de Janeiro de 1714, in *Cartas...,* pp. 89 e ss.). Mas as circunstâncias da época deram maior relevo ao problema. Porque muitos diplomatas eram pobres; e todos eles tinham motivos para recear que os sacrifícios lhes não fossem compensados por generosidades futuras. É de crer, no entanto, que, em Portugal, os meios de fortuna pessoais nunca tenham condicionado o exercício de funções diplomáticas. Julga-se que não fossem ricos muitos

5. Dependências financeiras internacionais da emigração liberal

a) As dificuldades financeiras da causa liberal

Entretanto, a posição internacional de D. Miguel melhorou bastante. Em consequência do poder de facto exercido em todo o território português, com excepção da ilha Terceira, onde se refugiaram grupos armados liberais que aí sustentaram prolongada luta armada com a população, que lhes era adversa e cuja resistência foi causa, ou serviu de pretexto, a numerosas violências, muitas de ordem financeira e explicadas também pela situação de penúria em que se achavam os refugiados[108]. A posse da Terceira e o facto de D . Pedro,

---

dos que as desempenharam, em representação da Corte de Lisboa, no decurso dos séculos XVII e XVIII; ou mesmo antes. Nomeadamente os que pertenciam ao estado eclesiástico, alguns dos militares e magistrados, assim como a generalidade dos secretários das Legações, muitas vezes escolhidos e designados pelos próprios embaixadores, o que os não impediu, com frequência, de substituírem os chefes de missão, acidentalmente, na qualidade de encarregados de negócios; ou de ascenderem, em numerosos casos, então por nomeação régia, à dignidade de ministros acreditados junto de Cortes estrangeiras. Noutros países, porém, uma certa base económica foi considerada frequentemente condição indispensável para o bom desempenho de funções diplomáticas. Na Inglaterra, ainda até 1918, um rendimento anual mínimo de £ 400 era exigível aos jovens candidatos que pretendiam ingressar no serviço diplomático (ver Harold Nicolson, *Diplomacy*, p. 204).

[108] Também a ilha da Madeira fora ocupada por grupos armados liberais; mas uma expedição militar ida de Lisboa dominou-os. Na Terceira, porém, as tropas de D. Miguel que tentaram ocupar a ilha foram repelidas pelas forças de D. Pedro; em consequência, aí se instalou uma Junta que, detendo na Terceira o poder de facto, lá criou uma base territorial de beligerância que facilitou o entendimento internacional quanto à divisão do território português por duas facções. Até que, em 1832, as forças pedristas ocuparam o Porto e em 1833 (24 de Julho) Lisboa. Em todo o decurso da contenda sempre se estranhou a inactividade da esquadra portuguesa, que talvez tivesse podido, segundo se julgava nalguns meios, neutralizar a gente da ilha Terceira (ver ofício do representante em Paris, conde da Ponte, de 16 de Abril de 1829, in *Correspondencia do 2.º Visconde de Santarém,* II, pp. 354-355). Outras estranhas omissões se poderão atribuir aos comandos das forças terrestres durante o cerco do Porto (ver opinião do marechal Beresford, in *Diário de Ribeiro Saraiva,* I, pp. 144 e 185). O arquipélago dos Açores foi experimentado com particular dureza pelas lutas civis do começo do século XIX. Logo em 1820 a população açoriana dera o mais enérgico apoio ao capitão-general Francisco de Borja Garção Stockler na sua tentativa de reacção contra-revolucionária, que só cessou quando chegou a Angra a notícia de que D. João VI acatara a nova ordem constitucional (ver Joaquim de Carvalho, «Irradiação do movimento revolucionário», in *História de Portugal,* VII, pp. 74 e ss.).

pretendente, ele ou sua filha, ao trono português, ser imperador do Brasil facilitaram alguns apoios internacionais à causa liberal portuguesa. No entanto, as atitudes colectivas dos emigrados políticos portugueses, no Brasil, em Espanha, em França e na Inglaterra, criaram retraimentos e más vontades. Esses emigrados pretendiam auxílios de toda a ordem, financeiros e militares, para reconquistar Portugal. E muitos terão julgado, em razão das circunstâncias, que do Brasil viriam tais auxílios; ao menos os financeiros[109]. Quando se aperceberam de que o Governo brasileiro não se dispunha a sacrifícios para instalar no trono português a filha do seu imperador, foi trágica a decepção dos liberais portugueses. Tanto mais que, contando com as finanças brasileiras, já tinham assumido compromissos vários[110]. As

---

[109] Contavam os políticos liberais portugueses com os efeitos de um acordo segundo o qual as prestações devidas pelo Brasil a Portugal, nos termos do tratado de 1825, seriam entregues à regência de D. Pedro e não ao Governo de Lisboa, o que seria lógico, posto o Governo brasileiro reconhecer aquela e não reconhecer este. Mas as perturbações da vida política brasileira em torno de D. Pedro terão contribuído decisivamente para tornar tal via inacessível.

[110] Cf. António Vianna, *José da Silva Carvalho e o Seu Tempo*, V, pp. 40-41, 46, 52 e ss. Por estranho que pareça, à primeira vista, o Governo brasileiro ter-se-á mostrado tão desagradado relativamente aos liberais portugueses que se admitem diligências diplomáticas suas junto do Governo francês, em 1830, no sentido do reconhecimento diplomático de D. Miguel (*ibidem*, p. 45). Esta atitude dos políticos brasileiros poderá explicar-se pelo mau ambiente criado no Brasil em torno de D. Pedro, que o forçou a abdicar no filho, e pelo desejo de deixar bem clara, através da realeza de D. Miguel, a separação do Brasil. Nem é de excluir que D. Pedro ainda considerasse a hipótese, mesmo remota, de uma nova união dos dois reinos quando manifestava ingenuamente a Sir Charles Stuart o desejo de que os Portugueses, gratos pela concessão da Carta Constitucional, o auxiliassem com tropas na guerra que se acendera ao sul do Brasil, logo que a divisão portuguesa abandonou Montevideu. O retraimento brasileiro desesperava Silva Carvalho, que, em carta a Palmela, de 15 de Dezembro de 1830, dizia esperar que «esses malditos brasileiros de uma vez acabassem com a vergonhosa dependencia em que nos têm tido» (*ibidem*, p. 64). Com semelhante violência escreveu o conde do Lavradio no seu diário de 5 de Novembro de 1830: «[...] estão os brasileiros sendo os advogados e defensores de D. Miguel. Fortes patifes e desavergonhados!» (ver *Memórias do Conde do Lavradio*, I, p. 279). Abreu e Lima, representante da causa liberal em Londres, em carta de 22 de Dezembro de 1830, dirigida ao marquês de Santo Amaro, ministro brasileiro naquela mesma capital, que, em nome do seu Governo, se recusava a fornecer fundos à regência da Terceira, chegou a incitar o diplomata a agir contra as instruções recebidas do Rio de Janeiro (ver *Correspondencia do 2.º Visconde de Santarém*, III, pp. 395 e ss.). O mesmo Abreu e Lima qualificava como «indecente» a conduta do Governo brasileiro (*ibidem*, p. 292).

solidariedades políticas internacionais costumam ir ao ponto de permitir o recrutamento de mercenários e a aquisição de armas; mas geralmente não envolvem os respectivos pagamentos, que hão-de assentar noutras fontes de financiamento. Tal foi o problema crucial que se deparou aos liberais portugueses emigrados, cuja causa exigia, na base dos impostos e empréstimos forçados que cobravam na Terceira, e, depois, nas outras ilhas dos Açores, sustentar a sua mesma emigração, pagar aos diplomatas fiéis, recrutar soldados, equipar um exército e comprar boas vontades em territórios estrangeiros, onde tudo, ou quase tudo, importava fazer.

b) Os empréstimos contraídos no estrangeiro pelos liberais

Perdida a esperança de obter fundos, mesmo dos Governos simpatizantes com os seus ideais políticos, que sempre buscavam motivos de escusa no rigor das leis e nas exigências dos parlamentos, os liberais portugueses emigrados encontraram solução para o problema financeiro que se lhes deparava no interesse especulativo dos capitais de aventura, sempre avultados na praça de Londres. Os banqueiros, naturalmente, recusavam-se a emprestar. Por falta de garantias bastantes e também por escrúpulos de forma, porque a Banca disposta a fornecer capitais a longo prazo só abriria créditos a raras empresas de grande vulto económico e aos próprios Governos, instalados com provada solidez nos seus Estados. Tal foi a posição assumida, por exemplo, pelos célebres banqueiros londrinos Ricardos, da família do economista David Ricardo[111], judeus de origem portuguesa. Solicitados para o efeito, disseram, como outros banqueiros, que só faziam tais empréstimos aos Governos[112]. Ao menos ostensivamente; e às

---

[111] Contrariamente ao que consta de alguns trabalhos, nomeadamente do *Portugal Contemporâneo*, (II, p. 61), não poderão os empréstimos negociados em Londres pela «emigração portuguesa» ter envolvido o célebre economista David Ricardo, posto que este já falecera, em 1823, no condado de Gloucester. Aliás, da correspondência de Silva Carvalho constam referências a «Ricardos», tudo levando a crer tratar-se de banqueiros da mesma família.

[112] Com efeito, os banqueiros Ricardos «não quizeram figurar expressamente, porque lhes não era decente contratar com um governo que não estava reconhecido, além de que se podia dizer que a sua casa não estava em boas circunstâncias, pois que lhe era necessário

taxas de juro normais nos mercados. Porque, encobertamente, através de agentes, corretores, *brasseurs d'affaires,* já poderiam mobilizar, conforme fizeram, os referidos «capitais de aventura», sempre dispostos a correr grandes riscos na base de adequadas compensações. No caso do empréstimo negociado pelos liberais em Londres, em 1832, a compensação consistiu, fundamentalmente, em se lhe atribuir um valor nominal de dois milhões de libras, das quais só foram recebidas 600 mil (ver Luz Soriano, *Historia do Cerco do Porto,* I, pp. 394-395).

A causa liberal portuguesa encontrou o homem ajustado para o negócio num aventureiro espanhol chamado Juan Álvarez y Mendizábal, que foi durante muitos anos, mesmo para além do termo da guerra civil, o principal agente financeiro do Governo português[113]. Bem

---

meter-se em operações arriscadas, como era esta [...] mas ficaram muito contentes, porque confiavam em Mendizábal, por via de quem logo se começaram a fazer os primeiros preparos, mas com a cautela com que sempre obram homens d'aquelle jaez, principalmente tratando com pobres, como nós» (ver Carta de Silva Carvalho ao barão de Rendufe, de 1 de Novembro de 1831, in António Vianna, *José da Silva Carvalho e o seu Tempo,* I, pp. 103 e ss.). Nessa mesma carta, Silva Carvalho, expondo todas as dificuldades da operação, resultantes também de os contratadores afirmarem «a vossa administração financeira tem sido desgraçada, e vós tendes desperdiçado dinheiro», pelo que queriam fiscalizar todos os aprestos militares em que investiam os seus capitais, confiava, no entanto, no seu próprio talento, ao observar: «Com estes judeus é necessário muita cautela, porque é gente desconfiadíssima; é necessário muito modo e procurar a occasião e o tempo próprio para lhes sacar o caroço» (*ibidem,* p. 106). Era natural também que os banqueiros londrinos não quisessem ligar-se ostensivamente às operações pelo conhecimento, que haviam de ter, das múltiplas irregularidades cometidas na administração dos fundos obtidos, até ao fim do ano de 1831, pela emigração portuguesa, que teriam ascendido a mais de 2000 contos, verba muito elevada para a época e cuja utilização nunca chegou a ser justificada (ver Luz Soriano, *Historia do Cerco do* Porto, I, pp. 391-392).

[113] O discutido agente de negócios Mendizábal foi curiosa figura de aventureiro da primeira metade do século XIX. A sua prosperidade começou em 1823, ao serviço do Governo liberal de Cádis; seguidamente instalou-se em Londres, onde chegou a ser preso por dívidas, em 1824, mas onde ganhou reputação de financeiro e, depois, uma grande fortuna ao serviço de D. Pedro. Tão grande reputação que veio a ser ministro das Finanças e chefe do Governo em Espanha (ver Lafuente, *Historia General de España,* XX, pp. 256-257), por pressões do representante inglês em Madrid, Villiers, depois Lord Clarendon (ver Vidal y Saura, *La Politica Exterior de España durante la Menor Edad de Isabel II,* pp. 129-130, 257; Palacio Atard, *La España del Siglo XIX* pp. 198-199), sem deixar, mesmo então, de representar interesses financeiros do Governo português (ver auto da reunião havida na Embaixada de Portugal em Londres, a 6 de Agosto de 1835, na qual participou Mendizábal,

sabia Mendizábal e todos os financiadores que, em caso de malogro da causa liberal portuguesa, os empréstimos não seriam reembolsados pelos Governos instalados em Lisboa[114], mas, mediante compensações adequadas, a haver em caso de sucesso, dispuseram-se aos

---

sendo ao tempo ministro do Governo espanhol, in António Vianna, *José da Silva Carvalho e o teu Tempo,* supplemento, p. 31). A correspondência de Mendizábal, encontrada no espólio de Silva Carvalho e publicada pelo neto deste, António Vianna, é bem esclarecedora da personalidade do agente espanhol e dos serviços por ele prestados aos Governos liberais portugueses. Vivo, hábil, conhecedor dos meandros das praças financeiras, decidido, usando da corrupção (*ibidem,* pp. 83 e ss.), grosseiro nos juízos como nas expressões verbais (*ibidem,* pp. 118 e ss.), não hesitava em arvorar-se em mentor político dos liberais portugueses, aconselhando-os, designadamente, a «dar de comer al pueblo con liberalidade» num momento inicial, para terem seguidamente o seu apoio (*ibidem,* p. 89); e até enviando-lhes um projecto de reestruturação da Igreja em Portugal, que lhes poderia dar muito crédito (*ibidem,* p. 100). Embora muitos outros tenham estado interessados nos empréstimos contraídos por D. Pedro, designadamente Casimir Périer e Lafayette (*ibidem,* I, p. 91), foi sem dúvida Mendizábal o grande financiador da causa liberal; e o exclusivo que Silva Carvalho lhe conferiu, ao menos para certas operações, muito comprometeu o referido político liberal português (*ibidem,* supplemento, p. 86). Tanto D. Pedro como D. Maria II manifestaram a maior gratidão pelos serviços de Mendizábal, que recebeu a Grã-Cruz da Torre e Espada do Valor, Lealdade e Mérito (ver José Alvarez, *Reseña del Negocio de las Cuentas del Ex.m° S. D. Juan Alvarez y Mendizábal,* pp. 8, 15 e 39-41). Coube a Mendizábal também um plano de «colonização» de Portugal por estrangeiros, que previa a entrega a estes de «bens nacionais», com franquias várias e cartas de naturalização imediata (ver carta reservada, de 8 de Abril de 1834, a Silva Carvalho (António Vianna, *José da Silva Carvalho e o seu Tempo,* supplemento, pp. 123-125). Uma recomendação de Mendizábal ao mesmo Silva Carvalho poderá sintetizar o aspecto mais saliente da personalidade daquele negociador: «[...] necesitamos de mucha maña[...]» (*ibidem,* p. 125). Não terá faltado. Pois se nesta época e nestas circunstâncias infelizes até um homem com as responsabilidades de Pedro de Sousa Holstein, conde, marquês e futuro duque de Palmela, afirmava ser «preciso prescindir de escrupulos excessivos»! (ver *Correspondencia Official de Luiz Antonio de Abreu e Lima,* p. 88). É de notar que o apoio inglês a Mendizábal visou a abertura do mercado espanhol às indústrias e aos capitais britânicos (ver Palacio Atard, *La España del Siglo XIX,* p. 199).

[114] E daí o estado de espírito de Mendizábal, que Palmela, em Londres, no começo de 1833, achou «muito triste», esperando, no entanto, «que a noticia telegraphica, ainda que falsa, o habilite hoje a arranjar alguma cousa» (ver *Correspondencia Oficial de Luiz Antonio de Abreu e Lima,* p. 75). Os liberais portugueses sentiram-se na necessidade de forjar notícias animadoras, para obterem mesmo pequenos financiamentos, de dia a dia, junto dos agiotas de quem dependiam; e que, afinal, não ficaram frustrados quanto aos reembolsos, acrescidos de juros fartos adequados ao *periculum sortis.* A fim de que os dinheiros não fossem mal utilizados, criou-se uma «comissão de aprestos», da confiança dos credores, constituída por dois estrangeiros, Mendizábal e Sartorius, e pelo português Manuel Gonçalves de Miranda.

financiamentos. Essas compensações eram garantidas pela capacidade dos dirigentes liberais, quando plenamente instalados em Portugal, de criar novos impostos e emitir empréstimos públicos; mas, sobretudo, pela alienação dos bens a nacionalizar, após o triunfo da causa. As propriedades das ordens religiosas, as da Casa do Infantado, outras ainda, assegurariam amplamente o reembolso, em caso de triunfo que permitisse a redução de tais propriedades a bens nacionais, alienáveis pelo Estado. E, conforme advertira Talleyrand, então embaixador francês em Londres, quando na sua presença foi abordada a questão dos empréstimos de D. Pedro, «é necessário ter dinheiro com que pagar bem à vossa chegada a Portugal» (ver *Correspondencia Oficial de Luiz Antonio de Abreu e Lima*, p. 456).

c) O custo financeiro dos apoios externos à causa liberal

Compreende-se que, passada a tensão emocional da contenda e dos apertos financeiros imediatos, os empréstimos emitidos em tais condições tenham provocado reacções desfavoráveis; e suspeições várias, até no espírito de muitos políticos da facção liberal[115]. Tanto

---

[115] Mesmo por altura das negociações, o retraimento quanto às exigências dos prestamistas nota-se bem através de passagens da correspondência da época. Silva Carvalho, um dos negociadores, juntamente com Mouzinho da Silveira, do empréstimo Ardoin, qualificou os prestamistas, ou os seus agentes, como «tratantes», de cuja boa fé duvidava (ver António Vianna, *José da Silva Carvalho e o Seu Tempo,* I, pp. 86 e ss.). O mesmo Mouzinho da Silveira, já ao tempo do cerco do Porto, terá abandonado as responsabilidades da pasta da Fazenda por recear Mendizábal e os seus empréstimos, no entanto indispensáveis para assegurar o esforço de guerra liberal (ver *Memórias do Marquês da Fronteira,* II, pp. 289-290). Estes empréstimos, dadas as circunstâncias em que eram contraídos, preocuparam logo alguns emigrados, desejosos de que D. Pedro e os seus ministros se não envolvessem em operações menos claras. Assim, José Fernandes Thomáz, em carta de 21 de Julho de 1831, dirigida a D. Pedro, aconselhou o carácter público de um empréstimo projectado; porquanto, sendo feito em segredo, D. Pedro seria vítima da sua boa fé e teria «o desgosto de ve-lo um dia glossado pelos pagadores do tributo, que teem de embolsá-lo» (ver António Vianna, *José da Silva Carvalho e o Seu Tempo,* I, pp.84-86). Assim aconteceu, com efeito. Foi o povo português chamado, a partir de 1834, a pagar tais empréstimos negociados e aprovados secretamente, que muito contribuíram não só para as misérias que acompanharam a guerra civil e o seu rescaldo, mas também para todas as dificuldades financeiras de Portugal no século XIX. Mas compreende-se também que a publicidade das condições reais desses empréstimos prejudicasse muito a causa liberal, pelo que foi evitada. Na realidade, tais

mais que muitas das violências exercidas após a vitória na guerra civil e muitas também das dificuldades financeiras de Portugal durante a primeira fase do liberalismo tiveram raiz nas exigências de reembolso destes empréstimos, em larga medida titulados por papéis confidenciais. Entender-se-á bem, assim, que, ainda em 1841, as Cortes discutissem violentamente os compromissos assumidos em Londres por D. Pedro[116]. Aliás, as contas de Mendizábal ainda trouxeram dificuldades ao Governo português em 1858, ano em que os seus representantes reclamaram a Portugal o pagamento de 2000 contos, entendendo, porém, o barão de Lagos que o financeiro espanhol ainda ficara a dever ao Erário português 4800 contos, quantia elevadíssima, dado o valor da moeda de então[117].

Mas foram os tais empréstimos que permitiram manter os emigrados[118], sem o que se teriam dispersado e acolhido aos indultos que lhes oferecesse o Governo de Lisboa, às vezes enviar subsídios aos diplomatas fiéis à Carta, adquirir e equipar barcos de guerra e navios mercantes, comprar material e equipamentos, recrutar largos milhares de mercenários estrangeiros – ingleses, franceses, belgas,

---

empréstimos foram «mui lesivos», conforme reconheceu, mais tarde, o seu negociador, Silva Carvalho (*ibidem*, suplemento, p. 4). Mais incisivamente, o diplomata liberal conde do Lavradio considerou tais empréstimos ruinosos (ver carta dirigida a D. Pedro, de 1 de Novembro de 1833, in *Memórias do Conde do Lavradio*, III, p. 22). Também segundo Palmela, quanto a um dos empréstimos, «ninguem pode negar que a lesão é enorme e que Portugal fica carregado d'este pezo» (ver *Correspondencia Official de Luiz Antonio de Abreu e Lima*, p. 73). Igualmente o conde do Funchal manifestou a sua repugnância pelo carácter extremamente oneroso de um desses empréstimos (*ibidem*, p. 549).

[116] Ver actas das sessões da Câmara dos Deputados de 5 e de 16 de Outubro de 1840 e de 30 de Janeiro de 1841.

[117] Ver José Alvarez, *Reseña del Negocio de las Cuentas...*, Barão de Lagos, *O Cavalheiro de Mendizábal e o Thesouro de Portugal; A Agencia Financeira de Carbonell...*

[118] A desigualdade das pensões atribuídas aos emigrados constituiu causa, ou pretexto, de frequentes dissídios. Queixavam-se, em termos violentos, os desprovidos de bens da vida faustosa sustentada por outros, entre os quais sobressaía Palmela. É certo que este, mesmo nos piores momentos, manteve hábitos dispendiosos. Designadamente ficou a dever £ 199 shs. «no Traveller Club ao Stewart da repartição das mezas de jogo», pedindo a Abreu e Lima que pagasse essa importância (ver *Correspondencia Oficial de Luiz Antonio de Abreu e Lima*, p. 85; *Diário* de Ribeiro Saraiva, I, p. 59; Gomes de Amorim, *Garrett, Memorias Biographicas*, I, pp. 450 e ss.). Constitui sempre esta questão dos teores de vida e de distribuição de subsídios um factor de profundas divisões entre os emigrados políticos.

alemães, polacos, espanhóis e italianos – entre os quais centenas de oficiais de todas as patentes, alguns generais e almirantes[119]. Foram

---

[119] Constitui elemento da mitologia oitocentista tentar fazer crer, naturalmente em meios totalmente desprevenidos, que o concurso de soldados estrangeiros nas lutas civis se obteve na base de pura fraternidade ideológica. Essa fraternidade e, sobretudo, o espírito de aventura há-de ter pesado na participação de estrangeiros nas contendas. Num caso ou noutro terá sido determinante. Mas, na grande maioria dos casos, os soldados estrangeiros foram obtidos pela oferta de elevadíssimos estipêndios. Já acontecera assim no Brasil e nas colónias espanholas da América do Sul revoltadas contra o domínio espanhol; mas aí os estrangeiros utilizados foram, sobretudo, especialistas – oficiais mais ou menos graduados, marinheiros, artilheiros, etc. Na guerra civil portuguesa, recrutou o exército de D. Miguel alguns oficiais, entre eles generais pagos principescamente (ver *Diário de Ribeiro Saraiva*, I, pp. 206 e ss.). Do lado liberal, combateram companhias e batalhões constituídos inteiramente por estrangeiros – batalhões ingleses, franceses, um polaco, muitos alemães repartidos por unidades menores, um batalhão espanhol, uma companhia de italianos, um regimento belga, comandado pelo coronel Le Charlier (ver Bernardes Branco, *Portugal e os Estrangeiros*, I, p. 230), que se distinguiu sobretudo no combate às guerrilhas alentejanas e algarvias. Só franceses terão sido 1500 soldados (ver *Correspondencia Oficial de Luiz Antonio de Abreu e Lima*, p. 707). E da *Lista Geral dos Oficiais do Exercito Libertador Referida ao Dia 25 de Julho de 1833,* publicada em Lisboa, em 1835, constam aproximadamente 300 oficiais estrangeiros; mas houve muitos mais oficiais estrangeiros «avulsos», para empregar o termo usado naquela publicação. Além dos do regimento belga e da designada «legião polaca», comandada pelo general Bem, vindo da revolta de Varsóvia de 1830 contra os Russos [cf. Ferreira Lima, *Legião Polaca ou Legião da Rainha Dona Maria Segunda (1832-1833);* Milewska, *A Polónia e Portugal...*, pp. 23 e ss.]. Eram constituídas também por estrangeiros as equipagens comandadas por Sartorius e Napier, capitães-de-mar-e-guerra ingleses promovidos em Portugal a almirantes. Tendo-se atrasado os pagamentos a esses mercenários, Sartorius, com os seus oficiais e marinheiros, abandonou o serviço, refugiando-se em Vigo, onde todos foram pagos, a fim de regressarem. Da correspondência de José da Silva Carvalho publicada por seu neto, António Viana, consta claramente o peso financeiro dos pagamentos aos soldados estrangeiros. Era aliás natural que fossem pagos; e generosamente. Mas, face às ilusões acumuladas, importa que isso seja referido. Assim como os frequentes latrocínios desses mercenários; mesmo ao nível de oficiais graduados, que vendiam em proveito próprio as presas de guerra ou se apropriavam de dinheiros pertencentes aos seus subordinados (ver *Correspondencia Official de Luiz Antonio de Abreu e Lima*, pp. 536-537 e 754). Dos referidos papéis de Silva Carvalho se extraem alguns dados curiosos referentes ao pagamento dos mercenários estrangeiros. Assim, já em 1828 um tal Glama, russo, se propunha «obter licença para armar um corsário, com o qual quer correr as costas de Portugal», dispondo, ele e «mais alguns companheiros», de 1000$000 réis para o efeito, julgando Silva Carvalho a quantia ajustada ao propósito (ver «Cartas para Palmela», in António Vianna, José da *Silva Carvalho e o Seu Tempo*, I, pp. 25-27). Em 1830 ajustou-se o contrato com Sartorius e entregaram-se 600 libras a um tal capitão Blaquière para hostilidades navais na costa portuguesa; mas o capitão desapareceu e, com ele, as 600 libras (*ibidem*, p. 74). Em 1832, Silva Carvalho negociou com um

tais empréstimos, em suma, que permitiram à causa liberal portuguesa o alargamento do domínio, desde a Terceira, a todo o arquipélago

---

capitão Rumby o envio para a Terceira de 3000 soldados ingleses, contra certo pagamento, em libras, durante quatro anos (*ibidem*, p. 122). Escrevendo a Sartorius, quando se zangara por falta de pagamento e fora para Vigo, Silva Carvalho, a 16 de Abril de 1833, pede-lhe que volte, manda-lhe o dinheiro disponível e promete: «Nos moyens en ce moment sont bornés; mais, une victoire gagnée, ou par mer ou par terre, ils deviendront abondants, et nous pourrons satisfaire complètement toutes nos dettes» (*ibidem*, p. 364). Segundo Silva Carvalho, no manifesto em que procurou justificar-se quanto ao emprego dos dinheiros públicos nesta época, os oficiais estrangeiros venciam soldos exorbitantes (*ibidem*, Supplemento, p. 4). Eram tantas as tropas estrangeiras no exército de D. Pedro que o astuto Mendizábal, agente financeiro do Governo liberal, advertia Silva Carvalho de que «entregar las dos principales ciudades del reino a tropas extranjeras és cuestion muy delicada» (*ibidem*, p. 99). Sobre o mito do desinteresse e idealismo dos soldados estrangeiros que vieram então a Portugal, parece esclarecedora a afirmação do mesmo agente de negócios e recrutamentos, Mendizábal, segundo o qual eram poucos os oficiais bons e desinteressados de que dispunham (*ibidem*, p. 125). Também o liberal marquês de Fronteira, que foi nos Açores ajudante-de-campo de Vila Flor, refere que os soldados «engajados por dinheiro nas ruas de Paris» eram «de pessima conducta»; embriagavam-se, molestavam as populações açorianas, etc. (ver *Memórias...*, II, pp. 218, 224 e 338). O inglês coronel Owen, que esteve no cerco do Porto, refere-se a um reforço de 300 «maltrapelhos», «vagabundos», vindos da Inglaterra e chegados àquela cidade «para taparem as brechas causadas pela morte» (ver Owen, *O Cerco do Porto*, p. 173). Dos soldados belgas e franceses diz o mesmo coronel Owen que, depois do desembarque liberal no Algarve, «pilhavam como se estivessem em paiz inimigo» (*ibidem, p.* 259). É claro que tais mercenários, sobretudo quando de patentes superiores, embora bem pagos, não esqueciam os deveres em relação aos respectivos governos. Seria o caso do general Solignac, que do Porto enviava relatórios sobre as operações militares para o Ministério da Guerra de Paris (António Vianna, *José da Silva Carvalho e o seu Tempo*, I, p. 141). Também o prestimoso agente financeiro espanhol Mendizábal se encarregava de arranjar os mercenários e outros haveres. A 15 de Janeiro de 1834 anunciava ele aos seus «queridos amigos» Silva Carvalho e Agostinho José Freire que tinha prontos «800 belgas y 460 caballos» (*ibidem*, Supplemento p. 103); e, naturalmente, quatro dias depois pedia o envio de mais 30 000 libras (*ibidem*, p. 104). Segundo o mesmo Mendizábal, Lord Palmerston desejava que ele mandasse para Portugal mais 1500 a 2000 belgas, para concluir a guerra (*ibidem*, p. 116). Este interesse pelo recrutamento de belgas devia resultar da circunstância de ter cessado a guerra contra a Holanda, que terminou pela independência da Bélgica, havendo, por isso, neste país, muitos aventureiros desocupados. O mesmo Mendizábal aconselhava o Governo liberal a «comprar» o governador da Madeira para lhe entregar a ilha (!). Através da leitura das cartas deste agente de negócios, tão influente junto dos políticos liberais da época e que chegou a ser chefe de Governo na Espanha cristina, ou isabelina, não se sabe se importa mais admirar o despudor deste homem, se a sua imprudência epistolar, se os extraordinários eventos que o guindaram a posições cimeiras da época. Sobre a imoralidade das reformas políticas de Mendizábal em Espanha, é curioso consultar a *História* de Lafuente, que, apesar da habitual indulgência em

dos Açores, assim como o desembarque no Mindelo. A partir da fixação no Continente, mas, sobretudo, a partir da ocupação de Lisboa, já o esforço de guerra liberal pôde ser financiado em condições mais satisfatórias; pela mobilização dos meios disponíveis nos territórios ocupados[120], como pela generosidade interessada de alguns capi-

---

relação aos políticos de cunho liberal, não deixa de apontar essa imoralidade (ver *Historia General de España*, XXI, pp. 1-9; ver tb. Vidal y Saura, *La Política Exterior de España durante la Menor Edad de Isabel II*, pp. 131-156). Instalado em Lisboa, após a vitória, «Mendizábal com a sua cauda de rafeiros era um rei. Ninguém tinha como ele o talento de sugar o dinheiro escondido», cercado de «charlatães e intrigantes que, sob o honroso nome de amigos da Causa, arriscavam muito e roubavam mais» (ver Oliveira Martins, *Portugal Contemporâneo*, II, pp. 122-123; Napier, *An Account of the War*..., I, pp. 11-12). Segundo Palmela, Mendizábal estava «cheio de vento, tratando de arranjar não só negocios pecuniarios, mas metido em todas as intrigas do ministerio, soprando no sentido o mais democratico e não se esquecendo contudo de assentar as bases de uma fortuna colossal» (ver *Correspondencia Official de Luiz Antonio de Abreu e Lima*, p. 109). Para desfazer o mito do desinteresse dos numerosíssimos combatentes estrangeiros que estiveram em Portugal durante a guerra civil, também importa muito conhecer os desabafos de Palmela, nomeadamente os que se contêm em carta a Abreu e Lima de 14 de Novembro de 1832. Segundo aquele diplomata e político liberal era de recear «a sizania entre os malditos estrangeiros, entre os quaes só reina intriga e interesse... O Cochrane e Sir J. Doyle foram dois demonios que nos vieram e que me tem feito endoudecer» (ver *Correspondencia Oficial de Luiz Antonio de Abreu e Lima*, p. 74). E, nos seus queixumes dos interesseiros combatentes estrangeiros, notava Palmela que Sartorius, já depois de não prestar serviços, «ainda nos chupou agora 1500 £ de soldos» (*ibidem*, pp. 94, 711 e ss., 728 e ss., 742). Segundo o marquês de Loulé, exprimindo-se em nome do Governo liberal instalado no Porto, «da parte d'estes estrangeiros tudo se reduz a venderem os seus serviços por preços exorbitantes» (*ibidem*, pp. 707 e ss.). Também o francês Solignac, que assumira o comando das tropas liberais no Porto, aí criou dificuldades múltiplas (*ibidem*, pp. 678-679, 687 e ss.). Mas as mais fundadas queixas da tropa estrangeira usada na guerra civil pela facção liberal viriam do trato com as populações portuguesas. Palmela, instalado em Faro, no palácio episcopal, donde o bispo fugira à aproximação dos liberais, observou que, embora tivessem levado para o Algarve apenas um batalhão estrangeiro, de franceses, os roubos e outras violências por eles praticados forçaram a fazer regressar 200 para o Porto (*ibidem*, p. 97). Tais violências, praticadas em todo o país pelos soldados estrangeiros, muito contribuíram para reforçar a resistência miguelista, mesmo para além de Évora Monte.

[120] Para pagar Sartorius e os seus marujos ingleses, que se tinham revoltado por falta de estipêndio e ameaçavam levar os navios para a Holanda, ai os vendendo e pagando-se pelo preço da venda, nova «derrama» se estabeleceu no Porto ocupado. E quem não entrou com a sua quota-parte nessa «derrama» foi preso, cada dia de cadeia dobrando a quantia em dívida (ver Oliveira Martins, *Portugal Contemporâneo*, II, pp. 86-87). Conforme dizia Palmela, em carta do Porto para Abreu e Lima, de 5 de Novembro de 1832, «vemo-nos na necessidade, para viver aqui, de ir às algibeiras dos negociantes d'esta praça». Embora

talistas, já fiados numa vitória liberal e com esperança nas benesses que dela poderiam alcançar[121].

fossem enviando também para Mendizábal milhares de pipas de vinho do Porto (ver *Correspondencia Official de Luiz Antonio de Abreu e Lima*, pp. 72-74, 538, 541-544, 550, 581-582, 658, 696-698). Dada a importância das vendas do vinho do Porto para o financiamento da guerra civil (cf. Napier, *An Account of the War...*, I, pp. 50-51), compreende-se que, ao serem forçados a abandonar Vila Nova de Gaia, em Agosto de 1833, os miguelistas tenham pegado fogo a alguns dos armazéns daquela vila. Aliás de harmonia com o plano estabelecido em ordem a esvaziar o litoral, quanto possível, de riquezas, porquanto, pela falta dos meios navais de defesa, a faixa costeira era considerada mais ou menos perdida pelos comandantes militares de D. Miguel. As medidas tomadas na base de tal plano foram asperamente criticadas e denunciadas pelo Governo liberal, já instalado em Lisboa. Na correspondência para o representante em Londres, esse Governo, através de Cândido José Xavier, exprimiu-se nos seguintes termos: «Tenho de annunciar uma serie de atrocidades commettidas pelas authoridades rebeldes, bem proprias do caracter de um governo perjuro e desmoralisado, e de que a historia não offerece exemplo. A maior de todas é por certo o incendio mandado lançar a alguns dos armazens da Villa Nova de Gaya, e o derramamento dos vinhos que elles continham, actos que precederam o abandono d'aquella villa pelas tropas rebeldes» *(Correspondencia...*, pp. 690 e ss.). Fazendo-se eco da denúncia liberal, ainda Fortunato de Almeida refere este «acto de grande barbárie praticado pelos representantes de D. Miguel» (ver *História de Portugal*, vi, p. 175), não obstante ser inegável achar-se em conformidade com os usos da guerra, ainda que a destruição de tal riqueza fosse, por certo, lamentável. Infelizmente, houve na guerra civil portuguesa do século XIX outras acções que, pela ofensa de valores humanos e pela inutilidade, serão mais facilmente condenáveis sem quaisquer reservas. Sobre as violências cometidas pelos ocupantes do Porto, a fim de obter dinheiro, são elucidativas as observações do inglês coronel Owen, insuspeito, porquanto participou da ocupação. Segundo ele, os sequestros e confiscos de «grandes quantias em dinheiro, prata e jóias, por denuncias de creados de servir» assumiram proporções de saque geral (ver Owen, *O Cerco do Porto*, p. 181). Razão teria o general brasileiro Cunha Mattos ao afirmar que «os habitantes da cidade do Porto», tendo sido suspensas as garantias individuais pelo decreto de 10 de Junho de 1832, ficaram «debaixo do mais severo e feroz despotismo». «Huma tyrania, e oppressão desenfreada assaltou repentinamente os moradores do Porto», sendo certo que, antes do desembarque dos «7500 bravos do Mindelo», no Porto se falava mal da administração de D. Miguel «como se nada houvesse a recear» (ver Cunha Mattos, *Memorias da Campanha do Senhor D. Pedro d'Alcantara*, I, esp. pp. 120, 164 e ss.).

[121] Assim, por exemplo, em Janeiro de 1833, já o opulento capitalista barão de Quintela prestou à causa de D. Maria da Glória um auxílio de 50 000 libras, sob promessa da futura concessão do rendoso contrato do tabaco, que obteve, assim como o título de conde de Farrobo (ver *Correspondencia Oficial de Luiz Antonio de Abreu e Lima*, pp. 8 e 457 e ss.). O aperto do cerco do Porto tornou de novo os capitalistas menos generosos, tendo-se chegado a admitir a necessidade da venda das jóias da ex-imperatriz do Brasil, D. Amélia, e das propriedades que esta tinha no Rio de Janeiro. Segundo Palmela, porém, não parece que a ex-imperatriz se dispusesse a tal sacrifício (*ibidem*, pp. 82-83 e 85-86). Este

6. Auxílios estrangeiros aos contendores da guerra civil no ocaso da Santa Aliança

a) Os apoios limitados da França e da Inglaterra à causa liberal a partir de 1830

Julga-se, por vezes, que a revolução francesa de 1830 tenha decidido imediatamente da contenda portuguesa a favor da causa liberal. Mas não parece que assim tenha sido exactamente.

Sem dúvida que aquela revolução criou novas expectativas aos liberais portugueses; e, sobretudo, aos espanhóis[122]. D. Pedro, que os

---

retraimento ajustava-se bem à opinião do marquês de Resende, segundo o qual «a idéa que mais affligia e irritava o imperador era a de poder ficar sem meios alguns de subsistencia» (*ibidem*, p. 439).

[122] Logo após a revolução de 1830, os emigrados espanhóis refugiados na Inglaterra e em França invadiram o território espanhol, na base da evidente benevolência das novas autoridades francesas e sob o comando de Torrijos e do célebre Espoz y Mina (ver *Correspondencia do 2.° Visconde de Santarém,* III, pp. 255-256). Mas tratava-se de um meio de pressão sobre a Corte de Madrid, para que reconhecesse a realeza de Luís Filipe. Obtido esse reconhecimento, já as violações do território espanhol deixaram de ser admitidas pelos Franceses (*ibidem,* pp. 287-288). Saldanha terá chegado a celebrar com Espoz y Mina uma convenção pela qual um regimento de portugueses apoiaria os espanhóis nas operações a empreender nos Pirenéus, o que o diplomata liberal Abreu e Lima, futuro conde da Carreira, julgava fantasioso, até porque «de entre todos os emigrados não se acharião cincoenta que estivessem em circunstancias de fazer o serviço de soldados, e a columna se reduziria a uma ridicula fantasmagoria» (*ibidem,* pp. 365-366). Os emigrados eram quase todos oficiais; e poucos. Daí que quando em 1830 foi estabelecido um modesto projecto de expedição de 400 soldados se previsse que fossem estrangeiros, comandados por oficiais portugueses. Tal projecto suscitou a discordândia de Abreu e Lima, porquanto um corpo de estrangeiros patentearia, «mesmo em caso de victoria, que a nossa causa não era nacional» (ver carta para a Regência da Terceira de 6 de Novembro de 1830, in *Correspondência do 2.° Visconde de Santarém*, III, pp. 391 e ss.). Há também motivos vários para duvidar das qualidades de muitos dos oficiais emigrados. Segundo as informações constantes das listas de alguns desses emigrados preparadas no respectivo depósito de Bruges, quando se tratava de seleccioná-los, tendo em vista o seu embarque para a Terceira, eram numerosos os oficiais que não mereciam confiança aos chefes da expedição, por «insubordinados» «de pessimo caracter», «ignorantes», «nulos», «de nenhum prestimo», «inábeis», «estúpidos», «muito ordinários», «de irregulável conducta», «petulantes», «mal intencionados», «insolentes», «brégeiros dos cafés», «velhacos», «refinados tratantes» (ver *Correspondência do 2.° Visconde de Santarém*, III, pp. 407-414 e 431-439). Recém-chegado ao Porto, logo Palmela manifestou «receio de roubos e vinganças por parte da nossa tropa» (*ibidem,* p. 574).

Brasileiros tinham afastado do trono imperial[123], veio para a Europa, embarcado num navio de guerra inglês, propondo-se instalar-se em

---

Ora as vinganças temidas respeitariam a portugueses, mas os roubos previstos sobretudo a estrangeiros; até porque entre os portugueses do Mindelo predominavam os graduados e os açorianos compelidos, não sendo naturalmente desses que havia a recear os roubos mais grosseiros e ostensivos, aos quais parecia referir-se Palmela.

Embora fossem elevados os ganhos obtidos pelos mercenários estrangeiros, é admissível que a desonestidade dos engajadores, a todos os níveis, tornasse maiores ainda as despesas de recrutamento. Assim, escrevendo de Inglaterra a Palmela, a 28 de Janeiro de 1833, observava o capitão Napier, depois encarregado de comandar a esquadra liberal: «Para recrutar gente aqui e mandá-la para o Porto por pequenas porções com despezas enormes poderá enriquecer alguns indivíduos, mas nunca ha de estabelecer a Senhora D. Maria II no seu throno» (ver *Correspondência Oficial de Luiz Antonio de Abreu e Lima*, pp. 667-668). Nesta mesma carta, o capitão Napier, que parece ter sido o verdadeiro organizador das operações militares na última fase da guerra civil (*ibidem*, pp. 668 e ss.), expõe já o seu plano de expedição das forças liberais no Sul, sobre Lisboa, que «ficaria em nosso poder se os habitantes nos forem favoraveis; e se não a tropa poderá retirar-se para o Alentejo». Porque – continuava – se D. Pedro «ficar no Porto e o governo inglez não intervier em seu favor deve forçosamente render-se afinal, então a unica *chance* que resta é reembarcar o exercito e ir às costas do inimigo». Segundo o inglês, seria empresa difícil, mas não impossível, em barcos de vapor, que não faltavam na Inglaterra. Assim, «se V. Ex. tivesse dinheiro para os pagar eu me comprometteria a empregar todo o meu tempo e esforços para isso». O dinheiro lá se arranjou; e a expedição seguiu. Seria, porém, duvidoso o seu pleno êxito se, entretanto, o condicionalismo externo não tivesse permitido o entendimento da Inglaterra, da França e da Espanha contra D. Miguel.

Após a entrada em Lisboa, e passando a dispor de mais fáceis meios de recrutamento compulsivo, já o Governo liberal se empenhava em sustar os afluxos de mercenários estrangeiros, sobretudo recrutas, «pelo muito incommodo e despeza que fazem, com que poem o governo em não pequeno embaraço». Apenas se pretendiam ainda «alguns Belgas, se se poderem obter, soldados feitos, e de boa idade que tragam sómente um official em cada cem homens e da mesma sorte convirá que se remettam algumas eguas da Irlanda, sãs em boa condição, se se poderem haver». Assim se exprimia o ministro Agostinho José Freire, em ofício de 18 de Outubro de 1833, para a legação em Londres (*ibidem*, pp. 793-794). As éguas eram requeridas pela indiscutível superioridade da cavalaria miguelista (*ibidem*, p. 794). Ainda em Novembro desse mesmo ano de 1833 chegou a Portugal «um consideravel numero de estrangeiros para o serviço da Rainha» (*ibidem*, p. 802). Houve desentendimentos graves entre os governos liberais, já depois de instalados em Lisboa, e os mercenários estrangeiros, pelo que respeita às suas remunerações; ainda em 1840 foi criada, por tratado celebrado com a Inglaterra, uma comissão mista luso-brasileira para fixar essas remunerações, quando se tratasse de ingleses (ver Borges de Castro, *Collecção...*, VI, pp. 280 e ss.).

[123] A segunda abdicação de D. Pedro, esta ao trono brasileiro e em favor do filho, o imperador D. Pedro II do Brasil, foi forçada pelos acontecimentos políticos. Para ela terá contribuído a contenda portuguesa, susceptível de comprometer os interesses do Brasil (ver *Correspondencia do 2.° Visconde de Santarém*, IV, pp. 72 e ss.).

Munique, na Corte da família de sua segunda mulher, D. Amélia. Mas os seus partidários recearam a proximidade de Viena, centro espiritual da Santa Aliança, e convenceram D. Pedro a ficar na Inglaterra ou em França, cuidando de defender os seus direitos ao trono de Portugal ou, dada a relutância das potências em relação a ele, os da filha[124]. D. Pedro foi favorecido pelas circunstâncias para negociar o auxílio da Inglaterra na base das facilidades oferecidas pela França, com cujo novo rei o príncipe português tinha muitas afinidades. Os aprestos militares que a Inglaterra lhe queria vedar nos seus portos poderiam fazer-se, embora discretamente, em Belle-Isle, na Bretanha. Os socorros negados aos emigrados de Plymouth prestava-os o novo rei da França, embora parcimoniosamente, aos liberais portugueses que se achavam no seu país. E como o Governo inglês sabia bem que a França havia de querer, como sempre quisera, obter em Portugal facilidades iguais às que tinha a Inglaterra, D . Pedro beneficiou, sem dúvida, desta competição entre as duas potências; ao mesmo tempo que o alargamento do domínio liberal nos Açores, para além da Terceira, fornecia à sua causa novas fontes de receita. Em Julho de 1832 já o imperador deposto do Brasil tomava parte, em Paris, numa reunião do Governo, sob a presidência de Luís Filipe e em que também participaram Casimir Périer, Soult e Sebastiani[125].

b) Os projectos de reconhecimento de D. Miguel pela França e pela Inglaterra

Importa, no entanto, não perder de vista que Luís Filipe, depois de obtida a Coroa, receoso de republicanos e bonapartistas, pretendia agradar aos elementos conservadores. Enquanto que a Inglaterra e a Áustria, satisfeitas com a solução cartista em Portugal quando o equilíbrio político europeu parecia assegurado, se mostravam mais temerosas de movimentos de forças favoráveis a qualquer regresso a

---

[124] D. Pedro terá sido convencido a encabeçar o movimento pelos liberais portugueses emigrados e pelos caudilhos liberais espanhóis, ou, pelo menos, por Espoz y Mina (cf. António Vianna, *José da Silva Carvalho e o seu Tempo*, I, p. 81).

[125] Os dois últimos eram antigos generais de Napoleão, um deles bem conhecido em Portugal (cf. António Vianna, *José da Silva Carvalho e o seu Tempo*, I, pp. 81 e ss.).

políticas jacobinas[126]. Acresce que a permanência do poder de facto, exercido por D. Miguel pacificamente, na quase totalidade do território português, terá tornado as potências duvidosas quanto a um triunfo liberal e, talvez sobretudo, desejosas de manter com o Governo de Lisboa relações normais.

Assim se explica que, já depois da revolução liberal de 1830, ainda a França admitisse o reconhecimento da realeza de D. Miguel; posto que, segundo o conde do Lavradio, o velho general Lafayette, todo-poderoso no novo regime, lhe terá dito, a 6 de Novembro de 1830, que «por enquanto», o Governo francês não reconheceria D. Miguel, mas que a defesa da causa liberal se tornaria difícil se não houvesse algum movimento a seu favor em Portugal[127].

Tornara-se indiscutível a simpatia da Rússia, da Áustria e da Prússia pela causa de D. Miguel; e bem mais nítida depois de 1830. Mas só um profundo desentendimento geral com o Governo de Londres, que então não chegou a dar-se[128], levaria aquelas potências a qualquer intervenção marcada nos negócios de Portugal. A Inglaterra, apesar de não querer perder as boas vontades dos liberais e receando, sobretudo, uma futura gratidão do partido pedrista relativamente

---

[126] O Governo de Lisboa, desde o primeiro momento receoso dos efeitos da revolução francesa de 1830, rapidamente se orientou no sentido de aproveitar as apreensões das outras Cortes quanto às consequências do movimento revolucionário de Paris (ver *Correspondência do 2.º Visconde de Santarém*, III, pp. 241 e ss.). Aliás, muitos pareciam ter-se desiludido rapidamente com a revolução francesa de 1830. O encarregado de negócios em Londres, Ribeiro Saraiva, refere-se, no seu *Diário*, a um banqueiro de Paris, Groupi, que teria ajudado aquela revolução, mas menos de um ano depois já se mostrava arrependido, porque os seus interesses tinham sofrido muito (ver *Diário de Ribeiro Saraiva,* I, p. 21).

[127] Ver *Memórias do Conde do Lavradio*, I, p. 281. Por esta mesma época, o diplomata liberal Abreu e Lima, futuro conde da Carreira, em ofício de Londres para a Regência da Terceira, e depois de analisar o enquadramento internacional, observava: «A nossa situação piorou sem duvida, porem não he ainda desesperada» (ver *Correspondencia Official de Luiz Antonio de Abreu e Lima*, pp. 334-335).

[128] Mais tarde, em 1854, abertas as hostilidades entre a Inglaterra e a França, por um lado, e a Rússia, por outro, ter-se-á proposto a última potência auxiliar abertamente os carlistas espanhóis e os miguelistas portugueses (ver *Memórias do Conde do Lavradio,* V, pp. 49 e ss.).

[129] Mesmo antes da revolução de 1830, a causa de D. Pedro tinha bom acolhimento em França, pelo menos através do ministro da Marinha, Hyde de Neuville, antigo embaixador em Lisboa. Aliás, a política e a administração francesas achavam-se minadas pelos ditos «liberais», sendo essa a razão da queda dos Bourbons, apesar dos sucessos, internos e

Fig. 22 – *Visconde de Santarém.*
Óleo sobre Tela de autor desconhecido
(Academia de Ciências de Lisboa)

à França[129], embora evitando o reconhecimento diplomático de D. Miguel, mantinha relações estreitas com o Governo de Lisboa, travava fornecimentos militares aos liberais, bloqueava a ilha Terceira e impedia, a tiro da flotilha comandada por Walpole, que a expedição de Saldanha lá desembarcasse[130]. O partido *tory* e, com ele, os oficiais ingleses que tinham estado em Portugal não escondiam o seu desagrado em relação aos liberais portugueses – talvez suscitado pelos homens e não tanto pelas ideias proclamadas[131]. E, em fins de

---

externos, obtidos pelos respectivos governos entre 1815 e 1830. Talvez até esses sucessos tenham causado «à Inglaterra não só um bem fundado ciume, mas athe grande receio de que em pouco a França pudesse roubar-lhe não só a sua influencia continental, mas destruir-lhe toda a sua supremacia maritima. Desbaratar e destruir este estado, envolver a França em uma anarquia que tudo aniquilasse, conpromette-la com toda a Europa, excitar novamente contra ella todos os Povos para a enfraquecer, e combatela, afinal, para destruir a sua Marinha he licito conjecturar que taes serião os desejos da politica da Inglaterra. Deos sabe se a politica desta Potencia apreçou, e promoveo os acontecimentos de Julho». As palavras que precedem foram proferidas pelo visconde de Santarém na sessão do Conselho de Ministros de 7 de Abril de 1831; e revelam por certo um apurado realismo político (ver *Correspondencia do 2.° Visconde de Santarém,* IV, pp. 33 e ss.). Também Ribeiro Saraiva refere que, tendo manifestado a sua estranheza pela revolução francesa de 1830,«quando a nação se achava no mais alto grau de prosperidade a todos os respeitos», o jornalista francês Thibaudand lhe retorquiu «que por isso mesmo». Porque a prosperidade leva os povos a esquecer os males mais ou menos remotos; além de torná-los ambiciosos. Quando a França readquirisse um nível razoável de prosperidade também havia de expulsar o rei Luís Filipe (ver *Diário de Ribeiro Saraiva,* I, p. 391). Assim aconteceu. A historiografia francesa posterior a 1830 deu geralmente uma visão deturpada da Restauração e, talvez sobretudo, do rei naquele ano destronado, Carlos X, que, pelo seu reaccionarismo, teria provocado a revolta que o irmão Luís XVIII, conciliador, soubera evitar. É curioso o juízo que sobre Carlos X emitiu Leopoldo da Bélgica, em carta de 1836, dirigida à futura rainha Vitória de Inglaterra. Segundo o rei Leopoldo, cujo liberalismo nunca foi posto em dúvida, Carlos X terá sido «an honest man, a kind friend, an honourable master, and sincere in his opinions, and inclined to do everything that is right». Mas a História, sobretudo a francesa, havia de traçar dele um quadro diverso, segundo já então previa o monarca belga (ver *The Letters of Queen Victoria,* I, pp. 52-5 3).

[130] Agentes portugueses e brasileiros tinham tentado convencer o primeiro-ministro, Wellington, que se tratava de uma expedição de voluntários contratados pelo Governo brasileiro. Quando o Governo inglês se apercebeu de que tinham sido equipados em portos britânicos soldados e navios destinados a reforçar a resistência militar da Terceira, para lá enviou os navios de guerra comandados por Walpole, que impediram o desembarque (ver Júdice Bicker, *Supplemento à Collecção...,* XXV, pp. 182 e ss.).

[131] Apesar do bom ambiente geral que o rodeava em Londres, Palmela tinha as maiores disputas com Wellington (ver carta de 19 de Dezembro de 1828 a Silva Carvalho,

1830, já depois da subida ao trono de Luís Filipe em França, a Inglaterra decidiu-se a reconhecer D. Miguel e enviar um embaixador a Lisboa, propósito anunciado pelo rei, na abertura do Parlamento inglês. Esse reconhecimento teria ficado condicionado, segundo o discurso da Coroa, pela concessão de uma ampla amnistia pelo Governo de Lisboa. À amnistia aditara porém a Inglaterra outras condições, procurando aproveitar o momento de debilidade criado pelas lutas entre portugueses, embora aquelas fossem omitidas pelo rei no seu discurso. As outras condições consistiam na abolição da Companhia das Vinhas do Alto Douro, que, criada no tempo de Pombal, sempre suscitara as más vontades dos comerciantes ingleses, a renovação do tratado de comércio de 1810, desastroso para Portugal, e a ocupação da Madeira pela Inglaterra por um período de 30 anos[132]. Não terão sido nem a amnistia nem a abolição da Companhia, mas sim as condições respeitantes ao tratado de 1810 e à ocupação da Madeira, os motivos de recusa do Governo de Lisboa à proposta inglesa[133], cuja aceitação, provavelmente, teria posto fim à guerra civil, pelos efeitos psicológicos do reconhecimento inglês; e também porque, na base dele, os auxílios à facção liberal provenientes da Inglaterra e da França não se teriam verificado. Entretanto, a saída do

---

in António Vianna, *José da Silva Carvalho e o seu Tempo*, I, p. 27). Jorge IV, no meio de todas as suas conhecidas extravagâncias, apoiava os *tories* e Wellington. Foi depois de Guilherme IV ter sucedido no trono inglês ao irmão falecido que o célebre cabo-de-guerra se afastou do Governo, onde se instalaram os *whigs*, com Lord Grey como primeiro-ministro e Palmerston substituindo Aberdeen no Ministério dos Negócios Estrangeiros.

[132] Ver *Memórias do Conde do Lavradio*, I, pp. 277, 279 e 311; *Correspondencia Official de Luiz Antonio de Abreu e Lima*, pp. 328-329. Por isso, o diplomata e historiador brasileiro Oliveira Lima afirmou que «a verdadeira razão da falta de reconhecimento [por parte da Inglaterra] do governo de D. Miguel, herdeiro natural da coroa, está na sua relativa independencia» (ver O *Imperio Brazileiro*, p. 208).

[133] Importará, no entanto, ter presente que o Governo de Lisboa sempre levantou dificuldades quanto à concessão de uma amnistia extemporânea que permitisse o regresso indiscriminado de todos os emigrados políticos, em condições de lhes permitir desencadear novas hostilidades. Oferece muito interesse para apreciação do caso a exposição do visconde de Santarém ao Conselho de Ministros de 7 de Abril de 1831 (ver *Correspondência do 2.º Visconde de Santarém*, IV, pp. 33 e ss.). E é curioso notar que o próprio diplomata liberal Abreu e Lima reconhecia que «o Sr. Infante não pode conceder a amnistia exigida sem se expor a novos e iminentes riscos» (ver *Correspondencia Official de Luiz Antonio de Abreu e Lima*, p. 316).

Governo inglês de Wellington e o acesso ao Poder de Lord Grey e de Palmerston não seriam favoráveis ao miguelismo; surgiram mesmo com esse acesso dificuldades sérias que a política de Lisboa nem sempre soube dominar[134].

c) *As indecisões internacionais quanto à contenda portuguesa até 1834*

Apesar do seu retraimento quanto a tomadas de posição públicas relativamente à realeza de D. Miguel, a Áustria, a Rússia e a Prússia pareciam dar-lhe apoio moral[135] e, sobretudo, depois que a revolução de 1830 afastara a França da linha legitimista, criando dificuldades àquelas potências. Daí a convicção de que o marechal Bourmont, herói da Vendeia e da Argélia, só aceitara o comando do exército miguelista a pedido dessas mesmas potências[136].

---

[134] Lord Palmerston e Lord Holland, novos ministros ingleses, em fins de 1830, eram tidos pela Regência da Terceira como os seus mais valiosos defensores (ver *Correspondencia Official de Luiz Antonio de Abreu e Lima*, p. 264). E, sob a orientação de Palmerston, notaram-se da parte da Inglaterra graves infracções da neutralidade. Não apenas pelo apoio dado a súbditos ingleses que ostensivamente serviam como agentes revolucionários em Portugal e cuja acção o Governo de Lisboa se via impossibilitado de prevenir ou punir em consequência das pressões inglesas; mas até pela colaboração dada aos liberais por unidades navais britânicas.

[135] As atitudes de simpatia destas potências por D. Miguel mantiveram-se mesmo para além da guerra civil. Ainda em 1857, por ocasião das negociações tendo em vista o casamento de D. Pedro V com a princesa alemã D. Estefânia, o ministro prussiano Manteuffel dirigiu ao plenipotenciário português, Lavradio, uma carta de discutível pertinência diplomática na qual se manifestava o desejo da Prússia de que as relações entre o rei de Portugal e o infante D. Miguel se estabelecessem com dignidade, por forma a apagar os vestígios do passado. Esta posição criou algumas dificuldades a D. Pedro V, desprovido de poder para tentar solucionar a questão e reduzido a justificações verbais, aliás tardias (ver *Memórias do Conde do Lavradio*, VI, pp. 247 e ss.).

[136] Ver Eduardo Brazão, *História das Relações Diplomáticas de Portugal com a Santa Sé. O Reconhecimento do Rei D. Miguel* (1831), p. 374. Não obstante a simpatia russa pela causa miguelista, é admissível que o imperador moscovita tenha travado o reconhecimento de D. Miguel por parte da Áustria e da Prússia, conforme recordava o conde do Lavradio, já em 1863, ao mostrar o seu inconformismo com as manifestações anti-russas muito violentas e descompostas da Câmara dos Deputados portuguesa, por motivo da revolta da Polónia (ver *Memórias...*, VIII, p. 181).

Será duvidoso mesmo que as hostilidades praticadas pela esquadra do almirante Roussin no porto de Lisboa[137] tenham tido o significado de uma decidida intervenção francesa a favor da causa liberal; ainda que tivessem tal efeito, pelos prejuízos materiais e morais que implicaram. É admissível que a França quisesse apenas, ou sobretudo, abusando das dificuldades do momento para Portugal, obter um ganho económico, através da indemnização imposta, e mostrar à Inglaterra a sua capacidade de intervenção militar na faixa ocidental da Península[138]. Sem excluir, evidentemente, que os actos de hostili-

---

[137] Dois franceses tinham sido presos e condenados, em Portugal, em termos processuais regularíssimos, em razão de actividades políticas de um deles e atentados à moral do outro. E, como o Governo português não aceitasse os protestos diplomáticos franceses, que envolviam a exigência de libertação imediata daqueles franceses e a demissão dos juízes que os haviam condenado, uma esquadra francesa, do comando do almirante Roussin, forçou a entrada no Tejo e apresou diversos navios portugueses, levados para França, como penhor das indemnizações reclamadas. Portugal libertou os presos, pagou as indemnizações e demitiu, além dos juízes, o intendente-geral de Polícia, para reaver os navios apresados e aplacar a França (ver Júdice Bicker, *Supplemento à Collecção...*, XXVI, pp. 17 e ss.). Mas tal insulto à soberania portuguesa afectou a situação militar, pela falta dos navios apresados e pelo choque psicológico sofrido, sobretudo na Armada. Incidentes semelhantes tiveram origem nas exigências de Lord Palmerston quanto à demissão de autoridades portuguesas por supostos desacatos de que teriam sido vítimas súbditos britânicos. Foram muito frequentes os conflitos que levaram por esta época as autoridades policiais portuguesas de Lisboa a deterem cidadãos franceses, animados estes em atitudes provocatórias pelos apoios e incitamentos recebidos da marinhagem de navios de guerra da França fundeados no Tejo, num dos quais o liberal vintista José Ferreira Borges funcionou como agente provocador. Seguiram-se, com regularidade, os protestos dos cônsules franceses, os pedidos de indemnização por supostas arbitrariedades das detenções e os pagamentos respectivos por parte do Governo português, sempre receoso de que a sua negativa servisse de pretexto a intervenções armadas estrangeiras (ver *Correspondencia do 2.° Visconde de Santarém,* II, pp. 337-338). Segundo Ribeiro Saraiva, no caso que terminou com a agressão comandada por Roussin, Wellington teria aconselhado os Portugueses a fortificarem a barra do Tejo e resistirem ao ataque francês, pois em tais condições seria difícil para a Inglaterra manter uma atitude neutral (ver *Diário de Ribeiro Saraiva,* I, p. 29). Também depois de instalado o Governo liberal em Lisboa, e durante muitos anos, continuaram as pressões diplomáticas britânicas no sentido de obter imunidades e indemnizações a favor dos respectivos súbditos, o que prova que às questões partidárias se sobrepunha a continuidade da prepotência, assente nas debilidades internas de Portugal (cf. Júdice Bicker, *Supplemento à Collecção...,* XXIX, pp. 196 e ss.).

[138] Tanto assim que a França se recusou a aceder ao pedido da Regência liberal no sentido de lhe serem entregues os navios apresados (ver *Memórias do Conde do Lavradio,* II, pp. 86 e ss. e 118). Outro argumento favorável à tese respeitante a um relativo desinteresse

dade praticados tenham sido muito do agrado dos liberais, franceses e portugueses. Note-se que, ainda em Dezembro de 1832, face a uma situação muito perigosa para os sitiados do Porto, ameaçados de uma revolta das tropas estrangeiras, que não tinham sido pagas, Talleyrand, desde Londres, recomendava ao seu Governo que prestasse algum auxílio financeiro a D. Pedro, mas com garantias (ver António Vianna, *José da Silva Carvalho e o seu Tempo,* I, p. 287). E, embora as disposições do Ministério francês tivessem melhorado relativamente aos liberais portugueses, segundo Palmela referia em Abril de 1833,«enquanto a socorros de dinheiro foram baldadas todas as tentativas» (ver *Correspondencia Official de Luiz Antonio de Abreu e Lima,* p. 88). As potências estrangeiras procuravam apenas beneficiar das misérias portuguesas.

Mesmo depois de as tropas liberais terem ocupado a cidade do Porto, onde ficaram cercadas durante longos meses, não parece que a posição internacional de D. Miguel tenha piorado. Antes pelo contrário. O prolongado cerco, numa área exígua do território, sem que quaisquer guarnições aderissem à causa liberal nem houvesse deserções numerosas para o exército de D. Pedro, desmentira a afirmação propalada no estrangeiro de que uma pequena expedição militar desembarcada em Portugal obteria imediatamente a adesão de toda a tropa e das populações oprimidas[139]. Pelo contrário, a ocupação do

---

de Luís Filipe e do seu governo quanto à causa liberal portuguesa, apesar de todos os auxílios prestados, aliás largamente pagos pelos fundos obtidos através dos empréstimos de Londres, poderá assentar no projecto de organizar em França uma legião estrangeira, na base do recrutamento dos liberais italianos, espanhóis e portugueses que lá se encontravam, não tinham trabalho e pediam subsídios. Essa legião destinava-se a ser enquadrada nas forças armadas francesas; e os políticos liberais portugueses temiam o tal projecto, por susceptível de dispersar homens com os quais contavam para as suas operações bélicas em Portugal. Estes elementos, aliados ao desejo de Luís Filipe de não desagradar muito abertamente à Inglaterra, por receio da Áustria, da Prússia e da Rússia, mostram que a hostilidade francesa ao Governo de Lisboa não seria irremovível. O rei liberal Luís Filipe, seguindo as tradições da Casa de Orleães, tinha muito de pragmático e pouco de idealista. Também as *Memórias* de Guizot confirmam a ideia de que a violência do almirante Roussin constituiu um desafio à Inglaterra. E daí a indignação dos *tories,* e especialmente de Wellington, pelo tratamento infligido a um aliado da Inglaterra sem que esta se opusesse (ver Guizot, *Mémoires pour servir à l'Histoire de mon Temps,* II, pp. 307-8).

[139] Não obstante as suas responsabilidades políticas, Silva Carvalho, em Londres, fazia-se eco de informações idas de Portugal, segundo as quais «se desembarcassem dois

Porto parecia ter desencadeado a fúria antiliberal das populações, de que se faziam eco os relatórios dos diplomatas acreditados em Lisboa; e, entre todos, os do núncio apostólico.

regimentos levariam tudo diante de si, e seriam logo auxiliados por toda a soldadesca de dentro» (ver carta a Palmela de 19 de Maio de 1830, in António Vianna, *José da Silva Carvalho e o seu Tempo*, I, pp. 41-42). O inglês Sartorius, mesmo assim menos optimista, julgava suficiente uma força de 4000 homens para desembarcar em Portugal (*ibidem*, pp. 107-108). Este equívoco, ou esta mentira, custou muito sangue a Portugal, pois é sabido que os «7500 bravos do Mindelo», rapidamente reforçados por muitos outros, não foram bastantes para decidir da contenda militar. Conforme afirmava Palmela, a 14 e 20 de Julho de 1832, em cartas para Abreu e Lima, eram grandes as dificuldades. «Os povos no Porto estão excellentes, no resto da Provincia não é o mesmo. Os capitães-mores armam-os, os frades fanatisam-os e a força numerica do inimigo é grande» (ver *Correspondencia Oficial de Luiz Antonio de Abreu e Lima*, p. 69); «este negocio vae mais lentamente do que se suppunha e encontra grandissimas difficuldades», «é necessario que venham recursos promptos para nos auxiliar e vou ver se os consigo de toda a especie» (*ibidem*, p.70). Assim explicava Palmela a sua partida do Porto para Londres, onde contava ficar 10 ou 12 dias, lá ficando, afinal, durante meses. De regresso ao Porto, de novo Palmela pressionava Abreu e Lima, porque «se não vierem socorros, pereceremos depois de tantos triumphos e mesmo por causa d'elles, porque se nos vae fundindo a nossa pequena força»; e pedia àquele representante em Londres «pelo amor de Deus que se não demore em nos mandar as 15 000 £ em especie e sobre tudo polvora e balas, porque estão quasi exhaustos os nossos depositos. Venham tambem mais alguns soldados francezes»... «a posição vae-se tornando cada dia mais critica e poderá acabar bem tragicamente... já é de todo impossivel obter um vintem por meio de letras e se nos não mandarem numerario, ficaremos perdidos» (*ibidem*, pp. 71-74). Passados muitos meses, a 16 de Março de 1833, apesar de todos os socorros vindos do exterior, em pessoas e em bens, a situação no Porto continuava muito má, ou tinha-se mesmo agravado, pois o mesmo Palmela já só contava «com algum milagre que vae sendo cada vez mais preciso», admitindo uma fuga das tropas liberais para Espanha, «quando não haja nenhuma outra esperança, nem mesmo a de uma retirada para as Ilhas» (*ibidem*, p. 82). Pouco depois entendia Palmela ser impossivel concluir pelas armas a contenda, admitindo que «a falta de meios pecuniarios nos faça rebentar de um momento para outro». No desespero, pensava-se numa expedição a Cabo Verde, mas Palmela duvidava que lá se encontrasse dinheiro bastante. Persistindo-se no projecto, porém, julgava o futuro duque que a expedição deveria ser confiada a um oficial estrangeiro, Chapuzet, embora fossem «com elle mais alguns individuos Portuguezes dos depositos, para dar, se possível fôr, uma côr Portugueza a expedição» (*ibidem*, p. 84). E, quando chegaram ao Porto meios bastantes para uma expedição destinada a tentar um movimento militar diversivo sobre o Algarve, Palmela tinha dúvidas quanto a saber se «a nação está disposta a manifestar algumas disposições a nosso favor; «quando não ficaremos desenganados» (*ibidem*, p. 94). Conforme o plano de Napier, que tinha por insustentável a permanência das tropas liberais no Porto, a expedição assumiu aspectos de fuga desta cidade. Segundo o marquês de Loulé, «... todos queriam ir... e até os doentes fugiram dos hospitais para irem ao logar do embarque, reunirem-se aos seus respectivos Regimentos» (*ibidem*, p. 748).

O prolongado cerco do Porto deu ensejo a novas tentativas, no plano internacional, de uma mediação, que a Áustria se terá proposto fazer, na base da retirada de D. Pedro e dos seus companheiros para Inglaterra e de uma ampla amnistia a conceder por D. Miguel[140]. As

---

[140] Ver ofício do encarregado de negócios de Portugal em Sampeterburgo, Rafael da Cruz Guerreiro, de 22 de Fevereiro de 1833,e ofício do conde da Ponte, representante em Paris, de 5 de Abril de 1833, (in António Vianna, *José da Silva Carvalho e o seu Tempo*, I, pp. 152-155). Menos optimista, o ministro dos Negócios Estrangeiros, visconde de Santarém, parecia ter perfeita consciência de que à Inglaterra não convinha a mediação e de que a Áustria e a Rússia só em caso de guerra generalizada tomariam a iniciativa de soluções quanto a Portugal que desagradassem ao Governo de Londres. Consequentemente, verberava a atitude de diplomatas portugueses que, fiados em conversas havidas, nas Cortes onde se achavam, com representantes de outros países, agiam indisciplinadamente, sem se aperceberem dos termos globais da questão. Tinha sido o caso, especialmente, de um secretário da Legação portuguesa em Berlim que fora a Braga avistar-se com D. Miguel, tentando persuadi-lo a tomar rapidamente o Porto, por qualquer forma, de harmonia com as sugestões feitas na capital prussiana ao ministro português, conde de Oriola (ver oficio dirigido ao duque de Lafões, de 1 de Maio de 1832, *ibidem*, pp. 165 e ss.). Também desde Paris o conde da Ponte referia as opiniões dos ministros da Prússia e da Rússia no sentido de acabar com a questão quanto antes. O embaixador russo ter-lhe-ia dito: «Faites sortir votre escadre, ou, si vous ne pouvez pas, faites au moins quelque chose pour acheter Sartorius, mais en tout cas finissez, finissez» (*ibidem*, p. 168). Isto ter-se-ia passado pouco antes da expedição ao Algarve, mostrando que nos meios diplomáticos havia já conhecimento da proximidade de qualquer nova ofensiva dos liberais... e das debilidades do almirante Sartorius. As diligências sugeridas pelo diplomata russo pressupunham, porém, extrema mobilidade de decisões e um sólido serviço de informação. Tanto uma como outro parece terem escasseado sempre no campo miguelista. Ainda em Maio de 1833 se notava a convicção, da parte dos ministros de D. Miguel, ou de alguns, de que a Inglaterra procederia ao seu reconhecimento diplomático logo que a cidade do Porto fosse reocupada. Mas observava o duque de Lafões que era como se «dissessem a um desgraçado accommettido por um bando de salteadores: defende-te, e se te salvares nós prenderemos os ladrões, a quem demos armas para te atacar» (*ibidem, p.* 167). Não havia que estranhar o caso, por corrente que sempre foi, e continua a ser, no plano internacional. Mas também importará não esquecer que, apesar de todas as cumplicidades do Governo inglês relativamente aos apoios à causa de D. Pedro, a sua posição quanto à contenda portuguesa era bastante oscilante. Assim, é curiosa a reacção de Lord Palmerston face a uma carta recebida do duque de Bragança em que este lhe pedia assentimento para a escolha dos seus ministros e já lhe propunha, nomeadamente, uma acção concertada anglo-espanhola contra D. Miguel. O ministro inglês encarregou o cônsul no Porto, Sorell, de acusar a recepção daquela carta, fazendo saber a D. Pedro que deveria escolher os seus ministros conforme fosse mais favorável aos interesses da rainha D. Maria da Glória, Quanto ao acordo com a Espanha, só seria admissível ou na base de completa mudança da política de Madrid ou de assinalada vitória liberal no Porto; e nenhuma das hipóteses seria previsível. O oficio de Lord

dificuldades extremas a que os reduzira o cerco do Porto levaram os liberais a pedir aos Governos de Londres, Paris e Madrid um armistício e uma mediação. O encargo foi cometido, nos termos das instruções de 11 de Janeiro de 1833, ao conde do Funchal e a Abreu e Lima. Segundo essas mesmas instruções, para obter o reconhecimento de D. Maria da Glória e a saída de D. Miguel, deveriam os plenipotenciários liberais dispor-se a grandes sacrifícios, incluindo a cessão de territórios portugueses às potências estrangeiras[141].

Ainda depois da completa derrota da esquadra miguelista[142], desbaratada ao largo do cabo de São Vicente pela frota de Napier, oficial inglês contratado por D. Pedro, do consequente desembarque no Algarve[143] e da fulgurante marcha que levou à rápida ocupação

---

Palmerston é de 3 de Abril de 1833 (*ibidem*, pp. 302-303). Esta tomada de posição é bem significativa de que a Inglaterra não estava disposta a colocar decisivamente a sua força a favor de D. Pedro. E as dificuldades por este experimentadas no Porto explicam a dureza do ministro inglês, que recomendou ao cônsul fosse franco e claro na exposição que fizesse a D. Pedro e aos seus ministros (ver tb. *Correspondencia do 2.º Visconde de Santarém*, V, pp. 25 e ss., 58-59,63 e ss.). Ainda a 9 de Julho de 1833, D. Pedro enviou parlamentários ao conde de São Lourenço, o qual, por ordem de D. Miguel, os informou de que não podia «ter communicação alguma com officiaes ao serviço dos rebeldes» (*ibidem*, p. 176).

[141] É a seguinte a passagem respectiva das instruções do Governo do Porto, assinadas por Agostinho José Freire, em nome do duque de Bragança: «Se conjuntamente com o armisticio se poder obter o reconhecimento da Rainha, a sahida do Infante D. Miguel, com as condições que se estipularem, ou uma promessa d'estes objectos, ou algum signal tendente a esse fim, será este o primeiro desiderandum e merecerá ser comprado á custa de grandes sacrifícios, no caso de serem requeridos, entrando n'este numero até mesmo alguma cessão de territorio que não seja no continente da Europa ou Ilhas dos Açores» (ver *Correspondencia Official de Luiz Antonio de Abreu e Lima*, pp. 660 e ss.). Parecia ser a cessão da Madeira que estava em causa.

[142] Ter-se-á tratado de um simulacro de combate, geralmente explicado por traições várias, o que não exclui, no entanto, alguns casos individuais de valor militar e dignidade. Foram frequentes as hesitações dos chefes militares miguelistas em momentos críticos, às quais se tem atribuído a resistência dos sitiados do Porto. Já se explicaram tais hesitações por velhas cumplicidades de generais que tinham sido «vintistas». Outras vezes, tem-se afirmado que os generais miguelistas não quereriam conquistar honras e reputação através do massacre de portugueses (cf. Owen, *O Cerco do Porto*, pp. 153 e 159).

[143] Esta expedição, de início sem rumo certo, ou encaminhada directamente para Lisboa, segundo o plano de Napier, e que acabou por orientar-se para o Algarve, apresentava-se ao espírito dos chefes liberais como recurso extremo, desesperado. Daí a observação do autorizado Palmela, em carta de 7 de Fevereiro de 1833 para Abreu e Lima: «A tal expedição projectada é remedio heroico que, ou ha de salvar, ou matar o doente» (ver *Correspondencia Official de Luiz Antonio de Abreu e Lima*, p. 77).

de Lisboa (24 de Julho de 1833), em Roma, em Viena, em Berlim e, possivelmente, em Sampetersburgo, não parecia julgar-se que a questão portuguesa se achasse solucionada. Em Fevereiro de 1834, segundo Ribeiro Saraiva, entendia o ponderado marechal Beresford, bem conhecedor das coisas portuguesas, que a posição de D. Miguel melhorara muito (ver *Diário de Ribeiro Saraiva,* I, p. 289). O exército miguelista, envolvendo Lisboa e fortifcando Santarém, estava praticamente intacto, o Algarve e o Alentejo tinham sido percorridos mas não ocupados pelas tropas liberais, quase reduzidas ao Porto, Lisboa, Peniche, Lagos e Faro[144]. Poderia haver surpresas do lado de Espanha, na hipótese de uma intervenção francesa muito marcada a favor dos liberais[145], e admitia-se que a Rússia quisesse intervir a favor de D. Miguel. Também a revolta belga contra o domínio holandês, embora favorável à causa geral do liberalismo europeu, poderia ter efeitos benéficos para o Governo de D. Miguel. Por duas vias. Porque fizera cessar a protecção que Guilherme I dos Países Baixos sempre prestara aos emigrados políticos portugueses na Bélgica[146]; e

---

[144] A reacção antiliberal das populações do Sul não foi menos viva que a das províncias do Norte. Conforme se afirma na insuspeita *Cambridge Modern History,* «the inhabitants in the south showed themselves no less hostile than those in the north. They looked upon the invaders as heretics and bandits» (vol. X, p. 333). O ministro Agostinho José Freire, em carta a Silva Carvalho de 18 de Setembro de 1833, desabafava, em termos desabridos, como era próprio da sua epistolografia, sobre a situação militar e observava: «É o caso que pagamos 32 000 homens, além de provisórios, no Porto mais de 2500, e patriotas por toda a parte, e que estamos encurralados em Lisboa, Porto, Peniche, Lagos e Faro» (ver António Vianna, *José da Silva Carvalho e o seu Tempo,* II, p. 54).

[145] Ver carta do duque de Lafões para o visconde de Santarém, de 29 de Abril de 1833, *(in* António Vianna, *José da Silva Carvalho e o seu Tempo,* I, p. 164). Ainda em Junho de 1833, Zea Bermúdez, chefe do Governo espanhol, estaria convencido de que D. Pedro não tinha condições para triunfar *(ibidem,* p. 183). E Palmela, em carta de 9 de Março de 1834, para o diplomata Abreu e Lima, futuro conde da Carreira, entendia que «só com a espada não conseguiremos tão cedo terminar a guerra, porque as forças militares balançam-se, e o fanatismo dos povos das Províncias e a desesperação dos chefes contrapezam a superioridade das nossas tropas e oficiais» (ver *Correspondencia Official de Luiz Antonio de Abreu e Lima,* p. 114).

[146] Ver *Correspondencia Official de Luiz Antonio de Abreu e Lima,* pp. 7-8, 207-208, 226-227 e 655. O diplomata liberal Abreu e Lima, então representante nos Países Baixos, face à revolução francesa de 1830, em relatório para a Regência da Terceira de 15 de Agosto desse mesmo ano, prevendo que aquela revolução provocasse movimentos populares em Portugal e em Espanha, negava «a menor consistencia» às ideias de reunião da

porque de um novo domínio francês nesta região havia a esperar reacções britânicas adversas ao novo surto liberal. É certo que D. Pedro se achava instalado em Lisboa; mas é certo também que, receando uma investida miguelista, solicitara, sem sucesso, a intervenção a seu favor da esquadra inglesa fundeada no Tejo[147].

7. Crise política espanhola e Quádrupla Aliança

a) Os alvores das guerras carlistas

As forças portuguesas confrontadas equilibravam-se. Em tais condições, sob a ameaça de prolongamento da guerra civil, mais

---

Bélgica à França (*ibidem*, pp. 294-295). No entanto, é curioso o relato do mesmo diplomata, elaborado dias depois, sobre a revolta de Bruxelas contra os holandeses, «obra dos exaltados liberais e de algumas intrigas francesas», não havendo ali «materia de revolução nem descontentamento real», senão para a «canalha», «população bravia e selvagem«, «que na maior dissolução e depravação de costumes», habitava nalguns bairros da cidade (*ibidem*, pp. 299-300). Não corresponde o relato vivido do diplomata português à versão posterior e generalizada, ao menos pelo prisma francês, deste movimento insurreccional, apontado como espontâneo e patriótico, provocado pela opressão holandesa. Abreu e Lima, que acompanhou de perto os acontecimentos, pelo contrário, enalteceu «os beneficios de uma administração esclarecida e de uma liberdade talvez demasiada a alguns respeitos» (*ibidem*, p. 301), pondo em relevo a boa harmonia entre a tropa, a guarda burguesa belga e os habitantes tranquilos, assim como a sede de sangue e de rapina da «plebe desenfreada», movida contra as autoridades, contra os judeus e contra as fábricas, frente à qual os burgueses belgas por toda a parte teriam pegado em armas, para defesa própria (*ibidem*, p. 303). Segundo Abreu e Lima, enquanto as tropas holandesas não recuperaram Bruxelas, a gente ordeira tinha-se refugiado nas caves com receio dos revolucionários, na maioria franceses, mas entre os quais o diplomata admitia que estivessem «alguns dos nossos emigrados», possivelmente participantes dos saques e outras violências praticadas (*ibidem*, pp. 308-309).

[147] Ver *Correspondencia Official de Luiz Antonio de Abreu e Lima*, pp. 102 e 106. É de notar que junto de Palmerston os liberais portugueses se sentiam relativamente à vontade para solicitar auxílios à Inglaterra. Alguns, e valiosos, lhes tinham sido prestados. A 11 de Março de 1833, aquele ministro britânico informou o representante da causa liberal em Londres de que o almirante Parker, conhecendo o estado deplorável em que se achava a cidade do Porto, dela se aproximara com a esquadra do seu comando, «não só para favorecer com a sua presença qualquer negociação de armistício ou evacuação, que por desgraça fosse necessaria, mas para proteger a nossa esquadra contra qualquer insulto por parte das autoridades hespanholas» (*ibidem*, pp. 812-813). E os recrutamentos, os envios de mensagens e as quebras de bloqueio beneficiaram frequentemente de cumplicidades inglesas.

endurecida[148], chegou a considerar-se a hipótese de uma mediação internacional, de uma paz honrosa que colocasse no trono, ambos reinantes, D. Miguel e D. Maria da Glória (ver *Diário de Ribeiro Saraiva*, I, p. 302), apesar do desagrado manifestado quanto a tal solução pelos dois filhos de D. João VI. A política espanhola, porém, veio alterar por completo o condicionalismo.

Em Espanha reinava Fernando VII, tio de D. Pedro e de D. Miguel, que, embora sujeito às claudicações impostas pela época em que viveu e reinou, sempre se mostrara favorável aos legitimistas, tendo reconhecido D. Miguel como rei. Não sobrevivendo nenhum dos filhos dos seus vários casamentos, um dos quais com uma princesa portuguesa, irmã dos dois contendores, D. Maria Isabel, o herdeiro do trono fora, indiscutivelmente, até 1830, seu irmão, o infante Carlos Maria Isidoro, sucessivamente casado com duas princesas portuguesas também. Naquele ano, porém, nasceu uma filha do último matrimónio de Fernando VII, com Maria Cristina, princesa das Duas Sicílias[149]. E o rei, no desejo de que a filha, Isabel, lhe sucedesse,

---

[148] Só o ataque miguelista a Lisboa de Setembro de 1833, embora repelido, terá causado 500 mortos às forças liberais. Os erros políticos praticados pela gente de D. Pedro e a anarquia, para que muito contribuíram os corpos estrangeiros, tornara a resistência miguelistas cada vez mais viva. Do endurecimento da guerra dá ideia a notícia comunicada por Palmela a Abreu Lima de que as tropas do general Saldanha tinham surpreendido a guarnição miguelista de Leiria, a qual fora «passada quasi toda ao fio de espada» (ver *Correspondencia Official de Luiz Antonio de Abreu e Lima*, pp. 106 e ss., 113). O mesmo endurecimento se reflectiu no decreto de D. Pedro de 22 de Agosto de 1833, segundo o qual «os ecclesiasticos e paisanos, que forem apprehendidos com as armas na mão; e bem assim os Officiaes que commandarem Corpos irregulares de qualquer denominação que sejam, ou que se acharem a elles reunidos, serão immediatamente arcabuzados». A dureza não se situava apenas no plano de facto, mas também no de direito, ou pretendido tal.

[149] Este casamento provocou «uma separação e desavença na família Hespanhola. De uma parte a Raynha, e a Sra. Infanta D. Luiza Carlota sua irmã e seu Marido o Sr. Infante D. Francisco, e da outra as Princezas Portuguezas» (ver Visconde de Santarém, *Inéditos*, pp. 1 e ss.). Tendo Fernando VII manifestado o desejo de que a infanta D. Maria Teresa regressasse a Portugal, pois o filho, D. Sebastião Gabriel, já estava criado, e contraíra mesmo casamento, o infante D. Carlos e a mulher, a infanta D. Maria Francisca, dispuseram-se a acompanhar a cunhada e irmã. Foi assim que o pretendente «carlista» se instalou em Portugal (*ibidem*, pp. 35 e ss.). Tornaram-se tensas as relações luso-espanholas a partir de então, embora o seu acentuado agravamento date do falecimento de Fernando VII, após o qual os elementos «apostólicos» foram afastados do Governo de Espanha. Mesmo sendo já difíceis as relações entre a Corte de Madrid e D. Miguel, quando do assalto

revogou a Lei Sálica, que, introduzida em Espanha pelo primeiro Bourbon, Filipe V, excluía as mulheres do trono[150]. O infante Carlos, até aí presumido e indiscutido sucessor, recusou-se a jurar a sobrinha como herdeira da Coroa; e, sendo inconveniente, em tais condições, a sua permanência em Espanha, determinou Fernando VII que fosse residir nos Estados pontifícios. O infante Carlos, porém, que deveria embarcar em Lisboa com destino à Itália, preferiu demorar-se em

---

liberal a Lisboa, a 24 de Julho de 1833, o ministro espanhol na capital portuguesa, Córdova, terá, segundo a versão de Palmela, sido encontrado «animando as tropas inimigas durante a acção», ficando, por isso, prisioneiro do duque da Terceira, que, depois, o pôs em liberdade (ver *Correspondencia Official de Luiz Antonio de Abreu e Lima*, p. 766). Este episódio poderá, de algum modo, confirmar a ideia de que, enquanto Fernando VII viveu, não obstante o diferendo com o infante D. Carlos, era admissível que a Espanha se mantivesse na linha antiliberal (ver tb. *Diário de Ribeiro* Saraiva, I, pp. 151-152). Aliás, em paralelismo com o que aconteceu relativamente a D. João VI, também as circunstâncias que precederam a morte de Fernando VII se mostram pouco claras quanto às intenções do monarca. Sobre este período, não obstante algumas inexatidões e manifestas preferências partidárias, tem interesse a obra de Ginés Vidal y Saura sobre *La Política Exterior de España durante la Menor Edad de Isabel II*, publicada em Madrid, em 1929; assim como a de Román Oyarzun, *Historia del Carlismo*, publicada em Bilbau, em 1939, a de Moral Roncal – *Carlos V de Borbón*, esp. pp. 248 e s,; a de Bullon de Mendoza – *La Primera Guerra Carlista*, esp. pp. 427 e s. e a de Antonio Pirala, *Historia de la Guerra Civil y de los Partidos Liberal y Carlista*, esp. I, pp. 19 e ss. Nomeadamente nesta última obra, não obstante o liberalismo do seu autor, contêm-se referências desenvolvidas às raras qualidades morais e intelectuais da infanta portuguesa D. Maria Francisca, casada com o infante D. Carlos, que morreu exilada, na Inglaterra, enquanto o marido comandava as forças «carlistas» de Navarra, depois de expulso de Portugal, a seguir a Évora-Monte. A morte de D. Maria Francisca é considerada por Pirala perda irreparável para a causa «carlista» (*ibidem*, I, pp. 180 e ss.). Também este mesmo autor põe em relevo a cultura do infante D. Sebastião Gabriel de Bourbon y Bragança, filho da infanta portuguesa D. Maria Teresa, nascido no Brasil e educado sempre pela mãe, em consequência da morte prematura do pai, que D. João VI nomeou almirante da armada portuguesa. A biblioteca e a galeria de pintura de D. Sebastião Gabriel seriam preciosas; e o seu gabinete de física o 1.º de Espanha. Este príncipe foi general das tropas «carlistas» (*ibidem*, III, pp. 6 12 e ss.). Sua mãe, D. Maria Teresa, viria a casar, em segundas núpcias, com o infante D. Carlos Maria Isidoro, depois de viúvo de D. Maria Francisca.

[150] É curioso notar que, anos antes, entre 1808 e 1813, fora a princesa D. Carlota Joaquina, tendo em vista a regência e uma eventual sucessão ao trono de Espanha, quem pretendera abolir a Lei Sálica, sustentando mesmo os seus partidários que não se achava em vigor. As Cortes espanholas de 1789 tinham rejeitado a Lei Sálica de 1713, mas o respectivo diploma não chegou a ser publicado. Coube às Cortes de Cádis de 1812 restabelecer a ordem de sucessão das *Partidas* de Afonso X (2, 2, 15); e nelas se baseou D. Carlota Joaquina. Fernando VII, porém, anulara as decisões das Cortes de Cádis e só em 1830 publicou uma Pragmática de aprovação da lei de 1789, a seguir derrogada e depois novamente posta em vigor.

Portugal, na companhia do sobrinho D. Miguel[151]. Entretanto, morreu Fernando VII (29 de Setembro de 1833) e acendeu-se em Espanha a primeira «guerra carlista», opondo os partidários do infante Carlos aos da regente, a raínha viuva Maria Cristina, e de sua filha Isabel II. Em torno daquele reuniram-se os ditos «apostólicos», em redor desta os ditos «liberais».

b) *A intervenção anglo-franco-espanhola em Portugal*

Radicalizadas as posições políticas dos dois bandos, procurou o isabelino, ou cristino, apoiar os pedristas; e o carlista aliar-se aos miguelistas. A presença do infante D. Carlos em Portugal serviu de razão, ou pretexto, ao Governo de Madrid para concentrar em Cidade Rodrigo um corpo de exército, comandado por Rodil, destinado a invadir Portugal, em apoio dos liberais. Mas receou Martínez de la Rosa, chefe do Governo espanhol, a reacção inglesa; pelo que preferiu entrar em negociações em Londres, junto de Lord Palmerston, tendo em vista a solução das crises peninsulares. Acordou-se então entre Londres, Paris, Madrid e Lisboa uma acção conjunta no sentido de consolidar nos respectivos tronos as rainhas Isabel II de Espanha e D. Maria II de Portugal. Esse foi o sentido da Quádrupla Aliança[152].

---

[151] Ver correspondência entre Fernando VII e o infante D. Carlos, de Maio a Julho de 1833, *in* Lafuente, *Historia General de España*, XIX, pp. 428 e ss., e *Correspondencia do 2.º Visconde de Santarém*, V, pp. 410 e ss.). O infante, em correspondência formalmente muito respeitosa e carinhosa para o rei, afirmava, com toda a nitidez, os seus direitos de sucessão ao trono, que só deixaria de ter se Deus concedesse a Fernando VII um filho varão. E atrasava a partida para a Itália invocando as mais diversas razões; incluindo os perigos de contágio, pela peste que grassava em Lisboa. Entretanto, o representante diplomático espanhol apresentava protestos ao Visconde de Santarém pela presença de D. Carlos em Portugal e pelas honras com que era recebido (ver António Vianna, *José da Silva Carvalho e o seu Tempo*, I, pp. 171 e ss.), protestos esses aos quais não eram dadas respostas julgadas satisfatórias, pelo que o diplomata se retirou (*ibidem*, p. 181). A carta do chefe do Governo espanhol Zea Bermúdez ao Visconde de Santarém de 11 de Novembro de 1833 corresponde já a um rompimento político entre as duas Cortes. Nela se referem os esforços desenvolvidos pela Espanha em favor de D. Miguel e as atitudes hostilizantes deste, pelo apoio dado ao infante D. Carlos (ver *Correspondencia do 2.º Visconde de Santarém*, V, pp. 365 e ss.; e *Inéditos do Visconde de Santarém*, pp. 1 e ss.).

[152] Este tratado (ver Borges de Castro, *Collecção...*, VI, pp. 120 e ss.) foi assinado em Londres, a 22 de Abril de 1834, por Lord Palmerston, o inefável Talleyrand, o marquês

Com a Quádrupla Aliança findou a guerra civil ostensiva em Portugal, invadido, através da Beira, pelas tropas espanholas do general Rodil, em apoio do exército de D. Pedro[153]. O prolongamento da resistência, se se verificasse, no Alentejo, determinaria a abertura das hostilidades da esquadra inglesa contra os portos marítimos fiéis a D. Miguel[154]. A luta, ao menos em termos regulares, não podia continuar[155].

---

de Miraflores e Cristóvão de Morais Sarmento, que se queixou amargamente da forma descomposta, da «irritação», das «expressões pesadas e desagradáveis» de que Palmerston usava no trato com ele (ver Júdice Bicker, *Supplemento à Collecção...*, XXVI, pp. 439 e ss.). Os quatro Estados contratantes comprometeram-se a reunir as suas forças com o objecto de compelir o infante D. Carlos e o infante D. Miguel a retirarem-se dos domínios portugueses. Para tanto, a rainha regente faria entrar em Portugal tropas espanholas, em número a acordar com o regente D. Pedro (art. 2.°); a Inglaterra cooperaria com uma força naval (art. 3.°); e a França, se viesse a ser necessário, prestaria o auxílio que se acordasse (art. 4.°). Este mesmo tratado de Londres impôs a D. Pedro «uma amnistia ampla e geral em favor de todos os súbditos» (art. 5.°). Assim, a Convenção de Évora Monte não foi ditada, conforme tem sido afirmado frequentemente, pela generosidade dos vencedores, mas por imposição de um tratado internacional. Acrescente-se que os termos da Convenção de Évora Monte não foram, geralmente, observados. Não foram punidos os autores de centenas de assassinatos de oficiais convencionados; nem aos servidores militares e civis contemplados pela Convenção foram prestadas as pensões a que tinham direito.

[153] Rodil, aliás, atravessou a fronteira a 16 de Abril, seis dias antes de celebrado o Tratado de Londres; mas, naturalmente, já tudo se achava ajustado entre as potências, tendo o ministro Agostinho José Freire, em 25 de Março, concordado na entrada das tropas espanholas (cf. Júdice Bicker, *Supplemento à Collecção...*, XXVI, pp. 419 e ss.). Palmela não hesitou em reconhecer que a invasão espanhola concorreu para a terminação da guerra (ver Maria Amália Vaz de Carvalho, *Vida do Duque de Palmella,* III, pp. 77-78). Terá sido mesmo decisiva; porquanto, segundo o mesmo Palmela entendia, conforme carta dirigida a Abreu e Lima, a 9 de Março de 1834, «só com a espada não conseguiremos ainda tão cedo terminar a guerra, porque as forças militares balançam-se e o fanatismo dos povos das Províncias e a desesperação dos chefes contrapezam a superioridade da qualidade das nossas tropas e dos nossos officiaes» (ver *Correspondencia Official de Luiz Antonio de Abreu e Lima,* p. 114). Quanto às hostilidades espanholas, importará notar que, ainda antes da invasão de Rodil, «guerrilhas» cristinas, ou isabelinas, constantemente assaltavam posições miguelistas, em território português, designadamente na orla oriental do Alentejo, onde tomaram Marvão. Também o assalto às praças fronteiriças do Minho terá tido a participação de bandos espanhóis.

[154] Aliás, depois da destruição da esquadra na batalha do cabo de São Vicente, em que triunfou o capitão inglês Napier e as suas guarnições também inglesas, que dominaram, em abordagens, os navios portugueses, era extremamente difícil a defesa de toda a zona litoral e, especialmente, dos portos. Assim o entendeu o mesmo Napier, que, segundo parece por iniciativa própria, assaltou Caminha com os seus marinheiros, que, talvez por hostilidade atávica, aí fuzilaram os padres daquela vila; e seguiu para Valença, iniciando a

A proclamação que D. Miguel dirigiu aos seus soldados, em Évora, a 27 de Maio de 1834[156], põe bem em relevo a conjuntura internacional em que terminou, de momento, a guerra civil. Desta proclamação importará transcrever algumas passagens: «... A continuação, porém, da guerra no estado actual não teria outro fim que a efusão de sangue português, a mim tão caro, depois que três grandes potências, a Inglaterra, a França e Espanha, de acordo com o Governo de Lisboa, concluíram um tratado para me obrigar a sair destes Reinos... é impossível vencer depois da resolução das potências

---

conquista do Alto Minho. Napier beneficiou de tal modo do apoio espanhol que o seu ataque a Caminha partiu da margem direita do rio Minho, desde La Guardia, na Galiza (ver Napier, *An Account of the War...*, II, pp. 135 e ss.). Têm muito interesse algumas passagens escritas pelo referido oficial inglês sobre Portugal; tanto as respeitantes às paisagens do vale do Minho e do vale do Lima como as observações insuspeitas que lhe mereceram alguns aspectos da guerra civil. Segundo Napier, após a entrada dos liberais em Lisboa, «one species of tyranny was substituted for another», pois «Pedro's ministers talked as much of liberty, and all their acts were despotic» (ver Napier, *An Account of the War...*, I, p. 277, e II, pp. 91-92).

[155] Em Espanha, mercê de circunstâncias várias, diversas das que se verificavam em Portugal, entre elas o génio militar do general Zumalacárregui, a resistência carlista manteve-se, em regiões do Norte, do Leste e do Levante, até à Convenção de Vergara, de 30 de Agosto de 1839, tendo o infante D. Carlos tomado o comando das suas tropas logo em Julho de 1834, após a saída de Portugal, a seguir à Convenção de Évora Monte. Este apontamento ajudará a entender, em parte, a permanência de guerrilhas miguelistas em Portugal, durante anos, muito para além da Convenção de Évora Monte. Os guerrilheiros,. entre eles o célebre Remexido, Joaquim José de Sousa Silva Reis, que dominou boa parte do Algarve e do Baixo Alentejo, sendo preso e fuzilado em 1838, não se sentiam completamente isolados; esperavam ainda uma nova conjuntura internacional favorável. Possivelmente até a intervenção de uma «esquadra russiana», que a pobre mulher do Remexido anunciava, segundo acusação que lhe foi feita. Também a promulgação do decreto que extinguiu «todos os Conventos, Mosteiros, Collegios, Hospicios, e quaesquer casas de Religiosos de todas as Ordens Regulares, incorporando os respectivos bens na Fazenda Nacional (28 de Maio de 1834), enriqueceu as guerrilhas «apostólicas» com frades e dependentes das casas religiosas, indispondo muita gente com os liberais pela injustiça praticada, tanto quanto a necessária prudência o permitia. Mas tal injustiça, embora ofensiva das vontades de quantos tinham deixado os seus bens a instituições religiosas, dos legítimos interesses dos frades, que geralmente tinham doado às mesmas os seus patrimónios, ou parte deles, e dos pobres assistidos pelas ordens, tornara-se inseparável do triunfo liberal, para solver os compromissos financeiros assumidos pela «emigração» e para vincular alguns aderentes ao novo regime, pela aquisição dos conventos e quintas da Igreja em condições particularmente favoráveis.

[156] Ver Júdice Bicker, *Supplemento à Collecção...*, XXVI, pp. 476-477.

contraentes, e o meu desejo de livrar a nossa amada Pátria dos horrores a que se exporia pela entrada de novas tropas estrangeiras...».

Nos termos do Tratado de Londres e da Convenção de Évora Monte[157], partiu D. Miguel novamente para o exílio, embarcando no pequeno porto de Sines, num navio inglês, seguindo para os Estados pontifícios, onde foi carinhosamente recebido e viveu bastantes anos[158], fixando-se depois em Viena, onde morreu, mas sobrevivendo ao seu mestre político Metternich, que, após os desastres de 1848, talvez reconhecesse alguma razão às rebeldias principescas daquele discípulo indócil[159]. A causa miguelista foi perdida no plano diplomático, fundamentalmente; apesar de D. Miguel ter tido ao seu serviço diplo-

---

[157] Das conversações entre Terceira e Saldanha, do lado pedrista, e Azevedo Lemos, do lado miguelista, participou um secretário da Legação britânica, Grant, que se ocupou especialmente da retirada do infante espanhol D. Carlos, o qual se achava junto do sobrinho D. Miguel e, de harmonia com o entendimento estabelecido, saiu de Portugal, também num navio inglês, no mesmo dia em que D. Miguel. Também oficiais ingleses, entre eles o almirante Parker, terão participado dessas conversações (cf. Napier, *An Account of the War...*, II, pp. 105 e ss.; *State Papers 1833-1834*, pp. 1339 e ss.).

[158] Cf. José de Castro, *Portugal em Roma*, II, pp. 250 e ss.). Já se tem admitido que D. Miguel, não podendo conservar o litoral desde o desmantelamento da esquadra na batalha do cabo de São Vicente – e daí o abandono de Lisboa, sem luta, a 24 de Julho de 1833 – poderia ter prolongado a resistência, avançando sobre Madrid com o seu exército de 18 000 homens e proclamando aí a realeza de seu tio D. Carlos. Será difícil agora ajuizar dessa possibilidade. Mas os Portugueses tinham razões bastantes para não quererem ligar o seu destino à sorte de causas estranhas, por muito fundas que fossem as afinidades; e até a comunidade dos factores hostis.

[159] Foram muito difíceis as condições de vida de D. Miguel, primeiramente em Roma, até 1840; e depois em Viena, não obstante a benevolência manifestada pelo Papa, assim como por valiosos amigos, italianos e austríacos. Essas dificuldades serão atribuíveis, sobretudo, às necessidades dos miguelistas exilados, na grande maioria gente pobre, à qual o príncipe terá procurado valer, sendo certo que não dispunha de meios para isso; porquanto, mesmo segundo os liberais mais truculentos nas suas diatribes antimiguelistas, como é o caso de Fonseca Benevides, «D. Miguel saiu d'estes reinos pobre, sem nada levar da coroa nem da sua casa; foi talvez o único dos príncipes desthronados, ou pretendentes que não tratou de pôr uma fortuna a salvo» (ver *Rainhas de Portugal*, II, pp. 268 e 308). A situação de D. Miguel provocou algumas reacções internacionais, designadamente da parte da família da rainha D. Estefânia; em consequência das quais é admissível que D. Pedro V se tenha disposto a pagar uma pensão a seu tio D. Miguel, sem contrapartida em renúncia de direitos, pois esta não seria aceite. As reacções partidárias terão, porém, obstado a tal (ver Júlio de Vilhena, *D. Pedro V e o seu Reinado*, I, pp. 273 e ss.; Supplemento, pp.19 e ss.; *Memórias do Conde do Lavradio*, VI, pp. 247 e ss.; VII, 14 e ss.).

matas de grande nível, entre os quais sobrressai a figura do Visconde de Santarém, a cujo cargo esteve, por esta época, a Secretaria de Estado dos Negócios Estrangeiros. Mas esses diplomatas não foram devidamente acompanhados nas suas missões nem, tanto quanto se pode supor, ouvidos bastante pelo Governo de Lisboa ou pelos governantes paralelos que com ele coexistiram. Também não parece que o ministro dos Negócios Estrangeiros, talvez mais notável pensador e investigador que homem de acção, tenha sabido aproveitar e orientar os representantes, de direito e de facto, junto das diversas Cortes, aliás desprovidos de meios adequados. Foram frequentes as omissões e dispersões de esforços; numerosas também as incompatibilidades pessoais com reflexos na acção diplomática. Tornou-se bem conhecida, por exemplo, a marcada hostilidade ao Visconde de Santarém do encarregado de negócios em Londres, Ribeiro Saraiva, que não poupou as acusações ao ministro – desde a de traição política às respeitantes ao «estilo asiático e incorrecta linguagem» (*Diário...,* I, pp. 27, 61, 92 150 e 171). Como noutras épocas da História portuguesa, não foi dado o necessário relevo à acção diplomática; nem à política de informação externa, que outras potências já tanto cultivavam. Também muitos reparos mereceria a acção diplomática desenvolvida pelos ditos liberais; no entanto, quanto a esta, a falta de base territorial e estrutural adequada melhor permitirá desculpar alguns erros cometidos no plano das diligências empreendidas junto de Governos estrangeiros.

Embora não lhe correspondendo com justiça a imagem de tirania e ferocidade que a historiografia liberal lhe atribuiu, é facilmente admissível que a D. Miguel faltassem as qualidades exigidas pelas circunstâncias. Também não seriam assinaláveis as de D. Pedro[160].

---

[160] É muito densa a bibliografia, sobretudo brasileira, que põe em relevo o longo cortejo de prepotências, arbitrariedades e corrupções ligadas a D. Pedro. Mesmo evitando as obras que lhe são mais impiedosamente desfavoráveis, ainda se recolhe um muito copioso rol de factos que obrigam a reservas sérias quanto à personalidade de D. Pedro. Sem esquecer a falta de sensibilidade e de gramática reveladas pelas cartas dirigidas à favorita, Domitila, marquesa de Santos (ver Pedro Calmon, *O Rei Cavalleiro,* São Paulo, 1933; Alberto Rangel, *D. Pedro I e a Marquesa de Santos,* Rio de Janeiro, 1916; Alberto Rangel, *Anotações às Cartas de D. Pedro I a D. Domitila,* Rio de Janeiro, 1974). Atribui-se a esta favorita grande influência política, de que Sir Charles Stuart terá beneficiado na negociação dos tratados de 1825 e de 1827; assim como constantes interferências nas questões administrativas,

E porque os méritos dos subalternos sempre carecem dos que concorram nos superiores para sobressaírem e se tornarem valiosos, assim se entrou num longo período de desvalimento para os Portugueses, cujos legítimos interesses foram gravemente lesionados pelos manejos de estrangeiros. Sobre a personalidade de D. Pedro parecem significativas algumas passagens de cartas, recentemente publicadas, de sua primeira mulher, a imperatriz Leopoldina[161].

---

as quais, segundo numerosos testemunhos, valeriam à dita marquesa de Santos consideráveis benefícios materiais. Nessa base, junto dela se solicitaram promoções, contratos e mercês várias (cf. José Honório Rodrigues, *Independência: Revolução e Contra-Revolução*, IV, pp. 19 e ss.).

[161] Imperatriz Leopoldina, *Cartas de uma Imperatriz*, São Paulo, 2006. Entre estas cartas avultam as dirigidas ao Pai, o imperador Francisco I, e à irmã Maria Luísa, que fora casada com Napoleão Bonaparte. E nelas se contêm pertinentes referências a factos e acontecimentos de relevo. Designadamente, às tentativas de dar fuga a Napoleão (p. 230), ao esplendor da embaixada de Portugal em Viena (pp. 286-287), aos desequilíbrios de D. Pedro (pp. 317, 320, 321, 326, 329, 350, 381, 400), ao seu afecto pelo sogro, D. João VI (pp. 317, 323, 332, 334, 355, 363, 373, 379, 443). São estas cartas reveladoras de boa cultura, de inteligência e de grande energia, além do amor ao Brasil e ao empenho na sua independência política.

CAPITULO VIII

REGIME LIBERAL PORTUGUÊS SOB PROTECÇÃO EXTERNA
(1834-1853)

TITULO I
Os Casamentos da Rainha

1. Condicionalismo político dos casamentos de D. Maria II

A desmentir a tese para a qual a política de casamentos principescos não respeita aos regimes ditos constitucionais, deparam-se-nos todas as questões respeitantes aos casamentos de D. Maria II.

O destino matrimonial desta princesa preocupou os Portugueses desde a sua infância, pois quando tinha sete anos já seu pai, o imperador do Brasil D. Pedro I, a destinara a consorciar-se com o tio, D. Miguel, visando-se, através de tal casamento, evitar um confronto entre os portugueses divididos. O rei consorte tranquilizaria os ditos «apostólicos»; a rainha, pela sua filiação e através do respeito da Carta Constitucional, satisfaria a facção liberal, ou, ao menos, a parte moderada dela[1]. E o casamento da rainha com o tio corresponderia ainda à exigência do Direito Público português que levara também a

---

[1] Já se tem admitido que a reacção de D. Miguel contra a Carta Constitucional tenha resultado do seu desejo de não casar com a sobrinha, pelo interesse que lhe despertaria então a princesa Luísa da Baviera (ver Júdice Bicker, *Supplemento à Collecção...*, XXIV, pp. 63 e ss.; Artur Herchen, *Dom Miguel Infante*, pp.326-327; António Vianna, *Apontamentos para a Historia Diplomatica Contemporanea,* III, p. 178). A ser assim, poderíamos atribuir a uma questão sentimental a mais sangrenta e devastadora guerra civil da História portuguesa; embora seja sempre muito difícil estabelecer relações causais no plano social, pela prática impossibilidade de isolamento dos múltiplos fenómenos que aí se acumulam. Mas a hipótese é, pelo menos, admissível. E nem se julgue que os problemas de ordem matrimonial que muitas vezes se nos deparam nas relações externas, com frequentes implicações na política interna, respeitam exclusivamente a um mundo passado; ou sejam alheias, em absoluto, aos regimes republicanos. As relações familiares, e para-familiares, dos políticos dominantes, continuam a ter o maior relevo na vida contemporânea, sob todos os regimes. Com a agravante de muitas vezes serem mal conhecidas, ou totalmente desconhecidas. Quando vêm a ser reveladas, têm esclarecido, por vezes, muitos pontos obscuros

futura D. Maria I a casar com seu tio, o infante D. Pedro. Porque às rainhas de Portugal estava vedado o casamento com estrangeiros[2]. Assim o estabeleceu também expressamente o art. 90.° da Carta Constitucional de 1826.

Não obstante, malogrado o projecto de matrimónio de D. Maria II com o tio, pelas circunstâncias da guerra civil, logo D. Pedro, ao deslocar-se a Paris, tratou de interessar o rei Luís Filipe pela sua causa, propondo-lhe o casamento da jovem rainha de Portugal, que então tinha 12 anos de idade, com um seu filho, o duque de

---

da História recente, como aconteceu relativamente a alguns ministros da III República Francesa, cuja vida particular, ligações e dependências só foram conhecidas, ao menos do grande público, no rescaldo do desastre político-militar de 1940. Na base do pressuposto implícito, quase intangível no começo do século XX, segundo o qual os governantes são homens familiar e sentimentalmente isolados, só se lhes apontando dependências partidárias, tornou-se bastante mais difícil evitar algumas influências perniciosas, por ignoradas.

[2] Esta proibição viria das Cortes de Lamego, reunidas em tempo de D. Afonso Henriques, cujo texto foi publicado em 1632 mas cuja autenticidade é geralmente negada pelos historiadores portugueses do século XIX (ver *Correspondencia do 2.° Visconde de Santarém,* VIII, pp. 29 e ss.), desde Coelho da Rocha e Herculano a Gama Barros. Porém, porque as Cortes de Lamego não foram postas em dúvida durante os séculos XVII e XVIII, nelas se apoiando Melo Freire e Ricardo Raymundo Nogueira (ainda em 1821, no seu *O Dia Vinte quatro d'Agosto,* entendia Garrett não poder duvidar-se da existência das Cortes de Lamego), os seus princípios foram recebidos pelas Cortes de 1641. Desde então, portanto, pelo menos, que se inseriu no Direito Público nacional a referida norma, segundo a qual, conforme o texto atribuído às Cortes de Lamego, «si Rex Portugalliae non habuerit masculum, et habuerit filiam, ista erit Regina, postquam Rex fuerit mortuus de isto modo. Non accipiet virum nisi de Portugal, nobilis, et talis non vocabitur Rex, nisi postquam habuerit de Regina filium varonem». Ou, no dizer das Cortes de 1641, «tendo (o Rey) somente flhas, a mayor succeda no Reyno, com declaração que casará dentro nelle com a pessoa natural» (capítulo I), ou «seja obrigada a casar com Portugues parente seu mais chegado» (capítulo XIII). Esta doutrina tradicional do Direito Público português foi recebida pela Carta Constitucional outorgada por D. Pedro em 1826, cujo art. 90.° preceituou: «O casamento da Princeza Herdeira presumptiva da Corôa sera feito a aprazimento do Rei, e nunca com estrangeiro; não existindo o Rei ao tempo, em que se tratar este consorcio, não poderá elle efectuar-se sem approvação das Côrtes Geraes. Seu Marido não terá parte no Governo, e sómente se chamará Rei, depois que tiver da Rainha filho, ou filha.» Era esta também a doutrina constante da Constituição de 1822, segundo a qual «se a successão da Coroa cahir em femea, não poderá esta casar senão com Portuguez» (art. 145.°). E, por estranho que possa parecer, pois à data da sua promulgação já D. Maria II tinha casado com estrangeiros, também a Constituição de 1838 manteve o mesmo princípio (art. 99.°).

Nemours[3]. Mas Luís Filipe, duvidoso do sucesso daquela mesma causa, desinteressou-se da proposta[4]. Mais tarde, após o triunfo, terá sido a diplomacia inglesa que removeu o plano de casamento da rainha com um príncipe francês[5].

Desfeito o projecto de casamento em França, parece que D. Pedro se terá deixado encaminhar por preferências sentimentais próprias quanto ao novo ajuste matrimonial da filha; pois não se vêm razões de interesse político para casar D. Maria II com o duque de Leuchtenberg. Apenas, talvez, as ditadas pela afinidade, pois Augusto de Leuchtenberg era cunhado, irmão da segunda mulher, do

---

[3] Já antes D. Pedro fizera uma diligência nesse sentido, através do seu secretário Francisco Gomes da Silva, o Chalaça, que para o efeito se deslocou a Paris, em fins de 1830. O rei francês terá estranhado que homem de tal condição fosse credenciado para o efeito, pois, no dizer de Abreu e Lima, a missão de Francisco Gomes da Silva fora uma «indecencia ridicula [...] em negocio da maior importancia» (ver ofícios de Abreu e Lima, in *Correspondencia do 2.º Visconde de Santarém*, III, pp. 405 e 416; e também *supra*, cap. VII, nota 76).

[4] O conde do Lavradio, apesar de muito dedicado à causa de D. Pedro, ao ter conhecimento deste projecto matrimonial, contra ele se indignou, por se tratar de «aliança oposta às nossas leis» (ver *Memórias do Conde do Lavradio*, I, p. 334). Mas tal indignação cessou depois, porquanto o mesmo conde do Lavradio aceitou a incumbência de procurar marido para a rainha, através das várias Cortes, e negociou o consórcio dela com D. Fernando de Saxe-Coburgo-Gotha.

[5] Sendo já viúva de Augusto de Leuchtenberg, D. Maria II, num bilhete seco e desabrido, bem característico dos primeiros anos do seu reinado, encarregou o conde do Lavradio de casá-la com o duque de Nemours; mas - acrescentava a rainha - «no caso de recusa, ordeno-lhe trate então do meu casamento com o Príncipe de Joinville». Era outro filho de Luís Filipe (ver *Memórias do Conde do Lavradio*, III, p. 89). Mas Lavradio começou por ir a Londres, a fim de obter o assentimento inglês quanto ao casamento. E Lord Palmerston, com clareza não isenta de brutalidade, logo desfez os planos de casamento em França. Segundo ele, o Governo inglês não poderia impedir o casamento da rainha com qualquer príncipe; mas, ajustado que fosse tal casamento com um membro da casa real francesa, aquele Governo declararia nulos os tratados existentes entre Portugal e a Inglaterra, terminando assim a antiga aliança. Semelhante ameaça teve o efeito de veto definitivo àqueles planos matrimoniais (*ibidem*, pp. 93 e ss.). Outro exemplo da dureza das ordens de D. Maria II, ao iniciar o seu reinado, se nos depara nas instruções dadas a Palmela para demitir Almeida Garrett de encarregado de negócios em Bruxelas, em razão dos escândalos ali dados pela mulher, segundo constava com interessado consentimento do marido (ver Ferreira Lima, *Garrett Diplomata*, esp. pp. 37, 38 e 57; Gomes de Amorim, *Garrett Memorias Biographicas*, I, pp. 272 e ss.; 441 e ss.; II, pp. 170 e ss.; 191 e ss.; 202 e ss.).

ex-imperador do Brasil[6]. Por isso, D. Pedro, pouco antes de morrer, terá manifestado o desejo de que a filha casasse com Leuchtenberg, que ele já agraciara no Brasil com o título pomposo de duque de Santa Cruz; e D. Maria II, ou pelo conhecimento das intenções do pai, ou pelos conselhos da madrasta, afirmou aos ministros a vontade de que ajustassem aquele seu casamento[7]. E estes assim o fizeram, pois «a dificuldade de encontrar um Príncipe que reunisse as circunstâncias que podiam desejar-se, e o respeito devido às notórias intenções do Senhor D. Pedro, tolhiam ao gabinete a faculdade de hesitarem cumprir com a vontade da Rainha»[8].

---

[6] Augusto Carlos Eugénio Napoleão de Beauharnais era filho do príncipe Eugénio, enteado de Napoleão, e de uma princesa real da Baviera. Para além do interesse pessoal de D. Pedro em aproximar-se mais da família da segunda mulher, D. Amélia de Leuchtenberg, não se vê neste casamento vantagens para Portugal; tanto mais que, com a morte de Napoleão em Santa Helena, e não sendo ainda previsível o sucesso político do sobrinho, que veio a ser Napoleão III de França, não haveria muito a esperar do bonapartismo. Com a influência política pessoal do príncipe Eugénio, cuja elevação ao trono de França terá chegado a ser considerada, em 1814, também se não poderia contar, pois aquele príncipe já falecera. Parece nítido o desagrado das potências estrangeiras face a este casamento da rainha de Portugal com o neto da imperatriz Josefina e do visconde de Beauharnais, aristocrata aventureiro, de vida ostensivamente amoral, que fora guilhotinado pela Revolução, à qual, aliás, aderira (ver *Memórias do Conde do Lavradio,* III, p. 96). Tanto em razão das sombras que envolviam a família Beauharnais, de recente nobreza, como pelas respeitantes à vida extremamente agitada, e bem conhecida, de Josefina, antes e depois do seu casamento com Napoleão Bonaparte, não seria a ligação matrimonial da jovem rainha particularmente lisonjeira nem para a Casa de Bragança nem para Portugal; conforme já o não fora o casamento de seu pai, D. Pedro, depois de viúvo da arquiduquesa Leopoldina, com a princesa Amélia. No entanto, para apreciar o equilíbrio político da época e as admissíveis razões externas da escolha de Augusto de Leuchtenberg, convirá referir que este príncipe já fora, quatro anos antes, o candidato bonapartista ao trono belga, que viria a caber a Leopoldo de Saxe-Coburgo. Esta candidatura bonapartista terá sido animada pela Inglaterra, apenas para contrariar o propósito francês de colocar no trono de Bruxelas um filho do rei Luís Filipe e a fim de facilitar a entrega da Coroa belga a um príncipe que desse garantias de equilíbrio entre os interesses britânicos e franceses (cf. Émile Bourgeois, *Manuel Historique de Politique Étrangère,* III, p. 23). Também se tem atribuído a Palmerston um decidido apoio ao projecto de D. Pedro de casar a filha com Augusto de Leuchtenberg para afastar Portugal da influência francesa, da Casa de Orleans e do rei Luís Filipe, sempre avesso aos Bonapartes e aos bonapartistas (*ibidem,* p.118).

[7] Ver *Memórias do Conde do Lavradio,* III, p. 19. Sobre as negociações para o casamento ver Júdice Bicker, *Supplemento à Collecção...,* XXVII, pp. 100 e ss.

[8] Estas palavras de Palmela bem revelam o desacerto da escolha (ver Maria Amália Vaz de Carvalho, *Vida do Duque de Palmella,* III, pp. 46-47). Reconheceu, no entanto,

Foi largamente discutida nas Câmaras a autorização para o casamento da rainha, mas acabou por ser concedida, ainda que em termos inconstitucionais, por violação do art.° 90.° da Carta, poucos dias antes do falecimento de D. Pedro[9]. O casamento realizou-se, por procuração, a 1 de Dezembro de 1834; e a cerimónia nupcial repetiu-se a 26 de Janeiro de 1835, já na presença do príncipe, chegado a Lisboa na véspera. Pouco mais de dois meses após, a 28 de Março, faleceu subitamente, com 24 anos de idade, este jovem príncipe.

2. Negociação do segundo casamento da rainha

Logo se tratou de novo casamento da rainha viúva, que ainda não tinha 16 anos, por determinação das Cortes de 10 de Abril, ou seja, 13 dias após o falecimento do príncipe D. Augusto. E novamente com infracção dos preceitos constitucionais. Em Julho de 1835 já se negociava o novo consórcio[10] com o príncipe Fernando de

---

Palmela as qualidades pessoais do príncipe consorte Augusto, reveladas no curto espaço de tempo em que viveu em Portugal (*ibidem*, pp. 49-50). No entanto, a morte súbita do príncipe levou à afirmação, constante de pasquins afixados nas ruas de Lisboa e reproduzidos na imprensa, de que fora envenenado por Palmela, então chefe do Governo e, segundo se dizia, desejoso de casar a rainha com um filho seu. Em consequência, um tumulto popular ameaçador (o «tumulto das Chagas») se levantou em frente da casa de Palmela, que lá se achava jantando, em companhia dos seus colegas de Governo – Terceira, José da Silva Carvalho e Agostinho José Freire. Os ministros trataram todos de se escapulirem, segundo se queixou Palmela; e este encontrou refúgio, saltando pelos muros dos quintais, em casa do cônsul da Inglaterra (*ibidem*, pp. 54 e ss.; *Memórias do Marquês de Fronteira*, III, pp. 141-142). Semelhante cena, contada por Palmela em muito pormenor, é bem significativa quanto ao ambiente de escassa segurança em que se vivia então na própria capital e que, em termos relativamente igualitários, abrangia os vencidos e os vencedores da guerra civil, sem excluir o chefe do Governo. Apenas as residências dos representantes estrangeiros, ou, ao menos, dos ingleses, seriam respeitadas.

[9] Não ficaram por aqui as inconstitucionalidades cometidas então em torno da própria rainha. Elas respeitaram também à decisão das Cortes no sentido de D. Maria II assumir as responsabilidades de governo aos 16 anos, em violação do art. 91.° da Carta. Inconstitucional fora igualmente a regência de D. Pedro. Também merece ser sublinhado o facto de o segundo casamento de D. Maria II se ter celebrado apenas nove meses após a dissolução do anterior.

[10] Ainda antes do ajuste de casamento com o príncipe Fernando de Saxe-Coburgo admitiu-se que a rainha casasse com um irmão de D. Augusto, Maximiliano de

Saxe-Coburgo-Gotha[11], «descoberto» em Londres pelo conde do Lavradio[12]. Havia pressa em assegurar continuidade à nova dinastia,

---

Leuchtenberg, e tentou-se de novo ligar a Coroa portuguesa à família do rei Luís Filipe de França, então já interessado no projecto; mas a Inglaterra ter-se-á oposto a tal aliança (*supra*, nota 5). Seguidamente, houve negociações orientadas no sentido do casamento da rainha com o príncipe de Carignan, da Casa de Sabóia e com perspectivas sucessórias em relação ao reino da Sardenha, cujo nome terá sido sugerido por Lord Palmerston (ver *Memórias do Conde do Lavradio*, III, p. 95). Estas negociações, ordenadas por escrito ao Governo por D. Maria II, no seu característico estilo autoritário (*ibidem*, p. 95), foram interrompidas, porque o negociador, conde do Lavradio, não obteve elementos suficientes e tranquilizadores acerca daquele príncipe. Já se tem atribuído a tal facto o incidente diplomático com a corte de Turim, que intimou o encarregado de negócios de Portugal a abandonar os seus Estados no prazo de 24 horas. Mas parece que tal incidente, o qual levou o Piemonte a aprestar uma esquadra para atacar Portugal e veio a ser resolvido por mediação inglesa(ver *State Papers* 1835-1836, pp. 1377 e ss.), se ficou a dever apenas às actividades de espionagem exercidas por aquele diplomata, um tal Francisco José Rodrigues, em relação aos refugiados miguelistas, que tinham sido bem acolhidos em Turim (*ibidem*, pp. 65 e ss.), quando a Casa de Sabóia e o seu chefe, Carlos Alberto, não se mostravam ainda retintamente liberais (ver tb. Júlio de Vilhena, *D. Pedro V e o Seu Reinado*, I, p. 350; Júdice Bicker, *Supplemento à Collecção...*, XXVII, pp. 175 e ss., 242 e ss.).

[11] O surto liberal do século XIX deu grande relevo a esta família principesca alemã que, no começo desse mesmo século, reuniu aos ducados de Saxe e de Coburgo, que já detinha, o ducado de Gotha, concedido a Ernesto de Saxe, em 1826. O referido relevo internacional ostensivo desta família adveio de o trono da Bélgica, Estado recém-criado, ter sido oferecido, em 1831, a um dos seus membros, Leopoldo; e, pouco depois, dois dos seus sobrinhos terem casado, um, Fernando, com a rainha de Portugal, e outro, Alberto, com a rainha Vitória de Inglaterra. Por tal via, a influência política dos Saxe-Coburgo, ainda que geralmente discreta, tornou-se muito acentuada. O rei Leopoldo I da Bélgica, filho do duque Francisco de Saxe-Coburgo, foi oficial ao serviço do czar da Rússia, de 1808 a 1816, casou com uma princesa inglesa, sem cuja morte prematura, em 1817, teria vindo a ser príncipe consorte da Inglaterra, e ficou muito ligado aos interesses britânicos; em 1830 já lhe fora oferecido o trono da Grécia, que recusou; o seu segundo casamento com uma filha do rei Luís Filipe facilitou a aceitação pelas potências da sua candidatura ao trono da Bélgica, a fim de se obter em Bruxelas o equilíbrio entre os interesses ingleses e franceses. Assim, não obstante o seu protestantismo, Leopoldo de Saxe-Coburgo fundou a dinastia real católica da Bélgica. Quanto ao casamento da rainha Vitória com o príncipe Alberto, seu primo, parece ter-se devido à influência da mãe, que também pertencia à família de Saxe-Coburgo e era tia daquele príncipe. Não pode este casamento da rainha Vitória ter tido influência no de D. Maria II, que precedeu aquele de cinco anos, quando nem sequer era facilmente previsível a ascensão ao trono da jovem princesa Vitória, a qual sucedeu a seus tios Jorge IV e Guilherme IV, falecidos sem descendência; e menos ainda o seu casamento com um príncipe de Saxe-Coburgo. Mas a acção pessoal da duquesa de Kent, mãe da futura rainha Vitória, também terá influído no casamento de seu sobrinho Fernando com D. Maria II (ver *Memórias do Conde do Lavradio*, III, p. 97 e ss.).

inaugurada com D. Maria II, admitindo-se que dessa continuidade dependesse também a viabilidade do regime. Aceitaram-se, pois, todas as exigências da família Saxe-Coburgo, inclusivamente as respeitantes a dotações que compensassem o príncipe dos rendimentos de magnate da Hungria e à concessão da dignidade de comandante-chefe do exército português[13]. Era preciso assegurar a sucessão dinástica e casar a rainha com pessoa que agradasse aos Ingleses. Era o caso.

No dia 1 de Janeiro de 1836 celebrou-se o casamento, também como o anterior, na Sé de Lisboa, por procuração e sendo representante do noivo o duque da Terceira. Através do príncipe alemão D. Fernando ficou, efectivamente, assegurada a continuidade dinástica. D. Maria II morreu com 34 anos, tendo tido 11 filhos, dos quais deixou 7 vivos.

---

[12] Uma tia de Fernando Saxe-Coburgo-Gotha casara com o duque de Kent e era mãe da futura rainha Vitória de Inglaterra (ver nota anterior). Por essa via foi aquele príncipe alemão «descoberto» em Londres, não havendo, quanto a ele, objecções por parte do Governo inglês (ver *Memórias do Conde do Lavradio*, III, p. 97 e ss.; Júdice Bicker, *Supplemento à Collecção...*, XXVII, pp.200-201).

[13] Ver Júdice Bicker, *Supplemento à Collecção...*, XXVII, pp. 209 e ss. O comando do exército já fora concedido ao primeiro marido da rainha, D. Augusto; talvez por se entender que tal comando constituiria factor de equilíbrio e isenção, no meio das lutas que dividiam os militares portugueses. Seria difícil, dado o precedente, recusá-lo ao príncipe de Saxe-Coburgo, não obstante a sua juventude; e assim o entendeu o negociador, conde do Lavradio. Mas esboçaram-se resistências várias opostas à nomeação; e D. Fernando por pouco tempo exerceu o comando, pois uma das medidas do Governo resultante da revolução de Setembro de 1836 consistiu na sua exoneração. E, porque a rainha se negasse a assiná-la, ela foi-lhe imposta, sob a ameaça de que, continuando D. Fernando a exercer o comando, o ministro da Guerra, sendo seu superior, lhe ordenaria a sua deslocação para Abrantes; e, em caso de desobediência, seria submetido a conselho de guerra, porque as leis militares eram rigorosas, inflexíveis e iguais para todos (ver Marques Gomes, *Luctas Caseiras-Portugal de 1834 a 1851*, pp. 227 e ss.). A esta questão do comando do exército português pelo príncipe D. Fernando se referiu a futura rainha Vitória, em carta dirigida ao rei Leopoldo da Bélgica (ver *The Letters of Queen Victoria*, I, pp. 46-47).

TITULO II
Alguns Incidentes Diplomáticos no Rescaldo da Guerra Civil

1. Incidente com a corte de Turim

No rescaldo da guerra civil patente, formalmente terminada com a Convenção de Évora Monte e continuada, por muitos anos, através da inquietação permanente dos espíritos, da penúria da fazenda, da corrupção, da violência das lutas parlamentares, da ineficácia dos Governos, da indisciplina do exército, das lutas armadas das guerrilhas, no Sul como no Norte, do bandoleirismo que assolou as províncias[14], numerosos incidentes diplomáticos contribuíram para agravar as misérias da vida portuguesa.

---

[14] Não importará aqui referir, senão incidentalmente, as lutas internas que então dilaceraram o País; e apenas na medida em que tais referências incidentais facilitam o entendimento das dificuldades atravessadas pela diplomacia portuguesa da época. Interessará, no entanto, referir que o bandoleirismo como a luta de guerrilhas tiveram origem no desagrado que causou à facção mais radical dos vencedores o respeito das vidas e das propriedades dos vencidos, estipulada pela Convenção de Évora Monte, em cumprimento, aliás, de exigência do Tratado de Londres que instituiu a Quádrupla Aliança. Essa mesma facção radical, julgando-se defraudada nas suas ambições pelo respeito dos vencidos, promoveu os desacatos que D. Pedro sofreu no decurso de uma representação no Teatro de S. Carlos; e logo procurou cometer a elementos licenciados do exército, especialmente entre cabos e sargentos, que beneficiavam da confiança de chefes políticos, a missão de obter, de facto, o que lhes ficara vedado, de direito. Assim, as muitas centenas de assassinatos e os milhares de assaltos, sempre impunes, tiveram por vítimas, quase exclusivamente, oficiais convencionados de Évora Monte e membros do clero. A estes haverá a acrescentar quantos procuraram licitar nos leilões de «bens nacionais», sem concessão prévia das autoridades que exerciam o poder de facto nas regiões respectivas. São significativas as peripécias que envolveram as dificuldades de julgamento de muitos dos bandoleiros como tais unanimemente reconhecidos; entre eles os tristemente célebres João Brandão, Marçais da Fozcôa e

Até a corte de Turim, cujo potencial bélico não seria imenso, se sentiu à vontade para hostilizar Portugal na sua debilidade, aprestando

José do Telhado, este condecorado com a Torre e Espada durante a guerra civil. A convicção de que não estavam sendo respeitadas as condições da Convenção de Évora Monte levaram, em muitas províncias, numerosos núcleos de vencidos a pegar novamente em armas, tentando escapar a perseguições. E daí novas lutas e massacres que ensanguentaram, sobretudo, o Minho, a Beira Alta, o Baixo Alentejo e o Algarve interior. Também o recrudescimento da guerra civil em Espanha e os sucessos conseguidos aí pelos carlistas, sobretudo sob os comandos do vasco Zumalacárregui e do aragonês Cabrera, terão animado à luta os elementos destroçados do antigo exército miguelista. Os escritos de Joaquim Martins de Carvalho puseram em relevo o bandoleirismo na Beira (ver Os *Assassinos da Beira,* Coimbra, 1890). São também conhecidas, através das peças publicadas dos respectivos processos e outras fontes, as façanhas criminosas de João Brandão, capitão da Guarda Nacional, espécie de milícia popular, ao serviço de Rodrigo da Fonseca Magalhães, José da Silva Carvalho e Saldanha; de José do Telhado e dos Marçais, na Beira e no Douro. Mas outras regiões foram então igualmente atingidas pela onda de banditismo, ficando os numerosos crimes impunes, embora não tendo despertado o interesse dos relatos literários. Assim terá acontecido, pelo menos, no Minho, no Alentejo, talvez com particulares asperezas em Serpa, no Ribatejo e na região de Lisboa, segundo referências fragmentárias mas fidedignas. Para as resistências contra-revolucionárias muito terá contribuído a promulgação do decreto das indemnizações, de 31 de Agosto de 1833, que permitiu o confisco dos bens dos miguelistas, apesar da proibição constitucional do confisco, sendo tal decreto tão opressivo que o embaixador da Inglaterra acabou por conseguir a sua suspensão, a fim de travar a venda em praça dos bens dos miguelistas (ver Oliveira Martins, *Portugal Contemporâneo,* II, pp. 200-201). Com estes bens e os expropriados às ordens religiosas, vendidos em hastas públicas em que o Estado aceitou como moeda os títulos passados em benefício dos dirigentes da guerra civil, por serviços prestados à causa da liberdade, fizeram-se grandes fortunas, que estiveram na base de uma nova aristocracia. Segundo Oliveira Martins,«era positivamente uma conquista à maneira das conquistas históricas... uma expropriação dos vencidos pelos vencedores... agora encoberta sob fórmulas e sofismas de legalidade liberal» *(ibidem,* pp. 206-207). A estes esbulhos acresceram os roubos e os assassinatos dos vencidos. «Caçavam-se como se caçam lobos ... Os vencedores ... retribuiam a cento por um o que antes haviam recebido» *(ibidem,* pp. 241-242). «Os tribunais, com o seu novo júri, eram máquinas de vingança... Os magistrados novos roubavam desaforadamente ... era também uma anarquia de bandidos por todo o Reino, matando e roubando impunemente» *(ibidem,* pp. 244-245). Só na região do Porto terão sido os assassinatos impunes, entre Julho de 1833 e 1837, em número de 528... *(ibidem,* p. 248). Na Beira, calculou o conde da Taipa, em discurso parlamentar, que o número de assassinatos impunes, entre 1833 e 1855, fosse de 300, aos quais haveria a acrescentar os assaltos, as extorsões e as ameaças, na base dos quais se obtinha das vítimas quer o assentimento para casamentos contrariados, quer a redução substancial de preço na transacção de propriedades apetecidas pelos sicários, ou pelos seus mandantes, geralmente influentes políticos. Nos últimos anos tem sido dada publicidade a copiosa documentação respeitante à guerra civil e às desordens que se lhe seguiram (cf., designadamente, António Machado e António Cardoso, A *Guerrilha do Remexido,* Lisboa, s-d;

uma esquadra que se admitia destinada a assolar as costas portuguesas da Europa ou, mais provavelmente, a ocupar alguma das colónias. E na base de razões, ou pretextos, que não seriam muito consistentes[15]. Tal incidente parece significativo, mas não terá tido particular relevo.

2. Incidentes com a Espanha

Mais grave, por certo, foi o incidente originado no pedido de auxílio militar do Governo de Madrid, baseado na Quádrupla Aliança e justificado pelas dificuldades encontradas por aquele Governo em dominar militarmente a facção carlista. Para além do indiscutível compromisso assumido em nome de Portugal, através do Tratado de Londres, também o novo regime português tinha interesse em que a progressão militar carlista fosse sustada, porquanto, assim como os isabelinos, ou cristinos, tinham auxiliado a derrubar D. Miguel, invadindo Portugal, também os carlistas, vitoriosos, ou simplesmente mais aproximados da fronteira portuguesa, haviam de querer facilitar às guerrilhas miguelistas e ao crescente número de descontentes, de todas as classes e partidos, uma nova alteração política no nosso país. Assim o entendeu Palmela, propondo o envio para Espanha de uma divisão de 6000 homens; a proposta, porém, foi rejeitada pela jovem rainha[16]. No plano dos compromissos internacionais importará dar razão ao Governo. Também se sabe que, em tempos de anarquia militar, ou de mal-estar criado pela actuação de soldados desmobili-

---

Gonçalves de Castro, *Lutas Liberais e Miguelistas em Lamego,* Lamego, 1975; António Ventura, *As Guerras Liberais em Portalegre,* Portalegre, 1982). Em tais condições, pelo reduzido poder de facto dos Governos de então, e pela sua minguada autoridade moral, compreendem-se as dificuldades com que depararam também no plano internacional.

[15] Cf. *supra,* nota 10.

[16] Ver Maria Amália Vaz de Carvalho, *Vida do Duque de Palmella,* III, pp. 77 e ss. Sublinhe-se que já antes, logo a seguir a Évora Monte, uma divisão portuguesa, comandada pelo barão do Casal, combatera em Espanha, ao lado dos «isabelinos» contra os «carlistas». Mas regressara a Portugal; e os Espanhóis pretendiam o envio de outra divisão, na base da convenção de 24 de Setembro de 1835, a qual previa uma participação de tropas portuguesas, até 10 000 homens, na guerra civil carlista (ver Borges de Castro, *Collecção...,* VI, pp. 182 e ss.).

zados, havendo possibilidade de enviar um corpo expedicionário para territórios estrangeiros ou ultramarinos, muitos inconvenientes se dissipam. Assim agirá ainda recentemente a França, provocando a guerra da Argélia, a partir de 1827, com o fim de para aí encaminhar elementos militares indesejáveis, ou incómodos. Mas Portugal estava cansado de guerras e havia de ter dificuldade em organizar o tal corpo expedicionário, que, eximindo-se a ele os bandoleiros e indisciplinados, conforme seria de prever naquelas condições, mais agravaria a situação do País, negando-lhe braços para as tarefas de paz que se impunham. Assim o terá entendido a rainha, espontaneamente ou por conselhos recebidos, alheios ao Governo. Mas a recusa de apoio, embora formulada em termos de adiamento imposto pelas circunstâncias, criou-nos dificuldades em Madrid. O fermento de desentendimentos entre os dois países peninsulares ficou; e, em 1840, a pretexto de demora na aprovação do tratado de 31 de Agosto de 1835, respeitante à livre navegação do rio Douro, o Governo espanhol, mais radicalizado, mantendo bom entendimento com os «setembristas», já na oposição, situou as relações luso-espanholas à beira da ruptura. Os Espanhóis mobilizaram tropas[17]; em Portugal suspenderam-se garantias e armaram-se corpos de exército. Os elementos políticos portugueses mais radicais mostravam-se solidários com as queixas de Madrid. Temeu-se mais uma invasão espanhola; e, nessa previsão, foi pedido o auxílio da Inglaterra, em conformidade com os tratados. A diplomacia inglesa acabou por sanar o diferendo, aliás muito a contento da Espanha.

3. Hostilidades britânicas

A mesma Inglaterra fazia pagar muito caros os serviços prestados. Nomeadamente apresando, sem razão, navios mercantes portugueses, por suspeitos de tráfico de escravos, e sujeitando a julgamento

---

[17] No ano anterior terminara a 1.ª guerra carlista, pela Convenção de Vergara; consequentemente, a Espanha achava-se, de novo, com disponibilidades militares. São de acentuada deselegância as notas diplomáticas do encarregado de negócios espanhol, Carlos Creus, sobre este assunto; e brutal o ultimato do Governo de Madrid. Ver Júdice Bicker, *Supplemento à Collecção...*, XXIV, pp. 39 e ss.

Fig. 23 – *Luís António de Abreu e Lima, Conde da Carreira.
Reprodução litográfica do desenho de P.C. van Geel, 1835.
Colecção do Autor.*

Fig. 24 – *Retrato de D. Maria II (a partir de um original de Joaquim Rafael)*
Autor desconhecido
Não datado (Primeira metade do século XIX)
150 x 225 cm
N.º Inv. MAR 1704 (Museu da Assembleia da República)
Pintura a óleo sobre telaSala D. Maria II – Assembleia da República
Fotografia de Carlos Pombo (in Arquivo Histórico Parlamentar)

em tribunais ingleses os respectivos capitães. Em flagrante desrespeito do direito das gentes e dos tratados internacionais celebrados, mas na base de uma lei inglesa de 1839, que se aplicava a Portugal sem que este tivesse sido ouvido. Agitou-se a oposição nas Câmaras. Mas o Governo transigiu com as exigências britânicas. Nesse mesmo ano de 1839 apresentou a Inglaterra a Portugal uma proposta de cedência de Goa, Damão e Diu, como compensação por supostos prejuízos ocasionados pelo apoio de funcionários portugueses de Goa a insurrectos indianos. Sá da Bandeira, então ministro dos Negócios Estrangeiros, reagiu com vivacidade; e a Inglaterra desistiu da pretensão[18]. Quanto ao *bill* de Lord Palmerston, não sendo aceitável que uma lei interna inglesa decidisse da abolição da escravatura nos territórios portugueses, repelimos a anomalia, sem prejuízo de termos introduzido na legislação portuguesa uma firme condenação do tráfico de escravos[19]. O diferendo acabou por ser solucionado na base do Tratado Luso-Britânico de 9 de Julho de 1842, que criou comissões mistas constituídas por ingleses e portugueses para julgamento dos delitos de tráfico de escravos, tendo o *bill* de 24 de Agosto de 1839 sido revogado pelo de 12 de Agosto de 1842[20].

Também por imposição inglesa corremos o risco de confronto com a Espanha revolucionária, quando acolhemos em Lisboa o ex-regente conservador general Espartero, que a Inglaterra queria reter aqui como ameaça permanente contra os radicais instalados em Madrid. Mas receámos mais estes que a Inglaterra e o general Espartero não ficou em Portugal.

---

[18] Ver Júdice Bicker, *Supplemento à Collecção...*, XV, pp. 196 e ss.

[19] Ver Visconde de Sá da Bandeira, *O Trafico* da *Escravatura e o «Bill» de Lord Palmerston*, Lisboa, 1840. Este *bill* de Lord Palmerston, aprovado quase sem discussão na Câmara dos Comuns, foi violentamente criticado na Câmara dos Lordes, onde se achava Wellington e, com ele, diversos oficiais que tinham servido em Portugal. Geralmente o nosso país é menosprezado sobretudo por aqueles que o desconhecem. Algum apoio recebemos então da França, com origem nos protestos que elevámos no plano internacional. Mas os apoios franceses foram mais de forma que de fundo e, por conseguinte, insuficientes. Nenhuma potência está disposta a sustentar eficazmente os direitos e a dignidade de Estados que não se respeitam a si póprios. Ora os exemplos de indisciplina e de descalabro, moral e material, que então oferecíamos, não se ajustavam aos direitos que verbalmente pretendíamos fossem salvaguardados. Sobre a questão do *bill* de Lord Palmerston, ver Júdice Bicker, *Supplemento à Collecção ....* XXVIII, pp. 363 e ss.

[20] Ver Júdice Bicker, *Supplemento à Collecção...*, XXVII, pp. 631-632.

Eram, por vezes, os políticos portugueses da época de extrema violência verbal nas suas diatribes antibritânicas. Constituía essa mais uma debilidade a militar contra os nossos interesses, posto que tais destemperos de linguagem davam motivos gratuitos de agravo aos Ingleses, sem, naturalmente, trazerem qualquer benefício para as negociações em curso. O barão da Ribeira de Sabrosa, sendo chefe do Governo, proferiu no Senado discursos em que a embriaguez e a devassidão dos Ingleses eram afirmadas em termos soezes, acusando-se os mesmos de «venderem as suas legítimas mulheres»[21]. Talvez o desabafo aliviasse a indignação do ministro; mas nem a injustiça da generalização dos juízos nem o carácter injurioso das afirmações facilitariam o entendimento com Londres, do qual, aliás, não poderíamos prescindir. O chefe do Governo demitiu-se.

4. Ruptura com a Santa Sé

a) As origens do conflito

Numerosíssimos atritos incompatibilizavam o regime liberal português e a Santa Sé. Apesar do equilíbrio de que esta usou no reconhecimento de D. Miguel, baseado no exercício de facto do poder, em termos pacíficos, a fim de evitar a apreciação da respectiva legitimidade de origem. Mas não poderia a Santa Sé evitar que o clero português tomasse geralmente posições favoráveis a D. Miguel, que, por vezes, se terão traduzido em hostilidades frontais à causa liberal. Nem terá sabido evitar que o núncio em Lisboa de algum modo participasse dessas atitudes, indo ao ponto de prestar alvitres ao Governo português quanto à condução da sua política[22]. Os ministros de D. Pedro e outras autoridades liberais, assim como alguns eclesiásticos fiéis à causa liberal, também agiram por forma a fazer crer que desejariam um rompimento com a Igreja, que lhes facilitasse as medidas a adoptar contra ela, há muito anunciadas e que se achavam até

---

[21] Ver *Memórias do Conde do Lavradio*, III, p. 143.

[22] Ver cartas do núncio, Giustiniani, ao visconde de Santarém, de 16 de Maio e de 28 de Junho de 1833, in *Correspondencia do 2.° Visconde de Santarém*, V, pp. 74 e ss.; 165 e ss.

na base de operações financeiras realizadas por D. Pedro. Seria mais fácil «nacionalizar» as propriedades das ordens religiosas e reduzir à mendicidade quantos delas viviam, depois de uma ruptura com a Santa Sé. Daí a expulsão do núncio, logo após a entrada das tropas liberais em Lisboa, fundamentada formalmente pelo receio de desacatos que as reacções populares suscitassem, quando era certo que, segundo o prelado replicou, através de nota diplomática, sempre se sentira rodeado do carinho do povo de Lisboa, não tendo dele a recear qualquer desacato. Expulso o núncio em Agosto de 1833, logo se seguiu, em Março de 1834, a expulsão do auditor da Nunciatura. Estavam interrompidas as relações com a Santa Sé.

O Papa confirmara os bispos nomeados por D. Miguel. As autoridades liberais que se foram instalando em Portugal não os reconheceram. E os bispos, receando perseguições, abandonaram as suas dioceses, muitos deles seguindo para Roma. D. Pedro nomeou vigários capitulares, não sendo geralmente felizes essas nomeações, pela coacção em que assentaram os provimentos como por debilidades patentes e falta de prestígio dos designados[23]. Foram gerais os protes-

---

[23] Um dos exemplos característicos de tais infelicidades respeita ao célebre padre Marcos Vaz Preto, capelão de D. Pedro, nomeado vigário capitular do Patriarcado de Lisboa, com escândalo manifesto dos fiéis, em razão do seu habitual comportamento. O padre Marcos, arcebispo de Lacedemónia, foi rudemente criticado e satirizado tanto pela reacção miguelista como pelos «setembristas». Em defesa das suas virtudes, como político e amigo dedicado da família real, se pronunciou Júlio de Vilhena (ver *D. Pedro V e o Seu Reinado*, II, pp. 428 e ss.). Outro exemplo de relevo é o do padre Azevedo Loureiro, indicado ao cabido de Évora por carta régia para ser eleito vigário da arquidiocese de Braga. A Vieira de Castro, soldado do cerco do Porto, político, jurisconsulto, conselheiro e ministro de Estado, que recebera ordens sacras e fora titular de uma rica abadia, coube então governar o bispado de Viseu. Deste Vieira de Castro e de Passos Manuel conta o marquês de Fronteira um episódio burlesco que poderá deixar dúvidas quanto à pureza de costumes dos dois políticos, ao tempo ministros da Justiça e do Reino, respectivamente (*Memórias...*, III, pp. 195-196). Muitos mais exemplos de designações infelizes de autoridades eclesiásticas se poderiam apontar, que contribuíram para prolongar o desacordo com Roma e para deteriorar a situação do clero em Portugal, que se acabou por tentar reduzir a um corpo de funcionários, estipendiados pelo Estado. Esta concepção liberal do clero encontra a sua projecção na figura literária do «horrendo padre Salgueiro», estigmatizado por Eça de Queirós na sua *Correspondência de Fradique Mendes* (pp. 234 e ss.). Mas esta figura literária do «padre Salgueiro» nem parece exagerada nos seus traços caricaturais, tendo em vista a legislação aplicável, que substituiu os dízimos eclesiásticos por côngruas que aos párocos o Tesouro Público deveria prestar, o que não fez durante anos; pelo que também os

tos dos bispos portugueses, que continuaram exercendo, ocultamente, o seu múnus episcopal e expedindo, donde se encontravam, cartas pastorais.

Entretanto, o papa Gregório XVI declarou nulos os decretos ditatoriais de D. Pedro respeitantes a matérias eclesiásticas. E o Governo de Lisboa, na sequência do que já fora esboçado em 1821 e prometido, até, aos credores externos, a partir de 1830, extinguiu «todos os conventos, mosteiros, colégios, hospícios e quaisquer casas de religiosos de ordens regulares», incorporando os respectivos bens na Fazenda Nacional; e suprimiu a Faculdade de Cânones.

Conforme já foi dito, aos elementos radicais do regime português nem desagradaria a situação de rompimento com a Santa Sé, preparando-se já, como tantos outros companheiros de ideologia noutros países, para a supressão do Papado, ao menos como potência temporal, que seria tentada em 1848 e renovada, com êxito, em 1870. Mas aos moderados não interessava o cisma religioso; pelas perturbações que causava e porque sempre poderia servir de justificação para reacções políticas contra-revolucionárias. Por isso, Miguéis de Carvalho continuava em Roma, enquanto D. Maria II comunicava ao Papa a sua maioridade política e o falecimento do pai (ver Júdice Bicker, *Supplemento à Collec*ção..., XXX, pp. 139 e 141). Tentava-se, por diversas vias, o reatamento de relações. O Governo de Lisboa achava-se predisposto a esse reatamento, sobretudo desde que Gregório XVI, em 1838, restringiu a esfera do Padroado às terras nas quais Portugal exercia a sua soberania[24]; mas sem quaisquer concessões a Roma, relativamente às atitudes de hostilidade de fundo já assumidas. E, nessa base, a Santa Sé mostrava-se intransigente, fazendo depender quaisquer negociações do regresso dos bispos e outros eclesiásticos às suas sés e benefícios, assim como

---

clérigos seculares, tais como os monásticos, andavam mendigando e morrendo de fome, sofrendo vexames que lhes degradavam o carácter (ver actas das sessões do Senado de Julho de 1839, in Diário do Governo, 1839, pp. 1199, 1201 e 1314). Sobre a ruptura com a Santa Sé, ver Fortunato de Almeida, *História da Igreja em Portugal*, IV, pp. 289 e ss.; Miguel de Oliveira, *História Eclesiástica de Portugal*, pp. 343 e ss.; Júdice Bicker, *Supplemento à Colecção...*, XXX, 1.ª parte, pp. 75 e ss.; José Augusto Ferreira, *Memorias para a Historia d'um Scisma (1832-1842)*, pp. 393 e ss.

[24] Breve *Multa praeclare* de 24 de Abril, in Júdice Bicker, *Supplemento à Collecção...*, XXX, 1.ª parte, pp. 208 e ss.

do estabelecimento de livre comunicação entre Roma e os fiéis (*ibidem*, pp. 162 e 172 e ss.). Ao Papa dirigiram cartas suplicando-lhe atendesse aos clamores da Nação tanto a rainha como o rei (*ibidem*, pp. 222 e 224).

b) *O restabelecimento das relações com Roma*

Só em 1841 o Governo de Lisboa se prontificou a reconhecer os bispos nomeados por D. Miguel e confirmados pela Santa Sé, sendo certo que, entretanto, já se havia restabelecido a livre comunicação entre Roma e os fiéis. Nessa base, ao fim de oito anos de interrupção de relações, a Cúria admitiu que o visconde da Carreira apresentasse ao Papa as suas credenciais (10 de Maio de 1841), como representante diplomático de D. Maria II; e enviou para Lisboa, no ano seguinte, ainda não um núncio mas um internúncio e delegado apostólico, Monsenhor Capaccini.

Durante todo este período foram muitas as dificuldades que se apresentaram aos diplomatas portugueses quanto à questão da Santa Sé[25], e aos diplomatas franceses que sobre a mesma tentaram os seus bons ofícios, singularmente acrescidas pela incompreensão, quando não pela má vontade, dos políticos portugueses[26]. Estes não pareciam entender que a Santa Sé, podendo transigir face aos esbulhos sofridos

---

[25] As dificuldades resultantes dos próprios interesses em jogo eram ainda acrescidas pela penúria económica a que se achavam muito frequentemente reduzidos os nossos diplomatas. Assim, o representante português em Roma, João Pedro Miguéis de Carvalho e Brito, secretário da missão desde 1824, sempre dedicado à causa de D. Pedro e D. Maria II e, por isso, agraciado, em 1846, com o título de barão da Venda da Cruz, ficou acreditado como ministro de Portugal junto de Pio IX; mas as honras acumuladas não o puseram a coberto de extremas dificuldades económicas. Por ofício de 24 de Julho de 1848 queixava-se ele ao ministro dos Negócios Estrangeiros de que se achava «absolutamente desprovido de meios», faltando-lhe «até o necessário para a sustentação diária», pois não recebera sequer «a 2 metade do 3 quartel do ano p.p.» (ver Eduardo Brazão, *Relações Diplomáticas de Portugal com a Santa Sé-Um Ano Dramático (1848)*, p. 141). Do atraso de sete meses de ordenados se queixava Garrett quando encarregado de negócios em Bruxelas (ver Gomes de Amorim, *Garrett...*, II, p. 56).

[26] Ver oficio do diplomata português João Pedro Miguéis de Carvalho, recusando-se a transmitir ao Governo pontifício o ultimato de Lisboa, in Júdice Bicker, *Supplemento à Collecção...*, XXX, 1.ª parte, pp. 291 e ss.).

pela Igreja, não tinha condições para ceder relativamente ao respeito das funções de autoridades eclesiásticas canonicamente erectas[27].

Em 1842 já o Papa aceitava ser padrinho do infante D. João, filho de D. Maria II, e enviava à rainha a Rosa de Ouro; em 1848 foi celebrada uma concordata que visava solucionar as questões ainda pendentes entre a Santa Sé e Portugal, nomeadamente as respeitantes ao Ultramar[28]. Nesse mesmo ano, trágico para o Papado, quando Pio IX, expulso de Roma pela revolução republicana que aí eclodiu, se refugiou em Gaeta, no reino de Nápoles, D. Maria II prestou homenagem ao pontífice, enviando ali um navio de guerra, e, através do conde de Penafiel, oferecendo a Pio IX asilo em Portugal, sugerindo também para o efeito o vasto recinto de Mafra[29]. Também a

---

[27] Ver ofícios do Visconde da Carreira, in Júdice Bicker, *Supplemento à Collecção...*, XXX, 1.ª parte, pp. 32 e ss. e 93 e ss.

[28] Esta concordata seria substituída pela de 1857, cuja aprovação suscitou bastantes reacções da parte das Cortes, sendo duramente criticada por Alexandre Herculano (ver Júlio de Vilhena, *D. Pedro V e o seu Reinado*, II, pp. 110 e ss.); e, mais tarde, pela de 1886. (Ver textos das concordatas in *Nova Collecção de Tratados...*, I, pp. 259 e ss.).

[29] Ver Dias Barbosa, *O Governo Português e a Crise do Papado nos Anos 1848-1870*, p. 228. Pio IX fora vítima de variadíssimas circunstâncias adversas; e também das indecisões da sua política, sempre oscilante entre as pressões de todos os sectores, orientada para não desagradar a nenhum deles. Tais hesitações permitiram aos agitadores republicanos assoldadar centenas de manifestantes «da escória do povo» que reclamavam liberdade e aos quais o Papa, na sua bondade, aparecia, concedendo-lhes bênçãos. Os mesmos manifestantes eram constante instrumento de uma campanha pública de descrédito, que visava, sobretudo, as forças policiais e os funcionários pontifícios em geral, embora as manifestações se processassem sem omissão de um aparente e formal respeito ao Papa, constantemente vitoriado. Pio IX ia cedendo e afastando de si os mais dedicados defensores da autoridade pontifícia. Roma ia-se «liberalizando». Até uma Constituição foi promulgada... E as autoridades da Cidade Eterna mostravam-se impotentes para assegurar o respeito devido aos representantes diplomáticos da Corte de Viena; porque a polícia, à qual fora retirada autoridade, se mostrava impotente para reprimir os actos de vandalismo. De transigência em transigência, admitiu Pio IX que os clubes secretos de Roma lhe fizessem imposições, entre elas a de declarar guerra ao imperador. A chamada «guarda cívica» de Roma prestava obediência aos clubes; alguns cardeais foram presos à ordem deles, outros tiveram de refugiar-se no palácio pontifício. Também os órgãos de imprensa ficaram na dependência dos clubes, sendo, assim, destes a opinião que se publicava; e alguns poderiam confundir com a opinião pública. Os jornalistas desafectos aos clubes eram espancados e assassinados, como aconteceu ao padre Ximenes, ficando os crimes impunes. Eram constantes os roubos e assassinatos perpetrados por bandos armados. O assassinato do conde Rossi, economista liberal que chefiava o Governo pontifício, acabou por precipitar os acontecimentos. O Governo temporal

elevação à categoria de embaixada da representação diplomática em Roma, para ela sendo nomeado o duque de Saldanha, em 1862,

do Papa cessara, para dar lugar, no dizer do então ministro holandês em Roma, Liedekerke, ao pior Governo de todos – o despotismo popular. Forçado, pela anarquia das ruas, a abandonar Roma, Pio IX viu-se rodeado do carinho dos Governos de todos os Estados católicos e seus representantes. Sem excluir a França, não obstante a recente proclamação da República naquele país. E mesmo a Inglaterra, que não teria a consciência tranquila relativamente aos acontecimentos revolucionários da Itália, por velho ódio anglicano (ver *Memórias do Conde do Lavradio*, V1, p. 173; VII, p. 311; VIII, pp. 4-5), ofereceu ao Papa a ilha de Malta para lá residir, enquanto não julgasse oportuno regressar a Roma. Neste contexto se situa a oferta de asilo da parte do Governo de Lisboa. As tropas da República Francesa, de que o futuro Napoleão III era já presidente, com apoios também de forças militares napolitanas, austríacas e espanholas, viriam a ocupar Roma em 1849, pondo fim à República de Mazzini e tornando possível o regresso do Papa e o restabelecimento do seu poder temporal, até 1870. Deverá recordar-se a propósito que a revolução republicana de 1848 provocou a união dos diversos ramos de monárquicos franceses antes divididos, que ganharam as eleições do ano seguinte e que tendo optado pela solução de equilíbrio de dar o poder a Luís Napoleão, futuro imperador, não deixaram de seguir, nalguns aspectos, uma política tradicionalista (ver José de Castro, *Portugal em Roma*, II, pp. 289 e ss.; Eduardo Brazão, *Relações Diplomáticas de Portugal com a Santa Sé-Um Ano Dramático (1848)*, Lisboa, 1969; Dias Barbosa, *O Governo Português e a Crise do Papado nos Anos 1848-1870*, Lisboa, 1979). Sem prejuízo dos desmembramentos dos Estados pontifícios já sofridos desde 1860, a França imperial de Napoleão III foi prestando apoio ao poder temporal do Papa, até que a Guerra Franco-Prussiana fez ruir o Império Francês. Estava-se em face do triunfo de uma campanha secular dirigida contra a Igreja pelos Estados de religião reformada, que, através de factores vários, entre eles a rivalidade de duas grandes potências católicas, o Império e a França, havia de acabar por abater o poder de Roma. Importará recordar que a ocupação militar francesa, sob a Revolução e sob Bonaparte, reduzira os Estados italianos a ruínas; pelos tributos de guerra impostos, pelo saque de propriedades públicas e privadas, pelo domínio político de pequenas minorias pró-francesas e amorais, pela supressão das congregações religiosas e pelo confisco dos seus bens, logo iniciado, em 1798, na República Cisalpina, feudatária de Paris. Foi pelo saque da Itália, o qual abrangeu os valores depositados nos *Monti di Pietà*, que a França, tendo já esgotado os «bens nacionais», assegurou o financiamento da continuação da guerra. Não obstante a concordata celebrada pelo primeiro-cônsul Bonaparte com a Santa Sé e a coroação imperial em Notre-Dame por Pio VII, Napoleão não hesitou, pouco depois, em assolar de novo a Itália e incorporar, por decreto, os Estados pontifícios no Império Francês. Também a tranquilidade dos Estados pontifícios fora abalada pelos *Terni* e *Narni*, milícias «cívicas» organizadas pelos Franceses, onde foram alistados «os indivíduos mais turbulentos e mais desesperados... que não deixa de haver em qualquer Governo bem regulado; como não deixa de haver o joio no bom trigo» (comunicado do cardeal Pacca, pró-secretário de Estado, aos ministros estrangeiros junto da Santa Sé, de 28 de Agosto de 1808, in *Correspondencia Authentica e Completa dos Ministros de Sua Santidade com os Agentes do Governo Francez e Commandantes do*

deverá ser interpretada como homenagem prestada por Portugal à Santa Sé. Embora tenha também constituído o meio de a Corte de Lisboa afastar, por uns tempos, até 1868, um político irrequieto e temido.

---

seu Exercito..., trad. port, Lisboa, 1809). E quando em Viena se tratou de reconstituir a Europa devastada, a Áustria, pelo desejo de assegurar o seu domínio no Norte da Itália, a Rússia, a Prússia e a Inglaterra, por preconceitos religiosos, todos os outros por debilidade, não cuidaram de uma equilibrada reconstituição dos Estados italianos. Apesar do talento diplomático que o secretário de Estado cardeal Consalvi demonstrou no Congresso de 1815. A efémera República romana de 1848 e a queda de Roma, em 1870, foram ainda consequências do desinteresse das potências em relação aos Estados pontifícios, já nítido em 1815. E ainda hoje se torna difícil entender as realidades italianas quando se desconhece, ou se esquece, o que foi o calvário da Itália sob os desmandos das ocupações francesas do fim do século XVIII e do começo do século XIX, que quase fizeram desaparecer os vestígios de uma concentração de riquezas culturais única na História. Também importará ter presente que a queda de Roma se ficou a dever, em larga medida, à política inglesa. Conforme observava já, a tal propósito, em 1861, o conde do Lavradio, ministro português em Londres, o Governo inglês, «desejando afastar a revolução da Gran-Bretanha, a procura levar a todos os Estados do mundo, ora para proteger e estender o seu commercio, ora para saciar as suas fortes paixões e exercer vinganças muitas vezes mesquinhas» (*Memórias* .... VIII, pp. 5-6).

TITULO III

A Renovação das Intervenções Estrangeiras

1. «Setembrismo», Belenzada e intervenções estrangeiras

a) *A reacção da Inglaterra e da Bélgica contra o «setembrismo»*

A violência das reformas liberais criara descontentamentos por toda a parte. Os beneficiários delas mostravam-se insaciáveis; e os prejudicados pelas mesmas, convencidos da inutilidade dos meios legais, buscavam no desafio às leis novas uma defesa para o que tinham por indiscutíveis direitos. Os mesmos equívocos da emigração, bem patentes já nas dissensões de Londres e da Terceira, dividiam profundamente os vencedores. No plano da ideologia como no da repartição do espólio. Digladiavam-se os liberais porque uns eram monárquicos e outros se achavam já dominados por convicções republicanas. Mas lutavam, sobretudo, por causa dos empregos públicos, por causa da aquisição dos «bens nacionais»[30], por causa dos

---

[30] Os «bens nacionais», na quase totalidade provenientes das ordens religiosas, foram incorporados na Fazenda Nacional (ver *supra,* nota 14). Mas, porque, segundo os cânones do liberalismo económico, o Estado se deveria afastar do processo produtivo, e também porque assim o reclamava a deplorável situação financeira, procedeu-se à venda desses bens. Em condições escandalosas e lesivas dos interesses do Estado. Até porque foi admitida a compra dos «bens nacionais» pela entrega de títulos representativos de serviços prestados à causa da liberdade, que os vencedores se atribuíram a si próprios. E também porque tais bens, mal avaliados ou por avaliar, foram vendidos em hastas públicas nas quais eram impedidos de licitar, sob violências ou por ameaças delas, todos quantos poderiam prejudicar as aquisições, a muito baixo preço, por parte daqueles aos quais as propriedades leiloadas já se achavam, na realidade, adjudicadas. Palmela arrematou toda a serra da Arrábida, que provinha da Casa do Infantado; Terceira, o Sobralinho de Alverca; outros ficaram com

contratos respeitantes aos empréstimos públicos, às concessões do Estado e às empresas capitalistas que então se formaram; por causa também, naturalmente, das fraudes das eleições, umas reais outras supostas, mas sempre invocadas pelos grupos adversos aos Governos.

Em 1836, os cartistas, tidos por moderados, ganharam as eleições de Julho desse ano, como sempre ganharam aqueles que as preparavam. Mas, à chegada a Lisboa, em Setembro, dos deputados radicais eleitos pelo Douro, organizaram-se na capital manifestações violentas de apoio a esses deputados e amotinou-se a tropa nalgumas unidades militares[31]. Tentou a Corte reagir, sob orientação do ministro belga Van der Weyer, que o rei Leopoldo I mandara para Lisboa, a fim de aconselhar o sobrinho, D. Fernando, o rei consorte de Portugal, em estreito entendimento com a política de Londres. O diplomata belga queria que o jovem rei se colocasse à frente das tropas para sufocar a revolta[32], mas D. Fernando achou preferível cometer a Sá da Bandeira uma missão conciliatória, que o herói do cerco do Porto, ligado aos revolucionários, acabou por aceitar. O Governo cartista demitiu-se, sendo substituído por outro de tendências radicais. A rainha, cujo trono fora conquistado, através de uma luta longa, áspera e sanguinolenta, sob o estandarte da Carta Constitucional, apontada

---

as lezírias. E, por esse país fora, assim se repartiram, a troco dos títulos de serviços prestados à causa da liberdade, que dos próprios beneficiados emanavam, campos e palácios, alfaias e mobiliários. Só houve 632 compradores para 5266 contos de vendas dos «bens nacionais». E nas caixas do Tesouro apenas entraram 2158 contos em razão dessas vendas; os restantes 3108 corresponderam à recompensa dos tais serviços prestados à causa da liberdade. Essa foi a origem de algumas das grandes fortunas constituídas em Portugal no século XIX (ver Oliveira Martins, *Portugal Contemporâneo*, II, pp. 203 e ss.). Ainda em 1858 estaria por pagar ao Estado o preço de arrematações de «bens nacionais» (ver *Diario do Governo* de 13 de Janeiro de 1858, p. 55). Tudo se vendia, tudo se comprava. Imperava o lema *enrichissez-vous* do liberalíssimo Thiers, tomado ao pé da letra. Como exemplo do clima generalizado de corrupção reles, poderá escolher-se, entre muitos, o episódio referido nas *Memórias* do Conde do Lavradio respeitante a um antigo ministro e grande do regime «apanhado fazendo contrabando de toucinho e de azeite na sua carruagem e que vae continuando no exercício de Conselheiro de Estado» *(Memórias...,* VI, p. 189). E já se estava em 1856.

[31] Também neste caso o movimento radical do «setembrismo» português se mostrou relacionado com outro que eclodira em Espanha, de semelhante cariz, pois uma revolta de sargentos, que se manifestou na Granja de Sto. Ildefonso, onde estava a família real, levara ao restabelecimento da Constituição de Cádis de 1812, em Agosto de 1836. (Cf. Pirala, *Historia de la Guerra Civil...*, III, pp. 405 e ss.).

[32] Ver Goblet, *L'Établissement des Cobourg en Portugal,* pp. 58-59.

como penhor da felicidade dos Portugueses, sob a pressão dos tumultos setembristas, restabeleceu a Constituição de 1822, que vigorou de novo até 1838, sendo substituída pela Constituição desse ano, também radical, embora mais moderada, correspondendo já a um relativo equilíbrio de forças políticas. Em 1842, porém, o ministro Costa Cabral, cuja carreira política assentara no seu violento radicalismo[33] mas que, entretanto, mudara de bandeira, tornando-se conservador, encabeçou uma revolta no Porto, dela resultando a restauração da Carta Constitucional, que vigoraria até 1911.

---

[33] O «setembrismo», herdeiro do «vintismo», teve por figuras dominantes os irmãos Passos (Manuel e José), José Estêvão Coelho de Magalhães e Soares Caldeira, chefe político e militar dos «arsenalistas», organização revolucionária com base nos operários do Arsenal de Lisboa, cuja agressividade as classes burguesas muito temiam, constituindo, por isso, a ponta de lança dos movimentos mais acesamente revolucionários. No «setembrismo» alinhou também Sá da Bandeira, apontado como exemplo de militar e político da época, alheio às corrupções de toda a sorte características deste período, e que se lhe manteve fiel. O «setembrismo» serviu tanto o irrequietismo de Saldanha como o oportunismo de Costa Cabral; mas ambos lhe foram adversos, quando o temperamento ou os interesses os impeliram para outras direcções. São curiosíssimas estas duas figuras políticas. Um, militar de origem aristocrática mas pobre, que, pondo o prestígio da sua espada, a sua truculência e a sua versatilidade ao serviço dos movimentos com condições para o acrescerem em honras e proveitos, constituiu factor constante de perturbação do funcionamento regular das instituições, desde 1826 até 1870. O outro, bacharel em leis, de origem humilde e pobre, inteligente e com preocupações culturais, notabilizou-se como demagogo nas sessões do «club dos Camilos», por essa via obtendo o apoio da facção mais acentuadamente revolucionária, designadamente dos «arsenalistas» de Soares Caldeira. Alcançado o Poder, enriquecido por meios cuja limpidez foi frequentemente posta em dúvida, agraciado com os títulos de conde e marquês de Tomar, onde adquirira «bens nacionais», incluindo o castelo dos Templários, tornou-se elemento do maior relevo da reacção conservadora. Tanto Saldanha como Costa Cabral ocuparam embaixadas portuguesas no estrangeiro, que lhes foram oferecidas como meios de afastamento das lides políticas internas, quando a sua presença em Portugal se tornava indesejável. Algumas reacções violentas se levantaram contra os dois políticos em razão de negócios de interesse particular que teriam empreendido durante o desempenho das suas missões diplomáticas, assim como pelos abonos de despesas elevadas e adiantamentos de vulto pela Secretaria de Estado dos Negócios Estrangeiros. Costa Cabral casara, logo depois de terminada a guerra civil, em São Miguel, com uma senhora inglesa, Luísa Mitchell Read, filha do cônsul britânico, muito ligado à facção liberal; talvez este casamento facilite o entendimento de alguns passos da carreira política de Costa Cabral.

b) As transigências do «setembrismo» em face das imposições estranhas

O triunfo do «setembrismo», em 1836, reavivou o ambiente de guerra civil; mas tornando-se confusos os contornos das facções em luta. Miguelistas houve que se juntaram aos cartistas, defensores da ordem e da instituição monárquica; mas outros se aliaram aos radicais, opostos ao regime estabelecido, hostis à rainha e à Carta Constitucional, em nome das quais o partido «apostólico» fora vencido; ou, pelo menos, aproveitaram a situação anárquica estabelecida para tentarem reconstituir as suas forças, esperando auxílios dos carlistas espanhóis, da Áustria, da Prússia, da Rússia e dos Estados italianos. Neste propósito se situará a conspiração miguelista dita «das Marnotas», do nome desta povoação, perto de Loures, pela qual foram condenados à morte 16 oficiais, sargentos e polícias licenciados depois de Évora Monte[34]. Depressa se aperceberam os radicais ligados ao «setembrismo» que a sua aceitação pela Corte, assustada dos «arsenalistas» e quejandos, correspondera a um recuo estratégico, dando tempo a que a reacção se reorganizasse, desarmando-se as temidas milícias populares da Guarda Nacional e solicitando-se o apoio de uma esquadra inglesa, de navios franceses e de tropas belgas, para protecção da família real. As intervenções estrangeiras tinham-se tornado rotineiras. A índole da rainha, de 17 anos, e do príncipe consorte, de 20 anos, e então totalmente alheio às coisas portuguesas, amoldava-se a essas intervenções, por receio do miguelismo, do republicanismo, de uma nova regência da infanta D. Isabel Maria ou da imperatriz viúva D. Amélia. Os Governos estrangeiros

---

[34] O ministro de França em Lisboa, em carta dirigida a Sá da Bandeira, em 20 de Maio de 1837, depois de se referir, em termos muito elogiosos, à benévola ditadura exercida por aquele ministro, alude a que «desde a chegada de D. Pedro commeteram-se em Portugal muitos assassinatos» e que «se daria um escandaloso contraste recomeçar agora com as execuções políticas, ao mesmo tempo que se respeitam os dias de tantos assassinos». Sá da Bandeira, em resposta ao diplomata francês, prometeu manter a moderação adoptada; mas só por decreto de 4 de Abril de 1840, três anos depois, os réus miguelistas foram amnistiados (ver Sá da Bandeira, *Lettre Adressée au Comte Goblet d'Alviella*, pp. 27-29; Marques Gomes, *Luctas Caseiras-Portugal de 1834 a 1851*, pp. 426-427). Já então o Remexido fora fuzilado (ver carta do marquês da Bemposta, o francês Saint-Léger, ao Conde do Lavradio, in *Memórias...*, III, pp. 136-137); e as tropas carlistas achavam-se derrotadas. Passara, ao menos por um tempo, o receio do miguelismo.

obtinham múltiplas vantagens dessas intervenções, naturalmente, nos ajustes com os políticos e com os diplomatas que representavam Portugal. E, apesar de todas as dificuldades financeiras atravessadas pelo País, os custos das intervenções estrangeiras, políticas e armadas, não deixavam de ser pontualmente cobertos, através do sacrifício dos contribuintes portugueses; pois, quando assim não fosse, ainda Portugal dispunha de territórios espalhados pelo Mundo cuja cedência compensaria os Governos estrangeiros dos incómodos havidos. A Inglaterra não desdenharia o que restava a Portugal do seu Império do Índico. A Bélgica, recém-formada, já então lançava olhares cobiçosos sobre a bacia hidrográfica do Zaire, excelente base de futuros empreendimentos.

A primeira tentativa de restauração cartista deu-se logo em Novembro de 1836, inspirada pelo ministro belga Van der Weyer e pelo ministro inglês Lord Howard de Walden. Este informou o ministro Sá da Bandeira de que as tropas da esquadra inglesa fundeada no Tejo desembarcariam se a rainha corresse perigo. E, para melhor ser defendida pelos ingleses, a Corte deslocou-se do Palácio das Necessidades para o de Belém, em frente do qual se encontrava a esquadra britânica. A rainha convocou o Governo para Belém, onde, entre os ingleses e as tropas cartistas, seria fácil dominar os seus membros, cuja demissão já fora decidida[35]. Mas Sá da Bandeira ficou em Lisboa, a organizar a defesa da cidade[36], na base dos batalhões da Guarda Nacional, que só mais tarde seriam desarmados pelo mesmo general. E, assim, Passos Manuel, quando se dirigiu a Belém, onde foi recebido por D. Maria II, na presença dos ministros inglês e belga, tinha trunfos para negociar, ainda que transigindo. Afirmou o

---

[35] Segundo o general belga Conde Goblet, que substituiu Van der Weyer na representação diplomática em Lisboa, toda a manobra anti-setembrista teria sido orientada pela Inglaterra e pelo rei Leopoldo I da Bélgica. Não o contraria Sá da Bandeira quanto a essa asserção (ver Goblet, *L'Établissement des Cobourg en Portugal*, pp. 87 e 118; Sá da Bandeira, *Lettre Adressée au Comte Goblet d'Alviella*, pp. 10-21).

[36] O mesmo general Sá da Bandeira, que sustentou o «setembrismo», foi forçado, como ministro, a mandar pagar à Inglaterra as despesas com a intervenção anti-setembrista da esquadra de Sir William Gage. Assim o exigiu o embaixador Lord Howard de Walden (ver Luz Soriano, *Vida do Marquês de Sá da Bandeira*, II, p. 91). Coincidem amplamente com tal afirmação os elementos constantes da correspondência da rainha Vitória com o rei da Bélgica (ver *The Letters of Queen Victoria*, I, pp. 54 e 9 2).

ministro inglês que o seu Governo não toleraria em Portugal a Constituição, quase republicana, de 1822. Passos Manuel procurou tranquilizar todos, prometendo lealdade ao trono, a criação de duas câmaras, veto absoluto e direito de dissolução, como na Carta de 1826, e como na Bélgica[37]. Estava aberto o caminho para a solução conciliatória que se projectou na Constituição de 1838.

2. «Revolta dos marechais» apoiada pelos diplomatas estrangeiros

Era extremamente instável o equilíbrio de forças conseguido em 1836. E, no ano seguinte, a reacção cartista passou a dispor de um largo apoio militar. Saldanha e Terceira colocaram-se à frente das tropas revoltadas; daí a designação de «revolta dos marechais», orientada no sentido da restauração da Carta Constitucional. Entretanto, em Lisboa, os batalhões da Guarda Nacional desarmavam as unidades militares tidas por desafectas e prendiam todos os supostos contrários ao «setembrismo», com excepção dos que lograram abrigar-se nos edifícios das representações diplomáticas e consulares estrangeiras[38]. As tropas dos dois marechais revoltosos encontraram-se com as do Governo, comandadas pelo visconde de Sá da Bandeira e pelo barão do Bonfim, em Chão da Feira, entre Aljubarrota e a Batalha. De um lado deram-se vivas à Carta, do outro à Constituição. Mas soldados e oficiais dos dois bandos tinham decidido não se hostili-

---

[37] Ver Oliveira Martins, *Portugal Contemporâneo*, II, p. 269. Oliveira Martins atribuiu a Manuel Passos, ou Passos Manuel, como era mais frequentemente conhecido, naquela conjuntura, um papel de romântica heroicidade patriótica, talvez exagerado. Aquele político mostrou-se coerente com os seus ideais de marcados laivos jacobinos; mas o seu patriotismo costumava ser conjuntural, mostrando-se favorável à união ibérica, quando em Madrid mandavam correligionários seus, e abandonando tal ideia, quando assim não acontecia. Não será caso único. Com efeito, num discurso de 1844 afirmou Passos Manuel: «Fui sempre grande partidista da união de Espanha e Portugal... contudo... eu não podia dar o meu voto para uma união...» (ver Oliveira Martins, *Portugal Contemporâneo*, II, pp. 313-314). Assim, também é de crer que o patriotismo usado por Passos Manuel frente aos diplomatas inglês e belga, em 1836, fosse igualmente conjuntural, ou instrumental. Tal era o «rei Passos», ou «rei de Lisboa», como se designava ironicamente aquele ministro do Reino, pelo poder de que dispunha na capital, junto dos elementos operários armados e parecendo aguerridos.

[38] Cf. *Memórias do Conde do Lavradio,* II, p.130.

zarem em confrontos físicos. Assim fizeram. Os comandantes acordaram num armistício, retirando-se finalmente os marechais para a Beira. E, com mais algumas correrias por Trás-os-Montes, terminou a «revolta dos marechais». Os caudilhos revoltosos voltaram a emigrar; desde 1828 que estavam afeitos a andar pelo estrangeiro, quando o ambiente pátrio lhes era desfavorável. Os «setembristas», muitos deles já temperados, brandos, ficaram ainda; mais por inércia e por medo burguês aos milicianos de Lisboa que por acção.

Elementos diversos levam a crer que também a «revolta dos marechais» foi apoiada, até através de auxílios financeiros, pelos diplomatas ingleses e belgas, os quais terão procurado suscitar uma insurreição em Lisboa, que não chegou a eclodir. Atribui-se mesmo o malogro desta insurreição à impolítica manifestação do ministro inglês, Lord Howard Walden, a favor dela, a qual, por isso, terá provocado indiferença, ou mesmo hostilidade, popular, acrescida pela infeliz escolha de Saldanha para chefiar o movimento. Também o embaixador francês, Saint-Priest, como o seu sucessor, Bois-le-Comte, terá apoiado os «setembristas», por oposição à Inglaterra[39]. Certo é também que, após este novo insucesso cartista, o ministro belga Van der Weyer deixou Lisboa, sendo substituído por Goblet, que também veio a ter muita influência na política portuguesa.

3. Fim do «setembrismo» e exigências inglesas

Com todos os seus vícios, há no «setembrismo», que não em muitos «setembristas», alguma pureza de intenções, bastante ingenuidade e alguma percepção das realidades e anseios nacionais. São notáveis alguns dos aspectos da actividade legislativa dos «setembristas», nomeadamente no sector da instrução pública. Ao «setembrista» Sá da Bandeira se ficaram a dever, além de diplomas de relevo nos planos da organização militar e da administração ultramarina, o decreto de 23 de Novembro de 1836, que organizou o corpo

---

[39] Ver *Memórias do Conde do Lavradio,* III, p. 133; Goblet, *L'Établissement des Cobourg en Portugal,* pp. 84-86 e 170; Almeida Langhans, *Portugal na Política de Palmerston,* pp. 51 e ss. e 73 e ss.

diplomático português. Mas estava o «setembrismo» irremediavelmente condenado. Porque tinha contra ele os interesses das potências estrangeiras então dominantes em Portugal; e também pelas infiltrações operadas entre os seus adeptos iniciais.

Apercebeu-se da condenação a arraia-miúda do «setembrismo», essa sempre mais difícil de infiltrar. O revolucionário Soares Caldeira continuava a ser administrador-geral, ou seja governador civil, de Lisboa; e, nessa qualidade, comandante da respectiva Guarda Nacional, que, sob aquele comando, se agitava, ameaçava. Sá da Bandeira substituiu Caldeira por Costa Cabral, o antigo «arsenalista», que, convertido a preocupações de ordem e tranquilidade, prometia reprimir a anarquia. A Guarda Nacional reagiu, em armas. Sá da Bandeira tentou contemporizar, para evitar efusões de sangue, mas foi renegado por gregos e troianos.

O confronto tornou-se inevitável. Sob o comando do barão do Bonfim e de Jorge Avilez, visconde do Reguengo, a tropa desalojou a Guarda Nacional do Convento de Jesus e encurralou-a no Rossio. Houve tiroteio, uma dúzia de mortos. Mas a temível Guarda Nacional de Lisboa, terror dos burgueses da capital, fora dominada. Dissolveram-se os seus batalhões. Os marechais, emigrados desde o ano anterior, aceitaram a nova Constituição. Palmela fez as pazes com o regime e foi a Londres representar Portugal nas cerimónias da coroação da rainha Vitória. O «setembrismo» acabara.

O ministro inglês, Howard de Walden, e o belga, Goblet, tinham motivos para julgar as suas missões bem desempenhadas. Costa Cabral era o triunfador do momento, presumivelmente já disposto à restauração da Carta Constitucional. Passos Manuel retirara-se. Para assegurar plenamente o triunfo do ex-radical convertido, porém, seria necessário remover Sá da Bandeira – firme, ingénuo, teimoso e avesso a combinações – da sua posição de ministro dos Negócios Estrangeiros. Os homens com tais qualidades e tais defeitos são sempre de fácil remoção. E, para torná-la mais fácil ainda, acrescia a exigência formulada pela Inglaterra, em alternativa: ou o pagamento de meio milhão de libras de contas em atraso ou a entrega dos estabelecimentos portugueses da Índia. Demitindo-se o ministro, haveria justificação para retardar a resposta ao Governo inglês[40].

---

[40] Ver Sá da Bandeira, *Lettre Adressée au Comte Goblet d'Alviella*, pp. 67 e ss.

E talvez este, procurando apenas ajustar contas com o «setembrismo», que, em termos pouco hábeis, elevara as pautas aduaneiras, prejudicando, assim, o comércio inglês, na esperança ilusória de desenvolver a produção industrial portuguesa, se contentasse, afinal, com o afastamento dos últimos vestígios do mesmo «setembrismo».

Ganhou-se tempo. Mas Lord Palmerston insistia nas exigências. Em 2 de Maio de 1840, Lord Howard entregou ao Governo português uma nota segundo a qual, se até 15 do mesmo mês não fossem atendidas as reclamações britânicas, uma esquadra inglesa partiria de Malta para ocupar Goa e Macau; e se, por isso, alguma retaliação sofressem os súbditos britânicos residentes em Portugal, outra esquadra se apoderaria da Madeira. Saldanha partiu para Londres e lá obteve uma combinação de pagamento, a prazo de seis anos, do meio milhão de libras exigido. Ainda se salvaram as possessões ultramarinas[41].

A questão do pagamento à Inglaterra agitou fortemente as Câmaras, que, por isso, foram dissolvidas[42]. As novas eleições deram

---

[41] Também nesta época, Lord Palmerston propôs às Câmaras inglesas o célebre *bill* sobre o tráfico da escravatura (ver *supra,* Título II, n.° 3) que, embora com resistências de Wellington e outros pares, na Câmara dos Lordes, acabou por ser aprovado. Trata-se de um gravíssimo atentado à soberania portuguesa e aos princípios de Direito Internacional. Com efeito, o tal *bill* de Lord Palmerston autorizou os navios ingleses a capturar, em todos os mares, as embarcações portuguesas suspeitas de tráfico de escravatura, e submeteu as questões emergentes dessas capturas à jurisdição dos tribunais britânicos. Lord Palmerston fundamentou a sua proposta na falta de cumprimento dos tratados por parte de Portugal, o que nunca justificaria as medidas adoptadas. Mas nem sequer houvera desrespeito dos tratados; apenas impossibilidade de interceptar todos os navios negreiros, porque as medidas adoptadas quanto ao tráfico dos escravos, não acompanhadas, na generalidade dos países, de proibição da própria escravatura, apenas elevara o preço dos escravos, cujo comércio, por mar, se tornara extremamente perigoso mas extremamente rendoso também, pelo que se avivara o engenho dos negreiros em iludir a fiscalização. Como rendosa era para a Inglaterra a função policial de apresar os navios negreiros entre as costas africanas e americanas. Desta repressão se esperavam também limitações à capacidade da economia norte-americana. Do tráfico de escravos em África, na Ásia, e até na Europa Oriental, visando este o abastecimento dos mercados asiáticos com escravos brancos, não se cuidava. Semelhante ao *bill* de Lord Palmerston foi o *bill* de Lord Aberdeen, aplicável ao Brasil e também ofensivo dos direitos soberanos deste Estado (Cf. Oliveira Lima, *O Império Brazileiro,* pp. 209 e ss.).

[42] Como de costume, em tais emergências, os parlamentares foram férteis em violências verbais. Um senador apodou Lord Palmerston de chefe da quadrilha de ladrões ingleses,

maioria aos cartistas; mas os vencidos no plano eleitoral provocaram tumultos armados em Lisboa e agitaram guarnições de província, algumas das quais emigraram para Espanha, quando se viram frustradas nos intentos.

A Carta Constitucional acabaria por ser restaurada em 1842, conforme foi referido. E em termos estranhos. Pois foi o jovem ministro da Justiça, Costa Cabral, o ex-radical e «arsenalista», quem, sendo membro do Governo, contra ele se rebelou, ao menos formalmente, constituindo uma Junta, com apoio militar, proclamando a Carta no Porto, onde fora em visita particular, e depois em Coimbra. A rainha, fiel à Constituição jurada, agora a de 1838, intimou o ministro a submeter-se. O Governo[43], chefiado pelo aristocrático Palmela, que aderira à Constituição de 1838, armou a populaça de Lisboa, para defender a capital dos revoltosos cartistas, que já tinham por eles a guarnição do Castelo de São Jorge. Dada a conhecida aversão da Corte ao «setembrismo» e às Constituições de 1822 e de 1838, era natural que a reacção da rainha soasse a falso, julgando-se mesmo que o golpe de Costa Cabral tinha o apoio de D. Maria II ou fora por ela instigado, logo que já não eram muito de temer os desmandos dos «arsenalistas». Certo é também que os excessos do «setembrismo» tinham passado e a Constituição de 1838 era mais ou menos acatada, pelo que se torna também admissível que a rainha já não tivesse interesse na restauração da Carta Constitucional.

A incapacidade do Governo presidido por Palmela para dominar a situação, quer no Norte quer em Lisboa, levou à sua demissão, sucedendo na presidência do Executivo o duque da Terceira, que participara já da «revolta dos marechais», de índole cartista. Ninguém terá estranhado que o novo Governo desarmasse os elementos populares e aconselhasse a rainha a pôr em vigor o diploma constitucional

---

acrescentando que a nação inglesa era a mais velhaca e infame que conhecia (ver *Diários do Governo* de Junho de 1840). Esqueciam-se os parlamentares de que os seus insultos, sem afectar os políticos ingleses hostis, apenas dificultavam as tentativas de defesa dos que nos quisessem ser favoráveis. Esqueciam, sobretudo, que as nações desejosas de ver respeitados os seus direitos têm de ser fortes; e que a fortaleza, no plano internacional, não depende necessariamente nem da extensão do território nem do número de habitantes, mas, sobretudo, da coesão interna e da consequente capacidade para ligar interesses e negociar.

[43] Este Governo, constituído a 8 de Fevereiro, por altura do Carnaval, teve uma duração de 24 horas, ficando conhecido por «governo do Entrudo».

outorgado por D. Pedro em 1826. A Maçonaria, da qual Costa Cabral já era grão-mestre, orientara-se para uma solução moderada, conservadora, relativamente às questões que dividiam os Portugueses. Era essa também desejada pela Inglaterra e pela Bélgica, cujo rei, Leopoldo I, tão grande influência exerceu por esta época em Portugal, mais directamente através do sobrinho, D. Fernando, ou menos directamente através do misterioso conselheiro Dietz, que com o príncipe viera para Portugal[44].

4. Maria da Fonte, Patuleia e intervenções das potências

a) *De novo a guerra civil*

Costa Cabral, cuja força política se tornou bem evidente a partir da restauração da Carta, passou a dominar inteiramente os Governos, a Administração e as Câmaras, pela dependência dos deputados das benesses governamentais, pelas novas nomeações de pares de feição favorável, em conformidade com a Carta Constitucional, e pelo exercício do «poder moderador» reservado à Coroa, que ela consagrava. Tornou-se possível àquele ministro adoptar medidas particularmente enérgicas, de acentuado cunho pragmático e, nalguns casos, de indiscutível utilidade pública. Mas com manifesto atropelo, ou desconhecimento, de liberdades, direitos e quaisquer ideais de convivência política[45]. Nem assim, porém, conseguiu Costa Cabral fazer cessar o clima de guerra civil.

---

[44] Dietz, secretário privado de D. Fernando II, mestre dele e dos príncipes, foi muito discutido. Parece que exerceu grande influência na política portuguesa da época, apoiando Costa Cabral (cf. Príncipe Lichnowski, *Portugal-Recordações do Anno de 1842*, pp. 36 e ss.; *Memórias do Conde do Lavradio*, III, pp. 216-243, 251-252; *Memórias do Marquês de Fronteira*, IV, pp. 249-250). Dietz acabou de sair de Portugal por imposição do Governo inglês. Eram vivos os atritos entre Dietz e o ministro inglês Lord Howard de Walden, a eles se tendo referido a rainha Vitória em carta dirigida ao rei da Bélgica (ver *The Letters of Queen Victoria*, I, p. 131). A restauração da Carta terá sido decidida pela Maçonaria (ver Borges Grainha, *História da Maçonaria em Portugal*, p. 110).

[45] O apoio político concedido pela rainha a Costa Cabral deu pasto a calúnias respeitantes à sua vida privada, de que os jornais da oposição se fizeram eco frequentemente.

As rebeliões foram constantes; não obstante a violência do poder, pois talvez não estivesse propriamente nessa violência a causa delas[46].

Em 1846, a nova lei de saúde pública, que proibira os enterros nas igrejas, suscitou o levantamento popular do Minho, contra o Governo de Costa Cabral, conhecido por «Maria da Fonte»[47].

Talvez para esconder a verdadeira origem do poder daquele discutido político, que chegou a ser acusado de ter recebido uma *calèche* em pagamento de uma comenda concedida, sendo certo que o ministro não conseguiu provar qual fora o título da aquisição. Um jornal inglês também fez insinuações desprimorosas quanto ao teor das relações entre a rainha e Costa Cabral. Então este, que nunca reagira em face dos insultos da imprensa portuguesa, fez na Inglaterra uma declaração pública de carácter pré-judicial *(affidavit)* que justificadamente provocou escândalo. Através de tal declaração, o ministro negou terminantemente que a sua ascensão política tivesse por causa qualquer conduta imoral da rainha (ver *Memórias do Conde do Lavradio*, III, pp. 288 e ss.; Ester de Lemos, *D. Maria II*, pp. 161-162). Não ganhara boas maneiras o ex-jacobino através do luxo de que se rodeara e da posse do histórico Castelo dos Templários. Conforme referia o ministro britânico em Lisboa, Sir Hamilton Seymour, dirigindo-se a Lord Palmerston e reproduzindo a opinião da infanta D. Isabel Maria, Costa Cabral, conde de Tomar, «is a little a Gentleman by feeling as by birth» (ver ofício de 4 de Janeiro de 1848, *in* Rúben Andresen Leitão, *Novos Documentos dos Arquivos de Windsor*, p. 116).

[46] Com as reservas resultantes do conhecido anticabralismo do conde do Lavradio, tem interesse citar a opinião por ele manifestada, no seu diário de 3 de Abril de 1844: «A profunda imoralidade d'uma serie de maus Ministros conduziram-nos ao circulo vicioso de rebeliões». Mas insistia, mesmo assim, naquele seu diário, o diplomata liberal em que as instituições eram boas, pois «na Carta Constitucional existem os verdadeiros princípios d'um bom Governo. Os homens é que são péssimos, em toda a extensão da palavra», não havendo sequer «uma ideia do que é Justiça» e tendo-se o país transformado num «verdadeiro pinhal de Azambuja» (*Memórias...*, III, p. 191-192). Não se entende bem como é que instituições tidas por excelentes produziam insistentemente tão maus políticos e tão funestos sucessos. Até porque a excelência das instituições há-de ser aferida pela qualidade dos frutos; não podendo também exigir-se aos povos uma espera indefinida relativamente ao apuramento de instituições que tenham provado mal.

[47] A origem da designação continua incerta. Diversas explicações têm sido tentadas. Ou a expressão cobre o anonimato de um movimento em cujo início, pelo menos, as mulheres minhotas tiveram papel decisivo; e «Maria da Fonte» corresponderia à ideia de «revolucionária desconhecida». Ou a alguma mulher não identificada, mas cuja acção tenha tido relevo, seria dado esse nome, talvez relacionado com a freguesia de Fonte Arcada, do concelho de Penafiel, ainda que os acontecimentos iniciais da «Maria da Fonte» de que ficou memória respeitem ao concelho de Póvoa de Lanhoso, onde as mulheres impuseram, contra as autoridades, e em desrespeito da lei promulgada, que os enterros se realizassem nos recintos das igrejas. O conhecimento histórico, ou sociológico, da génese das revoluções poderá levar a pôr em dúvida a espontaneidade de mais este movimento insurreccional

A revolta estendeu-se rapidamente a Trás-os-Montes, à Beira Alta, ao Porto, ao Alentejo, ao Algarve, a Santarém e até às portas de Lisboa[48]. Por toda a parte se queimavam os arquivos estaduais, especialmente os dos serviços fazendários, apontados como instrumentos das expoliações do Governo, ao serviço de uma legalidade formal tida por ofensiva das leis naturais que regiam a sociedade portuguesa. Formaram-se guerrilhas de chefias e composição heterogéneas, umas aclamando el-rei D. Miguel, outras dominadas pelo espírito jacobino característico do «setembrismo» vencido, umas comandadas por padres ultramontanos e oficiais convencionados de Évora Monte, outras dirigidas por liberais de feição radical – todos irmanados na mesma hostilidade ao Governo cabralista e, talvez também, à dinastia reinante[49]. Costa Cabral terá pedido à Espanha um auxílio militar de

---

apontado como popular. Há sempre agitadores, geralmente não identificados e ao serviço de interesses muitas vezes também ocultos, que fomentam tais movimentos; mas é certo também que as massas populares correspondem mais ou menos prontamente, mais ou menos violentamente, aos incitamentos, conforme as circunstâncias e os sentimentos que as dominam. Também importará assinalar que a «Maria da Fonte» coincidiu com uma revolta popular que agitou várias províncias espanholas, entre elas as galegas, e afastou do Governo de Madrid o general Narváez.

[48] De um ofício do diplomata inglês Southern para o almirante Parker, de 14 de Outubro de 1846, constam as seguintes passagens: «... as diversas povoações, que quasi todas são na maior parte Miguelistas, estão n'um estado d'effervescencia... em Cintra, uns mil e duzentos homens do campo... obrigaram a fugir as authoridades e a tropa... O grito d'esta gente é – viva D. Miguel – e morra a Rainha» (ver *Livro Azul*, trad. port., pp. 15-16). Sobre a posição britânica em face dos acontecimentos, ver também cartas da rainha Vitória nas quais ela recomenda ao seu governo maior discrição no apoio aos rebeldes portugueses, condena a demagogia do encarregado de negócios em Lisboa, Southern, chama a atenção para o interesse em não deixar perder Portugal, com vantagem para a França, e diz pretender evitar o assassinato dos membros da família real portuguesa, mesmo não podendo evitar que perdessem a Coroa. Há também nessas cartas afirmações muito curiosas da rainha Vitória quanto ao «espírito de tirania e crueldade do Governo português, sem paralelo em nenhuma parte da Europa», quanto aos «setembristas», que seriam «os piores inimigos da Inglaterra», e quanto aos malefícios das Constituições nos países do Sul *(The Letters of Queen Victoria,* II, pp. 109, 111, 117, 118-119, 120 e 129).

[49] Sobre a heterogeneidade revolucionária bastará dizer que, no Minho, o miguelista padre Casimiro reuniu 3000 guerrilheiros armados, o general irlandês Mac Donnell tentou organizar um exército realista; em Santarém a revolução colocou à sua frente o radical Passos Manuel, enquanto em Lisboa Sá da Bandeira e Lavradio hostilizavam o Governo. No Norte, acabou por estabelecer-se uma aliança entre a Junta do Porto e a Junta Realista, que erguera o estandarte da legitimidade, mas cujos chefes, após a morte de Mac Donnell,

6000 soldados[50], tentando por todos os meios conservar-se no Poder. Mas acabou por demitir-se e refugiar-se em Espanha. O novo Governo, presidido por Palmela, procurou as soluções conciliatórias, revogando as leis de saúde pública, suprimindo impostos, libertando presos e dissolvendo as Câmaras.

Mas mais uma vez as Cortes estrangeiras e os seus representantes em Lisboa procuraram tomar partido da situação. O ministro de Espanha mostrava-se favorável aos cabralistas, convencendo o Governo de Madrid de que o triunfo da «Maria da Fonte» seria desfavorável ao país vizinho; o ministro inglês, Lord Howard de Walden, que noutros tempos terá protegido Costa Cabral, mostrava-se-lhe contrário e simpatizante com a revolta, ainda que receoso de um renascimento miguelista, o qual, a dar-se, poderia provocar nova intervenção armada estrangeira, em conformidade com o Tratado da Quádrupla Aliança de 1834. Palmerston tratava de dissuadir o Governo de Madrid de qualquer ataque a Portugal.

b) *As intervenções militares estrangeiras e a Convenção de Gramido*

Embora os miguelistas tenham sido vencidos e massacrados em Braga, sem que fosse concedido perdão aos prisioneiros[51], e os setembristas tenham sofrido sorte semelhante em Torres Vedras, a revolta «patuleia», com os seus dois pólos, um legitimista, outro jacobino, ia ganhando adesões e consistência. A Junta do Porto repetiu

---

renunciaram a algumas das suas posições políticas. Nessa base, o general Lemos, convencionado de Évora Monte, chegou a dominar toda a província de Trás-os-Montes e a deter o Governo militar do Porto.

[50] Ver carta do conde de Saint-Léger, marquês da Bemposta, in *Memórias do Conde do Lavradio*, II, p. 202.

[51] O próprio general escocês Mac Donnell foi assassinado pela tropa liberal; apesar de os miguelistas o considerarem traidor à sua causa, ao facto atribuindo, ao menos em parte, o insucesso (cf. Padre Casimiro, *Apontamentos para a Historia da Revolução do Minho em 1846 ou da Maria da Fonte*, pp. 123-124; António Teixeira de Macedo, *Traços de Historia Contemporanea (1846-1847)*, pp. 218-219). Numa tentativa de reabilitar o general Mac Donnell das acusações de conluio com Saldanha, ver Carlos Rangel de Sampaio, *Preparativos de uma Revolta (Documentos Ineditos de 1840 a 1846)*, Lisboa, 1905.

a aventura de 1833, destinando uma expedição a desembarcar no Algarve, atravessar o Alentejo e alcançar Lisboa. Desta vez, porém, a expedição, comandada por Sá da Bandeira, ficou detida em Setúbal. Mas sem deixar de ameaçar a capital. Enquanto as tropas do conde das Antas se mantinham no Porto e as guerrilhas miguelistas nas montanhas do Norte.

Havia muito que o Governo de Lisboa e o embaixador em Madrid, que era Costa Cabral, tentavam obter uma intervenção britânica ou espanhola que lhes solucionasse o problema. Mas a Inglaterra duvidava que houvesse perigo de uma restauração miguelista; e entendia mesmo que já não vigorava o tratado de 1834. Finalmente, porém, o Governo britânico mudou de atitude. Começou por enviar a Portugal, em missão mediadora, o coronel Wylde, ajudante-de-campo do príncipe consorte, Alberto de Saxe-Coburgo, embora afirmando ainda preocupações de estrita neutralidade. Receava, porém, o Governo inglês uma intervenção espanhola em Portugal, que não fosse por ele controlada. Acabaram por entender-se a Inglaterra e a Espanha no sentido de pôr fim à contenda. Os ministros Hamilton Seymour e Torre Ayllon, representantes da Inglaterra e da Espanha em Lisboa, intimaram a Junta do Porto a depor as armas. A esquadra inglesa bloqueou a barra do Douro e aprisionou os 4000 soldados do conde das Antas que seguiam com destino a um novo desembarque no Sul. Uma divisão espanhola, comandada pelo general Concha, passou a fronteira no Minho e em Trás-os-Montes, acabando por ocupar o Porto. Outras tropas espanholas invadiram a orla oriental do Alentejo. Um barco de guerra inglês forçou a barra do Sado. O almirante Parker, no estuário do Tejo, achava-se pronto para desembarcar os seus homens, se os revolucionários, que tinham soltado os presos das cadeias de Lisboa, levassem a melhor. Finalmente, a paz foi estabelecida pela Convenção de Gramido, do nome da localidade onde foi assinada, a 29 de Junho de 1847, pelos representantes da Junta do Porto, marquês de Loulé e general César de Vasconcelos, da Inglaterra, coronel Wylde, e de Espanha, general Concha. O Governo de Lisboa nem sequer teve representação em Gramido. Portugal continuava sob tutela[52]. Bem a mereciam os improvisados dirigentes

---

[52] Sobre a Convenção de Gramido, ver Borges de Castro, *Collecção...*, II, pp. 192 e ss.; Luz Soriano, *Vida do Marquês de Sá da Bandeira,* II, pp. 264-271; *O Livro Azul ou*

que se tinham assenhoreado do País e se mostravam incapazes de dominar as forças desencadeadas, quais aprendizes de feiticeiro.

A Convenção de Gramido garantiu as vidas, propriedades, honras e dignidades dos vencidos; tal como o Tratado da Quádrupla Aliança de 1834. Mas, em ponto pequeno embora, repetiram-se as perseguições que se seguiram a Évora Monte. Nomeadamente pelos assaltos aos jornais da oposição, segundo práticas bem enraizadas durante todo o regime liberal português. Não há amnistias que valham face ao poder de facto detido pelos Governos[53].

c) O rei Carlos Alberto exilado no Porto

Apesar da intranquilidade da vida portuguesa, o rei do Piemonte e da Sardenha, Carlos Alberto, escolheu a cidade do Porto para local de exílio, depois de ter abdicado do seu trono, em 1849.

Este príncipe italiano costuma ser apontado como um dos paladinos reais do liberalismo novecentista. Mas há diversas fases na sua vida política. Começou por ser rígido defensor da legitimidade

---

Correspondencia relativa aos Negocios de Portugal Apresentada em ambas as Camaras Inglezas, trad. port., Lisboa, 1847; *Documentos Historicos Relativos aos Ultimos Acontecimentos Políticos de Portugal que não veem Mencionados no Livro Azul,* Lisboa, 1848, esp. pp. 157 e ss.; António Teixeira de Macedo, *Traços de Historia Contemporanea (1846-1847),* esp. pp. 119 e ss. A tutela acabou por beneficiar exclusivamente a Inglaterra, que durante largas, muito largas, dezenas de anos exerceu contra Portugal toda a espécie de prepotências. O facto é apontado, em termos muito claros e incisivos, pelo Conde do Lavradio, com a autoridade que lhe advinha da sua anglofilia e da experiência de 13 anos de exercício das funções de ministro plenipotenciário em Londres. Temia mesmo Lavradio que, por via de tais prepotências, Portugal deixasse, de facto, de ser uma potência independente (ver *Memórias do Conde do Lavradio,* VIII, p. 240).

[53] A fraude, a corrupção, a intimidação e a violência praticadas em Portugal por motivos políticos, particularmente por ocasião das eleições, levaram Lord Palmerston, em despacho dirigido ao representante britânico em Lisboa, Hamilton Seymour, a pôr a questão de saber se uma monarquia absoluta não seria preferível a essa farsa de representação popular (ver Rúben Andresen Leitão, *Novos Documentos dos Arquivos de Windsor,* pp. 105-106). Da situação caótica de Lisboa, a seguir à Convenção de Gramido, dá ideia o episódio respeitante à detenção do ministro de Espanha, Torre Ayllon, que, mostrando-se simpatizante com os «amnistiados», não esconderá essa sua preferência ao assistir a uma rixa, num botequim, entre um grupo desses «amnistiados» e outro de «voluntários da rainha» (ver *Memórias do Marquês da Fronteira,* IV, pp. 257 e ss.).

monárquica; e, como tal, recebeu benevolamente os miguelistas portugueses foragidos que se acolheram nos territórios da Casa de Sabóia, especialmente em Turim, capital do Piemonte. Depois, tornou-se, efectivamente, o precursor da unidade italiana, sob o signo liberal, opondo-se aos Austríacos, cujas debilidades próximas, originadas na revolta da Hungria e na queda de Metternich, procurou aproveitar, com o apoio dos mais exaltados radicais da Itália. Outorgou Carlos Alberto ao seu reino uma constituição de feição liberal, o Estatuto Albertino, em 1848; e tentou revoltar a Lombardia contra o imperador. Mas, logo no ano seguinte, tendo sido o exército piemontês destroçado pelos Austríacos, em Novara, Carlos Alberto, a fim de facilitar as negociações do armistício, abdicou no filho, Vítor Manuel II[54], que viria a ser o construtor da unidade italiana, através de sendas nem sempre isentas de reparos.

Não podendo ficar na Itália, após a sua abdicação, nem deslocar-se para os Estados do imperador, seu adversário, nem para França, onde recentemente se implantara a República e com a qual o Piemonte tinha fronteiras, o rei Carlos Alberto terá hesitado entre fixar-se em Espanha ou em Portugal. Mas a situação política espanhola ainda envolveria maiores incertezas do que a portuguesa; e isso terá pesado no espírito do rei italiano para se exilar em Portugal. A cidade do Porto oferecia-lhe também a vantagem de achar-se afastada da Corte do país de exílio. Ali se instalou o rei Carlos Alberto, sendo recebido carinhosamente quer pelas autoridades portuguesas quer pela população portuense, junto da qual a extrema simpatia e a simplicidade do príncipe exilado deixaram recordações fundas, que, anos mais tarde, unida a Casa Real portuguesa à Casa de Sabóia[55],

---

[54] Os dramas e equívocos que envolveram a política do rei Carlos Alberto, aliado circunstancial de forças com as quais não lhe era possível o entendimento, parecem claramente definidos no ofício do encarregado de negócios em Turim, Lobo de Moura, para a Secretaria de Estado, de 3 de Junho de 1849, reproduzido por Eduardo Brazão, *A Unificação da Itália Vista pelos Diplomatas Portugueses,* I, pp. 147 e ss. O encarregado de negócios português refere-se também, noutro ofício, à indisciplina dos soldados piemonteses que, na retirada, saquearam as casas das terras do seu próprio país e assassinaram os oficiais (*ibidem,* p. 136).

[55] A rainha D. Maria Pia de Sabóia, casada com D. Luís I, era neta do rei Carlos Alberto, dele descendendo, assim, os dois últimos príncipes que reinaram em Portugal.

seriam oficialmente muito sublinhadas. Mas o rei Carlos Alberto escassos meses sobreviveu à sua abdicação e ao seu exílio. Com ele se inaugurou o ciclo de exílios reais em Portugal, tornados frequentes no decurso do século XX.

CAPITULO IX

PERSPECTIVAS INCERTAS DA POLÍTICA EXTERNA PORTUGUESA
(1853-1884)

TÍTULO I

O Novo Contexto Europeu
e a «Questão do Oriente»

1. Luta pelos despojos otomanos na Europa

Com a Regeneração (1851), ou com a morte de D. Maria II (1853), se tem feito coincidir o fim das guerras civis portuguesas do século XIX[1]; e, de algum modo, o fim das ingerências estrangeiras mais flagrantes, mais ostensivas. D. Maria II, fundadora da nova dinastia de Bragança-Saxe, suportou o peso correspondente à transição de regime[2]. Através dos acontecimentos dolorosos de um período de

---

[1] Não deverá entender-se, no entanto, que com a Regeneração, ou com a morte de D. Maria II, tenha sido posto termo ao ciclo das revoluções e dos «pronunciamentos». Cessaram as resistências prolongadas à violência revolucionária, isso sim. Os Governos ganhavam as eleições, invariavelmente; e os oposicionistas aguardavam a primeira oportunidade para se instalarem no Poder, por via revolucionária, promovendo seguidamente eleições, que também haviam de ganhar, infalivelmente. Tais movimentos, mais ou menos pendulares, enraizaram-se, banalizaram-se e deixaram de justificar resistências vigorosas.

[2] Terá sido este, sem dúvida, um peso excessivo para a jovem rainha, que assumiu as responsabilidades da realeza aos 15 anos de idade e faleceu aos 34, sendo envolvida, durante todo o seu reinado, por um ambiente de ódios e de lutas, tanto físicas como verbais, que nem sequer a poupou pessoalmente. Segundo Júlio de Vilhena, D. Maria II «foi uma vítima, não diremos das suas qualidades, mas das péssimas qualidades dos homens que a rodearam», dos quais «nenhum, absolutamente nenhum deles, foi sincero amigo do trono», que só amavam quando os favorecia nas suas ambições (ver Júlio de Vilhena, *D. Pedro V e o seu Reinado,* I, p. 349). Com a madrasta, a imperatriz D. Amélia de Leuchtenberg, e com as tias, infantas D. Isabel Maria e D. Ana de Jesus, não terá podido contar D. Maria II. Só encontrou em torno os marechais do pai, sempre divididos, através de ódios profundos, e os adventícios que procuravam fortuna fácil nas trevas da transformação política. Até a sua dedicada e esclarecida amiga D. Leonor da Câmara lhe foi retirada pelos políticos, sob os pretextos de que era miguelista, excessivamente devota ou demasiado favorável à imperatriz

20 anos, a Coroa ter-se-á adaptado, mais ou menos, ao Constitucionalismo, e os Portugueses, exaustos de lutas internas, ter-se-ão resignado a buscar em paz relativa a garantia da sua sobrevivência[3].

---

viúva (cf. Domingos Maurício, *A Preceptora de D. Maria II*). E, na vida conjugal, atormentada pelos ciúmes que D. Fernando lhe despertava, terá chegado D. Maria II a impor aos seus ministros a saída de diplomatas estrangeiros cujas mulheres supunha agradarem ao marido (ver Júlio de Vilhena, *D. Pedro V e o seu Reinado,* Suplemento, p. 164). Da jovem rainha portuguesa dizia a futura rainha Vitória, em carta dirigida ao rei da Bélgica, de 1837, que «her education was one of the worst that could be» (*The Letters of Queen Victoria,* I, p. 59).

[3] O passado próximo, porém, pesava dolorosamente na vida portuguesa. A situação financeira e os seus reflexos externos eram tais que o nosso representante em Londres anotava no seu diário de 6 de Janeiro de 1853: «Os fundos portugueses tornaram a descer e o nosso descrédito parece ter chegado ao seu apogeu» (ver *Memórias do Conde do Lavradio,* IV, p. 201). Também eram constantes as atitudes de desrespeito dos direitos de Portugal por parte dos Ingleses e de outros. São exemplo disso os incidentes ocorridos em Cabinda, no Ambriz e em Quissanga com os comandantes de navios de guerra britânicos que ali aportaram para celebrar tratados com as autoridades indígenas, como se não se tratasse de territórios sob soberania portuguesa (*ibidem,* pp. 234 e ss., 240 e ss., 290 e ss.). Para estes desacatos muito contribuiu o erro cometido pelo Governo português, desde 1834, de abandonar as missões católicas na África e na Ásia, do que a Inglaterra, que para lá mandava os seus pastores anglicanos, se ia aproveitando (*ibidem,* p. 237). Conforme lucidamente observa o conde do Lavradio, não obstante a sua bem conhecida anglofilia, também para os Ingleses a guerra ao tráfico da escravatura constituía um pretexto para atingirem outros fins (*ibidem,* p. 238). Nem hesitavam os comandantes ingleses em atribuir às autoridades portuguesas, sem excepção, conivência no tráfico dos escravos, nem em afirmar que os oficiais da Marinha portuguesa repartiam entre si os proveitos que daí lhes advinham, em consequência dos seus mesquinhos soldos (*ibidem,* pp. 248-249). Também os termos insolentes usados pelos comandantes britânicos no trato com as autoridades portuguesas eram dificilmente toleráveis (*ibidem,* V, p. 279). Apesar da sua confessada grande admiração pelas instituições britânicas, reconhecia Lavradio que para a Grã-Bretanha, «nas suas relações internacionais, não há nem justiça nem boa-fé» (*ibidem,* IV, p. 238). Observe-se, no entanto, que as violências cometidas pela Armada britânica em relação a Portugal em África encontravam alguma cobertura jurídica em dois protocolos secretos assinados pelos representantes portugueses, a 12 de Agosto de 1847 e 19 de Novembro de 1850, pelos quais, por espaço de seis anos, se estabelecera como que uma suspensão da soberania portuguesa nalgumas zonas (*ibidem,* p. 240). A protecção britânica tinha o seu preço, e os governantes que por qualquer meio querem conservar-se no Poder são sempre muito débeis frente às exigências externas. Acresciam, nesta época, às dificuldades substanciais, para agravar a situação portuguesa no plano internacional, as frequentes inconsiderações do Governo português, mostrando-se muitas vezes alheado dos usos estabelecidos ao nível das relações com os Governos estrangeiros. Assim aconteceu, por exemplo, com a viagem de D. Pedro V à Inglaterra, anunciada à Corte britânica sem que dela fosse sequer dado conhecimento à representação diplomática portuguesa em Londres (*ibidem,* pp.42-43).

Mas não deverá excluir-se também que a acalmia da vida nacional tenha sido condicionada, nalguma medida, pelas circunstâncias externas.

A Rússia desistira, momentaneamente, de disputar à Inglaterra o domínio da América do Sul. Esta, repartida por repúblicas débeis e pelo Império do Brasil, abrira-se inteiramente ao comércio britânico. As independências políticas formais dificilmente escondiam um apertado domínio económico de Londres. Os antigos territórios espanhóis da América do Norte tinham caído, ostensivamente ou não, conforme os casos, na esfera dos Estados Unidos. O mar das Caraíbas continuava repartido por diversas potências. E ao Império moscovita parecia estar reservado um largo campo de expansão, através dos territórios que os Otomanos iam abandonando, sendo certo que os Austríacos, embora principais artífices do desmantelamento islâmico na Europa, não teriam possibilidade de ocupá-los nem, sobretudo, de manter grandes marcas militares já nas proximidades da Ásia, ou mesmo dentro dela. Aos Russos estaria reservado o papel de se substituírem aos Turcos no Oriente europeu; ou mesmo de reconstituírem o Império Romano do Oriente, não devendo excluir-se que viessem a instalar-se em Constantinopla, após 400 anos de domínio otomano. Tanto mais que a investida anglo-francesa na Grécia, que culminara na Batalha de Navarino (1827) e no Tratado de Andrinopla (1829), garantindo a independência política grega, acabou por servir, sobretudo, os interesses russos.

2. Guerra da Crimeia

Mas à Inglaterra, à França e à Áustria não interessava que a Rússia dominasse o Mediterrâneo Oriental e a Península Balcânica, envolvendo a Europa numa cintura desde o Báltico. Também queriam compartilhar dos despojos do Império Otomano; talvez menos pelo interesse directo desses despojos do que pelo de travar o acréscimo do poder moscovita. Na luta desenvolvida foi mobilizado o sentimentalismo das pequenas burguesias ocidentais, através dos apelos românticos à defesa da liberdade polaca e da liberdade grega. A esses apelos não foi alheia a revolução de Varsóvia de 1830; nem os esforços orientados no sentido de evitar que a Sérvia, a Grécia, a

Bulgária e a Roménia, libertadas da ocupação turca, se tornassem protectorados russos[4]. Tratava-se de criar atritos e dificuldades onde quer que os Russos exercessem o seu poder[5].

Esta luta, prolongada durante muitos anos, viria a ter o seu desfecho, favorável às potências ocidentais, através da Guerra da Crimeia. Depois de dominadas pelas forças conservadoras as revoluções de 1848, cujo efeito fundamental se traduziu apenas em abater o poder austríaco, em benefício da Prússia[6], os Estados do Ocidente

---

[4] Note-se a actualidade da disputa do Oriente europeu, arrebatado aos Turcos pelas diversas potências. A razão ostensiva da guerra de 1914-1918 radicou na luta de influências da Áustria e da Rússia na Sérvia, posta em relevo após o atentado de Serajevo, que vitimou o arquiduque Fernando. Ainda após 1945 se duvidou quanto à integração da Jugoslávia, sucessora da Sérvia, no bloco de Leste ou no de Oeste. A Grécia foi duramente disputada entre esses dois blocos, após a última guerra mundial, através de uma sangrenta guerra civil. Na Roménia, sempre a França tentou exercer grande influência, na base dos vestígios da cultura latina atribuída à respectiva região. Em suma, poderá entender-se que o destino do antigo Império Otomano da Europa continua por definir. A fim de obter a reacção polaca anti-russa, os Ocidentais utilizaram, largamente, os inimigos internos da Rússia. É, pelo menos, exagerada a visão de domínio opressivo dos Russos sobre a Polónia posta a correr nos países ocidentais entre 1820 e 1830. No plano do bem-estar económico como no das liberdades de religião e individuais, a sorte dos Polacos estava bem acima da reservada aos próprios russos; embora isso não se devesse necessariamente à generosidade dos Moscovitas mas à diversidade de condições. Depois da revolta de 1830-1831, então sim, muitas das liberdades polacas foram negadas. E as potências ocidentais, que não tinham sido alheias àquela revolta, favorável aos seus interesses, apenas usaram de algumas palavras estéreis, condenatórias da repressão russa.

[5] A todas as potências ocidentais interessava deter a Rússia na sua marcha para Constantinopla e para o domínio do Mediterrâneo Oriental. À Inglaterra importava também afrontar o poder moscovita em termos de deter uma expansão que pusesse em risco o seu Império da Índia. Sobre a «A questão do Oriente» e a Guerra da Crimeia, cf. Mendes Leal, *Historia da Guerra do Oriente*, 2 vols., Lisboa, 1855; António de Serpa Pimentel, *A Questão do Oriente*, Porto, 1879; A. Débidour, *Histoire Diplomatique de l'Europe*, II, pp. 79 e ss.; Émile Bourgeois, *Manuel Historique de Politique Étrangère*, III, pp. 361 e ss. A «questão do Oriente» havia de reacender-se, anos mais tarde, por ocasião da guerra que a Rússia moveu à Turquia, em apoio dos Búlgaros, dos Sérvios e dos Montenegrinos. Tendo obtido a neutralidade benevolente do Império Austro-Húngaro, a Rússia preparou-se para entrar com as suas tropas em Constantinopla. Mas a Grã-Bretanha opôs-se a tal entrada e, para tornar efectiva a oposição diplomática, reuniu uma grande esquadra no Mediterrâneo Oriental, à vista das linhas militares russas. Constantinopla continuaria nas mãos dos Turcos.

[6] O próprio Palmerston, depois de ter, por todos os meios, favorecido as revoluções que, em 1848, eclodiram em França, na Áustria e na Itália, para abater potências rivais da Inglaterra, após a queda de Metternich, arrastado por esses mesmos movimentos revolucionários,

Fig. 25 – *Sá da Bandeira*

Fig. 26 – *Busto do Conde do Lavradio*
Miguel dos Santos
1891
78 x 48 x 31 cm
Escultura em mármore
N.º Inv. MAR 1697 (Museu da Assembleia da República)
Sala do Senado – Assembleia da República
Fotografia de Eduardo Gageiro (in Arquivo Histórico Parlamentar)

dispuseram-se a recolher os despojos otomanos. Sob a pressão das tropas inglesas, francesas e turcas, o Império moscovita teve de ceder[7]. A exploração deste triunfo por parte da Inglaterra e da França, a «questão romana» e o desequilíbrio do poder nos Estados alemães iriam ocupar, durante anos, os grandes centros de decisão mundial. Entretanto, em Lisboa, os governantes poderiam repensar, em relativas paz e independência, um reajustamento da vida portuguesa, após a perda do Brasil, que durante dois séculos preenchera o vazio deixado pelo abandono do comércio do Índico.

---

manifestou fundos receios quanto às consequências anárquicas de situações que ele próprio criara, ou para as quais, ao menos, muito contribuíra. Assim, o restabelecimento da ordem nos países agitados pelas revoluções terá beneficiado da boa vontade do Governo britânico (ver Émile Bourgeois, *Manuel Historique de Politique Étrangère*, III, P. 306).

[7] Algumas vezes se receou, durante a Guerra da Crimeia, que Portugal fosse forçado pela Inglaterra a abandonar a sua neutralidade, dada a resistência prolongada da Rússia (ver *Memórias do Conde do Lavradio*, V, pp. 144, 158 e 238).

TÍTULO II
O Enquadramento Externo Português e D. Pedro V

1. Influência dos modelos estrangeiros

A cultura, a inteligência, a facilidade de expressão e a honestidade do «rei esperançoso» não têm suscitado dúvidas[8]. A sua preparação honra o diplomata, visconde, e depois conde, da Carreira, que foi seu aio. Resta, porém, saber se tais qualidades terão sido acompanhadas de capacidade de hierarquização dos problemas, de conhecimento dos homens, de sentido das oportunidades e de fé no destino da comunidade, indispensáveis ao traçado de qualquer política válida.

---

[8] É surpreendente mesmo a cultura revelada por D. Pedro V através do *Diário* da sua viagem a França de 1855, quando contava apenas 18 anos. Mas essa sua cultura parece bem mais rica quanto às coisas alheias que quanto às portuguesas. Com o seu talento e virtudes, é bem possível, no entanto, que D. Pedro V, se tivesse tido tempo, acabasse por vencer os erros de base da sua educação, alheada da cultura nacional. Já é significativo, em relação às preocupações do jovem rei de algum ajustamento às circunstâncias do País, que, na sequência de semelhantes preocupações de D. João V, de D. Maria I e de D. João VI, logo no início do seu reinado, D. Pedro V tenha mandado colocar, à porta do Palácio das Necessidades, uma *caixa azul,* destinada aos requerimentos de socorros, e uma *caixa verde,* destinada a outras súplicas, mais geralmente usada para formulação de queixas de ministros e outras autoridades. Bem necessária se mostrava a providência, pois, nesta época, «nenhum dos poderes do Estado cumpria os seus deveres», «em época nenhuma esteve mais corrompido» o poder judicial, encontrando os criminosos «decidida protecção no júri, e não menos nos juízes togados» (ver Júlio de Vilhena, *D. Pedro V e o seu Reinado*, I, pp. VI-VII). E também o rei, devendo exercer apenas o *poder moderador,* segundo a Carta Constitucional, dele exorbitava, «ingerindo-se constantemente na função do poder executivo» (*ibidem,* p. VII). Julga-se que um dos ministros, Rodrigo da Fonseca Magalhães, fértil em expedientes políticos, tratou de estragar o funcionamento da *caixa verde,* «mandando deitar lá dentro coisas que D. Pedro não teria prazer em encontrar» (*ibidem,* p. 90).

A vasta epistolografia de D. Pedro V revela-nos frouxa consciência da função de monarca constitucional, intransigência extrema face às debilidades dos ministros que lhe eram impostos pelas maiorias parlamentares[9] e constante envolvimento no estudo de pormenor das mais diversas questões[10].

Entre os políticos que rodearam D. Maria II, desnacionalizados por índole ou por condicionalismo, e a figura do pai, D. Fernando de Saxe-Coburgo, em cujas qualidades não se terá incluído a de enten-

---

[9] Embora se nos deparem nos seus volumosos escritos tomadas de posição contraditórias, que a juventude e as variadas influências justificam, a incompatibilidade de D. Pedro V com o sistema no qual lhe coube a realeza talvez melhor se explique através de alguns juízos constantes do seu diário. Entre eles: «A democracia em obra sempre dá maus resultados» (*Escritos de El-Rei D. Pedro V*, II, p. 29); «os progressos materiais ... encobrem uma grande corrupção e uma grande chaga moral» (*ibidem*, p. 30); «há cincoenta anos que não há autoridade, e que as cousas conservam um resto de ordem que vem do movimento imprimido pelas tradições, que não se podem destruir, e que o acaso, graças a Deus, tem querido prolongar até que as circunstancias permitam restabelecer as cousas nos seus eixos» (*ibidem*, p. 77); «quanto mais democratica for a forma do ... governo tanto mais despotica é a sua essencia» (*ibidem*, p. 187); «a verdadeira liberdade ... não pode existir sem desegualdade ... porque o desejo da egualdade é o fructo da inveja que se desenvolve pelo desenfreamento das más paixões» (*ibidem*, p. 188); «a Revolução de 1789 ... teve por apostolos os homens mais corrompidos» (*ibidem*, p. 193); «a Revolução francesa... destruiu sem discernimento a história» (*ibidem*, p. 224; *Diário da Viagem a França d'El-Rei D. Pedro V*, pp. 67-240). À vista de tais juízos, compreender-se-á melhor que D. Pedro V não se entendesse com os ministros, mais ou menos eivados de liberalismo revolucionário.

[10] D. Pedro V cuidava em pormenor dos mais diversos problemas que constituíam objecto do despacho dos ministros. Ocupou-se desenvolvidamente de assuntos de organização militar, de balística, de armamentos, de coudelarias, de vestuário de funcionários, de esgrima de baioneta, de caminhos de ferro, de concursos universitários, de socorros mútuos, etc. Segundo Júlio de Vilhena, o rei dava pareceres, «como se fosse um chefe de repartição» (*D. Pedro V e o seu Reinado*, I, p. 86). Nem escapavam ao rei os casos de despacho individual - nomeadamente, promoções, transferências, punições. E de toda a correspondência vinda do Ultramar não lhe ficava sem exame um único ponto (*ibidem*, p. 96). «General, estadista, administrador, escritor», «era um assombro», «um superhomem», aquele jovem de 18 anos, idade que tinha quando começou a reinar. E, contudo, «não podia conviver com os homens», «era inapto para Rei» (*ibidem*, pp. 98-99). As exigências de Governo não se conciliavam com as constantes discussões académicas tão caras ao monarca; nem com a sua ingerência constante nas mais pequenas coisas da Administração, incluindo as nomeações dos empregados da confiança dos ministros (*ibidem, p.* 99). Pelo menos, não seria apto para rei dentro do sistema político da sua época. Quanto aos conhecimentos militares, no plano dos pormenores de D. Pedro V, parece significativa a correspondência trocada com o general Fortunato José Barreiros (ver *Cartas a El-Rei D. Pedro V* esp. pp. 232 e ss.).

der Portugal[11], não seria fácil para D. Pedro V apreender nitidamente o sentido da comunidade portuguesa. Talvez chegasse a duvidar que ela o tivesse. Desgostoso de quanto o envolvia e, admissivelmente, sem crenças bastante sólidas[12], o jovem monarca viveu o seu curto reinado como se se sentisse exilado na própria Pátria.

A rectidão de espírito de D. Pedro V havia de impeli-lo a tentar pôr termo a muitos dos males da sociedade portuguesa. A mesma rectidão o levou a aborrecer os políticos profissionais[13]. Mas a educa-

---

[11] O «rei artista», como geralmente foi designado D. Fernando, através dos seus próprios gostos artísticos mostrou desconhecer a riqueza cultural portuguesa. Disso são reflexos as suas fantasias arquitectónicas do Palácio da Pena e do Buçaco, assim como o gosto pesado dos recheios das moradas reais do seu tempo, que bem contrastam com a harmonia de Queluz e do Palácio de Sintra. É bem possível que a lamentável desnacionalização dos áulicos da época não tenha permitido sequer àquele príncipe estrangeiro o conhecimento e a apreciação dos aspectos genuínos da arte portuguesa. Não obstante, à sensibilidade artística de D. Fernando, ainda que bastante alheada das coisas portuguesas, se ficaram a dever empreendimentos de relevo para a vida nacional. Entre eles, a «exposição retrospectiva de arte ornamental portugueza e espanhola», celebrada em Lisboa, em 1882. Mas, mesmo nesse caso, o desconhecimento da individualidade própria da cultura portuguesa conduziu a uma visão unitária de uma arte ornamental de tipo «iberista», portuguesa e espanhola. No entanto, após o desaparecimento de grande parte das riquezas artísticas de Portugal, que se achavam nos conventos e nas casas dos vencidos, tendo sido diligentemente encaminhadas para os mercados internacionais por agentes especializados, que logo no fim da guerra civil para tal efeito se deslocaram a Portugal, a referida exposição e outros empreendimentos, alguns ligados ao rei D. Fernando, contribuíram para restabelecer a consciência da individualidade própria das artes nacionais. E para tomar conhecimento do que ainda restava de um património artístico valiosíssimo que se dispersara e, em larga medida, se perdera. Sobre o rei D. Fernando, ver as observações de Júlio de Vilhena, in *D. Pedro V e o seu Reinado,* Suplemento, pp. 164 e ss.

[12] A hipótese de debilidade de formação religiosa, ajustada ao ambiente que sempre rodeou D. Pedro V, desde a primeira infância familiarizado com a presença e a influência do padre Marcos junto dos pais, não exclui que o rei fosse assíduo aos actos do culto e aos sacramentos; inclusivamente durante a doença que o vitimou. Nem deverá estranhar-se que, como foi comum entre as classes dominantes da sua época, D. Pedro V tenha muitas vezes procurado separar radicalmente a religião dos mais diversos aspectos da vida.

[13] O retraimento, ou até repulsa, relativamente aos políticos profissonais reflectiu-se não apenas na epistolografia de D. Pedro V mas também no seu *Livro Negro,* ou *Diário Íntimo,* que se julgou tivesse sido destruído por ordem do irmão e sucessor no trono, D. Luís, mas de que Damião Peres encontrou parte (ver Júlio de Vilhena, *D. Pedro V e o seu Reinado,* II, p. 332; Damião Peres, *D. Pedro V nas Páginas do seu Diário Íntimo,* Porto, 1945). O rei amava a liberdade, mas não tolerava a anarquia nem, segundo a sua expressão, a «canalhocracia» (ver *D. Pedro V nas Páginas do Seu Diário Íntimo,* p. 22). Por isso, notava no seu referido *Diário:* «... hei-de endireitar este modo de vida» (*ibidem,* p. 31).

ção recebida e a inexperiência própria da idade tornaram inevitáveis também para o jovem rei muitos erros de diagnóstico como o desacerto pragmático de alguns propósitos.

Poderá julgar-se que um certo sentido internacionalista da vida, incutido pelo ambiente da Corte, pelas viagens realizadas e pelo meio familiar, tornaria D. Pedro V particularmente hábil para o entendimento e para a definição da política externa portuguesa. Mas não foi assim. Porque a política internacional dos Estados sempre tem de ser traçada e prosseguida na base de um entendimento prévio bastante, quanto aos pontos de partida e quanto aos fins do Estado considerado. E esse, compreensivelmente, dadas as circunstâncias, terá faltado ao rei.

D. Pedro V, como português, é um vencido. Mesmo os seus projectos generosos e esforçados de reconstituição das estruturas nacionais subordinam-se, em larga medida, a padrões e critérios estranhos. É nítido o fascínio exercido no seu espírito pelas viagens à Inglaterra e à Prússia, países tidos por padrões de civilização, moralidade e eficiência. Também Napoleão III se lhe apresentou ao espírito, por vezes, como salvador providencial da França e da Europa; não obstante as reservas que o conde do Lavradio, tão apreciado pelo rei,

---

A juventude fará perdoar tal ingenuidade. Aliás, o rei também reconhecia que «muito custa a endireitar o que vem torto de há muito» (*ibidem*, p. 34). De harmonia com os seus propósitos de *redresseur de torts*, emendava os papéis que os ministros lhe levavam a despacho e dizia-lhes «severamente» «cousas fortes», «verdades que lhes hão de custar a engulir» (*ibidem*, pp. 35 e 64); via os papéis «de fio a pavio» (*ibidem*, p. 63); ficava extenuado de trabalho (*ibidem*, p. 36), naturalmente porque não hierarquizava as questões e desconfiava sistematicamente dos ministros. Era D. Pedro V incisivo nas suas opiniões. Segundo ele, «está tudo podre; nunca ouvi dizer tanta asneira como aos conselheiros de Estado ... Os nossos homens públicos ... odeiam a inteligência porque é um título de superioridade» (*ibidem*, p. 58). D. Pedro V detestava especialmente Saldanha, Fontes Pereira de Melo, Rodrigo da Fonseca e Joaquim António de Aguiar, abrindo uma excepção, de apreço, entre os políticos, para Sá da Bandeira, «um dos poucos homens leais que tenho encontrado» (*ibidem*, pp. 58-59), assim como para Lavradio. Considerava o rei os políticos portugueses destituídos de entendimento. A estupidez seria comum entre eles, segundo escreveu ao príncipe consorte de Inglaterra (ver *Cartas de D. Pedro V ao Príncipe Alberto*, p. 169). Admitia também o rei que os males viessem de o País «estar cansado do sistema parlamentar» (*ibidem*, p. 209). Talvez as referências mais duras a um político tenham sido as reservadas por D. Pedro V para Joaquim António de Aguiar, o célebre «mata-frades», que considerava «dos homens mais repulsivos no trato» e «dos mais nulos no conselho», porque seria vazia a sua cabeça (ver Júlio de Vilhena, *D. Pedro V e o seu Reinado*, II, pp. 85 e ss.).

não terá deixado de comunicar-lhe quanto àquele imperador e à sua Corte de *parvenus* corruptos. O Império Austríaco, não obstante as estreitas ligações familiares a Viena, assumiu, no espírito do rei português, apenas o relevo próprio de um anacronismo decadente, situado no nível inferior que D. Pedro V reservou para todos os países católicos; talvez com excepção da França, de algum modo um Estado híbrido, pela influência huguenote e pelas aproximações exteriores.

2. Correspondência com o príncipe Alberto de Inglaterra

Na sua aversão aos políticos portugueses, de cujos vícios característicos só parecia absolver Sá da Bandeira e Lavradio[14], o jovem rei, deslumbrado pela Corte inglesa e, sobretudo, pelo tio, o príncipe consorte Alberto de Saxe-Coburgo[15], tomou-o por confidente e conselheiro. Prometia tê-lo sempre bem informado acerca de todos os seus planos, porque era a «única saída do círculo miserável de imbecis» que o rodeava[16]. Mas não se limitava a informar o príncipe Alberto acerca dos seus planos. Tinha-o ao corrente das suas opiniões sobre os diplomatas portugueses e sobre os estrangeiros acreditados

---

[14] Segundo passagens de cartas de D. Pedro V ao príncipe Alberto, o conde do Lavradio seria «o único português que de facto tem ideias» (ver *Cartas de D. Pedro V ao Príncipe Alberto*, p. 75); e o visconde de Sá da Bandeira «um dos melhores homens que há no País» (*ibidem*, p. 116), «estimável mas pouco prático» (*ibidem*, p. 193); «velho simpático, cuja honestidade e originalidade de espírito só lhe granjeiam amigos» (*ibidem*, p. 193).

[15] O príncipe Alberto, que D. Pedro V sempre trata por «tio», era-o «à moda da Bretanha», pois se tratava de um primo de seu pai, D. Fernando de Saxe-Coburgo.

[16] Ver *Cartas de D. Pedro V ao Príncipe Alberto*, p. 75. É de crer que também tivessem o maior interesse as cartas dirigidas pelo príncipe Alberto a D. Pedro V. Assim se explicará que, algum tempo após a morte deste, a rainha Vitória se tenha apressado a pedir «ansiosamente» lhe fossem mandadas todas as cartas que o príncipe, entretanto também falecido, enviara ao rei português (ver *Memórias do Conde do Lavradio*, VIII, p. 107). Também a morte do príncipe Alberto foi rodeada de circunstâncias estranhas, tais como as do rei e dos infantes portugueses, ocorridas pouco antes; mas, na Inglaterra, contrariamente ao que aconteceu em Portugal, opuseram-se a Coroa e o Governo a qualquer indagação em torno do falecimento. A rainha Vitória, em carta dirigida ao rei da Bélgica, considerou a morte de D. Pedro V como grande perda para Portugal e para toda a Europa, pelas qualidades do rei português, que bem explicariam o entendimento com o príncipe Alberto (ver *The Letters of Queen Victoria*, III, pp. 65-466).

em Lisboa, como sobre a sua inimizade em relação à Rússia[17], reconhecia os «bons préstimos da Inglaterra» na crise portuguesa de 1846[18], criticava os seus próprios ministros em termos bastante crus[19], depreciava os méritos militares e intelectuais do duque da Terceira e de outros generais[20], queixava-se com alguma aspereza do

---

[17] *Cartas de D. Pedro V ao Príncipe Alberto,* pp. 78 e 179. Sobre o corpo diplomático português, em geral, também desabafou o rei junto do visconde de Atouguia, em 1855, dizendo que «vae estando indecentíssimo» (ver Júlio de Vilhena, *D. Pedro V e o teu Reinado,* I, p. 93). Como noutros aspectos da Administração Pública, ou talvez ainda mais acentuadamente, procurou D. Pedro V intervir nas nomeações dos agentes diplomáticos. Manifestou-se agradado com a proposta de nomeação para o Rio de Janeiro de Luís Augusto Pinto de Soveral, antigo secretário em Londres, com Lavradio. A proposta de nomeação de António da Cunha Sotomaior para a Dinamarca e para a Suécia, porém, provocou reacções muito vivas do rei, que, com relutância, acabou por aceder; mas mostrando-se sempre ressentido pela nomeação, em consequência do «péssimo juízo» que formava daquele diplomata. O tempo mostraria que, afinal, fora atilada a nomeação de António da Cunha Sotomaior para o seu posto diplomático (*ibidem*, I, pp. 99-101), embora importe reconhecer que havia bastantes pontos objectáveis na biografia de Sotomaior que teriam impressionado o rei (*ibidem*, II, pp. 292 e ss.).

[18] *Cartas de D. Pedro V ao Príncipe Alberto,* p. 80

[19] Por exemplo, de Fontes Pereira de Melo dizia D. Pedro V que era «um pouco balofo», tendo «causado grande mal à nossa reputação» mas que o pai, D. Fernando, simpatizava «muito com ele por *determinadas razões*» (*Cartas de D. Pedro V ao Príncipe Alberto*, p. 81). Relativamente a Fontes, então ministro das Finanças e tendo-se deslocado à Inglaterra para negociar um empréstimo, D. Pedro V apontava, nessa mesma ocasião, ao príncipe inglês, os defeitos deste político e as dúvidas que tinha sobre o êxito das negociações, que, afinal, não foram mal sucedidas (*ibidem*, pp. 86, 93-94 e 97). Também o rei confidenciava ao príncipe Alberto que os ministros portugueses não queriam que as eleições fossem livres (*ibidem*, p. 100); e apontava o seu detestado Fontes como déspota cognominado de «liberal» (*ibidem*, p. 107). De António José d'Avila, o futuro duque, dizia D. Pedro V ao príncipe consorte que era «desenfreado e pouco sensato» (*ibidem*, p. 193).

[20] *Cartas de D. Pedro V ao Príncipe Alberto*, pp. 85, 88, 89 e 246. De Saldanha dizia D. Pedro V ao príncipe Alberto: «ainda está vivo e cada dia mais maluco» (*ibidem*, p. 107). Atribuía-lhe também as piores desonestidades (*ibidem*, pp. 2 65 e 268). Em carta dirigida ao conde do Lavradio, aliás, ainda o rei se mostrava mais duramente incisivo nas referências ao duque de Saldanha, qualificado de «pecador empedernido, em quem não se esgota a ruindade» (*Cartas de D. Pedro V ao Conde do Lavradio*, p. 263) em que morrera para sempre o *gentleman* (*ibidem*, p. 277), em razão dos «apertos domésticos» (*ibidem*, p. 291). Estas opiniões parecem confirmadas pelo conde do Lavradio, não obstante a sua habitual moderação (ver *Memórias...,* VIII, p. 246); mas não deverá esquecer-se também que havia velhas pendências entre o ministro em Londres e o marechal.

irmão, o infante D. Luís[21]. Não ficavam por aqui as imprudências do rei na sua correspondência com o príncipe Alberto. Dizia-lhe ser raro ir ao teatro, «pois o publico de Lisboa é um pouco como os Hotentotes e diverte-se com a indecência»[22]. Afirmava-lhe considerar a França «um país louco, para não dizer ridiculo»[23], minimizava os reis da Prússia e da Sardenha[24], apontava a Câmara Alta portuguesa como «composta de pessoas de mau caracter» e a Câmara dos Deputados não seria melhor[25]. Sobre as eleições de 1856, observava D. Pedro V, em carta dirigida ao príncipe consorte da Inglaterra, que «O Governo, como qualquer Governo em Portugal, as ganhara[26]. A observação era justa; mas poderá duvidar-se da sua oportunidade, dada a qualidade do destinatário. Mas nem o próprio pai, D. Fernando, era poupado pelos desabafos de D. Pedro V junto do príncipe Alberto[27].

---

[21] Referia-se à falta de disposição do infante para aprender e à necessidade de o mesmo infante «ficar com o espírito mais aberto pelas ideias inglesas» (*Cartas de D. Pedro V ao Príncipe Alberto*, p. 85), às suas «leituras feitas ao acaso», às suas más maneiras, aos seus «prazeres desordenados que – pelo esgotamento físico e moral que produzem – o tornam incapaz de um contínuo trabalho mental», ao seu «apetite enorme, de forma que as suas actividades digestivas têm como efeito adormecer as suas faculdades mentais» (*ibidem*, p. 229). No entanto, D. Luís, depois rei, costuma ser apontado como monarca culto, ilustrado, tradutor de Shakespeare e tocador de violino. Ou terá mudado, ou D. Pedro V foi injusto nas referências que fez do irmão ao príncipe Alberto, ou terão sido exageradas as louvações dos méritos de D. Luís.

[22] *Cartas de D. Pedro V ao Príncipe Alberto*, p. 88.
[23] *Ibidem*, p. 89.
[24] *Ibidem*, pp. 95-96.
[25] *Ibidem*, pp. 116 e 209.
[26] *Ibidem*, p. 145. Parece seguro que as fraudes eleitorais da época se mostraram grosseiras. Ter-se-á ido ao ponto de mandar os escrivães da fazenda intimar os eleitores a votarem com o Governo, sob pena de aumento de contribuições (ver *Diario do Governo* de 13 de Julho de1858, p. 865).
[27] «Ele (D. Fernando) não sabe as coisas que nele deploro e quanto me preocupo com um certo número de factos que pouco têm contribuído para o seu bom nome ... A sua imprudência quanto à escolha dos amigos, diante de quem ele fala de tudo e mais alguma coisa, fez-me evitar ... qualquer oportunidade de discutir um assunto ... Tem amigos que só lhe são prejudiciais ... Depois deste pedido categórico de sigilo, o meu pai falou sobre o assunto com o latoeiro e, sabe Deus, com quem mais» (*Cartas de D. Pedro V ao Príncipe Alberto*, pp. 160-161). «O meu pai não se conhece como devia e não lhe é fácil conhecer-me bem» (*ibidem*, p. 164). Também D. Pedro V, na sua correspondência com o príncipe Alberto, atribui ao pai, D. Fernando, comprazimento «na semelhança dos mesmos gostos» em relação ao filho D. Luís, gostos esses «de prazeres desordenados» (*ibidem*, p. 229).

A admissível justiça de muitos dos juízos emitidos pelo rei, ditados pela generosidade e pela rectidão do seu espírito, e até pela sua rara cultura, não poderá fazer esquecer a imprudente dureza formal e os prováveis exageros de muitos desses juízos. Tais exageros e aquela dureza ganham maior vulto quando usados junto de um príncipe estrangeiro, casado com a rainha de Inglaterra, acerca de representantes de Portugal como acerca dos portugueses genericamente[28]. Também as impaciências de D. Pedro V junto dos seus ministros, possivelmente justificadas, não terão facilitado a acção governativa por esta época. Se o rei pudesse escolher livremente os Governos, a correcção dos ministros seria moralizadora da administração e da política do País; mas como esses ministros lhe eram impostos pelos resultados dos actos eleitorais, as tais impaciências e até as reprimendas usadas terão ficado apenas como labéu de condenação de um sistema político ou das suas aplicações em Portugal. Também a já referida falta de hierarquização de matérias, levando o rei a esgotar a capacidade de trabalho em assuntos relativamente secundários, o terá impedido muitas vezes de traçar directrizes quanto aos que eram primordiais.

3. Dúvidas quanto às coordenadas da política externa

Não se nos apresenta com clareza o relevo das posições políticas e actuantes do rei quanto aos grandes problemas da política externa; nem quanto aos incidentes mais graves que se nos depararam no plano internacional. Nem sequer procurando usar das simpatias que D. Pedro V despertou nalgumas Cortes estrangeiras. O rei dissertava muitas vezes sobre os problemas como puro pensador, alheio aos mesmos, ou atormentado por eles como simples particular.

---

[28] Nem será de excluir que os desabafos havidos junto do príncipe Alberto, a quem tanto confiava o rei português, tenham contribuído para uma visão negativa do nosso país junto da Corte britânica, visão por certo reflectida na carta da rainha Vitória para o rei Leopoldo I da Bélgica, na qual, advogando o casamento de D. Pedro V com a princesa belga Carlota, a rainha inglesa observou: «Também para Portugal uma Rainha amável e bem educada deve ser uma imensa felicidade, pois que lá nunca tiveram alguma» (ver Júlio de Vilhena, *Cartas Inéditas da Rainha D. Estefânia*, p. 13; Rúben Andresen Leitão, *Cartas de D. Pedro V ao Conde do Lavradio*, p. 43).

Mostrava, por vezes, D. Pedro V dúvidas quanto às vantagens da aliança com a Inglaterra, prevendo até a sua ruptura, por causa das questões africanas[29]. Mas mais ainda que as prepotências inglesas parecia temer os efeitos do expansionismo castelhano, para travar o qual contava com aquela aliança[30], pois na França não haveria que confiar[31]. Mesmo assim, já no fim do seu reinado, e bastante desiludido em relação à Inglaterra, terá D. Pedro V admitido uma aproximação à Espanha; mas sempre receoso dos políticos vizinhos. Do *memorandum* de 5 de Maio de 1859, enviado ao príncipe Alberto, ressalta uma definição geral da política externa esboçada por D. Pedro V, na base da neutralidade portuguesa, do entendimento com a Espanha, sem quebra da aliança com a Inglaterra, e da conservação de uma zona de paz no ocidente da Europa, que não poria em causa os interesses britânicos[32].

Numa expectativa de clara simpatia em relação à Prússia, parecia o jovem príncipe confiar em que a moralização da vida portuguesa, em obediência a padrões que, afinal, eram os próprios dos países de religião reformada, havia de assegurar o futuro da nossa comunidade no enquadramento internacional. Nem repugnaria liminarmente a D. Pedro V a protecção exterior, desde que não se traduzisse em abusivas humilhações e exacções, contra as quais a sua mesma rectidão se rebelava[33].

---

[29] Segundo o rei, «seria uma questão de duvidosa resolução decidir qual é o maior - o bem ou o mal que da aliança inglesa nos tem provindo» (ver *Cartas de D. Pedro V ao Conde do Lavradio*, pp. 224 e 278-279). Mas tais dúvidas parecem difíceis de conciliar com os desabafos junto do príncipe Alberto, de cuja posição política se não poderia abstrair.

[30] *Cartas de D. Pedro V ao Conde do Lavradio,* pp. 234 e 240.

[31] *Ibidem,* p. 263.

[32] Ver carta de D. Pedro V a António José de Ávila de 26 de Julho de 1861, in *Epistolário de D. Pedro V,* p. 109. Com alguma leviandade observara o rei, em 1856, que, fiado como estava no bom senso do povo português, a má vizinhança espanhola não lhe inspirava «receios para além dos que toda a desordem faz nascer»; e que a «república em Madrid, caso ela ali fôsse proclamada» não lhe «tiraria uma hora de sono» (ver Júlio de Vilhena, *D. Pedro V e o seu Reinado,* I, p. 95; II, pp.274 e ss.; Rúben Andresen Leitão, *Inéditos de D. Pedro V dos Arquivos Reais de Windsor,* pp. 28 e ss.).

[33] As conhecidas críticas de D. Pedro V ao sistema político e aos estadistas portugueses, que se sabia constarem da sua correspondência e, com maior acuidade e crueza – segundo se supunha – do seu *Diário íntimo, ou Livro Negro,* que, ao menos parcialmente, desapareceu, hão-de ter contribuído para a funda convicção popular de que o rei fora

Encontram-se nos escritos de D. Pedro V numerosas reflexões sobre as práticas diplomáticas que, sendo ditadas por considerações

---

envenenado. Importará reconhecer o carácter estranho de muitas das circunstâncias que rodearam a morte do rei e do infante D. Fernando, assim como a grave doença do infante D. Augusto, após uma viagem dos três irmãos ao Alentejo, e, pouco depois, a morte do infante D. João. Não parecem inteiramente esclarecedoras as explicações clínicas dos médicos chamados a pronunciarem-se sobre tais casos; e afigura-se estranho que, tendo sido, face ao clamor público, ordenados inquéritos e autópsias, se tenha omitido o exame químico das vísceras (cf. Bernardino António Gomes, *Notícia da Doença de que Faleceu Sua Magestade El-Rei o Senhor D. Pedro V*, esp. pp. 27 e ss.; José Maria de Andrade Ferreira, *Reinado e Ultimos Momentos de D. Pedro V* esp. pp. 35 e ss.; Júlio de Vilhena, *D. Pedro V e o seu Reinado*, II, pp. 233 e ss.). Já em 18 de Fevereiro de 1860 D. Pedro V se queixava ao conde do Lavradio do seu «padecimento habitual do estômago», também referido por D. Estefânia na sua correspondência com a mãe (ver *Cartas de D. Pedro V ao Conde do Lavradio*, p. 257; Júlio de Vilhena, *Cartas Inéditas da Rainha D. Estefânia*, p. 174); mas não bastará para explicar a misteriosa doença que vitimou o rei e os infantes. Tanto mais que o processo etiológico relacionado com a deslocação a Portalegre só respeitaria a D. Pedro V e o ligado a Vila Viçosa é alheio ao infante D. João, que lá não fora nos tempos próximos. Parece indiscutível que o sucessor, D. Luís, se mostrou monarca bem menos exigente em relação aos seus ministros e bem mais condescendente face às debilidades alheias. Nomeadamente às do pai, D. Fernando, que acabaria por casar com uma cantora de ópera, Elisa Hensler, cuja vida aventurosa era muito discutida, a qual o duque de Saxe-Coburgo, para efeitos do casamento régio, agraciou com o título de condessa de Edla. Também a política externa portuguesa deu indícios claros de modificações com a subida ao trono de D. Luís. No plano interno será de assinalar que, logo em 1863, foi abolida a propriedade vinculada, havia muito alvo dos ataques dos radicais. Durante o reinado de D. Luís, Portugal aproximar-se-ia mais do jovem reino de Itália e da França napoleónica, parecendo distanciar-se não apenas dos Estados alemães mas mesmo da Inglaterra. Notam-se alguns pormenores curiosos nessa matéria. Nomeadamente o facto de ao segundo filho de D. Luís, o infante D. Afonso, ter sido dado o sobrenome de Napoleão, obviamente sem tradições na família real portuguesa, o que não deixou de suscitar reparos à imperatriz Amélia, a madrasta de D. Maria II, que, apesar de ser neta da imperatriz Josefina e prima de Napoleão III, se apercebeu de que tal nome não seria grato aos portugueses (ver Braga Paixão, *A Terceira Imperatriz*). Também não tinha tradições na família real portuguesa o nome de Carlos, dado ao primogénito de D. Luís; mas era frequente na família de Sabóia.

Ainda relativamente às doenças misteriosas que vitimaram D. Pedro e os irmãos, terá interesse anotar, embora sem daí extrair conclusões que seriam insuficientemente alicerçadas, a coincidência daquelas doenças com a defesa do regicídio, pouco tempo antes, em sessão de uma «sociedade patriótica, que reunia em Lisboa, no Beco do Rosendo, a qual sociedade já hostilizara as «irmãs da caridade» e parecia ser muito temida pelos Governos (ver *Diario de Lisboa* de 8 de Março de *1861*, p. 652). Aquela defesa do regicídio suscitou uma portaria do Ministério do Reino, de 8 de Outubro de 1861, pela qual foi ordenada uma investigação, depois esquecida, segundo se supõe (ver L. Lenoir, *Portugal em 1862*, p. 11;

de bom senso que frequentemente andam esquecidas, mantêm, por isso, inteira actualidade. Assim, por exemplo, tendo-lhe sido sugerida a concessão de uma mercê honorífica ao explorador Livingstone, observou o rei que este «sábio viajante» era também «agente britânico» e «missionário protestante», não convindo «de modo algum estar a fazer mercês a quem, muitas vezes, longe de as agradecer, delas se ri» (ver Júlio de Vilhena, *D. Pedro V e o seu Reinado*, I, pp. 94-95).

Compreende-se que os desabafos escritos de D. Pedro V preocupassem numerosas pessoas. Daí a convicção de que D. Luís tivesse mandado queimar o seu *Diário intimo, ou Livro Negro*[34]. O mesmo D. Luís encarregou a infanta D. Isabel Maria de transmitir ao conde do Lavradio o desejo de que lhe mandasse entregar as cartas recebidas de D. Pedro V. O diplomata respondeu que só detinha cartas posteriores a 1857, pois as anteriores as entregara então ao rei, e eram muito confidenciais; pelo que a honra o inibia de entregá-las, pois a ninguém poderia comunicar quanto o seu falecido soberano lhe confiara em segredo. Ao novo rei dizia Lavradio estar disposto a tudo sacrificar, excepto as leis de Deus e da honra[35]. Era estranho o desejo de D. Luís de fazer desaparecer os escritos do irmão. E ilusório, até certo ponto. Porque D. Pedro V escrevera tanto e tão disperso que muito havia de ficar para a posteridade.

Júlio de Vilhena, *D. Pedro V e o seu Reinado*, II, p. 212). Em tais circunstâncias, melhor ainda se compreenderão as inquietações populares e as hipóteses agitadas quanto à origem criminosa das referidas doenças. Essas inquietações reflectiram-se também amplamente nos debates parlamentares. E serviram de pretexto a assaltos, agressões e tumultos, que forçaram o próprio chefe do Governo, Loulé, a refugiar-se no Quartel de Marinheiros (ver L. Lenoir, *Portugal em 1862*, p. 15). Sobre as mortes misteriosas de D. Pedro V e dos irmãos, cf. tb. Rocha Martins, *D. Manuel II*, II, p. 179, ainda que as afirmações aí contidas assentem em notícias não suficientemente documentadas.

[34] Esta convicção não parece desmentida pelo facto de Damião Peres ter encontrado alguns volumes do *Diário* (até ao Verão de 1857), e esses sóbrios quanto às afirmações contidas, contrariamente às expectativas estabelecidas em torno do *Diário intimo* (ver Damião Peres, *D. Pedro V nas Páginas do seu Diário Íntimo*, pp. 7 e ss.).

[35] Ver *Memórias do Conde do Lavradio*, VIII, pp. 161-162.

4. Plano de união ibérica através de D. Pedro V

A ideia de união ibérica esteve bem enraizada no espírito de numerosos sectores espanhóis, e também de alguns portugueses, no decurso do século XIX[36]. Desde o entendimento entre elementos jacobinos dos dois países peninsulares, esboçado, pelo menos, em 1817, e reforçado a partir das revoltas liberais de 1820[37]. Mas, se é certo que por parte dos Portugueses os projectos de união ibérica só ganharam numerosos sufrágios, no século XIX, em sectores politicamente radicais, como, por exemplo, o de Passos Manuel, e mesmo assim em termos conjunturais[38], convirá ter presente que, do lado espanhol, tais projectos beneficiaram, muitas vezes, das simpatias de elementos conservadores; e que essas mesmas simpatias criaram até, em Espanha, ambientes de benevolente expectativa em torno de movimentos julgados inconvenientes, no plano interno, mas que teriam, segundo tais ambientes, ao menos o mérito de arrastar Portugal para a órbita hispânica. E, com alguma frequência, quando os desastres de toda a ordem se acumulam sobre a Espanha, em torno da ideia de união ibérica se obtém uma certa acalmia, baseada na unanimidade,

---

[36] Poderá entender-se que esta ideia de união ibérica, propriamente dita, é posterior a 1640. Porquanto, anteriormente, os propósitos de junção dos dois reinos peninsulares nunca excluíram a individualidade jurídica e, até certo ponto, política também, de Portugal. Terá sido durante a Guerra da Restauração que, do lado espanhol, se tentou apontar o nosso País como província rebelde, separada da Espanha. Essa mesma ideia aflorou depois, algumas vezes, e, com alguma insistência, no decurso do século XIX.

[37] Os movimentos mais radicais do século XIX, em Portugal como em Espanha, acarinharam a ideia de união ibérica. Assim, após a conspiração de Valência de 1865, o ministro inglês Lord Russel informava o ministro português em Londres de que «existem, tanto em Espanha como em Portugal, sociedades secretas democraticas, cujo fim é annexar Portugal à Hespanha» (ver *Memórias do Conde do Lavradio*, VIII, p. 263).

[38] Também se atribuem atitudes favoráveis à união ibérica ao duque de Saldanha, de cujo radicalismo se poderá duvidar. Mas a sua bem conhecida inconsequência frequentemente o levou a atitudes próprias dos radicais (ver *Cartas de D. Pedro V ao Príncipe Alberto*, p. 255). Também Saldanha estaria ligado a tal ideia, segundo D. Pedro V, pelas suas dependências financeiras de espanhóis, designadamente o financeiro Salamanca, especialmente interessado na construção de linhas férreas (*ibidem*, pp. 265 a 268 e 271; ver tb. *Cartas de D. Pedro V ao Conde do Lavradio*, pp. 261 e ss.). Ao menos na fase final da sua carreira política, Saldanha terá assumido atitudes rasgamente favoráveis à «união ibérica» (ver Luiz Teixeira de Sampayo, «Observações sobre as Cartas de Prim», in *Estudos Históricos*, pp. 348-349).

ou quase, dos aplausos, quanto aos projectos orientados no sentido de obter a tal união.

Assim aconteceu ao iniciar-se a segunda metade do século XIX. Isabel II de Espanha, a filha de Femando VII, por causa de quem a Lei Sálica fora abolida, dando essa abolição causa às sangrentas guerras civis carlistas, era geralmente detestada pelos Espanhóis. D. Pedro V, o jovem rei de Portugal, achava-se rodeado de uma aura de talento e de virtude. Se ele casasse com a filha primogénita de Isabel II, na base desse casamento se poderia forçar a rainha de Espanha à abdicação, pacificar as províncias devastadas pela guerra e pela corrupção, assegurar a ordem política dita «liberal», evitando que o Poder caísse nas mãos dos carlistas, e ainda, por acréscimo, acabar por reunir as duas Coroas e reintegrar a «província rebelde» sustentada no seu irredentismo pela Inglaterra, à qual frequentemente os Espanhóis atribuíam a própria ruína[39].

---

[39] Ver a carta do visconde de Atouguia para o conde do Lavradio, na qual se afirma «que os hespanhoes nos querem roubar o nosso Rei, o Senhor D. Pedro, consentindo elles em serem conquistados por nós, unindo-se Portugal à Hespanha», in *Memórias do Conde do Lavradio,* IV, pp. 326-327. Já receando qualquer manobra espanhola, por ocasião da morte de D. Maria II, Lavradio pedira ao Governo inglês o envio de alguns navios de guerra a Lisboa, pedido a que a Inglaterra acedeu (*ibidem, pp.* 325-326). Os manejos orientados no sentido de uma união ibérica através de D. Pedro V são largamente referidos pelo conde do Lavradio (*ibidem,* V, pp. 78-79, 81, 83-84, 86-87, 92, 100 e ss., 116 e 127). A fim de obter aquela união, a Espanha terá recorrido tanto a meios diplomáticos, através da missão do ministro em Lisboa, Rio Rosas, como a meios militares, achando-se o general Concha, marquês del Duero, que já em 1847 ocupara o Porto, encarregado de apoiar, pelas armas, o projecto de união. Reconhecendo todos os inconvenientes da permanência de Isabel II no trono de Espanha, assim como de uma proclamação da República, já prevista nesse país, mas não querendo admitir também o triunfo do ramo carlista, a não ser em desespero de causa, Napoleão III parecia mostrar-se favorável à união ibérica sob D. Pedro V. A Inglaterra e os políticos portugueses, em geral, porém, receavam tal projecto. Chegou a admitir-se uma solução baseada no casamento do infante D. Luís com a princesa das Astúrias, mal se podendo prever então que o infante sucederia no trono português ao irmão. Esboçou-se também a ideia de chamar ao trono de Espanha o rei D. Fernando, viúvo de D. Maria II, ideia que, mais tarde, seria retomada. E já em 1860 desabafava o conde do Lavradio: «Os Ibericos continuam a trabalhar: os nossos são em menor numero do que os Hespanhoes, mas decididamente mais malvados e estupidos.» (*Memórias...,* VII, p. 305.) Sobre os projectos iberistas da época, ver também Júlio de Vilhena, *D. Pedro V e o seu Reinado,* II, pp. 279 e ss.

5. Casamento do rei na Casa de Hohenzollern-Sigmaringen

Em 1857 foi o conde do Lavradio, ministro português em Londres, acreditado junto do rei da Prússia para negociar o casamento de D. Pedro V com a princesa Estefânia de Hohenzollern-Sigmaringen. Abandonou-se, assim, tanto a ideia do casamento com a filha de Isabel II de Espanha, como a que respeitava a uma princesa belga[40]. De momento, o perigo ibérico, por via matrimonial, foi afastado.

Esta união que trouxe D. Estefânia para o trono de Portugal, não obstante a aura romântica que a envolveu, pelas circunstâncias de juventude, de simpatia, de bom entendimento e infelicidade do casal régio, foi um casamento de conveniência política, como quase sempre acontece com os casamentos reais. O de D. Pedro V sabe-se que foi aconselhado pelo príncipe Alberto de Inglaterra[41]. É compreensível

---

[40] O projecto de casamento em Espanha ainda seria retomado depois, após a viuvez de D. Pedro V. O outro projecto matrimonial respeitou à princesa belga Carlota, que veio a casar com o arquiduque austríaco Maximiliano, mais tarde imperador do México e aí fuzilado pelos republicanos de Juarez, depois de abandonado pelo seu protector, Napoleão III (ver *Cartas de D. Pedro V ao Príncipe Alberto,* pp. 160-161 e 274). A expedição militar francesa no México, decidida por Napoleão III com apoio espanhol, e a instalação ali, como imperador, do arquiduque Maximiliano, sob protecção francesa, dá ideia da debilidade do pan-americanismo defendido por Monroe em 1832, mesmo já na segunda metade do século XIX. Assim, conforme foi referido, não seria o princípio de Monroe que havia de tolher aos Portugueses a conservação do Brasil. É certo que falhou a tentativa de instalação no México de uma nova monarquia de raiz europeia. Mas isso deveu-se à extrema proximidade geográfica dos Estados Unidos, ao desenlace da guerra civil norte-americana, à inconstância de Napoleão III e, talvez sobretudo, à feição liberal do arquiduque Maximiliano, que, desagradando profundamente aos elementos mexicanos tradicionalistas, se aproximou dos liberais, quase todos republicanos e dedicados a Juarez, os quais haviam de entregá-lo ao pelotão de fuzilamento (ver carta de Fould a Napoleão III, de 14 de Agosto de 1866, in *Papiers et Correspondance de la Famille Impériale,* II, pp. 70 e ss.). Não deixará de ter interesse sublinhar que a intervenção da França e da Espanha no México, à qual começou por associar-se também a Inglaterra, teve início numa reacção capitalista contra Juarez, que suspendera o pagamento dos juros aos credores externos, alegando para tanto que as dívidas tinham sido contraídas por motivos alheios aos interesses nacionais mexicanos. Situação semelhante se nos depararia, após 1917, em relação à Rússia soviética, por ter repudiado a dívida imperial. As reacções de base económica, mesmo quando não são determinantes, têm sempre marcada influência nos movimentos políticos.

[41] Ver *Memórias do Conde do Lavradio,* VI, pp. 207 e ss. e 229. D. Pedro V, em carta de 28 de Abril de 1857 ao príncipe Alberto, refere-se ao «interesse que o tio e a querida tia (a rainha Vitória de Inglaterra) têm na realização deste plano» (*ibidem,* p. 165).

que o príncipe consorte, sendo de origem alemã, aconselhasse ao primo D. Fernando, também da mesma origem, e ao rei D. Pedro V ligações matrimoniais na Alemanha, sendo certo, para mais, que, por via materna, também a rainha Vitória provinha da casa principesca de Saxe-Coburgo. E sendo tão acentuada a influência da Corte britânica junto da portuguesa, não se estranhará nem o casamento do rei com D. Estefânia nem os das infantas suas irmãs, D. Maria Ana e D. Antónia, com o príncipe Jorge, filho do rei de Saxe, e com o príncipe Leopoldo de Hohenzollern[42].

6. Irmãs da Caridade e barca Charles et Georges

a) *A questão das Irmãs da Caridade*

O curto reinado do «esperançoso» foi dolorosamente assinalado por vários acontecimentos nefastos. Dois deles, pelo menos, acham-se relacionados com a política internacional.

Mas terá havido quem se opusesse ao casamento do rei de Portugal com a princesa Estefânia, pelo qual D. Pedro V insistiu decididamente, conforme se conclui de uma carta que escreveu ao rei Leopoldo da Bélgica (ver Júlio de Vilhena, *D. Pedro V e o Seu Reinado,* I, p. 290). Um dos opositores ao casamento com D. Estefânia terá sido o próprio pai do rei, D. Fernando (*ibidem,* Suplemento, p. 24). E de uma carta da rainha D. Estefânia a sua mãe poderá concluir-se que não eram muito afectuosas as relações com o sogro (*ibidem,* p. 172). O nome da rainha D. Estefânia enraizou-se no povo português, num plano de saudade e frustração, pelas qualidades de elegância e de generosidade que o seu efémero reinado não terá permitido frutificassem amplamente. As vidas breves costumam ter essa compensação. E o «sebastianismo» do povo português compraz-se em crer que a felicidade desejada e entrevista lhe é roubada por golpes de um brutal fatalismo. Não terá sido D. Estefânia igualmente querida pelos políticos liberais; sobretudo por motivo da sua devoção religiosa e pelas consequentes reacções, avessas ao estado da Igreja em Portugal, «aussi triste qu'il peut l'être», «on se croirait pire que dans le pays plus anti-catholique», conforme escreveu a rainha a sua mãe (ver Júlio de Vilhena, *Cartas Inéditas da Rainha D. Eftefânia,* pp. 119 e 130). A correspondência da malograda rainha impõe o maior respeito pela sua personalidade.

[42] Este príncipe Leopoldo, candidato, como também o foi seu sogro, D. Fernando, ao trono de Espanha, serviu de causa, ou de pretexto, por essa mesma candidatura, à guerra franco-prussiana, pois Napoleão III pretendeu exigir de Berlim não apenas o abandono daquela candidatura mas também o compromisso de opor-se, no futuro, a qualquer candidatura de príncipes alemães à coroa espanhola. E tal exigência foi julgada inaceitável pelos Prussianos.

As Irmãs da Caridade de S. Vicente de Paulo, francesas, vieram para Portugal, em 1857, devidamente autorizadas pelo Governo, para se encarregarem da educação de crianças que, tendo ficado órfãs devido à epidemia do ano anterior, se achavam recolhidas em estabelecimentos de assistência particular. Os radicais, porém, viram nas Irmãs da Caridade um instrumento destinado ao regresso das ordens religiosas. E não deverá excluir-se que tal ideia tivesse dominado o espírito de algumas pessoas interessadas na vinda a Portugal daquelas freiras francesas. O duque da Terceira, receoso dos mais exaltados, foi protelando a entrada em funções das Irmãs da Caridade. A imprensa jacobina agitou-se, insultou as freiras, promoveu hostilidades contra elas; muitos parlamentares a acompanharam. Reuniram-se milhares de assinaturas pró e contra as Irmãs da Caridade, organizaram-se comícios, apedrejaram-se e espancaram-se freiras, pôs-se em risco a ordem pública. Dividiu-se profundamente, mais uma vez, a sociedade portuguesa, em consequência da questão das Irmãs da Caridade. E, face às debilidades do Governo português, presidido por Loulé, Napoleão III, que, apesar das origens do seu poder, se erigira em protector do Papa e dos católicos, logrando, assim, a pacificação da França durante 20 anos, ordenou ao ministro francês em Lisboa protestos diplomáticos que embaraçaram a administração portuguesa e deterioraram as relações luso-francesas. A questão arrastou-se, durante anos, sendo-lhe posto fim em 1862, já no reinado de D. Luís, pelo envio ao Tejo de um navio de guerra francês que embarcou todas as freiras para o seu país, o qual, apesar das tensões jacobinas, sabia apreciar os serviços prestados pelas ordens religiosas[43]. O envio do navio francês a Lisboa não deverá iludir-nos quanto à saída das freiras ter resultado de uma iniciativa do Governo de Paris. O conde do Lavradio, que então se deslocou à capital francesa, refere-se a uma carta dirigida pelo rei D. Luís à imperatriz Eugénia, na qual seria dito que enquanto em Portugal estivessem as Irmãs da

---

[43] Cf. Fonunato de Almeida, *História de Portugal*, VI, pp. 342 e ss.; *Memórias do Conde do Lavradio*, VII, pp. 3 e ss., 51 e ss., 56 e ss., *Cartas de D. Pedro V ao Conde do Lavradio*, p. 304; L. Lenoir, *Portugal em 1862*, pp. 32-35. Segundo Lavradio, «é miserável o modo por que terminou a questão das Irmãs da Caridade» (ver *Memórias* .... VIII, p. 142). Ver tb. Júlio de Vilhena, *D. Pedro V e o seu Reinado*, I, pp. 190 e ss., 299 e ss.; II, pp. 193 e ss.

Caridade não poderia restabelecer-se a tranquilidade pública[44]. A iniciativa da expulsão coube, pois, ao rei português ou aos seus ministros. Será admissível que também D. Pedro V estivesse já disposto a sacrificar as Irmãs da Caridade (ver Júlio de Vilhena, *D. Pedro V e o Seu Reinado,* II, pp. 203 e ss.; Suplemento, pp. 7 e ss.), não obstante as atitudes de D. Estefânia, que lhes eram amplamente favoráveis (ver Júlio de Vilhena, *Cartas Inéditas da Rainha D. Estefânia,* pp. 130-131 e 146).

b) *O pretenso esclavagismo português e o conflito* Charles et Georges

Não foi, de modo algum, a questão das Irmãs da Caridade causa determinante do incidente diplomático respeitante à barca francesa *Charles et Georges*. Mas o atrito luso-francês suscitado por aquela questão contribuiu para o agravamento deste incidente.

Constitui elemento da secular campanha dirigida contra Portugal pelas nações de religião reformada, ou por entidades delas representativas, a acusação de esclavagismo. Por vezes, tem-se pretendido mesmo que Portugal introduziu a escravatura em África, ou, ao menos, na costa ocidental africana, o que não corresponde à verdade. Os Portugueses encontraram em África, como noutras paragens, a escravatura como instituição enraizada, ou por movimentos espontâneos dos povos autóctones ou por influência e domínio dos islamitas[45]. De harmonia com a política tradicional de aceitação dos

---

[44] Ver *Memórias do Conde do Lavradio,* VIII, p. 141.

[45] Cf. Cardeal Saraiva, *Obras Completas,* V, pp. 325 e ss. Do relatório do decreto de 10 de Dezembro de 1836, referendado por Sá da Bandeira, que proibiu a exportação de escravos de todos os domínios portugueses, constam algumas afirmações que interessará reproduzir: «... não há um só documento... que não prove que o principal, e quasi unico intuito do Governo Portuguez era a civilização dos Povos pelo meio do Evangelho. O Commercio foi secundario... O infame trafico dos negros é certamente uma nodoa indelevel na historia das Nações modernas; mas não fomos nós os principaes, nem os unicos, nem os peiores réos. Complices, que depois nos arguiram tanto, pecaram mais...». Este mesmo relatório do decreto de 10 de Dezembro de 1836 dá ideia do conhecimento que já então teria o Governo de Lisboa quanto às riquezas potenciais da África portuguesa. Aí se diz: «Em nossas Províncias Africanas existem ricas minas de ouro, cobre, ferro, e pedras preciosas;

costumes indígenas e afastamento paulatino, progressivo, não imediato, dos que mais gravemente ofendessem os preceitos cristãos e o direito natural, procuraram as autoridades portuguesas em África reprimir, sobretudo, os sacrifícios rituais de vidas, não ousando abolir a escravatura, até por falta de poder efectivo para tanto. Disso se aproveitaram, durante séculos, alguns portugueses, que encontraram no comércio de escravos meio adequado de satisfação das suas ambições de riqueza. A estrutura económica do Brasil e das Antilhas, como as mais florescentes culturas da América do Norte, reclamavam mão-de-obra que não se podia obter nem localmente, dada a fuga dos índios para regiões de difícil acesso, nem na Europa, e nem mesmo em África na base de livre contratação; porque os conhecimentos rudimentares dos indígenas lhes não permitiam opções. Foi em tais circunstâncias que os negreiros portugueses, começando por substituir-se aos negreiros islamitas, e depois aos de muitas potências europeias, desviaram as levas de escravos que os chefes gentílicos costumavam antes fornecer aos Árabes, com destino aos mercados do Oriente, para as plantações das duas Américas. Será difícil sustentar que a sorte dos escravos tenha piorado com tal mudança de rumos. Do muito frequente bom tratamento relativo reservado pelos Portugueses aos escravos dão-nos testemunho elucidativo alguns escritos sobre a vida familiar na Metrópole, onde os escravos eram poucos, e sobre a vida familiar no Brasil, onde eram muitos[46]. Talvez não fosse pior o tratamento reservado aos escravos na América do Norte, apesar dos numerosos relatos menos objectivos que se popu-

---

alli podemos cultivar tudo quanto se cultiva na América». «O estado em que se acham [aquelas Províncias] é devido não só ao máu governo que tem tido a Metrópole, mas a este ter prestado a sua attenção quasi exclusivamente ao Brazil». Os primeiros escravos negros desembarcados em Lagos foram oferecidos por chefes gentílicos.

[46] A lenda negra da escravatura brasileira foi desfeita através da obra clássica de Gilberto Freyre, *Casa Grande & Senzala,* publicada em 1933. Essa «lenda negra não tinha consistência bastante para resistir ao crivo da mais elementar análise de bom senso e de documentação histórica. Mas foi repetida *ad nauseam.* Tanto pelos estrangeiros que nisso tinham interesse, como por portugueses, arrastados pelo duplo comodismo de traduzir prosa alheia e beneficiar da condescendente benevolência dos potentados a quem essa prosa convinha» (ver Soares Martínez, *Saudação a Gilberto Freyre*; Hélio Vianna, *Capítulos de História Luso-Brasileira,* pp. 241 e ss.).

larizaram sob o impulso de interesses antiesclavagistas[47]. Certo é que até à independência das colónias inglesas da América do Norte não se nos deparam movimentos muito fortes no sentido da abolição da escravatura, a não ser em zonas geográficas onde ela não tinha qualquer expressão. E chega a parecer estranho que, no decurso do século XIX, quando o teor de vida das classes operárias na Inglaterra e em França atingiu os mais escandalosos níveis de degradação, moral e material, esses mesmos países, sem tratarem de remediar os males próprios, se empenhassem ruidosamente na extinção da escravatura nas Américas. Poderá razoavelmente duvidar-se da rectidão da campanha antiesclavagista, não devendo excluir-se que ela tenha reflectido o aproveitamento de sentimentos generosos na defesa de interesses menos altruístas de algumas potências; sobretudo da Inglaterra[48]. Seja como for, Portugal procurou contribuir, tanto quanto lhe cabia, para a abolição da escravatura; e mais à vontade ainda quando deixou de manter responsabilidades em relação ao Brasil, território português onde a referida abolição poderia suscitar maiores dificuldades e ferir mais poderosos interesses. Nem sempre conseguiram as autoridades portuguesas evitar, ou reprimir, o tráfico de escravos; e tais falhas, ainda que amplamente justificadas, com frequência serviram de pretexto a procedimentos vexatórios da parte da Armada inglesa, de que resultaram numerosos incidentes diplomáticos, largamente referidos pelo conde do Lavradio através das suas *Memórias*. Mas, em geral, souberam as autoridades portuguesas contribuir para a prevenção e repressão do tráfico de escravos. O triste incidente da barca

---

[47] Em 1857, quando a guerra civil da secessão norte-americana se avizinhava já, foram impressos e postos a circular milhões de exemplares do romance de Becher Stowe, *A Cabana do Pai Tomás*. Nele se baseia ainda a opinião mais generalizada sobre a escravatura na América do Norte.

[48] Segundo o conde do Lavradio, no seu diário de Londres, «neste paiz a abolição do trafico é para muita gente um fim, e um fim muito louvável, mas, para os homens chamados politicos, a questão da abolição é um meio, pois o fim é a conquista das terras que se julgam proprias para a cultura do algodão, no intuito de libertar as manufacturas inglesas da dependencia, em que presentemente se acham, dos Estados Unidos da America do Norte» (ver *Memórias...*, VII, p. 100). O antiesclavagismo britânico terá começado por ter o fim político de arruinar os Estados Unidos, potência resultante da revolta das colónias inglesas da América do Norte; e, depois, o fim económico de elevar os custos da produção algodoeira norte-americana.

Charles et Georges mostra que, afinal, as reclamações formuladas pelas grandes potências junto de Portugal não resultavam da falta de cumprimento das obrigações assumidas no plano do antiesclavagismo, mas apenas de incompatibilidades momentâneas de interesses.

Apesar de todas as proibições legais e de todas as sonoras condenações políticas, as colónias inglesas e francesas, sobretudo nas Antilhas, importavam escravos para assegurar a produção das suas plantações. E os Governos bem o sabiam; pois as cargas, por vezes, seguiam sob protecção de navios de guerra dos respectivos países. Embora os negros partissem muitas vezes para o seu destino sob a roupagem enganosa de contratos de trabalho livremente celebrados. Razão tinha Sá da Bandeira quando, comentando o *bill* de Lord Palmerston, observava que, para pôr fim ao tráfico dos escravos, era preciso começar por abolir a escravatura, pois, de outro modo, as normas proibitivas apenas tinham por efeito valorizar a mercadoria humana e manter o tráfico, através de todos os riscos, que acabavam por ser cobertos pelos lucros do respectivo comércio[49]. Em tal contexto se situa o caso da barca *Charles et Georges,* apreendida pela Marinha portuguesa, em Moçambique, com um carregamento de 110 escravos e aguardando mais, embora o respectivo capitão declarasse que se tratava de «colonos», mas sem dispor de qualquer documentação quanto aos mesmos. Apesar de o caso ter sido, entretanto, objecto de apreciação judicial, e estando a correr recurso dela para o Tribunal da Relação de Lisboa, o Governo francês reclamou a devolução do barco e a libertação do seu comandante, através de sucessivos protestos[50]. Propôs o Governo português, sem êxito, a mediação de um terceiro Estado. Tendo sido solicitado para o efeito apoio à

---

[49] Cf. Sá da Bandeira, *O Trafico da Escravatura e o «Bill» de Lord Palmerston.* Sobre as negociações orientadas no sentido da abolição da escravatura, ver correspondência trocada entre Sá da Bandeira e o ministro britânico em Lisboa, Lord Howard de Walden, *in* Júdice Bicker, *Supplemento à Collecção...,* XXVIII, pp. 66 e ss. Receava o Governo português que aquela abolição suscitasse movimentos revolucionários nos territórios portugueses, pelo que a Inglaterra dizia dispor-se a dominar tais insurreições.

[50] Baseavam-se os protestos franceses, constantes das respectivas notas diplomáticas, na circunstância de a bordo da barca *Charles et Georges* se encontrar, quando foi apresada pelas autoridades portuguesas, um funcionário do Império Francês especialmente encarregado de ocupar-se do assunto do recrutamento de trabalhadores africanos, os tais «colonos», com destino às Antilhas. E essa presença, segundo o Governo de Paris, excluiria qualquer hipótese de tráfico de escravos.

Inglaterra, esta potência abandonou o Governo português, por não lhe convir, então, qualquer conflito com a França. E não obstante a Inglaterra ter particulares responsabilidades nos rigores das autoridades portuguesas em matéria de repressão do tráfico de escravos. Também não será de excluir, no entanto, que o assunto tenha sido encaminhado por forma menos adequada pelo então ministro dos Negócios Estrangeiros, marquês de Loulé.

Mais uma vez uma esquadra francesa se apresentou no estuário do Tejo, em tom de guerra, a fim de apoiar o ultimato de Paris, nos termos do qual, se as autoridades portuguesas não entregassem a barca e o seu capitão, comprometendo-se ainda ao pagamento de uma indemnização, as relações diplomáticas entre os dois países ficariam interrompidas, cabendo ao almirante-comandante da esquadra pôr termo à pendência. Era a repetição do acto de força de 1831, sendo Portugal, num caso como noutro, joguete de intereses alheios. A barca foi entregue, o capitão libertado, e Portugal compelido ainda ao pagamento de uma pesada indemnização. Relativamente a esta, admitiu a França que pudesse ser revista por arbitragem internacional; mas o Governo português, que propusera a arbitragem para fixação dos princípios e não do *quantum,* usou da dignidade bastante para rejeitar essa forma de arbitragem, conformando-se com as exigências francesas pelo que respeitava ao quantitativo da indemnização, já que a França não admitira a arbitragem no plano global do conflito[51].

---

[51] Ver *Documentos Relativos ao Apresamento, Julgamento e Entrega da Barca Franceza Charles et Georges* .... Lisboa, 1858; *State Papers 1858-1859,* pp. 599 e ss.; *Cartas de D. Pedro V ao Conde do Lavradio,* pp. 213 e ss., 220 e ss.; *Memórias do Conde do Lavradio,* VII, pp. 3 e ss., 59 e ss., 70-71, 74 e ss., 132-133; Júlio de Vilhena, *D. Pedro V e o seu Reinado,* I, pp. 319 e ss.; *Suplemento,* pp. 15 e ss.; Fortunato de Almeida, *História de Portugal,* VI, pp. 362 e ss.; Eduardo dos Santos, *A Questão da Barca «Charles et Georges»,* Lisboa, 1975. Importará sublinhar que este incidente se situa no enquadramento das más relações entre a Inglaterra e a França, no rescaldo da Guerra da Crimeia, da qual a primeira potência saiu bastante menos prestigiada que a segunda. A força crescente de Napoleão III afirmou-se então, nomeadamente pela vinda hostil de uma esquadra francesa a Lisboa, porto situado na zona de influência britânica. A barca e o negreiro terão servido de pretexto. A deselegância portuguesa em relação à França na «questão das Irmãs da Caridade» ajudou a criar o ambiente propício à humilhação imposta. Mas não terá sido caso único este da barca *Charles et Georges,* em matéria de humilhações sofridas por

7. Reconhecimento do reino de Itália por Portugal

Foi Portugal um dos países que se apressaram a reconhecer o reino de Itália, em 1861, logo após a anexação violenta do reino das Duas Sicílias pelos Piemonteses e os aventureiros assalariados por Vítor Manuel. Estranhou-se nos meios internacionais o reconhecimento apressado, tanto por ser Portugal nação católica e Roma o alvo do movimento de unificação italiana como por não convir ao nosso país, dada a sua posição na Península Ibérica, aceitar como válidas anexações territoriais baseadas em actos de força. Sobre o assunto escreveu o conde do Lavradio, ministro em Londres, ao rei D. Pedro V, uma carta que constitui modelo de energia e de dignidade. Segundo Lavradio, «a falta de circunspecção com que procederam os Ministros de Vossa Majestade, talvez para obedecerem a alguma miserável insinuação, vae além de tudo quanto se pode imaginar». E continua o diplomata: «Quem até agora reconheceu o rei de Itália? A Inglaterra, a qual, da maneira mais immoral que se pode imaginar e para utilidade sua, promoveu a revolução d'aquella Peninsula; a França, que com os seus Exercitos fez a revolução para salvar o Imperador dos punhaes dos assassinos; a Suécia que, por meio de violentas ou pacificas annexações, medita reunir a Escandinavia. Esquecia-me ainda da Republica do Haiti, cujo reconhecimento, por mofa, anda e ha-de ficar na História associado ao de Portugal... Vossa Majestade, reconhecendo o novo Rei de Itália, reconheceu que a annexação por meio de corrupção e violencia constituia um direito, ao qual Vossa Majestade terá de se submetter, logo que o Governo de Hespanha, seja elle qual fôr, tiver dinheiro bastante para comprar os homens desmoralizados, de que temos alguns, e um Exercito sufficiente para apoiar os traidores. O prematuro reconhecimento do Rei de Itália, por parte de Portugal, é a proclamação da extinção da independência da Monarchia Pottugueza.»[52] Sendo o

---

Portugal em razão de procurar reprimir o tráfico da escravatura, quando estavam em causa interesses de potências mais fortes, ou dispostas a abusar das debilidades portuguesas. Na sessão da Câmara dos Deputados de 11 de Junho de 1860 foram referidos casos semelhantes ocorridos com navios negreiros espanhóis e norte-americanos, apresados pela Armada portuguesa e devolvidos sob pressões tanto diplomáticas como militares (ver *Diario de Lisboa* de 19 de Junho de 1860, p. 654).

[52] Ver *Memórias do Conde do Lavradio,* VIII, pp. 62 e ss.

conde do Lavradio dos raros políticos merecedores da estima de D. Pedro V e achando-se no excelente ponto de observação que era a Corte de Londres, causa estranheza que o rei não tenha procurado ouvi-lo sobre o reconhecimento da Itália. Tanto mais que D. Pedro V costumava ser cauteloso, e até rebelde, face às propostas dos ministros, parecendo ter realmente consciência de que, por vezes, provinham de «alguma miserável insinuação»[53]. E, realmente, em 1861, havia motivos para duvidar ainda que os Piemonteses conservassem as conquistas realizadas, sendo previsível que os apoios da Áustria, da Prússia, e até da França, cuja política era oscilante, aos Estados subjugados permitisse ainda que estes reagissem contra os conquistadores. Ou D. Pedro V não ouviu o conde do Lavradio ou os ministros não ouviram o rei, que, ainda em 1859, mostrava repugnância relativamente ao desígnio britânico de despojar o Papa do seu poder temporal[54]. Também o visconde de Alte, representante português em Roma, não terá sido ouvido[55]. Com o tempo, o erro do reconheci-

---

[53] É-se levado a crer que, quanto ao reconhecimento do reino de Itália por Portugal, «nem foram pedidas, como noutras ocasiões, informações precisas sobre o modo como as outras potências pensavam proceder» (Dias Barbosa, *O Governo Português e a Crise do Papado nos Anos 1848-1870*, p. 112). Nesta mesma obra regista-se a surpresa e a amargura da Secretaria de Estado, em despacho para o núncio em Lisboa, pelo facto do reconhecimento, «imperochè è incredibile che il governo di un Sovrano cattolico, insiguito del titolo di Fedelissimo, non indotto da alcuna ragione di commercio o di pubblica utilità», assim procedesse, ainda antes que outros Governos (*ibidem*, p. 113). Compreende-se a hipótese de Lavradio, quanto a «alguma miseravel insinuação». Segundo o encarregado de negócios do Piemonte em Lisboa, La Minerva, todos os ministros portugueses concordariam com o reconhecimento, embora mostrando-se hesitantes. Em razão de tais hesitações, procuraram os piemonteses que o Governo britânico os apoiasse em Lisboa; mas Lord Russell recearia a reacção desfavorável do Conde do Lavradio relativamente ao reino de Itália (ver *I Documenti Diplomatici Italiani*, I, pp. 42, 117, 130 e 155).

[54] Ver *Cartas de D. Pedro V ao Conde do Lavradio*, p. 248.

[55] O visconde de Alte esforçou-se no sentido de que a comunicação do reconhecimento à Santa Sé fosse, ao menos, suavizada, para evitar que o Papa tomasse o facto como insulto, o que «poderia ter consequências lamentáveis» (Dias Barbosa, *O Governo Português e a Crise do Papado nos Anos de 1848-1870*, p. 114). O visconde de Alte, que sempre se recusou a fazer a comunicação do reconhecimento, nos termos secos impostos desde Lisboa por António José de Ávila, foi pouco depois substituído em Roma pelo duque de Saldanha. O reconhecimento, segundo comunicação do encarregado de negócios português em Turim, de 6 de Julho de 1861, não prejudicaria o direito que Portugal se reservava de participar de um Congresso das Potências Europeias destinado a resolver definitivamente as questões respeitantes à organização do reino de Itália (ver *I Documenti Diplomatici Italiani*, I, p. 224).

mento precipitado esbateu-se, pelo enraizamento da unidade italiana. Mas não deixou de sê-lo.

8. Tentativas de ocupação efectiva dos territórios portugueses de África

Diversos factores contribuíram para que a ocupação efectiva de muitos dos territórios portugueses de África pudesse ser posta em dúvida em meados do século XIX. As praças de Marrocos, o comércio do Oriente e a colonização do Brasil tinham, durante séculos, absorvido as potencialidades portuguesas. O escasso interesse manifestado até aí pelas outras potências em relação à África não fazia recear concorrências. As minguadas riquezas entrevistas através dos empreendimentos africanos permitiam também dúvidas quanto a uma remuneração minimamente adequada desses empreendimentos. Acrescia ainda que a política tradicional portuguesa visava em África o estabelecimento de Estados indígenas que, pouco a pouco, se integrassem na comunidade cristã. O estabelecimento dos Ingleses no Cabo, em 1815, e os constantes reconhecimentos da costa africana pela Armada britânica, a pretexto da repressão da escravatura, numa época em que o Brasil já se separara da unidade portuguesa, levaram, porém, os portugueses mais avisados a ponderar as vantagens de uma ocupação efectiva dos territórios africanos. Mas as lutas internas atrasaram muito essa ocupação.

No entanto, já em 1855 se empreendeu a ocupação efectiva do Ambriz; embora com alguns receios das reacções britânicas, que talvez não tenham sido mais vivas pelo facto de aquela ocupação ter coincidido com a Guerra da Crimeia, que trazia as atenções da Inglaterra concentradas em espaços geográficos diversos[56].

---

[56] Ver *Memórias do Conde do Lavradio,* V, pp. 239 e ss., 255 e ss., 273 e ss. Estas *Memórias* mostram bem o calvário de um diplomata português, disposto a afirmar, com talento, dignidade e boas maneiras, os direitos de Portugal frente aos políticos ingleses, arrogantes, impertinentes, sempre dispostos a menosprezar os legítimos interesses alheios, sobretudo os das potências que não temiam. A propósito do litígio anglo-brasileiro de 1864 escreveu o conde do Lavradio: «O Governo Inglez não soffre censuras nem resistencias e, se alguem duvida da sua infalibilidade, ameaça logo com a acção das suas poderosas

Em 1858 um navio de guerra britânico praticou violências na ilha de Bolama, recusando-se a reconhecer a soberania portuguesa[57]. Em 1860 fomos de novo expulsos do Ambriz por indígenas «excitados por agentes britânicos»[58]. O território foi reocupado na base de uma forte expedição militar em que participou o infante D. Luís. Mas D. Pedro V receava as reacções britânicas e previa mesmo, a propósito, a ruptura da aliança inglesa, preparando-se para «essa eventualidade, muito mais provável do que parece a quem consultar só a história do passado». Parecia então o rei desiludido com o príncipe Alberto, com o qual fechara a discussão, porque o príncipe mantinha a sua máxima de «que não sabemos aproveitar as nossas riquezas, e aplicando, sem se sentir, ao direito internacional o princípio socialista, segundo o qual a propriedade supõe a utilidade actual»[59].

Os Ingleses procuravam, por todas as formas, remover-nos das posições em África. Não queriam saber de razões. Em termos gratuitos, sem qualquer preocupação de provas, ou sequer de indícios,

---

esquadras, já se sabe, quando a Potencia a quem se dirige não tem forças a opor-lhe.» (*Ibidem*, VIII, p. 239.) Segundo o referido diplomata, anglófilo cujas reflexões acerca da Inglaterra mostram geralmente profundo desânimo, o fim do Governo britânico seria o «de nos lançar fora de Africa, como já nos lançou da Ásia e da América». Na opinião de Lavradio, «o Governo Britanico quer que Portugal continue a existir como Potencia independente, porque assim convem aos seus interesses, mas quer, ao mesmo tempo, que elle se conserve no estado de miseria, a que o levaram os perfidos conselhos e as insuportaveis exigencias do Governo Britanico» (*ibidem*, VI, p. 151). Não constituiriam, ou não constituirão, estas atitudes exclusivos britânicos. Os Estados, como as pessoas, tendem a abusar do seu próprio poder. E os povos que querem conscientemente ser livres têm de compreender essa realidade, mantendo a força moral e material adequada à defesa das suas próprias liberdades. Lucidamente observava D. João V que não tínhamos de fiar-nos das outras potências, mas sim de nós mesmos. Sobre a questão do Ambriz, ver também Júlio de Vilhena, in *D. Pedro V e o Seu Reinado*, II, pp. 129 e ss.

[57] Ver *Memórias do Conde do Lavradio*, VII, pp. 110 e ss. A ilha de Bolama fora comprada, em 1792, por uma sociedade londrina, aos reis gentílicos de Canhabac, por 78 libras, sendo certo que desde o século XV a ilha pertencia a Portugal. Em 1834, o Governo inglês, aproveitando-se das dificuldades criadas aos portugueses pela guerra civil, agitou a questão. E, em 1839, novas violências foram praticadas pelos ingleses em Bolama (Ver Júdice Bicker, *Supplemento à Collecção....* XXVI, pp. 507 ess.). A questão de Bolama viria a ser solucionada, em 1870, por sentença arbitral do Presidente dos Estados Unidos, Ulisses Grant, favorável a Portugal (*ibidem*, pp. 596 e ss.).

[58] Ver *Cartas de D. Pedro V ao Conde do Lavradio*, p. 260.

[59] *Ibidem*, pp. 278-279.

afirmavam os estadistas britânicos que as autoridades portuguesas, sem excluir os governadores de Angola e de Moçambique, eram autores, ou cúmplices, no tráfico de escravos. Os representantes diplomáticos de Portugal solicitavam a indicação de factos e circunstâncias que comprovassem os assertos. Era inútil. Os ingleses, em geral, e Lord Palmerston, em especial, respondiam que era «indubitável» a protecção prestada pelas autoridades portuguesas ao tráfico[60]. Era facto público e notório, nem carecia de prova. A pretensa notoriedade dos factos constitui frequentemente o escudo a que se abrigam as mais iníquas acusações. E quando os acusadores são poderosos, a publicidade, o medo e a ambição de proveitos transformam as aleivosias em certezas, depois de repetidas *ad nauseam* pelos pobres de entendimento ou de honestidade.

---

[60] Ver *Memórias do Conde do Lavradio*, VIII, pp. 152 e ss. A injustiça global dos políticos britânicos e a carência de limpidez dos seus desígnios não exclui que portugueses bem colocados e impunes tenham estado ligados ao infame comércio da escravatura (*ibidem*, pp. 154-155). Mas só uma arrogante e ofensiva irresponsabilidade permitia a Lord Palmerston afirmar que «presque partout en Afrique, oú on trouve un Portugais, on trouve un homme qui fait ou qui encourage la traite» (*ibidem*, p. 2 07). Conforme repetidamente advertia o conde do Lavradio, «o trafico é o pretexto de que se serve o Governo Britanico para se apropriar das nossas colonias» (*ibidem*, p. 208). Ver tb. a este respeito James Duffy, *Portuguese Africa*, pp. 130 e ss.

TÍTULO III

A Sobrevivência Portuguesa e os Grandes Blocos Políticos

1. Casamento do rei D. Luís na Itália

É compreensível que os falecimentos sucessivos dos filhos de D. Maria II tornassem alguns políticos portugueses inquietos quanto à continuidade da Dinastia. Para mais, a ideia de uma solução republicana começava a ganhar relevo, em certos meios, tanto portugueses como espanhóis, pelas desilusões criadas através das prolongadas lutas civis. Mas essas mesmas lutas haviam de reflectir-se nos projectos matrimoniais respeitantes ao rei D. Luís. Enquanto os liberais conservadores, o «beatério», na expressão de Lavradio, pretendiam que o novo rei também casasse na casa de Hohenzollern-Sigmaringen, com uma irmã da falecida rainha D. Estefânia, os liberais progressistas, ditos «patriotas», advogavam violentamente o consórcio com uma filha de Vítor Manuel II da Itália, paladino do movimento antipapista, que ameaçava os restos do domínio temporal da Igreja[61]. As desor-

---

[61] Terá havido mesmo um projecto inicial de casamento de D. Pedro V, já viúvo de D. Estefânia, com a princesa Maria Pia, logo após o reconhecimento do reino da Itália por Portugal. Tal casamento teria sido sugerido, em Paris, pelo ministro português, visconde de Paiva, ao ministro italiano, Nigra. A morte de D. Pedro V transferiu o projecto para o seu sucessor (ver Dias Barbosa, O *Governo Português e a Crise do Papado nos Anos 1848-1870*, pp. 117 e 243; *I Documenti Diplomatici Italiani*, I, pp. 328-329, 367 e ss., 388-389, 410 e 446). O casamento italiano foi defendido por Sá da Bandeira, então ministro da Guerra, logo em Dezembro de 1861, ao iniciar-se o reinado de D. Luís, e dele se ocupou o ministro junto da família real, embora parecesse mais curial que tais diligências fossem empreendidas pelo presidente do Ministério. Segundo exposição que apresentou ao monarca e já apresentara antes ao rei D. Fernando, o visconde de Sá observou que as circunstâncias só permitiriam optar entre as casas de Saxe-Coburgo, de Hohenzollem, de Orleães e de Sabóia.

dens de Espanha, em geral, e da família real de Madrid, em especial, tornavam difícil dar consistência aos projectos de casamento com a filha de Isabel II. Ainda uma quarta corrente preferiria o casamento com uma filha da rainha Vitória, sem que a detivessem mesmo os óbices derivados do anglicanismo da família real inglesa. Esta solução britânica, porém, terá sido prejudicada, ou por ajuste anterior da Corte de Londres ou por preferência pessoal da princesa[62].

Triunfou a preferência dos «patriotas», anticlericais, pelo casamento do rei com a filha mais nova de Vítor Manuel II, caudilho do movimento de oposição ao Papado. Para tal triunfo se usaram diversos meios, não faltando os de cariz romântico. Assim, alguns órgãos de imprensa lançaram a ideia de uma irresistível inclinação de D. Luís pela princesa italiana, não sendo lícito, segundo esses mesmos órgãos, contrariar tal tendência. E os leitores dessa imprensa não terão cuidado de apurar a falta de fundamento da asserção produzida. Importava era criar um ambiente favorável ao casamento italiano, susceptível de contrariar mesmo qualquer outra solução[63]. As Câmaras

---

Mas o consórcio naquelas casas alemãs, «com quanto recomendáveis por diversos motivos, não poderia, contudo, trazer para a nação vantagem alguma política; e o casamento com uma princesa da Casa de Orleães havia de suscitar o desagrado de Napoleão III. Concluía o ministro no sentido de que a escolha mais acertada era a da princesa de Sabóia, que completaria 15 anos de idade em 1862, tanto mais que tal casamento seria em Portugal muito popular, o que significava que suscitaria o aplauso da imprensa dita «liberal». Entendia também o visconde de Sá que a ligação à Itália poderia ser de utilidade através dos bons ofícios que viesse a desenvolver em pendências entre Portugal e a Inglaterra ou a França, designadamente no plano colonial, por aquele jovem Estado não ter aí interesses próprios (ver Júlio de Vilhena, *D. Pedro V e o Seu Reinado,* suplemento, pp. 174 e ss.).

[62] Ver *Memórias do Conde do Lavradio,* VIII, p. 109; Braga Paixão, *Últimos Casamentos na Casa Real, em Portugal,* p. 13.

[63] Tratava-se de uma campanha orientada, como tantas outras, no sentido de criar, através da *opinião que se publica,* um movimento de *opinião pública* baseado em dados falsos mas podendo condicionar decisões políticas. Contrariamente ao que foi propalado, o rei D. Luís começou por rejeitar a hipótese de casamento na Itália, pretendendo casar com a princesa austríaca Teresa, filha do arquiduque Alberto, baseado em conselhos da rainha Vitória e do rei Leopoldo da Bélgica. Até porque, segundo D. Luís, o rei de Itália era mal visto pelos outros soberanos, em razão da sua conduta moral. O juízo desfavorável a Vítor Manuel não era originário de D. Luís; partia da rainha Vitória e do falecido príncipe Alberto (ver Braga Paixão, *Últimos Casamentos na Casa Real, em Portugal,* p. 15). E, defendendo o projecto de casamento em Viena, à guisa de desculpa, D. Luís ia observando que também na família imperial austríaca havia membros de feição liberal, sendo o caso do arquiduque

aprovaram a dotação da futura rainha, sem saberem ainda, ao menos oficialmente, quem ela fosse. Em 9 de Agosto de 1862, o contrato matrimonial foi assinado em Turim; e a 27 celebrou-se na mesma cidade, por procuração, o consórcio real. Uma flotilha naval portuguesa trouxe a princesa D. Maria Pia de Génova para Lisboa, onde a 6 de Outubro teve lugar a cerimónia religiosa de ratificação do casamento[64].

As negociações diplomáticas orientadas para o casamento do rei decorreram em termos mais reservados que de costume. Possivelmente pelo receio de reacções adversas, pois era bem conhecido o retraimento do antecessor, D. Pedro V, e dos seus mais afectos, designadamente o ministro em Londres, conde do Lavradio, em relação ao chefe da Casa de Sabóia e aos aventureiros de que se rodeara, a fim de anexar todos os Estados italianos e despojar o Papa dos seus domínios, tarefa só plenamente realizada em 1870, pelo que, em 1862, ainda importaria admitir que Vitor Manuel II fosse mal sucedido, por as potências antipapistas desistirem dos seus propósitos, deixando o rei piemontês em posição difícil[65]. Assim, ainda a 20 de

---

Alberto. Esta posição do rei, que consta dos apontamentos do marquês de Sá da Bandeira (ver Júlio de Vilhena, *D. Pedro V e o Seu Reinado,* Suplemento, pp. 175 e ss.) desfaz a lenda da inclinação sentimental de D. Luís pela princesa D. Maria Pia. Mas o ministro da Guerra, aliás bem conhecido pela sua teimosia, foi insistindo pelo casamento italiano. E D. Luís acabou por ceder, não se sabe em obediência a que pressões, porquanto, inicialmente, face ao projecto de Sá da Bandeira, o rei mostrara-se firme na rejeição do casamento com D. Maria Pia de Sabóia. Será de ponderar que, entretanto, fora mal recebida a diligência directa de D. Luís junto do arquiduque Alberto com vista ao casamento com uma filha dele (ver Braga Paixão, *Ultimos Casamentos na Casa Real, em Portugal,* pp. 18-19). Anteriormente, segundo Nigra, ministro italiano em Paris, D. Luís teria querido casar com a princesa Maria Luísa de Hohenzollem (ver *I Documenti Diplomatici ltaliani,* I, pp. 507-508).

[64] Ver L. Lenoir, *Portugal em 1862,* pp. 69-74; *Memórias do Conde do Lavradio,* VIII, p. 160.

[65] Sem a derrota austríaca de Sadowa (1866) e a derrota francesa de Sedan (1870), a unificação italiana seria, pelo menos, duvidosa. Até porque a Inglaterra, que animara e armara os Piemonteses, por vezes se mostrava receosa das consequências da sua acção no plano do equilíbrio europeu, embora também, nalguns momentos, os políticos ingleses se aproximassem dos elementos italianos mais radicais, o que também não seria favorável a Vítor Manuel II. Assim, quando o rei piemontês se incompatibilizou com o aventureiro Garibaldi, este foi recebido festivamente em Londres pela aristocracia britânica, ao mesmo tempo que os garibaldinos lá estabeleciam contactos «com todos os representantes da anarchia e propagandistas do assassinato» (ver *Memórias do Conde do Lavradio,* VIII, pp. 215-216).

Julho, os representantes diplomáticos portugueses em Londres e em Paris não sabiam, ao menos oficialmente, da natureza da missão que levara a Génova o visconde da Carreira, embarcado num navio de guerra português. Só dias depois o objecto da missão de Carreira junto da corte de Turim terá sido comunicado ás missões diplomáticas portuguesas, ou a algumas delas. Também se especulou então quanto a uma suposta oposição do experimentado diplomata conde do Lavradio ao casamento italiano[66].

Parece ser certo que, tendo já sido por esta época absorvidos pela sociedade portuguesa, na sua maioria, os elementos estrangeiros que tinham ficado em Portugal depois de Évora Monte, assim como muitos também de origem nacional mas de tendências políticas radicais e internacionalizantes, essas mesmas tendências apareceram rejuvenescidas no nosso País com a chegada de italianos, ou participantes das lutas civis italianas, que por cá se instalaram na década de 60.

Dadas as atitudes e alianças de Vítor Manuel II, parecia recear-se mesmo, nalguns meios portugueses, que tais circunstâncias se reflectissem na filha Maria Pia. Assim, a infanta D. Isabel Maria terá ficado tranquilizada quando o Papa e o cardeal Antonelli lhe asseguraram que a princesa recebera muito boa educação (*ibidem,* p. 151). Quanto ao agrado, ou desagrado, do consórcio luso-italiano, no plano internacional, havia de ficar sujeito às oscilações das políticas da Inglaterra e da França. Da correspondência dos núncios em Lisboa e em Bruxelas com a Secretaria de Estado consta que a população portuguesa era avessa ao casamento de D. Luís com a princesa D. Maria Pia e que o rei fora aconselhado a não o realizar, porque a união com Turim traria para Portugal ainda mais revolucionários (ver Dias Barbosa, *O Governo Português e a Crise do Papado nos Anos 1848-1870,* p. 119).

[66] Ver *Memórias do Conde do Lavradio,* VIII, pp. 148-150. É misteriosa também a origem das negociações do casamento régio, talvez situada no ambiente criado na Corte de Turim pelo inesperado (?) reconhecimento do reino da Itália por Portugal. *Alguém* «iniciado nos segredos da Cortes», terá sugerido a ideia ao representante português em Turim, Borges de Castro, que a terá transmitido para Lisboa. Em Junho de 1862, um *encarregado especial* levou a Turim uma carta régia pedindo em casamento a princesa. A 7 de Julho, Borges de Castro enviou para Lisboa a carta de Vítor Manuel II pela qual este concedeu «cordialmente a mão da sua Augusta Filha». A 11 de Julho a notícia do próximo casamento foi dada ao Parlamento italiano, quando em Portugal ainda não fora feito qualquer anúncio oficial, que só viria a ter lugar a 4 de Setembro (ver Dias Barbosa, *O Governo Português e a Crise do Papado nos Anos 1848-1870,* p. 117), já após a celebração do casamento em Turim, por procuração. Parece indiscutível que, por motivo e ocasião deste casamento régio, foram atropelados todos os usos e regras observáveis em tais circunstâncias. Segundo José de Castro, o «encarregado especial» que levou a Turim a carta régia pedindo em casamento a princesa terá sido o adido da Legação, Fausto de Queirós Guedes (ver *Portugal em Roma,* I, p. 320).

A eles se poderá atribuir o estabelecimento em Portugal das «lojas», ou «vendas», da Carbonária, que tanta influência viria a ter na propaganda republicana e na implantação da República[67]. Também nos meios internacionais terá criado apreensões, já ao começar a década de 70, a afluência de espanhóis a Lisboa e a de portugueses a Madrid[68].

2. Missionários anglicanos substituindo em África os missionários católicos

É sabido que Portugal assegurou, em larguíssima medida, a sua expansão no Mundo através da acção dos seus missionários. No Índico como no Brasil e em África. Ora a hostilidade do Poder às ordens religiosas e a sua extinção, em 1834, reduziram a acção missionária no Ultramar. Eram poucos e geralmente maus os eclesiásticos católicos que se encontravam nas possessões portuguesas em meados do século XIX. Também as autoridades civis, fiéis ao espírito da época e atentas às recompensas que esperavam dos Governos, os não acarinhavam nem respeitavam. Estas circunstâncias, presumivelmente inseridas nas previsões de um rigoroso planeamento político, de raiz internacional, deixaram o caminho livre, em África especialmente, às missões protestantes, sobretudo anglicanas, que, sob rótulos

---

[67] A Carbonária Lusitana terá sido criada, em 1848, pelo general Joaquim Pereira Marinho, que recebeu «do estrangeiro auctorização para poder estabelece-la» e para o efeito delegou poderes no padre António de Jesus Maria da Costa, cujo nome na associação era o de *Ganganelli,* ou seja, o apelido do papa Clemente XIV, que extinguiu a Companhia de Jesus. A adopção de tal nome deverá interpretar-se como homenagem por aquele acto de extinção, ainda que ele tenha sido forçado. O referido padre ficou então a presidir à «alta venda» e criou diversas «choças», correspondendo na organização carbonária às «lojas» maçónicas, ou aos «triângulos» maçónicos; mas esse mesmo padre foi rapidamente substituído pelo Dr. Francisco Fernandes Costa e mesmo expulso da Carbonária Lusitana, completamente reorganizada em 1864 (ver, em especial, Joaquim Martins de Carvalho, *Apontamentos para a Historia Contemporanea,* pp. 193 e ss.).

[68] Ver ofício do ministro em Roma para a Secretaria de Estado transcrito por Eduardo Brazão, in *Relações Diplomáticas de Portugal com a Santa Sé-A Queda de Roma* (1870), p. 235.

evangelizadores, muito beneficiaram a expansão britânica no Continente negro[69].

Era pastor protestante o célebre explorador Livingstone, que tantas intrigas e inexactidões moveu contra os Portugueses e a sua administração, ao serviço de um ideal imperialista britânico. A esse respeito, o conde do Lavradio, a quem coube, durante muitos anos, o encargo de defender em Londres os interesses de Portugal, nomeadamente contra as referidas inexactidões e intrigas, dirigiu para Lisboa ofícios de rara lucidez, de um dos quais se transcrevem as seguintes passagens: «Esteja... certo o Governo de Sua Majestade que, por sua culpa, em breve Portugal há-de perder todas as suas colonias. As sociedades de Oxford e de Cambridge, dirigidas por homens superiores, auxiliadas por homens ricos e energicamente favorecidos pelo Governo, teem estabelecido missões desde o Cabo da Boa Esperança até além de Zanzibar. Uma numerosa missão, tendo à frente um Bispo anglicano, já domina no grande lago Nyassa (que nós deviamos reclamar), que os missionarios entregarão à Inglaterra, logo que possam estabelecer uma comunicação pelo rio Rovuma com Cabo Delgado. Enfim, por meio dos missionarios a Inglaterra cortará as nossas comunicações pelo interior com as duas Costas e reduzir-nos-ha a um estreito litoral, que seremos obrigados a abandonar, como insustentável. Enquanto o Governo Inglez, com grande sabedoria, protege as suas missões, seguindo o exemplo dos fundadores das nossas colonias, nós não só não protegemos as nossas missões, mas impedimos, com violencias que custam a acreditar, o seu restabelecimento»[70].

O anticlericalismo primário dos governos, das câmaras e dos partidos minava constantemente os alicerces do Ultramar português, onde, por exemplo, o governador da Índia saía de Goa para não ter de receber o arcebispo[71].

---

[69] Por vezes, procurou-se substituir os missionários portugueses por estrangeiros, o que nem sempre se ajustou pela melhor forma à defesa dos interesses de Portugal no Ultramar. Mas mesmo as missões católicas de padres estrangeiros depararam com dificuldades sérias por parte das autoridades portuguesas. Disso é exemplo o caso referido no ofício dirigido por Hiss, encarregado de negócios da França, em 25 de Novembro de 1838, ao visconde de Sá da Bandeira (ver Júdice Bicker, *Supplemento à Collecção...*, XXVII, pp. 84 e ss.).

[70] *Memórias do Conde do Lavradio*, VIII, pp. 159-160. Sobre as atitudes de Livingstone em relação a Portugal, ver James Duffy, *Portuguese Africa*, pp. 174 e ss.

[71] *Memórias do Conde do Lavradio*, VIII, p. 176.

A corrida das potências a África, e especialmente à bacia hidrográfica do Zaire, levou à criação, na Inglaterra, da *Baptist Missionary Union,* nos Estados Unidos da *Livingstone Inland Mission,* e de outras organizações protestantes, uma delas sueca, destinadas a enviar missionários para o Congo e dispondo de poderosos apoios capitalistas. Por isso, o diplomata visconde de S. Januário, quando passou pelo Governo, apercebendo-se da «invasão religiosa, emparceirada com a invasão comercial política», no dizer de Luciano Cordeiro, procurou reorganizar as missões religiosas portuguesas em África. Mas ficou tudo em projectos[72]. Portugal obrigou-se a proteger os missionários de qualquer rito e de qualquer nação na zona do Zaire, pelo tratado celebrado com a Inglaterra em 26 de Fevereiro de 1884. E a mesma obrigação resultou da Conferência de Berlim do ano seguinte[73].

3. Candidaturas do rei D. Fernando aos tronos da Grécia e de Espanha

Foram muitas as dúvidas das potências quanto ao destino a dar aos territórios da Europa Oriental donde os Turcos tinham sido expulsos. Na falta de aristocracias locais próprias e de nível adequado, donde pudessem extrair-se os novos governantes, foi geralmente preferida a solução de confiar os principados e reinos constituídos a membros das várias casas reais do Ocidente. Mas queria cada uma das potências que os novos monarcas lhe fossem fiéis ou, ao menos, de sua simpatia. Opuseram-se também aí frequentemente os interesses da Inglaterra, da França, da Áustria, da Prússia e da Rússia. Ao sabor desses interesses mostrou-se o Governo inglês particularmente agradado em que D. Fernando de Saxe-Coburgo, pai de D. Pedro V e de D. Luís, aceitasse a coroa grega. Mas bem sabia o rei consorte português que a Grécia era um perigoso vulcão, cujo trono já seu primo Leopoldo rejeitara, para aceitar depois o da Bélgica, e do qual

---

[72] Cf. Luciano Cordeiro, *Obras,* I, pp. 29 e ss.; Eduardo Brazão, *Portugal no Continente Africano,* pp.16 e ss.; José Júlio Gonçalves, *Protestantismo em África,* esp. I, pp. 80 e ss. No entanto, a partir de 1881, novas missões católicas se instalaram na África portuguesa; sem excluir os Jesuítas, apesar de todos os protestos.

[73] Ver *infra,* cap. X, tit. II, n.° 3.

fora expulso, por via revolucionária, Otão I, filho de Luís I da Baviera, donde o projecto respeitante a D. Fernando. Mas este, consciente também da oposição russa à sua candidatura, demasiado pró-britânica, preferiu conservar-se em Portugal, manifestando muito prontamente a sua não aceitação do trono grego[74]; pelo que a ele foi chamado um príncipe dinamarquês[75].

Mais sérias foram as dúvidas de D. Fernando quanto à oferta, que também lhe foi feita, do trono espanhol; as quais não terão sido alheias aos movimentos iberistas que, ora sob a forma republicana e federalista, ora sob forma monárquica, se desenharam com nitidez por esta época, a eles não sendo alheios os políticos portugueses influentes, entre eles Saldanha, cujo golpe militar de 1870 foi apontado pela imprensa espanhola como um triunfo «iberista». As ligações e dependências do duque em relação a espanhóis influentes, nomeadamente o financeiro Salamanca, tornavam admissíveis as suspeições; mas a sua mesma versatilidade não permitiria ter por consistentes as atitudes desse general, cujas imprudentes rebeldias preenchem meio século de vida portuguesa[76].

No reino vizinho, a rainha Isabel II, detestada por todas as facções, fora, finalmente, afastada do trono em 1868. E, apesar da força que em Espanha ia ganhando já o partido republicano, o general Prim, que dominava a situação, compreendeu a necessidade de conservar a instituição monárquica. Afastada a candidatura do duque de

---

[74] Ver *Memórias do Conde do Lavradio*, VIII, pp. 163-167 e 170.

[75] Além de D. Fernando, outros príncipes tinham rejeitado liminarmente o trono da Grécia. Entre eles, o duque de Coburgo e o príncipe de Hohenzollern. O príncipe dinamarquês que subiu ao trono da Grécia, Guilherme, tomou o nome de Jorge I; era irmão da princesa Alexandra, que, por esta mesma época, casou com o príncipe de Gales, futuro Eduardo VII. Não obstante a sua popularidade, viria a ser assassinado em Salónica, em 1913, por um indivíduo que explicou o seu crime pela simples declaração de que era socialista.

[76] Já octogenário e sendo representante de. Portugal em Paris, Saldanha, cujos manejos em Lisboa eram receados pelo Governo, foi convidado pelo ministro dos Negócios Estrangeiros, Mendes Leal, a regressar ao seu posto diplomático. O marechal respondeu ao ministro com uma carta provocadora que a imprensa divulgou. Os receios do Governo tinham justificação, porquanto, pouco depois, Saldanha, à frente de algumas tropas, assaltou o Palácio Real da Ajuda e impôs a D. Luís a solução política que o tornou titular de todas as pastas ministeriais. Finda esta «saldanhada» de 1870, o velho marechal seguiu para o desterro honroso da Embaixada em Londres.

Montpensier, por se lhe oporem tanto a França imperial, avessa aos Orleães, como a Prússia de Bismarck, avessa aos franceses, os políticos espanhóis orientaram-se para a oferta do trono de Espanha a D. Fernando de Saxe-Coburgo, contra o qual não haveria oposição das potências, sendo certo que tal candidatura ainda teria a vantagem de criar expectativas «iberistas» nos meios às mesmas favoráveis.

Acordaram Prim, Sagasta e outros políticos espanhóis então dominantes em encarregarem o ministro em Lisboa, Ángel Fernández de los Rios, de propor a D. Fernando a sua candidatura ao trono de Espanha. Perante tal proposta, D. Fernando manifestou liminarmente algum retraimento, que Fernández de los Rios terá atribuído ao facto de o próprio filho, o rei D. Luís, admitir a hipótese de cingir a coroa de Espanha[77].

Em demanda de um rei para Espanha, inclinaram-se os políticos de Madrid para o príncipe Leopoldo de Hohenzollem, casado com a infanta D. Antónia, e, portanto, genro de D. Fernando. Mas o apoio prestado por Bismarck a tal candidatura logo suscitou a hostilidade de Napoleão III[78]. Consequentemente, os políticos de Madrid, rejei-

---

[77] Tal hipótese foi mesmo apresentada pela impensa espanhola como ponto assente, na base de uma abdicação de D. Luís do trono português no filho, D. Carlos, ficando como regente o avô, D. Fernando. Em D. Carlos recairiam, a seu tempo, as Coroas de Portugal e de Espanha, conservando cada um dos Estados a respectiva autonomia jurídico-política. Era a solução do Tratado de Salvaterra de Magos e das Cortes de Tomar, restabelecida em 1869. Segundo aquela mesma imprensa, Saldanha comprometer-se-ia a submeter, pelas armas, qualquer movimento popular que contrariasse o acordo estabelecido. Certo é, porém, que o rei D. Luís desmentiu tais notícias, por carta dirigida ao duque de Loulé, de 26 de Setembro de 1869. Também as referidas notícias foram desmentidas por Fernández de los Rios e pelo general Prim. No entanto, não obstante os desmentidos públicos, foi grande a especulação em torno de um assunto de tamanha transcendência. Provavelmente com o intuito de tranquilizar a opinião pública, o Governo português apressou-se em nomear representante em Madrid João de Andrade Corvo, cujo anti-iberismo era bem conhecido. Mas fê-lo sem prévio pedido de *agrément* ao Governo espanhol, o que foi causa de novos incidentes entre Lisboa e Madrid (cf. Joaquim de Carvalho, «Regime político dos pequenos partidos», in *História de Portugal*, VII, pp. 380 e ss.; Luiz Teixeira de Sampayo, «Observações sobre as Cartas de Prim», in *Estudos Históricos*, pp. 343 e ss.).

[78] Importará recordar que a candidatura ao trono de Espanha, mais uma vez, provocou a hostilidade entre os Estados alemães e a França, mostrando-se esta, desde Francisco I, receosa de um envolvimento por potências hostis. Assim, a candidatura de Leopoldo de Hohenzollem provocou exigências de garantias da parte de Napoleão III, que abriram o caminho para a Guerra Franco-Prussiana, para o desastre de Sedan, para a unificação alemã,

tando soluções que não beneficiassem do acordo das potências, decidiram insistir pela candidatura de D. Fernando, simpática tanto para os Prussianos como para os Franceses, admissivelmente facilitada pela «saldanhada» de 1870, susceptível de remover resistências ao plano esboçado. Importava não agravar as tensões entre Berlim e Paris nem animar as pretensões dos republicanos espanhóis. É natural que tais ordens de razões tenham tornado D. Fernando mais permeável aos intentos que o envolviam. Ciente de que o genro Leopoldo de Hohenzollern já retirara a sua candidatura, aceitou D. Fernando a Coroa de Espanha, sob certas condições de ordem pessoal, respeitantes à posição de sua mulher, a condessa de Edla, e a aspectos de segurança política e financeira do próprio D. Fernando. Mais tarde, acrescentou outras respeitantes às garantias da «independencia deste Pais», que «sempre tive ideia de propor, pois, «aceitando a coroa de Espanha, não me esquecia do País, em que vivo há tantos anos, onde tenho a maior parte da minha família e que tem sido para mim uma segunda patria. Nunca ocultei este sentimento, e sabendo como sei, o amor que Portugal tem à sua independencia, estipulei pela minha parte que a sucessão seria regulada de modo que as duas coroas não recaíssem na mesma cabeça»[79]. É de crer que tal condição tenha sido

para a proclamação da III República em França e para a Comuna de Paris. Ainda no século XX, durante a Guerra Civil de Espanha, a propaganda desenvolvida em França a favor do Governo de Madrid fazia frequentemente apelo ao sentido atávico de defesa dos Franceses, chamando a atenção para os perigos do enraizamento na Alemanha, na Itália e em Espanha de regimes políticos entre os quais se tornasse fácil um entendimento antifrancês.

[79] Ver carta de D. Fernando a Fernández de los Rios, de 10 de Agosto de 1870, parcialmente transcrita por Joaquim de Carvalho, «Regime político dos pequenos partidos», in *História de Portugal*, VII, pp. 30 e ss. Ver tb. Lafuente, *Historia General de España*, XXIV, pp. 26 e ss.; Fernández Almagro, *Historia Política de la España Contemporánea*, I, pp. 61 e ss.; Fernández de los Rios, *Mi Misión en Portugal*, esp. pp. 371 e ss.; L. A. Palmerin, *Portugal e o seus Detractores*, esp. pp. 218 e 365; Luiz Teixeira de Sampayo, «Observações sobre as Cartas de Prim», in *Estudos Históricos*, pp. 333 e ss. Há clamorosas infelicidades na obra citada do diplomata espanhol Fernández de los Rios. No entanto, merecem reflexão algumas das afirmações nela contidas quanto a toda esta questão e ao papel nela desempenhado pela condessa de Edla, a cantora Elisa Hensler, cujo casamento desesperara o general Prim, ao tempo em que tratava de atrair D. Fernando para o trono espanhol, porque não via que papel havia de desempenhar em Madrid «la Mesalina con quien se ha unido» (ver Luiz Teixeira de Sampayo, «Observações...», p. 350). Escasseiam os elementos em que talvez se possa a alicerçar a conclusão de que a condessa de Edla desempenhou um papel importante e misterioso na política da época, envolto numa aura romântica, admissivelmente destinada a encobrir os interesses em jogo.

imposta a D. Fernando pelos políticos portugueses, sendo certo que a formulou poucos dias antes de D. Luís ter demitido Saldanha e encarregado Sá da Bandeira de formar Governo. Julgou o general Prim que a nova condição formulada por D. Fernando o fora em tempo menos oportuno. Também se entendeu que a adopção de disposições legais susceptíveis de dar satisfação às novas exigências de D. Fernando ofenderia a Constituição espanhola. Quebraram-se as negociações. A Coroa real de Espanha caberia, ainda que por pouco tempo, a Amadeu de Sabóia, filho de Vítor Manuel II e irmão de D. Maria Pia, rainha de Portugal.

Embora se não disponha de elementos que permitam afirmações seguras quanto à mudança de rumo político relativamente à sucessão no trono de Espanha e à «saldanhada», não seria para estranhar que aquela mudança tivesse sido ditada pelo Governo de Londres, em todas as épocas receoso de qualquer aproximação entre Lisboa e Madrid e que, naturalmente, se terá alarmado face à hipótese de uma união política estreita entre Portugal e Espanha. Não obstante a moderação de que usou relativamente aos «iberistas», espanhóis e portugueses, através das negociações sobre o destino do trono de Espanha, não poderá excluir-se que o general Prim, ao oferecer a D. Fernando a Coroa espanhola, visasse, entre outros fins, uma «união ibérica» diferida no tempo. E com aquele general estariam muitos espanhóis e bastantes portugueses, movidos ao sabor de interesses pessoais, ou de mal entendidos interesses comuns.

4. Posição portuguesa face ao Concílio Vaticano I

Através de todas as suas debilidades, conhecendo melhor, nos últimos anos do seu pontificado, a razão profunda das dificuldades criadas à Igreja, Pio IX procurou definir e condenar os erros do século, através das encíclicas *Quanta Cura* e *Syllabus*, cuja publicação não foi autorizada pelos governantes, nem em Portugal nem em Espanha, não obstante os regimes vigentes nos dois países, de proclamada liberdade. E julgou o Papa oportuno reunir no Palácio do Vaticano um concílio, cujos trabalhos a ocupação de Roma pelos *bersaglieri* piemonteses suspenderia mas que, entretanto, já aprovara o então muito discutido dogma da *infalibilidade pontifícia*, por esmagadora maioria de votos dos padres conciliares.

Nestas circunstâncias, o já tradicional anticlericalismo português, frequentemente usado como ponta de lança de movimentos adversos ao Catolicismo, e mesmo ao Cristianismo, criou um ambiente desfavorável, em geral, às reacções pontifícias. Até o respeito pela rainha D. Maria Pia, filha de Vítor Manuel II, servia de pretexto para reforçar tal ambiente, de que participava o próprio episcopado português, débil em extremo, ou desatento, relativamente às questões suscitadas[80]. Apenas quatro bispos portugueses (do Algarve, de Cabo Verde, do Funchal e de Lamego) se deslocaram a Roma para participarem no Concílio Vaticano I. E esses, instalados retiradamente no Instituto de Santo António dos Portugueses, sempre silenciosos durante as sessões, acompanhando o liberal bispo de Orleães nas suas representações e na sua oposição minoritária ao dogma da *infalibilidade*, ou à oportunidade do mesmo, passaram pelo Concílio muito discretamente. O encarregado de negócios de Portugal em Roma, Ferreira dos Santos, sintetizou a participação portuguesa no Concílio nos termos seguintes: «Os Prelados de outro países ... dispõem de teólogos de muito saber e trouxeram livrarias férteis. Os nossos vieram pobres, sós e só com o breviário»[81].

5. Guerra Franco-Prussiana, queda de Roma e Portugal

a) *O sentido das unificações alemã e italiana*

É frequente que se analisem separadamente a unificação alemã e a unificação italiana. Por vezes também, em razão da coincidência cronológica dos dois eventos, procura-se para eles uma explicação

---

[80] Cf. Francisco Soares Gomes, «A Oposição do Governo Português ao Syllabus», in *Brotéria*, 1969, LXXXIX, pp. 103 e ss.

[81] Ver ofício para a Secretaria de Estado de 18 de Março de 1870, parcialmente transcrito por Eduardo Brazão, *Relações Diplomáticas de Portugal com a Santa Sé-A Queda de Roma (1870)*, pp. 13-14. Cf. tb. Fortunato de Almeida, *História da Igreja em Portugal*, IV, III, pp. 263 e ss.; P.° António Leite, «O Centenário do Concílio Vaticano I (1869-1870)», in *Brotéria*, 1969, LXXXIX, pp. 601 e ss.; Eduardo Brazão, *O Concílio Vaticano I visto pelos Diplomatas Portugueses (1869-1870)*, Lisboa, 1972; Émile Ollivier, *L'Église et L'État au Concile du Vatican*, 2 vols., Paris, 1877.

sociológica comum no surto dos sentimentos nacionalistas. Talvez o prisma da política internacional facilite o entendimento de que os propósitos declarados de ajustamento dos Estados às nações serviam desígnios completamente alheios a qualquer ideal nacionalista[82].

Uma acção conjunta dos Estados de religião reformada, algumas vezes ostensiva outras não, minou durante séculos as potências católicas. A França foi instrumento e alvo de tal acção, conforme se prestava, ou não se prestava, à aliança com os Estados protestantes. Napoleão III, como Luis XV, chegou a aperceber-se de que as mais sérias ameaças para a França não provinham de Viena, mas de Londres e de Berlim. As dependências que o levaram ao trono imperial da França, porém, tê-lo-ão forçado ainda a ligar-se à Inglaterra, a hostilizar a Áustria e a favorecer, ainda que intermitentemente, a Casa de Sabóia e as suas pretensões de domínio na Itália; quando a compreensão dos interesses da França lhe teria aconselhado evitar a formação, junto das suas fronteiras, tanto de uma unidade germâ-

---

[82] Este ideal nacionalista sempre teve grande relevo, embora de extensão variável, na vida dos povos. A comunidade cristã terá procurado quebrar as arestas mais salientes dos pendores nacionalistas, tentando assegurar uma união política das nações cristãs. A Reforma esforçou-se frequentemente por desenvolver as agressividades nacionalistas. A Revolução Francesa também; servindo-lhe mesmo, depois de remover os direitos dinásticos, a ideia de nação como base de legitimidade das unidades estaduais. No século XIX, o princípio das nacionalidades apresenta-se como o instrumento adequado para abater os dois mais valiosos elementos remanescentes na Europa católica: Roma e o Império. Desde então, com frequência o substrato nacional é apontado como assento inseparável da legitimidade do Estado. Mas o próprio conceito de «nação» apresenta aspectos dificilmente definíveis. Removidos da respectiva essência elementos tais como a raça e a língua, a comunidade de passado e de aspirações situa-se num plano onde os critérios de rigor se não desenham com nitidez. Se é certo que nalguns casos raros, como o português, o Estado, ao menos na sua extensão europeia, se amoldou a contornos nacionais, em muitíssimos outros as dúvidas parecem admissíveis. Mesmo relativamente à França, algumas vezes apontada como exemplo de Estado-Nação, certas dificuldades se desenham ao pretender explicar-se a integração na unidade nacional francesa da Córsega, da Alsácia, da Lorena, da Sabóia, de Nice, do Rossilhão, do País Vasco, de alguns departamentos do Noroeste, etc. Entretanto, o moderno movimento de «regionalização», procurando preencher lacunas deixadas pelo «nacionalismo», poderá ameaçar a sobrevivência da ideia de Estado-Nação, fazendo substituí-la por outro tipo de unidade política. Aproveitando certas realidades e anseios, mas, presumivelmente também, procurando servir interesses alheios a esses mesmos anseios e realidades.

nica como de uma unidade italiana[83], que haviam de servir, ao menos temporariamente, a política britânica. E por via dupla. Pela ameaça à França e pelo enfraquecimento dos católicos, em Viena como em Roma.

Embora tendo apoiado militarmente os Piemonteses contra os Austríacos, em Magenta e em Solferino[84], Napoleão III, ou por entendimento dos perigos da unidade italiana ou, segundo a interpretação mais comum, para agradar aos católicos franceses[85] que, mais ou menos, o apoiavam, tomou uma atitude decisiva no sentido de evitar a ocupação dos Estados pontifícios, ou, ao menos, de Roma, pelos Piemonteses e pelos aventureiros garibaldinos, entre 1849 e 1870. Nomeadamente através do envio de tropas francesas para Roma. Nesta época foi a França a única potência que, por forma significativa, defendeu o Papado[86]; embora ao autocrata francês se atribua

---

[83] Entre os papéis encontrados nas Tulherias e publicados pela III República Francesa, conta-se uma carta da rainha da Holanda na qual esta chama a atenção para os perigos que resultariam para a França de uma Alemanha e de uma Itália poderosas. Segundo a rainha, «laisser égorger l'Autriche, c'est plus qu'un crime, c'est une faute» (ver *Papiers et Correspondance de la Famille Impériale*, I, pp. 12-13). Em 1880 já Bismarck contava com a Itália como aliada numa futura guerra franco-alemã, obrigando a intervenção italiana a estabelecer uma frente nos Alpes, que diminuiria a capacidade militar francesa na fronteira alemã. E nessa base foi celebrado, em 1882, o Tratado da Tripla Aliança, que uniu, até 1915, o Império Alemão, o Império Austro-Húngaro e a Itália. Foi difícil a acção desenvolvida pela França e pela Inglaterra no sentido de evitar que a Itália alinhasse, na I Guerra Mundial, com os seus aliados da Tripla Aliança, acabando, no entanto, o governo de Roma por ser arrastado para a guerra contra a Alemanha e a Áustria (cf. Pierre Renouvin, *Histoire des Relations Internationales*, VI, pp. 97 e ss.).

[84] O apoio francês não foi gratuito. Custou a Vítor Manuel II a cedência à França do seu senhorio tradicional da Sabóia e do condado de Nice. Mas a Áustria teve de abandonar Veneza, perdendo-se a última esperança de uma intervenção de Viena a favor do Papado.

[85] Apontam-se geralmente como representantes das posições dos católicos junto de Napoleão III a própria imperatriz, Eugénia de Montijo, de origem espanhola, e o seu ministro dos Negócios Estrangeiros, Walewski, o filho da polaca Maria Walewska. Ambos poderão, no entanto, ser considerados católicos de feição liberal.

[86] A Áustria, desde 1848, com os tumultos que levaram ao afastamento de Metternich, e mais ainda a partir de 1866, ano da derrota de Sadowa, achava-se manietada pelas pressões externas e pelas lutas internas comandadas do exterior. A Prússia aquietou-se, na base da boa vontade britânica quanto à questão dos ducados germano-dinamarqueses; além de que não lhe desagradaria o movimento de unidade italiana, orientado fundamentalmente contra o Papado. A Rússia reagiu diplomaticamente, sem intento de intervenção séria. Com Portugal e com a Espanha, em razão das lutas internas, não se

filiação maçónica e o poder lhe adviesse da revolução republicana de 1848. Mesmo a heróica defesa do Reino das Duas Sicílias, onde Francisco II resistiu até à última extremidade contra os inimigos, beneficiou de alguma compreensão da parte da França imperial. Até que, a troco de facilidades recebidas dos Ingleses na Síria e na China, Napoleão III também abandonou Francisco II, isolado no seu último refúgio de Gaeta. Entre 1861 e 1870 só Roma continuou a resistir ao movimento de anexação dos Estados italianos empreendido pelo Piemonte, com cumplicidades várias. E essa resistência foi assegurada pela França de Napoleão III, mesmo através de múltiplas debilidades e claudicações[87].

b) *A coincidência do triunfo prusssiano e da queda de Roma*

A Guerra Franco-Prussiana, que se seguiu ao afastamento da Áustria dos restantes Estados germânicos, depois da derrota militar que os Prussianos infligiram aos Austríacos em Sadowa (1866), entre os aplausos e a indiferença das restantes potências[88], viria a decidir da unificação alemã como da unificação italiana. A guerra, provocada por Napoleão III mas que correspondia aos desígnios da política prussiana de comando dos Estados alemães, forçou a França a abandonar o Papado. Em 1870, os Franceses, frente ao exército prussiano,

---

contava. A política de Londres, tradicionalmente antipapal e antibourbónica, triunfava em toda a linha. Sem se aperceber a Inglaterra dos perigos que poderiam advir-lhe do lado de uma Alemanha imperial orientada pela Prússia. Sobre a posição de Gladstone, francamente favorável à unificação italiana, ver Morley, *The Life of William E. Wart Gladstone*, I, pp. 635 e ss., 741 e ss.

[87] Em Setembro de 1864 fora celebrada entre a França e o reino de Vítor Manuel II a chamada «convenção de Setembro», nos termos da qual a capital da Itália seria transferida de Turim para Florença, mantendo-se as tropas francesas em Roma. Importará observar que o apoio francês ao Papa também não desagradava inteiramente ao rei Vítor Manuel, pois este receava que os aventureiros garibaldinos proclamassem a República em Roma e, possivelmente, em todo o Sul da península, frustrando os esforços piemonteses no sentido da unificação italiana sob o ceptro da casa real de Sabóia.

[88] A derrota austríaca face à Prússia obrigou Viena, pela pressão dos Franceses, ligados aos Piemonteses, a abandonar Veneza. A partir de então, desvaneceu-se a esperança de uma intervenção austríaca na Itália que preservasse os Estados pontifícios; ou o que deles restava – Roma e pouco mais. A questão ficou dependente apenas da França.

sofreram o desastre de Sedan, que abriu o caminho ao novo Império Alemão, sob hegemonia prussiana, à proclamação da III República francesa e à entrada dos *bersaglieri* piemonteses em Roma[89]. A Inglaterra, que, por vezes, temera a capacidade de Napoleão III para reconduzir a França a uma nova era de prosperidade e poder, obteve um grande triunfo. Compreende-se que o Governo de Londres se não tenha empenhado em evitar a Guerra Franco-Prussiana, a qual simultaneamente abateu a França, deu o triunfo final aos protegidos da Inglaterra na Itália e ratificou o afastamento de Viena para uma posição de segundo plano. Era a derrota dos papistas, que, sob o prisma vitoriano da época, havia de parecer definitiva. Para o rei da Prússia, em vésperas de se tornar imperador da Alemanha, ainda os acontecimentos da Itália permitiram que se arvorasse em defensor dos direitos do Papa, suscitando, assim, os aplausos dos alemães católicos; sem riscos nem sacrifícios[90].

---

[89] A derrota de Sedan deu-se a 2 de Setembro. Desde o dia 5 que se esperava em Roma o ataque das tropas piemontesas, o qual teve lugar no dia 20. As forças pontifícias, segundo as instruções papais, esboçaram apenas uma resistência simbólica, destinada a constatar a violência cometida e nada mais. Assim se evitaram alguns flagelos da guerra; mas não os desmandos da populaça romana, referidos pelo ministro de Portugal, conde de Tomar, na sua correspondência para a Secretaria de Estado, desmandos que envolveram assassinatos, assaltos domiciliários e roubos. Até as instalações da nossa representação diplomática em Roma foram assaltadas, não obstante Portugal ser tido por favorável aos Piemonteses. Havendo a recear que, retiradas as tropas pontifícias de Roma, nos termos da capitulação celebrada, a mesma populaça assaltasse o Vaticano e aí cometesse desacatos, esforçaram-se os ministros da Prússia e de Portugal, Von Arnin e conde de Tomar, a pedido do cardeal secretário de Estado, por evitar que tal acontecesse, sendo bem acolhidos nas suas pretensões pelos generais que comandavam as forças de ocupação (cf. Eduardo Brazão, *Relações Diplomáticas de Portugal com a Santa Sé-A Queda de Roma (1870)*, pp. 45 e ss., 51 e ss., 55 e ss., 61 e ss.). A anexação de Roma recebeu legitimação formal através de um plebiscito que deu esmagadora maioria aos partidários da unificação italiana. O conde de Tomar não deixou de observar, a propósito, que, segundo os favoráveis à Cúria Romana, igual resultado, ou melhor ainda, seria obtido pelo Governo pontifício se as suas tropas ocupassem os territórios (*ibidem*, p. 85). Costuma ser assim. É sempre importante para os resultados eleitorais a cor do uniforme de quem policia as secções de voto.

[90] Conforme já acontecera noutras circunstâncias, o abalo sofrido pela sociedade francesa, através da derrota na Guerra Franco - Prussiana e da consequente proclamação da República, excedeu as expectativas externas. A Comuna de Paris, ameaçando subverter toda a ordem burguesa oitocentista, alarmou as potências vizinhas que, talvez em razão desse mesmo alarme, já não tolheram o passo à República ultraconservadora então estabelecida em França e que só ao findar do século de novo cederia a posição aos radicais.

c) As ameaças para Portugal dos grandes espaços políticos e de uma aliança franco-espanhola

É facilmente admissível que tanto Portugal como a Espanha tivessem contrariado a unificação italiana e a unificação alemã, se qualquer desses Estados dispusesse de uma política externa autónoma e de mínimo relevo no concerto internacional. Mas isso não acontecia. E bem o sabiam as outras potências. Nem será de excluir que os acontecimentos sangrentos da primeira metade do século XIX, em Portugal e em Espanha, tenham sido instrumentais no sentido da respectiva neutralização face à grande ofensiva largamente planeada.

Os povos mantêm-se relativamente alheados dos problemas de política internacional. Por isso, em 1870, o povo português terá sido apenas sentimentalmente afectado pelas notícias respeitantes à substituição, em Roma, do poder tradicional do Papado. Alguns terão procurado utilizar a emoção popular. Mas a classe política dominante, sob as influências britânica, já enraizada, alemã, através da dinastia de Saxe-Coburgo, e piemontesa, por via da rainha Maria Pia, nem se mostrou alarmada pelos efeitos que as unificações da Alemanha e da Itália, precursoras da criação de grandes unidades políticas, poderiam vir a ter na Península Ibérica. Já assim acontecera quando nos apressámos a reconhecer Vítor Manuel II como rei da Itália.

No entanto, a Guerra Franco-Prussiana e a consequente implantação da III República em França, coincidente com o desmoronamento da monarquia espanhola, trouxe novas ameaças à independência política portuguesa, através de um esboço de estreito entendimento entre os republicanos espanhóis e franceses. Estes, por ocasião do cerco de Paris pelos prussianos, em 1871, tentaram obter auxílio da Espanha. Um delegado do Governo republicano francês, Kératry, dirigiu-se a Madrid, de aerostato, e aí solicitou o apoio dos republicanos Pi y Margall e Castelar, assim como do hesitante general Prim. E porque este dominava, de facto, a situação política espanhola, exortou-o o

---

Embora Bismarck se mostrasse bem mais favorável aos políticos franceses radicais que aos conservadores. Sobre o triunfo «antipapista» representado pelas unificações alemã e italiana, e sobre o entendimento anglo-prussiano da época, são esclarecedoras as considerações do biógrafo inglês de Bismarck, William Jacks (ver *The Life of Prince Bismarck*, esp. pp. 382 e ss.).

francês a que se convertesse no Washington da Espanha, proclamando-se presidente de uma República baseada na união ibérica, com o assentimento dos dois povos peninsulares, porquanto o partido antiunitário de Portugal apenas se comporia dos príncipes da Casa de Bragança e dos funcionários ciosos das suas prebendas. Resistiu o general Prim à tentação; talvez por não acreditar na capacidade franco-espanhola para remover a pressão prussiana e ainda contrariar a política britânica, tradicionalmente avessa a qualquer aproximação hispano-portuguesa. No entanto, a ameaça de uma junção de forças republicanas francesas e espanholas contra a individualidade de Portugal terá tido consistência bastante para impor ao Governo de Lisboa, chefiado por Fontes Pereira de Melo, medidas orientadas no sentido de uma reorganização urgente do exército português[91]. Também não será de excluir que para a reorganização do exército em Portugal tenha contribuído o receio que as notícias de França, quanto a uma situação anárquica que culminou na Comuna de Paris, comunicaram a certos meios políticos. Mas, apesar das afirmações de muitos, segundo os quais a unificação alemã, como a italiana, tendo base nacional e sendo consentida pelos Estados incorporados[92] não constituiria qualquer precedente em relação a um processo semelhante que levasse Portugal a ser incorporado numa unidade hispânica, algumas dúvidas poderiam suscitar-se quanto a tal questão. O século XIX procurou o equilíbrio europeu na base de Estados relativamente amplos, em territórios e em população; só admitindo os pequenos quando, e onde, os interesses das maiores potências não encontraram ajustamento melhor adequado.

---

[91] Ver Joaquim de Carvalho, «Regime político dos pequenos partidos», in *História de Portugal*, VII, p. 403; Lafuente, *Historia General de España*, XXIV, pp. 38 e ss.

[92] Não será inútil insistir quanto aos perigos dos consentimentos políticos, pela dificuldade em distinguir a vontade colectiva declarada da vontade colectiva real. E ainda porque esta se obtém muitas vezes na base de choques emocionais cujos vícios se torna ainda mais difícil determinar no plano das sociedades do que no dos indivíduos.

d) A «questão romana» e os diplomatas portugueses

Na fase final do processo da unificação italiana, mostraram-se extremamente prudentes e factuais os diplomatas portugueses. É nítida a preocupação de não desagradarem nem à Corte italiana, nem à pontifícia, nem às correntes já mais ou menos definidas, ou que poderiam vir a esboçar-se, na cena política portuguesa. Borges de Castro, ministro junto de Vítor Manuel II, ainda julgou que Portugal pudesse servir de medianeiro no dissídio que contrapunha a Igreja e o jovem reino de Itália. O conde de Tomar foi mais realista a esse respeito[93]. Nem a mediação era ao tempo possível nem Portugal disporia naquela época de prestígio bastante para tentar empreendê-la. A irredutibilidade pontifícia levaria mesmo à rejeição pelo Papa da «lei das garantias», através da qual o reino de Itália pretendia solucionar a «questão romana». Só 59 anos depois, acalmados os ânimos, removidos da governação na Itália os mais exaltados ateus, o Papado reconheceria a situação criada, pelo Tratado de Latrão. Levariam algum tempo ainda, às potências acreditadas junto do Papa e aos seus representantes, os ajustamentos de equilíbrio exigidos pela instalação das suas representações diplomáticas num território submetido a um poder político alheio ao do soberano pontífice.

A questão da entrada do rei Vítor Manuel II em Roma suscitou dúvidas sérias aos diplomatas portugueses acreditados junto do Santo Padre; e também à infanta D. Isabel Maria, a antiga regente, que vivia então em Roma e era muito afecta ao Papado. As dúvidas pareciam comuns a todos os representantes estrangeiros junto do

---

[93] Cf. Eduardo Brazão, *Relações Diplomáticas de Portugal com a Santa Sé - A Queda de Roma* (1870), pp. 91 e ss.; 103 e ss. Removendo o projecto de mediação de Borges de Castro, o conde de Tomar esperava que chegaria o momento de ele próprio, pela boa conta em que seria tido pelo Santo Padre e pelo cardeal Antonelli, fazer serviço relevante aos dois Governos (*ibidem*, p. 97). Apesar das reservas do conde de Tomar, o Governo português julgou possível a tarefa de conciliação entre a Santa Sé e a Itália, dando instruções nesse sentido aos representantes diplomáticos em Roma e em Florença (*ibidem*, p. 111 e ss.). O Governo italiano também terá julgado que, por via da mediação portuguesa, seria possível o estabelecimento de relações entre a Santa Sé e a Itália (*ibidem*, p. 227). É de notar que, desde 1869, Portugal, por iniciativa da Corte de Vítor Manuel II, tomara a seu cargo a representação dos negócios correntes e a protecção dos súbditos italianos no território da Santa Sé, em razão de estarem interrompidas as relações diplomáticas entre Roma e Florença.

Papa; apenas acrescidas quanto aos portugueses pela ligação da Coroa à Casa de Sabóia. Em tais condições, deveria excluir-se que o ministro português junto do Papa desconhecesse a presença em Roma do rei de Itália. Mas, não havendo quaisquer relações entre os dois chefes de Estado, o simples facto de os representantes junto do Papa serem recebidos pelo rei de Itália já haveria de provocar situações melindrosas. Além das resultantes também da presença conjunta dos representantes diplomáticos acreditados em Roma e em Florença. Orientou-se o Governo português no sentido de que o conde de Tomar deveria apresentar as suas homenagens a Vítor Manuel II quando se instalasse em Roma. E o ministro português precipitou-se mesmo, ao que parece, em pedir para ser recebido pelo rei italiano, quando este se deslocou apenas por algumas horas a Roma, por ocasião das inundações catastróficas que afligiram a cidade. Terá mesmo o conde de Tomar exagerado no cumprimento das instruções de Lisboa, procurando mostrar-se assíduo junto do príncipe Humberto de Sabóia, instalado em Roma, e de toda a família real italiana. Tornou-se compreensivelmente difícil junto da Cúria Romana a posição do representante português[94], o qual sempre se manifestou favorável à submissão do Papa face ao poder político do reino de Itália[95]. Não obstante a marcada simpatia do conde de Tomar pela

---

[94] Ver Eduardo Brazão, *Relações Diplomáticas de Portugal com a Santa Sé - A Queda de Roma* (1870), pp. 153 e ss. Pio IX chegou a pedir ao conde de Tomar que não frequentasse o Quirinal, porque «un ambassadeur accrédité près le Saint-Siège ne doit pas avoir des rapports avec les ennemis de l'Église» (ver Eduardo Brazão, *Relações Diplomáticas de Portugal com a Santa Sé-A Morte de Pio IX e a Preparação dum Novo Pontificado* (1878), pp. 69 e ss., 91 e ss.).

[95] Esta atitude não parece isolada entre os diplomatas portugueses acreditados em Roma; mas sim comum também aos jovens secretários da Legação (ver Dias Barbosa, *O Governo Português e a Crise do Papado nos Anos 1848-1870*, pp. 124 e ss.). Favorável ao ponto de vista da Cúria Romana terá sido Saldanha, antecessor do conde de Tomar na Legação de Roma. Talvez por isso, o golpe de Estado saldanhista de 1870 mereceu a simpatia do núncio apostólico em Lisboa. A mesma razão terá possivelmente determinado o atrito entre Saldanha e o representante da Itália, marquês Oldoini, de que resultou, por iniciativa portuguesa, uma interrupção de relações diplomáticas entre os dois Estados, ainda que curta. Este conflito luso-italiano de 1870 também poderá relacionar-se com a reacção desfavorável a Saldanha que se tem sempre atribuído a D. Maria Pia, por ocasião daquele golpe de Estado. A rainha, cuja vivacidade de espírito tem sido frequentemente referida e que muitas vezes se deslocava à Itália, de visita à família, terá tido, presumivelmente, maior relevo nas relações luso-italianas da época do que o resultante dos relatos oficiais (cf. Dias Barbosa, O *Governo Português e a Crise do Papado nos Anos 1848-1870*, pp. 132 e ss.).

causa da unificação italiana, aliás de harmonia com a sua formação política de base, não deixou o ministro de Portugal em Roma de se reconhecer «maravilhado da lucidez» com que Pio IX se lhe referiu à corrente revolucionária que ameaçava a existência da sociedade, propondo-se destruir a religião e todos os laços da família. Impressionado pelas razões do Pontífice, o velho político jacobino de 1836 afirmou, em ofício para a Secretaria de Estado, que as doutrinas do Papa, em geral, «são as únicas que podem salvar a sociedade do abismo, em que necessariamente há-de ser sepultada, se os Governos se não entenderem reciprocamente para destruir a desordem e a anarquia organizada com o título de Associação Internacional»[96]. Mesmo assim, uma certa insensibilidade do conde de Tomar relativamente à «questão romana» levou-o a sugerir a junção das representações diplomáticas portuguesas junto do Papa e do rei de Itália. Avisadamente o Governo de Lisboa rejeitou liminarmente tal solução.

e) As reacções portuguesas face à queda de Roma

Não obstante uma posição que, embora um tanto ou quanto difusa, poderá considerar-se favorável à causa italiana, o Governo português, tal como já fizera em 1848, desde 1866, quando se pôs a questão do Papa abandonar Roma, procurou manifestar o maior respeito devido ao Chefe da Igreja Católica. Nesse sentido foram dadas instruções aos representantes em Roma para acompanharem o Papa para onde quer que se deslocasse; e foi enviado um navio de guerra português a Civitavecchia, a fim de ser utilizado pelo Papa para transportá-lo para onde desejasse[97]. Também o Governo português fez saber a Pio IX a satisfação e o respeito com que seria recebido

---

[96] Ver Eduardo Brazão, *Relações Diplomáticas de Portugal com a Santa Sé – A Queda de Roma (1870)*, pp. 266 e ss.

[97] Com o mesmo propósito foram enviados navios de guerra por outras potências – Áustria, Espanha, Estados Unidos e França. Esta mostrou-se magoada pelo facto de outros Estados se terem prestado a oferecer ao Papa protecção e asilo, pois tais atitudes haviam de significar desconfiança quanto ao cumprimento das obrigações assumidas por Napoleão III relativamente à Santa Sé (cf. Dias Barbosa, *O Governo Português e a Crise do Papado nos Anos 1848-1870*, pp. 129-130).

em qualquer ponto do território português. Aliás, esta atitude do Governo português, de respeito face ao Pontífice prostrado, não era muito diversa da assumida pela Casa de Sabóia. Sobre a violência cometida não se encontram referências da parte do rei português, que omitiu os acontecimentos de Itália no discurso de abertura das Cortes, sendo também raras e sem eco as palavras pronunciadas nas Câmaras acerca daqueles acontecimentos. É bem possível que, individualmente, muitos políticos portugueses da época fossem favoráveis ao poder temporal do Papa, mas não teriam coragem para manifestar publicamente essa sua opinião[98].

Embora tardiamente (4 de Novembro) e através de compreensíveis dificuldades, o Episcopado português lavrou o seu protesto pela entrada das tropas de Vítor Manuel II em Roma, protesto ao qual não se associaram os bispos de Viseu e de Bragança, mais comprometidos com o radicalismo de feição liberal. No seu agradecimento aos bispos portugueses, Pio IX não deixou de referir aquelas abstenções, nem de renovar a manifestação das suas preocupações pela crise que a Igreja estava atravessando em Portugal[99]. Semelhante crise, derivada ainda da situação criada em 1834, explica algumas atitudes assumidas por Portugal no plano externo, designadamente quanto à «questão romana»[100].

---

[98] Segundo o núncio em Lisboa, Oreglia di San Stefano, o próprio presidente do Conselho de Ministros, o então marquês de Ávila, se pronunciaria, em privado, a favor do poder temporal e da total independência pontifícia (cf. Dias Barbosa, *O Governo Português e a Crise do Papado nos Anos 1848-1870*, pp. 171 e 266). Não seria essa a posição do rei D. Luís, que mesmo junto do núncio manifestava a sua incompreensão pelas dificuldades suscitadas pelo Papa face à Itália, quando era certo que o mesmo Pontífice tolerara durante anos a ocupação militar francesa (*ibidem*, pp. 172 e 266). Não havia confronto possível entre as duas situações. As tropas francesas, ao ocuparem Roma, tinham aí reinstalado as autoridades pontifícias e restabelecido a vigência dos comandos delas emanados. A ocupação piemontesa, pelo contrário, destruíra a ordem jurídico-política dos Estados pontifícios.

[99] Ver Dias Barbosa, *O Governo Português e a Crise do Papado nos Anos 1848-1870*, pp. 150 e ss.

[100] É de notar, por exemplo, que, segundo o ministro português em Roma, conde de Tomar, a deputação dos católicos portugueses enviada junto do Papa para manifestar o seu desgosto pelas violências sofridas, que culminaram com a tomada de Roma, era constituída principalmente, ou exclusivamente, por miguelistas (cf. Eduardo Brazão, *Relações Diplomáticas de Portugal com a Santa Sé-A Queda de Roma (1870)*, pp. 255 e 271). Parecia, por vezes, flagrante o divórcio entre os católicos portugueses e a Hierarquia, afecta à ordem política estabelecida, sendo os bispos pares do Reino e tendo muitos deles uma actividade partidária intensa.

À distância de mais de um século e mesmo afeitos já os espíritos à ideia de uma unidade italiana mais ou menos enraizada, só à extrema debilidade das potências católicas, minadas externa e internamente, poderá atribuir-se a aceitação, como facto consumado, no consenso internacional, da anexação, sem título, dos Estados pontifícios, que correspondiam ao mais antigo poder soberano; sendo certo, para mais, que essa mesma soberania sempre fora tida por penhor do livre exercício da autoridade espiritual do Papa, nessa base independente de outros Estados, comunidades e interesses. Bem poderiam afirmar-se, nalguns meios, as vantagens da separação dos poderes temporal e espiritual. Sempre a sabedoria das nações retivera que toda a independência reclama uma base temporal. E porque a queda de Roma a retirara ao Papa, também não faltaram, sobretudo nos meios católicos alheios à política partidária, os doutrinadores que viram em tal queda o ocaso da Igreja e o prenúncio das maiores catástrofes que haviam de afligir a humanidade, não devendo excluir-se que, conforme admitia António de Tovar, encarregado de negócios de Portugal junto da Santa Sé, a supressão do poder temporal tivesse sido mais nociva para os Estados católicos que para a Igreja[101].

---

[101] Ver Eduardo Brazão, *Relações Diplomáticas de Portugal com a Santa Sé-A Morte de Pio IX e a Preparação dum Novo Pontificado* (1878), pp. 27 e ss. Sobre a queda de Roma, ver tb. José de Castro, *Portugal em Roma,* II, pp. 336 e ss.; Marquês de Olivart, *Il Papa Gli Stati della Chiesa e l'Italia,* Nápoles, 1901, especialmente quanto aos aspectos jurídicos da «questão romana». A queda do poder temporal do Papa foi estudada pelo professor de Direito da Universidade de Coimbra Manuel Nunes Giraldes na sua obra *O Papa-Rei e o Concílio,* publicada em Lisboa, em 1870, da qual há também uma edição italiana. A obra, desfavorável ao Papado, suscitou em Portugal polémica vivíssima e foi posta no *Index.* Nesta época, a situação portuguesa junto da Santa Sé complicou-se ainda pelo facto de, por ocasião da morte do rei Vítor Manuel, sua filha D. Maria Pia, rainha de Pottugal, e o neto, príncipe D. Carlos, se terem instalado no Quirinal. Daí resultou que Pio IX se recusasse a receber D. Maria Pia, aliás sua afilhada (ver *Memorias do Professor Thomas de Mello Breyner,* I, p.271; Eduardo Brazão, *Relações Diplomáticas de Portugal com a Santa Sé - A Morte de Pio IX e a Preparação dum Novo Pontificado* (1878), pp. 91 e ss.; e 137-142).

CAPÍTULO X

PARTILHA DE ÁFRICA E DIPLOMACIA PORTUGUESA (1884-1910)

TITULO I
A Posição Portuguesa em África antes da Conferência De Berlim

1. Abandono relativo dos territórios ultramarinos portugueses no século XIX

a) *O alheamento metropolitano do Ultramar*

Na expansão ultramarina portuguesa foi constante a escassez de gente, assim como a de capitais, em relação à grandeza dos empreendimentos. Mas, com alguma frequência, a firmeza dos comandos e a união de todos obraram prodígios e permitiram a continuidade da gesta ultramarina, durante séculos. No decurso do século XIX, porém, as divisões entre portugueses e a debilidade do poder reflectiram-se no Ultramar. Nas partes orientais, as possessões portuguesas mantinham-se onde ao prestígio ancestral alcançado junto das populações locais se não opunham interesses alheios suficientemente fortes para ditarem o esbulho em detrimento de Portugal. E, a fim de remover atritos e resistências, resultantes do enraizamento, com frequência outros Estados buscaram nas claudicações de Lisboa títulos de cedência que lhes permitissem uma sucessão incontestada. Do Oriente não advinham para os Portugueses benefícios económicos minimamente apreciáveis. E, sendo tais benefícios colhidos por outros, mais facilmente estes se conformavam com uma presença política dos Portugueses que lhes não afectava os interesses fundamentais.

Em África, onde boa parte da costa nos pertencia mas de que sempre tínhamos colhido fracos proveitos, excepto os resultantes da segurança da navegação para o Índico, até mesmo aquela costa se achava mal reconhecida e pior explorada. Quanto ao interior, débeis e fragmentárias tinham sido as penetrações dos Portugueses[1]. Mesmo a fama e o prestígio de Portugal em África, ainda que generalizados, resultaram, na maior parte dos casos, de conhecimento mais ou menos indirecto, através dos povos e indivíduos que mantinham contactos com as povoações costeiras ou através dos europeus aventureiros, muitas vezes degredados fugitivos, que se afoitavam pelo interior e, nalguns casos, venciam as naturais adversidades, se impunham ao respeito dos chefes indígenas e, algumas vezes, passavam a viver *more uxorio* com filhas deles, tornando-se seus imprescindíveis conselheiros.

b) *O ambiente do Ultramar português*

Apenas na Índia se formara um escol, mais ou menos aristocrático, ou aristocratizante, ligado simultaneamente a Portugal e às comunidades locais; com origem ainda na política de casamentos de Afonso de Albuquerque. Essa mesma aristocracia indo-portuguesa, muitas vezes pretendendo manter-se fiel tanto a preconceitos de castas de origem como ao Cristianismo, expandiu-se, também em posições cimeiras, pela faixa ocidental do Índico, contribuindo para o desenvolvimento de Moçambique. Noutros pontos do Ultramar português o enraizamento de famílias enquadradas na sociedade portuguesa foi quase nulo. O Ultramar era ponto de passagem, para o cumprimento de comissões de serviço de funcionários, para o enriquecimento relativamente rápido de comerciantes e para expiação de culpas de degredados. Desta transitoriedade ultramarina resultava um mau clima moral das povoações coloniais, que a vida exemplar de alguns governadores e altos funcionários permitiu limitar, ou remediar[2]. As comu-

---

[1] Não havia, neste ponto, qualquer atraso relativo de Portugal. Os outros Estados ainda tinham feito bastante menos em África do que Portugal. Também os ingleses, os bóeres, os franceses e os espanhóis tinham sido bem parcos, mesmo no reconhecimento dos territórios; e, por maioria de razão, nos planos da acção civilizadora e do fomento material. A colonização europeia, na maior parte das regiões africanas, poderá dizer-se iniciada em 1885, quando muito, após a Conferência de Berlim. Importará ter presente tal circunstância quando se pretende ajuizar sobre a débil acção colonizadora dos Europeus em África.

[2] Também quanto a este aspecto as colónias portuguesas não faziam excepção. A não ser, talvez, por serem aí mais frequentes os casos de vida exemplar dos altos funcionários.

nidades europeias no Ultramar foram, até à segunda ou terceira década do século XX, constituídas quase exclusivamente por homens sós, afastados das famílias, mesmo quando as tinham, apressados, desejosos de regressar rapidamente às metrópoles de origem. Para isso muito contribuíram as más condições sanitárias na base das quais se formou a história negra da «costa de África», destino de degredados. Zonas africanas florescentes na década de 60 do século XX eram conhecidas, menos de cinquenta anos atrás, como «cemitérios dos brancos». Foram precisas qualidades excepcionais de tenacidade, a vontade inabalável de vencer, para dominar a aspereza das condições adversas. E, geralmente, os que triunfaram em tais ambientes bem o mereciam, em razão daquelas mesmas qualidades.

Nalguns períodos do século XIX também o ambiente das colónias portuguesas foi agravado pela actuação dos degredados políticos, ou como tal qualificados, frequentemente demolidora, e que as autoridades locais tinham extrema dificuldade em evitar, ou contrariar, porque, dada a instabilidade política de Lisboa, não seria de excluir que os proscriptos viessem a alcançar posições de relevo e poder na vida portuguesa[3].

Mesmo em tempos mais recentes, quando a situação sanitária já facilitava a fixação de famílias europeias em África, era justamente apontado o mau ambiente moral criado pela população europeia de muitas cidades coloniais. Por vezes, até medidas político-administrativas orientadas no sentido da fixação de famílias metropolitanas nesses centros, como as adoptadas pela Bélgica em relação ao Congo quanto a mais altas remunerações atribuídas aos funcionários casados, contribuíram para uniões conjugais muito precipitadas, de que não resultaram benefícios de elevação do nível das cidades coloniais. Importará reconhecer, ao aflorar esta questão, que os funcionários britânicos, nas respectivas colónias, durante os séculos XIX e XX, souberam geralmente distinguir-se pela correcção «vitoriana» de atitudes, que não deixou de ter méritos, ainda que geralmente conjugada com um desapiedado afastamento dos indígenas. Sobre este mesmo problema do comportamento moral dos Europeus nas colónias convirá ter presente que os respectivos aspectos negativos resultavam, geralmente, de uma promoção social e económica demasiado rápida, para a qual não se achavam, muitas vezes, preparados.

[3] Parecerá oportuno recordar que o regime de degredo implicava geralmente a liberdade suficiente dos degredados para exercer nas colónias as suas actividades profissionais. Tal regime oferecia, em confronto com o de reclusão, vantagens várias, do ponto de vista do respeito da personalidade dos delinquentes assim penalizados e do aproveitamento, individual e social, do seu esforço de trabalho. Em consequência do referido regime, alguns degredados de elevadas condições sociais e profissionais, designadamente médicos, mantinham relações de estreito convívio junto de famílias fixadas no Ultramar, sobre elas exercendo, por vezes, marcada influência.

*c) **As hesitações quanto ao destino do Ultramar português***

Quando, obtida uma relativa pacificação, após as lutas civis da primeira metade do século XIX, os governantes portugueses, e entre eles D. Pedro V, se sentiram capazes de tentar um inventário de perspectivas nacionais, era bastante generalizado o desencantamento em relação ao Ultramar. Os sofrimentos e os desencontros tinham obnubilado os ideais colectivos. A perda do Brasil, onde tanto se concentrara e de que tanto se esperara, tinha desmoralizado os Portugueses. Duvidava-se que valesse a pena desbravar as terras africanas para, conforme acontecera no Índico e na América, quando delas se pudessem colher frutos, outros viessem buscá-los. Isso, a par da desorganização política e do empenho dos homens das facções em disputar uns aos outros os minguados quintais metropolitanos, minguados mas familiares, alheios a riscos mal conhecidos, torna facilmente compreensível as hesitações sobre o futuro do Ultramar, demasiado amplo para gentes de visão acanhada. Tais hesitações tornaram mesmo possível a discussão pública, a nível parlamentar, das vantagens da venda das colónias, ou da sua entrega, em dação, aos credores estrangeiros, mesmo já em fins do século XIX[4]. Quando nos queixamos das potências estrangeiras pelos conluios que tramaram em vista à partilha das colónias portuguesas, não devemos esquecer que alguma justificação lhes assistiu, pelos temores do destino que coubesse a territórios de bastante relevo estratégico e eventual importância económica, se chegassem a ser postos em almoeda e admissivelmente arrematados por algum Estado que deles se servisse para provocar perturbações nas respectivas zonas geográficas.

---

[4] Cf., por exemplo, o *Discurso Proferido na Câmara dos Senhores Deputados em 10 de Junho de 1891 sobre a Alienação de Moçambique*, por José Bento Ferreira de Almeida, Deputado, Oficial Superior da Armada e Antigo Governador de Mossamedes, etc., publicado em Lisboa, pela Imprensa Nacional, em 1891. Propunha o deputado, influente maçónico que viria a ser ministro da Marinha (1895), a alienação de Moçambique como «medida de utilidade para o nosso decoro, e de altíssima conveniência para as nossas condições económicas e financeiras». Segundo o relato parlamentar, «o orador foi cumprimentado por muitos srs. deputados». Também se discutiram então, no Parlamento como na Imprensa, as vantagens da venda da Índia Portuguesa, de Macau e da Guiné (ver Christovam Ayres, A *Venda da Índia – Discursos Proferidos na Câmara dos Senhores Deputados nas sessões de 22 de Junho e de 3 de Julho de 1891*, publicado em Lisboa, pela Imprensa Nacional, em 1891).

Não parece seguro que, ao iniciar-se a segunda metade do século XIX, fosse dominante, nem do ponto de vista numérico nem quanto às posições políticas ocupadas, a atitude dos que teimavam na conservação do Ultramar. E os interesses económicos que lhe andavam ligados não tinham ainda força bastante para criar, ainda que artificialmente, uma sólida corrente de opinião. No entanto, à medida que foram cicatrizando as feridas profundas causadas pelas lutas civis, impôs-se às consciências, pouco a pouco, a ideia de que Portugal, desde que emergira da nebulosa política da Idade Média, sempre devera a sua autonomia, mesmo fortemente condicionada, às posições ultramarinas. Sem a moeda de troca, estratégica e económica, que delas provinha, não teria a Restauração podido contar com o apoio britânico, nem D. João V encontrado os meios adequados para reconquistar o relevo português no concerto dos Estados, nem D. João VI conseguido salvaguardar a independência nacional. E foi já no calor da convicção renascida, segundo a qual nem a índole das gentes, nem a pobreza dos solos, nem a irregularidade das chuvas, nem a míngua de indústrias, nem o afastamento do centro da Europa, permitiriam ao povo português um nível de bem-estar adequado ao seu tipo de civilização se desprovido do Ultramar, que os Governos souberam vencer, ao iniciar-se a segunda metade do século XIX, as crises respeitantes ao Ambriz, a Bolama e a Lourenço Marques[5].

No entanto, durante o século XIX foi sempre hesitante a posição oficial portuguesa relativamente ao Ultramar. Regressado da conferência de Berlim e na base das desilusões aí acumuladas, Luciano Cordeiro, um dos plenipotenciários portugueses naquela conferência, pronunciou na Câmara dos Deputados, a 15 de Junho de 1885, um discurso no qual se contêm as passagens seguintes: «Desde o estabelecimento do regime liberal, é triste dizê-lo e antes seja um liberal quem o diga, não temos tido, não temos conseguido determinar e seguir uma verdadeira política, um verdadeiro plano colonial» [...] «A pequena pugna facciosa e pessoal absorve por tal forma parlamentos e governos, indisciplina e enfraquece por tal arte a opinião e a acção que nunca pudemos contar com uma política persistente, segura

---

[5] Ver *supra*, cap. IX, título II, n.° 8.

e contínua, neste como em tantos outros assuntos que sem ela se complicam e estragam.»[6]

2. Decisões arbitrais favoráveis a Portugal quanto a territórios africanos

Uma certa capacidade de determinação e de aproveitamento da conjuntura internacional permitiu ao Governo de Lisboa adoptar medidas militares que restabeleceram a autoridade portuguesa no território do Ambriz, na ilha de Bolama e na baía de Lourenço Marques. E, com base nessas mesmas determinações e capacidade, foi possível submeter os litígios de Bolama e de Lourenço Marques a arbitragens internacionais. Recorde-se que, noutras circunstâncias, não foi admitido tal recurso, apesar do interesse nele manifestado por Portugal, em consequência de brutais ultimatos que lhe foram dirigidos.

Vinha de longe a questão de Bolama, posto que já em fins do século XVIII, no ambiente confuso das guerras da Revolução, a Inglaterra comprara a ilha aos régulos locais, não obstante o indiscutível domínio português muito anterior[7]. Portugal tornou a ocupar militarmente Bolama, mas as hostilidades britânicas repetiram-se, tendo o Governo de Londres chegado a incorporar a ilha na colónia da Serra Leoa, em 1860. Finalmente, em 1868, aceitou a Inglaterra a proposta portuguesa no sentido de submeter a questão a arbitragem, acordando-se também em que essa arbitragem fosse confiada ao presidente dos Estados Unidos. Portugal, representado por António José de Ávila[8] e Levy Maria Jordão[9], invocou, em favor da sua soberania sobre a ilha de Bolama, o descobrimento, o consenso dos originários possuidores, a posse solene desde 1753 e a ocupação efectiva desde

---

[6] Este discurso acha-se no respectivo *Diario das Sess*ões, e foi também transcrito nas *Obras* de Luciano Cordeiro, I, pp. 525 e ss.

[7] Ver *supra*, cap. IX, título II, n.° 8.

[8] Este político, de origem humilde em extremo, já era então conde de Ávila, sendo agraciado, depois, com o título de conde de Bolama, de marquês de Ávila e Bolama e, finalmente, de duque de Ávila. Foi diversas vezes presidente do Ministério.

[9] Professor de Direito, foi Jordão agraciado com o título de visconde de Paiva Manso, pelo qual frequentemente é conhecido também.

1830. Já nos íamos conformando com a exigência da ocupação efectiva como condição de reconhecimento da soberania[10]. O presidente Grant deu razão a Portugal (ver *Nova Collecção de Tratados...*, III, pp. 93 e ss.).

Não foi muito diverso o procedimento britânico quanto à baía de Lourenço Marques, onde desde 1823 um tal capitão Owen obteve contratos de cessão de territórios por parte de régulos locais e a favor da Inglaterra, que ia cobrindo o comportamento do tal oficial sob a invocação cómoda da repressão do tráfico de escravos. Portugal, em 1869, ao celebrar o tratado desse ano com a República do Transval, tratou de obter o reconhecimento por parte desta de todos os territórios da baía. A Inglaterra formulou sobre o caso protestos diplomáticos. E, a fim de solucionar o diferendo, foi o mesmo submetido à arbitragem do presidente da República Francesa, em 1871. Levy Maria Jordão, novamente encarregado de defender a posição portuguesa, invocou, como títulos de posse soberana, o descobrimento em 1506, a ocupação efectiva desde 1544, títulos esses que poderiam ser ainda reforçados, se tal se tornasse necessário, pela doação do régulo de Monomotapa em favor da Coroa portuguesa, que data de 1629, pela expulsão dos austríacos da zona, em 1781, e pelo reconhecimento dos régulos locais, do Tembe e do Maputo, assim como das potências europeias, sem excluir a Inglaterra[11]. Os argumentos de Portugal foram julgados procedentes pelo presidente francês Mac-Mahon, que, em 1875, proferiu a sua sentença arbitral sobre a baía de Lourenço Marques (ver Nova Collecção de Tratados .... IV, pp. 235 e ss.).

Estas duas decisões arbitrais muito contribuíram para generalizar entre os Portugueses a convicção de que, afinal, a continuidade ultramarina não nos estava vedada, nem mesmo contra a vontade da poderosa Inglaterra.

---

[10] Na secular luta contra Portugal, no sentido de esbulhá-lo dos territórios descobertos e, nalguma medida, colonizados, pelos Portugueses, invocaram-se, sucessivamente, diversos princípios largamente difundidos, através dos meios publicitários à disposição das potências interessadas. Foram esses princípios o da *liberdade dos mares,* nos séculos XVII e XVIII, o da *ocupação efectiva,* no século XIX, o da *capacidade de valorização económica,* em princípios do século XX, e, finalmente, o da *autonomia política das populações locais,* após 1945.

[11] Cf. Visconde de Paiva Manso, *Memoria sobre Lourenço Marques (Delagoa Bay),* esp. pp. 43 e ss.

TITULO II
A Conferência de Berlim e as Reacções Portuguesas

1. Razões internacionais da corrida das potências a África

Durante séculos, foi escasso o interesse que a África suscitou aos Europeus, com excepção dos Portugueses, que, mesmo assim, bastante mais se empenharam no Oriente e no Brasil. Os Espanhóis quase limitaram ao Magrebe as suas explorações africanas, ditadas pela necessidade de defesa da navegação no Mediterrâneo. Os Ingleses rapidamente se desinteressaram pela defesa da praça de Tânger, adquirida no século XVII, por forçada cedência de Portugal. Os Franceses só no século XIX se debruçaram sobre a orla sul do Mediterrâneo. Quanto à África Meridional, além das explorações portuguesas, que vinham já do século XV, houve uma infiltração holandesa, de características muito especiais, no século XVII, uma aventura frustrada dos Austríacos, em fins do século XVIII, e a instalação dos Ingleses no Cabo, já no começo do século XIX. As Américas, a Índia e mesmo a Oceania pareciam esgotar a capacidade de expansão ultramarina das potências europeias. Em África, quase só Portugal e os Turcos exerciam uma acção continuada, estando a dos Turcos bastante circunscrita à costa mediterrânica oriental e a algumas zonas vizinhas do Índico.

Importará, pois, conhecer as razões da quebra do desinteresse relativo dos Estados europeus em relação à África, na segunda metade do século XIX. E diversas explicações se encontrarão que, provavelmente, se não excluem. Entre todas ganha particular relevo o contacto estabelecido com a África desconhecida através da repressão ao tráfico da escravatura com destino à América, que partia dos portos africanos. Esse contacto deixou entrever riquezas a explorar e lançou em demanda do inventário delas os exploradores que, em meados do século XIX, atravessaram a África. Entre eles se distinguiram o pastor anglicano inglês Livingstone, o jornalista norte-americano Stanley[12] e o aristocrata e marinheiro francês, de origem italiana, aliás nascido no Brasil, Savorgnan de Brazza[13].

Foram certamente de muito relevo as razões económicas no processo político que acabou por determinar a corrida a África, já no último quartel do século XIX. E a ponto de essas mesmas razões serem frequentemente apontadas como determinantes, ou exclusivas. É bem conhecida a tese materialista do imperialismo oitocentista, segundo a qual, naquela época, a iminente falência das estruturas capitalistas teria provocado uma tentativa de prolongamento das mesmas, através de um novo surto da expansão ultramarina. Mas também não poderão excluir-se na etiologia desse novo surto os factores puramente políticos, só dependentes de razões económicas pela inelutável impossibilidade de retirar base material aos empreendimentos humanos.

2. Império Alemão e corrida a África

A vida internacional foi particularmente marcada, na segunda metade do século XIX, pela constituição do Império Alemão, tendo por centro a Prússia luterana e com afastamento da Áustria católica, na base das vitórias militares prussianas de Sadowa (1866) e de Sédan (1870). Foi, aparentemente e a curto prazo, a par da unificação italiana, um grande triunfo dos «antipapistas», cuja liderança coube, através dos séculos, à Inglaterra e à Prússia. Depois de Portugal e a Espanha já terem sido reduzidos a posições de estreita dependência

---

[12] Este norte-americano seguiu para África em missão jornalística de largo fôlego publicitário, procurando salvar Livingstone, que se julgava ter desaparecido. Através de Stanley e da campanha publicitária que envolveu a sua viagem, o *mass man* norte-americano tornou-se sensível aos problemas africanos, pretendendo também participar da respectiva solução. Por tal via os Estados Unidos se fizeram representar na Conferência de Berlim (1884-1885).

[13] Do seu nome resultou o da capital do Congo Francês, Brazzaville.

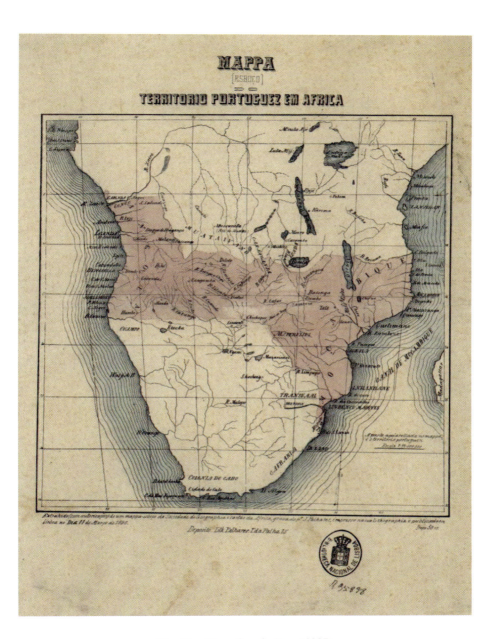

Fig. 27 – *Mapa Cor-de-Rosa (1887)*

da política e dos interesses económicos británicos, o ano de 1870 veio consagrar a derrota dos católicos. Desapareceu o poder temporal do Papado. Os Estados italianos foram substituídos por uma potência cujos dirigentes mantinham apenas, por vezes, uma ligação formal ao catolicismo, admissivelmente imposta pelo conhecimento das reacções populares. A Áustria, apesar do relevo conferido pela união pessoal do monarca a nações não germânicas (Hungria, Boémia e outras) iniciou a via de um acentuado abatimento, após um domínio imperial de sete séculos. A França, também católica, não obstante as frequentes heterodoxias das classes dirigentes, foi vencida, humilhada e entregue à anarquia revolucionária.

A Inglaterra e a Prússia apareceram como os triunfadores do momento. E, para que a repartição do espólio cultural e material dos vencidos os não dividisse, trataram de definir as respectivas esferas de influência. O Império Alemão pretendeu dominar o Continente europeu, ao menos a partir do Reno; e tratou de impedir qualquer aproximação entre Viena, Sampetersburgo e Paris, susceptível de rectificar os efeitos de Sadowa e de Sédan. A Inglaterra teria as mãos livres fora da Europa, em Portugal, em Espanha e, possivelmente, na Itália. À França seriam reconhecidas algumas esferas de domínio no Ultramar, no Norte de África[14], na Indochina, eventualmente noutras zonas, por forma a esquecer as perdas sofridas na linha do Reno, através da guerra franco-prussiana.

Era nítido o desinteresse alemão relativamente ao Ultramar. Por falta de tradições bastantes, por carência de meios navais suficientes para fazer frente às armadas británicas e pelo ambicioso plano de constituir um grande império que abrangesse todos os povos de raça

---

[14] A França, que já detinha a Argélia desde o começo do século XIX, ocupou a Tunísia e restabeleceu o seu domínio em Madagáscar, sem que a Alemanha e a Inglaterra a isso se opusessem, como compensação às intervenções políticas e militares británicas, provocadas pelo reconhecimento, embora tardio, do Governo de Londres, quanto ao relevo comercial e estratégico do canal de Suez, cuja abertura começara por interessar exclusivamente os meios políticos e financeiros franceses (cf. Débidour, *Histoire Diplomatique de l'Europe*, II, pp. 53 e ss.). A instalação francesa na Tunísia provocou o desagrado da Itália, interessada em assentar um império colonial na faixa oriental do Norte de África; e a Alemanha utilizou esse desagrado, atraindo a Itália para a Tripla Aliança, que ligou Roma a Berlim e a Viena, até 1915 (cf. Benedetti,«La Triple Alliance», in *Essais Diplomatiques*, pp. 137 e ss.).

germânica. Tal plano havia de reclamar o desvio das outras potências europeias, ou de algumas delas, para os empreendimentos ultramarinos. E se, através desses empreendimentos, as velhas rivalidades entre a Inglaterra e a França se manifestassem com violência, conforme era previsível e aconteceu por vezes, mais fácil se tornaria para a Alemanha realizar a missão proposta.

Assim, quando os meios comerciais de Hamburgo e de Bremen procuraram, em 1871, aproveitar a derrota francesa para se instalarem nas Antilhas e na Cochinchina, a reacção de Bismarck foi muito viva, no sentido de que à Alemanha não interessava ter colónias, acrescentando, 10 anos mais tarde, o célebre «chanceler de ferro» que, enquanto lhe coubessem responsabilidades de governo, a Alemanha não teria política colonial. Só em 1884 Bismarck acabou por ceder às pressões dos meios comerciais no sentido da incorporação no Império de alguns territórios coloniais. Ou pela necessidade para a indústria alemã de um acesso directo a algumas matérias-primas ultramarinas ou, talvez sobretudo, para criar motivos de inquietação à Inglaterra[15].

---

[15] Cf. Pierre Renouvin, *Histoire des Relations Internationales,* VI, pp. 40 e ss. Não obstante o relativo desinteresse alemão quanto aos territórios ultramarinos, Bismarck manifestou a sua hostilidade ao tratado luso-britânico de 26 de Fevereiro de 1884, que reconheceu a Portugal a soberania sobre as duas margens do rio Zaire até às fronteiras do novo Estado do Congo, criado por Leopoldo II da Bélgica. A hostilidade de Bismarck visava a Inglaterra, porquanto, dados os conhecidos condicionalismos, o Governo alemão considerava como incluídos na esfera britânica os territórios reconhecidos a Portugal. Pretendia a Alemanha apoiar as reivindicações francesas e belgas na zona, a fim de criar oposição a Londres em Paris e Bruxelas. Também têm a mesma origem as dificuldades que os Alemães nos criaram a norte de Moçambique e ao sul de Angola. Sobre as particularidades da colonização alemã, cf. Leroy-Beaulieu *De la Colonisation chez les Peuples Modernes,* pp. 304 e ss.; Johnston, *A History of the Colonisation of Africa,* pp. 249 e ss.; Débidour, *Histoire Diplomatique de l'Europe,* II, pp. 85 e ss. É de observar que o relativo desinteresse de Bismarck e dos alemães em geral pelos empreendimentos ultramarinos não exclui que houvesse organizações comerciais alemãs neles realmente interessadas, aliás na continuidade da posição nesse sentido já definida pelo economista Frederico List e das tentativas do Brandeburgo para se fixar em África, que vinham do século XVII. Disso é reflexo a *Deutsche Kolonial Gesellschaft.* Cf. também Émile Bourgeois, *Manuel Historique de Politique Étrangère,* II, pp. 194 e ss.; Pierre Renouvin, *Histoire des Relations Internationales,* VI, pp. 90 e ss. Arthur Hassall, *The History of British Foreign Policy,* pp. 320 e ss.; Amery, *The German Colonial Claim,* pp. 45 e ss.; e ofícios do encarregado de negócios de Portugal em Berlim, in *Negocios Externos-Documentos Apresentados às Cortes na Sessão Legislativa de 1885-Questão do Zaire,* II, pp. 14 e 38.

É nesta base que a Conferência de Berlim deve ser apreciada. A Alemanha teve posição decisiva na preparação da conferência; e na evolução da mesma. Tratava-se de partilhar a África entre as potências europeias, interessando-as em empreendimentos que desviassem as suas atenções da reestruturação da Europa; e, sobretudo, da Europa Central.

3. Conferência de Berlim

Em obediência à política alemã orientada no sentido de impelir a França para África, no sentido de desviá-la da linha do Reno, e dada a aceitação que essa política encontrou em França por parte de muitos, designadamente o então chefe do Governo, Jules Ferry[16], acordaram os Governos alemão e francês em convidar as potências para uma conferência internacional em que o destino de África fosse discutido[17], com particular relevo para algumas questões fundamentais.

---

[16] Ferry era um político radical; e, como muitos outros políticos radicais franceses, favorável à política alemã que pretendia compensar a França das perdas sofridas no Reno, embora se não exclua que tal posição dos políticos radicais franceses fosse meramente circunstancial. Enquanto a França não tivesse possibilidade de tentar reaver a Alsácia e a Lorena, ia aproveitando os benefícios que a política de Berlim lhe oferecia fora da Europa. A resistência frontal à política alemã esteve, nesta época como noutras, quase exclusivamente confiada aos católicos, tendo os bispos franceses, em 1873, criticado com severidade a *Kulturkampf* prussiana, de base luterana (cf. Pierre Renouvin, *Histoire des Relations Internationales,* VI, pp. 52 e ss.). Assim se compreenderá a hostilidade de Bismarck ao presidente francês Mac-Mahon, que os alemães receavam, por lhe atribuírem tendências católicas e monárquicas, assim como ao general Boulanger, representativo das soluções autoritárias e «revanchistas». O chanceler alemão pretendia soluções de ordem e de autoridade para assegurar o poder imperial germânico; mas desejava manter nas fronteiras, e sobretudo em França, governos débeis, que dificultassem a reconstituição política dos Estados vizinhos. Daí os receios de Bismarck de que os «clericais», os «jesuítas» ou os monárquicos se instalassem em França. A República Francesa seria, para ele, uma garantia de paz com a Alemanha, porque o regime republicano revelar-se-ia incapaz de inspirar confiança aos outros Estados (*ibidem*, p. 57). A política internacional é a menos idealista de todas as políticas.

[17] Já em 1876 se reunira uma conferência, em Bruxelas, com igual, ou semelhante, objecto. Portugal não se fez nela representar, não tendo, aliás, sido convidado inicialmente para o efeito. Esta conferência de Bruxelas, reunida com representantes da Inglaterra, da Alemanha, da Rússia, da Áustria e da Itália, levou à criação da *Association Internationale pour l'Exploration et la Civilisation de l'Afrique Centrale*.

Uma, a da liberdade de navegação nos dois grandes rios africanos Zaire e Níger; outra, a das condições de legitimidade da ocupação de territórios em África.

Convidado a participar na conferência, Portugal aí se fez representar por António de Serpa Pimentel, por Luciano Cordeiro e pelo ministro em Berlim, marquês de Penafiel, servindo de secretários Carlos Roma du Bocage, o conde de São Mamede e o conde de Penafiel. Achavam-se presentes plenipotenciários de 14 Estados[18].

A questão respeitante à liberdade de acesso aos grandes rios africanos não suscitava para Portugal dificuldades de maior. A liberdade de navegação constituía princípio que já fora por nós aceite, embora gravemente lesivo para qualquer país de débeis recursos económicos, em geral, e navais, especialmente. Mas a legitimidade de novas ocupações de territórios, por falta de ocupação efectiva anterior desses mesmos territórios, fazia-nos correr o risco da perda de regiões já adquiridas pelos Portugueses, através da descoberta, da posse pacífica e da cessão de direitos por parte de chefes gentílicos, mas relativamente às quais a ocupação não tivesse sido continuada, ou não fosse julgada suficiente.

A Association Internationale pour l'Exploration et la Civilisation de l'Afrique Centrale, orientada pelo rei da Bélgica, pretendia, com apoio alemão e francês, que lhe fosse cedida toda a margem direita do Zaire, incluindo Cabinda, Molembo e Nóqui. Conseguiu a diplomacia portuguesa conservar esses territórios mas cedendo os restantes daquela margem direita. E a estranheza de Portugal relativamente à contraposição dos interesses de uma associação aos dos Estados terá contribuído para levar ao reconhecimento em Berlim do Estado independente do Congo, cujo soberano ficou sendo o rei Leopoldo II, que, por morte, legou aquele seu senhorio pessoal à Bélgica[19].

---

[18] Cf. José Gonçalo Santa Rita, *Estudo sobre a Conferência de Berlim de 1885*, esp. pp. 27 e ss.; *A África nas Relações Internacionais depois de 1870*, pp. 45 e ss.; Eduardo Brazão, *Portugal no Continente Africano*, pp. 18 e ss.; Vieira de Castro, *D. Carlos I (Elementos de História Diplomática)*, pp. 37 e ss.; Fernando Oliveira, *Duas Vitórias...*, pp. 27 e ss.; *Negocios Externos-Documentos Apresentados às Cortes na Sessão Legislativa de 1885, Questão do Zaire*, II, pp. 94 e ss.

[19] É curioso notar como o «democrático» século XIX admitiu soluções políticas de tal jaez, de cedência de territórios e populações pela vontade pessoal do testador. Mas a atribuição

O Acto Geral da Conferência de Berlim, de 26 de Fevereiro de 1885 (ver *Nova Collecção de Tratados...*, VII, pp. 43 e ss.), afirmou claramente o princípio da ocupação efectiva, baseada numa autoridade suficiente para fazer respeitar os direitos adquiridos, e o da liberdade do comércio e de trânsito. Acham-se tais princípios na linha de continuidade desse outro, aparentemente simpático, da liberdade dos mares, do *mare liberum*, por oposição ao do *mare clausum* e ao dos direitos da descoberta e da primeira ocupação. Apesar do muito que se conseguiu ainda salvar, estava-se em face de uma derrota para Portugal e para todas aquelas potências que, tendo realizado grandes esforços no Ultramar, não dispunham nem de gente nem de capitais para assegurar uma ocupação efectiva e julgada suficiente de tão vastos territórios. Aliás, na base dos princípios definidos em Berlim, seria sempre possível a uma potência mais forte, e cobiçosa dos territórios de outra menos forte, afirmar que a autoridade desta não era suficiente para fazer respeitar os direitos adquiridos. A prova dessa insuficiência estaria na própria derrota militar do Estado débil. Assim, sob a roupagem enganosa da necessidade de meios suficientes para colonizar a África, encontraram as potências reunidas em Berlim os meios jurídico-internacionais adequados à exploração das zonas africanas mais apetecidas por parte dos Estados poderosos.

Também no Acto Geral da Conferência de Berlim se inseriram declarações respeitantes à liberdade de comércio e navegação, à escravatura, à liberdade de religião e à neutralidade dos territórios compreendidos na bacia convencional do Congo[20]. Foi um triunfo da

---

do Congo à Bélgica correspondia a um equilíbrio de interesses da Alemanha, da França e da Inglaterra, nenhum destes Estados se mostrando disposto a aceitar que o Congo pertencesse a uma grande potência. Além disso, os interesses congoleses contribuíam muito para o enraizamento da unidade belga, de base artificial mas também pretendida pelas grandes potências. O empreendimento africano, comum a valões e flamengos, atenuou as manifestações de desentendimento entre eles. O caso não será exclusivo da Bélgica. É duvidoso que a unidade hispânica dos Reis Católicos se tivesse mantido sem a colonização das chamadas Índias Ocidentais, comum a castelhanos, aragoneses, catalães e biscaínhos. Daí o abalo sofrido por aquela unidade a partir da perda de Cuba e das Filipinas, em 1898, abalo de que, admissivelmente, a Espanha se não acha ainda refeita.

[20] Segundo o art. 11.º do Acto Geral de Berlim, mesmo que as potências exercendo direitos de soberania ou de protectorado se achassem em guerra, o regime de neutralidade aplicar-se-ia aos territórios em causa. Era já esta a doutrina do tratado de Madrid de 1750, celebrado entre Portugal e Espanha.

Alemanha, pela dependência em que ficaram a França e a Bélgica do apoio daquela para os seus empreendimentos africanos, na medida em que se opunham a pretensões britânicas. A Portugal foi reservado o tratamento de simples satélite da Inglaterra, com muito limitada capacidade de negociação, por entenderem as outras potências que os territórios sob soberania portuguesa haviam de integrar-se na órbita política e económica dos interesses britânicos. E a Inglaterra, que não podia então prescindir do apoio alemão nos diferendos com a França relativamente ao Egipto, fez um recuo estratégico, em que Portugal foi envolvido. Daí o renovado desencanto de muitos políticos portugueses em relação à aliança inglesa. Por desinteresse ou por fraqueza, a Inglaterra abandonara-nos, mais uma vez. E julgaram alguns políticos portugueses que importaria apoiarmo-nos no poder nascente centrado em Berlim.

4. Mapa Cor-de-Rosa

A Conferência de Berlim de 1885 teve alguns efeitos benéficos na vida portuguesa. Afinal, a África, que tão intensamente estava atraindo os políticos e os homens de negócios de todo o Mundo, sem excluir os norte-americanos, não era apenas um ponto de passagem para a Índia remota. Nela havia populações a civilizar, terras a desbravar, riquezas a colher.

É certo que as potencialidades africanas e a nossa capacidade em relação a elas tinham sido reconhecidas antes por alguns portugueses, disso sendo prova o relatório do decreto de 10 de Dezembro de 1836 (ver *supra*, cap. IX, nota 45); mas a generalidade dos nossos políticos só viram tais potencialidades através da atracção que a África estava exercendo nos outros países.

Não obstante a escassa penetração pelo interior e o débil aproveitamento das costas, ninguém conhecia melhor a África e os Africanos do que os Portugueses. Através de todas as dificuldades, levantadas pela hostilidade geográfica como pelos capitais, pelos missionários e pelos soldados das outras potências, que troçavam dos nossos padrões centenários, da nossa pobreza e da nossa anarquia, alguma coisa havíamos de poder fazer. Detínhamos os estuários dos grandes rios, estávamos lá havia muito tempo, ainda que dispersos por pequenos núcleos, tínhamos facilidade de comunicação com os indígenas, éramos os únicos, talvez pela antiguidade do conhecimento, com prestígio junto das comunidades locais, a ponto de «português» significar, muitas vezes, para estas, todo e qualquer homem branco. E as próprias rivalidades entre as potências, se soubéssemos traçar a nossa política dentro do condicionalismo externo, nos permitiriam conservar e valorizar as posições portuguesas no Continente Negro. Comunicando um mínimo de ordem à vida nacional, dispúnhamos de meios bastantes para construir em África um novo grande império português. Tal foi a convicção gerada nalguns espíritos, já no rescaldo da Conferência de Berlim.

Partindo das posições nas costas ocidental e oriental de África que os tratados e as arbitragens internacionais tinham reconhecido a Portugal, havia um extensíssimo *hinterland* a percorrer, «terra de ninguém» a explorar, a desbravar, ocupada por tribos pouco populosas e pouco numerosas, *res nullius* segundo a doutrina internacional já estabelecida, e reafirmada, por forma clara, em Berlim. A posse legítima de tais terras, segundo essa mesma doutrina, só caberia a Portugal na base de uma ocupação efectiva, suficiente; mas, tratando-se de terras ainda não especialmente visadas pelas grandes potências, bem poderia o Governo de Lisboa, com sacrifício embora, ali estabelecer postos administrativos e proteger a instalação de explorações que correspondessem à exigência do art. 54.º do Acto Geral de Berlim – «autorité suffisante pour faire respecter les droits acquis»[21].

---

[21] Aliás, esta exigência do Acto Geral de Berlim respeitava às costas do Continente africano; e não ao interior. Quanto a este, o melhor entendimento das regras aplicáveis levaria a concluir que pertencia às potências instaladas nas costas respectivas. E esta seria por si razão bastante para justificar o Mapa Cor-de-Rosa. Tanto assim que, através do tratado anglo-alemão de 1890, Londres e Berlim aceitaram tal princípio do *Hinterland*. Ocorrerá perguntar se se justificaria, dada a escassez dos meios portugueses, procurar uma expansão ultramarina ainda maior. O problema poderá ser apreciado do ponto de vista cultural, civilizador, como do ponto de vista económico. Mas através de ambos se chegará a uma resposta positiva. Seria razoável entenderem os Portugueses que dispunham de melhores condições do que os outros para levarem ao interior de África, por forma equilibrada, os benefícios da civilização ocidental. E as riquezas, conhecidas ou adivinhadas, entre as costas angolana e moçambicana, prometiam à acção colonizadora a desenvolver as mais fartas e adequadas fontes de financiamento. O Mapa Cor-de-Rosa teria acrescentado ao valor dos portos, sempre dependente dos vizinhos, e ao das culturas agrícolas, do café, do açúcar, das oleaginosas, o produto das extracções mineiras, que haviam de atrair gente e capitais estranhos,

Importava juntar, sob a soberania portuguesa, os territórios situados entre a costa angolana e a costa moçambicana. Tal é a ideia do Mapa Cor-de-Rosa, assim designado porque este plano de expansão portuguesa, referido nas convenções luso-francesa e luso-alemã de 1886, encontrou expressão num anexo cartográfico colorido a cor-de-rosa, junto à última das citadas convenções.

O plano de expansão africana correspondente ao Mapa Cor-de--Rosa carecia de apoios internacionais. E assim o entendeu o Governo português. Daí as referidas convenções de 1886, com a França (12 de Maio) e com a Alemanha (30 de Dezembro), tendo as potências dado, através dos referidos instrumentos diplomáticos, a sua concordância a tal plano de expansão (ver texto das convenções citadas in *Nova Colleção de Tratados....,* VII, pp. 251 e ss. e 276 e ss .)[22].

---

mas sob orientação portuguesa. Desde que soubéssemos aproveitar os conflitos de interesses das grandes potências, o que havia de pressupor um ambiente de ordem interna, a construção de um império africano dotado de suporte económico bastante não seria puramente fantasiosa; nem resultaria de megalomania ditada pela ambição vã de acrescentamento quantitativo de territórios.

[22] Talvez com alguma injustiça relativamente a José Luciano de Castro e Barros Gomes, foram criticadas estas convenções de 1886 celebradas com a França e com a Alemanha, que deram à primeira, na Guiné, Casamansa e Ziguinchor, e à segunda a região entre o Cabo Frio e o Cunene, contra cujas vantagens a Alemanha e a França reconheceram o nosso direito à ligação de Angola e Moçambique, numa zona onde nem uma nem outra tinham interesses, e ressalvando os direitos que alguma outra potência ali pudesse ter. E ter-nos-íamos esquecido da Inglaterra, que poderia arrogar-se interessada em tal zona (ver Hintze Ribeiro, *Portugal e a Inglaterra – As Negociações do Tratado sobre os Dominios de África,* pp. 46 e ss.). Mas também pelo tratado de 1884 a Inglaterra nos reconhecera direitos na bacia do Zaire, onde não tinha interesses nem pretensões, para contrariar a expansão francesa e belga. É bem sabido que «do pão do nosso compadre fatia grande ao nosso afilhado». Mas importará não esquecer essa relativa facilidade nas negociações diplomáticas, procurando-se, através delas, o assentimento de terceiros relativamente a pretensões às quais sejam alheios. Já era muito importante para as pretensões portuguesas, que, ao menos, a França e a Alemanha, pelos tratados de 1886, se abstivessem de quaisquer reivindicações relativamente aos territórios para os quais Portugal pretendia alargar a sua acção. Em tempo oportuno trataríamos de negociar com a Inglaterra; mas, possivelmente, depois de já podermos invocar uma ocupação efectiva dos territórios em causa. Aliás, parece também duvidoso, pelo menos, que o Governo de Londres se mostrasse disposto então a defender-nos das pretensões francesas a Casamansa e alemãs a Cabo Frio. É de notar também que o tratado luso-británico de 1884 não fora ratificado. Nem se julgue que Portugal, inteiramente confiado na ascensão do poder germânico, se tenha procurado apartar ostensivamente da Inglaterra. De modo algum. Sempre cauteloso, Barros Gomes referiu ao ministro inglês Petre,

Aliás, o Mapa Cor-de-Rosa deve ser entendido a um nível mais amplo da política externa portuguesa, impressionada pela circunstância de a hegemonia britânica estar sendo disputada pela Alemanha, frequentemente beneficiando do apoio da França, da Áustria, da Rússia e até da Itália recém-unificada. Em tais condições, se já D. Pedro V, sem poder ainda contar com o Império de base prussiana, duvidara do interesse da continuidade da ligação à Inglaterra, compreende-se que, em 1886, o Governo português tivesse motivos para querer quebrar não a aliança com Londres mas a exclusividade dessa ligação, tornada, nalguns períodos, mera dependência. De resto, havendo na Europa, ou no Mundo, diversas potências disputando a hegemonia, interessaria a Portugal manter excelentes relações com todas, buscando através delas o melhor apoio na defesa dos seus próprios interesses nacionais.

Os territórios que estavam em causa, face ao plano projectado no Mapa Cor-de-Rosa, eram, fundamentalmente, os dos actuais Estados do Zaire, na parte sul, da região de Catanga, da Zâmbia, do

---

segundo este narrou, a satisfação do governo português por se ter celebrado a convenção com a Alemanha e pelo tom amistoso usado pelos representantes deste país, acrescentando desejar ardentemente o mesmo entendimento com a Inglaterra. E o diplomata britânico acrescentou que sabia ser genuína tal manifestação de vontade (ver Charles E. Nowell, *The Rose-Colored Map*, p. 137). E quando Lord Salisbury, que, entretanto, substituíra Iddesleigh no Foreign Office, encarregou a legação britânica em Lisboa de protestar pelo facto de o Mapa Cor-de-Rosa ter sido publicado, Barros Gomes apressou-se a esclarecer no sentido de que tal mapa significava apenas que a França e a Alemanha reconheciam a Portugal o direito de expandir a sua influência na zona respectiva, sem prejuízo dos eventuais direitos de outras potências; além de que, nos termos do Acto Geral de Berlim, invocado no protesto, o princípio da *ocupação efectiva* respeitava apenas à costa africana e não ao interior *(ibidem,* p. 139). Quanto à região dos Matabeles, abrangida pelo Mapa Cor-de-Rosa e com cujo rei, Lobengula, a Inglaterra estava negociando um protectorado, invocava Barros Gomes o tratado celebrado por Portugal, em 1629, com o império de Monomotapa, que abrangia aquela região. Portugal não fechava a porta às negociações com a Inglaterra. Mesmo que a esta fossem reconhecidos direitos sobre os Matabeles, isso imporia apenas uma rectificação do célebre mapa. Parece oportuno recordar, a propósito, as palavras escritas por António Enes, no meio do tumulto de paixões que o *ultimatum* inglês desencadeou e que atingiram Barros Gomes, através das quais foram reconhecidos a firmeza e o tacto com que o ministro, durante quatro anos, lutou contra a Inglaterra, «para criar um novo Brasil em África», conseguindo tornar Portugal respeitado e assentando o domínio português no Ultramar «mais dilatado e consolidado do que nunca foi» (cf. F. A. Oliveira Martins, *O Ultimatum visto por António Enes,* pp. 200 e ss.).

Malawi e da Rodésia, cuja riqueza potencial já era prevista por alguns. Mas, em 1886, nenhuma entidade detinha qualquer poder em tais territórios, salvo, num ponto ou noutro, alguns chefes indígenas. A ocupação belga, do lado ocidental, e a ocupação britânica, do lado oriental, foram muito posteriores. E os nossos «argumentos arqueológicos», para empregar a expressão de Lord Salisbury, baseados em explorações sem continuidade que datavam do século XVI, dificilmente poderiam ser removidos com fundamento nas travessias de África realizadas por ingleses, americanos e franceses, no século XIX; tanto mais que já o paulista Dr. Francisco José de Lacerda e Almeida os precedera no século XVIII e muitos outros exploradores portugueses os tinham precedido também, ou seguido de perto, no decurso do século XIX[23]. Mas, na cidade do Cabo, onde vivia, um inglês, Cecil Rhodes[24], já tinha traçado também um plano de expansão

---

[23] Seria falacioso pretender que Portugal ocupava as regiões em causa; mas nenhuma outra potência as ocupava também. Invocar as travessias realizadas seria produzir novos argumentos baseados, como os nossos, nas descobertas, ainda que mais recentes. Além de que às travessias de Livingstone, de Stanley, de outros mais, se poderiam opor não apenas as explorações de Francisco de Lacerda, em fins do século XVIII, mas também as de Correia Monteiro e António Gamito, de Joaquim Rodrigues Graça, ainda na 1.ª metade do século xtx, de Silva Porto, pouco depois. E, iniciada a corrida internacional a África, após 1870, logo o impulso de Andrade Corvo e de Luciano Cordeiro levou às travessias de Serpa Pinto, de Capelo e de Ivens, de Angola à contracosta. Outros nomes de ilustres e esforçados exploradores portugueses se poderiam citar quanto ao acesso a algumas das regiões abrangidas pelo Mapa Cor-de-Rosa. Os *archaeological arguments* são atribuídos ao ministro português Barros Gomes num despacho do marquês de Salisbury para o ministro britânico em Lisboa, Petre, onde se diz também que «forts which are in ruins and which have neither been reconstructed nor replaced, can only prove, if they prove anything, that so far as the territory is concerned, the domination of which they were the instrument and the guarantee are in ruins also» (ver Charles Edward Nowell, *The Rose-Colored Map*, pp. 189-190). Mas, afinal, o que tinham os Ingleses a opor aos nossos «argumentos arqueológicos»? Um ou outro missionário, um ou outro comerciante, todos recém-chegados, e alguns tratados impostos aos régulos locais, que manifestamente os não entendiam, e ainda frescos da tinta com que tinham sido assinados de cruz. Também não seria essa a *ocupação efectiva*, aliás, apenas exigível – insiste-se – em relação às costas.

[24] Cecil Rhodes, inglês que se fixara no Cabo para reconstituir a sua abalada saúde, o que conseguiu, atraído pelas possibilidades económicas da região, foi o fundador e director da poderosa Companhia da África do Sul «British South Africa Company», a *Chartered,* à qual o Governo britânico concedeu poderes soberanos sobre as regiões de Bechuanalândia, dos Matabeles e da Machona, quanto às quais Portugal invocava direitos históricos e uma primeira tentativa de ocupação afectiva. Partiu de Cecil Rhodes a ordem de ocupação militar

incompatível com o português do Mapa Cor-de-Rosa, posto que visava a formação de um império britânico do Cabo ao Cairo. A descoberta de diamantes em Kimberley e de ouro no vale de Kaap despertara aos Ingleses especiais atenções sobre os Estados boéres de Orange e do Transval, que importaria rodear para, finalmente, dominar, conforme veio a acontecer. E, indo ao encontro de Rhodes, o Gabinete de Londres começou a aliciar os chefes indígenas das regiões entre Angola e Moçambique, mesmo aqueles que já tinham prestado vassalagem a Portugal, como os Macololos e Machonas, ao mesmo tempo que procurava aproximar-se também do célebre régulo de Gaza, Gungunhana, igualmente súbdito de Portugal[25]. O Mapa Cor-de-Rosa tornava-se sombrio.

5. Ultimatum inglês de 1890

Sucederam-se expedições orientadas no sentido de assegurar a ocupação portuguesa efectiva nas terras abrangidas pelo Mapa Cor-de-Rosa. Raramente se terá encontrado em Portugal tão estreita ligação entre um plano e o começo da sua realização[26]. Entre 1887 e 1890 o vale do Zambeze foi ocupado por Paiva de Andrade, a região do Niassa foi explorada por António Maria Cardoso, Artur de Paiva ocupou o Bié, Paiva Couceiro foi encarregado de ocupar o Barotze.

---

destes territórios, em desafio a Portugal. Procurara Rhodes ligar os poderes públicos britânicos ao seu empreendimento económico, não apenas no plano objectivo, da comunidade de propósitos imperiais, mas também interessando personalidades influentes na sua Companhia. Assim, o duque de Fife, genro do príncipe de Gales, futuro Eduardo VII, foi vice-presidente da British South Africa (ver Philip Magnus, *King Edward the Seventh,* p. 251).

[25] Cf. Eduardo Brazão, *Portugal no Continente Africano,* pp. 67 e ss.; F. Alves de Azevedo, *Cecil Rhodes e o Mapa Cor-de-Rosa;* Vieira de Castro, *D. Carlos I (Elementos de História Diplomática),* pp. 51 e ss.; Jean Darcy, *La Conquête de l'Afrique,* pp. 135 e ss.; Charles Edward Nowell, *The Rose – Colored Map,* esp. pp. 125 e ss.; James Duffy, *Portuguese Africa,* pp: 208 e ss.; R. J. Hammond, *Portugal and Africa 1815-1910,* pp. 100 e ss..

[26] Mesmo assim, fomos lentos relativamente às exigências do caso, conforme se verá adiante. Os Ingleses adiantaram-se, comprando sobas, instalando missionários, distribuindo armas e soldados mercenários pelos territórios em causa. Em qualquer caso, o esforço então realizado por .Portugal tem suscitado surpresa e admiração (cf. Harry H. Johnston, *A History of the Colonization of Africa,* pp. 53 c ss.).

Numerosos sobas prestaram vassalagem a Portugal. A costa e a contracosta tendiam para a união.

O major Serpa Pinto, já celebrado pelas suas viagens africanas[27], recebeu por missão estudar no Alto Chire o assentamento de uma linha férrea que assegurasse a ligação do lago de Niassa com o mar. Esta missão de estudo era apoiada por uma coluna militar de 2000 soldados, segundo a versão portuguesa, ou de 4000, de acordo com os relatos ingleses. Quando, pelo sul do Catanga, a coluna de Serpa Pinto se encontrasse com a que havia de partir do Bié, sob o comando de Paiva Couceiro, o plano do Mapa Cor-de-Rosa teria começo de projecção, em termos de ocupação política, administrativa e militar.

Mas na Inglaterra, por incitamento de Cecil Rhodes, o chefe do Governo Lord Salisbury, aliás sempre oposto aos pontos de vista portugueses, decidiu pôr termo à execução do plano de Lisboa. Já em Novembro de 1887 a Inglaterra se queixara, por via diplomática, de que Serpa Pinto atacara a tribo dos Macololos, que se achariam sob protecção britânica, insinuando recear que as forças portuguesas não respeitassem os estabelecimentos ingleses do Niassa e do Chire e afirmando não consentir na ocupação de qualquer território sob protecção de Londres. Os protestos ingleses repetiram-se. É admissível que tenham sido, por vezes, tardias as respostas portuguesas aos protestos diplomáticos britânicos. Presumivelmente porque o Governo de Lisboa quereria estar suficientemente documentado quanto aos factos ocorridos[28] e também – é de crer – quanto aos apoios internacionais com que poderia contar, na base das boas vontades manifestadas pela Alemanha e pela França relativamente aos empreendimentos.

---

[27] Tendo participado na expedição contra Vicente da Cruz, o *Bonga,* Serpa Pinto já seguira o curso do Zambeze e fizera parte do reconhecimento de Capelo e Ivens ao Centro de África.

[28] Parece ser que a coluna portuguesa foi atacada por indígenas, instigados pelos ingleses, tendo ripostado ao ataque. Certo é que Serpa Pinto recebera instruções de Lisboa no sentido de «salvo casos extraordinários, empregar todos os meios pacíficos de acção e de influência». Diga-se de passagem que desde 1886 a região estava sendo percorrida pelos portugueses sem ocorrer qualquer incidente; até à intervenção dos agentes britânicos ali chegados, entre os quais tiveram grande relevo os missionários anglicanos, dos quais o bispo Smythies, cujos relatos dos acontecimentos terão estado na base das reacções diplomáticas britânicas (cf. F. A. Oliveira Martins, *O Ultimatum visto por António Enes,* esp. pp. 148 e ss.).

Trocaram-se notas diplomáticas repetidas sobre o caso. E, em 20 de Dezembro de 1889, Barros Gomes respondeu aos protestos britânicos em termos de inteira dignidade, mas conciliatórios, nessa resposta se contendo garantias de que as forças portuguesas não atacariam quaisquer estabelecimentos britânicos, propondo-se apenas manterem-se e defenderem-se nos territórios pertencentes a Portugal e onde havia régulos dependentes do célebre soba Gungunhana. Entendia também o Governo português que só a ele próprio caberia apreciar o comportamento do major Serpa Pinto.

Mas a Inglaterra, que se apressara a celebrar um tratado com Lobengula, régulo dos Matabeles, ao qual também fornecera armas, estava firmemente disposta a barrar o caminho aos portugueses. Não tendo Lord Salisbury considerado satisfatórias ou suficientes as seguranças dadas por Portugal, a 11 de Janeiro de 1890, George Glynn Petre, ministro britânico em Lisboa, apresentou ao Governo Português o ultimatum do teor seguinte: «Que se enviem ao governador de Moçambique instruções telegráficas imediatas para que todas e quaisquer forças militares portuguesas actualmente no Chire e nos países dos Macololos e Machonas se retirem [...] O ministro inglês ver-se-á obrigado, à vista das suas instruções, a deixar imediatamente Lisboa, com todos os membros da sua legação, se uma resposta satisfatória à precedente intimação não for por ele recebida esta tarde.»

Os termos e o prazo da intimação não deixaram margem nem a negociações em Londres, nem a pedidos de apoios noutras capitais, nem a que reunissem as Cortes. Ou se aceitavam as exigências britânicas ou se abria um conflito que de modo algum excluiria intervenções militares brutais da parte da Inglaterra[29]. Assim o entendeu o Conselho de Estado, imediatamente reunido sob a presidência do rei D. Carlos. Embora ressalvando os direitos da Coroa de Portugal, nas

---

[29] Já um couraçado britânico aportara a São Vicente de Cabo Verde e a esquadra fundeada em Gibraltar levantara ferro, com destino ao Sul (ver Eduardo Brazão, *Portugal no Continente Africano,* pp. 83-84). António Enes e Charles E. Nowell referem mais amplos movimentos da esquadra inglesa em ordem a dar apoio armado ao *ultimatum* (cf. *O Ultimatum visto por António Enes,* pp. 197-198; *The Rose-Colored Mape,* pp. 193-194). Também uma esquadra inglesa estaria em Zanzibar, com a missão de ocupar a ilha de Moçambique, segundo informações de Lord Salisbury à rainha Vitória (ver *The Letters of Queen Victoria,* 3.ª série, I, p. 538).

regiões africanas de que se tratava, e protestando o direito conferido pelo art. 12.º do Acto Geral de Berlim de ver o assunto em litígio resolvido por mediação ou arbitragem, na iminência de uma ruptura de relações com a Grã-Bretanha, com todas as consequências que dela poderiam derivar, o Governo português cedeu às exigências.

Esboroou-se, assim, o plano nacional de ligação das duas costas africanas e de estabelecimento de um bloco imperial unitário no Centro e no Sul do Continente Negro. E desta falência há que concluir, no plano interno, pela insuficiente restauração das potencialidades portuguesas; no plano internacional, pela debilidade franco-germânica para cobertura de uma política ultramarina, mais ou menos independente, do Governo de Lisboa.

As reacções suscitadas pelo *Ultimatum* inglês abalaram a vida portuguesa durante um longo e conturbado período. Ainda na actualidade, por falta de perspectiva histórica bastante, pela proximidade dos factos, cujos testemunhos coevos puderam ainda ser colhidos directamente pela geração que formou o seu espírito nas décadas de 30 e 40 do século XX, o *Ultimatum* de 1890 aparece-nos em termos apocalípticos, do ponto de vista nacional. Corresponde essa visão ao *Finis Patriae* de Guerra Junqueiro. Mas não terá sido esta nem a primeira nem a última grande humilhação sofrida por Portugal através da sua História. Desta vez, pelo menos, fomos poupados aos vexames e encargos de uma invasão e de uma ocupação, muitas vezes suportadas no decurso da evolução da nossa vida colectiva, ou até mesmo de qualquer expedição naval ao estuário do Tejo, em som de guerra. Como de costume, em circunstâncias semelhantes, o agravo sofrido provocou insultos soezes à Inglaterra e aos Ingleses, a que nem os intelectuais se furtaram, e que, compreensivelmente, não terão facilitado as negociações diplomáticas que se impunham, no meio da inevitável retirada. Não faltou quem aproveitasse o justo ressentimento patriótico do povo português para dele extrair dividendos políticos. O regime insurreccional instalou-se de novo no País, logo se manifestando, nas ruas, através da revolta republicana do Porto, de 31 de Janeiro de 1891. Mas os mesmos críticos que assacavam aos partidos do regime a humilhação sofrida por Portugal se opuseram sempre a todas as tentativas orientadas no sentido de pôr ordem e coesão nas estruturas nacionais[30].

Referindo-se ao Ultimatum, em discurso proferido na Câmara dos Pares, em 9 de Junho de 1891, afirmou, em síntese, Hintze Ribeiro: «Foi dolorosíssimo o abalo que todos sentimos. Que ao menos nos sirva elle de lição, para que, de hoje em diante, em vez de nos dilacerarmos nas luctas estereis de uma maledicencia reciproca, nos unamos e amparemos n'uma acção e esforço comum; em vez de alimentarmos nos quarteis o espírito de indisciplina, na imprensa o furor da invectiva, e na opinião pública o descredito de tudo e de todos, nos juntemos para arrancar o paiz da dolorosa situação em que se encontra, e para, ao mesmo tempo, honrar a Pátria e defender o Rei.»[31]

---

[30] Logo após o *Ultimatum* britânico e, naturalmente, na previsão já da revolta do Porto do ano seguinte, dois grandes vultos do movimento republicano em Portugal, Magalhães Lima, grão-mestre do Grande Oriente Lusitano, e José Relvas, estiveram em Londres, procurando obter o assentimento britânico quanto a uma mudança de regime em Portugal. Ter-lhes-á sido dito, mas não se sabe a que nível de hierarquia e responsabilidades, que a atitude britânica seria de neutralidade (cf. Gomes da Silva, *D. Carlos I*, p. 153). Diligência semelhante terá sido empreendida após o regicídio de 1 de Fevereiro de 1908 (cf. Rocha Martins, *D. Manuel II*, 2.° vol., pp. 153, 189, 264 e ss., e 311; Cardoso de Miranda, *O Último Rei*, p. 62; Jesús Pabón, *La Revolución Portuguesa*, I, pp. 100 e ss.), A reacção republicana, tomando por pretexto as exigências britânicas, fora prevista pelo rei D. Carlos, conforme resulta claramente da carta que, em 23 de Outubro de 1890, dirigiu à rainha Vitória, pedindo-lhe que apoiasse as pretensões portuguesas, em vista a um entendimento com a Inglaterra, sem o que a estabilidade política em Portugal e, eventualmente, em Espanha, ficaria comprometida. No mesmo sentido se dirigiu D. Carlos ao príncipe de Gales (ver *The Letters of Queen Victoria*, 3.ª série, I, pp. 650-651).

[31] Cf. *State Papers, 1886-1887*, pp. 1253 e ss.; *1887-1888*, pp. 325 e ss., 1062 e ss.; *1888-1889*, pp. 977 e ss.; *1889-1890*, pp. 297 e ss.; Mártens Ferrão, *La Question soulevée dernièrement entre l'Angleterre et le Portugal, considérée au point de vue du Droit International*, pp. 3 e ss.; Barros Gomes, *As Negociações com a Inglaterra no Periodo de 1886 a 1889*, esp. pp. 8 e ss.; Hintze Ribeiro, *Portugal e a Inglaterra – As Negociações do Tratado sobre os Dominios de África*, p. 48; Júlio de Vilhena, *Antes da República*, I, pp. 177 e ss. Cf. tb. Vieira de Castro, *D. Carlos I (Elementos de História Diplomática)*, pp. 71 e ss.; Eduardo Brazão, *Portugal no Continente Africano*, pp. 67 e ss.; F. A. Oliveira Martins, *O Ultimatum visto por António Enes*, esp. pp. 191 e ss.; Jean Darcy, *La Conquête de l'Afrique*, pp. 135 e ss.; Charles Edward Nowell, *The Rose-Colored Map*, esp. pp. 189 e ss.; James Duffy, *Portuguese Africa*, pp. 218 e ss.; R. J. Hammond, *Portugal and Africa 1815-1910*, pp. 133 e ss.

O Governo demitiu-se, em consequência do *Ultimatum* e da recusa inglesa em submeter o caso a arbitragem. Não faltaram os políticos portugueses que, para denegrirem a acção dos ministros responsáveis pelo Mapa Cor-de-Rosa e pelas convenções celebradas com a Alemanha e com a França, lhes dirigiram críticas que mais abalaram a nossa já débil posição[32].

Nas capitais estrangeiras a imprensa antibritânica aproveitou também o ensejo para dirigir ataques à Inglaterra. Mas nem os Governos pareciam dispostos a empenhar-se no caso nem os nossos diplomatas estariam preparados para aproveitar qualquer disposição de empenhamento. Era muito débil, então, a cobertura diplomática da política portuguesa; tão débil como a cobertura parlamentar. Humildemente, lá fomos negociando em Londres a nossa própria submissão. Nem Londres pretendia que se celebrasse qualquer tratado com Portugal, preferindo, após o acto de força, deixar o caso entregue aos súbditos dos dois países que se achavam nas zonas africanas em causa, o que significava o abandono da questão, de facto, às forças que se agitavam no Cabo.

Não obstante as perplexidades metropolitanas, os jovens tenentes e capitães de África não afrouxaram nas tarefas de ocupação daquelas áreas relativamente às quais não tinham recebido ordens de Lisboa para retirar, procurando entendimentos com os chefes tribais. No cumprimento de tais missões foram trucidados o tenente Valadim e outros. Angola e Moçambique não se uniriam; mas, mesmo assim, as possessões portuguesas de África também não ficariam limitadas às costas. E esse esforço dos militares, como também dos modestos comerciantes portugueses do mato, constituía a base das insistências diplomáticas em Londres no sentido de celebrarmos um tratado de limites. A Miguel Dantas sucederam, na capital britânica, Barjona de Freitas e Luís de Soveral, que já obtivera o tratado de 20 de Agosto de 1890, cuja ratificação foi negada pelas Cortes. Mas estas acabaram por ratificar o tratado anglo-português de 11 de Junho de 1891, que, aliás, talvez não fosse muito mais favorável para Portugal que o anterior. Mesmo assim, sempre nos concedia, em compensação de várias perdas, um mais largo território nas margens do Zambeze.

---

[32] Cf. Júlio de Vilhena, *Antes da República*, I, pp. 198 e ss.

TÍTULO III
A Diplomacia Portuguesa de 1890 a 1910

1. Nova fase da política externa portuguesa

A forçada cedência de 1890, frente à Inglaterra, obrigava Portugal a repor, mais uma vez, toda a problemática da sua política externa. Se Londres tivesse alcançado uma hegemonia indiscutível, não haveria alternativa. Importaria conformarmo-nos com a submissão. Mas a Inglaterra vitoriana tinha as suas debilidades. Animada pela Alemanha, a França tentava fazer-lhe frente em África, sendo exemplo disso o incidente de Fachoda[33]. Também, pela aproximação da França, a Rússia alarmava tanto Londres como Berlim, impondo, mais uma vez, um entendimento entre ingleses e alemães[34]. E é, mais uma vez na nossa História, na esperança de um equilíbrio de forças susceptível de conceder-nos alguma liberdade de movimentos, que

---

[33] Franceses e ingleses arrogavam-se direitos sobre os territórios do Alto Nilo. Em Fachoda, no Sudão, as tropas do general Kitchener encontraram lá instaladas as do comandante Marchand. Mas Londres exigiu a evacuação da zona pelos Franceses; e Paris, sem apoios internacionais adequados, teve de ceder (cf. Pierre Renouvin, «Le XIX Siècle», in *Histoire des Relations Internationales*, VI, pp. 188 e ss.; João Ameal, *História da Europa*, V, pp. 392-393).

[34] Este entendimento, só por si, já explicaria a falta de apoio da Alemanha a Portugal face ao *Ultimatum* de 1890. Dado o perigo de uma conjugação de forças francesas e russas, não estava Berlim em disposição de hostilizar a Inglaterra em África. Recorde-se que, em 1889, Bismarck chegou a propor uma aliança anglo-germânica. Aliás, em 1890 já o «chanceler de ferro» deixara o poder na Alemanha, iniciando-se com esse afastamento uma fase de entendimento mais apertado ainda entre a rainha Vitória de Inglaterra e o novo imperador alemão, seu neto, Guilherme II. O Mapa Cor-de-Rosa servira os interesses alemães; mas não tinha para eles relevo que justificasse o empenhamento num conflito sério. E os Ingleses sabiam bem que era assim. De outro modo, não teria havido *Ultimatum*, ou teria vindo mais cedo, logo em 1886, e mais suave.

se inicia uma nova fase da política externa portuguesa, só quebrada pelo regicídio de 1908. Segundo Júlio de Vilhena, que de perto acompanhou os acontecimentos da época, «o grande problema então para nós era saber se, depois do que se tinha passado com a Inglaterra no *ultimatum* e no tratado de 20 d'Agosto, deveríamos continuar a aliança, ou aproximar-nos da França ou de qualquer outra nação da Europa que mais nos conviesse»[35].

Tendo subido ao trono em 1889, pela morte de D. Luís, o novo rei, D. Carlos, estreou-se nas lides da política internacional com o *Ultimatum* inglês, pelo qual dificilmente seriam assacáveis responsabilidades ao monarca, posto que a crise datava já, pelo menos, de 1886. Mas o *Ultimatum*, as suas repercussões e uma relativa demissão dos políticos portugueses terão facilitado a D. Carlos uma nova tentativa de definição da política externa portuguesa. Era estranho que tal tarefa coubesse ao rei numa monarquia dita constitucional. E, por isso mesmo, D. Luís, justamente apontado como modelo de monarca constitucional, sempre se abstivera de intervenções políticas que não se situassem na esfera do «poder moderador» atribuído ao rei pela Carta de 1826. Não acontecera assim com D. Pedro V; nem com D. Maria II. Mas, já enraizado o regime, e sendo bem conhecidas as atitudes de D. Luís, parecerá ao menos duvidoso que D. Carlos, sem *Ultimatum*, tivesse podido realizar uma nova tentativa de condução da política externa portuguesa. Sem dúvida também que a sua própria personalidade lhe facilitou a tarefa[36].

---

[35] Cf. *Antes da República*, I, p. 256.

[36] Ainda se tornará difícil uma definição clara e objectiva da personalidade do rei D. Carlos. As paixões políticas e a relativa proximidade cronológica multiplicam os juízos contraditórios. Foi o rei amplamente criticado por diverssíssimos sectores, republicanos e monárquicos, dispostos a hipertrofiar defeitos e esquecer virtudes. Mas a vileza do atentado que o vitimou, a ele e ao príncipe D. Luís Filipe, muito contribuiu para impor, a quantos se respeitavam a si próprios, ao menos um ambiente de serenidade em torno da memória do rei assassinado. Depois têm-se multiplicado os depoimentos orientados no sentido de reconhecer os esforços de D. Carlos em ordem a dignificar Portugal e a política portuguesa. Especialmente a nível internacional. Não se tem posto em dúvida nem a inteligência, nem a cultura, nem a rectidão de D. Carlos. Apenas se admitirá que o mesmo ambiente deletério da vida portuguesa, face ao qual D. Pedro V se manteve avesso e D. Luís se mostrou conformado, tenha suscitado a D. Carlos alguma resignação sibarítica. O sentido da dignidade, porém, e a própria inteligência, dela o terão despertado. E desse mesmo despertar terá sido vítima o rei D. Carlos. Poderá este rei ser apontado como monarca que tentou definir uma

2. Projectos de partilha do Ultramar português entre a Inglaterra e a Alemanha

As últimas gerações, com o espírito naturalmente dominado pelos eventos ligados às duas grandes conflagrações militares do século XX, que contrapuseram o poder britânico ao poder alemão, são por vezes levadas a julgar a rivalidade anglo-germânica como uma constante no plano da política europeia. Mas essa rivalidade só se desenhou nitidamente no decurso do século XX, a partir de 1904, na base da *Entente Cordiale* anglo-francesa[37]; e, mesmo durante esse período,

---

política externa relativamente independente, aliás na continuidade da obra já antes desenvolvida por alguns políticos portugueses mas à qual D. Luís não terá estado muito directamente ligado. Situar-se-á já no domínio das conjecturas adiantar qualquer juízo no sentido de estabelecer ligação entre a morte de D. Carlos, que abriu caminho à implantação da República, apenas adiada por dois anos, e o interesse de alguma ou algumas potências em que a independência externa de Portugal não fosse alcançada. Certo parece ser apenas que, a partir da implantação da República, e até 1917, se não vislumbra com facilidade qualquer posição relativamente autónoma na política externa portuguesa. Casou D. Carlos, ainda príncipe, com D. Amélia de Orléans, filha do conde de Paris, pretendente ao trono de França. Conheceu-a numa das suas frequentes viagens ao estrangeiro; e avolumam-se os elementos que levam a crer não terem as razões políticas pesado nesse casamento. Não obstante a origem romântica da ligação da princesa, depois rainha, D. Amélia, a Portugal, e não obstante também a feição marcadamente liberal da sua família, sempre os radicais portugueses lhe atribuíram um pendor clerical e jesuítico que a tornou alvo constante de críticas e doestos. O tempo e a reflexão já permitiram fazer inteira justiça às altíssimas qualidades morais e ao perfeito equilíbrio de atitudes da rainha D. Amélia – mais uma vítima da demagogia anárquica e irresponsável (cf. Aires de Sá, *Rainha D. Amélia,* Lisboa, 1928; Eduardo de Noronha, *Reinado Florescente*, pp. 155 e ss.). Parece indiscutível que D. Carlos soube conquistar, no plano internacional, um prestígio de que Portugal não gozou no reinado anterior; e, em parte, pelo ambiente da própria Corte. Com manifesta injustiça embora, o rei Leopoldo II da Bélgica, em carta dirigida à rainha Vitória, em 1889, manifestou o desejo de que o novo rei de Portugal conduzisse o país segundo as exigências da civilização moderna, « dont les Portugais sont souvent peu disposés à favoriser les progrès» (ver *The Letters of Queen Victoria,* 3.ª série, I, p. 531).

[37] A *Entente Cordiale* anglo-francesa, obra do rei Eduardo VII e do ministro francês Delcassé, encontrou clara expressão nos acordos de 8 de Abril de 1904, que assentaram no abandono do Egipto à Inglaterra e de Marrocos à França. Com o afastamento de Bismarck das responsabilidades de Governo (1890), parece ter-se assistido ao descalabro da política alemã orientada no sentido de separar Paris tanto de Londres como de Sampetersburgo. Porque logo em 1892 a França celebrou com a Rússia a convenção de 18 de Agosto, pela qual cada uma das potências se obrigou a apoiar militarmente a outra, no caso de ataque alemão. O jovem imperador da Alemanha, Guilherme II, terá tido motivos para se arrepender

em termos intermitentes. A hegemonia prussiana beneficiou do apoio inglês. O Hanôver esteve ligado à Grã-Bretanha por uma união pessoal, desde Jorge II. Ingleses e prussianos acharam-se juntos nas Guerras da Sucessão de Espanha e dos Sete Anos, assim como em Waterloo. O esmagamento da Dinamarca[38], da Áustria e da França pelo poder de Berlim não suscitou reacções da parte da Inglaterra. E facilmente os diferendos entre as duas potências foram dirimidos em termos pacíficos sempre que isso foi possível pelo sacrifício de terceiros. A subida ao trono imperial de Guilherme II, neto da rainha Vitória de Inglaterra, criou novas perspectivas de um amplo entendimento entre Londres e Berlim. O ministro das Colónias de Lord Salisbury, Joseph Chamberlain[39], já em 1898 tentou negociar, junto

---

do afastamento do velho chanceler que, durante vinte anos, assegurou a paz na Europa e a supremacia alemã, tanto pela preparação militar como, talvez sobretudo, pela habilidade diplomática. A queda do equilíbrio de poderes, sem renúncia àquela supremacia, acabou por precipitar a Alemanha na 1.ª Guerra Mundial, impossível sem as expectativas resultantes das aproximações Paris-Londres e Paris-Sampetersburgo. A serenidade da análise parece impor o reconhecimento de que Bismarck, o célebre «chanceler de ferro», não foi, como por vezes se afirma, o político desejoso de lançar a Europa na guerra. Terá sido antes o político da *paz armada*, prosseguindo, isso sim, com rara tenacidade, um projecto de unidade germânica, que julgaria indispensável ao equilíbrio europeu. E entendendo – mal ou bem – que tal unidade não poderia ser assegurada por Viena, mas sim por Berlim, procurou afastar a Áustria da liderança germânica. Não parece que a guerra franco-prussiana tenha sido desejada por Bismarck; nem a incorporação no Império da Alsácia e da Lorena, não obstante o admissível germanismo dessas regiões. Importará reconhecer também que, provavelmente por inteligência política, Bismarck foi moderado no aproveitamento das vitórias militares de 1866 e de 1870. Sadowa abriu-lhe as portas de Viena; Sédan e a insurreição interna as de Paris. Mas Bismarck tinha a Áustria por aliada natural e a França por aliada eventual e desejável. Os inimigos para o «chanceler de ferro» estariam na Rússia, se quisesse expandir-se para o Ocidente, buscando as riquezas que lhe faltavam, e na Inglaterra, se pretendesse dominar o Continente europeu. Segundo ele, o campo de expansão russo deveria estar na Ásia; e o dos Ingleses no Ultramar. Conforme se afirma na *História da Diplomacia* da Academia das Ciências da U.R.S.S., dirigida por Potiemkine, Bismarck foi dotado, sobretudo, de extraordinário realismo político. Assim, quando necessário, do ponto de vista dos interesses alemães, fazia apelo à solidariedade dos Estados monárquicos; mas também não hesitou, em razão desses mesmos interesses, em apoiar os republicanos, em França como em Espanha (cf. Potiemkine e outros, *Histoire de la Diplomatie,* II, pp. 110 e ss.).

[38] A guerra foi provocada pela revolta das populações dos ducados de Schleswig e de Holstein, de raça alemã, no sentido de se unirem à Prússia, sob pretexto de num deles vigorar a Lei Sálica (1863-1864).

[39] Trata-se do pai de Neville Chamberlain, primeiro-ministro inglês, que em 1938 assinou o acordo de Munique e em 1939 declarou a guerra à Alemanha.

do embaixador alemão em Londres, Hatzfelt, uma aliança germano--britânica. E repetiu as mesmas ofertas, em 1899 e em 1901, ao próprio Kaiser e ao chanceler Von Bülow. A recusa alemã, baseada no desejo de manter e reforçar as alianças no Continente, e de reavivar as desinteligências franco-britânicas, terá contribuído para a *Entente Cordiale*.

Não deveremos estranhar, em tal contexto, que as duas grandes potências tenham acordado entre elas sobre o destino das colónias portuguesas. Estava assente entre os políticos alemães e ingleses a total incapacidade política, económica e militar de Portugal, quanto à conservação das suas colónias. Os parlamentares portugueses, sob o acicate dos compromissos financeiros, discutiam publicamente a questão de saber se haviam ou não de vender-se as colónias. Receava-se em Londres e em Berlim que, postos os territórios em leilão, os lances fossem cobertos por alguma potência com a qual o entendimento se tornasse difícil. Não seria de excluir que os Estados Unidos, a Rússia, a França, ou mesmo o sagaz Leopoldo II da Bélgica, muito familiarizado com os meios financeiros, se apresentassem como licitantes. E daí os acordos anglo-germânicos quanto ao destino das colónias portuguesas em tal eventualidade, por forma a impedir que outros interferissem em zonas de influência talhadas entre Berlim e Londres. Sabendo Portugal em situação aflitiva face às pressões dos credores externos[40], a Inglaterra e a Alemanha dispuseram-se a assegurar, entre ambas, os financiamentos reclamados por aquela situação; mas com garantia das receitas alfandegárias e de outros rendimentos de Moçambique, de Angola e da parte portuguesa de Timor. Tal é o sentido de uma das convenções secretas celebradas entre a Inglaterra e a Alemanha, em 30 de Agosto de 1898. Nela se estabelece uma divisão de zonas em Angola e em Moçambique, onde cada uma das potências havia de exercer os seus direitos de credor e também os de administração, verificando-se a falta de pagamento de juros e de amortizações. Mas, na mesma data, celebraram

---

[40] A situação financeira portuguesa, de dificuldades mais ou menos endémicas, agravara-se muito com a crise política de 1891 e com as restrições cambiais brasileiras do mesmo ano. O acordo com os credores externos só viria a ser conseguido, após longas e difíceis negociações, em 1902.

as duas referidas potências outra convenção secreta, na qual a partilha dos territórios ultramarinos portugueses é considerada mais frontalmente, na base da previsão de que não pudesse manter-se a integridade das possessões africanas de Portugal, ao sul do Equador, bem como a de Timor.

Apesar do carácter secreto das convenções de 1898, é de crer que o Governo português tenha tido conhecimento delas; e daí haver declinado a oferta do empréstimo conjunto anglo-germânico, destinado a restaurar as finanças portuguesas. Não é seguro, no entanto, que a diplomacia portuguesa conseguisse travar por completo os efeitos da projectada partilha se, entretanto, a guerra anglo-bóer não tivesse afastado Berlim de Londres e não tivesse, ao mesmo tempo, tornado a política britânica mais favorável a Portugal, pela necessidade de apoio nas operações militares; ao mesmo tempo que, na sequência dos sucessos iniciados em 1895 – Marracuene, Magul, Coolela, Chaimite, Macontene – começava a haver motivos para confiar no vigor e na continuidade da ocupação portuguesa dos territórios africanos.

Não obstante, já depois da implantação da República, durante a embaixada em Londres do príncipe de Lichnowsky, foi preparada e terá estado para ser assinada, em Agosto de 1913, uma nova convenção anglo-germânica tendo por objecto a partilha das colónias portuguesas entre a Inglaterra e a Alemanha. Lichnowsky atribuiu o facto de a convenção não ter sido assinada à má vontade do chanceler alemão Hollweg; mas serão admissíveis outras explicações, entre elas a previsão da guerra mundial por parte do Governo britânico[41].

---

[41] Cf. Eduardo Brazão, *Portugal no Continente Africano*, pp. 100 e ss.; Santa-Rita, *A África nas Relações Internacionais depois de 1870*, pp. 121 e ss., 166 e ss.; Vieira de Castro, *D. Carlos I (Elementos de História Diplomática)*, pp. 125 e ss.; James Duffy, *Portuguese Africa,* pp. 223-224; R. J. Hammond, *Portugal and Africa 1815-1910*, pp. 245 e ss. A explicação de Lichnowsky parece mais facilmente aceitável. A Inglaterra pretenderia não transigir quanto às reivindicações da Alemanha na Europa, sacrificando-lhe, em África, as pequenas potências (cf. Renouvin,«Le XIX Siècle», in *Histoire des Relations Internationales,* VI, p. 240); mas o chanceler Hollweg, fiel às tradições germânicas, mostrava-se mais interessado na Europa. Sobre tais matérias, é, por vezes, curioso debruçarmo-nos sobre as explicações de estrangeiros e nacionais tendentes a demonstrar ou que a vilania partiu dos Ingleses, dispostos a ficar com os territórios ultramarinos portugueses, a pretexto de garantia de um empréstimo, o que os Alemães terão impedido; ou que a

3. Influência da Guerra hispano-americana em Portugal

Aparentemente, as referidas convenções secretas anglo-germânicas de 1898 tiveram por motivo, ou por pretexto, a crise financeira de Portugal. Mas importa relacioná-las também com os previsíveis efeitos em Portugal da guerra hispano-americana, geralmente omitida quando nos debruçamos sobre os sucessos políticos da época.

É bem conhecida a extrema decadência da Espanha, a partir das invasões napoleónicas e das lutas civis que se lhes seguiram. Não obstante a perda da maior parte das possessões da América, inevitável depois da revolta das tropas integradas no corpo expedicionário organizado em 1820 para dominar as insurreições, a Espanha conservou ainda, até 1898, um império colonial em que avultavam, pela posição geográfica, pela riqueza e pela extensão, Cuba, Porto Rico e as Filipinas. Tais possessões asseguravam à Espanha um sentido de grandeza e de missão alheias à Europa. Mas em 1868 manifestaram-se em Cuba os primeiros surtos insurreccionais, logo em seguimento à guerra da secessão norte-americana, e que as lutas internas da metrópole não permitiram dominar prontamente. Naquele mesmo ano se proclamara em Espanha a efémera 1.ª República; e, nos anos seguintes, procurava-se, restaurada a Monarquia, quem fosse ocupar o trono respectivo[42].

---

vilania partiu, pelo contrário, dos governantes de Berlim, desejosos de se instalarem mais solidamente em África, à nossa custa. Essas explicações situam-se sempre ou no plano da justificação de atitudes pessoais de políticos ou no da defesa de preferências ideológicas. Ambos esses planos são alheios à objectividade. As lutas internacionais mostram-se avessas a sentimentalismos. Ingleses e alemães celebraram as convenções secretas de 1898 em obediência exclusiva a interesses seus. E não chegaram a celebrar a projectada em 1913, por no respectivo projecto se não ter encontrado adequadamente o equilíbrio de interesses das duas potências. Assim como a Inglaterra frequentemente lesou posições portuguesas, também a Alemanha, em 1894, na base de um tratado celebrado com o sultão de Zanzibar, a que Portugal era alheio, ocupou a baía de Quionga, situada ao sul do Rovuma, sendo certo que, pelo tratado luso-germânico de 30 de Dezembro de 1886, os limites entre as possessões portuguesas e alemãs de África Oriental tinham sido fixadas no curso daquele rio. As nossas fraquezas internas, alastrando para as notáveis deficiências de informação e de acção no plano diplomático, tornavam inevitáveis tais prepotências. E nem a participação de Portugal na I Guerra Mundial fez abandonar os projectos de partilha das colónias portuguesas, como se tem tentado fazer crer (cf.James Duffy, *Portuguese Africa,* p. 224).

[42] Ver *supra,* cap. IX, título III, n.º 3.

Desde 1823, pelo menos, que os Estados Unidos, atraídos pela posição estratégica e pela riqueza de Cuba, faziam à Espanha propostas, sucessivamente rejeitadas, no sentido da compra daquela ilha. Não será de excluir que as recusas de venda por parte da Espanha tenham beneficiado do apoio da Inglaterra, desejosa de manter as posições na América de potências mais dependentes dela própria que de Washington. Os Estados Unidos decidiram-se, em consequência, a encorajar contra a metrópole, por todos os meios, os descontentes de Cuba, que os havia, como sempre os há, em qualquer sociedade. Terminada a 2.ª guerra civil carlista, foi possível, em 1878, ao Governo de Madrid obter a completa pacificação da ilha. Mas, em 1895, sempre na base de apoios norte-americanos, reacenderam-se as guerrilhas cubanas, precisamente quando em Madrid se anunciava um projecto de autonomia política para a ilha. Novamente os Estados Unidos propuseram a compra de Cuba, sendo a proposta, mais uma vez, rejeitada. A imprensa norte-americana foi criando o clima psicológico indispensável para uma intervenção armada, sobrepondo-se nos Estados Unidos os belicistas aos pacifistas, que, sem renunciarem à posse de Cuba, por todos julgada fundamental, prefeririam recorrer aos meios diplomáticos e económicos para obterem a ilha por compra. A resistência espanhola tornou a guerra inevitável. Os pretextos para uma guerra são fáceis de encontrar quando o clima psicológico se acha já criado. O presidente Mac-Kinley determinou uma demonstração naval na baía de Havana, aparentemente apenas para manter o ânimo dos insurrectos; e um dos couraçados, o *Maine*, explodiu, tendo a explosão sido atribuída a sabotagem dos espanhóis. Subiram de tom os ataques da imprensa norte-americana à Espanha; mas, mesmo assim, Washington fez nova proposta de compra da ilha. Não sendo esta aceite também, seguiu-se o *ultimatum*, rejeitado por Madrid, e a declaração de guerra. Os Espanhóis viram-se imediatamente ameaçados pelas esquadras norte-americanas em duas frentes – em Cuba e nas Filipinas. O Governo de Londres recusou-se a consentir na passagem de navios de guerra espanhóis pelo canal de Suez. E as armadas espanholas ficaram rápida e completamente desfeitas, sob o fogo dos canhões norte-americanos. As Filipinas, Cuba e Porto Rico foram ocupados pelas tropas vencedoras.

O Governo francês tratou de obter em Washington um armistício. Ao armistício seguiu-se o Tratado de Paz de Paris, que consagrou a renúncia de Espanha a Cuba, às Filipinas e à ilha de Guam, ficando Porto Rico em regime de «retenção»[43].

Em consequência de tão grande. desastre e humilhação para os vencidos, alarmaram-se justamente as potências quanto ao que poderia acontecer numa Espanha que, pelo trauma sofrido, ficara como que «invertebrada», para empregar a expressão de Ortega y Gasset, contemporâneo do desastre. Tudo podia acontecer em Espanha, em consequência. E, por reflexo, em Portugal. Este entendimento, talvez precipitado, das potências, terá influenciado as convenções secretas anglo-germânicas de 1898, em ordem a acautelar o destino das colónias portuguesas, posto admitir-se que Portugal fosse arrastado pelas convulsões políticas esperadas em Espanha. Por isso o Governo de Londres se preparou então também para enviar uma esquadra a Lisboa, com a missão de, pelo menos, ocupar a capital portuguesa[44]. Afinal, a situação em Espanha não se deteriorou ostensivamente com a rapidez prevista. E nem o império ultramarino português foi dividido entre a Inglaterra e a Alemanha; nem Lisboa foi ocupada por tropas britânicas, na previsão de um assalto dos Espanhóis, desejosos de recuperar na vizinhança o prestígio perdido na América e no Pacífico[45].

---

[43] As Filipinas pertenceram aos Estados Unidos até 1946, quando lhes foi reconhecida a independência. Cuba esteve em regime de ocupação norte-americana até 1903, passando depois a uma situação de protectorado até 1934. A condição de Porto Rico continua indefinida, ao menos do ponto de vista jurídico. O conhecimento destes factos facilita o entendimento de muitos acontecimentos políticos das últimas décadas, respeitantes à Espanha como aos Estados Unidos, à sua expansão no Mundo e às reacções que também frequentemente suscita. Parece óbvio que filipinos, cubanos e porto-riquenhos nunca foram assimilados pelos norte-americanos. Compreende-se também que entre eles predominem os católicos através de todas as vicissitudes.

[44] Cf. Alves de Moraes, *A Guerra Hispano-Americana e a Península,* Porto, 1898; Vieira de Castro, *D. Carlos I (Elementos de História Diplomática),* p. 138; João Ameal, *História da Europa,* V, pp. 391-392; Fernández Almagro, *Historia Politica de la España Contemporánea,* I, pp. 90 ess., 194 e ss., 313 e ss., 334 e ss.; II, pp. 31 ess., 191 e ss., 233 e ss.; III, pp. 29 e ss., 47 e ss., 8 1 e ss., 149 e ss.; Palácio Atard, *La España del Siglo* XIX, esp. pp. 459 e ss.; Potiemkine e outros, *Histoire de la Diplomatie,* II, pp. 152 e ss.

[45] Atribuiu-se então ao general espanhol Valeriano Weyler y Nicolas o propósito de compensar o desastre sofrido através de um ataque a Portugal; no que teria sido contrariado pelo político conde de Romanones.

4. Portugal e a guerra anglo-bóer

Sem excluir os méritos da diplomacia portuguesa da época, orientada pelo próprio rei D. Carlos e por Soveral, nosso representante em Londres, factos que nos foram alheios muito contribuíram para melhorar as relações de Portugal com a Inglaterra. E é bem possível que tais factos tenham desviado os rumos apontados pelas convenções secretas anglo-germânicas de 1898. Esses factos respeitam à guerra anglo-bóer, face à qual a Inglaterra sentiu a necessidade de assegurar a colaboração, ou a «neutralidade colaborante», de Portugal. Tanto mais que a diplomacia alemã ameaçava a Inglaterra de intervenção a favor dos Bóeres, se os territórios portugueses fossem violados pelas tropas britânicas.

A hostilidade britânica aos pacíficos habitantes das Repúblicas de Orange e do Transval, os Bóeres, com origem em holandeses e protestantes franceses, fixados em África no século XVII, vinha de longe[46]. Mas tornara-se mais áspera desde a descoberta dos diamantes de Kimberley e a consequente invasão de toda a zona por aventureiros idos do Cabo. Rhodes tentara mesmo, de acordo com o primeiro-ministro inglês Disraeli, a anexação do Transval à Coroa britânica. Mas não fora bem sucedido. As tentativas de interferência dos Ingleses na vida dos Bóeres repetiram-se continuadamente; entre elas ganhando relevo o célebre *raid Jameson*, do nome do oficial que o comandou, por ordem de Rhodes. Em consequência, apesar das repúblicas bóeres não disporem de exército permanente, nem de armas pesadas, a sua vontade de sobreviver e a tenacidade do presidente Paulo Krüger levou-as à declaração de guerra, em Outubro de

---

[46] Em 1652 os Holandeses estabeleceram uma feitoria no Cabo. Mas os Ingleses, com justificação na guerra contra a França, ocuparam o Cabo em 1795 e, depois, em 1806, ali acabando por fixar-se; o que obrigou os Bóeres a deslocarem-se para o Nordeste, onde fundaram as Repúblicas do Natal, na costa do Índico, de Orange e do Transval, no interior. O Natal foi anexado pela Inglaterra à colónia do Cabo, em 1843; mas o Governo de Londres reconheceu a independência do Transval e de Orange, em 1852 e em 1854, respectivamente. Tentaram os Ingleses anexar o Transval, em 1877; mas essa tentativa provocou a 1.ª guerra anglo-bóer, que permitiu o restabelecimento da independência daquela República, em 1881, graças à tenaz defesa militar dos Bóeres, não parecendo também que a metrópole britânica se tenha empenhado então especialmente na acção armada (ver Augusto de Castilho, *A Questão do Transvaal*, Lisboa, 1881).

1899. Talvez também por contarem com o apoio alemão, que terá sido prometido a Krüger por Guilherme II, aliás demasiado ostensivo nas suas manifestações de simpatia pelos Bóeres[47]. Foi áspera a luta, pois, não obstante a indiscutível superioridade, numérica, material e técnica, das tropas profissionais britânicas, a guerra prolongou-se por quase três anos; e em termos de ensombrecer o ocaso do reinado da rainha Vitória, que faleceu ainda antes da vitória final do seu país[48].

Os sentimentos antibritânicos do Continente europeu contribuiram para atitudes de geral simpatia por aquela população de agricultores em armas que fazia face ao exército inglês, o qual chegou a ter concentrados 200 000 homens na zona de operações. Se a Alemanha se tivesse disposto, efectivamente, a prestar auxílio aos Bóeres, seria de admitir que as Repúblicas de Orange e do Transval não fossem incorporadas no Império Britânico; e até que a I Guerra Mundial se tivesse podido evitar. Mas a Alemanha continuava a mostrar-se mau parceiro em relação aos empreendimentos ultramarinos, dos quais esperava apenas o enfraquecimento dos inimigos eventuais. E, assim, o ambiente geral de simpatia, que não era exclusivo da Alemanha mas comum a todo o Continente europeu, sendo Krüger recebido em ambiente de apoteose também em França e na Holanda, não obstou ao abandono dos Bóeres.

---

[47] A admiração que as qualidades dos Bóeres e a sua resistência naturalmente despertaram em Pottugal, como em muitos outros países, não deverá permitir esquecer que, antes da guerra anglo-boer, a diplomacia de Berlim, receosa de não conseguir afastar Portugal da influência inglesa, não terá excluído a hipótese de impelir os Bóeres para uma anexação da baía de Lourenço Marques, sempre cobiçada pelos Ingleses, e via natural de escoamento para as exportações do Transval. Importará recordar também que até às vitórias sobre o Gungunhana (1895) a cidade de Lourenço Marques se achava exposta às investidas dos Vátuas, pelo que os projectos de expansão do Transval, com apoio alemão, assim como os Ingleses, poderiam ser justificados pela insuficiência da ocupação portuguesa.

[48] Não obstante a pesada derrota militar sofrida, não se perdeu a individualidade política dos Bóeres. Em 1906 a Inglaterra dotou o Orange e o Transval de Governos próprios. E, em 1910, as duas antigas Repúblicas foram incorporadas na União Sul-Africana, à qual foi atribuído o estatuto de domínio britânico. A aproximação do grande conflito mundial terá aconselhado esta solução de equilíbrio, à qual os Bóeres corresponderam oferecendo excelente contribuição para o esforço de guerra britânico. A união política das províncias do Cabo, do Natal, de Orange e do Transval determinou na República da África do Sul um novo predomínio dos Bóeres, cujo número foi triplo do que correspondia à população de origem inglesa.

Foi na iminência da guerra com as Repúblicas de Orange e do Transval[49] que Lord Salisbury e Luís de Soveral negociaram a convenção secreta de 14 de Outubro de 1899, assinada em Londres mas conhecida por Tratado de Windsor, que confirmou os artigos dos tratados luso-britânicos de 29 de Janeiro de 1642 e de 23 de Junho de 1661, os quais vedavam qualquer hostilidade entre as duas potências e obrigavam a Inglaterra a defender todas as colónias da Coroa de Portugal. Pelo mesmo tratado de 1899, Portugal comprometeu-se a não permitir a passagem de armas e munições pelos seus territórios com destino ao Transval, enquanto durasse a guerra. Também pelo mesmo tratado Portugal se comprometeu a não declarar a neutralidade na guerra entre a Grã-Bretanha e a República Sul-Africana, sem, no entanto, se obrigar à beligerância. E, embora o tratado de 1899 o não exigisse, o território de Moçambique foi utilizado pelas tropas inglesas, desembarcadas na Beira, como ponto de passagem na guerra contra os Bóeres, ainda que a autorização para o efeito tivesse sido concedida relutantemente pelo Governo de Lisboa; ou por consciência da injustiça da guerra ou pelas atitudes antibritânicas da imprensa portuguesa[50].

A partir de então melhorou muito o clima das relações mantidas entre Portugal e a Grã-Bretanha, para o que possivelmente contribuiu a subida ao trono de Eduardo VII, que, desde o tempo de Príncipe de Gales, tinha relações de muito estreita amizade com o diplomata português Luís de Soveral e com o próprio rei D. Carlos. Tem-se atribuído também a Soveral importante contribuição para o estreitamento das relações de Londres com Paris e para a *Entente Cordiale*[51].

---

[49] A declaração de guerra é de 11 de Outubro e o tratado anglo-português foi celebrado a 14; mas o início das negociações terá sido necessariamente anterior à declaração de guerra, que a Inglaterra já previa.

[50] Cf. Eduardo Brazão, *Portugal no Continente Africano,* pp. 105 e ss.; Santa-Rita, *A África nas Relações Internacionais depois de 1870,* pp. 127 e ss.; Vieira de Castro, *D. Carlos I (Elementos de História Diplomática),* pp. 147 e ss.; Gomes da Silva, *D. Carlos I,* pp. 169 e ss.; José de Almada, *A Aliança Inglesa,* II, pp. 303 e ss.;João Ameal, *História da Europa,* V, pp. 406 e ss.; Pierre Renouvin, «Le XIX Siècle», in *Histoire des Relations Internationales,* VI, p. 187; Potiemkine e outros, *Histoire de la Diplomatie,* II, pp. 155 e ss.; *The Letters of Queen Victoria,* 3.ª série, III, p. 589.

[51] Talvez pelas suas ligações à França, onde costumava passar largas e frequentes temporadas quando príncipe, e à aliança que terá permitido, afinal, aos Franceses, embora

5. Enquadramento internacional no começo do século XX

a) *Os interesses e forças em presença*

Entre 1871 e 1914 conseguiram as potências um equilíbrio relativo de forças e, com ele, evitar qualquer grande conflito militar. Após a guerra franco-prussiana, houve pequenas guerras, localizadas, através das quais os Estados poderosos procuraram, tanto quanto possível longe das fronteiras próprias, assegurar a defesa dos seus interesses e preservar a paz geral, que todos eles desejavam manter, sob a condição de não sacrificarem gravemente aqueles mesmos interesses.

A Inglaterra, vendo as suas posições, políticas e económicas, nas Américas ameaçadas, ou destruídas mesmo, pelo poder crescente dos Estados Unidos, sobretudo após a Guerra de Secessão, buscava na Índia e na África do Sul compensações bastantes, salvaguardando o Egipto como ponto de passagem para o Oriente e zona de segurança contra a Rússia, que também na Índia poderia ameaçar o Império Britânico. A França, ainda ferida pela derrota de 1871, encontrava novos rumos no Norte de África, em Madagáscar e na Indochina. A Alemanha, dominando a Europa Central, na realização de um plano pan-germanista, procurava afastar as outras potências da sua própria zona, criava-lhes dificuldades no Ultramar, mas mantinha-se fundamentalmente fiel à sua própria vocação continental, contando com o

---

através de uma guerra sangrenta, recuperar os territórios da linha do Reno, como também pelas relações mantidas com D. Carlos e com o plenipotenciário pottuguês, são comuns, sobretudo em França e em Portugal, as referências muito favoráveis a Eduardo VII. Trata-se de um príncipe cujas extravagâncias e notória falta de aplicação o mantiveram sempre afastado da política, até subir ao trono, pelo falecimento da mãe, a rainha Vitória. Quanto a Luís de Soveral, muito se tem escrito, bem e mal, no nosso país e no estrangeiro, sobre este diplomata de vida aventurosa, por vezes passando as raias do escândalo, que também foi ministro dos Negócios Estrangeiros. É inegável o muito prestígio de que gozou o marquês de Soveral junto de Eduardo VII e entre as notabilidades britânicas da época, prestígio que sempre pôs ao serviço de Portugal; mesmo depois da implantação da República, sem já desempenhar funções oficiais na Inglaterra, onde continuou a residir, sendo, no dizer de Sidney Lee, «a pessoa mais popular de Londres» (cf. Rodrigues Cavalheiro, *Política e História*, pp. 69 e ss.; *Memórias do Sexto Marquês do Lavradio*, p. 18; Sidney Lee, *King Edward VII*, II, pp. 59 e ss.; Philip Magnus, *King Edward the Seventh*, pp. 251-252 e 450).

apoio de Viena e de Roma, mesmo através das inconstâncias da política externa italiana⁵². A Rússia mantinha as ambições tradicionais em relação aos despojos do Império Otomano e às riquezas lendárias da Índia, que pretendia disputar aos Ingleses. Mas também se sentia atraída pelas perspectivas de aproximação a Paris, que poderia oferecer-lhe garantias de sucesso frente aos vizinhos alemães e austríacos⁵³.

Todas estas potências se mostravam acicatadas nos seus intentos de expansão pela consciência da pobreza relativa das respectivas populações, consciência em parte despertada pela doutrinação socialista. Outros povos, alheios à órbita europeia e julgados incapazes de explorar adequadamente os solos e subsolos dos seus territórios, poderiam satisfazer as ambições das massas proletárias das grandes metrópoles. Importava submeter esses povos. E a civilização a comunicar-lhes seria – no entendimento dos políticos ocidentais de escrúpulos éticos mais exigentes – o preço compensador dos sacrifícios que a submissão de tais povos havia de implicar. Não importará aqui ajuizar valorativamente de tais concepções, que eram as dominantes na Europa, como na América do Norte, ao iniciar-se o século XX. E talvez mais acentuadas ainda no mundo anglo-saxónico e em França, onde não eram frequentes as dúvidas quanto à superioridade das respectivas civilizações e quanto ao direito de impô-las.

---

⁵² Não obstante a sua participação na Tripla Aliança, desde 1882, a Itália, de que Berlim e Viena precisavam para obrigar a dividir o esforço de guerra francês e para permitir uma maior concentração de forças austríacas a leste, a partir de 1896, depois dos desastres sofridos na Etiópia, aproximou-se da França e da Inglaterra. Essa aproximação tornou-se mais nítida em 1902, com a subida ao trono de Vítor Manuel III e a celebração do acordo franco-italiano desse ano. As hesitações do Governo de Roma mantiveram-se até 1915, ano em que Roma alinhou na guerra mundial ao lado da França e da Inglaterra, o que lhe custou uma dura luta com os Austríacos mas contribuiu para enfraquecer os Impérios centrais.

⁵³ A política russa esteve estreitamente ligada à de Bismarck. Mas Sampetersburgo não podia deixar de manifestar receios face ao crescimento do poder alemão, que bem poderia disputar-lhe o domínio do Báltico e da Polónia, enquanto os Austríacos se instalassem sobre alguns despojos otomanos. E mais receosa ficou a Rússia ao ter conhecimento das tentativas de aproximação da Inglaterra à Tripla Aliança. Essas razões, aliadas à necessidade de recorrer ao mercado de Paris para obter empréstimos, explicam que o czar, em 1892, tenha finalmente cedido às tentativas da diplomacia francesa no sentido de uma aliança militar, celebrada a 18 de Agosto.

O expansionismo russo causava compreensíveis receios à Inglaterra, à Alemanha e à Áustria. A França tinha menos a recear daquele expansionismo; dele esperando mesmo a recuperação das posições perdidas sobre o Reno, através do desastre de 1871. Mas a política moscovita, ainda que hesitante, via no entendimento com Berlim e Viena a via adequada para enfrentar, no Próximo Oriente e na Índia, o poder britânico.

b) *Do Tratado de San Stefano de 1878 aos conflitos balcânicos do século XX*

Em 1878, o Tratado de San Stefano, imposto à Turquia pelas tropas russas, chegadas às portas de Constantinopla, reduzira os efeitos da vitória ocidental na Guerra da Crimeia. O Montenegro, a Sérvia, a Roménia e a Bulgária viram garantidas as respectivas independências políticas formais, sob protecção russa. A Inglaterra sentiu novamente ameaçado o seu domínio do Mediterrâneo Oriental. As outras grandes potências ocidentais também se inquietaram. E a Rússia teve de ceder boa parte dos ganhos obtidos sobre a Turquia, através do Congresso de Berlim reunido nesse mesmo ano de 1878; enquanto a Inglaterra aproveitava a situação para subtrair aos Otomanos a ilha de Chipre, cuja posição estratégica era de primeira grandeza.

Os entendimentos de Berlim acomodaram as grandes potências; mas mantendo, ou agravando mesmo, o caos balcânico, que deixou a via aberta para os massacres dos Arménios de 1894 e para a Guerra Greco-Turca de 1897. Desse mesmo caos balcânico resultariam as imprecisões quanto às influências conjuntas, russa e austríaca, na Sérvia, que estiveram na base do atentado de Serajevo de 1914, causa próxima, ou pretexto, da I Guerra Mundial[54].

---

[54] Em 28 de Junho de 1914, o arquiduque Francisco Fernando, herdeiro do trono austro-húngaro, estando de visita à Sérvia, foi assassinado na cidade de Serajevo. Atribuiu-se o assassinato ao receio de que as reformas liberalizantes que se esperavam do arquiduque, quando subisse ao trono, desmotivassem o espírito revolucionário no Império Austro-Húngaro e em países dele dependentes. A Áustria, cujo imperador, Francisco José, tio do arquiduque, já fora atingido, através do seu longo reinado, pelo assassinato de sua

c) A Guerra Russo-Japonesa

As desilusões colhidas pela Rússia, em 1878, relativamente aos apoios alemão e austríaco, acabaram por aproximá-la da França. Talvez sobretudo por reacção emocional; ou para forçar Berlim a rever as suas atitudes. Bismarck ainda evitou o entendimento franco-russo que, depois de afastado o chanceler, se tornou inevitável[55]. A Rússia, tendo adquirido seguranças a Oeste, através da aliança francesa, podia mais facilmente empenhar-se em novos empreendimentos no Oriente.

A preocupação de conter o expansionismo russo a Leste tornou os políticos de Londres atentos às potencialidades nipónicas. Em 1895 a China fora forçada a ceder ao Japão, já renovado, «europeizado», ao menos no plano da técnica, parte da Manchúria, a ilha Formosa e, de facto, a Coreia também. É então a Rússia que começa a recear o poder nipónico; e, com o apoio francês e alemão, se instala em Porto Artur e noutras posições do Extremo Oriente. Tóquio reagiu, obtendo, em 1902, um tratado com Londres que lhe facultou valioso auxílio militar da Inglaterra. Nessa base se prepararam os Nipónicos para a Guerra Russo-Japonesa de 1904-1905, de efeitos surpreendentes. Pela primeira vez um Estado asiático obtinha vitória sobre uma potência europeia. E a Inglaterra, graças ao Japão, deixava de recear, ao menos por algum tempo, a concorrência do imperialismo moscovita em relação à Índia[56]. Com efeito, pelo acor-

---

mulher, às mãos de um anarquista, numa visita à Suíça, pelo fuzilamento do irmão Maximiliano, no México, e pela morte misteriosa do filho único, Rodolfo, em Mayerling, reagiu fortemente ao atentado. Viena decidiu fazer à Sérvia exigências, quanto ao inquérito sobre o atentado, que o Governo de Belgrado, instigado pelos russos, julgou ofensivas da soberania do Estado. O ultimato austríaco foi rejeitado e a Sérvia invadida. Poderia tratar-se de mais uma pequena guerra localizada. Mas a Rússia, que nunca renunciara aos seus direitos naquela zona do antigo Império Otomano, a cujos habitantes era atribuída origem eslava, decidiu decretar a mobilização. A Alemanha dispôs-se a socorrer os Austríacos, ameaçados pelos Russos, e a França, nos termos da aliança franco-russa, declarou-se pronta a intervir. Tais foram, em síntese, as origens próximas da I Guerra Mundial, em que muitas outras potências se veriam depois arrastadas.

[55] As dificuldades financeiras russas foram cobertas pelos empréstimos franceses, a partir de 1892 [ver *supra,* alínea *a),* nota 53].

[56] Para a vitória japonesa muito contribuiu o afastamento dos grandes centros russos da zona de operações militares. As esquadras moscovitas tiveram de, partindo do Báltico, rodear toda a África, onde tocaram em portos portugueses, para tentarem salvar Porto Artur

Fig. 28 – *Grupo fotografado em Windsor, em Novembro de 1907, vendo-se o rei de Inglaterra, o imperador e a imperatriz da Alemanha, o rei de Espanha, a rainha de Portugal, D. Amélia, e a rainha da Noruega.*

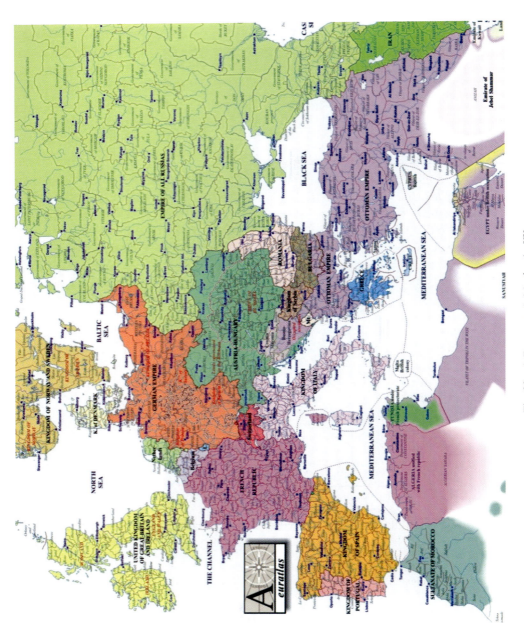

Fig. 29 – A Europa no início do séc. XX

do anglo-russo de 31 de Agosto de 1907, as esferas de influência na Ásia foram definidas, renunciando a Rússia à Índia e ao Afeganistão.

d) A Entente Cordiale e a Conferência de Algeciras

Reforçada em África pelo desfecho da Guerra dos Bóeres, tranquilizada quanto ao Oriente pela vitória japonesa sobre os Russos, e ligada à França pela *Entente* de 1904, a Inglaterra podia considerar-se como dominante no concerto mundial. Mas a Alemanha dispôs-se a disputar-lhe tal posição. E porque a *Entente Cordiale* fora obtida na base de uma divisão de esferas de influência de Londres e de Paris em África, que deixava à França inteira liberdade de acção em Marrocos, sem prejuízo de algumas concessões à Espanha, o imperador da Alemanha, Guilherme II, decidiu assegurar a independência do sultão de Marrocos, procurando, assim, minar os fundamentos da aliança anglo-francesa. Em 1905, o imperador visitou Tânger, onde fez declarações de extrema violência, sobretudo tendo em vista a moderação habitual da linguagem diplomática da época[57]. A guerra parecia iminente. E, para evitá-la, uma grande conferência internacional se reuniu em Algeciras, no mês de Janeiro de 1906 (ver «Acto da Conferência de Algeciras, de 7 de Abril de 1906», in *Nova Collecção de Tratados* .... XII, pp. 181 e ss.). A Alemanha saiu vencida desta conferência, nela beneficiando apenas do apoio austríaco.

---

do ataque nipónico, o que não conseguiram. Na derrota russa muito influiu também a revolta de 1905 em diversas cidades russas, admissivelmente fomentada pela Inglaterra. Muitos soldados e marinheiros desertaram, sob pretextos de pacifismo, e foram numerosas as manifestações de rua em que se reclamava a paz com o Japão. O czar cedeu facilmente aos revolucionários, adoptando medidas liberalizantes, ainda reforçadas, em 1911, após o assassinato do chefe do Governo, Stolypin, em Kiev. O surto revolucionário que culminou em 1917 ficou a dever-se, em larga medida, não apenas à I Guerra Mundial mas ainda à guerra russo-japonesa de 1904-1905, para a qual a nação russa não fora preparada psicologicamente, por julgarem os governantes que o domínio dos Nipónicos não ofereceria qualquer dificuldade (cf. Robert K. Massie, *Nicholas and Alexandra,* esp. pp. 121 e ss.). Há paralelos flagrantes entre a política dita de «acalmação» que se seguiu em Portugal após o assassinato do rei D. Carlos, em 1908, e a seguida na Rússia após o assassinato de Stolypin.

[57] A atitude de Guilherme II pôs em risco o entendimento franco-britânico e levou à demissão de Delcassé, o estadista francês que mais contribuíra para a *Entente Cordiale.*

Berlim acabou por desinteressar-se de Marrocos, na base da cedência de parte do Congo Francês, em 1911, após a ocupação de Fez pelos franceses e a demonstração naval alemã de Agadir.

Mas o equilíbrio internacional do início do século rompera-se. A Alemanha, depois de Bismarck, não conseguira separar Paris nem de Londres nem de Sampetersburgo. Ou renunciava ao domínio continental conquistado em 1871, ou destruía a ligação das três potências opostas, ou tentava a prova de força, arrastando consigo também o Império Austríaco, para cujo enfraquecimento a Prússia tanto contribuíra, a Itália, rival da França no Mediterrâneo como na Sabóia, e ainda o que restava do poder otomano, sempre naturalmente hostil à Rússia e à Inglaterra. Aliás, a prova de força havia de abalar profundamente o débil gigante que era então a Rússia, pobre, dividida, humilhada pela guerra de 1905, e contra a qual ainda talvez fosse possível à Alemanha mover o Japão.

Prevendo a inevitabilidade de um grande conflito armado, desde 1902 ou, pelo menos, desde 1905, trataram a Inglaterra, a Alemanha e a França de captar como aliados outras potências; ou, ao menos, de assegurar a sua neutralidade. Nesse plano se situou uma intensa actividade diplomática em torno de Portugal durante os últimos anos do reinado de D. Carlos.

6. Tentativas de equilíbrio português através da instabilidade internacional

a) As viagens régias no reinado de D. Carlos

Mesmo em regime constitucional não deverá deixar de atribuir-se relevo político às viagens dos reis a outros países. Sobretudo em épocas distanciadas ainda da extrema vulgarização das deslocações internacionais de governantes. Ainda quando as razões determinantes daquelas viagens foram de natureza particular, como será o caso das que D. Luís e, sobretudo, a rainha D. Maria Pia, empreenderam à Itália, em visitas à família de Sabóia, e da que D. Luís fez à Alemanha e à Suécia, em 1888, por motivos de saúde[58], não poderá excluir-se o interesse, para as relações externas de Portugal, dos contactos então necessariamente havidos, pelos reis e seus acompanhantes, com notáveis de outros Estados, alguns situados em posições cimeiras. Infelizmente nem sempre se dispõe de relatos dessas viagens, que bem poderiam esclarecer pontos mais ou menos obscuros da História portuguesa do século XIX.

Da maior parte das viagens ao estrangeiro de D. Carlos se sabe que tiveram interesse político. A começar na realizada, em 1883, ainda príncipe, na companhia da mãe e do irmão, infante D. Afonso, à Espanha, à França, à Itália, à Alemanha, à Áustria e à Inglaterra. No decurso dessa viagem se terão agitado os projectos matrimoniais do príncipe português com a arquiduquesa Maria Valéria, filha do imperador Francisco José, com a princesa Beatriz, filha da rainha Vitória, e com a infanta D. Eulália[59], projectos esses que já teriam sido abandonados quando D. Carlos conheceu D. Amélia de Orléans, ou se terão abandonado em consequência de tal conhecimento.

Já depois do Ultimatum inglês, em 1892, D. Carlos e a rainha D. Amélia visitaram Madrid. Sendo certo que o rei tinha, de facto, assegurado a orientação da política externa portuguesa, pelo retraimento dos ministros frente às responsabilidades da situação, poderá

---

[58] A ida do rei D. Luís à Alemanha foi interpretada, nalguns meios, como atitude política; mas é de crer que, conforme afirmou então António Enes, D. Luís aproveitasse apenas a viagem realizada a conselho médico para cumprir deveres de cortesia e estreitar relações pessoais com os soberanos de nações amigas (cf. *O Ultimatum visto por António Enes,* pp. 39 e ss.). Parece indiscutível que o rei D. Luís, como muitos dos seus ministros, como muitos dos intelectuais portugueses da época, como quase toda a Europa do tempo, aliás, se sentiu atraído, depois de 1870, pela força, pela organização e pelo prestígio da Alemanha. Até já D. Pedro V se mostrava, às vezes, fascinado pelos Prussianos. Mas daí não se poderá inferir que D. Luís fosse a Berlim, ou a Potsdam, para fazer política pró-germanista, ou anglófoba. Certo é, no entanto, que o rei português foi recebido na Alemanha «com tantas distinções como se o seu ceptro e a sua espada pudessem pesar na balança política da Europa» *(ibidem,* p. 41). Era natural que Bismarck quisesse afastar Lisboa da órbita inglesa.

[59] O projecto relativo à infanta espanhola D. Eulália, com quem D. Carlos manteve sempre relações de muito afecto, poderá ter sido perturbado pelo interesse que à infanta terá despertado o jovem secretário da legação portuguesa em Madrid Luís de Soveral, futuro plenipotenciário em Londres, de quem o rei D. Carlos foi muito amigo (cf. Cardoso de Miranda, *O Último Rei,* pp. 66 e ss.).

admitir-se facilmente o intento de mostrar aos governantes de Londres a cordealidade das relações com a Espanha e a consequente viabilidade da autonomia portuguesa, sem estreitas dependências da Inglaterra.

A mesma preocupação de estabelecer uma larga rede de ligações internacionais terá determinado as visitas de D. Carlos a Paris, a Berlim e a Londres, no Outono de 1895. Anunciou-se então também que o rei português visitaria na Itália, em Monza, seu tio Humberto II. Mas o Governo italiano aproveitou a oportunidade para manifestar o desejo de que o encontro dos dois monarcas tivesse lugar em Roma. A Secretaria de Estado do Vaticano, ao ter conhecimento do projecto, manifestou ao Governo português o seu profundo desagrado, dados os condicionalismos da «questão romana». D. Carlos adiou a projectada viagem à Itália; e o Quirinal retirou o seu representante em Lisboa durante algum tempo[60].

Em plena guerra anglo-bóer, e quando Londres já se aproximara de Tóquio e Paris de Sampetersburgo, tiveram indiscutível relevo político as viagens reais de 1902 à Inglaterra e à França. Eduardo VII, antes e depois de ser coroado, mantinha relações de muita estreita amizade com o ministro português em Londres, Soveral[61]. A gravidade da situação internacional explicará também a brevidade com que o rei de Inglaterra retribuiu a visita, deslocando-se a Lisboa em 1903. Admite-se que, por esta ocasião, se tenha acordado entre os dois soberanos um entendimento dos respectivos Estados preparatório de um grande conflito mundial. Mas, no mesmo ano de 1903, foi Afonso XIII recebido em Lisboa. Poderá por-se a questão de saber se a Espanha se proporia então aproximar-se do bloco anglo-português ou, pelo contrário, contrariá-lo. É indiscutível que o apoio da Espanha

---

[60] Cf. Fortunato de Almeida, *História de Portugal*, VI, pp. 433-434; *História da Igreja em Portugal*, IV, I, pp. 425-426.

[61] Não há qualquer exagero nas referências às relações muito estreitas entre o ministro plenipotenciário português em Londres e o rei Eduardo VII. Sidney Lee, biógrafo do monarca britânico, aponta Soveral como sendo o estrangeiro mais íntimo da Corte inglesa, companheiro fiel do rei (cf. Vieira de Castro, *D. Carlos I (Elementos de História Diplomática)*, pp. 183 e ss.; Sidney Lee, *King Edward VII*, II, pp. 59 e ss.; Philip Magnus, *King Edward the Seventh*, pp. 252 e 450).

estava então sendo solicitado tanto por Berlim[62] como por Londres; e que, três anos mais tarde, na Conferência de Algeciras, Madrid deu o seu apoio à Inglaterra e à França, talvez pelas facilidades que a cooperação militar francesa lhe oferecia para pacificação da zona espanhola de Marrocos, no Rif.

Em 1904, novamente D. Carlos visitou Londres e Paris. No mesmo ano estiveram em Lisboa a rainha Alexandra da Inglaterra e o duque de Connaught. Admitiu-se que tais visitas se relacionassem com um projecto de casamento do príncipe D. Luís Filipe com a princesa de Inglaterra Margarida.

Antes de deslocar-se a Tânger e aí proclamar a independência política do sultão de Marrocos, em 1905, foi a vez do imperador Guilherme II de visitar Lisboa. Não oferece dúvida que o monarca alemão procurou, pelo menos, assegurar a neutralidade portuguesa no conflito militar já então previsto. Mas, logo a seguir, foi o presidente Loubet da França que esteve em Portugal, ao que se seguiu nova visita de D. Carlos a Madrid, onde discutiu com Afonso XIII a adesão da Espanha ao bloco ocidental. De Madrid seguiu D. Carlos para Paris. Em 1906 já D. Carlos e D. Amélia visitaram de novo Madrid. É bem compreensível que D. Carlos pretendesse condicionar ao alinhamento de Portugal no bloco pró-britânico a inclusão da Espanha no mesmo bloco; ou, ao menos, a garantia da neutralidade espanhola, sem o que um conflito mundial arrastaria sangrentamente toda a Península.

Não terá havido época comparável a esta pelo que respeita à frequência das visitas dos reis de Portugal ao estrangeiro e de chefes de Estados estrangeiros a Portugal. Paralela à frequência das visitas régias se nos depara nesta época a frequência das visitas de esquadras estrangeiras ao Tejo – inglesas, alemãs, francesas, norte-americanas. Em termos de cortesia, sem dúvida. Mas também em demonstração de força e de disponibilidade de apoio militar, sublinhando o

---

[62] Na passagem por Vigo, em 1904, Guilherme II terá aconselhado Afonso XIII «a ser prudente com a Inglaterra e desconfiado com Portugal». E, no ano seguinte, achando-se o rei de Espanha em Berlim, o Kaiser ter-lhe-á proposto um acordo secreto germano--espanhol que implicaria auxílio militar da Espanha à Alemanha; mas julga-se que tal proposta tenha sido rejeitada (cf. Vieira de Castro, *D. Carlos I (Elementos de História Diplomática)*, pp. 233 e ss.).

sentido das conversações diplomáticas havidas. Visitas dessas conheceu-as Lisboa após o desfecho da guerra hispano-americana e por ocasião da Guerra dos Bóeres, quando, em 11 de Maio de 1899, a esquadra inglesa do Canal, comandada por Rawson, e a alemã de Kiel, comandada por Thompson, se encontraram em frente de Lisboa. Um mês depois fomos visitados pela esquadra francesa do almirante Momaix. E, seis meses depois, voltou ao Tejo a esquadra britânica do Canal. Em 1903 e 1904 fomos visitados por esquadras norte-americanas; falou-se então de um plano de Washington no sentido de uma anexação dos Açores.

Logo que o Kaiser deixou Lisboa, em 1905, no estuário do Tejo se apresentou uma esquadra inglesa. E, em começo de 1906, havendo notícia de um projecto dos Alemães de construírem novas instalações para o Arsenal da Marinha, no Alfeite, e também de uma autorização que estaria a ser negociada no sentido de a Alemanha poder utilizar Lisboa como base naval, também uma esquadra britânica se apresentou em frente da capital portuguesa.

Todas estas visitas navais suscitaram festejos, brindes e discursos, em que foi exaltada a cordialidade das relações mantidas entre Portugal e os visitantes. Mas as palavras então usadas só aos desprevenidos esconderiam a gravidade da situação e o drama das opções que haviam de impor-se a Portugal, face às forças em presença[63].

b) *O incidente de Guanabara e o projecto de visita real ao Brasil*

Cicatrizados já os ressentimentos que a secessão deixou, a comunidade real existente entre portugueses e brasileiros foi afirmando

---

[63] Cf. Fortunato de Almeida, *História de Portugal,* VI, pp. 479-480; Casimiro Gomes da Silva, *D. Carlos I,* pp. 26, 27, 30, 195 e ss., 214 e ss.; Jesús Pabón, *La Revolución Portugueaa*, I, pp. 61 e ss. Note-se que já no tempo de D. Luís não foram raras, embora menos frequentes, as deslocações de membros da família real portuguesa ao estrangeiro e de soberanos estrangeiros a Portugal, às quais deverá atribuir-se significado político. Assim, Isabel II de Espanha veio a Lisboa em 1866 e Afonso XII visitou Portugal em 1888. Também esteve projectada uma visita a Portugal da rainha Vitória da Inglaterra. Será porém, duvidoso que a política portuguesa tenha sabido tirar partido das oportunidades que então se lhe ofereceram. Até os festejos de recepção aos régios visitantes parece terem deixado muito a desejar (ver *Memórias do Professor Thomaz de Mello Breyner,* II, pp. 111 e ss.).

as suas exigências. E o Brasil tornou-se, depois da independência política, no destino natural dos excedentes demográficos portugueses. Por essa via, através das remessas dos emigrantes e dos capitais trazidos pelos retornados bem sucedidos, que eram muitos, o Brasil constituíu factor fundamental para o equilíbrio da balança de pagamentos de Portugal, sempre deficitário quanto à sua balança comercial. A população brasileira era revitalizada por um fluxo constante de portugueses pobres com energia bastante para tentarem fortuna na América; a sociedade portuguesa recebia, também regularmente, um número considerável de «brasileiros», enriquecidos em patrimónios e em experiência de labutas várias, que voltavam às terras de origem buscando repouso e compensações, sem excluir a própria ostentação da fortuna conquistada. Com todos os defeitos que poderão ser-lhes assacados, eles muito contribuíram para cimentar a permanência da comunidade luso-brasileira, para além da ruptura formal que interesses alheios tinham imposto. Também a mesma família, embora ramificada, ocupava os tronos, lá e cá. E esse constituía mais um elemento valioso da comunidade mantida.

Compreende-se que a proclamação da República no Brasil tenha causado abalo nessa comunidade. Primeiramente ao nível cimeiro dos notáveis da política; e depois, em termos mais fundos, porque à mudança do regime político brasileiro sucedeu uma gravíssima crise económico-financeira, que reclamou fortes restrições cambiais e, consequentemente, afectou as fontes brasileiras da balança de pagamentos portuguesa. Tais circunstâncias exerceram forte influência nas dificuldades financeiras experimentadas por Portugal a partir de 1891-1892. A queda dos Braganças do Brasil também trazia, para alguns meios portugueses, mais um motivo de desânimo. Com ela desaparecera a originalidade portuguesa da secessão brasileira. O Brasil tornara-se uma república, como todos os outros Estados das Américas[64].

---

[64] Tais considerações não excluem que noutros meios, e, naturalmente, nos afectos ao Partido Republicano Português, a mudança de regime no Brasil tenha causado júbilo inicial; mas mesmo aí quebrado rapidamente pelos efeitos menos favoráveis que a todos afectavam. Logo pouco depois da implantação da República no Brasil, António Enes, que não era precisamente um reaccionário retrógrado, manifestou o receio de que a revolução brasileira não oferecesse «franquias e segurança ao trabalho, à propriedade e ao comércio dos colonos europeus» (cf. F. A. de Oliveira Martins, *O Ultimatum visto por António Enes*, pp. 119 e ss.).

E embora a proclamação da República no Brasil não tenha despertado reacções muito vivas, nem mesmo da parte das famílias tradicionalistas de fazendeiros ricos, desgostosos com as tendências liberais e filantrópicas do imperador D. Pedro II, muito empenhado em levar por diante o seu projecto de completa extinção da escravatura, que poderia afectar os interesses dos «coronéis»[65], a queda do Império acabou por tornar mais ásperas as lutas políticas e mais frequentes os movimentos revolucionários, apesar da relativa moderação dos primeiros anos do regime republicano no Brasil. Entre esses movimentos revolucionários ocorreu um que, prolongando-se pelos anos de 1893 e 1894, afectou as relações entre Lisboa e o Rio de Janeiro.

Unidades do Exército e da Armada, sobretudo desta, que nunca se mostrara afecta à mudança de regime, revoltaram-se contra o Governo do marechal Floriano Peixoto[66]. E a gravidade dos aconteci-

---

[65] Admite-se mesmo que alguns ricos fazendeiros do Brasil tenham decidido financiar a revolução republicana. Os meios naturalmente afectos às instituições imperiais achar-se-iam desencantados com a política dos últimos anos, aceitando, por isso, a mudança de regime. Os Governos imperiais tinham acabado por desagradar geralmente, a uns por demasiado conservadores e lentos nas reformas, a outros por demasiado progressistas. Acontece frequentemente assim com as revoluções. Para elas contribuem, em termos mais decisivos do que os opositores dos regimes, aqueles que quanto à defesa dos mesmos se acham desmotivados. É certo que já a 13 de Maio de 1889 fora promulgada, pela princesa Isabel, como regente do Império, a chamada Lei Áurea, que extinguiu a escravatura no Brasil. Mas admitia-se que, afastados de alguns postos políticos e administrativos os agentes imperiais, a lei não tivesse efeitos práticos susceptíveis de afectar interesses tidos por legítimos, ou que, ao menos, a emancipação dos escravos se fizesse na base de indemnizações adequadas dos respectivos proprietários. A política dos últimos anos do Império inquietou não apenas os fazendeiros mas, talvez sobretudo, os militares, proibidos de discutirem questões de serviço na imprensa sem autorização ministerial e embrenhados em desavenças sectoriais. Aos republicanos, que eram poucos, e aos oficiais descontentes, que eram bastantes, se juntou o marechal Deodoro da Fonseca, frustrado na sua expectativa de formar Governo por incumbência do imperador, e receando mesmo que tal encargo coubesse a um seu inimigo pessoal, Silveira Martins. Assim se têm feito muitas revoluções; foi o caso da brasileira de 15 de Novembro de 1889, que levou à proclamação da República e teve o mérito da acentuada moderação, procurando respeitar os direitos alheios às próprias instituições imperiais, no fundo as únicas imediatamente sacrificadas (cf. Pedro Calmon, *História do Brasil*, V, pp. 1795 e ss.; VI, pp. 1893 e ss.; Hélio Vianna, *História do Brasil*, II, pp. 212 e ss.).

[66] A revolta iniciou-se no Rio Grande do Sul, partindo dos «maragatos», opostos aos republicanos, ou «pica-paus»; e teve a adesão da esquadra, comandada pelos almirantes Custódio de Melo e Saldanha da Gama.

mentos determinou que, para defesa dos interesses dos portugueses do Rio de Janeiro e eventual evacuação de alguns deles, dois navios de guerra de Portugal se dirigissem para a baía de Guanabara.

Entretanto, sufocado o movimento revolucionário, alguns dos chefes vencidos pediram asilo para 70 pessoas ao comandante da flotilha portuguesa, Augusto de Castilho, invocando receio de represálias da parte dos vencedores[67]. Tentou o encarregado de negócios de Portugal, conde de Paraty, evitar a concessão do asilo pedido, prevendo conflitos diplomáticos[68]. Mas o comandante português, sensível às razões invocadas, concedeu-o e levantou ferro[69], dispondo-se a desembarcar os refugiados em território português ou inglês, conforme instruções recebidas do Governo de Lisboa, e por acordo com o Governo de Londres. Mas, tendo-se manifestado casos de

---

[67] Achavam-se em frente do Rio de Janeiro navios americanos, ingleses, franceses e italianos, em condições de receber os foragidos. Mas preferiram estes buscar asilo nas corvetas portuguesas *Mindelo* e *Afonso de Albuquerque*. Como observa Pedro Calmon, «na comunhão da língua falava-lhes o sentimento consanguíneo, da aliança natural[...] Portugueses não eram estranhos» *(História do Brasil,* VI, p. 1977). O receio de represálias desproporcionadas e injustas por parte dos vencedores parecia justificado, porquanto o final da contenda «foi maculado por uma série de torpes excessos em que sobrelevou a ferocidade de alguns militares ébrios de intolerância e paixão» *(ibidem,* p. 1979). Aliás, o Governo brasileiro, no telegrama pelo qual comunicou ao representante de Portugal no Rio de Janeiro a interrupção de relações, já afirmara que «princípios humanitários não são aplicáveis a rebeldes bárbaros» (ver Mártens Ferrão, *La Question entre le Portugal et le Brésil,* p. 15).

[68] Terá havido dificuldades de comunicação entre o comandante da flotilha e o encarregado de negócios, geralmente instalado em Petrópolis, juntamente com os outros diplomatas estrangeiros, ao abrigo da guerra, da estiagem e da febre que grassava no Rio de Janeiro. Já tinham sido muitas as dificuldades experimentadas pelo ministro plenipotenciário português no Brasil, Conde de Paço d'Arcos, que retirara para Lisboa em Novembro de 1893, a pedido do Governo brasileiro. Além de suposto favorável aos Braganças depostos, a qualidade de oficial de Marinha também levava a admitir que o chefe da missão portuguesa fosse parcial do almirante revoltoso Custódio de Melo. Acresce que o ministro português actuara junto dos governantes brasileiros como porta-voz do corpo diplomático, que tinha protestado repetidamente por diversas violências praticadas, entre elas a proibição de expedir telegramas cifrados. Tudo isso terá colocado Paço d'Arcos na posição de *persona non grata* (cf. *Missão do Conde de Paço d'Arcos no Brasil,* esp. pp. 100 e ss.).

[69] Não recolheram as corvetas portuguesas apenas as 70 pessoas às quais fora concedido asilo, mas mais de 500, que terão entrado nos navios, a maior parte de imprevisto, de roldão, acossadas pelo medo e, naturalmente, na base da condescendência das guarnições portuguesas.

febre-amarela a bordo dos navios, para mais superlotados pelo afluxo de refugiados, foi a flotilha portuguesa forçada a demandar o porto de Buenos Aires, onde se achava instalado um Governo tido por favorável aos refugiados e próximo às terras gaúchas, afectas à insurreição[70]. Essa circunstância terá influído na fuga, para territórios argentinos e uruguaios, de 300 dos brasileiros que beneficiaram do asilo prestado por Portugal, embarcados nas corvetas e, depois, num navio-transporte enviado para o efeito. Esta fuga mais agravou o desagrado do governante brasileiro, marechal Floriano Peixoto, que tinha exigido a Portugal a entrega dos foragidos, à qual anuíra o chefe do Governo português, Hintze Ribeiro, que deparou, porém, com a resistência do comandante da flotilha, Augusto de Castilho, intransigente na defesa do princípio de que era seu dever levar a salvamento a gente abrigada sob a protecção da sua bandeira. Ficaram cortadas, por iniciativa do marechal Floriano, as relações diplomáticas entre Portugal eo Brasil, depois restabelecidas, a 16 de Março de 1895, após um ano de interrupção, por gestões diplomáticas britânicas[71].

Este conflito deixou sombras nas relações luso-brasileiras, que o rei D. Carlos se esforçou por dissipar, porquanto poderíamos «estar

---

[70] A Argentina terá mesmo pretendido aproveitar a agitação no Brasil para obter a incorporação do Rio Grande do Sul e de Mato Grosso no Uruguai. Tratou o Brasil de neutralizar as pretensões argentinas através de um entendimento com o Chile. Também entre Portugal e a Argentina se esboçou um incidente diplomático, rapidamente sanado embora, por motivo de as guarnições portuguesas terem aprisionado alguns dos fugitivos, em águas territoriais argentinas (cf. Visconde de Faria, *Portugal e a República Argentina-Questão Diplomática,* Livorno,1897).

[71] Augusto de Castilho, filho do poeta António Feliciano de Castilho e irmão do olissipógrafo Júlio de Castilho, foi destituído do seu comando naval em razão dos acontecimentos e submetido a Conselho de Guerra, juntamente com outro oficial e três marujos. Como em face de todas as questões, naquela época, em Portugal, dividiram-se as opiniões e a imprensa em função do seu afecto ou desafecto ao Governo no poder. As absolvições do Conselho de Guerra, por unanimidade, foram proferidas em ambiente de apoteose. Augusto de Castilho ascendeu aos mais altos postos da Armada e foi ministro da Marinha, já no tempo de D. Manuel II (cf. Castilho, *Portugal e Brasil. O Processo no Conselho de Guerra da Marinha do Capitão-de-Fragata Augusto de Castilho,* 3 vols., Lisboa, 1894; Mártens Ferrão, *La Question entre le Portugal et le Brésil,* Roma, 1894; *Cartas d'El-Rei D. Carlos a João Franco Castello Branco,* pp. 40-41; *Portugal e Brazil-Para a Historia d'um Conflicto Diplomatico,* Livorno, 1901).

mal com todo o mundo, menos com o Brasil e a Inglaterra»[72]. Luís de Soveral lá tratara em Londres de conseguir os bons ofícios britânicos no sentido do reatamento das relações com o Rio de Janeiro; mas era preciso estreitar o entendimento com o Brasil, sem cuidar de divergências de rumos políticos, mais aparentes do que reais, entre os dois países integrados na mesma autêntica comunidade. O ministro de Portugal no Rio de Janeiro, Camelo Lampreia, projectou para o efeito uma viagem do rei ao Brasil, que se previa apoteótica, tanto pelo acolhimento oficial como pelo que despertaria nas populações e, especialmente, na colónia portuguesa, para mais sempre muito afecta às instituições monárquicas[73]. D. Carlos mostrou o maior interesse pelo projecto do diplomata; mas foi contrariado tanto por Hintze Ribeiro como por José Luciano de Castro. Quando, porém, a chefia do Governo coube a João Franco, em 1906, Camelo Lampreia, fiel ao seu projecto, veio a Lisboa, tentando convencer o novo presidente do Conselho das vantagens da viagem régia ao Brasil. E foi bem sucedido. Apesar de João Franco lhe ter dito que pusera como condição para formar Governo que não houvesse viagens da família real ao estrangeiro[74], o projecto brasileiro levava o estadista a admitir uma excepção. A excepção era o Brasil. Tratou o diplomata de organizar o programa da viagem, mostrando-se receoso de que o monarca pusesse objecções ao propósito de franquear as portas da legação a todos os portugueses que quisessem ver o seu rei. Mas D. Carlos teve uma reacção muito favorável ao propósito,

---

[72] Ver *Cartas d'El-Rei D. Carlos a João Franco Castello Branco*, p. 41.

[73] A própria expressão «talassa», ou «thalassa», pela qual, durante dezenas de anos, foram designados, pejorativamente, os monárquicos, em Portugal, provém de uma mensagem dirigida pela colónia portuguesa do Brasil, em 1907, a João Franco, a qual, em estilo pretensioso, evocava o grito dos soldados de Xenofonte, no Ponto Euxino, face ao mar desejado e redentor: *Thalassa! Thalassa!* A expressão começou por aplicar-se aos partidários de João Franco e, após a implantação da República em Portugal, a todos os monárquicos. Sobre a fidelidade monárquica dos portugueses do Brasil, cf. a obra do diplomata brasileiro Cardoso de Miranda, *O Último Rei,* esp. p. 54.

[74] As viagens régias ao estrangeiro serviam de pretexto a críticas fáceis das oposições, que as tinham por dispendiosas e inúteis. Seria essa a razão pela qual João Franco pretendia contrariá-las, embora tenha vindo a reconhecer a sua indiscutível importância para a defesa da posição internacional do país (cf. *Cartas d'El-Rei D. Carlos a João Franco Castello Branco,* pp. 27 e ss.).

pois afirmou a disposição de receber todos os portugueses que fossem à nossa representação no Rio de Janeiro, nem que para isso fosse obrigado a estar de pé muitas horas seguidas.

No Brasil, o plenipotenciário português encontrou no ministro das Relações Exteriores, barão de Rio Branco, o melhor acolhimento relativamente à projectada viagem, que o Governo brasileiro manifestou o desejo tivesse lugar quando se comemorasse o 1.° centenário da abertura dos portos do Brasil ao comércio mundial, em 1908. O Congresso Brasileiro votou um crédito ilimitado para fazer face às despesas com a recepção ao rei de Portugal, o que mostra bem o interesse que a viagem anunciada despertara junto dos parlamentares brasileiros. E o Governo do Rio de Janeiro mandou reedificar o palácio da princesa Isabel, actual Palácio de Guanabara, para nele instalar o régio visitante. Organizou-se no Rio de Janeiro uma grande exposição, aberta apenas a expositores portugueses e brasileiros. Abriram-se subscrições na colónia para abrilhantar os festejos. Determinou-se que o Teatro Municipal do Rio de Janeiro, em acabamento, fosse inaugurado com uma récita de gala em honra do rei de Portugal. Também o monarca português, além das visitas de estilo em tais viagens de chefes de Estado, se deslocaria à Baía e a Pernambuco. Em suma, no Brasil, o projecto de viagem provocou, a todos os níveis, conforme previra Camelo Lampreia, as mais rasgadas manifestações de entusiasmo; mas que não encontraram paralelo em Portugal, segundo deu conta o conde de Arnoso na correspondência dirigida ao ministro português no Rio de Janeiro. E chegava a recear o secretário do rei que a situação portuguesa interna não viesse a permitir a viagem real ao Brasil. Mas lá se assentou finalmente na viagem, que não seria apenas uma tomada de posição no plano da política luso-brasileira mas também no da política mundial; e não tardaria a ser seguida pelos outros chefes de Estado europeus e americanos. Prepararam-se presentes régios com destino aos governantes brasileiros e altos funcionários, assim como a diversas associações. D. Carlos viajaria num paquete português, escoltado por alguns navios de guerra; e desembarcaria no Rio de Janeiro a 7 de Junho de 1908, tendo a sua visita, integrada nas comemorações da abertura dos portos brasileiros ao comércio mundial, ordenada pelo seu antepassado D. João VI, o significado de um reatamento da tradição histórica, para que tanto contribuíra a obra de Oliveira Lima, então ministro brasileiro em Bruxelas, sobre aquele rei comum de Portugal e do Brasil. E, como símbolo da continuidade histórica que pretendia reavivar-se, D. Carlos seria transportado, desde o paquete até terra brasileira, na própria galeota de D. João VI. Segundo consta da sua correspondência, D. Carlos reputava a viagem ao Brasil «de uma importância capital», para a obra que andava realizando. É bem compreensível que o rei atribuísse tal importância à projectada viagem, porquanto ela nos traria, face a um equilíbrio internacional instável que o espectro de um grande conflito armado já ameaçava, as potencialidades da comunidade luso-brasileira, que os interesses alheios tinham forçado a obnubilar sem lograrem destruir[75]. O regicídio de 1 de Fevereiro de 1908 desfez o projecto de visita ao Brasil, admissível coroação da obra diplomática de D. Carlos, a qual talvez abrisse novas perspectivas à acção portuguesa em África, que fora obra comum de portugueses e brasileiros; e, com elas, novas possibilidades também de fazer valer os direitos de Portugal e do Brasil no concerto das nações[76].

c) *O sentido da política externa portuguesa na previsão de um grande conflito mundial*

Supõe-se não serem suficientes os elementos disponíveis para definir o sentido da política externa portuguesa esboçada pelo rei D. Manuel II. Mas parece certo que, não obstante a extrema debilidade manifestada pela família real e pelos políticos após o regicídio[77] de

---

[75] Além do interesse político geral da viagem, previa-se que, por ocasião dela, se celebrassem entre Portugal e o Brasil diversos acordos, alguns de ordem comercial, que levariam, designadamente, à criação de um porto franco em Lisboa, destinado a receber mercadorias brasileiras.

[76] Cf. Ramalho Ortigão, *Rei D. Carlos o Martyrisado*, p. 13; *Cartas d'El-Rei D. Carlos a João Franco Castello Branco*, pp. 31 e ss.; Vieira de Castro, *D. Carlos I (Elementos de História Diplomática)*, p. 189; Rodrigues Cavalheiro, *Política e História*, pp. 125 e ss.; Cardoso de Miranda, *O Último Rei*, pp. 47 e ss.

[77] Essa debilidade levou a imprensa internacional da época, no seguimento do circunspecto *Times*, a afirmar, insistentemente, que em Portugal mandavam os assassinos. Também Eduardo VII terá perguntado a Soveral que país era esse onde, assassinados o rei e o príncipe, a primeira medida adoptada fora a de demitir o Ministério (ver *Memórias do Sexto Marquês do Lavradio*, p. 103).

1 de Fevereiro de 1908, o novo rei terá querido dar continuidade à política traçada por D. Carlos no plano internacional, procurando também reservar para si a respectiva orientação. Mas tudo leva a crer que, afastado João Franco e os seus ministros das responsabilidades governativas, do convívio das Necessidades, e até do País, não terá encontrado D. Manuel II quem o esclarecesse amplamente sobre o trabalho já realizado naquele plano. Contudo, retomou rapidamente os contactos, a nível de chefes de Estado, com as outras potências, o que se impunha não apenas em termos de aproveitamento do intenso trabalho já realizado, mas também porque, desde 1906, parecia inelutável o conflito violento entre dois blocos, alinhando a Áustria e a Itália com a Alemanha, na base da Tripla Aliança, e a Inglaterra com a França, em obediência à *Entente Cordiale,* finalmente estabelecida em 1904, sendo previsível que a Rússia também alinhasse com a França, em razão dos compromissos assumidos e, também, pelas pendências mantidas com Viena; a menos que Berlim, no seguimento da política de Bismarck, conseguisse ainda neutralizar Sampetersburgo, afastando a Rússia do conflito. Aliás, a intervenção russa criaria o risco de arrastar a Turquia para a órbita de Berlim. Mas os dados fundamentais em que se baseou o conflito militar de 1914-1918 achavam-se já definidos, com alguma clareza, em 1908.

Em tal conjuntura, procuravam as grandes potências conquistar a benevolência, ou a neutralidade, conforme os casos, dos outros Estados. Como sempre, face à hipótese de um conflito armado que envolvesse a França, interessava aos seus opositores o apoio da Espanha, ao menos para obrigar os Franceses a uma maior dispersão de forças. Mas a intervenção espanhola poderia ser fortemente contrariada por uma tomada de posição portuguesa de sentido contrário. É certo que a guerra hispano-americana, e a consequente perda de Cuba, de Porto-Rico e das Filipinas, desmotivara os Espanhóis, criando neles o complexo da «geração de 1898»; mas o abatimento dessa mesma geração bem poderia ser quebrado por perspectivas respeitantes a Gibraltar, à Tunísia, ao estabelecimento de um império em Marrocos, em cooperação com a França ou contra ela, conforme as circunstâncias; ou ainda pela miragem de uma incorporação de Portugal na esfera política espanhola de Madrid. A Espanha é mais de recear nas suas debilidades que na sua grandeza[78]. Conviria a Portugal ligar-se aos Impérios Centrais ou mantar a ligação política tradicional com a Inglaterra, não obstante todos os espinhos inerentes ? O tratado da França com a Rússia e a *Entente Cordiale* desfizeram os projectos assentes numa forte aliança franco-alemã. Portugal, durante séculos hesitante entre a Inglaterra e a França, teria maior dificuldade em afastar-se simultaneamente de Londres e de Paris, para correr a sorte na companhia de um império nascente – a Alemanha – de um império decadente – a Áustria – e do jovem reino da Itália, ainda por experimentar como grande potência, sendo certo, para mais, que os Estados da Tripla Aliança se achavam demasiado concentrados nas questões da Europa, em relativo alheamento quanto aos problemas de África, onde se situavam quase todas as perspectivas favoráveis aos nossos projectos e aspirações. A Portugal interessaria, indiscutivelmente, manter a neutralidade; e fixar-lhe mesmo um preço, que lhe permitisse assentar mais fortes raízes em África e conservar, como elementos de prestígio internacional, ainda que sem relevo económico, as possessões do Oriente. Para tanto, importaria também que a Espanha se mantivesse neutral; porque, face a uma Espanha beligerante, Portugal ou seria arrastado nessa mesma beligerância ou havia de prestar-se a servir de testa de ponte a utilizar contra o poder militar de Madrid.

É de crer que o encontro entre D. Manuel II e Afonso XIII, em 1909, no Paço de Vila Viçosa, não tenha tido por objecto exclusivamente interesses pessoais, ou familiares, ou projectos de matrimónio para o rei português, conforme foi dito então[79]. Apesar da sua

---

[78] Convirá sublinhar o relevo dado em Espanha ao regicídio do Tereiro do Paço e à demissão do poder que se lhe seguiu. (Cf. Seco Serrano, *La España de Alfonso XIII*, pp. 286 e s.) Esquecidos das suas graves perturbações internas, que atingiram vários níveis, sem excluir o da ordem pública, procuravam os políticos e militares espanhóis, ou muitos deles, convencerem-se de que a anarquia a que Portugal estaria votado lhes imporia uma intervenção. As desordens internas constituem sempre, para um país com a configuração geográfica de Portugal, fácil pretexto para intervenções estrangeiras que, quando não acordadas entre os intervenientes, podem tornar o território português base de operações militares em que se defrontem interesses alheios a Portugal. Sempre os políticos avisados preferiram dirimir as suas questões através de combates militares em zonas mais ou menos afastadas das próprias fronteiras.

[79] Cf. Rocha Martins, *D. Manuel II*, II vol., pp. 1 e ss.

inexperiência e do afastamento precipitado dos conselheiros do pai, não podia ter escapado ao espírito do jovem rei o sentido da política externa seguida nos últimos anos; nem o relevo que nela tinha a Espanha. E Afonso XIII também teria interesse em recordar-lho, o que poderá explicar a deslocação a Vila Viçosa.

A Espanha cedera às pressões portuguesas e francesas no sentido de alinhar com o bloco pró-britânico, afastando-se dos Impérios Centrais. Donde o acordo de 16 de Maio de 1907, pelo qual Madrid se obrigou a não fazer concessões à Alemanha, nem nas Baleares nem nas Canárias, e a entender-se com a França e com a Inglaterra no caso de ser posto em risco o *statu quo* no Mediterrâneo ou nas costas marroquinas do Atlântico. O entendimento com aquelas duas potências tinha de implicar também o entendimento com Portugal, embora se tenha chegado a recear então que se estivesse esboçando uma aliança anglo-espanhola susceptível de afectar os interesses portugueses[80].

Recomeçando as visitas régias tão frequentes no tempo de D. Carlos, e que João Franco contrariara, admitindo apenas excepção para o Brasil, D. Manuel II visitou oficialmente Madrid, Londres e Paris, sendo recebido naquelas capitais, sobretudo em Madrid e em Londres, em ambientes de carinho que excederam as exigências protocolares; e bem poderão ser explicados ainda pelo prestígio internacional que D. Carlos alcançara e pelos sentimentos despertados, nos mais diversos países, em consequência da brutalidade do regicídio, ocorrido no ano anterior. Mas, segundo notícias da imprensa, o mesmo regicídio e a convicção de que o trono português se achava vacilante, terão dificultado os ajustes matrimoniais de D. Manuel II com princesas estrangeiras. É crível e compreensível. Os jornais republicanos, sempre temerosos de que a Monarquia portuguesa se fortalecesse por meio de um casamento régio[81], rejubilaram com as

---

[80] Só com a implantação da República é que Afonso XIII, tendo acolhido em território espanhol conspiradores e incursionistas portugueses, pretenderia obter da Inglaterra e da França o direito de intervir em Portugal, se a anarquia se instalasse no país (cf. *Memórias do Sexto Marquês do Lavradio,* p. 185; Luiz Teixeira de Sampayo, «Elementos para o Estudo da Aliança Luso-Britânica», in *Estudos Históricos,* pp. 307-308; Renouvin, «Le XIX Siècle», in *Histoire des Relations Internationales,* VI, pp. 220 e 254-255).

[81] Cf. Rocha Martins, *D. Manuel II,* II vol., pp. 9 e ss.; Jesús Pabón, *La Revolución Portuguesa,* I, p. 92.

notícias de casamentos com outros príncipes de duas princesas britânicas, indigitadas antes como possíveis noivas de D. Manuel II. No entanto, admitia-se geralmente, nos meios internacionais, que, através de múltiplas dificuldades embora, o regime português teria continuidade. E, nessa base, a Alemanha e a Inglaterra procuraram captar as boas graças de D. Manuel II. Ainda em 24 de Agosto de 1910 Guilherme II enviou a Lisboa uma embaixada especial, a cargo do cunhado do imperador, o príncipe Frederico Leopoldo, para entregar ao rei português as insígnias da Águia Negra da Prússia. E, a 4 de Setembro, chegou a Lisboa, como embaixador extraordinário da Grã-Bretanha, Lord Grenard, com a missão de comunicar ao rei de Portugal a subida ao trono de Jorge V.

A embrionária política externa de D. Manuel II, que nesse plano parecia continuar a orientação de D. Carlos, propunha-se manter as grandes coordenadas do reinado anterior – conservação das posições ultramarinas, na base das potências que para tanto pudessem prestar-nos apoio válido; paz com a Espanha, em situações de neutralidade comum ou de beligerância também comum. Assim, se tal política se mantivesse, Portugal e Espanha teriam, naturalmente, enfrentado o grande conflito militar salvaguardando a neutralidade, ao menos na Europa. E essa mesma neutralidade poderia ter permitido a Portugal um mais pronto e fundo enraizamento em África, acautelando-nos dos Alemães, em paz, e preparando-nos, nas duas costas africanas, para os problemas do pós-guerra. Talvez assim nos tivéssemos melhor ajustado até aos interesses da aliança tradicional com a Inglaterra, que nunca implicou necessariamente o alinhamento na beligerância.

Não aconteceu assim. As instituições vacilantes tombaram. De novo em Portugal as facções opostas se defrontaram, pelos doestos diários como pelos assassinatos frequentes. Sem grandeza e sem sentido. A política externa portuguesa tinha de reflectir essa mesma falta de sentido e essa mesma falta de grandeza.

Tem-se estranhado, por vezes, que a Coroa inglesa, tradicionalmente ligada à Casa de Bragança, desde 1661, não tivesse tentado defendê-la. Tanto mais que, em 1890, foram os republicanos os mais violentos e descompostos adversários da Inglaterra, podendo recear-se que a tomada do Poder por eles de novo afastasse Portugal da ligação a Londres. Talvez por isso, Eduardo VII, após o regicídio, desejou que se fizesse um rigoroso inquérito sobre o trágico acontecimento, pretendendo mesmo enviar uma esquadra a Lisboa, propósito esse dissipado pelo *Foreign Office*, o qual se afirmou receoso de contribuir para precipitar uma guerra civil em Portugal. Mas em 1910 faleceu Eduardo VII, sucedendo-lhe o inexperiente Jorge V. O *Foreign Office* estava entregue a Sir Edward Grey, que não deixou fama nem de especialmente talentoso nem de especialmente diligente, constando ser menos afeiçoado a Portugal[82]. E, afinal, não viriam a ser os republicanos, depois de instalados no Poder, bem mais dóceis face à política britânica do que o tinham sido as instituições monárquicas? Por dificuldade de manobra no terreno internacional como por previsíveis embaraços que se lhes haviam de deparar em Madrid. Também em Londres, naquele ano de 1910, alguns haviam de pensar, como pensara Bismarck, que a debilidade, sempre desejável para os inimigos, também muitas vezes torna os aliados mais cómodos, por forçadamente condescendentes. Os projectos da política externa de D. Carlos, já frouxamente seguidos por D. Manuel II, porque as diplomacias firmes nunca coincidem com situações internas débeis, haviam de esfumar-se, tristemente, em sabor de ironia, no meio do banquete oferecido ao rei português, no Palácio de Belém, pelo presidente eleito do Brasil, marechal Hermes da Fonseca, de visita a Portugal, já na iminência do bombardeamento dos navios revoltados, e do acolhimento prestado pelas autoridades britânicas de Gibraltar a D. Manuel II, a caminho do exílio de Richmond.

---

[82] Cf. Luiz Teixeira de Sampayo, «Elementos para o Estudo da Aliança Luso-Britânica», in *Estudos Históricos*, pp. 305-306; *Memórias do Sexto Marquês do Lavradio*, p. 150; Philip Magnus, *King Edward the Seventh*, p. 401. Terá sido com um secretário do ministro Sir Edward Grey que Magalhães Lima esteve em Londres, pedindo garantias de continuidade de compromissos políticos e financeiros quando a República fosse proclamada em Portugal; mas não consta que mesmo o secretário tenha ido além de registar os propósitos do caudilho republicano. Sobre a diplomacia portuguesa, no decurso do breve reinado de D. Manuel II, ver Soares Martínez, *A acção diplomática de D. Manuel II*, in "No Primeiro Centenário de El-Rei D. Manuel II (1889-1932)", da Academia Portuguesa de História, Lisboa, 1991, pp. 105-121.

CONCLUSÃO

Coordenadas da História Diplomática de Portugal

1. A desproporção entre os meios disponíveis e os objectivos alcançados pelos Portugueses, através dos séculos, rapidamente coloca o observador crítico na necessidade de admitir que as vitórias militares, só por si, não fossem bastantes para explicar os sucessos. Aquelas vitórias mostram-se, de uma maneira geral, cautelosamente preparadas e inteligentemente aproveitadas. Sendo até curioso notar que, não obstante o nosso gosto individual pela improvisação, quase se não encontram improvisos nas grandes decisões válidas da História portuguesa. Daqui será fácil concluir pelo extraordinário relevo da visão política global e da acção diplomática em todo o processo da criação, da sobrevivência e da expansão da comunidade portuguesa. Contudo, talvez porque as acções militares eram mais notórias, achando-se as outras, em grande parte, envoltas pelo segredo das chancelarias, e porque eram também melhor sentidas por todos, as nossas crónicas acham-se bem mais recheadas de feitos militares do que de acções político-diplomáticas. Essa desproporção é também comum às crónicas estrangeiras, pelo que bem pode admitir-se que ela deriva da própria natureza das coisas, a qual exige que dos empreendimentos militares participem geralmente muitos. Contudo, ao debruçarmo-nos sobre as fontes documentais, sentimo-nos na necessidade de atribuir uma importância muito especial à diplomacia portuguesa, conforme foi reconhecido por alguns dos mais ilustres historiadores nacionais e por todos, ou quase todos, os estrangeiros que sobre as realidades portuguesas se debruçaram, com espírito crítico e objectividade.

É inegável que nem a acção diplomática nem a militar criam nações; nem as conservam, nem as dilatam. Uma e outra, mesmo conjugadas, só produzem impérios efémeros, com muitas destruições à mistura, quando desligadas de uma comunidade moral e cultural. Na base da formação e da extensão de um Estado nacional há-de forçosamente achar-se essa mesma comunidade moral e cultural. Mas tal comunidade também só consegue o reconhecimento e a vida exterior quando chega a reflectir-se através de uma força militar e da capacidade político-diplomática de fixação de fronteiras. Sem aquela força militar, a capacidade político-diplomática é totalmente ineficaz, por falta de matéria de negociação; mas, sem capacidade político--diplomática, a força militar de uma comunidade nacional, condenada a uma vigília permanente, nessa mesma vigília havia de consumir toda a sua potencialidade e até os valores adquiridos pelas vitórias passadas.

2. Seria descabido buscar, através da História portuguesa, uma primazia da acção militar ou da acção diplomática. Mas, em confronto com os outros Estados, não é de excluir que os nossos sucessos diplomáticos tenham ainda maior relevo que os militares. Parece significativo que, sem negarem os prodígios estratégicos dos nossos capitães e o valor dos nossos soldados, é nos planos do genial aproveitamento pragmático das ciências à náutica, da audácia das expedições marinheiras, do adequado convívio com os outros povos e do acerto da diplomacia que os observadores alheios seriamente documentados não regateiam louvores aos Portugueses, reconhecendo, por vezes, a dificuldade dos paralelos. Tenho em vista apenas as épocas de esplendor da História portuguesa, e, muito em especial, a da 2.ª Dinastia; mas são essas, e não as de obnubilação, que caracterizam os povos, como todas as instituições e como todos os homens. O herói não deve ser julgado pelos seus momentos de debilidade; nem o autor pela pior obra que tenha produzido.

Contudo, e restringindo-me agora à nossa passada acção diplomática, não tem esta encontrado todo o carinho que mereceria. Não obstante muitas e valiosíssimas contribuições, individuais e colectivas, para o estudo da História diplomática de Portugal, entre as quais importa muito assinalar as da Academia das Ciências de Lisboa e as da Academia Portuguesa da História. São ainda muitos os espaços por explorar, ou insuficientemente explorados; e, sobretudo, pelo que respeita ao período que decorre do seculo XII ao século XVII, o qual envolve precisamente não só as maiores glórias de Portugal no campo diplomático mas – e isso me parece mais importante – elementos indispensáveis para rever conscientemente todo o curso da evolução portuguesa, para repensar Portugal.

3. A acção diplomática de Portugal não coube a uma casta, a uma classe, ou a um corpo de funcionários. A «carreira», assim designada por antonomásia, é de formação bastante recente, mesmo muito posterior ao estabelecimento de relações diplomáticas permanentes entre os Estados. Aliás, nunca a «carreira» concentrou em si todos os aspectos da acção diplomática, notando-se até ultimamente uma tendência muito acentuada para retirar à «carreira» algumas incumbências, através das chamadas «diplomacias paralelas». A acção diplomática de Portugal esteve confiada aos reis, aos seus ministros, aos embaixadores, muito frequentemente do estado eclesiástico, aos missionários, aos governadores e capitães de África, da Índia e do Brasil, aos bandeirantes, aos comerciantes do mato, a quantos se achavam no momento e no local próprios para exercerem tal acção e para ela eram julgados hábeis. Assim aconteceu, por exemplo, com o desventurado boticário Tomé Pires, cujas credenciais de embaixador não foram aceites pelo imperador da China e que morreu prisioneiro após longo cativeiro. Ainda em fins do século passado a acção diplomática de Portugal esteve em larga medida confiada aos nossos capitães de África, que não desconheciam o valor do apoio prestado pelos comerciantes do mato nos acordos a estabelecer com os potentados locais e com as autoridades estrangeiras fronteiriças. Aliás, como é próprio de um Estado com responsabilidades ultramarinas, sempre couberam funções diplomáticas aos funcionários que tinham a seu cargo a administração ultramarina local, muitos dos quais, nalgumas épocas, eram militares, mesmo depois de constituído um corpo de funcionários tendo a seu cargo especificamente a acção diplomática.

De quanto foi dito sobre os agentes da acção diplomática portuguesa, não necessariamente de carácter especializado, e sobre a circunstância de a «carreira», mesmo depois de se ter constituído, não ter recebido o exclusivo da acção diplomática, resulta já que uma História da diplomacia portuguesa não deve confundir-se com uma

História da carreira diplomática portuguesa. A esta corresponderá necessariamente uma noção mais compreensiva e menos extensiva. Nem o critério da constituição da «carreira» nem o da criação de representações diplomáticas de carácter permanente, nem o facto de a expressão «diplomacia» só ser usada a partir de Richelieu, me parecem bastantes para fixar o início da História da diplomacia portuguesa, que faço corresponder à História da política externa de Portugal. Ora esta inicia-se quando a comunidade portuguesa obtém reconhecimento internacional, ou seja, em 1143, ano em que foi celebrada a Conferência de Zamora. Nem deverá argumentar-se com base em que só alguns anos mais tarde foi reconhecido a D. Afonso Henriques o título de rei pela Santa Sé. O acesso de um povo à comunidade das nações não dependia, como não depende, do *nomen iuris* atribuído ao respectivo chefe.

Achando-se as fronteiras de Portugal na Europa definidas, através de actos diplomáticos, desde a 1.ª Dinastia, tendo raízes fundas nessa mesma Dinastia a nossa mais antiga aliança diplomática, aqui havemos de encontrar os elementos suficientes para iniciar a História da diplomacia portuguesa. Poderá mesmo pôr-se a questão de saber se o período que se estende do século XII ao fim do século XVI não corresponde ao mais fiel reflexo externo da individualidade nacional portuguesa e dos seus propósitos; enquanto que a acção diplomática posterior já terá sido mais fortemente condicionada por factores alheios àqueles propósitos e àquela individualidade. Acresce ainda que, segundo se me afigura, as coordenadas fundamentais da política externa portuguesa ficaram estabelecidas logo no tempo do rei-fundador. Se é que não vinham já dos ensinamentos da abadia de Cluny, cujo abade, Santo Hugo, teria orientado os seus parentes, os condes D. Raimundo e D. Henrique, quanto à estruturação dos reinos derivados da Reconquista hispânica. Tal assentamento das coordenadas fundamentais da política externa portuguesa mais imporá um esforço de conjunto, mesmo sujeito a muitos riscos, para abarcar toda a evolução da diplomacia nacional, desde 1143, ano do reconhecimento de Portugal como titular de direitos e obrigações no plano internacional.

4. O leitor menos atento das crónicas terá adquirido uma visão sectorial do nosso primeiro rei, inseparável de infindáveis correrias bélicas. Mas nem ele teria podido fundar um reino sem a intuição clara de que recebera o regimento de uma comunidade de indiscutível base nacional, bem destacada das vizinhas; e sem a capacidade para comunicar a toda a república cristã essa sua mesma intuição. Conseguiu-o, indiscutivelmente. E não apenas pelo reconhecimento de 1143, ratificado e reajustado em 1179. O nosso primeiro rei construiu um Estado suficientemente consistente para resistir a um desastre militar como o de Badajoz. A atitude que D. Fernando de Castela assumiu então é bem esclarecedora. O rei vizinho entendeu que de pouco lhe valeria aproveitar-se da derrota do sogro, porque Portugal, como nação independente, havia de reclamar os seus direitos contra qualquer tentativa de absorção. Virá a propósito notar a improcedência de qualquer símile estabelecido entre a independência de Portugal e as descolonizações; porque Portugal nunca foi colonizado pelos Leoneses ou pelos Castelhanos, ramos de uma cultura e de uma civilização material comuns aos Portugueses e recebidos por todos por forma idêntica, em termos de intensidade e de cronologia.

Não teria sido tão sólida a obra de D. Afonso Henriques e dos seus companheiros se tivesse uma base exclusivamente militar. O nosso primeiro rei foi também um grande político e um extraordinário diplomata. A despeito das suas instabilidades conjunturais, tão frequentemente fixadas pelos historiadores, D. Afonso Henriques definiu uma hierarquização de fins da política externa portuguesa que marcou toda a História nacional, até aos nossos dias. Assim, de harmonia com essa hierarquização, a luta contra os Sarracenos teve sempre prioridade em relação aos conflitos com os reinos cristãos vizinhos; mesmo em perfeita consciência de que tal prioridade atrasaria, como atrasou, o reconhecimento da independência de Portugal. As crónicas de Espanha, geralmente atentas às alianças de príncipes cristãos com reis mouros contra outros príncipes cristãos, a cuja tentação não resistiu o próprio Cid Campeador, modelo de cavaleiro hispânico, assim como alguns infantes portugueses, não conseguem assacar aos reis de Portugal senão alguns acordos de tréguas com os Sarracenos. Mesmo a aliança de D. Fernando com o rei de Granada radica na adesão a uma liga já estabelecida pelos reinos de Aragão e de Navarra. E este exemplo de hierarquização essencial de fins, que vem do rei-fundador, projectou-se em toda a História diplomática de Portugal, no decurso da qual não é facilmente concebível uma aliança como a que Francisco I de França estabeleceu com a Turquia contra o imperador Carlos V; ou uma atitude como a do cardeal de Richelieu, aliado dos Estados protestantes durante a Guerra dos Trinta Anos; ou uma política como a de Manuel Godoy em relação à França revolucionária.

Essa mesma hierarquização mostrou-se sempre profunda na política externa portuguesa. A ela obedeceu o propósito de D. Manuel I de abandonar os empreendimentos africanos a fim de deter o avanço dos Turcos na Península Balcânica; a intervenção de D. Sebastião em Marrocos, destinada, fundamentalmente, a evitar o cerco da Europa pelos Otomanos; a presença da esquadra portuguesa em Matapan, quando dela carecia a defesa da costa brasileira, infestada pelos corsários franceses; a nossa penosa retirada do Rossilhão, depois de abandonados pelos Espanhóis, recém-aliados da França republicana; a nossa resistência ao bloqueio continental napoleónico; e, em tempos mais recentes, em 1935, o nosso voto contrário ao ingresso da Rússia na S.D.N., voto apenas acompanhado pelos da Suíça e dos Países Baixos, emitido contra a tenção das grandes potências.

Defniu também o nosso primeiro rei um embrião de bom entendimento peninsular, no pressuposto, que, naturalmente, nem sempre se verificou, de respeito mútuo pelas esferas respectivas de expansão através da Reconquista. E, cautelosamente, aliou-se ao reino de Aragão, que abrangia a Catalunha, como elemento indicado para distrair as forças de Castela, em caso de desentendimento. Séculos mais tarde, Portugal aproveitaria a revolta da Catalunha para iniciar o seu movimento restaurador. Uma inteligente política de casamentos ligou o embrionário reino de Portugal às casas principescas da Borgonha, de Sabóia, dos reinos hispânicos e da Flandres. Essa mesma política levaria príncipes de sangue português a ocupar alguns dos tronos mais poderosos da Europa, desde o da Dinamarca, então senhora do Báltico e dos Estados alemães do Norte, ao do Império Romano-Germânico.

5. Mas o elemento fundamental da política externa de D. Afonso Henriques respeita à Santa Sé. O rei português entendeu que uma submissão de índole particular, de carácter censual, à Igreja, o acau-

telaria dos reinos vizinhos, sem criar vínculos especiais que não resultassem já da obediência portuguesa à ordem cristã. É claro que os reis de Portugal frequentemente procuraram furtar-se tanto às ingerências da Igreja na vida interna do reino como ao pagamento anual do censo, ainda que simbólico, como claramente revela uma aritmética elementar. Mas muitas vezes essas ingerências foram do maior interesse para Portugal, designadamente pondo termo a lutas civis e facilitando a conclusão da paz, como aconteceu quando da invasão castelhana em tempo de D. Fernando. Mais tarde, quando, pela atitude em relação ao Cisma do Ocidente e pela tomada de Ceuta, o prestígio de Portugal em Roma se tornou maior, na posição assumida relativamente à Igreja, desde a fundação, assentou também a atitude de apoio da Cúria romana quanto à expansão portuguesa. Atitude que havia de projectar-se na bula de Alexandre VI *Inter caetera* e no Tratado de Tordesilhas. Por esta atitude, uma nação com pouco mais de um milhão de habitantes recebeu o encargo de colonizar metade do Mundo não integrado ainda na comunidade cristã. Todo o período áureo da expansão portuguesa decorre à sombra de uma posição muito especial ocupada por Portugal na comunidade cristã de nações. Posição muito especial que convenceu o Papa a evitar as tentativas de esbulho relativamente às conquistas portuguesas, ameaçando com excomunhões e interditos os que, «levados de malícia, inveja ou cobiça», delas quisessem privar-nos, ainda que fossem reis cristãos. Porque tais conquistas se achavam incorporadas, integradas, no reino de Portugal (bula de Martinho V *Sane Charissimus*, de 1418).

Esta comunidade cristã, esta república cristã, foi destruída no decurso dos séculos XVI e XVII pelas guerras de religião. E, com ela, foi destruído o efeito relativo no plano internacional das ameaças de excomunhões e de interditos. A partir de então, e ao abrigo da teoria do *mare liberum*, oposta à do *mare clausum*, a expansão ultramarina portuguesa ficou ameaçada por quantos, dispondo de maior força material, quisessem seguir-nos as rotas sem nos terem precedido, nem acompanhado, nos trabalhos e sacrifícios que as conquistas implicavam. Mas, porque a destruição da república cristã se operou, ou foi apercebida, durante os reinados filipinos, enquanto Portugal se achava privado de política externa própria, dir-se-ia que os Portugueses não tiveram consciência imediata das mutações operadas no quadro internacional, atribuindo todos os malefícios àquela mesma privação, que não lhes permitira nem negociar com outros Estados nem deslocar forças militares em defesa das possessões ameaçadas ou ocupadas.

Portugal restaurado encontrou na Cúria romana uma longa incompreensão, que não se ajustava às relações do passado. E a incompreensão tinha uma dupla causa: por um lado, o afastamento de Roma da cimeira internacional e, com ele, um relativo desinteresse relativamente ao que Portugal poderia ainda representar no Mundo; por outro, o receio de que a hostilidade à Espanha e à Casa de Áustria mais debilitasse a posição dos católicos no concerto europeu. Para mais, as alianças com a França, ligada aos Estados protestantes, e com a Inglaterra anglicana, não eram para Roma tranquilizadoras. Não obstante a incompreensão da Igreja relativamente aos problemas portugueses, que é frequente no decurso dos últimos três séculos, a herança do rei-fundador, as lembranças do período áureo e apostólico da expansão portuguesa, mantiveram-se. Frequentemente, em períodos graves da sua História diplomática, Portugal procurou o apoio de Roma, como se esta fosse ainda suserana dos povos cristãos e o Estado português continuasse a ser censual da Igreja, buscando através dos Continentes a submissão dos infiéis e o alargamento da comunidade cristã, pela colonização e pela conversão dos gentios.

6. Através de toda a 1.ª Dinastia, as linhas mestras da diplomacia de D. Afonso Henriques parecem intactas. E, com elas, a convicção de que a estreiteza do *hinterland* português tornava sempre vulnerável a nossa integridade territorial, pela necessária limitação de manobra das forças militares empenhadas na defesa das fronteiras, para as quais um recuo estratégico significava, as mais das vezes, o abandono dos vales do Mondego e do Tejo e das importantes cidades por esses rios banhadas. É certo que não dispunham de melhor protecção muitos dos Estados da Europa medieval. Mas dir-se-ia que os nossos primeiros reis se aperceberam de que se avizinhava um movimento no sentido do alargamento das unidades estaduais. E porque não queriam ser ultrapassados por tal movimento, projectavam já a expansão ultramarina, como continuidade da Reconquista Cristã. Assim se explica o extraordinário desenvolvimento da marinha desde os primeiros reinados, que nem a guerra na Península nem o comércio

parece justificarem; mas sim a expectativa de uma mudança do teatro de operações militares para a margem sul do Mediterrâneo.

Não foi o rei D. Fernando dos menos esforçados na organização do poder naval português; mas a sucessão violenta no trono de Castela do bastardo e fratricida Henrique de Trastâmara ofereceu-lhe uma oportunidade de tentar o alargamento da estreita faixa longitudinal do seu reino, pela junção ao de Castela. Não foi bem sucedido. Como o não foi, em tentativa semelhante, D. Afonso V, ao qual os historiadores costumam perdoar Toro e Alfarrobeira pelos sucessos havidos em África. Como o não foram também D. João II e D. Manuel I, quanto aos seus projectos de anexação pacífica da Espanha.

Depois de Toro, a acção externa de Portugal acha-se perfeitamente definida. Na Península, impunha-se a coexistência pacífica com a Espanha, unificada pelo casamento de Fernando de Aragão e Isabel de Castela. E, realmente, a paz com a Espanha mostrou-se durante longos anos amplamente benéfica para os dois reinos peninsulares, que, na base dessa paz, entre os dois dividiram o Mundo e alcançaram os mais elevados níveis de poder, cultura, prosperidade e prestígio, enquanto ambos se mantiveram alheados dos conflitos da Europa. Verificou-se mesmo que, se a fragmentação peninsular pudera ser vantajosa para Portugal na fase de assentamento da sua independência e individualidade, essa mesma fragmentação, sendo necessário fermento de divisões e discórdias, se não ajustava aos interesses de Portugal quando a sua independência e a sua individualidade não podiam oferecer dúvidas e quando os empreendimentos ultramarinos ocupavam todas as disponibilidades portuguesas.

7. Contudo, de um instrumento diplomático dispúnhamos ainda para prevenir um desentendimento peninsular – a aliança com a Inglaterra. Esta aliança não se inclui nas coordenadas afonsinas, mas obedece à ideia de uma aliança além-Pirenéus que não parece alheia às ligações de D. Afonso Henriques com a Flandres, com a Borgonha e a própria Inglaterra, pelo menos através dos chefes cruzados. Pode ser significativo que o rei inglês tenha posto todo o empenho no casamento da infanta D. Teresa, filha de D. Afonso Henriques, com o conde de Flandres.

Esta aliança luso-britânica, já entrevista provavelmente por João Sem Terra, celebrada em tempo de D. Fernando e renovada por D. João I, começou por oferecer o maior relevo para ambos os países coligados. À Inglaterra, empenhada na Guerra dos Cem Anos com a França, interessava que esta não se apoiasse em Castela para desde a Biscaia atacar a Gasconha, nas mãos dos Ingleses. Daí que, aliada a França a Henrique de Trastâmara, logo a Inglaterra desse apoio a D. Pedro I, que por aquele viria a ser morto, com a cumplicidade do francês Duguesclin. O rei de Inglaterra acabaria por casar um filho, o duque de Lencastre, com uma filha do rei castelhano assassinado pelo irmão, e, assim, o duque passou a ser pretendente à coroa de Castela. Nesta sua pretensão contou o duque com o apoio do Mestre de Avis, que, apesar das más recordações que os Ingleses tinham deixado em Portugal quando cá vieram no reinado anterior, se sentiu na necessidade de fazer apelo à Inglaterra e ao duque de Lencastre, como rei de Castela que pretendia ser.

Os socorros ingleses tardaram, e parece terem sido escassos. Mas, quando a situação era já amplamente favorável para D. João I, muito depois de Aljubarrota, o duque de Lencastre, com tropas embarcadas numa esquadra fornecida por Portugal, veio à Península e, ajudado pelo exército de D. João I, devastou as terras galegas durante meses. Mas, secretamente, com desconhecimento de Portugal, acabou o duque por fazer uma paz separada com o rei de Castela, a troco de grandes vantagens materiais que arruinaram as finanças do reino vizinho por muitos anos. Talvez tenha sido esta a vantagem da aliança com o duque, além do casamento de D. João com D. Filipa, mãe da «ínclita geração». Mas, ficando isolados em guerra com Castela, só muitos anos depois foi possível aos Portugueses obter uma paz definitiva.

A aliança com a Inglaterra, aliás independente da aliança com o duque de Lencastre, ficou muitos anos como que adormecida, através da fase final da Guerra dos Cem Anos, desastrosa para a Inglaterra, das lutas civis das Duas Rosas e da absorção da Coroa portuguesa pelos Filipes, que levou a armada portuguesa às costas de Inglaterra em som de guerra e as naus inglesas repetidas vezes a terras de Portugal, também em missões hostis. É depois de 1640, e sobretudo pelo retraimento de Roma e pelo abandono relativo da França, após Vestefália e o Tratado dos Pirenéus, que a aliança com a Inglaterra de novo renasce. Mas que a aliança, por si só, não bastava para assegurar o apoio militar inglês demonstra-o a transferência de soberania sobre as praças de Tânger e de Bombaim. Dada a expansão ultramarina da Inglaterra, a aliança passou a apresentar-se aos Portugueses como um instrumento de defesa do nosso Ultramar. A partir de então, a aliança com a Inglaterra achou-se sempre presente na política externa portuguesa, envolvendo-nos na Guerra da Sucessão de Espanha, donde houvemos alguma honra mas pouco proveito; como na Guerra dos Sete Anos, apesar dos esforços portugueses no sentido de manter a neutralidade. No meio da instabilidade da política espanhola em face da Revolução Francesa e de Napoleão, a fidelidade à aliança inglesa levou a família real para a grande colónia da América, conforme plano já remoto que esteve para ser posto em execução ao tempo da Guerra dos Sete Anos. Com tal evento, ou com o tratado de 1810, acentua-se a dependência externa resultante da aliança com a Inglaterra. Essa dependência reflecte-se, nomeadamente, numa ocupação militar britânica que se prolonga para além do termo da guerra, nas marcadas intervenções britânicas a favor da insurreição brasileira e no decurso da guerra civil portuguesa. A aliança passou a ser do maior interesse para a Inglaterra que, através dela, dispunha de uma testa de ponte permanente na Europa, que já lhe servira durante a Guerra de Sucessão de Espanha e no decurso das campanhas napoleónicas. Para Portugal, porém, em face da debilidade espanhola, parecia duvidoso o relevo da aliança; tanto mais que nunca dela pudemos socorrer-nos com êxito para evitar o desmembramento de qualquer parcela do Império Português.

As vitórias prussianas de 1866 e de 1871 e a partilha de África parece terem levado a admitir que, através de uma reconversão europeia, Portugal pudesse afastar-se do semiprotectorado inglês. A tentativa situa-se, ou culmina, no reinado de D. Carlos. Mas a morte deste rei, a proclamação da República e a I Guerra Mundial não permitiriam dar continuidade a tal tentativa.

A I Guerra Mundial pôs em relevo a dependência da política externa portuguesa da Inglaterra. Desde o início daquela guerra que, mal ou bem, o Governo português manifestou o desejo de se tornar beligerante, sendo de considerar que a beligerância pudesse interessar a Portugal no plano africano, quando devidamente aproveitada.

8. A Portugal, como a outros países, o Tratado de Versalhes não pareceu compensatório do esforço de guerra desenvolvido. E nem o facto de em 5 de Dezembro de 1917, a meses do fim das hostilidades, ter eclodido em Lisboa uma revolta, depois vitoriosa, terá influído no mau tratamento que a Paz de Versalhes nos reservou. Essa circunstância terá pesado num certo retraimento em relação ao domínio da Inglaterra na política externa portuguesa. Sem prejuízo da aliança, tal domínio desaparece, ou esbate-se em 1935 ou 1936, pelas posições independentes então assumidas por Portugal na S.D.N. e no Comité de não Intervenção em Espanha.

É curioso como a situação da Europa em 1936 torna admissível fossem de alguma actualidade ainda as coordenadas da política externa portuguesa que resultam da acção do rei-fundador. Ou por desfasamento anacrónico ou por fidelidade aos princípios que dominaram a sua origem, apenas ameaçados mas não destruídos – não caberia aqui discuti-lo – Portugal continuou a querer defender a sua independência; mas não uma independência vazia, oca, formal, despersonalizante. Portugal quis ser independente mantendo intacta a sua essência. E – mal ou bem, também não cumpriria agora discuti-lo – viu essa essência ameaçada pela aceitação no seio das nações da Rússia soviética, desde 1917 afastada das relações internacionais; sobretudo pelos processos de infiltração política que, em França e em Espanha, principalmente, o restabelecimento das relações diplomáticas com a Rússia facilitara. E a ameaça de carácter geral parecia mais grave pela posição de Portugal quanto à Espanha. Consequentemente, empenhou-se a diplomacia portuguesa em remover a ameaça que lhe parecia perigosa para a independência nacional, esforçando-se também por que se mantivesse em Espanha uma unidade julgada mais favorável aos interesses portugueses do que uma fragmentação de pequenas nacionalidades susceptível de arrastar Portugal nas querelas peninsulares.

Não parece que a acção diplomática portuguesa se tenha afastado das suas coordenadas através da concessão de bases nas ilhas atlânticas à Inglaterra e aos Estados Unidos durante a II Guerra Mundial. Mesmo afastado o semidomínio inglês sobre Portugal, a aliança sempre fora considerada válida. Essa mesma aliança deveria funcionar em defesa da Metrópole como do Ultramar português; e, naturalmente, como todas as alianças, tinha contrapartida. O benefício concedido aos Estados Unidos, além de resultar de exigências de ordem estratégica, poderia constituir a base de uma nova aliança, que a posição relativa da Inglaterra talvez justificasse. Continuaria esta em condições de apoiar Portugal quando este fosse ameaçado em qualquer dos Continentes onde se exerce a sua soberania? Não seria o momento adequado para procurar apoio numa nova grande potência mundial?

Nalgumas atitudes portuguesas logo a seguir ao fim da última guerra não é difícil encontrar a previsão de uma grande aliança a constituir, com a liderança dos Estados Unidos, em defesa dos mesmos princípios baseados no respeito dos homens e dos povos que presidiram ao ingresso de Portugal na comunidade das nações. Aquela aliança acabou por formar-se, em 1949, em defesa de uma área estratégica – o Atlântico Norte. Coerentemente, Portugal foi dela membro fundador. E, coerentemente também, porque Portugal não tinha interesses a defender apenas no Atlântico Norte, esforçou-se a diplomacia portuguesa pelo alargamento da área do Pacto do Atlântico ao Atlântico Sul. Não deixa de ser curioso, embora talvez doloroso também, notar o reconhecimento da insuficiência do espaço estratégico do Pacto do Atlântico, sujeito a envolvimento pelo Sul, depois de não caberem a Portugal obrigações de defesa militar fora da zona do Atlântico Norte.

Se a completa objectividade obriga a afastar quaisquer razões de fé, quer transcendente quer respeitante aos destinos da Pátria, teremos de admitir, como hipótese a debater, que a independência de Portugal, a expansão portuguesa no Mundo e uma prolongada sustentação das responsabilidades de uma grande potência constituíram apenas erros. Ou erros colectivos ou erros de governantes contra os quais os governados não puderam rebelar-se oportunamente. Admitindo-se que seja assim, não constituirá motivo de orgulho para os Portugueses a continuidade das coordenadas da política externa de Portugal. Mas constituirá sempre, sem dependência de preconceitos, motivo de séria meditação para todos, sejam quais forem as preferências e ideais, essa mesma continuidade, que chega a ser, ou a parecer, monótona – pela permanente fidelidade à civilização cristã, sem prejuízo de um frequente anticlericalismo, pelo constante amor da liberdade nacional, pelo continuado sentido ecuménico da vida.

E, como reflexos instrumentais no plano da acção diplomática, pacíficas relações com todos os Estados que respeitem os direitos de Portugal, especialmente com aquele que detenha a liderança da comunidade cristã. Por bem ou por mal, para nossa glória ou para nossa contrição, sempre que somos livres em Portugal as coordenadas gerais da acção diplomática não se afastam muito das que ficaram definidas em Zamora, quando já não oferecia dúvidas a individualidade portuguesa e, consequentemente, o direito de acesso de Portugal à comunidade de nações. Porque às incoerências e inconstâncias conjunturais parece sobrepor-se sempre a imutabilidade do próprio destino nacional; e às misérias que passam a fidelidade que perdura*.

---

* Ver Soares Martínez, *Coordenadas da História Diplomática de Portugal*, Lisboa, 1981.

BIBLIOGRAFIA*

Abrantes e Castro (Bernardo José), *Memoria sobre a Conducta do Dr. Bernardo Jozé d'Abrantes e Castro desde a Retirada de Sua Alteza Real o Principe Regente Nosso Senhor para a America,* Londres, 1810.
– *Lettre du conseiller Abrantès a Sir William A'Court, Paris, 1827.*
Acenheiro (Christovão Rodrigues), «Chronicas dos Senhores Reis de Portugal», in *Ineditos de Historia Portugueza,* V, Lisboa, 1926.
Agostinho (José), ver Schaefer.
Alberoni (Jules), *Testament Politique,* trad. franc., Lausana, 1754.
Albin (Pierre), *Les Grands Traités Politiques,* 2.ª ed., Paris, 1912.
Albrecht-Carrié (René), *A Diplomatic History of Europe since the Congress of Vienna,* Nova Iorque, 1973.
Albuquerque (A. Tenório de), *A Maçonaria e a Grandeza do Brasil,* 3.ª ed., Rio de Janeiro, s/d.
Albuquerque (Affonso de), *Cartas,* 7 vols., Lisboa, 1884-1935.
Albuquerque (Martim de), *O Poder Político no Renascimento Português,* Lisboa, 1968.
– *Colecção de Provas Históricas dos Objectivos Nacionais,* Lisboa, 1971.
– *As Regências na História do Direito Público e das Ideias Políticas em Portugal,* Lisboa, 1973.
– «A Paz Universal no Pensamento Político Português», in *Anais da Academia Portuguesa da História,* II série, vol. 23, tomo II, 1976, pp. 53 e ss.
Albuquerque (Martim de) e outros, *Encontros e Desencontros Ibéricos – Tratados Hispano-Portugueses desde a Idade Média,* Lisboa, 2006.
Albuquerque (Ruy de), *As Represálias. Estudo de História do Direito Português (Séculos XV e XVI),* Lisboa, 1972.
Alcochete (Nuno Daupias de), *Humanismo e Diplomacia,* Paris, 1976.
Alison (Archibald), *Lives of Lord Castlereagh and Sir Charles Stewart,* 3 vols., Londres, 1861.
Almada (José de), *A Aliança Inglesa,* 3 vols., Lisboa, 1946-1947-1948.
– *Acontecimentos Internacionais,* Coimbra, 1969.
– *Tratados Aplicáveis ao Ultramar,* 9 vols. e 2 vols. de Mapas, Lisboa, 1942-1943.
– *Convenções Anglo-Alemãs Relativas às Colónias Portuguesas,* Lisboa, 1946.
– *Tratado de 1891,* Lisboa, 1947.
Almeida (Fortunato de), *História da Igreja em Portugal,* 4 vols., Coimbra, 1909-1923.
– *História de Portugal,* 6 vols., Coimbra, 1922-1957.

---

* Citam-se apenas as obras e edições consultadas através da preparação e da revisão desta História.

Almeida (José Bento Ferreira de), *Discurso Proferido na Camara dos Senhores Deputados em 10 de Junho de 1891 sobre a Alienação de Moçambique*, Lisboa, 1891.
Almeida (José Egídio Álvares de), ver José Baptista Barreiros.
Almeida (Luís Ferrand de), *A Diplomacia Portuguesa e os Limites Meridionais do Brasil*, Coimbra, 1957.
— «A Autenticidade do Testamento Político de D. Luís da Cunha», in *Anais da Academia Portuguesa da História*, II série, vol. 17, 1968, pp. 81 e ss.
— *A Perda da Colónia do Sacramento em 1680*, Coimbra, 1970.
— *A Colónia do Sacramento na Época da Sucessão de Espanha*, Coimbra, 1973.
Almeida (Manuel Lopes de), «Negociações Diplomáticas com a França (1795-1801)», in *História de Portugal*, dirigida por Damião Peres, VI, pp. 269 e ss.
— «As Imposições de Napoleão», *ibidem*, pp. 289 e ss.
— «A Guerra Peninsular», *ibidem*, pp. 321 e ss.
— *Uma Nota sobre Frei Domingos do Rosário*, Coimbra, 1934.
Alorna, ver Fronteira.
Altamira (Rafael), *Historia de la Civilización Española*, Barcelona, s/d.
Álvarez (José), *Reseña del Negocio de las Cuentas del Exm.° S. D. Juan Álvarez y Mendizábal, Agente Financiero que fué del Gobierno de S. M. F. en Londres*, Lisboa, 1858.
Alvim (João Carlos), ver *Revolta (A) Miguelista contra o Cabralismo*.
Amaral (António Caetano do), *Memória V – Para a História da Legislação e Costumes de Portugal*, ed. Porto, 1945.
Amaro (José Emídio), *Francisco de Lucena*, Lisboa, 1945.
Ameal (João), *História de Portugal*, 7.ª ed., Porto, 1974.
— *História da Europa*, 2.ª ed., 5 vols., Lisboa, 1982-1984.
Ameal (João) e Rodrigues Cavalheiro, *Erratas à História de Portugal – De D. João V a D. Miguel*, Porto, 1939.
Amélia (Rainha D.), ver *Cartas de S. M. a Raínha D. Amélia*.
Amery (L. S.), *The German Colonial Claim*, Londres, 1939.
Amorim (Francisco Gomes de), *Garrett – Memorias Biographicas*, 3 vols., Lisboa, 1881-1884.
Amzalak (Moses), *A Primeira Embaixada Enviada pelo Rei D. João IV à Dinamarca e à Suécia*, Lisboa, 1930.
— *A Política dos Príncipes de Itália*, Lisboa, 1933.
— *As Relações Diplomáticas entre Portugal e a França no Reinado de D. João IV*, Lisboa, 1934.
Andrade (Abel), *Evolução Política em Portugal*, Coimbra, 1895.
Andrade (António Alberto Banha de), *Mundos Novos do Mundo*, 2 vols., Lisboa, 1972.
— *História de um Fidalgo Quinhentista Português – Tristão da Cunha*, Lisboa, 1974.
André (Louis), *Louis XIV et L'Europe*, Paris, 1950.
Anquetil (L. P.), «Coup d'oeil sur les anciennes relations extérieures de la France», in *Mémoires de l'Institut de Sciences Morales et Politiques»*, I, Paris, ano VI, pp. 1 e ss.
— «État de l'Europe avant la paix de Westphalie», *ibidem*, pp. 12 e ss.
Antunes (Manuel), «Como interpretar Pombal?», in Brotéria, vol. 114, 1982, pp.483 e ss.
Apendice a un Folleto Titulado Observaciones acerca de un Papel que ha Aparecido en el Publico con el titulo de Exposición sobre los Derechos de la Sr.ª Infanta Doña Carlota a la Corona de España en Falta de sus Hermanos Varones, Cádis, 1811.

Aranha (Brito), *Notas acerca das Invasões Francezas em Portugal*, Lisboa, 1909.
Araújo (Artur da Cunha), *Perfil do Conde da Barca*, Porto, 1940.
Ares (José Manuel de Bernardo), *Luís XIV, Rey de España*, Madrid, 2008.
Argenson (Marquês d'), *Mémoires*, Paris, 1825.
Armitage (João), *Historia do Brazil*, 2.°ed. bras., São Paulo, 1914.
Arnaut (Salvador Dias), *A Crise Nacional dos Fins do Século XIV*, Coimbra, 1960.
Arthur (Ribeiro), *A Legião Portugueza ao Serviço de Napoleão*, Lisboa, 1901.
Artola (Miguel), *La España de Fernando VII*, Madrid, 1999.
Ashley (Maurice), *The Glorious Revolution of 1688*, Londres, 1968.
Asseline (Louis), *Histoire de l'Autriche*, Paris, 1877.
Autos de Devassa da Inconfidência Mineira, 7 vols., Rio de Janeiro, 1936.
Avillez (Jorge), *Participação e Documentos dirigidos ao Governo pelo General Commandante da Tropa Expedicionaria, que existia na Província do Rio de Janeiro, chegando a Lisboa,* Lisboa, 1822.
Aviso al Publico sobre las Observaciones Criticas acerca de la Conversación entre un Forastero y un Vecino de la Isla de Leon, en que se trata de los Derechos de la Señora Infanta de España, Princesa del Brasil, à la Sucesión Eventual del Trono Español, Cádis, 1811.
Axelson (Eric), *Portuguese in South-East Africa 1488-1600*, Joanesburgo, 1973.
Ayala (Pedro López de), *Cronicas de los Reyes de Castilla*, 2 vols., Madrid, 1779-1780.
Azevedo (F. Alves de), *Cecil Rhodes e o Mapa Côr de Rosa*, Lisboa, s/d.
Azevedo (Francisco Nogueira de), ver Carlota Joaquina.
Azevedo (Lúcio de), *O Marquês de Pombal e a Sua Época*, Lisboa, 1909.
   – *História dos Christãos-Novos Portugueses*, Lisboa, 1922.
   – *Épocas de Portugal Económico*, Lisboa, 1929.
Azevedo (Luís Gonzaga de), *História de Portugal*, 6 vols., Lisboa, 1935-1944.
Azevedo (Maria Antonieta Soares de), *O Prior do Crato, Filipe II, de Espanha, e o Trono de Portugal*, Coimbra, 1974.
Azevedo (Pedro de), ver Prestage.
Baêna (Miguel Sanches), *Diário de D. Manuel e Estudo sobre o Regicídio*, Lisboa, 1990.
Baião (António), *O Visconde de Santarém como Guarda Mor da Torre do Tombo*, Coimbra, 1910.
Bailey (Thomas Andrew), *A Diplomatic History of the American People*, 10.ª ed., Nova Iorque, 1980.
Bainville (Jacques), *Histoire de Deux Peuples – la France et l'Empire Allemand*, Paris, 1915.
   – *Histoire de France*, Paris, 1924.
   – *Napoléon*, Paris, 1931.
Balbi (Adrien), *Essai Statistique sur le Royaume de Portugal et d'Algarve*, 2 vols., Paris, 1822.
Banha (Theotonio Xavier de Oliveira), *Apontamentos para a Historia da Legião Portugueza ao Serviço de Napoleão*, Lisboa, 1865.
Baptista (Júlio César), *Portugal e o Cisma do Ocidente*, Lisboa, 1956.
Barata (Maria do Rosário de Sampaio Themudo), *Rui Fernandes de Almada, Diplomata Português do Século XVI*, Lisboa, 1973.
Barbosa (David Sampaio Dias), *O Governo Português e a Crise do Papado nos Anos de 1848-1870*, Lisboa, 1979.

Barbosa (D. José), *Catalogo Chronologico, Historico, Genealogico, e Critico, das Rainhas de Portugal e seus Filhos*, Lisboa, 1727.
Barca (Conde da), ver José Baptista Barreiros.
Barras (Paul), *Mémoires*, 2 vols., Paris, 1895.
Barreiros (Fortunato José), *Cartas a El-Rei D. Pedro V*, Coimbra, 1927.
Barreiros (José Baptista), *Acerca da Embaixada de Francisco de Sousa Coutinho à Holanda*, Lisboa, 1956.
— *Correspondência Inédita entre o Conde da Barca e José Egídio Álvares de Almeida, Secretário Particular de El-Rei D. João VI*, Lisboa, 1962.
Barros (Henrique da Gama), *Historia da Administração Publica em Portugal*, 4 vols., Lisboa, 1885-1922.
Barruel (Abbé), *Mémoires pour Servir à l'Histoire du Jacobinisme*, 2 vols., Londres, 1797.
Bassano (M. Scotton de), *Os Jesuítas*, 2.º ed. port., Lisboa, 1888.
Bastos (Magalhães), *Poeira dos Arquivos*, Porto, 1935.
Beauchamp (Alphonse de), *Histoire du Brésil*, 3 vols., Paris, 1815.
Beauchamp (Alphonse de), ver Johnes.
Becker (Henri), *Les Emprunts d'États Étrangers en France*, Paris, 1880.
Beirão (Caetano), *Cartas da Rainha D. Mariana Vitória para a Sua Família de Espanha*, Lisboa, 1936.
— «As Negociações para o Casamento da Infanta D. Catarina com Carlos II de Inglaterra (1644-1661)», in *Anais da Academia Portuguesa da História*, VII, 1942, pp. 459 e ss.
— *D. Maria I*, 3.ª ed., Lisboa, 1944.
Bély (Lucien), *Espions et Ambassadeurs au Temps de Louis XIV*, Paris, 1990.
— *L'Invention de la Diplomatie: Moyen Âge – Temps Modernes*, Paris, 1998.
— *Les Relations Internationales en Europe XVIIe-XVIIIe Siècles*, 3.ª ed., Paris, 2001.
— *L'Art de la Paix en Europe*, Paris, 2007.
Bemis (Samuel Flagg), *A Diplomatic History of the United States*, Nova Iorque, 1936.
Benedetti (Conde), *Essais Diplomatiques*, Paris, 1895.
Benevides (Francisco da Fonseca), *Rainhas de Portugal*, 2 vols., Lisboa, 1878-1879.
Benson, ver *Letters of Queen Victoria*.
Beresford (Guilherme Carr), *Collecção das Ordens do Dia do Illustrissimo e Excellentissimo Senhor... Commandante em Chefe dos Exercitos de S. A. R. o Principe Regente Nosso Senhor*, Lisboa, 1810.
Bertrand, *Cahiers de Sainte-Hélène* (1818-1819), Paris, 1959.
Beylerian (Arthur), *La Mission du Duc de Rauzan, Envoyé de Charles X, au Portugal*, Paris, 1969.
Bicker (Júlio Firmino Júdice), ver Visconde de Borges de Castro.
Bocage (Carlos Roma du), *Chronicas Internacionais*, Lisboa, 1914.
— *Relações Exteriores de Portugal (1640-1649)*, I, Lisboa, 1916.
Bolívar (Simão), *Cartas del Libertador*, 2.º ed., 4 vols., Caracas, 1966.
Bombelles (Marquês de), *Journal d'un Ambassadeur de France au Portugal 1786-1788*, Paris, 1979.
Boppe (Commandant P.), *La Légion Portugaise 1807-1813*, Paris, 1897.
Bord (Gustave), ver d'Héricault.
Botelho (José Justino Teixeira), «O Diário de d'Urban», in *Memórias da Academia das Ciências de Lisboa*, Classe de Letras, I, 1935, pp. 185 e ss.

Bourdon (Léon), «L'Ambassade de João Gomes da Silva en France et Ia rupture des pourparlers de mariage entre Don Sebastião et Marguerite de Valois», in *Bulletin des Études Portugais et de l'Institut Français au Portugal, XX,* 1957 pp. 5 e ss.
— *José Corrêa da Serra, Ambassadeur du Royaume-Uni de Portugal et Brésil à Washington* 1816-1820, Paris, 1975.
Bourgeois (Émile), *Manuel Historique de Politique Étrangère,* Paris, I vol., 13.ª ed., 1945; II vol., 13.ª ed., 1946; III vol., 10.ª ed., 1940; IV vol., 4.ª ed., 1940.
Bragança (D. Bárbara de), ver Pinto Ferreira.
Branco (Camilo Castelo), *Perfil do Marquês de Pombal,* 7.ª ed., Porto, 1981.
Branco (Camilo Castelo) – Ver Villefranche
Branco (Manuel Bernardes), *Portugal e os Estrangeiros,* 2 vols., Lisboa, 1879; 2.ª parte, 3 vols., Lisboa, 1893-1895.
— *El-Rei D. Manuel,* Lisboa, 1888.
Brandão (António), *Crónica do Conde D. Henrique, D. Teresa e Infante D. Afonso,* ed. Porto, 1944.
— *Crónica de D. Afonso Henriques,* ed. Porto, 1945.
— *Crónica de D. Sancho I e D. Afonso II,* ed. Porto, 1945.
— *Crónica de D. Sancho II e D. Afonso III,* ed. Porto, 1946.
Brandão (Fernando Manuel de Castro), *Do Tratado de Madrid ao de Santo Ildefonso (1750-1777),* Lisboa, 1970.
— *A Acção em Espanha do Embaixador Russo Tattistchef segundo a Correspondência Diplomática Portuguesa (1816 e 1818),* Madrid, 1972.
— *A Questão Luso-Espanhola sobre Montevideu, através da Correspondência do Embaixador de Portugal em Madrid (1816-1819),* Lisboa, 1973.
— *A Política Externa Portuguesa e a Aliança Defensiva de 1799 com a Rússia,* Lisboa, 1974.
Brandão (Fr. Mattheus da Assumpção), *Elogio Necrológico do muito alto e muito poderoso imperador e rei o Senhor D. João VI, recitado em sessão publica da Academia Real das Sciencias de Lisboa aos 10 de Setembro de 1826,* Lisboa, 1828.
Brandão (Raul), *A Conspiração de 1817,* Porto, 1914.
Brazão (Eduardo), *História Diplomática de Portugal,* 2 vols., Lisboa, 1932-1933.
— *A Diplomacia da Restauração,* Lisboa, 1934.
— *Portugal no Congresso de Utrecht,* Lisboa, 1934.
— *O Arquivo Diplomático de Portugal,* Lisboa, 1934.
— *Portugal no Continente Africano,* Lisboa, 1935.
— *O Casamento de D. Pedro II com a Princesa de Neuburgo,* Coimbra, 1936.
— *O Conde de Tarouca em Londres,* Lisboa, 1936.
— *O Casamento de D. João V,* Lisboa, 1937.
— *A Restauração,* Lisboa, 1938.
— *Relações Externas de Portugal- Reinado de D. João V,* 2 vols., Porto, 1938.
— *Os Jesuítas e a Delimitação do Brasil de 1750,* Braga, 1939.
— *Alguns Documentos da Biblioteca da Ajuda sobre a Restauração,* Lisboa, 1940.
— *Relance de História Diplomática de Portugal,* Porto, 1940.
— *Colecção de Concordatas Estabelecidas entre Portugal e a Santa Sé de 1238 a 1940,* Lisboa, 1941.
— *A Acção Diplomática de Portugal no Congresso de Vestefália,* Lisboa, 1942.

— *Subsídios para a História do Patriarcado de Lisboa,* Porto, 1943.
— *D. João V — Subsídios para a História do Seu Reinado,* Porto, 1945.
— *A Missão a Roma do Bispo de Lamego,* Coimbra, 1947.
— *Subsídios para a História das Relações Diplomáticas com a China,* 2 ops., Macau, 1948.
— *Apontamentos para a História das Relações Diplomáticas de Portugal com a China,* Lisboa, 1949.
— *Em Demanda do Cataio,* Lisboa, 1954.
— *Uma Velha Aliança,* Lisboa, 1955.
— *A Unificação de Itália Vista pelos Diplomatas Portugueses (1848-1870),* 2 vols.. Coimbra, 1963-1966.
— *Relações Diplomáticas de Portugal com a Santa Sé — Um Ano Dramático (1848),* Lisboa, 1969.
— *Relações Diplomáticas de Portugal com a Santa Sé — A Queda de Roma (1870),* Lisboa, 1970.
— *Relações Diplomáticas de Portugal com a Santa Sé — A Morte de Pio IX e a Preparação dum Novo Pontificado (1878),* Lisboa, 1971.
— *Relações Diplomáticas de Portugal com a Santa Sé — O Reconhecimento do Rei D. Miguel (1831),* Lisboa, 1972.
— *O Concílio Vaticano I visto pelos Diplomatas Portugueses (1869-1870),* Lisboa, 1972.
— *Relações Diplomáticas de Portugal com a Santa Sé da Revolução Francesa a Bonaparte (1790-1803),* 3 vols., Lisboa, 1973.
— *Portugal e a Santa Sé,* Lisboa, 1976.
— *Da Importância dos Arquivos Diplomáticos,* Lisboa, 1977.
— *Estudos de História Diplomática na Academia Portuguesa da História,* Lisboa, 1977.
— *Notícia de Duas Missões a Roma pelo Embaixador D. Alexandre de Sousa e Holstein,* Lisboa, 1977.
— *A Secretaria de Estado dos Negócios Estrangeiros, Criação de D. João V,* Coimbra, 1978.
— *A Diplomacia Portuguesa nos Séculos XVII e XVIII,* 2 vols., Lisboa, 1979-1980.
— «A Politica Externa Pombalina», in *Brotéria,* vol. 114, 1982, pp. 515 e ss.
Breyner (Thomaz de Mello), ver Conde de Mafra.
Brochado (José da Cunha), ver Mendes dos Remédios.
Bruno, ver Schaefer.
Buache (Jean-Nicolas), «Considérations géographiques sur la Guyane française concernant ses limites méridionales, in *Mémoires de l'Institut de Sciences Morales et Politiques,* III, Paris, ano IX, pp. 15 e ss.
Buchon, ver Froissart.
Buckle, ver *Letters of Queen Victoria.*
Bullón de Mendoza (Alfonso), *La Primera Guerra Carlista,* Madrid, 1992.
Bülow (Bernard Von), *Mémoires du Chancelier Prince de Bülow,* trad. franc., 2 vols., Paris, 1930.
Cabral (Adolfo de Oliveira), *Southey e Portugal,* Lisboa, 1959.
Cabral (António), *Cartas d'El-Rei D. Carlos a José Luciano de Castro,* Lisboa, 1927.
Caeiro (Francisco), *O Arquiduque Alberto de Áustria,* Lisboa, 1961.
Caetano (José A. Palma) – ver Scheidl

Calmon (Pedro), *Historia da Independencia do Brasil*, Rio de Janeiro, 1928.
– *O Rei Cavaleiro – A Vida de D. Pedro I*, São Paulo, 1933.
– *O Rei do Brasil – Vida de João VI*, Rio de Janeiro,1935.
– *História do Brasil*, 7 vols., Rio de Janeiro, 1961.
Câmara (João Brito), *Estudos de História Diplomática e Consular*, Macau, 1999.
Cambon (Jules), *Le Diplomate*, Paris, 1926.
Cambridge Modern History (The), 12 vols., Cambridge, 1934.
Campos (D. Benevenuto António Caetano de), ver «Observador Portuguez...»
Campos (Raúl Adalberto de), *Relações Diplomáticas do Brasil*, Rio de Janeiro, 1912.
Cánovas del Castillo (Antonio), *Estudios del Reinado de Felipe IV*, in "Obras de Cánovas del Castillo", Tomo I, Madrid, 1888.
Capefigue (Raymond), *Les Diplomates Européens*, Paris, 1843.
– *Richelieu, Mazarin et la Fronde*, n. ed., 2 vols., Paris, 1844.
– *L'Europe pendant Ia Révolution Française*, 6 vols., Bruxelas, 1844.
– «Introduction Historique», in *Le Congrès de Vienne et les Traités de 1815*, 2 vols., Paris, 1863.
Cardinale (Igino), *Le Saint-Siège et la Diplomatie*, Tournai, 1962.
Cardoso (António Monteiro), ver António do Canto Machado.
Cardoso (Eurico Carlos Esteves Lage), *D. Carlos I*, Lisboa, 2007.
Carlos I (D.), ver *Cartas...* e António Cabral.
Carlota Joaquina – *Cartas Inéditas*. Estudo e Organização da Prof. Francisco Nogueira de Azevedo, Rio de Janeiro, 2007.
Carnaxide (Visconde de), *O Brasil na Administração Pombalina (Economia e Política Externa)*, São Paulo, 1940.
– *D. João V e o Brasil*, Lisboa, 1952.
Carneiro (Pero de Alcáçova), *Relações*, Lisboa, 1937.
Carré (Henri), *La France sous Louis XV*, Paris, 1891.
Carreira (Conde da), *Correspondencia Official de Luiz Antonio de Abreu e Lima actualmente Conde da Carreira com o Duque de Palmella*, Lisboa, 1874.
Carta Critica sobre la Disertación Historico-Politico-Legal que Trata de la Successión à la Corona de España, Cádis, 1811.
Carta de nuestro muy Amado Rey El Señor Don Fernando Septimo a su Hermana la Serenisima Señora Princesa Regente del Brasil y de Portugal, Cádis, 1811.
Cartas e mais Peças Officiaes dirigidas a S. Magestade o Senhor D. João VI pelo Principe Real o Senhor D. Pedro de Alcantara, Lisboa, 1822.
Cartas e mais Documentos dirigidos a Sua Magestade o Senhor D. João VI pelo Principe Real D. Pedro de Alcantara, Lisboa, 1822.
Cartas e Documentos dirigidos a Sua Magestade o Senhor D. João VI pelo Principe Real o Senhor D. Pedro de Alcantara e que forão Presentes às Cortes, Lisboa, 1822.
Cartas de D. Pedro I a D. João VI Relativas à Independência do Brasil, Rio de Janeiro, 1941.
Cartas d'El-Rei D. Carlos I a João Franco Castello-Branco, Lisboa, 1924.
Cartas d'El-Rei D. Carlos a José Luciano de Castro, Lisboa, 1927.
Cartas de S. M. a Rainha D. Amélia a D. Manuel de Bastos Pina, Bispo-Conde de Coimbra, Lisboa, 1948.
Cartas da Imperatriz Leopoldina. – ver D. Leopoldina.
Cartas Inéditas de Carlota Joaquina – ver Carlota Joaquina.

Carvalho (Joaquim de), «Irradiação do movimento revolucionário», in *História de Portugal*, dirigida por Damião Peres, VII, pp. 74 e ss.
– «A Contra-Revolução», ibidem, pp. 118 e ss.
– «Regime político dos pequenos partidos», ibidem, pp. 380 e ss.
– «Estabelecimento do rotativismo», ibidem, pp. 401 e ss.
Carvalho (Joaquim Martins de), *Apontamentos para a Historia Contemporanea*, Coimbra, 1868.
– *Os Assassinos da Beira – Novos Apontamentos para a Historia Contemporanea*, Coimbra, 1890.
Carvalho (José da Silva), ver António Vianna.
Carvalho (Maria Amália Vaz de), *Vida do Duque de Palmella*, 3 vols., Lisboa, 1898-1903.
Casimiro (Augusto), *Dona Catarina de Bragança*, Lisboa, 1956.
Casimiro (Padre), *Apontamentos para a Historia da Revolução do Minho em 1846 ou da Maria da Fonte*, Braga, 1883.
Castello-Branco (João Franco), ver *Cartas d'El-Rei D. Carlos I*.
Castelo-Branco (Fernando), «D. Inês de Castro», in *VERBO*, séc. XXI, vol. 6, pp. 335-336.
– «Problemática do Tratado de Tordesilhas», in *Anais da Academia Portuguesa da História*, II série, vol. 22, 1973, pp. 43 e ss.
Castelot (André), *Philippe-Égalité, Le Prince Rouge*, Paris, 1950.
Castilho (Augusto de), *A Questão do Transvaal*, Lisboa, 1881.
– *Portugal e Brasil. O Processo no Conselho de Guerra da Marinha do Capitão-de-Fragata Augusto de Castilho*, 3 vols., Lisboa, 1894.
Castro (Bernardo José d'Abrantes e), ver Abrantes.
Castro (José de), *Portugal em Roma*, 2 vols., Lisboa, 1939.
– *D. Sebastião e D. Henrique*, Lisboa, 1942.
– *O Prior do Crato*, Lisboa, 1942.
– *Portugal no Concílio de Trento*, 6 vols., Lisboa, 1944-1946.
Castro (José da Gama e), *Diário da Emigração para Itália*, Lisboa, 1933.
Castro (José Luciano de), ver *Cartas d'El-Rei D. Carlos*.
Castro (Luciano de), *A Questão do Amazonas nos Tratados de Paris e de Madrid (1797 e 1801)*, Porto, 1945.
Castro (Luís Vieira de), *D. Carlos I (Elementos de História Diplomática)*, 2.ª ed., Lisboa, 1941.
Castro (Luís Vieira de) e António Rodrigues Cavalheiro, *A Europa e o Domínio Filipino em Portugal*, Lisboa, 1944.
Castro (Manuel de Oliveira Chaves e), *O Beneplacito Regio em Portugal*, Coimbra, 1885.
Castro (Visconde de Borges de), *Collecção dos Tratados, Convenções, Contratos e Actos Publicos Celebrados entre a Coroa de Portugal e as mais Potencias, desde 1640 até ao Presente*, 8 vols., Lisboa, 1856-1858.
Castro (Visconde de Borges de) e Júlio Firmino Júdice Bicker, *Supplemento à Collecção dos Tratados, Convenções, Contratos e Actos Publicos Celebrados entre a Coroa de Portugal e as mais Potencias desde 1640*, 22 vols- Lisboa, 1872-1879. Ver *Nova Colecção de Tratados* ....
Cavalheiro (António Rodrigues), *Os Motins de Campo de Ourique em 1803*, Lisboa, 1932.
– *Novos Documentos sobre duas Embaixadas de D. João IV*, Lisboa, 1932.
– *Política e História*, Lisboa, 1960.
– *Homens e Ideias*, Lisboa, 1960.
– *D. Manuel II e João Franco*, 2.ª ed. Lisboa, 1970.

Cavalheiro (António Rodrigues), ver João Ameal.
Cavalheiro (António Rodrigues), ver Luís Vieira de Castro.
Cecil (Algernon), *Metternich,* trad. port., Lisboa, 1947.
Cevallos (Pedro), *Exposição dos factos e maquinações com que se preparou a usurpação da coroa de Hespanha,* trad. port., Lisboa, 1808.
Chaby (Claudio de), *Excerptos Historicos e Collecção de Documentos Relativos à Guerra Denominada da Peninsula e às Anteriores de 1801, e do Roussillon e Cataluña,* Lisboa, 1863.
Chancelarias Medievais Portuguesas, I, Coimbra, 1938.
Chao (Eduardo), ver Mariana.
Chastenet (Jacques), *William Pitt,* Paris, 1941.
Chateaubriand, *Congrès de Vérone. Guerre d'Espagne,* 2 vols., Paris, 1838.
– *Mélanges Historiques et Politiques,* n. ed. Paris, 1914.
Chaves (F. Sá), *Subsídios para a História Militar dar Nossas Lutas Civis,* Coimbra, 1914.
Chesterton (G. K.), *A Short History, of England,* n. ed., Londres, 1930.
Ciutis (Conde Salvatore de), *Une Ambassade Portugaise à Rome au XVIème Siècle,* Nápoles, 1899.
Cluny (Isabel), *D. Luís da Cunha,* Lisboa, 1999
– *Diplomacia na Época Moderna,* Lisboa, 2006.
Coelho (José Maria Latino), *Historia Política e Militar de Portugal desde os Fins do XVIII Seculo até 1814,* 3 vols., Lisboa, 1874-1891.
Coelho (Laranjo), ver Rebello da Silva e Edgar Prestage.
Collecção dos Negocios de Roma no Reinado de El-Rey Dom José I Ministerio do Marquez de Pombal e Pontificados de Benedicto XIV e Clemente XIII, 4 vols., Lisboa, 1874.
Colleville (Conde de), *Carlos Ier Intime,* Paris, 1905.
Combes (François), *Histoire Générale de la Diplomatie Européenne,* Paris, 1854.
Comellas (José Luís), *Historia de España Moderna y Contemporanea,* 6.ª ed., Madrid, 1978.
Comines (Felipe de), *Las Memorias de Felipe de Comines,* trad. cast. e comentários de Juan Vitrian, 2 vols, Antuérpia, 1643.
Compostelana (Historia), Santiago de Compostela,1950.
Conceição (Frei Cláudio da), *Gabinete Historico,* 16 vols, Lisboa, 1818-1831.
Congrès de Vienne et les Traités de 1815 *(Le),* com introdução de Capefigue, 2 vols., Paris, 1863.
Consalvi (Hercule), *Mémoires du Cardinal Consalvi,* 2 vols., Paris, 1864.
Constancio (Francisco Solano), *Historia do Brasil,* 2 vols., Paris, 1839.
Contanize (Philippe) e outros, *War and Competition between States,* reimpr., Nova Iorque, 2003.
Conversación entre un Forastero y un Vecino de la Isla de Leon, sobre los Derechos de la Princesa del Brasil, Infanta de España, Doña Carlota Joaquina de Borbon, à la Sucessión Eventual del Trono de España, Cádis, 1811.
Cooper (Duff), *Talleyrand,* Londres, 1932.
Cordeiro (Luciano), *Berengella e Leonor Rainhas da Dinamarca,* Lisboa, 1893.
– *Uma Sobrinha do Infante Imperatriz da Alemanha,* Lisboa, 1894.
– *A Condessa Mahaut,* Lisboa, 1899.
– *Obras,* I vol., Coimbra, 1934.

Corpo Diplomatico Portuguez..., ver Rebello da Silva.
Correia (Maria Alcina Ribeiro), *Sebastião José de Carvalho e Mello na Corte de Viena de Áustria*, Lisboa, 1965.
Correspondencia Authentica e Completa dos Ministros de Sua Santidade com os Agentes do Governo Francez e Commandantes do seu Exercito... (1807-1809), trad. port.,Lisboa,1809.
Correspondencia Official das Provincias do Brazil durante a Legislatura das Cortes Constituintes de Portugal nos Annos de 1821-1822 precedidas das Cartas dirigidas a El-Rei D. João VI pelo Príncipe Real D. Pedro de Alcantara, como Regente, 2.ª ed., Lisboa, 1872.
Correspondencia de D. João V..., ver Pinto Ferreira.
Correspondencia..., ver Rávago.
Correspondencia..., ver Visconde de *Santarém*.
Cortés Cortés (Fernando), *Espionagem e Contra-Espionagem numa Guerra Peninsular 1640-1668*, Lisboa, 1989.
Cortesão (Jaime), *Alexandre de Gusmão e o Tratado de Madrid, 8 vols.*, Rio de Janeiro, 1950-1963.
Corvo (João de Andrade), *Estudos sobre as Províncias Ultramarinas, 4 vols.*, Lisboa, 1883-1887.
Costa (Avelino de Jesus da), *Relações de D. Afonso V com Castela e Aragão em 1460*, Braga, 1952.
Costa (Francisco de Paula Ferreira da), *Memórias de um Miguelista*, Lisboa, 1982.
Costa (Manuel Gonçalves da), *Lutas Liberais e Miguelistas em Lamego*, Lamego, 1975.
Costa (Neves da), *A Traição de Gomes Freire*, Lisboa, 1935.
Costa (Sousa), *Grandes Dramas Judiciários,* Porto, 1944.
– *Dona Catarina Duquesa de Bragança,* Lisboa, 1958.
Coutinho (Francisco de Sousa), ver Prestage.
Crónica de Cinco Reis de Portugal, ed. Porto, 1945.
Cross (Mai'a K. Davis), *The European Diplomatic Corps*, Nova Iorque, 2007.
Cruz (António), *Portugal Restaurado,* Porto, 1940.
– *Subsídios para a História das Relações Diplomáticas de Portugal com a Holanda (1640-1668)*, Porto, 1948.
– *Algumas Observações sobre a Vida Económica e Social da Cidade do Porto nas Vésperas de Alcácer Quibir, Porto, 1967.*
Cunha (D. Luiz da), *Instruções Inéditas a Marco António de Azevedo Coutinho*, Coimbra, 1930.
– *Testamento Político*, Lisboa, 1943.
Danvila (Alfonso), *Fernando VI y Doña Barbara de Braganza,* Madrid, 1905.
– *El Congreso de Utrecht,* Madrid, 1929.
– *Felipe II y El Rey Don Sebastián de Portugal,* Madrid, 1954.
– *Felipe II y Ia Sucesión de Portugal,* Madrid, 1956.
Darcy (Jean), *La Conquête de l'Afrique,* Paris, 1900.
Daun (José Sebastião de Saldanha Oliveira), *Quadro Historico-Político dos Acontecimentos mais Memoraveis da Historia de Portugal desde a Invasão dos Francezes no Anno de 1807 athé à Exaltação de Sua Magestade Fidelissima o Senhor D. Miguel I ao Throno dos seus Augustos Predecessores*, Lisboa, 1829.

Davidson (Basil), *The African Past,* Londres, 1964.
Davidson (Lillias Campbell), *Catherine of Bragança Infanta of Portugal and Queen Consort of England,* Londres, 1908.
Débidour (A.), *Histoire Diplomatique de l'Europe, 4 vols.,* Paris, 1891-1917.
Deschanel (Louis-Paul), *Histoire de Ia Politique Extérieure de Ia France (1806-1926),* Paris, 1936.
Descriptive List of de State Papers Portugal 1661-1780 in the Public Record Office London, 3 vols., Lisboa,1979-1983.
Dias (J. S. da Silva), *Os Descobrimentos e a Problemática Cultural do Século XVI,* Coimbra, 1973.
Dinis (A. J. Dias), «Antecedentes da *expansão ultramarina portuguesa – Os diplomas pontifícios* dos *séculos* XII *a* XV, *in Revista Portuguesa de História,* X, 1962, pp.1 e ss.
Diplomatic Blue Books 1814-1914 (A Century of), ed. por Temperley e Penson, Cambridge, 1938.
Documenti Diplomaci Italiani (1) – 1861-1870, 13 vols., Roma, 1952-1963.
Documents Diplomatiques Français (1871-1914), 11 vols., Paris, 1929-1936.
Documentos Historicos Relativos aos Ultimos Acontecimentos Politicos de Portugal que não vêm mencionados no Livro Azul, Lisboa, 1848.
Documentos Políticos Encontrados nos Palácios Reais depois da Revolução Republicana de 5 de Outubro de 1910, Lisboa, 1915.
Documentos Relativos ao Apresamento, Julgamento e Entrega da Barca Franceza «Charles et Georges», Lisboa, 1858.
Dollot (Louis), *Histoire Diplomatique,* Paris, 1948.
Duffy (James), *Portuguese Africa,* Cambridge Mass., 1959.
Dupuis (René), «Aperçu des Relations Internationales en Europe de Charlemagne a nos Jours., *in Recueil des Cours de l'Académie de Droit International,* vol. 68, 1939, pp. 5 e ss.
Duroselle (J. B.), *Histoire Diplomatique de 1919 à nos Jours,* 7.ª ed., Paris, 1978.
Duruy (Victor), *Histoire de France, 2 vols.,* Paris, 1868.
Eguia Ruiz (Constancio), *Los Jesuítas y el Motin de Esquilache,* Madrid, 1947.
Elliott (John H.), *El Conde de Olivares y la Herencia de Felipe II,* Valhadolid, 1977.
 – *La España Imperial,* trad. esp., 9.ª ed., Barcelona, 1984.
Enes (António), ver F. A. Oliveira Martins.
Erdmann (Carl), *De Como D. Afonso Henriques Assumiu o Título de Rei,* Coimbra, 1940.
 – *A Ideia de Cruzada em Portugal,* Coimbra, 1940.
Ericeira (Conde da), *História de Portugal Restaurado,* n. ed., 4 vols., Porto, 1945-1946.
Esher, ver *Letters of Queen Victoria.*
Espen (Van), *Jus Ecclesiasticum Universum,* 10 vols., Veneza, 1781-1782.
Estefânia (Rainha D.), ver Júlio de Vilhena.
Falcão (Nuno de Palhares Marinho), *O Visconde de Santarém e a sua Obra Histórica,* Lisboa, 1950.
Fanshaw (Richard), O*riginal Letters during his Ambassies in Spain and Portugal,* Londres, 1702.
Faria (Ana Leal de), *Duarte Ribeiro de Macedo, um Diplomata Moderno – 1618-1680,* Lisboa, 2005.
 – *Arquitectos da Paz – A Diplomacia Portuguesa de 1640 a 1815,* Lisboa, 2009.

Faria (Visconde de), *Portugal e a Republica Argentina – Questão Diplomatica*, Livorno, 1897.
Farinha (Maria do Carmo Jasmins Dias), *Os Documentos dos Negócios Estrangeiros na Torre do Tombo*, Lisboa, 1990.
Fay (Bernard), *Louis XVI*, Paris, 1955.
Fernández Almagro (Melchor), *Historia Política de la España Contemporánea*, Madrid, I e II vols.; 3.ª ed., 1972 e 1974; III vol., 2.ª ed., 1970.
Fernández Álvarez (Manuel), *Tres Embajadores de Felipe II en Inglaterra*, Madrid, 1951.
Fernández de Retana (Luís), *Doña Juana de Austria*, Madrid, 1955.
Fernández de los Rios (Ángel), *Mi Misión en Portugal*, Paris-Lisboa (Bertrand),s, d.
Fernández Martin (Luís), *El General Don Francisco de Longa y la Intervenciôn Española en Portugal*, Bilbau, 1954.
Ferrão (António), *Da Importância dos Documentos Diplomáticos em História*, Coimbra, 1917.
– *Gomes Freire na Rússia*, Coimbra, 1918.
– *As Impressões de um Diplomata Português na Corte de Berlim*, Coimbra, 1919.
– *Gomes Freire e as Virtudes da Raça Portuguesa*, Coimbra, 1920.
– *Os Estudos de História Diplomática em Portugal*, Coimbra, 1928.
– *O Segundo Duque de Lafões e o Marquês de Pombal*, Lisboa, 1935.
– *A Corte de Fernando VII de Espanha, em 1816, vista pelo Embaixador de Portugal*, sep. do Bol. da Sociedade de Geografia de Lisboa, séries 42 e 43.
Ferrão (António), *ver* Rebello da *Silva*.
Ferrão (J. B. Mártens), L'*Afrique – La question soulevée dernièrement entre l'Angleterre et le Portugal considérée au point de vue du Droit International*, Lisboa, 1890.
– *La Question entre le Portugal et le Brésil*, Roma, 1894.
Ferrarin (A. R.), *Storia del Portogallo*, Milão, 1940.
Ferreira (J. A. Pinto), *Correspondência de D. João V e D. Bárbara de Bragança Rainha de Espanha*, Coimbra, 1944.
– *A Campanha de Sancho de Ávila em Perseguição do Prior do Crato*, Porto, 1954.
Ferreira (José Augusto), *Memorias para a Historia d'um Scisma (1832-1842)*, Braga, 1916.
Ferreira (José Maria de Andrade), *Reinado e Ultimos Momentos de D. Pedro V*, Lisboa,1861.
Ferrero (Guglielmo), *Aventure – Bonaparte en Italie*, Paris, 1936.
– *Reconstruction – Talleyrand à Vienne 1814-1815*, Paris, 1940.
Figanière (Frederico Francisco de la), *Catalogo dos Manuscriptos Portuguezes existentes no Museu Britanico*, Lisboa, 1853.
– *Memorias das Rainhas de Portugal*, Lisboa, 1859.
Figanière (Visconde de), *Quatro Regras de Diplomacia*, Lisboa, 1881.
Fonseca (Isabel Soares da), *Relações entre Portugal e a França (1789-1799)*, dissertação dactilografada, Lisboa, 1968.
Fonseca (M. A. Ferreira da), *Visconde de Santarém, Apontamentos para a Sua Biografia*, Lisboa, 1907.
Ford (J. D. M.), ver *Letters of John III King of Portugal*.
Foy (General), *Histoire de la Guerre de la Péninsule sous Napoléon*, 3.ª ed., 4 vols., Paris, 1828.

Fraga Iribarne (Manuel), *Don Diego de Saavedra y Fajardo y la Diplomacia de su Epoca,* Madrid, 1956.
Franco (Afonso Arinos de Melo), *Introdução a «O Consttitucionalismo de D. Pedro I no Brasil e em Portugal»,* Rio de Janeiro, 1972.
Franco (João Franco Castello-Branco), ver *Cartas d'El-Rei D. Carlos I.*
Freitas (Serafim de), *Do Justo Império Asiático dos Portugueses,* trad. port., Lisboa, 1983.
Freyre (Gilberto), *Casa Grande & Senzala,* Lisboa, s/d.
Frias (Pedro de), *Crónica del-Rei D. António,* Coimbra, 1955.
Fróis (Luís), *Historia de Japam,* Lisboa, 1976.
Froissart (Jean), *Les Chroniques,* n. ed., com notas de Buchon, 3 vols., Paris, s/d.
Fronteira (Marquês de Fronteira e de Alorna), *Memórias,* 5 vols., Coimbra, 1928-1932.
Frontiéres entre le Brésil et la Guyane Française – Mémoire Présenté par les États Unis du Brésil au Gouvernement de la Confédération Suisse, 3 vols., Paris, 1899.
Froude (James Anthony), *The Spanish Story of the Armada,* Londres, 1909.
Fuertes y Biota (Antonio de), *Anti-Manifiesto o Verdadera Declaración del Derecho de los Señores Reyes de Castilla a Portugal,* Bruges, 1643.
Fugier (André), *Napoléon et l'Espagne,* 2 vols., Paris, 1930,
– «La Révolution Française et l'Empire Napoléonien», vol. IV da *Histoire des Relations Internationales,* dirigida por Pierre Renouvin, Paris, 1968.
Funchal (Marquês de), *O Conde de Linhares,* Lisboa, 1908.
Funck-Brentano (Frantz), *Légendes et Archives de la Bastille,* 4.ª ed., Paris 1901.
– *L'Ancien Régime,* Paris, 1926.
Fyffe (C. A.), *A History of Modern Europe,* 3 vols., Londres, 1889.
Gagé (Jean), «António de Araújo, Talleyrand et les négociations sécrètes pour la 'Paix de Portugal' (1798-1800)», in *Bulletin des Études Portugais et de l'Institut Français au Portugal,* XIV, 1950, pp. 39 e ss.
– « Autour de Francisco Solano Constâncio», *ibidem,* pp. 132 e ss.
Galvão (Duarte), *Crónica de D. Afonso Henriques,* Lisboa, s/d.
Galway(Conde de), *Cartas ao 2.° Conde de Assumar,* Lisboa, 1932.
Gândara – ver Strasen
Garrett (Almeida), *O Dia Vintequatro d'Agosto,* Lisboa, 1821.
– *Viagens na Minha Terra,* Lisboa, ed. 1912.
– *Portugal na Balança da Europa,* 3.ª ed., Porto, 1884.
Gascón Vera (Elena), *Don Pedro, Condestable de Portugal,* Madrid, 1979.
Gaxotte (Pierre), *La Révolution Française,* 176.ª ed., Paris, 1947.
– *Le Siècle de* Louis XV, 23.ª ed., Paris, 1933.
Gazier(Augustin), *Histoire Générale do Mouvement Janseniste,* 2 vols., Paris, 1924.
Gervinus (G. G.), *Histoire du Dix-Neuvième Siècle,* trad. franc., 22 vols., Paris, 1864-1874.
Giraldes (Manuel Nunes), *O Papa-Rei e o Concilio,* Lisboa, 1870.
– *Carta do Autor do Livro «O Papa-Rei e o Concílio» a seu Pae,* Coimbra, 1871.
– *Segunda Carta do Autor do Livro «O Papa-Rei e o Concílio» a seu Pae,* Coimbra, 1871.
Giram (João Rodrigues), *Carta Anua da Vice-Província do Japão do Ano de 1604,* Coimbra, 1933.
Giron (Pedro), *Cronica del Emperador Carlos* V, Madrid, 1964.
Goblet d'Alviella (E.), *L'Établissement des Cobourg en Portugal,* Paris,1869.

Godin (O. L.), *Princes et Princesses de Portugal ayant régné sur la Flandre,* Lisboa, 1892.
Godoy (Manuel), *Memorias Criticas y Apologeticas,* 2 vols., Madrid, 1956.
Goffin (Louis), *Fernand de Portugal comte de Flandre et de Hainaut,* Lisboa, 1967.
Goes Filho (Synesio Sampaio), *Navegantes, Bandeirantes, Diplomatas,* Rio de Janeiro, 2000.
Gomes (Bernardino António), *Noticia da Doença de que faleceu Sua Magestade El-Rei O Senhor D. Pedro V,* Lisboa, 1862.
Gomes (Francisco Luís), *Le Marquis de Pombal, Esquisse de sa Vie Publique,* Lisboa, 1869.
– *Selected Works,* Bombaim, 1931.
Gomes (Francisco Soares), « A Oposição do Governo Português ao Syllabus, in *Brotéria,* vol. 89, 1969, pp. 103 e ss.
Gomes (Henrique de Barros), *As Negociações com a Inglaterra no Periodo de 1886 a 1889,* Lisboa, 1891.
Gomes (Marques), *Luctas Caseiras – Portugal de 1834 a 1851,* Lisboa, 1894.
Gómez Urdañez (José Luis), *Fernando VI,* Madrid, 2001.
Gonçalves (José Júlio), *Protestantismo em África,* 2 vols., Lisboa, 1960.
Gouveia, (Francisco Velasco de), *Justa Acclamação do Seremíssimo Rey de Portugal Dom João o IV,* Lisboa, 1644.
Goycochêa (Castilhos), *A Diplomacia de João VI em Caiena,* Rio de Janeiro, 1963.
Grainha (M. Borges), *História da Maçonaria em Portugal,* Lisboa, 1912.
Gramoza (José Pedro Ferrás), *Memorias Historicas Politicas e Civis,* 2 vols., Lisboa, 1882-1883.
Grappin (Henri), *Histoire de Pologne,* Paris, 1916.
Grimberg (Carl) e Svanström (Ragnar), *Historia Universal,* trad. esp., 12 vols., Barcelona, 1973-1983.
Guedes (Armando Marques), *A Aliança Inglesa,* n. ed., Lisboa, 1943.
Guizot (François), *Mémoires pour Servir à !'Histoire de mon Temps,* 8 vols., Paris, 1858-1867.
Gulbenkian (Robert), *L'Ambassade en Perse de Luis Pereira de Lacerda (1604-1605),* Lisboa, 1972.
Gurwood (John), *The General Orders of Field Marshal the Duke of Wellington, K. G. etc., etc., etc., in Portugal, Spain and France from 1809 to 1814; and the Low Countries and France,* 1815, Londres, 1832.
– *Recuil Choisi des Dépêches et des Ordres du Jour du Feld-Maréchal Duc de Wellington,* trad. franc., Bruxelas, 1843.
Gusmão (Alexandre de), *Cartas,* Lisboa, 1981.
Haller (Charles-Louis), *Études historiques sur les révolutions d'Espagne et de Portugal,* 2 vols., Paris, 1840.
Hammond (Richard J.), *Portugal and Africa 1815-1910,* Stanford, 1966.
Harrison (W. H.), *The Tourist Portugal,* Londres, 1839.
Hassall(Arthur), *The History of the British Foreign Policy,* Londres, 1912.
Hayward (Fernand), *Histoire des Papes,* Paris, 1929.
Herchen (Artur), *Dom Miguel Infante,* trad. port., Lisboa, 1946.
Herculano (Alexandre), *Historia de Portugal,* 4 vols., Lisboa, 1846-1853.

Héricault (Charles d') e Gustave Bord, *Documents pour servir à l'Histoire de Ia Révolution Française,* Paris, 1884.
Hillgarth (J. N.), *Los Reinos Hispanicos,* trad. esp., 3 vols., Barcelona, 1979-1984.
Homem (António Pedro Barbas), *História das Relações Internacionais,* 2003.
Howarth (David), *La Armada Invencible,* trad. esp., Barcelona, 1982.
Hume (David) e Tobias Smollett, *History of England,* 12 vols., Londres, 1834.
Hupin (Gérard), *Marie-Antoinette, Victime de Ia Subversion,* Paris, 1972.
Idanha (Conde da), ver Pero de Alcáçova Carneiro.
Infantes (Esteban), *Expediciones Espanolas (Siglo* XIX), Madrid, 1949.
Iria (Alberto), *Novas Cartas Régias Afonsinas acerca dos Descobrimentos e Privilégios do Infante D. Henrique,* Lisboa, 1968.
 – «Corsários Franceses no Atlântico», in *Colectânea de Estudos em Honra do Prof. Doutor Damião Peres,* Lisboa, 1974, pp. 163 e ss.
 – *Da Importância Geopolítica do Algarve na Defesa Marítima de Portugal, nos Séculos* XV *a* XVIII, Lisboa, 1976.
Jacks(William), *The Life of Prince Bismarck,* Glasgow, 1899.
Jalabett (Dominique Jacques), *Documents des Archives Communales de Grenoble concernant la Légion Portugaise* (1808-1814), Paris, 1969.
João III (D.), ver *Letters of John III King of Portugal*
João V (D.), ver Pinto Ferreira.
João VI (D.), ver Cartas.
Johnes (Sir John), *Histoire de la Guerre d'Espagne et de Portugal pendant les Années 1807 à 1813,* trad. franc., com as notas e comentários de Alphonse de Beauchamp, 2 vols., Paris, 1819.
Johnston (Harry H.), *A History of the Colonization of Africa,* Cambridge, 1899.
Jones (Maurice Bethell), *Restoration Carnival – Catherine of Braganza at the Court of Charles* II, Nova Iorque, 1937.
Jordão (Levy Maria), ver Visconde de Paiva Manso.
Jorge (Artur Guimarães de Araújo), «A Restauração e a História Diplomática do Brasil Holandês (1640-1661)», in *Anais da Academia Portuguesa da História,* VII, 1942, pp. 11 e ss.
Jorge (Artur Guimarães de Araújo), ver Rio Branco.
Jornada Del-Rei Dom Sebastião a Africa e Crónica de Dom Henrique (atribuídas a Fernando de Góis Loureiro), Lisboa, 1978.
Jouvenel(Bertrand de), *Du Pouvoir,* Genebra, 1947.
Kamen (Henry) e Joseph Pérez, *La Imagen Internacional de Ia España de Felipe II,* Valhadolid, 1980.
Khaldun (Ibn), *The Muqaddimah,* 3 vols., trad. ingl., Londres, 1967.
Kissinger (Henry), *A Restauração de um Mundo,* trad. port., Lisboa, 1975.
 – *Diplomacia,* trad. port., Lisboa, 1994.
La Cierva (Ricardo de), *Historia Total de España,* Madrid, 1997.
La Pinta Llorente (Miguel de), *Actividades Diplomaticas del P. José de Acosta,* Madrid, 1952.
La Torre (Antonio de) e Luís Suárez Fernández, *Documentos Referentes a Ias Relaciones con Portugal durante el Reinado de los Reyes Catolicos,* 3 vols., Valhadolid, 1953-1963.

Lacerda (António de Lemos Pereira de), *Historia da Guerra contendo as Campanhas de 1793, 1794 e 1795, feitas nas Provincias do Rossilhon e Catalunha, pello Corpo de Exercito Portuguez, Auxiliar da Coroa de Espanha*, man. da Ac. Ciências Lisboa, série dos «Manuscritos Azuis», n.º 399.
Lafitau (Joseph François), *Histoire des Découvertes et Conquestes des Portugais dans le Nouveau Monde*, 2 vols., Paris, 1733.
Lafuente (Modesto), *Historia General de España*, continuada por Juan Valera, 25 vols., Barcelona, 1887-1890.
Lagos (Barão de), O *Cavalheiro de Mendizábal e o Thesouro de Portugal*, Lisboa, 1858.
 – *A Agencia Financeira de Carbonell e o Thesouro de Portugal*, Lisboa, 1858.
Landim (Gaspar Dias de), *O Infante D. Pedro*, Lisboa, 1892.
Langhans(F. P. de *Almeida), Portugal na Política de Palmerston*, Lisboa, 1954.
Las Cases, *Mémorial de Sainte-Hélène*, 2 vols., Paris, 1842.
Lasteyrie (Júlio de), *Portugal depois da Revolução de 1820*, trad. port., Lisboa, 1841.
Lavallée (Théophile), *Histoire des Français, 15.ª* ed., 2 vols., Paris, 1863.
Lavradio (Conde de), *Memórias*, 8 vols., Coimbra, 1932-1943.
Lavradio (Marquês do), *A Diplomacia do Império, Lisboa, 1943.*
 – *Memórias do Sexto Marquês do Lavradio, Lisboa, 1947.*
Le Duc (L. Léouzon), *Les Cours et les Chancelleries, Paris, 1876.*
Leal (Augusto Soares d'Azevedo Barbosa de Pinho), *Portugal Antigo e Moderno, 12 vols.* Lisboa, 1873-1890.
Leal (José da Silva Mendes), *Historia da Guerra do Oriente*, 2 vols.,Lisboa,1856.
Leal (José da Silva Mendes), ver Visconde de Santarém e Rebello da Silva.
Leão (Duarte Nunes de), *Crónicas dos Reis de Portugal*, ed. Porto, 1975.
Lee (Sidney), *King Edward VII, 2 vols.*, Londres, 1925-1927.
Leitão (Ruben Andresen), *Cartas de D. Pedro V ao Conde de Lavradio,* Porto, 1945.
 – *Cartas de D. Pedro V ao Príncipe Alberto*, Lisboa, 1954.
 – *Documentos dos Arquivos de Windsor*, Coimbra, 1955.
 – *Novos Documentos dos Arquivos de Windsor*, Coimbra, 1958.
 – *Inéditos de D. Pedro V dos Arquivos Reais de Windsor*, Lisboa, 1966.
 – *Diário da Viagem a França Del Rei Dom Pedro V*, Paris, 1970.
 – «A Acção Diplomática do Conde de Lavradio em Londres (1851-1855)», *in Memórias da Academia das Ciências de Lisboa*, XVI, 1975, pp. 7 e ss.
Leite (António), «O Centenário do Concílio Vaticano 1 (1869-1870)», *in Brotéria*, vol. 89, 1969, pp. 601 e ss.
Leite (Duarte), *História dos Descobrimentos*, 2 vols., Lisboa, 1958.
Leite (Serafim), *História da Companhia de Jesus no Brasil, 10 vols., Lisboa, 1938-1950.*
Lema (Marquês de), *Antecedentes Políticos y Diplomáticos de los Sucesos de 1808,* 2.ª ed., Madrid, 1912.
Lemos (Ester de), *D. Maria 11,* Lisboa, 1954.
Lenoir (L.), *Portugal em 1862*, Lisboa, 1863.
Leopoldina (D.), *Cartas de uma Imperatriz*, São Paulo, 2006.
Leroy-Beaulieu (Paul), *De la Colonisation chez les Peuples Modernes,* 4.ª ed., Paris, 1891.
Letters of John III King of Portugal 1521-1557, ed. por J. D. M. Ford, Cambridge, Mass. 1931.
Letters of Queen Victoria (The), 3 vols., Londres, 1908, ed. por Benson e Esher; 2.ª série, Londres, 3 *vols., 1926-1928*, 3.ª série, Londres, 3 vols 1930-1932, ed. por Buckle.

Lévesque (Pierre-Charles), «Mémoire *sur les anciennes relations de Ia France avec la* Russie, in *Mémoires de l'Institut de Sciences Morales et Politiques,* II, Paris, ano VII, pp. 68 ess.
Leytão (Manuel Rodrigues), *Tratado Analytico e Apologetico sobre os Provimentos dos Bispados da Coroa de Portugal,* Lisboa, 1715.
Lichnowski (Príncipe de), *Portugal – Recordações do Anno de 1842,* 2.ª ed., Lisboa, 1845.
Lima (Cândido Figueiredo e), ver *A Revolta Miguelista contra o Cabralismo.*
Lima (Durval Pires de), «As relações de Portugal com a Suécia durante a Restauração», in *Anais da Academia Portuguesa da História,* VII,1942.pp.319 ess.
 – *O Oriente e a África desde a Restauração a Pombal,* Lisboa, 1946.
Lima (Henrique de Campos Ferreira), *Princesas Artistas (As Filhas de El-Rei D. José),* Coimbra, 1925.
 – *Garrett Diplomata,* Gaia, 1932.
 – *Legião Polaca ou Legião da Rainha Dona Maria Segunda,* Famalicão, 1932.
 – *Batalhão de Caçadores Espanhóis do Guadiana (1834),* Famalicão, 1938.
Lima (Luís António de Abreu e), ver Conde da Carreira.
Lima (Oliveira), *Dom João VI no Brasil,* 2.ª ed., 3 vols., Rio de Janeiro, 1945.
 – *O Reconhecimento do Imperio,* Rio de Janeiro, 1901.
 – *O Movimento da Independência 1821-1822,* São Paulo, 1922.
 – *Dom Pedro e Dom Miguel,* São Paulo, 1925.
 – *O Imperio Brazileiro,* São Paulo, 1927.
 – *Dom Miguel no Trono (1828-1833),* Coimbra, 1933.
Livro (O) Azul ou Correspondencia Relativa aos Negocios de Portugal Apresentada em ambas as Camaras Inglesas, trad. port., Lisboa, 1847. Ver tb. *Documentos Historicos...*
Lobato (Alexandre), *Relações Luso-Maratas (1658-1737),* Lisboa, 1965.
Lobo (António de Sousa e Silva Costa), *Historia da Sociedade em Portugal no Seculo XV,* Lisboa, 1903.
 – *Origens do Sebastianismo,* Lisboa, 1909.
Lobo (F. M. da Costa), *A Acção Diplomática dos Portugueses nos Séculos* XV *e* XVI, *Destinada à Realização de Descobertas e Conquistas,* Lisboa, 1937.
 – *Dolorosa Tragédia dos Ínclitos Infantes Filhos de D. João 1,* Coimbra, 1943.
Lopes (António), *Marquês de Pombal e a Companhia de Jesus. Correspondência Inédita de 115 Minutas e Cartas,* Cascais, 1999.
 – *Enigma Pombal,* 2.ª ed., Lisboa, 2002.
Lopes (David), *História de Arzila sob o Domínio Português,* Coimbra, 1925.
Lopes (Fernão),«Chronica d'El Rey D. Pedro I», in *Ineditos de Historia Portugueza,* 2.ª ed., IV, Lisboa, 1925.
 – *Crónica de D. João I,* 2 vols., ed. Porto, 1945-1949.
 – *Crónica de D. Fernando,* ed. Lisboa, 1975.
Loureiro (Fernando de Góis), ver *Jornada D'El-Rei Dom Sebastião.*
Lugard (Lord), *The Dual Mandate in British Tropical* Africa, 4.ª ed., Londres, 1929.
Luís XV, *Correspondance Sécrète Inédite de Louis XV sur la Politique Étrangère,* 2 vols., Paris, 1866.
Luís XVI, *Correspondance Politique et Confidentielle Inédite,* 2 vols., Paris, 1803.
Luís XVIII, ver Talleyrand.

Luz (Francisco Paulo Mendes da) *O Conselho da Índia*, Lisboa, 1952.
Macedo (António Teixeira de), *Traços de Historia Contemporanea (1846-1847)*, Porto, 1880.
Macedo (Duarte Ribeiro de), *Obras*, 2 vols., Lisboa, 1767.
Macedo (Jorge Borges de), *O Bloqueio Continental*, Lisboa, 1962.
 – «Constantes e Linhas de Força da História Diplomática Portuguesa», in *Nação e Defesa*, 1978-1981.
 – *Portugal um Destino Histórico*, sep. "1.as Jornadas Históricas da História da Espanha e de Portugal", Lisboa, 1990.
Macedo (José Agostinho de), *Oração funebre que nas exequias do muito alto e muito poderoso imperador e rei D. João VI, celebradas na Basilica do Coração de Jesus, no dia l0 de Abril de 1826 prégou José Agostinho de Macedo*, Lisboa, 1826.
 – *Os Jesuitas*, Lisboa, 1830.
Machado (António do Canto) e António Monteiro Cardoso, *A Guerrilha do Remexido*, Lisboa, s/d.
Macmillan (W. M.), *Africa Emergent*, n.ed., Londres, 1949.
Madariaga (Salvador de), *Carlos V*, 2.ª ed., Barcelona, 1981.
Madelin (Louis), *La Révolution*, 5.ª ed., Paris, 1914.
 – *La France de L'Empire*, Paris, 1926.
Mafra (Conde de), *Memórias do Professor Thomaz de Mello Breyner, 4.º Conde de Mafra (1869-1883)*, 2 vols., Lisboa, 1930-1934.
Magalhães (Felix Pereira de), *Apontamentos para a Historia Diplomatica de Portugal desde 1826 até 1834*, Lisboa, 1871.
Magalhães (José Calvet de), *A Diplomacia Pura*, Lisboa, 1982.
 – *Breve História Diplomática de Portugal*, Lisboa, 1990.
Magnus (Philip), *King Edward the Seventh*, Londres, 1964.
Maimbourg (Louis), *Histoire du Luthéranisme*, 2.ª ed., 2 vols., Paris, 1681.
Malafaia (Eurico de Ataíde), *O Brasil e a Fronteira da Guiana Francesa*, Lisboa, 2002.
 – *A Guerra Peninsular*, Braga, 2007.
Manso (Visconde de Paiva), *Memoria sobre Lourenço Marques (Delagoa Bay)*, Lisboa, 1870.
 – *Historia Eclesiastica Ultramarina*, Lisboa, 1872.
Marañon (Gregório), *Ensayo Biológico sobre Enrique IV de Castilla y su Tiempo*, 3.ª ed., Madrid, 1941.
 – *El Conde – Duque de Olivares (La Pasión de Mandar)*, Madrid, 1945.
Mariana (Juan de), *Historia de España*, continuada por Eduardo Chao, 3 vols., Madrid, 1852-1853.
Mariana Vitória (D.), ver Caetano Beirão.
Mariz (Pedro de), *Dialogos de Varia Historia, Lisboa, 1674*.
Marques (A. H. de Oliveira), *Dicionário de Maçonaria Portuguesa, 2 vols.*, Lisboa, 1986.
Márquez de Prado (José), *Historia de la Plaza de Ceuta*, Madrid, 1859.
Martens(Charles de), *Manuel Diplomatique*, Paris, 1822.
Martínez (Pedro Soares) *Coordenadas da História Diplomática de Portugal*, sep. "Memórias da Academia das Ciências de Lisboa, Classe de Letras, Tomo XXII, pp. 13-26, Lisboa, 1981.
 – *Saudação a Gilberto Freyre,* in "Sessão de Homenagem a Gilberto Freyre", de Academia das Ciências de Lisboa, pp. 13-25, Lisboa, 1983.

– *O Enquadramento Externo de Aljubarrota*, in "Aljubarrota 600 Anos", Lisboa, 1985, pp. 177-189.
– *O Humanismo Renascentistta e a Diplomacia Portuguesa do Século XVI*, sep. "O Humanismo Português 1500-1600", da Academia das Ciências de Lisboa, pp. 475-488, Lisboa, 1988.
– *A Neutralidade Portuguesa desde o Século XVI*, sep. "Colóquio sobre Portugal e a Paz", da Academia das Ciências de Lisboa, pp. 81-96, Lisboa, 1989.
– *A Acção Diplomáica de D. Manuel II*, in "No Primeiro Centenário de El-Rei D. Manuel II (1889-1932)", da Academia Portuguesa da História, Lisboa, 1991, pp. 105-121.
– *A Época do Marquês das Minas*, in "Comemorando os 300 Anos de Conquista de Madrid", Lisba, 2006, pp. 134-138.
– *A Diplomacia Paralela e as Razões do seu Insucesso*, in "Diplomatica", n.º 1, 2008. pp. 64-65.
Martínez Ferrando (J. Ernesto), *Tragedia del Insigne Condestable Don Pedro de Portugal*, Madrid, 1942.
– *Pere de Portugal, «Rei dels Catalans»*, Barcelona, 1960.
Martínez Marina (Francisco), *Ensayo Histórico-Crítico sobre la Antigua Legislación*, Madrid, 1808.
Martins (Armando), *Portugal e o Japão,* Lisboa, 1955.
Martins (F. A. Oliveira), *O « Ultimatum» visto por António Enes,* Lisboa, 1946.
Martins (Jaquim Pedro de Oliveira), *História de Portugal*, 10.ª ed., 2 vols., Lisboa, 1920.
– *Os Filhos de D. João I,* 2 vols., 2.ª ed., Lisboa, 1901.
– *Portugal Contemporâneo*, 7.ª ed., 3 vols., Lisboa, 1953.
Martins (Rocha), *D. Manuel II,* 2 vols., Lisboa, s/d.
– *João Franco e o seu Tempo*, Lisboa, s/d.
Martins (Rocha), *ver* Visconde de *Santarém*.
Martins Filho (Enéas), *O Conselho de Estado Português e a Transmigração da Família Real em 1807,* Rio de Janeiro, 1968.
Mascarenhas (Domingos), *Portugalidade – Biografia duma Nação,* Lisboa, s/d.
Mascarenhas(D. Jerónimo de), *Historia de la Ciudad de Ceuta,* Lisboa, 1918.
Mascarenyes (C. E.), *Une Édition Française de la «Carta Patente de Crença» donnée par Jean IV à son Ambassadeur en Catalogne,* Lisboa, 1939.
Mashanaglass (Marquês Mac Swiney de), *Le Portugal et le Saint-Siège,* 3 vols., Paris, 1898-1904.
Massie (Robert K.), *Nicholas and Alexandra,* 2.ª ed., Londres, 1971.
Matos (Gastão de Melo de), *Espiões e Agentes Secretos nos Princípios do Século XVIII,* Oeiras, 1931.
Matozo (Luiz Montez), *Ano Noticioso e Historico,* I, Lisboa, 1933.
Mattingly (Garrett), *Renaissance Diplomacy,* Londres, 1955.
– *L'Épopée de l'Invincible «Armada»,* trad. franc., Paris, 1963.
Mattos (Raimundo José da Cunha), *Memorial da Campanha do Senhor D. Pedro d'Alcantara, ex-Imperador do Brazil no Reino de Portugal,* 2 vols., Rio de Janeiro, 1833.
Maurício (Domingos), «A preceptora de D. Maria II», in *Brotéria,* vol. 16, 1933, pp. 305 e ss.
– «Portugal e o censo à Santa Sé», in *Brotéria,* vol. 21, 1935, pp. 98 e ss.
– «O Casamento de D. Maria I e o incidente diplomático das luminárias», in *Brotéria,* vol. 92, 1971, pp. 186 ess.

Medeyros (J. Paulo de), *A Diplomacia de D. João VI na América e na Europa,* Porto, 1956.
Mellander (Karl), ver Prestage.
Mello (Joaquim Lopes Carreira de), *Portugal suas Dynastias e Governos ou Verdades Historicas e Politicas acerca das suas Legitimidades,* Lisboa, 1860.
Mendes (M. Maia), *Portugueses na Etiópia,* Lisboa, 1938.
Mendonça (Agostinho de Gavy de), *Historia do Cerco de Mazagão,* Lisboa, 1891.
Menéndez y Pelayo (Marcelino), *Historia de los Heterodoxos Españoles,* 2.º ed., 7 vols., Madrid, 1932-1933.
Merêa (Manuel Paulo), *História e Direito,* Coimbra, 1967.
 – *Projecto de Constituição de 1823,* Coimbra, 1967.
Metternich (Príncipe de), *Mémoires, Documents et Écrits Divers,* 8 vols., Paris, 1880-1884.
Mignet (François), *António Pérez et Philippe II,* Paris, 1845.
 – *Charles-Quint,* 2.ª ed., Paris, 1855.
Milewska (Elzbieta), *A Polónia e Portugal – Relações ao longo dos Séculos,* Varsóvia, 1984.
Millé (Andrés), *La Cuenca del Plata,* Buenos Aires, 1972.
Miranda (Cardoso de), *O Último Rei,* Lisboa, 1960.
Miranda (Jorge Beleza de), *A Morte de El Rei D. João VI,* 2.ª ed., Lisboa, 1957.
Missão Diplomática do Conde de Paço d'Arcos no Brasil – 1891 a 1893, Lisboa, 1974.
Mongiardim (Maria Regina), *Diplomacia,* Coimbra, 2007.
Moniz (Freitas), ver Rebello da Silva.
Monstruosidades do Tempo e da Fortuna, Lisboa, 1888; n. ed., 4 vols., Porto, 1938-1939.
Monteiro (José Maria de Sousa), *Historia de Portugal,* 4 vols., Lisboa, 1838.
Morais (Alves de), *A Guerra Hispano-Americana e a Península,* Porto, 1898.
Morais (Francisco), *Relações Italianas da Restauração,* Coimbra, 1940.
Moral Roncal (Antonio Manuel), *Carlos V de Borbón,* Madrid, 1999.
Morato (Francisco Manuel Trigoso de Aragão), *Memórias,* Coimbra, 1933.
Moreira (Adriano), *Política Internacional,* Lisboa, 1968.
Moreno (Humberto Baquero), *A Batalha de Alfarrobeira,* 2.ª ed., 2 vols., Coimbra, 1979-1980.
Morley (John), *The life of William Ewart Gladstone,* 2 vols., Londres, 1905-1906.
Moura (Jacinto José do Nascimento), *Relações dos Portugueses com o Sião,* Lisboa, s/d.
Mulhacen (Marquês de), *Carlos V y su Política Mediterranea,* Madrid, 1962.
Napier (Charles), *An Account of the War in Portugal between Don Pedro and Don Miguel,* 2 vols., Londres, 1836.
Napier (William Francis Patrick), *A Narrative of the Peninsular Campaign 1807-1814,* Londres, 1897.
Negocios Externos – Documentos Apresentados às Cortes nas Sessões Legislativas de 1884 e de 1885, Questão do Zaire, I e II, Lisboa, 1884-1885.
Negocios Externos – Documentos Apresentados às Cortes na Sessão Legislativa de 1891-Limites no Congo, Lisboa, 1891.
Negocios de Roma..., ver Collecção...
Neuville (Baron Hyde de), *Mémoires et Souvenirs,* Paris, I vol., 3.ª ed., 1894; II vol., 2.ª ed., 1893; III vol, 1892.
Neves (José Accursio das), *Três Peças Patrioticas,* Lisboa, 1809.
 – *Historia Geral da Invazão dos Francezes em Portugal,* 6 vols., Lisboa, 1810.
 – *Cartas de hum Portuguez aos seus Concidadãos,* Lisboa, 1822-1823.

Nicolson (Harold), *Diplomacy,* Londres, 1939.
– *The Evolution of Diplomatic Method,* Londres, 1953.
Nogueira (José Artur Anes Duarte), *Ribacoa e a sua Ligação Histórica ao Reino de Portugal,* Braga, 1982.
Noronha (Eduardo de), *Reinado Florescente,* Lisboa, 1928.
– *Pina Manique,* 2.ª ed., Porto, 1940.
Norton (Luiz), *A Corte de Portugal no Brasil,* 2.ª ed., Lisboa, s/d.
– *A Dinastia dos Sás no Brasil,* Lisboa, 1943.
– *Os Portugueses no Japão,* Lisboa, 1952.
Nova Collecção de Tratados, Convenções, Contratos e Actos Publicos Celebrados entre a Corôa de Portugal e as mais Potencias, 15 vols., Lisboa, 1890-1921.
Nowel (Charles Edward), *The Rose – Colored Map,* Lisboa, 1982.
Numelin (Ragnar), *Les Origines de la Diplomatie,* trad. franc., Paris, 1945.
Nuñez de Castro (Alonso), *Corona Gotica, Castellana y Austriaca,* Antuérpia, 1681.
Observador Portuguez, Historico, e Politico de Lisboa, Lisboa, 1809 (atribuído por Inocêncio a D. Benevenuto António Caetano de Campos).
Ochoa Brum (Miguel-Ángel), *Embajadas y Embajadores en la Historia de España*, Madrid, 2002.
Oficios e mais Documentos dirigidos ao Governo pelo Ministerio do Rio de Janeiro, Lisboa,1822.
Olivart (Marquês de), *Il Papa Gli Stati della Chiesa e l'Italia,* Nápoles, 1901.
Oliveira (Alberto de), *Memórias da Vida Diplomática,* Lisboa, 1926.
Oliveira (Cavaleiro de), *Cartas Inéditas,* publicadas por A. Gonçalves Rodrigues, Coimbra, 1942.
Oliveira (Eduardo Freire de), *Elementos para a Historia do Municipio de Lisboa,* 17 vols., Lisboa, 1882-1911.
Oliveira (Fernando de), *Duas Vitórias – O Princípio da Liberdade e Igualdade do Comércio na Bacia Convencional do Congo e as Reservas Portuguesas de 1885 e 1919 – Subsídio para a História da Diplomacia Portuguesa nos Séculos XIX e XX*, Lisboa, 1962.
Oliveira (J. da Matta), *O Poder Marítimo na Guerra da Península,* Lisboa, 1915.
– *Alguns Manuscritos sobre a Batalha do Cabo Matapan,* Famalicão,1950.
Oliveira (José Manuel Cardoso de), *Actos Diplomáticos do Brasil,* 2 vols., Rio de Janeiro, 1912.
Oliveira (Luís Soares de), *História Diplomática. O Período Europeu, 1580-1917*, Lisboa, 1994.
Oliveira (Miguel de), *História Eclesiástica de Portugal,* 3.ª ed., Lisboa, 1958.
Ollivier (Émile), *L'Église et l'État au Concile du Vatican,* 2 vols., 3.ª ed., Paris, s/ d.
O'Meara (Barry E.), *Napoléon dans l'Éxil, ou Une Voix de Ste Hélène. Opinions et Réflexions de l'Empereur des Français,* trad. franc., 2 vols., Londres, 1823.
Orliac (Jehanne d'), *Christine de Suède,* Paris, 1934.
Ortega y Gasset (José), *La Rebelión de Ias Masas,* 9.ª ed., Madrid, 1943.
Ortigão (Ramalho), *Rei D. Carlos, o Martyrisado,* Lisboa, 1908.
Osório (Jerónimo), *Da Vida e Feitos de El-Rei D. Manuel,* trad. port., 2 vols., Porto, 1949.
Owen (Coronel), *O Cerco do Porto,* 2.ª ed., Porto, 1920.
Ozanam (Didier), *La Diplomacia de Fernando VI,* Madrid, 1975.
– *Les Diplomates Espagnols du XVIIIe siécle,* Madrid, 1998.

Ozarzun (Román), *Historia del Carlismo*, Bilbau, 1939.
Pabón (Jesús), *La Revolución Portuguesa*, 2 vols., Madrid, 1941-1945.
Paço d'Arcos (Conde de), ver *Missão* Diplomática ....
Padover, ver Thompson.
Padroado de Portugal em África (Direitos de) – Memorando do Ministério da Marinha e Ultramar, Lisboa, 1883.
Paile (Miguel de Almeida), *Santo António dos Portugueses em Roma*, 2 vols., Lisboa, 1951-1952.
Pais (Pêro), *História da Etiópia*, 3 vols., Porto, 1945.
Paixão (V. M. Braga), *Últimos Casamentos na Casa Real, em Portugal*, Lisboa, 1965.
– «A Terceira Imperatriz», in *Anais* da Academia Portuguesa da História, II série, vol. 27, 1981, pp. 183 e ss.
Palacio Atard (Vicente), *La España del Siglo XIX (1808-1898)*, 2.ª ed., Madrid, 1981.
Palencia (Afonso de) *Cronica de Enrique IV*, 2 vols.,Madrid, 1973-1975.
Paléologue (Maurice), *Un Grand Tournand de la Politique Mondiale (1904-1906)*, Paris, 1934.
Palha (Fernando), *O Conde de Castelo Melhor no Exílio*, Lisboa, 1883.
Palmeirim (L. A.), *Portugal e os seus Detractores,* Lisboa, 1877.
Palmela(Duque de), *Despachos e Correspondencia,* 4 vols., Lisboa,1851-1869.
Palmerston (Henry John Temple), *La Correspondance Intime*, trad. franc., Paris, 1878.
Papers Presented to Parliament in 1809, Londres, 1809.
Papiers et Correspondance de la Famille Impériale, 2 vols., Paris, 1871.
Papiers Sécrets brulés dans l'Incendie des Tuileries, Bruxelas, 1871.
Passos (Carlos de), «O problema da sucessão de D. João VI», in *História de Portugal*, dirigida por Damião Peres, VII, pp. 127 e ss.
– «Regência e reinado de D. Miguel», *ibidem*, pp. 161 e ss.
Paz (Príncipe de la), ver Godoy.
Pedro I (D.), «Proclamações, Cartas, Artigos», in *Biblioteca do Sesquicentenário,* Rio de Janeiro, 1972.
Pedro I (D.), ver Cartas.
Pedro V (D.), *Escritos de El-Rei D. Pedro V,* 5 vols., Coimbra, 1923-1930.
– *Diário da Viagem a França de El-Rei D. Pedro V,* Paris, 1970.
Pedro V (D.), ver Fortunato José Barreiros, Ruben Andresen Leitão e Francisco Fortunato Queirós.
Pedro (Condestável Don), *Tragédia de la Insigne Reina Doña Isabel*, 2.ª ed., Coimbra, 1922.
Penson, ver *Diplomatic Blue Books.*
Pereira (Ângelo), *As Senhoras Infantas, Lisboa, 1938.*
– *As Regências da Monarquia Portuguesa,* Lisboa,1942.
– *Os Filhos d'El-Rei D. João VI*, Lisboa,1946.
– *D. João VI Príncipe e Rei – A Retirada da Família Real para o Brasil*, Lisboa, 1953.
– *D. João VI Príncipe e Rei – A Independência do Brasil*, Lisboa, 1956.
– *D. João VI Príncipe e Rei – Últimos Anos* dum *Reinado Tormentoso,* Lisboa, 1958.
Pereira (António Serras), *Portugal na História da Civilização,* Lisboa, 1928.
Pereira (Isaias da Rosa), «Subsídios para a História da Inquisição em Portugal no século XVI, in *Anais da Academia Portuguesa da História*, II série, vol. 23, tomo II, 1976, pp.149 ess.

Pereira (José Esteves), *Silvestre Pinheiro Ferreira – O seu Pensamento Político*, Coimbra, 1974.
Pereira (Juan Carlos), *Introdución al Estudio de la Política Exterior de España (Siglos XIX y XX)*, Madrid, 1983.
Pereira (Juan Carlos) e outros, *História de las Relaciones Internacionales Contemporáneas*, Barcelona, 2001,
Pereira (Sara Marques), *D. Carlota Joaquina e os "Espelhos de Clio"*, Lisboa, 1999.
Peres(Damião), *D. João I*, Lisboa, 1917.
  – *O Governo do Prior do Crato*, Barcelos, 1929.
  – *A Diplomacia Portuguesa e a Sucessão de Espanha*, Barcelos, 1931.
  – «*Fim da Guerra Peninsular; a paz geral*», *in* História de Portugal, dirigida por Damião Peres, VI, pp. 349 e ss.
  – «*A Revolução de 1820 e os seus antecedentes*», *ibidem*, VII, pp. 9 e ss.
  – «*Primeiro período de plena vigência da Carta Constitucional: 1834-1836*», ibidem, pp. 222 e ss.
  – «*Da 'regeneração' ao 'reformismo': 1851-1869*, *ibidem*, pp. 331 e ss.
  – *D. Pedro V nas Páginas do seu Diário Íntimo*, Porto, 1945.
  – *Como Nasceu Portugal*, 3.ª ed., Porto, 1946.
  – *O Tratado de Limites de 13 de Janeiro de 1750*, Lisboa, 1950.
Pérez (Joseph), ver Kamen (Henry).
Pérez González (Alfredo), *Doctrina Internacionalista de Serafin de Freitas*, Madrid, 1963.
Pérez Samper (M.ª Ángeles), *Isabel de Farnesio*, Barcelona, 2003.
Petrie(Charles), *Diplomatic History 1713-1933*, Londres, 1946.
Pimenta (Alfredo), *Elementos de História de Portugal*, 2.ª ed., Lisboa,1935.
  – *D. João III*, Porto, 1936.
  – *Para a História das Relações entre Portugal e a Alemanha (1884-1914)*, 3.ª ed., Lisboa, 1941.
  – *Ainda a Batalha de Ourique*, Lisboa, 1945.
Pimentel (Alberto), *Rainha sem Reino*, Porto, 1887.
Pimentel(António de Serpa), *A Questão do Oriente*, Porto, 1877.
Pina (D. Manuel de Bastos), *ver Cartas de S. M. a Rainha D. Amélia*.
Pina (Ruy de), «*Chronica d'El Rei Dom Duarte*», in Ineditos de Historia Portugueza, I, Lisboa, 1790.
  – «*Chronica d'El Rei Dom Afonso V*», *ibidem*.
  – «*Chronica d'El Rey Dom João II*», *ibidem*, II, Lisboa, 1792.
  – *Chronica de El-Rey Dom Afonso o Quarto*, Lisboa, 1936.
Pirala (Antonio), *Historia de la Guerra Civil y de los Partidos Liberal e Carlista, 4.ª ed.*, 6 vols., Madrid, 1984.
Pirenne (Jacques), *As Grandes Correntes da História Universal*, trad. port., 7 vols., Lisboa, 1950-1958.
Pisano (Mateus), *Livro da Guerra de Ceuta, Lisboa, 1915*.
Pitta (Sebastião da Rocha), *Historia da America Portugueza*, 2.ª ed., Lisboa, 1880.
Política Externa (1936-1947) (Dez Anos de), 15 vols., Lisboa, 1961-1993.
Pombo (José Francisco da Rocha), *História do Brasil*, 10 vols., Rio de Janeiro, s/d.
Portes (René des), «*L'Europe diplomatique et D. Miguel*», *in Revue d'Histoire Diplomatique*, VIII, 1894, pp. 81 e ss.

Porto Seguro (Barão de), *Historia das Lutas com os Hollandezes no Brasil*, Lisboa, 1872.
Porto Seguro (Visconde de), ver Varnhagen.
Portugal e Brazil – Para a Historia d'um Conflicto Diplomatico, Livorno, 1901.
Potiemkine (Vladimir) e outros, *Histoire de la Diplomatie*, trad. franc., 3 vols., Paris, 1946-1947.
Praça (J. J. Lopes), *Ensaio sobre o Padroado Portuguez*, Coimbra, 1869.
Presas (José), *Memorias Secretas de D. Carlota Joaquina*, Rio de Janeiro, 1940.
Prescott (William H.), *History of the Reign of Ferdinand and Isabella, 3.ª ed.*, Londres, 1841.
 – *History of the Reign of Philip the Second*, 2 vols., Londres, 1855.
Prestage (Edgar), *As Duas Embaixadas do 1.º Marquês de Nisa a França (1642 a 1646 e 1647 a 1649)*, Coimbra, 1919.
 – *Portugal, Brasil e Grã-Bretanha*, Coimbra, 1925.
 – *The Diplomatic Relations of Portugal and England from 1640 to 1668*, Watford, 1925.
 – *Frei Domingos do Rosário, Diplomata e Político* (1595-1 662), Coimbra, 1926.
 – *As Relações Diplomáticas de Portugal com a França, Inglaterra e Holanda de 1640 a 1668*, Coimbra, 1928.
 – *Descobridores Portugueses*, trad. port., Porto, 1934.
 – *A Aliança Anglo-Portuguesa*, trad. port., Coimbra, 1936.
Prestage (Edgar), Pedro de Azevedo e Laranjo Coelho, *Correspondência Diplomática de Francisco de Sousa Coutinho, 3 vols.*, Coimbra e Lisboa, 1920, 1926 e 1955.
Prestage (Edgar) e Karl Mellander, *As Relações Diplomáticas e Comerciais entre a Suécia e Portugal de 1641 a 1670*, Lisboa, 1943.
Queirós (Eça de), *A Correspondência de Fradique Mendes*, 12.ª ed., Porto, 1944.
Queirós (Francisco Fortunato), *Epistolário de D. Pedro V*, Lisboa, 1983.
Question des Soeurs de la Charité en Portugal (1857-1862), Lisboa, 1863.
Ramos-Coelho (José), *Historia do Infante D. Duarte, Irmão de El-Rei D. João IV*, 3 vols., Lisboa, 1889-1890-1920.
Rangel (Alberto), *D. Pedro I e a Marquesa de Santos*, Rio de Janeiro, 1916.
 – *Os Dois Ingleses Strangford e Stuart*, Rio de Janeiro, 1972.
 – *Anotações às Cartas de D. Pedro I a D. Domitila*, Rio de Janeiro, 1974.
Raposo (Hipólito), *Dona Luísa de Gusmão*, Lisboa, 1947.
Rau (Virgínia), *D. Catarina de Bragança Rainha de Inglaterra*, Coimbra, 1941.
 – *A Embaixada de Tristão de Mendonça Furtado e os Arquivos Notariais Holandeses*, Lisboa, 1958.
 – *No Tricentenário do Casamento Real Anglo-Português de 1662*, Coimbra, 1962.
 – *Portugal e o Mediterrâneo no* Século XV, Lisboa, 1973.
Rávago (Francisco de), *Correspondencia reservada e inédita del P. Francisco de Rávago, confessor de Fernando VI*, Madrid, s/d.
Rebello (A. Velloso), *As Primeiras Tentativas da Independencia do Brasil*, Lisboa, 1915.
Rebolledo (Conde de), *Voto del Conde de Rebolledo, natural de Leon, sobre las Treguas de Portugal*, Lisboa, 1667.
Record Office, ver *Descriptive List...*
Rego (Silva), *O Padroado Português do Oriente*, Lisboa, 1940.
 – *A Dupla Restauração de Angola (1641-1648)*, Lisboa, 1948.
 – *O Ultramar Português no Século XIX (1834-1910)*, 2.ª ed., Lisboa, 1969.
 – *O Ultramar Português no Século XVIII (1700-1833)*, 2.ª ed., Lisboa, 1970.

Remédios (Mendes dos), *Memorias de José da Cunha Brochado,* Coimbra, 1909.
Rémy (Pierre-Jean), *Trésors et Secrets du Quai d'Orsay*, Paris, 2001.
Renouvin (Pierre), «*Le XIX ème Siècle*», vols. V e VI da Histoire des Relations Internationales, dirigida por Pierre Renouvin, Paris, 1968.
   – «*Les Crises du XXème Siècle*», ibidem, vols. VII e VIII.
Resende (Garcia de), *Crónica de Dom João II e Miscelânea,* n. ed., Lisboa, 1973.
Révah (I.S.), *Le Cardinal de Richelieu et la Restauration du Portugal,* Lisboa, 1950.
Revolta (A) Miguelista contra o Cabralismo – Cartas de António Ribeiro Saraiva e Cândido Figueiredo e Lima, ed. João Carlos Alvim, Lisboa, 1985.
Ribeiro (Ernesto Rodolfo Hintze), *Portugal e a Inglaterra – As Negociações do Tratado sobre os Dominios de Africa,* Lisboa, 1891.
Ribeiro (João Pedro), *Dissertações Chronologicas e Criticas,* 2.ª ed., 5 vols., Lisboa, 1857, 1860, 1867 e 1896.
Ribeiro (José Silvestre), *Esboço Historico de D. Duarte de Bragança, Irmão de El-Rei D. João IV,* Lisboa, 1876.
Ribeiro (Thomaz), *D. Miguel, a Sua Realeza e o Seu Emprestimo Outrequin & Jauge,* Lisboa, 1880.
   – *Historia da Legislação Liberal Portugueza,* 2 vols., Lisboa, 1891-1892.
Rio Branco, *Obras do Barão do Rio Branco,* com Introdução de A. G. de Araújo Jorge, 5 vols., Rio de Janeiro, 1945.
Rocha (Coelho da), *Ensaio sobre a Historia do Governo e da Legislação de Portugal,* 4.ª ed., Coimbra, s/d.
Rochau (De), *Histoire de la Restauration,* trad. franc., Paris, 1867.
Rodenas Vilar (Rafael), *La Política Europea de España durante la Guerra de Treinta Años,* Madrid, 1967.
Rodrigues (António Gonçalves), *O Protestante Lusitano,* Coimbra, 1950.
Rodrigues (António Gonçalves), ver Cavaleiro de Oliveira.
Rodrigues (Francisco), «A Companhia de Jesus e a Restauração de Portugal», in *Anais da Academia Portuguesa da História,* VI, 1942, pp. 329 e ss.
Rodrigues (José Honório), *Teoria da História do Brasil,* São Paulo, 1949.
   – *Independência: Revolução e Contra-Revolução,* 5 vols., Rio de Janeiro, 1975-1976.
Rodriguez-Moñino (Antonio), *Viaje a España del Rey Don Sebastián de Portugal,* Badajoz, 1948.
Rohden (Peter Richard), *Esplendor y Ocaso de la Diplomacia Clásica,* trad. esp., Madrid, 1942.
Rojas Paz (Pablo), *Hombres y Momentos de la Diplomacia,* Buenos Aires, 1946.
Rossier (Edmond), *Du Traité de Westphalie à l'Europe de Versailles,* Paris, 1938.
Rougle (William P.), *As Relações Luso-Russas através da Imprensa Portuguesa do Século XVIII,* Lisboa, 1979.
   – *António Manuel de Vieira na Corte Russa no Século XVIII,* Lisboa, 1983.
Rubio (Julián Maria), *La Infanta Carlota Joaquina y la Politica de España en America* (1808-1812), Madrid, 1920.
   – *Filipe II de España Rey de Portugal*, Madrid, 1939.
Russel (Lord John), *The Life and Time of Charles James Fox,* 3 vols., Londres, 1859-1866.
Russell (Bertrand), *Histoire des Idées au XIXème Siècle,* trad. franc., Paris, 1938.

S. Boaventura (Frei Fortunato de), *O Defensor dos Jesuítas,* n.ᵒˢ 1 a 12, Lisboa, 1829-1833.
S. Januário (Visconde de), *Missão nas Republicas da America do Sul,* Lisboa, 1880.
Sá (Aires de), *Rainha D. Amélia,* Lisboa, 1928.
 – *D. Luiz Filipe,* Lisboa, 1929.
Sá da Bandeira (Visconde de), O *Trafico da Escravatura e o «Bill» de Lord Palmerston,* Lisboa, 1840.
 – *Factos e Considerações Relativos aos Direitos de Portugal sobre os Territorios de Molembo, Cabinda e Ambriz,* Lisboa, 1855.
Sá da Bandeira (Marquês de), *Lettre Adressée au Comte Goblet d'Alviella,* Lisboa, 1870.
Saavedra Faxardo (Diego), *Corona Gotica, Castellana y Austriaca,* Antuérpia, 1677.
Sabugosa (Conde de), *Donas de Tempos Idos,* Lisboa, 1912.
 – *Gente d'Algo,* Lisboa, 1915.
Sacadura (S. C. da Costa), «O Parto Mortal de D. Maria II», sep. *Imprensa Médica,* Lisboa, 1940.
Saint-Aymour (M. O. de Caix de), *Considérations Politiques et Diplomatiques,* Paris, 1843.
Saint-Aymour (Visconde de Caix de), *Recueil des Instructions données aux Ambassadeurs et Ministres de France – Portugal,* Paris, 1886.
Saldanha (António Vasconcellos de), *Justum Imperium – Dos Tratados como Fundamento do Império dos Portugueses no Oriente,* Lisboa, 1997.
Sales (Ernesto Augusto Pereira), *O Conde de Lippe em Portugal,* Famalicão, 1937.
Salmon (Tho.), *Modern History,* 3 vols., Londres, 1739.
Sampaio (Carlos Rangel), *Preparativos de Uma Revolta (Documentos Ineditos, de 1840 a 1846),* Lisboa, 1905.
Sampaio (J. Pereira de), ver Schaefer.
Sampayo (Luiz Teixeira de), *Antes de Ceuta,* Coimbra, 1923.
 – *O Arquivo Histórico do Ministério dos Negócios Estrangeiros (Subsídios para o Estudo da História da Diplomacia Portuguesa),* Coimbra, 1925.
 – «Para a História do Tratado de Methuen», in *Estudos Históricos de Luiz Teixeira de Sampayo,* Lisboa, 1984, pp. 127 e ss.
 – «Elementos para o Estudo da Aliança Luso-Britânica», ibidem, pp. 295 e ss.
 – «Observações sobre as Cartas de Prim», ibidem, pp. 333 e ss.
Sanceau (Elaine), *Castelos em África,* trad. port., Porto, 1961.
Santa Ritta (José Gonçalo), *Estudo sobre a Conferência de Berlim de 1885,* Lisboa, 1916.
 – *A África nas Relações Internacionais depois de 1870,* Lisboa, 1959.
Santarém (Visconde de), *Noticia dos Manuscriptos Pertencentes ao Direito Publico Externo Diplomatico de Portugal,* Lisboa, 1827.
 – *Demonstração dos Direitos que tem a Coroa de Portugal sobre os Territorios Situados na Costa Ocidental de Africa, entre o 5.° grau e 12 minutos e o 8.° de Latitude Meridional,* Lisboa, 1855.
 – *Opusculos e Esparsos,* 2 vols., Lisboa, 1910.
 – *Inéditos,* Lisboa, 1914.
 – *Correspondencia do 2.° Visconde de Santarem,* coligida por Rocha Martins, 8 vols., Lisboa, 1918-1919.
Santarém (Visconde de), Luiz Augusto Rebello da Silva e José da Silva Mendes Leal, *Quadro Elementar das Relações Politicas e Diplomaticas de Portugal com as Diversas*

Potencias do Mundo desde o Principio da Monarchia Portugueza até aos Nossos Dias, 18 vols., os oito primeiros, XIV e XV, Paris, 1842-1854, os outros, Lisboa, 1858-1876.

Santiago Rodríguez (Miguel), *Los Manuscritos del Archivo General y Biblioteca del Ministerio de Asuntos Exteriores,* Madrid, 1974.

Santo Thomaz (Frei Luiz de), *Sermão de Nosso Serafico Padre S. Francisco e Oração de Sapiencia na Abertura da Nova Academia de Mafra em o dia IV de Outubro de MDCCXCII,* Lisboa, 1792.

Santos (Amílcar Salgado dos), *A Imperatriz D. Leopoldina,* São Paulo, 1927.

Santos (Eduardo dos), «A Questão da Barca "Charles et Georges" », in *Anais da Academia Portuguesa da História,* II série, vol, 23, tomo I, 1975, pp. 173 e ss.

Santos (Maria Emília Madeira), *Relações Diplomáticas entre Portugal e Veneza (1641-1649),* Lisboa, 1965.

São Mamede (Conde de), *Don Sébastien et Philippe II,* Paris, 1884.

São Payo (Conde de), *Notas Inéditas sobre Tristão de Mendonça Furtado e a Sua Embaixada aos Estados Gerais,* Lisboa, 1932.

– *O Visconde de Santarém Diplomata,* Lisboa, 1944.

Saraiva (António Ribeiro), *Diário (1831-1888),* 2 vols., Lisboa, 1916-1917.

Saraiva (António Ribeiro), ver *A Revolta Miguelista contra o Cabralismo.*

Saraiva (Cardeal), *Obras Completas,* 10 vols., Lisboa, 1872-1883.

Sarmento (José Estêvão de Morais), *A Expansão Alemã,* Lisboa, 1919.

Sarrazin (M.) *Histoire de la Guerre d'Espagne et de Portugal, de 1807 à 1814*, Paris, 1814.

Satow (Ernest), *A Guide to Diplomatic Practice,* 2 vols., Londres, 1917.

Scarlatti (Lita), *Os Homens de Alfarrobeira,* Lisboa, 1980.

Schaefer (Henrique), *Historia de Portugal,* trad. port., continuada por J. Pereira de Sampaio (Bruno) e por José Agostinho, 7 vols., Porto, 1893-1926.

Scheidl (Ludwig) e José A. Palma Caetano, *Relações entre Portugal e a Áustria,* Lisboa, 2002.

Schlichthorst *(C.), O Rio de Janeiro como é (1824-1826),* trad. bras., Rio de Janeiro, 1943.

Schlitter (Hans), *Correspondance Sécrete entre le Comte A. W. Kaunitz-Rietberg et le Baron Ignaz de Koch,* Paris, 1899.

Seco Serrano (Carlos), *Godoy El Hombre y El* Político, Madrid, 1978, reedição do estudo introdutório às "Memorias" de Manuel Godoy (1956).

– *La España de Alfonso XIII,* Madrid, 2002

Seignobos *(Ch.), Histoire Politique de l'Europe Contemporaine (1814-1896),* 2.'ed., Paris, 1899.

– *1815-1915 – Du Congrès de Vienne à la Guerre de 1914,* Paris, 1915.

Selvagem (Carlos), *Portugal Militar,* Lisboa, 1931.

Sequeira (Gustavo Matos), *Depois do Terramoto,* I, Lisboa, 1916.

Serrão (Joaquim Veríssimo), *O Reinado de D. António Prior do Crato,* Coimbra, 1956.

– *Notas sobre a Embaixada de Honorato de Cais em Portugal,* Paris, 1969.

– *A Embaixada em França de Brás de Alvide,* Paris, 1969.

– *Relações Históricas entre Portugal e a França* (1430-1481), Paris, 1975.

– *História de Portugal,* 17 vols., Lisboa, 1977-2007.

– *O Marquês de Pombal – O Homem, o Diplomata e o Estadista,* Lisboa, 1982.

– *D. Manuel II – O Rei e o Homem à Luz da História,* Lisboa, 1990.

Sicard (Augustin), *Le Clergé de France pendant la Révolution,* 3 vols., n. ed., Paris, 1912-1927.
Siebertz (Paul), *Dom Miguel e a sua Época,* Mem Martins, 1985.
Silioni(Rolando Segundo), *La Diplomacia Luso-Brasileña en la Cuenca del Plata,* Buenos Aires, 1975.
Silva (António de Moraes), *Historia de Portugal Composta em Inglez por uma Sociedade de Litteratos,* 4 vols., Lisboa, 1788-1802.
Silva (Casimiro Gomes da), *D. Carlos 1,* Lisboa, 1952.
Silva (Francisco Gomes da), *Memórias do Conselheiro Francisco Gomes da Silva (O Chalaça),* Rio de Janeiro, 1939.
Silva (J. M. Pereira da), *Historia da Fundação do Imperio Brazileiro,* 7 vols., Rio de Janeiro, 1864-1868.
Silva (Joaquim Caetano da), *L'Oyapoc et l'Amazone,* 3.ª ed., 2 vols., Paris, 1899.
Silva (José Soares da), *Gazeta em Forma de Carta* (1701-1716), I, Porto, 1933.
Silva (Luiz Augusto Rebello da), *Historia de Portugal nos Seculos XVII e XVIII,* 5 vols., Lisboa, 1860-1871.
 – *Elogio Historico de Sua Magestade El-Rei o Senhor D. Pedro V,* Lisboa, 1863.
Silva (Luiz Augusto Rebello da), Mendes Leal, Freitas Moniz, António Ferrão e Laranjo Coelho, *Corpo Diplomatico Portuguez contendo os Actos e Relações Políticas e Diplomaticas de Portugal com as Diversas Potencias do Mundo desde o Século XVI até os Nossos Dias,* 15 vols., 1862-1959.
Silva (Luiz Augusto Rebello da), ver Visconde de Santarém.
Smollett (Tobias), ver David Hume.
Soares (Ernesto), *O Infante D. Manuel, Subsídios para a Sua Biografia,* Lisboa, 1937.
Soares (José Carlos de Macedo), *Fronteiras do Brasil no Regime Colonial,* Rio de Janeiro, 1939.
Soares (Torquato de Sousa), «Significado Político do Tratado de Tui de 1137», in *Revista Portuguesa de História,* II, Coimbra, 1943, pp. 321 e ss.
Soriano (Simão José da Luz), *Historia do Cerco do Porto,* 2 vols., Lisboa, 1846-1849.
 - *Historia da Guerra Civil e do Estabelecimento do Governo Parlamentar em Portugal,* 17 vols., Lisboa, 1866-1890.
 - *Historia do Reinado de El-Rei D. José e da Administração do Marquez de Pombal,* Lisboa, 1867.
 – *Vida do Marquez de Sá da Bandeira,* 2 vols., Lisboa, 1887-1888.
Sousa (D. António Caetano de), *Historia Genealogica da Casa Real Portugueza,* 12 vols., Lisboa, 1735-1748.
 – *Provas da Historia Genealogica da Casa Real Portugueza,* 6 vols., Lisboa, 1739-1748.
Sousa (António da Silva e), ver *Um Diplomata* ....
Southey (Roberto), *Historia do Brasil,* trad. port., 6 vols., Rio de Janeiro, 1862.
Souza (Marnoco e), *Direito Ecclesiastico Português,* Coimbra, 1910.
Soveral (Visconde de), *Apontamentos sobre as Antigas Relações Políticas e Commerciais de Portugal com a Republica de Veneza,* Lisboa, 1893.
State Papers (British and Foreign), 104 vols., Londres, 1832-1915.
State Papers, ver *Descriptive List* ....

Stockler (Francisco de Borja Garção), *Cartas ao Autor da Historia Geral da Invazão dos Francezes em Portugal e da Restauração deste Reino,* Rio de Janeiro, 1813.
Stradling (R. A.), *Felipe IV y el Gobierno de España,* trad. esp., Madrid, 1989.
Strasen (E. A.) e Alfredo Gândara, *Oito Séculos de História Luso-Alemã,* Lisboa, 1944.
Suárez Fernandez (Luís), *Historia de España Antigua y Media,* 2 vols., Madrid, 1976.
 – *Enrique IV de Castilla,* Barcelona, 2001.
Suárez Fernandez (Luís), ver La Torre.
Suárez Inclán (Julián), *Guerra de Anexión en Portugal durante el Reinado de Don Felipe II,* 2 vols., Madrid, 1897-1898
Svanström (Ragnar), ver Grimberg.
Taine (H.), *Les Origines de la France Contemporaine,* 23.ª ed., 11 vols., Paris, 1900-1901.
Talleyrand (Charles Maurice), «Mémoire sus les relations commerciales des États-Unis avec l'Angleterre, in *Mémoires de l'Institut de Sciences Morales et Politiquet,* II, Paris, ano VII, pp. 86 e ss.
 – «Essai sur les avantages à retirer des colonies nouvelles dans les circonstances présentes», *ibidem,* pp. 288 e ss.
 – *Correspondance Inédite du Prince de Talleyrand et du Roi Louis XVIII pendant le Congrès de Vienne,* Paris, 1881.
Tarouca (Carlos da Silva), «Correspondência entre o Duque Manuel Telles da Silva e Sebastião José de Carvalho e Melo», in *Anais da Academia Portuguesa da História,* II série, vol. 6, 1955, pp. 281 e ss.
Tarouca (Conde de), *Cartas Dirigidas ao Cardeal da Cunha,* Lisboa, 1927.
Tavares (António José Chrystêllo) *Marcos Fundamentais da Presença Portuguesa no Daomé,* Lisboa, 1999.
Tavares (Jorge d'Avillez Juzarte de Souza), ver Avillez.
Temperley, ver *Diplomatic Blue Books.*
Testa (Carlos), *Lord Palmerston – A Opinião e os Factos,* Lisboa, 1865.
 – *Incidentes da Política Externa de Portugal,* Lisboa, 1890.
Theiner (Augustin), *Histoire du Pontificat de Clément XIV,* trad. franc., 2 vols., Paris, 1852.
Thompson (J. W.) e S. K. Padover, *Secret Diplomacy,* Londres, 1937.
Tocqueville (Alexis de), *Coup d'Oeil sur le Règne de Louis XVI,* Paris, ed. Amyot, s/d.
Tovar (Conde de), *Catálogo dos Manuscritos Portugueses ou Relativos a Portugal Existentes no Museu Britânico,* Lisboa, 1932.
 – *A Embaixada do Infante D. Dinis à Corte de Inglaterra em 1388,* Coimbra, 1932.
 – *Portugal e Veneza na Idade Média,* Coimbra, 1933.
 – *Estudos Históricos,* 3 vols., Lisboa, 1961.
Tratados Aplicáveis ao Ultramar – ver José de Almada.
Trevelyan (George Macaulay), *History of England,* n. ed., Londres, 1947.
Troyat (Henri), *Pierre Le Grand,* Paris, 1979.
Tudela (Mariano), *Zumalacárregui,* Madrid, 1985.
Ulrich (Ruy Ennes), «Os Diplomatas de Portugal Restaurado», in *Boletim da Academia das Ciências de Lisboa,* nova série, XII, 1940, pp. 192 e ss.
Um Diplomata Português da Restauração, António da Silva e Sousa – Correspondência Relativa à sua Missão no Norte da Europa, Lisboa, 1940.
Valdelomar (Marquês de), *El Partido Fernandino y la Masoneria,* Madrid, 1974.
Valladares (Rafael), *La Rebelión de Portugal 1640-1680,* Valladolid, 1998.

Valera (Juan), ver Lafuente.
Varnhagen (Francisco Adolfo de Varnhagen, Visconde de Porto Seguro), «Historia da Independencia do Brasil., in *Revista do Instituto Historico e Geograpbico Brasileiro,* vol. LXXIX, Rio de Janeiro, 1917.
– *História Geral do Brasil*, 5.ª ed., 6 vols., São Paulo, 1956.
Veiga (Costa), *Breves Palavras sobre a Questão de Ourique,* Coimbra, 1928.
– *Estudos de História Militar Portuguesa*, 2 vols., Lisboa, 1936-1939.
– *Ayala e Aljubarrota,* Coimbra, 1951.
Veiga (Raúl da Silva), *Catálogo de Documentos do Cartório de D. Luís da Cunha (1709-1749)*, Coimbra, 1991.
Velho (B. T. de Morais Leite), *Estudo Historico das Relações Diplomaticas e Politicas entre a França e Portugal*, Lisboa, 1896.
Veloso (Queirós), Como *Perdemos Olivença,* Lisboa, 1933.
– *D. Sebastião, 2.ª* ed., Lisboa, 1935.
– *O Reinado do Cardeal D. Henrique*, Lisboa, 1946.
Ventura (António), *As Guerras Liberais em Portalegre*, Portalegre, 1982.
Ventura (Margarida Garcez), *João da Silveira Diplomata Português do Século XVI,* Lisboa,1983.
Vercesi (Ernesto), *Tre Secretari di Stato*, Veneza, 1932.
Vertot (Abade), *Histoire des Révolutions de Portugal,* Paris, 1825.
Vianna (António), *José da Silva Carvalho e o Seu Tempo*, 3 vols., Lisboa, 1891-1894.
– *Introducção aos Apontamentos para a Historia Diplomatica Contemporanea*, Lisboa, 1907.
– *Apontamentos para a Historia Diplomatica Contemporanea*, 3 vols., Lisboa, 1901-1922-1958.
Vianna (Hélio), *História do Brasil*, 5.ª ed., 2 vols., São Paulo, 1967.
– *Capítulos de História Luso-Brasileira*, Lisboa, 1968.
Victoria (Rainha), ver *Letters of Queen Victoria.*
Vidal Saura (Ginés), *La Politica Exterior de España durante la Menor Edad de Isabel II*, Madrid, 1929.
Vieira (António), *Cartas*, 4 vols., ed. Lisboa, 1854-1855.
Vila Franca (Conde de), *D. João I e a Aliança Inglesa*, 2.ª ed., Lisboa, 1950.
Vilhena (Júlio de), *Antes da República,* 2 vols., Coimbra, 1916.
– *D. Pedro V e o Seu Reinado*, 3 vols., Coimbra, 1921-1922.
– *Cartas Inéditas da Rainha D. Estefânia*, Coimbra, 1922.
Villacorta Baños-Garcia (Antonio), *Don Sebastián Rey de Portugal*, Barcelona, 2001.
Villa-Urrutia (Marquês de), *Fernán Nuñez – El Embajador*, Madrid, 1931.
Villefranche (J. M.), *Pio IX – sua Vida sua História e seu Seculo*, com prefácio de Camillo Castelo Branco, trad. port., Lisboa, 1877.
Viterbo (Joaquim de Santa Rosa de), *Elucidario das Palavras, Termos, e Frases que em Portugal Antiguamente se Usárão e que Hoje Regularmente se Ignorão*, 2 vols., Lisboa, 1798-1799.
Vitrian (Juan), ver Comines.
Voltes (Pedro), *El Archiduque Carlos de Austria*, Barcelona, 1953.
– *Fernando VII,* Barcelona, 1985.
Ximénez de Sandoval (C.), *Batalla de Aljubarrota*, Madrid, 1872.

Walsingham, *Mémoires et Instructions pour les Ambassadeurs,* trad. franc., Amsterdão, 1700.
Wanty (Émile), *L'Art de la Guerre,* 3 vols., Paris, 1967.
Watson (Anthony), *Juan de la Cueva and the Portuguese Succession,* Londres, 1971.
Weill(Georges), *La France sous la Monarchie Constitutionnelle,* Paris, 1902.
Welch (Sidney R.), *Europe's Discovery of South Africa,* Cidade do Cabo, 1935.
  – *A África do Sul sob El-Rei D. Manuel (1495-1521),* trad. port., Lourenço Marques, 1950.
  – *A África do Sul sob El-Rei D. João III (1521-1557),* trad. port., Lourenço Marques, 1955.
Wellington, ver Gurwood:
Witte (Charles Martial de), *La Correspondance des Premiers Nonces Permanents au Portugal 1532-1553,* Lisboa, 1980.
Witte (Conde de), *Mémoires du Comte Witte,* trad. franc., 7.ª ed., Paris, 1921.
Zamoyski (Adam), *Rites of Peace – The Fall of Napoleon and the Congress of Vienna,* Londres, 2007.
Zurara (Gomes Eanes de), «Chronica do Conde D. Pedro de Menezes», in *Ineditos* de Historia Portugueza, II, Lisboa, 1792.
  – *Crónica da Tomada de Ceuta,* Lisboa, 1915.
  – *Crónica dos Feitos da Guiné,* Lisboa, 1949.

ÍNDICE REMISSIVO

A

A'Court 432, 447, 449, 450, 452, 453
Abade José 170
Abbeville (João de) 47
Abedim 26
Aberdeen (Lord) 529
Aboukir 318, 319
Abrantes 327, 452, 507
Abrantes (Dr.) 452, 453
Abrantes (Duquesa de) 327
Abrilada 429, 440, 443, 446 a 448, 454
Absolutismo 16, 167, 170, 442, 443, 448, 451, 458
Academia de Belas-Artes de São Fernando 241
Academia das Ciências 221, 292, 309, 310, 321, 660
Academia das Ciências da U.R.S.S. 628
Academia da História 228, 252, 660
Academias de Marinha e de Fortificação 292
Artiharia e Desenho 292
Academia de Portugal em Roma 228, 293
Academia Portuguesa de Belas Artes de Roma 293
Açores 121, 139, 157, 158, 161, 179, 214, 348, 445, 466, 468, 474, 475, 479, 488, 646
Açúcar 90, 214, 215, 223, 615
Adams 404
Adriano VI 119
Aeterni regis 117
Afeganistão 641
Affidavit 532
Afonso II 33, 39, 40, 43 a 46
Afonso III 48, 49 a 53, 55, 56, 62
Afonso IV 34, 58, 64 a 69, 73, 93
Afonso V 95, 99, 100 a 108, 117, 118, 123, 133, 134, 136, 667
Afonso VI 186, 195, 199, 201, 202, 203

Afonso (D.), filho de D. João II 108
Afonso (D.), infante de Portugal, filho de D. Luís I 556
Afonso I de Aragão 25, 36
Afonso II de Aragão 37
Afonso VI de Leão 26, 79
Afonso VII de Leão 27, 28, 29, 31, 33, 37
Afonso VIII 38, 39, 40, 41
Afonso IX de Leão 38
Afonso X, o *Sábio* 50, 52, 56
Afonso XI 64, 65, 67
Afonso XII 646
Afonso XIII 644, 645, 655, 656
Afonso (D.), irmão de Henrique IV de Castela 103, 104
Afonso, Conde de Gijon 79
Afonso Carlos (D.), infante de Espanha 399
Afonso Henriques 25, 27 a 32, 34, 36, 37, 38, 41, 42, 44, 502, 662 a 664, 666, 667
Afonso de Lacerda 58
África 44, 63, 90, 92, 95, 108, 117, 118, 121, 124, 133, 136, 144 a 146, 174, 183 a 187, 196, 206, 208, 235, 289, 361, 362, 444, 529, 542, 563, 564, 570, 571, 572, 577 a 579, 599, 600, 601, 607 a 609, 610 a 616, 618 a 620, 623 a 625, 630, 631, 634, 636, 637, 640, 641, 653, 655, 657, 661, 667, 669
Agadir 90, 642
Agostinho (Santo) 18, 275
Águas Livres 228
Águia Negra 657
Aguiar (Joaquim António de) 550
Aguiar (Marquês de) 348
Aiamonte 59
Aix-la-Chapelle 244, 245, 249, 252, 388, 393, 437
Ajuda 191, 580
Alagoas 424
Alba 151

Alba (Duque de) 151, 155, 157, 336
Alberoni 238, 239, 243
Alberto (Arquiduque) 152, 154, 574, 575
Alberto, arquiduque austríaco 221, 560
Alberto de Saxe-Coburgo-Gotha 506, 535, 551, 552, 553, 555, 560, 571, 574
Albuera 347, 350
Albuquerque (Afonso de) 399
Albuquerque (Duque de) 103
Albuquerque (Fernando Afonso de) 80, 84
Albuquerque (Martim de) 135, 450
Albuquerque (Matias de) 185
Albuquerque (Tenório d') 292
Alcácer Ceguer 95, 144
Alcácer Quibir 7, 11, 124, 139, 144, 146, 147, 148, 180, 228
Alcáçovas 107, 108, 110, 111, 121
Alcanises 57, 58, 59
Alcântara 59, 70, 71, 155, 157, 220
Alcira 221
Alcoentre 345
Alcoutim 71 a 74
Alcudia (Duque de) 321
Aldana (Francisco de) 146
Alegrete (Marquês de) 227
Alemanha 11, 14, 47, 49, 102, 132, 170, 172, 182, 221, 243, 340, 367, 424, 561, 582, 586 a 589, 609 a 611, 613, 614, 616, 617, 620, 624, 625, 627 a 631, 633, 635, 637, 639, 640 a 643, 645, 646, 654, 655, 656, 657
Alembert (D') 336
Alenquer (João Afonso de) 90
Alentejo 59, 80, 197, 221, 331, 335, 344, 478, 489, 494, 495, 510, 533, 535, 556
Alexandra, czarina russa 641

Alexandra da Dinamarca, rainha de Inglaterra 580, 645
Alexandre I da Rússia 435
Alexandre III 32, 33
Alexandre IV 53
Alexandre VI 121, 665
Alexandre VII 193
Alexandria 233, 318
Alexandrino (Cardeal) 143, 144
Aléxis I 168
Alfaiates 58
Alfarrobeira 99, 101, 102, 136, 667
Alfeite 646
Algarve 25, 51, 52, 55, 62, 88, 176, 203, 221, 253, 331, 342, 395, 398, 453, 474, 475, 486 a 489, 495, 510, 533, 535, 584
Algeciras 65, 71, 641, 645
Alicante 59
Aljubarrota 10, 81 a 84, 87, 94, 174, 526, 668
Almada (D. Antão de) 190, 194, 195
Almada (Francisco de) 277
Almada (José de) 332, 430, 636
Almansa 221
Almansor 38
Almeida (Cândido Mendes de) 277
Almeida (Ferrand de) 122, 224, 225, 255
Almeida (Fortunato de) 157 a 159, 304, 320, 459, 476, 516, 567, 584, 644, 646
Almeida (D. Francisco de) 121
Almeida (Francisco José de Lacerda e) 618
Almeida (João de) 325, 369
Almeida (José Bento Ferreira de) 602
Almeida (Lopes de) 320, 323, 335, 355
Almeida (Lopo de) 102
Almirantado Britânico 318, 332
Alorna (Marquês de) 340, 347, 383
Alpedrinha (Cardeal) 63
Alpes 99, 171, 586
Alsácia 173, 181, 585, 611, 628
Alte (Visconde de) 569
Altmark 172
Álvares (Jorge) 128
Álvares (Nuno) 80
Álvarez (José) 470, 472
Alverca 521
Amadeu de Sabóia, rei de Espanha 583
Amarante (Conde de) 441
Amazonas – Amazónia 224, 253
Amboise (Clermont d') 270, 276
Ambriz 289, 542, 570, 571, 603, 604

Ameal (João) 21, 432, 451, 625, 633, 636
Amélia (D.), rainha de Portugal 627, 643
Amélia (D.), imperatriz do Brasil 476, 479, 504, 524, 541, 556
América Latina 359
América do Norte 168, 278, 281, 283, 284, 295, 379, 403, 543, 564, 565, 638
América do Sul 205, 207, 208, 253, 335, 382, 402, 404, 412, 413, 420, 426, 437, 438, 473, 543
Américas 168, 169, 223, 255, 307, 382, 412, 425, 564, 565, 607, 637, 647
Amery 610
Amiens 323, 324, 326, 377
Amoreiras 228
Amsterdão 252, 291
Amzalak (Moses) 182
Ana, filha de Maximiliano II 142
Ana de Áustria 169, 170
Ana de Jesus (D.), filha de D.João VI 541
Anadia (Visconde de) 369
Anchieta (José) 274
Andaluzia 51, 65, 221, 249, 343
Andeiro (Conde de) 72, 79
Andrade (Banha de) 118
Andrade (Gomes Freire de) 256
Andrade (Gomes Freire de) ver em Freire
Andrade (Paiva de) 619
Andresen Leitão (Ruben) ver Leitão
Andrinopla 543
Angeja (Marquês de) 285
Anglicanismo 115, 206, 574
Angola 125, 185, 186, 572, 610, 615, 616, 618, 619, 624, 629
Angoulême (Conde de) 45
Angoulême (Duque de) 352, 419, 441, 443
Angra (Marquês de) 430
Anjou 44, 157, 217
Anjou (Duque de) 157, 217
Ano Bom 187, 285
Antárctida 174, 205, 213
Antas (Conde das) 535
Anticlericalismo 224, 267, 272, 578, 584, 671
Anticolonialismo 115
Antilhas 213, 215, 420, 425, 427, 564, 566, 610
Antioquia 233
Antonelli (Cardeal) 576, 591
Antónia (D.) infanta de Portugal, filha de D Maria II 561, 581
António (D.) Prior do Crato 156, 157

António (D.) infante de Portugal, irmão de D. João V 232, 245
António dos Portugueses (Santo) 584
Antuérpia 157, 304
Antunes (Manuel) 277
Apólices 314
Árabes 56, 110, 113, 564
Aracena 52, 58, 59
Aragão 29, 33, 36 a 39, 57, 60, 61, 68, 71, 72, 78, 89, 94, 100, 104, 107, 110, 664
Araguari 377
Aranda 258, 274, 336
Araújo (António Araújo de Azevedo) ver António Araújo de Azevedo
Ardoin 471
Argel 145, 289
Argélia 483, 512, 609
Argenson (Marquês d') 250
Argentina 122, 253, 255, 380, 410, 650
Arinos ver Afonso Arinos de Melo Franco
Arlington (Lord) 450
Armada invencível 159, 160, 194
Arménia 233
Arménios 639
Armitage 380, 381, 413
Arndt 337
Arnim (Von) 588
Arnoso (Conde de) 652
Arrábida 521
Arraiolos (Conde de) 75
Arronches 320
Arsenal de Lisboa 228, 523
Arsenalistas 523, 524, 530
Arte ornamental 549
Arthur (Ribeiro) 340
Artigas 387 a 391, 393
Artois 173, 298, 308, 352, 443
Artois (Conde de) 298, 308, 352, 443
Arvel 43
Arzila 95, 123, 124, 144, 158
Ásia 118, 126, 127, 187, 361, 529, 542, 543, 571, 628, 641
Asseca (Visconde de) 464
Assembleia Constituinte 303
Assembleia Nacional 447
Association Internationale pour l'Exploration et la Civilization de l'Afrique Centrale 611, 612
Assumar (Conde de) 176
Astorga 28, 29, 30
Astúrias (Princesa das) 559
Astúrias (Príncipe das), futuro Fernando VII 335, 336
Ataíde (Nuno de) 124

Atanado 228
Atlântico 11, 102, 108, 137, 168, 206, 404, 411, 413, 414, 426, 656, 671
Atoleiros 80
Atouguia (Visconde de) 552, 559
Aubeterre 277
Augusto (D.), infante de Portugal, filho de D. Maria II 505, 507, 556
Augusto II, eleitor de Saxe e rei da Polónia 245
Augusto de Leuchtenberg e Beauharnais 503, 504
Aumale 202
Austerlitz 435
Áustria 11, 110, 111, 138, 141, 154, 167 a 169, 170 a 173, 178, 189, 205, 206, 218, 222, 229, 247, 248, 250, 269, 290, 295, 302, 315, 323, 324, 339, 345, 356, 357, 359, 360, 370, 420, 426, 427, 429, 435 a 438, 446, 449, 454, 456, 459, 460, 479, 480, 483, 485, 487, 520, 524, 543, 544, 569, 579, 585 a 587, 593, 608, 609, 611, 617, 628, 639, 643, 654, 655, 666
Autun (Bispo d') 303
Aveiro 156
Ávila 83
Ávila (António José d'), conde e marquês de Avila e Bolama 552, 555, 569, 594, 604
Ávila (Sancho de) 151, 152, 157
Avilez (Jorge de), visconde de Reguengo e conde de Avilez 423
Avinhão 75, 76, 81, 83, 85, 133, 171, 275, 303, 353
Avogrado 417
Ayala 71, 82
Ayres (Christovam) 602
Azamor 90, 123, 144
Azambuja 462, 532
Azambuja (Torlade de) 462
Azara 302
Azevedo (António Araújo de) 314, 316, 317, 328, 329, 333, 369, 373, 389, 416
Azevedo (F. Alves de) 619
Azevedo (Francisco Nogueira) 384
Azevedo (Gonzaga de) 26, 42
Azevedo (Lúcio de) 120, 237, 266, 268, 269, 287
Arôche 52, 58, 59

B

Bacelar (Pinto) 343
Badajoz 37, 38, 52, 74, 87, 130, 220, 319, 320, 321, 347, 354, 361, 369, 377, 419, 442, 446, 663
Baía 183, 214, 215, 216, 222, 254, 372, 381, 423, 424, 604, 605, 631, 632, 635, 649, 652
Bailén 343, 344
Baiona 86, 220
Balança comercial 237, 647
Balança de pagamentos 647
Balcânica (Península) 118, 543, 664
Balduino 42, 43
Baleares 44, 44, 427, 656
Báltico 168, 368, 543, 638, 640, 664
Baltimore 388
Banda Oriental 386 a 393, 397, 398, 401, 410
Bandeira (Sá) ver Sá da Bandeira
Bandi 125
Banguecoque 127
Banha (Teotónio Xavier de Oliveira) 340
Baños-Garcia – ver Villacorta
Baptist Missionary Union 579
Barbacena 320, 423, 428
Barbacena (Marquês de) 423, 428
Bárbara de Bragança, infanta de Portugal, rainha de Espanha 228, 238, 240, 241, 244, 262
Barbaria 139
Barberini 189, 190, 192
Barbosa (D. José) 26, 43
Barbosa (Dias) 518, 519, 569, 573, 576, 592, 593, 594
Barbosa (Nuno) 462
Barca (Conde da) 316, 389
Barcelona 121, 218
Barcelona (Conde e condado de) 31, 36, 37, 38
Barcelona (Cortes de) 121
Baring 322
Barotze 619
Barradas (João) 177
Barras 316, 317, 321, 323, 358
Barreiros (Fortunato José) 548
Barreiros (José Baptista) 333
Barros (Gama) 48, 502
Barroso 462
Barruel 243, 275, 296, 336
Bartolomeu dos Mártires (D. Frei) 120
Baschy 251, 270
Basileia 313, 319, 321, 324
Bassano 275

Bastilha 297, 298
Batalha 26, 39, 40, 42, 43, 64 a 66, 81 a 83, 99, 134, 145, 155, 171, 172, 176, 180, 184, 196, 221, 232, 259, 318, 323, 328, 339, 343, 347, 348, 373, 494, 496, 526, 543
Bathurst 317
Baviera 143, 172, 248, 304, 339, 360, 501, 504, 580
Bazán (Alvaro de) 160
Beatriz (D.), rainha de Portugal 53, 57
Beatriz (D.), infanta de Portugal 52, 75
Beatriz (D.), infanta de Portugal, rainha de Castela 83
Beatriz (D.), filha de D. Manuel, duquesa de Sabóia 135
Beatriz, filha da rainha Vitória 643
Beauharnais 299, 316, 504
Beauchamp (Alphonse de) 183, 350
Bechuanalândia 618
Becker (Henri) 460
Beckford 289
Beengjierd 43
Beira 59, 73, 80, 221, 287, 331, 494, 510, 512, 527, 533, 636
Beira Alta 73, 510, 533
Beirão (Caetano) 195, 266, 267, 272, 283, 287, 289, 291, 292 a 294, 296, 306, 307
Beja 33, 341
Belas 247
Belas (Marquês de) 369
Belém 228, 274, 338, 525, 658
Belfast 460
Bélgica 223, 301, 302, 304, 315, 354, 360, 474, 481, 489, 490, 506, 507, 521, 525, 526, 531, 542, 551, 554, 561, 574, 579, 601, 610, 612, 613, 614, 627, 629
Belgrado 119, 232, 247, 640
Belgrano 387, 389
Belle-Isle 460, 479
Belmonte 244
Beloy (Pierre) 156
Beltraneja ver D. Joana
Beltrão de la Cueva 103
Bem (General) 473
Bemohi 114
Bemposta 445, 524, 534
Bemposta (Marquês da) 524, 534
Benavente 275
Benedetti 609
Beneplácito Régio 62 a 64
Benevides (Fonseca) 496
Benim 114, 124

Benguela 125
Bens nacionais 300, 323, 470, 471, 509, 519, 521 a 523
Bento XII 33, 64, 65, 67, 93
Bento XIV 241, 250, 275
Berengária ou Berengela, infanta de Portugal, rainha da Dinamarca 42
Beresford 342, 343, 345 a 347, 349, 354, 363, 380, 390, 401, 409, 430, 445, 446 ,466, 489
Beresina 339
Berlim 11, 249, 295, 298, 301, 329, 416, 487, 489, 561, 579, 582, 585, 599, 600, 603, 607 a 615, 617, 622, 625, 628 a 631, 635, 638 a 640, 642 a 645, 654
Bernardotte 351
Berry (Duque de) 352, 399, 437
Bersaglieri 583, 588
Bertrand 303, 349, 363, 403
Bíblia de Belém 338
Biblioteca Pública 292, 416
Bichi 229, 234, 296
Bicker (Júdice) 181, 198, 200, 201, 223, 231, 279, 316 317, 320, 326, 327, 329, 330, 332, 333, 340, 342, 347, 354, 362, 363, 369, 371, 373, 380, 385, 392, 396, 398, 401, 409, 429, 430, 431, 444, 446, 447, 451, 454, 458, 481, 484, 494, 495, 501, 504, 506, 507, 512, 513, 516 a 518, 566, 571, 578
Bidassoa 182
Bié 619, 620
Binder (Barão de) 429
Biscaia (Senhor da) 48, 67
Bismarck 581, 586, 589, 610, 611, 625, 627, 628, 638, 640, 642, 643, 654, 658
Bissau 362
Blaquière 473
Blois 143
Blondel 175
Bloqueio continental 329, 350, 375, 435, 664
Blosset 270, 271, 285
Blücher 355
Boa Esperança 122, 235, 578
Bocage (Carlos Roma du) 182, 185, 195, 612
Boémia 33, 43, 84, 171, 172, 286, 301 ,311
Bóeres 600, 619, 634 a 636, 641, 646
Bois-le-Comte 527
Bolama 571, 603, 604
Bolívar 382, 386

Bolonha 34, 48 49, 52, 53, 73
Bolonha (Conde e Condessa de) 48, 49, 52, 53
Bolonha (Guido de) 73
Bombaim 199, 200, 201, 669
Bombelles 288, 289, 290, 310
Bonaparte 275, 299, 301, 316, 317, 318, 320 a 325, 331, 333, 336, 338, 340, 341, 343, 344, 348, 349, 350 a 352, 354, 357, 359, 360, 389, 403, 498, 504, 519
Bonaparte (José) 336, 341, 343, 344
Bonaparte(Luciano) 322
Bonfim (Barão e Conde de) 526, 528
Bonga 620
Boppe (Comandante) 312, 340, 347
Borba 421
Bord (G.) 304
Bordéus (Bispo de) 39
Borges (José Ferreira) 484
Borgonha 99, 101, 102, 106, 176, 664
Borodino 339
Bóston 388
Botelho (José Maria de Sousa) 324
Botelho (Teixeira) 346
Boulanger (General) 611
Bourbon (Duque de) 240
Bourbons 239, 300, 331, 351, 352, 360, 456, 480
Bourdon (Léon) 141, 388, 404
Bourgeois (Émile) 167, 171, 308, 380, 426, 427, 436, 453, 504, 544, 545, 610
Bourmont 483
Bouvines 42
Braga 31, 59, 62, 72, 120, 258, 460
Braga (Arcebispo de) 27, 31, 46, 49, 50, 65, 152, 173, 192
Bragança 71, 101, 106, 110, 137
Bragança (Bispo de)
Bragança (Casa de) 334, 404, 427, 504, 590 657
Bragança (D. Constantino de) 137
Bragança (Dinastia de) 11, 174, 182, 229, 541
Bragança (Duque de) 109, 175, 176, 177, 182, 188, 191, 487, 488
Bragança (Duquesa de) 156
Bragança-Saxe (Casa de) 334, 404, 427, 504, 590, 657
Branca de Castela 48
Branca de Navarra 103

Branco (Bernardes) 157, 363, 473
Branco (Camilo Castelo) 224
Branco (Santos) 315
Brandão (Frei António) 33, 40, 42, 49, 56
Brandão (João) 509, 510
Brandão (Mateus da Assunção) 310
Brandão (Raul) 312, 404
Brandeburgo 206 248, 610
Brant (F. Caldeira) 423, 428
Brasil 11, 115, 116, 122, 134, 135, 137, 157, 161, 174, 179, 183 a 187, 205, 207, 208, 213 a 215, 223, 225, 228, 253, 254, 284, 285, 292, 308, 329, 331, 332 a 334, 340, 361, 363, 367 a 369, 371 a 373, 375, 377, 381, 384, 385, 388, 389, 392, 395, 398 a 400, 402, 409 a 414, 419, 422, 428 a 432, 450, 451, 460, 461, 467, 492, 504, 529, 564, 570, 577, 607, 608, 646, 647, 650, 651, 652, 656,
Brasil (Princesa do) 266, 276, 285, 322, 385, 386
Brasil (Príncipe do) 220
Brazão (Eduardo) 21, 182, 185, 191, 231, 233, 238 239, 251, 258, 269, 275, 301, 333, 397, 460, 464, 465, 483, 517, 519, 537, 579, 584, 591 a 595, 619, 621, 623, 630, 636
Brazza (Savorgnan de) 608
Brazzaville 608
Bremen 610
Brent 462
Breslau 249
Brest 446
Bretanha 250, 460, 551
Breyner (Thomaz de Mello) 646
British South Africa Company 618
Brito 462, 517
Brito (Francisco José Maria de) 316
Brito (João Pedro Miguéis de Carvalho e) ver Miguéis
Brito (Sanches de) 318
Briviesca (Cortes de) 83
Brochado (Cunha) 219, 220, 242, 261, 286
Bruges 99, 477
Brumário 317, 318
Brunswick (Duque de) 299, 302
Bruxelas 176, 198, 348, 490, 503, 504, 506, 517, 576, 610, 611, 653
Bu Regreg 90

Buache 315
Buçaco 347, 350, 549
Buchot 305
Buenos Aires 220, 225, 244, 254 a 256, 284, 380 a 383, 386 a 390, 395, 398, 424, 426, 650
Bula da Cruzada 63
Bulgária 232, 544, 639
Bülow (Von) 629
Bullon de Mendoza (Alfonso) 492
Buren (Van) 462
Burgos (Bispo de) 39, 46
Burke 20, 303, 337
Burrard (General) 342
Buzenbaum 274

C

Cabanes 404, 411
Cabinda 289, 542, 612
Cabo da Boa Esperança 122, 235, 578
Cabo Delgado 578
Cabo Frio 616
Cabo Verde 121, 122, 159, 214, 486, 584, 621
Cabral (Adolfo de Oliveira) 272
Cabral (Costa) 523, 528, 530, 531, 532, 533, 534, 535
Cabral (Pedro Álvares) 126
Cabral (Pedro Álvares), senhor de Belmonte 244
Cabrera 510
Cáceres 33, 85, 136
Cacheu 362
Cadaval (Duques de e Casa de) 404, 451
Cádis 159, 161, 178, 184, 249, 336, 344, 384, 385, 386, 397, 398, 411, 419, 443, 444, 447, 469, 492, 522
Caeiro (Francisco) 154
Caiena 377, 378
Cairo 619
Caixa azul 547
Caixa verde 547
Calais 135, 205
Caldeira (Soares) 523, 528
Califórnia 382
Calisto II 25
Calisto III 117
Calmon (Pedro) 284, 308, 378, 389, 390, 392, 399, 402, 461, 497, 648, 649
Câmara (D. Leonor da) 461, 541
Câmara dos Deputados 472, 483, 553, 568, 603
Câmara dos Pares 623
Camarão (António Filipe) 185

Cambaia 137
Cambrai 238, 239
Cambridge 74, 75, 458, 489, 578
Cambridge (Conde de) 74, 75
Camilos ver Club
Caminha 173, 494, 495
Caminha (Duque de) 173
Camões 135
Campillo 59
Campo de Espina 36
Campo Formio 324, 360
Campo Maior 58, 59, 320
Campolide 228
Campos (Abreu) 338
Canadá 282, 283, 425
Canal (Esquadra do) 318
Cananor 126, 187
Canárias 92, 93, 94, 108, 220, 656
Candia (Marquês de) 266, 267
Canhabac 571
Canning 332, 354, 381, 413, 419, 432, 433, 440, 447, 450, 453
Canovas del Castillo 182
Cantão 128
Capaccini 517
Capefigue 170, 181, 294, 348, 359, 363
Capelo (Hermenegildo) 618, 620
Capo d'Istria 359
Caraffa (General) 335
Caraíbas 543
Carbonária 437, 577
Carbonários 276, 452
Carbone 251, 260, 269, 472
Carbonell 472
Cardinale (Igino) 286
Cardoso (António) 510
Cardoso (António Maria) 619
Cardoso (António Monteiro) 511
Carignan (Príncipe de) 506
Carlismo 492
Carlos I (D.) 612, 619, 623, 630, 633, 636, 644 a 646, 652, 653
Carlos V 110, 111, 122, 130, 131, 132, 134 a 136, 161, 222, 664
Carlos II de Espanha 206, 217
Carlos III de Espanha 262, 273, 274, 282, 285, 288, 336
Carlos (Arquiduque, rei Carlos III de Espanha, depois Carlos VI da Alemanha) 217, 218, 220, 245, 248, 645, 652
Carlos IV de Espanha 331
Carlos o Temerário 99, 102, 106
Carlos I de Inglaterra 194
Carlos II de Inglaterra 195, 196, 198, 199, 202
Carlos IX 138, 142
Carlos X 352, 443, 481

Carlos X da Suécia 189
Carlos (D.), filho de Filipe II 136, 141
Carlos Alberto de Sabóia 536, 537, 538
Carlos Isidoro (D.) 78, 387, 390, 396, 399, 492, 493
Carlos Magno 165
Carlota, filha de Leopoldo I da Bélgica, casada com Maximiliano, arquiduque austríaco imperador do México 554, 560
Carlota Joaquina (D.), infanta de Espanha, rainha de Portugal 78, 289, 308, 310, 321, 382 a 388, 390, 395 a 398, 432, 444, 445, 449, 452, 453, 492
Carmo (Pereira do) 416
Carmona 70
Carnot (Lazare) 301, 338
Carnaxide (Visconde de) 254, 284
Carneiro (Borges) 415, 416
Carneiro (Pedro de Alcáçova) 135, 137
Carreira (Visconde e Conde da) 381, 405, 464, 477, 480, 489, 517, 518, 547, 576
Carrilho (Manuel Álvares) 193
Carta Constitucional 353, 442, 448, 450, 451, 453 a 457, 460, 461, 467, 501, 502, 522 a 524, 526, 528, 530 a 532, 547
Carta Constitucional francesa 456
Cartistas 522, 524, 525, 530
Carvalho (António Coelho de) 177
Carvalho (Joaquim de) 438, 466, 581, 582, 590
Carvalho (Joaquim Martins de) 465, 510, 577
Carvalho (José Liberato Freire de) 411
Carvalho (José da Silva) 418, 467, 469, 470, 471, 473, 474, 479, 482, 485 a 487, 489, 493, 505, 510
Carvalho (Maria Amália Vaz de) 348, 363, 494, 504, 511
Carvalho de Este 343
Casa Pia 293
Casal (Barão do) 511
Casamansa 114, 124, 616
Cascais 151
Casimiro (Augusto) 199
Casimiro (padre) 533, 534
Castaños (General) 343, 385
Castela 28, 33, 36 a 41, 45, 47, 48, 50 a 53, 57, 58, 59, 60 a 79, 82 a 89, 91 a 94, 99, 100 a 111, 120,

122, 130, 131, 134, 152, 168, 176 a 178, 180, 181, 197, 200, 223, 286, 589, 663, 664, 667, 668
Castelar (Emílio) 589
Castelo Bom 58
Castelo Branco 153, 440
Castelo Branco (D. Afonso) 152
Castelo Branco (João Franco) ver João Franco
Castelo Melhor 58
Castelo Melhor (Conde de) 195, 202, 203
Castelo Rodrigo 58, 188, 280
Castelo Rodrigo (Marquês de) 188
Castelo de Vide 320
Castelo-Branco (Fernando) 67, 122
Castelot (André) 297
Castilho (António Feliciano de) 650
Castilho (Augusto de) 634, 649, 650
Castilho (Júlio de) 650
Castilho (D. Pedro de) 152
Castlereagh 359, 430
Castres 260, 263, 269, 271
Castro (Álvaro Peres de) 48
Castro (D. Álvaro Peres) 48
Castro (Bernardo José d'Abrantes e) ver Dr. Abrantes)
Castro (Borges de) 121, 122, 178, 180, 184, 187, 188, 195, 196, 198, 200, 201, 203, 217, 218, 220, 224, 233, 240, 244, 252, 259, 282, 285, 289, 290, 305, 315, 316, 318, 319, 321, 322, 326 331, 332, 340, 353, 361, 373, 374, 377, 378, 391, 396, 399, 431, 435, 453, 454, 478, 493, 511, 535, 576, 591
Castro (Chaves e) 63
Castro (D. Diogo) 152
Castro (Gonçalves de) 511
Castro (Inês de) 66, 67, 68, 69, 73, 79, 81, 87
Castro (Joana de) 67
Castro (D. João de Almeida Melo e) 369
Castro (José de) 56, 120, 156, 269, 273, 276, 293, 400, 416, 496, 519, 576, 595
Castro (José Luciano de) 616, 651
Castro (Martinho de Melo e) 282
Castro (Melo de) 201
Castro (D. Miguel de) 152, 154
Castro (Pereira de) 178, 179, 190
Castro (Vieira de) 515, 612, 619, 623, 630, 633, 636, 644, 645, 653
Castro Marim 61, 151, 338

Castro Marim (Conde de) 338
Catalunha 99, 100, 102, 173, 176, 178, 190, 192, 221, 226, 311, 313, 328, 664
Catanga 617, 620
Catarina II 168, 275, 291, 301
Catarina (D.), infanta de Espanha e rainha de Portugal 131, 135, 136, 140, 142, 449
Catarina (D.),infanta de Portugal, rainha de Inglaterra 181, 198, 199, 202
Catarina de Lencastre 72, 87, 88, 94
Catarina de Médicis 138, 139, 141, 156, 157
Cateret 263
Cavalheiro (Rodrigues) 312, 637, 653
Cecil (Algernon) 356
Ceilão 126, 137, 200
Celeste Império 128
Celestino III 33, 38
Cellanova 37
Celorico 74
Cem Dias 348, 354 a 356, 359
Cem Mil Filhos de S. Luís 435
Censo 30 a 34, 49, 665
Cervantes 140
Ceuta 55, 89 a 95, 117, 119, 123, 174, 203, 665
Cevallos (Pedro) 284, 335
Chaby (Cláudio de) 313
Chaimite 630
Chalaça 450, 503
Chamberlain (Joe) 628
Chamberlain (Neville) 628
Chambéry 353
Champagny 328
Chanut 189
Chão da Feira 526
Chapuzet 486
Charles et Georges 14, 561, 563, 566, 567
Chartered 618
Chateaubriand 348, 353, 418, 420, 443, 445, 446
Chaul 126
Chauvelin 246
Chaves 46, 52, 63, 343
Chavigny 251, 262
Chigi (Fabio) 179
Chile 380, 410, 650
China 128, 129, 234, 587, 640, 661
Chincheu 128
Chipre 102, 286, 639
Chire 620, 621
Choiseul 258, 269 a 271, 273, 277, 280, 286

Church 315
Cidade Rodrigo 58, 70, 71, 419, 493
Cinq-Mars 174
Circum-navegação 130
Cisma do Ocidente 10, 75, 85, 165, 665
Ciudad Real 345
Civita Vecchia 269
Clarendon (Lord) 469
Claves regni coelorum 30
Clemente III 33
Clemente V 60, 242
Clemente VI 93
Clemente VII 75, 83, 119
Clemente IX 193
Clemente XI 231
Clemente XII 241
Clemente XIII 273, 275, 277
Clemente XIV 275, 577
Clinton 453, 454, 458
Club dos Camilos 523
Cluny 25, 41, 662
Coburgo 503 a 507, 535, 548, 551, 556, 561, 573, 579, 580, 581, 589
Coburgo (Duque de) 580
Cochim 126, 187, 235
Cochinchina 234, 610
Cochrane 380, 381, 424, 475
Coelho (Latino) 307, 312, 313
Coelho (Ramos) 182, 188
Coimbra 28, 44, 49, 53, 60, 61, 73, 76, 80, 81, 152, 153, 166, 175, 228, 251, 259, 346, 347, 349, 415, 445, 453, 530, 595
Coimbra (Bispo de) 49, 152, 153, 175
Coimbra (Cortes de) 76, 80, 81
Colaboracionistas 311, 338
Colbert 293
Colégio dos Nobres 293
Coligny 138
Colombo (Cristóvão) 121
Colonização 10, 92, 94, 205, 208, 470, 570, 600, 610, 613, 666
Comines (Filipe de) 106, 148
Compiègne 336
Compostela 31, 46, 62, 70
Compostela (Arcebispo de) 31
Compostela (Deão de) 46
Compostelana 26
Comuna de Paris 582, 588, 590
Comunidade Luso-Brasileira 647, 653
Comuns (Câmara dos) 345, 380, 513
Conceição (Frei Cláudio da) 26, 140
Concha (General), marquês del Duero 535, 559

Concílio Vaticano I 583, 584
Concini 170, 171
Concordatas 518
Concórdias 35
Condé 446
Confederação Germânica 360
Confisco 192, 510, 519
Congo 114, 124, 125, 579, 601, 608, 610, 612, 613, 642
Congresso Cisplatino 253, 391
Connaught (Duque de) 645
Consalvi 402, 520
Conselho de Estado 203, 244, 332, 333, 369, 370, 463, 621
Conselho de Regência 338, 342, 346, 409, 432, 449
Conselho Ultramarino 254
Conselhos de Guerra 345
Constança (D.), rainha de Portugal 69
Constança (D.), infanta de Portugal 64
Constança (D.) filha de Pedro I de Castela 72
Constâncio (Francisco Solano) 256, 257, 388, 389, 424
Constantinopla 43, 118, 158, 232, 233, 543, 544, 639
Constituição de 1822 384, 448, 457, 502, 523
Constituição de 1838 502, 526, 530
Consulado 319, 323, 324
Contarini 179
Conti (Princesa de) 297
Contracosta 618, 620
Contra-Reforma 10
Convenção 72, 280, 286, 289, 301, 305, 307, 308, 319, 326, 332, 338, 340 a 342, 344, 372, 373, 377, 378, 391, 440, 441, 477, 494 a 496, 509, 510 a 512, 534 a 536, 587, 617, 627, 630, 636
Coolela 630
Cooper (Duff) 358
Copenhaga 188, 333, 462
Copérnico 190
Cordeiro (Luciano) 43, 579, 603, 604, 612, 618
Córdova 492
Córdova, embaixador espanhol 492
Coreia 640
Corfu 232
Corpo Diplomático 142, 155, 156, 191 a 193, 464, 552, 649
Correia (Maria Alcina Ribeiro) 269
Córsega 229, 247, 348, 585
Corte-Real (Diogo de Mendonça) 226, 229, 230, 260

Corte-Real (Manuel Pamplona) 311, 321
Cortes 13, 50, 57, 63, 76 a 83, 86, 100, 101, 103, 106, 109, 122, 130, 138, 140, 141, 151 a 154, 168, 176, 180, 218, 227, 230, 234, 239, 244, 249, 250, 254, 257, 258, 261, 262, 270, 280, 288, 298, 301, 303, 324, 336, 339, 344, 370, 384, 385, 392, 398, 405, 409, 410, 414 a 417, 419 a 425, 439, 448 a 451, 455 a 457, 459, 461 a 464, 466, 472, 480, 487, 492, 493, 497, 502, 503, 505, 518, 534, 554, 576, 581, 594, 610, 612, 621, 624, 643, 645
Cortes vintistas 414, 420
Cortesão (Jaime) 254, 259, 263
Corunha 70, 72, 85, 158, 341, 343
Corvo (João de Andrade) 581
Costa (António de Jesus Maria da), o *Ganganelli* 577
Costa (Francisco Fernandes) 577
Costa (D. Jorge da) 63
Costa (João Severiano Maciel da) 378, 421
Costa (Neves da) 312
Costa da Mina 139
Cotton (Almirante) 342
Couceiro (Paiva) 619, 620
Coulão 126
Coutinho ver Sousa Coutinho
Coutinho (António de Azevedo) 131, 224, 238, 260, 261
Coutinho (Francisco de Sousa) 184, 188, 193, 196
Coutinho (D. José Joaquim de Azevedo)
Coutinho (Marco António de Azevedo) 224, 238, 260, 261
Covilhã 126, 228, 236
Covilhã (Pedro da) 126
Cracóvia 359
Cranganor 235
Cravo (Rui) 84
Crawfurt 380
Creus (Carlos) 512
Cristiano IV 171, 188
Cristina da Suécia 188, 189
Cromwell 194 a 198, 218
Cruz (Vicente da) 620
Cuanza 125
Cuba 121, 281, 426, 613, 631, 632, 633, 654
Cuesta (General) 385
Cuius regio eius religio 167
Cum sicut 34
Cunene 616

Cunha (Cardeal da) 252
Cunha (D. Luís da) 219, 224, 225, 238, 239, 244, 250, 251, 252, 261, 269, 278
Cunha (D. Rodrigo da) 195
Cunha (Tristão da) 118, 227
Cúria 28, 32, 34, 49, 63, 118, 155, 190, 192, 193, 233 a 235, 250, 268, 277, 301, 464, 517, 588, 592, 665, 666
Custine 299

D

Dáimio 129
Dalmácia 360
Dalrymple (William) 294
Damão 137, 513
Damiens
Daneborg 43
Daniel (Thomas) 80
Dantas (Miguel) 624
Danton 295, 297
Dantzig 43
Danvila (Alfonso) 152, 156, 241
Darbault 305
Darcy (Jean) 619, 623
Daun 250, 269, 272, 321, 430, 452
Daun (José Sebastião de Saldanha Oliveira) 430
Daun (D. Leonor) 250, 269, 272
Davidson 199
De Regno Portugaliae 55
Débidour 380, 436, 544, 609, 610
Decisões arbitrais 604, 605
Degredo 44, 116, 292, 444, 601
Delacroix (Charles) 317
Delagoa Bay 605
Delcassé 627, 641
Delvaux (Joseph) 465
Democracia 548
Desaix 299
Descobrimentos 117, 118, 161
Despotismo 167, 258, 270, 296, 439, 476, 519
Deutsche Kolonial Gesellschaft 610
Devotionem tuam 31
Diamantes 199, 215, 269, 322, 331, 619, 634
Dias (Henrique) 185
Dieta germânica 167, 360
Dietz 531
Dijon 99
Dinamarca 42, 43, 110, 188, 198, 248, 286, 290, 324, 329, 339, 344, 360, 362, 552, 628, 664
Dinis (D.) 35, 51, 55 a 59, 61, 62, 68, 73
Dinis (D.), infante 52, 56, 84, 86

Diogo (D.), filho de Filipe II 154
Directório 313, 314, 316 a 319, 323, 328, 357, 358
Direitos banais 415
Disraeli 634
Ditadura militar 447
Diu 513
Domitila ver Marquesa de Santos
Douro 46, 280, 331, 341, 382, 398, 482, 510, 512, 522, 535
Doyle (J.) 475
Drake 158, 159
Du Barry 277
Duarte (D.) 94, 95, 99, 100, 449
Duarte (D.), infante, 182, 188
Duas Sicílias 239, 290, 460, 491, 568, 587
Duclerc 223
Dudum cum 94
Duero (Marquês del Duero) 559
Duffy 572, 578, 619, 623, 630, 631
Duguay-Trouin 223
Duguesclin (Bertrand) 69, 71
Duhr 272
Dulce (D.) 33, 37
Dulce, filha de Afonso IX 47
Dumas (General) 312
Dumouriez 302
Dunquerque 179, 198
Dupanloup (bispo de Orléans) 584
Duplo mandato 115, 116, 193
Dupont (General) 343, 344
Duroc 330

E

Eanes (Vicente) 62
Eben (Barão de) 343
Éboli 153
Ebro 328
Edla (Condessa de) 556, 582
Eduardo II 60
Eduardo III 72
Eduardo VII 580, 619, 627, 636, 637, 644, 653, 657, 658
Ega 61
Ega (Conde da) 338
Egipto 126, 258, 318, 324, 614, 627, 637
Eguia Ruiz 275
Elba 346, 348, 354, 355
Elio (General) 387
Elvas 63, 74, 75, 130, 180, 320, 623
Elvas (Cortes de) 63
Encarnação (Frei Gaspar da) 251
Encerrabodes 251
Enes (António) 617, 620, 621, 623, 643, 647

Entente Cordiale 627, 629, 636, 641, 654, 655
Erdmann 27, 36
Ericeira (Conde da) 184, 198, 201, 236
Escandinávia 568
Escócia 87, 110, 160, 169, 242
Escorial 228, 455
Escravatura 10, 124, 358, 361, 513, 529, 542, 563, 564 a 566, 568, 570, 572, 607, 613, 648
Espanha 11, 14, 27 a 29, 33, 39, 78, 79, 103, 104, 107, 109, 121 a 123, 130 a 132, 134 a 136, 141 a 143, 145, 151, 152, 154, 155, 158, 160, 161, 169 a 174, 176 a 183, 186 a 189, 192 a 194, 197 a 199, 201 a 204, 206, 208, 215, 217 a 230, 232, 236, 238 a 244, 247 a 250, 252, 253, 255 a 257, 262, 266, 267, 270, 271, 273, 274, 276, 278, 280, 282 a 284, 288 a 290, 292, 301 a 305, 307, 308, 311, 313, 314, 316, 319 a 322, 324, 326, 328 a 331, 334 a 337, 339, 341, 343, 344, 345, 357, 359, 361, 363, 369, 370, 379, 380, 382 a 387, 393, 395, 396, 397, 398, 401, 403, 411 a 413, 417 a 421, 425, 427, 432, 436 a 445, 447, 452 a 454, 457, 459, 462, 463, 467, 469, 474, 478, 486, 487, 489, 491 a 493, 495, 510 a 513, 522, 526, 530, 533 a 537, 555, 558 a 561, 568, 574, 579, 580 a 583, 586, 589, 590, 593, 608, 609, 613, 623, 628, 631 a 633, 641, 643 a 646, 654 a 657, 663, 666, 667, 669, 670
Espartero 513
Espen 63
Espóz y Mina 477, 479
Esquadra do Canal 318
Esquilache 274, 275, 282, 336
Essling (D') 340
Estado Cisplatino 388, 391, 392
Estado totalitário 323
Estados alemães 134, 154, 171, 182, 189, 437, 545, 556, 581, 587, 664
Estados bourbónicos 249, 273
Estados escandinavos 188
Estados Gerais franceses 57, 170, 449, 457
Estados Gerais holandeses 184, 186, 187
Estados italianos 173, 301, 307, 438, 519, 520, 524, 575, 587, 609

Estados Pontifícios 276, 333, 492, 496, 519, 520, 586, 587, 594, 595
Estados protestantes 118, 122, 161, 173, 189, 190, 205, 206, 242, 275, 278, 295, 585, 664, 666
Estados do Reino 448
Estados Unidos 283, 289, 295, 315, 359, 370, 379, 382, 388, 392, 403, 412, 420, 425, 426, 432, 459, 460, 462, 463, 543, 560, 565, 571, 579, 593, 604, 608, 629, 632, 633, 637, 670, 671
Estaing (Conde d') 298
Estanislau Leczinski 245, 248
Estatuto Albertino 537
Estefânia (D.), rainha de Portugal 483, 496, 554, 556, 560, 561, 563, 573
Estêvão (José) *ver* Soares Caldeira
Estocolmo 188
Estremadura 331
Extremadura Espanhola 344
Estremoz 228, 341, 453
Et si venerabili 46
Etiópia 124, 126, 638
Etrúria 331
Eugénia de Montijo, imperatriz de França 586
Eugénio III 31
Eugénio IV 94, 117
Eugénio de Beauharnais 299, 504
Eugénio de Sabóia 245, 248
Eulália (D.), infanta de Espanha 643
Europa 8, 11, 21, 33, 41, 42, 59, 89, 91, 92, 97, 99, 102, 111, 117, 119, 120, 133 a 135, 138, 142, 154, 155, 165, 167, 168 a 170, 173, 174, 176, 178, 184, 187, 197, 207, 209, 213 a 215, 223, 227, 228, 229, 231, 232, 238 a 241, 246, 249, 252, 254, 255, 257, 278, 291, 294, 295, 298, 303, 308, 319, 324, 328, 348, 349, 354, 356, 361, 367 a 372, 378, 380, 381, 383, 385, 391, 392, 401, 402, 405, 409, 410, 411, 414, 417, 422, 423, 424, 427, 433, 446, 478, 481, 488, 511, 520, 529, 533, 541, 543, 544, 550, 551, 555, 564, 579, 585, 603, 609, 611, 617, 625, 626, 628, 630, 631, 633, 636 a 638, 643, 655, 657, 662, 664, 666, 667, 669, 670

Évora 33, 65, 70, 137, 166, 176, 177, 203, 207, 337, 341, 342, 402, 495, 515
Évora Monte 475, 492, 494, 495, 496, 509 a 511, 524, 533, 534, 536, 576
Exércitos permanentes 302
Extradição 67
Extremo Oriente 128, 640
Eylau 435

F

Fachoda 625
Faculdade de Cânones 516
Faisões (ilha dos) 182
Faixas bentas 232
Fanshaw 201, 202
Faria (Ana Leal de) 180, 182, 191, 226, 363
Faria (D. Dionísio de) 125
Faria (Visconde de) 650
Farim 114
Farnésio ver Isabel Farnésio
Faro 161, 186, 187, 452, 475, 489
Faro (Teles de) 186, 187
Farrobo (Conde de) 476
Fay (Bernard) 308
Federici 302
Fernandez Martín 454
Fernández de Retana (Luis) 142
Fernández de los Rios (Ángel) 581, 582
Fernando I (D.) 67 a 78, 667
Fernando II (D.), de Saxe-Coburgo 503, 504, 505, 506, 507, 531, 535, 548, 549, 551, 553, 556, 561, 579 a 582
Fernando (D.), infante de Portugal e conde da Flandres 42, 43
Fernando (D.), infante de Portugal, filho de D. Maria II 556
Fernando, o Católico 104, 107, 108, 109, 217
Fernando de Antequera 94, 99, 101
Fernando II de Leão 37, 38
Fernando II de Castela 37, 38
Fernando III de Castela 50, 52
Fernando IV de Castela 57, 58, 61
Fernando VI de Espanha 228, 240, 241, 243, 244, 254, 262, 280, 336
Fernando VII de Espanha 243, 308, 335, 336, 383, 384 a 387, 390, 392, 395 a 398, 427, 437, 438, 442 a 444, 449, 452, 454, 463, 491, 492, 493
Fernando III, imperador da Alemanha 182

Fernando, arquiduque de Áustria, grão-duque da Toscana 360
Fernando (D.), senhor de Serpa 47
Fernando Pó 285
Ferrand (Conde) 42, 43
Ferrão (António) 263, 295, 301, 312
Ferrão (Mártens) 623, 649, 650
Ferreira (João) 124
Ferreira (José Augusto) 516
Ferreira (José Maria de Andrade) 556
Ferreira (Pinto) 152, 238, 241
Ferreira (Silvestre Pinheiro) 405, 416, 417, 418
Ferrero (Guglielmo) 303, 360
Ferry (Jules) 611
Fersen 299
Fez 123, 124, 137, 145 a 147, 158
Fife (Duque de) 619
Figueiredo (Luís Álvares da Cunha) 302, 333, 334
Filibien 107
Filipa de Lencastre 72, 85, 87, 94, 668
Filipe, conde de Flandres 41
Filipe, o *Bom* 99
Filipe, o *Formoso* 110
Filipe II de Espanha 82, 111, 136, 141 a 143, 146, 151 a 160, 162, 170, 223
Filipe III 153, 169, 182, 232
Filipe IV 153, 172 a 174, 176, 177, 180, 181, 187, 188, 198, 204, 206, 217
Filipe V de Espanha 78, 217, 218, 221 a 223, 238, 240, 243, 244, 249, 250, 262, 398, 492
Filipe Augusto 42, 45
Filipe, o *Belo* 60, 242
Filipe VI de França 64
Filipe, infante de Espanha, filho de Filipe V 262
Filipe Guilherme de Neuburgo, eleitor palatino do Reno 248
Filipes 153, 155, 174 a 176, 189, 202, 668
Filipinas 220, 253, 281, 613, 631 a 633, 654
Finis Patriae 622
Finlândia 350, 360
Fisiocracia 293
Fitzgerald 326, 332
Flahaut (Condessa de) 324
Flamengos 613
Flandres 41 a 43, 171, 174, 178, 203, 218, 222, 346, 360, 664, 667
Fleury 261, 298
Florença 190, 587, 591, 592

Flores 161
Florida 282, 382
Florida Blanca (Conde de) 307
Fogaça (Lourenço) 80, 84
Fonseca (Deodoro da) 648
Fonseca (Hermes da) 658
Fonseca (Isabel Soares da) 296, 315, 316
Fonseca Magalhães (Rodrigo) ver Magalhães
Fontainebleau 281, 282, 330, 331
Fonte Arcada 532
Fontes Pereira de Melo ver Melo
Foreign Office 418, 617, 658
Forjaz (D. Miguel Pereira) 341, 342, 346
Formosa (Ilha) 640
Fouché 322, 348
Fould 560
Fox 302, 303, 319, 324
Foy (General) 340, 342
Foz Côa 509
Fraga Iribarne 179
França 11, 14, 29, 33, 39, 42, 43, 45, 48, 52, 53, 60, 63, 64, 68, 70 a 75, 76, 83, 85, 87, 101, 104 a 107, 110, 111, 119, 132 a 135, 137 a 143, 154, 156 a 158, 167 a 175, 177 a 182, 187, 189, 190, 191, 193, 199, 201 a 203, 205, 207, 208, 213, 217 a 220, 222 a 224, 226 a 228, 232, 233, 236, 238, 240, 243, 246, 247, 248 a 252, 257, 260, 261, 267, 270, 271, 273 a 280, 282 a 286, 288, 290, 294 a 296, 296 a 298, 300, 302 a 305, 307, 308, 313 a 326, 328 a 331, 335, 336, 338 a 341, 343, 344, 346, 348 a 359, 361 a 363, 369, 370, 374, 377, 379, 382, 383, 392, 396, 399, 401, 412, 413, 417, 420, 425, 426, 435 a 439, 441 a 443, 445, 446, 453, 454, 459, 460, 467, 477 a 485, 490, 494, 495, 503, 504, 506, 512, 513, 519, 524, 533, 537, 543 a 545, 547, 548, 550, 551, 553, 555, 556, 560, 562, 565, 567 a 569, 574, 576, 578, 579, 581, 582, 585 a 590, 593, 609 a 611, 613, 614, 616, 617, 620, 624 a 629, 634 a 645, 654 a 656, 664, 666, 668, 670
Franciscanos 44, 123
Francisco I, rei de França 111, 119, 132, 134, 135, 137, 169, 206, 581, 664
Francisco II, imperador 356, 399, 427, 437, 456, 498

Francisco José, imperador austro-húngaro 639, 643
Francisco Fernando (Arquiduque), herdeiro do Império Austro-Húngaro 639
Francisco II, rei das Duas Sicílias 587
Francisco de Paula, infante de Espanha 384
Francisco infante de Espanha 491
Francisco de Borja (S.) 136, 321, 466
Francisco de Paula (S.) 302
Francisco de Saxe-Coburgo 506
Francisco Xavier (S.) 129, 274
Franco (Afonso Arinos de Melo) 450
Franco (João Franco Castello Branco) 650, 651, 653, 654, 656
Franco Condado 203
Franklin 283
Franquias dos Diplomatas 229
Franzini 309
Frederico II da Alemanha 48
Frederico III da Alemanha 102, 248
Frederico V 171
Frederico Guilherme da Prússia 248, 249
Frederico II da Prússia 248, 249, 275, 298, 301
Frederico Leopoldo, príncipe da Alemanha 657
Freire (Agostinho José) 474, 478, 488, 489, 494, 505
Freire (Cipriano Ribeiro) 294, 322
Freire de Andrade (Gomes) Governador do Rio de Janeiro 256
Freire de Andrade (Gomes), General 311, 312, 321, 325, 340, 404, 411, 445, 464
Freire (Melo) 502
Freire de Andrade (Bernardim) 343
Freitas (Serafim de) 118
Freyre (Gilberto) 564
Friedland 329, 435
Froissart 74, 82
Fronda 179
Fronteira (Marquês de) 333, 400, 451, 454, 462, 474, 505, 515, 531
Frumenti 155
Fueros 223
Fugier (André) 296, 302, 322, 328, 331, 334, 337, 353
Fulas 125
Funchal 137, 142, 326, 333, 354, 393, 400, 451, 464, 472, 488, 584

Funchal (Conde de) 354, 400, 451, 464, 472, 488,
Funchal (Marquês de) 326, 333, 393
Funck Brentano 297, 298
Fundão 236
Furtado (Tristão de Mendonça) 184, 190
Fyffe 333, 334

G

Gabriel (D.), infante de Espanha, filho de Car-los IV 289, 291
Gaeta 518, 587
Gage (William) 525
Gagé (Jean) 317, 389
Gaia 476
Galicanismo 170, 242
Galícia 359
Galileu 190
Galiza 26, 37, 46, 59, 70, 71, 85, 247, 249, 343 a 346, 460, 495
Gallego (Coronel) 337
Galvão (Duarte) 29, 41, 44
Galveias (Conde das) 227, 233
Galway (Lord) 221, 229
Gama (António Saldanha da) 360
Gama (Vasco da) 126
Gâmbia 114
Gamito (António) 618
Ganganelli 577
Garcia, rei de Navarra 36
Garcia (Manuel José) 389
Garibaldi 575
Garrett 300, 502, 503, 517
Gasconha 86, 668
Gaúchos 380, 388, 389
Gaunt (João de) 72
Gaxotte 275, 282, 283, 295, 296, 298
Gaza 619
Gazeta de Lisboa 294, 306
Gazier 275
Gelmirez (D. Diego) 25
Génova 172, 360, 575, 576
Geraldes (Manuel Nunes) 595
Gibraltar 65, 103, 222, 225, 381, 621, 654, 658
Gijon (Conde de) 79
Gilberto, bispo de Lisboa 44
Ginga 125
Giustiniani (Núncio) 514
Gladstone 587
Glama 473
Glorious revolution 206, 296
Gloucester 468
Goa 228, 235, 292, 332, 369, 513, 529, 578

Goblet d'Alviella 524, 525, 528
Godoy 308, 313, 317, 320 a 322, 328 a 331, 335, 664
Goiás 215
Goltz 294
Gomes (Bernardino António) 556
Gomes (Francisco Luís) 262, 263, 277
Gomes (Francisco Soares) 584
Gomes (Henrique Barros) 616 a 618, 621, 623
Gomes (Joaquim Severino) 396, 397
Gomes (Marques) 507, 524
Gonçalves (João) 76
Gonçalves (José Júlio) 579
Gotha 506
Gouveia (Velasco de) 176, 190
Goya 322
Goycochêa (Castilhos) 377
Graça (Joaquim Rodrigues) 618
Grainha (Borges) 418, 531
Gramido 534, 535, 536
Gramont 181
Granada 70, 71, 88, 89, 91, 94, 107, 108, 109, 110, 663
Grande Guerra Mundial (I) 14, 586, 631, 635, 639 a 641, 669
Grande Guerra Mundial (II) 232, 367, 544, 670
Grande Oriente Lusitano 623
Grandi non immerito 49
Granja de St.º Ildefonso 522
Grant (Ulisses) 571
Grant, diplomata inglês 496
Grécia 232, 506, 543, 544, 579, 580
Gregório IX 47
Gregório XIII 145, 155
Gregório XVI 463, 516
Grenard (Lord) 657
Grenoble 339, 340
Grey (Edward) 658
Grey (Lord) 463, 482, 483
Grimaldi 271, 336
Grimberg 381, 386
Grócio (Hugo) 118
Groupi 480
Guadalupe 103, 143, 145, 146
Guadiana 37, 51, 52, 57
Guam 633
Guanabara 646, 649, 652
Guaranis 253, 255, 256, 258, 272
Guararapes 185
Guarda 342
Guarda Nacional 439, 510, 524 a 526, 528
Guastalla 360, 397
Guedes (Fausto de Queiroz) 576

Guerra Anglo-Bóer 630, 634, 635, 644
Guerra dos Cem Anos 10, 69, 71, 76, 83, 85, 668
Guerra civil do século XIII 45
Guerra da Crimeia 412, 543 a 545, 567, 570, 639
Guerra da devolução 203
Guerra franco-prussiana 519, 561, 581, 584, 587 a 589, 609, 628, 637
Guerra greco-turca 639
Guerra hispano-americana 631, 633, 646, 654
Guerra das Laranjas 319, 320, 322, 325
Guerra Peninsular 243, 346, 355, 363, 390, 395, 456
Guerra da Restauração 78, 200, 205, 207, 208, 214, 348, 558
Guerra russo-japonesa 640, 641
Guerra da secessão norte-americana 631
Guerra dos Sete Anos 243, 267, 270, 278, 282, 321, 330, 669
Guerra da Sucessão de Espanha 217, 224, 226, 227, 243, 248, 379, 669
Guerra da Sucessão do Império 248
Guerra dos Trinta Anos 34, 171, 173, 179, 188, 189, 190, 194, 208, 248, 275, 664
Guerras de religião 135, 138, 139, 155, 165, 166, 189, 348, 358, 436, 665
Guerreiro (Rafael da Cruz) 487
Guiana 215, 321, 354, 360, 363, 377, 378, 382, 425
Guilherme IV de Inglaterra 482, 506
Guilherme de Orange 218, 219
Guilherme I dos Países Baixos 489
Guilherme II 625, 627, 628, 635, 641, 645, 657
Guilherme da Dinamarca, rei da Grécia 580
Guilherme, duque da Holanda 89
Guimarães 71, 196
Guimarães (João de) 196
Guiné 102, 114, 124, 602, 616
Guingret 363
Guipúscua 178, 350
Guizot 485
Gungunhana 619, 621, 635
Gurwood 342, 344, 346, 349, 350, 354, 375, 386
Gusmão (Alexandre de) 224, 251, 252, 254, 259, 261, 263

Gusmão (Bartolomeu de) 252
Gusmão (Leonor de) 67
Gustavo Adolfo 172

H

Habsburgos 172, 206, 399
Haia 186, 187, 188, 196, 203, 222, 227, 244, 252, 314, 328, 462
Haiti 121, 568
Hamburgo 317, 610
Hammond (R. J.) 619, 623, 630
Hanôver 339, 424, 628
Hardenberg 359
Harrison 458
Hassall (Arthur) 610
Hatzfelt 629
Havana 282, 632
Hay (Edward) 216, 271
Henrique (D.), cardeal-rei 136, 141, 142, 152
Henrique (Conde D.) 25, 29, 36, 41
Henrique (D.), o Infante 214
Henrique (D.), filho de Afonso VIII 39
Henrique IV de Castela 102, 103
Henrique de Trastâmara 67 a 72, 74, 85, 86, 667, 668
Henrique, infante e rei de Castela 70, 71, 73
Henrique (Conde D.), da Casa de Lara 41
Henrique IV de França 141, 143
Henrique II de Inglaterra 42
Henrique VIII de Inglaterra 33, 166
Hensler (Elisa), condessa de Edla 556, 582
Herchen 455, 456, 457, 501
Herculano 26, 29, 31, 32, 41
Hericault (Charles d') 304
Hichborn 315
Hidalgo 380
Hillgarth 110, 122
Hintze ver Ribeiro
Hirão 242
Hiss, diplomata francês 578
Hohenzollern 561, 580
Hohenzollern-Sigmaringen (Casa de) 560, 573
Holanda 89, 138, 170, 171, 173, 177, 183 a 186, 190, 197, 199, 202, 208, 229, 238, 249, 290, 304, 367, 425, 474, 475, 586, 635
Holland (Lord) 483
Hollweg 630
Holstein 628
Holstein (D. Alexandre de Sousa) 296, 334

Holstein (D. Pedro de Sousa) 360, 470
Honório II 59
Honório III 42, 46
Hope 322
Hotentotes 553
Howarth 160
Hudson (Baía de) 222
Huguenotes 134, 138, 139, 169 a 171, 173
Humberto I 592
Humberto II 644
Humboldt 357, 359
Hume 221, 262
Hungria 118, 133, 172, 232, 286, 301, 507, 537, 609
Huss (João) 171

I

Iberismo 581
Idanha-a-Velha 61
Iddesleigh 617
Iena 329
Igreja 28, 30 a 34, 46, 47, 49, 50, 56, 57, 61, 63, 65, 67, 69, 106, 117, 119, 120, 126, 133, 134, 144, 165, 168, 169, 170, 174, 189, 193, 201, 207, 221, 233, 234, 235, 242, 276, 277, 333, 338, 349, 357, 402, 436, 459, 464, 465, 470, 495, 514, 516, 518, 519, 561, 573, 583, 584, 591, 593, 594, 595, 644, 664, 665, 666
Iluminismo 170, 257, 288, 296, 456
Império 29, 30, 47, 82, 92, 109, 118, 129, 134, 135, 136, 158, 161, 165, 167, 173, 175, 176, 186, 189, 194, 201, 206, 218, 219, 222, 223, 225, 232, 238, 239, 244, 246 a 250, 257, 266, 278, 283, 291, 300 a 302, 309, 317, 322, 324, 331, 333, 337, 338, 342, 348, 351, 354, 356, 359, 360, 362, 368, 378, 383, 385 a 389, 391 a 393, 400, 402, 404, 410, 412, 413, 420, 422, 424, 425, 428, 429, 431 a 433, 435, 437, 438, 462, 482, 519, 525, 529, 543, 544, 545, 551, 566, 585, 586, 588, 608 a 610, 615 a 617, 619, 628, 631, 633, 635, 637 a 640, 642, 648, 654, 655, 656, 664, 669
Império Alemão 248, 586, 588, 608, 609
Império Austro-Húngaro 544, 586, 639

Império Romano 92, 165, 167, 664
Império Romano do Oriente 543
Império visigótico 47
Impérios centrais 638, 655, 656
In Eminenti 241
Index 595
Índia Portuguesa 233, 602
Índias Ocidentais 11, 168, 174, 178, 185, 233, 613
Índias Orientais 208
Índico 11, 114, 116, 126, 127, 134, 135, 161, 183, 194, 206, 234, 525, 545, 577, 599, 600, 602, 607, 634
Índios 214, 255, 256, 257, 258, 272, 273, 282, 380, 564
Indochina 609, 637
Indostão 126, 282
Infalibilidade pontifícia 583
Infantado (Casa do) 471, 521
Infantes (Esteban) 344
Inglaterra 14, 29, 33, 39, 42, 44, 45, 60, 70, 72, 74 a 76, 78 a 80, 83 a 87, 110, 135, 138, 139, 154, 157 a 160, 166, 169, 170, 174, 187, 189, 190, 194 a 203, 205, 207, 208, 218 a 222, 225, 228, 230, 236 a 239, 244, 247, 249, 250, 251, 261, 266, 267, 269, 271, 278, 279, 281 a 284, 286, 288, 290, 291, 294 a 297, 302 a 305, 307, 312 a 317, 319, 320, 323, 324, 327 a 334, 338, 339, 342, 343, 346, 347, 350, 353, 357, 359, 361 a 363, 367, 369, 370 a 375, 378 a 382, 384, 386, 388, 389, 392, 400 a 403, 405, 412, 413, 418 a 420, 424 a 427, 430, 431, 433, 435 a 438, 440 a 442, 445 a 447, 453 a 456, 458 a 460, 463, 464, 466, 467, 474, 477 a 485, 487, 488, 490, 492, 494, 495, 503 a 507, 510, 512, 513, 519 a 521, 525, 527 a 529, 531 a 533, 535, 536, 542 a 545, 550 a 556, 559, 560, 565 a 568, 570, 571, 574 a 576, 578, 579, 585 a 588, 604, 605, 608 a 611, 613, 614, 616, 617, 620 a 646, 651, 654 a 657, 666 a 671
Inocêncio II 28, 30
Inocêncio III 33, 34, 39
Inocêncio IV 44, 48, 52
Inocêncio X 190, 193
Inquirições 45, 55
Inquisição 119, 120, 452
Inspeximus 52
Intendência Geral da Policia 293
Inter alia desiderabilia 48

Inter caetera, bula do papa Calisto III 117
Inter caetera, bula do papa Alexandre VI 121, 122, 208, 665
Iorque (Duque de) 199
Ipiranga 422 a 424
Iria (Alberto) 137
Irlanda 160, 166, 168, 478
Irmãs da Caridade 556, 561 a 563, 567
Isabel (Rainha Santa) 57
Isabel (D.), filha do infante D. Pedro, rainha de Portugal 109
Isabel (D.), infanta de Espanha, rainha de Portugal 78, 99
Isabel (D.), infanta de Portugal, duquesa de Borgonha 99, 101
Isabel (D.), filha do conde de Urgel 100
Isabel (D.), infanta de Portugal, imperatriz da Alemanha 130, 131
Isabel (D.), filha do infante D. João, rainha de Castela 101
Isabel (D.), princesa imperial do Brasil 652
Isabel, a Católica 78, 107, 108, 591
Isabel II de Espanha 398, 469, 475, 491 a 493, 559, 560, 580, 646
Isabel, filha de Maximiliano II 141, 142
Isabel Farnésio 238 a 240, 243, 244, 249, 262, 266, 267, 280, 282
Isabel Clara Eugénia, filha de Filipe II 143, 154
Isabel de Inglaterra 159, 169, 384
Isabel Maria (D.), infanta e regente de Portugal 432, 446, 449, 450, 452, 453, 524, 532, 541, 557, 576, 591
Islamitas 126, 563, 564
Israel 258
Israelitas 242
Ístria 359, 360
Itabaiana (Visconde de) 428
Itália 14, 146, 154, 171, 172, 189, 192, 218, 219, 222, 223, 225, 239, 243, 262, 304, 314, 318, 331, 333, 334, 348, 360, 411, 418, 437, 438, 460, 492, 493, 519, 520, 537, 544, 556, 568, 569, 573, 574, 576, 582, 585 a 589, 591 a 595, 609, 611, 617, 638, 642 a 644, 654, 655
Iussu 38
Iuste 136

Ivens (Roberto) 618
Izquierdo (Eugenio) 330

J

Jacks (William) 589
Jaime I 169
Jaime de Aragão 58
Jaime, conde de Urgel 99, 100 a 102
Jalabett 340
Jalofo 124
Jamaica 198, 381
Jameson 634
Jansen (Cornélio)
Jansenismo 170, 275, 456
Japão 127 a 129, 235, 640 a 642
Jauge 460
Jefferson 292
Jemmapes 304
Jerusalém 59, 60
Jesuítas 129, 143, 177, 255, 256 a 258, 260, 269, 270 a 277, 282, 287, 465, 579, 611
Joana (D.), infanta de Portugal, rainha de Castela 103
Joana (D.), mãe de D. Sebastião 141
Joana, *a Louca* 110,
Joana (D.), a Beltraneja 79, 103, 104, 107 a 109
Joana, condessa de Flandres 42
João XXI 55, 56
João XXII 62
João I (D.) 69, 72, 75, 76, 79, 84 a 89, 91, 94, 95, 99, 100, 116, 668
João II (D.) 34, 63, 87, 88, 99, 101, 108 a 110, 114, 120, 121, 133, 667
João III (D.) 119, 120, 122, 130, 131, 133, 134 a 137, 144, 205, 233
João IV (D.) 173, 177, 179, 180, 182, 184, 188 a 193, 195, 197, 202, 204
João V (D.) 63, 216, 220, 221, 224, 227 a 235, 237 a 242, 244 a 252, 254, 258 a 263, 266, 268, 269, 275, 280, 281, 288, 291 a 293, 448, 547, 571, 603
João VI (D.) 308 a 310, 312, 326, 346, 350, 354, 370, 371, 373, 375, 377, 383 a 385, 389, 391, 392, 395, 396, 399, 400, 404, 405, 409 a 414, 421, 422, 424, 425, 428 a 432, 438, 440 a 451, 457, 461, 465, 466, 491, 492, 498, 547, 603, 652, 653

João (D.), infante de Portugal, filho de D. Maria II 518, 556
João (D.), infante, filho de Pedro e Inês de Castro 79
João I de Castela 75, 77, 78, 82, 85, 87
João II de Castela 83, 84, 88, 101
João (D.), infante de Castela 57
João (D.), filho dos Reis Católicos 108
João Sem Terra 44, 45, 668
João (D.), filho do infante e regente D. Pedro, rei de Chipre 94
João de Gaunt, duque de Lencastre *ver* Lencastre (duque de)
Johnston 610, 619
Joinville (Príncipe de), filho de Luís Filipe 503
Jones 199
Jones (John) 350
Jordão (Levy Maria), visconde de Paiva Manso 604, 605
Jorge I da Grécia 580
Jorge II de Inglaterra 628
Jorge III de Inglaterra 319, 326, 330, 343
Jorge IV de Inglaterra 371, 419, 442, 482, 506
Jorge V 657, 658
Jorge (S.) 78
Jorge (Araújo) 185
Jorge de Saxe, casado com a infanta D. Maria Ana 561
Jornal Encyclopedico 306
José (D.) 63, 224, 228, 240, 244, 247, 256, 259, 261, 262, 265 a 269, 271 a 273, 277, 278, 280 a 284, 287, 291 a 293, 309, 346, 349, 398, 448
José I, imperador 222
José II, imperador 296, 301, 304, 360
José (D.), príncipe da Beira 287
José (abade) 170
Josefina Bonaparte 299, 324, 358, 504
Jouvenel (Bertrand de) 303
Juarez 560
Judeus 110, 119, 123, 124, 468, 469, 490
Julião (Chanceler) 34, 55
Jugoslávia 544
Júlio II 286
Júlio III 62
Junot 323, 327, 331, 338, 339, 342
Junqueiro (Guerra) 622
Junta do Porto 533 a 535
Junta Realista 533
Juromenha 65, 320

K

Kaap 619
Kalenberg 206
Kantzon 333
Kaunitz 258, 278, 296, 301
Kellerman 341
Kent (Duque de) 326, 327, 507
Kent (Duquesa de) 506
Kératry 589
Kiel 646
Kiev 641
Kimberley 619, 634
Kinnoull 276
Kissinger 436
Kitchener 625
Kléber 318
Knowles (Lord) 286
Koch (Ignaz de) 278
Kotzebue 437
Krüdener (Baronesa de) 436
Krüger (Paulo) 634, 635
Kulturkampf 611

L

La Guardia 220, 495
La Luzerne 295
La Marck 266
La Minerva, diplomata piemontês 569
La Motte (Condessa de) 295
La Romana (Marquês de) 339
La Trémoille (Princesa de) 352
La Valette 274
Labatut 424
Labrador (Pedro Gómez) 359, 397
Lacedemónia (Arcebispo de) *ver* Padre Marcos
Lacerda (António Lemos Pereira de) 313
Lacerda (Francisco de) 618
Lacy 403
Lafayette 283, 470, 480
Lafões (Duque de) 263, 320, 321, 345, 487, 489
Lafuente 41, 45, 65, 73, 159, 241, 273, 320, 322, 326, 330, 335, 385, 398, 439, 469, 474, 493, 582, 590
Lagos 159, 161, 489
Lagos (Barão de) 472
Laguna (Barão e Visconde de) 391, 410
Lamb (Frederich) 458
Lamego 31, 192, 511
Lamego (Bispo de) 190, 191, 192
Lampreia (Camelo) 651, 652
Landim (Gaspar Dias de) 102

Langhans (Almeida) 527
Lannes 307, 309, 323, 325, 327
Lara (Álvaro de) 39
Lara (Casa de) 41
Lara (D. João Nunes de) 64
Larache 95
Lardizabal y Uribe (Miguel de) 397
Las Cases 349, 363
Latrão (Concílio de) 28
Latrão (Tratado de) 591
Lavos 342
Lavradio (Conde do) 200, 409, 430, 433, 452, 453, 462, 463, 467, 472, 480, 482, 483, 484, 496, 503, 504, 506, 507, 514, 519, 520, 522, 524, 526, 527, 531, 532, 534, 536, 542, 545, 550 a 552, 554 a 560, 562, 563, 565, 567 a 572, 574 a 576, 578, 580
Lavradio (Marquês do) 461, 463, 464, 637, 653, 656, 658
Laybach 438
Le Charlier 473
Leal (José António Soares) 429
Leal (Mendes) 544, 580
Leal Senado 129
Leão 27, 29, 30, 33, 36 a 41, 44 a 47, 57 a 59, 62, 65, 66, 70, 79, 84 a 86, 108, 176, 178
Leão X 118, 119
Leão (Duarte Nunes de) 26, 40, 65
Lebzeltern 272
Leclerc 320, 322
Lecor (Carlos Frederico) 390, 410
Leczinski 245, 248
Ledesma (Conde de) 103
Lee (Sidney) 637, 644
Leffever 222
Legião Polaca 473
Legião Portuguesa 339, 340, 445, 464
Lei Áurea 648
Lei das garantias 591
Lei Sálica 78, 398, 492, 559, 628
Leipzig 324
Leiria 60, 76, 152, 342, 345, 491
Leiria (Bispo de) 76, 152
Leitão (Francisco de Andrade) 184, 190, 194
Leitão (Rúben Andresen) 532, 536, 554, 555
Leite (António) 584
Leite (General Paula) 343
Leixões 342
Lema (Marquês de) 322, 323
Lemos (Azevedo) 496
Lemos (Ester de) 461, 532
Lemos (Rodrigo Rodrigues de) 190

Lencastre (Dinis) 178
Lencastre (Duque de) 72, 74, 84, 85, 86, 87, 668
Lenoir (L.) 556, 557, 562, 575
Leonor (D.), infanta de Aragão, rainha de Portugal 99, 100, 136, 449
Leonor (D.), filha de Filipe,o *Formoso*, rainha de Portugal e, depois, de França 110, 111
Leonor (D.), infanta de Portugal, rainha da Dinamarca 43
Leonor (D.), infanta de Castela 71
Leonor(D.), infanta de Portugal, imperatriz de Alemanha 102
Leonor (D.), infanta de Aragão 71
Leonor Teles 71, 72, 75 a 79, 81, 449
Leopoldina, arquiduquesa austríaca, imperatriz do Brasil 396, 399, 400, 427, 428, 498, 504
Leopoldo I da Bélgica 506, 522, 525, 531, 554
Leopoldo II da Bélgica 610, 612, 627, 629
Leopoldo, imperador 217, 218, 248.
Leopoldo de Hohenzollern, casado com a infanta D. Antónia 561, 581, 582
Lepanto 145
Lerma 64
Leroy-Beaulieu (Paul) 610
Leste 36, 37, 52, 57, 66, 122, 168, 172, 206, 240, 253, 255, 259, 297, 355, 495, 544, 638, 640
Lettre de cachet 297
Leuchtenberg (Augusto de) 503, 504
Leuchtenberg (Maximiliano) 505
Lévesque 168
Levi (Samuel)
Leytão (Manoel Rodrigues) 193
Liampó 128
Lião 48, 182, 228, 311
Liberalismo 340, 352, 404, 411, 443, 451, 464, 465, 472, 481, 489, 492, 521, 536, 548
Liberdade de comércio 184, 195, 375, 613
Liberdade de imprensa 415
Liberdade dos mares 291, 605, 613
Liberdade de navegação 612
Liberdade de religião 613
Liberdades reais 301
Lichnowski (Príncipe) 531
Liedekerke 519
Liga formal 178, 179, 182
Lille 315

Lima (Abreu e), visconde e conde da Carreira 381, 404, 420, 450, 462, 464, 465, 467, 470 a 473, 475 a 478, 480, 482, 483, 485, 486, 488 a 492, 494, 503
Lima (Durval Pires de) 189
Lima (Henrique de Campos Ferreira) 398
Lima (José Inácio Abreu) 403
Lima (Magalhães) 623, 658
Lima (Oliveira) 308, 373, 375, 384, 389, 392, 399, 411, 413, 423, 431 a 433, 449, 453, 455, 458, 460, 462, 463, 465, 482, 529, 652
Límia 33, 45
Linhares 74
Linhares (Conde de) 326, 333, 389, 393
Liniers 380, 387
Lippe (Conde de) 280, 281
Lisboa 33, 42 a 44, 50, 53, 61, 69, 73 a 76, 79, 80, 106, 109, 114, 118, 119, 124, 125, 137, 138, 140, 143, 145, 152 a 156, 158 a 160, 173, 175 a 177, 179, 180, 182 a 188, 190 a 193, 195 a 199, 201 a 204, 216, 218 a 221, 225, 226, 228 a 230, 232 a 235, 237, 239, 245 a 248, 250, 252, 256 a 258, 260, 261, 263, 266, 268, 269, 270, 271, 273, 275, 276 a 282, 287 a 294, 296, 303, 305 a 313, 315, 316, 319, 321, 324 a 329, 332 a 334, 338 a 347, 349, 356, 363, 367, 369, 371, 373, 381, 387, 390, 391, 401 a 405, 409 a 411, 414 a 417, 419 a 425, 428, 430, 432, 440 a 442, 445 a 447, 449 a 451, 453, 458 a 467, 470, 472, 473, 475, 476, 478, 480 a 486, 488 a 493, 495 a 497, 505, 507, 510, 511, 513 a 517, 519, 520, 522 a 528, 530, 532 a 536, 544, 545, 549, 552, 553, 556, 559, 562, 563, 566 a 569, 575 a 578, 580, 581, 583, 584, 590, 592 a 595, 599, 601, 602, 604, 615, 617, 618, 620 a 622, 624, 627, 633, 634, 636, 643 a 646, 648 a 651, 653, 657, 658, 660, 670, 672
Lisboa (bispos e arcebispos de) 53, 76, 106, 152, 154, 160, 195
Lisboa (Cortes de) 50, 109, 176, 239, 257, 258, 423, 449
Lisieux (Bispo de) 45
List (Frederico) 610
Literatura anti-revolucionária 337

Liverpool (Conde de) 350
Livingstone 557, 578, 579, 608, 618
Livingstone Inland Mission 579
Livorno 333, 400, 650
Livre-cambista 236
Livro Azul 533, 535, 536
Livro Negro 549, 555, 557
Livry 229, 239
Lobengula, 617, 621
Lobo (D. Vasco José) 415
Loeben 360
Lombardia 360, 537
Londres 72, 194, 195, 197 a 200, 205, 219, 222, 225, 237, 239, 243, 244, 249 a 251, 259, 268 a 271, 278, 282, 284, 294 a 299, 303, 304, 322, 328, 332, 341, 346, 357, 358, 371, 373, 381, 386, 402, 403, 411, 418, 425, 426, 428 a 430, 446, 447, 450 a 453, 455, 460 a 465, 467 a 472, 476, 478, 480, 481, 485 a 488, 490, 493, 494, 496, 497, 503, 506, 507, 509, 511, 514, 520 a 522, 528, 529, 536, 542, 543, 552, 558, 560, 565, 568, 569, 574 a 576, 578, 580, 583, 585, 587, 588, 604, 609, 610, 615 a 617, 619 a 621, 623 a 625, 627 a 630, 632 a 634, 636, 637, 640 a 645, 649, 651, 655 a 658
Longa (Francisco de) 454
Lopes (António) 275
Lopes (Fernão) 69, 70, 73, 79, 86
Lordes (Câmara dos) 381, 513, 529
Lorena 248, 585, 611, 628
Loreto 235
Lotaríngia 205
Loubet 645
Loudoun (Lord) 281
Loulé (Duque de) 581
Loulé (Marquês de) 340, 475, 486, 535, 567
Loureiro (Padre Azevedo) 515
Lourenço Marques 603 a 605, 635
Loures 524
Lovaina 275
Loyola (Santo Inácio de) 273
Luanda 183, 214
Lubeque 43, 171
Lubiana (Bispo de) 229
Lucena (Francisco de) 173
Lúcio II 31
Luçon 170
Lugard (Lord) 115
Lugo 70
Lugo (Bispo de) 46

Luís I (D.) 537, 549, 552, 553, 556, 557, 559, 562, 571, 573, 574 a 576, 579 a 581, 583, 594, 626, 627, 642, 643, 645, 646
Luís Filipe (D.) 626, 645
Luís I da Baviera 580
Luís XI 102, 104 a 107, 134
Luís XIII 169, 170, 171, 174, 175, 177, 179
Luís XIV 167, 180, 181, 198, 201, 203, 205, 206, 217 a 220, 222, 277, 296, 314, 322, 349
Luís XV 240, 245, 247, 248, 250, 273, 274, 277 a 279, 295, 298, 314, 356
Luís XVI 261, 278, 289, 295 a 299, 308, 310, 348, 352, 357, 457
Luís XVII 352
Luís XVIII 338, 348, 352 a 355, 357, 359, 399, 401, 404, 417, 437, 442, 445, 446, 448, 481
Luís Filipe, rei de França 351, 357, 479, 450, 464, 481, 482, 485, 502, 503, 504, 506
Luís (São) 48, 53, 336, 417, 435, 439
Luís, príncipe das Astúrias 240
Luís de la Cerda, infante de Castela 93
Luís (D.) de Gusmão 202
Luísa da Baviera 501
Luísa Carlota, infanta de Espanha, casada com o infante D. Francisco e irmã da rainha Maria Cristina 491
Luna (D. Álvaro de) 101
Lunéville 324
Lusíadas 65, 135, 324
Lusitânia Setentrional 331
Luteranismo 119, 154, 169, 189
Lutzen 172
Luxemburgo (duque de) 404
Lyttleton 271

M

Mac Donnell, 533, 534
Mac Kinley 632
Mac-Mahon 605, 611
Macau 127, 128, 129, 332, 369, 529,
Macedo (D. Álvaro da Costa de Sousa) 391
Macedo (António Sousa de) 186, 190, 194
Macedo (António Teixeira de) 534, 536
Macedo (Duarte Ribeiro de) 155, 175, 180, 182, 191

Macedo (José Agostinho de) 310, 465
Machado (António) 510
Machado (Horta) 290
Machado (Serpa) 419
Machonas 619, 621
Macololos 619, 620, 621
Macontene 630
Maçonaria 226, 241 a 243, 287, 292, 297, 301, 382, 402, 403, 418, 448, 531,
Madagáscar 609, 637
Madeira 138, 139, 185, 214, 332, 369, 372, 466, 474, 482, 488, 529
Madelin 298
Madrid 103, 105, 135, 136, 138, 141, 145, 151, 154, 155, 158, 168, 170, 175, 176, 180, 182, 183, 187, 188, 191, 201 a 203, 218, 221, 222, 230, 234, 239 a 241, 243, 244, 248 a 250, 252 a 259, 262, 263, 273, 275, 280, 282, 284, 285, 288, 289, 304, 307, 308, 317, 319, 322, 328, 336, 343, 344, 354, 379, 380, 387, 395 a 399, 404, 417, 419, 421, 438, 440, 441, 444, 445, 449, 453, 454, 463, 469, 477, 487, 488, 491 a 493, 496, 511 a 513, 526, 533 a 535, 555, 574, 577, 581 a 583, 589, 613, 632, 643, 645, 654 a 656, 658
Madrid (Cortes de) 138, 250
Mafalda, filha de D. Afonso Henriques 37
Mafalda, irmã de D. Afonso II 39
Mafalda de Sabóia 41
Mafra 228, 246, 259, 294, 308, 518
Magalhães (Fernão de) 130
Magalhães (José Estêvão Coelho de) 523
Magalhães (Pedro Jacques de) 186
Magalhães (Rodrigo da Fonseca) 510, 547
Magdeburgo 248
Magenta 586
Magnus (Philip) 619, 637, 644, 658
Magrebe 90, 144, 146, 147, 172, 607
Magul 630
Mahon 319, 605, 611
Maia (Manuel da) 294
Maine 44
Maine (couraçado americano) 632
Maintenon 277
Maiorca 60

Malaca 126, 128, 183, 235
Maldonado 390
Malesherbes 297
Malta 60, 318, 319, 324, 519, 529
Mancha (Canal da) 304, 318
Manchúria 640
Manicongo 125
Manifestis probatum 32
Manifestum probatum 33
Manila 128, 282
Manique (Pina) 292, 293, 306, 307, 325
Manteuffel 483
Mântua 172, 173
Mântua (Duquesa de) 152
Manuel I (D.) 10, 78,
Manuel II (D.) 537, 557, 573 a 576, 583, 584, 586, 587, 589, 591, 592, 594, 623, 650, 653 a 658, 664, 667
Manuel (D. João) 152
Manuel Bartolomeu (D.), infante de Portugal 225, 232, 245 a 247
Manuel (Passos) 515, 525, 526, 528, 533, 558
Manuelinho de Évora 176
Mapa Cor-de-Rosa 614 a 620, 624, 625
Maputo 605
Mar do Norte 99, 160
Maranhão 161, 183, 184, 253, 256, 381, 423, 424
Maranhão (Bispo de) 342
Marañon (Gregorio) 107, 153
Marat 297
Marçais da Foz Côa 509
Marchand 625
Marcos (Padre), arcebispo de Lacedemónia 515
Mare clausum 117, 131, 613, 665
Mare liberum 118, 183, 208, 613, 665
Marengo 319
Margarida Teresa, infanta de Espanha 217
Margarida de Valois 141 a 143
Margarida, princesa de Inglaterra 645
Margarida da Boémia 43
Maria (D.), infanta de Espanha, rainha de Portugal 110
Maria Francisca Isabel de Nemours, de Aumale e de Sabóia, rainha de Portugal 201 a 203
Maria Sofia de Neubourg, rainha de Portugal 228
Maria Ana de Áustria, rainha de Portugal 227, 228, 248, 449
Maria Ana, infanta de Portugal filha de D. Maria II 561

Maria I (D.) 259, 266, 267, 272, 276, 283 a 285, 287 a 294, 296, 305 a 307, 310, 314, 395, 397, 502
Maria II (D.) 461, 470, 478, 493, 501 a 507, 516 a 518, 525, 530, 532, 541, 542, 547, 548, 556, 559, 573, 626
Maria Pia (D.), rainha de Portugal 537, 573, 575, 576, 583, 584, 589, 592, 595, 642
Maria (D.), infanta de Portugal, rainha de Castela 64, 65
Maria Teresa (D.), infanta de Portugal, casada com o infante Pedro Carlos e, depois, com o infante Carlos Isidoro 399, 452, 491, 492
Maria Isabel Francisca (D.), infanta de Portugal, rainha de Espanha 396, 398. 491
Maria Francisca de Assis (D.), infanta de Portugal, casada com o infante Carlos Isidoro 396, 399, 443, 452, 455, 492
Maria da Assunção (D.) infanta de Portugal 446
Maria Ana (D.), infanta de Portugal, filha de D. Maria II 561
Maria das Neves (D.), infanta de Portugal, casada com o infante espanhol D. Afonso Carlos 399
Maria Teresa, infanta de Portugal, filha de D. Pedro II 220
Maria Teresa, imperatriz 225, 249, 356
Maria Luísa de Sabóia 243
Maria Luísa, rainha de Espanha 320
Maria Cristina de Bourbon, rainha de Espanha 398, 491
Maria Luísa, infanta de Espanha 385
Maria Luísa, imperatriz de França 350, 351, 360, 498
Maria de Médicis 169 a 171
Maria Teresa de Espanha 181, 217
Maria Leczinska 240
Maria Antonieta, rainha de França 278, 294, 295, 352
Maria Tudor 169
Maria Valéria, arquiduquesa austríaca, filha do imperador Francisco José 643
Maria Luísa de Hohenzollem 575
Maria da Fonte 531 a 534
Maria Stuart 160, 169
Marialva (Marquês de) 331, 399, 400, 404, 438
Mariana (Juan de) 69

Mariana Vitória, infanta de Espanha, rainha de Portugal 228, 240, 244, 262, 266, 267, 287, 288, 289, 449
Mariana Vitória, infanta de Portugal, filha de D. Maria I 289, 291
Marinho (Joaquim Pereira) 577
Marlborough (Duque de) 222
Marnotas 524
Marques (Oliveira) 226, 287
Marracuene 630
Marraquexe 123, 124, 137
Marrocos 44, 89, 90, 92, 93, 95, 102, 113, 116, 123, 124, 127, 134, 135, 145 a 147, 176, 213, 267, 460, 570, 627, 641, 642, 645, 654, 664
Marrocos (rei de) 65
Martim, bispo de Évora 70
Martim Sanches 45
Martin (Juan) 385
Martínez (Soares) 82, 226, 564, 658, 672
Martínez Marina 48
Martínez de Recalde 160
Martínez de la Rosa (Francisco) 493
Martínez Ferrando 102
Martinho V 95, 117, 665
Martinho, bispo de Lisboa 76
Martins (F. A. Oliveira) 617, 620, 623, 647
Martins (Lourenço) 80
Martins (Oliveira) 432, 449, 458, 465, 475, 510, 522, 526
Martins (Rocha) 557, 623, 655, 656
Martins (Silveira) 648
Martins Filho (Enéas) 332
Marvão 494
Mascarenhas (Domingos) 393
Massena 327, 334, 339, 445
Massie (Roberto R.) 641
Matabeles 617, 618, 621
Matamba 125
Matapan 232, 664
Mateus (Morgado de) 323, 324, 325
Matilde, condessa de Bolonha 48, 53
Matilde, condessa de Flandres 41, 43
Mato Grosso 215, 423, 650
Mattingly 158, 159, 160
Mattos (Cunha) 420, 461, 476
Maurício (Domingos) 34, 276, 542
Maurício (Príncipe) 184
Maximiliano da Alemanha 102

Maximiliano II, 141, 142
Maximiliano, arquiduque austríaco, imperador do México 426, 560, 640
Mayerling 640
Maynard 216
Mazagão 90, 95, 124, 137, 267
Mazarino 178, 179, 181, 182
Mazzini 519
Meadowe 197
Mécia Lopes de Haro 48
Mecklemburgo 424
Medeyros (J. Paulo de) 383
Médicis 138, 139, 141, 156, 157, 169, 170, 171
Medina del Campo 60
Medina del Campo (Cortes de) 106
Medina Sidónia 160
Mediterrâneo 66, 71, 93, 118, 123, 168, 186, 196, 200, 231, 239, 318, 368, 427, 543, 544, 607, 639, 642, 656, 667
Melgaço 85
Meliapor 235
Melinde 126
Melo (Custódio de) 648, 649
Melo (Fontes Pereira) 550, 552, 590
Melo (Francisco de) 176, 177, 182, 188, 197, 201
Melo (D. José de) 155
Melo (Sebastião José de Carvalho e) 224, 226, 250, 256, 261, 268, 269, 270 a 272, 277, 280, 281, 287, 293, 296
Mendes (Fradique) 515
Mendizábal 469 a 472, 474 a 476
Mendonça (Agostinho Gavy de) 137
Mendonça (Francisco Xavier de) 256
Menéndez y Pelayo 221, 241, 381, 382
Meneses (D. Aleixo de), aio de D. Sebastião 140
Meneses (D. Aleixo de), arcebispo de Braga 152
Meneses (D. Fernando de) 142
Meneses (D. Luís de) 236
Meneses (Manuel de)183
Meneses (Tristão de) 130
Meno 360
Mensis 175
Mequinez 137
Mercantilismo 180, 224, 293
Mercenários 424, 468, 472 a 474, 478, 619
Merêa 27, 448
Mérida 85

Merino (Padre) 441
Merle 237, 268 a 270, 279, 280, 286
Merlin 300
Mestre de Aviz 72, 76, 79, 80, 81, 668
Methuen 219, 220, 221, 224, 236
Metropolitas 233
Metternich 304, 356, 357, 359, 400, 427, 429, 435, 437, 438, 454 a 457, 459, 496, 537, 544, 586
Metz 339
Mexia (Martim Afonso) 155
México 380, 426, 432, 560, 640
Mignet 223
Miguéis (João Pedro Miguéis de Carvalho Brito) 463, 465, 516, 517
Miguel (D.) 399, 411, 413, 416, 430, 432, 441, 442, 444,␣447, 449 a 451, 453 a 467, 473, 476, 478 a 480, 482, 483, 485, 487 a 489, 491, 493 a 497, 501, 511, 514, 515, 517, 533
Miguel (D.), filho de D. Manuel 109
Milanês 173, 178
Milans del Bosch 403
Milão 182, 188
Millé 258
Minas (Marquês das) 221
Minas Gerais 215, 292, 424
Mindelo 424, 475, 476, 478, 486
Mindelo, corveta 649
Minho 26, 37, 38, 46, 151, 331, 335, 341, 343, 382, 494, 495, 510, 532, 533, 534, 535
Minorca 225
Miollis (general) 334
Mirabeau (Conde de) 297, 298
Miraflores (Marquês de) 494
Miranda 74, 280
Miranda (Cardoso de) 623, 643, 651, 653
Miranda (Conde de) 187
Miranda (J. Beleza de) 432
Miranda (Manuel Gonçalves de) 439, 470
Missionários 114, 127, 132, 577, 578, 579, 614, 619, 620, 661
Missões católicas 542, 578, 579
Moçambique 566, 572, 600, 602, 610, 616, 619, 621, 624, 629, 636
Mogúncia 339
Molembo 289, 612
Molina (Luís de) 274
Molucas 122, 129, 130 a 132, 225

Momaix 646
Mombaça 126
Monarquia absoluta 536
Moncada (Hugo de) 119
Monção 26, 85, 86
Mondego 460, 666
Monforte 58, 321
Monomotapa 605, 617
Monroe 254, 412, 425, 426, 560
Monsarás (José Lourenço de) 61
Montagnac 246
Montanha Branca 171
Monteiro (Correia) 618
Monteiro (Nicolau) 193
Monteiro (Sousa) 381, 384, 391, 393, 402, 404, 417, 452, 458
Montemor-o-Velho 100
Montenegro 639
Monterey 321
Montes Atlas 124
Montevideu 244, 385 a 388, 390, 391 a 393, 396, 397, 401, 410, 467
Monti di Pietá 519
Montijo 184, 586
Montpensier (Duque de) 581
Montpensier (Duquesa de) 179
Monza 644
Moore 342, 343, 345
Moraes (Alves de) 633
Moraes (Francisco de Castro) 223
Moraes Silva *ver* Silva (Moraes)
Moral Roncal (António Manuel) 492
Morato (Francisco Manuel Trigoso de Aragão) 416, 419, 440, 448
Moreia 232
Moreira (José) 269
Morena (Serra) 40
Moretti (Brigadeiro) 337
Morla (General) 344
Morley 587
Morus (Tomás) 166
Moscóvia 168
Moscovo 339
Mossamedes 602
Mota (Cardeal da) 228, 230, 231, 238, 239, 250, 251, 260 a 262
Motins de Campo de Ourique 312, 343
Moura 52, 58, 108
Moura (Cristóvão de) 152, 157
Moura (Lobo de) 537
Mourão 58
Mouro (Ponte do) 85
Moustiers 453
Mulei Abdala 137
Mulei Abd Almelique, ou Mulei Moluco 124, 145

Mulei Abrahem 124
Muley Hamet 158
Muley Mohamede, ou Mulei de Mafamede 124, 145
Muley Naçar 123
Muley Xeque 123
Muley Ziam 123
Mullingar (Barão de) 195
Multa praeclare 516
Muñoz (D. Ximena) 26
Munique 479, 504, 628
Münster 179
Múrcia 70
Murphy (James) 294

N

Nação armada 147, 302
Nacionalismos 585
Nanquim 128
Nantes (Bispo de) 39
Nantes (Edicto de) 168
Napier 473, 475, 476, 478, 486, 488, 494, 495, 496
Napoleão I 300, 303, 312, 313, 316, 317, 322 a 324, 327, 329, 331, 334 a 336, 339, 340, 343, 344, 346 a 351, 354, 355, 358 a 360, 363, 372, 380, 385, 402, 403, 435, 445, 479, 498, 504, 519, 556, 669
Napoleão II 355,
Napoleão III 426, 504, 519, 550, 556, 559, 560 a 562, 567, 574, 581, 585 a 588, 593
Nápoles 121, 180, 239, 244, 248, 249, 262, 273, 274, 276, 324, 336, 360, 398, 417, 437, 438, 459, 518, 595
Narbona (Bispo de) 39
Narváez 533
Nassau (Maurício de) 183, 184, 185
Natal (República de) 634, 635
Navarra 29, 36, 38, 40, 53, 70, 78, 100, 103, 108, 141 a 143, 178, 181, 328, 492, 663
Navarino 543
Navas de Tolosa 35, 39, 40, 65
Nayler 442
Necessidades 247
Négus 126
Nelson 318, 323
Nemours (Duque de), filho de Luís Filipe 450, 503
Nersinga 126
Nesselrode 359
Neubourg 228

Neutralidade 11, 39, 68, 97, 133 a 135, 172, 196, 219, 231, 239, 248, 267, 278, 279, 283, 288 a 290, 296, 303 a 305, 307, 308, 326, 327, 387, 483, 535, 544, 545, 555, 613, 623, 634, 636, 642, 645, 654, 655, 657, 669
Neutralidade armada 290
Neuville (Hyde de) 309, 310, 352, 390, 403, 404, 418 a 421, 442, 445 a 447, 449, 480
Neves (José Acúrcio das) 305, 313, 318, 321, 326, 339, 384
Newcastle (Duque de) 230
Ney 348, 354
Niassa 619, 620
Nice 585, 586
Niceia 233
Nicolau I da Rússia 460
Nicolau II 641
Nicolau V 101, 117,
Nicolson (Harold) 286, 466
Niebla 51
Niger 612
Nigra 573, 575
Nilo 625
Nisa (Marquês de) 178, 318, 581
Nivelle 347
Nóbrega (Manuel da) 274
Nogueira (Duarte) 59
Nogueira (Ricardo Raymundo) 338, 502
Nogueira (Sá) ver Sá da Bandeira
Non possumus 34
Nóqui 612
Normandia 44
Noronha (Eduardo de) 293, 325, 627
Norton (Luís) 375, 386
Noruega 110, 360
Nottingham 219
Noudar 58
Nova Orleães 380
Novara 537
Nowell (Charles E.) 617, 618, 619, 621
Nuñez de Castro 52, 69

O

Oates 199
Oceania 607
Ocupação efectiva 51, 139, 289, 570, 604, 605, 612, 613, 615 a 618
O'Dunne 280
Oeiras (Conde de) 268, 270, 271, 276, 277, 281
Oerebro (Dieta de) 167

Oeste 36, 51, 122, 544, 640
Oiapoque 377, 378
Oldoini (Marquês) 592
Olhão 341
Olinda 161, 214, 402
Olivares 153
Olivart (Marquês de) 595
Oliveira (Fernando de) 612
Oliveira (Francisco Xavier de), ou Cavaleiro de Oliveira 286
Oliveira (Freire de) 153, 203, 232
Oliveira (Miguel de) 516
Oliveira (Mata) 232, 318
Olivença 59, 320, 321, 354, 361, 362, 363, 369, 378, 395, 397, 398, 401, 442
Ollivier (Émile) 584
O'Meara 317, 334, 349
Oppas (D.) 381
Oppet 229
Oquendo 160
Orange (Príncipes de) 185, 198, 218, 219, 355
Orange (República de) 619, 634, 635, 636
Ordem de Aviz 62
Ordem de Cristo 61, 185, 235
Ordem do Espírito Santo 442
Ordem dos Hospitalários 59, 60
Ordem da Jarreteira 442
Ordem de São Miguel 488
Ordem de Sant'Iago 51, 62, 84
Ordem da Torre e Espada 430, 470, 510
Ordenações Afonsinas 35, 57, 116
Ordenações Filipinas 288
Ordenações Manuelinas 125
Ordens militares 51, 59, 61, 62, 64, 65, 145, 153
Ordens religiosas 123, 300, 414, 471, 510, 515, 521, 562, 577
Orense 70, 288
Oriente 36, 100, 114, 117, 126 a 128, 133, 135 a 137, 144 a 146, 161, 174, 183, 184, 187, 194, 206, 207, 208, 213, 216, 232, 234 a 236, 258, 422, 433, 541, 543, 544, 564, 570, 599, 607, 623, 637, 639, 640, 641, 655
Oriola (Conde de) 487
Orléans (Bispo de) 584
Orléans (Duque de e Casa de) 179, 240, 294, 297, 351, 355, 426, 504
Orliac (Jehanne d') 189
Ortega y Gasset 326, 633
Ortigão (Ramalho) 653
Osnabruque 179
Osuna 157

Otão 165
Otão da Baviera, rei da Grécia 580
Otomanos 119, 206, 541, 543, 545, 638, 639, 664
Ouguela 59, 320
Ourique 26, 177, 312, 343, 419
Ouro 31, 32, 33, 42, 69, 114, 117, 199, 213 a 216, 226, 237, 259, 290, 338, 563, 619
Outrequin 460
Owen (Capitão) 605
Owen (Coronel) 310, 474, 476
Oxenstiern 167, 188
Oxford 578
Oyarzun (Román) 492
Ozanam (Didier) 241

P

Pabón (Jésus) 623, 646, 656
Pacca (Cardeal) 334, 519
Pacheco (Diogo Lopes) 73
Pacheco (Pantaleão Rodrigues) 190, 192
Pacífico 129, 633
Pacifismo 239, 246, 254, 263, 303, 324, 641
Paço d'Arcos (Conde de) 649
Pacto colonial 373
Pacto de família 249, 290, 314
Pacto sucessório 25, 76
Padover 355, 359, 380
Padroado do Oriente 234, 235
Paim (D. Juliana) 296
Paim (Vicente de Sousa Coutinho Roque) 296, 306, 315
Pais (Álvaro) 79
Pais Vasco 585
Países Baixos 176, 194, 195, 203, 218, 225, 360, 489, 664
Paiva (Afonso de) 126
Paiva (Artur de) 619
Paiva (Visconde de) 573
Paiva Manso (Visconde de) 604, 605
Paixão (Braga) 556, 574, 575
Palacio Atard 223, 308, 380, 382, 403, 439, 469, 470, 633
Palafox (General) 385
Palatinado 171, 360
Palencia (Alonso de) 108
Palência 441
Palestina 62
Palmeirim (L. A.) 582
Palmela 74, 464, 465, 467
Palmela (conde, marquês e duque de) 296, 334, 346, 348, 360, 362, 363, 385, 393, 398, 409, 413, 421, 429, 441, 443, 444,

445 a 447, 449, 451, 453, 454, 455, 460, 462, 464, 470, 472, 473, 475 a 478, 481, 485, 486, 488, 489, 491, 492, 494, 503 a 505, 511, 521, 528, 530, 534
Palmerston 433, 463, 474, 482 a 484, 487, 488, 490, 493, 494, 503, 504, 506, 513, 527, 529, 532, 534, 536, 544, 566, 572
Pamplona Corte-Real *ver* Corte-Real (Manuel Pamplona)
Pando (José Maria de) 404
Papa e Papado 25, 28, 30 a 34, 38 a 40, 42, 44, 46, 47 a 50, 52, 53, 55 a 57, 59 a 65, 67, 70, 71, 73, 75, 76, 81, 83, 85, 93 a 95, 101 a 103, 106, 113, 117, 118, 120, 121, 125, 133, 134, 136, 137, 141 a 145, 155, 160, 165, 166, 170, 173, 188 a 193, 231, 232, 242, 250, 273 a 277, 286, 303, 333, 334, 360, 400, 402, 416, 459, 463, 496, 515 a 519, 562, 569, 573 a 577, 583, 586 a 589, 591 a 595, 609, 665
Papel-moeda 314
Papismo 169, 199
Pará 256, 377, 381
Paraguai 256
Paraty (Conde de) 649
Pardo 253, 259, 282 a 285, 289, 290, 311
Paris 49, 50, 55, 107, 138, 139, 141, 145, 158, 168, 169, 172, 173, 175, 178, 180, 181, 193, 198, 219, 220, 224, 234, 239, 244, 247, 249, 250 a 252, 262, 268, 270, 274, 277, 280, 289, 291, 294, 296, 297, 299, 302, 305 a 308, 311, 314 a 319, 322, 324, 325, 327, 328, 330, 331, 337, 340, 348, 350, 351, 353 a 357, 359, 360, 363, 377, 378, 404, 416, 418, 428, 430, 436, 438, 441, 443, 445, 453, 456, 460, 462 a 466, 474, 479, 480, 487, 488, 493, 502, 503, 519, 562, 566, 567, 573, 575, 576, 580, 582, 584, 588 a 590, 609, 610, 625, 627, 628, 633, 636, 638, 641, 643, 644, 645, 655, 656
Paris (Conde de) 627
Paris (Juramento de) 55
Parker (Almirante) 490, 496, 533, 535
Parlamentares 16, 195, 196, 302, 303, 324, 419, 422, 509, 529, 530, 548, 557, 562, 629, 652

Parlamentarismo 294
Parlamento Inglês 355, 482
Parlamento Italiano 576
Parlamento de Paris 274
Parma 173, 198, 238, 243, 244, 247, 273, 276, 360, 397
Passarovitz 232
Passos (Carlos de) 451
Passos (José) 523
Passos (Manuel) 515, 523, 525, 526, 528, 533, 558
Patriarcado 232, 416, 515
Patuleia 531, 534
Paulo II 103
Paulo III 120, 190
Paulo I da Rússia 322
Pauperismo 300
Pavia 134
Paz (Duarte da) 119
Paz (Príncipe da) 321, 322
Paz armada 628
Paz perpétua 99, 241, 303
Peculiar (D. João) 27, 31
Pedro I (D.) 62, 67, 68, 69
Pedro II (D.) 201, 202, 216, 218, 219, 221, 227, 229, 232, 291, 448, 461
Pedro III (D.) 276, 287, 291
Pedro V (D.) 483, 496, 506, 515, 518, 541, 542, 547 a 563, 567 a 569, 571, 573 a 575, 579, 602, 617, 626, 643
Pedro (D.), infante 44, 45
Pedro (D.), infante e regente de Portugal 100, 101, 136
Pedro IV de Aragão 70
Pedro I (D.), imperador do Brasil 332, 371, 381, 399, 405, 413, 421, 422, 427, 428, 432, 433, 450, 451, 460, 461, 463, 464, 467, 469, 471, 472, 474, 475, 477, 478 a 480, 487, 488, 490, 491, 494, 497, 498, 501, 502, 504, 505, 514, 515
Pedro II (D.), imperador do Brasil 451, 461, 478
Pedro Carlos (D.),infante de Espanha 399
Pedro, o *Grande* 168, 291
Pedro (D.), condestável de Portugal e rei da Catalunha 102
Pedro (Conde D.) 29
Pedro Julião ou Pedro Hispano 55
Peixoto (Floriano) 648, 650
Peloponeso 232
Pena 549
Penafiel 532

Penafiel (Conde de) 518, 612
Penafiel (Marquês de) 612
Penaguião (Conde de) 196, 197
Peniche 158, 489
Península Ibérica 349, 568, 589
Pequim 128
Pereira (Ângelo) 312, 326, 346, 350, 354, 370, 371, 373, 384, 385, 391, 392, 396, 399, 404, 440, 443, 446, 449, 450, 452, 453, 455
Pereira (Antonio Guedes) 230, 243
Pereira (Isaías da Rosa) 120
Pereira (José Esteves) 405, 416
Pereira (Sara Marques) 384
Pereira (Serras) 79
Peres (Damião) 41, 157, 220, 258, 312, 321, 323, 335, 338, 363, 451, 549, 557
Pérez (Antonio) 152, 223
Pérez Samper (Maria de los Angeles) 240
Périer (Casimir) 470, 479
Pernambuco 161, 176, 185, 186, 214, 402 a4 04, 423, 424, 652
Pérola 128, 446
Pérsia 127
Pessanha (Carlos) 66
Pessanha (D. José da Silva) 259
Pessanha (Manuel) 62
Pessoa (Fernando) 448
Pessoa (Manuel Gameiro) 428
Peterwardein 247
Petre (George Glynn) 616, 621
Petrópolis 649
Philippe-Égalité 297, 351
Pi y Margall 589
Piemonte 437, 438, 506, 536, 537, 569
Pigeot 305
Pilnitz 299
Pimentel (Alberto) 108
Pimenta (Alfredo) 120, 135
Pimentel 182, 189
Pimentel (António de Serpa) 544, 612
Pina (Ruy de) 67
Pinhel 74
Pinto (João da Rocha) 450
Pinto (Serpa) 618, 620, 621
Pio IV 141
Pio V 141, 144, 145,
Pio VII 416, 519
Pio IX 517 a 519, 583, 592, 593, 594, 595
Pirala (António) 492, 522
Pirenéus 29, 41, 50, 106, 181, 182, 187, 198, 217, 218, 223, 311, 477, 667, 668

Pires (Pedro) 61
Pires (Tomé) 128, 661
Pisa 190
Pita (Rocha) 255
Pitt 271, 279, 302, 303, 319
Plasença, cidade 85, 106
Plasencia, ducado 41, 360
Plymouth 460, 479
Poder executivo 547
Poder judicial 547
Poder moderador 531, 547, 626
Poitou 44
Polónia 33, 168, 172, 229, 240, 245 a 248, 275, 286, 302, 304, 359, 435, 473, 483, 544, 638
Pólvora 228, 486
Pombal 61
Pombal (Marquês de) 224, 237, 250, 263, 266, 268, 269, 271, 284
Pombal (2.º Marquês de) 370
Pombo (Rocha) 183, 258, 292, 378, 383, 386, 392, 403
Pomerânia 248, 359
Pompadour 273, 274, 277
Ponte (Conde da) 197, 465, 466, 487
Ponte de Lima (Visconde de) 285
Pontes (Felisberto Caldeira Brant) 428
Pontevedra 38
Ponto Euxino 651
Poppe 316
Porlier 403
Portalegre 236, 320, 511, 556
Portalegre (Bispo de) 199
Portmore (Lord) 222
Porto 28, 80, 85, 151, 152, 156, 177, 272, 274, 308, 310, 321, 335, 341, 343, 344, 411, 427, 452, 460, 466, 469, 471, 474 a 478, 485, 486, 487, 488, 489, 490, 510, 515, 522, 523, 530, 533 a 537, 544, 549, 559, 622, 623, 633
Porto (Bispo do) 46, 47, 55
Porto (Silva) 618
Porto Artur 640
Porto franco 653
Porto Rico 631 a 633, 654
Porto Santo (Conde de) 444
Porto Seguro (Barão de) 183, 185
Portsmouth 318
Portugal (D. Fernando José de), depois marquês de Aguiar 369
Portugal (D. Martinho de) 119
Portugal (D. Miguel de) 190, 191, 192
Portugal (Tomás António de Villa Nova) 409

Potemckine 168
Potiemkine 628, 633, 636
Potiemkine (Wladimir) 290
Potsdam 643
Póvoa de Lanhoso 532
Pozzo di Borgo 359
Prado (Museu) 398
Praeclarae devotionis 118
Praga 171, 172
Pragmática Sanção 248, 249
Prata (Rio da) 122, 223, 225, 244, 252 a 256, 258, 382, 383, 387, 388, 391, 392, 393, 396, 427
Preaclara Charissimi in Christo filio 233
Presas (José) 383
Presburgo 324, 435
Prestage 45, 182, 185, 195
Preste João das Índias 126
Preto (Marcos Vaz), arcebispo de Lacedemónia 515
Prévost 247
Prim 558, 580 a 583, 589, 590
Primazes 233
Principais 233
Principal Sousa 346, 349, 350, 354, 391, 392
Propagação da Fé 235
Proteccionismo 236
Protestantismo 141, 154, 166 a 170, 177, 277, 506, 579
Provença 250
Provença (Conde de) 352, 401
Providência 450
Província Cisplatina 392, 398
Províncias Unidas 183 a188, 203, 218, 219, 222, 393
Prússia 43, 170, 241, 248, 249, 275, 278, 282, 290, 291, 294, 295, 299, 301, 302, 324, 350, 351, 357, 359, 360, 425, 436 a 438, 460, 480, 483, 485, 487, 520, 524, 544, 550, 553, 555, 560, 569, 579, 581, 586 a 588, 608, 609, 628, 642, 657
Puebla de Sanabria 346, 440
Pueyrredón 387
Punições colectivas 273

Q

Qua nobis dilectus 119
Quadro elementar *ver* Visconde de Santarém
Quádrupla Aliança 220, 490, 493, 494, 509, 511, 534, 536
Quanta Cura 583
Queiroz (Eça de) 515
Queluz 398, 452, 549

Queluz (Marquês de) 378
Questão do Oriente 541, 544
Questão Romana 545, 591, 593, 594, 595, 644
Quiloa 126
Quintela (Barão de) 476
Quinto real 216, 259
Quionga 631
Quirinal 592, 595, 644
Quissanga 542
Quo in statu 145

R

Rábago 241
Raguzeu (Bento), Antoia 301
Raimundo (Conde D.) 25, 662
Raimundo de Aragão 37
Ramiro (D.) 30
Ramiro (Rei de Aragão) 31, 32
Rangel (Alberto) 371, 383, 497
Rau (Virgínia) 199
Ravaillac 169 a 171
Rawson 646
Rayneval 329
Read (Luísa Mitchell) 523
Real de água 176
Real Colégio 308
Rebello (Velloso) 292, 403
Rebolledo (Conde) 204
Recife 161
Reconquista 35, 39, 40, 47, 62, 91, 92, 176, 183, 186, 354, 662, 664, 666
Redinha 61
Redondo (Conde de) 124
Reedificação de Lisboa 294
Reforma 9, 34, 110, 134, 139, 166, 167, 206, 208,
Regência 78, 100, 135, 136, 309, 338, 342, 346, 349, 351, 354, 383, 385, 392, 395, 409, 419, 432, 444, 446, 449, 450, 452, 467, 477, 480, 483, 484, 489, 492, 505, 524
Regeneração 541
Regicídio 556, 623, 626, 653, 655, 656, 657
Regionalização 585
Rego (Luís do) 403, 440
Rego (Silva) 235
Regras (João das) 76, 81
Reguengo (Visconde do) 528
Reichsrath 166
Reims (Bispo de) 64
Reino Unido de Portugal, Brasil e Algarves 253, 391, 395, 398, 411, 423, 426, 429, 455

Reis (Joaquim José de Sousa Silva) 495
Reis Católicos 78, 107 a 111, 121, 217, 223, 613
Reis Cristianíssimos 233
Reis Fidelíssimos 233
Relvas (José) 623
Remédios (Mendes dos) 286
Remexido, Joaquim José de Sousa Silva Reis 495
Rémy 170, 189, 283, 403
Rendufe (Barão de) 469
Reno 168, 174, 206, 219, 248, 299, 303, 359, 435, 609, 611, 637, 639
Renouvin (Pierre) 296, 302, 328, 334, 353, 586, 610, 611, 625, 636
Representação popular 536
República 623, 624, 626
República Brasileira 647, 648
República Cisalpina 519
República Espanhola (I) 555
República Francesa, 300 a 302, 305, 313, 320, 502, 519, 582, 586, 588 a 590, 605, 611, 664
República Romana 520
Republicanismo 524
Resende (Garcia de) 111, 120
Resende (Marquês de) 428, 477
Respublica Christiana 10, 30, 34, 113, 115 a 117, 133, 286, 665
Restauração 49, 78, 129, 153, 165, 167, 173, 175 a 177, 180 a 185, 188 a 190, 194, 197, 198, 200, 204, 205, 207, 208, 214, 216, 225, 235, 236, 243, 418, 481, 523, 525, 526, 528, 530, 531, 535, 558, 558, 603, 622
Restauração francesa 300, 348, 351, 353, 354, 413, 421, 437, 442, 456
Révah 175
Revolta dos marechais 526, 527, 530
Revolta republicana 622
Revolução Francesa 10, 170, 272, 275, 287, 291 a 295, 301 a 303, 314, 333, 335, 436, 437, 477, 480, 481, 489, 548, 585, 669
Revolução liberal 382, 392, 404, 409, 411, 439, 480
Rhodes (Cecil) 618 a 620
Rhodez (Bispo de) 64
Riario 155
Ribacoa 58, 59
Ribatejo 510
Ribeira (Conde da) 227, 251
Ribeira de Sabrosa (Barão de) 514
Ribeiro (Hintze) 616, 623, 650, 651

Ribeiro (João Pedro) 25, 26, 31, 152
Ribeiro (João Pinto) 175
Ribeiro (José Silvestre) 182
Ribeiro (Thomaz) 385, 410, 414, 415, 416, 419
Ricardo II 72, 84 a 86
Ricardo (David) 468
Ricardos 468
Richelieu 172 a 175, 177, 181, 189, 191, 662, 664
Richelieu (Duque de) 390, 437
Richmond 658
Riego 381, 382, 403, 418
Rif 645
Rio Branco (Barão de) 652
Rio Branco (Visconde de) 257
Rio Grande do Sul 284, 387, 388, 401, 648, 650
Rio de Janeiro 223, 225, 254, 256, 259, 309, 332 a 334, 342, 354, 360, 365, 368, 371, 373, 375, 377, 378, 380, 382 a 384, 386, 387, 389 a 392, 395 a 399, 403, 404, 405, 409, 410, 421, 423 a 425, 427 a 429, 431, 433, 450, 453, 456, 461, 462, 467, 476, 497, 552, 648, 649, 651, 652
Rio Maior (Conde de) 425, 428
Rio do Ouro 114
Rio Rosas 559
Robalo (Gil)56
Robespierre 305
Rocha (Coelho da) 32, 502
Rochambeau 283
Rochau (De) 348, 353
Rochela 172
Rochford 271, 287
Rocroy 176
Rodes 60, 119
Rodésia 618
Rodil 493, 494
Rodolfo, arquiduque austríaco 640
Rodrigues (Francisco) 177
Rodrigues (Francisco José) 506
Rodrigues (Gonçalves) 286
Rodrigues (José Honório) 403, 426, 427, 428, 431, 432, 498
Rodrigues (Sesinando) 177
Rojas (Fradique de) 183
Roliça 341, 342
Roma 28, 30 a 34, 39, 46 a 48, 56, 57, 61 a 63, 76, 85, 101, 102, 114, 118 a 121, 126, 135, 138, 139, 142, 145, 155, 165, 167, 168, 170, 173, 177, 182, 185, 189 a 193, 195, 206, 208, 227, 228, 230 a 235, 239, 242, 246, 250, 257, 262, 269, 273, 275 a 278, 287, 293, 301, 302, 333, 334, 338, 378, 396, 397, 400, 402, 403, 416, 461 a 465, 489, 496, 515 a 520, 568, 569, 576, 577, 583 a 589, 591 a 595, 609, 612, 638, 644, 650, 665, 666, 668

Romanones (Conde de) 633
Romanus pontifex 117
Roménia 232, 544, 639
Rosa de Ouro 117, 518
Rosário (Domingos do) 178
Rosenberg (Conde de) 250
Rosendo (Beco do) 556
Rossi (Conde) 518
Rossilhão 310 a 314, 445, 585, 664
Rosslyn (Lord) 328, 329
Rougle (William P.) 291
Roupinho (Fuas) 93
Roussin 484, 485
Rovuma 578, 631
Rubio (J. M.) 384, 386
Rumboldt 317
Rumby 474
Rupert (Príncipe) 196
Russell (Lord) 303, 312, 569
Russell (Ricardo) 199
Rússia 168, 245, 247, 248, 275, 281, 290, 291, 301, 302, 312, 318, 322 a 324, 329, 337, 339, 340, 349, 350, 351, 353, 356, 357, 359, 360, 370, 384, 412, 420, 425, 427, 432, 435 a 438, 445, 460, 480, 483, 485, 487, 489, 506, 520, 524, 543, 544, 545, 552, 560, 579, 586, 611, 617, 625, 627 a 629, 637 a 642, 654, 655, 664, 670
Rye (Jean de) 83

S

S. Boaventura (Frei Fortunato de) 465
S. Germano (Marquês de) 153, 175
S. Januário (Visconde de) 579
S. Lourenço (Conde de) 488
S. Mamede (Conde de) 612
S. Vicente (Cabo de) 51, 488, 494, 496
Sá (Aires de), historiador 627
Sá (Aires de), secretário de Estado 291
Sá (Correia de) 186
Sá da Bandeira (Visconde e Marquês de) 289, 340, 458, 463, 513, 525, 526, 535, 551, 573, 575, 578

Sá Carneiro 340
Saavedra Faxardo 40
Sabóia 135, 172, 173, 201 a 203, 218, 243, 245, 248, 506, 537, 556, 573 a 575, 583, 585 a 587, 592, 594, 642, 664
Sabóia (Conde de) 41
Sabugal 58
Sabugal (Conde de) 462
Sabugosa (Conde de) 199
Sacramento 11, 122, 223 a 225, 230, 244, 252 a 255, 257, 259, 282, 284, 390, 549
Sacro Colégio 234
Sacro Império 165, 167
Sado 33, 51, 62
Sadowa 249, 575, 586, 587, 608, 609, 628
Safim 90, 123, 144
Sagasta 581
Sagres 159
Saint-Aymour 175, 198, 216, 239, 251, 252, 261, 268, 270, 289, 290
Saint-Aymour (Visconde de) 220
Saint-Jean-de-Luz 106
Saint-Julien 279
Saint-Léger 445, 524, 534
Saint-Ouen 352
Saint-Pé 175
Saint-Priest 270, 527
Sal 184, 186, 187, 229
Salado 35, 64, 65, 66
Salamanca 58, 60, 166, 344
Salamanca (financeiro espanhol) 558, 580
Saldanha (conde, marquês e duque de) 430, 452, 463, 491, 496, 510, 519, 526, 529, 534, 550, 552, 558, 569, 580, 583, 592
Saldanha (Manuel de) 129
Salema 280
Sales (Pereira) 281
Salgueiro (Padre) 515
Salinas (Conde de) 153
Salisbury (Lord) 617, 618, 620, 621, 628, 636
Salomão 242
Salónica 580
Salvaterra de Magos 76, 77, 78, 152, 581
Sampaio 21, 418, 440
Sampaio (Carlos Rangel de) 534
Sampaio (Diogo de Carvalho e) 304
Sampaio (Manuel Pereira de) 269
Sampayo (Luiz Teixeira de) 21, 123, 231, 558, 581, 582, 656, 658
Sampetersburgo 290, 291, 325, 355, 417, 427, 456, 460, 489, 609, 627, 628, 638, 642, 644, 654

San Llorens de Morunys 439
San Stefano 639
San Stefano (Oreglia di) 594
Sancha, filha de Afonso IX 47
Sancho I (D.) 32 a 34, 37 a 39, 43 a 46
Sancho II (D.) 44, 46 a 49, 51, 52
Sancho IV 57, 70
Sande (Marquês de) 197, 199
Sandwich 203
Sane charissimus 95, 117, 139, 665
Santa Aliança 336, 352, 382, 412, 413, 417, 418, 427, 435 a 439, 448, 455, 456, 459, 477, 479
Santa Catarina 284
Santa Clara (Joaquim de) 402
Santa Cruz (Duque de) 504
Santa Helena 303, 317, 334, 348, 349, 402, 403, 504
Santa Liga 171
Santa Lúcia 353
Santa Marta (Visconde de) 440
Santa Rita (José Gonçalo) 612, 630, 636
Santa Sé 28, 31, 32, 34, 38, 39, 55 a 57, 60, 61, 63, 93 a 95, 116 a 119, 123, 133, 154, 155, 161, 179, 189 a 194, 197, 208, 231 a 235, 275, 276, 293, 301, 302, 333, 334, 397, 400, 459, 460, 463 a 465, 483, 514 a 520, 569, 577, 584, 588, 591 a 595, 662, 664
Santander 160
Santarém 50, 73, 156, 489, 533
Santarém (Visconde de) 21, 48, 51, 58, 60, 61, 73, 84, 93, 95, 103, 118, 119, 131, 134, 135, 139, 153, 158, 175, 182, 197, 198, 202, 219, 220, 226, 229, 231, 237, 246, 247, 249, 251, 252, 258, 259, 261, 262, 270, 272, 276, 279, 280, 281, 285 a 287, 289, 309, 332, 396, 397, 405, 450, 459, 461 a 467, 477, 478, 480 a 482, 484, 487, 488, 489, 491, 493, 497, 502, 503, 514
Santiago 25, 31, 80, 94, 159
Santiquatro (Cardeal) 119
Santo Amaro (Marquês de) 467
Santo Ângelo 256
Santo Ildefonso 253, 282, 284, 285, 289, 383
Santo Ofício 120, 190, 235, 274
Santo Sepulcro 59
Santo Thomaz (Luiz de) 308
Santos 161, 254, 422
Santos (Eduardo dos) 567

Santos (Eugénio dos) 294
Santos (Ferreira dos) 584
Santos (Maria Emília Madeira) 173, 179
Santos (Marquesa de), Domitila 497, 498
Santos Mártires de Marrocos 44
São Borja 256
São Félix 59
São João 256
São Jorge da Mina 114
São Lourenço 256, 488
São Luís, rei de França 53
São Luís Gonzaga 256
São Miguel (aldeia brasileira) 256
São Miguel (Açores) 523
São Nicolau 256
São Pedro 30, 31, 32, 34
São Salvador 161, 381
São Sebastião 349
São Tomé 183, 214
São Vicente 51, 161, 488, 494, 496, 621
Saragoça (Cerco de) 339, 385
Saragoça (Cortes de) 78, 109
Saragoça (Tratado de) 122, 130, 131, 132, 253
Saraiva (Cardeal) 457, 563
Saraiva (Ribeiro) 397, 450, 455, 461, 464 a 466, 472, 473, 480, 481, 484, 489, 491, 492, 497
Sardenha 229, 238, 248, 360, 460, 506, 536, 553
Sarmento (Cristóvão Pedro de Morais) 418, 462, 494
Sarrazin 342
Sartorius 470, 473 a 475, 486, 487
Saúde Pública (Lei de) 532
Saxe 198, 245, 248, 355, 359,
Saxe (Ernesto de) 506
Saxe-Coburgo (Duque de) 556
Saxe-Coburgo-Gotha 503, 506, 507
Scarlatti (Lita) 102
Schlegel 337
Schleswig 628
Schlichthorst 424
Schlitter 278
Schomberg 170, 181, 199
Schwarzenberg 351
Sebastiani 479
Sebastião (D.) 135 a 147, 154, 664
Sebastião Gabriel (infante de Espanha) 491, 492
Seco Serrano 308, 322, 328, 329, 655
Secretaria de Estado dos Negócios Estrangeiros 170, 230, 231, 444, 497, 523

Secretarias de Estado 224, 230, 231
Sedan 575, 581, 588, 608, 609, 628
Seixas (Domingos de) 127
Selvagem (Carlos) 232
Senado 129, 166, 199, 352, 514, 516
Senado Francês 348, 351
Senegal 114
Sepúlveda (General) 343
Sequeira (Domingos António) 293, 398
Sequeira (Matos) 294
Serajevo 544, 639
Sergipe 183
Serpa 47, 52, 58, 510
Serpa (António de) *ver* Pimentel
Serra (Correia da) 388, 416
Serra Leoa 604
Serra Morena 40
Serrão (Joaquim Veríssimo) 21, 27, 50, 107, 109, 156, 157, 269, 325
Sérvia 232, 543, 544, 639, 640
Setembrismo 521 a 533
Setúbal 156, 184, 186, 187, 229, 535
Sevilha 38, 51, 56, 57, 64, 65, 68, 130, 344, 442
Seychelles 353
Seymour (Hamilton) 532, 535, 536
Shaftesbury (Lord) 199
Shakespeare 553
Sião 127, 234
Sidney-Smith (William) 332, 333, 371, 386
Sicília 60, 121, 238, 247, 286
Sigmaringen 560, 573
Signum subiectionis 33
Silésia 206, 249, 275, 278, 282, 301, 438
Silva (António Delgado da) 283, 288
Silva (António Teles da) 428
Silva (Francisco Gomes da) 450, 503
Silva (Gomes da) 623, 636, 646
Silva (João Gomes da) 141, 224
Silva (José Bonifácio de Andrade e) 422
Silva (José Justino de Andrade e) 177
Silva (José Seabra da) 338
Silva (José Soares da) 222
Silva (Manuel Teles da) 225, 226
Silva (Moraes) 235, 237
Silva (D. Pedro da) 125
Silva (Pedro da Mota) 230, 251, 260
Silva (Pedro Vieira da) 202
Silva (Pereira da) 333, 362, 378, 383, 385 a 389, 391, 393, 400, 402, 404, 410, 422, 424, 425, 429

Silva (Rebello da) 119, 152, 155, 156, 158, 159
Silva (Ruy Gomes da) 153
Silveira (General) 345
Silveira (Joaquim Lobo da) 360
Silveira (Luís da) 130
Silveira (Mouzinho da) 441, 471
Silves 42, 44
Simancas 58, 143
Simonin 276
Sines 496
Siniavin (Almirante) 342
Sintra 74, 338, 340 a 342, 344, 549
Siquam Horribile 47
Síria 587
Sisas dobradas 199
Sixto IV 34, 117
Sixto V 160
Smolensko 339
Smollett 221, 262
Smythies, bispo anglicano 620
Soares (Ernesto) 247
Soares (Macedo) 122, 392
Soares (Torquato de Sousa) 27
Sobieski 206
Sobralinho 521
Sociedades Secretas 241, 242, 243, 301, 444, 558
Sofala 126
Soignes 348
Solferino 586
Solicitude Ecclesiarum 463
Solignac 474, 475
Solms (Amália de) 185
Sorell 487
Sória (Gomes Fernandes de) 68
Soriano (Luz) 268, 269, 277, 281, 284, 293, 304, 305, 307, 311, 313, 318, 320, 321, 325, 331, 338, 383, 404, 458, 469, 525, 535
Sotomaior (António da Cunha) 552
Soult 343 a 345, 348, 479
Soure 60, 61
Soure (Conde de) 180, 181
Sousa (António da Silva e) 189, 191
Sousa (D. Ana de) 125
Sousa (D. António Caetano de) 26, 43, 102, 105, 107, 131, 140, 158, 180, 227 a 229, 231, 232, 247
Sousa (Madame de) 324
Sousa (Marnoco e) 63
Sousa Coutinho (Domingos António de) 332, 371
Sousa Coutinho (D. José António de Meneses e), Principal Sousa 346, 349
Sousa Coutinho (Luís Pinto de) 258, 304, 306, 315, 316, 321, 328

Sousa Coutinho (D. Rodrigo de) 313, 325, 326, 332, 369, 373, 389
Southern, diplomata inglês 533
Southey 257, 258, 272,
Southwell (Robert) 203
Soveral (Luís de), depois marquês de Soveral 624, 634, 636, 637, 643, 644, 651, 653
Stadion 337
Staël (Madame de) 358
Stafford 219
Stanley 608, 618
State Papers 195, 201, 216, 391, 410, 439, 454, 496, 506, 567, 623
Stewart (Henry Robert) 430
Stockler (Francisco de Borja Garção) 321, 466
Stolypin 641
Stowe (Becher) 565
Strangford 333, 347, 371, 373, 383, 386, 389
Strozzi 157
Stuart (Carlos) 342, 346, 430, 431, 450, 451, 467, 497
Stuart (Lord Stuart de Rothesay) 430, 431
Stuarts 169, 187, 195, 196, 198, 206, 218, 219
Suarez (Francisco) 274
Suárez Fernandez 31
Suárez Inclán 151, 155
Subserra (Conde de) 340, 347, 440, 441, 445
Sudão 625
Suécia 110, 166, 172, 173, 188, 189, 203, 281, 290, 291, 324, 329, 350, 351, 357, 360, 435, 552, 568, 643
Suez 609, 632
Suíça 315, 339, 362, 640, 664
Sully 169, 170
Sultão 134, 158, 631, 641, 645
Sumatra 126
Sussex (Duque de) 326, 343, 419
Svanstrom 381, 386
Syllabus 583, 584

T

Tabaco (Contrato do) 476
Tabocas 185
Taborda (José da Cunha) 293
Tagilde 72
Taine 297, 298, 305, 334
Talleyrand 303, 316, 317, 320, 324, 328, 330, 348, 351, 352, 354, 357 a 359, 471, 485, 493
Tânger 95, 146, 181, 198 a 201, 607, 641, 645, 669

Tanor 126
Taranco (General) 335
Tarifa 65
Tarouca (Carlos da Silva) 226
Tarouca (Conde de) 224, 225, 227, 246, 252, 261, 286, 465
Tarragona 31
Tártaros 168
Távoras 267, 274
Teatro Municipal 652
Teatro de S. Carlos 293, 509
Tejo 33, 62, 72, 74, 159, 160, 186, 196, 328, 332, 341, 342, 429, 446, 450, 453, 484, 490, 525, 535, 562, 567, 622, 645, 646, 666
Telhado (José do) 510
Telo (Garcia) 68
Tembe 605
Templários 59, 60, 61, 242, 523, 532
Templo 59, 60, 119, 242, 316
Tensift 90
Tentúgal 100
Teodósio (D.) 179, 180, 204
Terçarias de Moura 108
Terceira 157, 158, 417, 460, 461, 466 a 468, 474, 477, 479 a 481, 483, 489, 496, 505, 521, 526, 556, 601
Terceira (Duque da), antes conde de Vila Flor 460, 492, 507, 530, 552, 562
Teresa (D.) 25, 26, 36
Teresa, arquiduquesa austríaca, filha do arquiduque Alberto 574
Teresa (D.) filha de D. Afonso Henriques 41, 43, 667
Teresa (D.), filha de D. Sancho 38
Ternate 130
Terra Nova 222
Terra Santa 59
Terramoto 293, 294
Terreiro do Paço 293
Terror 291, 299, 300, 313, 528
Tessalonica (Arcebispo de) 291
Tetuão 95
Thalassa 651
Theiner 275
Thibaudand 481
Thiers 522
Thomás (José Fernandes) 471
Thompson 355, 359, 380, 646
Thornton 429, 442, 447
Tilsitt 329, 435
Times 653
Timor 629, 630
Tiradentes, Joaquim José da Silva Xavier 292

Tobago 353
Toledo 39, 40
Toledo (Arcebispo de) 31, 40
Toledo (Cortes de) 109
Tomar 60, 151, 152, 153, 154,
Tomar (conde e marquês de) 523, 532, 588, 591 a 594
Tonquim 234
Tóquio 640, 644
Tordesilhas 111, 122, 130, 139, 208, 213, 225, 252, 253, 410, 665
Tories 222, 380, 426, 456, 482, 485
Toro 11, 72, 99, 106, 667
Torre Ayllon 535, 536
Torre de Londres 298
Torre do Tombo 228, 316, 416
Torres (Francisco de Melo e) 197
Torres Vedras 347, 534
Torrijos 477
Toscana 190, 247, 331, 360
Toulon 311, 312
Toulouse 347
Touradas 415
Touraine 44
Tovar (António de) 595
Tovar (Conde de) 84, 86, 177, 186, 196, 203, 237, 284
Toynbee 22
Trafalgar 323, 328
Trancoso 85
Transilvânia 301
Transval 605, 619, 634, 635, 636
Trant (Coronel) 349
Trás-os-Montes 26, 40, 46, 321, 331, 335, 341, 343, 345, 440, 527, 533, 534, 535
Trento 120, 137
Trento (Concílio de) 120, 273
Treviso 100
Tribunal da Relação de Lisboa 566
Tribunal Revolucionário 305
Trigoso *ver* Morato
Trindade 319
Tripla Aliança 586, 609, 638, 654, 655
Troppau 438
Troyat (Henri) 291
Trujillo 33
Trujillo (Martim Lopes de) 68
Tucuman 389
Tudor 169
Tui 25, 26, 27, 33, 37, 70, 86, 220
Tulherias 298, 299, 586
Tunes 135
Tunísia 609, 654
Tupi 257
Turcos 118, 120, 124, 126, 133, 144 a 147, 168, 173, 206, 225,

231, 232, 239, 245, 247, 248, 312, 543, 544, 579, 607, 664
Turim 180, 313, 417, 460, 506, 509, 510, 537, 569, 575, 576, 587
Turquia 172, 291, 302, 544, 639, 654, 664
Twiss 294
Tyrawly (Lord) 230

U

Ultimato 197, 278, 279, 320, 328 a 330, 512, 517, 567, 619, 621 a 626, 640
Ultramar 116, 123, 132, 153, 154, 155, 161, 174 a 176, 183 a 186, 230, 235, 278, 281, 315, 317, 332, 353, 367, 369, 379, 389, 414, 518, 548, 577, 578, 599, 600 a 603, 609, 613, 617, 627, 628, 637, 669, 670
União Evangélica 171
União Ibérica 404, 411, 526, 558, 559, 583, 590
União Indiana 235
União Sul-Africana 635
Universidade 34, 251, 293, 294, 415, 437, 595
Urban (Benjamim d') 346
Urbano IV 53,
Urbano VI 76, 85
Urbano VIII 188 a 190
Urgel 44, 99, 100 a 102
Urraca (D.), irmã de D. Teresa, cunhada do conde D. Henrique 25, 36
Urraca, filha de D. Afonso Henriques 37, 38
Urraca (D.), filha de Afonso VIII, 39, 79
Uruguai 122, 253, 255, 256, 258, 259, 273, 386, 387, 390 a 392, 650
Uti possidetis 255
Utreque 222 a 225, 227, 228, 238, 239, 252, 253, 255, 304, 361, 377, 378

V

Valadim 624
Valdelomar 308
Valdemar II 42, 43
Valdemar III 43
Valdevez 26, 27, 40
Vale da Gadanha 26
Valença 494
Valençay 336, 385
Valência 39, 558
Valência (Bispo de) 39
Valência de Alcântara 59, 70, 71, 220

Valhadolid 28, 40, 58, 82, 441
Valmy 304
Valões 613
Vandelli (Domingos) 326
Varnhagen 308, 409
Varsóvia 338, 350, 359, 473, 543
Vasconcelos (António Pedro de) 254
Vasconcelos (César de) 535
Vascongadas 328
Vaticano 143, 588, 644
Vátuas 635
Veiga (Costa) 26
Veloso (Queiroz) 152, 363
Venda da Cruz (Barão da) 397, 517
Vendeia 483
Veneza 89, 100, 118, 133, 138, 144, 172, 173, 179, 231, 233, 360, 586, 587
Venezuela 381
Ventura (António) 511
Vergara 495, 512
Vergennes 261, 271, 287
Verona 427, 438, 439
Versalhes 267, 283, 290, 297, 325, 326, 670
Vervins 169, 170
Vestefália 167, 179, 188, 190, 223, 668
Viana 177
Vianna (António) 320, 321, 326, 363, 473, 417 a 419, 422, 428, 429, 438 a 441, 443, 449 a 453, 467, 469 a 471, 473, 474, 479, 482, 485 a 489, 493, 501
Vianna (Hélio) 308, 392, 461, 564, 648
Vicente de Paulo (S.) 562
Vico (Guido de) 28, 30
Victor (Marechal) 344
Vidal y Saura 469, 475, 492
Vieira (Padre António) 180, 185, 274
Vieira (António Manuel de) 291
Vieira (Francisco) 293
Vieira (João Fernandes) 185
Vieira (Francisco José) 425, 428
Viena 120, 170, 182, 188, 206, 222, 225 a 227, 232, 234, 239, 245 a 247, 249, 250, 268 a 270, 278, 286, 294, 295, 299, 301, 311, 317, 319, 321, 337, 353, 354 a 362, 375, 377, 378, 395, 397, 399 a 401, 417, 420, 425, 427, 428, 429, 438, 454, 456, 457, 462, 479, 489, 496, 518, 520, 551, 574, 585 a 588, 609, 628, 638 a 640, 654
Viena (Congresso de) 11, 20, 200, 285, 304, 335, 355 a 361, 363, 377, 436

Vienne (Concílio de) 60
Vigo 220, 473, 474, 645
Vigodet 390, 396
Vila Flor (Conde de), depois duque da Terceira 460, 474
Vila Franca de Xira 441
Vila Real (Conde de) 413
Vila Real (Marquês de) 173
Vila Viçosa 556, 655, 656
Vila-Francada 425, 441 a 446
Vilar Maior 58
Vilar Maior (Conde de) 227
Vilhena (Júlio de) 496, 506, 515, 518, 541, 542, 547 a 550, 552, 554 a 557, 559, 561 a 563, 567, 571, 574, 575, 623, 624,
Villa Nova Portugal (Tomás António) 409, 421
Villegaignon 223
Villèle 418, 443
Villiers, Lord Clarendon 469
Vimeiro 341, 342
Vincennes 60
Vínculos 7, 55, 142, 154, 194, 242, 421, 423, 665
Vinhas do Alto Douro 482
Vinhos 220, 236, 476
Viradeira 266
Viscaia 178
Viseu 31, 74, 87, 440, 515
Viseu (Bispo de) 594
Viseu (Duque de) 110
Viterbo 32, 33
Vítor Manuel II 537, 573 a 576, 583, 584, 586, 587, 589, 591, 592, 594, 638
Vitória 347
Vitória, rainha de Inglaterra 481, 506, 507, 525, 528, 531, 533, 542, 551, 554, 560, 561, 574, 621, 625, 627, 628, 635, 637, 643, 646
Vitrian 148
Voltaire 242, 273, 296, 298, 336

W

Wagram 303, 317, 323, 337, 339, 350
Walden (Lord Howard de) 525, 531, 534, 566
Walewska (Maria) 586
Walewski 586
Wall (Ricardo) 259
Walpole 271, 287, 481
Walsingham 139, 141, 145, 157
Wanty (Émile) 338
Washington 388, 402, 404, 462, 590, 632, 633, 646

Waterloo 324, 346, 348, 349, 354, 355, 356, 403, 628
Watson 146, 155
Weill (George) 439
Wellesley 342, 345, 347, 380
Wellington 302, 338, 344, 346, 347, 349, 350, 352, 354, 355, 372, 375, 386, 413, 430, 456, 481 a 485, 513, 529
Wenceslau, rei da Boémia 84
Westminster 196
Weyer (Van der) 522, 525, 527
Weyler y Nicolás (Valeriano) 633
Whighs 222
Whitehall 194
Wilson (Coronel) 345
Windsor 84, 532, 536, 555, 636
Windsor Castle 446, 447
Wiscowic 316
Witiza 381
Worseley 237, 263
Wraxall 272
Wylde 535

X

Xavier (Cândido) 339, 340
Xavier (Joaquim José da Silva), o Tiradentes 292
Xenofonte 651
Xexuão 124
Ximena (D.) Muñoz 26
Ximenes (Padre) 518
Ximénez de Sandoval 82

Y

Yahya ben Tafouft 123
Yprès 275

Z

Zafra 85
Zaire 125, 525, 579, 610, 612, 616, 617
Zambeze 619, 620, 624
Zâmbia 617
Zambrano 454
Zamora 25, 27 a 30, 36, 70, 440, 662, 672
Zanzibar 126, 578, 621, 631
Zea Bermúdez 489, 493
Ziguinchor 616
Zumalacárregui 495, 510
Zuñiga 177
Zurara 91

ÍNDICE DE ILUSTRAÇÕES

Fig. 1 – A Catedral de Zamora (séc. XII) – © Daniel Sancho / Licença CC Atribuição 2.0 Genérica

Fig. 2 – A Europa no começo do séc. XIII – © 2003 Christos Nüssli, www.euratlas.com.

Fig. 3 – A Batalha de Aljubarrota – Battle of Aljubarrota – Portugal, illustration in Jean de Wavrin, Anciennes et nouvelles chroniques d'Angleterre Royal Ms. 14-E.IV, fl 59v. © The British Library Board

Fig. 4 – Ceuta – Civitates Orbis Terrarum I 56 – Braun and Hogenberg. © The National Library of Israel, Shapell Family Digitization Project and The Hebrew University of Jerusalem, Dept. of Geography, Historic Cities Project.

Fig. 5 – D. Leonor de Portugal, Imperatriz da Alemanha – "Eleonore von Portugal"; Kaiserin-Hans Burgkmair (PG 4399). © Kunsthistorisches Museum, Wien oder KHM, Wien.

Fig. 6 – Casamento de D. Manuel I com D. Leonor de Castela – Casamento de Santo Aleixo, de Garcia Fernandes (inv. PIN 54). © Santa Casa da Misericórdia de Lisboa/Museu de São Roque.

Fig. 7 – Tratado de Tordesilhas – Planisfério anónimo, ca. 1545, pormenor. © Biblioteca Nacional de Portugal.

Fig. 8 – D. Isabel de Portugal, Imperatriz da Alemanha e Rainha de Espanha – La Emperatriz Isabel de Portugal – Tiziano. © Museo Nacional del Prado.

Fig. 9 – D. Sebastião – Gravura da Batalha de Alcácer-Quibir. © Museu do Forte da Ponta da Bandeira, Lagos.

Fig. 10 – Ataque da armada inglesa de Drake a Cabo Verde (1585) – Santiago, Cape Verde Hand-colored engraving, 1589 – Baptista Boazio (fl. 1588-1606). © Library of Congress, Geography and Map Division.

Fig. 11 – D. Catarina de Bragança, Rainha de Inglaterra – Chaterine of Braganza, by or after Dirk Stoop (NPG 2563). © National Portrait Gallery, London.

Fig. 12 – Casa Grande e Senzala – Atlas Blaeu: Map of Pernambuco(E 17061-CD). © Austrian Nationallibrary Vienna.

Fig. 13 – A Europa no início da Guerra da Sucessão de Espanha – © 2003 Christos Nüssli, www.euratlas.com.

Fig. 14 – Cardeal da Mota: in Retratos de cardeaes, bispos, e varoens portuguezes illustres em nobreza, armas, letras, e santidade. © Biblioteca Nacional de Portugal.

Fig. 15 – D. Maria Barbara de Bragança, mulher de D. Fernando VI – Juan Minguet. © Biblioteca Nacional de Portugal.

Fig. 16 – A expansão europeia em meados do séc. XVIII

Fig. 17 – Maria I Regina Fidelissima – Gaspar Fróis Machado. © Biblioteca Nacional de Portugal.

Fig. 18 – Congresso de Viena – The Congress of Vienna by Jean-Baptiste Isabey, (1819). © Museo Nazionale Del Risorgimento Italiano.

Fig. 19 – D. João, regente e D. Carlota Joaquina. © Academia das Ciências de Lisboa.

Fig. 20 – D. Maria Isabel de Bragança e D. Maria Francisca de Bragança, retratos de Vicente López. © Museo de la Real Academia de Bellas Artes de San Fernando.

Fig. 21 – Leopoldine, Kaiserin v. Brasilien (15194-C). © Austrian Nationallibrary Vienna.

Fig. 22 – Visconde de Santarém. © Academia das Ciências de Lisboa.

Fig. 23 – Luís António de Abreu e Lima, Conde da Carreira. Reprodução litográfica do desenho de P.C. van Geel, 1835. Colecção do Autor.

Fig. 24 – Retrato de D. Maria II – Joaquim Rafael (N.ª Inv. MAR 1704). © Museu da Assembleia da República.

Fig. 25 – Visconde de Sá da Bandeira: in Maurin, L., fl. entre 1834 e 1857. © Biblioteca Nacional de Portugal.

Fig. 26 – Busto do Conde do Lavradio – Miguel dos Santos (N.º Inv. MAR 1697). © Museu da Assembleia da República.

Fig. 27 – Mapa Cor-de-Rosa – Mappa (esboço) do territorio portuguez em Africa. © Biblioteca Nacional de Portugal.

Fig. 28 – As realezas europeias em Windsor (1907) – Grupo fotografado em Windsor, em Novembro de 1907, vendo-se o rei de Inglaterra, o imperador e a imperatriz da Alemanha, o rei de Espanha, a rainha de Portugal, D. Amélia, e a rainha da Noruega.

Fig. 29 – A Europa no início do séc. XX – © 2003 Christos Nüssli, www.euratlas.com.

ÍNDICE SISTEMÁTICO

Justificação 7

CAPÍTULO I
PORTUGAL NOS LIMITES EUROPEUS (1143-1415)

TÍTULO I – **De Zamora ao Algarve** 25

1. Portugal, unidade política 25
   a) O início da história diplomática de Portugal em Zamora 25
   b) O reconhecimento externo baseado nos sucessos militares 26
   c) A Conferência de Zamora (1143) 28
   d) A vassalagem à Igreja 30
   e) O reconhecimento pontifício do reino de Portugal (1179) 32
   f) As confirmações do reconhecimento pontifício e a questão do censo 33

2. Equilíbrio peninsular 35
   a) A Reconquista como factor aglutinante 35
   b) As alianças e os casamentos régios na Península 36
   c) A Batalha de Navas de Tolosa e a posição portuguesa no enquadramento peninsular 39

3. Presença de Portugal além-Pirenéus 41
   a) Os casamentos régios portugueses no Norte da Europa 41
   b) Os infantes portugueses emigrados 43
   c) Um projecto de aliança com a Inglaterra 44

4. Ameaças à sobrevivência política de Portugal 45
   a) As intervenções estrangeiras na guerra civil do século XIII 45
   b) As desinteligências com a Igreja 46
   c) Os aspectos externos da deposição de D. Sancho II e da tomada do Poder pelo infante D. Afonso 48

5. Contendas com Castela em relação à margem esquerda do Guadiana e ao Algarve 51

TÍTULO II – **Do Algarve a Ceuta** 55

1. Fixação das fronteiras portuguesas 55
   a) A pacificação do rei D. Dinis 55
   b) O Tratado de Alcanises 57

2. Base nacional do poder político 59
   a) A nacionalização das ordens militares 59
   b) O beneplácito régio 62

3. Política peninsular após a consolidação do Estado nacional português 64
   a) A Batalha do Salado 64
   b) As relações externas e Inês de Castro 66
   c) A diplomacia de D. Pedro I 68

4. Política de D. Fernando face à Guerra dos Cem Anos 69
   a) A pretensão de D. Fernando ao trono de Castela 69
   b) A Paz de Alcoutim 71
   c) A Paz de Santarém 72
   d) A nova coligação anglo-portuguesa 74
   e) O Cisma do Ocidente e Portugal 75

5. Consolidação da independência nacional 76
   a) O Tratado de Salvaterra de Magos 76
   b) A reacção nacional 78
   c) A Batalha de Aljubarrota, base da política externa portuguesa 81
   d) O Tratado de Windsor de 1386 84
   e) A aliança com o duque de Lencastre 85
   f) A paz com Castela 86

TÍTULO III – **A debilidade geográfica da independência portuguesa no século XIV** 89

1. Razão da conquista de Ceuta 89

2. Frustrada colonização das Canárias 92

3. Assentamento da política marroquina de Portugal 94

CAPÍTULO II

EXPANSÃO DE PORTUGAL NO MUNDO E SUA NEUTRALIDADE
NA EUROPA (1415-1580)

TÍTULO I – **As últimas tentativas de expansão europeia: Toro e a política peninsular de D. João II e de D. Manuel** 99

1. Política externa alternativa de D. Afonso V 99
   a) As causas e as consequências externas de Alfarrobeira 99
   b) As pretensões de D. Afonso V à Coroa de Castela 102

2. Política peninsular de D. João II e de D. Manuel 108
   a) A política peninsular de casamentos 108
   b) A política peninsular e a expansão ultramarina 111

TÍTULO II – **A presença de Portugal em quatro continentes** 113

1. Base diplomática da expansão ultramarina portuguesa 113
   a) A expansão ultramarina portuguesa como instrumento da comunidade
      internacional 113
   b) A expansão ultramarina portuguesa e a Santa Sé 116
   c) A expansão ultramarina portuguesa e a Espanha 121

2. Acção diplomática portuguesa no Ultramar 123
   a) A acção diplomática em Marrocos 123
   b) A acção diplomática na Guiné, no Congo e na Etiópia 124
   c) A acção diplomática no Indico 126
   d) A acção diplomática desde a Pérsia ao Japão 127
   e) A questão das Molucas 129
   f) A insuficiência dos conhecimentos sobre a acção diplomática exercida
      localmente quanto ao Ultramar 132

TÍTULO III – **A neutralidade na Europa como condicionante da expansão
ultramarina** 133

1. Neutralidade portuguesa de D. João II a D. João III 133

2. Política externa de D. Sebastião 135
   a) Da regência de D. Catarina ao triunfo dos católicos em França 135
   b) Os projectos de casamento de D. Sebastião 139
   c) O enquadramento externo de Alcácer Quibir 144

CAPÍTULO III

**QUEBRA DA INDIVIDUALIDADE PORTUGUESA NO PLANO
INTERNACIONAL (1580-1640)**

TÍTULO I – **A união com a Espanha e as relações internacionais** 151

1. Política externa mitigada do período filipino 151

2. Política de D. António Prior do Crato em relação às potências estrangeiras 156

TÍTULO II – **O arrastamento para as querelas europeias e o enfraquecimento
das posições ultramarinas** 159

CAPÍTULO IV
RECUPERAÇÃO DA INDIVIDUALIDADE PORTUGUESA A NÍVEL INTERNACIONAL (1640-1668)

TÍTULO I – **A complexidade da política externa da Restauração** 165

1. A Europa na primeira metade do século XVII 165
   a) As guerras de religião e a Guerra dos Trinta Anos 165
   b) As posições relativas das potências europeias em 1640 168

2. Coordenadas da diplomacia da Restauração 173

3. Debilidades do apoio francês 175

4. Diplomacia da Restauração e Holanda 183

5. Diplomacia da Restauração e Estados escandinavos 188

6. Santa Sé face à Restauração 189

7. De novo a aliança inglesa 194

TÍTULO II – **O ajustamento de posições e a continuidade portuguesa** 205

1. Situação mundial em 1668 205

2. Limitações da continuidade portuguesa 206

CAPÍTULO V
CONTINUIDADE E ADAPTAÇÃO DE PORTUGAL FACE AO NOVO ENQUADRAMENTO EXTERNO (1668-1815)

TÍTULO I – **O desenvolvimento do Brasil como base da nova política externa portuguesa** 213

1. Relevo do Brasil em fins do século XVII 213
   a) O relevo político, social e económico do Brasil 213
   b) A «guerra do açúcar» 214
   c) O ouro e os diamantes do Brasil 215

2. Participação colectiva nas riquezas do Brasil 215

TÍTULO II – **O envolvimento de Portugal nas contendas europeias** 217

1. Portugal e a Guerra da Sucessão de Espanha 217

2. Paz de Utreque 223

TÍTULO III – **A tentativa joanina de uma política externa autónoma** 227
1. Relativa independência da política externa portuguesa 227
2. Criação da Secretaria de Estado dos Negócios Estrangeiros 230
3. Relações com a Santa Sé 231
4. Política joanina nos quadros europeus 236
   a) A desconfiança das protecções estrangeiras e a ambição de viver em paz 236
   b) O entendimento com a Espanha 239
   c) A sucessão da Polónia 245
   d) A guerra da sucessão do Império 248
   e) A mediação de Portugal nas contendas da Europa 249
5. Tratado de Limites de 1750 252
6. Relativa frustração da política externa joanina 259

TÍTULO IV – **A diplomacia josefina** 265
1. Caracterização da diplomacia josefina 265
2. Ofensiva diplomática antijesuítica 272
3. Portugal envolvido na Guerra dos Sete Anos 278
4. Ainda os limites na América: Santo Ildefonso e Pardo 282
5. Projecto português sobre precedências diplomáticas 285

TÍTULO V – **A Revolução Francesa e Portugal** 287
1. Orientação geral da política externa de D. Maria I 287
2. Reformas de D. Maria interrompidas pela Revolução Francesa 292
   a) As origens externas da Revolução Francesa 292
   b) As reacções internacionais anti-revolucionárias 297
   c) A posição portuguesa face à Revolução 304
3. Guerra do Rossilhão 310
4. Dificuldades em conseguir a paz com a França 314
   a) As negociações com o Directório 314
   b) A «guerra das laranjas» e os tratados de Badajoz 319
5. Paz precária 323
   a) As embaixadas de Lannes e Junot 323
   b) A missão de Lord Rosslyn 328
   c) O Bloqueio Continental 329
   d) O tratado franco-espanhol de Fontainebleau 331
6. Partida para o Brasil 331

7. Da ocupação franco-espanhola ao Congresso de Viena 335
   a) A resistência antifrancesa em Espanha e em Portugal 335
   b) A Convenção de Sintra 338
   c) O esforço de guerra português 342
   d) A paz de 1814 351
8. Portugal no Congresso de Viena 355
   a) O ambiente do Congresso de Viena 355
   b) A posição portuguesa no Congresso de Viena 360

CAPÍTULO VI
POLÍTICA EXTERNA PORTUGUESA DO RIO DE JANEIRO (1808-1820)

TÍTULO I – **As perspectivas portuguesas entre 1807 e 1815** 368

TÍTULO II – **A dependência da Inglaterra e a abertura do Brasil ao comércio britânico** 371

1. Dependência política da Inglaterra 371
2. Abertura do Brasil ao comércio britânico 372

TÍTULO III – **A declaração de guerra à França e a conquista da Guiana** 377

TÍTULO IV – **A política portuguesa quanto à América Espanhola** 379

1. Situação da América Espanhola 379
2. Direitos de D. Carlota Joaquina e posições portuguesas 383
3. Ocupação da margem esquerda do rio da Prata e Estado Cisplatino 388
   a) A anarquia na zona do rio da Prata 388
   b) A administração portuguesa de Montevideu 390

TÍTULO V – **As coordenadas diplomáticas da Corte do Rio de Janeiro entre 1815 e 1820** 395

1. Entendimento com a Espanha 395
2. Ligação a Viena 399
3. Novas perspectivas portuguesas no plano internacional 401
4. Movimentos revolucionários de 1817 e 1820; suas ligações externas 402

CAPÍTULO VII

SECESSÃO BRASILEIRA E GUERRA CIVIL INTERNACIONALIZADA (1820-1834)

TÍTULO I – **O Brasil, as Cortes e o regresso do rei** 410

1. Conjura internacional e alternativas de defesa na Europa e na América 410
   a) O regresso de D. João VI 410
   b) A política contemporizadora e as expectativas de conservação do Reino Unido de Portugal e Brasil 411
2. Condenação da diplomacia pelas Cortes vintistas 414
   a) As precipitações das Cortes 414
   b) A renúncia das Cortes à acção diplomática 416
3. Ameaças de secessão brasileira e reacções das Cortes 419
4. Inevitabilidade da secessão brasileira face aos condicionalismos internos 421
5. Atitudes das potências relativamente à secessão brasileira 425
6. Reconhecimento do Império Brasileiro 428

TÍTULO II – **A Santa Aliança e as revoluções portuguesas** 435

1. Santa Aliança e «cem mil filhos de S. Luís» 435
   a) Os propósitos da Santa Aliança 435
   b) As intervenções da Santa Aliança na Itália e em Espanha 437
2. Vila-Francada, Abrilada e intervenções dos diplomatas estrangeiros 440
   a) A aceitação internacional da Vila-Francada 440
   b) As reacções internacionais adversas à Abrilada 443
3. Tentativas constitucionais e interferências externas 447
   a) As interferências externas de 1823 a 1826 447
   b) As interferências externas e a Carta Constitucional 450
4. Dependências externas do miguelismo 455
   a) A Santa Aliança e as Cortes de 1828 455
   b) O reconhecimento de D. Miguel pelos Estados Unidos, pela Espanha e pela Santa Sé 459
5. Dependências financeiras internacionais da emigração liberal 466
   a) As dificuldades financeiras da causa liberal 466
   b) Os empréstimos contraídos no estrangeiro pelos liberais 468
   c) O custo financeiro dos apoios externos à causa liberal 471
6. Auxílios estrangeiros aos contendores da guerra civil no ocaso da Santa Aliança 477
   a) Os apoios limitados da França e da Inglaterra a partir de 1830 477
   b) Os projectos de reconhecimento de D. Miguel pela França e pela Inglaterra 479
   c) As indecisões internacionais quanto à contenda portuguesa até 1834 483

7. Crise política espanhola e Quádrupla Aliança	490
a) Os alvores das guerras carlistas	490
b) A intervenção anglo-franco-espanhola em Portugal	493

CAPÍTULO VIII
REGIME LIBERAL PORTUGUÊS SOB PROTECÇÃO EXTERNA
(1834-1853)

TÍTULO I – **Os casamentos da rainha**	501
1. Condicionalismo político dos casamentos de D. Maria II	501
2. Negociação do segundo casamento da rainha	505
TÍTULO II – **Alguns incidentes diplomáticos no rescaldo da guerra civil**	509
1. Incidente com a corte de Turim	509
2. Incidentes com a Espanha	511
3. Hostilidades britânicas	512
4. Ruptura com a Santa Sé	514
a) As origens do conflito	514
b) O restabelecimento das relações com Roma	517
TÍTULO III – **A renovação das intervenções estrangeiras**	521
1. «Setembrismo», Belenzada e intervenções estrangeiras	521
a) A reacção da Inglaterra e da Bélgica contra o «setembrismo»	521
b) As transigências do «setembrismo» em face das imposições estranhas	524
2. «Revolta dos marechais» apoiada pelos diplomatas estrangeiros	526
3. Fim do «setembrismo» e exigências inglesas	527
4. Maria da Fonte, Patuleia e intervenções das potências	531
a) De novo a guerra civil	531
b) As intervenções militares estrangeiras e a Convenção de Gramido	534
c) O rei Carlos Alberto exilado no Porto	536

CAPÍTULO IX
PERSPECTIVAS INCERTAS DA POLÍTICA EXTERNA PORTUGUESA
(1853-1884)

TÍTULO I – **O novo contexto europeu e a «questão do Oriente»**	541
1. Luta pelos despojos otomanos na Europa	541
2. Guerra da Crimeia	543

TÍTULO II – **O enquadramento externo português e D. Pedro V**	547
1. Influência dos modelos estrangeiros	547
2. Correspondência com o príncipe Alberto de Inglaterra	551
3. Dúvidas quanto às coordenadas da política externa	554
4. Plano de união ibérica através de D. Pedro V	558
5. Casamento do rei na Casa de Hohenzollern-Sigmaringen	560
6. Irmãs da Caridade e barca Charles et Georges	561
a) A questão das Irmãs da Caridade	561
b) O pretenso esclavagismo português e o conflito Charles et Georges	563
7. Reconhecimento do reino de Itália por Portugal	568
8. Tentativas de ocupação efectiva dos territórios portugueses de África	570
TÍTULO III – **A sobrevivência portuguesa e os grandes blocos políticos**	573
1. Casamento do rei D. Luís na Itália	573
2. Missionários anglicanos substituindo em África os missionários católicos	577
3. Candidaturas do rei D. Fernando aos tronos da Grécia e de Espanha	579
4. Posição portuguesa face ao Concílio Vaticano I	583
5. Guerra Franco-Prussiana, queda de Roma e Portugal	584
a) O sentido das unificações alemã e italiana	584
b) A coincidência do triunfo prussiano e da queda de Roma	587
c) As ameaças para Portugal dos grandes espaços políticos e de uma aliança franco-espanhola	589
d) A «questão romana» e os diplomatas portugueses	591
e) As reacções portuguesas face à queda de Roma	593

CAPÍTULO X

PARTILHA DE ÁFRICA E DIPLOMACIA PORTUGUESA
(1884-1910)

TÍTULO I – **A posição portuguesa em África antes da Conferência de Berlim**	599
1. Abandono relativo dos territórios ultramarinos portugueses no século XIX	599
a) O alheamento metropolitano do Ultramar	599
b) O ambiente do Ultramar português	600
c) As hesitações quanto ao destino do Ultramar português	602
2. Decisões arbitrais favoráveis a Portugal quanto a territórios africanos	604

TÍTULO II – **A Conferência de Berlim e as reacções portuguesas** 607
1. Razões internacionais da corrida das potências a África 607
2. Império Alemão e corrida a África 608
3. Conferência de Berlim 611
4. Mapa Cor-de-Rosa 614
5. Ultimatum inglês de 1890 619

TÍTULO III – **A diplomacia portuguesa de 1890 a 1910** 625
1. Nova fase da política externa portuguesa 625
2. Projectos de partilha do Ultramar português entre a Inglaterra e a Alemanha 627
3. Influência da Guerra hispano-americana em Portugal 631
4. Portugal e a Guerra Anglo-Bóer 634
5. Enquadramento internacional no começo do século XX 637
   a) Os interesses e forças em presença 637
   b) Do Tratado de San Stefano de 1878 aos conflitos balcânicos do século XX 639
   c) A Guerra Russo-Japonesa 640
   d) A Entente Cordiale e a Conferência de Algeciras 641
6. Tentativas de equilbrio português através da instabilidade internacional 642
   a) As viagens régias no reinado de D. Carlos 642
   b) O incidente de Guanabara e o projecto de visita real ao Brasil 646
   c) O sentido da política externa portuguesa na previsão de um grande conflito
       mundial 653

CONCLUSÃO – **Coordenadas da História Diplomática de Portugal** 659

Bibliografia 673

Índice remissivo 705

Índice de ilustrações 731